及川　真介

仏の真理のことば註（四）

―ダンマパダ・アッタカター―

春秋社

凡例

○テキスト。The Commentary on the Dhammapada. edited by H. C. Norman. Vol. I～IV. Pali Text Society. London. 1970. 英訳本。Buddhist Legends. Dhammapada Commentary. by Eugene Watson Burlingame. The Pali Text Society, London. 1979. Vol. I～III.

○和訳本。「南伝大蔵経」第二三巻中「法句経」福島直四郎訳、昭和一二年八月。大蔵出版。「ブッダの真理のことば、感興のことば」中村元。岩波文庫、二〇一三年第五八刷。

○研究書。「法句経の研究」水野弘元。春秋社、昭和五六年。

○PTSテキストによる和訳に難渋した場合はビルマ版テキストを援用した（第六結集ビルマ版の電子版。CSCD＝Chaṭtha Saṅgāyana CD-ROM. http://www.tipitaka.org/romn. または http://www.vri.dhamma.org/general/dhammagiri.html. Vri. と略記）

○固有名詞の検索、確認。「印度固有名詞辞典」赤沼智善、法蔵館、昭和四二年及び Dictionary of Pali Proper Names. vol. I. II. G. P. Malalasekera. PTS. 1960 を参照した。

○その他のパーリ原典や辞書、参照書目の略号等は全て「パーリ仏教辞典」（「パ仏辞」と略記）村上真完・及川真介、春秋社、二〇〇九年に従う。

○現代の社会で適切でないとみなされるような用語・表現はなるべく避けたが、本書の性格上、原典の意を尊重して、あえて用いたところもある。

第四巻　目次

訳註　ダンマパダ・アッタカター（法句経の註釈）㈣

1

ⅩⅩⅢ. 象品（Nāga-vaggo）

1. ご自分について語られた事〔第三二〇―三二二偈にちなむ話〕

「私は象が…〔する〕ように」というこの説法を大師はコーサンビー〔ヴァンサ国の首都〕に滞在なされつつ、ご自分についてお話になった。

〈マーガンディヤーは邪見の者たちに賄賂を与えて世尊を罵しらせる〉

この事は〔『ダンマパダの註釈』の〕「Ⅱ. 不放逸品（Appamāda-vagga）」の最初の偈（第二一～二三偈）の註釈（*DhpA*.I.161-）の中ですでに詳しく述べられている。なぜなら、そこではこう述べられているからである。

〔即ち、〕（*DhpA*-I.211[16-]）

マーガンディヤー（ウデーナ王の王妃の一人）は彼女たち（ウデーナ王の別の王妃サーマヴァティーとその従者たち）に対して何もすることができないで、「沙門ゴータマにだけ〔直接〕為すべきことを私は為そう」と、都城の人々に賄賂（lañca）を与えて、

「沙門ゴータマが都城の中に入ってめぐり歩いたら、奴僕（dāsa, 奴隷）や仕事をする男たちと一緒に〔沙門ゴータマを〕罵って（akkositvā）誹謗させて（paribhāsetvā, *Vri*）逃げさせなさい（palāpetha, 追い払いなさ

い）」と。

2

邪見の徒たちは〔仏・法・僧の〕三宝に対して〔心が〕浄められていない（a-ppasannā, 信じていない）ので、都城の中に入った大師の後をつけて、

「おまえは泥棒だ。おまえは愚か者だ。おまえは痴れ者（mūḷha）だ。おまえは駱駝（oṭṭha）だ。おまえは牛だ。おまえは驢馬（gadrabha）だ。おまえは堕地獄者（nerayika）だ。おまえは畜生になった者（tiracchāna-gata）だ。おまえには死後の善い行き先（sugati, 善趣）はない。悪い行き先（duggati, 悪趣）だけがおまえに期待される（pāṭikaṅkhā, 待ちかまえている）のだ」

と、一〇の罵りの言葉（akkosa-vatthu）によって罵り誹謗する。それを聞いて尊者阿難は大師にこう申し上げた。

「尊師様。これらの都城の住民たちは私共を罵り誹謗します。ここ（コーサンビー）から別のところに行きましょう」と。

「どこに〔行くのか〕ね。阿難よ」

「別の都城へ〔まいりましょう〕。尊師様」

「そこで人々が罵る時、〔更に〕我々はどこに行くのだろうか。阿難よ」

「そこからも〔また〕別の都城に〔行きます〕。尊師様」

「そこで人々が罵る時、〔更にまた〕どこへ我々は行くのだろうか」

「そこからも〔また〕別の都城に〔まいります〕。尊師様」

「阿難よ。そのようにするのは正しくない。およそそこで問題（adhikaraṇa, 事件、争い）が生じたならば、

同じそこでその〔問題、事件〕が鎮静した時（vūpasante）、別のところへ行くのが正しいのだよ。しかし一体誰々が君を罵るのかね、阿難よ」

「尊師様。奴隷や仕事をする者たちをはじめとして、全ての者たちが罵ります」

「阿難よ。私は戦場に入った象のようなものだ。戦場を渡る象にとっては四方から〔飛んで〕来た矢に耐えることが重責（bhāra）である。まさに同様に大勢の破戒者たちが語る話に耐えるというのが私の重責なのだ」

とおっしゃって、ご自分に関して法を示しつつ、この偈を誦えられた。

320.「私は、象が戦場で弓から〔放たれて、身に〕落ちた矢に〔耐える〕ように、
誹謗に耐えるであろう。実に大衆は破戒の徒であるから。

321. 調御された〔象〕を〔人々は〕戦場に連れて行く。王は調御された〔象〕に乗る。およそ誹謗に耐える人は、調御されており、人々の中の最勝者である。

322. 騾《ら》馬たちはすばらしく調御されている。またシンドゥ産の駿馬たちは〔すばらしく調御されている〕。また大龍たる象たちは〔すばらしく調御されている〕。自己を調御した人はそれよりももっとすばらしく〔調御されているのだ〕」と。

〈偈の語句の註釈〉

そこで、〈象が…ように（nāgo va）〉とは、象のように。〈弓から〔放たれて、身に〕落ちた（patitaṃ）〉とは、

弓から放たれた。〈誹謗に（ativākyaṃ）〉とは、八つの非聖語（an-ariya-vohāra,「南伝」五、二一三頁.4+4）によ 6
って転起する行き過ぎた言葉（vītikkama-vacana）である。〈私は耐えるであろう（titikkhissaṃ）〉とは、ちょうど戦場で活躍する（saṅgāmâvacaro）よく調御された大象が剣の打撃などに耐えて、弓から放って自分に落ちた（patite, ささった）矢に悩害されずに耐えるように、まさに同様にそのような〈誹謗に（ativākyaṃ）私は耐えるであろう（titikkhissaṃ）〉。私は堪えるであろう（sahissāmi）という意味である。〈実に破戒の徒であるから（dussīlo hi）〉とは、この世俗の大衆は多大な破戒者であり、それぞれ自分の愛好によって言葉を吐き出して〔相手を〕打ちながら歩む。そこ（俗界）では忍受（adhivāsana, 忍）が、無視（ajjhupekkhana, 無関心）こそが私の（mama.Vri.）責務（bhāra, 仕事）である。

〈戦場に（samitiṃ）〉とは、なぜならば庭園での遊びや円形馬場（maṇḍala）などでは、大衆の中を行く時に
4
すでに調御された牛の類や馬の類を車につないで連れて行くが〔戦場に連れて行くのは象である〕。〈王は〉とは、そのような運搬獣（vāhana, 象）どもとともにだけ行きつつ、王も調御された〔象〕にだけ〈乗る（abhirūhati）〉。〈人々の中の（manussesu）〉とは、人々の中でも四つの聖道（預流・一来・不還・阿羅漢の各道）によって調御された人が、従順な人（nibbisevana）こそが最勝である。〈およそ誹謗（ativākya）に耐える（titikkhati）人は〉とは、およそそのような度を過ぎた言葉（atikkama-vacana）を再三再四言われても敵対せず（na paṭippharati, 言い返さない）悩害されない（na vihaññati, 打たれない）ならば、そのような調御された人が最勝である、という意味である。

〈騾《ら》馬たち（assatarā）〉とは牝馬（vaḷavā）とろば（gadrabha）の間に生まれた〔馬〕である。〈駿馬たち（ājānīyā）〉とは、馬の調教師がその所作（kāraṇa）を教える（kāreti, やらせる）と、それを速やかに知ることが

出来る〔馬〕たちである。〈シンドゥ産の〔馬〕たち（sindhavā）〉とは、シンドゥ国（「赤沼辞」Roraka国より舎衛城に至る道中、Vokkāṇaを過ぎてこの国に至る。インダス河の流域）で生まれた馬たちである。〈大龍たる象たち（mahā-nāgā）〉とは、象（kuñjara）と呼ばれる大象たちである。〈自己を調御した人（atta-danta）〉とは、これらの騾《ら》馬たちやシンドゥ産の馬たちや象たちはすばらしく調御されていて、調御されていないのではない。しかしおよそその人は四つの道と呼ばれる〔修道〕によって自己が調御されているので自己を調御した人であり従順な人である。その人はその〔馬など〕よりもすぐれて〔調御されて〕いる。全てのこれらの〔馬など〕よりももっと上である、という意味である。

説示が終わった時、賄賂（lañca, わいろ）をもらって街路や四辻などに立って〔世尊を〕罵っている全ての彼等大衆は預流果を得た、という意味である。

ご自分について語られた事

2.〔もと〕象の調教師であった比丘の事〔第三二三偈にちなむ話〕

「実にこれらの〔乗物〕によって…ではない」というこの説法を大師は祇陀林（精舎）に住まわれつつ、或るもと象の調教師（hatthâcariya-pubbaka）の比丘に関してお話になった。

〔比丘は自分自身を調御せよ〕

聞くところでは、彼は或る日、アチラヴァティー河の岸で、〔別の〕象の調教師が一頭の象に対して「私は〔この象を〕調教しよう」と、自分が望んだ所作を教えることが出来ないでいるのを見て、〔もと象の調教師であった比丘が〕近くに立った比丘たちに語りかけて言った。

「友よ、もしこの象の調教師がこの象のこれこれという所を突くならば、もうたちまちこの所作を〔象に〕学ばせることができるだろう」と。

その〔調教師〕は彼（もと調教師であった比丘）の話を聞いて、そのようにすると、その象をよく調御した。彼等比丘たちはその顛末を大師に申し上げた。大師はその比丘を呼んで来させて、

「君についてこう言われているが、本当かね」と質ねて、

「本当です。尊師様」と言われて、〔彼を〕叱責して、

「愚かな者よ（mogha-purisa, 空虚な者よ）。君にとって象という乗物が、或いはほかの調御された〔乗物〕が何だというのだ。なぜなら、よく調御されたこれらの乗物によって今まで行ったことのない所へ行くこ

6

とが出来るということはないのだから。そうではなくて、よく調御された自分によって今まで行ったことのない所へ行くことが出来るであろうからである。それゆえに自分だけを君は調御しなさい。君にとってこれらの〔乗物〕を調御することが何になろうか」

とおっしゃって、この偈を誦えられた。

323. 「実にこれらの乗物によって〔今まで〕行ったことのない方面へは行けないであろう。
ちょうど調練によって調御された者がよく調御された自分〔の力〕で〔そこに〕行くように」と。

〔偈の語句の註釈〕

その意味は〔次の通り〕。――およそ何でもこれらの象という乗物などの乗物があるが、なぜならば、それらの乗物によっていかなる人士も、夢の中でさえも、今まで行ったことがないので〈行ったことのない（a-gata）〉と呼ばれる涅槃の方面に（nibbāna-disaṃ）そのように行くことができないであろうからである。どのようにか、というと、〔修行の〕前段階で感官（indriya, 眼・耳・鼻・舌・身・意）の調御によって調御されて、後の段階で聖道の修習によってよく調御された人は（su-danto）従順の人であり、智慧をそなえた人物であり、その今まで行ったことのない方面に行き、調御された土地（danta-bhūmi, 安全な処）に到達する、という、そのように〔行くのである〕。それゆえに自己の調御こそがそれらの〔乗物〕に勝っている、という意味である。

説示が終わった時、大勢の人々が預流果などを得た、という。

〔もと〕象の調教師であった比丘の事

7 3．すっかり老衰したバラモンの息子の事〔第三三四偈にちなむ話〕

「ダナパーラカ（財産を守るもの）〔という象〕は」というこの説法を大師は舎衛城に住まわれつつ或る一人のバラモンの息子たちに関してお話になった。

〔バラモンは息子たちに財産を譲与したあげく見捨てられる〕

聞くところでは、舎衛城に一人のバラモンがいて、八〇万〔金〕の富をもって、成年に達した四人の息子たちに嫁をとって四〇万〔金〕を与えた。さて、彼のバラモンの妻が死去した時、息子達は相談した。

「もしこの〔父〕がほかの妻を〔家に〕連れて来て、その女の胎に生まれた〔子供〕たちによって〔この〕家は壊されるだろう。さあ我々は彼（父）を親切に遇しよう（saṅgaṇhāma, 保護支配しよう）」と。彼等はすばらしい食と衣（ghāsa-cchādana）などをもってその〔父親に〕仕えつつ、手足のマッサージなどをして仕えた。或る日、彼が昼寝をして起き上った時、手足を按摩しながら、〔父親が〕単独で（pāṭiyekkaṃ）家に住む欠陥（ādīnava, 不利）を述べて、

「私たちがあなた様にこのやり方で（nīhārena）寿命の限り仕えましょう。残りの財産も私たちに下さい」と乞うた。バラモンは再びそれぞれ一人一人に一〇万〔金〕を与えて、自分の着衣・被衣だけを残して全ての受用物（upabhoga）使用物（paribhoga）を四つに分けて贈与した（niyyādesi）。長男がその〔父親〕に数日間仕
8 えた。さて、或る日彼（父親）が沐浴して帰って来て門小屋のところに立った時、嫁（suṇisā, 長男の女房）が

こう言った。

「あなたは長男に百〔金〕或いは千〔金〕を〔ほかの弟たちよりも〕余計に（atirekaṃ）与えているのですか。全員に二〇万〔金〕を与えたのではありませんか。あなたはほかの息子たちの家に〔行く〕道を知らないのですか」と。

彼も「売女（vasalī）め」と怒って別の〔息子の〕家に行った。そこからも数日過ぎて同じこのやり方で追い払われて、〔また〕別の〔息子の家に行き〕、と、このように一つの家にも入ることを得ないで、塗灰外道（paṇḍar’aṅga）の出家を出家して、托鉢に歩き、時がたって老衰で老いて（jarā-jiṇṇo）食が得られず（dubbhojana）睡眠の困難（dukkha-seyya）などによって身体が萎《しぼ》み、托鉢に歩きつつ、帰って来て（āgamma）縄床（pīṭhikā, Vri.）に横たわって眠りに入り、起き上って坐り、自分をかえり見て、息子たちのところに自分の居場所（patiṭṭha, 依所、足場）を見ないので〔こう〕思った。

「聞くところによると、沙門ゴータマは顔をしかめない人（a-bbhākuṭika, Vri.）であり、開放的な人（uttāna-mukha, 笑顔で歓迎する人）であり、安らかに共住する人（sukha-sambhāsa）であり、歓迎に巧みな人（paṭisanthāra-kusala）である。沙門ゴータマのところに近づいて行って歓迎を得ることが出来るかもしれない」

と、彼は着衣・被衣をまとって（saṇṭhapetvā）托鉢の容器を携え杖をついて世尊のもとに行った。そしてこうも言われている（S.I.175^{34}-176^{34}）。

時に、なるほど或る一人のバラモン大家の人が、貧しく（lūkho）粗衣をまとって世尊のところへ近づいて行った、と。大師は一隅に坐った〔そのバラモン〕と挨拶を交わしてからこうおっしゃった。

9

「一体、あなたは、バラモンよ、どうして貧しげで、粗衣をまとっているのかね」と。

「ここに、私には、あなたゴータマよ。四人の息子がおります。彼等は妻たちと共謀して（sampuccha）家から私を追い出します（nikkhāmenti, 出て行かせます）」

「それではね、あなたは、バラモンよ、この偈を暗記して（pariyāpuṇitvā）、会堂に大勢の人の群が集まり、息子たちが一緒に坐った時〔こう〕言いなさい。

『その者たち（子たち）の生まれを私は喜び、またその者たちの幸福を私は願いましたが、
その者（子）たちは妻たちと共謀して、犬どもが豚を〔妨げる〕ように、私を妨げます。
不実の下卑た者どもは私を『お父さん、お父さん』と言うそうですが、
夜叉どもは子の姿をして、彼等は年老いた〔私〕を捨てます。
老いた馬が食べる〔飼い葉〕がなく、食を取り除かれるように、
若い者たちの父である〔私〕は上座となり、他人の家々で乞食します。もし息子たちが従順でないのであれば、実に私にとっては杖こそがよりよいのです。
凶暴な牛をも防ぎ、また凶暴な犬をも〔防ぎます〕。
暗闇の中では前にあって〔私を導き、水の〕深いところでは足場を得ます。
杖の威力によって、ころんでも〔また〕しっかりと立ちます』」と。

10

〔老バラモンは世尊の力を借りて息子たちの親不孝を匡正する〕

そして彼は世尊のもとで偈を学びとってから、そのようなバラモン達が集会をする日に、全身を飾りたて飾りつけた息子たちがその会堂に入って、バラモン達の中央の高価な席に坐った時、「今がまさに時だ」と会堂の中に入って、手を挙げて、

「私はあなた方に偈を述べたいと思います。聞いて下さい」と言った。

「述べなさい。バラモンよ。我々は聞こう」

と言われて、立ったまま〔偈を〕誦えた。その時、人々には掟（vatta）がある。〔即ち〕

「誰でも母と父の所有財産（santaka）を食べていて母と父を養わない者は、その者は殺されるべきである」

と。

それで彼等バラモンの息子たちは父親の両足のところに伏せて、

「私たちの命を助けて下さい。お父さん」

と乞うた。彼は父親の心が柔軟であったので（pitu-hadaya-mudutāya, *Vri.*）、

「あなた、あなた方は私の息子たちを亡ぼしてはなりません。〔彼等は〕私を養います」と〔言った〕。

すると彼の息子たちに人々は言った。

「しかし、もし、君よ、今日以後君たちがお父さんを正しくお世話しないなら、我々は君たちを殺害する」

と。彼等は恐れおののいて父親を椅子に（pīṭhe, *Vri.*）坐らせて、自ら〔その椅子を〕もち上げて家に連れて行
11
き、身体に油を塗って（abbhañjitvā）、按摩をして（ubbaṭṭetvā）、香粉などでもって沐浴させてから、〔自分たち
の〕バラモンの妻たちを呼んでこさせて、

「今日以後、私たちの父親を正しくお世話しなさい。もし怠慢になったら我々はお前たちを叱責するであろう」

と言って、〔父親に〕すばらしい御飯を食べていただいた。バラモンも良い食事と快適な体感（samphassa, 接触）とによって、数日過ぎると力が生まれ感官が満足して、自分の身体を眺め見て、

「私はこの〔身体の〕充実（sampatti, 成就）を沙門ゴータマによって得たのだ」

と、贈り物（paṇṇâkāra）として一対の布地を携えて世尊のもとにおもむいた。挨拶をしてから一方に坐り、その一対の布地を世尊の足もとに置いて、

「君、ゴータマよ。我々バラモンというのは阿闍梨（師匠）に対するお礼（ācariya-dhana, 師への報酬）を求めます。尊師ゴータマは〔どうぞ〕私の阿闍梨に対するお礼を受け取って下さい」

と言った。世尊は彼を憐れんでその〔お礼の品物〕を受け取って法を説かれた。説法が終わった時、バラモンは〔三〕帰依（仏・法・僧）の上にしっかりと立ってこう言った。

「君、ゴータマよ。私の〔四人の〕息子たちは〔私に〕四人分の常恒食（dhuva-bhattāni）をくれます。それで（そこから）私は二人分を〔あなたに〕さし上げましょう」

と。すると大師は彼に、

「善いことだ。バラモンよ。しかし我々は〔自分が〕望む場所（ruccana-ṭṭhāna, 好む場所）にだけ行くであろう」

とおっしゃって、〔バラモンを〕出て行かせた（uyyojesi）。バラモンは家に行って息子たちに言った。

「お前たち。沙門ゴータマは私の友人だ。私は彼に二人分の常恒食をさし上げた。お前たちはその方が到

着なさった時、おろそかにしてはいけないよ（mā pamajjittha, 放逸であってはならない）」と。彼等は「わかりました。お父さん」と言った。大師は次の日に托鉢に歩いて長男の家の戸口に行かれた。彼は大師を見て、鉢を受け取り、家に入っていただいて、高価な牀座（pallaṅka）に坐っていただき、すばらしい味の食事をさし上げた。大師は次の日にはもう一人の〔息子の家〕に、次の日には別の〔息子の家〕に、と、順々に全ての〔四人の息子の〕家々に行かれた。彼等は全員が同じくそのように尊敬を捧げた。さて、或る日、長男は祝日（maṅgala）になった時、父親に言った。

「お父さん。どなたに我々はこの祝日〔の祝い物〕をさし上げましょうか」と。

「私はほかの人を知らない。沙門ゴータマが私の友人なのだがな」

「それではね、その〔沙門ゴータマ〕を五〇〇人の比丘たちと共に明日招待して下さい」

と。バラモンはそのようにした。大師は翌日、囲繞する〔比丘たち〕と共に彼の家に行かれた。彼は黄金を塗って（harit'upalitte）全てのところを飾りで飾った家の中に仏陀を上首とする比丘僧団に坐っていただき、水分の少ない蜜粥とともにすばらしい硬い食べ物・軟らかい食べ物とを配食した。そしてまだ食事の途中にバラモンの四人の息子たちは大師のそばに坐って申し上げた。

「君、ゴータマよ。我々は我々の父親の世話をしております。怠けてはいません。ご覧下さい。この〔父
13 親〕の〔みごとな〕身体を」

と。大師は、

「私は見ますよ。あなた達は善いことをなさった。母親と父親を養うということは昔の賢者たちがもう実践しています」

とおっしゃって（以下、*J*.455話）、

「その象が不在なのでサッラキー（sallakī, 芳香樹）とクタジャ（根薬を採る樹）たちとは繁茂する」

というこの〔「本生物語」の〕第一一集の中の「母親を養う象王本生物語」を詳しくお話になって、この偈を誦えられた。

324．「ダナパーラカという象は、気が立ったさかりのついた〔象〕は制御し難い。捕縛されると餌を食べない。象は象の林に思いをはせる」と。

14

〈偈の語句の註釈〉

そこで、〈ダナパーラカという〔象〕〉とは、これはその時、カーシ国王が象の調教師を派遣して美しい象の林で（nāga-vane, *Vri.*）捕えさせた象の名前である。〈気が立ったさかりのついた（kaṭuka-ppabhedano）〔象〕〉とは、敏感になった（tikhiṇa）発情した（mada）〔象〕である。なぜならば発情期には象たちの耳の根もとのところが破れて〔刺戟臭の体液を出す〕からである。もともと象たちはその〔発情〕期には〔象使いが象を制御する〕鉤（aṅkusa）や、もり（kunta）、突棒（tomara）をへし折り（khaṇḍanti）凶暴となる。そしてその〔ダナパーラカ〕はきわめて凶暴なままである。それで〈気が立ったさかりのついた〔象〕は制御し難い（dunnivārayo）〉と言われる。

〈捕縛されると（baddho, つながれると）餌（kabala, 飯塊）を食べない〉とは、その〔象〕は捕縛されて、また象舎へ連れて行き、彩色の幕（sāṇī）で囲わせて、香りの床（paribhaṇḍa）にして、彩色の天蓋（vitāna）を上に

結んだところに立たされて、王が王と同じような（rājârahe）種々の最高の味の食べ物を与えさせても（upaṭṭhāpitepi）何も食べようと望まない。象舎に入れられたというその意味に関して（tam atthaṃ sandhāya, Vri.）〈捕縛されると（baddho, つながれると）餌を食べない〉と言われる。

〈象の林（nāga-vana）に思いをはせる（sumarati, 想起する）〉とは、その〔象〕は「私の住む処（林）は楽しい」と象の住処（bhavana）を思い起こした（sari）。（na,omit, Vri.）。また彼（象）の母親は森林の中で息子と離れることによって苦を得た者となった。彼は、

「私が（me, Vri.）母に仕えること（māt'upaṭṭhāna-dhammo, 母象に食を与えること）は満たされていない。この〔象舎の中の〕食餌に何の用があろうか」
と〔孝養の〕法を遵守する者であったので（dhammikattā）、母親に仕えることのみを想起した。そしてその
15
〔母象への孝養〕はその象の住処（森林）にだけとどまって満たすことが出来るので、それゆえに〈象は（kuñjaro）象の林に思いをはせる（sumarati）〉と言われている。

大師がこのご自分の過去の所行を引き合いに出して語りに語っておられるまさにその時に彼等はもう全員が〔目に〕涙をためる者たち（assu-dhārā）に変って行って（pavattetvā）、柔らかな心の者たち、耳を傾ける者たち（ohita-sotā）となった。すると世尊は彼等に適切であると知って諸々の真理（saccāni）を明らかになさった。説示が終わった時、息子たちや嫁たちと共にバラモンは預流果の上にしっかりと立った、という。

ある一人のバラモンの事

4．コーサラ王・パセーナディの事〔第三二五偈にちなむ話。*cf.DhpA*.III,p.264-〕

「眠りをむさぼる者であれば」というこの説法を大師は祇陀林（精舎）に住まわれつつ、コーサラ国王パセーナディについてお話になった。

16

〔コーサラ王の大食症を匡正する世尊〕

実に、或る時、王は一ドーナ升の米（taṇḍula-doṇa）の〔大量の〕御飯を、それにふさわしい〔おいしい〕スープやおかずと一緒に食べる。彼は或る日、朝御飯を食べて、飽食（bhatta-sammada）を除去しないまま大師のもとに行き、疲れた様子であちこちとうろうろする（samparivattati）。眠気に征服されつつも、〔からだを〕のばして（ujukam, まっすぐに）横たわることができないで、一隅に坐った。すると大師は彼におっしゃった。

「どうして、大王よ。あなたは〔疲れが〕回復しないまま（a-vissamitvā）おいでになったのですか」と。

「はい。尊師よ。〔御飯を〕食べた時からずっと私に大きな苦痛があります」と。すると大師は彼（王）に、

「大王よ。過度に沢山食べるのは、これは苦痛です」

とおっしゃって、この偈を誦えられた。

325．「眠りをむさぼり、また大食漢であると、
眠りに落ちる者となり、ごろごろと横たわる者となる。

餌に育てられた大猪のように
愚かな人は再三再四母胎におもむく」と。

20

17

〈偈の語句の註釈〉

そこで、〈眠りをむさぼり（middhin）〉とは、惛沈睡眠（thīna-middha）に打ち負けた人である。〈また大食漢（maha-gghasa）である〉とは、大めし食らい（mahā-bhojana）であり、手をとって立たせてくれ、と言う者（āhara-hatthaka）、〔腹が膨張して〕着物が着れない者（alaṃ-sāṭaka）、〔立ち上がれなくて〕そこで七転八倒する者（tattha-vaṭṭaka）、からすがつつけるほど口のふちまでほおばる者（kāka-māsaka）、食べたものを〔口におさめておくことができないで〕吐く者（bhutta-vamitaka）（以上、*As*.404^{20}-）のうちのどれか一つのようにである。〈餌に育てられた（nivāpa-puṭṭho）〉とは、籾糠（kuṇḍaka, もみぬか）などの豚の餌で育てられた〔猪〕である。なぜならば家の中〔で育てた〕豚（sūkara）は若い時からずっと飼育されて、大きな身体になった時には家から外に出て行くことが出来なくて、寝床の下などでごろごろ横たわって（samparivattitvā）、フウフウ息を出し入れしながら横たわるだけである。〔つまり〕こう言われている。人が眠りをむさぼる者となり、また大食漢であると、また餌で育てられた大猪のように、〔それとは〕別の姿勢でもって〔身を〕養うことができないので、眠りをむさぼることを習性とし（niddāyana-sīlo）ごろごろと横たわる者（samparivatta-sāyin）となる。その時、その者は「無常、苦、無我」という〔ものごとの〕三つの様相に心を注ぐことができない。それらのことに意を注がないと智の鈍い者（manda-pañña）となり、〈再三再四母胎におもむく〉、母胎に住むこと（gabba-vāsa, 生をうけて輪廻すること）からすっかり解放されない、と。

説示が終わった時、大師は王を護り助けるために（upakāra-vasena）、

「常に思念をたもち、〔食べる〕量をわきまえる人が食を得る時は、
その人の苦痛は薄らぐであろうし、
寿命を守りつつ、ゆっくりと老いるのだ」（「南伝」一二、一三八頁）

と、この偈を述べて、ウッタラ学童に〔それを〕学びとらせて、

「この偈を王が食事をする時に君は誦えなさい。またこのやり方で〔王の〕食事〔の量〕を減らしなさい
（parihāpeyyāsi, *Vri.*）」

と〔王の減食の〕手段を告げられた。彼（学童）はその通りにした。王は後になって、一ナーリ量の御飯を最大とすることを確立し、身体が軽くなり、快適さを得て、大師に対して信頼の心を生じ、七日間日替わりの施（a-sadisa-dāna）を行なった。随喜を受けるために集まった大衆は莫大な勝れたことを得た、という。

コーサラ国王パセーナディの事

5. サーヌ沙弥の事〔第三二六偈にちなむ話。*cf.*S.I.208-9〕

18

「以前にはこの〔心〕は」というこの説法を大師は祇陀林（精舎）に住まわれつつ、サーヌ沙弥に関してお話になった。

〔少年期のサーヌ沙弥はまじめで淳朴〕

聞くところでは、彼は或る一人の信女の一人息子である。そして彼女はまだ若い時に彼を出家させた。彼は出家した時以後、戒をたもつ者であり、行法（vatta）をそなえる者であった。阿闍梨・和尚・外来の客人たちへの務めも完璧に行なわれている。月の八日には早朝に起床し、水屋（udaka-mālaka）に水を〔運んで来て〕置き、聞法堂（dhamma-savaṅagga）を掃除し、灯火をともし甘美な声で聞法〔の時〕を告げる。比丘たちは彼の力量（thāma）を知って、

「〔経典の〕文句の読誦（pada-bhāṇa, *Vri.*sara-bhañña, 唱誦、梵唄）をしなさい。沙弥よ」

と求める。彼は「私の心臓が壊れます」とか「からだがいたみます」とか何ら引きさがることをしないで（paccāhāraṃ akatvā）、法座に登って、天の川（Ākāsa-gaṅgā,「仏のことば註㊂」253頁では空中を行くガンガー河のこと）を下ろすように〔経典の〕文句の読誦をしてから〔法座を〕下りて、

「この〔経が私によって〕述べられた時（bhaññe）〔その〕功徳（patti, 廻向、利得）を私の母と父にさし上げよう」

19 と言う。人々は彼が母と父に功徳（廻向）を与えていることを知らない。そして直前の自分の生存において彼の母親であった女は夜叉女となって生まれ出ていた。彼女は神格たちと一緒にやって来て、法を聞いてから、

「沙弥が与えてくれた功徳（利得、廻向）に私は感謝します（arumodāmi, 随喜します）。あなた」

と言う。また戒をそなえた比丘というのは神を含む世間が愛する者（piya）である、という。その沙弥に神格たちは恥じて（sa-lajjā）尊重し（sa-gāravā）大梵天に対するように、火の集まりに対するように思う。沙弥を尊重するのでその夜叉女をも尊重して称讃する。聞法のための夜叉の集会などでは〔過去世で〕サーヌの母親であった夜叉女に最高の座席、最高の水、最高の丸めた御飯（piṇḍa）をさし上げる。大威力ある夜叉たちもそれを見て道から下り、〔また〕座席から立ち上がって〔敬意を表する〕。

〈成年したサーヌは感官の煩悩になやむ〉

さてその沙弥は長ずるに従って（vuddhim anvāya）感官（indriya, 感覚知覚等の能力）が成熟して、悦ばしくないこと（an-abhirati, 不快なこと）に悩まされて、悦ばしくないことを除去することが出来ないで、髪の毛や爪をのばし、汚れた衣をまとい、誰にも告げずに鉢と衣を携えて、ただ一人で母親の家に行った。信女は息子を見て、礼拝して言った。

20 「あなた。あなたは以前は阿闍梨・和尚さまや若い沙弥たちと一緒にここにおいでになっています。それなのになぜ今日はただ一人でおいでになっているのですか」

と。彼は〔自分が〕いらいらしていること（ukkaṇṭhita-bhāva）を〔彼女に〕告げた。信仰のある信女はいろいろと俗家に住むこと（gharâvāsa）のわずらい（ādīnava, 患難）を示して息子を教誡するけれども説得することが

（saññāpetuṃ）出来なくて、 24

「たぶん（app'eva nāma）自分のそなわった能力（dhammatā）によっても了解するだろう」

と強いて促さないけれども（an-uyyojetvâpi）、

「〔ここに〕とどまりなさい（tiṭṭha）。あなた。私があなたにお粥の御飯をととのえる（sampādemi）まで。お粥を飲んで食事を終えた時、私はあなたに気に入った衣をもって来てさし上げましょう」

と言って、座席を設けて与えた。沙弥は〔そこに〕坐った。信女はしばらくの間だけでお粥や硬い食べ物をととのえて〔沙弥に〕与えた。それから、

「私は御飯をととのえましょう」

と遠くない所に坐ってお米を洗う。その時その夜叉女は、

「一体ね、どこに沙弥はいるのかしら。彼は托鉢食を得るのか。〔得〕ないのか」

と思いを〔そこに〕向けて（āvajjamānā）、彼が還俗したいと欲して（vibbhamitu-kāmatāya）坐っているのを知って、

「私の沙弥は大威力ある神格たちの中で恥ずかしい思いを起こすであろう（Vri. に従う）。私は行って彼が還俗する邪魔をしよう（antarāyaṃ karissāmi, 阻止しよう）」

とやって来て、〔沙弥の〕身体にとりついて（adhimuccitvā）首をねじ曲げると〔彼は〕唾を吐いて地面の上で
21 身をもがいた（vipphandi）。信女は息子のその異様な姿（vippakāra）を見て、急いでやって来て息子を抱きかかえて（āliṅgitvā）両腿の間に横たわらせた。村の住民たち全員がやって来て犠牲祭（bali-kamma）などを行なった。そして信女は泣きながらこの偈を述べた（「南伝」一二、三六三頁—）。

「『一四日に、一五日に、或いは半月の第八日に、また神変月の半月に、
その人たちが八支をよくそなえた布薩に入り梵行を行なうならば、
夜叉たちはその人々を弄《もてあそ》ばない』とこのように阿羅漢たちの〔言葉〕を私は聞いています。その私は今日ただ今見ます。夜叉たちはサーヌを弄《もてあそ》んでいます」と。

信女の言葉を聞いて〔夜叉女は言った〕。

「『一四日に、一五日に、或いは半月の第八日に…乃至…
　夜叉たちはその人たちを弄ばない』〔と〕阿羅漢たちの〔言葉〕をあなたはよく聞いている」

と述べてから〔こう〕言った。

「目覚めたサーヌにあなたは言いなさい（vajjāsi）。これは夜叉たちの言葉である。『悪業を行なってはならない。あらわにも、或いはたとえひそかにであっても。もしもあなたがまさに悪業をなすであろうなら、或いはなすならば、彼等はあなたを苦から解放しないだろう。飛び上って逃げようとも』」と。

22
「このように悪業をなして、鳥のように飛び上って逃げても、あなたには〔苦からの〕解放はない」

と述べて、その夜叉女は沙弥を解放した。彼は目を開けて母が髪の毛を乱して（kese vikiriya）息をはいたり吸ったりして泣いているのを〔見て〕、また全ての村の住民たちが集まっているのを見て、自分が夜叉に捕えられているのを知らないで、

「私は以前には椅子に坐っていた。母は私から遠くないところに坐ってお米を洗った。それなのに今、私は地面に横たわっている。一体これはどうしたことだ」と坐ったまま母親に言った（以下「南伝」一二、三六四頁末尾）。

「お母さん。〔人々は〕あるいは（vā, Vri.）死んだ人のことを悲しみ泣きます。あるいはその人が生きていても〔姿が〕見られないと〔悲しみ泣きます〕。お母さん。〔人々は〕生きている〔私〕を見ています。それなのになぜ、お母さん。あなたは私のことを悲しみ泣くのですか」と。

〈母親はサーヌに還俗の愚を説く〉

すると彼の母親は事欲（vatthu-kāma, 欲望の対象となるものども、金・女・家庭など）を〔捨てて〕、煩悩欲（kilesa-kāma, 心中に起きる欲の思い）を捨てて出家した者が、再び還俗（vibbhamana）のために帰って来る時のわずらい（ādīnava, 過患）を示して言った。

「息子よ。〔人々は〕あるいは死んだ人のことを悲しみ泣きます。或いはその人が生きていても〔姿が〕見られないと〔悲しみ泣きます〕。またその人が諸々の欲望を捨てて〔出家したのに〕再びこの〔俗家に〕戻って来た時、或いはその人に対しても、息子よ、〔人々は〕悲しみ泣きます。なぜならばその人は再び生きるにしても死んだ人〔同然〕だからです」と。

23 そしてまたこのように言って、俗家に住むことを熱灰（kukkuḷa）のようなものとし、同時に地獄（naraka, 奈落）と同じものとして俗家に住むことのわずらいを示して再び言った。

「熱灰から引き揚げられたのに、おまえ、おまえは熱灰に落ちようと欲しています。地獄から引き揚げられたのに、おまえ、おまえは地獄に落ちようと欲しています」と。

そして彼に、

「息子よ。あなたに吉瑞（bhadda, しあわせ）がありますように。そして私たちは『この私たちの息子は

〔家が〕焼かれている者が家の財物を〔取り出す〕ように〔自分を俗家から〕取り出して（nīharitvā）仏陀の教えのもとで出家しました。〔それなのに〕また俗家に住んで焼かれることを欲します。急いで走りなさい。私たちを守護しなさい（parittāyatha）』と、このことを私たちはどなたに〔お前を〕叱責していただいたらよいのか（kassa ujjhāpayāma）、何を叱責していただいたらよいのか」

ということを明らかにするためにこの偈を述べた。

「急いで走りなさい。あなたに吉瑞（しあわせ）が〔ありますように〕。私たちはどなたに〔お前を〕叱責していただいたらよいのか。燃えた〔家〕から持ち出された財物が再び焼かれることをおまえは欲しているのだ」と。

彼は母親が語っている時、〔その言葉を〕考察して、

「私には在家であることに意味はないのだ」

と言った。すると彼に対して母親は「よかったよ、お前」と満足して、すばらしい食事をとらせてから、

「いくつになるのかね、おまえ」

と質ねて、〔具足戒を受ける年齢を〕満たした年齢であると知って、三衣を用意した。彼は鉢と衣をすっかりととのえて具足戒を受けた。時に具足戒を受けたばかりの彼に対して大師は心の抑止（citta-niggaha）を敢行する心（ussāha）を起こさせて、

24 「この心というものが種々の〔欲望の〕対象物の間を長い間めぐり歩いているのを抑止しないでいる者には安穏である（sotthi-bhāva）ということはない。であるから、鉤（aṅkusa, 象を制御する鉤）でもって酔象を〔抑止する〕ように、心の抑止に努力すべきである」

とおっしゃって、この偈を誦えられた。

326.「この心は以前は、欲するままに、欲するところを、気楽にめぐり行った。その〔心〕を今日私は根源から抑止するであろう。
鉤をもった〔調教師〕がさかりのついた〔凶〕象を〔抑止する〕ように」と。

〈偈の語句の註釈〉

その意味は〔次の如くである。即ち〕、この心（citta）というものは今よりもっと前には悪いものごとなどの諸々の〔欲望の〕対境を欲情（rāga, 貪）など何らかの理由によって欲し求める（icchati）。まさにそこに彼の欲望（kāma）が生起すると、それによって〈欲するところを（yattha-kāmaṃ）〉、そのようにめぐり歩く者に心地良さがあるように、そのようにだけ歩みつつ、〈気楽に（yathā-sukhaṃ）〉長い間めぐり行く。今日私は、〈さかりのついた（pabhinnaṃ）凶象（matta-hatthin）を〉象の調教師（hatth'ācariya）と呼ばれる巧みな人が〈鉤を持って〉鉤で〔象を制御する〕ように、根源的に思惟すること（yoniso-manasikāra）によって〔その欲望を〕私は抑止するであろう。それが〔私を〕越えて行くことを許さないであろう（na dassāmi, 与えないであろう）と。

25 説示が終わった時、サーヌと一緒に聞法会におもむいた大勢の神格たちに法の領解があった。またその尊者（サーヌ）は三蔵の仏陀の言葉を学び取って、大法話者となり、二千年存命して全インド洲を振動させて（khobhetvā）般涅槃した、という。

サーヌ沙弥の事

6. バッダ・エーラカ（吉祥を駆る）象の事〔第三二七偈にちなむ話〕

「不放逸を喜ぶ者たちで〔あれよ〕」というこの説法は大師は祇陀林（精舎）に住まわれつつ、コーサラ王の〔所有する〕バッダ・エーラカ（吉祥を駆るもの）という象に関してお話になった。

〔泥沼に落ちた老象をひき上げる〕

聞くところでは、その象は若い時に大力があって、後になって老衰の風（jarā-vāta）に急激に打たれて（abbhāhato）、或る一つの大きな池に下りて泥沼（kalala）にひっかかって上に上ることができなかった。大衆はそれを見て、

「このような〔すぐれた〕象といえどもこの〔老衰による〕力が弱くなる状態を得た」

と話を立ち上げた。王はその顛末を聞いて、象の調教師に命じた。

「行きなさい。その象を泥沼から引き上げなさい」と。

彼は行って、その場所に戦場の先頭（saṅgāma-sīsa, 先陣）を示して、戦闘の太鼓を打たせた。生まれつき自尊心のある（māna-jātiko）象は急激に立ち上って地上にしっかりと立った。比丘たちはその〔象の〕所作（kāraṇa）を見て大師に申し上げた。大師は、

26 「比丘たちよ。まずその象は自然の泥土という難所（dugga）から自分を引き上げた。そして君たちは煩悩という難所の中を進んだのだ。であるから根源から努力して（padahitvā）君たちもその〔煩悩の泥沼〕か

ら自分を引き上げなさい」

とおっしゃって、この偈を誦えられた。

327「君たちは不放逸を喜ぶ者たちであれよ。自分の心を守りなさい。
難所から自分を引き上げなさい。泥土に沈んだ象が〔自分を引き上げた〕ように」と。

〈偈の語句の註釈〉

そこで、〈不放逸を喜ぶ者たち（appamāda-ratā）〉とは、思念（sati）の不在がないことを（a-vippavāse）大いに喜ぶ者たちであれよ。〈自分の心を（sa-cittaṃ）〉とは、色など（色・声・香・味・触・法）の諸々の対境に対して自分の心を越えて行くように（yathā vītikkamaṃ 違犯するように）しないで、このように守りなさい。〈難所から（duggā）〉とは、たとえば泥土に沈んだその象が手と足をはげませて（vāyāmaṃ katvā）泥土の難所から自分を引き上げて陸上にしっかりと立ったように、そのように君たちも煩悩という難所から自分を引き上げなさい。涅槃という陸地にしっかりと〔自分を〕立たせなさい、という意味である。

説示が終わった時、彼等比丘たちは阿羅漢の境地にしっかりと立った、という。

バッダ・エーラカという象の事

7. 大勢の比丘たちの事〔第三二八―三三〇偈にちなむ話〕

「もし君たちが得るならば」というこの説法を大師はパーリレッヤカ（コーサンビーの近くの町）近郊のラッキタという林の繁みに滞在なされて、大勢の比丘たちに関してお話になった。

27

〔巨象にかしずかれて独居する世尊〕

　この事は〔「法句経」の〕「双品」の中の「また他の人々は知らない」という偈（第六偈）の註釈の中にすでに出て来ている。なぜなら、こう言われるからである。〔即ち、〕如来が象龍に仕えられて住していることは全インド洲に明らかであった。舎衛城から給孤独（長者）やヴィサーカー（鹿母）大信女というこれらの大家の方々が阿難上座に信書を送った。

「尊師よ。大師を我々に会わせて下さい」と〔乞うた〕。

〔また〕その地方に住む五〇〇人の比丘たちも雨安居を終えて（vuttha-vassā）阿難上座のところに行き、

「友、阿難よ。我々が世尊の面前で法話を聞いてから〔もう〕長い時間がたちました。どうか、友、阿難よ、我々が世尊の面前で法話を聞くことができますように」

と乞うた。上座は彼等比丘たちを連れてそこ（パーリレッヤカ〔象〕のラッキタ林）に行ったが、

「三箇月間ただ一人で住される如来のもとにこれだけ〔大勢〕の比丘たちと一緒に近づいて行くのは適切ではない」

28

と考えて、〔自分〕一人だけで大師に近づいて行った。パーリレッヤカはそれを見て棒をとっておどり出た。大師は〔それを〕見て、

「離れなさい。パーリレッヤカよ。妨害してはならない。その人は仏陀に仕える人だよ」

とおっしゃった。彼〔象〕はその通りに棒を捨てて〔阿難上座の〕鉢と衣を受け取ることを乞うた（āpucchi）。上座は〔鉢と衣を〕与えなかった。象は、

「もし〔阿難上座が〕行法をよく学び取った人（uggahita-vatta）であれば、彼は大師がお坐りになる岩石の台座（phalaka）に自分の身のまわりの物（parikkhāra, 資具）を置かないだろう」

と思った。上座は鉢と衣を地面に置いた。なぜならば行法をそなえた人々は（vatta-sampannā）師たちの座席に、或いは寝床に自分の身のまわりの物を置かないからである。上座は大師を礼拝して一方に坐った。大師は、

「君は一人だけでやって来たのかね」

と質ねて、五〇〇人の比丘たちと一緒にやって来ていることを聞いて、

「しかしその者たちはどこにいるのかね」とおっしゃると、

「あなた様のお心を知りませんので、外に待たせて私はまいっております」と言った。〔大師は〕

「君はその者たちを呼んで来なさい」

とおっしゃった。上座はそのようにした。大師は彼等比丘たちと挨拶を交わして、彼等比丘たちから、

「尊師様。世尊は仏陀として〔身体が〕繊細であり（buddha-sukhumālo, *Vri.*）またクシャトリヤとして〔身体が〕繊細であります。あなた様が三箇月にわたって、お一人で立ちまた坐るのは難行がなされることです。身のまわりのことをする者（vatta-paṭivatta-kāraka）も〔洗〕顔の水などを捧げる者もいない、と思わ

れますが」と言われて、

「比丘たちよ。パーリレッヤカ象が私の全ての〔身のまわりの〕仕事をするのだよ。このような〔善い〕友（sahāya, 共に歩む者）を得れば一人で住むのがよい。〔たとえ〕得ない時でも一人で行ずる者であることこそがより良いのだよ」

と、おっしゃって、この偈を誦えられた。

328. 「もし共に歩む賢明な者を得るならば、
一緒に歩み、善く過ごす賢者を〔得るならば〕、
あらゆる諸々の危難に打ち勝って
思念をそなえた者はその人と共に満足し〔心喜んで〕歩むがよい。

329. もし共に歩む賢明な者を得ないならば、
一緒に歩み、善く過ごす賢者を〔得ないならば〕、
王が征服された国土を捨てて〔行く〕ように、
龍象が象の森を〔歩む〕ように一人で歩むがよい。

330. 一人で歩むのがより勝れている。愚者には共に歩むことはない。
一人で歩むがよい。また諸々の悪を為さぬがよい。

憂いなく龍象が象の森の中を〔安らかに歩む〕ように」と。

29

〈偈の語句の註釈〉

そこで、〈賢明な者を（nipakaṃ）〉とは、俊敏な（nepakka）智慧をそなえた者を。〈善く過ごす賢者を（sādhu-vihāri-dhīraṃ）〉とは、賢く過ごす（bhadda-vihārin, 吉祥に住する）賢者を。〈諸々の危難に（parissayāni）〉とは、そのような慈しみに住する同行者（sahāya, 朋友、仲間）を得て、獅子や虎などの天然の危難に〔打ち勝ち〕、また欲情の恐れ、怒りの恐れなど〔心中に〕覆われている危難に〔打ち勝ち〕と、もう全ての諸々の危難に打ち勝って、その〔同行者〕と共に〈満足して（atta-mano, 心喜んで）〉、思念が起こされた者となって〈歩むがよい（careyya）〉、時を過ごすがよい（vihareyya, 住するがよい）、という意味である。

〈王が国土を…ように〉とは、国土を捨てて王たること（rajja）から王仙（rājïsi）〔となる〕ように。こう言われている。〔即ち〕――例えば土地や地方を征服された王が、

「この王たること（王権）というのは大きな放逸の場（pamāda-ṭṭhāna, 放逸の原因）である。私にとって王権を行使することが何になろうか」

と征服された国土を放棄して、ただ一人で大森林に入り、苦行者の出家を出家して、〔行・住・坐・臥の〕四つの行動姿勢においてただ一人で歩む。このようにただ一人で歩むがよい、という。〈象龍が（nāgo）象の森を（mātang'araññe）〔歩む〕ように〉とは、またちょうど、

30 「私は、いかにも象たちや牝象たち、若象（hatthi-kalabha）たち、象の子獣（chāpa）たちに混じって（ākiṇṇo）暮らしている。また先が切られた草々をかみ食べるとともに、砕きに砕かれた枝の切れはし（sākhā-bhaṅga）を私はかみ食べる。また濁った水を飲む。また水に入って渡った私のからだを牝象たちは近づいてこすりつけて（upa-nighaṃsantiyo）行く。さあ私は一人になって〔象の〕群から遠離して（vūpakaṭṭho）過ごすと

しよう」（「南伝」二三、一四九頁―）

と、このように深慮して（paṭisañcikkhitvā, *Vri.*）行くので、〔私にはそれによってこの〕マータンガ（mā-taṅ-ga, そこに行くな、象）という名がついた。この森の中でこの象龍は獣群を捨てて、全ての行動姿勢において一人となって安らかに行くのであるが、このようにも一人で歩むがよい、という意味である。

〈一人で（ekassa）〉とは、なぜならば、出家者にとって出家した時以後は一人でいることを大いに喜び（eki-bhāvâbhiratassa）ただ一人で〈歩むのがより勝れている（caritaṃ seyyo）〉。〈愚者には（bāle）共に歩むこと（sahāyatā, 朋友であること）はない〉とは、小戒、中戒、大戒、十論事（dasa kathā-vatthūni.*M*.I.145[20-]，「南伝」九、二六六頁）、十三頭陀支の徳（dhut'aṅga-guṇāni, *Vri.*）、観法の智、四つの道、四つの果、三明、六通、不死甘露の大涅槃、と
31 実にこれが「共に歩むこと」と言われるのであり、それは愚者に依存しては証得することが出来ない、というので〈愚者には共に歩むことはない〉のである。

〈一人で（eko）〉とは、こういうわけで全ての行動姿勢において一人だけで歩むがよい。わずかのものであっても〈また諸々の悪を為さぬがよい（na ca pāpāni kayirā）〉。ちょうどこの象龍（mātaṅga-nāga）が憂いなく（appossukko, 無関心で）執着なく（nirālayo, よるべなく）、この森の中でそれぞれ欲する処で安らかに歩むように、そのように一人になって歩むがよい。またわずかでも諸々の悪をなさぬがよい、という意味である。それゆえに君たちもふさわしい同行者が得られない時は一人で行く者でだけあるべきである、と、この意味を示して大師は彼等比丘たちにこの説法をお示しになった。

説示が終わった時、五〇〇人の彼等比丘たちも阿羅漢の境地にしっかりと立った、という。

五〇〇人の地方に住む比丘たちの事

8．魔の事〔第三三一―三三三偈にちなむ話〕

「為す必要が〔生じた〕時」というこの説法を大師は雪山の麓の森の小屋に滞在なさって、魔に関してお話になった。

32

〔魔は世尊に国の統治をすすめる〕

聞くところではその時、王たちは人々を圧迫して統治している。時に世尊は不法な王たちの統治の下で刑罰（daṇḍa-kāra）によって圧迫されているそれらの人々をご覧になって、悲愍（kāruñña）によってこのように思われた。〔即ち〕

「一体ね、殺さないで（a-hanaṃ）殺害しないで（a-ghātayaṃ）勝たないで（a-jinaṃ）財産を没収して追放することをしないで（a-jāpayaṃ）愁い悲しまないで（a-socaṃ）、悲しませないで（a-socāpayaṃ, Vri.）〔正しい〕法によって〔国を〕統治することができるだろうか」と。

魔・波旬は（Māro pāpimā）世尊のその思いめぐらしを知って、

「沙門ゴータマは『一体ね、〔国を〕統治することが出来るだろうか』と考えている。今や〔彼ゴータマは国を〕統治したいと欲しているのだろう。また統治というこれは放逸処（pamāda-ṭṭhāna, 放逸の原因）である。〔彼が〕その〔統治〕をする時は〔私は彼につけ入る〕すき（okāsa, チャンス）を得ることができるだろう。私は行こう。彼に〔統治を〕敢行する気持（ussāha）を起こさせよう」

33

と考えて、大師に近づいて行って言った。

「尊師よ。世尊は〔国を〕統治しなさい。善逝は〔国を〕統治しなさい。殺さないで、殺害しないで、勝たないで、財産を没収して追放することをしないで、愁い悲しまないで、愁い悲しませないで、〔正しい〕法によって〔国を統治しなさい〕」と。

すると大師は彼に、

「おまえは私にそのように言うが、しかし一体おまえは、波旬よ。私をどのように見ているのかね」

とおっしゃった。

「いかにも、世尊よ。世尊は四神足（iddhi-pādā,「パ仏辞」313右下）をよく修習なさった。なぜならば希望しながら世尊が山の王者雪山に『黄金になれ』と心を向けると（adhimucceyya）、するとその〔雪山〕は黄金にだけなるでしょう。いかにも私も財物によって財物を使って為されるべきことを行ないましょう。というわけで、あなた様は法によって〔国を〕統治なさいませ」

と〔魔は答えた〕。それで〔こう〕言われる。

「黄金の山の、黄金の全ては、〔その〕二、三〔倍〕であっても
一人の人の〔満足〕には十分ではない。このように知って正しく歩むがよい」
「誰でもその〔欲望〕を因とする苦を見た人は、
その人はどうして諸々の欲望に傾くであろうか。
〔生存の〕依り所を世間における『染著である』と知って、
人はまさにそれを調伏するために学ぶがよい」と。（「南伝」一二、一九七頁）

これらの偈によって驚怖させてから、

「波旬よ。いかにもおまえの教誡と私の〔教誡〕とはまったく別の物であり、おまえと一緒に法が合流する（dhamma-saṃsandanā, Vri.）ということはない。私がこのように教誡するのだ」とおっしゃって、これらの偈を誦えられた。

331. 「必要なことが起こった時、友だちが〔いること〕は安らぎである。
諸々の満足はどんなものによる〔満足〕でも安らぎである。
生命が尽きる時に福徳は安らぎである。
全ての苦を捨てることは安らぎである。

332. 世間で母への孝養はしあわせ（安らぎ）であり、また父への孝養もしあわせである。
世間で沙門であることは安らぎであり、またバラモンであることは安らぎである。

333. 老いるまで戒は安らぎであり、確立された信は安らぎである。
智慧を得ることは安らぎであり、諸悪を為さないことは安らぎである」と。

〈偈の語句の註釈〉

そこで、〈必要なことが起こった時（atthamhi jātamhi）〉とは、なぜならば、出家者にとっても衣を作るなど
34 の時に、或いは諍い事（adhikaraṇa）を鎮めるなどの時に。在家者にとっても耕作の仕事などの時に、或いは
〔戦闘で〕強力な味方（pakkha, 援軍）によって勝利をおさめるなどの時に、為さねばならないことが生じた時、

誰でもその為さねばならないことを完遂させ、或いは鎮静させることが出来るならば、そのような人々が安らぎ〔を与えてくれる〕友だちである、という意味である。〈諸々の満足（tuṭṭhi）は安らぎ（sukhā）である〉とは、またなぜならば在家者たちは自分のもの〔だけ〕で満足しないで、隙間破り（sandhi-cchedana, 窃盗）などに励む。出家者たちも種々の類の邪求（anesanā, 不法）に〔励む〕。このように彼等は安らぎをもう見出さないだけである。であるから、その〔満足〕が〈どんなものによる（itarītarena）のであっても〉、或いはわずかの、或いは莫大な自分の所有物（santaka）による満足であれば、これこそが安らぎである、という意味である。〈福徳は（puññaṃ）〉とは、また死の時に〔自分が〕志向した通りに広げて行なわれた福徳の業こそが安らぎ〔を与えてくれる〕。〈全ての（sabbassa）〉とは、また全ても輪廻の苦（vaṭṭa-dukkha）の捨棄と呼ばれる阿羅漢の境地こそがこの世間における安らぎと言われる。

〈母への孝養（metteyyatā）〉とは、母親に対する正しい行いの実践（sammā-paṭipatti）である。〈父への孝養（petteyyatā）〉とは父親に対する正しい行いの実践である。両方によっても母と父に仕えること（upaṭṭhāna）だけが述べられている。なぜならば母と父は息子たちが〔自分たちに〕仕えないでいるのを知ると自分の所有物を地面に埋蔵し、或いは他の人たちに分けてやるからである。「母と父に〔彼等は〕仕えない」と（ti, Vri.）この〔息子〕たちへの非難も増大するし、身が壊れて〔死ぬと〕糞地獄（Gūtha-niraya）にも再生する。しかしその
35 人たちが母と父にうやうやしく仕えるならば、その人達は彼等（父母）の所有する財産をも得るし称讃も得る。身が壊れて〔死後〕には天上界（sagga, 天国）に再生する。それで両方ともこれはしあわせ（安らぎ）である、と言われている。

〈沙門であること（sāmaññatā）〉とは出家者たちの中での正しい実践修道である。〈バラモンであること

（brahmaññatā）〉とは悪が除去された仏陀・辟支仏・声聞弟子たちの中での正しい実践修道そのものである。それらの両方によっても彼等が〔衣・食・住・薬の〕四つの生活用品に対して醒めた眼で対処していること（paṭijaggana-bhāvo）が言われている。これも世間における安らぎというものが述べられている。

〈戒は（sīlaṃ）〉とは、なぜならば、宝珠・耳環（kuṇḍala）・赤い服などの諸々の〔身の〕飾りはそれぞれその時代に立った者たちだけに輝く。ここで若い者たちの飾りは高齢の時には〔輝か〕ないし、或いは高齢者たちの飾りは若い時には輝か〔ない〕。「この人は狂っている、と思うよ」と非難をひき起こして欠陥だけを生む。しかし五戒、十戒などの類の戒は若い人にも高齢者にも、あらゆる年代において輝くだけである。「ああ、実にこの方は持戒者である」と称讃を生んで心の喜びのみをもたらす。それで〈老いるまで（yāva jarā）戒は安らぎである〉と言われる。〈確立された（patiṭṭhitā）〉とは、世間・出世間の二種の信（saddhā）はともに揺るがず確立されている。〈智慧を得ることは安らぎである〉とは、世間・出世間の智慧（paññā）を得ることは安ら
36 ぎである。〈諸悪を為さないこと〉とは、橋の破壊（setu-ghāta, 悪習の打破）によって諸悪を行なわないことはこの世間における安らぎである、という意味である。

説示が終わった時、大勢の神格たちに法の領解があった、という。

魔の事

象品の註釈　終わる

第二十三品

XXIV. 渇愛品（Taṇhā-vaggo）

1. カピラ魚の事〔第三三四—三三七偈にちなむ話。cf.「仏のことば註㈡」477-83 頁〕

「〔放逸に行なう〕人の」というこの説法を大師は祇陀林（精舎）に住まわれつつ、カピラ魚に関してお話になった。

〔出家して三蔵をきわめたカピラは傲岸不遜となる〕

聞くところによると、昔、カッサパ世尊（二四仏の第二四、七仏の第六）が般涅槃なされた時、二人の在家の兄弟が〔家を〕出て声聞弟子たちのもとで出家した。兄はソーダナという者であった。弟はカピラという。また彼等の母はサーディニーといい、妹はターパナーといい、彼女たちも比丘尼たちのところで出家した。このように彼等が出家した時、兄弟両人は阿闍梨・和尚たちの身の廻りの種々の作務（vatta-paṭivatta）を行なって時を過ごしつつ、或る日、

「尊師さま。この教えにはどれだけの責務（dhura, 荷物）があるのですか」

と質ねたところ、

「経典上の責務（gantha-dhura）と観法上の責務（vipassanā-dhura）という二つの責務がある」

38

と聞いて、兄は、

「観法の責務を私は満たそう」

と、五年間阿闍梨・和尚たちのもとで暮らして、阿羅漢の境地にいたるまで観念修行法（kamma-ṭṭhāna, 業処）を学び取り、森林に入って〔修行に〕励んで阿羅漢たることを得た。弟は、

「私はまだ若い。年をとった時に観法の責務を満たそう」

と、経典上の責務を確立させて、三蔵（経・律・論の聖典）を学んだ。彼の教法（pariyatti）によって取り巻き集団（parivāra）が〔生じ〕、取り巻き集団によって利得（lābha）が生じた。彼は博識（bāhu-sacca, 多聞）の自惚（mada, うぬぼれ、慢）に酔って、利得への渇愛によって征服されて、過度に賢者であるとの自負心をもったので、他の人々が言った正しいことでも「正しくない」と言い、正しくないことも「正しい」と〔言い〕、無罪のことも「有罪である」と〔言い〕、有罪のことも「無罪である」と〔言う〕。彼は温和な（pesala）比丘たちが、

「友、カピラよ。そのように言ってはいけません」

と言って、法と律とを示して教誡されても、

「あなた方は何を知っているのか。手に〔何の知識も〕持っていない（ritta-muṭṭhi, 空拳）と同然である」

と云々と言って怒り（khuṃsento）軽蔑して（vambhento, そしって）歩む。

さて、彼の兄のソーダナ上座にも比丘たちはその旨を告げた。彼（兄）も彼（弟）のところに行って、

「友、カピラよ。実におまえ達のような者たちの正しい実践修道が教えの寿命と言われるのだ。であるから正しい実践修道を捨てて、適正なこと（kappiya）などを排斥して（paṭibāhanto）そのように言ってはい

けない」

と教誡した。彼〔弟〕は彼〔兄〕の言葉も取り上げなかった（nâdiyi）。このようであっても上座〔兄〕は二度三度と〔弟を〕教誡したが、〔自分の〕教誡を取り入れない〔弟〕を、

「この者は私の言葉を用いないのだ」と知って、

「では、友よ。おまえは自分の〔悪〕業によって思い知らされるであろう」

39 と言って立ち去った。それ以後他の温和な比丘たちも彼を見捨てた。彼は悪行者（dur-ācāra）となって悪行者に囲まれて暮らしつつ、或る日、

「布薩堂（uposath'agga）で私はパーティモッカ（pātimokkha, 戒経）を説こう」

と扇子を持って、法座に坐り、

「友よ。ここに集まってきた比丘たちのパーティモッカ（pātimokkha, 戒条に照らしての反省・告白）は行なわれるのか」

と質ねた。〔そして〕

「この〔傲慢なカピラに〕返事をしたとて何の意味があろうか」

と黙っている比丘たちを見て、

「友よ。〔ここには〕律（vinaya）そのものがないのだ。パーティモッカを聞こうが聞くまいが〔それに〕何の意味があるのだ」

と言って座から立ち上った。このように彼（カピラ）はカッサパ世尊の教法（pariyatti）・教え（sāsana）を衰退させた（osakkāpesi）。

ソーダナ上座もその同じ日に（tad-ah'eva, *Vri.*）般涅槃した。カピラは自分の寿命が終わった時、無間大地獄に再生した。彼女たち、つまり彼の母と妹も同じ彼（カピラ）の邪見に従う者（diṭṭhânugati）となって温和な比丘たちを罵り誹謗して、同じその地獄に再生した。

〔五〇〇人の盗賊が林住の比丘から受戒して天国に再生し、さらに漁夫に再生〕

またその時五〇〇人の男が村荒らし（gāma-ghāta）などを行なって掠奪して（corikāya, *Vri.*）生活していたが、土地の人々に追跡されて逃げて森に入った。〔しかし〕そこに何らの隠れ場所（paṭisaraṇa）が見つからないでいる時、ある一人の森住の比丘（araññaka-bhikkhu）を見たので、礼拝して、

「尊師さま。我々の隠れ場所になって下さい」

と言った。上座は、

40

「お前たちにとっては戒と等しい隠れ場所というものはない（戒が最上の隠れ場所である）。全ての者が五戒を受持しなさい」

と言った。彼等は「よろしゅうございます」と同意して〔五〕戒を受持した。そこで上座は彼等を教誡した。

「今や君たちは持戒者である。命のためであっても君たちは決して戒を破ってはならない。心を怒らせてはならない（mano-padoso na kātabbo, 意の過失をしてはならない）」

と。彼等は「わかりました」とうなずいた。

さて、彼等土地の人々はその場所に到着して、あちらこちらとくまなく探して、彼等盗賊どもを発見し盗賊全員を殺害した。彼等は死去して天国に再生した。一番上の盗賊は天子の長になった。彼等は順と逆に〔輪廻

すること〕によって（anuloma-paṭiloma-vasena,「仏のことば註(二)」492（6）、良い方向と悪い方向に輪廻することによって）、一無仏期を天界で輪廻して、この仏陀（釈迦牟尼世尊）が出現なされた時、舎衛城の城門のところの五〇〇軒からなる漁夫の村（kevaṭṭa-gāma）に再生した。天子の長は漁夫の親方の家に結生をとった。他の者たちは他の〔漁夫の家々〕に〔結生をとった〕。このように彼等はまったく同じ日に結生（受胎）と母胎から出ること（出産）をした。漁夫の親方は、

「一体だな、この村ではほかにも子供が今日生まれているのかな」

と全て探させて、それらの〔子供たち〕が生まれているのを聞いて、

「これらの〔子供たち〕は私の息子の友だちになるだろう」

と、全ての者たちに養育費（posāvanika）を与えさせた。彼等は全てもが泥んこまみれで遊ぶ友だちとなって、次第に年頃になった。彼等のうちで親方の息子は名声があり、また威光があり第一の人物となった。

41

〈カピラは再生して悪臭を出す金色の魚となった〉

さていかにもカピラは一無仏期を地獄で煮られ（苦しめられ）てから、果報の残りによって、その時アチラヴァティー河で黄金色の口から悪臭を出す魚となって再生した。さて、或る日、彼等友人たちは、

「魚を捕ろう」

と、網を持って河に投げた。すると彼等の網の中にその魚が入った。それを見て全ての漁夫の村の住民たちがお祭りさわぎ（ussava）をした。

「我々の息子たちがはじめて魚を捕りに行って金色の魚を捕ったぞ。今〔これを王さまにさし上げれば〕

42

王さまは我々に沢山褒美（dhana, 財物）を下さるだろう」と。

彼等〔漁夫〕仲間たちもなるほど魚を船に投げ入れて、王のもとに行った。〔それを〕見るやいなや王からも「何だ、これは」と言われて、

「魚でございます。王さま」

と言った。王は金色の魚を見て、

「大師はこの〔魚〕が金色である理由をご存知であろう」

と、魚を持たせて世尊のもとに行った。魚が口を開けただけで全祇陀林がとても悪い臭いになった。王は大師に質ねた。

「尊師よ。なぜ魚は金色になったのですか。なぜ口から悪臭を出すのですか」と。

「大王よ。この〔魚〕はカッサパ世尊の教えの時にカピラという比丘でした。博識（多聞）で沢山の取り巻きがいました。所得への渇愛に打ち負けて、自分の主張（vacana, 言葉）を取ってくれない（a-gaṇhantānaṃ, Vri.）〔比丘〕たちを怒罵し誹謗する者でした。その世尊の教えを衰退させました（osakkāpesi）。それで阿鼻地獄に再生してから、果報が残っていたので今魚に生まれました。けれども彼が長い間仏陀の言葉を教え仏陀の称讃を語ったその〔善業の〕結果としてこの金色を得たのです。〔彼が〕比丘たちを怒罵し誹謗する者であった、その〔悪業の結果〕として彼の口から悪臭が出るのです。彼に語らせましょうか、大王よ」

「〔彼に〕語らせて下さい。尊師よ」

そこで大師は彼（金色の魚）にお質ねになった。

「おまえはカピラかね」

「はい。尊師さま。私はカピラです」

「おまえはどこからやって来たのかね」

「阿鼻（無間）大地獄からです。尊師さま」

「おまえの兄のソーダナはどこへ行ったのかね」

「〔兄は〕般涅槃いたしました。尊師さま」

「ではおまえの母親のサーディニーはどこへ〔行ったのか〕ね」

「地獄に生まれ出ました。尊師さま」

「おまえの妹のターパナーはどこへ行ったのかね」

「〔妹も〕大地獄に〔再生しました〕。尊師さま」

「今、おまえはどこへ行くのだろうか」と。

彼は、

「阿鼻（無間）大地獄にだけ〔行くでしょう〕。尊師さま」

と言って、後悔に打ち負けて船に頭をぶっつけて即座に死去して地獄に再生した。大衆は衝撃を受けて身の毛をよだてた。すると世尊はその刹那に集まって来た会衆の心の動きをご覧になってその刹那にふさわしい法を示そうとなさって、

「法（善）の行ない（法行）、清浄な行ない（梵行）があり、これを最高の財と言う。
〔もし家より出て家なく、出家者になるとしても、

もし彼が口の悪い人種であって、人を悩ますことを喜ぶ獣ならば、
その生命はより悪くなり、自分の塵を増殖させる〕」（*Sn*.274.275偈）

と「スッタニパータ（経集）」の「カピラ経」を語って、これらの偈を誦えられた。

43

334.「放逸に行なう人間の渇愛は蔓草のように増大する。
彼はあちこちと（此の世あの世で）漂う（さまよう）。
果実を求めて猿が林の中を〔めぐる〕ように。

335. 世間に執着するこの卑しい渇愛がその人を征服するならば、
その人の憂い悲しみは増大する。あたかも雨後のビーラナ草のように。

336. また誰でも世間において越え難い卑しいこの渇愛を征服するならば、
憂い悲しみはその人から脱落する。あたかも蓮の葉から水滴が〔落ちる〕ように。

337. およそここに集まって来たあなた方に私はそのことを告げよう。あなた方に吉祥があれよ。
あなた方は渇愛の根を掘り出しなさい。ビーラナ草の根（ウシーラ）を求める人がビーラナ草を〔掘る〕ように。
まさに流水が葦を〔壊す〕ように、魔が再三再四あなた方を壊してはならない」と。

〈偈の語句の註釈〉

そこで、〈放逸に行なう人の（pamatta-cārino）〉とは、思念の放棄を特徴とする放逸（pamāda）によって心が

44 放逸となった人の禅思（jhāna）は決して〔増大し〕ないし、観法の道の諸々の果実は増大しない。また例えば樹木にからんで（saṃsibbantī）すっかり覆ってその〔樹木〕を枯らすべく〈蔓草（māluvā）が〉、蔓（latā）が繁茂するように、そのようにその人の六つの門（眼・耳・鼻・舌・身・意）をよりどころとして再三再四生起するので渇愛が増大する、という意味である。〈彼はあちこちと（hurāhuraṃ）漂う（palavati, さまよう）〉とは、その渇愛に支配された人はそれぞれの生存において漂い走る。何のようにか、と。〈果実を求めて猿が林の中を〔めぐる〕ように〉とは、ちょうど木の果実を求めて猿が林の中を走り、それぞれその木の枝をつかんで、〔また〕それを手放し別の〔枝〕をつかむ、というように「枝を手に入れないで静かに落ちついた（sannisinno）」と言われる状態にはならない。まさにそのように渇愛に支配された人はあちこちと走って「感官の対境（ārammaṇa）を手に入れることなく渇愛が動かないことを得た」と言われることにはならない。

45 〈その人を（yaṃ）〉とは、その人を、〈この（esā）〉、劣悪であるので（lāmaka-bhāvena）〈卑しい（jammī）〉、毒をもたらすので、毒の花なので、毒の果実なので、毒の食べ物なので、色など（色・声・香・味・触・法）に執着するので（visattatāya）、しがみついて執着するので〈執着するもの（visattikā）〉と呼ばれた六つの門（眼・耳・鼻・舌・身・意）をよりどころとした渇愛（taṇhā）が征服する。例えて言えば林に再三再四神が雨を降らすことによって、〈雨後の（abhi-vaṭṭaṃ, 沢山雨を降らされた）ビーラナ〉草が繁茂するように、そのようにその人の内部に降りそそいだものを根元とする（vaṭṭa-mūlakā）〈憂い悲しみが（sokā）〉大いに増大する、という意味である。

〈越え難い（dur-accayaṃ）〔渇愛を〕〉とは、しかしおよそ人がこのように述べられた類のものを越えて行くことを、捨てることを行ない難いので、越え難い渇愛を征服し（sahati）征圧するならば、その人から降りそそいだものを根元とする〈憂い悲しみは脱落する〉。例えて言えば〈蓮の葉に〉、蓮華の葉に落ちた水滴は〔そこに〕とどまらないように、そのようにとどまらない、という意味である。

〈私はあなた方にそれを告げよう〉とは、そのようなわけで私はあなた方に告げる。〈あなた方に吉祥があれよ（bhaddaṃ vo）〉とは、吉祥があなた方にあれよ。このカピラのように破滅にいたってはならない、という意味である。〈根を〉とは、この六つの〔感官〕を門とする渇愛の根を阿羅漢道の智によって〈掘り出しなさい（khaṇatha）〉。何のようにか、というと、〈ビーラナ草の根（ウシーラ）を求める人が（usīr'attho）ビーラナ草を〔掘る〕ように〉と。ちょうどビーラナ草の根（ウシーラ）を求める人が大きな鋤（kuddāla）でビーラナ草を掘るように、そのようにその〔渇愛〕の根を掘り出せ、という意味である。〈まさに流水が（soto va）葦（naḷa）を〔壊す〕ように、魔が再三再四あなた方を壊してはならない（mā vo Māro bhañji）〉とは、河の流れの中に生えた葦を大きな速力でやって来た河の流水が〔破壊する〕ように、煩悩魔、死魔、天子魔が再三再四あなた方を破壊してはならない、という意味である。

46

　説示が終わった時、彼等五〇〇人の漁師の息子たちは衝撃を受けて（宗教心を得て）苦を終わらせることを望みつつ大師のもとで出家し、もうほどなくして苦を終わらせて大師と共に不動に住する禅定（āneñja-vihāra-samāpatti）の法の受用によって〔世尊と〕同一の〔禅定を〕享受する者たち（eka-paribhogā）となった、という。

カピラ魚の事

2. 牝の子豚の事〔第三三八―三四三偈にちなむ話〕

「たとえば根が」というこの説法を大師は竹林（精舎）に滞在なされつつ、一匹の糞まみれの牝の子豚についてお話になった。

〔子豚の前生を見て微笑する世尊〕

聞くところでは、或る日大師は王舎城に托鉢にお入りになって、一匹の牝の子豚を見て微笑を現わされた。微笑をなさっているその〔大師〕の口の間から出た歯の光（dant'obhāsa, *Vri.*）の円輪を見て、阿難上座は、「一体ですね、尊師さま。〔あなたが〕微笑を現わされるわけは何ですか」と〔大師の〕微笑のわけを質ねた。すると大師は彼におっしゃった。

「君は見るかね。阿難よ。この牝の子豚を」と。

「はい。尊師さま」

「この〔牝の子豚〕はカクサンダ世尊（二四仏の第二二、七仏の第四）の教えの時にある一つの坐堂のまわりにいる牝鶏であった。その〔牝鶏〕はある一人の瑜伽行者（yogâvacara, 禅定者）が観法の観念修行法を読誦する時、その法音を聞いて、そこから死没して王家に再生し、ウッバリーという王女となった。彼女
47 は後に便所（sarīra-valañja-ṭṭhāna）に入って、うじ虫の山（pulavaka-rāsi）を見て、そこでうじ虫に関する想念を起こして第一禅を得た。彼女はそこに寿命の限りとどまり、そこから死没して梵天界に生まれ出た。

そこから死没して、また死後の行方（gati）に支配されて転々として（ālulamānā, Vri.）今、豚の胎に再生したのだよ。このわけを見て私は微笑を現わしたのだよ」と。

それを聞いて阿難上座をはじめとする比丘たちは大きな衝撃（saṃvega, 宗教心）を得た。大師は彼等に衝撃を起こさせて、渇愛のわずらい（過患）を明らかにしつつ、街路の中に立ったままでこれらの偈を誦えられた。

338\.「たとえば根が害されずに堅固であれば
切られても樹木がもう再び繁茂するように、
そのようにも渇愛の随眠（結びつき、潜在）が根絶されない時、
この苦は再三再四生起する。

339\. 誰にも三十六の流れがある。〔それらは〕快い流れであり強力である。
〔それらは〕欲情に依った思念であり、運搬するものどもは邪見者を運び去る。

340\. 諸々の流れはあらゆる所に流れる。蔓草は芽ばえて立つ。
そしてその生えた蔓草を見たら、智慧によって〔その〕根を切るがよい。

341\. 人の諸々の心の喜びは流動し、また愛著する。
彼らは喜びに依止し、安楽を求める者たちである。
それらの人々は実に生と老におもむく。

342\. 渇愛にみちびかれた人々は捕えられた兎のようにはい廻る。
結縛・染著に執着した人々は長い間繰り返し苦に近づいて行く。

48 343. 渇愛にみちびかれた人々は捕えられた兎のようにはい廻る。 56
それゆえに渇愛を除くがよい。比丘は自己の離欲を願え」と。

〈偈の語句の註釈〉

そこで、〈根が（mūle）〉とは、その樹の四方に四種に、また下にただ真っ直ぐに〔のびて〕行った五種類の根が、切られ裂かれ虫にやられる（pāṇaka-vijjhana）などのいずれの危難によっても〈害されず（an-upaddave）〉、強固さを得ているので〈堅固であれば（daḷhe）〉。その〈樹は（rukkho）〉上が〈切られても（chinno pi）〉、枝につづく枝によってもう再び〈繁茂する（rūhati）〉。まさにこのように六つの門（眼・耳・鼻・舌・身・意）の渇愛の〈随眠（anusaya, 煩悩、使、結びつき、潜在）〉が阿羅漢道の智によって〈根絶されない時（anūhate）〉、切断されない時、それぞれの生存（bhava）において生（jāti）などの類別ある（生・老・病・死）この苦が繰り返し生起するだけである、という意味である。

〈誰にも（yassa）〉とは、どの人にも。「このように内部として十八の渇愛の思い（taṇhā-vicaritāni）があり、外部として十八の渇愛の思いがある」と、これらの諸々の渇愛の思いによって（十八愛行、「南伝」一八、三六九頁—）三十六の流れをそなえた〔渇愛〕が心にかなう色（rūpa）など（色・声・香・味・触・法）の中を流れる（assavati）、転起する、というので、〈快い流れであり（manāpa-ssavanā）〉、渇愛は〈強力である（bhusā）〉、力をもっている。その人を、智が失壊しているので（vipanna-ñāṇatāya）〈悪見者を（du-ddiṭṭhaṃ）〉、再三再四発生するので大きな存在となって〈運搬するものども（vāhā）〉となって、禅定や観法によらないで欲情（rāga, 貪、
49 貪染）によった諸々の思念が（saṃkappā）〔邪見者を〕運び去る、という意味である。

〈諸々の流れは（sotā）あらゆる所に（sabbadhī）流れる（savanti）〉とは、これらの諸々の渇愛の流れは眼という門などによってあらゆる色などの対境に対して流れるので、或いは色に対する渇愛…乃至…法に対する渇愛があり、全ての存在するものどもと共に（saddhiṃ sabba-bhavehi, 脚註４）流れるので、あらゆる所に流れる、と言われる。〈蔓草（latā）〉とは囲んでまといつく（paḷiveṭhana）意味で、また縫いつける（saṃ-sibbana）意味で〔渇愛の流れは〕蔓草のようである、というので蔓草である。〈芽ばえて立つ（ubbhijja tiṭṭhati）〉とは、六つの門（眼・耳・鼻・舌・身・意）によって発生して色など（色・声・香・味・触・法）の対境に立つ。〈またそれを見たら〉とは、しかしその渇愛の蔓草を「ここでそれは発生して生起する」と〔それが〕生まれた場所によって〔それを〕見て。〈智慧によって（paññāya）〉とは、刀で森に生えた蔓草を〔切る〕ように、道の智によって根のところで切れ、という意味である。

〈流動する（saritāni）〉とは撒布し（anusaṭāni）進み行く（payātāni）。〈愛著する（sinehitāni）〉とは、衣などに対して起こされた愛情（sineha, 濡れ気）によって愛著し、また渇愛による愛情にまみれる（taṇhā-sineha-makkhitāni）という意味である。〈諸々の心の喜び（somanassāni）〉とは、渇愛に支配される人にはそのような諸々の心の喜びがある。〈それらは喜びに依止し（te sāta-sitā）〉とは、それらの渇愛に支配される人々は喜びに依止し、また安楽に依止しており、〈安楽を求めるものたちであり（sukh'esino）〉安楽をあまねく求める者たちである。〈それらの人々は実に（te ve）〉とは、誰でもこのような人々は、その人たちは生・老・病・死に近づいて行くだけである、というので〈生と老におもむく（jāti-jarûpagā）〉と言われている。

〈人々（pajā）〉とは、これらの人々は渇望（tāsa, 戦慄、恐怖）させるので〈渇愛（tasiṇā）〉と呼ばれる渇愛（taṇhā）に〈みちびかれ（purakkhatā）〉囲まれて（parivāritā hutvā）。〈捕えられた（bādhito）〉とは、猟師によっ

50 て森で捕えられた兎のようにはい歩き恐怖する。〈結縛・染著に執著した人々（saṃyojana-saṅga-sattā）〉とは、一〇種の結縛（「パ仏辞」1833右）と染著とに、また七種の欲情（貪）への染著（rāga-saṅga）など（「仏のことば註㈢」235頁（41））に執著した（sattā）束縛された（baddhā）人々である。或いはそこに付着していて。〈長い間（cirāya）〉とは、久しく長い時間にわたって再三再四生など（生・老・病・死）の苦に近づいて行く、という意味である。

〈それゆえに（tasmā）〉とは、なぜならば渇愛によって導かれ囲まれ執著しているので、それゆえに〈自己の離欲を（attano virāgaṃ）〉、欲情（貪）などから離れて行くことを、涅槃を願い求めて期待しつつ比丘は阿羅漢道によってその渇愛を〈除くがよい（vinodaye）〉。除き（nuditvā）除去して（nīharitvā, 駆逐して）捨てるがよい、という意味である。

説示が終わった時、大勢の人々が預流果などを得た。

〔子豚は数々の生をへて、今生で上座尼となる〕

いかにもその牝の子豚もそこから死没して金地国（Suvaṇṇa-bhūmi, ミャンマーの海岸地方）の王家に生まれ出た。そこから死没してバーラーナシーに、そこから死没してスッパーラカ港の馬商人の家に生まれ出た。そこから死没してカーヴィーラ港の商人（vikkayika）の家に生まれ出た。そこから死没してアヌラーダプラの権力者（issara）の家に生まれ出た。そこから死没して、同じその〔都城〕の南方にあるボッカンタ村のスマナという資産家の娘となって、名前もスマナーと、このように言われて生まれ出た。時に彼女の父親はその村が〔住民たちから〕見捨てられた時、ディーガ・ヴァーピ（長沼）国に行ってマハー・ムニ（大聖者）村というと

51

ころに住んだ。

ドゥッタガーマニー王（第一五代スリランカ王。161-137B.C）の大臣であるラクンタカ・アティンバラという人が何かの用事でその〔村〕にやって来て、彼女を見て、盛大な結婚式（maṅgala）を行なって〔彼女を〕連れてマハー・プンナ（大満）村に行った。さて、コーティ山大精舎に住むアヌラ上座という方がそこで托鉢に歩いていて、彼女の家の戸口に立った時彼女を見て、比丘たちに語った。

「友よ。牝の子豚というのがラクンタカ・アティンバラ大臣の奥方となることを得た。ああ、希有なことである」と。

彼女はその話を聞いて、過去の生存における〔自身を〕明らかにして（ugghāṭetvā）前生を追憶する智（jāti-ssara-ñāṇa）を得た。もうその刹那に衝撃（saṃvega, 感動）が生じて、主人に乞うて、大自在力によって五力（信・勤・念・定・慧）をそなえた上座尼たちのもとで出家して、ティッサ大精舎で「大念処経」（*D.* 第22経）の〔法〕話を聞いて預流果の上にしっかりと立った。

後にダミラによる破壊が行なわれた時、〔彼女は〕母と父が住む場所であるボッカンタ村にだけ行って、そこに住みつつ、カッラカ大精舎で「蛇毒の喩の経」（『南伝』一五、二七一頁）を聞いて阿羅漢たることを得た。彼女は般涅槃の日に比丘・比丘尼たちから質ねられて、比丘尼僧団にこの顛末の全てを中断することなく話して、集まって来た比丘僧団の中でマンダラ園に住む法句経の誦者である大ティッサ上座と話をしてから（saṃsandetvā, 交流して、話を合わせて）、

「私は以前、人間の胎から死没して牝鶏となりました。そこで鷹（sena）のところで頭を切られるはめになり、王舎城に生まれ出ました。女遊行者たちの中で出家してから第一禅の境地に生まれ出ました。そこ

から死没して長者の家に生まれ出ました。もうほどなくして死没し、豚の胎に行き、そこから死没して金地国に〔再生し〕、そこから死没してバーラーナシーに、そこから死没してスッパーラカ港に、そこから死没してカーヴィーラ港に、そこから死没してアヌラーダプラに、そこから死没してボッカンタ村にと、このように等しい、或いは等しくない一三の自分の身を得てから、今、〔そのような流転の状態を〕厭って（ukkaṇṭhitvā）、出家して阿羅漢の境地に達しました。全ての人々も〔私と同様に〕不放逸に努めなさい」

と述べて四衆（比丘・比丘尼・信士・信女）たちを感動させて般涅槃した、と。

牝の子豚の事

52

3. 還俗した比丘の事〔第三四四偈にちなむ話〕

「およそ欲林を出た人が」というこの説法を大師は竹林〔精舎〕に滞在なされつつ、一人の還俗した〔比丘〕に関してお話になった。

〔女性に心を乱し、還俗して泥棒となった比丘〕

聞くところでは、この人は大迦葉上座の共住者であって、四つの禅定を生起させるけれども、自分の叔父（母の兄弟）である黄金作り（suvaṇṇa-kāra, 金工）の家で異性（visabhāga, 女性）の姿の対境を見て、そこに心が結ばれて還俗した（vibbhami）。さて、怠惰となって仕事をしようと欲しない彼を〔人々は〕家から追い出した。彼は悪い仲間と交際して泥棒稼業で生活をたててめぐり歩く。さて、或る日〔人々は〕彼を捕えて後ろ手に堅縛りに縛って、四辻、四辻で鞭（むち）で打って刑場に連れて行った。〔大迦葉〕上座は托鉢に歩くために〔都城に〕入る時に南門を通って連れて行かれる彼を見て、縛りをゆるくさせて、

「以前に君が行なった（parihaṭa）観念修行法（kamma-ṭṭhāna, 業処）にもう一度心を注ぎなさい」

と言った。彼はその教誡によって思念の生起（sat'uppāda）を得て、再び第四禅を生じさせた。さて、〔人々は〕「彼を刑場に連れて行って殺害しよう」と数本の〔鉄〕串でおどした（Vri. uttāsesuṃ）。彼は恐れず驚かない。時にそれぞれの方角に立った人々は剣・刃物・槍などの武器をかかげても彼がそれに驚かないままなのを見て、

「ご覧なさい。あなた。この人を。数百人もの武器を手にした人々の中にあって決して硬直せず（na chambhati, 恐れず）ふるえない。ああ希有なことだ」

と希有・未曾有の思いをもつ者となって、大きな咆え声を上げて王にその顛末を申し上げた。王はそのわけを聞いて、

「その者を解き放て」

53
と言った。〔人々は〕大師のもとにもおもむいてその旨を申し上げた。大師は光照を遍満させて法を説きつつこの偈を誦えられた。

344.「およそ欲林を出た人が〔修行〕林に心を向け、
欲林から脱しても、〔また〕欲林にだけ走る。
まさにその人を見よ。
〔縛りから〕脱しても、〔また〕縛りにだけ走るのだ」と。

〈偈の語句の註釈〉

その意味は〔次の如くである〕。およそ人が在家であって執著する処（ālaya, 阿頼耶、愛著）と呼ばれる欲林（vanatha, banatha）を捨てて出家したので〈欲林から出た人（nibbanatha）〉である。〔そして〕精舎と呼ばれる苦行林（tapo-vana）に〈心を向けている（adhimutto）〉。〔しかし〕家に住むことの縛りの林と呼ばれる渇愛の林（taṇhā-vana）から脱していても、再びその家に住むことの縛りである渇愛の林にのみ走る。このようにその人

を見よ。この人は家に住むことの縛りから脱したが〔またもや〕家に住むことの縛りにだけ走る、と。

そしてこの説示を聞いて、その人は王の家来たちの中で〔鉄〕串のてっぺんに坐ったまま生滅（udaya-bbaya）の〔想念〕を確立させて、三つの特相（ti-lakkhaṇa, 無常、苦、無我）に乗せて、諸行（sankharā, 身心）を触知しつつ預流果を得た。三昧（samāpatti, 禅定）の安らぎを感得しつつ空中にとび上って、空中だけを行って大師のもとにおもむき、大師を礼拝し、王を含む会衆のまっただ中で阿羅漢たることを得た、と。

ある一人の還俗した者の事

4．獄舎の事〔第三四五、三四六偈にちなむ話。*cf.J.*II.139-〕

「それは強固な〔縛り〕ではない」というこの説法を大師は祇陀林（精舎）に住まわれつつ、獄舎に関してお話になった。

〔獄舎の縛りよりも煩悩の縛りが強烈〕

聞くところでは、或る時、〔王の家来たちが〕大勢の家の隙間破り（sandhi-cchedaka, 泥棒、窃盗）、大道の賊
54 （pantha-ghātaka, 追い剥ぎ）、人殺し（manussa-ghātaka）、盗賊どもを連れてきてコーサラ王に示した。王は彼等を鎖縛り、縄縛り、枷《かせ》縛り（saṅkhalika-bandhana）によって縛らせた。いかにも〔その時〕、三〇人ほどの地方在住の比丘たちが大師にお目に掛りたいと欲してやって来て、〔大師に〕お目に掛って礼拝した。次の日に舎衛城を托鉢に歩いて、獄舎に行き、彼等盗賊どもを見た。托鉢から戻って夕刻に如来のもとにおもむいて、

「尊師様。私共は今日、托鉢に歩きまして、獄舎で大勢の盗賊どもが鎖縛りなどで縛られて、大きな苦痛を受けているのを見ました。彼等はそれらの縛りを切って逃げることが出来ません。一体ですね、それらの縛りよりももっと強固な別の縛りというものがあるのでしょうか」

と質ねた。大師は、

「比丘たちよ。これらの縛りが何だというのかね。しかしおよそこの財産・穀物・子供・妻などに対して渇愛と呼ばれる煩悩の縛り（kilesa-bandhana）がある。これはそれらよりも百倍も千倍ももっと強固なの

だよ。このように大きな〔縛り〕であっても、しかしこの切断し難い縛りを昔の賢者たちは切断して、雪山に入って出家したのだよ」

とおっしゃって、昔のことをもち出して〔お話に〕なった。

55

〔切り難い妻子とのきずなを逃避した男〕

昔、バーラーナシーでブラフマダッタ〔王〕が王国を統治している時、菩薩は或る一人の不運な家主の家に生まれ出た。彼が成年に達した時、父親が死去した。彼は賃仕事をして（bhatiṃ katvā）母親を養った。さて、母親は彼が望まなかったけれども或る家の娘を〔嫁として〕家に迎えて（gehe katvā）その後に死去した。彼の妻の胎にも胎児が宿った。彼は胎児が宿っていることを知らないで、

「おまえ、おまえは賃仕事をして（*Vri*.vatiṃ vā,omit）生きなさい。私は出家しよう」

と言った。彼女も彼に、

「私に胎児が宿っています。私が出産して赤ちゃんを見てから出家しなさい」

と言った。彼は「よろしい」とうなずいて、彼女が出産した時、

「おまえ。おまえは無事に出産した。今や私は出家しよう」

と許可を乞うた（*Vri*. āpucchi）。すると彼女は彼に、

「まだ子供がお乳を飲むことから離れる時まで待って下さい」

と言って、再び妊娠した。彼は思った。

「この女を承諾させてから行くことはできない。この女に告げないまま逃げて行って私は出家しよう」

と。彼は彼女に告げないまま夜分に起き上って逃げた。時に都城の守衛たちが彼を捕えた。彼は、

「私は、旦那さま。母を養う者（māti-posaka）と言われる者です。私を放して下さい」

と自分を釈放させて、或る場所に住んでから雪山に入って仙人の出家を出家した。神通と禅定とを生起させて禅思の遊びを遊びつつ住した。彼はそこに住しつつ、

「いわばこのようにも切り難い子や妻の縛りを、煩悩の縛りを私は断ち切った」

と感懐の偈を誦えた。

大師はこの昔〔話〕をもち出されて、彼が誦えた感懐の偈を明らかにしてこの偈を誦えられた。

345. 「およそ鉄製の、木製の、また灯心草〔製〕の〔縛り〕があるが、
賢者たちはそれを堅固な縛りと言わない。
〔人々は〕宝珠や耳環に対して執著して染められている。
子たちや妻たちに対してはその愛情がある。

346. 賢者たちはこれを堅固な縛りと言う。
〔苦界に〕引き下ろし、ゆるやかで脱し難い〔縛り〕を、
これをも断ち切って〔人々は〕遊行する。
期待せず、欲望の安楽を捨てて」と。

〈偈の語句の註釈〉

56 そこで、〈賢者たちは（dhīrā）〉とは、仏陀（覚者）などの賢明な人々は。およそそれは鉄の枷《かせ》（aya-saṅkhalikā）と呼ばれる鉄から生まれた〈鉄製の〔縛り〕を〉。鎖縛り（andu-bandhana）と呼ばれる〈木製の〔縛り〕を〉。またそれは灯心草（babbaja-tiṇa）で、或いは柔らかな樹皮（vāka）などで縄（rajju）を作って為される縄の縛りであるが、それは刀などで切ることができるのであるから強固であると〔賢者たちは〕言わない、という意味である。〈執著して染められている（sāratta-rattā）〉とは、執著した者たちとなって激しく染められている（bāḷha-rāgattā）という意味である。〈宝珠や耳環（kuṇḍala）に対して〉とは、諸々の宝珠と耳環に対して、或いは宝珠をちりばめた諸々の耳環に対して。

57 〈これを堅固な〔縛りと言う〕〉とは、まさにその人たちは宝珠や耳環に対して執著して染められる者たちであり、その人たちにはその欲情（rāga, 貪）と子や妻たちへの〈愛情（apekhā）〉があり、渇愛があるのであって、この煩悩が作り出した縛りを賢明な人々は〈堅固な（daḷhaṃ）〉〔縛り〕と言う。〈引き下ろし（ohārinaṃ）〉とは、引いて（ākaḍḍhitvā）四つの苦界（apāya, 地獄・畜生・餓鬼・阿修羅の境遇）に堕ちるので下に運ぶ、下にもって行く、というので〈引き下ろし〉である。〈ゆるやか（sithilaṃ）〉とは、縛ったところの表皮・皮膚・肉を切らず血を出さない。縛られていることをも知らせ（覚らせ）ないで陸路や水路などでの諸々の仕事を行わせない、というので〈ゆるやか〉である。〈脱し難い（duppamuñcaṃ）〉とは、なぜならば貪欲（lobha）によって一度生起した煩悩の縛りは咬まれた（daṭṭha ととる）場所から亀（kacchapa, スッポン）は〔離し難い〕ように放し難いというので〈脱し難い〉のである。〈これをも断ち切って〉とは、このように堅固であってもこの煩悩の縛りを智の道によって切断して、〈期待せずに（anapekkhino hutvā）〉、〈欲望の安楽を捨てて遊行する〉、出て行く、或いは出家する、という意味である。

説示が終わった時、沢山の人々が預流果などを得た、という。

獄舎の事

5．ケーマー上座尼の事〔第三四七偈にちなむ話〕

「およそ欲情に染められた人々」というこの説法を大師は竹林（精舎）に滞在なされつつ、ケーマーというビンビサーラ王の第一王妃に関してお話になった。

〔世尊はケーマー王妃の容色へのおごりをいましめた〕

聞くところによると彼女は蓮華上〔世尊〕（過去二四仏の第一〇）のみ足のもとで誓願を立てた女性で、きわめてうるわしい容色で浄らかな女人であった。しかし、

「聞くところでは大師は容色の過悪（dosa）をお話になる」

と聞いて大師のもとに行くことを望まない。王は彼女が容色の自負心（mada, 憍慢）に酔っているのを知って、竹林（精舎）を称讃するにふさわしい諸々の歌を作らせて舞踊者などに与えさせた。彼等がそれらの〔歌〕を歌っているのを聞いて、彼女は竹林（精舎）をこれまで見たことがないもののように、聞いたことのないもののように思った。彼女は、

「どこの遊園についてあなた方は歌っているのですか」と質ねて、

「王妃さま。あなた様の竹林遊園のことだけを〔歌っています〕」

と言われて、遊園に行きたいと思った。大師は彼女がやって来ることを知って、会衆の中央に坐って法を説きながら、ターラ椰子の葉の扇をとってご自分の脇に立って扇いでいるすぐれた容色の女性を化作なさった。ケ

58

ーマー王妃も〔その場に〕入ったとたんにその女性を見て思った。

「『正等覚者は容色の過悪をお話になる』と〔人々は〕言う。そしてその〔正等覚者〕のもとでこの女性が扇ぎながら立っている。私はこの女性の一六分の一（kala-bhāga）にも及ばない。私はこのような〔美しい〕女性の容色をこれまで見たことがない。〔人々は〕ありもしないことによって大師のことを大袈裟に言う（abbhācikkhanti）のでしょう」

と考えて、如来のお話の声もうわの空で（a-nisāmetvā, 傾聴しないで）その女性だけを眺めて立った。大師は彼女の心の動き（cittâcāra）をご覧になって、

「ケーマーよ。あなたは『容色に核心がある』と思っている。今こそ見なさい。〔容色には〕核心はないことを」

とおっしゃって、この偈を誦えられた。

「病んだ不浄の臭い集積（身体）を見なさい。ケーマーよ。
〔不浄が〕もれ出て流れ出る、愚者たちの大いに欲求する〔身体〕を」と。（「南伝」二七、四一二頁の66,
ThīgA.p.129[7]）

彼女は偈が終わった時、預流果の上にしっかりと立った。さて、大師は彼女に、

「ケーマーよ。これらの人々は欲情に染められて過悪にまみれて（dosa-duṭṭhā）おろかさに迷わされ（moha-mūḷhā）自分の渇愛の流れを越えて行くことができない。そこにだけひっかかっている（lagganti, 付着している）」

とおっしゃって、法を示しつつこの偈を述べられた。

347. 「誰でも欲情に染まった人々は〔欲情の〕流れに従って行く。
蜘蛛《くも》が自分が作った網に〔従って行く〕ように。
賢者たちはこれをも切断して行く。
期待しない者たちとなり、全ての苦を捨てて〔行く〕」と。

59

〈偈の語句の註釈〉

そこで、〈蜘蛛《くも》（makkaṭaka）が網に〔従って行く〕ように〉とは、例えて言えば蜘蛛が糸の網を作って、中心のところのへそ（臍）の円輪（nābhi-maṇḍala）のところで横たわっていて、〔網の〕端のところに落ちたこおろぎ（paṭaṅga）や蝿（makkhikā, はえ）のところに急いで行って、刺して、その〔虫〕の味を飲み、再び行って同じその〔中心の〕場所に横たわるように、まさにそのように〈誰でも（ye）〉人々が〈欲情に染まり（rāga-rattā）〉、怒りによって怒り（dosa-duṭṭha）、おろかによって昏迷する（moha-mūḷhā）と、自分が作った渇愛の流れに〈従って行く（anupatanti, 落ちて行く）〉。その人たちはその〔流れ〕を越えて行くことができない。このように越え難いこの〔流れ〕をも〈切断して（chetvāna）賢者たちは行く（vajanti dhīrā）〉とは、賢者たちはこの縛りを断ち切って〈期待しない者たち（an-apekhino）〉、執著のない者たち（nir-ālayā）となって、阿羅漢道によって全ての苦を捨てて〈行く（vajanti）〉、行く、という意味である。

説示が終わった時、ケーマーは阿羅漢の境地にしっかりと立った。大衆にとっても有意義な説示であった。

大師も王におっしゃった。

「大王よ。ケーマーにとっては出家するのがよろしいのか、或いは般涅槃するのがよろしいのか」と。

「尊師よ。彼女を出家させて下さい。般涅槃は結構です」と。

彼女は出家して女性声聞弟子の第一人者となった、という。

ケーマーの事

6. ウッガ・セーナの事〔第三四八偈にちなむ話〕

「以前の〔煩悩〕を捨てよ」というこの説法を大師は竹林〔精舎〕に滞在なされつつ、ウッガ・セーナに関してお話になった。

〔軽業師の娘に惚れたウッガ・セーナ〕

聞くところでは五〇〇人の舞踊者（nāṭaka）たちが一年或いは六箇月たつと王舎城に行って王に七日間踊り
の披露（samajja, 見世物）をして沢山の黄金金貨を得る。途中途中で〔御祝儀を〕投げ入れて与える者たちの
限りはない。大衆は寝台に寝台を重ねたものなどの上に立って踊りの披露を眺めた。時に一人の軽業師
（laṅghika）の娘が竹棒に登って、その上で回転してその〔竹棒〕の先端の空中を遊歩しつつ踊り、かつ歌う。
60 その時、ウッガ・セーナという長者の息子がいて、友達と一緒に寝台の上に寝台を重ねたものの上に立って、
彼女を眺めて、彼女が手足を振り乱すことなどに愛著（sineha, ぬれ気）を起こして、家に行って、

「彼女を得るならば私は生きましょう。得ない時はもうこの場で死にます」

と断食をして寝台に横たわった。母親と父親から、

「お前。お前はどうかしたのか（kiṃ te ruccati, Vri.rujjati → lujjati, お前の何が破壊されているのか。脚注2。rujjati, 何がおまえを悩害するのか）」

と質ねられても、

「あの舞踊者の娘だけを得る時〔私〕の生きることがあります。得ない時はもうこの場で死にます」

と言う。

「そのようにしてはいけないよ。私たちの家と財産とに似合った別の娘さんを私たちはお前に連れて来ましょう」

と言われても、同じくそのように言って横たわった。さて、彼の父親は何度も乞うたけれども彼を説得（慰撫）することが出来なくて、彼の友人を呼んで、千カハーパナ（金貨）を与えて、

「これらのカハーパナ（金貨）を持って〔行って、軽業師に〕自分の娘を私の息子に与えさせなさい」

と使いに出した。彼（軽業師、彼女の父親）は、

「私はカハーパナを受け取って〔娘を〕与えません。しかし、もし彼（長者の息子）がこの〔娘〕を得ないと生きることが出来ないのであれば、それでは私共と一緒にだけ〔彼を〕巡り歩かせるがよろしい。〔その時は〕私は彼に〔私の〕娘をさし上げましょう」

と。父母は息子にその旨に告げた。彼（息子）は、

「私は彼等と一緒に巡り歩きましょう」

と言って〔とどまるように〕乞うても彼等（父母）の話にとりあわないで〔家を〕出て行って舞踊者のもとに行った。彼は娘を彼に与えて、彼ともう一緒に村・町・王都で〔軽業の〕芸を披露してめぐり歩いた。彼女も彼と共に同棲して、もうほどなく息子を得た。

〔彼女は〕その〔子〕を遊ばせながら、

「〔私は〕車の御者（sakaṭa-gopaka）の子を〔得ました〕。荷物運び（bhaṇḍa-hāraka, Vri.）の子を〔得ました〕。

61

何も知らない男の子を〔得ました〕」

と言う。彼も彼等の車を動かすことを行なって、止まった場所では牛どもに草を運んで来る。〔曲〕芸を見せる場所で得た品物をもち上げて運ぶ。まさにそのことに関してその女性は子供を遊ばせながらそのように言う〔歌う〕ようである。彼は自分に関して彼女が歌っているのを知って、彼女に質ねた。

「お前は私のことを言っているのかね」と。

「はい。そうです。あなたのことを〔言っています〕」

「そうであるなら、私は逃げ出すだろう」と。

彼女は、

「でも、あなたが行こうと行くまいと、私にとって何になりましょうか」

と再三再四同じようにだけ歌を歌う。彼女は自分が容色をそなえていることと共に資産を得ていることによって彼を何とも思っていないのだそうだ。彼は、

「一体だな、何によってこの女にこの自信（māna）があるのか」と考えて、

「芸（sippa）によって〔彼女に自信があるのだ〕」と知って、

「ともあれ（hotu）〔曲〕芸を学びとろう」

と義父のところに行って彼が知る〔曲〕芸を学びとって、村・町・王都で〔曲〕芸を見せつつ、次第に王舎城にやって来て、

「今から七日目に長者の息子ウッガ・セーナは都城の住民たちに〔曲〕芸をお見せする」

と告げさせた。都城の住民たちは寝台に寝台を重ねたものなどを結ばせて、七日目に集まった。彼も六〇ハッ

タ〔二七m〕の竹棒に登ってそのてっぺんに立った。

〔大師は曲芸の頂点に達したウッガ・セーナを教誡なさった〕

その日大師は早朝時に世間をご覧になって、彼がご自分の智の網の中に入ったのをご覧になって、

「一体ね、彼はどうなるだろうか」

と思いめぐらしたとたんに、

「長者の息子は『〔曲〕芸を示そう』と竹棒のてっぺんに立つだろう。彼を見るために大衆が集まるだろう。そこで私は四句からなる偈を示すであろう。それを聞いて八万四千の生き物たちに法の領解があるであろう。ウッガ・セーナも阿羅漢の境地にしっかりと立つであろう」

と了解なさった。大師は（Satthā, Vri.）次の日に時をはかって比丘僧団を従えて王舎城に托鉢に入られた。ウ
ッガ・セーナも大師が都城の中にまだお入りにならない時に〔大衆が〕拍手かっさいするために（unnādan'atthāya）
62 大衆に指で合図をして、竹棒のてっぺんにしっかりと立って、まさに空中で七度回転してから下りて竹棒のて
っぺんに立った。その刹那に大師は都城にお入りになり、会衆が彼を見ないように、そのようにして、〔大師〕
自身だけを眺めさせた。ウッガ・セーナは会衆を眺めて見て、

「会衆は私を眺め見ていない」

と心の憂いを得て、

「これは私が一年かけて〔やっと〕完成させた〔曲〕芸だ。それなのに大師が都城に入ると会衆は私を眺め見ないで大師だけを眺め見ている。まったく私が〔曲〕芸を見せることは虚しいものとなった」

と思った。大師は彼の心を知って大目連〔上座〕に語りかけて、

「行きなさい。目連よ。長者の息子に言いなさい。彼は〔曲〕芸を〔会衆に〕見せればよい、ということです」

とおっしゃった。上座は行って竹棒の下に立って長者の息子に語りかけてこの偈を述べた。

「さあ、見なさい。舞踊者の息子よ。ウッガ・セーナよ。大力ある者よ。
会衆に〔曲芸を〕披露しなさい（karohi raṅgaṃ）。大衆を笑わせなさい」と。

彼は上座のことばを聞いて心に満足して、

「大師は思うに私の〔曲〕芸をご覧になりたいのであろう」

と竹棒のてっぺんに立ったままでこの偈を述べた。

「さあ、ご覧なさい。大智慧者よ、目連よ。大神通ある方よ。
私は会衆に〔曲芸を〕披露しましょう。私は大衆を笑わせましょう」と。

そしてまたこのように言ってから、竹棒のてっぺんで空中に昇って、空中で一四度回転してから下りて竹棒のてっぺんに立った。すると大師は彼に、

「ウッガ・セーナよ。賢者というのは過去・未来・現在の〔五〕蘊（khandhā, 色・受・想・行・識、身心）に関して執著（ālaya, 阿頼耶、所執処）を捨てて、生など（生・老・病・死）からも解放されるのがよいのだ（vaṭṭati, 肝要である）」

とおっしゃって、この偈を誦えられた。

348. 「以前のものごとを捨てなさい。未来のものごとを捨てなさい。
生存の彼岸に到った者は現在のものごとを捨てなさい。
あらゆるものごとに対して心が解放されたあなたは
再び生まれや老いに近づかないであろう」と。

63

〈偈の語句の註釈〉

そこで〈以前のものごとを捨てなさい（muñca pure）〉とは、過去の〔五〕蘊（色・受・想・行・識、身心）に関して執著（ālaya, 阿頼耶、所執処）を、欲求（nikanti）を、取著（ajjhosāna）を、欲求（patthanā）を、煩悩（pariyuṭṭhāna, 纏）を、執取（gāha）を、妄執（parāmāsa）を、渇愛を捨てよ。〈未来のものごとを捨てなさい（muñca pacchato）〉とは、未来の〔五〕蘊に関しても執著などを捨てよ。〈現在のものごとを（majjhe）〔捨てよ〕〉とは、現在の（paccuppannesu）〔五蘊（身心）に関しても〕それらのものごとを捨てよ。〈生存の彼岸に到った者（bhavassa pāragū）〉とは、このようにありつつ、通智（abhiññā）・遍知（pariññā）・捨断・修習・作証（sacchi-kiriyā）・到彼岸によって三種（過去・現在・未来）もの生存の彼岸におもむいた者となって、〔五〕蘊・〔十八〕界（dhātu）・〔十二〕処（āyatana）に類別される全ての為作されたもの（saṅkhata, 有為）に対して〈心が解放された者は（vimutta-mānaso）〉、〔そのように〕住しつつ再び生・老・死に近づいて行かない、という意味である。

説示が終わった時、八万四千の生類に法の領解があった、という。

長者の息子も竹棒のてっぺんに立ったままで無碍解（paṭisambhidā, 法・意義・言語・弁才に関するすぐれた能力）とともに阿羅漢の境地を得て、竹棒から降りて大師のところにやって来て、五体投地の礼をもって礼拝し、大師に出家を乞うた。すると大師は彼に右手を伸ばして、

「来なさい。比丘よ」

とおっしゃった。彼はとたんに八つの比丘の必需品（parikkhāra, 三衣・鉢・剃刀・針・帯・水こし器）をもった法臘六〇年の上座のようであった。さて、比丘たちは彼に、

「友、ウッガ・セーナよ。六〇ハッタ（1ハッタ＝四五ｃｍとすると六〇ハッタ＝二七ｍ）の竹棒のてっぺんからあなたが降りる時、恐怖というものはなかったのですか」

と質ねて、

「友よ。私に恐怖はありません」

とまた言われて、大師に申し上げた。

「尊師様。ウッガ・セーナは『私は恐怖しない』と言います。〔彼は〕ありもしないことを言って別のことを言います」と。

大師は、

「比丘たちよ。私の息子であるウッガ・セーナと同じような、しがらみ（saṃyojana, 結縛）を断ち切った比丘たちは恐怖しないし驚かないのだよ」

とおっしゃって、「バラモン品」のこの偈（*Dhp.* 第397偈）を誦えられた。

64

(397)「全てのしがらみを断ち切って、その人が実にふるえおののかないならば、
執著を越え、しがらみを離れたその人を私はバラモンと呼ぶ」と。

説示が終わった時、大勢の人々に法の領解があった。

再び、或る日、法堂で〔比丘たちは〕話を立ち上げた。

「一体ですね。友よ。このように阿羅漢たることの機根（upanissya, 因）をそなえた比丘が舞踊者の娘のために舞踊者たちと一緒にめぐり歩くわけは何なのか。阿羅漢の境地の機根（因）〔を得た〕わけは何か」

と。

大師がおいでになって、

「一体ここで、比丘たちよ、今何の話をして〔君たちは〕坐っているのかね」

と質ねて、「こういう〔話〕をして〔坐っております〕」と言われて、

「比丘たちよ。両方ともこれは同じこの者だけによって為されたのだよ」

とおっしゃって、そのことを明らかにするために過去〔の話〕をもち出された。

〔昔、ある夫妻が上座に施食した果報〕

聞くところでは昔カッサパ十力者（世尊、二四仏の第二四、七仏の第六）の黄金の塔廟が造られている時に、バーラーナシーに住む在家の子弟たちが沢山の硬い食べ物や軟らかい食べ物を車にのせて、「我々は手仕事をしよう」と塔廟〔建設〕の場所に行きつつ、途中の道で一人の上座が托鉢に入るのを見た。時に、一人の在家

65

の女性が上座を眺め見て主人に言った。

「あなた。私たちのお聖人さま（ayya）が托鉢にお入りになります。そして私どもの車には沢山の硬い食べ物・軟らかい食べ物があります。あの〔お聖人さま〕の鉢をいただいて来て下さい。私たちは托鉢食（bhikkhā, 施食）をさし上げましょう」と。

彼は鉢をいただいて来た。硬い食べ物・軟らかい食べ物を満たして上座の手に置いて、両人ともにお願いをした。

「尊師さま。私たちがあなた様とともにまさに現在を分け持つ者でありますように」と。

その上座も漏尽者であったので、それで眺めてみて彼等の願いが成功するものであることを知って微笑を示した。それを見てその女性は主人に言った。

「旦那さま。私たちのお聖人さまは微笑を現わしています。〔お聖人さまは〕一人の舞踊をする人なのでしょう」

と。彼女の主人も、

「そうだろう。おまえ」

と言って出て行った。これが彼等の前業である。彼等はそこに寿命の限りとどまってから天国に生まれ出て、今、そこから死没して、その女性は舞踊家の家に生まれ出た。男（夫）は長者の家に〔生まれ出た〕。彼は「おまえ、〔それは〕そのようになるだろう」と彼女に返事をしたので、舞踊者たちと一緒にめぐり歩いたのだよ。漏尽の上座に托鉢食をさし上げたことによって阿羅漢たることを得た。その舞踊家の娘さんも「それが私の主人の行き先であれば、私にとっても同じそれが行き先です」と、出家して阿羅漢の境地にしっかりと立ったのだよ、と。

長者の息子・ウッガ・セーナの事

7. 弓を持つ小賢者の事〔第三四九、三五〇偈にちなむ話〕

「思いに動揺した人の」というこの説法を大師は祇陀林（精舎）に住まわれつつ、或る一人の若い比丘に関してお話になった。

〔若い比丘が娘に惚れられる〕

聞くところではある一人の若い比丘が食券で配る食堂（salāk'agga, 籌食堂）で自分が得た食券を持って食券で配る粥（salāka-yāgu, 籌粥）をもらって、坐堂へ行くけれどもそこで水を得ないで、水を求めて一軒の家に行った。そこで一人の少女が彼を見たとたんに恋情を生じて（uppanna-sinehā, 濡れ気をおこして）、

「尊師さま。これからも飲み水が必要な時はここにだけおいで下さいな」

と言った。彼はそれ以後飲み水を得ない時はそこにだけ行く。彼女も彼の鉢を受け取って飲み水をさし上げる。このように〔彼が〕行く時、〔彼女は〕お粥もさし上げ、また或る日には同じそこに坐っていただいて御飯を
66 さし上げた。また彼のかたわらに坐って、

「尊師さま。この家にはないというものは何もありません（何でもあります）。ただ私どもは親しく交わる（vicāranaka）人だけを得ません」

と話をし始めた（samuṭṭhāpesi, 立ち上げた）。彼は数日間だけ彼女の話を聞いていらいらした（ukkaṇṭhi, 苦しんだ）。さて、或る日、外来の比丘たちが彼を見て、

「友よ。なぜあなたは憔悴して（kiso, 痩せて）ますます黄色になったのですか」と質ねた。

「私はいらいらしているのです。友よ」

と言われて〔彼を〕阿闍梨・和尚のところに連れて行った。彼等も彼を大師のもとに連れて行ってその旨を申し上げた。大師は、

「聞くところでは君は、比丘よ、いらいらしているというが、本当かね」

と質ねて、「本当です」と言われて、

「なぜ君は、比丘よ、私のような精進に励む仏陀の教えのもとで出家しながら、『〔あの人は〕預流者である』と、或いは『〔あの人は〕一来者である』と〔人に〕自分を言わせないで、『〔あの人は〕いらいらしている者である』と言わせるのか。君は重大な業を為したのだ」

とおっしゃって、

「君はどうしていらいらしているのかね」

とお質ねになった。

「尊師様。一人の女性が私にこのように言いました」と言われて、

「比丘よ。彼女が〔そのように言うのは〕これは不思議なことではない。なぜならば彼女は以前に全インド洲で第一の弓とりの賢者を捨てて、そのわずかの間に会った一人の〔男〕に欲情（sineha, 濡れ気）を起こしてその者を命終（jīvita-kkhaya）にいたらしめたのだよ」

とおっしゃって、そのことを明らかにするために比丘たちから乞われて〔次の話をなさった。以下は*J*.374話を参照〕。

67

〔妻の移り気によって殺される弓とりの賢者〕

昔、〔その者が〕弓とりの小賢者（Culla-dhanu-ggaha-paṇḍita）の時のことであるが、〔その若者は〕タッカシラーでその地方で第一の阿闍梨のもとで技芸を学び取り、彼に満足して〔阿闍梨が〕与えた娘さんを連れてバーラーナシーに〔帰って〕行った。〔その途中の道で〕ある森の入口のところで五〇本の矢でもって五〇人の盗賊どもを殺し、矢が尽きた時、盗賊の親分を捕えて地面に倒し、

「おまえ（妻よ）、剣をもって来い」

と言われた時、その刹那に彼女は目にした盗賊〔の親分〕に欲情（濡れ気）を起こして、盗賊の手に刀剣を持たせて、盗賊〔の親分〕によって弓とりの賢者（自分の夫）が殺されたことを明らかにした（āvikatvā, Vri.）。

また盗賊〔の親分〕が彼女を連れて行きながら、

「この女は別の男を見ると自分の夫を〔殺させた〕ように俺をも殺させるだろう。俺にとってこの女が何になろうか」

と、或る川を見た時、こちら岸に彼女をとどまらせて、荷物を持って、

「俺が荷物を渡すまではお前はここにだけいろ」

と、またもうその場で彼女を捨てて〔逃げて〕行く事態を〔彼女に〕明らかにすると（āvikatvā, Vri.）、

〔女〕「全ての荷物を携えてあなたは向こう岸に渡っています。バラモンよ。戻って来て下さい。早く急いで。
　今ここから私も渡らせて下さい」

〔賊〕「親交のない俺を、長く親交した〔おまえの夫〕と、常にいない〔俺〕を、常にいた〔おまえの夫〕と
　お前は交換した（nimmini）。お前は俺をも別の男と交換するだろう。俺はここから〔お前を捨てて〕もっ

と遠くへ行こう」

〔豺〕「エーラガラーの茂みの中で笑い声（ahuhāliya）を立てるこの女は誰だ。ここには踊りや歌や銅鑼はよく見聞きされない。楽しむ時ではないのに（anamha-kāla）、よき牝犬よ、一体どうしてお前は笑うのか。輝く女よ」

〔女〕「豺よ。愚か者よ。鈍い者よ。お前は智慧の少ない者だ。豺よ。お前は魚と肉片とを失った。貧困者のようにおまえは消尽している」

〔豺〕「他の人々の罪過は見易く、しかし自分の〔罪過は〕見難い。夫と情夫（jāra）とを失って、お前も消尽しているようだ」

〔女〕「これはその通りです。獣王よ。お前の言う通りです。豺よ。さあ、その私はここから行って、夫の言う通りに行く女となるでしょう」

〔豺〕「土でできた皿を運ぶ者は青銅の皿も運ぶ。おまえは悪をすでに為した。またもやそのようにするのか」と。

この〔「本生物語」の〕第五集の「小弓とり本生話」を詳しくお話になって、

68

「その時、弓とりの小賢者は君であった。その女は現在この娘である。豺の姿でやって来てその女を叱責する天王（帝釈天）は私自身である」

とおっしゃって、

「このようにその女はそのわずかの間に見た一人の男に欲情を起こして、全インド洲で第一の賢者の命を奪った。その女性に対して生起した君の渇愛を切断して除きなさい。比丘よ」

と彼を教誡なさって、さらに法を示しつつこれらの偈を誦えられた。

349．「思いに揺り動かされた人の、
はげしい欲情を浄いと見る人の
渇愛はますます増大する。
いかにもこの人は縛りを堅くする。

350．また誰でも思いが静まることを喜び、
常に正しく念じて不浄を修習する人は、
なるほどこの人は〔魔の縛りを〕終滅させるであろう。
魔の縛りをこの人は断つであろう」と。

〈偈の語句の註釈〉

そこで、〈思いに揺り動かされた人の（vitakka-pamathitassa）〉とは、欲望の思いなど〔九つの〕思い（「仏のことば註㈠」38頁）によって砕かれた（nimmathita）人の。〈はげしい欲情を（tibba-rāgassa）〉とは、濃厚な欲情（rāga, 貪欲）を。〈浄いと見る人の（subha-anupassino）〉とは、女性という対境に対して清浄のしるしをつかむなどによって心が放擲されているので〔女性を〕「清浄である」とたどって見る人の。〈渇愛（taṇhā）〉とは、そのような人の禅定などのうちのどれ一つも増大しない。そしてなるほど六つの門による渇愛のみがますます増大する。〈いかにもこの人は（esa kho）〉とは、この人は渇愛の縛りを強固（thira）と言われるものにする。

69 〈思いが静まることを（vitakka-upasame）〉とは、諸々の邪悪な思いの静まりと呼ばれることを、一〇の不浄（「パ仏辞」842右下）に関する初禅を〔喜ぶ〕。〈常に正しく念ずる（sadā-sato）〉とは、その人はここで大いに喜んで常に思念が確立されているので〈正しく念ずる人は（sato）〉、その不浄に関する禅定を修習する。〈終滅させるであろう（vyanti-kāhiti）〉とは、この比丘は三つの生存（過去・現在・未来）において生起する渇愛を消滅させるであろう。〈魔の縛りを（Māra-bandhanaṃ）〉とは、この人は三界の輪転と呼ばれる魔の縛りを切断するであろうから、という意味である。

説示が終わった時、その比丘は預流果にしっかりと立った。集まって来た人々にとっても有意義な説示であった、という。

弓とりの賢者の事

8. 魔の事〔第三五一、三五二偈にちなむ話〕

「究竟に達した人は」というこの説法を大師は祇陀林（精舎）に住まわれつつ、魔（Māra）に関してお話になった。

70

〔魔が大象の姿を化作してラーフラ上座を威嚇する〕

というのは、或る日、時でもないのに（夜分に）大勢の上座達が祇陀林精舎に入って、ラーフラ上座の住所に行き〔彼を〕立ち上らせた（眠っている彼を起こした）。彼（ラーフラ上座）は他のところが、〔自分の〕住所（寝るところ）がないので、行って如来の香室に面と向かったところに横たわった。その時その尊者（ラーフラ）は阿羅漢たることを得ていて法臘八年である。魔ヴァサヴァッティンは本来の姿で立ったままその尊者が香室に面と向かったところに横たわったのを見て思った。

「沙門ゴータマのうずき痛む指（rujanaka-aṅguli）のような息子は屋外に横たわっている。〔世尊〕自身は香室の中に横たわっている。指が痛みを受けている時には自分も痛みを受ける者となるだろう」

と、彼（魔）は大象王の姿を化作してやって来て、鼻で上座の頭を囲んで大音を出して叫び声を発した。大師は香室に坐っておられて、それが魔であることを知って、

「魔はそのような〔大象〕の百千頭をもってしても私の息子に恐怖を生じさせることは出来ないだろう。私の息子も恐怖なき者（asantāsin）であり、渇愛を離れて大精進をする者であり、大智慧者であるのだ」

とおっしゃって、これらの偈を誦えられた。

351「究竟におもむき、恐怖なく、渇愛を離れて無穢の人は
諸々の生存の矢を断ち切った。この人は最後の身を保つ人である。

352 渇愛を離れ取著なく、言語や語句に巧みな人は
諸々の文字の集成を、また諸々の〔文の〕前後を知るであろう。
その人は実に最後の身にある人であり、大智ある大いなる人士である、
と言われる」と。

〈偈の語句の註釈〉

そこで、〈究竟におもむいた人は（niṭṭhaṃ gato）〉とは、この〔仏陀の〕教において出家した者たちの阿羅漢の境地（arahatta）が究竟と言われる。そこに行った、達した、という意味である。〈恐怖なき者（asantāsin）〉とは、〔身心の〕内部に欲情（rāga, 貪）の恐れなどがないので恐怖のない人である。〈諸々の生存の矢を断ち切った（acchidda bhava-sallāni）〉とは、全ても生存に導く（bhava-gāmīni）矢を切った。〈身（samussaya, 集積）〉とは、これはこの人の最後の身体（antima-deha）である。

〈取著のない人（anādāna）〉とは、〔五〕蘊（色・受・想・行・識）などに関してとらえることがない人（niggahaṇa）である。〈言語（nirutti）や語句（pada）に巧みな人（kovida）〉とは、言語に関して、また他の語句に関して、と、四つもの無碍解（paṭisambhidā, 法・意義・言語・弁才のすぐれた能力）に関して巧みな人（cheka）である、

71 という意味である。〈諸々の文字の（akkharānaṃ）集成を（sannipātaṃ）、また諸々の〔文の〕前後を（pubba-aparāni ca）知るであろう（jaññā）〉とは、諸々の文字の集成を、また文字の集まり（piṇḍa）を知る。前の文字によって後の文字を〔知り〕、また後の文字によって前の文字を知る。前の文字によって後の文字を知る、というのは、〔文の〕始めのところが知られている時、中ほどのところや終りのところがまだ知られていなくても、これらの始めの諸々の文字の集成を「これは中ほどである。これは終りのところである」と知る。

後の文字によって前の文字を知る、というのは、最後のところ（anta）が知られている時、始めのところや中ほどのところが知られていなくても、これらの終りの諸々の文字を「これは中ほどのものである。これは始めのものである」と知る。中ほどのところが知られている時にも、これらの諸々の中ほどの文字を「これは始めのものである。これは終りのものである」と知る。このように〔知るのである〕。〈大智ある人である（mahā-pañño）〉とは、この人は実に頂点に身を置いて偉大な意義と法と言語の無碍解（すぐれた能力）を〔そなえ〕、また戒の集まり（sīla-kkhandha）など（戒・定・慧のあつまり）を把握する智慧をそなえているので大智ある人である。「いかにも舎利弗よ。私は心が解放されている人（vimutta-citta）を『大いなる人士（mahā-purisa, 大丈夫）である』と言う」という言葉から、また、心が解放されていることによって大いなる人士（大丈夫）と言われる、という意味である。

説示が終わった時、沢山の人々が預流果などを得た、という。魔・パーピマントも、

「沙門ゴータマは私を知っている」

と、もうその場で消え失せた、という。

魔の事

9．ウパカ邪命外道の事〔第三五三偈にちなむ話。*Vin.*I.p.8,「南伝」三、一四頁〕

72

「全てに打ち勝った者である」というこの説法を大師はウパカ邪命外道に関してお話になった。

実にある時、大師は一切を知る智を得て、菩提道場で七×七（四九）日間お過しになってから、ご自分の鉢と衣を携えて、法輪を転ずるためにバーラーナシーに向かって十八ヨージャナの道を歩んでおられて、途中の道でウパカ邪命外道をご覧になった。彼も大師を見て、

「いかにも、友よ。あなたの諸々の感官は浄らかである。皮膚の色はまったく清らかですぐれている。友よ。あなたは何を目指して出家したのか。またあなたの師はどなたか。またあなたは誰の法を喜ぶ（rocesi, 選択する）のか」

と質ねた。すると大師は彼に、

「私には和尚、あるいは阿闍梨はいません」

と言って、この偈を誦えられた。

353．「私は全てに打ち勝った者であり、全てを知る者である。
あらゆるものごとの中にあって〔渇愛・見解に〕汚染されない者である。
一切を捨てた者であり、渇愛を滅して解脱している。
自分で証知したのであって、誰を〔師と〕仰ぐであろうか」と。

〈偈の語句の註釈〉

そこで、〈全てに打ち勝った者である（sabbâbhibhū）〉とは、全ての三界の（te-bhūmaka, 欲界・色界・無色界の）諸々のものごとの（dhammānaṃ, 諸法の）勝利者である。〈全てを知る者である（sabba-vidū）〉とは、全ての四つの界（欲界・色界・無色界・出世間界）のものごとを知る者である。〈あらゆるものごとの中にあって（sabbesu dhammesu）〉とは、全てもの三界のものごとの中にあって渇愛・見解によって汚染されない者である。〈一切を捨てた者である（sabbañ-jaho）〉とは、全ての三界のものごと（法）を捨てて立っている。〈渇愛を滅して解脱している（taṇha-kkhaye vimutto）〉とは、渇愛の滅尽・終局が生じた時、渇愛の滅尽と呼ばれる阿羅漢の境地において無学の解脱によって解脱している。〈自分で証知したのであって（sayaṃ abhiññāya）〉とは、証知されるべきこと（abhiññeyya）など（明智と解脱、「仏のことば註㊂287頁」）の類の諸々のものごと（法）を自分だけで知って。〈誰を〔師と〕仰ぐであろうか（kam uddiseyyaṃ）〉とは「この方が和尚である。或いは阿闍梨である」と、どういう人を私が〔師として〕指定するであろうか、と。

説示が終わった時、ウパカは如来の言葉を大いに喜ばなかったし叱責もしなかった。そして頭をふって舌を上下に動かして一歩幅の（eka-padika, 狭い）道をとって（gahetvā, *Vri.*）或る一人の猟師の住所に行った、という。

ウパカ邪命外道の事

73

10．帝釈天の質問の事〔第三五四偈にちなむ話〕

「あらゆる施に〔勝る〕」というこの説法を大師は祇陀林（精舎）に住まわれつつ、神の王・帝釈天に関してお話になった。

〔神々を代表して帝釈天が世尊に四つの質問をする〕

さて、或る時、三十三天で神格たちが集まって四つの質問を提起した。

「一体ですね、いかなる施が諸々の施の中で〔最高なの〕か。諸々の味の中でどの味が〔最高なの〕か。諸々の喜びの中でどの喜びが最高なのか。また渇愛の滅尽はなぜ最高である、と言われるのか」と。

それらの質問を一人の神格も判定することが出来なかった。そして一人の神が一人の〔別の〕神に〔質問し〕、その〔神〕も別の〔神〕に〔質問し〕、と、お互いに質問しつつ、このように一万の鉄囲山の中で一二年にわたって〔神格たちは〕めぐり歩いた。これほどの時をかけても〔四つの〕質問の意味を発見しないで、一万の鉄囲山の中の神格たちは集まって四大天王（東方の持国天、南方の増長天、西方の広目天、北方の多聞天＝毘沙門天）のもとに行って、

「君たち、どうして〔この〕大きな神の集会があるのか」と言われて、

「四つの質問を提起しましたが、判定することが出来ないで、あなた様方のもとに私共はやってまいりました」と。

「君たち、一体どういう質問かね」

「諸々の施・味・喜びの中でどの施・味・喜びが、一体ですね。最高なのですか。またなぜ渇愛の滅尽が最高なのですか、と、これらの〔四つの〕質問を判定することが出来なくて私どもはやって来ております」

「君たち。我々もこれらの意味を知らない。しかし我々の王（帝釈天）は千人の人が考えた意味を考えて、もう一刹那に〔それを〕知る。彼（帝釈天）は智慧をもって、また福徳をもって我々よりも勝れている。さあ、彼のところに我々は行こう」

と、同じその神の群を伴なって神の王・帝釈天のもとに行って、彼（帝釈天）からも、

「君たち、大勢の神々が集まっているが、一体何なのかね」

と言われて、その旨を申し上げると、

「君たちよ。これらの質問の意味をほかの者は知ることが出来ない。これらは仏陀（覚者）〔だけ〕が考えること（buddha-visayā, 仏陀の対境・領分）だ。しかし大師は今どこに住んでおられるのかな」

と質ねて、「祇陀林に〔住んでおられます〕」と聞いて、

「さあ、彼（大師）のところに我々は行こう」

74 と、神の群と共に夜分に全祇陀林を光照させて大師のもとに近づいて行って、礼拝して一隅に立った。

「大王よ。大きな神の集団と一緒にどうしてあなたはやって来たのですか」と言われて、

「尊師様。神の群がこれらの質問というものを提起しました。ほかの者はこれらの意味を知ることが出来るという者はおりません。あなた様が我々にこれらの意味を明らかにして下さい」

と言われて、大師は、

「よろしい。大王よ。なぜならば私は諸波羅蜜を満たして、大施捨をことごとく施捨し、あなた方のような者たちの疑惑を断ち切るためにのみ一切を知る智を通達したからです。いかにも（hi）あなたが質ねた質問のうちで、全ての施のなかでは法施（dhamma-dāna）が最高です。全ての味の中では法の味（dhamma-rasa）が〔最高です〕。全ての喜びの中では法の喜び（dhamma-rati）が最高です。また渇愛の滅尽は阿羅漢の境地を得させるのでまさに最高です」とおっしゃって、この偈を誦えられた。

354．「法施が全ての施に勝る。法の味が全ての味に勝る。
法の喜びが全ての喜びに勝る。渇愛の滅尽が全ての苦に勝つ」と。

〈偈の語句の註釈〉

そこで、〈法施が全ての施に〔勝る〕〉とは、なぜならば、たとえ鉄囲山の内側の領域（cakkavāḷa-gabbha）を梵天界に到るまで隙間を作らないで集まり坐った仏陀・辟支仏・漏尽者たちにバナナの房のような衣を〔莫大に〕与えようとも、その集会で四句からなる偈によって為された随喜のことば（anumodana, 法施）の方だけが最高だからである。なぜならばその〔莫大な〕施はその偈の一六分の一にも値しないからである。このように法（dhamma, 真理）を示すことも、〔法の〕言葉も、〔法を〕聞くことも大きな〔力がある〕のだ。またその人がその聞法を行なえば、同じその人の功徳（ānisaṃsa, 利益）は莫大である。同じそのような会衆がすぐれた托鉢食を鉢に満たしてさし上げた施よりも、バターや油などを鉢に満たしてさし上げた薬の施（bhesajja-dāna）

75 よりも、〔スリランカのアヌラーダプラの〕大精舎のような精舎を、また青銅殿のような諸々の殿堂を数百千も造らせてさし上げた臥坐所の施よりも、いわんや給孤独（長者）などによる精舎〔の寄進〕に関して行われた施捨（pariccāga）よりも、四句よりなる偈によって随喜の終りに行なわれた法施こそが最高なのである。

なぜか。なぜならばこのような諸々の福徳を作る人々は（karontā, Vri.）法をまさに聞いてから〔福徳を〕作るのであって、聞かないで〔作るのでは〕ないからである。なぜならば、これらの人々がもし法を聞かないのであれば一匙だけの粥すらも一匙だけの御飯すらも与えないであろうからである。こういうわけで、これらの諸々の施よりも法施こそが最高なのである。更にまた諸仏と辟支仏たちとを除いて、一劫の全期間にわたって神が雨を降らせる時、〔一粒一粒の〕水滴を数えることができる智をそなえた舎利弗などでさえも実に自分〔だけ〕の資質（dhammatā, 本性、法性）によって預流果などを証得することは出来なかった。アッサジ上座などが語った法を聞いて預流果を証得した。大師の説法によって声聞波羅蜜の智を証得したのである。この理由によっても、大王よ。法施こそが最高である。であるから〈法施は全ての施に勝る〉と言われたのである。

また全ての香の味（gandha-rasa, Vri.）などの諸々の味（rasā）がすぐれているので神々の食事（sudhā-bhojana）の味であるが〔それ〕すらも、輪廻の輪転に〔人々を〕落として苦を受ける縁にほかならない。しかしそれは三十七菩提分法と呼ばれるものであり、また九つの出世間法（四向四果と涅槃）と呼ばれる〈法の味（dhamma-rasa）〉であるが、これこそが全ての諸々の味の最高のものである。それで、〈法の味が全ての味に勝る〉と言われたのである。

およそこれらも息子に対する喜び、娘に対する喜び、財物に対する喜び、女性に対する喜び、踊りや歌、器楽などに対する喜びの類の〔喜び〕と、多くの類の喜びであるけれども、〔それらの喜びは〕輪廻の輪転に

76

〔人々を〕落として苦を受ける縁にすぎないのである。しかしおよそこの〔法の喜び〕は或いは法を語る人の、或いは聞く人の内部に生起しつつ、歓喜踊躍の状態（pīti-udagga-bhāva）を生じさせ、涙を出させ、毛のよ立ちを生じさせる。その〔喜び〕は輪廻の転輪を終わらせて阿羅漢たることに終わる〔喜び〕である。ということで全ての喜びの中でこのような法の喜びが最高なのである。それゆえに、〈法の喜びが全ての喜びに勝る〉と言われている。

渇愛の滅尽はしかし渇愛が滅する時生ずる阿羅漢の境地であり、それは全ても輪転の苦を征服することであるから、もう一切の最高のものである。それで〈渇愛の滅尽が全ての苦に勝つ〉と言われている。

大師がこの偈の意味を語りに語っておいでになるもうその場で八万四千の生き物たちに法の領解があった。

帝釈天も大師の法話を聞いて、大師を礼拝して言った。

「尊師様。このように最勝の法施が〔行なわれている〕時に、どうしてあなた様は私共に対して利益の廻向を与えさせないのですか（pattiṃ na dāpetha）。これからは比丘僧団に〔法を〕語られたら〔比丘たちが得た〕利益の廻向を〔私共に対して〕与えさせて下さい。尊師様」

大師は彼の言葉を聞いて、比丘僧団を集めさせて、

「比丘たちよ。今日を始めとして、大聞法会〔で法話を語り〕、或いは通常の聞法会〔で法話を語り〕、或いは近くに坐って話を〔語り〕、乃至随喜をも語る時には、全ての人々に対して廻向を行ないなさい」

とおっしゃった、という。

神の王・帝釈天の事

11. 子のいない長者の事〔第三五五偈にちなむ話。*cf.J.*III.p.299-, S.I.p.89-〕

「諸々の財物は〔智慧の鈍い者を〕破壊する」というこの説法を大師は祇陀林〔精舎〕に住まわれつつ、子のいない長者という方に関してお話になった。

〔しみったれの長者が死亡し、財産は王が接収〕

77
聞くところによると、彼〔長者〕が死亡したのを聞いて、コーサラ王・パセーナディは、

「子のいない者の財産〔sāpateyya〕は誰に行くのか」と質ねて、

「王様のところに〔行きます〕」

と聞いて、七日かけて彼の家から〔全〕財産を王家にもって来させてから、大師のもとにおもむいて、

「さて、あなたは、大王よ、もう早朝に一体どこからおいでになったのですか」と言われて、

「ここに、尊師よ、舎衛城に長者の家主がおりまして、死亡しました。私はその子のいない者の財産を王の内宮に運んでから〔ここに〕まいっております」

と云々を述べた。全ては経〔「相応部経典」「南伝」一二、一五〇頁―〕に出ている同じ趣旨によって知るべきである。

聞くところでは彼〔長者〕は黄金の鉢に種々の最高の味の食べ物がもたらされると、

「このような〔上等の食事〕というやつは〔愚かな〕人間どもが食べるのだ。お前たちはこの家の中で私

を笑い者にするのか（keḷiṃ karotha, 私と〔ままごと〕遊びをするのか）」

と、食事が給仕されると土塊や杖などで打って〔給仕人を〕逃げて行かせて、

「これが〔まともな〕人間たちの食べ物である」

と屑米の御飯（kaṇājaka）を食べ、おかわりは酸粥を（bilaṅga-dutiyaṃ）〔食べる〕。着物・車・傘も素的なもの（manāpa）がもたらされると、それらの〔もたらした〕人々を土塊や杖などで打って逃げて行かせて、粗麻布（sāṇa）を着て、老朽した小車で行く。葉の傘をさして。

と、このように王から告げられて、大師は彼（長者）の前業をお話になった。

〔しみったれ長者の前業とその果報〕

昔あったことであるが、彼（長者）は、大王よ。長者・家主であり、タガラシキンという辟支仏に托鉢食をさし上げた（patipādesi, 受け取らせた）。

「沙門に丸めた飯を与えなさい」

と言って座から立ち上って出て行った。聞くところでは、その不信心の愚か者がこのように言って出て行った時、その者の妻は信心をそなえていて、

「ほんとに私にとって久しぶりのことだわ。この〔夫〕の口から『与えなさい』という言葉を聞くなんて。今日は私の心の願い（mano-ratha）を満たして托鉢食を私はさし上げましょう」

と、辟支仏の鉢を受け取り、すばらしい食べ物を満たしてさし上げた。彼（夫）も戻って来て彼（辟支仏）を見て、

78 「どうした（kiṃ）。沙門よ。あんたは何かもらったのか」

と鉢を取ると、すばらしい托鉢食が〔入っているの〕を見て、後悔ある者（vippaṭisārin）となり、こう思った。

「すばらしいこの托鉢食は下僕（dāsa, 奴隷）たちや仕事をする者たちが食べればよいのだ。なぜなら、彼等はこれを食べて俺の仕事をするだろうからだ。しかしこの〔沙門〕は行って食べて眠るだろう。私の托鉢食は亡ぼされたのだ」と。

彼はまた財産のために兄弟の（bhātu ca pana）一人息子の命を奪った。聞くところでは彼（兄弟の一人息子）は彼（長者）の指につかまってめぐり歩きながら、

「これは僕のお父さんの所有する車だよ。これは彼（お父さん）の牛だよ」

と云々を言った。すると長者は、

「今はまだこの〔子〕はこのように言う。しかしこの〔子〕が大きくなった時にこの家の財産を誰が見るのだろうか」

とその〔子〕を森に連れて行って、或るやぶの根のところで首をつかんで球根（mūla-kanda, *Vri.*）を〔切る〕ように首を切って殺して、その場に捨てた（*Vri.* に従って訳す）。これが彼の前業である。それで〔こう〕言われる。

「いかにも、大王よ。その長者・家主はタガラシキン辟支仏に托鉢食を与えた。その〔善〕業の果報によって七度善趣に、天国に生まれ出た。同じその業の果報の残りによって同じこの舎衛城で七度長者であることを得た。〔また〕なるほど大王よ。その長者・家主は〔辟支仏に托鉢食を〕与えてから後で〔施食したことを〕後悔する者となり、『すばらしいこの托鉢食は下僕（奴隷）や仕事をする者たちが食べればよ

79

いのだ』というその〔悪業〕の果報によって、彼の心はすぐれた食事を食べることに向かわない。彼の〔心は〕すばらしい着物を着ることに〔向かわない〕。車に乗ることに〔向かわない〕。彼の心はすばらしい五欲楽（色・声・香・味・触の欲楽）を享受することに向かわない。

〔また〕いかにも大王よ。その長者・家主は兄弟の一人息子の命を財産のために奪ったのであり、その〔悪〕業の果報によって数百年、数千年、数百千年にわたって地獄で煮られた（paccittha, 苦しめられた）。〔また〕同じその〔悪〕業の果報の残りによって、この第七番目の子のいない〔長者〕の財産を〔人々は〕王の倉庫に入れさせます。そしていかにも、大王よ。その長者・家主の昔の〔善業の〕福徳はすっかりなくなり、また新しい福徳はまだ積まれていません（an-upacitaṃ）。そしてまた今日、大王よ。長者・家主は大叫喚（Mahā-roruva）地獄で煮られ（苦しめられ）ます」と。

王は大師の言葉を聞いて、

「ああ、尊師よ。業は重大であります。いわばこれほどの受用物があるのに〔彼は〕決して自分で〔それを〕享受しませんでした。あなた様のような仏陀が隣りの精舎（dhura-vihāra）に住んでおられるのに福徳の業を作りませんでした」

と言った。大師は、

「まことにその通りです。大王よ。智慧の鈍い人々というのは受用物を得ても涅槃を求めません。そして受用物によって生じた渇愛が長期にわたって彼等を破壊します」

とおっしゃって、この偈を誦えられた。

355 「諸々の財物は智慧の鈍い者を破壊する。彼岸を求める者たちを決して〔破壊し〕ない。
財物への渇愛によって智慧の鈍い者は他の人々を〔破壊する〕ように
自分を破壊する」と。

80

〈偈の語句の註釈〉

そこで、〈彼岸を求める者たちを決して〔破壊し〕ない（no ve pāra-gavesino）〉とは、しかし誰でも彼岸を求める人士たちであれば、その人たちを諸々の財物は破壊しない。〈他の人々を（aññe）〔破壊する〕ように自分を（attanaṃ）〉とは、財物によって生起した渇愛によって智慧の鈍い人は他の人々を〔破壊する〕ように自分自身を破壊する（hanti, 殺す）、という意味である。

説示が終わった時、大勢の人々が預流果などを得た、という。

子のいない長者の事

12. アンクラの事〔第三五六―三五九偈にちなむ話。*cf.DhpA*.III.p.219-〕

「〔雑〕草〔が生える〕欠点がある」というこの説法を大師は黄色の毛布を敷いた岩（Paṇḍu-kambala-silā）に滞在なされつつ、アンクラ（Aṅkura）に関してお話になった。

この話は「およそ禅思を探求する賢者たちは」（*Dhp.* 第181偈）という偈の〔註釈の〕中ですでに詳しく述べられている。なぜならばそこでインダカに関してこう述べられているからである。〔即ち、〕聞くところでは、彼はアヌルッダ（阿那律）上座が村の中に托鉢に入った時、自分の一匙の施食（kaṭacchu-bhikkhā）を与えさせた。彼のその福徳（puñña, 功徳）はアンクラが一万年にわたって十二ヨージャナもあるかまど（uddhana）の列を作ってさし上げた施よりももっと大きな果報があるものとなった。それでこう言ったのである。このように言われて大師は、

「アンクラよ。施というのは〔施す相手を〕選別して（viceyya）与えるのが正しい。このようにそれはよ
81
い畠に蒔かれた種子のように大果報がある。しかし君はそのようにしなかった。だから君の施は大果報あるものとならなかった」

と、この意味を明らかにして、

「〔施す相手を〕選別して施は与えられるべきである。そこで与えられたものは大果報がある。〔施す相手を〕選別した施は善逝からほめられたものである。
およそこの生存する世間に供養に値する方々がおれば、

これらの方々にさし上げた〔施〕は大果報あるものである。
ちょうどよい畠に蒔かれた種子が〔よいみのりをもたらす〕ように」
と述べて、更に法を示しつつこの偈を誦えられた。

356.「処々の畠は〔雑〕草〔が生える〕欠点をもち、この人々は欲情（rāga, 貪）という欠点をもつ。
であるから実に欲情を離れた人々に与えたものは大果報があるものである。

357. 処々の畠は〔雑〕草〔が生える〕欠点をもち、この人々は怒り（dosa, 瞋）という欠点をもつ。
であるから実に怒りを離れた人々に与えたものは大果報があるものである。

358. 処々の畠は〔雑〕草〔が生える〕欠点をもち、この人々は愚か（moha, 癡）という欠点をもつ。
であるから実におろかを離れた人々に与えたものは大果報があるものである。

359. 処々の畠は〔雑〕草〔が生える〕欠点をもち、この人々は欲求（icchā, 欲）という欠点をもつ。
であるから実に欲求を離れた人々に与えたものは大果報があるものである」と。

〈偈の語句の註釈〉

そこで、〈〔雑〕草〔が生える〕欠点をもつ（tiṇa-dosāni）〉とは、なぜならばひえ（sāmāka）などの草々が生え立って七穀（pubb'aṇṇa）野菜（apar'aṇṇa）の処々の畠を汚す（dūsenti, 害する）。であるからそれらの〔畠〕は大果（多くのみのり）があるものではない。人々にとっても内部に欲情が生起して人々を汚す（害する）。であるからその人々に与えられたものというのは大果報あるものではない。しかし漏尽者たちに与えられたものは大果報をもつものである、と。

それで〔こう〕言われる。

「処々の畠は〔雑〕草〔が生える〕欠点をもつ。この人々は欲情という欠点をもつ。
であるから実に欲情を離れた人々に与えたものは大果報があるものである」と。

その他の諸偈についても同じこの趣旨である。

説示が終わった時、アンクラとインダカは預流果の上にしっかりと立った。集まった人々にとっても有意義な説示であった、という。

アンクラの事

渇愛品の註釈　終わる

第二十四品

XXV. 比丘品 (Bhikkhu-vaggo)

1. 五人の比丘の事〔第三六〇、三六一偈にちなむ話〕

「眼は守るが〔よろしい〕」というこの説法を大師は祇陀林〔精舎〕に住まわれつつ、五人の比丘についてお話になった。

〔感官の門を守れ〕

聞くところでは、彼等のうちの一人一人が〔それぞれ〕眼の門など〔眼・耳・鼻・舌・身の各門〕の五つの門のうちのそれぞれ一つだけを守っていた。さて或る日〔彼等は〕集まって、

「私は守り難いものを守っております。私は守り難いものを守っております」

と言い争って、

「大師にお質ねすれば我々はこの意味を知るであろう」

と、大師のところにおもむいて、

「尊師様。私共は眼の門などを守りつつ、『それぞれ自分の守る門だけが守り難いものである』と思っています。一体ですね、私共のうちで誰が守り難いものを守っているのですか」

と質ねた。大師は一人の比丘をも下に流し落とさないで（an-osāretvā, 脚註7）、
「比丘たちよ。これらは全てもが守り難いだけである。しかし、いいかね、君たちは今だけ五つの場所が守られていなかったのではなくて、以前にも守られていなかった。そして守られていなかったからこそ賢者たちの教誡の上に立たないで、君たちは命を終えたのだよ」
と〔おっしゃった〕。
「いつのことですか。尊師様」
と彼等から乞われて〔大師は〕昔の「タッカシラー本生物語」（J.I.469-71, 393-401）の事を詳しくお話になって、
84
羅刹女（rakkhasī）たちによって王家が生命の滅尽にいたった時、灌頂即位した大士が白傘の下で王座に坐り自分の吉祥の栄華を眺め見て、「精進というこのことは人々がまさに為すべきことである」と述べて、感懐のことばとして誦えた

「堅固に、また確固として、また恐怖や戦慄なしに、
善き教説の上にしっかりと立ったのであるから、
私たちは羅刹女たちの支配に近づかなかった。
大きな危機を経て、その安穏であることが私にあるのだ」（J.I.470）

というこの偈を示して、

「その時も同じ君たちの五人の者は、タッカシラーで王権を取るために出かけて行く大士に、武器を手にして従って行った。道を行きつつ途中の道で羅刹女たちによって眼の門などによって色という対境（rūpârammaṇa）などにさそい導かれた時、〔君たちの諸々の門は〕守られていなくて、賢者の教誡を用いないで

（a-vattitvā）、〔羅刹女に〕染着して（olīyantā）羅刹女たちに噛み食べられて命の破滅にいたった。しかしそれらの対境に対して〔感官の門を〕守って、背後から背後からついて来る神の姿をした夜叉女にとりあわないで、無事に（sottinā）タッカシラーに行って王位を得た王が私自身であった」

と「本生物語」と結びつけて、

「比丘という者は全てもの〔感官の〕門を守るべきである。なぜならばこれらの〔門〕を守ってこそ全ての苦から解放されるからである」

とおっしゃって、法を示しつつこれらの偈を誦えられた。

85

360. 「眼は守るがよろしい。耳は守るがよろしい。
鼻は守るがよろしい。舌は守るがよろしい。

361. 身体は守るがよろしい。言葉は守るがよろしい。
心は守るがよろしい。あらゆるところで〔門は〕守るがよろしい。
あらゆるところで〔門が〕守られている比丘は一切の苦から解放されるのだ」と。

〈偈の語句の註釈〉

そこで〈眼は（cakkhunā）〉とは、なぜならば比丘の眼の門に色という対境が視野（āpātha）に入って来る時、その時好ましい対境に染著せず、〔また〕好まない対境を怒らず、公正に見ないことによる愚癡（moha, おろか）を起こさない時、その門において守護が、覆閉（thakana）が、閉じることが、保護が為されている、と言

86

われている。その人にとってそのように眼は守るがよろしいのである。この趣旨は耳の門などについても〔同じである〕。そして同じ眼の門などのところで守るか守らないかは生ずるのであるが、しかしこれは〔対境を感受した〕後で（parato）急行路（javana-vīthi）において得られる。なぜならば、守らないことが生ずると、不信・不忍耐・懈怠・失念（muṭṭha-sacca）・無知（aññāṇa）というこの五種のものが不善の路で得られるからである。守りが生ずると、信・忍耐・精進・思念・智というこの五種のものが善の路で得られるからである。

〈身体は守るが〔よろしい〕〉とは、またそこでは浄らかな身体も作動する身体（copana-kāya）も得られる。そして両方ともこれは同じ身体という門である。そこでその浄らかな門を守ること、守らないこと（saṃvarâsaṃvaro, *Vri.*）はすでに述べられている。作動する〔身体という〕門においても、その〔門〕にもとづいて殺生・不与取・邪淫（kāmesu micchâcārā, 欲情の邪行、*Vri.*）がある。そしてそれらのものと共に不善の路に生ずるものごとによってその〔身体という〕門は守られない。善なる路に生ずる殺生から離れることなどによって〔身体という門は〕守られる。

〈言葉は〔守るが〕よろしい〉とは、ここでも作動する言葉も言葉であり、その〔言葉〕とともに生ずる妄語（musā-vāda, うそ）などによってその〔言葉という〕門は守られない。妄語を離れることなどによって〔門は〕守られる。〈心は守られるが〔よろしい〕〉とは、ここでも急行する心とは別の心とともに貪欲（abhijjhā）などがあるのではない。ではなくて心の門が急動する刹那に生ずる貪欲などによってその門は守られないのである。貪欲がないことなどによって守られる。〈あらゆるところで〔門は〕守るがよろしい（sādhu sabbattha）〉とは、それらの眼門などの全てのところでも守るのはよろしい。なぜならばこれまでに八つの守る門と八つの守らない門とが語られて、それらの八つの守らない門に立った比丘は全ての輪転を根とする苦から解放されない。しかし守る門に立った〔比丘〕は全てもの輪転を根とする苦から解放される。それで「あらゆるところで〔門が〕守られている比丘は全ての苦から解放される」と言われている。

説示が終わった時、五人の比丘たちは預流果の上にしっかりと立った。集まって来た人々にとっても有意義な説示であった、と。

五人の比丘たちの事（*cf.J.274* 話）

2. 白鳥殺しの比丘の事〔第三六二偈にちなむ話。*cf.*J.276話〕

「手が抑制されている人は」というこの説法を大師は祇陀林（精舎）に住まれつつ、或る一人の白鳥殺しの比丘に関してお話になった。

87

〔遊び心で石を投げて白鳥を殺した比丘〕

聞くところでは、舎衛城に住む二人の友人の比丘が、出家して具足戒を得てから大抵一緒にめぐり歩く。彼等は或る日アチラヴァティー河に行って沐浴し、陽光に〔身を〕さらしつつ（tappamānā, 焼かれつつ）楽しい会話をしながら立った。その刹那に二羽の白鳥が空を飛んで行く。するといかにも若い比丘は小石を持って、

「私は一羽の白鳥の若鳥の眼を〔この小石を投げて〕撃ちましょう」

と言った。もう一人は、

「君は出来ないだろう」と言った。

「待って下さい（tiṭṭhatu）。私はこちら側の眼を、〔また〕別の側の眼を撃ちましょう」

「君はこれももう出来ないだけだろう」

「それではね、ご覧なさい（upadhārehi）」

と、三角の小石をつかんで〔飛んでいる白鳥の〕後部に投げた。白鳥は小石の音を聞いて戻って見た。すると別の渦巻の小石をつかんでその〔鳥の〕向こうの側の眼を撃って、こちら側の眼から飛び出させた。白鳥は鳴

きながら回転して彼等の足もとにだけ落ちた。そこここに立っていた比丘たちは〔それを〕見て、

「友よ。仏陀の教えのもとで出家していながら、殺生を行なうあなた方によって〔出家者に〕ふさわしくないことが行なわれたのです」

と言って、彼等を伴なって行って如来にお目にかからせた。大師は、

「聞くところでは、比丘よ、君は殺生を行なったというが、本当か」と質ねて、

「本当です。尊師様」と言われて、

「比丘よ。このような解脱を目指す（niyyānika）教えのもとで出家しながら、なぜこのようなことを君は行なったのか。昔の賢者たちはまだ仏陀が出現しない時に俗家の中に住まいつつ、わずかの場合にも後悔をした（kukkuccaṃ kariṃsu）。それなのに君はこのような教えのもとで出家しながら後悔だけすらもしなかった」

とおっしゃって、彼等に乞われて昔の〔話〕をもち出された。

〔昔話。クル国の人々が五戒を守り、神が雨を降らせた〕

昔、クル国のインダパッタ都城でダナンジャヤが統治している時に、菩薩は彼の第一王妃の胎に結生をとって、次第に分別のつく年頃となって、タッカシラーで諸々の技芸を学びとった。父〔王〕によって副王の位（opa-rajja）につけられ、後に父〔王〕の死去によって王位を得た。一〇の王法（rāja-dhammā, 布施・持戒・捨離・正義・柔和・精進・無瞋・無害・忍辱・無痴、「南伝」三一、一九七頁、J.III.274）を乱さないで、クル国の法を行なった。クル国の法というのは五戒（不殺生・不与取・不邪淫・不妄語・不飲酒）である。菩薩はそれらを

89

完全に浄めて守る。また菩薩が〔行なう〕通りに、そのように彼の母后、第一王妃、弟の副王、輔相のバラモン、縄とり人（raju-ggāhaka, 土地監視人）の大臣、御者、長者、ドーナ枡の収入監督者（doṇa-māpaka）の大官（mahā-matta）、門番、都城の売春婦（nagara-sobhanī）、美しい婢女（vaṇṇa-dāsī, 娼婦）と、このようにこれらの一一種の人々がクル国の法を守っている時に、カーリンガ国のダンタプラ都城でカーリンガ〔王〕が統治をしていて、その国に神が雨を降らさなかった。

また大士（菩薩、世尊、クル国王）にはアンジャナ・ヴァサバ（漆黒の雄牛）という吉祥の象（maṅgala hatthin, 王象）がいて大福徳をもっている。国に住む者たちは、

「その〔象〕を連れて来れば神は雨を降らせる」

と思って王に申し上げた。王はその象を連れて来るためにバラモン達を派遣した。彼等は行って大士に象を〔貸して下さるよう〕乞うた。大士はこの彼等の要請の理由を示して、

「あなたの信と戒とを知って、人々の君主さま。

カーリンガ国の色あるもの（金貨）を漆黒の色あるもの（あなたの象）と私どもは交換いたします」

と三〔偈〕集にある「本生物語」（「南伝」三一、一六一頁）をお話になった。しかし象が連れて来られた時も神が雨を降らさないので、

「彼の王はクル国の法（五戒）を守っている。それでその〔王〕の国では神が雨を降らすのだ」

と思って、

「彼〔王〕がクル国の法（五戒）を守っているが、その〔法〕を黄金の板に刻んでもって来なさい」

と再びカーリンガ〔王〕はバラモン達と大臣たちを派遣した。彼等が行って乞うている時に、王をはじめとし

て彼等全てもが自分の〔五〕戒に対して何らかのわずかの後悔（kukkucca-matta）をして、

「私たちの戒は清浄ではありません」

と拒むけれども、

「これまでに〔あなた方には〕戒の破壊（sīla-bheda, 破戒）はありません」

と彼等から再三再四乞われて、自分の〔五〕戒を語った。カーリンガ〔王〕は黄金の板に刻ませてもって来られたクル国の法（五戒）を見て、受持してよく〔それを〕満たした。彼の国に神が雨を降らせた。国は平穏で豊饒《ほうじょう》（su-bhikkha）となった。

大師はこの故事をもち出されて、

「その時、娼婦はウッパラ・ヴァンナー（蓮華色比丘尼）であり、門番はプンナ（富楼那）であった。また縄とり人（rajju-gāha, 土地監視人）はカッチャーナ（迦旃延）であり、またドーナ枡の収入監督者はコーリタ（拘律陀、目連）であった。

その時、長者は舎利弗であり、また御者はアヌルッダ（阿那律）であった。

バラモンは迦葉上座であり、副王は阿難賢者であった。

第一王妃はラーフラの母であり、王妃は〔世尊の〕生母マーヤーであった。

クル国王は菩薩である。このように「本生話」を記憶にとどめなさい」（『南伝』三一、一八〇頁）

90 と、「本生物語」に結びつけて、

「比丘よ。このように昔、賢者たちはわずかばかりでも後悔（kukkucca, 悔疑、不行儀）が生ずると自分の破戒（sīla-bheda）を危惧した。しかし君は私のような仏陀の教えのもとで出家したのに、殺生

（pāṇâtipāta）を行なって重大な〔悪〕業を行なった。比丘という者は手・足、また言葉が抑制されていなければならないのだ」

とおっしゃって、この偈を述べられた。

362.「手を抑制し、足を抑制し、言葉を抑制し、最高に抑制した人は、
内心に喜び、心の統一を得て、一人で満足している。
その人を比丘と言うのだ」と。

〈偈の語句の註釈〉

そこで、〈手を抑制した人は（hattha-saññato）〉とは、手を遊ばせること（kīḷāpana, 戯れさせること）などが〔ないので〕、或いは手で他の人々を打つなどがないので手を抑制した人である。次の語（足）の場合もこれと同じ趣旨である。また言葉で妄語（うそ）などをつかないので〈言葉を抑制した人〉である。〈最高に抑制した人（saññat'uttama）〉とは、自分の身（atta-bhāva）が抑制されている人であり、身体をゆすり動かし、頭をもち上げ、眉（bhamuka）をゆがめることなどをしない人（a-kārako, Vri.）、という意味である。〈内心に喜ぶ人（ajjhatta-rata）〉とは、内心にある思考の領域（gocara-ajjhatta）と呼ばれる観念修行法（kamma-ṭṭhāna, 業処）の修習を喜ぶ人である。

〈心の統一を得た人（samāhita, 得定者）〉とは、よく〔心が〕確立されている人（suṭṭhu-ṭṭhapito）である。〈一人で満足している（eko santusito）〉とは、一人で住する者であってよく満足し、観法の修行（vipassanā-ācāra）

の後は自分が証得したことによって心に満足した者である。なぜならば凡夫の善良な人をはじめとして全てのもの有学の者たちは自分が証得したことに満足するので満足した者たちであるが、しかし阿羅漢はただひたすら満足するだけである。それに関してこれが言われているのである。

説示が終わった時、沢山の人々が預流果などに達した、という。

白鳥を殺す比丘の事

91

3. コーカーリカの事〔第三六三偈にちなむ話。*cf.J.*215話.II.175-, 481話.IV.242-, *S.*I.p.149-,「仏のことば註㈢」398頁—〕

「およそ口を抑制し」というこの説法を大師は祇陀林（精舎）に住まわれつつ、コーカーリカに関してお話になった。

〔舎利弗・目連を罵ってコーカーリカは地獄に堕ちた〕

この事は「さていかにもコーカーリカ比丘は世尊のところへ近づいて行った」という経（*Sn.*III.10, *S.*I.p.149-）にすでに出ている。意味もその註釈書に述べられた趣旨だけによって知るべきである。しかしコーカーリカが紅蓮地獄に再生した時、法堂で〔比丘たちが〕話を立ち上げた。

「ああ、コーカーリカ比丘は自分の口によって滅亡を得た。なぜなら二人の最高の声聞弟子（舎利弗と目連）を罵る者に対してもう大地はさけ目（vivara, 地獄に落ちる穴）を与えたのだから」と。

大師がおいでになって、

「一体ね、比丘たちよ。ここで今君たちは何の話をして集まり坐っているのかね」と質ねて、

「こういう〔話を〕して〔坐っております〕」と言われて、

「比丘たちよ。〔それは〕今だけのことではない。以前にもコーカーリカ比丘はまさに自分の口によって破滅した（naṭṭho）のだよ」

とおっしゃって、その意味を聞こうと欲する比丘たちに乞われて、それを明らかにするために過去のことをも

ち出してこられた。

〔口にくわえた棒を放して空中から落下した亀の話〕

昔、雪山地方のある湖に一匹の亀（kacchapa）が住んでいる。二羽の白鳥の若鳥（haṃsa-potakā）が餌を求めて〔そこに〕行って、その〔亀〕と親しくして、厚く信頼する者となり、或る日亀に質ねた。

「あなた。雪山のチッタ・クータ山の平地のカンチャナ洞窟の私たちの住む場所は楽しい（ramaṇīyo, 美しい）ところです。私たちと一緒にあなたは〔そこに〕行きませんか」と。

「私はどうやって行くのでしょうか」

「私たちがあなたを連れて行きましょう。もしあなたが口を守ることができるならば」

「あなた。私は〔口を〕守るでしょう。あなた方は私をかかえて行って下さい」と。

92 彼等（二羽の白鳥）は「よろしい」と言って、一本の棒を亀に咬ませて、自分はその〔棒〕の両端を咬んで空に飛び上った。そのようにその〔亀〕が白鳥たちによって運ばれて行くのを村の子供たちが見て、

「二羽の白鳥が亀を棒で運んでいる」

と言った。亀は、

「たとえ友だちたちが私を連れて行くとしても、それがおまえ達にとって何だというのだ。悪がき（duṭṭha-cetaka）共よ」

と言いたくて、白鳥たちが急速にバーラーナシー都城の王の居住所の上空に到達した時、咬んだ場所から棒を放して空き地（ākās'aṅgaṇa）に落ちて二つに破れた。

大師はこの昔〔話〕をもち出されて、

「実に亀は言葉を発して自分を殺した。
棒がよく持たれていたのに、自分の言葉によって〔自分を〕殺した。
これをも見て、人の中の精進の最勝の方よ。
言葉を発するがよい。巧みに、過度にならずに。
あなたは見る。多く語って亀が災厄にいたったのを」と。（「南伝」三〇、二九九頁）

この〔「本生物語」の〕二〔偈〕集の「多くしゃべる者本生物語（第215話）」を詳しくお話になって、

「比丘たちよ。比丘という者は口を抑制し、正しく歩み、うわつかず、心を鎮静させていなければならないのだ」

とおっしゃって、この偈を述べられた。

93

363．「およそ比丘が口を抑制し、智慧によって誦し、うわつかず、
意味と法とを明らかにするならば、彼の説くところは甘美である」と。

〈偈の語句の註釈〉

そこで、〈口が抑制されている人は（mukha-saññato）〉とは、奴隷・賤民（caṇḍāla, 旃陀羅）などであっても、「おまえは悪い生まれである。おまえは破戒者である」というなどを言わないので口が抑制された人である。〈智慧によって誦す人は（manta-bhāṇī）〉とは、マンターは智慧（paññā）のことであり、またその〔智慧〕によ

って言うことを習いとする人である。〈うわつかない人は（anuddhato）〉とは、心が鎮静されている人は（nibbuta-citto）。意味と法とを明らかにする（atthaṃ dhammañ ca dīpeti）〉とは、述べられたことの意味とともに説示の法とを語る。〈甘美である（madhuraṃ）〉とは、このような比丘が述べたことは甘美である、といわれる。しかしその人が意味だけを得て聖典（pāli）を〔得〕ない、〔或いは〕聖典だけを得て意味を〔得〕ない、或いはまた両方を得ないならば、その人の述べたことは甘美といわれるものではない、と。

説示が終わった時、大勢の人々が預流果などを得た、という。

コーカーリカの事

4．ダンマーラーマ（法を喜びの園とする）上座の事〔第三六四偈にちなむ話〕

「法を喜びの園とする者」というこの説法を大師は祇陀林（精舎）に住まわれつつ、ダンマーラーマ（法を喜びの園とする）上座に関してお話になった。

〈世尊の般涅槃の予告を聞いて法の領解に専心する〉

聞くところでは、大師から、

「今から四箇月過ぎると私は般涅槃するであろう」

と告げられた時、数千人の比丘たちは大師を囲繞してめぐり歩いた。そこで凡夫たちは涙をおさえることが出来なかった。漏尽者たちに法の急動（dhamma-saṃvega）が生じた。全てもが、

「一体ですね、我々はどうするのか」

94 と群を結んでめぐり歩く。しかし一人のダンマーラーマという比丘は比丘たちのもとに近づいて行かない。比丘たちから「どうしたのです。友よ」と言われて、返事もしないで、

「聞くところでは、大師は四箇月過ぎると般涅槃なさるだろう、とのことです。また私は欲情が離れていない者（a-vīta-rāga）です。大師がまだ御存命のうちに私は努力して阿羅漢の境地を得たいものです」

と、たった一人で暮らしつつ、大師から示された法に心を注ぎ考え追憶する。比丘たちは〔このことを〕如来に申し上げた。

「尊師様。ダンマーラーマにはあなた様に対してわずかの愛情（sineha）すらもありません。『大師は聞けば般涅槃なさるだろう、という。一体ね、我々は何をしたらよいのか』と我々と一緒に相談することだけもいたしません」

と。大師は彼を呼んで来させて、

「君はこのようにするというが、本当かね」とお質ねになった。

「本当です。尊師様」

「どうして〔そのようにするのかね〕」

「うかがいますと、あなた様は四箇月過ぎると般涅槃なさるとのことです。そして、私は〔まだ〕欲情から離れていない者です。あなた様がまだ御存命のうちに私は阿羅漢の境地を得ようと、私はあなた様がお示しになった法に心を注ぎ、考え追憶いたします」と。

大師は「よろしい、よろしい」と彼に善哉の声を送って、

「比丘たちよ。私に愛情をもっている他の比丘もダンマーラーマとまさに同じようにあるべきである。なぜならば、私に花や香などでもって供養をしても供養をするとは言わないからである。ではなくて、法を法に従って実践する者たちだけが私を供養する、と言われるのだ」

とおっしゃって、この偈を誦えられた。

364・「法を喜びの園とし、法を楽しみ、法に従って思念し、
法を追憶する比丘は正法から衰退しない」と。

95

〈偈の語句の註釈〉

そこで、住む所という意味で止観の法（samatha-vipassanā-dhamma）が彼の喜びの園である、というので〈法を喜びの園とする人（dhammârāma）〉である。同じその法を楽しむというので〈法を楽しむ人（dhamma-rata）〉である。同じその法を繰り返し思念するので〈法に従って思念する人（dhammaṃ anuvicintayaṃ）〉である。その法に心を傾け（avajjento）作意して、という意味である。〈追憶する（anussaraṃ）〉とは、まさにその法を追憶して。〈正法から（saddhammā）〉とは、このような比丘は三十七類の菩提分法から、また九類の出世間法（四向四果と涅槃）から〈衰退しない（na parihāyati）〉という意味である。

説示が終わった時、その比丘は阿羅漢の境地にしっかりと立った。集まった人々にとっても有意義な説示であった、と。

ダンマーラーマ（法を喜びの園とする）上座の事

5. 敵に親しむ比丘の事〔第三六五、三六六偈にちなむ話。*cf.J.* 第 26 話〕

「自己の所得を〔軽視してはならない〕」というこの説法を大師は竹林（精舎）に滞在なされつつ、敵に親しむ比丘に関してお話になった。

〈デーヴァ・ダッタの徒の世話になった比丘〉

聞くところでは、その〔比丘〕には一人のデーヴァ・ダッタの徒党の友人がいた。彼（その比丘）はその（友人のデーヴァ・ダッタの徒の）比丘が〔デーヴァ・ダッタの徒の〕比丘たちと共に托鉢に歩いて、食事を終えてやって来るのを見て、

「あなたはどこへ行ったのか」と質ねた。

「これこれという所を托鉢に歩きに〔行きました〕」

「あなたは托鉢食を得たのですか」

「はい。得ました。ここでは我々（デーヴァ・ダッタの徒）に莫大な所得と尊敬があります。数日間あなたはここにだけいればよろしい」と。

彼は彼（デーヴァ・ダッタの徒）の言葉に従って数日間そこで過ごしてから自分の所（釈尊の教団）にだけ〔帰
96 って〕行った。すると比丘たちは、

「尊師様。この者はデーヴァ・ダッタに生じた所得と尊敬を享受しております。この者はデーヴァ・ダッ

　タの徒党です」

と彼のことを如来に申し上げた。大師は彼を呼んで来させて、

「聞けば君はこのようにしたというが、本当かね」とお質ねになった。

「はい。尊師様。私はそこで一人の若い〔デーヴァ・ダッタ派の比丘〕の世話になって（nissāya, 依存して）数日間過ごしました。しかし私はデーヴァ・ダッタの執見（laddhi）を喜びません」

と。すると世尊は彼に、

「たとえ君が〔デーヴァ・ダッタの〕執見を喜ばなくても、しかし君はまさに現在の敵（diṭṭha-diṭṭhaka）たちの執見を喜んでいるかのようにめぐり歩く。君は今だけこのようにしたのではない。以前にもすでにそのようであったのだ」とおっしゃって、

「まず今は、尊師様。私共は〔彼の行為を〕自分の眼で見ました。しかし昔にこの者は誰の執見を喜んでいるようにしてめぐり歩いたのですか。私共に告げて下さい」

と比丘たちから乞われて、昔のことをもち出してこられて、

「以前は盗賊どもの言葉に耳を傾けて
マヒラー・ムカ（象）は〔人々を〕打ち（殺し）攻撃した。
〔今は〕実によく抑制した人々の言葉に耳を傾けて
最上の象は全ての諸々の徳の上に立った」（『南伝』二八、三六二頁）

と、この「マヒラー・ムカ（象）の本生物語」（*J.* 第26話）を詳しくお話しになった。

「比丘たちよ。比丘という者は自分の所得だけに満足しているべきである。他人の所得を望むことは正し

くない。なぜならば他人の所得を望む者には禅定・観法の道と果に関して一つの法すらも生じないからである。しかし自分の所得に満足する者にだけ禅定などが生じるのだ」

とおっしゃって、法を示してこの偈を誦えられた。

365.「自分の所得を軽視してはならない。他の人々の〔所得〕をうらやまずに歩むがよい。他人の〔所得〕をうらやむ比丘は禅定を証得しない。

366. たとえわずかの所得であっても比丘が自分の所得を軽視しないならば（nâtimaññati, Vri.)、神々は実に信をもって生き倦怠のないその者を称賛する」と。

〈偈の語句の註釈〉

そこで、〈自分の所得を（sa-lābhaṃ）〉とは、自分に生じる所得を。なぜならば〔家々を〕順々に乞食していくこと（sapadāna-cāra, 次第乞食）を避けて邪に求めて（an-esanāya, 不法に）生活を（jīvitaṃ）営んでいる者は自分の所得を軽視し、あざけり（hīḷeti, 軽蔑し）厭うという。であるからこのようにしないで自分の所得を軽んじてはならない。〈他の人々の〔所得〕をうらやんで（pihayaṃ）〉とは、他の人々の所得を欲して歩んではならない、という意味である。〈禅定（samādhi, 定、三昧、精神統一）を証得しない〉とは、なぜならば、他の人たちの所得をうらやんでその人たちの衣など（衣・食・住・薬）が原因で切望する者（ussukka, 嫉妬する者）となった比丘は安止定（appanā-samādhi）或いは近行定（upacāra-samādhi）を証得しない（『仏のことば註㈠』64頁(52)）。

〈自分の所得を軽視しない（nâtimaññati）〉とは、わずかの所得であっても、上級の家・下等の家々を順々に家毎に（sa-padānaṃ）歩みつつ、比丘は自分の所得を軽視しない、といわれる。〈その者を実に〉とは、このようなその比丘を、核心を生きることによって清らかな生活を脛の力によって生命を営むことによって怠惰がないので〈懈怠のない（a-tandita）〔その者〕を〉神格たちは〈称賛する〉、ほめたたえる、という意味である。

説示が終わった時、沢山の人々が預流果などを得たという。

敵に親しむ比丘の事

98

6. 五つの最高のものを与えるバラモンの事〔第三六七偈にちなむ話。*cf.*「仏のことば註㈡」197頁—〕

130

「全ての」というこの説法を大師は祇陀林（精舎）に住まわれつつ、「五つの最上のものを与える者」というバラモンに関してお話になった。

〔世尊はバラモンの半分食い残しの施食を受ける〕

聞くところでは、彼は穀物がまだ〔田畑に〕あった時に田畑の中で最高といわれるものを与える。打穀（khala）の時には打穀したものの中で最高といわれるものを与える。脱穀（khala-bhaṇḍa）の時には脱穀したものの中の最高といわれるものを与える。揚げ鍋（ukkhalikā）の時にはかめ（kumbha, 瓶）の中の最高といわれるものを与える。鉢に盛られた時には鉢の中で最高といわれるものを与える。〔このように〕これらの五つの最高の施を与える。やって来た人に〔まだ〕与えていないと言われると〔自分は〕食べない。それで彼に「五つの最高のものを与える人」とだけ名前がつけられた。

大師は彼とそのバラモンの妻に三つの果（預流果・一来果・不還果）〔を得る〕因（upanissaya, 機根）をご覧になって、バラモンの食事の時に行って戸口にお立ちになった。彼（バラモン）も戸口のところで家の中に顔を向けて坐って食べている。大師が戸口に立たれたのを見ない。しかし彼のバラモンの妻は彼に給仕しながら大師を見て〔こう〕思った。

「このバラモン（夫）は五つの場合に最高のものを与えてから〔自分も〕食べます。そして今、沙門ゴータマがおいでになって戸口にお立ちになった。もしバラモン（夫）がこれを見て自分の御飯を取り下げて〔沙門ゴータマに〕与えると、もう一度彼（夫）のために私は御飯を炊くことが出来ないでしょう」

と〔考えて〕彼女は、

「こうすればこの人（夫）は沙門ゴータマを見ないでしょう」

と、大師に背を向けて、彼（夫）の後ろから彼をかくして（paṭicchādentī, 包んで）かがんで（onatvā）満月を手のひらでかくすようにして立った。そのように立ったまま、

「〔沙門ゴータマは〕立ち去ったのかしら。〔立ち去ら〕ないのかしら」

と大師を半眼で眺めた。大師は同じそこにだけ立っておられた。またバラモンが聞くのを恐れて「すぎて〔施食を求めなさい（aticcha, ここを通過して他のところで求めなさい）〕」と言わない。しかし〔少し〕身を引いて（osakkitvā）もうそっと（saṇikaṃ eva）、

「他のところで〔施食を〕求めなさい」

と言った。大師は、

「私は〔他のところへは〕行きません」

99

と頭を振った。世間の師である仏陀が「私は行きません」と頭を振った時、彼女は〔自分を〕おさえることが出来なくて大笑いをした。その刹那に大師は家に向かって光照を放たれた。バラモンは背を向けて坐ったままバラモンの妻の笑い声を聞いて、また六色の光線の光照を見て、大師を見た。なぜならば諸仏というのは村で、或いは森で〔自分がそこに来ている〕わけをそなえたご自分を示すことなく〔そこから〕立ち去ることはないからである。バラモンも大師を見て、

「おまえ。私は破滅させられている。おまえは王子（大師）がおいでになって戸口に立たれたのに私に告げないでいるとは、おまえは重大な業（罪）を犯したのだよ」

と言って、半分食べた御飯の鉢を携えて大師のもとに行って、

「君、ゴータマよ。私は五つの場合に最高のものを与えてからのみ〔自分も〕食べます。またここからまん中のところで分けて（bhinditvā, *Vri.*）一つの御飯の部分（半分）だけは〔私が〕食べました。〔どうぞ〕私のこの御飯をおとり下さい」

と〔言った〕。大師は、

「私はあなたの残りの御飯（ucchiṭṭha-bhatta）に用はありません」

とはおっしゃらないまま、

「バラモンよ。最高のものも私にふさわしい。まん中で分けて〔半分は〕食べられた御飯でも最後の〔残りの〕御飯を丸めたものでも私にこそふさわしいものです。なぜならば、バラモンよ。我々（沙門）は他人の施で生活する（para-dattûpajīvin）亡者のような者たちであるからです」

とおっしゃって、この偈を誦えられた。

「およそ最高のものからであれ、中ぐらいのものからであれ、或いは残りものからであれ、
他人の施で生活する者は丸めた御飯を得るのだが、
〔いずれの施をも〕ほめもせず、けなして言う者でもない。
その人をも或いは賢者たちは聖者と知る」と。（*Sn.* 第217偈）

100 バラモンはそれを聞くやいなや心を清めて、

「ああ、希有なことだ。〔インド〕洲の主といわれる王子（世尊）は『私はあなたの残飯に用はない』とは言わないで、このようにおっしゃる」

と、戸口に立ったまま大師に質問をした。

「君、ゴータマよ。あなた様はご自分の声聞弟子たちを『比丘たち』とおっしゃる。どの点から〔彼等は〕比丘（bhikkhu）と言われるのですか」

と。大師は、

「一体ね、どうしたらこの者にとって説法はふさわしいものであるのかな」

と思案なさって、

「これらの者は両名ともカッサパ仏陀（二四仏の第二四、七仏の第六）の時に名色（nāma-rūpa, 心身）ということを説く人々の話を聞いた。名色（心身）を除外しないまま（a-vissajjitvā va）彼等に法を説示するのがよろしい」

と〔判断なさって〕、

「バラモンよ。名（心）と色（身）とに染著せず（a-rajjanto）執著せず（a-sajjanto）縛られないでいる（a-bajjhanto）と、比丘と言われます」

とおっしゃって、この偈を述べられた。

367．「その人には全て名色（心身）に対する我がものとの思いはない。
また存在しないので憂い悲しまないなら、その人こそ比丘と言われる」

と。

〈偈の語句の註釈〉

そこで、〈全て（sabbaso）〉とは、あらゆる場合にも。感受など（受・想・行・識）の四つと、色蘊と、五つの蘊（khandha, あつまり）によって転起する名色（心身）において。〈我がものとの思い（mamāyitaṃ）〉とは、その人には「私は」とか「私のもの」とかの執見（gāha, とらわれ）はない。〈また存在しないので（a-satā）憂い悲しまない〉とは、またその名色（心身、五蘊）が滅尽・壊滅を得ても、「私の色（身）は滅せられた。…乃至…私の識は滅せられた」と憂い悲しまず、悩害されない。「私の滅尽・壊滅の法が滅尽したのだ」と見る。〈その人こそ〉とは、そのようなその人は名色（心身）が存在していても我がものとの思いはない。存在しなくてもそれによって憂い悲しまない人が「比丘」と言われる、という意味である。

101

説示が終わった時、両名とも夫婦（jayampatikā）は不還果の上にしっかりと立った。到来した人々にとっても有意義な説示であった、と。

五つの最高のものを施すバラモンの事

7. 大勢の比丘たちの事〔第三六八―三七六偈にちなむ話。*u*.V6.p.57-59〕

「慈悲をもって生活し」というこの説法を大師は祇陀林（精舎）に住まわれつつ、大勢の比丘たちに関してお話になった。

〔ソーナはカッチャーナのもとで出家し、世尊の前で「義品」を唱誦する〕

実に或る時、尊者大カッチャーナ（大迦旃延）がアヴァンティ地方のクララガラ都城を依り所として活動し、山に住んでいる時、ソーナ・コーティカンナ（億耳）という信士がいた。上座の法話を〔聞い〕て〔心を〕浄めて、上座のもとで出家したいと欲して、上座から、

「為し難いのです。いいかね。ソーナよ（Soṇa, *Vri.*）。生涯一食一臥の梵行は」

と言われて、二度断わられたけれども出家することに猪突猛進の心となり（ussāha-jāto）三度上座に乞うて出家した。比丘が少ない状態であったので南路で三箇年過ごして、具足戒を得て（「南伝」三、三四四頁）、大師に直接お目に掛ろうと欲して、和尚に許可を乞うて、彼から与えられた信書を携えて、順次に祇陀林に行き、大師を礼拝して、挨拶をした。大師と同室の香室に臥坐を許されたが、大部分の夜を露地で過ごし、夜分に香室に入り、自分が得た臥坐所でその夜分を過ごしてから、早朝時に大師から求められて（ajjhiṭṭho）〔スッタ・ニパータの〕「義品（Aṭṭhaka-vagga）」に含まれる一六〔の経〕をもう全て声に出して誦えた。すると世尊は彼の唱誦が終わると、大いに随喜なさって、「よいかな、よいかな、比丘よ」と善哉の声をおくられた。

102

大師がおくった善哉の声を聞いて地上にいる神々や龍や金翅鳥と、このように梵天界にいたるまで同じ善哉のひと声だけとなった。その刹那に祇陀林から二〇〇〇ヨージャナ先のクララガラ都城の上座の母の大信女の家に住んでいる神格も大声で善哉の声をおくった。時に信女は彼に言った。

「この善哉の声を送っているのは誰ですか」と。

「私です。姉さま」

「あなたは誰ですか」

「あなたの家に住む神格です」

「あなたは今から前には私に善哉の声を送らないで、なぜ今日〔それを〕おくるのですか」

「私はあなたに対して善哉の声を送らないでしょう」

「ではあなたは誰に善哉の声を送ったのですか」

「あなたの息子さんのコーティ・カンナ・ソーナ上座にです」

「私の息子は何をしたのですか」

「あなたの息子さんは今日大師と一緒に同じ香室で過し、大師に法を示しました。大師はあなたの息子さんの法をお聞きになって、心を浄めて善哉の声を与えました。それで私も彼に善哉の声を送ったのです。なぜならば正等覚者の善哉の声に共応して、地上にいる神々をはじめとして梵天界に到るまで同じ一つの善哉の声だけが生じたからです」

「しかし、あなた。私の息子は大師に法を語ったのですか。〔それとも〕大師が私の息子に語ったのですか」

103

「あなたの息子さんが大師に語ったのです」

と、このように神格が語りに語ると同時に信女に五種の喜び（*cf.*「南伝」六二、二八五頁―）が生じて全身に行きわたった。そして彼女はこう思った。

「もし私の息子が大師と一緒に同じ一つの香室に住んで大師に法を語ることができたのであれば、私にも語ることができるにちがいない。息子が来た時、聞法会を行なわせて私は法話を聞きましょう」と。

ソーナ上座もなるほど大師から善哉の声を送られた時、

「これは私が和尚から与えられた信書（sāsana, 伝言）を〔大師に〕申し上げる時である」

と、辺境の諸地方で持律者（vinaya-dhara）を第五とする〔五〕群の〔比丘〕による具足戒〔の授与〕をはじめとして五度にわたって〔五項目の許可を〕世尊に乞うてから（「南伝」三、三四九頁）、数日間大師のもとにだけ暮らして、

「私は和尚（大カッチャーナ）に会いに〔行きます〕」

と、大師に許可を乞うて、祇陀林（精舎）から出て行き、順次に和尚のもとに行った。上座（大カッチャーナ）は次の日に彼（ソーナ）を伴なって托鉢に歩きつつ〔ソーナの〕母の信女の家の戸口に行った。彼女は息子を見て心に満足して、礼拝して、うやうやしく給食してから質ねた。

「聞くところでは、あなたは、お前、大師と一緒に同じ一つの香室に住んで大師に法話を語ったというが、本当ですか」と。

「信女よ。誰がこのことをあなたに話したのですか」

「あなた。この家に住んでいる神格が大声で善哉の声を送りました。私が『この〔声を出した〕人は誰で

すか』と言うと、『私です』と答えて、このように、またこのように語りました。それを聞いて私はこう思いました。『もし私の息子が大師に法を語ったのであれば、私にも語ることができるであろう』」と。

そこで〔彼女は〕彼（ソーナ上座）に言った。

「あなた、あなたは大師の面前で法を語ったのですから、私にもう語ることが出来るでしょう。これこれという日に聞法会を行なわせて、私はあなたの法を聞きましょう」と。

彼は応諾した。信女は比丘僧団に施を行なって供養をして、

「私は私の息子の法話を聞きましょう」

104 と、一人だけ召使いの女を家の留守番に置いて、全ての従者を連れて、都城の中に聞法のために造られた仮屋（maṇḍapa）の中の飾られた法座に登って法を説く息子の法話を聞くために出かけて行った。

〔盗賊どもが母親の家に侵入〕

そしてその時、九〇〇人の泥棒たちがその信女の家に隙（otāra, 欠陥）をさがして（olokento, 眺めて）巡り歩く。しかし彼女の家は七つの垣で囲われており、七つの門小屋に結ばれている。それぞれその場所に凶暴な犬どもをつないでおかせた。家の中の屋根の水が落ちる場所にはしかし溝坑（parikā）を掘って錫（tipu）で満たした。それは日中の太陽の熱でとけて（vilīnaṃ）沸騰した（pakkaṭṭhitaṃ）ようになる。夜には濃縮して硬くなっている。それと間をおかないで大きな鉄杭（aya-saṅghāṭakāni）を間断なく地面に打ち込んだ。このようにこの防衛と信女が家の中にいることによって彼等泥棒たちは〔家に侵入する〕機会を得なかったが、その日彼女が外出しているのを知って、地下道（ummagga）を掘って（bhinditvā, 破って）、錫の垣と鉄杭の下の部分だけを

通って家に侵入し、泥棒の頭目を彼女のもとに派遣した。

「もし彼女が我々がここに侵入していることを聞いて、引き返して家に向かってやって来るなら、剱でもって彼女を打って殺せ」と。

彼は行って彼女のそばに立った。泥棒たちも家の中で灯火を燃やしてカハーパナ（金貨）〔がしまってある〕房室の戸を開けた。その召使いの女は盗賊どもを見て信女のところへ行って、

「御主人さま。大勢の盗賊どもが家に侵入してカハーパナ（金貨）の房室の戸を開けました」

と告げた。

105

〔盗賊には好きなように持って行かせなさい。私は聞法します〕

「盗賊たちには自分が見つけたカハーパナ（金貨）をもって行かせなさい。私は私の息子の法話を聞きます。私の〔聞〕法の邪魔をしてはいけません。家に〔戻って〕行きなさい」

と〔家に戻って〕行かせた。盗賊どももカハーパナ（金貨）の房室を空にしてから、銀〔が入っている〕房室の戸を開けた。彼女（召使いの女）はまたもやって来てその旨を告げた。信女も、

「泥棒たちに自分の望んだものを運んで行かせなさい。私が〔聞法するのを〕邪魔しないで」

とまたも彼女（召使いの女）を〔家に〕やった。盗賊どもは銀〔がしまってある〕房室も空にしてから黄金〔が入っている〕房室の戸を開けた。彼女（召使いの女）はまたもや行って信女にその旨を告げた。すると信女は彼女に語りかけて、

「おまえ、いいですか（je）、おまえはたびたび私のところにやって来ました。『泥棒たちには好きなよう

にもって行かせなさい。私は私の息子の法〔話〕を聞きます。私の邪魔をしないでね』と私に言われても、私が言うことにとりあわないで、再三再四同じくおまえは同じくやって来た。今度もしやって来るなら私はおまえに対して為すべきこと（解雇）を私は知るでしょう。もう家に行きなさい」

と〔召使いの女を家に追い〕返した。泥棒の頭目は彼女の話を聞いて、

「このような〔立派な、信心深い〕女性の所有財産を〔盗んで〕運ぶと、雷光（asani）が落ちて〔我々の〕頭を割るだろう」

と、泥棒たちのところへ行って、

「急いでおまえたちは信女の所有財産を元通りにしろ（paṭipākatikaṃ karotha）」

と言った。彼等はカハーパナ（金貨）はカハーパナの房室に、銀・金は銀・金の房室に再び満たした。聞くところでは、「法は法の通りに行なう者を守る」ということは決まった事（dhammatā）である、という。それでこう言った。

「まことに法は法の通りに行なう者を守る。
よく行なわれた法は安楽をもたらす。
法がよく行なわれた時、この功徳がある。
法の通りに行なう者は悪い行き先に行かない」と。（*Thg.* 第303偈）

〈盗賊どもはソーナ上座のもとで出家する〉

泥棒たちは行って聞法の場所に立った。上座も法を語って、夜が明けそめる頃に〔説法の〕座から下りた。

106

その刹那に盗賊の頭目は信女の足元に身を伏せて、

「私をお許し下さい。あなた様」と言った。

「何ですか。これは。あなた」

「私はあなた様に害心をいだいて殺そうとしました」

「それでは、あなた。私はあなたを許します」と。

その他の泥棒どもも同じその通りにして、

「あなた方よ。私は許します」と〔信女から〕言われて〔泥棒一同は〕、

「あなた様。もしあなた様が我々を許して下さるなら、あなた様の息子様のもとで我々が出家することを〔子息様が〕お許し下さるようにして下さい」

と言った。彼女は息子（ソーナ上座）を礼拝して言った。

「あなた。これらの泥棒たちは私の諸々の徳に〔ふれて〕、またあなた様の法話によって心を浄められて出家することを乞います。あなた様は彼等を出家させて下さい」

と言った。〔ソーナ〕上座は「よろしい」と言って、彼等が着ていた着物のすそ（dasa）を切らせて、赤銅色の土で染めさせて、彼等を出家させて〔十〕戒の上にしっかりと立たせた。また具足戒を授ける時には彼等の一人一人に別々に観念修行法（kamma-ṭṭhāna, 業処）を与えた。彼等九〇〇人の比丘たちはそれぞれ別々に九〇〇の観念修行法（業処）を把握して、一つの山に登り、それぞれの樹の木陰に坐って沙門法を修した。

〔大師は祇園精舎に坐ったまま二千ヨージャナ先の比丘達に偈を説く〕

大師は二〇〇〇ヨージャナ先の祇園大精舎に坐られたまま彼等比丘たちを御覧になって彼等の修行のために説法を現わされて（vavatthāpetvā）、光照を遍満させて、対面に坐って語っておられるかのようにして、これらの偈を誦えられた。

107

368. 「誰でも慈悲に住する比丘は仏陀の教えに心が浄められて、
寂静の、諸行が止息した安らぎの境地を証得するであろう。

369. 比丘よ。この舟の水を掻い出しなさい。
水が掻い出されたあなたの〔舟〕は軽く（速く）行くであろう。
欲情（貪）と怒り（瞋）とを切断して、そこから涅槃に行くであろう。

370. 五〔下分結〕を切りなさい。五〔上分結〕を捨てなさい。
また更に五〔根〕を修習するがよい。
五つの執著を越えて行った比丘は『暴流を渡った者』と言われる。

371. 比丘よ。禅思しなさい。また放逸であってはならない。
あなたの心が〔五〕欲楽の中をうろついてはならない。
放逸となって銅丸をのみ込んではならない。
焼かれつつ『これは苦である』と泣いてはならない。

372. 智慧のない者には禅思はない。禅思しない者には智慧はない。

その人に禅思と智慧とがあれば、その人こそ涅槃の近くにいるのだ。

373. 空屋に入り、心が静められた比丘には、正しく法を観ずるので、
人間にはない喜びがある。

374. それぞれのところから〔五〕蘊の生滅を触知すると、
〔その人は〕喜悦を得る。それは識別して知る人々にとって不死甘露である。

375. そこでこれはここで智ある比丘が〔為すべき〕最初のことである。
〔即ち、〕感官の防護、満足、またパーティモッカ（戒条）を守ること。
生活が清らかで怠けない善き友たちに親しめよ。

376. 親交を行なう者であれよ。浄らかな行ないに巧みな者であれよ。
そこから喜びの多い者となり、〔その人は〕苦の終りを作るであろう」と。

108

〈偈の語句の註釈〉

（368）そこで、慈悲（mettā）に関する観念修行法（業処）において修行を行いつつも、慈悲によって三禅、四禅を起こしてとどまっていても〈慈悲に住する者（mettā-vihārin）〉だけが言われる。〈心が浄められた者（pasanno）〉とは、しかしその人は仏陀の教えの中で心が浄められた者であり、浄信（pasāda）をまさに喜ぶという意味である。〈寂静の境地を（padaṃ santaṃ）〉とは、これは涅槃（nibbāna）のことである。このような比丘も部分が静められた（santa-koṭṭhāsa）〔安らぎ〕を、全ての諸行（saṅkhārā, 身心をあらしめる力）が静められるので〈諸行が止息した（saṅkhārûpasamaṃ）〉、最高の安らぎであるので〈安らぎ（sukha）〉と名を得た涅槃

（nibbāna, 寂滅）を証得する、もう見出す、という意味である。

(369)〈比丘よ。この舟の水を掻い出しなさい（siñca）〉とは、この自分の身（atta-bhāva）と呼ばれる舟から邪悪な思い（micchā-vitakka）という水を掻い出して、捨てて水を掻い出しなさい。〈水が掻い出された（sittā）あなたの〔舟〕は軽く（lahuṃ, 速く）行くであろう（essati）〉とは、なぜならば、ちょうど大海の中で水だけで一杯になった舟は諸々の孔隙（chiddāni）を閉じて水が掻い出されたので、〈水が掻い出されて〉軽くなって海上で沈むことなく（an-osīditvā）すみやかに良港（su-paṭṭana）に行く。このようにあなたのこの邪悪な思いという水に満ちた自分の身という舟も、眼門など（眼・耳・鼻・舌・身・意の各門）の孔隙を防護（saṃvara, 律儀）によって閉じて、生起した邪悪な思いという水が掻い出されたので軽くなって、輪廻の輪転（vaṭṭa, 渦巻）の中に沈まないで、すみやかに涅槃におもむくであろう。〈切断して（chetvā）〉とは、欲情（rāga, 貪）や怒り（dosa, 瞋）という諸々の縛りを切りなさい。これらを切断して阿羅漢の境地に達した人は、そこから、後になって〔煩悩も肉体も完全に滅し尽くした〕無余依の涅槃におもむくであろう、という意味である。

109

(370)〈五〔下分結〕を切りなさい〉とは、下の苦界（apāya, 危難）を得させる（sampāpakāni）五つの下の部分の結縛（oram-bhāgiya-saṃyojanāni、「パ仏辞」439右下）を、足を縛った縄を人が刀で〔切断する〕ように、下の三つの道（預流・一来・不還の各道）によって切断するがよい。〈五〔上分結〕を捨てなさい〉とは、上の天界（deva-loka）を得させる五つの上の部分の結縛（「パ仏辞」348左中）を、人が首を縛った縄を〔切る〕ように阿羅漢道によって捨てよ、すっぱりと捨てよ、もう切断せよ、という意味である。〈また更に（vuttari）五〔根〕を修習するがよい〉とは、上の部分の結縛を捨てるために、信（saddhā）など（信・勤・念・定・慧）五つの根（indriyāni）を更に修習せよ。〈五つの執著（saṅga）を越えて行った者〉とは、このようである時、五つ

110

の貪・瞋・癡・慢・見解に執著することを越えて行くことによって五つの執著を越えて行った者となって。〈比丘は「暴流を渡った者」と言われる〉、四つの暴流（ogha, 欲望・生存・見解・無明）をすでに渡り切った者である、と言われる、という意味である。

(371)〈比丘よ。禅思しなさい（jhāya）〉とは、比丘よ。二つの禅定（近行定 upacāra-samādhi と安止定 appanā-samādhi）によって禅思せよ。また身の行為など（身・口・意の行為）において不放逸に住する者であることによって放逸であってはならない。〈うろついてはならない（mā bhamassu）〉とは、また五種の欲望の類（色・声・香・味・触の欲望）の中で君の心がうろついてはならない。〈銅丸を（loha-guḷaṃ）〔のみ込んでは〕ならない〉とは、なぜならば思念を捨てることを特徴とする放逸によって放逸になった者たちは地獄で赤熱の銅丸をのみ込むからである。それゆえに私は君に言う。「放逸となって銅丸をのみ込んではならない。地獄で焼かれつつ『これは苦である。これは苦である』と号泣してはならない」という意味である。

(372)〈禅思はない〉とは、禅思を起こす策励の智慧をともなった智慧がない者には禅思というものはない。〈智慧はない〉とは、禅思しない人には「精神を統一した（samāhito）比丘はありのままに知り、見る」と特相が述べられている智慧（paññā）はない。〈その人に禅思と智慧とがあれば（yamhi jhānañ ca paññā ca）〉とは、その人物にこの両方もがあれば、その人は涅槃のそばにすでに立っている、という意味である。

(373)〈空屋に（suññâgāraṃ）入った〔比丘〕には〉とは、どこであれ（kismiñcid eva）遠離した場所で観念修行法（業処）を捨てないで（Vri. に従って訳す）観念修行法に作意して坐る〔比丘〕には。〈心が静められた（santa-citta）〔比丘〕には〉とは、心が寂滅した〔比丘〕には。〈正しく（sammā）〉とは、原因から、理由から法を分別して見る〔比丘〕には、分別して見ることと呼ばれる〈人間にはない（a-mānusī）〔喜び〕〉とは、八等至（aṭṭha-samāpatti, 四禅と四無色定）と呼ばれる天上の喜びもある、生起する、という意味である。

（374）〈それぞれのところから（yato yato）触知する（sammasati）〉とは、三八の対境（ārammaṇa, *DhpA*.III.421[1], *Ps*.I.168[25]）に関して観念修行（kamma）を行いつつ、どのような様相であれ、或いは食前など（食前・食中・食後）の時に、それぞれそれを自分が特に好んだ（喜んだ）時、大いに好ましい観念修行のテーマについて観念修行を行ないながら触知する。〈生滅を（udaya-vyayaṃ）〉とは、五蘊（色・受・想・行・識）の二五の様相によって（「南伝」六四、三二八頁）生起を〔触知し〕、同じ二五の様相によって滅尽を〔触知する〕。〈喜悦を（pīti-pāmojjaṃ）〉とは、このように〔五〕蘊の生滅を触知しつつ、法の喜びを、また法の悦びを得る。〈不死甘露である（amataṃ）〉とは、縁（paccaya）と共に名色（nāma-rūpa, 心身）が明らかとなって現前する時、生起したその喜悦は不死甘露の大涅槃を得させるのであるから、〈識別して知る人々にとって（vijānataṃ）、賢者たちにとって〔それは〕不死甘露そのものである、という意味である。

111

（375）〈そこでこれは最初のことである〉とは、そこではこれが最初である。これは前段階の基礎（pubba-ṭṭhāna）である。〈ここで智ある〔比丘〕が〉とは、この教えにおいて賢明な比丘にとって。今、それが最初〔にやること〕である、と言われた〔修行の〕前段階の基礎を示して、〈感官の防護〉と云々を述べた。なぜならば四種の完全に清浄な戒（catu-pārisuddhi-sīla, 四遍浄戒。「パ仏辞」648. 右下）が〔修行の〕前段階の基礎と言われるからである。そこで〈感官の防護（indriya-gutti）〉とは感官の防御である。〈満足（santuṭṭhi）〉とは、四つの生活用品（衣・食・住・薬）に対する満足である。それによって生活の完全清浄とともに生活用品に関連した戒が語られている。〈戒条（パーティモッカ）を〔守る〕〉とは、戒条と呼ばれる最勝の戒を完全に満たした人々が語られている。〈善き友たちに親しめよ（bhajassu）〉とは、仕事を放棄したふさわしくない友たちを避けて、真実に生きる者であるので〈生活が清らかな人々と（suddhājīve）〉、脛の力によって生命を維持するので怠惰のない倦怠のない善き友たちと〈親しめよ（bhajassu）〉、仕えよ、という意味である。

(376)〈親交を行なう者であれよ（paṭisanthāra-vutt'assa)〉とは、財（āmisa, 食、利益）に関する親交と法に関する親交において実行（vutti）をそなえているので、親交を行なう者であれよ。親交を行なう者（kāraka）であれよ、という意味である。〈浄らかな行ない（ācāra）に巧みな者（kusala)〉とは、戒も浄らかな行ないであり、種々の務め（vatta-paṭivatta）も浄らかな行ないである。それに巧みな者であれよ、賢明な者であれよ、という意味である。〈そこから喜びの多い者となる〉とは、その親交を行なうことから、また浄らかな行ないに巧みであることから生ずる法の喜びによって喜びの多い者となり、それは全ての輪転（輪廻）の苦の終りを作るであろう、という意味である。

112

このように大師がこれらの偈を説示なさった時、それぞれ一つ一つの偈が終わった時、それぞれ一〇〇人の比丘たちは、それぞれ坐っていた同じ場所で無碍解（paṭisambhidā, 法・意義・言語・弁才のすぐれた能力）とともに阿羅漢たることを得て、空中に昇り、全ても彼等比丘たちは空中だけを行って、二〇〇〇ヨージャナもある難路を越えて行き、如来の黄金色の身を称讃しつつ讃歎しつつ礼拝した、と。

大勢の比丘たち事

8．五百人の比丘の事〔第三七七偈にちなむ話〕

「ヴァッシカーが…〔する〕ように」というこの説法を大師は祇陀林（精舎）に住まわれつつ、五百人の比丘たちに関してお話になった。

〔落花よりも早く解脱しようと励む比丘たち〕

聞くところでは彼等は大師のもとで観念修行法（業処）を学び取ってから、森の中で沙門法を修しつつ、もう早朝に花を咲かせたヴァッシカー（vassikā, ⓢ vārṣika,「仏教植物辞典」p.85. 婆師迦花。木犀科の植物。夏時開花、白色にして芳香を放つ）の花々が夕方には茎から落とされるのを見て、

「おまえたち（花々）が茎から解放される（落ちる）よりもっと先に我々は欲情などから解放されよう」

と〔修行に〕励んだ。大師は彼等比丘たちをご覧になって、

「比丘たちよ。比丘というのは茎から落ちる花のように輪転（輪廻）の苦から解放されるようにひたすら励むべきである」

とおっしゃって、香室に坐ったまま光照を行き渡らせて、この偈を誦えられた。

377．「ヴァッシカーがしおれた花々を放し落とすように、
そのように欲情と怒りとを比丘たちは離し捨てなさい」と。

113

〈偈の語句の註釈〉

そこで、〈ヴァッシカー（vassikā）〉とはジャスミン（sumanā）である。〈しおれた（maddavāni）〉とはしぼんだ（milātāni）。今、こう言われている。〔即ち、〕たとえばヴァッシカーが昨日咲いた花々を、次の日には古くなった〔花々〕を落とし、茎から離して捨てるように、そのように君たちも欲情（貪）などの過悪を離して捨てなさい、と。

説示が終わった時、全ても彼等比丘たちは阿羅漢の境地にしっかりと立った、という。

五百人の比丘たちの事

9．身体が静まった上座の事〔第三七八偈にちなむ話〕

「身体が静まった〔比丘〕は」というこの説法を大師は祇陀林（精舎）に住まわれつつ、身体が静まった上座という方に関してお話になった。

〔身を静めた比丘〕

聞くところでは、彼には手足の不行儀（kukkucca, 悪作）というものはなかった。身体を変調に屈伸すること（kāya-vijambhana）がなく、自分の身が静まったままであった。聞くところでは彼は獅子の胎からやって来た上座である、という。聞くところでは、獅子たちは或る日餌場に〔狩りに〕出ると（gocaraṃ gahetvā, 獲物を獲得すると）、銀、金、宝珠、珊瑚の洞窟などのうちのどれか一つに入って、砒石（mano-silā）、雄黄（hari-tāla）の粉末（cuṇṇa）の上で七日間横たわって、七日目に起き上り、横たわった場所を眺めて、もし尾（naṅguttha）や耳や手足が動いたので、砒石や雄黄の粉が散乱しているのを見ると、

「これはおまえの生まれや氏姓（gotta, 家柄）にふさわしくない」

と再び七日間、食べないで横たわる。粉末が散乱していないと、

114 「これはおまえの生まれと氏姓にふさわしい」

と依所から出て行って、あくびをして、四方を眺めて三度獅子吼し、狩りに出発する。このような獅子の胎からこの比丘は来たという。彼が身を正しく行じているのを見て、比丘たちは大師に申し上げた。

「尊師様。サンタ・カーヤ（身体が静まった）上座のような比丘を私共はこれまで見たことがありません。まったくこの人には坐った場所で手が動くことや足が動くことや身体を変に屈伸することはありません」と。

それをお聞きになって大師は、

「比丘たちよ。比丘というものはサンタ・カーヤ（身体が静まった）上座が〔する〕ように、身体などを静めていなければならないのだよ」

とおっしゃって、この偈を誦えられた。

378．「身体が静まり、言葉が静まり、静まりをもってよく（身・口・意が）定められていて、
世間の味を吐き出した比丘は『静まった人である』と言われる」と。

〈偈の語句の註釈〉

そこで、〈身体が静まった人（santa-kāya）とは、殺生などがないので身体が静まった人である。妄語（musā-vāda, うそ）などがないので〈言葉が静まった人（santa-vāca）〉である。貪欲（abhijjhā）などがないので心が静まっている人（santa-mana）である。身体など（身・口・意）が三つとも良く定められているので〈よく定められている人である（su-samāhito）〉。四つの道（預流・一来・不還・阿羅漢の各道）によって、世間の味（āmisa, 財、食、利益）が吐き出されているので〈世間の味を吐き出した比丘は〉。内心の欲情など（貪・瞋・癡）が静められているので〈静まった人である、と言われる〉という意味である。

説示が終わった時、上座は阿羅漢の境地にしっかりと立った。集まって来た人々にとっても有意義な説示であった、と。

身体が静まった上座の事

115

10．ナンガラ・クラ〔鋤族〕上座の事〔第三七九、三八〇偈にちなむ話〕

「自分で〔自分を〕呵責しなさい」というこの説法を大師は祇陀林〔精舎〕に住まわれつつ、ナンガラ・クラ〔鋤族〕上座に関してお話になった。

〈在家の時のぼろ衣と鋤を師として励む比丘〉

聞くところでは或る一人の不運な〔貧しい〕人がいて、他の人々の賃仕事をして生きている。或る一人の比丘がぼろ布（pilotika-kkhaṇḍa）を着て鋤をかついで行く彼を見て、こう言った。

「しかし、あなたにとって、このように生きるよりも出家する方がよいのではないかな」と。

「尊師さま。このように生きている私を誰が出家させて下さるのでしょうか」

「もしあなたが出家するのであれば、私があなたを出家させましょう」

「わかりました。尊師さま。もしあなたが私を出家させて下さるなら、私は出家いたしましょう」と。

そこでその上座は彼を祇陀林〔精舎〕に連れて行って、自分の手で沐浴させて、広場（mālaka）に立たせて出家させた。着ていたぼろ布と一緒に鋤（naṅgala）を同じ広場の境界のところの樹の枝に置かせた。彼は具足戒をうける時にもナンガラ・クラ〔鋤族〕上座とだけ知られた。彼は覚者たちのおかげで生じた所得と尊敬によって生きつつも、いらいらして（ukkaṇṭhitvā, 出家生活を厭って）いらいらした気持を除くことが出来なくて、

「今や私は信施の袈裟衣（saddhā-deyyāni kāsāvāni）を着て行かないであろう」

116

と、樹の根元に行って、自分自身で自分を教誡した。

「無恥の者よ。恥知らずの者よ。この〔袈裟衣〕を着たのに、還俗して（vibbhamitvā, 迷乱して）賃仕事をして生きたいと欲する者におまえはなったのか」

と、このように自分を教誡するとすぐに彼の心は〔いらいらが〕薄れた状態になった。彼は戻って来て再び数日過ぎるといらいらして、同じように自分を教誡した。再び彼の心はもとに戻った。彼はこのやり方で（nīhārena）いらいらした時にはそこに行って〔自分で〕自分を教誡した。すると比丘たちは彼がそこにしばしば行くのを見て、

「友よ。ナンガラ・クラ上座よ。なぜあなたはそこに行くのですか」

と質ねた。かれは、

「阿闍梨さまのもとに私は行きます。尊師よ」

と言って、数日たって阿羅漢たることを得た。比丘たちは彼と共に笑い話をして（keḷiṃ karontā）言った。

「友よ。ナンガラ・クラ上座よ。あなたが行き来する道（vicaraṇa-magga）は足跡のないもの（a-valañja）のようになった。あなたは〔もはや〕阿闍梨のもとに行かないようですね」と。

「はい。尊師よ。私共（自分と樹の根元に置いてある鋤）は接触（saṃsagga, 交際）が必要な時は〔そこに〕行きました。しかし今は私どもの接触（交際）は切れました。ですから私はまいりません」と。

それを聞いて比丘たちは、

「この者はありもしないこと（a-bhūta）を言って〔自分の〕開悟（aññā, 完全知）を説いている」

と、大師にその旨を申し上げた。大師は、

「そうです。比丘たちよ。私の息子（ナンガラ・クラ）は自分自身で自分を叱責して出家者の為すべきことの頂点に達したのです」

とおっしゃって、法を示しつつこの偈を誦えられた。

379.「自分で自分を叱責せよ。自分で自分を検察するがよい。
その比丘は自分を守り、思念をもって安らかに過ごすであろう。

380.実に自分が自分の守護者である。誰[1]か他人が守護者となるのか。
自分こそが自分の行く方を決める者だからだ。
それゆえに、商人が駿馬を〔御す〕ように、〔自分で〕自分を制御するがよい」と。

117

〈偈の語句の註釈〉

そこで、〈自分を叱責せよ（coday'attānaṃ）〉とは、自分自身で自分を叱責せよ、磨け（sāraya）。〈検察するがよい（paṭimāse）〉とは、自分自身で自分をよく審査するがよい（parivīmaṃse）。〈その（so）〉とは、その君は、比丘はこのようにあって、自分自身で〔自分が〕守られているので〈自分を守り（atta-gutto）〉、思念が起こされているので〈思念をもつ者（satimā）〉となって、全ての姿勢（iriyā-patha, 行住坐臥）において安らかに住するであろう、という意味である。

〈守護者（nātha）〉とは保護者（avassaya, 依所）であり足場（patiṭṭhā, 依所）である。〈誰か他人が守護者となるのか（ko hi nātho paro siyā）〉とは、なぜならば他人の存在（atta-bhāva）に依存して善いことを行なって天国におもむく者となり、或いは道を修行して果を証得した者となることは出来ないのであるから、それゆえにどういう他人が守護者となるのだろうか〈守護者とはならないのだ〉という意味である。〈それゆえに（tasmā）〉とは、なぜならば自分こそが自分の行く方を決める者（gati）であり、足場であり、帰依所（saraṇa）であるから、それゆえに、たとえば〈駿馬を（bhadraṃ）〉、駿馬（assâjānīya）を、それによって所得を〔得ようと〕望む者がその〔馬〕の不正な立居振舞（visama-ṭṭhāna-cāra）を切断して、一日に三度沐浴させて餌を与え、調教し世話をする（patijaggati）ように、そのようにあなたもまだ生じていない不善が生ずるのを防いで、思念の錯乱（sati-sammosa, 失念）によって生じた〔不善〕を捨てて自分を制御しなさい。守りなさい。このようにありつつ第一禅を始めとして世俗と出世間の違い（visesa, 殊勝なこと）をあなたは証得するであろう、という意味である。

説示が終わった時、大勢の人々が預流果などを得たという。

ナンガラ上座の事

註

（1）この部分、*PTS.* 欠落。*Vri.* で補充した。「偈の語句の註釈」p.117[6] には ko hi nātho paro〔siyā〕とでている。

11. ヴァッカリン上座の事〔第三八一偈にちなむ話。*cf.*「仏のことば㈣」175頁（15）〕

「喜びの多い〔比丘〕は」というこの説法を大師は竹林（精舎）に滞在なされつつ、ヴァッカリン上座に関してお話になった。

〔世尊は世尊のお姿を眺めてばかりいるヴァッカリンを追放なさる〕

118

聞くところでは、その尊者は舎衛城のバラモンの家に生まれ出て、成年に達した時、〔都城に〕托鉢に入られた如来を見て、大師の身の見事なこと（sampatti, 成就）を眺め見て、身の見事さを見ることに飽くことなく（a-titto）、

「このようにすれば私は常時如来を見ることを得るであろう」

と、大師のもとで出家して、そこに立つと十力者（世尊）を見ることができる、そこに立って、誦経（sajjhāya）、観念修行法（kamma-ṭṭhāna, 業処）に意を注ぐことなどを捨てて、大師を眺め見るだけをしてめぐり歩く。大師は彼の智の成熟をお待ちになって、何もおっしゃらずにいたが、

「今や彼の智は成熟した」と知って、

「ヴァッカリンよ。この〔私の〕臭い身を見たとて、君に何になるのか。ヴァッカリンよ。いいかね。誰でも法を見る人は、その人は私を見るのだよ」

とおっしゃって〔彼を〕教誡なさった。彼はこのように教誡されたけれども、大師を見ることを捨てて他のと

ころへ行くことが決して出来ない。すると大師は、

「この比丘は衝撃を得ないと目覚めないであろう」

と、雨安居の開始（vassûpanāyika）が近づいた時、王舎城に行って、雨安居の開始の日に、

「おまえは出て行きなさい。ヴァッカリンよ」

と彼を追放した（paṇāmesi）。彼は、

「大師は私に話しかけて下さらない」

と、三箇月間大師の面前に立つことが出来なくて、

「私にとって生きることが何になろうか。私は山から自分を落下させよう」

と、霊鷲山（Gijjha-kūṭa）に登った。大師は彼が疲れているのを知って、

「この比丘は私のもとで安息（assāsa）を得ないで道の果〔を得る〕因（upanissaya）を滅ぼすであろう」

と、ご自分の身を示すために光照を放たれた。すると彼が大師を見た時以後、それほど大きかった憂い悲しみも捨てられた。大師は乾いた池を暴流で満たすように、上座に強力な喜び悦しさを生じさせて、この偈を述べられた。

119

381. 「喜びの多い比丘は仏陀の教えのもとで心を浄めて、
寂静の境地を、諸行が止息した安らぎを証得するがよい」と。

〈偈の語句の註釈〉

その意味は〔次の如くである。即ち〕、もともとからも〈喜びの多い比丘は〉、〈仏陀の教えのもとで〉清浄であること（pasāda）を喜ぶ。彼はこのように〈仏陀の教えのもとで心を浄めて（pasanno）〉。〈寂静の境地を（santaṃ padaṃ）、諸行が止息した安らぎ（saṅkhārûpasamaṃ sukhaṃ）〉と名を得た涅槃を証得するがよい、と。

〈ヴァッカリンは世尊にまねかれて空中に跳入し、世尊の前に立った〉

そしてまたこの偈を述べてから大師はヴァッカリン上座に手をさしのべて（以下 Vri. による）、

「来なさい。ヴァッカリンよ。恐れてはならない。君は如来を眺め見なさい。
私は君を引き上げよう。泥の中に沈んだ象を〔引き上げる〕ように。
〔来なさい。ヴァッカリンよ。恐れてはならない。君は如来を眺め見なさい。
私は君を解き放とう。ラーフが捕えた太陽を〔解き放つ〕ように。
来なさい。ヴァッカリンよ。恐れてはならない。君は如来を眺め見なさい。
私は君を解き放とう。〕ラーフが捕えた月を〔解き放つ〕ように」

と、この偈を述べられた。彼（ヴァッカリン）は、

「私は十力者（世尊）にお目にかかった。また『来なさい』という呼びかけ（avhāna）も得た」

と強力な喜びを起こして、

「一体ね。どこから行けばよいのか」

と行く道を見ないので、十力者（世尊）に面前する空中に跳入して、第一歩が山に立った刹那に大師が述べた

偈に意を注いで、空中にいるままで喜びを鎮めて、無碍解（paṭisambhidā, 法・意義・言語・弁才のすぐれた能力）とともに阿羅漢の境地を得て、如来を礼拝しつつそのまま〔空中から〕降りて大師のもとに立った。すると大師は後になって彼を信によって信解した者（saddhâdimutta）たちの第一人者の地位につけられた、という。

ヴァッカリン上座の事

（*S*.III.119-124,「南伝」一四、一九四頁。ヴァッカリンは風病に苦しみ刀をとって自殺する。*TegA*.II.149-,「仏弟子達のことば註㈡」304頁—、霊鷲山の断崖から投身自殺。）

120

12. スマナ沙弥の事〔第三八二偈にちなむ話〕

「誰でも、実に」というこの説法を大師は東園（鹿母講堂）に滞在なされつつ、スマナ沙弥に関してお話になった。

〔アンナ・バーラ（スマナの前生）が辟支仏に施食すること〕

そこでこれは〔遠い昔からの〕次第を追ったお話である。実に蓮華上仏陀（二四仏の第一〇）の時代に或る一人の在家の息子がいた。大師が四衆（比丘・比丘尼・信士・信女）の中で或る一人の比丘を天眼をそなえた者（dibba-cakkhuka）たちの第一人者の地位につけるのを見て、そのすばらしさ（sampatti, 栄華、成就）を〔得たいと〕望んで、大師を招待して七日間仏陀を上首とする比丘僧団に施を行なって、

「尊師さま。私も将来に或る一人の仏陀の教えのもとで天眼をそなえた者たちの第一人者となりたいものであります」

と願を立てた。大師は百千劫にわたる〔時〕をご覧になってから、彼の願（patthanā, 希望）がかなえられることを知って、

「今から百千劫先の時にゴータマ仏陀の教えのもとで天眼をそなえた者たちの第一人者でアヌルッダ（Anuruddha, 阿那律）という者に君はなるであろう（bhavissasi, Vri.）」

と予言をなさった（vyākāsi）。彼はその予言（授記）を聞いて、〔もう〕翌日〔にもそれを〕得ることが出来る

ようにその成就を考えた。大師が入滅なさった時、〔彼は〕比丘たちに天眼〔を得るための〕準備として作すべきこと（dibba-cakkhu-parikamma）を質ねて、七ヨージャナほどの黄金の塔を囲って数千の灯明台（dīpa-rukkha）を作らせて灯明供養を行なわせた。そこから死没して天界に生まれ出た。神と人間たちの中を百千劫にわたって輪廻して、この劫の時にバーラーナシーの貧しい家（daḷidda-kula）に生まれ出た。スマナ長者を依りどころとして彼の草運び人夫（tiṇa-hāraka）となって生活を営んだ。「アンナ・バーラ（Anna-bhāra, 食物を運ぶ者）」というのが彼の名前であった。

スマナ長者もその都城で常時大施を行なった。時に或る日、ウパリッタという辟支仏がガンダマーダナで滅

121

尽定（nirodha-samāpatti）から出定して、

「誰に私は愛護（anuggaha, 摂受）を与えようか」と考えて、

「今日私はアンナ・バーラを愛護するのがよろしいのだ。そして今、彼は森から草を携えて家に帰って来るだろう」

と知って、衣と鉢を携えて、神通力を使って行ってアンナ・バーラの面前に姿を現わした。アンナ・バーラは彼が空《から》の鉢を手にしているのを見て、

「でも、尊師さま。あなた様方は托鉢食を得たのですか」と質ねると、

「我々は〔托鉢食を〕得るでしょう。大福徳ある方よ」と言われて、

「それでは、尊師さま。しばらくお待ち下さい」

と、草〔を運ぶ〕天秤棒（tiṇa-kājaka）を捨てて、急いで家に行って、

「おまえ、私のために取り分けて置かれた御飯はあるかね、ないかね」と妻に質ねた。

122

「ありますよ。あなた」

と言われて、急いで戻って来て辟支仏の鉢をいただいて、

「私に〔施を〕さし上げたい気持がある時は施物（deyya-dhamma）がありません。施物がある時には〔施を〕受け取る方（paṭiggāhaka）を私は得ません。しかし今日、私は受け取る方にお目にかかり、また施物があります。本当に私は得をしました（lābhā vata me）」

と、家に行って、御飯を鉢に撒き入れさせて、戻って〔それを〕運んで辟支仏の手に置いて、

「尊師さま。このような困難に生きることから私が解放されますように。『ない』という言葉だけは私が〔今後〕聞きませんように」

と願（patthanā, 願いごと）を立てた。辟支仏は、

「そのようにあれよ。大福徳ある者よ」

と言って、随喜の言葉を述べてから去って行った。スマナ長者の傘に住んでいる神格も、

「ああ、施が、最高の施がウパリッタ（辟支仏）の上によく確立された」

と言って、三度善哉の声を送った。すると長者は彼（神格）に、

「一体これほど〔長い〕間私が施を行なっているのをおまえは見ていないのか。〔何でまたここで急に善哉の声を出したのだ〕」と言った。

「私はこの〔あなた、長者さま〕の施に対して善哉の声を送ったのではありません。ではなくて、アンナ・バーラがウパリッタ（辟支仏）にさし上げた托鉢食に心を清めて、私はこの善哉の声を起こしました」と。

〔スマナ長者はアンナ・バーラに施食の功徳の廻向を乞う〕

彼（スマナ長者）は、

「おまえ、実に希有のことだ。私はこれほど〔長い〕間施を行なってきたが、神格に善哉の声を送らせることは出来なかった。アンナ・バーラは私をたよりとして生きながらただ一つの托鉢食だけによって善哉の声を〔神格に〕送らせた。彼の施に相当する代価を払って（anucchavikaṃ katvā）その托鉢食を私の所有としよう」

と考えて、彼を呼んでこさせて、

「今日、おまえは誰に、どんなものをさし上げたのか」と質ねた。

「はい。御主人さま。今日、私はウパリッタ辟支仏に取り分けた御飯をさし上げました」

「さあそれでは、おまえ、一カハーパナ（金貨）を受け取って、その托鉢食〔の功徳〕を私にくれたまえ」

「私はさし上げません。御主人さま」

彼（スマナ長者）は千金まで〔代価を〕ふやした。一方の者（アンナ・バーラ）は千〔金〕でもっても与えなかった。すると〔長者は〕彼に、

「ともあれ、おまえ。もしおまえが托鉢食を〔私に譲って〕くれないなら、〔この〕千〔金〕をとって、私に廻向してくれ（pattiṃ me dehi）」

と言った。彼は、

「お聖人さまと相談してから私は〔諾否を〕知るでしょう」

と、急いで辟支仏のところへ行って、

123

「尊師さま。スマナ長者は〔私に〕千〔金〕をくれて、〔私が〕あなた様にさし上げた托鉢食の廻向（patti）を乞い求めます。私はどういたしましょうか」

と質ねた。すると彼（辟支仏）は彼（アンナ・バーラ）に比喩を示した。

「たとえば、賢者よ、一〇〇軒の家からなる村で、一軒の家で灯火を燃やすと、残りの〔九九軒〕は自分の油で灯心（vaṭṭi）を濡らして火をともして〔火を分け〕取るであろう。〔その時〕最初の灯火の光明（pabhā）は『ある』と言われるべきか、『ない』と〔言われるべきか〕」と。

「尊師さま。光明はもっと増えています（atirekatarā）」

「まさに、賢者よ、あなたも同様なのです。ひと匙の粥であれ、ひと匙の托鉢食であれ、自分の施食（piṇḍa-pāta, 托鉢食）にある〔功徳を〕他の人々に回向してさし上げる時、それだけの人たちに与えればそれだけ〔功徳は〕増えます。なぜならばあなたは一つだけ托鉢食を〔私に〕くれました。しかし長者に廻向が与えられると、二つの施食があるのです。一つはあなたの、もう一つはその〔長者の施食です〕」と。

彼は「わかりました。尊師さま」と、彼に敬礼して、長者のもとに行き、

「御主人さま。〔私の〕廻向をお取り下さい」と言った。

「それではこのカハーパナ（金貨）を取りなさい」

「私は〔自分の〕托鉢食を売りません。信（saddhā）によって私はあなたに廻向をさし上げます」

「おまえは信によって与えればよろしい。私もおまえの徳を供養しよう。〔お金を〕受け取りなさい。おまえ。そしてまた今後は自分の手で（sa-hatthā）仕事をしてはならない。街路に家を作らせて住みなさい。また何でもおまえに必要なものは全て私のところからもって行きなさい」

と言った。そして滅尽〔定〕から出定した〔辟支仏〕にさし上げた托鉢食はもうその日に果報を与えるのである。それで、王もその顛末を聞いて、アンナ・バーラを呼んで来させて、〔彼から〕廻向してもらって（pattiṃ gahetvā）、莫大な財物（bhoga）を与えて、彼に長者の地位を贈った。

124

〔アンナ・バーラは甘露飯王の家に再生し、アヌルッダとなる〕

彼はスマナ長者の友人となって、寿命の限り諸々の福徳を積んで、そこから死没して天界に再生し、神と人間たちの中を輪廻して、この仏陀（釈迦牟尼仏）が出現なさった時、カピラヴァッツ都城のアミトーダナ・サッカ（甘露飯王、浄飯王の弟）の家に結生をとった。「アヌルッダ（阿那律）」と彼に名をつけた。彼はマハー・ナーマ（摩訶男）の弟であり、大師の叔父（父の弟）の息子でもあるが、非常に繊細（sukhumāla）で大きな福徳をもっていた。

聞くところでは、或る日、六人のクシャトリヤたちがお菓子（pūva, 餅）を賭《か》けて（lakkhaṃ katvā）球遊びをしている時、アヌルッダは負けてお菓子を〔もって来る〕ために母親のところに使いを出した。彼女は大きな黄金の皿に満たしてお菓子を持って行かせた。お菓子を食べてから再び〔球〕遊びをして、負け、同じように使いを出した。このように三度お菓子がもって来られた時、四度目に母親は、

「今は〔もう〕お菓子はありませんよ」

と使いを出した。彼は彼女の言葉を聞いて、「ない」という言葉を今まで聞いたことがなかったので、

「ナッティ（ない）というお菓子が今あるのだろう」と思って、

「行きなさい。ナッティというお菓子をもって来なさい」

125

と使いを出した。すると母親は彼に、

「ナッティ（ない）と言われているお菓子を、お母さん、下さいな」と言われて、

「私の息子は『ない』という言葉を今まで聞いたことがないのだわ。一体どうやって『ない』ということを〔彼に〕知ってもらおうかしら」

と、黄金の鉢（pātī）を洗って〔空の鉢にして〕、別の黄金の鉢で〔それを〕覆って、

「さあ、あなた、これを私の息子に渡して下さい」

と使いを出した。その刹那に都城を守護する（nagara-pariggāhakā）神格たちが、

「我々の御主人さまは〔昔〕アンナ・バーラであった時に、ウパリッタ辟支仏に〔自分のために〕取り分けた御飯をさし上げて、『ない（natthi）という言葉だけは私は〔もう〕聞きませんように』と願がけをなさった。もし我々がそのことを知っていながらもおろそかにする（ajjhupekkheyyāma, 等閑にする、無視する）ならば、我々の頭も裂けるであろう」

と思って、天上のお菓子をもって鉢を満たした。その〔お使いの〕人は鉢を運んで来て彼等（球遊びの連中）のところに置いて開いた。それらの（天上のお菓子の）香りが全都城に行き渡った。またお菓子は口に入れただけで七千の味を運んで〔口中に〕ひろがってとどまった。アヌルッダは思った。

「思うにお母さんは今まで私を可愛がらなかったのだろう。なぜなら、彼女はこれまでの別の日に私のために『ない（ナッティ）』というお菓子を今まで作ってくれなかったのだから。〔私が可愛いなら、もう前からこのおいしいお菓子を作ってくれていたはずだ〕」と。

彼は行って母親にこう言った。

「お母さん。私はあなたの愛する者（piya）ではないのですね」と。

「おまえ。おまえは何を言うのですか。私の両眼よりも、心臓の肉よりもおまえはもっと可愛いのだよ」

「もし私が、お母さん、あなたの愛する者であるならば、なぜ、お母さん、今までこのような『ナッティ』というお菓子をあなたは下さらなかったのですか」と。

彼女はその〔使いに出した〕人に質ねた。

「あなた。〔あの〕鉢の中に何かあったのですか」と。

「はい、あなた様。鉢はお菓子で一杯でした。私はあのような〔一杯のお菓子〕を今まで見たことがありません」と。

彼女は思った。

「私の息子は福徳を積んだ者だ。神格たちから彼に天上のお菓子が送られたのだろう」

と。彼も母親に言った。

「お母さん。私はこのようなお菓子を今まで食べたことがありません。これからは私に『ナッティ』というお菓子だけを作って下さい」

と。彼女はそれからは彼から「私はお菓子が食べたい」と言われた時には、黄金の鉢を洗って〔空にして〕別
126 の鉢で覆って〔ふたをして〕使いに持たせてやる。神格たちが〔その〕鉢を〔お菓子で〕満たす。このように
彼（アヌルッダ）は世俗の家の中に暮らしていながら「ない（natthi）」という言葉の意味を知らないで、天上
のお菓子だけを食べた。

〈アヌルッダは世間のことを何も知らない〉

さて、大師を囲繞するために家々を順にめぐって釈迦族の子弟たちが出家して行く時に、マハーナーマ・サッカ（アヌルッダの兄）から、

「お前、我々の家からは誰も出家した者がいない。お前が出家すべきか、或いは私が〔出家すべきか〕」

と言われて、彼（アヌルッダ）は言った。

「私は繊細（sukhumāla, 虚弱）です。出家することは出来ないでしょう」と。

「それではね、〔家の〕仕事を学びなさい。私が出家しよう」

「この仕事（kammanta）というのは何ですか」と。

なぜならば、彼は食べ物が出てくる場所（田畑）すらも知らず、仕事などどうして知るだろうか。それでこのように言った。なぜならば、或る日アヌルッダ、バッディヤ、キンビラという三人の者が「食べ物というのはどこに現われ出るのか」と考えた。彼等のうちでキンビラは「穀倉（koṭṭha）に出て来る」と言った。聞くところでは彼は或る日、米（vīhi, 稲）を穀倉に投げ入れる人々を見たという。それで「食べ物は穀倉に出てくる」と思ってこのように言った。するとバッディヤは彼に、

「君は知らないのだ」と言って、

「食べ物というのは鍋（ukkhali）の中に出てくるのだ」

と言った。聞くところでは彼は或る日、鍋から御飯を〔とり出して〕盛りつけている人たちを見て、

「まさにここ（鍋）にこの（etaṃ, Vri.）〔御飯〕は現われ出るのだ」

と思った。それでそのように言った。アヌルッダは彼等二人にも、

「君たちは知らないのだ」と言って、

「宝石のもち上った取っ手のついた（ratan'ubbedha-makulā）大きな黄金の鉢の中に食べ物は現われ出るの 170
だ」

と言った。聞くところでは彼はお米を搗《つ》く人たちも御飯を炊く人たちをもこれまで見たことがなかったという。黄金の鉢に盛って目の前に置かれた食べ物だけを見る。それで、

「鉢の中でだけこの（etaṃ, Vri.）〔食べ物〕は生まれ出るのだ」

と思った。それでこのように言ったのである。このように食べ物が出現する場所も知らないで、大福徳をもった在家の息子が諸々の仕事をどうして知るだろうか。

〈アヌルッダは世尊のもとで出家し天眼第一となる〉

彼（マハーナーマ・サッカ、アヌルッダの兄）は、

「来なさい。アヌルッダよ。いいかね、私はおまえが俗家に住むために教えておこう。第一に田畑を耕させねばならないのだ」

というような仕方で兄が言う〔在家者の〕仕事が際限がないことを聞いて、

「私にとって俗家に住むことは意味がない」

と、母親に許可を乞うてからバッディヤを先頭にした五人の釈迦族の青年たちと共に〔家を〕出て行ってアヌピヤのマンゴー林（Anupiy'amba-vana）においでになる大師のもとに近づいて行って出家した。そしてまた出家してから正しい実践修道を歩んで次第に三明（tisso vijjā, 前生に関する智、死生に関する智、漏尽に関する智）

128

を証得して、天眼によって一つの座に坐ったままで手のひらに置かれたアーマラカ（āmalaka, 阿摩勒、マラッカノキ、タマリンド）〔の実を見る〕ように千の世間界を眺め見ることが出来る者となった。

「私は前生の住所を知る。天眼は浄化された。
私は三明者であり、神通力を得ている。仏の教えは為された」（*S.I.*p.196[20], *Thg.*332.562）

と感懐の偈を誦えて、

「一体ね、〔前世で〕私は何をしてこの栄華（sampatti, 成就）を得たのかな」

と〔過去世における自分を〕眺めて見て、

「蓮華上〔世尊〕（二四仏の第一〇）のみ足のもとで私は願を立てたのだ」

と知って、

「再び輪廻を流転しつつ、これこれという時代にバーラーナシーのスマナ長者にお世話になって生きつつ、
私はアンナ・バーラという者であった」

とも知って、

「以前に私はアンナ・バーラ〔という者〕であった。貧しくて、天秤棒で〔草を〕運ぶ者であった。名声
あるウパリッタ（辟支仏）に私は托鉢食をさし上げた」

と述べた。そして彼はこう思った。

「その方（バーラーナシーのスマナ長者）は当時、私がウパリッタ（辟支仏）にさし上げた托鉢食の代価としてカハーパナ（金貨）を〔私に〕下さって、〔功徳の〕廻向を受け取った（pattiṃ aggahesi）のだが、その私の友人であるスマナ長者は一体ね、今どこに再生したのだろうか」

と。すると彼（スマナ長者）が、

「ヴィンジャの森に、山のふもとにムンダ町というのがあり、そこの大ムンダという信士に大スマナと小スマナという二人の息子がいる。彼（昔のスマナ長者）はそのうちの小スマナとなって再生した」と見た。そしてまた見てから〔こう〕思った。

「私がそこに行った時、一体ね、〔彼の〕助けとなること（upakāra）があるのか、ないのか」と。

彼（アヌルッダ）は思案してからこう見た。

「私がそこに行った時、彼（小スマナ）は七歳で〔家を〕出て出家するであろう。またもう剃髪堂（khur'agga, 剃刀《かみそり》堂）で阿羅漢の境地に達するであろう」と。

〔アヌルッダは小スマナを出家させる〕

そしてまた〔そのように〕見て、雨安居入りが近づいた時、空を飛んで行って村の入口に降りた。そして大ムンダ信士は以前からも上座とすでに親交のある者（vissāsika）であった。彼は托鉢の時に衣をまとった上座を見て息子の大スマナに言った。

「お前、私のお聖人さまのアヌルッダ上座がおいでになった。ほかの誰かがあの方の鉢を受け取らない間に行ってあの方の鉢を受け取りなさい。私は座席を調えるとしよう」と。

彼（大スマナ）はそのようにした。信士は住居の中で上座にうやうやしく給仕して、〔上座が〕三箇月間〔そこに〕住む約束をとりつけた。上座は応諾した。すると〔大ムンダ信士は〕あたかも一日世話をするように三
129 箇月にわたって彼（アヌルッダ上座）のお世話をして、雨安居の大修了式（mahā-pavāraṇā）にあたって、三衣

とともに砂糖・油・米などを運んで来て上座の足もとに置いて、

「尊師よ、〔これらのものを〕受け取って下さい」と言った。

「結構です。信士よ。これは私には用がありません」

「尊師よ。これは雨安居を修了した方の所得（vassâvasika-lābha）というものです。それをお受け取り下さい」

「結構です。信士よ」

「どうして受け取らないのですか、尊師よ」

「私のもとにはふさわしい仕事をする沙弥もおりません」

「それではね、尊師よ。私の息子の大スマナが沙弥となるでしょう」

「信士よ。私は大スマナには用はありません」

「それではね、尊師よ。小スマナを出家させて下さい」と。

上座は「よろしい」と同意して小スマナを出家させた。彼はもう剃髪堂で阿羅漢の境地に達した。上座は彼と一緒に半月ばかりそこに住んでから、

「私は大師にお目に掛りましょう」

と彼の親族たちに許可を乞うて、空中だけを行って雪山地方の森の小屋に降りた。そして上座はもともとからも精進に励む方であったので、そこで前夜・後夜に経行をしていると、彼に腹の風（udara-vāta, 腹痛）が起こった。そして彼（上座）の疲れた容態を見て、沙弥が質ねた。

「尊師さま。何があなたを悩ませているのですか」と。

「腹の風〔腹痛〕が私に起きたのだよ」

「ほかの日にも、もう以前に〔腹痛は〕起きています。尊師さま」

「そうだね。おまえ」

「どうすれば楽になるのですか。尊師さま」

「アノータッタ〔無熱悩池〕から飲み水が得られれば〔私は〕楽になるよ。おまえ」

「それでは、尊師さま。私が〔飲み水を〕運んでまいります」

「おまえはできるかね。沙弥よ」

「はい。〔できます。〕尊師さま」

「それではね。アノータッタ池にはパンナカという龍王がいて、私を知っている。彼に告げて、薬のために飲み水を一瓶運んで来なさい」と。

彼は「わかりました」と和尚を礼拝して、空中に昇って五〇〇ヨージャナの場所を〔飛んで〕行った。

130 〔小スマナと龍王の戦闘〕

そしてその日、龍王は龍の舞踊者を従えて水遊びをしたいと思っている。彼は沙弥がやって来るのを見るやいなや怒った。

「この坊主頭のえせ沙門は自分の足の塵垢を俺様の頭の上に撒いて行く。アノータッタ湖の飲み水を〔とる〕ために来たのであろう。今や俺様は奴に飲み水を与えないぞ」

と五〇ヨージャナもあるアノータッタ湖を、大きな鉢で鍋のふたをするように、鎌首（phaṇa）でもってふた

をして横たわった。沙弥は龍王の様子を眺めて見て、

「この〔龍王〕は怒っているのだ」

と知って、この偈を誦えた。

「聞いて下さい。私の〔言うこと〕を。龍王よ。偉大な威力ある方よ。大力の方よ。私に水瓶を下さい。私は〔それを〕お薬〔にする〕ためにやって来ております」と。

それを聞いて龍王はこの偈を誦えた。

「東の方角のところにガンガーという大河がある。〔それは〕大海に注いでいる。おまえはそこから飲み水を運べ」と。

それを聞いて〔小スマナは〕、

「この龍は自分の欲の思い（icchā）によって〔私に飲み水を〕与えないのだろう。私は力ずくで（bala-kkāraṃ katvā, 力を行使して）〔私の〕大威神力を知らしめて、この〔龍王〕に打ち勝って飲み水を手に入れよう」

と思って、

131 「大王よ。〔私の〕和尚はアノータッタ〔湖〕からだけ飲み水を私にもって来てくれと言うのです。ですから私はこの〔アノータッタ湖の水〕だけを運ぶでしょう。消え失せなさい。私の邪魔をしないで下さい」

と言って、沙弥はこの偈を述べた。

「ここからだけ私は飲み水を運ぶでしょう。このことにのみ私は用があるのです。もしあなたに強い力があるなら、龍王よ。〔私の〕邪魔をしてごらんなさい」と。

132

すると龍王は彼に言った。

「沙弥よ。もしおまえに勇猛な男〔の心〕があるなら、
　俺様はおまえの言葉を大いに喜ぶ。俺様の飲み水を運んでみろ」と。

すると沙弥は彼に、

「このように、大王よ。私は〔飲み水を〕運びますよ」と言った。

「〔おまえが〕出来るなら、運んでみろ」と言われて、

「ではね、よく知りなさい」

と、三度〔龍王の〕自己主張を受け取ってから、

「仏陀の教えの威神力を示して、私は飲み水を運んで行くのがよろしいのだ」

と考えて、まず空中にとどまっている神格たちのところへ行った。彼等（神格たち）はやって来て、礼拝して、

「何事ですか。尊師よ」

と言って立った。

「このアノータッタ湖の湖面でパンナカ龍王と私の戦いがあるでしょう。あなた方はそこへ行って勝敗を見て下さい」

と言った。彼はこれと同じやり方で四人の世間の守護者（Loka-pālā,〔即ち〕Kuvera 毘沙門天、Dhata-raṭṭha 持国天、Virūpakkha 広目天、Virūḷhaka 増長天）のところに〔行き〕、また帝釈天（Sakka）、スヤーマ天（Suyāma, 須夜摩）、兜率天（Santusita）、化楽天（Sunimmita）、自在天（Vasavattin）のところにおもむいて、その旨を告げた。それからもう順々に九種の梵天界に行って、そこここで梵天たちがやって来て、礼拝して立ち、

「何事ですか。尊師よ」

と質ねられて、その旨を告げた。このように彼（小スマナ沙弥）は無想天（Asañña）と無色界の梵天たちとを除いて、全てのところをもう寸時の間にめぐり歩いて〔龍王との戦いを〕告げた。彼の言葉を聞いて全てもの神格たちが、アノータッタ湖の湖面に〔集まり〕、ナーリ管にばらまかれた錫（tipu）の粉のように空中を隙間なく満たして集まった。神の集団が集まった時、沙弥は空中に立って龍王に言った。

「聞きなさい。私の〔言う事〕を。龍王よ。偉大な威力ある者よ。大力の者よ。私に水瓶を与えよ。私は〔師の〕薬のために来ているのだ」と。

すると龍は彼に言った。

「沙弥よ。もしおまえに勇猛な男〔の心〕があるなら、俺はおまえの言葉を大いに喜ぶ。俺の飲み水を運んでみろ」と。

彼は三度龍王の自己主張（paṭiññā）を受け取ってから、空中に立ったまま十二ヨージャナもある梵天の身体を
化作して、空から下りて龍王の鎌首を攻撃して（akkamitvā）顔を下にして圧迫した（nippīḷesi）。とたんに強力
な人に攻撃された生ま皮のように龍王の鎌首は（脚註15。phaṇā とする。鎌首は複数あることになる）攻撃された
133 だけでたれ下って（ogalitvā）杓子（dabbī）ほどの鎌首の袋となった。龍王の鎌首からそれぞれ放出される場所
からターラ椰子の幹の太さの水の噴出（udaka-vaṭṭiyo）がわき上った。沙弥は空中で飲み水の瓶（pāṇīya-vāra）
を満たした。神の集団は善哉の声を送った。龍王は恥じて沙弥に対して怒った。彼の眼はグンジャー（いち
ご）色となった。彼は、

「この〔沙弥〕は神の集団を集めて鎌首の上に立って俺を辱《はずかし》めた。こいつを捕えて口に手を入れて彼の

心臓の肉を砕こう。或いは彼の足をつかまえてガンガー河の向こうに投げ捨てよう」

と、急いで行ってあとを追ったけれども彼に追い着くことが出来ないままであった。

沙弥は〔戻って〕行って和尚の手に〔水瓶を〕置いて、

「お飲みなさい。尊師さま」

と言った。龍王も後からやって来て、

「尊師よ。アヌルッダよ。沙弥（小スマナ）は私が与えないまま飲み水を取って来ました。〔それを〕飲んではいけません」と言った。

「聞けばこのようであるが、沙弥よ」と。

「お飲み下さい。尊師さま。私はこの〔龍王〕から与えられた飲み水を運んで来たのです」と。

上座（アヌルッダ）は、

「漏尽の沙弥がうそを語るということはない」

と知って飲み水を飲んだ。まさにその刹那に彼の病気は止息した。再び龍は上座に言った。

「尊師よ。〔この〕沙弥は全ての神の集団を集めさせた上で俺に恥をかかせたのです。俺はそいつの心臓を裂くでしょう。或いはその足をつかまえてガンガー河の向こうに投げ捨てるでしょう」と。

134 「大王よ。沙弥は大威神がある者です。あなた方は沙弥と戦うことは出来ないでしょう。彼を許して行きなさい」

と。彼（龍王）は自分でも沙弥の威神力を知っている。しかし恥をかいたので〔沙弥を〕追っかけて来たのである。それで〔彼は〕上座の言葉によって彼（沙弥）を許して、彼と友人の交わりをして、

「今後アノータッタ〔湖〕の水が入用の時にはあなた方が〔水を汲みに〕やって来る必要はありません。俺に使いをよこして下さい。俺が自分でもって来てあげましょう」

と言って去って行った。上座も沙弥を伴なって出発した。

〔世尊はスマナに命じてアノータッタ湖の水を運ばせた〕

大師は上座がやって来ていることを知って、鹿母講堂で上座がやって来るのをご覧になりつつお坐りになった。比丘たちも上座がやって来るのを見て、迎えに出て鉢と衣を受け取った。時に或る者たちは沙弥の頭をも、耳をもつかんで揺らして、

「沙弥よ。小さな弟よ（cuḷa-kaniṭṭha, *Vri.*）。いらいらしていないかね」

と言った。大師は彼等の行為をご覧になって〔こう〕思われた。

「実に重大である。これらの比丘たちの行ないは。毒蛇（āsī-visa）の首をつかむように沙弥をつかんでいる。〔彼等は〕彼（沙弥）の威神力を知らないのだ。今日、私はスマナ沙弥の徳を明らかにするのがよろしいのだ」と。

上座もやって来て、大師を礼拝して坐った。大師は彼と挨拶を交わしてから、阿難上座に語りかけられた。

「阿難よ。私はアノータッタ〔湖〕の水で足を洗いたい。沙弥たちに水瓶を与えて水を運ばせなさい」と。

135 上座は精舎に五〇〇人ほどの沙弥たちを集めさせた。彼らにとってスマナ沙弥は一番下っぱの新人であった。〔皆スマナを知らなかった。〕上座は一番年上の沙弥に言った。

「沙弥よ。大師はアノータッタ〔湖〕の水で足を洗いたいと欲しておられる。水瓶をもって行って水を運

んで来なさい」と。

彼は、

「〔私は〕出来ません。尊師さま」

と、〔行くことを〕望まなかった。上座はほかの者たちにも質ねた。彼等も同様に〔行くことを〕拒んだ。

「しかし、ここに漏尽の沙弥はいないのか」と。

いるのである。しかし彼等は、

「これは我々に結ばれた花の容器（māla-puṭa）ではない。スマナ沙弥にだけ結ばれたものだ」

と、〔アノータッタ湖に水を汲みに行くことを〕欲しなかった。また凡夫たちは自分には出来ないので、〔行くことを〕望まなかった。そしておしまいにスマナ沙弥の番になった時、

「沙弥よ。大師はアノータッタ湖の水で足を洗いたいと欲しておられる。水つぼ（kuṭa）をもって水を運んで来なさい、ということだ」

と言った。彼は、

「大師が運んで来させる（運んで来いと命令なさる）のであれば、私は運んでまいりましょう」

と、大師を礼拝して、

「尊師さま。あなた様はアノータッタ〔湖〕から私に水をもって来させる、ということでしょうか」

と言った。

「そうだよ。スマナよ」と。

彼はヴィサーカー（鹿母）が作った厚い黄金の象眼のある（koṭṭimesu）臥坐所用の水つぼの中から一つの六〇

136 の水つぼの水を入れることができる（saṭṭhi-kuṭa-odaka-gaṇhanakaṃ）大きな水瓶（ghaṭa）を手で持って、

「私にとってはこれを持ち上げて肩先に乗せる必要はない」

とぶら下げて（olambakaṃ katvā）空中に昇り雪山に向かって進んで行った。龍王は沙弥がもう遠くからやって来るのを見て、出迎えて、水瓶を〔受け取り〕肩先にのせて、

「尊師よ。あなた様は俺のような召使いの男がいるのに、どうしてご自分でやって来たのですか。水が必要な時はなぜ知らせだけでも〔私に〕よこさなかったのですか」

と、瓶に水を入れて自分で〔それを〕持ち上げて、

「前を行って下さい。尊師よ。俺が自分で運んで来ましょう」と言った。

「あなた様は立ち止まりなさい。大王よ。私自身が〔水を運ぶように〕正等覚者から命じられたのです」

と龍王を戻らせて瓶のふち（mukha-vaṭṭi）のところを手で持って空を行った。

〔スマナは七歳にして具足戒を受ける〕

すると大師は彼がやって来るのをご覧になって、比丘たちに話しかけられた。

「ご覧。比丘たちよ。沙弥のすばらしさを（līḷhaṃ）。空中で白鳥王のように輝いている」と。

彼も飲み水の瓶を置いて、大師を礼拝して立った。すると大師は彼におっしゃった。

「君は何歳かね、スマナよ」と。

「私は七歳です。尊師さま」

「それではね。スマナよ。今日から〔沙弥を卒業して〕比丘になりなさい」

とおっしゃって、相続者としての具足戒（dāyajja-upasampadā）を授けられた。聞くところでは二人だけ沙弥が七歳で具足戒を得た、という。このスマナとソーパーカとである。（「仏弟子達のことば註㈠」220頁-）このように彼が具足戒を受けた時、法堂で〔比丘たちが〕話を立ち上げた。

「希有なことです。友よ。若い沙弥にもこういうようにも威神力があります。我々は今までこのような威神力を見たことがありません」と。

大師がおいでになって、

「比丘たちよ。一体何の話をして今ここに集まり坐っているのかね」

とお質ねになった。

「こういう〔話〕をして〔集まり坐っております〕」と言われて、

「比丘たちよ。私の教えのもとにおいては若くても正しく実践修道する者はこのような成就をもう得たのだよ」

137

とおっしゃって、法を示しつつこの偈を誦えられた。

382.「実に誰でも、若い比丘でも、仏陀の教えのもとで努めるならば、
その者は、黒雲からのがれた月のようにこの世間を明らかにする」と。

〈偈の語句の註釈〉

そこで、〈努める（yuñjati）〉とは、はげむ（ghaṭati）、努力する（vāyamati）。〈明らかにする（pabhāseti, 輝か

す）〉とは、その比丘は自分の阿羅漢道の智によって、黒雲などからのがれた月のように〈世間を〉、蘊などの類別のある世間（蘊世間＝行世間、有情世間、器世間）を明らかに照らす、一つの光照とする、という意味である。

説示が終わった時、沢山の人々が預流果などを得た、という。

スマナ沙弥の事

比丘品の註釈　終わる

第二十五品

138

XXVI. バラモン品（Brāhmaṇa-vaggo）

1. 浄心の厚いバラモンの事〔第三八三偈にちなむ話〕

「流れを切れ」というこの説法を大師は祇陀林（精舎）に住まわれつつ、浄心の厚い一人のバラモンに関してお話になった。

〈どの比丘に対しても「阿羅漢さま」と言うバラモン〉

聞くところでは彼は世尊の説法を聞いて、心を浄めて、自分の家で十六人ほどの比丘たちに常の（毎日の）食事を調えて、比丘たちがやって来る時間には鉢を受け取って、

「尊師方は、阿羅漢の方々はおいで下さい。阿羅漢様たちはお坐り下さい」

と、何を言うにも阿羅漢様という言葉と結びつけてだけ言う。彼等のうちの凡夫たちは、

「この者は我々に対して『阿羅漢である』と思っている者だ」

と考えた。漏尽者たちは、

「この人は我々が漏尽者であることを知っている」

と、このように彼等の全てもが悔疑して（kukkuccāyantā）彼の家に行かなかった。彼は苦しみをいだき心に憂

139

えて（dummano, 不快意であり）、

「一体ね、どうしてお聖人様方はおいでにならないのか」

と精舎に行って大師を礼拝してその旨を申し上げた。大師は比丘たちに語りかけて、

「どうしたのかね、これは。比丘たちよ」

と質ねて、彼等がそのことを申し上げると、

「しかし、比丘たちよ。君たちは阿羅漢様という言葉（arahanta-vāda）を〔素直に〕受けた（sādiyittha）かね」と。

「我々は〔素直に〕受けません。尊師様」

「そのようであっても、人々の浄心によって言われていることは（pasāda-bhaññaṃ）、これは、比丘たちよ。浄心によって言われている場合には無罪（anāpatti）である。でもね、しかし〔この〕バラモンの阿羅漢たちに対する愛情（pema）は〔ちょっと〕度が過ぎている（adhimattaṃ）。であるから君たちも渇愛の流れを断ち切って阿羅漢の境地に達することだけが肝要である」

とおっしゃって、法を示しつつこの偈を誦えられた。

383.「流れを切断しなさい。励みなさい。諸々の欲望を除きなさい。バラモンよ。
諸行（身心）の滅尽を知って、君は作られないもの（涅槃）を知る者である。バラモンよ」と。

〈偈の語句の註釈〉

そこで、〈励みなさい（parakkama）〉とは、渇愛の流れというのはわずかの努力では切断することが出来ない。であるから智に相応した大きな奮励によって励んでその流れを切断せよ。両方とも〈欲望を除きなさい（kāme panuda）〉、駆除しなさい（nīhara）。〈バラモンよ〉とは、これは漏尽者（khīnâsava）たちを〔目指すようにとの〕語りかけである。〔両欲望とは事欲（vatthu-kāma, 金、女など欲望の対象物）と煩悩欲（kilesa-kāma, 心内の煩悩）である〕。〈諸行（身心、saṅkhārā）の〉とは、五蘊（色・受・想・行・識＝身心）の滅尽を知って。〈作られないものを知る者（a-kata-ññū）〉とは、このようである時、黄金などのうちのいかなるものによっても作られない涅槃を知るので、君は「作られないもの（涅槃）を知る者」と言われる、と。

説示が終わった時、大勢の人達が預流果などを得た、という。

浄心の厚いバラモンの事

2. 大勢の比丘の事〔第三八四偈にちなむ話〕

「二つの法に関して…〔である〕時」というこの説法を大師は祇陀林（精舎）に住まわれつつ、大勢の比丘に関してお話になった。

140

〔止観を修習して全ての結縛を切る〕

というのは、或る日三十人ほどの地方に住む（disā-vāsika）比丘たちがやって来て大師を礼拝して坐った。舎利弗上座は彼等に阿羅漢たることの機根（upanissaya, 因）を見て、大師のところにおもむいて、立ったままでこの質問を行なった。〔即ち〕

「尊師様。『二つの法がある』と言われます。一体ですね、二つの法とは何でしょうか」と。

すると大師は彼に、

「二つの法とは、ね、舎利弗よ。止（samatha）と観（vipassanā）が言われる」

とおっしゃって、この偈を述べられた。

384. 「二つの法に関してバラモンが彼岸に達した者である時、
その時、〔それを〕知る彼の全ての結縛は滅没する」と。

〈偈の語句の註釈〉

そこで、〈…の時（yadā）〉とは、その時に二種に存在する止（samatha）と観（vipassanā）という法に関して、神通（abhiññā, 通智）によって彼岸にいたるなどによって、この人は漏尽者（khīnâsava）であり〈彼岸に達した者（pāragū）である〉。すると輪転（vaṭṭa, 輪廻）に結びつくことが可能な彼の全ての欲望への結びつき（kāma-yoga, 欲軛）などの〈結縛（saṃyogā）〉は、〔彼がそれを〕〈知るので滅没する（atthaṃ gacchanti）〉とは、全ての欲望への結びつき（欲軛）などの結縛はこのように〔彼が〕知る時、滅尽（attha）に、壊滅（parikkhaya）におもむく、という意味である。

説示が終わった時、全てもの彼等比丘たちは阿羅漢の境地にしっかりと立った、と。

大勢の比丘たちの事

3. 魔の事〔第三八五偈にちなむ話〕

「その人には彼岸も〔なく〕」というこの説法を大師は祇陀林（精舎）に住まわれつつ、魔（Māra）に関してお話になった。

141

〔魔には彼岸は無用〕

聞くところでは、彼（魔）は或る日、ある一人の男のような〔姿〕になって大師に近づいて行って質ねた。

「尊師さま。彼岸（pāra）、彼岸、と言われますが、一体ですね、この彼岸というのは何ですか」

と。大師は、

「この者は魔である」

とお知りになって、

「パーピマント（波旬、魔）よ。おまえにとって彼岸に何の用があるのか。なぜならばその〔彼岸〕は貪欲を離れた者たちが得るべきものだからだ」

とおっしゃって、この偈を述べられた。

385. 「誰でもその人に彼岸が、或いは此岸が、彼此両岸がない時、
恐れ（悩み）を離れた、結びつきを離れたその人を、

私はバラモンと言う」と。

〈偈の語句の註釈〉

そこで、〈彼岸（pāra）〉とは、内部の六つの処（眼・耳・鼻・舌・身・意）である。〈此岸（a-pāra）〉とは外部の六つの処（色・声・香・味・触・法）である。〈彼此両岸〉とはその両方である。〈ない（na vijjati, 見られない）〉とは、その人にはこの全てもの「私は…である」とか、「私のものである」とか〔自分に〕取り込むことがないので（gahaṇa-abhāvena, *Vri.*）〔両岸が〕ないのである。煩悩の恐れ（悩み）を離れるので〈恐れ（悩み）を離れた（vīta-ddaraṃ）〉その人を。全ての煩悩との〈結びつきを離れた人を（vi-saṃyuttaṃ）〉、〈私はバラモンと言う〉、という意味である。

説示が終わった時、沢山の人々が預流果などを得た、という。

魔の事

4．或る一人のバラモンの事〔第三八六偈にちなむ話〕

「禅思する人を」というこの説法を大師は祇陀林（精舎）に住まわれつつ、或る一人のバラモンに関してお話になった。

〈生まれや氏姓だけでバラモンではない〉

142

彼（そのバラモン）は、聞くところでは〔こう〕思った。

「大師はご自分の声聞弟子たちを『バラモン達である』とおっしゃる。しかし私も生まれや氏姓（jāti-gotta）ではバラモンである。一体ね、このように私も〔バラモンと〕呼ばれてしかるべきではないのか」と。彼は大師のところへおもむいて、その旨を質ねた。大師は、

「私は生まれや氏姓だけで『バラモン』と言いません。そして最高の意味で阿羅漢たることを得た人だけを私はそのように〔バラモンと〕言います」

とおっしゃって、この偈を誦えられた。

386．「禅思ある人を、塵を離れた人を、坐った人を、為すべきことを為した人を、漏煩悩のない人を、最
高の目的を得た人を、
その人を私はバラモンと言う」と。

〈偈の語句の註釈〉

そこで、〈禅思ある人を（jhāyiṃ）〉とは、二種の禅定（近行定 upacāra-samādhi と安止定 appanā-samādhi）によって禅思する人を。欲望から、〈塵を離れた人を（vi-rajaṃ）〉。林でそれぞれ一人で〈坐った人を（āsīnaṃ）〉。四つの道（預流・一来・不還・阿羅漢の各道）によって十六の為さねばならないこと（四つの真理（四諦）を四つの道によってそれぞれ証知・捨断・現証・修習すること。*Pj*.II.158[20]）が為されたので〈為すべきことを為した人を（kata-kiccaṃ）〉。諸々の漏煩悩（āsava）がないので〈漏煩悩のない人を（anāsavaṃ）〉。〈最高の目的を〉、阿羅漢たることを〈得た人を（anuppattaṃ）〉私はバラモンと言う、という意味である。

説示が終わった時、そのバラモンは預流果の上にしっかりと立った。集まって来た人々にとっても有意義な説示であった、という。

或る一人のバラモンの事

5．アーナンダ（阿難）上座の事〔第三八七偈にちなむ話〕

「〔太陽は〕日中に輝く」というこの説法を大師は鹿母講堂に滞在なされつつ、アーナンダ（阿難）上座に関してお話になった。

143

〈諸仏は昼夜五種の威光によって輝く〉

聞くところでは、コーサラ王・パセーナディは雨安居の大修了式（pavāraṇā）にあたって、全身を装身具で飾って、香などを携えて精舎に行った。その刹那にカールダーイン上座は禅定に入って会衆の端のところに坐っている。そして彼の身体は黄金色で〔人々の〕心にただ快く映った（manāpam eva）。そしてその刹那に月が昇り太陽が沈んだ。アーナンダ上座は没して行く（attham entassa）太陽と昇って行く月の光照を眺め見て、〔更に〕王の身の輝きと、上座の身の輝きと、如来の身の輝きを眺め見た。そこでは全ての光照を凌駕して大師が輝く。上座は大師を礼拝して、

「尊師様。本日私が諸々の光照を眺め見ますに、あなた様の光照だけが輝きます。あなた様の身体が全ての光照を凌駕して（atikkamitvā, 抜きん出て）輝くからです（Vri. hi）」

と言った。すると大師は彼に、

「アーナンダよ。太陽というのは日中に輝く。月は夜〔輝く〕。王は〔身が〕飾られた時だけ〔輝く〕。漏尽者は群衆に交わること（gaṇa-saṅgaṇikā）を捨てて、内心の精神統一（samāpatti, 定）において輝く。そし

て諸仏は夜も昼も輝く。五種の威光（teja, 行・徳・慧・福・法の各威光。「南伝」四〇、一七一頁）によって輝く」

とおっしゃって、この偈を述べられた。

387.「太陽は日中に輝き、月は夜に光る。
よく武装したクシャトリヤは輝き、禅思あるバラモンは輝く。
そして全昼夜にわたって仏陀は威光をもって輝く」と。

144

〈偈の語句の註釈〉

そこで、〈〔太陽は〕日中に輝く（divā tapati）〉とは、〔太陽は〕日中に輝くが、しかし夜にはそれがたどった道すらも認められない。〈月は（candimā）〉とは、月も黒雲などからのがれて夜にだけ輝き昼間は〔輝か〕ない。〈よく武装した（sannaddho）〉とは、黄金・宝珠に彩られた全身が装身具で飾られて四種の軍隊（象・馬・車・歩兵）に囲まれた王は輝く。別の装い（aññātaka-vesa, 変装）によって立った時には〈輝か〉ない。〈禅思ある人は（jhāyī）〉とは、しかし漏尽者は群衆を避けて禅思しつつ輝く。〈威光によって（tejasā）〉とは、そして正等覚者は歩みの威力（caraṇa-teja）によって破戒の威力（du-ssīlya-teja）を〔終熄させ〕、徳の威力（guṇa-teja）によって不徳の威力を〔終熄させ〕、智の威力によって無智の威力を〔終熄させ〕、福徳の威力によって無福徳の威力を〔終熄させ〕、法の威力によって不法の威力を終熄させて（pariyādiyitvā）、この五力の威力によってもう常時に輝く、という意味である。

説示が終わった時、大勢の人々が預流果などを得た、という。

アーナンダ（阿難）上座の事

6．ある一人の出家者の事〔第三八八偈にちなむ話〕

「悪が除かれている人」というこの説法を大師は祇陀林（精舎）に住まわれつつ、或る一人の出家者（pabbajita）に関してお話になった。

145

〔煩悩の垢から去ったので出家者である〕

聞くところでは、一人のバラモンが外教の出家を出家して、「沙門ゴータマは自分の声聞弟子（sāvaka）たちを『出家者たちである』と言う。私も出家者であり、私をもなるほどそのように〔出家者と〕呼ぶのが正しいのだ」と考えて、大師のところへおもむいて、この旨を質ねた。大師は、「私はこれによって『出家者である』とは言わない。しかし煩悩の諸々の垢から去って行ったので（pabbajitattā）出家者（pabbajita）と言われるのである」とおっしゃって、この偈を誦えられた。

388．「悪が除かれている、というのでバラモンである。
正しい歩みのゆえに沙門と言われる。
自分の垢を出て行かせなさい。

それゆえに出家者と言われるのです」と。

〈偈の語句の註釈〉

そこで、〈正しい歩みのゆえに（sama-cariyā）〉とは、全ての不善を静めて（sametvā）歩むことによって。〈それゆえに（tasmā）〉とは、なぜならば悪が除かれているので（bāhita-pāpatāya）バラモン（brāhmaṇa）は不善の数々を静めて歩むことによって沙門（samaṇa）と言われるのであるから、それゆえに誰でも自分の貪欲などの垢を出て行かせて（pabbājento）、除去して（vinodento）歩むならば、その人もその〔垢が〕出て行くことによって（pabbājanena）出家者（pabbajita, 垢が出て行った人）と言われる、という意味である。

説示が終わった時、その出家者は預流果の上にしっかりと立った。集まって来た人々にとっても有意義な説示であった、という。

ある一人の出家者の事

7. サーリプッタ（舎利弗）上座の事〔第三八九、三九〇偈にちなむ話〕

「バラモンを〔打っては〕ならない」というこの説法を大師は祇陀林（精舎）に住まわれつつ、舎利弗上座に関してお話になった。

〔上座は自分をなぐったバラモンを許した〕

聞くところでは、ある所で大勢の人々が、

146

「ああ、我々のお聖人様は忍耐の力（khanti-bala）をそなえた方だ。悪罵する人たちに対しても、或いは打つ人々に対しても憤怒（kopa）すらもない」

と上座の徳を語った。すると一人の邪見のバラモンが、

「誰だね。この怒らない人というのは」と質ねた。

「私たちの上座です」

「〔その上座を〕怒らせる者はいないのかね」

「そういう者はおりません。バラモンよ」

「それではね。私が〔その上座を〕怒らせてみよう」

「もしあなたが出来るのでしたら、怒らせて下さい」と。

彼（バラモン）は、

「ともあれ（hotu）私は彼に為すべきことを知るであろう」

と、上座が托鉢に〔そこに〕入ったのを見て、後ろに行って背中側に強力な拳の打撃を与えた。上座は、

「これは何というものかね」

と〔バラモンを〕見ないまま行った。バラモンの全身に火の熱（ḍāha）が生じた。彼は、

「ああ、徳をそなえた聖人である」

と、上座の足元に身を伏せて、

「私を許して下さい。尊師よ」と言った。

「これは何ですか。〔何であやまるのですか〕」と言われて、

「私は〔あなたを〕試すためにあなた様を打ちました」と言った。

「さはあれ（hotu, ともかく）、私はあなたを許します」と。

「尊師よ。もしお許し下さるなら、私の家にだけお坐りになって托鉢食をおとり下さい」

と上座の鉢を（pattaṃ, *Vri.*）受け取った。上座も鉢を与えた。バラモンは上座を家に案内して給仕した。人々は怒って、

「この人によって我々の罪のないお聖人さまは打たれた。杖（daṇḍa, 暴力）をもってしても彼が〔ここから〕脱出すること（mokkha）はないのだ（力ずくでも彼をここから脱出させないぞ）。この場で我々は彼を殺そう」

と、土塊や棒などを手にしてバラモンの家の戸口に立った。上座は立ち上って行きながらバラモンの手に鉢を与えた。人々は彼が上座と一緒に行くのを見て、

147

「尊師さま。あなた様の鉢をとり返して、バラモンを引き返させなさい」と言った。

「それは、信士たちよ、どういうことですか」

「あなた様はバラモンに打たれたのです。私どもは彼に対して為すべきこと（報復、しかえし）を知っております」

「しかし、この人（バラモン）はあなた方を打ったのかね、〔それとも〕私を〔打った〕のかね」

「あなた様を〔打ちました〕。尊師さま」

「この人（バラモン）は私を打って、〔もう〕あやまりました。あなた方は行きなさい」

と人々を去って行かせて（uyyojetvā）、バラモンを〔家に〕戻らせて、上座は精舎にだけ行った。比丘たちは嫌責した（ujjhāyimsu, 不機嫌となった）。

「これはどういう事だ。舎利弗上座はそのバラモンに打たれたのに、同じ彼の家に坐って托鉢食をもらって来た。上座が打たれた時から以後、今、彼（バラモン）は誰に恥じるのだろうか。〔きっと〕他の者たちを打ってめぐり歩くだろう」と。

大師がおいでになって、

「比丘たちよ。一体何の話をして君たちは今ここに集まり坐っているのかね」と質ねて、

「これこれという〔話をしております〕」と言われて、

「比丘たちよ。バラモンのままでバラモンを打つということはないのだよ。在家のバラモンによって沙門のバラモンが打たれるのはあるだろう。怒り（kodha）というこれは不還道によって根絶にいたる（samugghātaṃ gacchati）」

とおっしゃって、法を示しつつこの偈を誦えられた。

389．「バラモンを打ってはならない。バラモンはその人に〔怨み・怒り〕を放ってはならない。
厭わしいかな、バラモンを加害する者は。それよりも厭わしいかな、その〔加害者〕に〔怨み、怒りを〕放つ者は。

390．心に愛するものごと（怒り）からの抑止がある時、
バラモンにとってこれよりよいことは何もない。
それぞれのものごとから加害の心が消失すると、
それぞれのところから苦はまさに静まるだけである」と。

148

〈偈の語句の註釈〉

そこで、〈打ってはなら〔ない〕（〔na〕pahareyya）〉とは、漏尽のバラモンは「私は〔漏尽者〕である」と知って、或いは漏尽者を或いは他のバラモンを打ってはならない。〈その〔打った〕人に対して〔怨み、怒りを〕放ってはならない（nâssa muñcetha）〉とは、その打たれた漏尽のバラモンも彼を打って立った者に対して怨み（vera）を放ってはならない。その人に怒り（kopa）をいだいて（作って）はならない、という意味である。〈厭わしいかな（dhī）、バラモンを〔加害する者は〕〉とは、漏尽のバラモンを〈加害するものを（hantāraṃ）〉私は呵責する（garahāmi）。〈それよりも厭わしいかな〉とは、しかしその人がその人を打つ人に対して打ち返して（paṭi-paharanto）、その者の上に怨みを放つならば、私はその〔反撃した〕人をその〔最初に打った〕人より

ももっと呵責するだけである。

〈これよりよいことは何もない（etad akiñci seyyo）〉とは、およそ漏尽者を罵る人を（akkosantaṃ）罵り返さないことは、或いは打つ者に対して打ち返さないことは、これはその漏尽者のバラモンにとってこれよりよいことは何もない（ベストのことである）として、わずかに（appa-mattakaṃ）よりよいのではなくて、まさに極度に（adhimattaṃ eva, あらん限り）よりよい、という意味である。

〈愛するものごとから（piyehi）心が抑止されている時（yadā nisedho manaso）〉とは、なぜならば怒り易い人に（kodhanassa）怒りが生起することこそが「心が愛するもの」と言われ、またそれらの〔愛するもの＝怒り〕によって、この人は父母に対しても仏陀などに対してすらも罪を犯す（aparajjhati, 怒る）のであるから、それゆえにその人にそれらの〔怒り〕に対するその心の抑止があれば、怒りによって生起する心の抑止（niggaha, 折伏）があれば、これに勝る何ものもない（etaṃ na kiñci seyyo）という意味でもある。

〈加害の心（hiṃsa-mano）〉とは、怒りの心（kodha-mano）である。彼のその〔怒りの心〕はそれぞれの事が
149 らから（vatthuto）不還道によって根絶に向かって行って〈消失する（nivattati）〉。〈それぞれのところから（tato
tato）〉とは、それぞれのものごとから全てもの輪転（vaṭṭa, 輪廻）の苦はもう消え失せるだけである、という意
味である。

説示が終わった時、大勢の人々が預流果などを達成した、という。

サーリプッタ（舎利弗）上座の事

8．大パジャーパティー・ゴータミーの事〔第三九一偈にちなむ話〕

「その人には身による〔悪作はない〕」というこの説法を大師は祇陀林（精舎）に住まわれつつ、大パジャーパティー・ゴータミー（マーヤー夫人の妹、釈尊の養母）に関してお話になった。

〔一部の比丘尼たちが大パジャーパティー・ゴータミーを悔疑した〕

実に世尊によって、まだ生じていない事がら（女人の出家得度を認めること）について八つの重大な法（「南伝」四、三八〇頁―、はじめて女人に出家得度を許した時の八条件）が制定された時、派手好みの（maṇḍanaka-jātiyo）人が香りのよい花環を〔頭に受けるように、その八つの重大な法を〕頭に受領して、従う者たちと共に大パジャーパティー・ゴータミーは具足戒を得た。彼女には他の和尚や阿闍梨はいない。このように具足戒を受けた上座尼に関して後になって〔比丘尼たちが〕話を立ち上げた。

「大パジャーパティー・ゴータミーには（Gotamiyā, Vri.）阿闍梨・和尚はおりません。自分の手だけで袈裟衣を受けとりました」

と、また更にこのように言って、比丘尼たちで悔疑する者たちは（kukkuccāyantiyo）彼女と一緒に布薩を、雨安居の修了式（pavāraṇā）を決してしない。彼女たちは行って如来にもその旨を申し上げた。大師は彼女たちの話を聞いて、

「私が大パジャーパティーに八つの重大な法を授けたのだよ。私だけが彼女の阿闍梨であり、私だけが和

尚なのだ。身の悪行などを捨てた漏尽者たちに対する悔疑（kukkucca）というのはしてはいけないのだよ」

とおっしゃって、法を示しつつこの偈を述べられた。

150

391.「その人には身による、言葉による、心による悪作がなく、
三つの（身・口・意の）場所がよく守られていれば、
その人を私はバラモンと言う」と。

〈偈の語句の註釈〉

そこで、〈悪作（du-kkaṭa）〉とは、有罪の（sâvajjaṃ）、苦をひき起こす（dukkha-uddaya, 結果的に苦となる）、苦界に導く行為（kamma, 業）である。〈三つの場所が〉とは、これらの身など（身・口・意）の三つが作動して（kāraṇehi, 原因となって）身の悪作などに入ること（pavesa）を防ぐ（nivāraṇa）ために、門戸を閉ざしたその人を、私はバラモンと言う、という意味である。

説示が終わった時、沢山の人々が預流果などを得た、という。

大パジャーパティー・ゴータミーの事

9．サーリプッタ〔舎利弗〕上座の事〔第三九二偈にちなむ話〕

「誰でもその人から」というこの説法を大師は祇陀林〔精舎〕に住まわれつつ、サーリプッタ〔舎利弗〕上座に関してお話になった。

〔舎利弗はアッサジ上座に足を向けて寝ない〕

聞くところでは、彼〔舎利弗〕尊者はアッサジ（Assaji, Vri.）上座のもとで法を聞いて預流果を得た時から以後は、その方角に上座が住んでおられると聞くと、そこに合掌を手向けて、その〔方角〕にだけ頭を向けて横たわる、という。比丘たちは、

「舎利弗は邪見の徒（micchā-diṭṭhika）である。今日も方角を敬礼しながらめぐり歩く」

とその旨を如来に申し上げた。大師は上座を呼んで来させて、

「聞くところでは、サーリプッタよ。君は方角を敬礼しながらめぐり歩くというが、本当かね」

151
と質ねたところ、

「尊師様、ご覧になって、私が〔方角を〕敬礼しているか、敬礼していないかを、あなた様自身がご存知です」と言われて、

「比丘たちよ。サーリプッタは方角を敬礼しているのではない。ではなくて、アッサジ上座のもとで法を聞いて預流果を得たので、自分の阿闍梨を敬礼するのだ。なぜなら、およその阿闍梨によって比丘が法

を知る時、その〔師〕は彼（弟子）によって、あたかもバラモンによって火が〔敬礼される〕ように、うやうやしくまさに敬礼されるべきだからである」

とおっしゃって、法を示しつつこの偈を誦えられた。

392 「誰でもその人から正等覚者によって示された法を識知するなら、
うやうやしくその方を敬礼するがよい。あたかもバラモンが祭火を〔敬礼する〕ように」と。

〈偈の語句の註釈〉

そこで〈あたかも祭火（aggi-hutta）を…〔する〕ように〉とは、たとえばバラモンが祭火に尊敬奉仕して（sammā-paricaraṇena）、また犠牲祭（bali-kamma）などによってうやうやしく敬礼するように、その阿闍梨から如来が説いた法を〈識知するなら（vijāneyya）〉、〈うやうやしくその方を敬礼するがよい〉、という意味である。

説示が終わった時、沢山の人々が預流果などを得た、という。

サーリプッタ（舎利弗）上座の事

10. 結髪者のバラモンの事〔第三九三偈にちなむ話〕

「結髪によって…ではない」というこの説法を大師は祇陀林（精舎）に住まれつつ、一人の結髪者のバラモン（jaṭila-brāhmaṇa）に関してお話になった。

152

〈結髪だけで、生まれや氏姓だけでバラモンではない〉

聞くところでは、彼（結髪バラモン）は、

「私は母系からも父系からも良き生まれの者であって、またバラモンの家に生まれ出た。また沙門ゴータマは自分の声聞弟子たちを『バラモンよ』と言う。私も、一体ね、そのように〔『バラモンよ』と〕言われるのが正しいのではないのか」

と、大師のもとに行ってその旨を質ねた。すると大師は彼に、

「私は、バラモンよ。結髪だけによって、生まれや氏姓だけによってバラモンとは言わない。しかし私は真理を貫通した人（paṭividdha-sacca）だけを『バラモンである』と言う」

とおっしゃって、この偈を誦えられた。

393. 「結髪によって、氏姓によって、生まれによってバラモンではない。
その人に真理と法とがあれば、その人は安らぎをもつ人であり、

またその人はバラモンである」と。

〈偈の語句の註釈〉

そこで、〈真理がある（saccaṃ）〉とは、およそその人に四つの真理（四諦、苦・集・滅・道）を十六の様相によって（*Pj*.II.158[20]）貫通して（paṭivijjhitvā, 洞察して）立った真理に対する智（sacca-ñāṇa）と共に九種の出世間法（四向四果と涅槃）とがあれば、〈その人は安らぎをもつ人（sukhin）〉であると同時に〈バラモンである〉、という意味である。

説示が終わった時、大勢の人々が預流果などを得たという。

結髪者のバラモンの事

11. 欺瞞するバラモンの事〔第三九四偈にちなむ話。*cf.J.*325話、138話、277話〕

「君にとって何になろうか」というこの説法を大師は重閣講堂（Kūṭâgāra-sālā, ヴェーサーリーの大林にあり）に滞在なされつつ、一人のこうもり行者（vagguli-vata）の詐欺の（kuhaka）バラモンに関してお話になった。

153

〔人々をだまし、おどして所得を得るこうもり行者〕

聞くところでは、彼（こうもり行者）はヴェーサーリー都城の〔城〕門のところの或る一本のカクダ樹（kakudha, *Terminalia arjuna*, 和名サダラ。高木。花は小さく穂をなして咲く。果実には狭い翼がある。「仏教植物辞典」二頁）に登って、二本の足で枝をつかんで、頭を下にしてぶら下がり、

「俺に一〇〇頭の茶色の牝牛（kapilā）をくれ。数カハーパナ（金貨）をくれ。給仕人（paricārika）をくれ。もしくれないなら、ここから落ちて死んで、俺は都城を都城でないものにしようぞ」

と言う。如来が比丘僧団を従えて都城にお入りになる時にも、比丘たちはそのバラモンを見て、出て行く時にもまったく同じようにぶら下がっているのを見た。都城の人々も、

「この者はもう早朝からずっとこのようにぶら下がっていて、落ちて都城を都城でないものとするかもしれない（都城を破滅させるかもしれない）」

と考えて、都城の消失を恐れて、彼が求めるものを全て聞き入れて与えた。彼は〔樹から〕降りて全てを受け取って（sabbaṃ gahetvā, *Vri.*）行った。比丘たちは精舎の近くで彼が牝牛のようにめぐり歩いて行くのを見て、

呼んで（sañjānitvā）、

「バラモンよ。あなたは望んだ通りのものを得たのですか」と質ねると、

「ああ、俺は得たよ」

と聞いて、精舎の中で如来にその旨を申し上げた。大師は、

「いいかね。比丘たちよ。彼は今だけ欺瞞する泥棒なのではない。以前にもすでに欺瞞する泥棒であった。

また今はこの者は愚かな人々をだますが、その時は賢者たちをだますことは出来なかったのだよ」

とおっしゃって、彼等（比丘たち）から乞われて過去のことをもち出して〔お話になった〕。

154

〔詐欺師の苦行者は大とかげをだますことができない〕

昔、ある農村をより所として一人の詐欺師の苦行者が住居を営んだ。一軒の家が彼の世話をした。日中に生じた硬い食べ物・軟らかい食べ物から、自分の子たちに〔与える〕ように、彼にも一部を〔分けて〕与える。夕方に生じた〔食べ物〕の一部を残して置いて翌日に〔彼に〕与える。さて或る日、夕方に大とかげ（godha）の肉を手に入れて、よく煮て、そこから一部をとり分けておいて、次の日に彼に与えた。苦行者は肉のにおいを嗅いだとたんに味への渇愛に捕えられて、

「これは何という肉ですか」と質ねて、

「大とかげの肉である」

と聞いて、托鉢に歩いて、バター（sappi）、ヨーグルト（dadhi）、辛い物（kaṭuka-bhaṇḍa）などをもって葉葺きの庵に行って〔それらを〕一隅に置いた。また葉葺きの庵から遠くないところにある一つの蟻塚（vammika）

155

に大とかげ王が住んでいる。彼は常時苦行者を礼拝しにやって来る。そしてその日この〔苦行者〕は、

「俺はその〔大とかげ王〕を殺そう」

と、棒をかくし持って、その蟻塚から遠くない場所で眠っているようにして坐った。その大とかげ王は蟻塚から出て行って、その〔苦行者〕の近くにやって来るなり、〔苦行者の〕様子をみて、

「今日は阿闍梨さまの様子は私にとって好ましくない」

と、もうそこから引き返した。苦行者は彼が引き返すのを知って、彼を殺すために棒を投げた。棒は的をはずれて行った（virajjhitvā gato, 失敗に終った）。大とかげ王は蟻塚に入って、そこから頭を出して眺めて苦行者に言った。

「あなたを沙門だと思って私は抑制のない〔あなた〕に近づきました。
そのあなたは私を棒で打ちました。ちょうど非沙門が〔する〕ように、そのように〔しました〕。
愚かな人（dummedha）よ。結髪があなたにとって何になるのだ。羊皮の衣（ajina-sāṭī）があなたにとって何になるのか。
あなたの中身はやぶ（gahana）だ。あなたは外側を磨く〔だけ〕だ」と。

すると、苦行者は自分が持っている〔バター・ヨーグルトなど〕によって彼を誘惑しようとして（palobhetuṃ）こう言った。

「来なさい。大とかげよ。戻って来なさい。お米の御飯を食べなさい。
油と塩とが私にはあります。私には沢山コショー（pipphali）があります」と。

それを聞いて大とかげ王は、

156

「そのようにあなたが言えば言うほど、それだけ私は逃げたい気持だけになります」

と言ってこの偈を述べた。

「この私はますます一〇〇人の人〔を入れる〕大きさの（sata-porisaṃ）蟻塚に〔逃げて〕入るでしょう。

あなたは油と塩をほめます。コショーは私には無益です」と。

また更にこのように述べてから、

「私は（ahaṃ, Vri.）これだけの間あなたに対して沙門であるとの思いをいだきました。しかし今あなたは私を打とうと欲して棒を投げました。まさにそれが投げられた時にあなたは沙門でない者（assamaṇa, 非沙門）となりました。そのような智の劣る人の結髪が何になるのですか。ひづめ（khura, 蹄）のある羊の皮〔の衣を着たとて〕何だというのですか。なぜならばあなたの中身は全てやぶ（gahana, 欲林）だけであって、外側だけあなたは磨いているからです」と言った。

大師はこの昔の〔話〕をもち出されて、

「その時、この者（こうもり苦行者）が欺瞞する苦行者であった。そして大とかげ王が私自身であった」

とおっしゃって、「本生物語」を結びつけて、その時大とかげ賢者がその〔バラモン〕を折伏した理由を示して、この偈を誦えられた。

394.「智の劣る者よ。あなたにとって結髪が何になるのか。羊皮の衣があなたに何になるのか。

あなたの内部はやぶである。あなたは外側を磨く〔だけだ〕」と。

〈偈の語句の註釈〉

そこで、〈あなたにとって何になるのか（kin te）〉とは、馬鹿者よ（ambho）、智の劣る者よ。おまえの結ばれたこれらの結髪もひづめのある〔羊〕の〔衣を〕着るのも、この羊皮の衣も何になるのか、何の意味があるのか。〈内部は（abbhantaraṃ）〉とは、なぜならばおまえの内部は欲情（rāga, 貪欲）などの煩悩のやぶ（gahana）であり、ただただ象の糞（laṇḍa）、馬糞のようであり、外側は磨かれていて、おまえは〔外側だけを〕すっかり浄めているのだ（parimajjasi）、と。

説示が終わった時、沢山の人々が預流果などを得た、と。

欺瞞するバラモンの事

12. キサー（痩せた）・ゴータミーの事〔第三九五偈にちなむ話。本書㈡三五〇頁、㈢六〇七頁参照〕

「糞掃衣を着た人を」というこの説法を大師は霊鷲峰（Gijjha-kūṭa）の山に滞在なされつつ、キサー・ゴータミーに関してお話になった。

157

いかにもその時、初夜が終わった時（午後一〇時）、帝釈天（Sakka）は神の衆と共に大師のところに近づいて行って、礼拝してから、一隅で（ekam-ante, *Vri.*）記憶すべき法話を聞きながら坐った。その刹那にキサー・ゴータミーは、

「私は大師にお目に掛りましょう」

と空を〔飛んで〕来たが、帝釈を見て引き返した。彼（帝釈）は彼女が礼拝して引き返して行くのを見て大師に質ねた。

「尊師様。何という方ですか、この方は。やって来るや、あなた様を見て引き返しました」と。

大師は、

「この人はキサー・ゴータミーといいます。大王よ。私の娘です。糞掃衣を着る上座尼たちの第一人者です」

とおっしゃって、偈を誦えられた。

395. 「糞掃衣を着て、痩せて〔全身に〕静脈をみなぎらせたひとを、

一人で林の中で禅思するその人を、私はバラモンと言う」と。

〈偈の語句の註釈〉

そこで、〈痩せて（kisaṃ）〉とは、なぜならば糞掃衣者たちは自分にふさわしい実践修道を満たしつつ〔身体が〕肉と血液が少ないとともに静脈（dhamani）が身にひろがっている。それでこのように言った。〈一人で林の中で…する人を（ekaṃ vanasmiṃ）〉とは、遠離した場所で（vivitta-ṭṭhāne, *Vri.*）、それぞれ一人で（別々に）禅思するその人を私はバラモンと言う、という意味である。説示が終った時、大勢の人々が預流果などを達成した、という。

キサー・ゴータミーの事

158

13. 一人のバラモンの事〔第三九六偈にちなむ話〕

「また私は…〔言わ〕ない」というこの説法を大師は祇陀林〔精舎〕に住まわれつつ、一人のバラモンに関してお話になった。

聞くところでは、彼（そのバラモン）は、

「沙門ゴータマは自分の声聞弟子たちを『バラモンたちである』と言う。そして私はバラモンの胎に生まれ出た。たしかに私もそのように〔バラモンと〕言われるのが正しいのだ」

と、大師のもとにおもむいて、そのことを質ねた。すると大師は彼に、

「私はバラモンの胎に生まれ出ただけで〔バラモンとは〕言わない。ではなくて、その人が無所有で（akiñcano）執著がない人（a-gahana）であれば、その人を私はバラモンと言う」

とおっしゃって、この偈を誦えられた。

396．「また私は胎から生まれた者を、〔バラモンの〕母から生まれた者をバラモンとは言わない。
その者は『君よ』と言う者と言われ、その者は実に執著して所有する者だ。無所有の人を、無取著の
人を、その人を私はバラモンと言う」と。

〈偈の語句の註釈〉

そこで、〈胎から生まれた者を（yoni-jaṃ）〉とは、胎から生まれた者を。〈母から生まれた者を（matti-sambhavaṃ）〉とは、バラモンの妻である母の所有である（santake, Vri.）腹に生まれた者を。〈「君よ」と言う者（bho-vādin）〉とは、しかしその人は語りかけるなどの時に「君よ、君よ」と言ってめぐり歩くので、その人は〈「君よ」と言う人〉と言われる。〈その者は実に〉貪欲などの何かによって〈執著して所有する者（sa-kiñcana）〉である。しかし私は貪欲などによって〈所有することのない〉〈無所有の人を（a-kiñcanaṃ）〉、四つの執著（upādana, 欲・見・戒や掟・我論への執著。「仏のことば註(二)」658頁（32））によって執著しない人を私はバラモンと言う、という意味である。

説示が終わった時、そのバラモンは預流果の上にしっかりと立った。集まって来た人々にとっても有意義な説示であった、という。

一人のバラモンの事

159

14. ウッガ・セーナの事〔第三九七偈にちなむ話〕

「全ての結縛を〔切断して〕」というこの説法を大師は竹林〔精舎〕に滞在なされつつ、ウッガ・セーナに関してお話になった。

事は「以前のものごとを捨てなさい。未来のものごとを捨てなさい」という偈（*Dhp.*348偈）の註釈（IV. p.59-「ウッガ・セーナの事」）の中ですでに詳しく述べられている。いかにもその時大師は、

「尊師様。ウッガ・セーナは『私は恐れない』と言います。思いますに、彼はありもしないことによって〔自分の〕開悟（aññā, 完全智）を説くようです」

と比丘たちから言われて、

「比丘たちよ。私の息子同然の者たちは結縛を断ち切った者たち（chinna-saṃyojanā）であり、〔何ものも〕恐れないだけである」

とおっしゃって、この偈を述べられた。

397. 「全ての結縛を切断して、実にその人が恐れ悩まないならば、
執著を越えて行って結びつきを離れたその人を私はバラモンと言う」と。

〈偈の語句の註釈〉

そこで、〈全ての結縛（saṃyojana, 結びつき、しがらみ）を〉とは、一〇種の結縛（五下分結と五上分結、「パ仏辞」1833右）を〔切る〕。〈恐れ悩まない（na paritassati）〉とは、渇愛によって恐れない。〈その人を私は〉とは、その人を私は、貪欲などを越えて行ったので〈執著を越えて行った人を（saṅgâtigaṃ）〉。四つもの結びつき（yoga, 軛、束縛、欲・有・見・無明のしばり）がないので〈結びつきを離れた人を（vi-saṃyuttaṃ）〉。私はバラモンと言う、という意味である。

説示が終わった時、沢山の人々が預流果などを得た、という。

ウッガ・セーナの事

160

15. 二人のバラモンの事〔第三九八偈にちなむ話〕

「革ひもを切断して」というこの説法を大師は祇陀林（精舎）に住まわれつつ、二人のバラモンたちに関してお話になった。

聞くところでは、彼等のうちの一人には小赤という牛がいて、もう一人には大赤という〔牛がいた〕。彼等は或る日、

「私の牛は力もちだ。私の牛は力もちだ」

と言い争ってから、

「我々が言い争ったとて何になろうか。〔実際に牛を〕駆ってみて我々は〔それを〕知るだろう」

と、アチラヴァティー河の岸で車に砂利を積んで牛につなげた。その時に比丘たちも沐浴しようとそこに行っている。バラモンたちは牛どもを駆り立てた。車は動かないでいた。しかし革ひも（nandhi）と革綱（varattā）が切られた。比丘たちは〔それを〕見てから精舎に行ってその旨を大師に申し上げた。

大師は、

「比丘たちよ。これらは外部の革ひも、革綱である。誰でも現在切るだけである。しかし比丘は内部の怒りという革ひもと共に渇愛という革綱を切るのがよろしいのだ」

とおっしゃって、この偈を述べられた。

161

398．「革ひもと革綱とを切断して、綱を手綱とともに〔切断して〕、
かんぬきが捨てられている覚者を、その人を私はバラモンと言う」と。

〈偈の語句の註釈〉

そこで、〈革ひも（nandhi）を〉とは、結ぶこと（nayhana）があって転起する怒り（kodha）である。〈革綱（varattā）を〉とは、ゆわえること（bandhana）があって転起する渇愛（taṇhā）である。〈綱を（sandānaṃ）手綱とともに（saha-anukkamaṃ）〉とは、随眠（anusaya, 煩悩）という手綱（anukkama）をともなった六十二の見解（「仏のことば註㈡」659頁に一覧表あり）という綱（sandāna）を〔切断して〕。この全てをも切断している人を、無明（avijjā）というかんぬき（paḷigha）が放棄されているので〈かんぬきが捨てられている人を〉。四つの真理を覚ったので〈覚者を（buddhaṃ）〉。〈その人を私はバラモンと言う〉という意味である。

説示が終わった時、五〇〇人の比丘たちが阿羅漢の境地にしっかりと立った。集まって来た人々にとっても有意義な説示であった、という。

二人のバラモンの事

16. 罵るバーラドヴァージャの事〔第三九九偈にちなむ話。*S.I.p.160-,*「南伝」一二、二七四頁―〕

「罵《ののし》りに〔耐え忍ぶ〕」という説法を大師は竹林（精舎）に滞在なされつつ、罵るバーラドヴァージャに関してお話になった。

〈世尊は罵るバーラドヴァージャ四兄弟を全員教化なさった〉

いかにも彼の兄のバーラドヴァージャにダナンジャヤニーという妻（バラモン女）がいて、預流者であった。彼女はくしゃみをするにも（khipitvâpi）、耕すにも、つまずくにも（pakkhalitvâpi）、

「かの世尊に、阿羅漢に、正等覚者に帰命いたします」

と、この感懐の言葉（udāna）をとなえた。或る日、バラモンの給食（parivesaṇā）が行なわれている時にも、
162 つまずいて、同じように大声で〔帰命偈を〕誦えた。バラモンは怒って、

「まったくこのようにこの賎民の女（vasalī, 売女）はあっちこっちでつまずいて、あの坊主頭の沙門をほめたたえて言う」と言って、

「今や、賎民の女（売女）よ。私は行って、おまえのその師匠を議論にのせよう（vādam āropessāmi, 論破しよう）」

と言った。すると彼女は彼に、

「行きなさい。バラモンよ。私はその世尊を議論にのせることの出来る（論破することの出来る）人を見ま

163

せん。でもね、行ってその世尊に質問をしなさいな」と言った。彼は大師のもとに行って、礼拝しないまま一方に立ち、質問をしつつこの偈を述べた。

「何をよく火葬にして（su-jhatvā, 破壊して、殺して）安らかに眠り、
何をよく火葬にして愁い悲しまないのか。
誰のその一法を殺しつつ、あなたは喜ぶのか。ゴータマよ」と。

すると彼の問いに答えて大師はこの偈を述べられた。

「怒りを火葬にして安らかに眠り、怒りを火葬にして愁い悲しまない。
毒の根・最高の蜜である怒りを殺す人を、バラモンよ、聖者たちは称讃する。
実にそれを火葬にすれば愁い悲しまないからである」と。

彼（兄）は大師を浄信して、出家して阿羅漢の境地に達した。すると彼の弟のアッコーサ（罵る）・バーラドヴァージャは「聞くところでは、兄は出家した」と聞いて、怒ってやって来て大師を無礼な（asabbhāhi）粗暴な言葉で罵った。彼も大師から「客人たちへの硬い食べ物などをさし上げる」という比喩によって（「南伝」一二、二七七頁）勧説されて（saññatto）大師を浄信して出家して阿羅漢たることを得た。ほかにも彼にはスンダリ・バーラドヴァージャ、ビランギカ・バーラドヴァージャという二人の弟がいて、大師を罵るが、そのまま大師に導かれて、出家して阿羅漢の境地に達した。

さて或る日、法堂で〔比丘たちが〕集まって話を立ち上げた。

「希有のことだ（acchariyā, Vri.）、実に仏陀の諸々の徳は。言わば四人の兄弟が罵るのに、大師は何もおっしゃらずに、同じその者たちの依り所（patiṭṭhā）となられた」と。

大師がおいでになって、

「比丘たちよ。今、ここで一体何の話をして君たちは集まり坐っているのかね」

と質ねて、「これこれという〔話をしております〕」と言われて、

「比丘たちよ。私には忍耐（khanti）の力がそなわっているので私は邪悪に怒る（duṭṭha）者たちの中にあっても怒らないで、大衆の拠り所となるだけだよ」

とおっしゃって、この偈を誦えられた。

399.「悪罵や殺害・縛りに対して怒らずにその人が耐えるならば、
忍耐の力ある、強力な軍であるその人を私はバラモンと呼ぶ」と。

164

〈偈の語句の註釈〉

そこで、〈怒らずに（a-duṭṭho）〉とは、この一〇の罵りのこと（「パ仏辞」8.左上）による〈悪罵に対して（akkosanaṃ）〉、また拳などで打つことに対して、また鎖縛り（andu-bandhana, Vri.）などによる縛りに対して、〈その人が（yo）〉心が怒らされた者とならずに（a-kuddha-mānaso hutvā）忍受する（adhivāseti）ならば。忍耐の力をそなえているので〈忍耐力ある人を（khanti-balaṃ）〉、繰り返し生起するので軍隊（anīka）そのものとなった忍耐力の軍勢をそなえているので〈強力な軍である人を（balânīkaṃ）〉。そのようなその人を私はバラモンと呼ぶ、という意味である。

説示が終わった時、沢山の人々が預流果などに達した、という。

罵るバーラドヴァージャの事

17. サーリプッタ（舎利弗）上座の事〔第四〇〇偈にちなむ話〕

「怒りのない人を」というこの説法を大師は竹林（精舎）に滞在なされつつ、サーリプッタ（舎利弗）上座に関してお話になった。

〈舎利弗の母親が舎利弗を罵った〉

聞くところでは、その時上座は五〇〇人の比丘たちと共に托鉢に歩いて、ナーラカ村の母親の家の戸口に行った。すると彼女（母）は彼（舎利弗）を坐らせて、給仕をしながら罵った。

「ばかな人よ。残飯を食べる者よ（ucciṭṭha-khādaka）。残りの酸粥（kañjiya）を得ないで、他人の家々で匙（uḷunka）の背面でかき集められた（ghaṭitaṃ）酸粥を食べるために、八億の財物を捨ててあなたは出家しました。私たちはあなたによって破滅させられています。さあ、食べなさい」と。

165 比丘たちにも御飯を与えながら、

「あなた方は私の息子をご自分の小さな給仕ボーイ（cull'upaṭṭhāka）にだけしました。さあ、召し上がりなさい」

と言った。上座は托鉢食を携えて精舎にだけ〔帰って〕行った。時に尊者ラーフラは大師に托鉢食（piṇḍa-pāta）について質ねた。すると大師は彼に、

「ラーフラよ。おまえはどこに行ったのかね」とおっしゃった。

「祖母（ayyakā）の村に〔行きました〕。尊師さま」

「しかし君の和尚は祖母から何を言われたのかね」

「尊師さま。和尚は祖母から罵られました（akkuṭṭho）」

「何と言って〔罵ったの〕かね」

「こういうことを〔言って、罵りました〕。尊師さま」

「しかし、和尚は君に何か言ったかね」

「何も〔言い〕ません。尊師さま」

それを聞いて、法堂で〔比丘たちが〕集まって話を立ち上げた。

「友よ。実に希有なことです。サーリプッタ（舎利弗）上座の諸々の徳は。こういうように母が罵《ののし》っても、彼にはわずかの怒りすらもありませんでした」と。

大師がおいでになって、

「一体、比丘たちよ。君たちは今ここで何の話をして集まり坐っていたのかね」と質ねて、

「こういう〔話をしておりました〕」と言われて、

「比丘たちよ。漏尽者たちというのはもうすでに怒りのない人々なのだよ」

とおっしゃって、この偈を誦えられた。

400・「怒りのない人を、〔清貧の〕行をそなえた人を、戒を保つ人を、貪欲のない人を、調御された人を、
最後の身となった人を、その人を私はバラモンと言う」と。

166

〈偈の語句の註釈〉

そこで、〈〔清貧の〕行をそなえた人を（vata-vantaṃ）〉とは、頭陀（dhuta, 清貧生活）をそなえた人を。四つの完全清浄戒（pārisuddhi-sīla,「仏のことば註㈠」533頁、（15））を〔そなえた〕〈戒を保つ人を（sīla-vantaṃ, 持戒者を）〉。渇愛の漏出（ussāva）がないので〈貪欲のない人を（anussutam）〉。六つの感官の調御によって〈調御された人を（dantaṃ）〉。終点（koṭi）に立った自分の身（atta-bhāva）を〔そなえた〕〈最後の身にある人を（antima-sārīraṃ）〉。その人を私はバラモンと言う、という意味である。

説示が終わった時、大勢の人々が預流果などを得た、という。

サーリプッタ（舎利弗）上座の事

18. ウッパラ・ヴァンナー〔蓮華色〕上座尼の事〔第四〇一偈にちなむ話。cf.V10〕

「蓮の葉の上の水のように」というこの説法を大師は祇陀林〔精舎〕に住まわれつつ、ウッパラ・ヴァンナー〔蓮華色〕上座尼に関してお話になった。

〔二種の欲望は漏尽者の心を汚さず、とどまらない〕

事は「愚者は〔それを〕蜜をもつものだと思う」〔第69偈〕という偈の註釈の中ですでに詳しく述べられている。〔V10. ウッパラ・ヴァンナー〔蓮華色〕上座尼の事〕。なぜならそこで〔こう〕述べられているからである。

〔即ち、〕後になって大衆は法堂で話を立ち上げた。

「漏尽者たちも、思うに欲望に親しむのであろう。なんで親しまないであろうか。なぜならばこの人たち〔漏尽者たち〕は空洞のある樹々〔枯木〕でもなく、蟻塚でもない。生《なま》の肉のある身体をもった人々にすぎない。であるからこれらの〔漏尽者の〕方々も欲望の快楽を享受するのだ」と。

大師がおいでになって、

「比丘たちよ。一体今ここで何の話をして君たちは集まり坐っていたのかね」と質ねて、

「こういう〔話を〕して〔坐っておりました〕」と言われて、

「比丘たちよ。漏尽者たちは欲望の快楽を享受しないし、諸々の欲望に親しまない。なぜならば、たとえば蓮の葉に落ちた水滴が汚されず、とどまらず、回転してすべり落ちるだけであるように、また、たとえ

167
ばきり（āra, 錐）の先の芥子粒（sāsapa）が汚されず、とどまらず、回転してすべり落ちるだけであるように、そのように、漏尽者の心においては二種もの欲望（事欲と煩悩欲）は汚さず、とどまらないのだ」と結論に結びつけて法を示しつつこの偈を誦えられた。

401．「蓮の葉の上の水のように、きりの先の芥子粒のように、
諸々の欲望の中にあって汚されない人がおれば、
私はその人をバラモンと呼ぶ」と。

〈偈の語句の註釈〉

そこで、〈その人は汚されない（yo na lippati）〉とは（ti, Vri.）、まさにこのようにその人が内部で二種の欲望によっても汚されず、その人の上に欲望がとどまらないならば、その人を私はバラモンと呼ぶ、という意味である。

説示が終わった時、沢山の人々が預流果などを得たという。

ウッパラ・ヴァンナー上座尼の事

19．或る一人のバラモンの事〔第四〇二偈にちなむ話〕

「その人は苦の〔滅尽を知る〕」ということの説法を大師は祇陀林（精舎）に住まわれつつ、ある一人のバラモンに関してお話になった。

〈重荷をおろし結びを離れた人をバラモンという〉

聞くところでは彼の一人の奴僕（dāsa, 奴隷）が、まだ学処（sikkhāpada, *Vin.*I.p.76[20-],「南伝」三、一二八頁。「奴僕を出家させてはならない」）が制定されなかった時、逃げ出して、出家して阿羅漢たることを得た。バラモンは〔彼を探して〕見たけれども見つからず、或る日大師と一緒に托鉢に入る〔その奴僕〕を門のところで見て、〔彼の〕衣を強くつかんだ。大師は引き返してきて、

「どうしたのです。これは。バラモンよ」と質ねた。

168 「〔この者は〕私の奴僕です。君、ゴータマよ」

「この者は重荷をおろした者（panna-bhāra）です。バラモンよ」

そして「重荷をおろした者である」と言われてバラモンは「〔この者は〕阿羅漢なのか」と考えてみた。それでまたも彼から「そうなのですか。君。ゴータマよ」と言われて、大師は、

「はい。バラモンよ。〔この人は〕重荷をおろした人です」

とおっしゃって、この偈を誦えられた。

402 「もうここでその人が自分の苦の滅尽を知るならば、
重荷をおろして結びを離れたその人を私はバラモンと言う」と。

〈偈の語句の註釈〉

そこで〈その人が苦の「滅尽を知る」〉とは、〔五〕蘊（khandha, 色・受・想・行・識、身心）の苦の「滅尽を知る」。〈重荷をおろした人を（panna-bhāraṃ）〉とは、〔五〕蘊（身心）という重荷がおろされている人を。四つの結び（yoga, 軛、欲・有・見・無明という四つの束縛）から、或いは全ての煩悩（kilesa）からの〈結びを離れた人を（vi-saṃyuttaṃ）〉。その人を私はバラモンと言う、という意味である。

説示が終わった時、そのバラモンは預流果の上にしっかりと立った。集まって来た人々にとっても有意義な説示であった、という。

或る一人のバラモンの事

20. ケーマー比丘尼の事〔第四〇三偈にちなむ話〕

「深い智慧のある人を」というこの説法を大師は鷲の峰の山（霊鷲山）に滞在なされつつ、ケーマー比丘尼に関してお話になった。

〈ケーマーは智慧をもち、道・非道をよくわきまえている〉

いかにも或る日、初夜の直後に神の王・帝釈天は会衆と共にやって来て、大師のもとで記憶すべき法話を聞きながら坐った。その時にケーマー比丘尼は、

「私は大師にお目に掛りましょう」

とやって来て、帝釈天を見て、空中に立ったまま大師を礼拝して戻って行った。帝釈天は彼女を見たとたんに、

「この女性は誰ですか。尊師様。やって来て空中に立ったまま〔あなたを〕礼拝して戻って行きました」

と質ねた。大師は、

「この女性は、大王よ、私の娘でケーマーという者です。大きな智慧をもち、道と道ならぬことをよくわきまえた女性です」

とおっしゃって、この偈を誦えられた。

403.「深い智慧をもち、知力をもち、道と道ならぬことをよくわきまえて、

最高の意義に到達した人を、その人を私はバラモンと言う」と。

〈偈の語句の註釈〉

そこで、〈深い智慧をもった人を（gambhīra-paññaṃ）〉とは、深い蘊（身心）などに関して作動する智慧（paññā）をそなえた人を。法を滋養とする智慧（dhamm'oja-paññā）を［そなえているので］〈知力をもった人を（medhāviṃ）〉。「これは悪い行き先（duggati, 悪趣）への、これはよい行き先（sugati, 善趣）への、これは涅槃への道であり、これは道ではない」と、このように道と道でないものとに巧みなので（chekatāya, 賢明なので）〈道と道ならぬことをよくわきまえた人を（magga-amaggassa kovidaṃ）〉。阿羅漢の境地と呼ばれる〈最高の意義（uttam'attha, 最上の目的）に到達した人を（anuppattaṃ）〉。その人を私はバラモンと呼ぶ、という意味である。

説示が終わった時、沢山の人々が預流果などを得た、という。

ケーマー比丘尼の事

21．洞窟に住むティッサ上座の事〔第四〇四偈にちなむ話〕

「交際接触しない人を」というこの説法を大師は祇陀林（精舎）に住まわれつつ、洞窟に住むティッサ上座に関してお話になった。

170

〈洞穴の神格はティッサ上座を出て行かせようと画策した〉

聞くところでは、彼は大師のもとで観念修行法（kamma-ṭṭhāna, 業処）を学び取って、森林に入って、適した臥坐所を眺め探して、ある洞穴（leṇa, 山窟）・洞窟（pabbhāra, 傾斜地）に行き着いた。〔そこに〕到着したもうその刹那に彼の心は一境に集中すること（ek'aggatā）を得た。彼は、

「私はここに住めば出家者の為すべきことを完遂《かんすい》することが出来るであろう」

と思った。洞穴に住んでいた神格は、

「戒を保った比丘がやって来た。この人と一緒に一つの場所に住むのは困難だ。しかしこの人はここで（Vri.eva,omit）一晩だけ滞在して出て行くだろう」

と考えて、子供たちを連れて出て行った。上座は次の日にもう早朝に施食を得る村（gocara-gāma）に托鉢に入った。すると一人の信女が彼を見たとたんに息子に対する愛情を得て、〔彼に〕家に坐っていただいて、食べていただき、自分の所を依所として三箇月過ごしてくれるように乞うた。彼も、

「私はこの人を依り所として生存からの出離（bhava-nissaraṇa）を行なうことが出来よう」

と承諾してから、同じその洞穴へ帰って行った。神格は彼が帰って来るのを見て、

「きっと誰かに招待されているのだろう。明日か明後日（para-suve, Vri.）には出て行くであろう」

と考えた。このようにして半月ほど過ぎた時、

「この人は、思うにここにだけ雨安居中（anto-vassaṃ）住むようだ。しかし戒を保つ人と一緒に一つの場所に子供たちと共に住むのは為し難いことだ。またこの人に『出て行け』と言うことは出来ない。一体ね、この人が戒で失敗すること（khalita, ころぶこと）があるのかしら」

と、神の眼で眺めて見て、具足戒を受ける円庭（upasampada-mālaka）から以後彼には戒に関して失敗を見なかった。

「彼の戒は完全に清浄だ。何かを言って彼に悪名（ayasa, 不評、不名誉）を起こしてやろう」

と、彼（上座）に奉仕する家の信女の長男のからだにとりついて（adhimuccitvā）首を回転させた。彼の両眼はとび出した。口から唾液が流れ出た。信女は彼（息子）を見て、

「何です。これは」

171 と叫んだ（virav, Vri.）。すると神格は姿をかくしたままで彼女にこう言った。

「この〔長男〕は私（神格）にとりつかれています。私のためには供犠祭（bali-kamma）も意味がありません。しかしあなた方の家に来る上座に甘草（laṭṭhi-madhuka）を乞うて、それを入れて油を煮て、この〔長男〕の鼻から注ぎ入れなさい（detha, 与えなさい）。そうすれば私はこの〔長男〕を解放しましょう」と。

彼女は、

「〔そんな事をしたら〕この〔息子〕を滅ぼさせ、或いは死なせることになる。私はお聖人さまに甘草を乞

うことは出来ないでしょう」と。

「もし甘草を乞うことができないなら、彼の鼻にういきょう（hingu）の粉を入れるように言いなさい」

「これも私は言うことができません」

〈神格はティッサ上座が医療をしたと難癖を付けた〉

「それではね、彼が足を洗う水を〔息子の〕頭に注ぎなさい」と。

信女は、

「これはすることができます」

と、時間になってやって来た上座に坐ってもらって、粥・硬い食べ物をさし上げて、食事中に坐った〔上座〕の両足を洗って、水をもって、

「尊師さま。この水を私は若い者の頭に注ぎます」とことわって、

「それではね、注ぎなさい」

と言われて、そのようにした。神格はただちに彼（息子）を解放してから洞穴の入口に立った。上座は食事が終わると席から立ち上って、観念修行法（業処）がまだ終っていなかったので、三十二の行相を研究しながら（sajjhāyanto）そのまま出て行った。さて、〔彼が〕洞穴の入口に着いた時にその神格は彼に、

「偉大なお医者さま。偉大なお医者さま。ここに入ってはいけません」

と言った。彼は同じそこに立って、

「あなたはどなたですか」と言った。

「私はここに住んでいた神格です」と。

172
上座は、

「一体ね、私が医者の仕事をした場合《こと》があるのか」

と具足戒を受けた円庭から以後を眺めて見て、自分の戒にしみ（tilaka, 汚点）や黒点（kālaka）を見なかったので、

「私は私が医者の仕事をした場所を見ません。なぜあなたはこのように〔私を医者だと〕言うのか」

と言った。彼（神格）は、

「あなたは見ないのですか」と。

「はい。私は見ません」

「〔では〕私はあなたに言います」

「どうぞ、言いなさい」

「まず、昔の話はさておいて、まさに本日、あなたは非人にとりつかれた奉仕者の息子の頭に洗足の水をかけましたか、かけなかったですか」と。

「はい、かけました」

「それをあなたは〔医者の仕事であると〕見ないのですか」

「そのことに関してあなたは〔私が医者だと〕言うのですか」

「そうです。そのことに関して私は〔あなたが医者だと〕言います」

173

〈上座は自己の完全清浄を確信し、神格を出て行かせた〉

上座は思った。〔即ち〕

「ああ、実に、私の自己（attan）は正しく定められている（sammā-paṇihito）。実に私の行動は〔仏の〕教えにふさわしいものだ。神格も私の四つの完全に清浄な戒にしみ（汚点）や黒点を見ないで、若者の頭にかけられた洗足の水だけを見たのだ」

と、彼の戒に関して強力な喜びを生じた。彼（上座）はその〔喜び〕を鎮めて、足を上げることもせずにもうその場で阿羅漢の境地に達して、

「私のような完全に清らかな沙門を汚して（dūsetvā）ここに、居住所に住んではならない。お前こそ出て行きなさい」

と神格を教誡して、この感懐の偈を誦えた。

「私の住まいは実に浄らかである。無垢な私を、苦行者を（tapassinaṃ, *Vri.*）、

ことのほか清められている〔私〕をお前は汚してはならない。

お前は林から出て行きなさい（nikkhama pavanā, *Vri.*）」と。

彼（上座）はそこでだけ三箇月住んで、雨安居が明けると（vuttha-vasso, *Vri.*）大師のもとに行って、比丘たちから、

「友よ。あなたは出家者の為すべきことを頂点に到らせましたか」

と質ねられて、その洞穴で雨安居に近づいたことから以後の全てのその顛末を比丘たちに告げて、

「友よ。あなたは神格からそのように言われて怒らなかったのですか」

と言われて、

「私は怒りませんでした」

と言った。比丘たちは〔その旨を〕如来に申し上げた。

「尊師様。この比丘は〔自分の〕全知（aññā, 開悟）を語ります。神格からこういうことを言われても『私は怒らなかった』と言います」

と。大師は彼等の話を聞いて、

「比丘たちよ。私の息子（上座）は決して怒らない。この者には在家者たちと、或いは出家者たちとの交際接触（saṃsagga）というものはない。この者は交際接触せず、少欲知足の者である（appiccho santuṭṭho）」

とおっしゃって、法を示しつつこの偈を誦えられた。

404．「在家者たちと、また家なき〔出家者〕たちと、両方とも交際接触がなく、
家なくして行く人を、少欲の人を、その人を私はバラモンと言う」と。

〈偈の語句の註釈〉

そこで〈交際接触がない人を（a-saṃsaṭṭhaṃ）〉とは、見・聞・会話（samullāpa）・〔食べ物などを〕受用する
174 こと（paribhogatā）・身の接触がないので交際接触がない人を。〈両方とも（ubhayaṃ）〉とは、在家の人々と家なき（出家者）たちと、と、両方の人々とも接触交際のない人を、執着するところなく行く人を（an-ālaya-caraṃ）、という意味である。〈家なくして行く人を（an-oka-sāriṃ）〉とは、執着するところなく行く人を、その

ような人を私はバラモンと呼ぶ、という意味である。

説示が終わった時、大勢の人々が預流果などを得た、という。

洞窟に住むティッサ上座の事

22. 或る一人の比丘の事〔第四〇五偈にちなむ話〕

「杖を下におろして」というこの説法を大師は祇陀林（精舎）に住まわれつつ、或る一人の比丘に関してお話になった。

〔上座が女房を連れて行った、と誤解して亭主が上座を打った〕

聞くところでは、彼は大師のもとで観念修行法（業処）を学び取ってから、森の中で努め励んで阿羅漢たることを得た。

「〔私が〕得た徳（guṇa, 功徳）を大師に報告しよう」

と、そこから出て行った。さて、或る村で一人の女性（女房）が亭主とけんかをして（kalahaṃ katvā, 口論して）その〔亭主〕が外に出て行った時、「私は実家（kula-ghara）に行きましょう」と道を歩いていて、途中の道でその〔比丘〕を見て、

「この上座を頼りにして私は行きましょう」

と〔上座の〕背後から背後から後をつけて行った。しかし上座は彼女を見ない。さて、彼女の亭主が家に帰って来て、彼女（女房）を見ないので、

「〔彼女は〕実家の村へ行ったのであろう」

と跡をたどって行って、彼女を見つけて、

175

「この女が一人でこの森（aṭavi）を行くことは出来ないだろう。一体ね。誰を頼りにして〔彼女は〕行くのか」

と眺めると、上座は見て、

「この〔坊さん〕がこの〔女房〕をつかまえて出て行ったのであろう」

と思って、上座をしかりつけた（santajjesi）。するとその女性（女房）は彼（亭主）に、

「この大徳（bhadanta, 尊師）は決して私を見ませんし、語りかけません。その〔上座〕に何も言ってはなりません」

と言った。彼は、

「しかし、お前が自分を連れて行く〔男〕を何で私に告げるだろうか。〔告げるはずがない〕。俺はこの〔男〕をおまえにだけ似合った〔打ちのめされた男〕にしてやろう」

と、怒りを発して、女性（女房）に対する怒り（āghāta, 嫌恨）にかられて上座をなぐって、彼女をつれて戻って行った。上座の全身は腫れ物が生じたもの（sañjāta-gaṇḍa）となった。

さて、彼が精舎に行った時、比丘たちは〔彼の〕身体をマッサージしていて（sambāhantā）腫れ物を見て、

「何ですか、これは」

と質ねた。彼は彼等にそのわけを告げた。すると比丘たちは彼に、

「友よ。しかしその男がこのように〔あなたを〕打つ時に、あなたは何を言ったのですか。或いはあなたに怒り（kodha）が生じましたか」と。

「友よ。私に怒りは生じません」と。

彼等は大師のもとに行ってその旨を申し上げた。

「尊師様。この者は『あなたに怒りが起きるのか』と言われて、『友よ、私には怒りは起きません』と、ありもしないことを言って、〔自分の〕全知（aññā, 開悟）を語ります」

と。大師は彼等（比丘たち）の話をお聞きになって、

「比丘たちよ。漏尽者たちというのは杖が下におろされている者たち（nihita-daṇḍā）である。彼等は〔彼等を〕打つ者たちに対しても怒りを作らないだけである」

とおっしゃって、この偈を誦えられた。

405.「生き物たちに対して、ふるえるものたちに対して、また不動の者たちに対して杖を下におろして、
その人が殺さず殺させないなら、
その人を私はバラモンと呼ぶ」と。（*Sn.*629偈）

〈偈の語句の註釈〉

そこで、〈下におろして（nidhāya）〉とは、捨てて（nikkhipitvā）、おろして（oropetvā）。〈ふるえるもの（tasa）たちに対して、また不動の者（thāvara）たちに対して〉とは、渇愛によるふるえによってふるえる者たちに対して。渇愛がないので堅固であるので（thiratāya）〈不動の者たちに対して〉。〈その人が殺さず（yo na hanti）〉とは、その人がこのように全ての有情たちに対して怒り（paṭigha, 瞋恚）を離れているので杖が捨てられている人であり、決して何ものをも自ら殺さず、他の人々に殺させないなら、その人を私はバラモンと言う、とい

う意味である。
説示が終わった時、沢山の人々が預流果などを得たという。

或る一人の比丘の事

23. 四人の沙弥の事〔第四〇六偈にちなむ話〕

「害意のない人を」という説法を大師は祇陀林（精舎）に住まわれつつ、四人の沙弥に関してお話になった。

〈バラモンの妻は老比丘のために別請食を用意するが沙弥たちが来てしまう〉

聞くところでは、一人のバラモンの妻が四人の比丘たちに別請食（uddesa-bhatta, 限られた特別の人を指定して特別に調えられた施食）を用意して（sajjetvā）バラモンに言った。

「精舎に行って四人の年をとったバラモンを指定していただいて連れて来て下さい」と。

彼は精舎に行って、

「四人のバラモンたちを指定していただいて私に与えて下さい」

と言った。サンキッチャ、パンディタ、ソーパーカ、レーヴァタという七歳の四人の漏尽の沙弥が彼の〔別請食への招待を〕得た。バラモンの妻は高価な坐席を調えて立っていて、沙弥たちを見て怒って、かまど（uddhana）に投げ入れられた塩のようにカタカタと歯を鳴らして（taṭa-taṭāyamānā）、

177 「あなたは精舎に行って、自分の孫（nattar）ほどにもならない四人の少年を連れてやって来ました」

と言って、彼等をそれらの〔高価な〕座席には坐らせないで、劣った小さな椅子を並べて、

「これらに坐りなさい」と言ってから、

「行きなさい。バラモンよ。年をとった方々を探してみてお連れしなさい」

と〔言った〕。バラモンは精舎に行って、舎利弗上座を見て、

「さあ、私共の家にまいりましょう」

と〔舎利弗上座を〕お連れした。上座はやって来て、沙弥たちを見て、

「これらのバラモン達から〔君たちは〕御飯を得たのかね」と質ねて、

「得ておりません」

と言われて、四人分の御飯だけが準備されていること（paṭiyatta-bhāva）を知って、

「私の鉢をもって来なさい」

と鉢を受け取って出て行った。バラモンの女房も、

「この方（舎利弗）は何を言ったのですか」と質ねると、

「〔舎利弗上座は〕『これらの坐っているバラモン達（沙弥たち）が〔御飯を〕得るのが正しいのだ』と〔考えて〕、『私の鉢をもって来なさい』と、自分の鉢を受け取って、出て行ったのだ」と。

「食べたいと欲しなかったのでしょう。急いで行って別の人を探して連れて来なさい」と。

バラモンは行って目連上座を見て、同様に言ってお連れした。彼も沙弥たちを見て、まったく同じように言って、〔自分の〕鉢を受け取って出て行った。するとバラモンの女房は彼（バラモン）に言った。

「これらの人たちは食べようと欲する人たちではありません。バラモンの集会（brāhmaṇa-vāṭaka）に行って一人の年をとったバラモンを連れて来なさい」と。

〔帝釈天が老比丘の姿で施食を受けに行った〕

沙弥たちも早朝以後ずっと何も〔食べものを〕得ないで飢で悩まされて坐った。すると彼等の徳の威力によって帝釈天の坐が熱の様相を示した。彼（帝釈天）は思いめぐらして、彼等（沙弥たち）が早朝から以後坐っていて疲れているのを知って、

「私がそこに行くのがよろしいのだ」

178

と、老いて朽ちた年寄りのバラモン〔の姿〕となって、そのバラモンの集会のバラモン達の最高の席に坐った。バラモンは彼を見て、

「今度は私の女房は心にかなうだろう」と〔思って〕、

「さあ、我々は〔私の〕家にまいりましょう」

と彼（帝釈天＝老人のバラモン）をともなって家に行った。バラモンの女房は彼を見て心に満足して、二つの席の敷物をひと所だけに敷いて、

「お聖人さま。ここにお坐り下さい」

と言った。帝釈天は家に入って四人の沙弥たちを五体投地の礼をもって礼拝し、彼等の席の一番端の地面に跏趺を組んで坐った。すると彼を見てバラモンの妻はバラモンに言った。

「ああ、あなたは一人のバラモンを連れて来ました。このように〔あなたの〕父親ほどの人を連れて来たのです。〔その人は〕自分の孫ほどの者たちを礼拝しております。この人に何の用がありましょうか。その人を追い出しなさい」と。

彼（帝釈天＝老人のバラモン）は肩をも、手をも、脇の下をも持って追い出されようとするのだが立ち上ろうと

179

も望まない。するとバラモンの妻は彼に、

「さあ、バラモンよ、あなたは一方の手を持ちなさい。私が〔もう〕一方の〔手〕をつかまえましょう」と両人とも〔帝釈天の〕二つの手をもって、背中をたたいて家の戸口から外に出した（bahi akaṃsu）。〔しかし〕帝釈は〔またもとの〕坐っていた場所にだけ坐って手をまわした。彼等は戻って来て彼（帝釈天）が坐っているままでいるのを見て、恐怖の声を出して〔帝釈天＝老人を〕解放した。その刹那に帝釈天は自分が帝釈天であることを知らしめた。すると〔バラモン夫妻は〕彼等に食べ物を差し上げた。五人もの者たちが食べ物をもらい受けて、一人は屋頂の円輪（kaṇṇika-maṇḍala）を貫通して〔出て行った〕。一人は屋根の前の部分を〔貫通して出て行った〕。一人は〔屋根の〕終りのところを〔破って出て行った〕。一人は地面にもぐって〔出て行った〕。帝釈天も一つの場所を通って出て行った。このように五人とも五通りに〔分かれて〕出て行った。そしてそれ以後はまた、聞くところではその家は「五つの隙間孔の家」と言われるようになった、という。

沙弥たちも精舎に〔帰って〕行った時、比丘たちが（Vri.）、

「友よ。どのようであったか」と質ねた。

「私たちに質ねないで下さい。私たちを見た時から以後、バラモンの奥さんは怒りに打ち負かされて設けた席に〔私たちを〕坐らせないで、『急いで年寄のバラモンを連れて来なさい』と言いました。私たちの和尚（舎利弗上座）がおいでになって私たちをご覧になって、『これらの坐っているバラモン（沙弥）たちが〔施食を〕得るのがよいのだ』と〔ご自分の〕鉢をもって来させて（撤回して）出て行かされました。『別の年寄りのバラモンを連れて来なさい』と言われて、バラモンは大目連上座を連れて来ました。その〔目連上座〕も私たちを見て同じようにおっしゃって出て行きました。するとバラモンの奥さんは彼（夫）

に『これらの人たちは食べようと欲しない（na, Vri.）。行きなさい。バラモンよ。バラモンの集会から一人の年寄のバラモンを連れて来なさい』と言いました。彼はその通りに行って、バラモンのなり（姿）でやって来た帝釈天をお連れしました。彼が来た時に〔バラモン夫妻は〕私たちに食べ物を与えました」

「しかしそのようにする彼等（バラモン夫妻）に対して君たちは怒らなかったのかね」

「私たちは怒りませんでした」

比丘たちはそれを聞いて大師に申し上げた。

「尊師様。これらの〔沙弥〕たちは、『私たちは怒らなかった』と、ありもしないことを言って〔自分たちの〕全知（aññā, 開悟）を語ります」と。

大師は、

「比丘たちよ。漏尽者たちというのは害意ある人々に対しても（viruddhesu pi, Vri.）怒らないだけである（na virujjhanti yeva）」

とおっしゃって、この偈を誦えられた。

180

406．「害意ある人々の中にあって害意をもたない人を、杖（暴力）をとる人々の中にあって〔暴力が〕消されている人を、取著ある人々の中にあって取著のない人を、その人を私はバラモンと呼ぶ」と。

〈偈の語句の註釈〉

そこで、〈害意をもたない人を（a-viruddhaṃ）〉とは、害心（āghāta, 瞋怒、嫌恨）によって害意ある世俗の大勢の人たちの中にあっても、害心がないので害意をもたない人を。手にした杖や剣がない時でも（a-vijjamāne pi, Vri.）他の人々に打撃を与えることから離れないので（a-viratattā）〈杖（暴力）をとる人々の中にあって（atta-daṇḍesu janesu）〉。〈〔暴力が〕消されている人を（nibbutaṃ）〉、杖（暴力）を放棄した人を（nikkhitta-daṇḍaṃ）。五蘊（色・受・想・行・識。身心）が「私である、私のものである」と執取されているので〈取著ある人々の中にあって（sâdānesu）〉。その人には執取がないので〈取著のない人を（an-ādānaṃ）〉。このようなその人を私はバラモンと呼ぶ、という意味である。

説示が終わった時、沢山の人々が預流果などを得た、という。

四人の沙弥の事

24. 大パンタカ上座の事〔第四〇七偈にちなむ話。*cf.*I.244〕

「その人の貪欲は」というこの説法を大師は竹林（精舎）に滞在なされつつ、大パンタカに関してお話になった。

〔大パンタカは怒って小パンタカを追い出したのか〕

彼（大パンタカ上座）は尊者小パンタカ（周利槃特）が四箇月かかっても一つの偈を熟知することが出来ないでいると、

「お前は教えのもとでは不能者だ（abhabbo）。在家の財物の受用からも退けられている（parihīno）。おまえがここに住んで何になるのか。ここから出て行きなさい」

と精舎から追い出して（nikkaḍḍhitvā）ドアーを閉めた。比丘たちが話を立ち上げた。

181

「友よ。大パンタカ上座はこういうことを行なった。思うに漏尽の方々にも怒りは起こるようだ」と。

大師がおいでになって、

「比丘たちよ。一体君たちは何の話をして今ここに集まり坐っているのかね」と質ねて、

「こういう〔話をしております〕」と言われて、

「比丘たちよ。漏尽者と言われる方々には貪欲など（貪・瞋・癡）の諸々の煩悩（kilesa）はない。しかし〔このことは〕私の息子（大パンタカ）によって意義を尊重するために（attha-purekkhāratāya, 重視するため

に）、また法を尊重（重視）するために行なわれたのだよ」
とおっしゃって、この偈を誦えられた。

407．「その人から貪欲と怒りと慢心と隠すことが、きりの先から芥子《からし》の実が〔落ちる〕ように落ちている
ならば、その人を私はバラモンと言う」と。

〈偈の語句の註釈〉

そこで、〈きりの先から（ār'aggā）〉とは、その人からこれらの貪欲など（貪・瞋・癡）が、またそれは他人の徳を覆いかくすこと（makkhaṇa）を特徴とする隠すこと（makkha, 覆）であるが、きりの先から芥子の実（sāsapa）が〔落ちる〕ように〔それが〕〈落ちている（pātito）〉。たとえば芥子の実がきりの先にとどまっていないように、そのように〔それらのものが〕心にとどまっていない。その人を私はバラモンと言う、という意味である。

説示が終わった時、大勢の人々が預流果などを得た、という。

大パンタカ上座の事

25. ピリンダ・ヴァッチャ上座の事〔第四〇八偈にちなむ話。*U*.p.28-9〕

「粗暴でない〔言葉を述べるがよい〕」というこの説法を大師は竹林（精舎）に滞在なされつつ、ピリンダ・ヴァッチャ上座に関してお話になった。

〔賤民よ、と語りかける比丘〕

聞くところでは、その尊者は「来なさい。賤民よ（vasali）。行きなさい。賤民よ」というなどと言いながら
182
在家者たちにも出家者たちにも「賤民よ」という言葉（vasali-vāda）で話しかける（samudācarati）。さて或る日、大勢の比丘たちが大師に申し上げた。

「尊師様。尊者ピリンダ・ヴァッチャは比丘たちに『賤民よ』という言葉で話しかけます」と。

大師は彼を呼んで来させて、

「聞くところでは、ヴァッチャよ。君は比丘たちに『賤民よ』という言葉で話しかけるというが、本当かね」と。

「その通りです。尊師様」

と言われて〔大師は〕その尊者の前世の住所（pubbe-nivāsa, 宿住）に意を注いで、

「いかにも比丘たちよ。君たちはヴァッチャ比丘を嫌責してはならない（mā ujjhāyittha）。比丘たちよ。ヴァッチャは怒りの心（dos'antara, 瞋心）をもって比丘たちに『賤民よ』という言葉で話しかけるのではな

い。ヴァッチャ比丘の五〇〇の〔前生での〕生まれは全てを満たして全部それらはバラモンの家に再生したものである（paccājātani）。それは彼が長期にわたって『賎民よ』という言葉で語りかけて来たことなのである。漏尽者という者には粗暴な（kakkasa）粗野な（pharusa）他の人々の関節を打つ（mamma-ghaṭṭana, 断末魔の）言葉はもうないのである。なぜなら過去からの習わし（āciṇṇa, 宿習）によって私の息子（ヴァッチャ）はそのように言うからだよ」

とおっしゃって、法を示しつつこの偈を誦えられた。

408.「粗暴でない、知らしめる、真実のことばをのべるがよい。
その〔言葉〕によって誰をも不機嫌にさせないなら、
その人を私はバラモンと言う」と。

〈偈の語句の註釈〉

そこで〈粗暴でない（a-kakkasaṃ）〉とは、粗悪でない（a-pharusaṃ）。〈知らしめる（viññāpaniṃ）〉とは、意義を知らしめる。〈真実の（saccaṃ）〉とは、意義あるものとなった（bhūta-atthaṃ）。〈不機嫌にさせない（nâbhisaje）〉とは、その言葉によって（girāya）他の人を怒らせることに結びつけさせてはならない。漏尽者というのはこのような言葉だけを述べるであろう。それゆえに私はその人をバラモンと呼ぶ、という意味である。

説示が終わった時、大勢の人々が預流果などを得た、という。

ピリンダ・ヴァッチャ上座の事

183

26. ある一人の上座の事〔第四〇九偈にちなむ話〕

「およそ誰でもここで長いものを」というこの説法を大師は祇陀林（精舎）に住まわれつつ、ある一人の上座に関してお話になった。

〔漏尽の比丘が他人の衣をごみだと思って頂戴した〕

聞くところでは、舎衛城に一人の誤まった見解をもつバラモンがいて、〔自分の〕からだの臭いがつくのを恐れて上衣をぬいで一隅に置き、家の戸口に向かって坐った。時に一人の漏尽の比丘が食事を終えて精舎に帰って行きつつ、その衣を見て、あちらこちらと眺めて見て、誰も見なかったので、

「この〔衣〕は持ち主のないものだ」

と、糞掃衣（廃棄物）として処理していただいた（paṃsukūlaṃ adhiṭṭhahitvā gaṇhi）。するとバラモンが彼を見て、ののしりながら近づいて行って、

「坊主頭の沙門よ。おまえは私の衣をとったな」と言った。

「この〔衣〕はあなたのですか。バラモンよ」

「そうだ。沙門よ」

「私は誰も見ないので、糞掃衣だと思っていただきました。さあ、それを〔お返しします。〕」

と彼に返して、精舎に行って比丘たちにその旨をそのように告げた。すると彼の言葉を聞いて比丘たちは彼を

笑い者にして（tena saddhiṃ keḷiṃ karontā）、

「一体ですね、友よ、衣は長いのですか、短いのですか、あらいものですか、柔らかなものですか」と。

「友よ。長いものであれ、短いものであれ、あらいものであれ、柔らかいものであれ、私にはその〔衣〕に対する執著（ālaya）はありません。糞掃衣だと思って私はそれをつかみました」と。

それを聞いて比丘たちは如来に申し上げた。

「この比丘は、尊師様、ありもしないことを述べて〔自分の〕全知（aññā, 開悟）を語ります」と。

大師は、

「比丘たちよ。この者は事実（bhūta）を語っている。漏尽者たちというのは他の人たちの所有物（santaka）をとりません」

とおっしゃって、この偈を述べられた。

184

409.「誰でもここで、長いものを、或いは短いものを、微細なものを、
粗大なものを、浄いもの、浄くないものを、
世間で与えられないものを取らないなら、その人を私はバラモンと言う」と。

〈偈の語句の註釈〉

その意味は〔次の如くである。即ち〕、衣（sāṭaka）・装身具（ābharaṇa）などの中で、或いは長いものであれ、短いものであれ。宝珠・真珠などの中で、或いは微細なものであれ粗大なものであれ（va,omit, Vri.）。高価な

もの、価値のないものによって、或いは浄いものであれ、不浄のものであれ。およそ人がこの世間で他人が所有したものを〈取らないなら（nâdiyati）〉、その人を私はバラモンと言う、という意味である。

説示が終わった時、沢山の人々が預流果などを得た、という。

ある一人の上座の事

27. サーリプッタ（舎利弗）上座の事〔第四一〇偈にちなむ話〕

「その人には願望が〔ない〕」というこの説法を大師は祇陀林（精舎）に住まわれつつ、サーリプッタ（舎利弗）上座に関してお話になった。

〈舎利弗は雨安居中の糧食を案じる〉

聞くところによると、上座は五〇〇人の比丘たちを従えて、地方のある一つの精舎に行く時に雨期が近づいた。人々は上座を見て沢山の雨安居の食糧（vassâvāsika）〔を提供すること〕に同意した（paṭissuṇiṃsu, *Vri.*）。上座は勧誘しても（pavāretvā）全ての雨安居の食糧が集まって来ないままであったので、大師のもとに行くにあたって比丘たちに言った。

「幼少の者たちと沙弥たちとに、人々が雨安居の食糧をもって来たら受け取って〔それを〕さしむけなさい（peseyyātha, 与えなさい）。さもなくば（ṭhapetvā vā, 人々が食糧をもって来なかったら）、信書を〔私のところへ〕送りなさい」

185
と。そしてこのように言ってから大師のもとに行った。比丘たちは話を立ち上げた。

「今日、思うに、舎利弗上座には渇愛がきっとあるのだろう。なぜならば、そのように人々が雨安居の食糧をさし上げた時、自分の共住者（saddhi-vihārika）たちに『雨安居の食糧をさし向けなさい。或いはそうでない時は（ṭhapetvā vā, 食糧が来ない時は）、信書を送りなさい』と比丘たちに告げてから〔大師のところへ〕やって来た」と。

大師がおいでになって、

「比丘たちよ。一体何の話をして君たちはここに今集まり坐っているのかね」とお質ねになって、

「こういう〔話をしております〕」と言われて、

「比丘たちよ。私の息子（舎利弗）には渇愛はない。ではなくて、『人々が福徳から〔衰退してはならないし〕、また若い沙弥たちが法にかなった所得から衰退してはならない』と、それでこのように語ったのだよ」

とおっしゃって、この偈を述べられた。

410 「誰でもその人に諸々の願望がなく、この世間でまた他の〔世間〕で、
頼ることなく、結ばれることから離れているならば、
その人を私はバラモンと呼ぶ」と。

〈偈の語句の註釈〉

そこで、〈願望（āsā）〉とは渇愛（taṇhā）である。頼ることがない人を（nir-āsayaṃ）〉とは、渇愛のない人を。〈結ばれることから離れている人を（vi-saṃyuttaṃ）〉とは、全ての煩悩と結ばれることから離れた人を。その人を私はバラモンと言う、という意味である。

説示が終わった時、沢山の人々が預流果などを得たという。

サーリプッタ（舎利弗）上座の事

28. 大目連上座の事〔第四一一偈にちなむ話〕

「その人に執著は〔ない〕」というこの説法を大師は祇陀林（精舎）に住まわれつつ、大目連上座に関してお話になった。

186

事は前の〔話〕ともう同じである。ここではしかし大師は大目連上座が渇愛がない者であることを知って、この偈を誦えられた。

411. 「その人に諸々の執著がなく、知って、疑いのない人であれば、
不死に深入することを得たその人を、私はバラモンと言う」と。

〈偈の語句の註釈〉

そこで、〈諸々の執著（ālayā）〉とは渇愛（taṇhā）である。〈知って（aññāya）、疑いのない人である（a-kathaṅkathī）〉とは、八つの事がら（aṭṭha vatthūni,「パ仏辞」38右）をありのままに知って（jānitvā）、八つの事がらを疑うという疑惑がない人である（ni-bbicikiccho）。〈不死に深入することを得た人を（amat'ogadhaṃ anuppattaṃ）〉とは、不死甘露の涅槃に深入して到達した人を。その人を私はバラモンと言う、という意味である。

説示が終わった時、大勢の人々が預流果などを得た、という。

大目連上座の事

29. レーヴァタ上座の事〔第四一二偈にちなむ話〕

「誰でもここで福徳と」というこの説法を大師は東園（Pubbârāma, 鹿母講堂）に滞在なされつつ、レーヴァタ上座に関してお話になった。

〔レーヴァタは福徳（善）も悪徳も捨てている〕

事は「或いは村でも、もしくは森の中でも」という偈（*Dhp* 第98偈）の註釈ですでに詳しく述べられている。なぜなら、そこで〔こう〕言われているからである（*DhpA*.II.p.200）。〔即ち〕

再び或る日、比丘たちは話を立ち上げた。

「ああ、沙弥（レーヴァタ）の所得は〔たいしたものだ〕。ああ〔彼の〕福徳は〔たいしたものだ〕。その者一人によって五百人の比丘のために五百の重閣が造られた」と。

大師がおいでになって、

「比丘たちよ、一体何の話をして君たちは今ここに集まり坐っているのかね」と質ねて、

「こういう〔話をしておりました〕」と言われて、

「比丘たちよ。私の息子（レーヴァタ）には福徳もなく、また悪〔徳〕もない。彼の〔それらは〕両方とも捨てられているのだよ」

とおっしゃって、この偈を誦えられた。

187

412・「およその人がここで福徳と悪〔徳〕とを、両方の染著をすぎ去っていれば、
憂いのない塵を離れた浄らかなその人を、私はバラモンと言う」と。

〈偈の語句の註釈〉

そこで、〈両方の（ubho）〉とは二つもの諸々の福徳（puññāni, 善）と悪〔徳〕（pāpāni）とを吐き捨てて、という意味である。〈執著を（saṅgaṃ）〉とは、貪欲など（「パ仏辞」1866左、七種の執著）の類別ある執著を。〈すぎ去っていれば（upaccagā）〉とは、過ぎて行った人である。その人を私は、輪転（vaṭṭa, 輪廻）を根とする憂いによって〈憂いのない人を（a-sokaṃ）〉。内部に貪欲の塵などがないので〈塵を離れた人を（vi-rajaṃ）〉。つきまとう煩悩（upakkilesa, 垢穢、錆）がないので〈浄らかな人を（suddhaṃ）〉。私はバラモンと言う、という意味である。

説示が終わった時、沢山の人々が預流果などを得た、という。

レーヴァタ上座の事

188

30．チャンダーバ（月光）上座の事〔第四一三偈にちなむ話。*cf.*「仏のことば註㈢」598頁―〕

「月のように」というこの説法を大師は祇陀林（精舎）に住まわれつつ、チャンダーバ（月光）上座に関してお話になった。

〈森の仕事人はカッサパ世尊の塔に栴檀の月輪を捧げた〉

そこで、これは次第を追ったお話である。〔即ち、〕昔、一人のバーラーナシーに住む商人がいて、辺境の地に行って「栴檀の木（candana）をもって来よう」と、沢山の衣服・装身具などをもたせて、五百台の車によって辺境の地に行き、村の入口に住居を得て、森の中で牛の番をする若者たちに質ねた。

「この村に山のふもとで仕事をする誰か人がいるかね」と。

「いますよ」

「何という人かね」

「これこれという人です」

「ではその人の妻や子たちの名は何というのかね」

「こういう〔名〕とこういう〔名〕です」

「ではその人の家はどの場所にあるのかね」

「これこれという場所にあります」と。

189

彼（商人）は彼等（若者たち）に教えられた目じるしをたどって（dinna-saññāya）快適な乗物に坐ってその人の家の戸口に行き、乗物から下りて家に入って、これこれという名を言って、その女性を呼んだ。彼女は、

「私たちの親族の人の一人なのだろう」

と、急いでやって来て席を設けた。彼はそこに坐って、名前を言って、

「私の友人はどこにいますか」と質ねた。

「森に行っています。あなた」と。

「私の（実は、あなたの）息子でこれこれという者は、私の（実は、あなたの）娘でこれこれという方はどこにいますか」

と、全ての者の名を告げて質ねて、その者たちにこれらの衣服・装身具などを与えた。

「私の友だちにも森から帰って来た時にこの衣服・装身具を与えて下さい」

と〔彼女に〕与えた。彼女は彼（商人）を大いに尊敬して、亭主が帰って来た時に、

「あなた。この人がやって来た時からのち、〔家の者の〕全ての名前を言って、これとこれとを下さいました」

と言った。彼（亭主）も彼（商人）になすべきこと、ふさわしいことを為した。さて、夕方に臥床に坐って〔商人は〕彼（亭主）に質ねた。

「あなた。山のふもとを歩いていて、何か以前に沢山見ましたか」と。

「別のものを私は見ません。ただ赤い枝の沢山の樹々を私は見ました」

「沢山の樹々をですか」

「はい。沢山の〔樹々〕です」

「それではね、私どもにも見せて下さい」

と、彼と一緒に行って、赤梅檀の樹々を切って五百台の車に満たして帰って来て言った。

「あなた。バーラーナシーのこれこれという場所に私の家があります。折々に私のところに来て下さい。

私にはほかの贈り物（paṇṇākāra）は無用です。赤い枝の樹々だけを持って来て下さい」

彼は「わかりました」と言って、折々に彼（商人）のところへ行き、赤梅檀だけを運ぶ。彼（商人）も彼（森の仕事人）に沢山の財物を与える。

それから後の時にカッサパ十力者（世尊、二四仏の第二四、七仏の第六）が般涅槃なさって黄金の塔が建立された時、その人は沢山の梅檀をもってバーラーナシーへ行った。すると彼のその友人の商人は沢山の梅檀を砕かせて（piṃsāpetvā）鉢に満たして、

「さあ、あなた。御飯が炊かれるまでに、塔廟を建てている場所に行ってまいりましょう」

と彼を伴なってそこに行き、梅檀の供養をした。彼の友人のその辺境に住む者も塔廟の胎室に（cetiya-kucchiyaṃ）梅檀で月輪（canda-maṇḍala）を造った。彼の前世での〔善〕業はこれほどのものであった。

〈前世での善業によって彼のへそから月輪のような光線が出た〉

彼（森の仕事人）はそこから死没して神の世間（deva-loka, 天国）に生まれ出て、一無仏期をそこで過ごしてから、この仏陀（釈迦牟尼仏）が出現なさった時、王舎城のバラモン大家の家に再生した。彼のへそ（臍）の輪（nābhi-maṇḍala）から月輪のような光線が立ち上った。それで彼にチャンダーバ（月光）とだけ名をつけた。

190 聞くところではこれは彼が塔廟に〔栴檀で〕月輪を造った当然の果報であるという。バラモン達は思った。

「我々はこの者を連れて〔歩けば〕世間を食うこと（食いものにすること）が出来るだろう」

と、彼を乗物に坐らせて、

「誰でもこの者の身体を手でさする（parāmasati, *Vri.*）と、その人はこういう自在を獲得できる」

と言ってめぐり歩いた。〔人々は〕百〔金〕或いは千〔金〕をさし上げてこのように彼の身体を手でさわる事を得る。彼等はこのようにめぐり歩きつつ舎衛城に到着して、都城と精舎の中間に住所をとった。なぜならば舎衛城では五千万人ほどの聖なる声聞弟子たちが（ariya-sāvakā, 在家の信者たちが）食前に施を行なって、食後に香・華・衣服・薬などを手にして聞法のために〔精舎に〕行くからである。バラモン達はその人々を見て、

「あなた方はどこへ行くのですか」と質ねた。

「大師のもとへ法を聞きに〔まいります〕」と。

「さあ、そこへ行ったとて何になるのですか。我々のチャンダーバ（月光）バラモンの威神力と等しい威神力はありません。この人の身体にさわる人々はこういうものを得ます。こちらで彼を拝見しなさい」

「あなた方のバラモンの威神力というのはどんなものですか。我々の大師だけが大威神力者です」と。

彼等はお互いを説得することができなくて、

「精舎に行って、チャンダーバ（月光）の〔威神力がすごいのか〕或いは我々の大師の威神力が〔すごい
191 のか〕我々は知りましょう」

と、彼を連れて精舎に行った。

〔大師は彼の月輪光線を消し、彼は出家して阿羅漢となった〕

大師は彼が自分のところに近づいて来るやいなや、月光が消えるようにした。彼は大師のもとで炭かごの中のカラスのようであった（両方とも黒くて区別がつかない）。そこで彼を一隅に連れて行った。光線が回復した(paṭipākatikā ahosi)。再び〔彼を〕大師のところへ連れて来た。光線はまったく同様に消え失せた。このように三度行って光線が消えるのを見てチャンダーバ（月光）は思った。

「この人（大師）は思うに光線を消す呪文（manta）を知っているのだろう」

と。彼は大師に質ねた。

「一体ですね、あなたは私の光線を消す呪文を知っているのですか」と。

「はい。私は知っていますよ」

「ではね、〔それを〕私に〔教えて〕下さい」

「出家していない者に〔教えて〕あげることは出来ません」

彼はバラモン達に言った。

「この呪文が学び取れれば私は全ジャンブ洲（全インド）で最勝の者となるでしょう。あなた達はここにだけいて下さい。私は出家して、数日間だけで呪文を学び取るでしょう」と。

彼は大師に出家を乞うて出家して、具足戒を受けた。すると〔大師は〕彼に三十二行相（「パ仏辞」921右下）を告げた。彼は、

「これは何ですか」と質ねた。

「これは呪文の予備修行（parikamma）である。学習するとよい」

と。バラモン達もしばしばやって来て、

「お前は呪文を学び取ったのか」と質ねる。

「まだ私は学び取っていません」

と。彼はもう数日にして阿羅漢の境地に達して、バラモン達がやって来て質ねられた時に、

「あなた方と同様に、今や私は戻って来ない質《たち》の者（anāgamana-dhamma）となりました」

と言った。比丘たちは如来に申し上げた。

「尊師様。この者はありもしないことを言って〔自分の〕全知（aññā, 開悟）を語ります」

と。大師は、

「比丘たちよ。今や私の息子（月光）の喜び（nandī）は消尽した。この者は事実を語っているのだよ」

とおっしゃって、この偈を誦えられた。

192

413．「くもりのない月のように浄らかで明浄で濁りのない人を、
喜びの生存が滅尽したその人を、私はバラモンと言う」と。

〈偈の語句の註釈〉

そこで、〈くもりのない（vimalaṃ）〉とは、黒雲などのくもりが除かれた。〈浄らかな（suddhaṃ）〉とは、つきまとう煩悩（upakkilesa, 随煩悩）のない。〈明浄な（vippasannaṃ）〉とは、心が浄められている。〈濁りのない人を（anāvilaṃ）〉とは、煩悩のない人を、煩悩の濁りが消滅した人を。〈喜びの生存（nandī-bhava）が滅尽し

た人を〉とは、三つの生存（過去・現在・未来）において渇愛が完全に滅尽した人を。その人を私はバラモンと言う、という意味である。

説示が終わった時、沢山の人々が預流果などを得た、という。

チャンダーバ（月光）上座の事

31. シーヴァリ上座の事〔第四一四偈にちなむ話。*cf.J.I.p.407.U.p.15-18*〕

「およそ人がこの〔ぬかるみ〕を」というこの説法を、大師はクンディ・コーリヤ〔村〕近郊のクンダ・ダーナ林に滞在なされつつ、シーヴァリ（Sīvali）上座に関してお話になった。

〔コーリヤ国の王女スッパヴァーサーは超難産であったが、世尊の祈りの言葉によって安産し、その子が後にシーヴァリ上座となる〕

いかにも或る時、コーリヤ〔国〕の〔王〕女スッパヴァーサーは七年間胎児を〔腹中に〕かかえて、七日間胎が昏迷し（mūḷha-gabbhā, 難産して）苦しくはげしくするどい痛みにふれられた。

193 「その世尊は実に正等覚者である。その方はこのようなこの苦しみを捨てるために法をお説きになる。その世尊の声聞弟子の僧団は実によく実践修道している。その〔僧団〕はこのようなこの苦しみを捨てるために実践修道しているのだ。実に涅槃はまことの安らぎである。そこにはこのようなこの苦しみは見られない（na saṃvijjati, Vri.）」（*Udāna.*「南伝」二三、一〇七頁）

と、これらの三つの思いによってその苦しみに耐えながら、主人を大師のもとに送った。彼女の言葉として彼が大師を礼拝して〔その旨を〕申し上げたところ、

「コーリヤの〔王〕女スッパヴァーサーは安らかであれよ。安らかに無病になって無病の子を産めよ」

と大師がおっしゃったもうその刹那に〔彼女は〕安らかに無病になって、無病の子を産んだ。〔その後、〕仏陀

を上首とする比丘僧団を招待して、七日間大施を行なった。彼女の息子も生まれた日以後は水瓶（dhamma-karaka）を携えて僧団の水を漉した（parissāvesi）。

彼は後になって〔家を〕出て出家して阿羅漢たることを得た。さて、或る日、比丘たちが法堂で話を立ち上げた。

「ご覧なさい。友よ。こういう人がいます。阿羅漢たることの機根をそなえた比丘です。これだけ（七年間）母胎で苦を受けました。実にどれほど多くの苦をこの人は乗り越えたのでしょうか」と。

大師がおいでになって、

「一体ね、比丘たちよ、君たちは今何の話をしてここに集まり坐っているのかね」と質ねて、

「こういう〔話をしておりました〕」と言われて、

「そうだよ。比丘たちよ。私の息子（シーヴァリ）はこれほど〔多くの〕苦から解放されて、今や涅槃を証得して過ごしているのだよ」

とおっしゃって、この偈を誦えられた。

194

414・「およそ人がこのぬかるみを、難路を、輪廻を、おろかを越えて行って、渡って彼岸におもむき、禅思し、不動にして疑惑がなく、
取著なく寂滅しているならば、その人を私はバラモンと言う」と。

〈偈の語句の註釈〉

その意味は〔次の如くである。即ち〕、〈およそ（yo）〉比丘が、この貪欲など（貪・瞋・癡）の〈ぬかるみを（paḷipathaṃ）〉、また煩悩の〈難路を（duggaṃ）〉、また〈輪廻の〉輪転を、また四つの真理（四諦、苦・集・滅・道）を洞察しない〈おろかを（mohaṃ）〉越えて行ったならば、四つの暴流（欲・有・見・無明）を渡った者となって、彼岸に到達する。二種の禅定（近行定と安止定）によって〈禅思する者である（jhāyī）〉。渇愛がないので〈不動である（anejo）〉。疑惑がないので〈疑惑がない者である（a-kathaṅkathī）〉。諸々の取著（upādāna）がないので執取しないで、煩悩の〔火〕が消えることによって〈寂滅している人（nibbuto）〉であれば、その人を私はバラモンと言う、という意味である。

説示が終わった時、大勢の人々が預流果などを得た、という。

シーヴァリ上座の事

195

32. スンダラ・サムッダ（美海）上座の事〔第四一五偈にちなむ話。*cf.J.* 第14話 .I.p.156〕

「およそ人がここで諸々の欲望を〔捨てて〕」という説法を大師は祇陀林（精舎）に住まわれつつ、スンダラ・サムッダ上座に関してお話になった。

〔息子の出家を悲しんだ母親が息子の還俗を娼婦に依頼した〕

聞くところでは、舎衛城に一人の在家の息子がいて、スンダラ・サムッダ（美海）童子という名で、四億の富をもった大家に生まれ出た。彼は或る日、食後に香・華などを手にして大勢の人たちが聞法のために祇陀林に行くのを見て、

「あなた方はどこに行くのですか」と質ねると、

「大師のところに法を聞きに〔まいります〕」と言われて、

「私も行きましょう」

と言って、彼等と共に行って会衆の一番端に坐った。大師は彼の意向を知って、順を追った話をなさった。彼は、

「俗家に住む者が螺貝を磨いた（sankha-likhita, 完全に美しい）梵行を行なうことは出来ない」

と、大師のお話によって出家になることを敢行する気持になり、会衆が出て行った時、大師に出家を乞うたが、

「母親と父親から許されていない者を如来様は出家させせません」

と聞いて、家に行って、在家の子弟のラッタ・パーラなどのように（*Thg*.769-793偈の註釈、*J*.I.p.159）、大いに 278
努力して母と父に〔出家を〕承知させた。〔それから〕大師のもとで出家して具足戒を得た。

「私がここに住んで何になろうか」

と、そこから出て行って王舎城に行き、托鉢に歩いて時を過ごした。

さて、或る日、舎衛城で、彼の母と父は或るお祭りの日に（chaṇa-divase）大いなる吉祥の美麗さをもって（siri-sobhaggena）彼の友人の少年たちが遊びたわむれているのを見て、

「私たちの息子にはこの〔楽しい遊び〕は得難いものとなった」

と泣き悲しんだ。

丁度その時に一人の娼婦（gaṇikā）がその家に行って、彼の母親が泣きながら坐っているのを見て、

「お母さん。どうしてあなたは泣くのですか」と質ねた。

「息子を思い出して私は泣いています」

「でもその〔息子さん〕はどこにいるのですか。お母さん」

「比丘たちの中で出家しました」

「〔息子さんを〕還俗させるのはよろしくないのですか」

「よろしいです。でも〔息子は〕望みません。ここから出て行って王舎城に行きました」

「もし私が彼を還俗させることできたら、あなた方は私に何をしてくれますか」

「あなたをこの家の資産の女主人にいたしましょう」

「それではね、私に〔王舎城へ行く〕費用（paribbaya）を下さい」

と費用を受け取って大勢を連れて王舎城へ行った。

〔娼婦は手段を尽して上座を誘惑した〕

彼（スンダラ・サムッダ）が托鉢に歩く街路を観察して、〔彼女（娼婦）は〕そこに一軒の居住する家を取得した。もう早朝にすぐれた食べ物を用意して、上座が托鉢に入った時に托鉢食をさし上げて、数日過ぎてから、

「尊師さま。ここにだけ坐って食事をなさって下さいな」

と鉢をとった。彼は鉢を与えた。そしてすぐれた食べ物をもって彼に給食して、

「尊師さま。ここでだけ托鉢に歩くのが安楽です」

と言って数日間玄関（ālinda）に坐っていただいて、御飯を食べてもらった。子供たちをお菓子で手なずけて（saṅgaṇhitvā, 可愛がっておいて）

「ここに上座がおいでになった時、私が制止しても、あなた達はここにやって来て塵をまき上げなさい」

と言った。彼等は次の日に上座が食べる時間に彼女が制止するにもかかわらず塵をまき上げた。彼女は次の日に、

「尊師さま。子供たちが制止されるにもかかわらず、私の言うことを聞かないで、ここで塵をまき上げます。〔どうぞ〕家の中にお坐り下さい」

と、〔家の〕中に坐っていただいて、数日間食事をしてもらった。再び子供たちを手なずけて（お菓子で買収して）、

「あなた達は私に制止されても上座が食事をとる時に、大声をあげなさい」

197

と言った。彼等はそのようにした。彼女は次の日に、

「尊師さま。この場所ではとても大きな声がします。子供たちが私に制止されても言うことを聞きません。上階（upari-pāsāda）にだけお坐り下さい」

と言って、上座が同意すると、上座を先に立てて上階に上りつつ、諸所のドアーを閉めながらそのまま上階に上った。上座は家毎に托鉢して歩く（sapadāna-cārika）すぐれた者であるけれども、〔食べ物の〕味への渇愛に縛られて、彼女の言葉に従って七階建ての高楼に上った。彼女は上座を坐らせた（以下 *J.*V.433^{28}-434^{8},「南伝」三七、一九六―七頁）。

「友、プンナムカよ。実に（khalu,samma,Puṇṇamukha, *Vri.*）女性は四〇の方法で男性をそそる（accāvadati, 誘う）。あくびをする（vijambhati）。身を曲げる（vinamati）。たわむれる（vilasati, 媚態を示す）。赤面する（vilajjati）。爪で爪に触れる。足で足をつつく（akkamati, 攻撃する）。棒で地面をひっかく。子供を跳び上がらせる。おさえる（olaggheti）。遊ぶ。遊ばせる。接吻する（cumbati）。接吻させる。食べる。食べさせる。与える。請う（āyācati）。なされていることをまねる（anukaroti）。高い〔声〕で話す。低い〔声〕で話す。あからさまに（avihaccaṃ）話す。おどって、歌って、器楽によって（vāditena）、泣いて、戯れて（vilasitena）、飾って（vibhūsitena）、笑う（jagghati）。見る（pekkhati）。腰（kaṭi）を動かす。かくしどころ（guyha-bhaṇḍaka, 陰部）をゆする。ももを開く。ももを閉じる。乳房を見せる。脇の下（kaccha）を見せる。へそを見せる。眼を閉じる（nikhanati）。まゆをあげる。唇（oṭṭha）をかむ（palikhati）。舌をべろべろさせる（nilloleti）。衣服（dussa）をぬぐ。衣服を結ぶ。頭飾り（sirasa）をとる。頭飾りを結ぶ」

と、このように〔「本生物語」の中に〕出てきた女性の媚態（itthi-kutta）を、女性の優美さ（itthi-līḷhā）を示し

て、彼の前に立ってこの偈を述べた。

「足に赤色染料をつけ、履物をはいた娼婦がいます。
またあなたも若く、私のものです。私も若く、あなたのものです。
二人とも出家しましょう。後になって、老いて杖にすがり、彼岸に行く者として」と。（*cf.Thg.*459, 462偈）

198

〔上座は衝撃をうけて立ちなおり、娼婦の誘惑に勝つ〕

「ああ、実に私が思慮せずに行なった行為は重大である」

という大きな衝撃が上座に起こった。その刹那に大師は四十五ヨージャナ先の祇陀林（精舎）に坐ったままでそのわけをご覧になって微笑を現わされた。それで阿難上座がそのことを質ねた。

「尊師様。一体ですね。〔大師が〕微笑を現わされたわけは何ですか。縁は何ですか」と。

「阿難よ。王舎城の都城の七階建ての殿堂の上階でスンダラ・サムッダ（美海）比丘と娼婦との戦いが行なわれているのだよ」と。

「尊師様。一体ですね、誰に勝ちがあるのですか。誰に負けがあるのですか」と。

大師は、

「阿難よ。スンダラ・サムッダに勝ちがあるだろう。娼婦に負けがあるだろう」

と、上座の勝利を明らかになさって、そこに坐ったままで光照をみなぎらせて、

「比丘は両方とも欲望（事欲と煩悩欲）をかえりみずに捨てよ」

とおっしゃって、この偈を誦えられた。

415.「およそ人がここで諸々の欲望を捨てて、家なき者となって遊行するならば、欲望と生存が完全に滅尽したその人を私はバラモンと言う」と。

〈偈の語句の註釈〉

その意味は〔次の如くである。即ち〕、およそ人が〈ここで（idha）〉、世間で両方とも欲望（事欲 vatthu-kāma と煩悩欲 kilesa-kāma）を捨てて〈家なき者（anāgāra）〉となって〈遊行する（paribbajati, *Vri.*）〉のであれば。その欲望が完全に滅ぼされた人を、また生存（bhava）が完全に滅尽した人を、私はバラモンと言う、という意味である。

説示が終わった時、上座は阿羅漢の境地に達して、神通力によって空に昇って、屋頂の円輪（kaṇṇika-maṇḍala）を貫通して、大師の身を称讃しつつそのままやって来て大師を礼拝した。

法堂でも〔比丘たちが〕話を立ち上げた。

「友よ。舌で識知される（jivhā-viññeyyaṃ）味（rasa）によってスンダラ・サムッダ上座は心（mano, 意）を失った。しかし大師は彼の保護者（avassaya）となられた」と。

大師は〔その〕話をお聞きになって、

「比丘たちよ。〔これは〕今だけのことではない。以前にも私はこの者が味への渇愛によって心が縛られた時（baddha-manassa, *Vri.*）、すでに保護者となっていたのだよ」

とおっしゃって、彼等（比丘たち）から乞われて、その意味を明らかにするために、昔のことをもち出された。

199

「聞くところでは諸々の味より悪いものはないという。
家にいる者たちよりも、親交する人たちよりも〔悪ものである〕。
かもしかを、人家に近寄ったのを、
サンジャヤは〔蜜の〕味で〔さそって〕自在に連れて来た」と。

〔「本生物語」の〕一〔偈〕集の（*J.I.p.158*）この「風鹿本生物語（第14話）」を詳しくお話になって、「その時、スンダラ・サムッダは風鹿であった。そしてこの偈を述べて、その〔風鹿を〕放させた王の大臣は私自身であった」
と「本生物語」を〔現在と〕結びつけられた、という。

スンダラ・サムッダ（美海）上座の事

33. ジャティラ（ちぢれ毛）上座の事〔第四一六偈にちなむ話〕

「誰でもここで渇愛を〔捨てて〕」というこの説法を大師は竹林（精舎）に滞在なされつつ、ジャティラ（ちぢれ毛）上座に関してお話になった。

そこで、これは順を追ったお話である。

〔遠い昔の話。兄弟が辟支仏に砂糖きびの汁を供養した〕

昔、バーラーナシーに二人の兄弟の資産家（kuṭumbiya, 地主）がいて大きな砂糖きびの畑（ucchu-khetta）を作らせていた。さて或る日、弟が砂糖きびの畑に行って、

「一本は兄にやろう。一本は私のだ」

と、二本の砂糖きびの茎（ucchu-yaṭṭhi）を、味（汁）が〔流れ〕出て行かないように切ったところを縛って持って行った。聞くところでは当時は砂糖きびを機械で圧迫して〔しぼる〕仕事（pīḷana-kicca）はない。〔茎の〕先や根元のところを切って〔砂糖きびの茎が〕とり上げられた時、水瓶（dhamma-karaka）から水が〔出る〕ように、自分自体で味（汁）が出てくる。

200 そして彼が畑から砂糖きびの茎を携えて戻って来た時、ガンダマーダナ山で一人の辟支仏が禅定（samāpatti, 等至）から出定して、

「一体ね、今日私は誰に愛護（anuggaha, 摂受）を行なおうか」

と捜してみて、彼（弟の資産家）が自分の智の網の中に入ったのを見て、彼が愛護を行なうことが可能な者であることを知って、鉢と衣を携えて、神通力によって〔そこへ〕やって来て彼の前に立った。彼（弟）は彼（辟支仏）を見て、心が浄められて、上衣を〔ぬいで〕より高い地面のところに敷いて、

「尊師さま。ここにお坐り下さい」

と辟支仏に坐っていただいて、

「鉢を〔こちらへ〕お渡し下さい」〔と鉢を受け取って〕、

砂糖きびの茎の縛ったところをほどいて鉢の上にかざした。味（汁）が下に流れおちて鉢を満たした。辟支仏がその味（汁）を飲んだ時、

「実に幸せなことに私の味（汁）をお聖人さまはもうすでに飲んで下さった。もし兄が私に〔砂糖きびの〕代金（mūla）を持って来いと言うなら、私は代金を払おう。もし功徳の回向（patti）を持って来いと言うなら私は〔兄に〕功徳の回向をさし上げよう」と考えて、

「尊師さま。鉢を〔こちらへ〕お渡し下さい」

と、またもや〔兄の分の〕砂糖きびの茎の〔縛り〕をほどいて味（汁）をさし上げた。

「私の兄は砂糖きびの畑から別の砂糖きびをもって来てかじるだろう」

とは、聞くところでは、これっぱかりも彼に〔その〕心（思い）はなかったようである。

しかし辟支仏は最初の砂糖きびの味（汁）を飲んだので、〔二度目の〕砂糖きびの味（汁）をほかの〔辟支仏〕たちにも分配したいと思って（saṃvibhajitu-kāmo hutvā, Vri.）、〔飲まないで〕持ったまま（gahetvā va, Vri.）坐った。彼（弟）は彼（辟支仏）の様子を察知して、五体投地して礼拝し、

「尊師さま。私は〔あなたに〕その最高の味をさし上げましたが、その果報として（nissandena, 等流、流出として）、私が〔輪廻して〕神と人間の中で栄華（sampatti, 成功）を享受し、終いにはあなた様が得た法を得ることが出来ますように」

と願を立てた（patthanaṃ thapesi）。辟支仏も彼に「そのようであれよ」と述べて、

「〔あなたが〕望んだことが、願ったことが〔成就しますように〕」

という二偈をもって随喜して（感謝の言葉をのべて）から、彼が見るようにそのように神秘の力を加えて
201 （adhiṭṭhahitvā）、空を〔飛んで〕行ってガンダマーダナに行き、五百人の辟支仏たちにその〔砂糖きび〕の味（汁）を与えた。彼（弟）はその神変（pāṭihāriya）を見て、兄のところへ行って、

「お前はどこへ行ったのかね」と言われて、

「砂糖きびの畑を見に行きました」と言った。

「そのように砂糖きびの畑へ行くのが何になるのかね。一体ね、いわば一本や二本の砂糖きびの茎をもって行かなければならないことがあるのかね」と兄から言われて、

「はい、兄さん。私は二本の砂糖きびの茎をとりました。そして一人の辟支仏にお目に掛って、私の砂糖きびの茎から味（汁）をさし上げて、『〔砂糖きびの〕代金なり功徳の回向なりを私は〔兄さんに〕さし上げよう』と、あなたさまの砂糖きびの茎からも私は味（汁）を〔辟支仏に〕さし上げました。一体ですね。あなたさまはその代金をとるでしょうか。それとも功徳の回向を〔とるのでしょうか〕」と言った。

「しかし辟支仏は何をしたのかね」

「私の砂糖きびの茎から味汁を飲んで、あなた様の砂糖きびの茎からの味汁を携えて空を〔飛んで〕ガン

ダマーダナに行き、五百人の辟支仏たちにあげました」と。

彼（兄）は彼（弟）が語りに語るだけでもう間髪を入れずに喜びが身体に遍満して、

「その辟支仏がまさに現在証得しているものが私自身にありますように」

と願を立てた。このように弟によって三つの成就が願がけされ、また兄は一句を述べて阿羅漢たることを願った、と、これが彼等（兄弟）の前世での〔善〕業である。

202

〈ヴィパッシン世尊の時代。兄弟はバンドゥマティーに再生した〉

彼等は寿命の限り〔世に〕とどまって、そこから死没して神の世間（天国）に再生し、一無仏期を（buddh'antaraṃ）すごした。彼等が神の世間の者であった同じ時にヴィパッシン十力者（二四仏の第一九、七仏の第一）が世間に出現なさった。彼等も神の世間（天国）から死去して、バンドゥマティーの一軒の世俗の家に、兄は兄のまま、弟は弟のままで結生をとった。彼等のうちで兄はセーナという名であり、弟はアパラージタという〔名であった〕。成年に達した時に彼等が資産を確立させて（kuṭumbaṃ saṇṭhapetvā）過ごしていると、

「仏陀という宝（buddha-ratana, 仏宝）が世間に現われ出ました。法という宝が、僧団という宝が〔世間に現われ出ました〕。諸々の施を行ないなさい。諸々の福徳を作りなさい。今日は第八日です。今日は第十四日です。今日は第十五日です。布薩を行ないなさい。法を聞きなさい」

と法をふれ歩く人のふれ声をバンドゥマティー都城で聞いて、大衆が食前に施を行なって、食後に聞法のために行くのを見て、資産家のセーナは、

「あなた方はどこへ行くのですか」と質ねて、

「大師のもとに法を聞きに〔行きます〕」と言われた。

「私も行こう」

と、彼等ともう一緒に行って、会衆の端に坐った。大師は彼の意向を承知なさって、順序を追った話（ānupubbi-kathā, 次第説法）を語られた。彼は大師の法を聞いて、切に出家にあこがれる気持になって（ussāha-jāto）大師に出家を乞うた。すると大師は彼に、

「しかし、君には会うべき（oloketabba）親族たちがいるのかね」と質ねた。

「おります。尊師さま」

「ではね、その人たちに会って〔話をして〕から来なさい」と。

彼は弟のもとに行って、

「何でもこの家にある財産（sāpateyya, 自分の所有物）は、それは全部お前のものにしなさい」

と言った。

「でもあなたさまが御主人（sāmin, 所有者）です」

「私は大師のもとで出家するであろう」

「御主人様、何をおっしゃるのですか。私は母が亡くなった時は母を〔得た〕ように、父が亡くなった時は父を〔得た〕ようにあなた様を得ました。この家は莫大な財産をもった〔家〕です。家にとどまってこそ諸々の福徳を作ることが出来ます。そのように〔出家〕なさってはなりません」

「私は大師のもとで法を聞いた。その〔法〕は世俗の家の中にいる者には満たすことが出来ない。私はただ出家するだけであろう。君は〔家に〕戻りなさい」と。

203

このように彼（兄）は弟を引き返させて、大師のもとで出家して、具足戒を得て、もうほどなくして阿羅漢たることを得た。弟も、

「私は兄に出家者に対する尊敬を捧げよう」

と、七日間、仏陀を上首とする僧団に施を行なって、兄を礼拝して言った。

「尊師さま。あなた様は御自分の生存からの出離（bhava-nissaraṇa）をなさいました。しかし私は五つの欲望の対象（kāma-guṇa, 色・声・香・味・触）によって縛られていて、〔そこから〕出て行って出家することも出来ません。私が家にとどまったままで〔行なうに〕ふさわしい大きな福徳を作る仕事（puñña-kamma）を私に告げて下さい」

と。すると上座は彼（弟）に、

「よろしい。賢者よ。大師のために香室（gandha-kuṭi）を造りなさい」

と言った。彼は、

「よろしゅうございます」

と応諾して、種々の木材を運んでこさせて、柱などのために大工仕事をさせて（tacchāpetvā）、一つは黄金をちりばめたものを、一つは銀をちりばめたものを、一つは宝珠をちりばめたものを、と、全ての七宝（金・銀・真珠・宝珠・瑠璃・金剛・珊瑚）をちりばめたものを作らせて、それらの〔資材〕でもって香室を造らせて、同じく七宝をちりばめた屋根瓦（chadan'iṭṭhikā）で屋根を葺かせた。

また香室を建築している同じ時に自分と同じ名前のアパラージタという甥（bhāgineyya, 姉妹の子）がやって来て、

「私も〔香室建設の手伝いを〕しましょう。私にも功徳の回向（patti）を下さい。叔父上」と言った。

「私は与えないよ。お前。他の人たちとは共同でない〔仕事〕を私はするのです」と。彼（甥）は大いに乞うたけれども功徳の回向を得ないで、

「香室の前に象舎（kuñjara-sālā）がある方がよろしかろう」

と、七宝でできた象舎を建てさせた。この〔甥〕がこの仏陀（釈迦牟尼仏）が出現なさった時、メンダカ長者となって生まれ出たのである。

〈香室を完成させて、周囲に七宝を敷きつめた〉

また香室には七宝でできた三つの大きな窓（vāta-pāna）があった。それらの〔窓〕に向かって下のところに
漆喰（sudhā）仕事をした三つの蓮池（pokkharaṇī）を造らせて、四種の香水を満たして、アパラージタ家主は
五色の花々を植えさせた。如来が〔室〕内に坐る時は急に風が吹いて花粉の噴出（reṇu-vaṭṭi）が起こり、〔如
来の〕からだにふりかけるために（okiraṇ'attham）香室の小尖塔に赤黄金製の鉢（kapalla）があった。珊瑚ででき
きた〔瓦〕が屋頂にあり、下には宝珠製の屋根瓦がある。このようにその（sā, Vri.）〔香室〕は孔雀が踊るよう
に輝いて立った。また七宝の中で砕いて〔用いるのに〕ふさわしいものは砕いて、その他はもう全てとり分け
204 て（gahetvā）膝ほどの〔高さ〕を限度として（odhinā）香室をめぐって、僧房（pariveṇa）を満たした。このよ
うに香室を完成させて、アパラージタ家主は兄の上座のところへ行って言った。

「尊師さま。香室は完成しました。その〔香室〕を〔大師が〕お使いになること（paribhoga）を私は期待

します。聞くところでは〔大師が〕お使いになることによって大きな福徳がある、ということです」と。

彼（兄、セーナ上座）は大師のところへおもむいて、

「尊師様。聞くところではこの資産家によって香室が建造されました。今〔彼は世尊がそれを〕お使いになることを待望しております」

と言った。大師は座から立ち上って香室に向かって行き、香室をめぐって置かれた宝石の山をご覧になって、門小屋のところに立たれた。するとその〔大師〕に資産家が、

「尊師さま。お入り下さい」

と言った。大師は同じそこに立って、三度目に彼の兄の上座をご覧になった。彼（兄、上座）は〔大師から〕眺め見られた様子だけでもう了解して、弟に言った。

「来なさい（ehi, さあ）、お前。『私にだけ守り（rakkhā）はあるでしょう（私だけが香室を取り巻く七宝を守りましょう）。あなた様は気楽に（yathā-sukhaṃ）住んで下さい』と大師に申し上げなさい」

と。彼（弟）は彼（兄、上座）の言葉を聞いて大師を五体投地の礼をもって礼拝して、

「尊師さま。ちょうど人々が樹の根元に住んでから〔その樹を〕かえりみないで（anapekkhā）去って行くように、或いは河を渡ると筏（uḷumpa）をかえりみないで捨て去るように、そのように〔七宝のことなどは〕顧慮せずにあなた様は〔香室に〕住んで下さい」と言った。

しかしなぜ大師は〔入口に〕立ち止まられたのか。聞くところでは彼（大師）はこう思われたという。

「諸仏のもとに食前にも大勢の人々がやって来る。彼等が数々の宝石を取って出て行く時、我々が〔それを〕防ぐことは（vāretuṃ）できないだろう。僧房でこれほどの宝石が散布されている時、自分の奉仕者

が〔その宝石を〕運んで行っても『〔世尊はそれを〕防がない』と、資産家は私に嫌恨（āghāta）を結んで（私を怒り恨んで）苦界（apāya）に近づいて行った者となるであろう」

と、こういうわけで〔入口に〕立ち止まっておられたのである。しかし彼から、

205 「尊師さま。私にだけ守りはあるでしょう（香室をとり巻く七宝を守る責任は私にだけある）。あなた様は〔どうぞ香室に〕お入り下さい」

と言われて〔香室に〕お入りになった。資産家もぐるりと守衛を立たせて、人々に言った。

「君たち。腰（ucchaṅga）につけて、或いは籠（pacchi）、袋（pasibbaka）で〔宝石を〕もって行く人々は防ぎなさい。しかし手で持って行く人々は遮止してはいけない」と。

都城内にも告げさせた。〔即ち〕

「私は香室・僧房に七宝を散布した。大師のもとで法を聞いて行く貧しい人々は両方の手に〔七宝を〕満たして取りなさい。安楽を得ている人々も片手で〔七宝を〕取りなさい」と。

聞くところでは彼はこう思った、という。

「まず信仰のある人々は法を聞きたいと欲して行くだけである。しかし信仰のない人々も財物への貪欲によって行って、法を聞いて苦から解放されるであろう」

と。それで人々を愛護（saṅgaha, 摂取）するためにこのように告げさせたのである。大衆は彼が言ったやり方（niyāma, 決まり）だけによって諸々の宝石を取った。一度撒いた宝石がなくなると三度まで膝の高さほどを限度として同じく〔宝石を〕散布させた。また大師の足元にはきゅうり（tipusa）ほどの〔大きさの〕値のつけられないほど高価な宝珠の宝石を置いた。聞くところでは彼はこう思ったという。

「大師の身から〔出る〕黄金色の光照と一緒に宝珠の光照を眺め見る人々には〔宝珠の光に対する〕満足（titti）というものはないであろう（最高の宝珠の光も仏の光に比べると月とスッポンだと思うだろう）」と。

それでこのようにした。大衆も〔宝珠の光に〕満足しないまま眺め見た。

さて、或る日、一人の邪見をもったバラモンが、

「聞くところでは大師の足元に高価な宝珠・宝石が放置されている、という。私はそれをとってやろう」

と、精舎に行って、大師を礼拝するためにやって来た大衆の中に入った。資産家は彼が入った様子によっても

206

う、

「〔この者は〕宝珠を取ろうと欲している」と察知して、

「ああ、実に、取らないでほしいものだ」

と思った。彼（邪見のバラモン）も大師を礼拝するようにして、足元に手を置いて宝珠をつかんで、帯に入れて（ovaṭṭikāya katvā）出て行った。資産家は彼（邪見のバラモン）に関して心を浄めることができなかった。彼は法話が終わった時、大師のところに近づいて行って、

「尊師さま。私は三度香室をめぐって膝の高さほどを限度として諸々の七宝を散布しました。それらを取る者たちに対して私には嫌恨（āghāta, 怒り）というものはありません。心はますます浄まるばかりです。しかし今日、『ああ、実にこのバラモンが宝珠に近づいて行って取らなければよいのに』と思ったのに、彼が宝珠をとって行った時、私は心を浄めることが出来ませんでした」と。

大師は彼の言葉をお聞きになって、

「一体、信士よ、自分の所有物が他の人々によってもって行かれないようにすることが君に出来るかね」

と方策を授けられた。彼は大師から授けられた方策に立って、大師を礼拝して、

「尊師さま。今日を始めとして私の所有物が、着物のへりの糸（dasika-sutta, 未織の糸）だけすらも、私を打ち負かして数百の王や盗賊たちが奪い取ることが出来るということがありませんように。火にも私の所有物が焼かれませんように。水にも運び去られませんように」

と願を立てた。大師も彼に「そのようにあれよ」と随喜された。彼は香室の〔完成の〕祭を行なって、六百八十万人の比丘たちに精舎の中だけで九箇月施を行なって、すっかり終わった時、全員に三衣を与えた。僧団の新人への衣服は千（金）に価するものであった。

207

〈釈尊の時代。王舎城に生まれ出てジョーティヤ長者となる〉

彼はこのように寿命の限り諸々の福徳（puñña, 善いこと、功徳）を作って、そこから死没して神の世間（devaloka, 天国）に再生した。これだけの期間神と人間たちの中を輪廻して、この仏陀（釈迦牟尼仏）が出現なさった時、王舎城のある長者の家に結生をとって、九箇月と半月の間母親の胎に住んだ。そして彼の誕生の日に全都城で全ての武器（āvudhāni）がかがやいた。全ての人々の身につけた装身具も輝いたように光を放った。都城は一つの光となった。長者ももう早朝に王に近侍（upaṭṭhāna, 奉仕）しに行った。すると王は彼に質ねた。

「今日全ての武器が輝いた。都城は一つの光となった。一体ね、これについてあなたはわけを知っているか」と。

「私は知っております。王様」

「〔そのわけは〕何ですか。長者よ」

「私の家であなた様の下僕（dāsa, 奴隷）が生まれました。彼の福徳の威光（puñña-teja）だけによって〔全ての輝きが〕あったのです」

「一体ね、〔その子は〕盗賊になるのだろうか」

「そういうことはありません。王様。福徳をもった人は善業を積んだ者（katâdhikāra）です」

「それではね、その子を正しく養育するとよいのだ。これをその子の乳の代金にしなさい」

と毎日千〔金〕を与えた（paṭṭhapesi）。さて彼の命名の日に全都城が一つの光（pajota）となったので「ジョーティヤ（Jotiya）とだけ名をつけた。

〔ジョーティヤ長者の栄華〕

さて彼が成年に達した時、家を造るために地面が浄められている時に、帝釈天の住処が熱い様相を示した。帝釈天は、

「一体、何だ、これは」と思索して、

「ジョーティヤの家の場所を〔人々が〕設営している（gaṇhanti）のだ」と知って、

「この〔ジョーティヤ〕はこれらの者たちが造った家には住まないだろう。私もここで〔そこへ〕行くのがよろしいのだ」

と、大工（vaḍḍhaki）のなりをしてそこに行って、

「あなた方は何をしているのか」と言った。

「私共はジョーティヤの家の場所を設営しています」と。

208

「立ち去りなさい。この者はあなた方が造った家には住まないでしょう」

と言って、十六カリーサほどの〔広さの〕土地の部分を眺めて見た。その〔土地〕はたちまちに遍の輪（kasiṇa-maṇḍala, 遍の観法を行なうための円輪）のように平らになった。再び、

「この場所で大地を破って七宝でできた七階建ての殿堂が立ち上ってもらいたいものだ」

と思って眺めた。たちどころに殿堂が立ち上った。再び、

「更にこの〔殿堂〕をめぐって七宝でできた七つの垣根が立ち上れ」

と思って眺めた。〔すると〕そのような垣根が立ち上った。また、

「それらの端のところに如意樹（kappa-rukkha）の木々が立ち上れ。殿堂の四隅のところに四つの宝瓶（nidhi-kumbhī）が立ち上れ」

と思って眺めた。全てはまさにその通りになった。また諸々の宝瓶の中で一つは〔大きさが〕一ヨージャナのものであった。一つは三ガーヴタのものであった。一つは半ヨージャナのもの、一つは一ガーヴタの大きさであった。そして菩薩のために生じた諸々の宝瓶は一つの同じ口の大きさ（mukha-ppamāṇa）であった。底のところは大地のまさにはてまでであった。ジョーティヤのために生じた諸々の宝瓶の口の大きさは語られていない。全ては口を切られたターラ椰子の実のように〔中身が〕充満したまま立ち上った。殿堂の四隅には若いターラ椰子の幹の大きさの四本の黄金製の砂糖きびの茎が生起した。それらには宝珠製の葉々があり、黄金製の諸々の節（pabba）があった。これらは、聞くところでは〔ジョーティヤの〕前世での〔善〕業（pubba-kamma）を示すために出現した、という。七つの門小屋で七人の夜叉たちが守備体制をとった。第一門小屋ではヤマモーリンという夜叉が自分の従者である千人の夜叉と共に守備についた。第二〔門小屋〕ではウッパラ

209 という〔夜叉〕が自分のとり巻きの夜叉たち二千人と共に、第三〔門〕ではヴァジラ（金剛）という〔夜叉〕が三千人の〔夜叉たち〕と共に、第四〔門〕ではヴァジラ・バーフという〔夜叉〕が四千人の〔夜叉たち〕と共に、第五〔門〕ではサカタという〔夜叉〕が五千人の〔夜叉たち〕と共に、第六〔門〕ではカタッタという〔夜叉〕が六千人の〔夜叉たち〕と共に、第七〔門〕ではディサームカという〔夜叉〕が七千人の〔夜叉たち〕と共に守備についた。このように殿堂の内と外とは強固な守りがあった。

「聞くところでは、ジョーティカに七宝でできた七階建ての殿堂が出現した。七つの垣と七つの門小屋と四つの宝瓶が出現したそうだ」

と聞いて、ビンビサーラ王は〔彼に〕長者〔を象徴する〕傘（seṭṭhi-chatta）を贈った。彼はジョーティヤ長者と呼ばれた。

また彼と共に〔前生で〕福業を行なった一人の女性はウッタラ（北）クル洲の人々の中に生まれ出た。時に神格たちは彼女をそこから連れて来て〔ジョーティヤ長者の〕寝室（siri-gabbha）に坐らせた。彼女は来る時に一本の稲の茎（taṇḍula-nāḷi）と三箇の火石（joti-pāsāṇa）をもって来た。生涯にわたって彼等には同じその稲の茎によって御飯があった。聞くところでは、たとえ彼等が百台もの車に稲を満たそうと欲しても、その稲の茎一本だけで十分である（tiṭṭhati）。御飯を炊く時はお米を鍋に入れて、それらの〔三箇の火〕石の上に置く。〔火〕石は即座に燃えて、御飯が炊けただけで〔火が〕消える。同じそのしるし（saññāṇa, 合図）によって御飯が炊けているのを知る。スープなどを煮る時にも同じこのやり方である。このように彼等の食事は火石で炊か
210 れる。〔彼等は〕宝珠の光明（maṇi-āloka）によって暮らしている。というので、火の、或いは灯火の光明を
〔彼等は〕決して知らなかった。

「ジョーティヤ〔長者〕には、聞けばこのような栄華（sampatti, 成就）があるそうだ」

と、全インド洲で明らかであった。

大衆は乗物などを結んで〔彼の栄華を〕見るためにやって来る。ジョーティヤ長者は次々とやって来た人々にウッタラ〔北〕クル洲のお米の御飯を炊かせて与えさせた。

「如意樹の木々から諸々の着物をもって行かせなさい。諸々の装身具をとりなさい」と命じた。

「三ガーヴタもある宝瓶の口を開けさせて、生活に充分な財物をとりなさい」

と命じた。全インド洲の住人たちが財物を取って行っても宝瓶には指ほどの減りもなかった。聞くところでは、これは彼が香室・僧房に砂の代りに撒き敷いた諸々の宝石の当然の果報（nissanda, 等流）であるという。

〔ビンビサーラ王とジョーティヤ長者〕

このように大衆が衣服や装身具とともに財物をほしいだけ取って行く時に、ビンビサーラ〔王〕も彼の殿堂を見たいと欲したが大衆がやって来る時には〔その〕機会を得なかった。後になって、ほしいだけ取って行ったので人々〔の動き〕が鈍くなった時（mandī-bhūtesu）、王はジョーティヤの父親に言った。

「あなたの御子息の殿堂を私は拝見したい」と。

彼（父親）は「よろしゅうございます。王様」と言って、行って息子に話した。

「お前。王様がおまえの殿堂をご覧になりたいそうだ」と。

「どうぞ。おいでいただいて下さい」と。

王は大勢の家来と一緒にそこへ行った。第一門小屋を掃除して塵を捨てる奴隷女（dāsī, 婢女）が王に手をさし

211
出した。王は、

「長者の妻（seṭṭhi-jāyā）である」

と思って、恥じて彼女の腕に手を置かなかった。このようにその他の門小屋でも奴隷女（婢女）を、

「長者の妻たちである」

と思って、彼女たちの腕に手を置かなかった。ジョーティヤがやって来て〔王を〕出迎えて礼拝し、〔王の〕後に立って（pacchato hutvā）、

「〔どうぞ〕前をお進み下さい。王さま」

と言った。しかし王には宝珠〔を敷いた〕地面は百人の人間の丈の深さの断崖（papāta, 深淵）のようになって立ち現われた。彼（王）は、

「この者（ジョーティヤ）は私を捕えるために坑（opāta）を掘ったのだ」

と思って足を出すことが出来なかった。ジョーティヤは、

「これは、王様、坑ではありません。私の後からおいで下さい」

と前になった。王は彼が足を踏み出した時に地面を踏んで、一番下の階からずっと殿堂を眺め見ながら歩んだ。

その時、アジャータサッツ王子も父（王）の（pitu, Vri.）指をにぎって歩みつつ思った。

「ああ、私の父（王）は暗愚である。家主という者が七宝でできた殿堂に住んでいるのに、この人は王であるのに丸太でできた家に住んでいる。今や私が王となってこの〔ジョーティヤ長者〕がこの殿堂に住むことを許さないであろう」と。

王も最上階に登る時にちょうど朝食（pātar-āsa）の時間となった。彼（王）は長者に語りかけて、

「大長者よ。同じここで私は朝食をいただこう」と。

「承知しております。王様。王様の食事はもう用意されております」と。

彼（王）は十六の香水の瓶で沐浴し、宝珠でできた座席用の仮屋（nisīdana-maṇḍapa）の中に長者が設けた彼（王）だけが坐る椅子（pallaṅka）に坐った。すると彼（王）に手を洗う水をさし上げてから、百千〔金〕に価する黄金の鉢にぬれたお粥（kilinna-pāyāsa）を盛って〔王の〕前に置いた。王は、

「食べ物である」

と思って食べ始めた。長者は、

「これは、王様。食べ物ではありません。これはぬれたお粥です」

212
と〔召使いたちは〕別の黄金の鉢に御飯を盛って最初の鉢のところに置いた。それから、聞くところでは〔食事をとる〕適時になった人が（uṭṭhita-utunā）それを食べるのは快適であるという。王はおいしい食事を食べつつ（その）量を知らなかった。すると長者は彼（王）を礼拝して合掌を捧げて、

「王さま。もうこれだけで十分にして下さい。これ以上を消化させることは出来ません」

と言った。すると王は彼に言った。

「家の主人よ。あなたは自分の食べる分を重視して（garukaṃ katvā, 心配して）言うのか」

「王様、それはありません。あなた様の事を重視（心配）しています。軍隊の全員にもこれと同じ食事とこのスープを〔給食いたします〕。けれども私は〔人々の〕不評（ayasa）を恐れます」

「どうしてか」

「もしも王様におからだの不調（kāya-ālasiya, 身の懈怠）だけもありますと、『王は昨日長者の家で食事をな

さった。長者は〔王に対して〕何かをしたのであろう』という〔人々の〕言葉を私は恐れます。王様」

「それでは食事を下げなさい。水をもって来なさい」と。

〔ビンビサーラ王と長者の妻〕

王が食事を終えた時、王の家来全員がそれと同じ食事をとった。王は気持のよい会話をして坐り、長者に語りかけて、

「この家には長者の奥方はおられないのかね」と言った。

「おります。王様」

「彼女はどこはおいでになるのかね」

「寝室に坐っておりまして、王様がおいでになっていることを知りません」と。

なぜならば、もう早朝に従者たちを伴なって王はやって来たのだけれども、しかし彼女は彼〔王〕がやって来ていることを知らないからである。それで長者は、

「王様は私の妻に会いたいと欲しておられる」

と、彼女のところに行って、

「王様がおいでになった。おまえは王様にお目に掛るのがよろしい」と〔言った〕。

213

彼女は横たわったまま、

「その王様というのはどなたですか。あなた」と。

「王様というのは我々の自在者（issara, 主権者）だよ」

と言われて、得心していないこと（an-attamanatā）を告げて、

「もし私たちのそれらの〔福業〕に対して主権者（自由勝手に命令する者）もいるのであれば、実に私たちの諸々の福徳の業は悪作（dukkata, 突吉羅）です。いわば信仰がないのに諸々の福徳を作って私たちが栄華（sampatti, 成就）を得ても、別の主権者のところに私たちは再生します。きっと私たちは〔そこでもまた〕信仰しないで施を行なうでしょう。これはその果報です」

と言って、

「今私は何をいたしましょうか、あなた」と言った。

「おまえ、〔王様を〕扇ぎなさい」と。

〔彼女が〕ターラ椰子の葉の扇をもって行って王を扇いでいると、王のターバン（veṭhana）の臭いの風が彼女の眼を打った。すると彼女の両眼から涙の流れが出た。それを見て王が長者に言った。

「大長者よ。女性というのは智慧の少ない者（appa-buddhika）である。『王は私の主人が成就したもの（sampatti）を〔奪い〕取るのだろう』と恐れて泣いているようである。彼女を安心させなさい。私はあなたの成就したものに用はないのだ」と。

「この女は泣いているのではありません。王様」

「では、何だね、これは」

「あなた様のターバンの臭いが彼女の両眼を打ちました。それで涙が出たのです。なぜならばこの者〔妻〕は灯火の光や火の光を見ないで、宝珠の光照だけによって食べ、坐り、また横たわります。しかし王様は灯火の光照の下で坐っておられるでしょうから」と。

「わかった。長者よ」

「それでは、ですね、王様。今日以後〔王様は〕宝珠の光照の下でお坐り下さい」

と、大きなきゅうり（tipusa, 胡瓜）ほどの大きなの高価な（an-aggha, 評価できない）宝珠の宝石をさし上げた。

王は〔長者の〕家を眺め見て、

「実にジョーティカの栄華（成就）は偉大である」

と述べて立ち去った。

これが、まずジョーティカの由来である。

214

〔ジャティラ長者の由来と栄華〕

今度はジャティラ（ちぢれ毛）の由来を知るべきである。

いかにも、バーラーナシーに或る一人の長者の娘がいて、とても美しい容色の人であった。彼女が十五、十六歳にさしかかる時に、保護するために、一人の召使いの女をつけて七階建ての殿堂の最上階の寝室に住まわせた。或る日〔彼女が〕窓を開けて外を眺めていると、空を飛んで行きながら一人の呪術者（vijjā-dhara）が彼女を見て恋情（sineha）を起こして、窓から入って彼女と親交（santhava, 情交）を行なった。彼女は彼と共に共住を行なって、もうほどなくして胎児を得た。時にその召使いの女がそれを見て、

「お嬢さま。これは何としたことですか」と言うと、

「ともあれ（hotu）、あなたは誰にも言わないでね」

と彼女に言われたことを恐れて黙っていた。彼女も一〇箇月過ぎて男の子を出産し、新しい容器をもって来さ

せて、そこにその赤ん坊を寝かせて、その容器を閉じて、上にいくつかの花環を置いて、

「この〔容器〕を頭にのせて行ってガンガー河に流させなさい（vissajjehi, 捨てさせなさい）。また『何ですか、これは』と質ねられたら、『私の女主人さまの犠牲祭（bali-kamma）です』と言いなさい」

と召使いの女に命じた（赤ちゃんの入った容器をもって行かせた）。彼女（召使いの女）はそのようにした。

ガンガー河の下流でも二人の女性が沐浴していて、新しい容器が水に運ばれているのを見て、一人が、

「この容器は私のものです」

と言った。もう一人が、

「この〔容器〕の中にあるものは、それは私のものです」

と言って容器が〔手元に流れ〕着くと、それを持って陸の上に置いて、開けてみて、赤ちゃんを見て、一人が、

「私の容器だ、と言ったのですから赤ちゃんは私だけのものです」

と言った。もう一人は、

「容器の中にあるものは、それは私のものだ、と言ったのですから、私の赤ちゃんです」
215 と言った。彼女たちは言い争って、裁判所（vinicchaya-ṭṭhāna）に行って、その旨を告げた。大臣たちも裁定することが出来ないで、王のところへ行った。王は彼女たちの言うことを聞いて、
「お前は赤ん坊を取れ。お前は容器を〔取れ〕」

と言った。赤ん坊を得たその女性は大カッチャーヤナ（大迦旃延）上座に仕える女性である。それでその赤ちゃんを、

「私はこの子を上座のもとで出家させましょう」

と育てた。彼が生まれた日に胎の垢を洗って取り除かなかったので、頭髪はちぢれ毛（jaṭilā）となって立った。それで彼に「ジャティラ（ちぢれ毛）」とだけ名をつけた。彼が足で歩く時期に上座はその家に托鉢に入った。信女は上座に坐っていただいて、食べ物をさし上げた。上座は子供を見て、

「信女よ。あなたは男の子をおもちだったのですか」と質ねた。

「はい。尊師さま。私はこの子を『あなた様のところで出家させましょう』と育てました。この〔子〕を出家させて下さい」

と〔その子を上座に〕さし上げた。上座は、

「よろしい」

と、その〔子〕を連れて行って、

「一体だな。この〔子〕には在家の栄華（成功）を享受するための福徳の業があるのかな」

と眺めて見て、

「この〔子〕は大福徳をもった者である。大きな栄華を享受するであろう。〔しかし〕まだまだ幼い。この〔子〕の智もまだ完熟にはいたらない」

と考えて、彼を連れてタッカシラーの或る一人の奉仕者（upaṭṭhāka）の家に行った。彼は上座を礼拝して、立って子供を見て、

「尊師さま。あなた様は子供を授かったのですか」と質ねた。

「はい、信士よ。〔この子はいずれ〕出家するでしょう。〔しかし〕まだまだ幼いので、あなた自身のもとに〔この子を〕居させて下さい」と。

216

彼（信士）は、

「結構です。尊師さま」

と彼（子供）を〔自分の〕息子の立場に置いて（putta-ṭṭhāne ṭhapetvā, 息子として）面倒をみた（paṭijaggi）。

そして彼（奉仕者）の家には一二年間にわたって品物（bhaṇḍaka, 商品）が充満している。彼は隣の村（gām'antara）に行くにあたって全てものその品物を市場（āpaṇa, 店）に運んで来て、少年を店に坐らせて、それぞれの品物の代価（mūla）を告げて、

「これとこれとはこういった〔代価〕を取って渡しなさい」

と言って出て行った。その日に都城を護持する神格たち（nagara-pariggāhakā devatā）はついにはこしょう（marica）、クミン（jīraka, 葛楼子、ういきょう）さえをも必要として、同じ彼の店に向かって行った。彼は十二年間たまった品物をたった一日で売り切った。資産家は帰って来て店に何も見ないので、

「お前、お前は全ての品物を破滅させたのか」と言った。

「私は破滅させません。全てあなた様がおっしゃった通りのやり方で売りました。これはこれこれの値段で。これはこれこれの〔値段で売りました〕」と。

資産家は喜んで、

「評価できない（an-aggha, 貴重な）人物はどんな所でも生きることが出来る」

と、自分の家の成年に達した娘を彼に与えて、

「君たちは彼の家を造りなさい」

と人々に命じて、家が出来上った時、

「行きなさい。お前たちは自分の家に住みなさい」と言った。

さて、彼が家に入る時に、一歩しきい（ummāra、敷居）をまたいだだけで、家の裏のところの地面を破って八十ハッタ（四五cm×八〇＝三六m）の黄金の山が立ち上った。王は、

「聞くところではジャティラ青年の家では地面を破って黄金の山が立ち上ったそうだ」

と聞いて、彼に長者の（地位を象徴する）傘を贈った。彼はジャティラ長者と言われることになった。

〈メンダカ長者〉

彼には三人の息子がいた。彼は彼等が成年に達した時、出家を志向する心を起こしたが、

「もし我々と同じ富財をそなえた長者の家があるならば〔息子たちは私が〕出家することを許すだろう。もしなかったら許さないだろう。一体ね、インド洲に我々と同じ富財をそなえた家があるだろうか」

と査察するために、黄金製の瓦（iṭṭhakā）と黄金製の笞杖（patoda-laṭṭhi）と黄金製のイヤリング（pāmaṅga）とを作らせて、従僕たちの（purisānaṃ, 人々の）手に渡して、

「君たちは行きなさい。これらのものを持って、ただ何かを眺め見ているようにしてインド洲の陸地をめ
217 ぐり歩いて、我々と同じ富財をそなえた長者の家があるということを、或いはないということを知ってから帰って来なさい」

と派遣した。彼等は旅をして（cārikaṃ carantā）バッディヤ都城に到着した。時にメンダカ（Meṇḍaka, 羊）長者が彼等を見て、

「君たち。君たちは何をしてめぐり歩いているのかね（vicaratha, さぐっているのか）」と質ねた。

「何かを（ekaṃ）眺めてめぐり歩いています」と言われて、

「これらの者たちがこれらのものを持って何かだけを眺めるためにめぐり歩かねばならないことはない。国〔の情況〕をよく把握しながら（pariganhamānā, 調査しながら）めぐり歩いているのだ」と知って、

「君たち、我々の家の裏に（pacchima-gehaṃ）入って眺めて見なさい」

と言った。彼等はそこの八カリーサほどの場所に象や牛の大きさの、背で背を打って地面を破って立ち上った、先に述べた類の黄金の羊（meṇḍaka）たちを見て（*cf.*I.384）、それらの〔羊たちの〕間をしばしめぐり歩いてから出て行った。そこで長者は彼等に、

「君たち。君たちがそれを眺めつつめぐり歩くという、そのものを君たちは見たかね」と質ねた。

「はい。私どもは見ております。御主人さま」と言われて、

「それではね、行きなさい」

と〔彼等を〕帰らせた。彼等はそこからそのまま〔帰って〕行って、自分の長者から、

「君たち、君たちは我々と同等の富財をそなえた長者の家を見つけたのかね」と言われて、

「御主人さま。あなた様には何がありましょうか。バッディヤ都城のメンダカ（羊）長者にはこういう富（vibhava）があります」

と全てのその顛末を告げた。それを聞いて長者は得心して（atta-mano hutvā, 満足して）、

「まず一軒の長者の家を〔知ることが〕出来た。ほかにも一体あるのだろうか」

と、百千〔金〕の価値のある毛織物（kambala）を与えて、

「行きなさい。君たち。ほかの長者の家をもさぐってみなさい（vicaratha）」

218

と派遣した。彼等は王舎城（Rājagaha）に行って、ジョーティヤ長者の家から遠くないところに木材の山を作って、火をつけて立った。また「何です。これは」と問われた時には、

「私どもは一枚の高価な毛織物を売る者たちですが、買い手（kayika, Vri.）がいません。〔それを〕持ってめぐり歩くにも私どもは盗賊どもを恐れます。ですからそれを燃やして私どもは行きます」

と言った。時に、ジョーティカ長者が彼等を見て、

「この者たちは何をしているのか」

と質ねて、その旨を聞いて、〔彼等を〕呼んで来させて、

「毛織物はどれほど高価なのかね」と質ねた。

「百千〔金〕に価するものです」

と言われて百千〔金〕を与えさせてから、

「門小屋を掃除して塵芥を捨てる召使いの女（dāsī, 奴隷女）にくれてやりなさい」

と同じ彼等の手に渡した。彼女は毛織物を持って泣きながら主人のもとにやって来て、

「御主人さま。〔私に〕間違い（aparādha, 罪）がある時は私を打つのがよろしくないのですか（私をたたいた方がよいのです）。どうして私にこのような粗末な毛織物を下さったのですか。どうやって私はこれを着るのでしょう。あるいはまとうのでしょう（とても着られたものではありません）」と。

「私はこの〔着るという〕ためにお前に〔この毛織物を〕上げたのではないよ。ではなくて、これをまるめておいて（paliveṭhetvā）おまえの寝床の足もとに置いて、横たわる時に香水で洗った足を拭くためにおまえにやったのだよ。これすらもおまえはすることが出来ないのかね」と。

310

彼女は、

「であれば、私はそのようにすることが出来ます。御主人さま」

と〔その毛織物を〕つかんで出て行った。そして彼等〔派遣された〕者たちはその所作を見てから、自分の長者のもとに帰って行って、

「お前たち。君たちは長者の家を見たのかね」と言われて、

「御主人様。あなた様には何があるのですか。王舎城のジョーティヤ長者にはこのような栄華というものがあります」

と、〔ジョーティヤ長者の〕家の全ての栄華（sampatti, 得達）を報告し、その顛末を語った。長者は彼等の言葉を聞いて心に満足して、

「今や私は出家することを得るであろう」

と、王のところへ行って、

「私は出家したいと欲しております。王様」と言った。

「よろしい。大長者よ。出家しなさい」と。

彼は家に行って息子たちを呼んでこさせて、黄金の柄で金剛の切先のくわを長男の手に置いて、

「お前。家の裏手の黄金の山から黄金の玉をとり上げなさい」

と言った。彼はくわを持って行って黄金の山を打った。背岩を打った時のようであった（くわははね返るだけで玉はとれなかった）。彼の手からくわをとりあげて、中の〔息子〕の手に与えて〔そこに〕やった。山を打つ彼にとっても背岩を打つ時のようであった（黄金の山はびくともしなかった）。そこでその〔くわ〕を下の息子

の手に置いて〔そこへ〕やった。彼がくわを持って打つと、砕いて山にした土を打った時のようであった〔黄金の玉の山がとれた〕。すると長者は彼に、

「来なさい。お前、これだけで十分です」

と言って、ほかの二人の兄を呼んで来させて、

「この黄金の山はおまえたちのために生起したのではない。私と下の弟に生起したのだ。この〔弟〕と一つになって〔黄金を〕享受しなさい」と言った。

しかし、なぜその〔黄金の山〕は彼等（父親と下の弟）にだけ生起したのか。またなぜジャティラは生まれた時に水に落ちたのか。それは自分が作った業だけによるのである。

〈カッサパ世尊の時代のジャティラの所業〉

というのは、カッサパ正等覚者（二四仏の第二四、七仏の第六）のために塔廟（cetiya）が造られている時、或る一人の漏尽者が塔廟の場所に行って眺めて見て、

「あなた。なぜ塔廟の北側の面（mukha）は立ち上らないのですか」と質ねた。

「黄金が足りないのです（nappahoti）」と〔工事の人たちが〕言った。

「私が村の中に入って勧誘しましょう（samādapessāmi）。あなた方は注意して（ādarena）仕事をして下さい」と。

彼はこのように言って、都城に入って、

「お母さん方、お父さん方。あなた方の塔廟の一つの面で（ekasmiṃ mukhe, *Vri.*）黄金が足りません。黄金

を〔提供して〕下さい」

と大衆を勧誘して、金工（suvaṇṇa-kāra）の家に行った。金工ももうその刹那に妻と口論をして（kalahaṃ karonto）坐っている。そこで上座は彼に、

「塔廟のあなた方が受け持った面の黄金が不足しています。そのことを承知なさるがよろしい」

と言った。彼は妻に対する怒りから、

「あなたの大師を水に投げ込んで行きなさい」

と言った。すると彼女は彼に、

「あなたは粗暴すぎることをしました。私に対して怒っているのだから、あなたは私だけを罵り或いは打つべきなのです。なぜあなたは過去・未来・現在の諸仏に対して怨恨（vera）をしたのですか」
220 と言った。金工はたちどころに衝撃を得て、
「尊師さま。私をお許し下さい」

と言って上座の足元に身を伏せた。

「あなた。私はあなたから何も言われていませんよ。大師に許していただきなさい」

「では何をして私はあやまるのですか。尊師さま」

「黄金の花々を三つの瓶に入れて行って、遺骨を納める所（dhātu-nidhāna, 納骨堂）の中に投げ入れて、濡れた着物を着て濡れた頭髪の者となって〔大師に〕許しを乞いなさい。あなた」と。

彼は、「わかりました。尊師さま」と黄金の花々を作り、三人の息子のうちの長男を呼んで来させて、

「来なさい。お前。私は大師に対して怨恨の言葉を言った。それでこれらの花々を作って遺骨を納める場

所へ投げ入れて〔大師に〕許しを乞うだろう。おまえも、いいかね、私と一緒に〔許しを乞う〕者となってもらいたい」

と言った。彼（長男）は、

「あなたは私に〔そそのか〕されて怨恨の言葉を言わされたのではありません。あなた自身だけで〔許しを〕乞いなさい」

と、〔父親と一緒に許し乞いを〕することを欲しなかった。中の息子を呼んで来させて同様に言った。彼もまったく同様に答えて、〔謝罪に行くことを〕欲しなかった。下の〔息子〕を呼んで来させて同様に言った。彼は、

「お父さんに生じた為すべきことというのは息子の責任（bhāra, 荷、負担）です」

と、父と共に行く者となって、〔黄金の〕花々を作った。金工はさしわたし一ヴィダッティ（十二指節、二分の一肘）の大きさの花々を三つの瓶に入れて、遺骨を納める場所に投げ入れて、濡れた着物を着て、濡れた髪の毛になって大師に許しを乞うた。このように彼は七度、それぞれ生まれた時に水に落ちることを得た。そしてこれが彼が最終的にとどまった自分の存在（atta-bhāva, 自分の身）である。ここでも同じその果報（nissanda, 等流）によって水に落ちたのである。また彼の二人の息子であるが、黄金の花々を作る時に一緒に行なう者となることを欲しなかったので、彼等にはそれが原因で黄金の山が〔黄金の玉が〕生起しなかったのである。下の息子とジャティラに一方的に〔彼等が善業を〕行なったので〔黄金の玉が〕出現したのである。

221

　このように彼（ジャティラ）は息子たちを訓誡してから、大師のもとで出家して、数日だけで阿羅漢たるこ

とを得た。大師は後の時に五百人の比丘たちと共に托鉢に歩いて、彼の息子たちの家の戸口に行かれた。彼等は仏陀を上首とする比丘僧団に半月にわたって托鉢食の施をさし上げた。

比丘たちが法堂で話を立ち上げた。

「今日でも、友、ジャティラよ。八十ハッタの黄金の山に、また息子たちに対して君には渇愛があるかね」

と。

「友よ。私にはこれらのものどもに対する渇愛や自負心（māna, 慢）はありません」と。

彼等（比丘たち）は、

「このジャティラ上座はありもしないことを言って〔自分の〕全知（aññā, 開悟）を語る」

と言った。大師は彼等の話をお聞きになって、

「比丘たちよ。私の息子（ジャティラ）にはそれらのものに対する渇愛や自負心（慢）はない」

とおっしゃって、法を示しつつこの偈を述べられた。

416．「誰でもここで渇愛を捨てて、家なき者となって遍歴するならば、
渇愛と生存がすっかり滅したその人を私はバラモンと言う」と。

〈偈の語句の註釈〉

その意味は〔次の如くである。即ち〕、誰でもこの世間で六つの門（眼・耳・鼻・舌・身・意）に関連した渇愛（taṇhā）を捨てて、俗家に住むことを望まず（anatthiko）、〈家なき者（anāgāra）〉となって遍歴する

（paribbajati, 遊行する）ならば。渇愛と共に生存（bhava）が完全に滅しているので、〈渇愛と生存がすっかり滅した人を〉。その人を私はバラモンと言う、という意味である。

説示が終わった時、大勢の人々が預流果などを得た、という。

ジャティラ（ちぢれ毛）〔上座〕の事

34. ジョーティカ上座の事〔第四一六偈にちなむ話〕

「誰でもここで渇愛を〔捨てて〕」というこの説法を大師は竹林〔精舎〕に滞在なされつつ、ジョーティカ上座に関してお話になった。

〔アジャータサッツはジョーティカの殿堂を掠奪しようとする〕

いかにもアジャータサッツ王子はデーヴァダッタと一体となって、父〔王、ビンビサーラ〕を殺害し、王位について、

222
「ジョーティカの殿堂を分捕ろう」
と、戦争の仕度をととのえて出陣した。〔殿堂の鏡のような〕宝珠の壁垣〔maṇi-pākāra〕に〔映った〕従者〔軍勢〕をともなった自分の影〔chāyā, 映像〕を見たとたんに〔ジョーティカの軍勢だと勘違いして〕、

「家の主人は私に対して戦争の用意をして、軍勢をつれて出てきた」

と推察〔錯覚〕して、近づいて行くことが出来なかった。長者もその日、布薩を行なって、早朝に朝食をとってから精舎に行って、大師のもとで法を聞きつつ坐っている。また第一門小屋で守備をして立っていたヤマカモーリ夜叉は、彼〔アジャータサッツ〕を見て、

「どこにおいでになるのですか」

と、従者をともなっていた〔彼、アジャータサッツ〕を離れ離れにして〔viddhaṃsetvā〕、あらゆる方角に跡を

つけた。王は精舎にだけ行った。すると長者が彼を見たとたんに、

「どうなされました、王様」

と言って、席から立ち上って立った。〔そのジョーティカに王は言った。〕

「家の主人よ。あなたはあなたの家来たちに『私と戦いをしろ』と命令してからここへ来て、法を聞いているふりをして坐っているのでしょう」と。

「しかし王様は私の家を分捕りに行ったのですか」

「そうです。私は〔あなたの家を分捕りに〕行きました」

「私が望まない時に〔私の〕家を分捕ることは千人の王様でも出来ないでしょう。王様」

彼（アジャータサッツ）は、

「しかしあなたは王になるつもりなのか」と怒った。

「私は王ではありません。しかし、私の所有物を〔着物の〕袖の糸でさえも、私が望まない時に王様たちであれ盗賊たちであれ奪うことは出来ないでしょう」

「それでは私はあなたの同意によって（ruciyā, 好意によって）〔あなたの家を〕手に入れるのか」

「それでは、ですね。王様。これらの私の十本の指に二十の指環（muddikā）があります。これらを私はあなた様にさし上げません。もし出来るのであれば、取ってごらんなさい」と。

223 そしてその王は地面にしゃがんでから跳び上がって十八ハッタ（四五ｃｍ×一八＝八ｍ一〇ｃｍ）のところに昇る。〔そこに〕立って跳び上って八十ハッタ（四五ｃｍ×八〇＝三六ｍ）のところに昇る。このように〔王は〕大力ある者であるけれども、あれこれとひねり廻す（parivattento）のだが、一個の指環すらも〔指から〕引き

抜くことができなかった。すると長者は彼（王）に、

「外衣（sāṭaka）をひろげて下さい。王様」

と言って、指をまっ直にのばした。二十個の指環ははずれて行った。すると長者は彼（王）に、

「このように、王様、私の所有物は私が望まない時は取ることが出来ません」

と言って、王の行為に〔触発され〕て、感動（saṃvega, 宗教心）を生じて、

「私に出家することを許して下さい。王様」

と言った。彼（王）は、

「この者が出家すれば私は楽に〔この者の〕殿堂を手に入れるであろう」

と考えて、ただ一言のもとに彼に、

「出家しなさい」

と言った。彼（ジョーティカ）は大師のもとで出家して、もうほどなくして阿羅漢の境地に達してジョーティカ上座と言われた。彼が阿羅漢たることを得たまさにその刹那に、全てものその〔世俗の生活で〕そなわったもの（sampatti, 資産、栄華）は消え失せた。彼のそのサトゥラカーヤーという妻を神々はウッタラ・クル（洲）に連れて行った。

さて、或る日、比丘たちは彼に語りかけて、

「友、ジョーティカよ。しかしあなたには（te, Vri.）その殿堂に対して、或いは女性（妻）に対して渇愛がありますか」と質ねたところ、

「友よ。〔私には渇愛は〕ありません」

と言われて、〔その旨を〕大師に申し上げた。

「尊師様。この者（ジョーティカ）はありもしない事を言って〔自分の〕全知（aññā, 開悟）を語ります」

と。大師は、

「比丘たちよ。私の息子（ジョーティカ）にはそのものに対する渇愛は決してないのだよ」

とおっしゃって、この偈を述べられた。

224

416．「誰でもここで渇愛を捨てて、家なき者となって遍歴するならば、
渇愛と生存が滅尽したその人を私はバラモンと言う」と。

説示が終わった時、沢山の人々が預流果などを得た、という。

ジョーティカ上座の事

35. ナタ・プッバカ（もと舞踊者の）上座の事〔第四一七偈にちなむ話〕

「捨てて」というこの説法を大師は竹林（精舎）に滞在なされつつ、或る一人のもと舞踊者であった（naṭa-pubbaka）〔上座〕に関してお話になった。

〔舞踊者が出家して全ての結縛を離れた〕

聞くところでは、彼は或る一つの舞踊の遊び（naṭa-kīḷa）に〔人々を〕遊ばせながらめぐり歩いている時、大師の法話を聞いて、出家して阿羅漢の境地に達した。彼が仏陀を上首とする比丘僧団と共に托鉢に入る時に比丘たちが、一人の舞踊者の子供が遊んでいるのを見て、彼に質ねた。

「友よ。この〔子〕はあなたが〔以前に〕踊りに踊った（kīḷita-kīḷitaṃ, 遊びに遊んだ）ことを踊って（遊んで）います。一体ですね、あなたにはここに（この子や舞踊に）愛著（sineha, 愛情、濡れ気）がありますか」

と質ねて、

「ありません」と言われたので、

「尊師様。この者（ナタ・プッバカ）はありもしないことを言って〔自分の〕全知（開悟）を語ります」

と〔比丘たちは〕言った。大師は彼等の話を聞いて、

「比丘たちよ。私の息子（ナタ・プッバカ）は全ての束縛（yoga, 軛）を越えて行ったのだよ」

とおっしゃって、この偈を誦えられた。

417 「人間の束縛を捨てて、神の束縛を越えて行って、
全ての束縛の縛りを離れたその人を私はバラモンと呼ぶ」と。

225

〈偈の語句の註釈〉

そこで〈人間の束縛を（mānusakaṃ yogaṃ）〉とは、人間の身と共に五欲の楽（kāma-guṇa, 色・声・香・味・触）を。神の束縛の場合もこれと同じ趣旨である。〈越えて行って（upaccagā）〉とは、誰でも人間の束縛を捨てて、神の束縛を越えて行って、全ての四つもの束縛（欲・有・見・無明）の縛りを離れた（visaṃyuttaṃ）その人を私はバラモンと言う、という意味である。

説示が終わった時、大勢の人々が預流果などを得た、という。

ナタ・プッバカ（もと舞踊者の）上座の事

36. ナタ・プッバカ（もと舞踊者の）上座の事〔第四一八偈にちなむ話〕

「喜びと…を捨てて」というこの説法を大師は竹林（精舎）に滞在なされつつ、同じく或る一人のもと舞踊者に関してお話になった。

事は前の〔註釈〕ともう同じである。しかしここでは大師は、

「比丘たちよ。私の息子（ナタ・プッバカ）は喜びと喜ばないこととを捨てている」

とおっしゃって、この偈を述べられた。

418. 「喜びと喜ばないこととを捨てて、清涼となった人を、依著のない人を、全ての世間に勝った勇者を、
その人を私はバラモンと言う」と。

〈偈の語句の註釈〉

そこで、〈喜びを（ratiṃ）〉とは、五種の欲望の類の喜びを〔捨てて〕。〈喜ばないことを（a-ratiṃ）〉とは、森に住むことに不満をもつこと（ukkaṇṭhitatta, いらいらすること）を〔捨てて〕。〈清涼となった人を（sīti-bhūtaṃ）〉とは寂滅した（nibbuta, 涅槃した）人を。〈依著のない人を（nirûpadhiṃ）〉とは垢穢（upakkilesa, 随煩悩）のない人を。〈勇者を（vīraṃ）〉とは、そのような全ての蘊世間（khandha-loka, 身心）に打ち勝って（abhibhavitvā）立ったその人を、精進をそなえた人を（viriya-vantaṃ）。私はバラモンと言う、という意味であ

る。

説示が終わった時、沢山の人々が預流果などを得た、という。

ナタ・プッバカ（もと舞踊者の）〔上座〕の事

226

37. ヴァンギーサ上座の事〔第四一九、四二〇偈にちなむ話。*cf.Pj.*II.p.345〕

「およその人が死没を知った」というこの説法を大師は祇陀林（精舎）に住まわれつつ、ヴァンギーサ上座に関してお話になった。

〈ヴァンギーサは死人の頭をたたいて行方を知る。バラモンたちはそれに便乗して金もうけをする〉

聞くところでは王舎城に或る一人のバラモンがいて、ヴァンギーサといい、死んだ人々の頭をたたいて（ākoṭetvā）、

「これは地獄に再生した者の頭である。これは畜生の胎に、これは亡者の境遇に、これは人間の世間に、これは神の世間（天国）に再生した人の頭である」

と知る。バラモン達は、

「この者によりかかって（nissāya, 依存して）世間を食い物にすることが出来る」

と考えて、彼に二枚の赤い着物を着せて、連れて地方をめぐり歩いて人々に言う。

「この者はヴァンギーサというバラモンである。死んだ人々の頭をたたいて再生した場所を知る。自分の親族たちの再生した場所を質ねなさい」と。

人々は力に応じて十カハーパナ（金貨）をも、二十〔金〕をも、百〔金〕をも与えて、親族たちが再生した場所を質ねる。彼等は順次に舎衛城に着いて、祇陀林から遠くない所に住居をとった。彼等は朝食をおえた大衆

227

が香や花環などを手にして聞法のために行くのを見て、

「あなた方はどこへ行くのですか」と質ねると

「精舎へ法を聞きに〔まいります〕」と言われた。

「そこへ行ってあなた方は何をなさるのでしょう。我々のヴァンギーサ・バラモンと同等の者はおりません。死んだ人々の頭をたたいて再生した場所を知ります。あなた方の親族たちの再生した場所を質ねなさい」

と言った。彼等（大衆）は、

「ヴァンギーサが何を知るであろうか。私たちの大師と同等の人はいない」

と言うと、一方の〔バラモンたち〕からも、

「ヴァンギーサと同等の者はいない」

と言われて、話をエスカレートさせて、

「さあ、今や、あなた方のヴァンギーサか、我々の大師か、〔どちらが〕知っているのかを我々は知りましょう」

と、彼等（バラモン達）を連れて精舎に行った。大師は彼等がやって来ることを知って、地獄と畜生の胎と人間世間と神の世間（天国）と、四つの場所に再生した者たちの四つの頭と、漏尽者（khīṇâsava）の頭と、計五つの頭をもって来させて、順番に置いて、〔彼が〕やって来た時ヴァンギーサにお質ねになった。

「あなたは、聞くところでは、頭をたたいて死んだ人たちの再生した場所を知るそうですが」と。

「はい。私は知ります」

「これは誰の頭ですか」

彼はそれをたたいてみて、

「〔これは〕地獄に再生した者の〔頭です〕」

と言った。すると大師は彼に、

「よろしい。よろしい」

と善哉の声をおくってから、別の三つの頭をも質ねて、彼が失敗しないで（a-virajjhitvā）それぞれ答えた刹那に、〔前と〕同じく彼に善哉の声をおくり、五番目の頭を示して、

「これは誰の〔頭〕ですか」

とお質ねになった。彼はたたいてみたが再生した場所がわからない。すると大師は彼に、

「どうしました。ヴァンギーサよ。あなたはわからないのですか」と言うと、

「はい。私はわかりません」と言われて、

「私はわかりますよ」

とおっしゃった。そこでヴァンギーサはその〔大師〕に乞うた。

「私にその呪文（manta）を授けて下さい」と。

「出家でない人に授けることは出来ません」と。

〔ヴァンギーサは呪文を取得するために世尊のもとで出家する〕

彼（ヴァンギーサ）は、

228

「この呪文を学び取れば全インド洲で私は最高の者となるであろう」

と考えて、彼等バラモン達に、

「あなた方は同じここにだけ数日間とどまって下さい。私は出家いたします」

と出て行かせて（uyyojetvā）、大師のもとで出家して、具足戒を得てヴァンギーサ上座という者となった。さて、彼に三十二行相の観念修行法（業処）を与えて、

「呪文のための準備修行（parikamma）を学びなさい（nan,omit, *Vri.*）」

と〔比丘たちが〕言った。彼はそれを学びつつ、途中途中でバラモン達から、

「あなたは呪文を学びとったのか」と問われつつ、

「まだ待って下さい。私は学び取ります」

と言って、もう数日のうちに阿羅漢の境地に達して、再びバラモン達から問われて、

「今や私は、友よ、〔あなた方と一緒に〕行くことは出来ません」

と言った。それを聞いて比丘たちは、

「この者は、尊師様。ありもしないことによって〔自分の〕全知（aññā, 開悟）を語ります」

と大師に申し上げた。大師は、

「比丘たちよ。そのように言ってはならない。今や、比丘たちよ。私の息子（ヴァンギーサ）は死没と結生（paṭisandhi, 再生）に巧みな者となった」

とおっしゃって、これらの偈を誦えられた。

419. 「およそその人が有情たちの死没を、また再生をあまねく知ったならば、執著のない人を、善く行った人を、覚った人を、その人を私はバラモンと言う。

420. その人の行く方を神々や音楽神や人間たちは知らないのだが、その漏尽の方を、阿羅漢を、私はバラモンと言う」と。

〈偈の語句の註釈〉

そこで、〈およそその人が知った（yo vedi）〉とは、およそその人はあらゆる様相によって有情たちの死没（cuti）と再生（paṭisandhi, 結生）とを明らかにして知るので、その人を私は、結びつきがないので（a-laggatāya）〈執著のない人を（a-sattaṃ）〉、実践修道によってよく行ったので〈善く行った人を（sugataṃ）〉。四つの真理（四諦、苦・集・滅・道）が覚られているので〈覚った人を（buddhaṃ）〉。私はバラモンと言う、という意味である。

〈その人の（yassa）〉とは、その人の行く方（gati）だけは彼等神などが知らない、その人を私は〈バラモンと言う〉。諸々の漏（āsava, 煩悩）が尽きたので〈漏尽の方を（khīṇâsavaṃ）〉。諸煩悩から遠く離れているので（ārakattā）〈阿羅漢を（arahantaṃ）〉。私はバラモンと言う、という意味である。

説示が終わった時、大勢の人々が預流果などを得た、という。

ヴァンギーサ上座の事

229

38．ダンマ・ディンナー上座尼の事〔第四二一偈にちなむ話〕

「その人には」というこの説法を大師は竹林（精舎）に滞在なされつつ、ダンマ・ディンナー比丘尼に関してお話になった。

〔夫は無所有を願い、妻は出家を乞う〕

なるほど或る日、彼女が〔まだ〕在家者の時、夫であるヴィサーカ信士は大師のもとで法を聞いて、不還果（anāgāmi-phala）を得て、考えた。

「私は全ての自分の所有物（sāpateyya, 財産）をダンマ・ディンナーに受け取らせる（paṭicchāpetuṃ, 与える）のがよろしいのだ」と。

彼はそれ以前は〔家に帰って〕来ると、ダンマ・ディンナーが窓から眺めているのを眺め見て微笑するのであるが、しかしその日は窓のところに立った〔彼女〕を眺め見ないままやって来た。彼女は、

「一体ね、どうしたのでしょう、これは」と思って、

「ともあれ（hotu, どっちみち）私は食事の時に〔わけを〕知るでしょう」

と、食事の時間に御飯をさし上げた（upanāmesi）。彼はほかの日々には、

「行きなさい。私は一人で食べる」

と言うのだが、しかしその日は黙ったまま食べた。彼女は、

「何かわけがあって〔夫は〕怒っているのかしら」

と思った。さてヴィサーカは〔食後に〕安らかに坐っている時に彼女を呼び寄せて、

「ダンマ・ディンナーよ。この家にある全ての財産を受け取りなさい」

と言った。彼女は、

「〔人々は〕そもそも（nāma）怒りから財産を与えることはない。一体ね。これはどうしたことでしょう」

と考えて、

「でも、あなた様が主人（sāmin, 所有者、支配者）ですよ」と言った。

「私は今から後は何も監督しないよ（na vicāremi）」

「あなた様が吐き捨てた唾を誰が受け取るでしょうか。そうであるならば私の出家を許して下さい」と。

彼は、

「よろしい。お前」

と同意して、大いに尊敬して彼女を比丘尼の住房に連れて行って出家させた。彼女は具足戒を得て、ダンマ・ディンナー上座尼と言われた。彼女は遠離（paviveka）を欲して比丘尼たちと一緒に地方に行って、そこに住みつつ、もうほどなくして無碍解（paṭisambhidā, 法・意義・言語・弁才のすぐれた能力）とともに阿羅漢の境地に達して、

「今や私をよりどころとして親族の人々は諸々の福徳を作るでしょう」

と再びまた王舎城に戻って行った。信士（もとの夫）は彼女が帰って来ていると聞いて、

「一体ね、どういうわけで帰って来たのかな」

と比丘尼の住房に行って、上座尼を礼拝して一隅に坐った。

「『一体ですね。あなたは〔辺境の地が〕厭になったのですか。お聖人さま』と聞くのもふさわしくない。私はこの人に質問をしよう」

と考えて、預流道に関する質問をした。彼女はそれに答えた。信士はそれと同じやり方でほかの諸道についても質問して、行き過ぎて（atikkamma）質問がなされた時に、彼女が、

「あなたは行き過ぎました（accasarā）、友、ヴィサーカよ」と言って、

「〔答えを聞きたいと〕願うのであれば大師のところにおもむいてこの質問をなさいな」

と言われて、上座尼を礼拝して〔座から〕立ち上って、大師のもとに行き、〔彼女と交した〕話・会話を全て世尊に申し上げた。大師は、

「私の娘ダンマ・ディンナーはよく語りました。私もこの質問に答えて、このように、このように答えましょう」

とおっしゃって、法を示しつつこの偈を述べられた。

421.「前にも、また後にも、また中にも、その人には何ものもない時、
無所有の人を、無取著の人を、その人を私はバラモンと言う」と。

〈偈の語句の註釈〉

そこで、〈前に（pure）〉とは、過去の諸々の蘊（khandha, 身心）に関して。〈後に（pacchā）〉とは、未来の

231

諸々の蘊に関して。〈中に（majjhe）〉とは現在の諸々の蘊に関して。〈何ものも（kiñcanaṃ）〉とは、その人にはそれらの〔過去・未来・現在の〕場面で、渇愛による捕捉（taṇhā-gāha）と呼ばれる何ものもない。その人を、私は、欲望の障碍（rāga-kiñcana）などによる〈何ものもない人を（a-kiñcanaṃ）〉。何ものをも取ることがないので〈無取著の人を（an-ādānaṃ）〉。私はバラモンと言う、という意味である。

説示が終わった時、沢山の人々が預流果などを得た、という。

ダンマ・ディンナー上座尼の事

39. アングリ・マーラ上座の事〔第四二二偈にちなむ話〕

「雄牛を」というこの説法を大師は祇陀林（精舎）に住まわれつつ、アングリ・マーラ上座に関してお話になった。

事は「実に物惜しみする者たちは神の世間に行かない」（第177偈）という偈の註釈（III.p.183-）ですでに述べられている。なぜならばそこで〔こう〕言われているからである。〔即ち、〕比丘たちはアングリ・マーラに質ねた（p.187^{1-}）。

「一体ですね。友よ。凶暴な象に〔白〕傘を持たせて立ったのを見て、あなたは恐れましたか」と。

「友よ。私は恐れませんでした」と。

彼等は大師に申し上げた。

「アングリ・マーラは、尊師様。〔自分の〕全知（開悟）を語ります」と。

大師は、

「比丘たちよ。私の息子のアングリ・マーラは恐れないのだよ。なぜならば漏尽の雄牛たちの中で最高の雄牛である私の息子たちと同じような比丘たちは恐れないからだよ」

とおっしゃって、この偈を誦えられた。

422.「雄牛を、最優の人を、勇者を、大仙人を、勝者を、不動の人を、沐浴者を、覚った人を、その人を私はバラモンと言う」

と。

232

〔偈の語句の註釈〕

その意味は〔次の如くである。即ち〕、恐れない者であること（acchambhitatta）によって、雄牛のようであるので〈雄牛を（usabhaṃ, 牛王を）〉。最上の意味で〈最優の人を（pavaraṃ）〉。精進の成就によって〈勇者を（vīraṃ）〉。大きな戒のあつまり（sīla-kkhandha, 戒蘊）などが励み求められたので（esitattā）〈大仙人を（mahesiṃ）〉。三人の魔（蘊・煩悩・行）を征服したので〈勝者を（vijitāvinaṃ）〉。煩悩が沐浴で洗われているので〈沐浴者を（nahātakaṃ）〉。四つの真理が覚られているので〈覚った人を（buddhaṃ）〉。このようなその人を私はバラモンという、という意味である。

説示が終わった時、大勢の人々が預流果などを得た、という。

アングリ・マーラ上座の事

40．デーヴァヒタ・バラモンの事〔第四二三偈にちなむ話。S.I.p.174-5,「南伝」一二、二二九頁〕

「前の住所を」というこの説法を大師は祇陀林（精舎）に住まわれつつ、デーヴァヒタ・バラモンの質問に関してお話になった。

なるほど或る時、世尊は諸々の風によって（vātehi）病気になられて、ウパヴァーナ上座を、お湯を求めてデーヴァヒタ・バラモンのもとにお使いに出された。彼は行って大師が病気であることを告げてお湯を〔下さるよう〕乞うた。それを聞いてバラモンは心に満足して、

「実に私には〔莫大な〕所得がある。というのは、私のもとへ正等覚者がお湯のために声聞のお弟子さんをお使いによこしたのだからな」

と、お湯〔のかめをつるした〕天秤棒（kāja）を家人にかつがせて、また砂糖の容器をウパヴァーナ上座に手渡した。上座はそれを持たせて精舎に行って、大師にお湯で沐浴していただき、お湯で砂糖をかきまぜて
233 （āloletvā）世尊にさし上げた。もうその刹那にその〔世尊〕のその病気は止息した。バラモンは思った。

「一体ね。どなたに施物をさし上げると大果報があるのか。私は大師にお質ねしよう」と。

彼は大師のもとに行って、その旨を質ねてこの偈を述べた。

「どこに施物をさし上げると、どこに大果報が与えられるのですか。
　どのように供養すると、どのように供養（施物）は成功するのですか」と。

すると大師は彼に、

「このようなバラモンに与えると大果報がある」

と、バラモンを明らかにして、この偈を誦えられた。

423. 「その人が前の住所を知り、また天国と苦界を見るならば、
また生まれの滅尽を得て通智を完成した聖者であれば、
全てを終結完了したその人を私はバラモンと言う」と。

〈偈の語句の註釈〉

その意味は〔次の如くである。即ち〕、〈その人は前の住所を（yo pubbe-nivāsaṃ）〉明らかにして知る。二十六の神の世間（天界）（「仏のことば註㈢」394頁（53））などの類別ある〈天国（sagga）〉を、また四種の〈苦界（apāya, 地獄・畜生・餓鬼・阿修羅）〉を天眼によって見る。〈また（atho）〉、〈生まれの滅尽（jāti-kkhaya）〉と呼ばれる阿羅漢の境地を得た人である。証知されるべき（abhiññeyya）法を証知し、ことごとく知るべき〔法〕をことごとく知って、捨てるべき〔法〕を捨てて、証得すべき〔法〕を証得して〈完成した（vosito）〉、完成（niṭṭhāna, 終局）にいたった人である。或いは終結を修め終わること（vusita-vosāna）を得た人である。漏（煩悩）を滅ぼす智によって寂默であること（mona-bhāva）を得たので〈聖者（muni, 牟尼）〉であるその人を私は、全ての諸々の煩悩の終焉（vosāna）である阿羅漢道の智が、梵行に住することが修了されているので（vuttha-bhāvena）、〈全てを終結完了した人を（sabba-vosita-vosānaṃ）〉、私はバラモンと言う、という意味である。

説示が終わった時、大勢の人々が預流果などを得たという。バラモンも心を浄めて〔三〕帰依の上にしっか

りと立って〔仏教の〕信者であることを宣言した、と。

デーヴァヒタ・バラモンの事

バラモン品の註釈　終わる。

第二十六品

〔全編のまとめ〕

ここまで、一番始めの⑴双品（Yamaka-vagga）には一四の事（お話）がある。

⑵不放逸品（Appamāda-vagga, I.p.161-）には九〔事がある〕。

⑶心品（Citta-vagga, I.p.287-）には九〔事がある〕。

⑷花品（Puppha-vagga, I.p.333-）には一一〔事がある〕。

⑸愚者品（Bāla-vagga, II.p.1-）には一四〔事がある〕。

⑹賢者品（Panḍita-vagga, II.p.104-）には一一〔事がある〕。

⑺阿羅漢品（Arahanta-vagga, II.p.164-）には一〇〔事がある〕。

⑻千品（Sahassa-vagga, II.p.203-）には一四〔事がある〕。

⑼悪品（Pāpa-vagga, III.p.1-）には一二〔事がある〕。

(10)杖品（Daṇḍa-vagga, III.p.48-）には一一〔事がある〕。
(11)老品（Jarā-vagga, III.p.100-）には九〔事がある〕。
(12)自分品（Atta-vagga, III.p.134-）には一〇〔事がある〕。
(13)世間品（Loka-vagga, III.p.161-）には一一〔事がある〕。
(14)仏陀品（Buddha-vagga, III.p.193-）には九〔事がある〕。
(15)安楽品（Sukha-vagga, III.p.254-）には八〔事がある〕。
(16)愛する者品（Piya-vagga, III.p.273-）には九〔事がある〕。
(17)怒り品（Kodha-vagga, III.p.295-）には八〔事がある〕。
(18)垢品（Mala-vagga, III.p.332-）には一二〔事がある〕。
(19)法の上に立つ品（Dhamma-ṭṭha-vagga, III.p.380-）には一〇〔事がある〕。
(20)道品（Magga-vagga, III.p.401-）には一二〔事がある〕。
(21)いろいろな話の品（Pakiṇṇaka-vagga, III.p.436-）には一〇〔事がある〕。
(22)地獄品（Niraya-vagga, III.p.474-）には九〔事がある〕。
(23)龍品（Nāga-vagga, IV.p.1-）には八〔事がある〕。
(24)渇愛品（Taṇha-vagga, IV.p.37-）には一二〔事がある〕。
(25)比丘品（Bhikkhu-vagga, IV.p.83-）には一二〔事がある〕。
(26)バラモン品（Brāhmaṇa-vagga, IV.p.138-）には三九〔事がある〕。

〔以上の〕諸々の事（vatthu, お話）がある、として、〔合計〕二九九の事（お話）を明らかにして、省略し過ぎず、詳しくし過ぎずに構成された（uparacitā）、七二誦分（bhāṇa-vāra）の分量をもった「法句経」の意味の註釈は終了した。

235

「その法王によって無上の法句は得られたのだが、
その大仙人によって法句経の中のそれらの偈は述べられた。
四つの真理を解明する方によって四二三の〔偈は述べられた〕。
三〇〇の事（お話）に一つ足りない〔二九九の事〕が立ち上げられた。

知恩の偉大なる王が造営した精舎の中に、
シリクータ王の殿堂に住する私によって〔由来のお話が立ち上げられた〕。
意義と利益のために〔私は〕意味と字句をそなえた〔註釈〕を〔作った〕。
世間は、世間の救護者は正法が〔とわに〕存立することを願っている（kamyatā, Vri.）。
それらの〔偈〕に対するこの聖典にして七二誦分からなるまことに無垢の註釈を作っている〔私〕によって
何でも善きことが得られたのであれば、それによって全ての生類の全ての善なる思いが
成就しますように。甘美な果実をみのらせながら」と。

最高の清浄な信・覚り・精進に飾られた方によって、
戒・行ない・急速・柔和などの徳の生起をそなえた方によって、
自〔派〕の教義・別〔派〕の教義をとらえて深く入ることの出来る方によって、
智慧と弁才（veyyatti）をそなえた方によって、
三蔵聖典の類について、註釈とともに大師の教えに対して打ち破られない
智慧の力をもった方によって、
〔言語〕機能の成就（karaṇa-sampatti）によって生じ、楽に発した、甘美でおごそかな（madhur-odāra）言葉の美（vacana-lāvaṇṇa）に結ばれた大解脱（mahā-veyyākaraṇa）によって、

236

適切自在に論ずるすぐれた論者によって、大詩人によって（mahā-kavinā）、
六神通（chaḷ-abhiññā）・無碍解（paṭisambhidā, 法・意義・言語・弁才のすぐれた能力）などの徳に飾られた超人的な法（uttari-manussa-dhamma）について覚りがよくしっかりと立った（su-ppatiṭṭhita-buddhīnaṃ, *Vri.*）、上座の伝統を明らかにする上座たちの、大精舎に住む者たちの伝統を飾る者となった人によって、
広大な清らかな覚りをそなえた方によって、
「ブッダ・ゴーサ（仏音・覚音）」と諸師から〔その〕名前（nāma-dheyya）が把握されている方によって、
この「ダンマ・パダ（法句経）」の意味の註釈は作られた。

成功がありますように。幸福がありますように。
女性が成功しますように。

無病がありますように。
自分の年に〔即する〕 真理の山が〔ありますように〕。

237

「双〔品〕、不放逸〔品〕、心〔品〕、花〔品〕、愚者〔品〕とで、
賢者〔品〕、阿羅漢〔品〕、千〔品〕とで、悪〔品〕、杖〔品〕とで、それらは一〇〔品〕である。
老〔品〕、自分〔品〕と世間〔品〕と、仏陀〔品〕、安楽〔品〕、愛する〔品〕とで、怒り〔品〕、垢〔品〕と、
法の上に立つ〔品〕、道品とで二〇〔品〕である。
いろいろな話の〔品〕、地獄〔品〕、龍〔品〕、渇愛〔品〕、比丘〔品〕とバラモン〔品〕があり、
これらの二六品は日種族の方によって説かれた」

「双〔品〕には二〇偈があり、不放逸〔品〕には一二〔偈〕がある。
心品には一一〔偈〕があり、花品には一六〔偈〕がある。
愚者〔品〕には一七偈があり、賢者〔品〕には一四〔偈〕がある。
阿羅漢〔品〕には一〇偈があり、千〔品〕には一六〔偈〕がある。
悪品には一三〔偈〕があり、杖〔品〕には一〇と七〔偈〕がある。
老品には一一〔偈〕があり、自分品には一二〔偈〕がある。
世間品には一二〔偈〕があり、仏陀品には一六〔偈〕がある。
安楽〔品〕と愛する者品とには〔それぞれ〕一二偈がある。

怒り品には一四〔偈〕があり、垢品には二一〔偈〕がある。

また法の上に立つ〔品〕には一七〔偈〕があり、道品には一六〔偈〕がある。

いろいろな話の〔品〕には一六偈があり、地獄〔品〕と龍〔品〕には〔それぞれ〕一四〔偈〕がある。

渇愛品には二二〔偈〕があり、比丘品に属する〔偈〕は一三である。

また最後のバラモン品には四〇偈がある」

「『法句経』の集編では四〇〇と二三の偈が
次々と日種族の方によって示されている」

「全ての有情たちは安楽を得て、また怨みがなく悩まされず、
長寿の者たちであり、お互いに愛し合い、寂滅を得る。
成就があれよ。幸せがあれよ。無病であれよ」

238

K.B. に付加されている偈〈K＝カンボジア写本、B＝ビルマ写本〉

心の清らかなそのような方の、世間の最勝の方の、大仙人の、
仏陀（覚者）という御名前が世間に行なわれる限り、
その限り（238^2, *Vri.* Tāva, *PTS.* Yāva）、世間を越え渡ることを願う在家の子弟たちに、

239

信などによって覚る方法を示して〔この註釈〕が世間にとどまりますように。

黄金の峰の頭頂から大師の足から生えた睡蓮を運んで
その人はそこにしっかりと立った浄らかな自分を示した。

そのシーハラ島の有名な（vissutassa）大地にアヌラーダという都城が建てられ、よく築かれた。

〔その都城は〕諸々の飾られた精舎をもち、また牟尼のすぐれた遺骨をもち、
常に美しい数々の文字をもち、また諸々の遺骨堂をそなえていた。

そこにシーラーシタという青年がいて世間に知られていた。

往時〔彼は〕書写者（刻者）たちの家の旗印であった。

インド洲の自在者（王）は知られない住処に住む牛飼いの姓をもった者に
願って出仕をさせた。

時がたって、自分の地方に自分が為したことを知ることを示しつつ
支配者たるその青年は真実の敬意を彼に送った。

それ以来、その歴史から生まれた人々はその立場を継続する。

ランカー島の清い歴史をもつ人々をひたすら満足させて。

その名と場所とを両方とも正しく把握して、
息子は、また孫は歴史の継承者たちであった。

時にダーダー・ジェッタとして名高い者は種々の方策をもつ者であった。

彼の種々のやり方による策励を見て、王は、真理と呼ばれる青年（王）は

彼をその地位につけた。

ということで、二三を加えた四〇〇の偈、三〇〇に一つ足りない事（物語）に飾られた、二六品をそなえた『ダンマ・パダ（法句経）』の註釈は終了した。

正誤表

パーリ語索引を作るため全巻の単語拾いをする過程で種々の誤訳や印刷ミスに気付いた。また創価大学高等仏教研究所長辛嶋静志教授は本書を精読し数多の誤訳誤記を指摘して下さった。伏して甚謝いたし、また世の諸賢聖の御叱正を乞う次第である。　訳者

第一巻　正誤表

頁	行	誤	正
16	9	両眼と共に	彼の両眼と共に
26	8	たまにしか（kālass'eva）	早朝に、適時に
30	13	行く、殺す	村の掠奪
37	7	出来ない	出来なかった
37	14	sempatti	sampatti
40	17	ghata	ghaṭa（水野辞典は ghata）
44	10	再生するということはある	再生した者たちはいる
48	15、17	陰	影
69	18	うらないごと	的当て、ダーツ
75	4	到らせる	到らせた
75	12	異論を〔世間に〕知らしめましょう	異論によって〔世間に〕知られるでしょう
77	17	大師にあやまった	大師から許された

頁	行	誤	正
77	18	あやまって	許されて
93	1	毛布の重閣をかかげて	毛布をかけた重閣（霊柩車）に〔死体を〕乗せて
99	5	によってによって	によって
113	2	河に…流して	河で…洗い流して
140	1	assma	assama
176	2	kīla	kīḷā
183	9	勝者であり	老いて
190	2	私は	私たちは
194	1	三度…を犯して	三度目に…から出て行ったとき
210	6	親族に対して	親族の
214	1	重かったので	重かった（妊娠中だった）ので
215	4	さわやかさ（utu）	時宜
215	12	mānusi	mānusī
221	14	このような	これだけの
223	4	vayyāvacca	veyyāvacca
230	16	乳	乳房
231	10	崖	山
231	13	竹で	竹の
256	18	誦えて	誦えさせて（教えて）
266	1	家の中に	家の中にとどまっている

266	2	〔あり得ない〕	〔あり得ないもの〕
266	2	かびくさい呪文（visa-manta）	トル
271	7	かかげた者たちに	かかげて
293	8	心を浄められて	喜んで、満足して
297	7	pāsādhana	pasādhana
300	14	木片	木材の集まり
302	7	涅槃（寂滅）	無畏
318	3	akkhu	cakkhu
374	3	陸に投げ捨てられた魚のように、それぞれ自ら引き上げられて、	水の棲家から引き上げられて陸に投げ捨てられた魚のように、
375	1	aḷaka	āḷaka
424	6	rāja-bari	rāja-bali
427	7	妻子ずれの	妻子づれの
436	15	sayyaso	seyyaso
446	7	kiri）という	kiri）」という
451	17	忠実な理髪師	身の飾りをととのえる者
452	1	aṃbila	ambila
461	16	子が	子を
465	17	parisa	purisa
472	10	結びを作って	紐を結んで
472	10	pad'aṅguṭṭhaka	pād'aṅguṭṭhaka

頁	行	誤	正
478	1	samuṭṭhāya、	samuṭṭhāya,
509	10	とだけ名前があった	という名前ができた
511	5	オープンの星祭	裸祭
516	15	abhinihare	abhinīhāra
529	11	gūḷiha	gūḷha
539	6	向かい合って	結ばれて
542	3	バンドゥラのマッラ将軍	マッラの将軍バンドゥラ
553	14	panāda	pamāda
560	9	星祭り	祭り
579	6	上欄外の422	442

第二巻　正誤表

頁	行	誤	正
8	13	pakka-ṭṭhitāya	pa-kkaṭṭhitāya
12	7	昼夜	中夜
25	13	knṭa	kuṭa
36	17	誰も	誰にも
46	18	若い牝牛が	若い子牛をつれた〔牝牛が〕
47	3	本書166頁	本書266頁
64	5	出家に	出家して

74	11	olubbh	olubbha
102	3	ありもしない尊敬を	ありもしないことどもが生ずることを
112	11	その通りに	その場で
118	3	できるのか	できるだろう
139	6	Sarati	sarati
145	11	自分自身で	一回
153	3	それらの〔比丘たち〕の檀家の人	その人たちの家族
153	4	親類たちや	親類たちが
153	4	（比丘たち）	（沙弥など）
176	16	事務方の僧（	事務方の人（勧募人、
177	1	事務方の僧	事務方の人
177	9	事務方の僧	事務方の人
202	13	入りたい	入らせよう
214	16	瞋意	瞋恚
221	7	nivattessāni	nivattessāmi
298	6	退去する者（pakkhantar）	反対側の者（pakkh'antara）
306	13	偉人	大衆
309	16	マントラ（manta, 経文）	智慧（mantā）
317	18	katika-vatt	katika-vatta
355	17	が〔確実にあるものだと〕思い	に夢中になり

第三巻　正誤表

頁	行	誤	正
17	8	帰依する人を誰も	帰依することは何も
77	6	まといつつ	つくろいつつ
103	12	布	衣
110	11	修行者たちも	修行も
110	11	結髪者たちも	結髪も
110	12	断食行者たちも	断食行も
110	12	修行者たちも	修行も
111	2	断食行者たち	断食行
111	3	修行者たち	修行
123	4	捨てよ	捨てるであろう
132	1	精髄の満ちた（puṇṇa-rasin）	十五日の（panna-raso）
166	6	自分がたれ流した	自分の小便・
185	1	布の中に	布の端に
209	13	質問をして、	質問をして、（「南伝」九、二六三頁、十一行目）
242	4	a-gayhupagā	a-gayhūpagā
287	8	ラーガー	ラガー
289	17	その方には	その方に
304	16	飯の塊（kabara）をつけた	斑点のある（kabara）
364	15	（tīraṇa）	（tīraṇa, 長さを計ること）

364	15	（dhāraṇa）	（dhāraṇa, 重さを計ること）
364	15	（pūraṇa）	（pūraṇa, 量を計ること）
382	6	食不調	食後の睡気
394	1	戒と務め	戒の務め
425	9	人間界にいた者たちで	人間界にいるままでも
425	9	行なった者たちだけに	行なうと
425	10	栄華は	栄華が
482	1	ほかに	途中で
482	12	ほかに	途中で
499	2	実らない	実った
502	5	これこれというところに私には仕事があります	私にはこういう仕事があります
509	6	村の住民たちに	村の住民たちが
509	7	丁重に	表慶された時
628	8	〔止むことはない〕	〔止むことは〕ない

〈訳註者紹介〉
及川真介（おいかわ　しんかい）
昭和 7 年、東京都に生まれる。昭和 32 年、東北大学文学部印度学仏教史専攻卒業。昭和 36 年、東京大学大学院人文科学研究科修士課程印度哲学専攻修了。文学博士（国際仏教学大学院大学）。

仏の真理のことば註　㈣
―ダンマパダ・アッタカター―

二〇一八年一月三一日　第一刷発行

訳註者　及川真介
発行者　澤畑吉和
発行所　株式会社春秋社
〒一〇一―〇〇二一　東京都千代田区外神田二―一八―六
電話〇三―三二五五―九六一一　振替〇〇一八〇―六―二四八六一
印刷・製本　萩原印刷株式会社
定価は函等に表示してあります
2018 © ISBN978-4-393-11334-9
http://www.shunjusha.co.jp/

パーリ語彙索引

A

aṃsa *m.* 肩. -kūṭa *m.n.* 肩先 III.214^7 ③312. IV.135^{18} ④173. -baddhaka *n.* 肩紐 III.452^{17} (*PTS.* aṃsa-vaṭṭaka) ③631.

a-kakkasa *a.* 粗暴でない（言葉） IV.181^{17} ④254.

a-kaṭa-pabbhāra *m.* 自然の（むき出しの）傾斜地 II.82^{20} ②109.

a-kaṇha-netta *a.* 黒眼でない（人）, 赤眼の（人） I.149^{21} ①195.

^{1}a-kata-ññu *a.* 為されたことを知らない, 忘恩の. ～ssa posassa I.149^1 ～人に ①194. ～ Devadatto I.145^4 デーヴァダッタは恩知らずの者である ①189.

^{2}a-kata-ññū *m.* 〔まだ〕為されていない〔涅槃〕を知る人, 作られないもの（涅槃）を知る者 II.187^{16} ②246. IV.139^7 ④186.

a-kata-pāpa-kamma *a.* 悪業を為さなかった（人）. pubbe ～ā atthi I.360^3 前〔世〕で～者たちがいる ③473.

a-kattabba-rūpa *m.* 行なってはならない態度 III.103^8 ③146.

akattha *aor.2pl.* <karoti mā evam ～ I.10^{17} そのようになさってはいけません ①13. mā ～ I.47^8 してはいけない ①63.

a-kathaṅkathin *a.* 疑惑のない（人） IV.186^3, 194^3 ④263, 276.

Akaniṭṭha *m.* 色究竟天, 有頂天 III.290^1 ③422. -brahma-loka *m.* 色究竟天と梵天 III.443^8 ③620. -bhavana *n.* 有頂天の領域, 色究竟天 I.54^{21} ①73. アカニッタ天宮（色究竟天, 有頂天） I.406^5 ①534.

a-kampiya-bhāva *m.* 揺れ動かされないでいること II.181^{14} ②237.

akaramhasa *1pl.aor.* <karoti 私たちは為した. ～ te kiccam I.145^6 私たちはあなたのために為さねばならないことを為しました ①190.

akarissa *3sg.cond.* <karoti 為したであろうならば. kammañ ca bhāriyaṃ ～ I.147^{19} また重罪を為したであろうならば ①192.

a-kalusatā *f.* 濁っていないこと. ～tāya II.153^5 ～いないので ②201.

a-kāraṇena *instr.adv.* 理由なしに, してもいないのに III.467^{10} ③651.

a-kāriya *a.gdv.* <karoti 行なわない, 為さない. natthi pāpaṃ ～ṃ III.182^{24} 為さない悪はない（必ず悪を為す）③267.

a-kāla *a.* 適時でない. ～o kho imaṃ bhikkhuṃ pañhaṃ pucchituṃ I.91^{20} なるほど〔今は〕この比丘に質問をする適時ではない ①119.

Akāla-rāvi-kukkuṭa-jātaka *n.* 「時でないのに鳴く鶏の本生物語」(*J.*119話) III.143^{20} ③204.

akāsi *3sg.aor.* <karoti. atīte kiṃ ～ I.39^6〔彼は〕過去に何をやったのか ①52.

a-kicca *a.* 為すべきでない（こと）III.452^5 ③631.

a-kicchena *instr.adv.* 難なく. ～ avekkhati I.260^3 ～見る ①339.

akiñcana *a.* 何もない, 無所有の（人） II.162^1, 162^{16} 213, 214. III.297^{24} ③432. IV.158^8, 230^{18} ④216, 331.

a-kitti *f.* 不名誉. ～ṃ pakāseyyuṃ II.56^{16} ～を明らかにするであろう ②74.

a-kilanta *a.pp.* <kilamati 疲弊しないで. ～ā I.70^{10}〔彼女は肉体が〕～ ①93. bhikkhāya ～ā I.290^{16} 托鉢に疲れないで ①378.

a-kilameti *cs.* <kilamati <klam 疲れさせない. kulaṃ ～metvā I.374^8 俗家を疲れさせないで ①491.

a-kujjhati <krudh 怒らない. tāsaṃ ～jjhitvā I.211^{13} 彼女たちを～で ①278. so tassa ～ jjhitvā I.266^4 彼はその者を怒らないで ①348.

a-kuṭila *a.* 曲りのない I.173^3, 288^{19} ①225, 375.

a-kuṭila-tā *f.* 曲がらないこと I.173^7 ①225.

a-kuto-bhaya *a.* いずこにも恐れのない（人） III.251^{19} ③363.

a-kuddha-mānasa *a.* 心が怒らされない（人） IV.164^3 ④224.

a-kuppa-ṭṭhāna *n.* 不動の場所 III.321^4 ③462.

a-kubbati = a-karoti 行なわない. a-kubbato =

akubbantassa *prp.dat.gen.* III.28[12] 〔悪を〕行なわない人には ③42.

a-kubbato *prp.dat.gen.* <kubbati 行なわない人にとっては I.383[7] ①504.

a-kusala *a.* 不善の. **-kamma** *n.* 不善業(「パ仏辞」6頁左下) III.237[14] ③339. **-kiriyā** *f.* 不善な行為, 良くない仕事. **〜yāya** niyojetvā I.268[11] **〜に促して** ①350. **-cetanā** *f.* 不善の心(意思) III.28[7] ③42. **-dhamma** *m.n.* 不善法 II.162[7] ②214 (十不善法. 「パ仏辞」6左akusala-kamma-pathaの項). **-vitakka** *m.* 不善の思い III.86[7] ③123.

a-kopeti *cs.* **<kup** 乱さない. rāja-dhamme **〜petvā** III.182[11] 王法を乱さないで ③266. **〜pento** (*prp.*) 乱さないで IV.88[9] ④114.

akkanta *a.pp.* <akkamati 行った, 踏んだ. 〜ṭṭhāne yeva I.200[14] 踏んだ場所にだけ ①264. 攻撃された, 踏まれた. **〜ā** paṭhavī kampati II.57[7] 〔私の両足で〕踏まれた大地は震動する ②74. **-sākhā** *f.* 近づいて行った枝. 〜 pi bhijji I.60[7] 〜も折れた ①80.

akkamati <kram 近づく, 攻撃する. tassa jaṭāsu **akkami** (*aor.*) I.40[11] 彼の結髪を踏んだ ①54. gīvāya 〜 I.40[19] 首を踏んだ ①54. jaṭāsu **〜mitvā** (*ger.*) I.40[21] 結髪を踏んで ①55. gīvāya **akkamasi** (*2sg.aor.*) I.40[21] おまえは結髪を踏んだ ①55. 打つ. jaṇṇunā **〜manto** (*prp.*) III.234[7] 膝で打って ③335. **〜mitvā** IV.132[15] **攻撃して** ④169. bhūmiyaṃ **〜mitvā** IV.211[8] 地面を踏んで ④299.

akkuṭṭha *a.pp.* <akkosati **<ā-kruś** ののしられた, そしられた I.43[11] ①58. IV.165[7] ④227. **〜o** bhavissati I.44[11] そしられているのだろう ①59.

akkocchi *aor.* <akkosati そしった. 〜 maṃ I.43[16] 私をそしった ①58. 〜 = **akkosi** I.43[20] ①59.

a-kkodha *a.* 怒りのない(こと) III.302[5] ③439.

a-kkodhana *a.* 怒らない(者) I.265[6] ①347. IV.164[11] ④224. 怒らないこと(7つの禁戒の一つ) I.271[18] ①355.

akkosaka *a.* 悪罵する(者) III.313[7] ③452.

akkosati <ā-kruś 罵る, そしる II.149[16] ②196. III.56[17] ③82. **akkocchi** maṃ (*aor.*) I.37[13] 〔彼は〕私をののしった ①50. ete naṃ **〜siṃsu** (*3pl.aor.*) I.39[1] この者たちはその〔私〕をそしりました ①52. samaṇaṃ Gotamaṃ ... **〜sitvā** I.211[19] 沙門ゴータマを…ののしって ①278. **〜sitvā** I.348[4] ののしって ①459. IV.1[10] ④4. **〜santo** I.378[22] ののしりつつ ①497. theraṃ **〜si** (*aor.*) II.53[15] 上座をののしった ②70. III.161[16] ③234. IV.164[15] ④225. dve agga-sāvake 〜 II.111[4] 二人の最高の声聞弟子をそしる ②147. **〜santesu** IV.146[1] **〜人たちに対して** ④198.

akkosana-paccakkosana *n.* ののしりに対してののしり返すこと III.451[3] ③629.

Akkosa-bhāradvāja *m.* 罵るバーラドヴァージャ IV.161[11] ④222.

akkha *m.* 車軸 I.414[10] ①544.

akkh'abhañjana-[upamā] *f.* 車輪に油を注ぐ〔比喩〕(「仏のことば註(一)」p.295(29)) I.375[12] ①492.

a-kkhanti *f.* 忍びない, 不堪忍. pitari **〜tiyā** I.26[25] 父の〔嘆き悲しみを見るに〕しのびないで ①36.

akkhamāpeti *cs.* **<kṣam** 耐えられなくさせる. **〜petvā** II.178[18] 〔私を〕〜なくさせて ②235.

a-kkhayatā *f.* 無尽であること I.136[25] ①179.

akkhara *n.* 文字 III.457[8] ③639. IV.70[11] ④90. **〜āni** chinditvā I.269[12] 文字を切り ①352. **〜ṃ** vatvā II.5[19] 文字を述べて ①8. **〜āni** likhāpetvā II.118[25] 文字を書かせて ②157. **-samaya** *m.* 文字の読み書き. so pana **〜ṃ** na jānāti I.180[9] しかし彼は**〜を**知らない ①235.

akkhāta *a.pp.* <akkhāti 告げられた III.404[5] ③568.

akkhātar *m.* 告げる人. **〜tāro** tathāgatā III.402[13] 如来の方々は〔道を〕**〜方々**である ③566.

akkhāti <ā-khyā 告げる. tam me **〜āhi** (*imper.*) I.42[4] 君はそれを私に告げなさい ①56.

akkhāyati *ps.* <akkhāti 言われる III.403[10] ③567. tesaṃ aggaṃ 〜 I.228[14] それらの最高であると言われる ①299.

akkhi *n.* Ⓢakṣi 眼 I.74[19] ①98. **〜īni** uppāṭetvā I.5[13] 眼を引き抜き ①7. **〜īhi** dhārā paggharanti I.9[13] 両眼から〔病〕液が流れ出る ①12. ayyassa kira **〜ī** vāto vijjhatīti I.10[4] 聞くところでは聖者さまの両眼を風(眼病)が射貫いている, ということですが ①12. **〜īhi** na passāmi I.20[22] 私は眼で見る〔ことができ〕ません ①27. olokentassa 〜

īnaṃ bhijjana-samattho I.127[2] 眺める人の眼を破壊することができる ①165. **-añjana** *n.* 眼薬 III.354[2] ③503. **-koṭi** *f.* 眼の点. ～ṭiyā oloketvā II.141[17] 眼を細くして(眼を一点にしぼって)見て ②186. **-roga** *m.* 眼病. **～o** uppajji I.9[12] ～が起こった ①11. **-vināsa** *n.* <vi-**naś** 眼の消滅. **～ṃ** patto I.338[12] ～を得た ①445.

a-khaṇḍa *a.* 破壊しない. pañca sīlāni **～āni** katvā I.278[4] 五戒を壊れないものとして ①361.

a-khepita *a.pp.* <khepeti 尽されていない. vaṭṭassa **～ttā** II.166[6] 輪転(輪廻)が～からである ②218.

a-gaṇeti *denom.* <gaṇa 数えない. āghātaṃ ～**etvā** I.202[17] 嫌恨を計算に入れないで(考慮しないで) ①267. ものともしない. vātâtapaṃ **～etvā** I.285[2] 風や陽光〔の熱〕をものともせずに ①370.

a-gati-gamana *n.* 善くない道(非道)を行くこと III.182[11] ③266.

agada *m.* アガダ, 解毒剤. **～ena** dāṭhā dhovitvā I.215[8] ～で〔蛇の〕牙を洗ってから ①283.

a-gandhaka *a.* 香りのない. **～ṃ** pupphaṃ viya I.383[1] ～花のように ①504.

a-gayh-ūpaga *a.* とらえて近づくことのできない〔幻〕 III.166[12] (*PTS.* agayhūpaka) ③242.

a-garu *a.* 重くない, 重要でない. sace te ～ I.39[15] もしあなたに差支えないならば ①53.

a-gahana *a.* 執著がない(人) IV.158[9] ④216.

agāra *n.* 家, 家屋 I.122[3] ①157. ～majjhe pūretuṃ I.7[4] 〔その法は〕家の中では満たすことは〔できないだろう〕. **～smā** anagāriyaṃ pabbajanti I.120[4] 家から家なき者へと出家する ①155. **-majjha** *a.m.* 家の中. **～e** vasanto I.106[17] ～に住むならば ①138.

agārika *a.* 在家の(人) I.239[3] ①313.

agāriya *a.* 家のある, 在家の. **-bhūta** *a.pp.* 在家者であった. mayaṃ **～ā** samānā I.113[2] 私共は在家の者であって ①145. **-sīla** *n.* 在家の戒 III.464[13] ③648.

agāhayi *aor.* <gaṇhāti 捕えた. jīva-gāhaṃ ～ II.106[11] 生け捕りにした ②140.

a-guṇa *a.m.* 不徳 I.403[5] ①530. **-rāsi** *m.* 不徳の山 I.296[16] ①387.

a-gocara *m.* 行ってはならない処(6種ある. 「パ仏辞」13頁左下) III.165[11], 485[1] ③239, 676.

agga *a.* 上等の, 最高の, 第一の. ～yāgu-bhattehi paṭijaggāhi I.52[1] 上等のお粥御飯をもって面倒をみなさい ①69. **-dakkhiṇeyya-bhāva** *m.* 第一の供養されるべき者であること. **～ṃ** labhati I.289[1] ～を得る ①375. **-daṇḍaka** *m.* 〔鋤の〕柄の先端. **～e** gahetvā I.311[22] **～のところをつかんで** ①409. **-dāna** *n.* 最高の施, 初ものの施 I.98[8] ①127. III.377[13] ③533. **-naṅguṭṭha** *n.* 〔魚の〕背びれ I.276[19] ①360. **-pāda** *m.* 足のつま先 III.181[1] ③264. **-puggala** *m.* 最高の人物 I.147[13] ①192. **-bhatta** *n.a.* 最初にとり分けた御飯, 一番の御飯, 初膳 II.245[1] ②319. **-mahesi-ṭṭhāna** *n.* 第一王妃の地位. **～e** ṭhapesi I.191[22], 203[6] **～につかせた** ①253, 268. **～ṃ** dassāmi I.195[13] **～を私はさし上げましょう** ①258. **～e** abhisiñci I.346[7] ～につけた(灌頂した) ①456. **-mahesī** *f.* 第一王妃 II.6[2] ②9. **-vandanā** *f.* 朝一番の礼拝 III.179[12] ③262. **-sāvaka** *m.* 高弟(舎利弗と目連) I.77[18], 80[3], 83[5] ①101, 104, 110. II.111[3] ②147. dve **～ā** nimantitā honti I.354[8] 二人の～(舎利弗と目連)が招待されている ①466. **-sāvaka-ṭṭhāna** *n.* 最高の声聞弟子の地位. **～ṃ** datvā I.96[20] **～を与えて** ①125. so **～ṃ** patthessati I.106[6] 彼は**～を**望むであろう ①137.

Agga-sāvaka-vatthu *n.* 最高の声聞弟子(舎利弗と目連)の事I.114[22] ①147.

Aggāḷava cetiya *n.* アッガーラヴァ塔廟(舎衛城と王舎城の間にあるĀḷavīの町にある塔廟. 舎衛城から30ヨージャナ, バーラーナシーから12ヨージャナ) III.299[14] ③435.

aggi ⓢagni *m.* 火. **-obhāsa** *m.* 火の光 IV.213[17] ④302. **-kkhandha** *m.* 火のあつまり, 火蘊 III.74[3] ③105. **-jālā** *f.* 火の焔 II.28[12], 64[16], 263[9] ②36, 86, 342. III.60[16], 244[12] ③88, 351. **-daḍḍha** *a.pp.* <dahati 火に焼かれた(人) III.64[12] ③93. **-paricaraṇa-ṭṭhāna** *n.* 火に奉仕する場所 I.199[16] ①263. **-paricāriyā** *f.* 火への奉仕 II.232[16] ②303.**aggi-sālā** *f.* 火堂, 湯沸し場 I.319[25] ①420. II.20[7], 89[1], 256[10] ②26, 117, 333. **-sikhûpama** *a.* 火焔のような III.481[1] ③670. **-ssālā** *f.* 火堂, 湯沸かし堂, 祭式の火を扱う堂 III.72[6] ③103. **-hutta** *n.*

祭火 IV.151[11] ④206.

Aggi-datta *m.* アッギ・ダッタ（火与バラモン）III.124[4] ③176.

Aggidatta-brāhmaṇa *m.* アッギ・ダッタ（火与）バラモン III.241[9] ③347.

aggha *m.* Ⓢargha 値段. ～**ṃ** osāpehi III.108[7] ～を下げさせなさい ③153.

agghaṇika *a.* 価する. sata-sahass'～**ṃ** I.388[11] 百千〔金〕に価する ①511.

agghati <**arh** 値する. pañca-satāni ～ I.219[1] 500〔金〕に値する ①288. III.282[13] ③410. nava koṭiyo ～ I.412[8] 九億〔金〕に値します ①541. sahassaṃ ～**iṃsu** (*aor.*) I.416[6] 千〔金〕に価した ①545.

agghanaka *a.* 値打ちのある. sata-sahassa～**ṃ** ...vatthaṃ datvā I.79[6] 百千〔金〕の値打ちのある…布を与えて ①103. nava-koṭi～**ṃ** ahosi I.395[1] 九億〔金〕に価するものであった ①519. sahass'～**ṃ** ekaṃ vatthaṃ ādāya I.415[7] 千〔金〕の～一枚の布をもって ①544. kim ～**o** kambalo IV.217[28] 毛織物はどれほど価値があるのか ④309.

agghāpeti *cs.* <agghati 値ぶみをさせる. ～**pesi** I.412[7] ～させた ①541.

a-ghāteti *denom.* <ghāta 殺害しない. **a-ghātayaṃ** (*prp.*) IV.32[1] ～しないで ④38.

aṅka *m.* 胸, 脇. ～**ena** vahitvā I.170[1] 脇で運んで ①221. puttakaṃ ～**enâdāya** II.262[19] 幼児を脇にだいて ②341. II.272[22] ②352. III.300[2] ③435.

aṅkura *m.* 若芽 I.284[15] ①370.

Aṅkura *m.* アンクラ（12ヨージャナのかまどを作って大施を行なった. 本書（三）317頁参照）III.219[17] ③317. IV.80[7] ④105.

aṅkusa *m.* 〔象使いが象を制御する〕鉤 IV.13[15], 24[3] ④17, 28.

aṅga *n.* 部分, 肢体. **-paccaṅga** *n.* 肢体・肢節 III.109[8] ③154. **-paccaṅgāni** *n.pl.* からだの肢節 I.390[5] ①513. **-vekalla** *n.* <vikala-ya 肢体の不全 II.26[13] ②34.

Aṅga-magadha-vāsin *a.m.* アンガ国とマガダ国に住む人. ～**sino** II.57[12] ～人々は ②75.

Aṅga-raṭṭha *n.* アンガ国（マガダ国の東方にある）I.384[16] ①506.

aṅgaṇa *n.* 中庭. sabbattha eka～**m** eva ahosi III.228[3] 全てのところはただ一望のもとにあった（一つの中庭だけ〔を見ているようなもの〕であった）③326.

aṅgāra *m.n.* 炭火 II.270[17] ②350. III.322[10] ③463. ～**āvāṭa** *m.* 炭火の坑 I.441[9] ①578. **-kapalla** *n.* 炭火の鉢 I.288[12] ①374. ～**ṃ** sajjetvā I.260[15] ～を用意して ①341. **-kāsu** *f.* 炭火坑 I.441[13] ①578. **-pacchi** *f.* 炭かご IV.191[4] ④271. **-bhūta** *a.pp.* 〔家の〕火種（炭火）となった（人）III.350[3] ③498. **-masi** *m.* 炭の灰（すす）III.309[19] ③448. **-rāsi** *m.* 炭火の山 II.241[1] ②314.

aṅgīrasa *m.* 放光者 I.244[5] ①319.

Aṅguttarāpa アングッタラーパ（地方, アンガ国のマヒー河の北岸地方）III.363[16] ③517.

aṅguli *f.* 指. ～**liyā** dassiyamānā I.64[17] 指差されて ①86. ～**iyo** sobhaṇā ti gaṇhāti I.74[17] 指は浄らかである, ととらえる ①98. ～**'antarika** *a.* 指の間 III.214[12] ③312. **-muddikā** *f.* 指印, 印章のついた指輪. ～**aṃ** datvā I.326[16] ～を与えて ①429.

Aṅgulimāla *m.* アングリマーラ II.41[8] ②55. **-tthera** *m.* アングリマーラ上座 III.169[12], 185[15] ③248, 272. IV.231[6] ④333.

Aṅgulimālaka *m.* アングリマーラカ. core ～**e** I.146[15] 盗賊の～に対して ①191.

Aṅgulimāla-suttanta *m.* 「アングリマーラ経」（*M.*86経）III.169[15] ③248.

a-carimaṃ *adv.* 後にもなく. apubbaṃ ～ I.12[17] 空前絶後にも ①16.

a-cala *a.* 不動の. ghana-sela-pabbato viya ～**o** I.74[1] 堅い岩山のように不動である ①97.**-cetiya-ṭṭhāna** *n.* 不動の塔廟の場所（サンカッサ市の城門のところ. 天から階梯が下りたところ）III.227[14] ③326. **-saddha** *a.m.* 信がゆるぎなき（者）II.74[10] ②98. III.492[17] ③687. **-saddhā** *f.* 不動の信 III.27[16], 103[13] ③41, 146. ～**āya** II.125[10] ～によって〔しっかりと立った時〕②164.

a-cittaka *a.* 心のない〔水〕II.141[11] ②185. pupphāni ～**āni** pi II.42[14] 花々は心がないものであるけれども ②56.

a-cinteyya *gdv.n.* <cinteti 考えられない, 不可思議 II.199[3] ②260. iddhi-visayo ～**o** I.108[6] 神通の境域は不可思議である ①139. 思惟してはならないもの（諸仏の仏の境界, 修定者の定の境界, 業の異熟, 世界の思惟の四つ.「南伝」18, 140頁. *A.*II.80[15]）III.93[7] ③132.

a-cira *a.* 久しからず, 間もない. **aciraṃ** *ac.adv.* 久しからずして, 間もなく I.319[2] ①419.

~'upasampanna *a.pp.* 具足戒を受けたばかりの(者) IV.23[19] ④27. **-pakkanta** *a.* 出て行って間もない. naṃ **~ṃ** II.35[9] ~彼を〔牝牛が殺した〕②46. **-pabbajita** *a.* 出家してから間がない. **~o** I.92[11] ①120.

Aciravati-nadī *f.* アチラヴァティー河 II.264[4] ②342.

Aciravatī *f.* アチラヴァティー河(舎衛城のそばを流れる大河) I.336[9] ①442. IV.41[2] ④48. **~tiṃ** patvā I.359[23] ~に到着し ①472. **-nadī-tīra** *n.* アチラヴァティー河の岸 IV.5[8] ④8.

a-cetana *a.m.* 意識のないもの II.249[12] ②324.

acelaka *a.m.* 無衣者, 裸行者, 裸行外道 I.309[3], 400[6] ①405, 525. III.467[6], 489[17] ③651, 683.

accagā *aor.* <atigacchati 越えて行った IV.194[2] ④275.

accaya *m.* <ati-i 罪, 過失, 死去, 経過 I.57[17] ①77. II.180[3] ②236. III.416[9] ③585. mātā-pitunnaṃ **~ena** I.83[13] 母と父が死去して ①110. tassā rattiyā **~ena** I.120[19] その夜ふけに ①156. pitu **~ena** II.14[19] 父(王)が亡くなった後で ②19. dīghassa addhuno **~ena** II.32[15] 長い旅を経て ②43.

accasarā *aor.* <atisarati 超えすぎた, 行きすぎた IV.230[9] ④331.

accāyika *a.* 非常の, 性急な. mayhaṃ **~ṃ** natthi I.18[8] 私は急ぎません ①24.

acc-āraddha-vipassaka *a.m.* 精勤しすぎる観法者 III.159[19] ③231.

accāvadati (ati-ā-vadati) 説得する, そそる, 誘う IV.197[1] ④280.

acc-uggat'aṭṭhena *instr.adv.* きわめて高く登る意味で I.259[20] ①339.

a-ccuta *a.* 不死の〔般涅槃〕III.320[15] ③461.

accha *a.* 澄んだ. **~ṃ** anāvilaṃ nikkhamati I.126[12] 澄んだ濁りのないものが出る ①164.

acchati Ⓢāsyate, āste 坐る, とどまる. rakkhanto ~ I.127[19] 守っている ①166. **accha** (*imper.2sg.*) tāva I.183[11] それまで〔ここに〕とどまりなさい ①240. bhūmiyaṃ yeva **acchiṃsu** (*3pl.aor.*) I.314[10] 地面にそのままとどまった(坐った) ①413. **acchi** (*aor.*) I.424[14] 坐った ①557. **~tuṃ** (*inf.*) labhanti II.3[7] とどまることを得る ②5.

acchambhita-tta *n.* 恐れない者であること IV.231[21] ④333.

acchara-gahaṇa-matta *a.* ひとつまみほどの II.273[14] ②354.

acchara-sadda *m.* 弾指の音 I.424[2] ①557.

[1]**accharā** *f.* Ⓢapsaras 天女, 仙女. I.363[2], 423[15] ①477, 556. III.7[9] ③12. ~sahassa-parivāro bhavissati I.26[17] 千人の仙女に囲まれているだろう ①36. ~sahassa-parivāro ahosi I.60[10] 千人の仙女に囲まれていた ①80. ~sahassa-majjhe nibbatti I.63[20] 千人の仙女の中に再生した ①84.

[2]**accharā** *f.* 弾指, つまみ. **~aṃ** pahari I.38[4], 424[2] 指をならして音を立てた(弾指した) ①51, 557. III.8[22], 414[6] ③14, 582. **~rāya** gaṇhitvā III.19[10] ひとつまみとって ③29.

acchariya *a.* Ⓢāścarya 希有の, 不思議の I.32[3], 78[13], 376[21] ①42, 102, 494. **-guṇa** *a.* 希有の徳をもった(人) II.151[20] ②199.

acchādāpeti *cs.* <acchādeti まとわせる. **~petvā** II.251[3] まとわせて ②326.

acchādeti *cs.* <ā-chādeti 覆う, 包む, まとう. mahârahehi vatthehi **~detvā** I.112[12] 高価な衣を着ていただき ①144. cīvarāni **~detvā** III.84[18] 衣類をまとって ③120.

acchi *aor.* <acchati とどまった I.193[11] ①255.

acchidda *aor.* <chindati 切った. ~ bhava-sallāni IV.70[9] 諸々の生存の矢を断ち切った ④90.

a-cchidda-vutti *a.* 生活行為に切れ目がない(人) III.328[7] ③471.

acchindati 奪う, もぎとる. rajjaṃ **~ditvā** I.56[6] 領土を奪い取って ①75. nivāsana-pārupanaṃ **~ditvā** I.72[14] 着衣をはぎ取って ①95. parihāraṃ **~ditvā** I.348[16] 扶養保護をもぎとって ①460. I.349[1] ①460.

acchindana *n.* 奪うこと III.70[22] ③101.

acchinna *a.pp.* <acchindati 奪われた. kiñci **~ṃ** bhavissati I.44[13] 何か奪われたものがあるのだろう ①59. ~lajjitāya I.188[13] 恥かしさが奪われていたので ①248.

acchecchi *aor.* <chindati 切った IV.70[18] ④90.

accheyya *op.* <acchati 坐るだろう, とどまるだろう I.318[5] ①417.

ajagara *m.* 大蛇(山羊を呑むもの) III.362[23] ③515.

Aja-gara-peta *m.* アジャ・ガラ(山羊を呑むもの, 大蛇)という亡者 III.60[10] ③88.

aja-pāla *m.* 山羊飼い, 山羊の番人 I.176[23] ①230.

Aja-pāla-nigrodha *m.* アジャパーラ・ニグローダ樹, 山羊飼いの榕樹 I.86[15] ①113. III.195[24] ③287. **-mūla** *n.* アジャパーラー・ニグローダ樹の根元 I.201[18] ①266.

a-jaya *m.* 敗北 II.228[8] ②296.

a-jarâmara *a.* 老と死のない. **〜ā** honti I.229[5] 〜人々である ①300. 不老不死の. **〜ā** viya I.364[16] **〜の者たち**のように ①479.

aja-laṇḍikā *f.* 山羊の糞 II.70[11] ②93.

Ajātasattu *m.* アジャータサッツ（マガダ国の王子） II.164[7] ②216. III.152[11], 259[7] ③218, 374.

Ajātasattu-kumāra *m.*（マガダ国王子）アジャータサッツ青年 I.139[8] ①182. IV.211[10], 221[25] ④299, 316.

a-jānant *prp.* <jānāti 知らない. kiñci **〜tassa** mahallaka-ttherassa I.156[15] 何も知らない老人の上座に ①206.

a-jāpayaṃ *prp.* <a-jāpeti 剝奪刑に処さないで, 財産を没収して追放しないで IV.32[2] ④38.

ajikā *f.* 牝山羊 III.120[3] ③170.

Ajita-raṭṭha *n.* アジタ国（*Vri.*ではAllakappa-raṭṭha) I.169[14] ①220.

ajina *n.* 羊皮. **-camma** *n.* 羊の皮 IV.156[2] ④212. **-sāṭī** *f.* 羊皮の衣 IV.155[6], 156[8] ④211, 212.

a-jināti 勝たない **a-jinaṃ** (*prp.*) IV.32[2] 〜で ④38.

ajini *aor.* <jināti, jayati <**ji** 勝った. 〜 maṃ I.43[16] 私に勝った ①58.

ajesi *aor.* <jayati, jeti, jināti <**ji** 勝った I.44[2] ①59.

ajja *adv.* 今日. **-jāta-dāraka** *m.* 今日生まれた赤ん坊 I.175[1] ①227. **-t-agge** *loc.adv.* 今日以後 I.142[11] ①186. III.154[11] ③221.

ajjatana *a.* 今日の, 現在の. adhivāsehi me **〜āya** bhattaṃ I.33[8] 今日私の食事を〔とることを〕承諾しなさい ①43. **〜ṃ** *ac.adv.* 今現在に III.328[1] ③470.

ajjuna-rukkha *m.* アッジュナ樹（アノーマダッシン仏陀の菩提樹） I.105[25] ①137.

ajjhagā *aor.* <adhigacchati 証得した. Sakko Sakkattaṃ 〜 I.264[5] 帝釈は帝釈たることを〜 ①346. 証得された III.128[4] ③182.

ajjhatta-rata *a.pp.* <ramati 内心に喜んだ（人） IV.90[9] ④117.

ajjhattika *a.* 内の. **-kammaṭṭhāna** *n.* 内心の観念修行法（業処）. **〜ṃ** sammasanto I.375[14] **〜を**触知しつつ ①492. **-kilesa-cora** *m.* 内心の煩悩という盗賊 II.225[18] ②293. **-bāhira** *a.* 内外の. **〜ā** I.158[24] 内外のものごと ①209.

ajjhappatta *a.* (adhi-ā-patta) 到達した, 獲得した. naṃ so sakuṇo **〜o** I.164[13] その鳥は彼女をつかみとって ①214.

ajjhāvasati (adhi-ā-vasati) 住する, 居住する. gehaṃ **〜vasantehi** (*instr.pl.prp.*) I.6[25] 家に居住する〔あなた方〕によって〔福徳を作ることができるだろう〕.

ajjhāsaya *m.* <adhi-āsaya 意向, 内心の思い I.368[16], 417[12] ①485, 547. II.139[21] ②183. III.426[6] ③598. 〜vasena dhammaṃ desenti I.6[6] 志向にもとづいて法を説く. tassa 〜vasena ānupubbi-kathaṃ kathento I.67[10] 彼の意向によって順序を追っての法話を語って ①89. **〜ṃ** ajānanto I.249[2] **〜を**知らずに ①325.

ajjhiṭṭha *a.pp.* <ajjhesati 求められた. Satthārā **〜o** IV.101[22] 大師から求められて ④135.

ajjhupekkhati 等閑にする, 無視する. **〜kkheyyāma**(*op.*) IV.125[3] **〜するであろう** ④167.

ajjhupekkhana *n.* 無視, 無関心 IV.3[18] ④6.

ajjhesati <adhi-**iṣ** 求める IV.18[11] ④22.

ajjhesanā *f.* 懇願. Brahmuṇo ca **〜aṃ** adhivāsetvā I.86[19] また梵天の〜(**勧請**)に同意して ①113.

ajjhokāsa *m.* 露地, 野天 III.15[20] ③24. IV.101[20] ④135.

ajjhogāhati 潜入する, 入る. vana-gahanaṃ **〜gahetvā** I.375[1] 森のしげみに入って ①492.

ajjhogāhana *n.* 深く入ること IV.235[15] ④340.

ajjhotthaṭa *a.pp.* <ajjhottharati 覆われた, みなぎった II.214[21] ②279. soka-dukkhena **〜o** ahosi III.283[8] 憂い悲しみの苦悩に覆われた ③411. **-hadaya** *a.pp.* 心がみなぎった（人）. **〜ā** hutvā I.278[18] 〜みなぎって ①362.

ajjhottarati <adhi-ava-**stṛ** 覆う, みなぎる II.149[2] ②195. **〜ritvā** I.337[17]〔暴流が〕氾濫して ①445. suttaṃ gāmaṃ **〜ranto** I.361[4] 眠った村を覆って ①474. pubba-sineho **〜tthari** (*aor.*) III.30[17] 以前の愛情がみなぎった ③45.

ajjhosāna *n.* 取著 IV.63[2] ④78.

ajjhoharaṇīya-mattaṃ *ac.* 飲みくだす（食べる）だけのものを I.284[4] ①369.

añjana *n.* 顔料, 塗薬 II.25[14] ②33. III.203[21] ③298.

Añjana-vana *n.* 漆黒樹林 III.317[11] ③458.

Añjana-vasabha *m.* アンジャナ・ヴァサバ(漆黒の雄牛)（クル国王の象の名）IV.88[17] ④115.

añjali *m.* 合掌. katvā saṅghassa c'~**iṃ** I.1[7] また僧団に合掌を捧げて ①3. ~**iṃ** akariṃ I.31[21] 私は合掌した ①42. ~**ṃ** paggayha ṭhito I.108[14] 合掌をさし向けて立った ①140.

añjāpesi *cs.aor.* <añjeti 塗らせた I.21[10] ①28.

añjit'akkhi *n.* アイシャドーをつけた(油を塗った)眼. ~**īni** uppāṭetvā I.406[12] ~をえぐり出し ①534.

añjeti 塗る. imaṃ bhesajjaṃ **añjehi**（脚註9, *2sg.imper.*）I.21[10] この薬を塗りなさい ①28.

añña *a.pron.* Ⓢanya 他の, 別の, 異なる. ~**ṃ** puttaṃ labhi I.4[4] 別の息子を得た ①6. ~**n** te kumārikaṃ ānessāmi I.46[1] 別の娘をお前に連れて来ましょう ①62. ~**aṃ** vyākaroti I.121[16]〔以前とは〕別のことを解答している ①157.

aññatara *a.* ある一人の. ~**ena** dhamma-vādinā I.55[20] ある一人の説法者が ①75. の一つ, の一人. bhikkhūnaṃ ~**o** I.91[17] 比丘たちの一人である ①118. ahaṃ tesaṃ ~**o** II.210[13] 私は彼等の一人である ②275. ~**o** arahataṃ ahosi I.120[8] 阿羅漢たちの一人となった ①155. ~**ṃ** pattheti I.361[19] どれかを望み求める ①475. .saddâdisu vā ~**ṃ** I.362[2] 或いは声などのうちのどれか一つを〔得る〕①475. **-purisa** *m.* 或る一人の男 II.1[2] ②3. **-vesa** *m.* 或る人の変装. Māro ~**ena** upasaṅkamitvā I.196[14] 魔は**~をして**近づいて行って ①260.

añña-ttha *adv.* ほかの場所で III.134[7] ③190. ~maṃ patiṭṭhāpehi I.52[6] ほかのところに私をとどまらせて下さい ①69.

aññatra *prep.* …を除いて, …以外で. ~ paṭipatti-sampadāya II.243[19] 実践修道をそなえることを除いて ②318.

aññatra *adv.* …とは別に. ~**tr'**eva Bhagavatā III.154[12] 世尊とは全く別に ③221.

aññathatta *n.* 異変, 別であること. ~**ṃ** gataṃ cittaṃ I.378[23] 心がうわの空(別であること)になって ①497.

aññathā *adv.* 他のように. ~ va hoti I.220[10] ~だけなる ①290. ~ vadiṃsu II.194[20] ~言った ②255. **-gahaṇa-bhāva** *m.* 違ったように捕えていること III.491[2] ③684.

aññadatthu *adv.* 何はともあれ, 必ず I.285[19] ①371. ~ garahaṃ labhati I.389[21] ~非難を得ます ①513.

aññam-aññaṃ *adv.* お互いに I.54[14], 57[17] ①73, 77.

añña-vihita *a.pp.* <vidahati〔心が〕ほかのものに置かれた, ほかのことを考えている III.381[18] ③538.

añña-vihitaka *a.pp.* 他のものに〔心が〕置かれている(者) III.352[9] ③501.

añña-vihitatāya *instr.adv.* 別のことにかかわっていて I.181[21] ①238.

aññā *f.* 了知, 完全智, 開悟. ~**aṃ** vyākaroti I.308[13]〔自分の〕完全智を説きます ①404.

Aññā-koṇḍañña *m.* アンニャー・コンダンニャ(五群の比丘の一人) 開悟のコンダンニャ, 阿若憍陳如 I.87[4] ①114. I.97[7] ①125.

añ-ñāṇa *n.* 無知 IV.85[16] ④111. ~**abhibhūta** *a.pp.* 無知に征服されて, 無意識のうちに III.260[17] ③376.

aññāṇin *a.m.* 智のない(人) III.106[10], 395[14] ③151, 558.

[1]**aññātaka** *a.* 見知らぬ. ~vesena vasantassa pituno I.56[6] 見知らぬ人の装おいで住んでいる父が ①75. **-vesa** *m.* 見知らぬ人のなり. ~**ena** I.251[21] **~をして**(変装して) ①329. 見知らぬ人の姿. ~**ena** I.275[15] **~になって** ①358. 未知の人のなり(装い). ~**ena** I.431[17] **~をして** ①566. 見知らぬ人の恰好(装い). ~**ena** II.133[16] **~で** ②175. 別の装い, 変装 IV.144[4] ④194.

[2]**añ-ñātaka** *a.m.* 親類縁者でない(人) II.167[14] ②220. III.267[8] ③385. ~**ā** pi I.223[13] **~者たちも** ①293.

aññāya *ger.* <ājānāti 知って. attham ~ dhammam ~ I.158[14] 意味を知り, 法を知って ①208.

[1]**aṭani** *f.*〔ベッドの〕枠, わく I.234[12] ①307.

[2]**aṭani** *f.* 腕木 III.365[3] ③518.

aṭavī *f.* 森 II.245[17] ②320. amanussa-pariggahītā ~ atthi I.13[15] 非人に占拠された森がある ①17. **-mukha** *a.* 森に面した III.21[12] ③32. **-mukha** *n.* 森の要処, 森の口, 行路との接点 III.150[10] ③215.

aṭṭa *m.* Ⓢartha 裁判, 訴訟 I.353[10] ①465.

III.298[18] ③433.

aṭṭaka *m.* 見張り台 III.476[17] ③664.

aṭṭāla *m.* 見張塔 I.317[4] ①416. III.488[16] ③681.

aṭṭiyana *n.* 嫌うこと II.179[15] ②236.

aṭṭīyati *denom.* <aṭṭa 悩む, 困惑する. ～**ṭṭīyamāno** (*prp.*) I.120[2] 困惑し ①155.

aṭṭha *num.* 八. ～**'aṅgika** *a.* 八支の〔道〕(八正道) III.401[3] ③565. **-anariya-vohārā** *m.pl.* 8つの非聖語(「南伝」5, 213頁) IV.3[10] ④6. **-karīsa-matta** *a.adv.* ～**e** padese II.80[3] 8カリーサほどの土地に ②106. ～ **garu-dhammā** *m.pl.* 8つの重大な法(はじめて女人の出家得度を認めた時の8つの条件「南伝」4, 380頁) IV.149[8] ④195. **-parikkhāra-dhara** *a.m.* 八つの必需品(三衣・鉢・剃刀・針・帯・水こし器)を所持した(比丘) II.61[24], 122[2] ②81, 160. III.247[9] ③355. IV.63[15] ④79. **-parisā** *f.* 八衆(クシャトリヤ, バラモン, 居士, 沙門, 四天王, 忉利天, 魔, 梵天) II.266[8] ②344. *D.*II.109[6]. ～ **loka-dhammā** *m.pl.* 八つの世間法(利得・不利得・誉・毀・譏貶・称褒・楽・苦) II.157[9], 181[13] ②205, 237. **-vatthuka** *a.* 8つの事がらからなる(8つの事がらは, 仏・法・僧・学・前際・後際・前後際・相依性縁起法の8つを疑う. vicikicchā) IV.186[7] ④263. **-vatthukā kaṅkhā** *f.* 8つの事がらに対する疑惑(苦・集・滅・道・前際・後際・前後際・縁生に対する疑惑. 「南伝」44, 127頁) III.78[6] ③111.**-vassika** *a.* 法臘八年の(僧) IV.69[16] ④89. ～ **vijjā** *f.* 八つの明智, 八明(智見, 意より成る身を化作すること, 神通, 天耳, 他心智, 宿住智, 有情死生智＝天眼, 漏尽智. *D.*I.p.76-84, 「南伝」6, 113-125頁). **-vidha** *a.m.* 八種類の. ～ṃ kāma-avacara-kusala-cittaṃ I.35[15] 八種の欲界の善心 ①47, 49(1). **-samāpatti** *f.* 八等至(四禅と四無色定) I.230[13] ①301. III.238[5], 399[20] ③340, 563. IV.110[9] ④145. *f.pl.* 八つの禅定(四禅と四無色定) I.105[19] ①137. **-samāpatti-samādhi** *m.* 八等至(四禅と四無色定)の禅定 III.86[20] ③124. **-salāka-bhatta** *n.* 八つの食券による食事(八人分) I.53[9] ①70. III.104[16] ③149. ～**ka-bhatta** *n.* 8人に給食する御飯 III.104[22] ③149.

Aṭṭhaka-vaggika *a.* 〔「スッタニパータ」の〕「義品」にふくまれる〔経〕 IV.102[1] ④135.

aṭṭha-tiṃsa ārammaṇāni *n.pl.* 38の対境 (*DhpA.*III.421[1], *Ps.*I.168[25]) IV.110[11] ④146.

aṭṭhame divase *loc.adv.* 8日目には I.213[7] ①280.

a-ṭṭhāna *n.* 不正な立場 II.111[15] ②148.

aṭṭhārasa taṇhā-vicaritāni *n.pl.* 18の渇愛の思い(18愛行.「南伝」18, 369頁) IV.48[15] ④56.

aṭṭhārasa mahā-gaṇa *m.* 18の大部衆 III.418[8] ③587.

aṭṭhāsi *aor.3sg.* <tiṭṭhati <sthā 立った. rodanto ～ I.28[11] 泣きながら立った ①38.

aṭṭhi *n.* ⓢasthi 骨. **-nagara** *n.* 骨の都城 III.118[7] ③167. **-miñja** *n.* 骨の髄 III.361[21] ③513. ～**ṃ** āhacca I.181[11] ～を破って ①237. **-saṅkhalika-peta** *m.* 骨の鎖の亡者 III.479[6] ③668. **-saṅghāṭa** *m.* 骨のいかだ(筏) II.28[14] ②36. III.112[10] ③160.

a-ṭṭhita-kārin *a.* 停止しないで行なう(人) III.452[25] ③632.

Aṭṭhissara *m.* (辟支仏)アッティッサラ(将来百千劫先に提婆達多がなるであろう辟支仏の名) I.148[2]. ①193.

aṭṭh'uttara-sata *num.* 108. ～brāhmaṇe nimantetvā I.388[5] 一〇八人のバラモンたちを招待して ①510.

aṭṭh'uppatti *f.* 意味の由来 I.115[11] ①149.

[1]**aḍḍha** *a.* Ⓢāḍhya 富んだ, 豊かな, 裕福な(人) I.3[8],323[1] ①5,424. 富んだ(者) III.360[6], 421[14] ③512, 592. **-kula** *n.* 富んだ家 II.37[10], 240[18] ②50, 314.

[2]**aḍḍha** 半, 半分. ～**'akkhika** *a.* 半眼の(人). ～**ena** olokesi IV.98[23] 半眼で眺めた ④131. **-uḍḍha** *num.* 第四は半, 3.5. ～**āni** pāṭihāriya-sahassāni dassetvā I.87[21] 3.5(第四は半)×1000=3500の神変(奇蹟)を示して ①114. ～**'ullikhita** *a.pp.* <ud-**likh** 半分くしけずった〔髪〕 I.116[8] ①150. ～**ehi** kesehi I.118[17] 髪を～ままで ①153. **-karīsa** *n.* 半カリーサ(面積の単位) III.304[18] ③442. **-teyya-satāni** *num.* 2.5×100=250. ～nivattiṃsu I.95[6] 250人は引き返した ①123. **-teyyāni satāni** *num.* 2.5×100, 250〔金〕 III.108[9] ③153. **-yojanika** *a.* 半ヨージャナの I.108[10] ①139. ～**āḷhaka** *m.n.* 半アーリハカ(升) III.367[5] ③520.

aṇuṃ-thūlāni *ac.adv.* 微細なことから粗大なことまで III.181[16] ③265.

aṇḍaka *a.n.* 小さな卵. ～**āni** disvā I.60[4] 〔蜂の〕卵どもを見て ①80.

aṇṇava-kucchi *f.* 大洋の胎(深いところ)

I.249[17] ①326.

a-tajjeti *cs.* <tarj 叱責しない. ～**jjetvā** (*ger.*) I.209[15] ～で ①276.

a-tandita *a.pp.* <tandeti 倦まない(人) III.472[4] ③658. IV.97[7], 107[19] ④128, 143. ～**ṃ** *ac.adv.* 倦怠なく III.430[12] ③604.

ati-kakkhaḷa *a.* きわめて残酷な II.203[13] ②267.

akikkanta *a.pp.* <atikkamati 征服された II.250[12] ②325.

atikkama *m.* 行きすぎ, 違反 III.205[4] ③300. **-vacana** *n.* 度を過ぎた言葉 IV.4[5] ④6.

atikkamati (ati-kamati <**kram**) 越えて行く. mātā-pitunnaṃ vacanaṃ ～**mituṃ** na sakkonti I.46[4] 母親·父親の言葉を越えて行く(そむく)ことは出来ない ①62. 超え過ぎる, 反する. āṇaṃ ～**kkamituṃ** (*inf.*) asakkonto I.137[16] 命令に反することが出来なくて ①180.

atikkāmeti *cs.* <atikkamati 過ぎて行かせる. divase ～**kkāmesi** (*aor.*) I.240[15] 日々を過ぎて行かせた(やり過ごした) ①316.

atikhīṇa *a.pp.* <ati-khīyati 棄てられた III.132[11] ③187.

aticarati 越えて行く, 犯す. parassa dāre ～**ritvā** I.327[4] 他人の妻たちを犯して ①430.

aticāra *m.* 犯行, 姦通 III.348[16] ③497.

aticārinī *f.* 姦通をする女性 III.348[15] ③497.

ati-cirâyati 来るのが遅すぎる. tasmiṃ ～**āyante** I.359[21] 彼が来るのが遅すぎるので ①472. とても遅れる. tasmiṃ ～**āyante** (*prp.loc.*) III.21[15] 彼が～ている時に ③32.

aticca *ger.* <ati-i 過ぎて, 越えて III.320[7] ③461.

aticcha *imper.* <aticchati すぎて〔施を求め〕なさい, ここをパスして他のところで施を求めなさい IV.98[25] ④131.

aticchati (ati-icchati) すぎて求める. ～**cchatha** (*imper.*) I.401[6] 〔ここは通り〕すぎて〔ほかのところで施食を〕 求めて下さい(施食をことわる言葉) ①527.

a-titta *a.* 飽くことがない III.361[7] ③513. IV.118[3] ④157. pitā dhamma-savaṇena ～**o** ahosi I.130[18] 父は聞法に飽くことがなかった ①170. 満足しない, 飽きない. I.365[25] 〔事欲や煩悩欲に〕～〔人々を死神が支配下にする〕 ①481. ～**ṃ** yeva kāmesu antako kurute vasaṃ I.366[4] 諸々の欲望に**飽くなき**人を死神が〔自分の〕支配下にする ①481.

a-tittha *n.* 渡し場でない所(彼岸に行くところではない所) III.242[23], 347[20] ③348, 496.

atithi *m.* 客人 IV.163[4] ④223.

atidhona-cārin *a.* 分を越えて享受する(人) III.343[22] ③490.

a-tinta-citta *a.pp.* <tinteti 心が〔欲情によって〕濡れない(人) I.309[12] ①406.

ati-dahara *a.* まだまだ幼い. ～**o** I.242[16] ～ ①318.

ati-dāruṇa *a.* きわめて凶暴な I.150[18] ①196.

ati-dukkhena *instr.adv.* きわめて困難に I.256[21] ①335.

ati-dullabha-patiṭṭhitā *f.* しっかりと立つことがきわめて得難いこと I.255[14] ①333.

atināmeti 時を過ごす. kālaṃ ～**menti** I.364[14] 時を過ごす ①479.

ati-nīcaka *a.* 極端に狭い. brahma-loko ～**o** I.310[19] 梵天の世界は**～狭くなり** ①407.

ati-paṇḍitatā *f.* 利巧すぎること. tvaṃ ～**tāya** II.29[20] 君は～ので ②38.

ati-pari-ccāga *m.* 過剰な施捨 III.11[19] ③18.

ati-piya *a.* とても愛する者 I.135[4] ①177.

ati-pīṇita *a.pp.* とてもよく満ちた, 豊満な. ～**ṃ** etaṃ rūpaṃ I.70[19] ～この〔死〕体 ①94.

ati-pharusa *a.* きわめて粗暴な I.150[24] ①196.

ati-bahala *a.* とても厚い(重たい, 動かない). ～oṭṭha-kapolaṃ I.194[20] ～唇と頬をもつ ①257.

ati-bahu-bhaṇḍa *a.* 過剰に沢山の財物を持った(者) III.73[1] ③104.

ati-bhāriya *a.* 荷の重すぎる. bhātiko me ～**ṃ** kammaṃ karoti I.70[8] 私の兄は～修行をする ①93. きわめて重い. ～**ṃ** te kataṃ I.287[10] **～ことが**君によってなされた ①373.

atimaññati 軽視する. na ～**ññeyya** (*op.*) IV.97[3] ～してはならない ④128.

atimāna *m.* 過度の自負心 II.52[2] ②67.

atimāpeti = atipāteti *cs.* <ati-patati たおす, 殺す III.355[7] ③505.

ati-mukhara *a.* きわめておしゃべりな. ～**o** II.70[9] ～**である** ②93.

ati-muduka *a.* きわめて鈍い III.412[14] ③580.

atiritta *a.pp.* <ati-riccati 残った, 残りもの, 残飯 III.262[20] ③379.

atireka *a.* 残余の, 余分の. idaṃ kāsāvaṃ ... ～**ṃ** jātaṃ I.79[12] この袈裟衣は…余分になり

ました ①103. 過多の. ～lābh'agga-yas'agga-ppatto ahosi. I.90[13] 過剰な最高の所得と最高の名声を得る者となった ①117. kiñci ～**ṃ** na bhūta-pubbaṃ I.102[14] 何も余分なものはすでになくなっている ①132. **-mala** *n.* 超過度の垢 III.350[15] ③499.

atirekaṃ *ac.adv.* 余計に, 過分に IV.8[2] ④12.

atirekatara *a.compar.* もっと多い III.80[11] ③114. もっと増えている IV.123[1] ④165. ～**ena** assunā bhavitabbaṃ II.98[10] もっと多い涙があるにちがいない ②129.

atirekataraṃ *ac.adv.* もっと沢山 I.269[1] ①351. II.116[8] ②153. idāni ～ rujanti I.21[5] 今はもっと痛みます ①28. ahaṃ ～ bhāyāmi I.218[1] 私は～恐れる ①286.

ati-rocati きわめてよく輝やく. ～**te** I.445[13] ～ ①583.

ati-vattati 越える, 征服する. pamatto jātiṃ na ～ I.229[2] 放逸な人は生きることを越えて行かない(征服しない) ①300.

ati-vasa *m.* 超支配力. ～**ā** assu II.76[17] ～があれよ ②102.

ativākya *n.* 誹謗 IV.3[4] ④5. ～**ṃ** titikkhissaṃ I.212[22] ～に耐えるであろう ①280.

ati-vitthāra *m.* きわめて詳細, きわめて広い. bhāsaṃ ～gataṃ ... pahāya I.2[2] きわめて詳細となった言葉を…捨てて ①4.

ativiya *adv.* 極度に. ～ tappati I.150[25] 極度に焼かれる ①196. ことのほか. ～ nandati I.153[24] ～喜ぶ ①202.

ati-virūpa *a.* きわめて醜い姿の(者). ～**o** ahosi II.26[14] ～の者であった ②34.

ati-saṇha *a.* 柔かすぎる III.326[13] ③469.

ati-sambādha *m.* 超混雑 I.310[18] ①407. *a.* 狭ますぎる. cakkavāḷaṃ ～**ṃ** III.310[12] 鉄囲山は～ ③449.

atisay'attha *m.n.* 殊勝の意義 III.395[2] ③557.

ati-sāra *m.* 下痢. ～**ṃ** janesi I.182[25] ～を生んだ ①239.

ati-sāhasa *a.* 粗暴すぎる(こと) IV.219[22] ④312.

ati-sukumālatā *f.* きわめて華奢(きゃしゃ)であること III.283[2] ③410.

atīta *a.n.pp.* <ati-i 過ぎ去った, 過去, 昔. ～**e** Bārāṇasiyaṃ I.20[19] 昔, バーラーナシーで ①27. ～**ṃ** āhari I.80[6] 過去〔の話〕をもち出した ①104. ～**e** Bārāṇasiyaṃ I.80[7] 昔, バーラーナシーで ①104. 越えた. ～**o** dāni me esa visayaṃ I.201[20] 今やこの人は私の境域(支配地)を越えた ①266. IV.194[8] ④275. **-divasa** *m.* 過ぎた日. ～**esu** I.121[16] 過ぎた日々には ①157.

a-tuccha-hatthaṃ *ac.adv.* 空手でなく(おみやげを持たせて) II.149[11] ②196.

Atula-upāsaka *m.* アトゥラ(無比)信士(舎衛城に住む. 500人の信士の長) III.325[16] ③468.

a-tekiccha-bhāva *m.* 手のほどこしようのない状態. ～**ṃ** upâgami I.25[21] ～に近づいた ①35.

atta- 我, 自. **-gutta** *a.pp.* <**gup** 自分が守られた(人) IV.116[18] ④155. **-ghañña** *n.* <**han, ghan** 自分を殺害すること III.156[8] ③224. **-ja** *a.* 自分から生まれた(もの) III.151[13] ③217. **-daṇḍa** *a.* 杖(暴力)をとる(人) IV.180[1] ④250. **-danta** *a.pp.* <dammati 自己が調御された I.213[4] ①280. II.228[12] ②297. **-damana** *n.* 自己の調御 IV.6[13] ④9. **-dutiya** *a.* 自分の伴れの〔牝ろば〕 I.125[6] ①161. 自分と伴れが一人(自分を伴れとして, ただ一人で, の意を含む. *CPD.*). ～**o** va gato I.143[16] ～だけで行った ①188. **-niṭṭhita-ttā** *abl.adv.* 自分で為されたものであるから III.344[8] ③490. **-paccakkhato** *abl.adv.* 自分の眼で確かめて III.404[4] ③568. **-pañca-dasama** *a.* 自分を第15番目とする. ～**o** III.27[11] ～として ③41. **-bhara** *a.* 自分で自分を養う(人) I.430[3] ①563. **-bhāva** *m.* I.8[2] 自分の身, 自己存在, 自己の存在 ①10. I.26[20], 34[10], 78[9], 360[15] ①36, 45, 101, 473. II.143[4], 250[8] ②188, 325. III.109[8], 167[21], 479[7] ③154, 244, 668. Nandassa ～**o** ducchanna-geha-sadiso ahosi I.121[20] ナンダの～は悪く〔屋根が〕葺かれた家のようなものであった ①157. taṃ ～**ṃ** vijahitvā I.162[19] その～を捨てて ①211. **-bhāva-geha** *n.* 自分の身という家 III.128[7] ③182. **-bhāva-paṭibaddha** *a.pp.* <paṭi-bandhati 自分の身に結ばれた. ～**āni** kāma-guṇa-pupphāni I.366[6] ～欲望の類という花々 ①481. **-sambhava** *m.* 自分から発生したもの III.151[13] ③217. 自分の産出物 III.152[1] ③217. **-hetu** *adv.* 自分のために II.157[16] ②207.

attan *m.* Ⓢātman 我, 自分. **attano** (*gen.sg.*) sīsaṃ chinditvā I.5[13] 自分の頭を切って ①7. **attā** hi **attano** natthi II.28[18] 実に自分は自分

のものではない ②36.

attani-ṭṭhita *a.pp.* 自己に立った(人，こと) III.148[15] ③212.

attano dhammatāya *instr.adv.* 自分の勝手で，自発的に III.25[10] ③38. 自分のせいで III.71[11] ③102.

Attadattha-tthera *m.* アッタダッタ上座 III.158[12] ③229.

attamana *a.* 心にかなった，満足した IV.28[17] ④34. careyya ten'～**o** I.62[6] 心にかなえてその者と共に行ずるがよい ①82.

[1]**attha** *m.n.* Ⓢartha 義，利益，意味，必要．sesaṃ taṃ eva ～**to** I.2[5] その残余を同じく意味から〔解明して〕 ①4. ～dhammûpanissitaṃ I.2[7] 意味と法に依止した〔解説を私は述べるであろう〕①4. '～**ṃ** karissāmī'ti **an**～**ṃ** kari I.20[9]「私は利益(義)を行なおう」といって不利益(不義)を行なった ①26. ayam ettha ～**o** I.66[8] これがここでの意味である ①87. ～**en'**eva me ～**o** I.92[19] 意義こそが私に必要なのです ①120. dhanena me ～**o** I.116[22] 私には財物が必要です ①151. **atthāya** *dat.* ために．nagaraṃ pavisana～ I.83[16] 都城に入るために ①110. を求めて．phalāphal'～ gatesu I.106[12] 種々の果実を求めて出て行った時 ①137. **-kāma** *m.* 利益を望む人．～**o**'si me I.32[17] あなたは私の利益を望む方です ①43. **-kusala** *a.* 義(よいこと)に巧みな(人) I.315[15] ①414. **-nissita** *a.pp.* <nissayati 意義に即した，意義に依止した II.208[13] ②272. 意味をそなえた〔一偈一句〕II.216[19] ②282. **-purekkhāratā** *f.* 意義を尊重すること IV.181[5] ④252. **-bhañjanaka** *a.* 利益を破壊する III.356[8] ③506. **-vaṇṇanā** *f.* 意味の註釈．**-vasa** *m.n.* 道理 II.268[19] ②347. III.434[16] ③611. **-sādhaka** *a.* 意義を成就させる〔語句〕II.226[7] ②294.

[2]**attha** *n.* 滅，滅没 IV.140[16] ④188. ～**ṃ gacchati** 滅没する，消滅する III.324[12], 452[10] ③466, 631. **atthamita-kāla** (脚註19. atthaṅgamita-kāla) *m.* 没した時．candassa ～**to** paṭṭhāya viya ahosi III.217[16] 月が没した時以後のようであった ③315.

atthata-phalaka *n.* 敷いてある板座．～**e** nisīdati I.270[13] ～に坐る ①353.

Atthadassin *m.* (仏の名)アッタダッシン，過去24仏の第14 I.84[5] ①111.

attharati <ā-stṛ 敷く，設ける．nīcâsanāni ... ～**ranti** I.72[7] 低い座席を…設ける ①95. kalale ～**ritvā** (*ger.*) I.83[19] 泥を覆って(泥中に身を伏せて) ①110. **attharāhi** (*imper.*) I.415[21] 敷きなさい ①545.

attha-vatthuka aññāṇa *n.* 8つのこと(意義あること)について知らないこと(*Dhs.*「法集論」p.198, §1118. 仏･法･僧･学･前際･後際･前後際･ 相依性縁起法の8種を知らないこと) III.351[1] ③499.

atthika *a.* 利益を求める(人)．～**kehi** upaññātaṃ maggaṃ I.91[23] 利益を求める人たちに知られている道を〔行くだろう〕 ①119. atthi koci bhatakena ～**o** I.232[11] 誰か賃仕事をする者を求めている人はいませんか ①304.

atthi-bhāva *m.* (無事で)いること，存在していること．～**ṃ** jānissāma I.162[12] ～を知るでしょう ①211. na no koci ～**m** pi jānāti III.474[13] 誰も我々が～すらも知らない ③661. **-kāla** *m.* 求めている時．saṃsaggassa ～**e** I.308[9] 交際を～には ①404.

atthu *imper.3sg.* <atthi あれよ．namo ty～ I.145[7] あなたへの礼拝があれよ，〔私は〕あなたを礼拝したいのですが ①190.

atha *ind.* 時に，また，さて I.3[16] ①6.

a-daṭṭhā, a-diṭṭhā *ger.* <dissati 見ないで III.181[16] ③265.

a-daṇḍa *a.* 杖のない，打たれるいわれのない(人) I.179[11] ①234. 杖(暴力)のない(人) III.70[13] ③101.

adassaṃ *aor.1sg.* <dassati 私は見た．appaṃ vā bahuṃ va na～ I.31[12] 少なく，或いは多く〔施を与えるのを〕私は見なかった ①41.

a-dassana *n.* 見ない(ところ)．～**ṃ** maccu-rājassa gacche I.336[21] 死王の～ところにおもむくであろう ①443.

a-dāna-sīlā *a.f.* 施を行なわない習性の(女) III.290[15] ③423.

a-diṭṭha *a.pp.* <dassati 見られない．**-dhamma** *a.pp.* 法を知らない(見ない)(人) II.110[5] ②146. **-pubbaka** *a.* 今まで会ったことのない(人) III.319[13] ③460. **-sahāyaka** *m.* まだ見ぬ友．～**o** ahosi I.187[9] ～がいた ①246.

a-dinna *a.pp.* <dadāti 与えられない(もの)．～**ṃ** parivajjayassu I.32[13] 与えられないものを〔取ることを〕避けなさい ①42.

a-dinnaka *a.* 与えられない(もの)．～**ṃ** gaṇhiṃsu II.150[6] ～ものを取った ②197.

Adinna-pubbaka *m.* (バラモンの名)アディンナ・プッバカ(今まで与えたことがない人) I.25[4] ①34.

addakkhiṃ *aor.1sg.* <dassati <**dṛś**. ～ sugataṃ I.31[20] 善逝にお目に掛った ①42.

addasa *aor.* <dassati <**dṛś** 見た. theraṃ ～ I.17[13] 上座を見た ①23 idaṃ ～ I.26[14] これをご覧になった ①35.

addha *num.* 半, 半分. **～'agghanaka** *a.* 半〔カハーパナ〕の値段の〔魚〕 II.132[8] ②174. **-māsa** *m.* 半月. ～mattaṃ cīvara-gahaṇâdīni sikkhāpetvā I.14[22] 半月ほど衣を着用することなどを学ばせてから ①19. **～ṃ** atikkamitvā I.96[7] 半月過ぎて ①124. I.24[8] ①32.

addhan *m.* Ⓢadhvan 旅路. dve **addhā** (*nom.*) nāma II.166[2] 二つの**～が**言われる ②218. **addha-gū** *m.* 〔輪廻の〕路を行く者 III.462[5] ③645.

addhā *adv.* 確かに, きっと I.279[14], 341[7] ①363, 449. II.117[20] ②155. III.418[10], 485[3] ③588, 676.

addhāna *n.* 行路, 旅行. kantāra**～ṃ** āgato I.16[23] 〔私は〕険難の旅路をやって来た ①22. ettakaṃ **～ṃ** kathaṃ gamissāma I.372[10] これほどの**～を**どのように我々は行くのか ①489. **-kilanta** *a.pp.* <kilamati 長旅で疲れた II.117[19] ②155.

addhika *a.* 旅行している(者) II.13[4], 27[1], 166[3] ②17, 34, 218. III.291[9] ③424. ahaṃ **～o** I.18[3] 私は旅行者です ①23. **～ṃ** disvā II.3[19] **旅行者を見て** ②6.

a-ddhuva *a.* 確実ではない, 常恒ではない III.170[22] ③250. 常にいない(者) IV.67[8] ④79. **-sīla** *a.* 堅固でないことを習慣とする(人) II.23[2,6] ②30.

a-dhammika *a.* 法にかなっていない I.75[9] ①98. 不法の(人) III.380[10] ③536.

adhika *a.* すぐれた, 超えた, 加えた. kappa-sata-sahassa**～āni** I.5[12] 百千劫を加えた〔四阿僧祇劫にわたって〕①7. kappa-sata-sahassa**～ānaṃ** I.83[22] 百千劫を加えた〔四阿僧祇劫〕①110. **-ppamāṇa** *a.* 大量の. chāyā **～ā** jātā II.146[6] 日陰が大量になった ②191.

adhikatara *a.compar.* より上の II.24[1] ②31. より多くの. **～e** gaṇhiṃsu II.7[5] より多くの〔生きもの〕たちを捕えた ②10.

adhikaraṇa *n.* 問題, 事件, 争い, 諍い事 IV.2[10], 33[19] ④4, 40. yattha **～ṃ** uppannaṃ I.212[12] そこで問題(事件, 争い)が生じたならば ①279. **～ṃ** paṭicchāpesi III.145[24] **問題を**受け取ってもらった ③207. **-pasuta** *a.pp.* <pa-sā もめごと(諍論, 諍事)を追い求める(人) III.463[2] ③646.

adhikāra *m.* 奉仕行, 尽力 II.41[16], 105[5] ②55, 139. tvaṃ mahantaṃ **～ṃ** sajjehi I.111[23] あなたは大きな奉仕行を用意しなさい ①143. **～ṃ** katvā II.266[15] **～を**行なって ②345.

adhigacchati <adhi-**gam** 到る, 得る. ce **nâdhigaccheyya** (*op.*) II.19[7] もし得ないならば ②25. 証得する. **～gacche** (*op.*) IV.106[19] **～するであろう** ④142.

adhigata-visesa *m.* 殊勝の境地を得た(人). **～ṃ** adisvā I.85[25] **～を**見ないで ①112.

adhigama-v-upāya *n.* 証得する手段(方法) I.228[22] ①299.

adhigayha *ger.* <adhigaṇhāti 越えて III.219[13] ③317.

adhiggahīta *a.pp.* <adhi-gaṇhāti 捕えられた, 宿られた I.3[11] ①5.

adhicitta *n.* 増上心, 禅定 III.237[13], 451[21] ③339, 630. **-citta-sikkhā** *f.* すぐれた心の学, 増上心学 I.334[16] ①440.

adhiceto *a.* 高い心の. **～cetaso**(*gen.*) munino III.384[11] 心を高くもった聖者には ③541.

adhiṭṭhahati Ⓢadhi-tiṣṭhati 神秘力を加える, 加被する. **～ṭṭhahitvā** I.106[13], 200[14] **～加えて** ①137, 264. II.193[19] ②254. III.371[6] ③525. IV.200[25] ④286. paṃsukūlaṃ **～hitvā** gaṇhi IV.183[9] 糞掃衣(廃棄物)として処理していただいた ④257.

adhiṭṭhāti Ⓢadhi-tiṣṭhati <adhi-**sthā** 神秘力を加える, 加持する. adhiṭṭhāsi *3sg.aor.* I.34[8], 372[18] 神秘力を加えた ①45, 490. **～ṭṭhāya** (*ger.*) III.93[2], 224[8] **～を加えて** ③132, 322.

adhiṭṭhāna *n.* 加持 II.170[3] ②223.

adhipaññā *f.* 増上慧 III.451[21] ③630. **-sikkhā** *f.* すぐれた智の学, 増上慧学 I.334[16] ①440.

adhipati *m.* 主君, 主権者 I.23[5], 36[3] ①31, 47.

adhipateyya *n.* 威力, 卓越性 III.293[18] ③427.

adhippāya *m.* 趣旨 II.145[5] ②190.. 意図するところ III.154[6] ③221. 欲求, 嗜好, 意向 III.196[15] ③288.

adhippeta *a.* Ⓢabhipreta 意趣した. nissatta-nijjīva-dhammo **～o** I.22[15] 実体のない, 生

命のないものごと（法）が意趣されている ①30. 意趣された。te-bhūmakam pi kusalaṃ 〜ṃ I.36¹⁸ 三界（欲界・色界・無色界）の善も 意趣されている ①48. 言われている，意味 されている。khīnâsavo 〜o I.376³ 漏尽者が 言われている ①492.

adhi-matta *a.* 度が過ぎた IV.139² ④185. 〜 sinehena I.5⁹ 多大の親愛の情によって ①7. rañño 〜ṃ dukkhaṃ uppajji I.117¹³ 王に極 度の苦痛が生じた ①152. 〜ṃ sinehaṃ akāsi II.85¹² 特段の親愛の情を作った ② 112. 〜o sineho hoti III.41²¹ 特別の愛情が ある ③60.

adhimattam eva *adv.* まさに極度に，最大限に IV.148¹⁰ ④202.

adhimānika *a.* 増上慢の III.111¹⁰ ③159.

adhimuccati とりつく. imāsaṃ sarīre 〜 ccitvā III.102⁴ これらの女たちの身体にと りついて ③144. tāsaṃ sarīre 〜cci (*aor.*) III.102⁶ 彼女たちの身体にとりついた ③ 145. sarīre 〜ccitvā III.257²⁰〔魔が村人の〕 身体にとりついて ③372. sarīre 〜ccitvā IV.20¹⁸〔夜叉女が沙弥の〕身体にとりつい て ④24. 心を向ける. 〜cceyya (*op.*) IV.32¹⁴ 〜向けると ④39.

adhimuñcati とりつく. sarīre 〜citvā I.196¹⁹ 身体にとりついて ①260.

adhimutta *a.pp.* <adhimuccati 志向した. nibbānaṃ 〜ānaṃ III.324¹² 涅槃を志向する 人々の ③466.

adhirājan *m.* 偉大な王 IV.235⁵ ④339.

adhivacana *n.* 同義語. rāgass'etaṃ 〜ṃ I.246¹⁶ これは欲情（貪）の同義語である ①322. II.233¹ ②303.

adhivattha *a.pp.* <adhi-vasati <vas 住んだ. dvāra-koṭṭhake 〜o devo I.50⁵ 門小屋に住 む神は ①66. imasmiṃ rukkhe 〜ā devatā I.203²⁰ この樹に住んでいる神格は ①268. II.219¹ ②285.

adhivāsana *n.* 承諾 I.313¹⁹ ①412. 忍受, 忍 IV.3¹⁸ ④6. Satthu 〜ṃ viditvā I.33¹⁰ 大師の 承諾を知って ①43.

adhivāsita *a.pp.* <adhivāseti 同意した III.194²² ③285. 応諾された，同意された III.470¹³ ③ 656.

adhivāseti *cs.* <adhivasati 同意する III.319¹ ③ 460. 待つ III.337¹⁶ ③482. 忍受する，耐える IV.164³ ④224. '...' ti 〜vāsesuṃ (*3pl.aor.*)

I.8²¹「…」と同意した ①10. 〜vāsehi (*2sg. imper.*) I.33⁸ あなたは承諾しなさい ①43. Sattha 〜vāsesi (*aor.*) I.33¹⁰ 大師は承諾な さった ①43. thero 〜vāsesi (*3sg.aor.*) I.78²⁰ 上座は承諾した ①102. 〜vāsetvā (*ger.*) I.81²¹ 耐え忍んで ①106. cattāro paccaye 〜 vāsetha (*imper.*) I.101⁴ 四資具（衣・食・住・ 薬）を受け取って下さい ①130. 〜vāsetuṃ (*inf.*) nâsakkhiṃsu I.102¹⁶ 我慢できなかっ た ①132. Satthā 〜vāsesi (*aor.*) I.112¹⁴, 415⁵ 大師は同意なさった ①144, 544. tam 〜 vāsetuṃ (*inf.*) asakkonto I.117¹⁴ それを耐え しのぶことが出来なくて ①152. uppanna- sokaṃ 〜vāsetuṃ (*inf.*) a-sakkonto I.152⁹ 生 じた愁い悲しみに耐えられずに ①200. sā 〜vāsesi (*aor.*) I.164²³ 彼女はじっと待った （耐えた）①214. thokaṃ 〜vāsetha I.197⁷ しばらくお待ち下さい ①261. 〜vāsetha (*2pl.imper.*) I.206¹⁸ 待って下さい ①272. te 〜vāsayiṃsu (*3pl.aor.*) I.206¹⁸ 彼等は待っ た ①272. sā 'sādhū' ti 〜vāsesi (*aor.*) I.209¹ 彼女は「わかりました」と承諾した ①275. 〜vāsetvā (*ger.*) I.215¹ 我慢して（じっとや りすごして）①283. 〜vāsayiṃsu (*3pl.aor.*) I.290¹⁷ 応諾した ①378. taṇhaṃ 〜sento carati I.367¹⁹ 欲望（渇愛）を耐え忍んでめぐ り行く ①484. taṇhaṃ 〜setuṃ (*inf.*) asakkonto I.367²¹ 渇愛に耐え忍ぶことがで きないで ①484. 〜setvā I.390²⁰ 同意して ①514. 〜setvâpi nisinno I.401⁸ 我慢しなが らも坐っていた ①527. 〜setha (*imper.*) I.441⁵ お受け下さい ①578. mā 〜sayittha (*aor.*) I.441⁵ お受けになってはいけません ①578. 〜setuṃ (*inf.*) nâsakkhi II.53¹³ 〜こ とができなかった ②70. bhikkhuṃ 〜 vāsetha (*imper.*) II.113¹⁶ 托鉢食をお受け下 さい ②151. 〜vāsayiṃsu (*aor.3pl.*) II.113¹⁷ 承諾した ②151. thero 〜sesi (*aor.*) II.182²³ 上座は承諾した ②240. 〜sehi tāva Sāriputta II.191¹⁹ まずは待ちなさい，舎利 弗よ ②251. 〜vāsentī (*prp.f.*) IV.193⁵ 忍受 して ④274.

adhivuttha *a.pp.* <adhivasati 占められた，予約 された. 〜ṃ svātanāya bhattaṃ III.469⁵ 明 日の食事は予約されました ③654.

adhisīla *n.* 増上戒 III.451²¹ ③630. **-sikkhā** *f.* すぐれた戒の学，増上戒学 I.334¹⁶ ①440. III.275¹² ③398.

adhiseti <śī 横たわる. paṭhaviṃ **~sessati** (*ft.*) I.320[15] 地上に横たわるであろう ①421.

adhīyati <adhi-i 学ぶ. **~yassu** (*imper.*) III.446[1] 学びなさい ③622.

adhunā *adv.* いま, 最近 II.142[13] ②187. III.328[13] ③471. **~'āgata** *a.pp.* 今来た. **~o** imaṃ dhamma-vinayaṃ I.92[11] この法と律に今たどり着いた者です ①120.

adho-mukha *a.* 顔を下に向けて. **~o** bhuñjat'eva I.401[4] ~ただ食べるだけである ①527. 下を向いた. **~o** nisīdi I.404[18] ~向いて坐った ①532.

adho-sākhā *a.* 枝を下に. uddha-mūlaṃ **~aṃ** katvā gacchati I.75[17] 根を上に, 枝を下にして〔樹木が落ちて〕行く ①99.

an-akkhika-kāla *m.* 眼のない時間 I.11[3] ①14.

an-akkhāta *a.pp.* <akkhāti 言いようのない〔境地〕III.289[12] ③421.

anagāriya *a.* 非家の, 家なき者の. agārasmā **~ṃ** pabbajanti I.120[4] 家から家なき者へと出家する ①155. **-sīla** *n.* 家なき者(出家者)の戒 III.464[13] ③648.

an-aggha *a.* 評価できない, 貴重な III.134[16] ③191. 値がつけられない(高価な) III.256[8] ③370. IV.205[16] ④292. **~ṃ** mantaṃ jānāti I.194[12] **貴重な**呪文を知っている ①257.

an-aṅgaṇa *a.* 穢れのない(人), 汚れのない(人), 無穢の(人) III.33[23], 335[19] ③49, 480. IV.70[8] ④90.

an-acchariya *a.* 希有のものではない III.134[11] ③190. 不思議ではない. **~ṃ** I.284[8] ①370.

an-añña-posin *a.* 他を養わない(人) I.430[3] ①563.

an-aññāta *a.pp.* <ājānāti はかり知られない I.355[1] ①467.

an-atikkamati <ati-kamati 行き過ぎない. taṃ **~kkamitvā** (*ger.*) I.65[1] その〔教誡〕に違背しないで ①86. 超過しない. kālaṃ **~kkamitvā** I.372[10] 時間を~で ①489.

an-atimānin *a.* 過度の慢心をもたない I.315[16] ①415.

an-attamana *a.* 心喜ばない. tvaṃ pana kasmā **~o** I.90[3] しかし君はどうして心喜ばないのか ①117. 不本意の. **~o** I.140[2] **~のまま**で ①183.

an-attamanatā *f.* 不本意であること III.308[17] ③447. 得心していないこと IV.213[2] ④302. **-dhātuka** *a.* 心が喜ばない状態(体質)の. **~o'si** I.89[22] 君は**~に**なっている ①116.

anatta-lakkhaṇa *n.* 無我の相 III.406[15], 428[1] ③573, 600.

an-attha *a.* 不利なこと. assa **~ṃ** karissāmi I.140[5] 彼にとって不利なことを私は行なおう ①183. **-kāraka** *a.m.* 無意味な(無利益な)ことをしている人 I.55[14] ①75. **-nissita** *a.pp.* 不利益に依存した. lokassa **~ṃ** ... karoti I.142[16] 世間の~**ことを**…為している ①187.

an-atthaṅgamita *a.* まだ没しない. suriye **~e** yeva I.86[9] 太陽がまだ没しないうちに ①113.(脚註9)

an-atthika-bhāva *m.* 用なしであること. **~o** ca vattabbo I.202[10] また〔私が〕用なしであると言われるべきだとしても ①267.

an-addhaniya *a.* 長時間にわたらない I.316[20] ①416. 長い時間もたない I.336[23] ①443.

an-anucchavika *a.* ふさわしくない II.21[13] ②28. Devadatto attano **~ṃ** nivāsetvā I.79[22] デーヴァダッタは自分に不釣合いのものを着て ①104. **~ṃ** ... maraṇaṃ I.224[6] 死亡するのはふさわしくない ①293. **~ṃ** etaṃ I.360[14] これは~ ①473.

an-anuññāta *a.pp.* <anujānāti 許可されない. mātā-pitūhi **~ṃ** puttaṃ na pabbājeyyuṃ I.117[16] 父母から許されていない子を出家させないで下さい ①152. **-kāla** *m.* まだ許されていない時期 III.394[5] ③556.

an-anuvāda *a.* 〔他者を〕非難する人ではない(人) III.376[13] ③531.

an-anta-gocara *a.* 無辺の行動領域をもつ(人) III.197[8] ③289.

an-antara *a.* 間がない, 直接の. ~āsane nissinno bhikkhu I.110[8] すぐ隣の席に坐った比丘は ①142. **~'atta-bhāva** *m.* 直前の自分の生存 IV.19[1] ④23. **-geha-vāsin** *a.* 隣の家に住む(人) I.240[19] ①316. **-ghara** *n.* 隣接する家 I.376[19] ①494.

an-anvāhata-ceto *a.* 心が混乱しない(人) I.308[20] ①405.

an-apanīta-tā *f.* 取り除かれなかったこと IV.215[8] ④305.

an-apaloketvā *ger.* かえりみないで. ~ bhikkhu-saṅghaṃ I.56[18] 比丘僧団をかえりみることなく ①76.

an-apāyinī *f.a.* 離れて行かない. chāyā va ~ I.35[12], 36[23] 陰が離れて行かないものである

ように ①46, 48.

an-apekkha *a.* 期待しない(者). ~o ahosi I.125¹⁰ 期待しない者となった ①162. II.250¹¹ ②325. an-apekkhā *abl.adv.* かえりみないで IV.204¹⁷ ④291. an-apekhin *a.* 期待しない(人) IV.55²⁵ ④66.

an-appaka *a.* 少なからぬ. ~ṃ domanassaṃ paṭisaṃvedesi I.179⁸ ~心の憂いを感受した ①234.

an-abhijjha *a.* 貪欲がない. ~ādīhi guṇehi pasannena I.36⁹ 貪りなど(貪・瞋・癡)がないなどの諸々の徳によって浄められた〔意〕をもって ①48.

an-abhijjhā *f.* 無貪欲 II.226⁹ ②294.

an-abhirata *a.pp.* <abhiramati 大いに喜ばない. ~o ahaṃ I.118⁶ 私は~ ①153.

an-abhirati *f.* 不愉快 II.258¹⁷ ②336. 悦ばしくないこと IV.19¹³ ④23.

an-amat'agga *a.* 先端が量り知れない II.13¹⁸ ②18. 無始無窮の〔輪廻〕 III.167¹¹ ③243. ~smiṃ saṃsāra-vaṭṭe I.11² その始めが量れない輪廻の渦巻の中で ①14. ~e saṃsāre I.221⁹ ~輪廻を ①290. III.362⁴ ~輪廻の中で ③514. -dhamma-desanā *f.* その始めが量れない(無始無窮の)〔輪廻〕についての説法(*S.*II.187,「南伝」13, 275頁) II.32¹⁵ ②43. -pariyāya *m.* 無始〔流転〕の教え, 輪廻の教え II.268⁹ ②347.

anamha-kāla *m.* 楽しまない時. ~e IV.67¹³ 楽しむ時ではないのに ④86.

anaya-vyasana *n.* 不幸・災厄. ~ṃ pāpuṇāti I.300⁶ ~を得る ①394. ~ṃ kareyya I.324⁹ ~を為そうとも ①426. ~ṃ pāpuṇāti III.69¹⁹ ~を得る ③100.

an-alaṃ-karoti <alaṃ-kṛ 満足しない, 十分としない. ~karitvā (*ger.*) I.85²⁵ 満足しないで ①112.

anavajja *a.* 無罪 II.31¹⁴ ②42. III.487² ③679.

an-avaṭṭhita *a.pp.* <sthā しっかりと立っていない. ~cittassa I.305⁸ 心が~人の ①401. -citta *a.pp.* <sthā 心が確立しない II.23¹ ②30. ~kāle I.308¹⁴ ~時に ①405.

an-avasesa-pariyādāna-vacana *n.* 残らず含めて言う言葉 II.234⁸ ②306.

an-avassuta-citta *a.* 心が〔煩悩が〕漏れ出ないものである(人) I.308²⁰ ①405.

an-assava *a.* <ā-śru 従順でない IV.9¹³ ④13. attano hattha-pādâpi ~ā honti I.7⁷¹⁰ 自分の手足ですらも言うことを聞かない ①9.

anāgata *a.* (an-āgata) 未来の. ~e I.83²² 将来に ①110. na~e bhavissati I.97²² 将来にもないであろう ①126. ~e I.110¹⁵ 未来に ①142. -saññāṇa *n.* 未来のしるし, 未来の様子 II.266¹⁶ ②345.

an-āgamana *n.* 来ないこと I.83⁸ ①110. -dhamma *a.* 戻って来ない質(たち)の(者) IV.191²¹ ④272.

anāgāmin *m.* 不還者, 阿那含 I.310⁶, 380¹¹ ①406, 500. ~mī ahosi I.87¹⁹ 不還者となった ①114. -tthera *m.* 不還者の上座 III.288¹⁴ ③420. -phala *n.* 不還者の果, 不還果. rājā ~e patiṭṭhati I.117²⁶ 王は~にしっかりと立った ①152. ~e patiṭṭhahiṃsu I.202⁸ ~の上にしっかりと立った ①267. II.211¹⁴ ②276. -phala-upanissaya *m.* 不還者の果〔を得る〕因(機根) I.199¹⁴ ①263.

an-āgāra *a.* 家なき(人), 出家者 IV.173¹⁶, 198¹¹ ④240, 282.

an-āgārika *a.* 家なき(出家)者 I.239⁴ ①313.

an-ācāra *m.* 不正行為 II.109⁵ ②144. 不法なふるまい II.154¹⁷ ②203. -kiriyā *f.* 非行 II.201²⁰ ②264.

an-āṇatta *a.pp.* <āṇāpeti 命令されない. ~ā I.340¹⁰ 命令されない者たちは ①448.

an-ātura *a.* 病気のない(人) III.256¹⁴ ③370.

a-nātha *a.* よるべがない, 無怙 III.12¹⁴ ③19. 孤独の(者) III.255¹¹, 356¹⁸ ③368, 507. ~o hoti I.78⁷ 孤独の人となる ①101. so ~o hutvā I.319¹⁵ 彼は孤独になって ①419. ~o jāto'si I.356¹⁸ あなたは寄るべなき者となった ①469. -sarīra *n.* よるべない人の〔死〕体 I.99¹⁷ ①128.

Anātha-piṇḍika *m.* 人名. アナータ・ピンディカ, 給孤独(長者) I.4⁸˒¹³˒¹⁸, 60¹⁴, 62¹⁶, 118², 151⁴, 283¹⁷, 323⁴ ①6, 80, 83, 153, 198, 369, 424. ~ena … Satthā pañhaṃ apucchita-pubbo I.5⁵ 給孤独(長者)は…今まで大師に質問をしなかった ①6. -seṭṭhin *m.* アナータ・ピンディカ(給孤独)長者 III.9²¹ ③16.

an-ādāna *a.* 取著がない(人) IV.70¹⁰, 158¹⁴, 180², 230¹⁸ ④90, 216, 250, 331.

an-āpatti *f.* 無罪, 無犯 IV.139¹ ④185. -diṭṭhin *a.* 犯戒ではないと見る者 I.54⁶ ①72.

an-āpucchā *ger.* <āpucchati 許しを乞わないで. maṃ ~ na gamissanti I.81⁶ 私に~行かないだろう ①105.

an-āmata *a.* 誰も死なない(場所) II.99[4] ②130.

an-āmanteti 話さない, 言わない. aññaṃ kiñci **〜tetvā** I.106[11] 他の者には何も言わずに ①137.

an-ālaya *m.a.* 無執着, 執著なき. **〜o** bhaveyya I.317[18] **〜**であれよ ①417. **-cara** *a.* 執著なく行く(人) IV.174[2] ④240.

an-āvila *a.* 汚濁のない II.127[3] ②167. III.467[22] ③652. **〜ṃ** nikkhamati I.126[12] **〜ものが**出る ①164.

anāsaka (an-āsaka) *a.* 断食の(修行) III.77[17] ③110.

an-āsava *a.* 無漏 I.120[16] ①156. 漏煩悩のない(人) IV.142[7] ④191.

a-nikāmayati 欲求しない. **〜mayaṃ** (*prp. nom.*) I.433[7] 欲求しないで ①567.

a-nik-kasāva *a.m.* 無濁でない人, 汚濁を脱していない人 I.77[15], 81[26], 82[8,13] ①101, 107, 108.

a-niggaṇhāti <ni-**grah** 抑止しない. **〜hantassa** IV.24[2] 抑止しないでいる者には ④27.

a-nicca *a.* 無常の. **〜ā** vata saṅkhārā I.246[8] 実に諸行(身心, 森羅万象)は無常である ①322. **-lakkhaṇa** *n.* 無常相 III.405[1], 427[22] ③570, 600. **-saññā** *f.* 無常想. **〜aṃ** paṭilabhi I.247[7] **〜を**得た ①324.

an-iṭṭh'ārammaṇa *n.* 好まない対境 IV.85[9] ④110.

a-niṭṭhita *a.pp.* <niṭṭhāti 完成していない III.172[4] ③252. 終わらない. bhatte **〜e** yeva II.97[2] 食事がまだ〜時に ②127.

an-itthi-gandha-kumāra *m.* 女性の臭いを嫌う少年(青年) III.281[1] ③408.

a-ni-pphala *a.* 果報のない者としてではなく. upāsikā **〜ā** kāla-katā I.222[2] 信女たちは〜(善い果報をもって) 死去したのだよ ①291.

a-nibbisaṃ *prp.1sg.nom.* <a-nibbisati 得ることなく III.127[20] ③181.

a-nimitta *a.* 前兆がない. 〔この世において, 死すべき人間たちの生命は〕〜 I.355[1] ①467.

animitta vimokkha *m.* 無相解脱, 貪・瞋・癡の相(しるし, きざし)がない解脱 II.172[11] ②227.

a-niyata *a.pp.* <ni-**yam** 決定しない, 不定の. **〜ā** gati I.431[10] 将来(行方)は不定である ①565. jīvitam eva **〜ṃ** III.170[24] 命こそが不定である ③250. **-gatika** *a.* 死後の行方の定まらない(者) III.173[3] ③253.

a-niyyāna-dīpaka *a.* 出離(解脱)を明らかにするものではない II.209[2] ②273.

a-nivesana *a.* 執著のない. **〜o** siyā I.316[18] 〜者でありなさい ①416.

a-nisāmeti <ni-**śaṃ** 傾聴しない, うわの空である IV.58[3] ④70.

an-issara *a.* 自在にする者がいない(ものごと) III.407[8] ③573.

anīgha *a.* 動転がない III.453[22] ③634.

anukantati 切る. hattham eva 〜 III.484[5] 同じ〔その〕手を切る ③675.

anukampā *f.* 同情, 憐愍, 慈悲. tasmiṃ **〜aṃ** paṭicca I.41[17] 彼に対する憐愍によって ①56. **〜aṃ** karotha I.112[14] 許容して下さい(慈悲をたれたまえ) ①144. tasmiṃ **〜āya** I.155[23] 彼を憐んで ①205. **〜āya** paṭijaggi I.166[11] **〜によって**〔彼女の〕世話をした ①216. tesu **〜aṃ** katvā I.170[21] 彼らを憐んで ①222. **〜aṃ** katvā II.107[8], III.43[7] 憐んで ②142, ③61. **〜aṃ** karonti II.133[4] 〜する ②175.

anu-karoti まねをする. tassa **〜karaṃ** (*prp. nom.*) I.144[11] その〔鳥〕のまねをしつつ ①189. katam 〜 IV.197[5] なされていることをまねる ④280.

anukiriyā *f.* まねをした行動. tumhākaṃ **〜aṃ** hari (*Vri.* karoti) I.144[3] あなた様の**〜を**しました ①188.

anukūla-bhāva *m.* すなおであること III.162[21] ③235.

[1]**anukkama** *m.* 手綱. sah'**〜ṃ** IV.160[16] **〜と**ともに〔切断して〕④221.

[2]**anukkama** *m.* Ⓢanu-krama 順次, 次第. **〜ena** *instr.adv.* 順々に I.154[17] ①203. 次第に III.20[3] ③30. 〜 bhadra-yobbanaṃ patvā I.84[19] 順次に吉祥の青春に達し ①111. 〜 Rājagahaṃ gantvā I.85[20] 〜に王舎城に行き ①112.

anu-gacchati <anu-**gam** ついて行く. na**〜anti** I.6[12] ついて行かない ①8. **anugantvā** I.14[9] ついて行って ①18. vipāka-dukkhaṃ 〜 I.24[4] 果報の苦がついて行く ①32. vipāka-sukhaṃ 〜 I.36[21] 果報の楽がついて行く ①48. n'eva bhogā na ñātayo **〜anti** I.67[15] 財物も親族たちも決して〔死者に〕 ついて行かない ①90. **anu-gacchant** *prp.* つき従って行

く. para-lokaṃ gacchantaṃ ~**o** nāma natthi I.161[16] 別の世間に行く者につき従って行くものというのはいない ①210.

anugaṇhaṇa *n.* 教導(摂受)すること. ~atthāya II.107[14] **~するために** ②142.

anuggaha <anu-**grah** 愛護, 摂受 IV.121[1] ④162. **~ṃ** karissāmi IV.200[2] 私は**~を**するだろう ④284.

anu-ccha-māsaṃ *ac.adv.* 6箇月ごとに III.52[13] ③76.

anucchavi *a.* ふさわしい. tav'~**iṃ** I.108[19] あなたにふさわしい〔坐席〕①140.

anucchavika *a.* 似合った, 釣合った(者) III.194[3] ③284. 適切な. Buddhānaṃ **~ṃ** katvā I.97[20] 仏さまに適切なものとして ①126. ふさわしい. imaṃ itthi-ratanaṃ devassa **~ṃ** I.203[4] この女性の宝は王様にふさわしい者です ①268. **-kicca** *a.n.gdv.* <karoti ふさわしい為すべきこと I.151[12] ①198.

an-ucchiṭṭha *a.pp.* <ud-**śiṣ**〔食べ〕残さない. **~ṃ** katvā II.3[18] 食べ残しをしないで ②6.

anujāta-putta *m.* 〔立派な親に〕従って生まれた子 I.129[15] ①169.

anujānāti (anu-jānāti) 許可する, 承諾する. uposathâdīni **~jānitvā** (*ger.*) I.55[9] 布薩などを〔行なうこと〕を承認して(命じて) ①74. **~nāhi** (*imper.*) maṃ amma I.137[1] 私をお許し下さい, お母さん ①179. sace maṃ **~jāneyyātha** (*2pl.op.*) I.242[19] もし私にお許し下さるなら ①318. pabbajjaṃ **~jāni** (*aor.*) I.243[18] 出家を許した ①319. na me Satthā ~ III.210[5] 大師は私を許可なさらない ③306.

anujānāpeti *cs.* 承知させる. **~petvā** III.241[22] **~させてから** ③347. **~petvā** IV.195[12] **~させて** ④278.

anuññāta *a.pp.* <anujānāti 許可された. raññā **~ā** III.476[8] 王から~ ③664. **-senâsana** 臥坐を許された(人) IV.101[19] ④135.

an-uṭṭhāna-mala *a.* 〔仕事に〕立ち上らないのを垢とする(人) III.347[7] ③495.

an-uṭṭhita *a.pp.* <uṭṭhahati <ud-**sthā** 起き上がらない. sabbesu **~itesu** yeva I.69[17] 全ての人々がまだ起き上がらないうちに ①92.

anuḍahati 破壊する, 害する. taṃ visaṃ **~ḍahituṃ** (*inf.*) na sakkoti III.28[7] その毒が害することは出来ない ③42.

anu-tappati *ps.* <tapati 続いて焼かれる(苦しめられる) II.40[3] ②53. 後で苦しめられる. yaṃ katvā na ~ II.47[8] それを行なっても**~められない** ②62.

anutāpa *n.* 悩むこと. paccā**~ṃ** hoti II.40[1] 後で**~があれば** ②53.

anu-tīra-cārin *a.* 河岸にそって行く〔かわうそ〕III.141[3] ③200.

anuthera *m.* 副僧団長 II.247[15] ②322. 二番目の上座 III.412[21] ③580. 従上座, 格下の上座 III.419[5] ③588.

anuttara *a.* 無上の I.422[11] ①554. dhammaṃ câpi **~ṃ** I.32[20] 無上の法にも〔帰依します〕①43. **-dhamma-rājatā** *f.* 無上の法王であること. **~tāya** I.249[5] **~によって** ①325.

anutthunāti <anu-stan 泣く. **~tthunaṃ** (*prp.*) III.132[11] 泣きながら ③187.

anudisā *f.* 四方の中間, 四維 I.324[2] ①425.

anudūta *m.* お伴の使. **~ṃ** datvā II.76[6] **~をつけてやって** ②101. ~ **bhikkhu** *m.* 随行の使者の比丘 II.78[18] ②104.

anuddayā *f.* 哀愍 II.24[7] ②32. 憐愍の情. **~yaṃ** paṭicca I.227[9] **~によって** ①297.

an-uddhata *a.* 浮わつかない IV.92[18] ④121.

anu-dhamma-cārin *a.m.* 法に従って行ずる者 I.157[6] ①207.

anunaya *m.* 随従, 親愛 II.149[3] ②195.

an-upaṭṭhita-sati *a.* 思念が確立しない. ~ II.77[3] **~者である** ②102.

anupatati ついて来る III.297[24] ③432.

an-upaddava *a.* 危難のない III.293[10] ③426.

an-upadhāreti *cs.* <upa-**dhṛ** 思慮しない. **~retvā** IV.197[18] **~しないで** ④281.

an-upanayhana *n.* 怨まないこと I.44[16] ①60.

anupari-gacchati …にそって歩み行く. pāsādaṃ **~cchantī** (*prp.*) I.416[14] 殿堂にそって歩み行きつつ ①546.

anu-pari-yāti …にそって歩く. pāsādaṃ ~ I.417[10] 殿堂にそって歩んでいます ①547. 旋回する. **~yāyi** (*aor.*) III.202[17] **~した** ③296.

anupavajja *a.gdv.* <an-upavadati 無罪の II.187[14] ②246.

an-upahacca *ger.adv.* <upahanti 損なわないで. ~ nāma saddhaṃ ~ bhoge I.373[20] いわば信を~, 財物を~ ①491.

an-upahata-jivha-pasāda *a.pp.* <upahanti <**han** 舌の清らかさが害されていない(人). **~o**

puriso II.33[11] **～ない人が** ②44.

anupādāna *a.* 油のなくなった〔灯火〕 II.163[9] ②215.

anupādā-parinibbāṇa *n.* 無取著の涅槃 I.286[3] ①372.

anupādāya *ger.adv.* <an-upādiyati 執らわれることなく II.162[4] ②213. 取著なく. yāva me ～ āsavehi cittaṃ na muccissati (*Vri.*) I.86[7] 私の心が取著なく諸々の漏煩悩から解放されない間は ①113. te ～ āsavehi cittaṃ vimuttaṃ I.121[4] 君の心は取著なく諸々の漏煩悩から解脱している ①156.

an-upādinnaka *a.* 意識のない(もの) III.427[20] ③600.

an-upādiyati <upa-ā-**dā** 取らない, 執著しない. catūhi upādānehi ～**diyanto** (*prp.*) I.158[25] 四つの取著に執著しないでいる ①209.

an-upādiyāna *a.* 取著がない. ～**o** I.157[9] ～なく ①207.

anupādisesa *a.* 無余依の〔涅槃〕 II.163[8] ②215. ～**ā nibbāna-dhātu** *f.* 無余依の涅槃界 I.297[12] ①388. III.169[23] ③248. **-nibbāna** *n.* 無余依の涅槃 IV.108[20] ④144.

Anupiy'amba-vana *n.* アヌピヤーのマンゴー林(アヌピヤーはカピラヴァッツの東方Malla国の町) I.133[8] ①175. IV.127[12] ④170.

Anupiyā *f.* (マッラ人の町)アヌピヤー I.133[7] ①175.

anupubba *a.* (anu-pubba, Ⓢanupūrva) 次第の, 順次の. ～**ena** I.4[7] 次第に ①6. Satthā pi ～**ena** Jeta-vanaṃ agamāsi I.63[22] 大師も順次に祇陀林においでになった ①84. ～**ena** *instr.adv.* 順々に I.298[10] ①391. IV.226[15] ④324. ～**ena** 次第に, 順次に. te pi ～ Jeta-vanaṃ gantvā I.14[10] 彼等も次第に祇陀林に行き ①18.

anupubbi-kathā *f.* 次第を追ったお話(釈迦牟尼世尊の一代記) I.83[9] ①110. 次第説法 I.323[14], 337[19], 406[2] ①424, 445, 533. 順を追った話 II.61[12] ②80. ～**aṃ** kathesi I.6[8] 次第説法を語った ①8. ～**aṃ** kathetvā I.207[11] ～**を**語って ①273.

an-uppajjanaka *a.* まだ生起しない. ～**ssa** kilesassa uppajjituṃ adentā I.304[18] ～煩悩に生起することを与えず ①400.

anuppatta *a.pp.* <pāpuṇāti <pa-**āp** 到着した I.314[1] ①413. Satthā kira ～**o** I.71[17] 聞くところでは大師が到着なさったそうだ ①95.

an-uppanna *a.pp.* <uppajjati <ud-**pad** 生じない. ～**e** yeva hi Buddhe I.88[15], 100[12] 実に仏陀がまだ出現なさらない時に ①115, 129.

anubaddha *a.pp.* <anubandhati 追跡された III.149[15] ③214. padânupadaṃ ～**ā** I.69[7] 足跡をたどってつけられて ①92.

anubandhati (anu-bandhati) 従う, あとを追う. kāyikaṃ pi cetasikaṃ pi dukkhaṃ ～ I.24[15] 身体的な苦も, 心的な苦も〔その人に〕ついて行く ①32. piṭṭhito ～**bandheyyaṃ** (*1sg. op.*) I.91[23] 私は背後からつけて行こう ①119. Bhagavantaṃ ～**bandhi** (*3sg.aor.*) I.117[4] 世尊のあとをつけて行った ①151. hatthiṃ ～**bandhi** (*aor.*) I.193[3] 象の跡をつけた ①255. taṃ ～**bandhiṃsu** (*3pl.aor.*) I.351[15] 彼を**追跡した** ①463. ～**dhanto** (*prp.*) III.456[9] 後をつけて ③638.

anubyañjana *n.* 随相, 細相. **-ggāha** *m.* こまかな様相の把握 I.74[15] ①98. **-samujjala** *a.* 随相に耀やいた(世尊) III.115[19] ③165.

anubrūheti 増大させる. vivekaṃ ～**haye** (*op.*) II.102[5] 遠離を～がよい ②135.

anubhavati 経験する, 享受する. sukhaṃ pi dukkhaṃ pi ～**vanti** I.222[11] 安楽をも苦痛をも経験する ①292. dibba-sampattiṃ ～**bhavitvā** II.114[21] 天上の栄華を享受してから ②152. ～**bhosi** (*aor.*) III.40[15] **～した** ③59.

anubhūta *a.pp* <anubhavati. 経験した. diṭṭha～**āni** III.40[12] ～苦しみ ③59.

anubhoti, anubhavati 経験する, 受ける. mahā-dukkhaṃ nāma ～**bhosi** I.123[17] 大きな苦痛というのをあなたは受けるのね ①160. ある, うける. taṃ n'eva ... atthaṃ ～ I.367[6] その〔富〕 は決して…のためにあるのではない ①483.

anumodana *n.* 随喜, 感謝のことばを述べること. ～**ṃ** katvā I.73[10] ～をしてから ①96. ～**ṃ** karonto I.77[22] 感謝のことばを述べて ①101. ～**ṃ** akāsi I.98[10], 373[14] 〔大師は〕～**を**なさった ①127, 490.

anuyuñjati <anu-yuñjati 実践する, 専心する. I.376[1] 〔無学の牟尼は現法楽住を〕もっぱらとする ①492. ～**janto** (*prp.*) III.126[12] 実践しつつ ③179.

anuyutta *a.pp.* <anuyuñjati 実行した, 専念した. ～**o** viharatu I.56[1] 専心して住して下さい ①75.

anuyoga *m.* 実践, 従事 III.451[17] ③630.

an-uyyojeti *cs.* <uyyuñjati 促さない. **〜jetvâ**pi IV.20[6] 強いて促さない(排斥しない)けれども ④24.

Anurādha-pura *n.* アヌラーダ・プラ(スリランカの古代の首都) I.398[10] ①523. IV.50[14], 238[9] ④58, 343.

anurujjhati Ⓢanurudhyate 喜ぶ II.181[17] ②238.

Anuruddha *m.* (比丘)アヌルッダ, 阿那律(阿難, 提婆達多などと共に出家した) I.133[12] ①175. III.218[11], 295[6] ③316, 428. IV.89[19], 120[14], 124[2] ④116, 161, 166.

Anuruddha-tthera *m.* アヌルッダ(阿那律)上座 II.93[15], 173[8] ②123, 228. III.471[7] ③656. IV.80[11] ④105.

anurodha *m.* 満悦, 喜悦 II.181[12] ②237.

Anula-tthera *m.* アヌラ上座(スリランカのコーティ山大精舎の住僧) IV.50[22] ④59.

anuloma-paṭiloma-vasena *instr.adv.* 順と逆とによって III.127[16] ③181.

anuvattati 身をひるがえす. **〜ttitvā** III.76[18] 〜して ③109. すなおにする. mayā imaṃ daharaṃ **〜ttituṃ** (*inf.*) vaṭṭati III.162[15] 私がこの若者を**すなおにするのが**よいのだ ③235.

anu-vātaṃ *ac.adv.* 風に従って I.420[15] ①552.

anuvicinteti **<cit** …に従って思念する. dhammaṃ **〜cintayaṃ** (*prp.*) IV.94[23] 法に従って思念しつつ ④124.

anuvicca *adv.ger.* <anuvijjati 知って III.328[6] ③471.

anuvijjhati **<vyadh** たどってよく知る(貫通する) III.380[15] ③537.

anusaṃvaccharaṃ *ac.adv.* 毎年 I.89[7] ①116. 年ごとに I.388[16] ①511. 年毎に III.52[12] ③76.

anusaṭa *a.pp.* <anu-sṛ 撒布した IV.49[11] ④57.

anusatthi *f.* 訓誡 III.237[19] ③340.

anusandhi *f.* 結論. **〜ṃ** ghaṭetvā I.21[16], 35[6] 結論に結びつけて ①28, 46. II.40[1], 47[6] ②53, 62.

anusaya *m.* Ⓢanuśaya 随眠, 煩悩, 使 IV.161[3] ④221.

anusāyika *a.* 潜在する, 慢性の. **〜ssa** rogassa vasena I.431[7] 〜病気によって ①565.

anusāsati 教誡する III.144[3] ③205. aññam **〜seyya** (*op.*) III.141[28] 他を**〜がよい** ③201. **〜sāsissāmi** (*ft.*) IV.127[8] 教えておこう ④170. **〜sitvā** IV.221[1] 〜して ④313.

anusāsanī *f.* 教誡 III.459[1] ③641.

anussarati Ⓢanusmarati <anu-**smṛ** たどって思う, 追憶する. asīti-kappe 〜 I.41[15] 80劫をたどって思う ①56. putta-dāraṃ 〜 I.70[7] 子や妻を追憶する ①93. ahaṃ tad **〜saramāno** (*prp.*) I.118[19] 私は彼女を追憶して ①153. guṇe **〜ssaranto** (*prp.*) I.222[16] 徳を思い浮かべつつ ①292. **〜ssari** (*aor.*) I.296[24] 追想した ①388. **〜ssarantī** (*prp.f.*) I.363[8] 追憶しつつ ①477. **〜ritvā** III.456[1] **たどって思念して** ③637.

anussava *m.* 伝聞 III.404[4] ③568.

anussāveti 報告する, 表白する. **〜vesi** (*aor.*) II.4[9] 表白した ②6.

anussuta *a.* (an-ussuta) 貪欲のない(人) IV.165[16] ④227.

anūpaghāta *m.* 悩害しないこと III.237[10] ③339.

anūpalitta *a.pp.* <upalimpati 汚染されない(者) IV.72[11] ④93.

anūpavāda *m.* 悪罵がないこと III.237[10] ③339.

an-ūhata *a.pp.* <ud-**hṛ** 根絶されない. taṇhânusaye **〜hate** IV.47[11] 渇愛の随眠(結びつき, 潜在)が**〜されない時** ④55.

aneka *a.* 一つでない, 多くの. **-jāti-saṃsāra** *m.* 多くの生の輪廻 III.127[9] ③181. **-sūpa-vikati** *f.* 多くのスープの類 II.8[8] ②11.

Aneka-vaṇṇa-devaputta *m.* 多色天子 I.426[15] ①560.

anesanā *f.* 邪求(「パ仏辞」p. 131右に21種列挙) II.111[14] ②148. III.351[18] ③500. IV.34[6] ④41. **〜nāya** IV.97[10] 不法に ④128.

an-oka-sārin *a.* 家なくして行く(人) IV.173[17] ④240.

an-okāsa *a.* 場ではない. idāni **〜o** I.130[21] 今や〔我々がいる〕場ではない ①171.

anoja-puppha *n.* アノージャ(赤花の灌木)の花 II.116[9] ②154.

Anojā devī *f.* アノージャー王妃(大カッピナ王の妃) II.117[1] ②154.

Anotatta *m.* アノータッタ(無熱悩池, 雪山の池) I.49[3] ①65. II.211[5] ②275. III.222[12] ③321. IV.129[21] ④174.

an-opama *a.* 比類のない. **〜āya** buddha-siriyā II.214[8] 〜仏陀の吉祥に〔輝やいて〕 ②279.

Anoma *m.* アノーマ(アノーマダッシン仏の高弟) I.105[25] ①137.

anoma-guṇa *a.* 最高の徳のある(人) II.62[16] ②

82.

anoma-guṇatā *f.* すぐれた徳であること II.180[9] ②236.

anoma-pañña *a.* すぐれた智慧の方 I.31[20] ①42.

Anomadassin *m.*（仏の名）アノーマダッシン（過去24仏の第7）I.84[4] ①111.

Anomadassin Buddha *m.* アノーマダッシン仏陀（過去24仏の第7）I.105[22] ①137.

Anomā-nāma-nadī-tīra *n.* **～e** pabbajitvā I.85[19] アノーマーという川のほとり．～で出家して ①112.

an-oramati *denom.* <ora 中止しない．**～mitvā** III.9[13] ～で ③14.

an-ovassaka-ṭṭhāna *n.* 雨の降らない場所 II.263[4] ②341.

an-osakkati <ava-**ṣvaṣk** 撤退しない．antarā **～itvā** I.230[21] 途中で～で ①301.

an-osāreti *cs.* <ava-**sṛ** 下に流し落とされない．**～osāretvā** IV.83[12] (*PTS.* anosādetvā) ～ないで ④109.

an-osīdati <ava-**sad** 沈まない．**～ditvā** IV.108[13] 沈まないで ④144.

an-ossajati <ava-**sṛj** 捨てない．viriyaṃ **～jitvā** I.254[24] 精進を捨てないで ①332.

[1]**anta** *m.* 終り．kadā **～o** bhavissati II.11[5] いつになったら～があるのだろうか ②15. **～'antena** *instr.adv.* 端から端まで III.202[16] ③296. **-kiriyā** *f.* 終わりにすること．dukkhassa **～yāya** I.95[17] 苦を終息するために ①124.

[2]**anta** *n.* 腸 I.80[9] ①104.

antaka *m.* 死神 I.365[25] ①481. **～enâdhipanna** *a.pp.* <adhipajjati 死神に捕えられた（人）II.268[18] ②347. III.434[15] ③611.

antamaso *abl.adv.* 乃至，結局，ついには，いわんや，…さえも，…までも I.162[1], 205[1] ①210, 270. II.78[7] ②104. III.131[3], 163[6], 206[15], 484[15] ③186, 236, 302, 676. IV.216[4] ④306. ～ sunakham pi III.433[11] ついには犬までも ③609.

[1]**antara** *n.* 欠点 III.376[14] ③531. 障碍となること．mā ... **～ṃ** dassayiṃsu I.347[10] ～を許さないで下さい（示すな）①458.

[2]**antara** *a.n.* 内の，中間の．bhāsa**～ena** I.2[6] 説話の合間に ①4. **～e** *loc.adv.* …の間に．sopāna-pāda-dhovana～ I.415[20] 階段と足を洗うところの間に ①545. **～'antare** *loc.adv.* 途中途中で IV.59[19] ④73. **～'antarena** *adv.* 間を．nāgo bhikkhūnaṃ ～ gantvā I.63[6] 象は比丘たちの間を行って ①83. 間を通って．～ gacchanti I.358[7]〔矢は敵兵の〕～行く ①470. **-bhatte** *loc.adv.* 食事の間に I.249[6] ①326. **-vassa** *a.* 雨安居中．ten'**～ena** I.138[10] その雨安居中に ①181. **-satthi** *a.n.* ももの間．vāladhiṃ **～satthimhi** pakkhipitvā III.185[16] 尾を～に入れて ③272. **～ā** *abl.adv.* 途中で．～ va taṃ puññaṃ khīyati I.173[21] まだ途中でその人の福徳は尽きる ①226. taṃ kammaṃ ～ va nipphannaṃ I.241[3] その仕事はもう途中ですみました ①316. vāso pi ca te natthi ～ III.337[3] またあなたには～住む処もない ③482. **～'antarā** *abl.adv.* 時々，あいだあいだに I.172[6] ①224. **～'antarā** *abl.adv.* しばしば I.274[1] ①357. **～'antarā** *abl.adv.* 途中途中で II.86[6] ②113. III.215[15] ③313. IV.228[1] ④327. **～'antarā** *abl.adv.* 間をあけて III.361[2] ③513. **-bhatte** *loc.adv.* 食事中に II.143[15], 174[14] ②188, 229. **-magga** *m.* 途中の道 I.3[9] ①5. **～e** aṭavī atthi I.13[14], 87[1], 118[23], 180[14] 途中の道に森がある ①17, 113, 154, 235. **～e** ṭhatvā I.423[17] (*Vri.*) **途中の道に**立って ①552. **～e** II.21[4] ～で ②27.

antaradhāna *n.* 滅すること，滅没 II.210[17] ②275.

antaradhāpeti *cs.* <antaradhāyati 消滅させる．**～peyyāma** (*op.*) III.474[15] **～させようか** ③662.

antaradhāyati <antara-**dhā** 消え失せる．tatth'ev'**～dhāyi** (*aor.*) I.33[3] その場で姿を消した ①43. kesa-massuṃ **～dhāyi** (*aor.*) I.109[26] 髪とひげが消えた ①109. avasesā **～yissanti** (*ft.*) I.248[11] その他の〔比丘〕たちは消え失せるだろう ①325. bhikkhū **～yiṃsu** (*3pl.aor.*) I.248[12] 比丘たちは消え失せた ①325. **～yissati** (*ft.*) I.441[13]〔敷物は〕**～だろう** ①578. **～dhāyi** (*aor.*) III.53[6] 姿を消した ③77. ābhā **～dhāyi** (*aor.*) IV.191[6] 光線は消え失せた ④271.

antaradhāyana *n.* 消えること．candâbhā**～ṃ** akāsi IV.191[3] 月光が消えるようにした ④271.

antarahita *a.pp.* <antara-dhāyati 姿を消した III.102[14] ③145. 消え失せた III.116[13] ③166. tattha **～o** I.119[17] そこで消え失せて ①154.

antarāpaṇa *m.* 市場, 商店 I.234[3] ①306.〔城〕内市場 I.317[5] ①416. 売店 II.131[19] ②173. dāsiṃ **～ṃ** pesesi I.181[1] 召使いの女を売店にお使いに出した ①236.

antarāya *m.* 障碍, 妨害 II.236[4] ②309. kathaṃ assa **～o** na bhaveyya I.42[13] どうしたら彼に障害がないだろうか ①57. **～ṃ** pi'ssa kareyya II.144[17] 彼の妨害をするかもしれない ②190. **～ena** bhavitabbaṃ III.75[9]〔何か〕**～が**あるにちがいない ③107.

antalikkha *n.* Ⓢantarikṣa 空中 III.38[2] ③56. **～e** I.244[6] 空中に ①319.

antima *a.* 最終の, 最後の. **-deha** *m.* 最後の身体 IV.70[18] ④90. **-sarīra** *a.* 最後の身にある(人) IV.70[12] ④90. 最後の身となった(人) IV.165[18] ④227.

antepura *n.* 内宮. **～ṃ** daḍḍhaṃ I.221[20] 内宮が焼け落ちました ①291. **～ṃ** pavisitvā II.2[1] ～に入って ②3. **-pālaka** *m.* 内宮の守衛 I.198[16] ①262.

ante-vāsika *m.* 内住者, 内弟子 I.95[7], 108[1], 156[13], 342[22] ①123, 139, 206, 451. sabbe **～e** pakkositvā I.107[19] 全ての内弟子たちを呼んで ①139. **-thera** *m.* 内弟子の上座 I.111[3] ①142.

ante-vāsi-bhāva *m.* 内弟子となること I.94[10] ①122.

anto *prep.* 内, 内に. ～gāmaṃ pāvisi I.15[5] 村の中に入った ①20. ～gabbhe vijātā I.48[18] 部屋の中でお産をしたのです ①65. **-aggi** *m.*〔家の〕中の火 I.397[18] ①522. **-aruṇe** *loc.adv.* 暁明の間に II.165[15] ②217. **-āvaṭṭa** *m.n.* 内側の内輪(うずまき) III.184[15] ③271. **-uppanna** *a.pp.* <uppajjati <ud-**pad**〔心の〕中に生じた. **～o** Kilesa-māro pasahati I.75[19]〔心の〕中に生じた煩悩魔が〔その人を〕征圧する ①99. **-gāma** *m.* 村の中. **～ṃ** pāvisi I.10[3] 村の中に入った ①12. **-gehâbhimukha** *a.* 家の中に顔を向けた(人) IV.98[13] ④130. **-gehe** *loc.* 家の中で I.26[2] ①35. **-chadana** *a.* 軒下, のきした III.36[19] ③53. **-nisīdana-yogga** *a.* 中に坐るのに適した III.135[14] ③192. **-paduṭṭha** *a.pp.* <padussati 中が汚れた〔心〕I.324[4] ①425. **-vaṭṭa-mūlaka** *a.* 内部に降りそそいだものを根元とする〔憂い悲しみ〕IV.45[2] ④52. **-vassa** *m.n.* 雨安居に入る時期. **～e** upakaṭṭhe III.139[18] **～が**近づいた時 ③198. **-vassaṃ** *adv.* 雨安居中に I.11[6] ①14. **-vassa-bhāva** *m.* 雨安居中である. **～ena** I.57[22] 雨安居中なので ①78. **-samāpatti** *f.* 内心の精神統一(定) IV.143[14] ④193. **-sāṇiyaṃ** *loc.adv.* カーテンの中で I.194[8] ①256.

andu *m.* 鎖, くさり. **-bandhana** *n.* 鎖縛り IV.54[2], 164[2] ④60, 216.

andha *a.* 盲目の, 盲人 I.187[5] ①246. tumhe pi **～ā** I.16[18] あなた様も盲目です ①21. **an～en'eva ～ena** viya bhavituṃ vaṭṭati II.102[20] 盲目でないままで盲目の人のようであるがよい ②135. **-kāra-timisā** *f.* まっ暗闇の黒夜 III.102[12] ③145. **-bāla** *a.* 暗愚の I.27[19], 300[5] ①37, 393. III.179[22] ③262. **～o**'si II.8[7] あなたは**～な方**です ②11. **-bālatā** *f.* 暗愚であること III.13[8] ③20. **-bhūta** *a.pp.* 暗闇になった〔世間〕III.170[17] ③250.

andhaka *a.* 盲目の, 盲人 I.188[6] ①247.

andha-vana *n.* 闇林 II.49[7] ②64.

Andha-vana *n.* 暗林(舎衛城の南にある林) III.146[26] ③209.

anna *n.* 食, 食物. ～pāna-bhesajjesu I.5[4] 食べ物, 飲み物, 薬のうちで ①6. **-pāna** *m.* 食べ物や飲み物 III.434[22] ③611. **-hāra** *a.m* 食べ物を運ぶ者 I.134[11] ①176.

anvacāri *aor.* <anucarati <anu-**car** 攻撃した IV.96[14] ④127.

anvaḍḍha-māsaṃ *adv.* 半月ごとに III.231[18] ③331.

anv-addha-māsaṃ *adv.* 半月ごとに I.162[8] ①211. II.25[8] ②33.

anvāya *adv.ger.* <anveti に従って. vuddhim ～ II.238[8] 大きくなるに従って ②311. dhammam ～ III.386[14] 法に従って ③543. よって. tena saddhiṃ saṃvāsam ～ IV.60[21] 彼との同棲によって ④74.

anvāsattatā *f.* 執着すること I.287[8] ①373.

anveti <anu-**i** 従う, 入って行く, 犯す III.28[12] ③42. naṃ dukkham ～ I.3[4], 21[22], 23[25] 苦はその人について行く ①5, 29, 32. naṃ sukhaṃ ～ I.35[12], 36[16] 安楽はその人について行く ①46, 48.

anvesati <anu-esati <anu-**iṣ** 探し求める. **anvesaṃ** (*prp.nom.*) I.433[4] たどって探し求めつつ ①567.

apakaḍḍhati <apa-kaḍḍhati 離す, 引き去る, 取り去る. **～ḍḍhanto** (*prp.*) I.334[20]〔欲情を〕取り去って ①440. kambalato aṅguliṃ

～**ḍḍhitvā** II.86[21] 毛布から指を離して ②114. ～**ḍḍhantā** II.156[15] 除去しつつ ②205.

apakāraka *a.* 損害を与える III.63[5] ③91.

apakkamati <apa-**kram** 去り行く. yūthā **apakkamma** (*ger.*) I.58[8] 〔象〕群から離れて行って ①78.

apagañchi *aor.* <apa-gacchati 出て行った. na ～ III.66[5] 出て行かなかった ③95.

apa-gacchati 離れる. ～**gañchi** (*aor.*) II.1[15] 離れた ②3.

apagata *a.pp.* <apa-gacchati 去った, 離れた. **-oḷārika-kilesa** *a.pp* 粗大な煩悩を離れた(もの). ～**ṃ** katvā I.288[17] **～ものとして** ①375. **-viññāṇa** *a.pp.* 意識がなくなる. ～**ā** I.229[15] **～なくなって** ①300.

apacāyika-kamma *n.* 尊敬する行ない III.76[12] ③108.

a-pacchā-vattana *n.* 後で活動することがないこと. ～**to** I.310[2] **～しないので** ①406.

a-pañña *a.* 智慧のない(者) IV.107[5] ④142.

a-paññatta *a.pp.* <paññāpeti 設けられていない. āsanāni ～**āni** I.365[7] 坐席が～ ①480.

a-paṭikkhitta *a.pp.* 禁じられていない. ～**o** hoti II.49[8] 〔比丘尼たちが森林に住むことは〕～ ②64.

a-paṭi-ggahaṇa *n.* 取りあげないこと. mama ovādassa ～**ena** I.65[24] 私の教誡をとりあげないで ①87.

a-paṭicchanna *a.pp.* <paṭicchādeti 覆われていない III.490[16] ③684. ～**ena** sarīrena I.388[18] ～(裸の)からだで ①511.

a-paṭipuggala *a.* 比肩する者がいない(人) III.114[7] ③163.

a-paṭṭhapeti *cs.* <paṭṭhahati かまわない. taṃ ～**petvā** I.260[21] 彼にかまわないで ①341.

a-paṇṇattika-bhāva *m.* 認知されない状態 II.163[10] ②215. 名のない状態, 知らせ示すことの出来ない状態. ～**ṃ** gamissati I.89[18] ～に行くであろう ①116.

a-patta *a.pp.* <pāpuṇāti 得ない, 達しない. ～**e** vassa-sate I.89[18] 100年たたないうちに ①116.

a-pattika *a.* 回向を得ない. amhe ～**ā** kariṃsu I.270[23] 私たちを〔施を行なって御利益, 功徳の〕回向を得ない女とした ①354.

a-pattha *a.* 望まれない III.112[12] ③160.

a-patthiya *gdv.* <pattheti 望み求められない I.29[18] ①39.

a-pada *a.* 足跡のない(人) III.197[9] ③289.

apadisati <apa-disati 引き合いに出す. Satthāraṃ sakkhiṃ ～ II.39[12] 大師を証人に出している ②52. 示す, そぶりをする. ～**sitvā** II.190[9] 〔用便をしたい〕そぶりをして ②250. 指定する. ～**disi** (*aor.*) III.205[13] 〔遠い場所を〕指定した ③301. ～**disanto** (*prp.*) III.301[21] 〔一本の樹木を〕**引き合いに出して** ③437.

apanīyati *ps.* <apaneti 除かれる IV.9[11] ④13.

apanudati <apa-**nud** 除去する, どける. sunakhaṃ pādena ～**nuditvā** I.172[10] 犬を足でどけて ①224.

apaneti <apa-**nī** 除く, 取り去る. so kāsāyāni ～**netvā** I.16[10] 彼は袈裟衣をぬいで ①21. tāni saṇikaṃ ～**netvā** I.60[5] それらの〔卵〕を徐々に取り除いて ①80. pāruta-vatthaṃ ～**netvā** I.70[13] 〔死体の〕着衣をぬがせて ①93. tato ～**netvā** I.266[3] そこからどけて ①348. ～**nesuṃ** (*3pl.aor.*) I.266[9] どけた ①348. so chattûpāhanā ～**netvā** I.381[13] 彼は傘を置き履物をぬいで ①501. kiṃ te chattûpāhanaṃ ～**nītaṃ** (*pp.*) I.381[15] なぜ君は傘を置き, 履物をぬいだのかね ①501. paccattharaṇāni ～**neyyātha** (*op.*) I.437[12] 覆い布を取り除きなさい ①573. yāguṃ ～**netvā** II.206[14] 粥を片付けて ②270. ～**nessāma** naṃ III.40[1] それをどけよう ③58. tumhe ～**netvā** III.204[21] あなた様を除いて ③299.

apara *a.* 後の, 次の, 別の. ～bhāge I.4[3] 後になって ①6. ～bhāge ca I.48[16] また後になって ①65. ～**ṃ pi** *ac.adv.* ほかにも. ～ madhukaraṇ'atthāya ādāya I.374[18] ～蜜を作るために〔その味を〕携えて ①492. ～**ena samayena** *instr.adv.* 後になって II.139[4] ②182. ～**'aṇṇa** *n.* 野菜 IV.81[19] ④106. ～**âparaṃ** *ac.adv.* 次々と, たびたび. I.306[24] ①403. III.85[8] ③121. 順々に. ～ caṅkami I.370[10] ～往来(経行)した ①487. ～**âparesu pi divasesu** *loc.adv.* 別の日々にも I.144[13] ①189. **-bhāga** *m.* 別の場所. ～**e** nisīdi I.40[6] 別の場所に坐った ①54. **-bhāge** *loc.adv.* 後になって I.81[1], 99[15], 129[19] ①105, 128, 169.

aparajjhati <apa-**rādh** 罪を犯す III.34[2] ③49. IV.148[13] ④202. ahaṃ ācariye ～**rajjhiṃ** (*1sg. aor.*) I.40[18] 私は阿闍梨さまに罪を犯した(怒らせた) ①54. mayi ～**jjhitvā** I.148[19] 私に対して罪を犯して ①193. attani ～**jjhitvā**

I.149⁵ 自分に〜して ①194. III.104⁶ ③148.
〜jjhanto (*prp.*) I.324¹³ 〜犯している ①
426. III.356¹² ③506.

aparaddha-bhāva *m.* 罪を犯していること.
Buddhe 〜ena I.148⁴ 仏陀に対して罪を犯
しているのだから ①193.

aparādha *m.* 間違い, 違反, 罪 III.12⁷, 261¹¹,
312¹⁵, 380¹⁵ ③19, 377, 451, 537. IV.218⁴ ④
309.

a-paricita-ṭṭhāna *n.* 熟知されていない場所
I.71¹⁹ ①95.

a-paricchinna *a.pp.* <chindati 確定(断定)され
ない I.259⁴ ①338.

a-paripuṇṇ'ajjhāsaya *a.pp.* <pṝ 思うところ(意
向)がまだ満たされていない(人) III.432¹³
③608.

a-paribhoga *a.* 用いることがない I.367⁶ ①
483. 受用に耐えない(物) III.151²¹ ③217.
使いものにならない(もの). 〜ṃ karoti
III.343¹⁷ 〜ならなくする ③489.

a-parimāṇa *a.* 無量の〔神や人間〕III.178⁵ ③
260. 〜e Buddha-visaye ṭhatvā I.109²² 無量
の仏陀の境域に立って ①141. -sīla-
kkhandha-gopana *n.* 無量の戒蘊を守るこ
と III.452¹² ③631.

a-parimutta *a.pp.* <muñcati <**muc** 解放されな
い. 〜ttattā I.229⁸ 解放されないので ①
300.

a-pariyatti-kara *a.* 教法を忘れさせる. 〜ṃ
hutvā I.71⁸ 〜忘れさせたけれども ①94.

a-pariyanta *a.* 無限の. 〜ṃ dhanaṃ dassāmi
II.34⁸ 私は〜財物を与えよう ②45. 〜 kāla
m. 無限の時間 III.207¹ ③303.

a-pariyanta-tā *f.* 際限のないものであること.
kammantānaṃ 〜tāya I.136²⁴ 諸々の〔在家
の〕仕事が〜によって ①179.

a-palibuddha *a.pp.* <palibuddhati <pari-**rudh**
障碍されない III.198¹³ ③290.

apalokita *a.pp.* <apaloketi 許可を受けた
II.158⁴ ②207.

apaloketi <ava-lokayati 許可を受ける. natthi
te koci **apaloketabbo** (*gdv.*) I.67¹⁷ 君には誰
か〔出家の〕許可を受けねばならない人が
いないかね ①90. **apalokehi** (2sg.*imper.*)
naṃ I.67¹⁹ 彼に〔出家の〕許可をうけなさい
①90. 見る, 注視する. maṃ 〜loketvā
I.118¹⁷ 私を注視して ①153. 知らせる. 〜
ketvā II.154⁸ 知らせて ②203. かえり見る.

〜ketvā II.243⁶ 〜見てから ②317. 許可を
受ける, 聴許される. Satthāraṃ 〜kesuṃ
III.408¹¹ 大師の許可をうけた ③575.

apaviddha *a.pp.* <apavijjhati 捨てられた
I.320¹⁹ ①421. III.452⁵, 460¹⁵ ③631, 643.
silāpi 〜ā I.141⁹ 岩石も落とされた ①185.

apavyāma *m.* 不敬. 〜ṃ katvā II.36⁸ 〜をなし
て ②48.

a-pasakkati <pa-ṣvaṣk 立ち去らない. 〜
kkitvā I.443²¹ 立ち去らないで ①581.

apasādita *a.pp.* <apasādeti 叱責された. 〜o
II.75¹⁵ ②100.

apasādeti *cs.* <apa-sad 叱責する. kheḷâsika-
vādena 〜detvā I.140¹ 〔他人の〕唾を食う者
という言葉で叱責して ①183.

apassaya *m.* よりかかりの板 III.365¹⁰ ③519.

apaharati <apa-**hṛ** 除去する. nindaṃ 〜ranto
(*prp.*) III.86¹¹ 非難を除去しつつ ③123.

a-pākatika *a.* 自然でない, 不調の II.7¹⁷ ②11.

apānudi *aor.* <apanudati 除去した. putta-
sokaṃ 〜 I.30²⁰ 息子への憂いをとり除い
た ①41.

apāya *m.* <apa-i 苦界(地獄, 畜生, 餓鬼, 阿修
羅の境遇) I.361⁵ ①474. 離去, 危難, 苦界
IV.109¹ ④144. 〜ûpagata *a.pp.* 苦界に近づ
いて行った(人) IV.204²⁴ ②292. 〜'uppatti
f. 損失(苦界)の発生 I.281⁵ ①365. -dukkha
a.n. 苦界の苦しみ I.150¹⁸ ①196. 〜ā
mutto'mhi I.407⁷ 私は〜から解放されてい
ます ①535. -dvāra *n.* 失敗(危険)の門戸
II.243²⁰ ②318. -parāyaṇa *n.* 苦界におもむ
くもの III.138²⁰ ③196. -loka *m.* 苦界(四種.
地獄・畜生・餓鬼・阿修羅の境遇) I.334⁸ ①
439. -saṃvattanika *a.* 苦界に導びく
III.486²³ ③679. -saṃvattaniya *a.* 苦界に導
びく IV.150⁴ ④204. -samudda *m.* 苦界の海
III.432¹⁴ ③608.

a-pisuṇa *a.* 離間(中傷)のことばを言わない
(者) I.265³ ①347. -vāca *a.* 離間(中傷)の言
葉を言わないこと(七つの禁戒の一つ)
I.271¹⁸ ①355.

a-puttaka *a.* 子のいない(者) I.3⁸ ①5. 〜ñ ca
kulaṃ vinassati I.45²² また子のいない家と
いうのは滅びます ①62.

A-puttaka-seṭṭhin *m.* 子のいない長者 IV.76²¹
④100.

a-puthujjana-sevita *a.pp.* <sevati 凡夫には経
験されない III.399¹³ ③563.

apubbaṃ *adv.* 以前にもなく, 空前. ～acarimaṃ I.12[16] 空前絶後にも ①16. 前後なしに I.22[19] ①30.

apekhā *f.* Ⓢapekṣā 愛情 IV.55[21] ④66.

apeta *a.pp.* <apeti 離れた. **～o** dama-saccena I.82[9] 調御と真理から離れているならば ①107. I.82[16] ①108. **-kaddama** *a.pp.* <apeti <apa-**i** 泥土を離れた〔湖水〕 II.181[5] ②237. **-viññāṇa** *a.pp.* 意識が去った. tava kāyo **～o** I.320[13] 君の身体は～ものである ①420.

apeti <apa-**i** 離れる. **apehi** (*imper.*) Pārileyyaka I.61[3] 離れなさい, パーリレッヤカよ ①81. **apehi** (*imper.*) I.307[17], 328[17]〔あっちへ〕行きなさい ①404, 432. III.8[12], 273[17] ③14, 396. **apetha** (*imper.*) I.398[20] 離れなさい ①524. II.86[19], 267[6] ②114, 345. III.157[11], 197[1] ③226, 288.

appa *a.n.* Ⓢalpa 少ない, わずかの. **～'aggha** *a.* 価値のない(もの) IV.184[7] ④259. **～'assāda** *a.* 楽味が少ない III.240[12] ③345. **～âyuka** *a.* 短命の(人). manussā etarahi **～ā** I.140[7] 人々は現在は短命です ①184. **～âyuka-saṃvattanika** *a.* 短い寿命(短命)に導びく〔業〕 III.447[8] ③623. **～âhāratā** *f.* 少食であること III.79[18] ③113. **-āhāratā** *f.* 食がないこと. te **～tāya** sussamānā I.57[16] 彼等は食がなくなって萎(しな)びて ①77. **～'iccha** *a.* 少欲の, 無欲の. **～o** I.283[15] 少欲である ①369. III.72[16] ③103. **～'icchatā** *f.* 少欲であること I.284[10], 285[15] ①370, 371. II.171[9] ②225. **～ossukka** *a.* (appa-ussuka) 無関心の, 無為の, 不活動の, 憂いのない, 安らかな I.55[22] ①75. IV.29[3] ④34. **～o** I.62[14] 無関心で〔あれよ〕 ①83. kadā mayaṃ **～ā** bhoge bhuñjissāma I.136[23] いつ我々は**何もしない**で財物を享受するのだろうか ①179. **～o** I.139[23] 不活動の(無関心の, 無為の)方である ①183. **～o** II.146[15] **無関心で** ②192.

appa-kata-ññu *a.* 恩を知らない, 何が為されているかを知らない I.143[2] ①187.

appaka *a.* 少ない II.159[20] ②210.

a-ppagabbha *a.* 傲慢でない III.352[2] ③501.

a-ppaṭijaggiya *a.* 看護人がいない(者). **～o** ahosi I.319[12] **～者**となった ①419.

a-ppaṭijaggita *a.pp.* <paṭijaggati 世話されていない. āsana-sālaṃ **～ṃ** disvā I.365[6] 坐堂が～のを見て ①480.

appaṭinissajja *ger.* <paṭinissajati 謝らないで, おわびを言わないで II.179[10] ②235.

a-ppaṭibāhiya-bhāva *m.* 排除(解毒)できないものであること I.357[22] ①470.

a-ppaṭibhāga *a.* 対比するものがない I.423[4] ①555.

a-ppaṭihata *a.pp.* <paṭihanti 撃破されない. **-citta** *a.pp.* <paṭi-**han**〔怒りによって〕心が打たれない(人) I.309[14] ①406. **-ñāṇa** *a.pp.* 智が破られない(人). **～o** Satthā vasati II.8[14] ～大師が滞在しておられる ②11.

appaṇihita vimokkha *m.* 無願解脱 II.172[6,12] ②226, 227.

appatara-mūla *a.* もっと値段の安い. **～ṃ** vatthaṃ a-disvā I.415[15] ～布を見なかったので ①545.

a-ppatta *a.pp.* <pāpuṇāti 得られていない, 到達されていない. **-mānasa** *a.pp.* <pāpuṇāti 志を遂げない I.432[6] ①566. **-visesa** *a.pp.* 殊勝の境地が得られていない(人) III.165[23] ③241.

a-ppaduṭṭha *a.pp.* <dussati 汚されていない, 邪悪でない(人) I.23[12], 179[9] ①31, 234. III.31[6], 69[17], 70[14] ③46, 100, 101.

appanā-samādhi *m.* 安止定 IV.97[16] ④128.

appa-buddhika *a.* 智慧の少ない(者) IV.213[12] ④302.

appabodheti〔非難を〕 躱(かわ) して覚る III.85[24] ②122.

appa-bhikkhuka-tta *n.* 比丘が少ない状態であること IV.101[14] ④135.

appa-maṃsa-lohita *a.* 肉と血液が少ない(人) IV.157[15] ④215.

a-ppamajjati 放逸とならない. **～majjato** (*prp. gen.*) III.384[11] **～人には** ③541.

appa-maññati 軽く見る. mā **～etha** (*op.*) III.15[5]〔悪を〕**～見てはならない** ③23.

a-ppamatta *a.* 不放逸の(人). **～ehi** bhavitabbaṃ I.9[3] 不放逸の者たちであらねばならない ①11. **～ā** hotha I.9[10], 221[11] 不放逸であって下さい ①11, 290. sakaṭesu **～o** hohi I.67[7]〔500台の〕車に対して〔注意を〕怠るなよ ①89. **～o** I.120[3] 不放逸に〔住して〕 ①155. I.262[4,7], 431[5] ①343, 565. **～ā** hutvā I.222[9] 不放逸であって ①292. na … **～ā** maranti nāma I.227[23] 不放逸の人たちは死なない, と言われる ①298. **～ā** na mīyanti I.228[2] 不放逸の人々は死なない ①298. III.86[10] ③123.

appa-matta *a* 少量の. ~**o** I.423[9] 少量である ①556. ~**o** ayaṃ gandho I.430[8] その香りは少量である ①563.

appa-mattaka *a.* 少量の, わずかの II.216[14] ②281. taṃ ~**ṃ** tappanaṃ I.150[22] それは少ない苦しみ(苦しめられること) である ①196. せまい. ~**o** tava visayo I.259[7] 君の領域はせまい ①338. ~**ṃ** kammaṃ kataṃ II.46[8] **わずかばかりの**〔善〕業が為された ②61. ~**o** pi ettha sāro natthi III.118[6] わずかばかりもここには核心はない ③167.

a-ppamāṇa *a.* 無量の III.327[16] ③470.

a-ppamāda *m.* 不放逸 I.161[4], 239[15] ①161, 315. ~**o** amata-padaṃ I.228[1] ~**は不死甘露への**歩みである ①298. **-rata** *a.* 不放逸を喜ぶ(者) IV.25[7] ④30. ~**o** bhikkhu I.281[11], 285[21] ~比丘は ①366, 372. **-lakkhaṇa** *n.* 不放逸の特相. ~**ṃ** brūhento I.259[18] ~を増大させて ①339. **-vihāriṇī** *f.* 怠けないで生活する女 III.100[6] ③142. **-sampanna** *a.pp.* 不放逸をそなえた. ~**o** khīṇâsavo I.262[7] ~漏尽者である ①343.

Appamāda-vagga *m.* 不放逸品 I.161[2] ①210.

Appamāda-vagga-vaṇṇanā *f.* 不放逸品の註釈 I.286[8] ①372.

appa-lābha *a.m.* 所得のない, ~者 I.353[15] ①465.

a-ppavattana-bhāva *m.* 作動していないこと III.80[16] ③114.

a-ppasattha *a.pp.* <pasaṃsati ほめない, 嫌う III.23[18] ③35.

a-ppasanna *a.pp.* <pasīdati <pa-**sad** 浄められない. tīsu ratanesu ~**ā** I.211[20] 〔仏·法·僧の〕三宝に浄められない者たちは ①278.

appa-ssuta *a.* 聞〔法〕がわずかの I.158[10] ①208. 聞くことの少ない(人) III.123[9] ③175.

appa-harita *a.* 草のない(場所) III.339[1] ③484. ~**ṃ** karonto II.104[8] 草をむしりつつ(草の少ない場所を作りつつ) ②138.

a-ppahoti 出来ない, ならない IV.177[1] ④246.

a-ppiya *a.* 愛さない, 愛さない者. tumhākaṃ ahaṃ piyo ~**o** I.135[3] あなたにとって私は愛する者ですか, 愛さない者ですか ①177.

app'ekadā *adv.* たまたま III.303[22] ③441.

app'eva-nāma *adv.* おそらく, たぶん. ~sādheyya sā hitaṃ I.1[16] おそらくそれは利益をもたらすであろう ①4. IV.20[5] ④22.

appesakkha (appa-īsa-khyaṃ) *a.* 微力の, 無力の. ayaṃ puriso ~**o** I.426[5] この人は無力な人だ ①559. ~**ā** devatā II.237[18] ~神々は ②310.

appossukkatā *f.* 無関心, 無為, 無活動. ~**aṃ** āpajjamāno I.86[16] ~に到達して ①113. II.15[18] ②20.

apphoṭita *a.pp.* <apphoṭeti <**sphuṭ** 弾指の音. ~**ṃ** apphoṭayi III.62[8] ~**を**立てた ③90. ~mattena III.240[1] **弾指した**だけで ③344.

apphoṭeti <**sphuṭ** 弾指する. kasmā ... ~**ṭesi** III.62[11] なぜあなたは〔喜んで〕弾指するのですか ③90.

a-pharusa-vāca *a.* 粗暴な言葉を吐かないこと(七つの禁戒の一つ) I.271[17] ①355.

a-phala *a.* 果実のない. ~**o** hoti I.383[2] ~ものだ ①504.

a-phāsuka *a.n.* 不快な, 快適でない, 不快, 病気 I.8[25], 205[19], 368[3] ①11, 271, 484. II.244[1] ②318. 安らかでないこと II.247[4] ②321. kiṃ te ~**ṃ** I.20[21] あなたに何か不快なことがありますか ①27. ~**ena** āturā I.152[1] 心の不安定によって苦悩して(病んで) ①199. ~**ṃ** jātaṃ II.21[1] 不快(病気)が生じました ②27. kiñci ~**ṃ** bhavissati II.72[14] 何か~**こと**があるのだろうか ②95. ~**ṃ** *ac.adv.* 快適でなく III.487[19] ③680. **-kāla** *m.* 〔身体の〕具合がよくない時 I.28[8] ①38. **-bhikkhu** *m.* 〔体調〕不良の比丘 I.290[28] ①378.

a-bajjhati *ps.* <bandhati 縛られない. ~**jjanto** (*prp.*) IV.100[11] ~**ないで** ④133.

a-bal'assa *m.* 無力の馬 I.262[5] ①343.

a-bbaṇa *a.* 傷のない(人) III.28[12] ③42.

abbata *a.* (a-vata) 戒のない(者) III.391[6] ③551.

abbahi *aor.* <abbahati 引き抜いた. ~ vata me sallaṃ I.30[17] 実に私の矢を〔あなたは〕引き抜いた ①41.

abbāhana *n.* 引き抜くもの III.404[4] ③568.

abbāheti *cs.* <abbahati 引き抜く. asiṃ ~**hetvā** II.249[1] 剣を引き抜いて ②324.

abbuyha *ger.* <abbuhati 引き抜いて. sa-mūla-taṇhaṃ ~ I.432[10] 根もろともに渇愛を引き抜いて ①566.

abbūḷiha-salla *a.* 矢が引き抜かれた(人). ~**o'smi** I.30[21] 私は矢が引き抜かれた者である ①41.

abbokiṇṇa *a.* 充満した, 全部の IV.182[10] ④255.

abbha *n.* 黒雲 IV.137[4] ④183. ~**ā** mutto va

candimā III.169[3] ～からのがれた月のように ③246. **～âdi-mala-rahita** *a.pp.* <rah 黒雲などのくもりが除かれた（月） IV.192[5] ④272.

abbhakkhāna *n.* 誹謗 I.179[16] ①234. III.70[6] ③100.

abbhañjati <abhi-añjati 油を塗る. sarīraṃ telena **～jitvā** IV.11[1] 身体に油を塗って ④14. **～ji** (*aor.*) III.311[9] **～塗った** ③450.

abbhanumodati 大いに随喜する. **～modanto** (*prp.*) IV.102[2] **～して** ④135.

abbhantara *a.n.* のうちの一人. pañca-vaggiyānaṃ **～o** Assaji-mahā-thero I.91[10] 五群の〔比丘〕たちのうちの一人であるアッサジ大上座は ①118.

a-bbhākuṭika *a.* 顔をしかめない（人） IV.8[13] ④12.

abbhācikkhaṇaka *a.* 非難する〔比丘〕 II.180[1] ②136.

abbhācikkhati 大袈裟に言う IV.58[2] ④70. 誹謗する. **～cikkhanto** (*prp.*) III.477[9] **～して** ③665.

abbhācikkhita *a.pp.* 誹謗された III.120[9] ③170.

abbhidā *aor.* <bhindati こわした. ～ garuḷo uttam'aṅgaṃ I.144[17] 金翅鳥は最上の身の部分を壊した ①189.

abbhuta *a.* Ⓢadbhuta 未曽有の, 希有の. **～ṃ** I.32[3] 未曽有のことだ ①42.

abbhokāsa *m.* 露地, 屋外 II.213[14] ②278.

abruvi *aor.* <brūti <**brū** 言った. idaṃ vacanaṃ ～ I.108[18] この言葉を述べた ①140.

abhaṇi *aor.* <bhaṇati 誦えた IV.102[1] ④135.

a-bhaddaka *a.* 不善の（人） III.313[14] ③453.

abhabba *a.* 不能の（者） IV.180[17] ④252. 不可能な, できない. tvam imasmiṃ sāsane **～o** I.244[15] おまえはこの〔仏の〕教えを〔学ぶことは〕 出来ない ①320. **～o** parihānāya I.285[22] 衰退することがあり得ない者である ①372. **～'uppattika** *a.* 生起不能な. **～āni** kātuṃ vaṭṭati I.282[8] ～ものとするのはよいことである ①367.

a-bhaya *a.n.* 無畏, 無怖. **～ṃ** me dehi I.253[18] 私に無畏を下さい（お許し下さい） ①331.

a-bhaya-bhīru-tā *f.* 恐怖や戦慄がないこと IV.84[6] ④102.

Abhaya-rāja-kumāra *m.* アバヤ（無畏） 王子 III.166[19] ③243.

abhavissa *cond.* <bhavati なっていたであろう III.131[17] ③186. nâssa maraṇaṃ ～ I.323[22] 彼の死はなかっただろう ①425.

abhassatha *aor.3sg.* <bhassati 落ちた. vīṇā kacchā ～ I.433[12] 琵琶が腋から落ちた ①567.

a-bhāyanto *prp.* <bhāyati 怖れない（者）. maraṇassa ～ nāma natthi I.130[20] 死を**～者**というのはいない ①170.

a-bhāva *a.m.* 存在しない, 不在. **～ṃ** gacchanti I.51[12] 存在しなくなる ①68.

a-bhāvita *a.pp.* <bhāveti よく修められていない. **～ṃ** cittaṃ rāgo samativijjhati I.122[5] ～心を欲情がはげしく貫き通す ①157.

abhikirati 圧倒する, 破壊する. yaṃ ogho na ～ I.255[7] それを暴流が征服しない〔洲〕を ①333.

abhikkanta *a.pp.* <abhikkamati 過ぎた, すぐれた. **～ena** vaṇṇena I.34[14] すぐれた容姿をもって ①45.

abhikkama-paṭikkama *m.* 前進後退 III.124[13] ③176.

abhikkhaṇaṃ *ac.adv.* しばしば, 常に, いつも I.435[1] ①570. II.91[3] ②120. III.168[5], 418[9], 455[14] ③245, 588, 637.

a-bhijjanaka-satta *m.* 影響を受けない有情 III.189[22] ③278.

abhijjhā *f.* 貪欲 I.23[11] ①31. II.185[24] ②244. III.417[6] ③586. IV.86[5], 114[16] ④111, 151. **-kāya-gantha** *m.* 貪愛で身を縛ること III.276[2] ③399.

[1]**abhiññā** *ger.* <abhijānāti 証知して I.120[6] ①155.

[2]**abhiññā** *f.* 〔六〕神通（神通・天耳・他心智・宿命智・天眼・漏尽智） II.49[6] ②64. III.398[15] ③562. IV.55[12], 63[6], 140[12] ④66, 78, 188. **-pādaka** *a.* 神通を基礎とする. **～ṃ** jhānaṃ samāpajjitvā III.202[14] ～禅定に入り ③296. **-vosita** *a.pp.* <vi-ava-sā 通智を完成した（人） IV.233[10] ④336.

abiññeyya *gdv.a.* <abhijānāti 証知されるべき. **～aṃ** dhammaṃ abhijānitvā IV.233[16] ～法を証知して ④336.

abhiṇhaṃ *adv.* 引き続いて, しばしば II.239[4] ②312. ～ paccavekkhitabbaṃ I.379[21] ～省察すべきである ①498.

abhitthareti *cs.* <**tvar** 急がせる. **～retha** (*imper.*) III.1[3] 急ぎなさい ③3.

abhitthavati 大いに賞める．**〜vitvā** (*ger.*) I.207[10] **〜めて** ①273. **〜vamānā** (*prp.*) III.112[21] 賞めたたえつつ ③160.

abhitthuta-guṇa *a.pp.* 大いに徳を讃えられた（人）I.86[5] ①113. 徳を大いに賞められた〔世尊〕I.88[11] ①115.

abhidhamma *m.* 論，阿毘達磨 I.298[16] ①391. **-kathā** *f.* 論蔵の話 III.326[12] ③469.

Abhidhamma-piṭaka *n.* 論蔵 III.216[16] ③314.

abhinadati ほえ声をあげる，声をひびかせる．**〜nadanto** (*prp.*) III.180[15] 声を響かせて ③263.

abhinikkhamaṇa *n.* 出家 I.230[15] ①301. 大出離なさったこと，踰城 III.195[10], 441[12] ③286, 618.

abhinibbatti *f.* 転生，再生．**〜ṃ** patthesi I.363[10] 再生することを望み求めた ①477.

abhinimmināti 化作する．iddhi-balena **〜nimmi** (*aor.*) III.115[14] 神通力によって化作した ③164. **〜ṇitvā** IV.70[2]〔大象王の姿を〕**〜して** ④89.

abhinīhāra *m.* 志欲，志向 II.266[10] ②344. 〜sampannā I.340[23] **〜を**そなえている ①448. 〜sampannā I.392[14] **〜を**そなえた女 ①516.

abhipatthita *a.pp.* <pattheti 大いに欲求する（身体）IV.58[8] ④70.

abhibhavana *n.* 征服，勝利 IV.34[1] ④40.

abhibhavitar *m.* 勝利者 IV.72[15] ④94.

abhibhuyya *ger.* <abhibhavati 打ち勝って IV.28[16] ④32. 〜 sabbāni parissayāni I.62[5] 全ての諸々の危難に打ち勝って ①82.

abhibhuyyati *ps.* <abhibhavati 征服される．**〜yyamāne** (*prp.loc.*) III.427[21] 征服される時 ③600.

abhimaṅgala-sammata *a.pp.* <sammannati 大いに吉祥の者と思われた．**〜ā** va I.409[16] **〜女性と**ただ思われている ①538.

abhimatthati <abhi-**math** 打ち砕く III.151[12] ③217.

abhimukha *a.* (abhi-mukha) 向かった II.251[8] ②326. anto-geha**〜o** nipanno hoti I.27[16] 家の中に向かって臥せている ①37.

abhimukhī *a.f.* …に向かう．nagara〜pakkhandi I.49[12] 都城に向かって飛び出した ①66.

abhiyācita *a.pp.* <abhi-yācati 懇願された．sakkaccaṃ **〜o** I.2[1] うやうやしく大いに要請されて ①4.

abhiyāti <abhi-**yā** 立ち向かう，攻める．Sakkaṃ **〜yanti** I.280[4] 帝釈天に向かって行く ①364.

abhiramati <abhi-**ram** 大いに喜ぶ．**〜rama** (*2sg.imper.*) Nanda I.119[11] 大いに喜びなさい，ナンダよ ①154. **〜ramissāmi** (*1sg.ft.*) I.119[15] 大いに喜ぶであろう ①154.

abhirādheti 満足させる，喜ばせる．n’eva naṃ **〜rādhaye** (*op.*) I.149[2] 決してその者を喜ばせ（満足させ）ないだろう ①194.

abhi-rucita *a.pp.* <ruccati <**ruc** 大いに好んだ．attano **〜ṃ** kulaṃ ācikkhi I.45[18] 自分が大いに好んだ家を告げた ①61.

abhiruhaṇa-magga *m.* 登る道．**〜ṃ** katvā I.166[8] **〜を**作って ①216.

abhi-rūpa *a.* すぐれた容色の（人）II.217[10] ②283. III.425[9], 481[17] ③597, 672. **〜ṃ** itthīnaṃ dhanaṃ pesetvā II.10[7] 〜女性たちに財物を贈って ②14. **〜ā** gaṇikā III.104[4] 〜の娼婦である ③148. **abhirūpā** *a.f.* とてもよい容姿の（女）I.180[23], 199[9] ①236, 263.

abhirūpatara *a.compar.* よりうるわしい I.119[3] ①154.

abhirūḷha *a.pp.* <abhirūhati <abhi-**ruh** 上る．cittaṃ vipassanaṃ **〜ṃ** I.246[10] 心は観法に大いに上昇した ①322.

abhirūhati <abhi-**ruh** 上る．sarīram **〜ruhitvā** I.302[18] からだをひいて（上って）①397.

abhivaṭṭa *a.pp.* <abhivassati 雨の降った IV.43[6] ④51.

abhi-vaḍḍhati 大いに増大する．yaso 〜 I.238[18] ①313.

abhivādanā *n.f.* 礼拝 II.234[7,19] ②306. III.251[23] ③363. **〜ādīni** karissāma I.138[8] 敬礼などを行ないましょう ①181. **-sīlin** *a.m.* 礼拝をならいとする（人）II.235[5], 239[1] ②308, 311.

abhivādeti *cs.* <abhivadati 敬礼する，礼拝する Satthāraṃ n’eva **〜detvā** I.33[7] 大師を礼拝しないまま ①43.

abhisaṅkharoti 調える．mālā-gandha-vilepanâdīni 〜 III.466[1] 花·香·塗香などを〜 ③650. 為作する，総合する **〜kharitvā** kataṃ II.234[10]. 総合して行なわれた〔施〕②306.

abhisajjati <abhi-**sañj** 不機嫌になる．na **〜saje** (*op.*) IV.182[17] 〜ならないであろう ④255.

abhisapati <abhi-**śap** 呪う．**〜pissāmi** (*ft.*) taṃ

I.40[22] 私はおまえを呪うぞ ①55. taṃ **abhisapi** yeva (*aor.*) I.41[7] 彼を呪うだけだった ①55.

abhi-sapita *a.pp.* <abhisapati 大いに呪われた. ahaṃ iminā **〜o** I.42[7] 私はこの人から大いに呪われた ①56.

abhisamaya *m.* 領解, 理論的理解. **〜o** nâhosi I.109[21] 領解はなかった ①141. II.126[19] ②166.

abhisamācārika-vatta *n.* 増上行儀の務め III.159[17] ③231.

abhisamecca *ger.* <abhisameti 領解して. santaṃ padaṃ 〜 I.315[15] 寂静の境地を領解して ①414.

abhisamparāya *m.* 未来の運命 III.37[11] ③54. ko **〜o** I.221[22]. どのような〜があるのですか ①291. tassa **〜ṃ** pucchiṃsu II.216[6]. 彼の〜をたずねた ②281. 来世 III.320[12] ③461.

abhisambudhāno *prp.nom.* = bujjhanto, jānanto (I.337[5].) I.336[19] 目ざめつつ ①443.

abhisiñcati <abhi-**sic** 灌頂する. rajje **〜ciṃsu** I.169[12] 王位への**〜をした** ①220. Vāsuladattaṃ **〜citvā** I.199[3] ヴァースラダッタを灌頂して ①263. agga-mahesi-ṭṭhāne **〜siñci** (*aor.*) I.346[7] 第一王妃の地位につけた(灌頂した) ①456.

abhisitta *a.pp.* <abhisiñcati 灌頂即位した. pitarā rajje **〜o** I.338[9] 父〔王〕によって王位に〜 ①445.

abhiseka *m.* <abhi-**sic** 灌頂. **〜ṃ** patvā I.116[21] 灌頂をしたら ①151. **-maṅgala** *n.* 灌頂の式典 I.115[18] ①149. **-maṅgala-pokkharaṇī** *f.* 灌頂の式典を行なう蓮池 I.350[9] ①462.

abhihaṭa *a.pp.* <abhiharati 持って来られた. attano **〜ṃ** II.105[7] 自分のところに〜〔ひと匙の托鉢食を与えさせた〕②139. 〜mattaṃ eva II.65[21] 運んで来られただけにすぎない ②87. **-sakkāra-sammāna** *a.pp.* 尊敬・敬意をもたらされた(人)II.125[18] ②165.

abhihanati <abhi-**han** 打つ. papatikā Bhagavato pādaṃ **〜nitvā** lohitaṃ uppādesi II.164[11] 〔デーヴァダッタの投下した岩石の〕断片が世尊のみ足を打って出血させた ②216.

a-bhūta *a.pp.* <bhavati 存在しない(こと), ありもしない(こと), 無実の(こと) III.180[20], 382[5] ③264, 538. ayaṃ **〜ṃ** katheti I.331[12] この人は**〜ことを**語る ①435. **〜ṃ** āyasmā Nando katheti I.121[15] 尊者ナンダは **〜を**語っている ①157. **〜ṃ** kathesi I.186[22] おまえは **〜ことを**語っている ①246. **〜ṃ** vadati I.308[13]. **〜ことを**言います ①404. **-abbhakkhāna-dosa** *m.* ありもしないことを非謗する過失 II.180[2] ②236. **-vādin** *a.* ありもしないことを言う(人) III.474[3], 477[4] ③661, 664.

amacca *m.* ⓢamātya 大臣. **〜e** āha I.223[1] 大臣たちに言った ①292.

a-majja-pa *a.m.* 酒飲みでない人 I.32[14] ①42.

a-mata *a.n.* 不死の, 不死, 甘露, 涅槃. **〜ṃ** pāyetvā I.143[7] 〜を飲ませて ①187. yo paṭhamaṃ **〜ṃ** adhigacchati I.91[4] 最初に不死甘露を証得する者は ①118. tayā pītaṃ **〜ṃ** I.209[15] あなたは不死の甘露を飲みました ①276. **-adhigama** *m.* 不死甘露の証得. **〜ṃ** pucchi I.93[16] **〜を**質ねた ①121. **-pada** *n.* 不死甘露への歩み appamādo **〜ṃ** I.161[4] 不放逸は〜である ①210. I.228[1, 19] ①298, 299. II.275[22] ②357. 不死甘露の境地. bujjhassu **amataṃ padaṃ** I.84[16] 〜を覚って下さい ①111. **-pariyosāna** *a.n.* 不死甘露を終極とする(もの) II.186[17] ②245. **-pāna** (*Vri.*) *n.* 不死甘露という飲物. **〜ṃ** pāyento I.87[5] **〜を**飲ませて ①114. **-magga-desaka** *a.m.* 不死甘露の道を示す人. koci vo **〜o** laddho I.94[5] 君たちは誰か**〜を**得たのか ①122. **-pubba-padesa** *m.* 以前に死者がいない土地 II.99[9] ②130. **-mahānibbāṇa-sampatti** *f.* 不死甘露の大涅槃の成就 I.257[6] ①336. **-vassa** *m.n.* 甘露の雨. **〜ṃ** vassanto viya I.406[1] 〜を降らすように ①533. **〜'ogadha** *a.n.* <ava-**gāh** 不死甘露に深く入る II.186[17] ②245. 不死に深入すること IV.186[4] ④263.

a-mattaññu-tā *f.* 量を知らないこと. **-paṭipakkha** *a.m.* 量を知らないことと反対. **〜ena** bhojanamhi matta-ññuṃ I.76[14] 〜なので, 食べるものの量を知る人を ①99.

a-matta-ññū *a.* 量を知らない人. bhojanamhi **〜uṃ** I.74[4] 食べるものの量を知らない人を〔魔が制圧する〕①97. I.75[8] ①98.

a-manāpa *a.* 不快な. **〜ā** honti I.188[6] 〜者たちである ①247. **〜o** hoti I.312[6] 〜ものである ①409. kiñci **〜ṃ** kataṃ atthi I.368[6]. 何であれ〜ことがされているのですか ①484.

a-manussa *m.* 非人，人間でないもの．**〜** pariggahītā aṭavī atthi I.13[15] 非人に占拠された森がある ①17. II.254[18] ②330. **〜'upaddava** *m.* 非人の災害 III.436[15] ③613. **-pariggahīta** *a.pp.* <gaṇhāti 非人に占領された〔路〕II.192[12] ②252. **-sadda** *m.* 非人の声 I.316[3] ①415.

Amaravatī-nagara *n.* アマラヴァティー都城（世尊は今から四阿僧祇と百千劫以前にこの都城にスメーダというバラモンの童子として生まれた）I.83[11] ①110.

a-mānusi *a.* 人間にない．**〜ī** ratī hoti sammā dhammaṃ vipassato IV.107[11] 正しく法を観ずるので〜喜びがある ④143.

a-māmaka *a.* <mama 信奉しない，わがものとしない I.66[1] ①87.

a-māya *a.* 誑惑でない，ごまかさない．asaṭhena **〜yena** bhavituṃ vaṭṭati II.102[22] 偽詐（いつわり，二枚舌）の人でなく，誑惑の人（ごまかす人）でないのがよろしい ②136.

a-mita-bhoga *a.* 無限の財物をもつ（人）I.385[6] ①506.

Amitodana Sakka *m.* アミトーダナ・サッカ（甘露飯王，浄飯王の弟）IV.124[2] ④166.

a-mitta *m.* Ⓢamitra 非友，敵 II.36[13] ②48. III.271[7] ③392. **-maddana** (*Vri.*) *n.* 敵を砕破すること．**〜ṃ** katvā I.312[7] 敵を砕破して ①409. **-vasa-gata-bhāva** *m.*〔ウデーナ王が〕敵の支配に落ちていること．**〜ṃ** ñatvā I.193[10] 〜を知って ①255.

a-milāta *a.pp.* <milāyati しぼむことなく．**〜ā** I.70[10]〔彼女は肉体が〕〜 ①93.

a-mogha *a.* 空しくない．**〜ṃ** tassa jīvitaṃ II.34[19] その人の生命は〜 ②46.

a-mora-bhāva *m.* 本物の孔雀ではないこと I.394[17] ①519.

amba *m.* Ⓢāmra マンゴー，菴羅．**-pakka** *n.* マンゴーの熟した実 III.206[19] ②302. **-vana** *n.* マンゴー林 I.244[21] ①320.

Ambāṭaka-vana *n.* アンバータカ林（マッチカーサンダ市のチッタ家主の遊園）II.74[11] ②98.

ambila *a.* すっぱい，酸，酢I.39[10], 342[23] ①53, 452. II.31[20], 68[1] ②42, 90.

ambho *interj.* おい，こら，ばかな，いいか I.179[4], 223[1], 254[1] ①234, 292, 331. II.3[2] ②5. IV.164[16] ④226.

ammaṇa *n.* 木箱 I.320[3] ①420.

amha-maya *a.* 石でできた〔宝珠〕III.151[15] ③217.

aya = ayo *n.* Ⓢayaḥ 鉄．**-kapāla** *n.* 鉄の鉢 I.148[7] ①193. **-naṅgala** *n.* 鉄の鋤(すき) III.67[11] ③97. **〜ena** kasāpetvā I.223[17] 〜ですかせて（たがやさせて） ①293. **〜ehi** bhinnā I.227[15]〔マーガンディヤーの親族たちは〔穴に坐らされて〕上にわらをのせて，火をつけて〕〜で砕かれた ①298. **-saṅkhalikā** *f.* 鉄の枷(かせ) IV.56[1] ④67. **-saṅghāṭaka** *n.* 鉄杭 IV.104[12] ④138. **-salākā** *f.* 鉄のへら I.338[17] ①446. **-sūla** *m.n.*（無間地獄の刑罰の）鉄串 I.148[9] ①193.

a-yasa *n.* 悪評．**〜o** uppajjati III.54[11] 〜が生じます ③79. 不評，悪名．aham **〜ssa** bhāyāmi IV.212[10] 私は〜を恐れる ④300.

a-yutta *a.pp.* <yuñjati ふさわしくない（こと）III.77[12] ③110. 正しくない **〜ṃ** Sākiyehi kataṃ I.349[3] 釈迦族の人々がした事は正しくありません ①460. kiñci **〜ṃ** adisvā I.41[21] 何らかの不正を見なかったので ①56. I.360[13] ①473. upasaṅkamituṃ **〜ṃ** I.61[1] 近づいて行くのは適切ではない ①80. etaṃ **〜ṃ** sampattaṃ I.224[10] このふさわしくないことが得られた ①294.

ayo *n.* 鉄 **ayasā** va malaṃ III.341[5] 鉄自体から〔出た〕錆 ③487. **-guḷa** *m.* 鉄丸 III.480[10] ③670.

a-yoga *a.m.* 結びついてはならない（もの）III.273[3] ③395. 悪い行為．**〜e** yuttā I.267[5]. 〜に携わっている ①349.

a-yoniso *abl.adv.* 非理に，非根源的に，欲情にかられて I.327[17] ①430. **-manasikāra** *m.* 不正な思惟 III.275[7] ③398.

ayya *a.m.* 聖なる，聖人．kuhiṃ **〜ā** gacchanti I.8[15] お聖人たちはどこに行くのですか ①10. **〜ānaṃ** gamanâkāro paññāyati I.14[6] 聖者さま方には〔どこかに〕お出かけの様子が認められます ①18.

ayyaka *m.* おじいちゃん，祖父 I.241[13], 359[10] ①317, 472. III.27[1] ③40.

ayyakā *f.* おばあちゃん，祖母 I.241[13], 346[9] ①317, 456. II.189[16] ②249. III.161[11] ③233. IV.165[5] ④227.

ayya-putta *m.voc.* 私のいとしい方よ，あなた（よびかけ）I.116[9], 118[18] ①150, 153. 御子息 I.390[18] ①514. 聖なる〔王〕子（シッダッ

タ太子, 釈尊) II.110[19] ②147.

ara *m.* 車の輻(や), スポーク. **-nemi-nābhi-ādīni** *n.pl.* 〔車の〕輻(や)·外輪·こしきなど II.142[4] ②186.

a-rajjati *ps.* <rajati 染まらない IV.85[9] ④111. 染著しない. **~jjanto** (*prp.*) IV.100[10] **~しない**で ④133.

arañña *n.* Ⓢaraṇya 森, 林野. **~e** I.15[14] 森の中で ①20. II.59[23] ②78. **-āyatana** *n.* 森の場所 **~e** I.203[18] **~に** ①268. II.240[11] ②313. **-kuṭi** *f.* 森の小屋 IV.31[15] ④38. **-kuṭikā** *f.* 森の小屋 II.235[6] ②308. **-vāsa** *m.* 森に住むこと, 森林住 II.102[17] ②135. III.452[12] ③631. **-vāsika** *a.m.* 森林住の(者)II.186[13] ②245.

araññaka-bhikkhu *m.* 森住の比丘 IV.39[18] ④47.

araṇi-sahita *n.* 火をおこす木 II.246[4] ②320.

Aratī *f.* アラティー, 不快(魔の娘の名) I.202[3] ①266. III.196[3] ③287.

Aravacchā *f.* アラヴァッチャー(河) II.119[20] ②158.

arahati <**arh**, **argh** 値いする, ふさわしい. na so kāsāvam ~ I.82[9] その者は袈裟衣に値しない ①107. na tvaṃ evaṃ vicarituṃ **~hasi** III.82[1] 君がそのようにめぐり行くのはふさわしくない ③116. できる. ko taṃ ninditum ~ III.328[8] 誰がその人を非難することができるのか ③471.

arahatta *n.* 阿羅漢たること, 阿羅漢の境. **~ṃ** pāpuṇiṃsu I.13[11] ~に達した ①17. yāva **~aṃ** kamma-ṭṭhānaṃ kathesi I.8[8] 阿羅漢の境地にいたるまで観念修行法を語った ①10. katipâhen'eva **~ṃ** pāpuṇi I.300[21] もう数日間だけで**~を**得た ①395. I.24[18], 71[14], 87[12], 109[24] ①32, 94, 114, 141. **-gahaṇa** *n.* 阿羅漢の境地を得ること I.8[4] ①10. **-nikūṭa** *m.n.* 阿羅漢の境地の頂上 II.95[13] ②125. **-pāpuṇana** (脚註10) *n.* 阿羅漢の境地に達すること III.272[9] ③393.

arahant *m.* 阿羅漢, 応供. namo ... **arahato** I.1[2] 阿羅漢に帰命したてまつる ①3.

Arahanta-vagga *m.* 阿羅漢品(ダンマパダ·アッタカター第7品) II.164[1] ②216.

arahanta-saññin *a.* 「阿羅漢である」と思っている(者) IV.138[10] ④184.

ariya *a.m.* Ⓢārya 聖なる, 聖者. ~sāvakā jātā I.5[20] 聖なる聴聞者(声聞, 弟子)となった ①7. **-ppavedita** *a.pp.* <pavedeti 聖者によって説かれた II.127[4] ②167. **-phala** *n.* 聖なる果 I.230[25] ①302. **-vaṃsa** *m.* 〔四つの〕聖なる伝統(どんな衣·食·住にも満足し, 修習を愛すること) III.142[3] ③202. **-vaṃsa-paṭipadā** *f.* 聖なる伝統(聖種)の実践修道(どんな衣·食· 住にも満足し, 修習を愛すること. *A.*II.27[16].「南伝」18. P.50). **-sāvaka** *m.* 聖なる声聞弟子 I.67[4] ①89.

ariya-magga *m.* 聖道 III.401[14] ③566.

Ariya-bālisika *m.* 漁夫(釣り師) アリヤ III.396[15] ③560.

aru-kāya *m.* 傷ついた身体 III.109[3] ③154.

a-ruci *a.* 喜ばない. **~ciyā** gacchanto I.116[2] ~ないで行きつつ ①150.

a-ruccanaka *a.* 不快の, 不満足の. **~ṃ** kammaṃ adisvā I.251[18] ~行為を見ないで ①328.

aruṇa *m.* 朝の太陽, 暁明, あさやけ. ~ uggamane I.9[14] 朝の太陽が昇る時 ①12. ~'uggamanaṃ nivāresi I.41[17] 太陽が昇るのを遮ぎった ①56. **~e** uggate I.59[15] 朝の太陽(暁明) が昇る時 ①79. **~ṃ** uṭṭhahi I.176[9] 朝日が昇った ①229. **~e** uggacchante II.95[19] **~が**昇る時 ②126. **~o** uṭṭhahi III.408[17] **~が**昇った ③575. **-uggamana** *n.* 太陽が昇ること. yāva **~ā** I.59[12] 太陽が昇るまで ①79. I.165[12] ①215. **~'uggamana-kāla** *m.* 暁明が立ち上って行く時. **~e** II.6[4] **~時に** ②9. II.254[17] ②330. **~'uggamana-velā** *f.* 暁明が昇る時 III.127[17] ③181. **-vaṇṇa-mattikā** *f.* 暁明(あさやけ)色の土 II.3[4] ②5.

arūpâvacara *n.* 無色界 I.309[11] ①406.(「仏のことば註(三)」394頁. 天界表参照.)

a-rūpin *a.* 無色の, 色をもたない, 眼に見えない. tayo **~pino** khandhā I.22[15] 三つの無色の蘊(あつまり) である(感受と想念と諸行) ①30.

Arūpi-brahman *n.* 無色界の梵天 IV.132[2] ④177.

are *interj.* この野郎, こん畜生 III.67[1] ③97.

a-roga *a.* 無病, 無罪. **~n** nu kho me sīlaṃ III.32[19] 一体私の戒は無罪なのか ③47.

alaṃ *adv.* 結構です, いりません, 十分である. '~ ammā' ti vuccamānā pi I.46[2]「結構です(無用です), お母さん」と言われても ①62. ~ bhikkhave, mā bhaṇḍanaṃ I.55[12] 結構です(止めなさい). 比丘たちよ, 口論を〔して

は〕いけない ①74. ～ Devadatta I.141[16] 結構だ(不用だ), デーヴァダッタよ ①185. ～ me buddhena II.34[9] 私には仏陀は結構です(いりません) ②45. I.234[1] ①306. **-sāṭaka** *a.* 〔腹が膨張して〕 着物が着れない(者) IV.16[12] ④20.

a-lakkhika *a.* 不幸の, 不運の. **～ā** vat'amha I.184[23] 実に私共は不幸です ①242. **～o** I.216[3] 不運の人であり ①284.

alaṅkata *a.pp.* <alaṅ-karoti 飾られた I.28[14] ①38. III.78[12] ③112. **～o** Maṭṭhakuṇḍali I.28[14] 飾られています. マッタ・クンダリンよ ①38. ～paṭiyattaṃ attano sīsaṃ chinditvā I.5[12] 飾り調えた自分の頭を切り ①7. **-paṭiyatta** *a.pp.* 身の飾りが準備された I.85[6] ①112. II.1[6] ②3. **-maṇḍala-majjha** *a.m.* 飾られた円壇の中央. **～e** I.249[15] ～に ①326.

alaṅ-karoti 飾る. deva-puttaṃ **～ronti** I.363[5] 天子を飾る ①477. naṃ **～karohi** (*2sg. imper.*) I.200[5] 彼女を飾り立てなさい ①264. vanas-patiṃ **～karitvā** I.3[13] 樹を飾って ①5.

alaṅkāra *m.* 飾り, 装飾品 III.334[15] ③478.

alaṅ-kārāpeti *cs.* <alaṅ-karoti 飾り立てさせる. taṃ **～petvā** (*ger.*) I.200[6] 彼女を～させて ①264.

a-lagga-tā *f.* 結びつきがないこと IV.228[17] ④328.

a-lajjita *a.pp.* <lajjati 恥じない(人) III.490[9,14] ③684.

a-lajjin *a.* 恥のない II.109[2] ②144.

alattaka *a.* 赤色染料, ラック, 貝殻虫による樹脂 I.273[11] ①356. III.109[6] ③154. **-kata** *a.pp.* <karoti 赤色染料をつけた. **～ā** pādā IV.197[14] 足に～女 ④281. **-rasa-rañjita** *a.pp.* <rañjati ラック(赤色染料)の色味に染められた II.174[17] ②229. **-vaṇṇa** *a.* 赤樹脂色の III.199[23] ③293.

alatthaṃ *aor.1sg.* <labhati 私は得た III.220[18] ③319. IV.202[20] ④288. 出来た. dhammaṃ sotuṃ na～ I.27[21] 私は法を聞くことが出来なかった ①37.

alabhissa *cond.3sg.* <labhati 得たであろう III.3[24] ③6.

a-lasa *a.* 怠けた, 怠惰の. **-jātika** *a.* 怠け者の類. **～ā** amhākaṃ dhītā I.389[6] 我々の娘は～だ ①512. **-tthera** *m.* 怠惰な上座 I.261[1] ①341. **-bhāva** *m.* 怠惰となること IV.52[7] ④61.

alāta *n.* 燃え木 III.442[2] ③618.

alāpu *n.* かぼちゃ III.112[12] ③160.

alika *a.n.* 虚偽の, 妄言 III.391[6] ③551. **-vādin** *a.* 妄語を語る(人) III.104[11], 313[12] ③148, 452.

a-līna *a.* 沈滞のない, 愛着のない, 下劣でない III.352[2] ③501. **-citta** *a.* 心に執著のない II.106[10] ②140.

Alīna-citta-jātaka *n.*「心に執著のない〔王子〕本生物語」. *J.*156話 II.106[15] ②141.

a-loṇa *a.* 塩気のない I.344[15] ①454.

alla *a.* Ⓢārdra 濡れた, 生まの, 新鮮な. **-kesa** *a.* 濡れた頭髪の(人) IV.220[5] ④312. **-go-maya** *m.n.* 生の牛糞 I.377[24] ①496. **-camma** *n.* 生ま皮 IV.132[16] ④177. **-cīvara** *a.* 衣が濡れた(人) III.147[10] ③210. **-maṃsa-sarīra** *a.* 生の肉のある身体をもった(人) II.51[4] ②66. IV.166[14] ④229. **-madhu** *m.* 新鮮な蜜 II.196[21] ②258. **-rasa-muddika-pānaka** *n.* 新鮮な味のあるぶどうの飲み物 II.155[9] ②204. **-vattha** *a.* 濡れた着物を着た(人) IV.220[5] ④312. **-sarīra** *n.* 生まの身体(死体) III.112[6] ③160.

Allakappa *m.* アッラカッパ(国)(マガダ国に近い一小国). **-tāpasa** *m.* アッラカッパ苦行者 I.165[16] ①215. **-raṭṭha** *n.* アッラカッパ国 I.161[9] ①210. **-rājan** *m.* アッラカッパ王 I.161[9] ①210.

allāpa-sallāpa *m.*あれこれおしゃべりすること II.259[5] ②337.

allīyati <ā-līyati 付着する, くっつく. sabbe ekâbaddhā **～īyiṃsu** I.371[11] 全ての〔饅頭〕が一つに結ばれてくっついた ①488.

avaṃ *adv.* 下に. **avaṃ-sira** *a.* 頭を下にした(者) IV.153[2] ④209. **～o** I.447[7] ～下にして ①585. te **～ā** samudde patiṃsu I.272[15]. 彼等は頭を下にして海に落ちた ①356. **～ā** patissanti I.436[13] ～落ちるだろう ①572.

ava-kaḍḍhita *a.pp.* <kaḍḍhati <**kṛṣ** 引きずられた I.201[7] ①265. 下に引かれた III.195[3] ③285.

avakkāra-pāti *f.* 屑物鉢 I.305[16] ①401.

avajāta-putta *m.* 下劣な生まれ(賎種)の息子 I.178[2] ①232.

avajānāti 軽視する. na **～jāneyya** (*op.*) III.16[11] ～してはならない ③24. na **～jānitabbaṃ** (*gdv.*) III.19[22] ～すべきではない ③29.

avajīyati *ps.* <jayati 再び勝たれる, 負かされ

る I.312[13] ①410. 回復される. na～ III.197[6] 回復されない ②289.

avajja-dassin *a.* 無罪と見る(人) III.493[9] ③687.

avajjhāyati 嘆き悲しむ III.132[18] ③188.

avaṭṭhita-tta *n.* しっかりと立ったこと IV.84[6] (*PTS.* avatthita-tta) ④109.

a-vaṇṇa *n.* 不名誉, 誹謗 III.178[14] ③260. 悪い評判 III.474[14] ③662. **-bhaṇana** *n.* 不名誉を言うこと II.157[11] ②205.

a-vattabbatā *f.* 言うことが出来ないこと III.289[18] ③421.

a-vatta-samādāna *a.* 不退転に受持する(人) III.485[11] ③677.

avatthaṭa *a.pp.* <avattharati 覆われた. sokena **～o** hutvā I.179[8] 憂い悲しみに覆われて ①234. 下敷になった II.267[16] ②346.

avattharati <ava-**stṛ** まく, 覆う, 敷く. taṃ ... **～ttharitvā** I.181[14] 彼女を…覆って ①237. gandhena **～tthari** (*aor.*) I.426[4] 香りをしきしめた ①559. **～ttharanto** pi II.249[7] 〔シネール山を沙弥の上に〕敷きつめても ②324. tayo pi jane **～ramānaṃ** gehaṃ patitaṃ II.265[14] 三人もの方々を下敷きにして家屋が落下しました ②344. pāsāṇo no **～ttharitvā** gaṇhāti III.202[19] 岩石が我々を覆って捕えるぞ ③296. ひろがる. chātake **～ttharante** III.367[3] 飢饉がひろがっている時 ③520.

a-vatthuka *a.* もとづくものがない I.36[21] ①48.

avadhi *aor.* <vadhati <**vadh** 殺した, 打った. ～ maṃ I.43[16] 私を打った ①58. ～ = pahari I.43[20] ①59. **～ī** attānaṃ IV.92[10] 自分を殺した ④121.

avadhi-paricchedana *n.* 〔動詞のはたらきの〕時限を切ること(…するやいなや) II.73[8] ②96.

Avanti *f.* アヴァンティ〔国〕(中西方インドに位置し, 首都はUjjenī, 16大国の一つ) II.176[7] ②231. **-janapada** *m.* アヴァンティ地方(中西インド) IV.101[7] ④135.

ava-maṅgala *a.n.* 不吉なこと, 凶兆, 不祝儀 III.123[12] ③175.

avamaññati 軽視する, みくびる, 軽べつする. na **～ññitabbaṃ** (*gdv.*) I.170[15] 軽視すべきでない ①221. III.15[19] ③24. **～ññanto** (*prp.*) III.15[17] ～して ③24.

avamāna *m.* <ava-**man** 軽蔑. **-ppatta** *a.pp.* <pāpuṇāti 侮辱された, 不敬を得た II.276[19] ②359.

Avaruddhaka *m.* (夜叉の名)アヴァルッダカ II.237[13] ②310.

Avaroja *m.* アヴァロージャ(資産家. メンダカ長者は前世でこの人の甥であった) III.364[14] ③518.

a-valañja *a.* 足跡のない(道) IV.116[9] ④154.

avasanna *a.pp.* <ava-sīdati 沈められた. **-saṅkappa** *a.pp.* <osīdati 思いが沈められた(人), 落胆の思いをいだく(者) III.409[10] ③576. **-sammā-saṅkappa-citta** *a.pp.* <osīdati III.410[3] 正しく思念する心が沈められた(人) ③577.

avasari *aor.* <avasarati 入った. yena Pārileyyakaṃ tad ～ I.57[1] 〔世尊は〕パーリレッヤカへの道にお入りになった ①76.

a-vasa-vattana *n.* 自由にならないこと III.406[18] ③573.

avasāne *loc.adv.* ついには III.183[3] ③267.

avasiṭṭha *a.pp.* <avasissati <ava-**śiṣ** 残った, 残された. yad eva **～ṃ** hoti I.284[14] およそ何でも残ったものであれば ①370. bahuṃ **～ṃ** III.135[4] 沢山〔仕事が〕残されています ③192. ～mattikaṃ pātetvā III.367[4] ～土を落として ③520.

avasissati <ava-**śiṣ** 残る. eko va gehe **～ssi** (*aor.*) II.188[18] 一人だけ家に残った ②248.

avasesa *m.n.a.* 残りの, 残余. **～e** I.359[4] 残った者たちを〔殺した〕 ①471. **～ena** *instr.adv.* あげくに, おまけに(地獄の刑罰の残余として) II.17[20] ②22.

avassaṃ *adv.* ⓢavaśyaṃ 必ず, きっと III.281[18] ③409. ～ mayā imassa paccupakāro kātabbo I.251[5] 私はこの者に対して必ずお返しをすべきである ①328. ～ mayā gantabbaṃ II.3[9] 必ず私は行かなくてはならない ②5. I.305[13] ①401. II.273[4] ②353. ～ mayā maritabbaṃ III.170[23] ～私は死ぬ ③250.

avassaya *m.* 依り所, 頼る所, 保護所 III.71[4] ③102. 依り所, 保護者 III.418[18] ③588. IV.117[5], 198[22] ④155, 282. amhākaṃ **～o** natthi I.267[19] 私たちに～はありません ①350. **～o** me hohi II.184[18] 私を助けておくれ(あなたは私の～であれ) ②242. mayā imissā **～ena** bhavituṃ vaṭṭati II.273[7] 私がこの女性の～となることが正しいのだ ②353.

I.250[12] ①327. II.135[17], 267[3] ②178, 345.

a-vassika *a.m.* 雨安居を経ない. **~ā** va uppabbajitā I.72[17] ~まま還俗した者たちは ①95.

a-vārita *a.pp.* <vāreti 妨げられない. kassaci ~**o** esa dhammo I.292[1] このこと(法)は誰にも妨げられません ①380. aññesaṃ pi ~**ṃ** I.207[5] ほかの人も〔行くのを〕妨げられませんよ ①273.

a-vikkhitta *a.pp.* <vikkhipati 散乱していない. ~**ṃ** karissanti I.304[21] 散乱をなくすであろう ①400.

a-vigata *a.pp.* 離れない. cakkhu-pathe andha-kāre ~**e** yeva II.49[17] 視野が暗闇を離れないうちに(眼が室内の暗さに馴れないうちに)②64. **-yobbana** *a.* 若さが去って行かない I.388[4] ①510.

a-vijahati 捨てない. Satthu santikaṃ ~**jahitvā** III.158[17] 大師のもとから離れないで ③229. III.472[7] ③659.

a-vijahita *a.pp.* <vijahati <vi-hā 欠かせない, 捨てられない, 捨てない III.227[11] ③326. ~**ṃ** eva hoti II.58[1] もう~ことである ②75. sabba-buddhānaṃ ~ṃ I.130[7] 全ての仏さま方に捨てられない〔「念処経」〕 ①170. **-pañca-sīla** *a.pp.* 五戒が捨てられていない(人). ahaṃ ~**ā** I.277[19] 私は五戒を捨てない女です ①361.

a-vijātā *f.* まだ子を産まない女 III.196[19] ③288.

a-vi-jānāti <**jñā** 知らない. saddhammaṃ ~**jānato** (*prp.gen.sg.*) I.308[18] 正法を知らない人の ①405.

avijjā *f.* 無明. **~'andha-kāra** *m.* 無明の暗闇 III.103[8] ③146. **-kkhandha** *m.* 無明の集まり. ~**ṃ** padāletvā I.288[21] **~を**砕破して ①375.

a-viññāṇaka *a.* 識のない, 無意識の(無機物, 金・銀など) I.6[20] ①8.

a-vitiṇṇa *a.pp.* <vitarati 渡らない, 越えない. **-kaṅkha** *a.pp.* 疑惑を越えない(人) III.77[19] ③110. **-para-loka** *a.pp.* 他の世間を越えていない(人), 輪廻している(人), 向こうの世間(彼岸)に渡らない(人) II.110[6] ②146. III.470[4] ③655.

avidūre *loc.adv.* 遠くないところに. Rājagahato ~ I.88[16] 王舎城から~ ①115. āḷāhanass'~ I.28[10] 火葬場から遠くないところで ①38.

aviddasu *a.* 無知の, 愚鈍の(人) III.395[5] ③557.

a-vidheyya *a.gdv.* <vidahati 従順でない, 言うことをきかない. me hatthâpi ~**ā** I.27[22] 私の両手も言うことを聞かない ①37.

a-vināseti *cs.* <vinassati 亡ぼさない. ~**sento** I.374[17] 〔花を〕亡ぼさないで ①492.

a-vinodeti 除去しない. ~**detvā** va IV.15[15] 〔食後の眠気を〕除去しないままで ④19.

a-vippavāsa *a.m.* 不在でない, 離れていない, 不在がない(こと). satiyā ~**o** I.228[17] 思念が不在でない ①299. I.255[10] ①333. satiyā ~**e** abhiratā hotha IV.26[8] 思念の**~ことを**大いに喜ぶ者たちであれよ ④31.

a-vippavuttha-sati *a.* 思念が不在にされない(人) I.239[7] ①313.

a-virajjhati <vi-**rādh** 失敗しない. ~**jjhitvā** IV.227[13] **~しないで** ④326.

a-virata *a.pp.* <viramati 離れない. ~**ratattā** *abl.* IV.180[7] **~ので** ④251.

a-viruddha *a.* 害意のない(人) IV.176[8] ④246.

a-virūḷhi-dhamma *a.* 成長しないたちの(もの). dandho ~**o** I.245[5] 愚鈍であり, **~者です** ①320.

a-vivara *a.* すき間がない ~**ā** I.387[21] 〔歯ならびは〕~ ①510.

a-vivitta *a.pp.* <viviccati 遠離しない. ~**o** II.77[2] **~者である** ②102.

a-visaya *a.m.* 領域ではない. te jānituṃ tava ~**o** I.259[7] それらを知ることは君の領域ではない(君の力の及ばないものだ) ①338. maccu-rājassa adassanaṃ ~**ṃ** amata-mahā-nibbāṇaṃ gaccheyya I.337[9] 死王の見ないところに, ~ところに, 不死甘露の大涅槃におもむくであろう ①443.

a-visayha *a.ger.* <visahati <vi-**sah** できない. mayhaṃ ~**ā** III.242[24] 私には~ ③349.

a-visahati <vi-**sah** できない. ~**hantī** (*prp.f.*) III.312[12] できなくて ③451. vattuṃ ~**hanto** II.108[6] 言うことが~で ②143. gantuṃ ~**hantā** I.57[23] 行くことが出来ないで ①78.

a-vissajjati 除外しない. ~**jjitvā** IV.100[9] **~しないで** ④133.

a-vissajjeti *cs.* <vissajjati 除かない. ~**jjetvā** I.359[5] 除外することなく ①471.

a-vissamati <vi-**śram** 疲れが回復しない. ~**mitvā** va III.264[20] **~しないまま** ③382.

IV.16[3] ④19.

a-visāradatā *f.* 無畏でないこと，畏れること III.395[1] ③557.

Aviha *m.* 無煩天 III.290[1] ③422.

avihaccaṃ *adv.* あからさまに．～ bhāsati IV.197[5] ～話す ④280.

a-vihaññati *ps.* <vihanati 打たれない，悩害されない．**～ññamāno** (*prp.*) IV.3[13] **～されないで** ④6.

a-viheṭheti <vi-**hīḍ** 圧迫しない，困らせない．**～ṭhetvā** I.374[8] 困らせずに ①491.

Avīci-parāyana *a.* 無間地獄に行く（者）III.189[19] ③278.

Avīci-mahā-niraya *m.* 阿鼻（無間）大地獄 IV.42[13] ④50. **～e** nibbatti I.127[22] **～に再生した** ①166. II.10[9], 21[25] ②14, 28. **-santāpa** *m.* 無間大地獄（大阿鼻地獄）の熱悩．**～o** uṭṭhahi I.127[1] **～が立ち上った** ①165.

a-vīta-rāga *a.pp.* <veti <vi-**i** 欲情が離れていない（人）III.158[20], 268[4] ③229, 387. IV.94[5] ④123.

a-vekalla-kkhaṇa *m.* 〔六処が〕不全でない刹那 III.489[6] ③682.

avekkhati <ava-ikkhati 観察する，見る．dhīro bāle ～ I.259[13] 賢者は愚者たちを観察する ①339. **～kkheyya** (*op.*) I.379[6] 見るがよい ①497. evaṃ lokaṃ **～kkhantaṃ** (*prp.ac.*) III.166[9] このように世間を**～する人を** ③242.

avecca *adv.ger.* <aveti 確かに，決定的に，絶対に．**-ppasāda** *m.* 絶体の浄信 I.76[17] ①100. **-ppasanna** *a.pp.* <pa-sīdati <pa-**sad** 絶対に浄信する I.405[3] ①532.

a-verin *a.* 怨みのない（人）III.256[17], 383[10] ③370, 539.

a-velāya *instr.adv.* 時間でないのに II.113[10] ②151.

avocuttha *2pl.aor.* <vatti 言った I.125[3] ①161.

a-vyatta *a.* 無能な II.88[7] ②116.

a-vyattatā *f.* 聡明でないこと．～tāya II.38[14] **～なかったので** ②51.

avyākatā dhammā *m.pl.* 〔善悪に属さない〕無記の諸法 III.222[7] ③321.

a-vyāpāda *m.* 無瞋，いかりがないこと II.226[10] ②294.

avhāna *n.* 呼びかけ IV.119[14] ④159.

a-saṃcicca *adv.* 故意でなく，偶然に III.483[15] ③675.

a-saṃvuta *a.pp.* <saṃvarati 防護されていない，守られていない IV.84[13] ④109. indriyesu **～ṃ** I.74[3] 諸々の感官が制御されていない人を〔魔が制圧する〕①97.

a-saṃsaṭṭha *a.pp.* <saṃ-**sṛj** 交際接触しない（人）IV.169[20] ④235.

a-saṃhariya *gdv.* <saṃharati 持ち去られない．**～ṃ** katvā I.278[2] ～ようにして ①361.

a-sakkuṇitvā *ger.* <sakkoti 出来ないで．tāsaṃ kiñci kātuṃ ～ I.211[16] 彼女たちに対して何もすることができずに ①278.

a-sakkhara *a.* 砂利が敷いてない III.401[8] ③565.

asakkhi *aor.* <sakkoti 出来た．～ cittaṃ pasādetuṃ III.186[17] 心を浄めることが出来た ③273.

asakkhiṃsu *3pl.aor.* <sakkoti できた．adhivāsetuṃ nâsakkhiṃsu I.102[16] 我慢することができなかった ①132.

asakkhissa *cond.3sg.* <sakkoti できていたならば III.3[23] ③6.

a-saṅkhata *a.* 無為の（因縁，業によって作られたのではない）III.403[9] ③567.

a-saṅkheyya *a.* 数えられない，不可測の，阿僧祇（無量の年代）．cattāri **～āni** I.5[12] 四阿僧祇にわたって ①7. I.83[10] ①110.

a-sajjati *ps.* <**sañj** 躊躇しない．**～jjamānā** (*prp.*) III.211[5] ～で ③308. **～jjanto** (*prp.*) IV.100[10] **～しないで** ④133.

a-sajjhāya-karaṇa *n.* 読誦（学習，研究）をしないこと III.347[5] ③495.

a-sajjhāya-mala *a.* 学習がないことを垢とする（人）III.344[14], 347[7] ③492, 495.

a-sañcicca *a.adv.* 無識の，故意ではない．～ a-satiyā kataṃ natthi āpatti I.54[5] 故意でなく思わずしたのであれば犯戒はありません ①72.

a-sañcetanika *a.* 故意でなく行なった．**～ā** hutvā I.225[11] **～者たちであるが** ①295.

Asañña *m.* 無想天 IV.132[2] ④177.

a-saññata *a.pp.* <saṃ-yamati 抑制がきかない（者）III.356[3], 479[20], 481[2] ③506, 669, 670.

A-saññata-parikkhāra-bhikkhu *m.* 生活用品の〔始末〕を考えない比丘 III.15[4] ③23.

a-saṭha *a.* 奸詐でない，いつわりでない，二枚舌でない II.102[22] ②136.

a-saṇṭhahati <saṃ-**sthā** 立たない．**～ṭhahanto** (*prp.*) I.288[2] しっかりと立たないで ①374.

a-sataṃ = a-santānaṃ *prp.gen.pl.* <sant <atthi
ありもしないことどもの. ～ bhāvanam
iccheyya II.76¹³ ありもしないことどもが生
ずることを望むであろう ②102.

a-satta *a.pp.* <sajjati 執著のない（人）IV.228¹¹
④328.

a-sattu-ghātaka *a.m.* 敵を殺さない者 I.358²
①470.

a-sadā *adv.* 常でなく、たまに I.144¹⁷ ①189.

a-sadisa-dāna *n.* 無比の施 I.283¹⁸ ①369. 比べ
るもののない（立派な）施 III.120¹² ③170.
比類のない施 III.183⁸ ③269. 日替わりの
施. sattâhaṃ ～ṃ pavattesi IV.17¹⁷ 七日間～
を行なった ④21.

a-saddahati <sad-dhā 信じない. ～hanto (*prp.*)
I.186²² 信じないで ①246.

a-saddha *a.* 信がない（人）. ～o II.76²⁰ ②102.

a-saddhamma *m.* 不正法（不義の性交）
III.181²¹ ③265. -santhava *m.* 非正法の親交、
犬と人間との性交 III.119¹³ ③169.

asani *f.* Ⓢaśani 雷光, いなずま III.53¹¹ ③77.
-aggi *m.* 雷光の火 III.71¹¹ ③102. -sadda *m.*
矢の音, 雷光の音 I.351¹² ①463.

a-santaṃ *prp.nom.* <atthi ないものは. aññaṃ
～ nāma natthi I.393¹⁵ ほかにないというも
のはありません（全部あります）①518.

a-santāsin *a.* 恐怖なき（者）IV.70⁶ ④89.

a-santhuta *a.pp.* <santhavati 親交のない IV.67⁷
④85.

a-sabbha *a.* 無礼な, 無作法の, 卑しい IV.163³
④223. ～ṃ bhaṇanto I.256⁸ 無作法な（下劣
な）ことを言いながら ①335. ～ā ca
nivāraye II.109¹⁶ また無作法を防ぐがよい
②145.

a-sama-dhura *a.* 〔他と〕等しくない重荷を負
った（者）III.212¹⁹ ③310.

a-sama-pekkhaṇa *n.* 公正に見ないこと IV.85⁹
④110.

a-samāna *a.* 協調性のない（人）III.463³ ③646.
-saṃvāsa *m.* 協調性のない人と一緒に住む
こと III.462⁵ ③645.

a-samāhita *a.pp.* <samādahati 心を定めない,
精神統一がない. ～o II.77³, 255¹³ ～者が ②
102, 332.

a-samucchinna-vaṭṭa-bīja *a.pp.* 輪廻の種子が
断ち切られていない（人）I.260⁴ ①339.

a-samudācāra *m.* 動かなくなること III.111¹⁶
③159.

a-sampaṭicchati 同意しない. tasmiṃ ～
cchante (*prp.loc.*) III.35¹⁴ 彼が～ので ③52.

a-sampaṭicchita-vacana *a.pp.* 言うことが受け
取ってもらえない（人）III.54¹⁵ ③79.

a-sambandha *a.* 〔血縁の〕つながりがない（者）
III.267⁹ ③385.

a-sambhinna *a.pp.* <bhindati <bhid 混じりの
ない. ～khīra-pāyāsaṃ datvā II.85²⁰ ～牛乳
のお粥をさし上げて ②113.

a-sammaṭṭha-ṭṭhāna *n.* 掃除されていない所
II.140²⁰ ②185.

a-sammoha *a.* 迷妄しない III.453² ③632.

a-sarīra *a.* からだがない（心）I.304⁵ ①399.

a-sallakkhaṇâkāra *m.* 理解できない状態
III.190¹⁴ ③279.

a-sahati <sah 耐えない, 我慢できない. ovāda-
mattaṃ ～hanto (*prp.*) II.22² 教誡だけにも
我慢できなくて ②29. aparassa sampattiṃ
～hanto (*prp.*) I.174¹ 他人の栄華に我慢で
きなくて ①226.

a-sādhāraṇa *a.* 比類のない III.62¹² ③90. 共通
でない III.213¹⁸, 364¹⁷ ③311, 518. aññehi
～ṃ karissāmi IV.203¹⁵ 他の人々と共同で
ない〔仕事〕を私はするだろう ④290.

a-sādhu *a.* 不善の（こと）III.104¹⁰, 313¹¹ ③148,
452. sukarāni ～ūni III.154²² 不善のことど
もは行ない易い ③222.

a-sāmika *m.* 所有者でない者 III.380⁹ ③536.

a-sāra *m.* 核心でないもの I.83⁶ ①110. -dassin
a. 核心ではないと見る（者）. sāre ～ssino
I.113²³ 核心であるものを～者たちがいる
①146.

a-sāraka *a.* 心髄のない. vitudaṃ ... kaṭṭhaṅga-
rukkhesu ～esu I.144¹⁶ 〔この鳥は〕心髄のな
い枝のまばらな樹々を〔くちばしで〕つつ
きながら ①189.

a-sāruppa *a.n.* 適正でない, 不適切 iminā naṃ
～ena vā khalitena vā saṅgha-majjhe
niggaṇhissāmi II.107¹² この不適正によって,
或いはつまずきによって私は彼を僧団の
中で叱責しよう ②142.

a-sikkhita *a.pp* <śiks しつけが出来ていない,
学んでいない II.184¹¹ ②241.

asi-tharu *m.* 刀剣, 刀身 IV.66²⁵ ④85.

asi-hattha *a.* 剣を手にした III.271²² ③393.

asīti *num.* Ⓢaśīti 八〇. ～mahā-there vandatha
I.14³ 八〇人の大上座たちを礼拝して下さ
い ①18. ～mahā-there disvā I.19¹⁶ 八〇人の

大上座たちにまみえてから ①26. ～**ñāti-kula-sahassehi** I.4[12] 八万(80×1000)の親族の家々によって〔作られた精舎〕①6. **-koṭi-vibhava** *a.* 八〇億(または八億)〔金〕の富をそなえた(人) I.367[2] ①483. II.25[7] ②33. **-mahā-therā** *m.pl.* 八〇人の大上座. **～e** vandatha I.155[2] ～を礼拝しなさい ①204. **-mahā-sāvakā** *m.pl.* 80人の大声聞 I.138[22] ①182.

asuka *a.* そのような, かかる. **～ena** me telaṃ pakkaṃ I.12[8] これこれの〔医師〕が私のために油(目薬)を煮て(調製して)くれた ①15. **～ena** ahaṃ akkuṭṭho I.43[11] 誰それによって私はそしられた ①58. **～ena** *instr.adv.* そのようにして. taṃ ～ kataṃ III.289[18] それは～作られる ③421. **-gāma** *m.* これこれという村 **～e** I.180[14]. ～に ①235. **-ṭṭhāna** *n.* このような処 **～ṃ** āgato I.147[1]. **～に**やって来た ①192. I.231[20], 377[15] ①303, 495.

a-suci *a.* 不浄の, 小便. idha dārakā **～ṃ** karonti I.52[11] ここは子供たちが不浄(小便)をします ①69. **-khādaka** *a.* 不浄な食べ物 I.401[11] ①527. **-khādaka** *a.m.* 不浄なものを食べる者 I.401[24] ①528.

a-sutta-maya *a.* 糸なしでできた〔装身具〕 I.394[3] ①518.

a-subha *a.* 不浄の, 不浄. dasasu **～esu** aññataraṃ **～ṃ** passantaṃ I.76[9] 一〇の不浄のうちのある一つの不浄を見ている人を ①99. **～'anupassin** *a.* 不浄なものをたどり観る I.74[7] ①97. **-kamma-ṭṭhāna** *n.* 不浄観念修行法, 不浄業処 I.158[16] ①208. III.425[11] ③597. **-paṭikkulaka-kammaṭṭhāna** *n.* 不浄を厭う観念修行法(業処) III.426[19] ③599. **-vihārin** *a.m.* 不浄を見て住する(人) I.74[1] ①97. **-saññā** *f.* 不浄想 **～aṃ** paṭilabhi I.99[22] ～を得た ①129.

asura *m.* 阿修羅, 鬼神. **～'inda** *m.* 阿修羅王 I.278[9] ①362. **-kaññā** *f.* 阿修羅の娘 I.428[5] ①561. **-jeṭṭhaka** *a.* 阿修羅の長老 I.278[5] ①362. **-bhavana** *n.* 阿修羅の都城 I.278[5] ①362. **-vimāna** *n.* 阿修羅の宮殿 I.272[16] ①356.

a-susira *a.* 隙間のない(岩) II.148[20] ②195.

a-sekkha *m.* ⓢaśaikṣa 無学, 阿羅漢. **-dhamma-kkhandha** *m.* 無学の法の集まり I.159[1] ①209.

a-sekha-muni *m.* 無学の牟尼 III.321[2] ③462.

a-seseti *cs.* <sissati 残さない. kiñci **～tvā** I.398[14] 誰も残さずに ①523.

a-sodhita *a.pp.* <sodheti 浄められていない. tasmiṃ **～e** yeva I.83[18] そこがまだ浄められていない時に ①110.

asmi-māna *m.* 「私は…である」という自負心, 我慢 III.454[5] ③634. ～mattaṃ na karoti I.237[23] ～のかけらもいたさない ①312.

assa *m.* 馬. ～ **bhadra** *m.* 駿馬 III.85[24] ③122. **～âjānīya** *m.* 駿馬 III.248[2] ③357. **～âjāneyya** *m.* 駿馬 III.49[7] ③70. **～'āroha** *m.* 乗馬する者 II.117[11] ②155. **-damma-sārathi** *m.* 馬の調教師 IV.4[8] ④6. **-piṭṭha** *n.* 馬の背 I.309[1] ①405. III.82[2] ③116. **-bandha** *m.* 馬丁 I.392[19] ①517. **-laṇḍa** *n.* 馬糞 IV.156[14] ④213. **-vāṇija** *m.* 馬商人 IV.50[12] ④58. **-vāṇijaka** *m.* 馬の商人 II.154[2] ②202. **-vāhana** *n.* 馬の軍勢 I.192[14] ①254.

assaṃ *op.1sg.* <**as** …でありたい III.6[24] ③12.

[1]**Assaji** *m.* アッサジ(舎利弗・目連の共住者で悪い比丘) II.108[19] ②144.

[2]**Assaji-tthera** *m.* アッサジ上座(初転法輪の五比丘の一人. この人の偈を聞いて舎利弗は帰仏した) I.91[10], 113[3] ①118, 145. IV.75[13], 150[13] ④98, 205.

assatara *m.* ろ馬, ら馬 I.213[3] ①280. IV.3[7] ④5.

assatarī *f.* 牝ろば III.156[23] ③225.

a-ssaddha *a.* 信仰のない(人). **～o** I.379[10] 無信心である ①498. II.186[11] ②245. **～ā** pi IV.205[11] **～人々も** ④292.

assama *m.* ⓢāśrama 草庵 I.312[25] ①410. II.222[9] ②289. **-pada** *n.* 草庵のところ, 庵室. naṃ **～ṃ** netvā I.166[10] 彼女を～に連れて行って ①216. I.108[11] ①140.

assavati <**ā-sru** 流れる, 漏れる IV.48[17] ④56.

assasati <**ā-śvas** 呼吸する, 安心する. **～satha** (*imper.*) III.289[9] 安心しなさい ③421. **～santo** passasanto IV.16[17] 息を出し入れしながら ④20.

assāda *m.* 快味. **～o** jāto II.145[10] **～が**生じている ②191.

assādeti *denom.* <assāda 味わう. tam eva ～ I.362[2] それだけを味わう ①475. taṃ **～dento** (*prp.*) I.318[5] それを味わって ①417.

a-ssāmika *a.* 亭主がいない II.2[5] ②4. **-bhāva** *m.* 亭主がいないでいること II.272[15] ②352.

assāsa *m.* <**ā-śvas** 呼吸, 安息 IV.118[20] ④158. **-vāra** *m.* 蘇息の時, ほっとする間 III.215[17]

assāsiyati *ps.* <assāsati 安息される、なだめられる. ~siyamāno pi II.185^4 なだめられても ②242.

assāseti *cs.* <assāsati <ā-śvas 蘇息させる、安心させる. theram ~etvā I.13^1 上座を安心させて ①17. I.185^{12} ①243. ~sehi (*imper.*) nam IV.213^{13} 彼女を~させなさい ④302.

^{1}**assu** *indecl.* ⑤sma きっと、必ず、決して III.369^6 ③523. mā ~ puna evam akattha I.47^8 きっと再びそのようにしてはなりません ①63.

^{2}**assu** *n.* ⑤aśru 涙. **-tinta** *a.* 涙に濡れた III.147^7 ③210. **-dhāra** *a.* 〔目に〕涙をためる(人) IV.15^4 ④17. **-puṇṇa** *a.pp.* 涙に満ちた. ~ehi nettehi I.231^{17} ~眼で ①303. **-mukha** *a.* 涙顔の. ~o rudamāno I.152^{11} ~で泣きながら ①200. I.38^9 ①51. II.7^{12}, 40^4 ②10, 53.

a-ssuta-pubba *a.pp.* <suṇāti 今まで聞かれなかった. ~ṃ saddaṃ I.206^{13} ~声を ①272.

assosi *3sg.aor.* <suṇāti 聞いた. assa saddam ~ I.232^{21} 彼の声を聞いた ①304.

assosuṃ *3pl.aor* <suṇāti 聞いた. ~ kho bhikkhū I.119^{17} いかにも比丘たちは聞いた ①154.

a-hata-sāṭaka *m.* 新らしい服 I.205^{11} ②269.

a-hanati <han 殺さない. a-hanaṃ (*prp.*) IV.32^1 殺さないで ④38.

ahāsi *3sg.aor.* <harati 運んだ I.43^{13} ①58.

ahi *m.* 蛇、へび. **-peta** *m.* 蛇の亡者 II.63^{22} ②85. **-mekhalā** *f.* 蛇の飾り(帯) I.139^{13} ①182. **-vātaka-roga** *m.* 蛇風病. ~o pati I.187^{18} ~が起った(おちた) ①247. I.231^{12} ①303. ~ ena mahā-jane mārente I.169^{17} ~によって大勢の人々が死んでいる時に ①220.

a-hiṃsaka *a.* 殺生をしない(人) III.317^{10}, 320^{17} ③458, 462. **-bhāva** *m.* 害のない者であること III.387^{15} ③544.

a-hiṃsā *f.* 不害 III.387^{19}, 458^{17} ③545, 641.

Ahi-cchatta *m.* アヒ・チャッタ(蛇の傘、きのこ)(龍王の名) III.242^9 ③348.

a-hita *a.* 不利益の. Sukarāni ... attano ~āni I.142^{18} 自分に不利益なことは行ない易い ①187. tesaṃ ~āya bhaveyya II.66^8 その人たちに不利益となるだろう ②87. **-kamma** *n.* 不利益なこと III.154^{19} ③222.

a-hirika *a.m.* 無恥の(人)、恥のない(者) II.34^{12} ②46. III.85^1, 351^{17}, 467^{13} ③121, 500,

652. IV.115^{19} ④154.

ahi-vātaka-roga *m.* 蛇風病 III.437^1 ③613.

ahuvattha *aor.2pl.* <hoti であった. samaggā na ~ I.57^{10} 和合衆とならなかった ①77.

ahuvamhase *1pl.aor.* <hoti. yaṃ balaṃ ~ I.145^6 私たちは力の限り ①190.

ahuhāliya *n.* 笑い声 IV.67^{11} ④79.

a-heṭhayaṃ *prp.nom.* <heṭhayati <heḍ 悩まさないで、損なわないで. vaṇṇa-gandhaṃ ~ I.374^{12} 〔花の〕色や香りを損なわないで ①491.

a-heṭheti <heḍ 悩まさない、損なわない. pupphaṃ ... ~ento (*prp.*) I.374^{17} 花を…損なわないで ①492.

a-hetuka-tiracchāna-yoni *f.* 無因の畜生の胎 III.212^{22} ③310.

a-hetuka-yoni *f.* 無因の胎、いわれなき受胎 III.231^{11} ③330.

ahesuṃ *aor.3pl.* <hoti あった. dve yeva kiccāni ~ I.5^{21} 二つだけ為すべきことがあった.

aho-rattaṃ *ac.adv.* 日夜に、昼夜に I.433^7 ①567. III.430^{12} ③604.

aho-rattânusikkhin *a.* 日夜学習に従う(人) III.324^{11} ③465.

aho-rattiṃ *adv.* 昼夜にわたって IV.143^{19} ④194.

Ā

ākaṅkhati <ā-kaṅkṣ 希望する、願う yāva-mahantaṃ ākaṅkhasi I.29^{10}. あなたが望むまでの大きさの〔車輪を私は作ります〕①39. paṭivedhaṃ ~khanto vicarati I.158^{18}. 〔修行の〕完徹を期待してめぐり行く ①208.

ākaḍḍhati 引く、引っぱる ~ḍḍhanto (*prp.*) I.172^{12}.〔着衣の裾をかんで〕引っ張って ①224. atthañ ca kāraṇañ ca ~ḍḍhitvā II.95^{11}. 意味と理由を引いてきて ②125. dhanuṃ ~ḍḍhi (*aor.*) III.26^9. 弓を引いた ③39. III.456^{20}. ③638.

ākaḍḍhana-bhāva *m.* 引っぱる力があること II.66^4. ③95.

ākappa *m.* ⑤ākalpa 行儀、威儀 so tenâkappena ... gantvā I.72^{18}. 彼はその〔俗人の〕なりで … 行って ①95.

〜**ena**-āgantvā I.77[7]. 空を〔飛んで〕やって来て ①100. 〜**ṃ** pakkhandi I.111[2]. 空中に跳入した ①142. 〜**'aṅgaṇa** *n.* 空地 III.374[4]. ③527. IV.92[8]. ④113. **-tala** *n.* 屋上 〜**e** nisīdi I.164[5]. 〜に坐った ①213.

Ākāsa-gaṅgā *f.* 天の川 〜**aṃ** otārento viya III.360[9]. 〜を下ろすように ③512. IV.18[14]. ④22.(「仏のことば註(三)253頁参照)

ākiṇṇa *a.pp.* <ākirati 散乱した, 混じった 〜vihāratāya ukkaṇṭhito I.56[14]. 混乱した生活を厭って ①76. IV.29[17]. ④35. **-manussa** *a.* 人が乱雑した(都市, ヴェーサーリー)III.436[7]. ③613. **-vihārin** *a.* 混乱した中で住む(人) III.472[21]. ③659.

ākirati (ā-kirati) 撒き入れる dadhiṃ pātiyaṃ 〜**ritvā** II.198[16]. ヨーグルトを鉢にまき入れて ②259. 注ぎ入れる khīra-yāguṃ 〜**ritvā** II.206[15]. 乳粥を注ぎ入れて ②270. 〜**rate** rajaṃ III.484[14]. 塵をふり撒く ③676.

ākula *a.* 混乱した 〜**ā** viya hutvā I.425[16]. 〜ようになって ①559. 〜**ṃ** karontā III.382[19]. 混乱させて ③539.

ākoṭita *a.pp.* <ākoṭeti. 打たれた 〜paccākoṭitehi cīvarehi I.37[17]. 打たれに打たれて(柔らかくなった) 衣を〔まとい〕①50. 〜**o** viya I.284[21].〔風に〕打たれたように ①370.

ākoṭeti 打つ, ノックする dvāraṃ 〜**esi** (*aor.*) II.145[15]. ドアをノックした ②191. III.98[10]. ③139. sīsaṃ 〜**ṭetvā** IV.226[5]. 頭をたたいて ④324.

āgacchati <a-**gam** 来る maṃ khamāpetuṃ 〜**cchanti** I.64[8]. 私に許しをこうてやって来ています ①85. 〜**cchantu** (*3pl.imper.*) mahā-rāja I.I64[8]. 彼等を〔ここに〕来させましょう, 大王よ ①85. **āgaccheyyāsi** (*2sg.op.*) I.118[18]. あなたは帰って来て下さい ①153. tena saddhiṃ **āgamissati.** (*ft.*) I.14[18]. 彼と一緒に来るでしょう ①19.

āgatâgatā *pp.pl.* 来た人, 来た人たち I.331[10]. ①435.

āgantuka *a.* 外来の, やって来た, 客来の 〜**ā** bhikkhū I.37[19]. 外来の比丘たちは ①50. nanu tvaṃ 〜**o** I.329[15]. あなたは〔よそからここへ〕来た人ではないかね ①433. 〜**ehi** abhijjkâdīhi dosehi paduṭṭhena. I.23[11]. やって来た(客来の)貪欲などの諸々の過悪によって汚されるので ①31. 〜**ṃ** pavattayiṃsu II.9[14]. 客人に施を行なった ②13. **-dāna** *n.* やって来た人への施 〜**ṃ** adaṃsu I.77[21]. やって来た〔比丘たち〕に施をさし上げた ①101. II.127[15], 196[11]. ②168, 257. III.183[13]. ③269. **-bhatta** *n.* 外来の客をもてなす食べ物 II.154[12]. ②203. **-bhatta-dāyikā** *f.* 外来の〔比丘たち〕にご飯を与える〔鹿母ヴィサーカー〕II.194[8]. ②254. **-bhikkhu** *m.* 外来の比丘 II.161[13]. ②213. III.487[12]. ③680. **-vatta** *n.* 来客に対する作法 II.74[21]. ②99. やって来た人への仕事 I.379[16]. ①498.

āgama *m.* 経典の伝授, 伝承, 阿含 I.262[14]. ①343.

āgamayati, āgameti *cs.* <ā-**gam** 待つ thokaṃ 〜**gamayiṃsu** (*aor.*) I.425[7]. しばらく待った ①558. **āgametu** (*imper.*) bhante Bhagavā I.55[21]. 尊師さま, 世尊はお待ち下さい ①75. 〜**metha** 〜**metha** (*imper.*) I.130[16]. お待ちなさい, お待ちなさい ①170. III.439[7]. ③616. 〜**mehi** (*2sg. imper.*) tāva I.287[10]. まず待ちなさい ①373. II.157[21]. ②207.

āgamma *ger. adv.* <āgacchati …によって Satthāraṃ 〜 II.151[16]. 大師によって ②199. taṃ taṃ kāraṇam 〜 I.1[8]. それぞれの根拠によって。

āghāta *m.* 害心, 嫌恨, 怒り, 害意, 憎しみ 〜**ṃ** katvā IV.106[1]. 〜をいだいて ④141. Tathāgate 〜**ṃ** bandhitvā I.140[2]. 如来に対する〜を結んで ①183. kiṃ tena saddhiṃ 〜**o** atthi I.167[2]. その〔王〕に対して嫌恨があるのですか ①217. mayā Satthari 〜**o** kato I.146[13]. 私は大師に瞋害を行なった ①191. Satthari 〜**ṃ** bandhi I.202[13]. 大師に対して嫌恨(いかり)を結んだ ①267. mayi 〜**ṃ** katvā I.227[6]. 私に〜をいだいて ①297. II.21[15], 178[13]. ②28, 234. III.26[7], 45[1], 61[21], 112[5], 297[8], 450[7]. ③39, 64, 89, 160, 431,

627. IV.175[6], 180[4], 204[24]. ④243, 250, 292. **~'uppatti** *f.* 嫌恨を起こすこと I.202[14]. ①267.

āghātana *n.* 刑場, 斬首台 **~ṃ** nayiṃsu II.39[2]. ~に連れて行った ②52. II.217[16]. ②283. IV.52[11]. ④61.

ācamana-udaka *n.* 洗浄の水 I.53[19]. ①72.

ācaya *m.* <ā-**ci** 集めたもの II.25[14]. ②33.

ācariya *m.* <ā-**car** ⓢācārya 阿闍梨, 師 **~ssa** santikaṃ gantvā I.113[5]. 阿闍梨(遊行者の師, サンジャヤ)のもと行き ①145. tvaṃ si **~o** mama I.32[18]. あなたは私の阿闍梨です ①43. **-dhana** *m.* 阿闍梨(師匠) に対するお礼, 師への報酬 IV.11[12]. ④13. **-pūjaka** *a.m.* 阿闍梨を尊敬供養する(人)I.93[23]. ①122. **-bhāga** *m.* 阿闍梨としての取り分, 教授料 I.253[1]. ①330. **~ûpajjhāya** *m.* 阿闍梨・和尚 **~ānaṃ** santike I.7[14]. ~のもとで ①9. **-vatta** *n.pp.* <vattati 阿闍梨師に対する務め **~ṃ** katvā I.92[3]. ~をはたしてから ①119. I.379[15]. ①498.

ācāma-kuṇḍaka *n.* 飯の泡やもみぬか(米屑)III.325[7]. ③467.

ācāra *m.* 行ない, 作法 II.31[14]. ②42. **-kusala** *a.* 浄らかな行ないに巧みな(人)IV.107[20]. ④143. **-sampanna** *a.pp.* 行法をそなえた, sīlavā bhikkhu **~o** I.73[17]. 持戒の比丘は行法をそなえている ①96.

ācikkhaka *a.m.* 告げる, 指導する人 I.71[19]. ①95.

ācikkhati 告げる, のべる kasiṇa-parikammaṃ **ācikkhi** (*aor.*) I.105[20]. 遍の準備定を説いた ①137. taṃ pavattiṃ **ācikkhi** (*aor.*) I.42[6]. その顛末を語った ①56. sace **~cikkhissāmi** (*1sg.ft.*) I.25[8]. もし私が告げると ①34. **ācikkha** (*2sg.imper.*) me I.29[4]. あなたは私に告げなさい ①39. āsana-paññattiṃ **ācikkha** (*2sg.imper.*) I.72[5]. 席の設営を指導し(告げ) なさい ①95. na ahaṃ **~kkhissaṃ** (*cond, 1sg.*) III.36[11]. 私は告げなかっただろう ③53. maggaṃ **~itvā** I.14[23]. 道を告げて ①19. I.163[24], 202[1]. ①213, 266. **~kkhituṃ** (*inf.*) ayuttaṃ I.401[2]. 告げるのは適切ではない ①527.

āciṇa *a.pp.* <ācināti 積まれた III.16[9], 20[9]. ③24, 30.

āciṇṇa *a.pp.* <ācarati 今まで行なわれた, 過去からのならわし, 宿習 IV.182[13]. ④246. III.327[9]. ③470. IV.13[3]. ④17. **-caṅkamana** *a.* 経行が行なわれている(人) āraddha-viriyo **~o** I.19[23]. 精進に励んで経行を実践した ①26. **-samāciṇṇa-mūlaka** *a.*〔十善業道を〕実践し, 正しく実践することにもとづいた I.37[4]. ①48.

ājañña *a.m.* よい生まれの, 駿馬 **-ratha** *m.* 駿馬〔をつないだ〕車 I.89[6]. ①116. **-vaḷavā** *f.* 牝の駿馬 I.399[20]. ①525.

ājānīya *a.m.* 駿馬 I.213[3]. ①280. **-sindhava** *a.m.* シンドウ産の駿馬 II.155[9]. ②203. IV.3[7]. ④5.

ājīva *m.* 活命, 命, 生活 **-pārisuddhi** *f.* 生活の完全清浄 IV.111[7]. ④139.

ājīvaka *m.* 活命者, 邪命外道 I.309[4], 376[16]. ①405, 494. II.55[11]. ②72.

āṇatta *a.pp.* <āṇāpeti 命令された ekaṃ kammaṃ **~ṃ** I.178[9]. 一つの仕事が命じられた ①233. **-kamma** *n.* 命令された仕事 II.3[8]. ②5.

āṇatti *f.* <āṇāpeti 命令 nagara-vāsino mayā rañño **~ttiyā** kata-bhāvaṃ jānātha II.5[3]. 都城にお住みの方々は王の命令によって私がした事を知って下さい ②8.

āṇā *f.* ⓢājñā 命令, 威光 I.197[22]. ①262.

ātapa *m.* 陽光 caṇḍo **~o** ahosi III.339[7]. 猛烈な~であった ③484. bahi **~to** āgatattā II.49[16]. 外の〔強い〕陽光からやって来たので ②64. III.112[15]. ③160. IV.87[3]. ④113.

ātapana *n.* 焼くこと kilesānaṃ **~panena** III.404[6]. 諸煩悩を焼くので ③568.

ātappa *n.* <ātapa-ya 熱勤, 熱心 **~ṃ** karoti III.86[17]. 熱心に励む ③123. III.402[13], 404[6]. ③566, 568.

ātāpin *a.* 熱心の(人) **~pī** I.120[3]. 熱心に ①155. I.431[6]. ①565. III.86[2].

③122.

ātura *a.* 苦悩した，病んだ ～rūpo'mhi I.31[18]. 私は病苦の様子をしている ①41. aphāsukena **～ā** I.152[1]. 心の不安定によって苦悩して(病んで) ①199. IV.58[7]. ④65.

ādara *m.* 尊敬 **～ṃ** karissanti III.80[22]. ～をなすであろう ③115. **ādarena** *instr. adv.* 考慮して，注意して IV.219[14]. ④311.

ādāna *n.* <ā-dā 取ること **-paṭinissagga** *m.* 取るとか捨てるとか II.162[4]. ②213.

ādāya *ger.* <ādāti とって，とらえて maccu ～ gacchati I.361[8]. 死神がとらえて行く ①474.

ādāsa *m.* ⓢādarśa 鏡 **～ṃ** gahetvā I.226[20]. ～を取り出して ①297.

ādi *m.n.* 最初，はじめ，など ～majjha-pariyosāne I.7[3]. 初めも中ほども終りも ①9. **～ṃ** katvā I.54[21]. 初めとして ①73. **-kalyāna** *a.* 初めが善い dhammaṃ desissāmi **～ṃ** I.22[9]. 初めが善い法を私は説くであろう ①29.

ādicca *m.* ⓢāditya 太陽 I.244[6]. ①319. **-patha** *m.* 太陽の路 III.176[15]. ③258.

āditta *a.pp.* <ādīpeti 点火した，燃えた **～ṃ** vata maṃ santaṃ I.30[13]. 実に燃えている私に ①40. II.69[4], 263[1]. ②91, 341. III.117[10], 428[2], 479[13]. ③166, 600, 668. **-pariyāya-desanā** *f.* 「燃火の教え」の説法(カッサパ三兄弟に対する説法) I.88[3]. ①115.

ādinna *a.pp.* <ā-dāti, ā-dadāti 取った ～daṇḍānaṃ ～satthānaṃ I.56[9]. 杖を持ち刀剣を持って ①76.

ādiyati 取る so tassâpi vacanaṃ na ～**diyi** (*aor.*) IV.38[16]. 彼(弟)は彼(兄)の言葉もとりあげなかった ④46. so tassa vacanaṃ **an～yitvā** I.41[3]. 彼は彼の言葉にとりあわないで ①55.

ādīnava *m.* わずらい，過患 kāmānaṃ **～ṃ** I.6[10]. 諸々の欲望のわずらいを〔語る〕①8. 欠陥，不利 IV.7[14]. ④11.

ādu *indecl.conj.* ＝udāhu 或いは ～ Sakko I.31[3]. 或いは帝釈天か ①41.

ādesanā-pāṭihāriya-anusāsanī *f.* 記説神変。他人の心を読んで指摘する超能力，不可思議の開示による教誡 I.143[6]. ①187.

ādhāraka *m.* 説教台 III.120[15], 186[3]. ③170, 272. 容器，受け台 III.290[17]. ③423.

ānañja *a.* 不動の **-vihāra-samāpatti** *f.* 不動に住する禅定 IV.46[2]. ④53.

ānanda *m.* 喜び III.100[3]. ③142.

Ānanda *m.*(比丘)アーナンダ，阿難(阿那律，堤婆達多などと共に出家した，長く釈尊の侍者をつとめた)I.110[25], 133[12]. ①142, 175. **-tthera** *m.* アーナンダ(阿難)上座 Satthā **～ṃ** āmantetvā I.50[8]. 大師は～上座に語りかけて ①66. Satthā ～**ssa** bhāraṃ akāsi I.382[14]. 大師は〔マッリカー王妃たちへの説法を〕アーナンダ上座の分担(責任)とした ①503. I.60[15], 62[16], 218[19], 327[7], 340[7], 420[9]. ①80, 83, 287, 430, 447, 552. II.99[10]. ②131. III.127[8], 131[12], 236[6], 323[2], 326[15]. ③181, 186, 338, 464, 469. IV.142[18]. ④193.

Ānanda-māṇava *m.* アーナンダ青年(蓮華色比丘尼を犯した青年)。II.49[11]. ②64.

Ānanda-seṭṭhin *m.* アーナンダ長者(舎衛城に住む大ケチの長者)II.25[4]. ②33.

ānayati <**ā-nī** 導びいて来る so … **ānayeyya** (*op.*) I.150[4]. 彼は … ～でしょう ①195.

ānayana *n.* 導いて帰って来ること ～atthāya I.143[5]. **～帰って来る**ために ①187.

ānisaṃsa *m.* 功徳，利益 nekkhamml ca **～ṃ** pakāsesi I.6[10]. また出離における功徳(利益) を明らかにした ①8. idhâgamane **～ṃ** kathayimha I.113[7]. ここ(釈尊のところ)に来る功徳(利益)を私共は〔彼に〕語りました ①145. dhane **～ṃ** passantā I.257[24]. 財物に～を見て ①337. I.99[3], 446[8]. ①128, 584. IV.74[24]. ④90.

ānīyamāna *prp. f.* <ānīyati 連れて来られつつ III.283[1]. ③410.

ānu-pubbi-kathā *f.* 順序を追っての法話，次第説法，古伝説 **～aṃ** kathetvā I.140[21]. ～を語って ①184. ayaṃ ～ I.88[15]. これは～である ①115. I.67[10], 161[9]. ①89, 210. II.112[16], 121[12]. ②150, 160. III.302[8]. ③439. IV.120[4]. ④161.

ānubhāva *m.* 威神力 I.373[20]. ①491.

āneti <ā-neti 連れて来る kumārikaṃ te **～nessāmi** I.45[10]. 私は娘さんをおまえに連れて来ましょう ①61. kumārikaṃ **āneyyaṃ** (*op.1sg.*) I.46[7]. 娘さんを連れて来よう ①62. itaraṃ pi … **ānayiṃsu** (*3pl.aor.*) I.236[22]. 一方の者をも … 連れて来た ①310. **～netvā** II.16[7]. 連れて来て ②21.

āpajjati <ā-**pad** …となる，行なう idaṃ nāma ～ III.48[13]. こういう〔罪〕になる ③70. āpattiṃ **～jjamāno** pi I.54[8]. 犯戒を行ないながらも ①73.

āpaṇa *m.* 店， 市場, II.271[2]. ②350. IV.216[1]. ④293. **-dvāra** *n.* 市場（商店）の入口 **～ena** gacchanto II.89[15]. ～に行って ②118. III.18[6]. ③27.

āpaṇika *m.* 商人 II.89[16]. ②118.

āpatti *f.* 罪，罪過 **～ṃ** āpajjati III.16[21]. 罪を犯す ③25. **～ṃ** paṭikaritvā II.78[19]. ～を懺悔して ②105. **～ṃ** adesetvā III.231[3]. ～を懺悔しないで ③330. **-āpajjana** *n.* 犯戒（罪過）となること **～ṃ** pi karoti I.76[2]. ～をも為す ①99. **-bhāva** *m.* 犯戒であること kiṃ pan'ettha **～ṃ** na jānāsi I.54[3]. しかし，ここで君は犯戒であることを知らないのですか ①72.

āpātha *m.* 視野 **～ṃ** āgacchati IV.85[8]. ～に入って来る ④110.

āpādi *aor. 3sg.* <āpajjati となった vissāsam mā ～ III.399[15]. 安心感をいだいてはならない ③563.

āpāna *n.* <ā-**pā** 水飲み場 III.357[19]. ③508. **-bhūmi** *f.*〔酒を〕 飲むところ I.213[20]. ①281.〔酒を〕 飲む地面 III.79[15]. ③113.

āpucchati 許可を乞う，尋ねる patta-cīvara-paṭiggahaṇaṃ **āpucchi** (*aor.*) I.61[6]. 鉢と衣をお持ちすることを乞うた ①81. I.251[3]. ①327. tena hi taṃ **āpuccha** (*ipv. 2sg.*) I.6[18]. それではね，彼に〔出家の〕 許しを乞いなさい ①8. tvaṃ kaṃ **～itvā** pabbajito I.72[12]. あなたは誰に許しを乞うて出家したのですか ①95. I.77[4]. ①100. Satthāraṃ **～itvā** (*ger.*) I.77[19]. 大師に許しを乞うてから ①101. II.158[2]. ②207. **～cchissāmi** II.245[14]. 私が～乞うであろう ②319.

āpucchitabba *gdv.* <āpucchati 許可を乞うべき ～yuttako ñāti I.6[16].〔出家の〕許可を乞うにふさわしい親族 ①8.

āpucchiyamāna *ps.prp.* 質ねられる vatte **～o** I.38[2]. 作務を質ねられて ①50.

āpo *n.* 水 **-kasiṇa** *n.* 水遍の禅定 **～ṃ** nibbattetvā I.312[15]. ～を生起させて ①410. **-kasiṇa-samāpatti** *f.* 水遍三昧（水に思念をゆきわたらせた禅定三昧） III.214[23]. ③312.

ābaddha *a.pp.* <bandhati 結ばれた **-paribaddha-sahāyaka** *a.* しっかりと結びついた友人 I.88[21]. ①115.

ābādha *m.* <ā-**bādh** 病気 **～ṃ** … pāpuṇe I.179[15]. 病気を … 得るであろう ①234. **～ena** kālaṃ katvā I.48[3]. 病気によって死去して ①64. **～ena** phuṭṭhā kālam akāsi III.422[6]. 病気にふれられて死去した ③592.

ābādhika *a.m.* 病気の，病人 I.31[17]. ①42. IV.232[11]. ④335.

ābhata *a.pp.* <ā-bharati <ā-**bhṛ** 運ばれた, 持ち来った paramparā**～ā** I.1[13].〔意味の註釈は〕 相伝してもたらされた ①3. **～ṃ** vikkiṇāti I.66[19]. 運ばれた〔物品〕を売る ①89.

ābharaṇa *n.* 装身具 attano **～āni** omuñcitvā I.137[13]. 自分の～をはずして ①180. **～ṇāni** muñcitvā I.410[7]. ～をぬいで ①539. I.389[4]. ①512. IV.184[5]. ④258.

Ābhassara-loka *m.* 光音天の世間 III.258[13]. ③373.

ābhā *f.* 光 I.422[14]. ①554.

ābhāti <ā-**bhā** 光る，輝く rattiṃ ～ candimā IV.143[17]. 月は夜に光る ④186.

ābhidhammika-bhikkhu *m.* 阿毘達磨論師の比丘 I.298[13]. ①391.

ābhisamācārika *a.* すぐれた行為，増上行儀 **～ṃ** karontaṃ disvā I.59[18]. すぐれた行為（増上行儀） を行なっているのを見て ①79. 上等の立ち居振るまい III.447[4]. ③623.

āmaka *a.* 生まの, 新しい **-maccha-bhojin** *a.m.* 生まの魚を食べるもの I.144[9]. ①189. **-susāna** *n.* 生の死体を捨てる墓地, 新墓 I.176[15]. ①230. III.106[18], 476[17].

③151, 664.

āmaṭṭha-bhaṇḍaka *n.*〔手に〕触れられた品物 I.411[23]. ①541.

āmanteti (ā-manta a *denom.*) 呼びかける, 語りかける, 相談する brāhmaṇiṃ **〜tetvā** I.33[4]. バラモンの妻に語りかけて ①43.

āmalaka *n.* アーマラカ(阿摩勒, マラッカノキ, タマリンド) I.319[9]. ①419. IV.127[16]. ④171.

āmasati <**ā-mṛś** なでる, こする mama koṭṭhāsaṃ **an〜sitvā** I.98[2]. 私の分はいじらないで ①126.

āmisa *n.* ⓢāmiṣa 食味, 利益, 餌 dev'accharā **〜ṃ** katvā I.122[24]. 天上の天女たちを餌として ①158. **-cakkhuka** *a.* 利益という眼で見る(人) II.110[6]. ②146. 利益に眼が行く(人) III.470[4]. ③655.

āya *m.* <**ā-i** 入来, 収益, 税金 **-kammika** *a.m.* 管財人 I.184[14]. ①242. **-sādhaka** *m.* 税務役人 III.454[1]. ③634.

āyata-gambhīra *a.* 広く深い〔大暴流〕 I.362[9]. ①475.

āyatana *n.* 依所 III.77[3]. ③109.

āyati *f.* 未来 II.47[15]. ②62. **-bhava** *m.* 未来の生存 I.147[19]. ①192.

āyasa *a.* 鉄の, 鉄製の IV.55[19]. ④66.

āyācati <**ā-yāc** 願う, 約束する devatāya **āyāci** (*Vri.*) II.14[17]. 神格(樹神) に願を立てた(約束した)②19.

āyācana *n.* 祈願 devatīya **〜ṃ** katvā II.245[20]. 神さまに**〜を**して ②320. *n.* 祈願祭 III.437[13]. ③614.

āyācita *a.pp.* <āyācati 願った, 願い事 II.247[8]. ②322.

āyāti <**ā-yā** 来る, 行く **āyāma** (*1pl.*) III.416[10]. 我々は行きましょう ③585.

āyāma *m.* 長さ, 直径 III.248[7]. ③357. **āyāmato** *abl.adv.* 長さで I.422[13]. ①554.

āyu *n.* ⓢāyus 寿, 寿命 **-kappaṃ** *ac.adv.* 寿命の限り I.250[4]. ①326. **-pariccheda** *m.* 寿命の限界 III.236[11]. ③338. **-pariyosāna** *n.* 寿命が尽きること **〜e** Tusita-pure nibbattitvā I.84[12]. **〜尽きると**兜卒天に再生して ①111. II.138[21]. ②182. **-saṅkhāra** *m.* 寿命の活力, 寿行 **〜o** parikāyi I.129[19]. **〜は**衰退した ①169. 寿命を作り出す力 II.99[11]. ②131. III.80[16], 269[13]. ③114, 390.

āyuttaka *a.m.* 監督 I.101[24], 180[3]. ①132, 235. 執事 III.12[19]. ③19. 役人 III.454[1]. ③634.

āyoga *m.* 精励すること III.237[13]. ③339.

āra *n.* 錐, きり **〜'agga** *n.* きりの先 II.51[10]. ②66. IV.166[20], 181[8]. ④230, 253.

ārakatā *f.* 遠く離れていること III.272[12]. ③394.

ārakatta *n.* 遠く離れていること **〜ā** IV.228[22]. 〜離れているので ④328.

ārakkha *m.* 警戒, 守り **〜ā** balavā I.350[17]. **〜は**厳重である ①462. **-devatā** *f.* 守護の神格 I. 54[19]. ①73.

ārakkhika *a.m.* 警護の者 **〜e** vettena paharanto I.351[1]. **〜者たちを**杖(むち)で打って ①463. 護衛の者, 看視人 I.193[14]. ①255.

āraññaka *a.* 林住の(人), 森林住者 yo icchati, so **〜o** hotu I.141[17]. その者が望むなら, その者は林住者となるがよい ①185. I.14[25]. ①19. II.101[20]. ②134. **-bhikkhu** *m.* 森林住者の比丘 II.191[15]. ②251. III.387[6]. ③544. **-vihāra** *m.* 森林住者の生活 **〜ṃ** pavisiṃsu I.260[13]. 〜に入った ①341.

āraddha *a.pp.* <ārabhati 開始した, 励んだ **-vipassaka** *a.* 観法が励まれている(人) I.313[9]. ①412. **-viriya** *a.* 努め励む(人), 精進が励まれている(人) **〜ena** vasitabbaṃ I.69[15]. 努め励んで住まねばなりません ①92. thero **〜o** I.19[22]. 上座は精進に励んで ①26. **〜o** bhikkhu I.255[4]. 〜比丘は ①333. I.283[16]. ①369. II.106[12]. ②140. **-vīrya** *a.* 精進に励む人 I.74[9]. ①98.

ārabbha *adv.* *ger.* <ārabhati …に関して Maṭṭha-kuṇḍaliṃ 〜 bhāsitā I.25[3]. マッタ・クンダリンに関して述べられた ①34. kaṃ 〜 I.3[6]. 誰に関して〔この説法は述べられた〕のか ①5. itthiṃ 〜 II.201[3]. 女性に関して ②263.

ārabhati <**ā-rabh** 始める anumodanaṃ

ārabhi (*aor.*) I.109[17]. 随喜を〔述べ〕始めた ①141. yuddhaṃ 〜**rabhiṃsu** (*aor.*) I.358[6]. 戦闘を開始した ①470.

ārambha *m.* 努力 nâyaṃ 〜**o** appamattaka-ṭṭhān'atthāya I.112[12]. この努力はわずかの地位のために〔しているのでは〕ありません ①144.

ārammaṇa *n.* 〔思念すべき〕対境 〜**ṃ** gaṇhi I.282[1]. 〜をつかんだ ①366. 〜**'upanijjhāna** *n.* 対境への思念 I.230[13]. ①301. III.226[17]. ③325.

ārā *abl.adv.* 遠く離れて āsavā tassa vaḍḍhanti 〜 so āsavakkhayā III.376[18]. その人の諸々の漏煩悩は増大し，その人は漏煩悩の滅尽から遠く離れている ③532.

ārādhika *a.* 喜こばす(者)III.290[20]. ③423.

ārādheti *cs.* <ā-**rādh** 喜ばせる，達成する 〜**dhesi** (*aor.*) II.203[16]. 喜ばせた ②267. sāmikaṃ 〜**dhessāmi** II.218[15]. 私は主人を喜ばせましょう ②284. II.71[15]. ②94. 〜**dhaye** (*op.*) III.417[4]. 達成せよ ③586. na sakkā saṭhena 〜**dhetuṃ** (*inf.*) I.9[5]. 二枚舌(へつらい)によって喜ばせることは出来ない ①11. I.260[19]. ①341. 〜**dhetvā** (*ger.*) I.446[10].〔戒・定・慧・解説・智見を〕達成して ①584. ②94. 〜**dhetvā** (*ger.*) II.71[16]. 喜ばせて ②94. II.245[13]. ②319. III.145[4]. ③206.

āruyha *ger.* <āruhati 乗って pañca ratha-satāni 〜 I.351[6]. 500台の車に乗って ①463.

āroga *n.* =ārogya 無病，健康 **-bhāva** *m.* 無病(無事)であること dhanassa 〜**ṃ** ñatvā I.232[6]. 財物が〜を知って ①303.

ārogya *n.* (a-roga-ya) 無病，健康 III.266[15]. ③385. **-parama** *a.* 無病を第一とする III.264[11], 266[19]. ③382, 385.

ārocāpeti *cs.* <āroceti 告げさせる，告げてもらう 〜**cāpesi** (*3sg.aor.*) I.242[8]. 告げてもらった ①317.

āroceti *cs.* <ā-**ruc** 告げる，のべる，話す cakkhūnaṃ parihīna-bhāvaṃ 〜**ceyyātha** (*2pl.op.*) I.14[1].〔私の〕両眼がすっかり損なわれているのを告げて下さい ①18. mayhaṃ 〜**ceyyāsi** (*2sg.op.*) I.71[2]. 私に知らせて下さい ①94.

ārodana *n.* <ā-**rud** 慟哭 〜**ṃ** dassesi I.184[26]. 〜を示した ①243. **-ppatta** *a.pp.* 慟哭を得た I.137[17]. ①180. **-sadda** *m.* 悲泣(慟哭)の声 II.100[11]. ②132.

āropita *a.pp.* <āropeti 上らされた **-daṇḍa** *m.* 上告した罰金 I.439[15]. ①576.

āropeti *cs.* <āruhati 上らせる，のせる，用意する，示す 〜**petvā** (*ger.*) I.7[3].〔ものごとを無常，苦，無我の三相に〕のせて ①9. paṇṇaṃ 〜**petvā** III.12[19]. 手紙を用意してもらって ③19. **āropayitvāna** (*ger.*) 〜 tanti-bhāsaṃ I.2[3]. 聖典の言葉に乗せて ①4.

ārohaṇīya *gdv.* <ārohati 登られるべき，乗物 I.268[16]. ①351.

ālapana *n.* 話しかけること III.326[17]. ③469.

ālaya *m.n.* <ā-**lī** 執著，阿頼耶，執著するところ natthi me gihī-bhāvāya 〜**o** I.121[15]. 私には在家であることへの執著はありません ①157. 〜**ṃ** na kareyya I.318[14]. 執著する処とするな ①418. II.162[10], 170[4]. ②214, 223. IV.53[7], 185[21]. ④62, 263.

ālasiya, ālasya. *n.* 怠惰, II.227[15]. ②295. III.409[13]. ③576. **-abhibhūta** *a.pp.* <abhibhavati 怠惰に打ち負かされた I.299[4]. ①391.

āliṅgati <ā-**liṅg** 抱擁する，抱きかかえる ne pitā 〜**gitvā** I.101[12]. 父〔王〕は彼等を抱擁して ①131. I.51[21]. ①69. II.221[13]. ②288. IV.21[2]. ④24.

ālinda *m.* 縁側，玄関 I.26[4]. ①35. IV.196[9]. ④279.

ālimpeti ⓢādīpayati 点火する kadā āvāpaṃ 〜**pessasi** I.177[25]. いつ君はかまどに火を入れるのか ①232. naṃ 〜**petvā** I.225[10]. その〔木材の山に〕火を付けて ①295.

ālumpâkāra *a.* ぐしゃぐしゃの，こわれた状態の 〜gūthaṃ khādi II.55[22]. 〜糞を食べた ②19.

āluḷati <ā-**lut** 転々とする 〜**mānā** (*prp.*) IV.47[3].〔諸々の生存を〕〜として

④55.

ālulita *a.pp.* <āluḷati <**ā-lul** 動揺した，混乱した kilesehi **〜o** I.310[11]. 諸煩悩によって動揺して ①407.

āloka *m.* 光明 **〜ṃ** vaḍḍhetvā I.258[20]. 〜を増大させて ①338. **〜ṃ** nimmiṇi III.322[4]. **〜を**作った ③463.

āloḷa *a.* 動揺した kiñci **〜ṃ** kareyya I.38[11]. 何か動転したことをするかもしれない ①51.

āloḷeti *cs.* <luḷati 動かす so kuṭe hatthaṃ otāretvā ito cito ca 〜 II.256[20]. 彼は水さしの中に手を入れて，あちこちと動かす ②334. かきまぜる uṇhodakena phāṇitaṃ 〜ḷetvā Bhagavato pādāsi IV.232[20]. お湯で砂糖をかきまぜて世尊にさし上げた ④335.

Āḷavi-vāsin *a.* アーラヴィーに住む(人)〜**vāsino** III.171[24]. **〜人々は** ③251.

Āḷavī *f.* アーラヴィー(バーラーナシーよりガンガー河の上流12ヨージャナ，舎衛城より南方30ヨージャナの地，ガンガー河岸の町)III.261[22]. ③378.

āḷāna *n.* 棒，くい **〜e** niccalaṃ bandhitvā I.126[5].〔豚を〕杭(くい)に動かないように縛って ①164.

Āḷāra *m.* アーラーラ，出家したシッダッタ太子の先生 I.85[24], 86[21]. ①112, 113.

āḷāhaṇa *n.* <**ā-ḍah** 火葬場，墓地 **〜e** vicarissati I.26[18]. 火葬場を巡り歩くであろう ①36. III.276[13], 319[21]. ③400, 461.

āḷhaka-thālikā *f.* 一升ます III.370[1]. ③523.

āvajjati <**ā-vṛj** 向かう，向ける，注ぐ，思惟する **〜jjituṃ** na vaṭṭati I.379[2]. 心を向けるのはよくありません ①497. tiṇṇaṃ ratanānaṃ guṇaṃ **〜jjitvā** II.120[6]. 三宝の徳に心を注入して ②158. Satthārā desitaṃ dhammaṃ 〜 IV.94[7]. 大師が示した法に心を注ぐ ④123.

āvajjana *n.* 向かわせること，傾注 II.170[3]. ②223.

āvajjeti *cs.* <āvajjati <**ā-vṛj** 考えを向ける，思考する **〜jjetvā** II.277[11]. 思考して ②359. I.292[13]. ①380. attano sīlaṃ **〜jjento** (*prp.*) II.257[11]. 自分の戒に思いをめぐらして ②335. III.438[18]. ③616. **〜jjintī** (*prp.f.*) I.292[14]. 考えて ①380. **〜jjesi** (*aor.*) I.292[15]. 考えた ①381.

āvaṭṭa *a.pp.* <**ā-vṛt** 引き廻された，誘惑された II.153[20]. ②202. *a.m.n.* 周囲 I.273[18]. ①357. **āvaṭṭato** *abl.adv.* 範囲からすると(うず巻きからすると)，円周にして III.211[22], 248[8]. ③309, 357.

āvaṭṭita *a.pp.* <āvaṭṭeti 転ぜしめられた，とりつかれた Mārena **〜ttā** I.196[12]. 魔にとりつかれていたので(魔によってめぐり廻されていたので)①260.

āvattati <**vṛt** 戻って来る punar **〜te** idha IV.22[16]. 再びここに〜 ④25. 転ずる hīnāya-**〜issāmi** I.118[8]. 劣ったところに転じて行くでしょう ①153.

[1]**āvaraṇa** *n.* ダム，堰堤 III.254[7]. ③367.

[2]**āvaraṇa** *n.* <āvarati 妨げること，防ぐこと III.458[5]. ③640.

āvasatha *n.* 住処，住宅 I.264[12]. ①346.

āvahati <**ā-vah** もたらす paṭipatti-gandhaṃ ca na 〜 I.383[20]. また実践修道の香りをもたらさない ①505. 〜**anto** (*prp.*) manaso pīti-pāmojjaṃ I.2[6]. 心の喜悦をもたらしつつ ①4.

āvāṭa *m.* 穴 bhūmiyaṃ **〜e** katvā III.366[7]. 地面に穴を掘って ③520. **〜e** khaṇāpetvā I.223[15]. 穴を掘らせて ①293. I.436[9]. ①572. **-ṭṭhāna** *n.* 〔土地の〕へこんだ(穴の)ところ **〜ṃ** pūretvā II.147[7]. **〜を**埋めて ②192. **-tīra** *n.* 坑のふち III.303[10]. ③440.

āvāpa (*Vri.*) *m.* かまど kadā **〜ṃ** ālimpessasi I.177[25]. いつかまどにいつ火を入れるのか ①232. **〜e** paceyyāsi I.178[5]. かまどで焼きなさい ①232.

āvāsa *m.* <āvasati 住所，居住 **-dāna** *n.* 〔僧団に〕住居〔を造って〕寄贈すること III.291[10]. ③424. **-sappāya** *a.n.* 住居が適正なこと I317[14]. ①417.

āvāsāpeti *cs.* <āvasati <**ā-vas** 住まわせる I.354[5]. ①466.

āvāsika *a.m.* 居住する者 **〜ā** na sammajjiṃsu I.20[2]. 居住する者たちは掃除をしなかった ①26.

āvāha *m.* 婚約 **〜ṃ** katvā III.260[11].

～をして ③376. 嫁取り **～ṃ** karimsu III.290[22]. ～を行なった ③423. III.281[8]. ③408. **-maṅgala** *n.* 結婚式 I.400[2]. ①525. **-vivāha** *m.* 婚儀, 嫁取り嫁やり III.129[17]. ③184.

āvi *adv.* あらわに IV.21[17]. ④25. **-bhāvan'atthaṃ** *ac.adv.* 明らかになるために I.287[6]. ①373. **-bhūta** *a.pp.* <**āvi-bhū** 明らかとなった sabbe maggā **～ā** I.378[8]. 全ての道は～①496.

āvi-karoti 明らかにする dukkhaṃ **～karonto** (*prp.*) II.9[7]. 苦を～にしながら ②12.

āviñchati <**ā-vyadh** めぐり歩く **～chamānā** (*prp.*) II.277[6]. ～歩きながら ②359.

āviñchana *n.* ひも, 紐 **-rajju-ṭṭhāna** *n.* 〔戸を〕引くひもの場所 II.143[13]. ②188.

āviñjana-ṭṭhāna *n.* 巡回する場所 III.97[4]. ③138.

āvila *a.* 濁った **～āni** ca pānīyāni pivāmi I.58[4]. また私は濁った水を飲む ①78. **～ṃ** hutvā nikkhamati I.126[11]. 〔腹中の湯は〕混濁したものとなって出る ①164. **～āni** pānīyāni pivāmi 私は～水を飲む IV.30[3]. ④35. **-citta** *a.* 心が濁った(人)II.152[11]. ②200.

āvuṇāti 通す sūci-pāsake **～ṇi** (*aor.*) II.174[8]. 針の穴に〔糸を〕通した ②229.

āvuta *a.pp.* <āvuṇāti 結ばれた III.224[8]. 〔宝珠宝石に〕～〔黄色の毛布の糸〕③323.

āvudha *n.* ⓢāyudha 武器 **～ṃ** agahetvā gatā I.315[12]. 武器を持たずに行った ①414. II.2[15]. ②4. III.255[8]. ③368.

āsaṅkati <**ā-śaṅk** 危惧する, 疑う **～kiṃsu** (*aor.*) IV.90[3]. ～した ④109.

āsaṅkā *f.* 疑念 kahaṃ vo ～ III.476[5]. おまえたちの疑念はどこなのか ③663. III.485[5]. ③677.

āsaṅkita *a.pp.* <āsaṅkati <**śaṅk** 疑った, 危惧した **-parisaṅkita** *a.pp.* 疑い危惧する **～o** va homi I.223[2]. 私は～だけの者である ①292.

āsaṅkheyya-āyu *n.* 数えられない(阿僧祇の長い)寿命 I.364[15]. ①479.

āsajja *ger.* <āsādeti 近づいて pabbataṃ ～ I.317[6]. 山に近づいて ①416. 打って, 攻撃して II.179[10]. ②235.

āsana *n.* <āsati 坐具, 坐所, 座 I.5[3]. ①6. **～'antarika** *a.* 別の席で, 席の間をあけて **～āya** nisīditabbaṃ I.55[10]. 別の席になって(席の間をあけて) 坐るべきである ①74. **-paññatti** *f.* 座席の設営 I.71[19]. ①95. **-sālā** *f.* 坐堂 I.363[15]. ①478. II.65[16]. ②87. III.38[6], 131[9], 295[17]. ③56, 186, 429. IV.46[16], 65[16]. ④54, 83.

āsanna *a.pp.* <āsīdati 近い **-ṭṭhāna** *n.* 近い所 sace **～e** vasissāmi II.91[11]. もし～に私が住むと ②120. I.192[13]. ①254. **-maraṇa** *a.* 死が近づいた III.239[1]. ③342.

āsayânusaya-ñāṇa *n.* 意向意趣の智, 他人の心に潜在する意向を知る智 III.426[11]. ③598.

āsava *m.* ⓢāsrava <**ā-sru** 漏, 煩悩 yāva me anupādāya **～ehi** cittaṃ na muccissati (*Vri.*) I.86[8]. 私の心が取著なく諸々の～から開放されない間は ①113. **～vānaṃ** khayā I.120[16]. 諸々の漏煩悩が滅して ①156. **-kkhaya-paññā** *f.* 漏(煩悩) を滅ぼす智 IV.233[19]. ④323.

āsā *f.* ⓢāśā 願望 II.188[5]. ②247. IV.184[13]. ④260.

āsāḷha-puṇṇama-divasa *m.* アーサーリハー月(6～7月)の満月の日 I.87[2]. ①114.

Āsāḷhī *f.* アーサーラ月(6～7月)III.205[11]. ③300. **Āsāḷhi-puṇṇamā** *f.* アーサーラ月(6～7月)の満月の日 III.308[6]. ③446.

āsittakûpadhāna *n.* 金属製の受け皿 III.88[7]. ③126.

āsiṃsati (<**ā-śaṃs**) 希望する, 希求する **～māna** (*prp.*). iti **～mānena** ... therena I.1[17]. このように望み求める … 上座によって ①4.

āsiñcati <**ā-sic** そそぐ nava-sappiṃ **～citvā** II.206[15]. 新鮮なバターを注ぎ ②270.

āsitta *pp.* <āsiñcati そそがれた vo **～ṃ** I.10[9]. 〔薬が〕あなたさまにそそがれた ①13. taṃ vacanaṃ sīse **～ṃ** satapāka-telaṃ viya ahosi II.48[16]. そ

の言葉は頭上にそそがれた，百度煮られた（よく精製された） 油のようであった ②64. **-citta** *a.pp.* 心が〔それに〕そそがれている，心に執着した（人） gedha-vasena vividena-ākārena **～ṃ** I.366[10]. 貪求によって種々の形で心に執着した人を ①481.

āsīna *a.pp.* <āsati 坐った（人）III.328[2]. ③470. IV.142[7]. ④191.

āsīvisa *m.* 毒蛇 I.139[11]. ①182. II.8[1], 38[8], 256[21]. ②11, 51, 334. III.171[2], 271[22]. ③250, 393. IV.134[15]. ④179.

Āsīvis'opama-sutta *n.*「蛇毒の喩の経」（「南伝」15, 271頁）IV.51[9]. ④59.

āsevati <ā-sev 習行する，習熟する **～sevanto** (*prp.*) I.317[15]. 習熟して ①417.

āhacca *adv.* *ger.* <āhanati 打って，破って piṭṭhiyā piṭṭhiṃ ～ IV.217[10]. 背で背を打って ④308. aññamaññaṃ ～ II.138[16]. お互にぶっつけ合って ②182.

āharati <ā-hṛ 取り出す，運ぶ ekam eva kahāpaṇaṃ **āhari** (*aor.*) I.236[4]. 一カハーパナ（金）だけもって来た ①309. こっちへよこす **～haratha** (*imper.*) II.256[16].〔その蛇を〕 こっちへよこせ （下さい） ②334. sīsaṃ chinditvā **～ratha** (*2pl.imper.*) I.354[2]. 〔彼の〕首を切ってもって来い ①466.

āhara-hatthaka *a.* 手をとって立たせてくれ，と言う（者） IV.16[12]. ④20.（*PTS.*āhāra ～）

āhāra *m.* 食，食物，燃料 paṇītena **～ena** parivisitvā I.8[14]. すばらしい食事をもって給仕して ①10. **～o** nāma kiṃ āharati II.145[2]. 食べ物というのは何をもたらすのか ②190. **～'upaccheda** *m.* 断食 **～ṃ** katvā I.152[1]. ～をして ①199. III.259[10], 283[12]. ③374, 411. IV.60[4]. ④73. **-ja-rūpa** *n.* 食べ物によって生ずる色 II.145[9]. ②190. **-taṇhā** *f.* 食べ物への渇愛 **～ṃ** chindituṃ nâsakkhi I.170[26]. ～を切ることが出来なかった ①222. **-paribhoga** *m.* 食べ物を享受すること II.145[7]. ②190. **-pariyesana** *n.* 食をむさぼり求めること kiṃ **～ena** I.284[5]. ～が何になろうか ①369.

āharāpeti *cs.* <āharati 引いて来させる Kanthakaṃ **～petvā** I.85[17].〔愛馬〕カンタカを引いて来させて ①112.

āhāreti *denom.* <āhāra 食べる bhattaṃ **～resiṃ** (*aor.1sg.*) II.65[7]. 私は食事を食べた ②86.

āhiṇḍati めぐり行く ～ḍitvā II.117[13]. ～行って ②155. **～ṇḍatha** (*imper.*) III.476[14], 478[12]. ～歩きなさい ③664, 666.

āhu *avr.* *3pl.* <āha 言う，言った tena ～ porāṇā I.17[13]. それで昔の人々は〔こう〕 言った ①23.

I

iṅgha *interj.* さあ I.358[13]. ①471.

icchati <iṣ 欲する，求める，望む yo yaṃ ～ I.5[4]. 誰かが何かを望むと. ①6.

icchā *f.* <icchati 欲求，希求 **～'ācāra** *m.* 欲望のままに行動すること **～ṃ** vajjetvā II.154[7]. **～を避けて** ②202. 願行 **～e** ṭhitā II.157[2]. **～の上に立つ** ②205. 願望 II.77[9]. ②103. **-dosa** *a.* 欲求する欠点をもつ（人） III.222[1]. ③320. IV.81[15]. ④99.

icchita *a.pp.* <icchati 望まれた，求められた **～m** eva sampajjati I.5[5]. 望み通りにととのう ①6. **-ṭṭhāna** *n.* 目的の場所 II.166[3]. ②218. III.39[14]. ③58.

ijjhati <ṛdh 成功する，できる kathaṃ gharâvāso **～jjhissati** II.22[25]. どうして家に住むことなどできましょうか ②30. kathaṃ ～dakkhiṇā IV.233[6]. どのように供養（施物）は**～する**のですか ④335. diṭṭha-dhammo yeva me **ijjhatu** (*imper.*) III.323[6]. 現在のものごとそのものが私にとってうまく行くようにさせて下さい ③464.

ijjhana-bhāva *m.* 成功するものであること IV.64[25]. ④81.

iñjita *a.pp.* <iñjati 動揺した 揺り動かされた III.378[15]. ③534.

iṭṭha *a.pp.* <icchati 求め望まれる，好ましい taṃ kammaṃ ... **～ṃ** II.50[15]. その行為は … ～ ②65. **～'ārammaṇa** *n.* 好ましい対境 **～e**

mānassaṃ vissajjetvā I.74^{14}. 諸々の好ましい対境に心を放擲して ①98. IV.68^{17}, 85^8. ④87, 110.

itthakā *f.* 煉瓦，かわら III.29^6. ③43. IV.216^{24}. ④307.

iṇa *n.* ⑤ṛṇa 借金 ~ṃ pi gaṇhanti I.235^{22}. 借金もします ①309. III.10^{10}. ③16.

ito *indecl.* ここより，これより ~ cito ca *adv.* あちらこちらと ~ olokento I.124^{14}., 237^6. ~と眺め見て ①160, 311. ~ paṭṭhāya *ger.adv.* 今後は I.101^{15}. ①131. III.48^{12}. ③70. ~ pubbe *loc. adv.* これまでは I.223^1. ①292.

itara *a.* 他の，次の，一方の〔者，人〕 ~ssa 'Mahā-pālo' ti nāmaṃ kari. I.4^5. 一方には「大パーラ」と名をつけた ~e (*nom.pl.*) bhikkhū I.20^3. 一方の〔そこを訪れた〕比丘たちは①26. I.24^3, 72^8, 115^{24}. ①32, 95, 150. -magga *m.* 別の道 ~m eva naṃ pāpesi I.172^{12}. ~にだけ彼を到らしめた ①224. itarītarena *instr.adv.* どんなものによっても IV.33^{10}. ④40.

ittara *a.* ⑤itvara 暫時の -paccupaṭṭhāna *n.* 暫時に現われ出る（もの）I337^4. ①443. -satta *m.* 取るに足りない人物 sac'āyaṃ puriso ~o abhavissa I.107^7. もしこの方が~であるならば ①138.

itthaṃ *adv.* このような ayaṃ ~n-nāmo. II.98^3. これはこういう名前の〔土地〕です ②129. ~ sudaṃ *adv.* このように実に III.118^1. ③167. ~n-nāmā *f.* こういう名の女 III.101^9. ③143.

itthatta *n.* ここ（輪廻）の状態 nâparaṃ itthattāya I.120^8. ここでの生存とは別の〔生存〕はない ①155.

itthi *f.* ⑤strī 女，婦人 ~iyo tassa vacanaṃ asuṇantiyo viya. I.72^{10}. 女たちは彼の言葉を聞かないようであって ①95. ekissā ~tthiyā gīta-saddaṃ sutvā I.15^{14}. 一人の女性の歌声を聞いて ①20. ~'atta-bhāva *m.* 女性の身 ~e thatvā I.416^{10}. ~としてとどまって ①546. ~'āgāra *f.* 後宮の女性 I.100^6. ①129. -kutta *n.* 女性の媚態 IV.197^{12}. ④280. -bhāva *m.*

女性であること，女性の身 ~ṃ āpajjanti I.327^6. ~となる ①430. ~e chandaṃ virājetvā I.327^{13}. ~への志欲を離れさせて ①430. -māyā *f.* 女性の魅惑（幻惑）III.179^6. ③262. -ratana *n.* 女宝 ~ṃ ānītaṃ I.327^1. ~を連れて来ました ①430. I.203^4. ①268. -rūpa *a.* 女性の姿をした（者）III.52^5. ③76. -liṅga *n.* 女性のしるし，女性の性徴 ~ṃ pātur ahosi I.326^2. ~が明らかになった ①428. -līḷhā *f.* 女性の優美さ IV.197^{12}. ④280. -sadda *m.* 女性の声 I.15^{16}. ①20.

iddhi *f.* ⑤ṛddhi 神通, 神変 III.66^{17}. ③96. -pāṭihāriya-anusāsanī *f.* 神変奇蹟による訓戒 I.143^6. ①187. -bala *a.n.* 神通力 ~ena aruṇ'uggamanaṃ nivāresi I.41^{17}. 神通力によって太陽が昇るのを遮ぎった ①56. I.118^{23}, 370^1. ①153, 486. -mant *a.* 神通力をもった（人）~mato (*sg.gen.*) pana iddhi-visayo acinteyyo I.108^6. しかし~の神通の境域は不可思議である ①139. -mantā *f.* 神通を使う女 III.209^{10}. ③305. -maya *a.* 神通によって出来た ~patta-cīvara-dharā I.207^{14}. ~鉢と衣を携えた者たち ①273. -visaya *m.* 神通の境域 ~o acinteyyo I.108^6. ~は不可思議である ①139.

idha *adv.* ⑤iha ここに，此界に -loka-saṅgaha *m.* この世での愛護（救済）III.369^3. ③522. ~ vā huraṃ vā *adv.* この世でも他の世でも I.157^9. ①207. -lok'atta-bhāva *m.* この世の自分の身，この世の自分の状態 ~ṃ eva jānāmi. I.105^5. 私は~だけは知っている ①136. -lokapara-loka-pariyāpanna *a.pp.* この世，別の世に所属するもの I.158^{23}. ①209.

Indaka *m.* インダカ，帝釈（アヌルッダ上座に一匙の施食をする）IV.80^{11}. ④105. ~ deva-putta *m.* インダカ天子，帝釈 III.219^{16}. ③317.

inda-khīla *m.* 王柱 II.180^{16}, 181^9. ②237.

inda-gopaka *m.* 赤色甲虫 I.20^1. ①26. -vaṇṇa *a.* 赤色甲虫色の（えんじ色の）〔外衣〕III.179^8. ③262.

Inda-paṭimā *f.* インドラの像 ～ ṭhapesi I.280[7]. **～を**立てさせた ①364.
Indapatta-nagara *n.* インダパッタ都城(クル国の都) IV.88[4]. ④114.
Indasāla-guhā *f.* インダサーラの洞窟 III.270[18]. ③391.
indriya *n.* 根, 感官 **～esū** ti chasu **～esu** I.76[13]. 「諸々の感官が」とは, 六つの感官(眼・耳・鼻・舌・身・意)が ①99. vippasannāni te **～āni** I.92[5]. あなたの感官は殊のほか浄化されています ①119. II.7[16]. ②11. **-gutti** *f.* 感官の防護 IV.107[18]. ④143. **-dama** *n.* 感官の調御 III.83[19]. ③118. **-damana** *n.* 感官の調御 I.82[16]. ①108. **-saṃvara** *m.* 感官の制御 III.238[10], 388[8]. ③340, 545.
imasmiṃ *pron. loc.* <imaṃ ～ asati (*loc.abs.*) この〔子〕がいなければ I.175[10]. ①228.
iriyā-patha *m.* 行動姿勢, 行住坐臥 catūsu **～esu** I.75[11]. 四つの行動姿勢(行・住・坐・臥)において ①98. **～ṃ** mā vissajja I.12[11]. 姿勢の道(雨安居中は横臥しないという誓約)を捨ててはならない ①16. I.9[1]. ①11. III.103[17]. ③146.
Illīsa *m.* (人名)イッリーサ (*J.*78話に出る) I.376[11]. ①493.
isi-gaṇa *m.* 仙人の衆 I.204[1]. ①268.
Isigili *m.* イシギリ山 III.246[5]. ③354. **-pabbata** *m.* イシギリ山(王舎城の五山の一つ) I.431[5]. ①565.
Isipatana *n.* イシパタナ, 仙人堕処(ベナレス郊外) I.87[2]. ①114. III.129[8], 290[8], 446[15]. ③184, 423, 623. **-mahā-vihāra** *m.* イシパタナ大精舎 III.291[11]. ③424.
isi *m.* ⓢṛṣi 仙人, 聖者 **-pabbajjā** *f.* 仙人の出家 **～aṃ** pabbajitvā I.83[14] ～を出家して ①110. I.105[16], 162[3]. ①136, 210. IV.55[11]. ④66.
issamānaka *a.* 嫉妬する(者) III.389[21]. ③548.
issara *m.* 自在にする者, 権力者, 主権者 sarīrassa me **～o**, na pana cittassa I.194[2]. 〔あなたは〕私の身体を～だが, しかし〔私の〕心を〔～では〕ないのだ ①256. I.196[9]. ①259. IV.213[2]. ④302. **-kāla** *m.* 権勢のある時 **～e** III.11[9]. **～時には** ③17. **-jana** *m.* 権力者 **～ṃ** upaṭṭhahi I.322[2]. **～に仕えた** ①423. **-dārikā** *f.* 自在者(王)の娘 I.391[3]. ①514.
issariya *n.* 自在, 自在力, 主権 **～ṃ** vaḍḍhati yeva I.238[13]. **～はひたすら増**大する ①312. **～assa** dātā. II.16[18]. 自在であることを与えてくれる人です ②21. **～ṃ** vissaṭṭhaṃ II.119[3]. 王権は譲与された ②157. **～'adhipacca** *n.* 自在権と支配権 I.264[18]. ①346. **-sampatti** *f.* 自在の獲得 IV.190[4]. ④270.
issā *f.* ⓢīrṣyā 嫉妬 **issa**-phandanānaṃ viya I.50[13]. 嫉妬にふるえる者たちのように ①67. III.287[1], 389[10]. ③417, 548. **～'adhibhūta** *a.pp.* 嫉妬に打ち負けた III.280[7]. ③406. **-pakata-itthī** *f.* 嫉妬を本性とする女性 III.486[1]. ③678.
issukin *a.* 嫉妬のある(人) III.389[13]. ③548.

U

ukkaṃsa *m.* すぐれていること **～to** IV.75[18]. すぐれているので ④91.
ukkaṭṭha *a.pp.* <ukkaṃsati 称揚された。～vasena I.141[19]. 称揚されて ①186. **-paṃsukūla** *n.* すぐれた糞掃衣 II.174[3]. ②228.
ukkaṇṭhati <ud-**kaṇṭh** いらいらする **～ṭhitvā** (*ger.*) I.343[15]. ～して ①452. I.118[5], 251[2]. ①153, 327. II.256[7]. ②333. III.84[19]. ③120. na **～ṭhasi** II.148[6]. あなたは厭わない ②194. so ...**ukkaṇṭhi** (*aor.*) I.123[21]. 彼は…いらいらした(交合を待ち望んだ)①160.
ukkaṇṭhita *a.pp.* <ud-**kaṇṭh** 不満をもった, いらいらした **～ṭhit'** amha I.343[5]. 私たちは ～しています ①452. ～ aññatara-bhikkhu I.297[15]. ～或る一人の比丘 ①390. 厭った, いらいらした ākiṇṇa-vihāratāya **～o** I.56[15]. 混乱した生活を厭って ①76. **～ṭhito**'mhi III.239[13]. 私は～しているのだ ③343. I.121[13]. ①157. II.201[9]. ②263. III.292[5]. ③425. **-tta** *n.* 不満をもつこと, いらいらすること IV.225[19]. ④322.

-bhāva *m.* いらいらしていること IV.20[3]. ④22.

ukkalāpa , **uklāpa** *a.* 無人の，汚れた taṃ ṭhānaṃ **～ṃ** ahosi III.168[21]. その場所は汚なくなった ③246.

ukkā *f.* ⓢulkā 炬，たいまつ，松明 **～āhi** dhāriyamānāhi tattha gantvā I.42[1]. たいまつをかかげてそこに行き ①56. I.205[16]. ①271. III.32[8], 244[13]. ③47, 351. **-mukha** *n.* 熔炉 II.250[2]. ②324.

ukkāra-bhūmi *f.* 糞をする場所 III.208[4]. ③304.

ukkāsita-sadda *m.* 咳払いの声 I.250[2]. ①326.

ukkuṭika *a.* しゃがんだ **～ṃ** nisīditvā I.217[9]. しゃがんで坐って ①286. II.61[10], 180[6], 184[19]. ②80, 236, 242. III.195[1]. ③285. IV.223[1]. ④317. **-ppadhāna** *n.* しゃがんでする精勤 III.77[18]. ③110. **～o** hutvā I.409[11]. しゃがんで ①538. **～ṃ** nisīdi II.267[10]. しゃがんで坐った ②346. **～ṃ** padaṃ bhave I.201[5]. 足跡は弓なりに曲っているでしょう ①265.

ukkuṭṭhi *f.* <**ud-kruś** 叫ぶこと ～ sahassāni karonto II.43[17]. 千の叫び声をあげて ②58.

ukkhalikā *f.* 揚げ鍋 IV.98[7]. ④123.

ukkhalī *f.* 鍋 **～iṃ** dhovitvā I.319[25]. ～を洗って ①420. mahā-pātiyā **～ṃ** pidahanto viya IV.130[7]. 大きな鉢で鍋のふたをするように ④174. I.136[9]. ①178. II.5[15]. ②8. III.371[10]. ③525. IV.126[17], 209[19]. ④169, 297.

ukkhitta-paligha *a.pp.* かんぬきが捨てられている(人) IV.160[18]. ④221.

ukkhipati <ud-**kṣip** だきあげる，引きあげる **～pantassa** hattho II.102[12]. 〔手を〕引きあげる人の手は ②135. naṃ **～pitvā** (*ger.*) I.169[25]. その〔子〕をだき上げて ①221.

ukkhipitu-kāma *a.* 挙罪しようと欲する(人) III.485[4]. ③676.

ukkhepaka *a.m.* 提訴した者，挙罪した者 I.54[23], 55[2]. ①73, 74.

ukkhepa-dāya *m.* 〔御祝儀を〕投げ入れて与える者 IV.59[19]. ④73.

ukkhepaniya-kamma *n.* 挙罪羯磨，罪を告げて僧団と共住させなくすること I.54[16]. ①73.

[1]**Ugga** *m.* ウッガ(給孤独長者の友人) III.465[11]. ③649.

[2]**Ugga**(市) ウッガ(コーサラ国にあり) **-nagara-vāsin** *a.* ウッガ都城に住む(人) III.465[10]. ③649.

uggacchati <**ud-gam** 昇る，上に出る uṇhaṃ lohitaṃ mukhato **uggañchi** (*aor.*) I.143[14]. 口から熱い血が出た ①188.

uggaṇhāti <**ud-grah** 取り上げる，学びとる，把持する **～hitvā** *ger.* I.7[22]. 学んで ①9. vattaṃ **～gaṇhituṃ** (*inf.*) vaṭṭati I.69[1]. 務め(きまり)を学びとることが必要です ①91.

uggaṇhāpeti *cs.* 学びとらせる。 tayo mante **～petvā** I.163[18]. 三つの呪文を**～せてから** ①213. I.194[5]. ①256.

ugga-tapa *m.* 偉大な苦行者 II.57[6]. ②74.

ugga-teja *a.* 偉大な威力ある(者) IV.130[10]. ④175.

Uggasena *m.* (王)ウッガセーナ II.15[2]. ②19. IV.59[14], 159[1]. ④73, 218.

uggahita *a.pp* <uggaṇhāti とりあげられた，学びとられた **-vatta** *a.m.* 〔仏教の〕行法をよく学んだ(人) sace **～o** bhavissati I.61[6]. もし～であれば ①81. IV.27[19]. ④31. **-sippa** *a.pp.* 技芸が習得されている(者) I.338[6]. ①445.

uggharati <ud-**kṣar** にじむ，もれる **～rantaṃ** (*prp.ac.*) III.117[18]. 〔不浄物が〕にじみ出る〔不浄の身〕を〔見なさい〕③167.

ugghāṭita *pp.* <ugghāṭeti <**ud-ghaṭṭ** 開けられた ～mattāya I.134[18]. 開けられただけで ①177.

ugghāṭeti <**ud-ghaṭṭ** ほどく，開く，明らかにする atīta-bhave **～ṭetvā** IV.51[2]. 過去の生存での〔自分を〕明らかにして，④59.

ucca *a.* 上の，高い **～'aṅga** *m.* III.42[3]. 腰 ③60. III.322[11]. 上体 ③464. **～āsana** *n.* 高い座席 I.72[8]. ①95. **-ṭṭhāna** *m.* 上のところ paresaṃ vajjāni **～e** ṭhapetvā III.375[15]. 他の人々の罪過を～に置いて(俎上にのせて) ③529.

uccaya *m.* 集積 sukho puññassa **～o**

III.9[10]. 福徳の～は安らぎである ③15. dukkho pāpassa **～o** III.5[20]. 悪の～は苦である ③10.

uccāra *m.* <ud-**car** 排泄物, 大便 II.58[15]. ②76. **-karaṇa-ṭṭhāna** *n.* 大便をする所, 共同便所 II.56[18]. ②74.

uccāvaca *m.n.* 種々の〔様相〕, 上下の〔様相〕 II.156[12]. ②205. いろいろの ～ā kho purisānaṃ adhippāyā III.196[14]. なるほど男の人たちの嗜好はいろいろです ③288.

uccināti <ud-cināti <**ci** 集める kahāpaṇe **～cinitvā** I.198[20]. カハーパナ(金貨)を拾い集めてから ①263. 選ぶ ～nitvā III.470[17]. 〔500人の漏尽者を〕～んで ③656.

ucchaṅga ⓢutsaṅga 膝, ひざ, 腰 **～e** katvā I.354[11]. 〔手紙を〕 膝のところに〔かく〕 して ①466. IV.205[3]. ④280. **～e** katvā II.72[2]. 〔小石を〕腰につけて ②95. **～e** nisīditvā I.139[14]. 膝に坐って ①182.

ucchijjati *ps.* <ucchindati 断たれる rāja-vaṃso **～jjissati** II.15[9]. 王統が断絶されるだろう ②20.

ucchiṭṭha *a.pp.* <ud-**śiṣ** 残した, 残った, 食べ残した ～pāyāsaṃ paribhuñjeyyaṃ II.85[23]. ～粥を食べたいものだ ②113. III.131[8]. ③186. 食べ残した **-amba-aṭṭhi** III208[2]. ～マンゴーのたね ③304. **-avasesaka** *a.m.n.* 食べ残した御飯 III.95[5]. ③135. **-kasaṭa** *m.* 残りかす II.155[10]. ②204. **-khādaka** *a.m.* 残飯を食べる(者) IV.164[16]. ④226. **-jala** *n.* 残りの水 **～ṃ** otārenti I.52[9]. ～を流し入れる ①69. **-bhatta** *n.* 食べ残しの御飯 II.139[7], 246[11]. ②182, 320. IV.99[15]. ④132.

ucchu *m.* ⓢikṣu 砂糖きび **-khetta** *n.* 砂糖きびの畑 III.315[11]. ③455. IV.199[14]. ④284. **-yaṭṭhi** *f.* 砂糖きびの茎 III.315[12]. ③455. IV.199[17]. ④284.

uccheda-diṭṭhi *f.* すべて断絶するとみる見解, 断見 III.454[7]. ③634.

uju *a.* ⓢṛju 真直な, 率直な, 正しい **～ṃ** karoti I.287[18]. 真直にする ①374. I.315[16]. ①414. **-jātika** *a.* 素直な類の tiracchānā ... **～ā** honti I.173[3]. 畜生たちは … **～ものたち**である ①224. **-diṭṭhi-tā** *f.* 見方が真直ぐなこと I.173[7]. ①225.

ujuka *a.* 正しい, すなおな, まっすぐの te ... **～ā** hutvā I.57[17]. 彼等は … 素直になって ①77. **ujukaṃ** *ac.adv.* 直線的には III.213[14]. ～ pana catu-vīsati-yojanikāya tāya parisāya majjhe III.213[14]. ～24ヨージャナのその会衆の中で ③311. **ujukaṃ** *ac.adv.* 真直ぐに ～ oloketuṃ pi na visahi I.177[23]. ～見ることもできなかった ①232. **njukaṃ** *ac.adv.* 素直に ～oloketuṃ na sakkoti I.180[1]. 素直に見ることが出来ない ①235. **ujukato** *abl.adv.* 直線(直径)にして III.248[7]. ③357. **-magga** *m.* 真直の道(近道) I.18[17]. ①24.

ujjaṅgala <ud-jaṅgala *a.m.* 不毛の砂漠地 III.220[20]. ③319.

ujju-gata *a.pp.* 真直に行った(人) II.234[7]. ②306.

Ujjhāna-saññi-tthera *m.* 不満の思いをもつ上座 III.376[5]. ③531.

ujjhāyati <ud-jhāyati 嫌責する, 不満をあらわにする **～jjhāyiṃsu** (*aor.*) 嫌責した I.20[6], 96[21]., 156[14]. ①26, 125, 206. II.88[13], 146[6]. ②117, 191. III.56[12]. ③82. **～yitvā** (*ger.*) I.234[20]. 嫌責して ①307. bhikkhu-saṅgho **ujjhāyi** (*aor.*) I.73[13]. 比丘僧団は〔世尊のなさったことを〕 いぶかった ①96. mā **～yittha** (*aor.*) IV.182[8]. ～してはならない ④254. **～yanto** (*prp.*) II.20[10]. ののしって(嫌責して)②26.

ujjhita *a.pp* <ujjhati 捨てられた I.445[9]. ①583.

uṭṭhāna *n.* 立ち上ること I.239[15]. ①315. **-kāla** *m.* 立ちあがるべき時 III.407[10]. ③574.

uṭṭhānavant *a.* 立ち上ることをそなえた(人) I.238[15]. ①313. 奮起する(人) I.231[10]. ①303.

uṭṭhāpeti *cs.* <uṭṭhahati のぼらせる aruṇaṃ **～pehi** (*imper.*) I.41[20]. 太陽を昇らせて下さい ①56.

uṭṭhāya *ger.* <uṭṭhāti <ud-**sthā** 立ち上って, 奮起して ～ samuṭṭhāya I.59[17], 363[14]. 奮励努力して ①79, 478. ～ te

paccuggamanaṃ kataṃ I.38[16]. 立ち上って君はお出迎えをしたのか ①52. **〜'āsanā** *abl. adv.* 座から立ち上って I.244[22]. ①320.

uṭṭhita-utu *a.pp.* <uṭṭahati 〔食事をとる〕適時が立ち上げられている（人） IV.212[2]. ④300.

uṭṭheti *cs.* <uṭṭhahati 立ち上らせる **〜ehi** (*imper.*) I.42[22]. 立ち上って下さい ①57.

uṇṇa-loma *n.* 白毫 III.102[15]. ③145.

uṇha *a.* ⓢuṣṇa 暑い，熱い 〜ākāraṃ dassesi I.17[11]. 〔石の座が〕暖かくなる様子を示した ①22. **〜'odaka** *n.* お湯，熱湯 **〜ena** atthe sati **〜aṃ** paṭiyādeti I.58[14]. お湯が必要な時はお湯をととのえる ①78. **〜ṃ** mukhe āsiñcati I.126[9]. 〜を口に注ぎ込む ①164. I.320[3]. ①420. **-pāyāsa** *m.* 熱い粥 I.226[8]. ①296.

utu *m.n.* 季節 tiṇṇaṃ **〜ūnaṃ** anucchavikaṃ tīsu pāsādesu I.84[20]. 三つの季節に適した三つの宮殿において〔王の吉祥を享受した〕①111. **-sappāya** *a.n.* 気候が適切であること I.317[14]. ①417.

uttama *a.* 最上の，最高の **-pañña** *a.m.* 最上の智ある（人） **〜o** I.262[13]. 〜人は ①343. **-purisa** *m.* 最高の人物 II.187[17]. ②247. **-rūpa-dhara** *a.* 最高の容色をそなえた III.178[16], 193[7]. ③260, 283.

uttara *a.* 上の，北の **〜'āsaṅga** *m.* 上衣 〜satehi pūjaṃ akaṃsu I.218[23]. 100の上衣をもって供養を行なった ①288. I.410[7]. ①539. **-dvāra** *n.* 北門 I.413[7, 11]. ①543. **-sāṭaka** *m.* 上衣 II.267[11]. ②346. III.448[2]. ③624.

Uttara-kuru *m.* 北クル（洲） II.154[4], 211[6]. ②202, 275. III.222[13]. ③321. IV.209[13]. ④297.

uttarati <ud-tṛ 水から上る，渡る aññena thāṇena **〜ritvā** I.43[5]. 別の場所に渡って ①58.

Uttara-māṇavaka *m.* ウッタラ学生 III.232[7]. ③331.

Uttarā *f.* ウッタラー（プンナカ長者の娘） III.104[6]. ③148.

Uttarā-upāsikā *f.* ウッタラー信女 III.302[4]. ③439.

uttari *a.* より上の，超えた **uttariṃ** *ac.adv.* その上に，更に 〜 pi I.81[26], 178[6]. その上にも ①106, 232. **〜'ummāra** *m.* 上のしきい II.5[1]. ②7. **-bhaṅga** *m.* 特別の御馳走 **〜o** uppanno I.214[4]. **〜が**出現した ①281. **-manussa-dhamma** *m.n.* 上人法，超人的な徳性・能力 III.480[13]. ③670. **-sāṭaka** *m.* 上衣 **〜ṃ** apanetvā IV.183[5]. 上衣をぬいで ④257.

Uttari-ttherī *f.* ウッタリー上座尼 III.110[1]. ③156.

uttarena mukha *n.* 〔塔廟の〕北側の面 IV.219[12]. ④311.

uttāna *a.* 上向きの **〜o** pati III.36[7]. 上向きに落ちた ③53. **-mukha** *a.* 開放的な（人），笑顔で歓迎する（人） IV.8[13]. ④12.

uttānaka *a.* 明瞭な，あらわな，上向きの **〜ṃ** h'etaṃ bhante yad idaṃ pasavo I.173[6]. その点ではおよそこの家畜どもは，これは明瞭なものであります，尊師よ ①225. **〜o** nipanno hoti I.184[11]. 上向きに横たわっている ①242.

uttāreti *cs.* <uttarati 渡たす yāvâhaṃ bhaṇḍaṃ **〜remi** IV.67[3]. 私が荷物を〔川のこちらからあちらへ〕渡す間 ④85.

uttiṭṭhati <**sthā** 立ち上がる **〜ttiṭṭhe** (*op.*) 立ち上りなさい，奮起しなさい I.115[12]. ①149. III.164[22]. ③238.

utrasta-mānasa *a.pp.* <uttasati 心に畏怖した **〜o** II.6[1]. **〜して** ②8.

udaka *n.* 水 **〜'aṇṇava** *m.* 海洋 II.152[18]. ②200. **-ālaya** *m.n.* 水というよりどころ，棲家 I.289[9]. ①375. **-kalaha** *m.* 水争い III.256[5]. ③369. **-kīḷā** *f.* 水遊び **〜aṃ** kīḷituṃ gato I.225[1]. 〔王は〕水遊びをするために出かけた ①294. **〜aṃ** kīḷitu-kāmo hoti IV.130[2]. **〜をしたいと思っている** ④174. III.199[15]. ③292. **-koṭṭhaka** *n.* 水小屋 I.53[19]. ①72. **-cāṭi** *f.* 水がめ I.52[7]. ①69. **-tāpana-bhājana** *n.* 水を沸かす容器 II.19[20]. ②25. **-tittha** *n.* 水場（渡し場） I.401[16]. ①527. III.25[4].

③38. **-tumba** *m.n.* 水瓶 II.193[18]. ②254. III.140[4]. ③198. **-thala-cara** *a.m.* 水中と陸上を行くもの I.144[9]. ①189. **-niddhamana** *n.* 放水路 II.37[10]. ②50. **-pariyanta** *m.* 海洋の限り **~ṃ** katvā II.74[13]. 海洋を限りとして ②98. **-parissāvana** *n.* 水をこすこと III.260[14]. ③376. **-pāti** *f.* 水鉢 II.189[14]. ②249. **-phāsuka-ṭṭhāna** *n.* 気持のよい水場 I.188[3]. ①247. **-phusita** *n.* 雨水の水滴 III.442[1]. ③618. **-bindu** *m.* 水滴 I.116[7]. ①150. **-bubbuḷa** *m.* 水泡 III.209[3]. ③305. **-maṇika** *m.* 水がめ I.79[15]. ①103. **-mālaka** *m.* 水屋 IV.18[8]. ④21. **-rakkhasa** *m.* 水の羅刹 III.74[18]. ③106. **-vaṭṭi** *f.* 水の噴出 IV.132[20]. ④177. **-vāra** *m.* 水運びの当番 I.49[2]. ①65. ~to mutta-mattā va I.49[6]. 水運びの当番から解放されるやいなや ①65. **-vegâbhighāta** *a.pp.* 水の急動に打たれた **~ena** I.336[10]. ~打たれて ①442. **-sāṭaka** *m.* 水浴用の衣 II.61[10]. ②80.

uda-kumbha *m.* 水がめ III.16[8]. ③24.

udagga *a.* (ud-agga) 高い, 上った **~'udagga** *a.* 歓喜踊躍の **~o** II.42[3]. ~して ②56. **-citta** *a.* 心が高揚した manussā **~ā** II.96[22]. 人々は~して ②127.

udañcana *n.* <uda-**añc** バケツ cāṭiyā ~bhāva-ppatti viya hoti. I.94[11]. 〔立派な〕瓶がバケツとなってしまうようなものだ ①122.

udabbahi *aor.* <ubbahati 牽引した III.213[9]. ③311.

udayati <ud-i のぼる pāto-**udayante** suriye I.41[5]. 太陽が早朝に昇る時に ①55.

udaya-vyaya *m.* 生滅 II.269[18]. ②348. IV.110[14]. ④138.

udara *n.* 胃, 腹 I.74[18]. ①98. **-paṭala** *n.* 胃の膜 III.368[3]. ③522. **-vāta** *m.* 腹の風, 腹痛 IV.129[16]. ④173.

udāna *n.* ウダーナ, 感懐のことば tikkhattuṃ **~ṃ** udānetvā I.100[26]. 三度ウダーナをとなえて ①130. III.384[10]. ③541. Bhagavā … imaṃ **~ṃ** udānesi I.121[7]. 世尊は…この**~を**となえた ①157. **~ṃ** udānento II.126[1]. **~を**誦えつつ ②165. **-gāthā** *f.* 感懐の偈 III.127[8]. ③181.

Udāna *n.* 「ウダーナ」,「自説経」(「南伝」23.) II.33[21]. ②45. III.474[6]. ③661.

Udāyi-tthera *m.* ウダーイン上座 II.30[24]. ②41.

udāra-sukha *n.* 広大な(すぐれた) 安楽 III.449[6]. ③626.

udikkhati <ud-**īkṣ** 待望する Bhagavato āgamanaṃ **~kkhamāno** (*prp.*) III.444[1]. 世尊がおいでになるのを ~して ③620.

udīreti *cs.* <ud-**īr** のべる, 言う ~**dīraye** (*op.*) IV.182[16]. のべるがよい ④255.

udukkhala *m.n.* 臼, III.341[14]. ③487. **-sālā** *f.* 臼(うす)小屋 II.131[1]. ②172.

udumbara-vana *n.* いちじく(優曇華, 無花果)の林 I.284[12]. ①370.

Udena *m.* (王) ウデーナ〔出生時の記述〕 I.165[15]. ①215. ~ **rājan** *m.* ウデーナ王(コーサンビー国王) I.185[1]. ①243. **-vatthu** *n.* ウデーナ(王) の事 I.161[3]. ①210.

Udena-cetiya *n.* ウデーナ廟(樹木の塔廟) III.246[7]. ③354.

udda *m.* かわうそ, 獺 III.141[3]. ③200.

Uddaka *m.* ウッダカ(出家したシッダッタ太子の先生)I.85[24], 86[21]. ①112, 113.

uddāna *n.* 〔魚を〕 まとめたもの, たば II.132[9]. ②174.

uddāpa *m.* 土塁 III.488[16]. (*PTS.* ~āma) ③681.

uddāma *a.* 暴れた maṅgal'asso ~o hutvā III.47[6]. 祭礼用の馬が暴れて ③67.

uddisati <ud-**diś** 示す, 説く dhammaṃ **~ddisatha** (*imer.*) I.382[12]. 法を説いて下さい ①503. 指定する, 師と仰ぐ kam **~diseyyaṃ** (*op.*) IV.72[13]. 誰を師と仰ぐであろうか ④93.

uddissa *ger.* <uddisati に関して, 対して, 指定して kaṃsi (k'āsi) tvaṃ āvuso ~ pabbajito I.91[19]. あなたは何を目指して出家したのですか ①119. **-cetiya** *n.* 記念碑としての塔廟 III.251[15]. ③

363.

uddesa *m.* <uddisati 説示 **〜ṃ** uddisati I.382[16]. 説教をする ①503. n'eva **〜ṃ** gaṇhi I.244[11]. 決して説教を学び取らなかった ①320. **〜ṃ** na gaṇhāti. I.299[3] 〜を学び取らない ①391. III.238[21], 451[21]. ③342, 630. **-gahaṇa-kāla** *m.* 説経を学びとる時 **〜e** I.244[9]. **〜時に** ①320. **-bhatta** *n.* 別請食（限られた特別の人を指定して特別に調えられた施食） IV.176[10]. ④246.

uddha, uddhaṃ *indecl.* Ⓢūrdhva 上に，後に，高く **〜'agga** *a.* (uddha-agga) 堅立した **〜ā** tiṭṭhanti I.387[18]. 〔髪の毛は〕 上向きになっている ①510. **-khitta** *a.pp.* <khipati 上に投げられた（水） III.441[16]. ③618. **-cchiddaka-vāta-pāna** *n.* 上に開く窓 **〜āni** kāresi I.211[14]. 〜を作らせた ①278. **-pāda** *a.* 足を上にした **〜o** I.447[7]. 足を上にして ①585. **-mūla** *a.* 根を上に **〜ṃ** adho-sākhaṃ katvā gacchati I.75[17]. 根を上に，枝を下にして〔樹木が落ちて〕 行く ①99. **-vātâbhimukha** *a.* 風上に向かった **〜o.** II.57[1]. 〜向かって ②74. **-virecana** *n.* 嘔吐や下痢 III.126[22]. ③180. **uddhaṃ-sota** *a.m.* 上流の（人） III.289[14]. ③421.

uddhana *n.* かまど I.52[7]., 319[25], 369[3]. ①69, 420, 485. II.20[9]. ②26. 〜matthake. II.3[13]. 〔御飯は〕かまどの上にあります ②5. **-panti** *f.* かまどの列 III.219[23]. ③317. IV.80[14]. ④105.

uddharati <ud-**dhṛ** 揚げる，上げる dārūmi **〜rantiyā** ekissā itthiyā I.15[14]. 木々（薪木）を採取している一人の女性の〔歌声を聞いて〕 ①20.

uddhumāta *a.pp.* <uddhumāyati 膨張した **〜o** aṭṭhāsi I.371[5]. 〔小麦粉は大きな饅頭となって〕〜して立った ①488.

uddhumātaka *a.* 膨張した，ふくれた **-bhāva** *m.* 膨張した状態 III.117[2]. ③166. **-sarīra** *a.* 身体が膨張した（もの） I.307[5]. ①403.

uddhumāyati <ud-**dhmā** ふくれる，膨張する sarīra-maṃsassa **〜yitvā** I.126[6]. 身の肉が膨張して ①164. sarīraṃ **〜māyi** (*aor.*) III.106[21]. 〔死〕体は〜した ③152.

udrīyana-sadda *m.* 破壊する音 paṭhaviyaṃ **〜o** viya ahosi II.7[15]. 大地を〜のようであった ②11.

un-naṅgala *a.* 鋤を外す，休業 **〜ṃ** katvā III.10[21]. **〜して，** 農耕を休みにして ③17.

unnata *a.pp.* <uṇṇamati 高揚した lābhena **〜o** loko III.468[3]. 世間は所得によって高揚し ③653.

unnaḷa *a.* 高慢の，不遜の（人） III.452[7]. ③631.

un-nadati <**nad** 声をあげる **〜nadantassa** III.203[14]. 声をあげている〔大衆の〕 ③297.

unnamana *n.* 上ること onaman'〜pakatikaṃ I.17[9]. 〔坐る時には〕自然に下にさがり，〔立つ時には〕自然に上にあがる〔帝釈天の石の座〕①22.

unnādana *n.* 拍手かっさい IV.61[26]. ④76.

unnādeti *cs.* <ud-**nad** 響かせる **〜detvā** III.426[12]. **〜かせて** ③598.

Upaka *m.* ウパカ（初転法輪直前に世尊と会った外道）I.87[1]. ①113. **-ājīvika** *m.* ウパカ邪命外道 IV.71[17]. ④93.

upakaṭṭha *a.pp.* <upa-**kṛṣ** 近づいた **〜āya** vassûpanāyikāya I.203[12]. 雨安居に入る時期が近づいた時 ①268. III.438[5]. ③615. IV.118[14]. ④158. **〜āya** pavāraṇāya I.13[10]. 雨安居の修了式が近づいた時 ①17. **〜e** antovasse IV.128[14]. 雨安居入りが**〜時** ④172. tasmiṃ **〜e** II.261[3]. その〔日〕が近づいた時 ②339. 短縮された velā 〜ā I.197[17]. 時間は**〜ました** ①261.

upakaḍḍhati <upa-**kṛṣ** 引きつける nirayāya 〜 III.484[6]. 地獄に〜 ③675.

upakappanaka *a.* <upakappati <upa-**kḷp** 調えた，役に立つ，奉仕する II.133[14]. 調えた〔お粥の御飯〕 ②175. III.240[23], 323[16]. ③345, 465.

upakappana-bhojana *n.* ためになる食事 tassa **〜ṃ** II.143[17]. 彼の**〜を**〔を得るだろう〕 ②189.

upakaraṇa *n.* 役に立つ道具 I.395[15]. ①

519.

upakāra *m.* <upa-**kṛ** 資助, 利益, 資助する者 **～o** me gahapati I.5[8]. 家の主人は私の支援者である ①6. seṭṭhino amhākaṃ bahu**～ā.** I.206[16]. 長者たちは我々に多大の**奉仕する人々**です ①272. **～o** kata-pubbo I.297[3]. 以前に**役に立つことが**なされている ①388. etissā **～ṃ** sarantā I.365[11]. この女が〔生前に〕資助してくれたことを追想して ①480. III.217[5]. ③314.

upakāraka *a.m.* 助けになる(人), 仕える者 ativiya **～o** II.71[17]. とても助けになる人だ ②94. ācariyassa **～o** ahosi I.250[20]. 阿闍梨に**仕える者**であった ①327. I.62[23]. ①83. II.100[2], 203[17]. ②132, 267. III.136[15]. ③194. よく助ける(者) **～o** hoti I.306[18]. よく助ける者である ①402.

upakārikā *f.* 援助する女 II.221[6]. ②288. III.422[3]. ③592.

upakkitaka-vāda *m.* 商売人という言葉 I.119[23]. ①155.

upakkiliṭṭha *a.pp.* <kilissati 汚染された I.23[13]. ①31.

upakkilesa *m.* 付着する汚れ, 随煩悩 āgantukehi **～ehi** upakkiliṭṭhaṃ I.23[19]. やって来る諸々の付着する汚れ(随煩悩, 垢穢)によって汚される ①31.

upagūhati <upa-**guh** 抱く mañcakaṃ **～gūhitvā** nipajji I.367[22]. ベッドを抱いて横たわった ①484.

upaghāta *a.pp.* <upa-**han**. 害された **～ṃ** na upeti III.123[3]. 害されない ③174.

upacāra *m.* <upa-**car** 接近, 近づくこと mantassa ～'atthāya I.195[21]. 呪文に近づいて行くために ①259. **'appanā** (samādhi) *f.* 近行〔定〕と安止〔定〕 III.359[16]. ③511. **-jjhāna** *n.* 近行定, 前段階の禅足 III.427[10]. ③600. **-samādhi** *m.* 近行定 IV.97[16]. ④121.

Upacālā *f.* ウパチャーラー(舎利弗の妹) II.188[16]. ②248.

upacikā *f.* 蟻, あり II.25[14]. ②33. 白蟻 III.15[10]. ③23. **-bhatta** *n.* 白蟻の御飯 III.133[1]. ③188.

upaccagā *aor.* <upāti-gacchati 越えて行った, すぎ去った IV.224[18]. ④321. II.200[17]. ②262. IV.187[4]. ④266. 逃げ去る khaṇo mā ～ III.488[12]. 刹那を逃げ去らせてはならない ③681.

upajjhāya *m.* 和尚, 先生 I.54[9]. ①73. **-vatta** *n.pp.* <vattati 和尚への〔奉仕の〕仕事 nâpi **～ṃ** karoti I.379[15]. **～を**もしない ①498. III.4[15], 159[16]. ③7, 231.

upaṭṭhapeti cs. <upaṭṭhāti 給仕する pānīyaṃ ～ I.363[16]. 飲み物を～ ①478.

upaṭṭhahati <upa-**sthā** 仕える theraṃ **～hatha** (*2pl.imper.*) I.19[12]. 上座に仕えなさい ①25. theraṃ **～hiṃsu** (*3pl. aor.*) I.19[14]. 上座に仕えた ①26. **～hanto** (*prp.*) II.203[15]. 仕えて ②267. **～ṭṭhahissāma** (*ft.*) I.338[13]. 我々は〔彼を〕看護するだろう ①445.

upaṭṭhāka *m.* 仕える者, 給仕人, 近侍者 issarassa **～o** ahosi I.196[9]. 権力者に仕える者であった ①259. I.54[17], 110[25], 438[16]. ①73, 142, 575. II.139[1], 167[14], 182[14]. ②182, 220, 239. III.65[17], 95[1], 236[12], 476[8]. ③95, 134, 338, 664. **-kula** *n.* 奉仕者の家 II.20[26]. ②27.

upaṭṭhāti <upa-**sthā** 仕える maṃ **～āhi** (*imper.*) II.2[12]. おまえは私に仕えよ ②4. **～āsi** (*aor.*) II.2[18]. 仕えた ②5.

upaṭṭhāna *n.* <upa-**sthā** 奉仕, 給仕 Tathāgatassa ～ṃ gacchanti I.4[19]. 如来に近坐(給仕) するために行く ①6. pacceka-buddhassa **～ṃ** yāti I.171[19]. 辟支仏の給仕に行く ①223. **～ṃ** karontī I.213[12]. 〔彼女は〕かしずいていて ①281. **-kārikā** *a.f.* 給仕をする女 I.356[11]. ①468. **-sālā** *f.* 集会堂, 侍者堂 **～yaṃ** sannisinnā I.333[7]. ～に集まり坐って ①438. I.37[18]. ①50. III.249[9], 401[7]. ③359, 565.

upaṭṭhāyika *a.* 仕える者 imā pi tassa **～ā** I.211[4]. これらの女たちも彼(ゴータマ)に**～たちだ** ①277.

upaṭṭhāyikā *f.* 奉仕する女 III.8[3]. ③13.

upaṭṭhita-sati *a.pp.* <upaṭṭhāti 思念が起こされた(現前した)(人) IV.29[9]. ④33. **-tā** *f.* 思念が確立されていること III.87[1]. ③124.

upaṭṭhiyati *ps.* <upaṭṭhahati 給仕される ~mānassa I.60^{12}. 給仕されて ①80. hatthinā ~māno I.57^{25}. 象に給仕されつつ ①78.

upaḍḍha *a.n.* 半分の，半分 ~uposatha-kammaṃ labhissati I.205^{12}. 半分の布薩の行事 (布薩羯磨) を得るだろう ②271. ~ṃ paṭicchitvā II.85^{1}. 〔粥を〕半分受け取ってから ②112. -patha *m.* 半道 ~ṃ gantvā I.15^{10}. 半道を行って ①20.

Upatissa *m.* ウパティッサ (舎利弗の在家の時の名) I.88^{25}. ①116. II.189^{1}. ②248. -gāma *m.* ウパティッサ村 (舎利弗の出生した村) I.88^{16}. ①115. -paribbājaka *m.* ウパティッサ遊行者 (仏教に帰依する前の舎利弗) I.91^{13}. ①118.

upatthambha *m.* 援軍 I.279^{14}. ①363. -bhūta *a.* 支持する者となった ~ā I.213^{11}. ~なっている ①280.

upatthambheti *cs.* <upa-stambh 支持する ~bhayamāno (*prp.*) III.73^{7}. 支持して ③104.

upaddava *m.* 禍，害，困厄 amanussûpaddavo maggo I.16^{17}. 道は非人の災禍があるものです ①21. ~ṃ nivārenti I.69^{11}. 災難を阻止します ①92. koci ~o atthi I.163^{10}. 何か災厄がありますか ①212. II.157^{4}. ②205. III.322^{9}. ③463.

upaddaveti *cs.* <upa-dru 悩ませる II.70^{10}. ②93.

upadduta *a.pp.* <upaddavati 悩まされた III.322^{6}, 450^{7}. ③463, 627.

upadhāna *n.* 枕 III.472^{10}. ③659.

upadhāraṇa *n.* 調べること ~'tthaṃ III.199^{22}. 調べるために ③293.

upadhāreti *cs.* <upa-dhṛ 思案する pada-lakkhaṇaṃ ~retvā I.201^{3}. 足跡の相を思案して ①265. imasmiṃ nagare ~retvā I.175^{1}. この都城の中を捜して ①227. sā ~rentī (*prp.f.*) I.175^{2}. 彼女は捜して ①227. ~rento (*prp.*) I.26^{14}. 思案しつつ ①35. I.41^{16}, 162^{17}. ①56, 211. ~rentī (*prp.f.*) I.151^{17}. 思案していて ①199. kiñci ~rehi (*imper.*) II.72^{2}. 何らかのものを捜

しなさい ②95. ~resi (*aor.*) II.96^{5}. 〔この意味を〕把握なさった，捜し出された ②127. II.133^{3}, 201^{19}. ②175, 264. dibbena cakkhunā ~rento I.259^{2}. 神的な眼 (天眼) によってさがしてみて ①338. ekaṃ dārikaṃ ~rehi (*imper.*) I.387^{9}. 一人の娘さんを捜しなさい ①509. ~ressāma I.443^{3}. 我々は理解するだろう ①580. mā ~retha III.228^{6}. 〔質問を〕続けないで下さい ③327. ~dhārehi (*imper.*) IV.87^{9}. ご覧なさい ④106. I.28^{6}, 211^{10}, 239^{1}, 292^{10}, 359^{18}, 425^{8}. ①37, 278, 313, 380, 472, 558. II.15^{10}, 206^{5}, 228^{3}. ②20, 269, 296. III.79^{22}, 97^{24}. ③113, 139.

upadhāvati <upa-dhāv. 囲む samantato ~vitvā III.422^{10}. ぐるりと囲んで ③593.

upadhi *m.* <upa-dhā 〔生存の〕依り所，(渇愛煩悩)，依 IV.33^{3}. ④39. -viveka *m.* 依 (生存・執着の依所) からの遠離 II.103$^{7.9}$. ②136. -saṅkhaya *m.* 依 (生存のよりどころ) の滅尽 III.196^{23}. ③288. -sambandhana *m.* 煩悩 (依，生きるよりどころ) に結ばれた ~o bālo I.222^{6}. ~愚者は ①291.

Upananda-sakya-putta-tthera *m.* ウパナンダ釈子上座 III.139^{10}. ③198.

upanayhati <upa-nah 怨む，うらむ an~ yhantass'eva upasammati I.43^{14}. 怨まないでいる者の〔怨み〕こそは鎮まる ①58.

upanāmeti *cs.* <upanamati 与える，もたらす pattaṃ ~mesi (*aor.*) II.97^{5}. 鉢をさし出した ②128. jeṭṭha-hatthī te piṭṭhiṃ ~metvā I.168^{10}. 最長老の象が君に背中を与えて ①218. katara-paccaye ~memi I.412^{23}. どの生活資具を私はさし上げましょうか ①542. ~mentiyā (*prp. gen.*) III.175^{18}. 手渡す時 ③257. ~mesi (*aor.*) III.207^{2}.〔マンゴーの果実を〕さし上げた ③303. pattaṃ ~metha (*imper.*) IV.200^{8}. 鉢をお渡し下さい ④285. bhattaṃ ~mesi (*aor.*) IV.229^{11}. 御飯をさし上げた ④329. III.304^{7}, 323^{3}. ③441, 464.

upanighaṃsati ⑤nigharsati こすりつける

～**ghaṃsantiyo** *prp.f.* I.58[6]. こすりつけて ①78. IV.30[4]. ④33.
upanidhāya *adv. ger.* <upa-ni-**dhā** 比べると accharā-satānaṃ ～ I.119[8]. 100人の仙女たちに比べると ①154.
upanisā *a.f.* 縁, 方便(の) lābha～ II.84[2]. 所得のための〔歩み〕 ②111.
upanissaya *m.* 因, 機根 **～ṃ** oloketvā I.6[6]. 機根(能力, 資質)を眺めて ①7. arahattassa **～e** sati kasmā andho jāto I.20[15]. 阿羅漢となる因(機根)がある時, なぜ盲目になったのですか ①27. **-bhūta** *a.pp.* もとづいてなりたった tassā **～ā** dhamma-desanā I.114[5]. それに～説法があり ①146. **-sampatti** *f.* 近因(機根)の成就, 〔覚りの〕機根(因)をそなえていること I.100[7], 384[19]. ①129, 506.
upanissita *pp.* <upanissayati 依止した attha-dhamma～aṃ I.2[7]. 意味と法に依止した〔解説を私は述べるであろう〕 ①4.
upanīta-vaya *a.pp.* <upaneti 〔高〕齢がもたらされている(人), 高齢になった(人) III.337[1]. ③481.
upaneti <upa-**nī** 導びく, 与える kappiya-bhaṇḍam **～nessāmi** I.412[5]. ふさわしい品物を私は与えましょう ①541. piṭṭhiṃ **～nento** (*prp.*) āgacchati. I.163[23]. 〔象は自分の〕背中を〔あなたに〕与えにやって来ます ①213.
upapajjati <upa-**pad** 再生する nirayaṃ so ～ I.179[20]. その者は地獄に再生する ①235.
upapatti *f.* 再生, 往生 IV.228[10]. ④328.
upaparikkhati <upa-pari-**īkṣ** 観察する, 考察する **～kkhissati** (*ft.*) I.334[14], 335[10]. 考えるだろう ①440.
upapiṃsana *n.* 香薬 III.203[21]. ③298.
upabhoga *m.* <upabhuñjati 受用, 利益 **～paribhoga** *m.* 受用物, 使用物 IV.7[18]. ④11. **～paribhoga-bhaṇḍa** *n.* 種々の享受し使用する物, 品物 I.184[16]. ①242.
upamā *f.* 喩, たとえ, 比べること attānaṃ **～aṃ** katvā III.48[19]. 自分の身にあてはめてみて ③70. mamaṃ **～aṃ** mā karittha I.107[5]. 私を比べてみることをしてはいけない ①138.
uparacita *a.pp.* <upa-**rac** 整理された, 構成された IV.234[22]. ④339.
uparajia *n.* (upa-rāja-ya) 副王位 III.77[1]. ③109.
uparamati <upa-**ram** 止む, 静まる **～māma** I.65[15]. 我々は静かにする ①87.
uparājan *m.* 副王 I.392[12]. ①516.
upari *adv.prep.* 上に, 後の, 上の **-tala** *n.* 上階 I.180[25]. ①236. **-pāsāda** *m.* 楼閣の上階 I.372[14], 381[10]. ①490, 501. IV.196[20]. ④280. **-bhūmi** *f.* 上階 I.414[12]. ①544. **-magga-ttaya-kicca** *a.gdv.* <karoti 上の三つの道の為すべきこと **～ṃ** na niṭṭhāsi I.95[22]. ～は終了しなかった ①124. **-vāta-passa** *m.n.* 風上側 **～e** II.17[7]. ～で ②22. **-visesa** *m.* 更に上のすぐれたこと **～e** a-ppavattante I.93[2]. ～を起こさないので ①121.
Upariṭṭha-pacceka-buddha *m.* ウパリッタ辟支仏 I.134[12]. ①176.
uparima *a.* 最上の, 頭上の **-kāya** *m.* 上半身 III.213[18]. ③311. **-koṭiyā** *instr.adv.* 最上限で II.231[12]. ②301. **-tala** *n.* 最上階 **～ṃ** āruyha I.369[5]. ～に登って ①486. II.1[14], 217[13]. ②3, 283.
uparundhati <upa-**rudh** 包囲する nagaraṃ **～dhi** (*aor.*) II.199[13]. 都城を包囲した ②260.
uparûpari *adv.* 上へ上へと ～ nibbattati I.173[18]. ～再生する ①225.
upalimpati <**lip** 塗る **～pitvā** III.290[17]. 塗って ③423.
Upavattana *n.* ウパヴァッタナ(林)(クシナーラーの仏陀入滅の林) III.377[10]. ③533.
upavana *n.* 小林, 近くの林 II.88[19], 143[9]. ②117, 188. III.96[25], 476[20]. ③137, 664.
upasaṅkamati <upa-saṃ-**kram** 近づく tattha naṃ Sāriputta-moggallānā **～kamiṃsu** (*3pl.aor*) I.88[14]. そこでその〔世尊〕に舎利弗と目連が近づいて行った ①115.
upasagga *m.* ⓢupasarga 禍, 災禍 I.179[16]. ①234. III.70[6]. ③100.
upasanta *a.pp* <upasamati 静まった I.430[4] ①563. III.117[21]. ③164.
upasama *m.* ⓢupaśama 寂静 III.226[14].

③325.

upasampajja *ger.* <upasampajjati そなえ
て, 成就して paññā-vimuttiṃ ～
viharati I.120[17]. 慧解脱をそなえて住し
ている ①156. I.120[14]. ①156.

upasampadā *f.* 具足戒 Mahākāḷo ～aṃ
labhitvā I.68[6]. マハーカーラは具足戒を
得た ①91. -**mālaka** *m.* 具足戒を受け
た円庭 II.257[10]. ②335. IV.172[2]. ④
238.

upasammati *ps.* <upasamati <upa-śam
静められる ekaṃ gāthā-padaṃ seyyo
yaṃ sutvā ～ II.208[16], 216[23]. それを
聞いて〔心が〕静められる一偈の語句の方
がより勝れている ②272, 282.

Upasāḷhaka-jātaka *n.* 「ウパサーラカ本生
物語」*J.*160話 「南伝」30, 88頁. II.99[7]. ②
130.

upasecana *n.* <upa-pic ソースをふりか
けること sui-maṃsa～ṃ I.417[1]. 浄ら
かな肉にソースをかけたもの ①546.

Upasena *m.* ウパセーナ (舎利弗の弟)
II.188[17]. ②248.

upahanati <upa-han 害する, 破壊する ～
hananto (*prp.*) III.237[24]. 〔他を〕迫害し
て ③340.

upâgami *aor.* <upâgacchati 近づいた
I.17[23]. ①23.

¹**upādāna** *n.* 執著, 取著 catūhi ～**ehi**
anupādiyanto I.158[25]. 四つの取著 (欲望・
見解・戒や掟・我論への執著) に執著しない
で ①209. IV.194[11]. ④276.

²**upādāna** *n.* 燃えるもの, 燃料 ～**nāni**
dahanto I.282[2]. ～どもを焼きながら
①366.

upādāya *ger.adv.* <upādiyati とって, とる
と, 比べると, はじめとして amhākaṃ
dhanaṃ ～ I.391[13]. 我々の資産とくら
べると ①515. dāsa-kammakāre ～
IV.2[13]. 奴隷や仕事をする者たちをはじめ
として ④5.

upādinnaka *a.* 意識のある (もの) an～e
pi evaṃ jarāya abhibhuyyamāne ～e
kathā va natthi III.427[21]. 意識のない
もの〔植物など〕でさえもこのように老衰
によって征服される時, 意識のあるものに
ついては話すまでもない (当然だ) ③600.

upāya *n.* やり方, 方法 ten'eva ～**ena**

sabba-vattāni karoti I.59[16]. 同じそのや
り方で全ての作務を行なう ①79. ～ṃ
pan'ekaṃ karissāmi II.48[13]. しかし私
は一つの手だて (方便) を作ろう ②63.
upāyena *instr.adv.* 手段を用いて ～
pucchissāmi I.222[19]. ～私は質ねよう
①292.

Upāli-kappaka *m.* 理髪師のウパーリ ～
sattamā I.137[9]. ～を7人目として ①
180.

Upāli-tthera *m.* ウパーリ (優波離, 持律第
一) 上座 II.93[16]. ②123. III.145[21]. ③
207.

upāsaka-jana *m.* 奉仕する人々 III.179[13].
③262.

upāsikā *f.* 女性の近侍者, 信女, 優婆夷
I.210[6]. ①276.

upāhanā *f.* 履物 ～**aṃ** āruyha I.381[12].
～をはいて ①501. II.193[19]. ②254.
III.139[22]. ③198.

upekkhaka *a.* 無関心の ～**o** va hoti
III.50[16]. ～者だけである ③73.

upeta *a.pp.* <upeti <upa-i 近づいた, そ
なえた ～**o** dama-saccena I.82[11]. 調
御と真理に近づくので ①107.

upeti <upa-i 近づく, 到る maraṇaṃ ～
I.229[3]. 死に近づいて行く ①300.
upemi Buddhaṃ saraṇaṃ I.32[19]. 私
は仏陀に帰依します ①43.

upehisi *2sg.ft* <upeti 近づいて行くだろ
う III.337[8]. ③482.

uposatha *m.* 布薩, 斎戒 ～**âgāra** *n.* 布
薩堂 II.49[1], 78[1], 275[11]. ②64, 103, 356.
～**âgāra-vatta** *n.pp.* <vattati 布薩堂の
仕事 I.379[17]. ①498. ～**'agga** *n.* 布
薩堂 III.52[14]. ③76. IV.39[3]. ④46.
～**'aṅga** *n.* 布薩の遵守事項 ～**āni**
adhiṭṭhahanto I.205[11]. ～を確立すると
①271. -**divasa** *m.* 布薩の日 ～**e**
I.142[26]. ～に ①187. I.162[8], 204[14]. ①
211, 269. -**kamma** *n.* 布薩の務め, 布薩
の行事, 布薩羯磨 ～**ṃ** karissāmi
I.290[15]. 私は～を行ないましょう ①377.
～**ṃ** nāma natthi I.380[13]. ～というも
のはない ①500. I.31[14], 205[12]. ①41,
271. II.243[13]. ②317.

Uposatha-kula *n.* ウポーサタ〔象〕の家
III.248[1]. ③357.

uposathika *a.m.* 布薩のきまり(断食)を守る(者)，布薩を行なう(人)，布薩に参加する(人) sabbe **〜ā** honti I.205[1]. 全員が〜である ①270. I.380[11]. ①500. III.149[12], 189[23], 224[20]. ③214, 278, 323.

uposathikā *a.f.* 布薩に参加する女性 III.59[2]. ③85.

uppakka *a.* <ud-**pac** 膿んだ tassā sarīraṃ 〜'〜aṃ gaṇḍāgaṇḍa-jātaṃ ahosi III.297[13]. 彼女の身体は膿みに膿んだ腫物だらけのようになった ③431.

uppacca *ger.adv* <uppatati 飛び上って **〜âpi** IV.21[19]. 〜上っても ④24.

uppajjati <ud-**pad** 起る，生ずる cittaṃ **uppajji** (*aor.*) I.110[5]. 心が生じた ①141. ekaṃ cittaṃ pi **nûppajjati** I.229[18]. 一つの心も起きない ①300. paṇḍu-rogo **udapādi** (*3sg.aor.*) I.25[12]. 黄疸の病が生じた ①34. rogo **uppanno** (*pp.*) I.25[13]. 病気が起きています ①34. **uppajja** (*imper.*) mātu-kucchiyaṃ I.84[15]. 母の腹に生まれ出て下さい ①111.

uppajjanaka *a.* 生起する **〜e** satte olokento I.258[21]. 生起する有情たちを眺め見て ①338.

uppaṇḍ'uppaṇḍuka-jāta *a.* ますます黄色になった **〜o** I.367[20]. ①484. IV.66[5]. ④84.

uppaṇḍeti <ud-**paṇḍ** 嘲笑する，あざけり笑う maṃ **〜ḍetvā** I.276[6]. 私を〜して ①359. **〜ḍiyamāno** (*prp.*) II.29[19]. 〜して ②38. III.41[15]. ③60.

uppatati <ud-**pat** とび上る，とびこえる iddhiyā **uppatitvā** (*ger.*) I.77[6]. 神通力によってとび上って ①100. I.357[16], 396[13]. ①470, 521.

uppatti *f.* 由来，興起 I.169[13]. ①220. **-vatthu** *n.* 由来の事 I.53[11]. ①71.

uppatha *m.* ⓢutpatha 邪道，非道 **-cāra** *a.* 邪道を行く(こと) III.356[12]. ③506. **-cārin** *a.* 邪道を行く(者) III.482[17]. ③673.

uppanna *a.pp.* <uppajjati <ud-**pad** 生じた 〜lābha-sakkāraṃ paribhuñjanto I.37[16]. 生じた所得と尊敬を享受して ①50. tasmiṃ **uppanne** *pp.loc.* I.8[25]. それが起こりましたら ①11. **-dhamma-saṃvega** *a.pp* 法への衝動が生じた(人) **〜o** hutvā I.142[15]. **〜衝動が生じて** ①187. **-balava-sineha** *a.pp.* 強い愛情が生じた(者) **〜o** I.203[5]. **〜が生じて** ①268. **-vissāsa** *a.pp.* 信頼の心を生じた(人) IV.17[17]. ④21. **-saṃvega** *a.pp.* 驚愕がひき起こされた(人)，驚愕した人 III.158[16], 418[11]. ③229, 588. **-sineha** *a.pp.* 愛情が生じた(人) **〜o** I.327[2]. **〜を生じて** ①430. IV.60[3], 65[18]. ④68, 77. **uppanna-soka** *a.pp.* 憂い悲しみが生じた(人) III.167[7]. ③243.

uppabbajati <ud-pa-**vraj** 還俗する **〜jissāmi** (*1sg.ft.*) I.68[5]. 私は〜しよう ①90. **〜jito** (*pp.*) I.306[22]. **〜した** ①402. **〜janto** (*prp.*) II.258[23]. **〜しようとして** ②336.

uppabbājeti *cs.* <uppabbajati 還俗させる kim **〜jetuṃ** (*inf.*) na vaṭṭati IV.195[22]. 〔息子さんを〕**〜のは**よろしくないのですか④278. **〜jetha** naṃ III.145[14]. 彼女を**〜させなさい** ③207.

uppala *n.* 青蓮 I.181[16], 422[10]. ①237, 554. **-gandha** *m.* 青蓮の香り III.82[16]. ③117.

Uppalavaṇṇā *f.* ウッパラヴァンナー，蓮華色(女性声聞弟子の第一人者 **Uppalavaṇṇā-ttherī** 蓮華色上座尼) I.340[18]. ①448. II.48[1], 125[14]. ②63, 165. III.211[19]. ③308. IV.89[17], 166[6]. ④116, 229.

uppalavati <ud-**plu** 浮かびただよう IV.44[4]. ④52.

uppalavana-ullopana-saddha-tā *f.* 信がただよい混乱していること I.309[7]. ①406.

uppāṭāpita *cs.pp.* <uppāṭeti 引き抜かせられた amba-potakā 〜pitā III.208[1]. マンゴーの幼木は〜 ③304.

uppāṭeti *cs.* <ud-**pat** 破る，除去する，引き抜かせる，まき上げる maṃsaṃ **〜ṭetvā** I.224[3]. 肉を切り取って ①293. akkhīni **〜ṭetvā** (*ger.*) I.5[13]. 眼を引き抜き ①7. akkhīni **〜ṭetuṃ** (*inf.*) vaṭṭati III.134[12]. 眼を引き抜くのがよかろう ③191. vātehi **〜ṭetvā** III.208[3]. 風でまき上げて ③304. añjit'akkhīni **〜ṭetvā** I.406[12]. アイシャドーをつけた眼をえぐり出し ①534. III.206[15]. ③

302.

uppāda *m.* ⓢutpāda <ud-**pad** 生起，生 **-accaya** *m.* 生起と経過 I.22[20]. ①30. **-paccaya-aṭṭhena** *instr.adv.* 〔諸法が〕生起する縁の意味で I.35[20]. ①47. **-vaya-dhammin** *a.* 生起と衰滅のさだめあるもの I.71[11]. ①94.

uppīḷeti <ud-**pīḍ** 圧する rukkhâlake **～ḷetvā** I.288[12]. 〔しの竹を〕はさみ板の上で圧して ①375. bhūmiyaṃ **～ḷetvā** II.263[15]. 地面をおさえて ②342. III.273[15]. ③396.

ubbaṭṭeti cs. <ud-**vṛt** 按摩する ～ṭṭetvā IV.11[1]. ～して ④14.

[1]**ubbatteti** *cs.* <ud-**vṛt** 裂く hadaya-maṃsaṃ **～ttetvā** (*ger.*) I.5[14]. 心臓の肉を裂き ①7.

[2]**ubbatteti** *cs.* <ubbattati 上に行かせる，もち上げる taṃ rukkhaṃ **～etvā** I.75[17], 76[5]. 〔強風が〕その樹木をもち上げて ①99. hadaya-maṃsaṃ **～ttetvā** I.406[13]. 心臓の肉をとび出させて ①534. Gaṅgāya **～ttetvā** III.155[4]. ガンガー河を上に昇らせ(逆流させ)③222.

ubbāḷha *a.pp.* <ud-**bādh** 圧迫された，悩まされた I.343[5]. ①452.

ubbillāvit'ākāra *m.* 得意な様子 I.237[22]. ①312.

ubbhata *a.pp.* <uddharati 引き上げられた =uddhaṭa 引き揚げられた I.289[7]. ①375.

ubbāḷha *a.pp.* <ud-**vāh** 悩まされた **～ā** honti III.274[15]. **～されている** ③397.

ubbigga-hadaya *a.pp..* 心驚いた(人) **～ā** parodiṃsu II.27[6]. **～いて**泣き出した ②35.

ubbhijja *ger.* <ubbhijjati 芽ばえて IV.47[16]. ④55.

ubbejanīya *gdv.* <ubbejeti おそれさせる tiracchāna-gatānaṃ **～o** I.164[19]. 畜生になったものたちを怖れさせる ①214.

ubbedha *m.* <ud-vyadh 高さ aṭṭha-saṭṭhi-yojana-sahass'**～ṃ** Sineruṃ I.107[4]. 六万八千ヨージャナの高さのシネール山を ①138.

ubhaya-ttha *adv.* 両側に I.30[2]. ①40.

ummagga *m.* 地下道 **～o** bhinno I.252[15]. **～が**掘られている ①329. II.37[11]. ②50. IV.104[15]. ④138. **-cora** *m.* 地下道を掘る盗賊 I.252[3]. ①329. III.157[5]. ③226.

ummattaka *a.m.* 狂った，狂人 II.197[16]. ②259. IV.35[11]. ④42.

ummattika *a.* 狂った II.273[2]. ②353. **-bhāva** *m.* 狂った状態 **～ṃ** patvā II.266[1]. **～になって** ②344.

ummattikā *f.* 狂った女 I.417[11]. ①547. II.17[11]. ②22.

ummāda *m.* 狂気，狂人 II.199[3]. ②260. III.70[21]. ③101.

ummāra *m.* しきい，敷居，境界 I.350[15], 370[15]. ①462, 487. II.135[15]. ②178. III.136[3]. ③193. IV.216[15]. ④307.

ummīleti *cs.* <ud-**mīl** 目を開く so akkhīni **～letvā** IV.22[3]. 彼は目を開けて ④24. II.28[15]. ②36. na akkhīni **～letvā** olokesi III.196[13]. **～いて**眺めなかった ③288.

uyyāna *n.* 遊園，庭園 **-kīḷā** *f.* 園遊 **～āya** gamana-samaye I.84[21]. **～に**行く時に ①111. I.198[13], 220[12]. ①262, 290. **-pāla** *m.* 遊園の守衛 III.206[18]. ③302.

uyyuñjati <ud-**yuj** 家を出る **～janti** II.167[2]. 家を出て行く ②220.

uyyutta *a.pp.* <uyyuñjati 熱心な，夢中の III.451[15]. ③630. **-payutta** *a.pp.* 熱心に結ばれた(者) III.160[2]. ③231.

uyyoga-mukhe *loc.abs.* 臨終に直面して III.335[15]. ③479.

uyyojita *a.pp.* <uyyojeti そそのかされた kena tumhe **～ā** III.67[7]. お前たちは誰にそそのかされたのか ③97.

uyyojeti *cs.* <uyyuñjati 排除する，ことわる，放逐する，出て行かせる，促がす，解散させる **～jehi** naṃ I.371[3]. 彼を出て行かせなさい ①488. **～jesi** (*aor.*) I.438[14]. 放逐した ①575. **～jetvā** III.426[24]. 〔任務から〕はずして ③599. **～jesi** (*aor.*) I.199[12]. ことわった ①263. I.349[17]. 促がした(出て行かせた) ①461. **～jesuṃ** (*3pl.aor.*) I.313[21]. 促がした ①412. **～jesuṃ** (*3pl.aor.*) I.203[16]. 出て行っていただいた ①268. bhikkhu-saṅghaṃ **～jetvā** I.248[21]. 比丘僧団を解散させて ①325. manusse **～jetvā** IV.147[4]. 人々を去って行かせて

④200. I.14[4], 90[11], 178[22]. ①18, 117, 233. II.44[20], 76[5], 223[1]. ②59, 101, 290.

Uraga-jātaka *n.* 「蛇本生物語」(*J.*第354話) III.277[15]. ③401.

urabbha *m.* 羊 II.6[20]. ②10.

Ururela-kassapa *m.* ウルヴェーラ・カッサパ, 結髪行者(jaṭila)で世尊によって教化された I.88[1], 97[1], 100[15]. ①115, 125, 130.

Uruvelā *f.* (地名) ウルヴェーラー(ネーランジャラー河ぞいにある一地域) sayaṃ **〜aṃ** gacchanto I.87[16]. 〔世尊〕自らも〜に行きつつ ①114.

ulūka *m.* ふくろう, 梟 I.50[13]. ①67.

ullaṅghati <ud-**laṅgh** 飛び上る ākāsaṃ **〜ghitvā** (*ger.*) I.338[19]. 空に飛び上って ①446. **〜ghanto** (*prp.*) IV.223[1]. 〜上がって④317.

ullaṅgheti *cs.* <ud-**laṅgh** 跳び上がらせる dārakam 〜 IV.197[3]. 子供を〜 ④280.

ullumpana-sabhāva *m.* 救済本能 II.107[15]. ②142.

uḷuṅka *m.* 匙, スプーン 〜mattam pi gahetvā I.425[1]. 匙一杯だけのものでも受け取って ①558. 〜mattaṃ yāgum pi na dadeyyuṃ IV.75[7]. 一匙だけの粥すらも与えないであろう ④24. II.3[14], 20[7]. ②6, 26. **-piṭṭha** *n.* 匙の背面, さじの裏 IV.164[17]. ④226. **-yāgu** *f.* ひと匙の粥 IV.123[3]. ④158.

Uḷumpa *m.* ウルンパ(サクヤの人々の町) I.356[3]. ①468.

uḷumpa *m.* いかだ, 筏 II.120[2]. ②158. IV.204[18]. ④291.

[1]**usabha** *n.* ウサバ(長さの単位, 140肘, 20yatthi, 60m) I.396[3]. ①520. **〜mattaṃ** ahosi I.108[10]. 〔僧団の新人の坐席は〕一ウサバほどであった ①139.

[2]**usabha** *m.* 雄牛 I.175[17]. ①228. **〜'ājāneyya** *m.* 優良な牛 III.49[7]. ③70.

usīr'attha *a.* ウシーラ(ビーラナ草の根)を求める(人) IV.43[12]. ④51.

usu *m.f.* ⓢiṣu 矢 **-kāra** *m.* 矢を作る人 I.287[18]. ①374. II.146[17]. ②192. III.99[13]. ③140.

usuma-ākāra *m.* 熱いという様相 〜mattaṃ pi gahetuṃ na sakkonti I.225[13]. 〜だけすらも取らせることは出来ない ①295.

usumā *f.* 熱, 湯気 II.20[1]. ②25.

usūyati 嫉妬する, うらやむ, ねたむ **〜yanto** (*prp.*) III.346[8]. ③494.

ussaṅkita *a.pp.* <saṅkati 疑いを起こされた III.485[5]. ③677.

ussada *m.* <ud-**syad** 増盛,〔はれ〕上った状態 III.180[1]. ③263.

ussanna *a.pp.* <ud-**syad** 増大する, もち上る, 充満した mahā-paṭhavī **〜ā** II.67[9]. 大地がもち上る ②89. bhaṇḍakaṃ **〜ṃ** hoti IV.215[25]. 品物が充満している ④306. taruṇānaṃ rāgo **〜o** hoti III.425[10]. 若者たちの欲情は増盛するものだ ③597. **-kusala-mūla** *a.* 善根が増大した(人) I.26[7]. ①35. III.469[17]. ③655.

ussava *m.* 祭礼, お祭りさわぎ I.410[4]. ①539. III.444[9]. ③620. IV.41[7]. ④48. **-divasa** *m.* 祭日 **〜e** I.409[19]. 祭日に ①538.

ussahati <ud-**sah** できる, 敢えてする ḍasituṃ na **〜ssahi** (*aor.*) II.258[12]. 咬む気がしなかった ②336. gantuṃ na 〜 I.240[16]. あえて行こうとしない ①316. nâhaṃ gantuṃ **〜hissāmi** (*ft.*) III.12[10]. 私は勇んで行く気がしない ③19. sace **〜hasi** I.232[15]. もし君がやるなら ①304.

ussāpeti *cs.* <usseti かかげさせる, 挙げる, 掲げる dhaja-pathākaṃ **〜petvā** I.3[13]. 旗や幡をかかげさせて ①5. kalāpe **〜petvā** I.338[17]. 〔竹の〕束を〜させて ①446.

ussāva-bindu *m.* 露の滴 III.338[17]. ③484.

ussāha *m.* <ussahati 奮励, 敢行 mahantena **〜ena** I.338[10]. 大いに奮励して ①445. IV.23[19]. ④27. **〜ṃ** akatvā II.240[9]. 精励しないで ②313. **〜m** assa janessāmi IV.32[7]. 彼に敢行する気持を起こさせよう ④38. **-jāta** *a.pp.* <janati 猪突猛進の心となった IV.101[13]. ④135. ふるい立つ気持を生じた I.423[16]. ①556. pabbajjāya **〜o** IV.202[12]. 出家にあこがれる気持になった ④276. **-ppatta** *a.pp.* <pāpuṇāti やる

気になった（人） II.243[16]. ②317. 勇躍した **～o** III.125[10]. ～して ③177. 敢行することを得た（人） III.289[17]. ③421.

ussiñcati <ud-sic 汲み出す mahāsamuddaṃ **～cantā** III.423[2]. 大海の水を汲み出して ③593.

ussīsaka *n.* (ud-sīsa-ka) 枕, 枕もと vīṇaṃ **～e** ṭhapetvā I.215[22]. 琵琶を枕もとに置いて ①284. tassa **～e** ṭhatvā I.320[12]. 彼の～に立って ①420. **-passa** *m.n.* 枕の側 ahaṃ **～e** ṭhassāmi I.184[7]. 私は～に立ちましょう ①241.

ussukka *n.* 熱心 **～ṃ** āpannāni honti I.427[20]. 熱心になっている ①561. **～ṃ** āpajjanto III.138[12]. 熱心になって ③197. 切望する（者）, 嫉妬する（者） IV.97[15]. ④128.

ussūra *a.* 日の出の後の, 午後の **ussūre** *loc.adv.* 午後おそくに III.305[12]. ③442. **-seyyā** *f.* 日が昇るまで寝ること, 朝寝坊 II.227[15]. ②295.

Ū

ūkā *f.* しらみ III.342[15]. ③488.

ūna *a.* 不足した, 少ない yad **～ṃ** taṃ pūreyyāsi I.79[7]. 足りないところを満たすがよい ①103. **～' odara** *a.* 空腹の **～o** 'si I.170[23]. あなたは空腹でした ①222.

ūru *m.* 腿, **～ṃ** vivarati IV.197[8]. ～を開く ④268. I.74[18]. ①98. IV.21[2]. ④23. **～'aṭṭhi** *n.* ももの骨 III.408[14]. ③575. **-maṃsa** *n.* 腿の肉 cakkaṃ **～ṃ** paṭihanti I.24[11]. 耳輪が〔牛の〕腿の肉を打ち破る ①32. I.411[9]. ①54.

ūhadayati 〔糞便で〕汚す II.181[10]. ②237.

E

eka *a.num.* 一, ひとつ, 或る **-kolāhala** *m.* 一つの喊声 **～o** ahosi II.96[22]. ～となった ②127. **-kkhaṇa** *m.* ⓢkṣaṇa 一刹那, 瞬時 **～e** uppajjamāno I.22[19]. 一刹那に生起するのに ①30. **-ghaṇa** *a.* 一枚の厚い（岩）II.148[16]. ②194. **-cakkhuka** *a.* 片眼の（人）III.70[19]. ③101. **-cara** *a.m.* 一人で行く **～o** hutvā I.106[11]. 一人で行く者となって ①137. I.304[5]. ①399. III.326[4]. ③468. **-cariya** *n.* 一人で歩むこと II.23[18]. ②31. **-cārika-bhāva** *m.* 一人で修行をする者であること I.62[1]. ①62. **-cārika-vatta** *n.* 単独行の務め I.56[20]. ①76. **-cārin** *a.* 単独行の（象）II.106[18]. ②141. **-cīvara** *m.* 一衣を着る者 III.73[6]. ③104. **-cchanda** *a.m.* 同じ思いの（者） **～ā** hutvā II.255[1]. ～思いとなって ②331. **-divasaṃ** *adv.* 或る日 I.3[8], 5[25], 19[15], 80[13]. ①5, 7, 26, 105. **-dvīha-patita** *a.pp.* <patati 一日二日〔前に〕に置かれた〔死体〕III.112[5]. ③160. **-desena** *instr.adv.* 個人として I.340[22]. ①448. **-navuti-kappa** *a.n.* 91劫 ito **～e** I.97[13]. 今から91劫前に ①126. **-nahuta** *num.* 一万 **～ṃ** saraṇesu patiṭṭhāpetvā I.88[10]. 一万の人々を〔仏の〕帰依にしっかりと立たせて ①115. **-paṭiviṃsa** *m.* 一つにまとまったもの, 一つの配分のもの III.92[8]. ③131. **-paṭiviṃsaka** *a.* ほんの一部の **～matto** va pāyāso II.85[2] 〔これは〕～ 粥にすぎません ②112. **-pada-vāre** *loc.adv.* 一歩ごとに I.363[19]. ①478. **-padika-magga** *m.* 一歩幅の（せまい）道 IV.72[26]. ④94. **-paribhoga** *a.*〔世尊と〕同一の〔禅定を〕享受する（者） IV.46[3]. ④53. **-puttaka** *m.* 一人の息子, 一人息子 I.25[6]. ①34. IV.18[4]. ④22. **-ppahāren'eva** *instr.adv.* もういっせいに I.437[19]. ①574. **-bhattika** *a.n.* 一日一食者であること I.380[14]. ①500. **-rajja** *n.* 統一の王権 III.189[11]. ③278. **-ratti-vāsa** *m.a.* <vas 一晩泊り, **～ṃ** yāci I.39[20]. 一晩の泊りを乞うた ①53. **～ena** gacchanto I.386[20]. ～〔の旅を続けて〕 行って ①509. II.213[9]. ②278. **-vagga** *m.* 〔経典中の〕 一品, 一章 I.158[12]. ①208. **-vaṭṭhuka** *a.m.* 同じ土台のものごと I.22[19]. ①30. **-vihāri-tthera** *m.* 一人で生活する上座 III.471[11]. ③658. **-vihārin** *a.* 一人住まいの **～rino** Tathāgatassa santikaṃ I.60[22]. 一人住まいの如来のもとに〔近づいて行く〕 ①80. **-saṭṭhi** *num.* 61. evaṃ loke **～iyā** arahantesu jātesu I.87[14]. このように世

間に六一人の阿羅漢たちが誕生した時 ①114. **-seyyā** *f.* 一人で寝ること III.472[4, 6]. ③658, 659.

ek'aṃsa (eka-aṃsa) *m.* 一肩 ekaṃ **~ṃ** karitvā I.139[13]. 一匹〔の蛇〕を1肩にかけて ①182. **~ena** *instr.adv.* 決定的に ~ samparāye pattabbaṃ dassetuṃ III.71[14]. 決定的に来世で必ず得られるものを示すために ③102. **~en'eva** *instr.adv.* もう一方的に I.128[23]. ①167.

ek'aṃsika *a.* (ek'aṃsa-ika) 一肩の, 一向の, 決定的な **~ṃ** maraṇaṃ I.152[13]. 死は一つの肩に背負うもの(ワンセットのもの, 決定したもの)①200.

ekaka *a.* (eka-ka) 一つの, 単一の, 一人 vetanaṃ pana tuyhaṃ **~ss'eva** dassāmi I.125[5]. しかし私は給料をおまえに一頭分だけ与えるであろう ①161. **~o'mhi** I.287[11]. 私は〔今〕一人です ①373. **~o** va Satthāraṃ upasaṅkami I.61[2]. ただ一人で大師に近づいて行った ①81. **~o** āgato'si I.61[11]. おまえは一人でやって来ているのか ①81.

ek'akkhin *a.* 片眼の, 片眼の人 **~kkhino** akkhi viya I.135[3]. ~にとって一眼が〔とても大切〕なように ①177.

ek'agga *a.* (eka-agga) 一点の, 一境の, 一点に集中した cittaṃ **~ṃ** ahosi I.292[23]. 心は一点に集中した ①381. I.316[4]. ①415. II.143[15]. ②188. ~ena cittena vipassanaṃ vaḍḍhetvā I.292[23]. 一点に集中した心で観法を増大させて ①381. III.97[5]. ③138. **-citta** *a.* 心が一点に集中した(人) **~o** I.320[11]. ~して ①420. II.207[13]. ②271.

ek'agga-tā *f.* 〔心が〕一境に集中すること IV.170[3]. ④227.

ek'aṅgaṇa *n.* 完全に視界がひらけた, 一目瞭然 III.225[10]. ③324.

ek'aṅgula *n.* 一指尺(1.5㎝)III.127[2]. ③180.

ekacca *a.* (eka-tya) 或る, 或る一部の **~e** (*nom.pl.*) kula-puttā dhammaṃ pariyāpuṇanti I.22[10]. 或る在家の子弟たちは法を学得する ①30. **~esu** cetasikesu an-uppajjantesu pi I.36[2]. 或る心に所属するものごと(心所)が生起しなくても ①47.

ek'acchara-matta *a.* ひとつまみほどの laddhā te **~ā** siddhatthakā III.432[9]. あなたは~白芥子〔の粒〕を得たかね ③607.

ekato *abl.adv.* <eka 一つになって, 一丸となって, 一緒に I.22[21]. ①30. ~ vasitu-kāmo bhaveyya I.39[21]. 一緒に泊ることを欲するだろうか ①53. etena saddhiṃ ~ bhavissāmi I.139[9]. この人と私は一緒に手を組もう ①182. tena saddhiṃ ~ ahesuṃ I.142[3]. 彼と一緒になった ①186. ~ bhavissāma I.162[8]. ~なりましょう ①211.

ek'anta *a.* Ⓢekānta 一向の, 単一の **~antena** *instr.adv.* 一方的に III.109[14]. ③155. **-hita** *a.* 一方的に利益を思う mātā-pitaro nāma **~ā** I.240[16]. 父母というのは一方的に〔娘の〕利益を思う者だ ①316.

ekam-anta *m.* 一隅, 一方 **~e** thito I.33[7]. 一方に立って ①43.

ekass'addhāna-gamana *n.* 一人で旅路を行くこと II.227[16]. ②296.

ekā taṇḍula-nāḷi *f.* 一ナーリのお米 III.367[10]. ③521.

ekādasa *num.* 11, 十一 ~ **aggi** *m.* 11の火(「パ仏辞」16左)III.103[6]. ③146. ~ **nahuta** *num.* 十一万 I.88[9]. ①115.

ekâbaddha *a.pp.* <ābandhati 一つに結ばれた **~ṃ** katvā III.461[1]. 一緒にして ③643.

ekāyana *a.* (eka-ayana) 一つに行く **~o** ayaṃ maggo I.130[8]. これは一つに行く道 (一行道, 一乗道) である ①170.

ekârammaṇa *a.m.* 同じ対境をもつものごと I.22[19]. ①30.

ekâsana *n.* 一人で坐ること III.472[4, 8]. ③658, 659.

ekībhāva *m.* 一人でいること, 単独であること II.24[11], 103[6]. ②32, 136. **-sukha** *n.* 一人でいる安らぎ III.268[20]. ③388.

Ek'uddāna-tthera *m.* 一つの感懐の偈〔だけを誦える〕上座 III.384[5]. ③541.

ekūna-vīsati *num.* 十九 I.4[14]. ①6.

etad-agga *a.* 第一人者の地位 **~e** ṭhapesi I.210[7]. ~につけた ①276. **-ṭṭhāna** *n.*

第一人者の地位 II.266[13]. ②345.
etasmiṃ nidāne *loc.adv.* これによって II.171[7]. ①225.
etādisikā *a.f.* このような ~**kāya** rattiyā III.460[16]. このような夜に ③643.
ettaka *a.* これだけの, *pl.*それほど多くの ~**e** pāṇe māresi I.20[8]. これほど多くの生き物たち(虫) を死なせた ①26. tayā me ~**ā** ñātakā nāsitā I.81[21]. おまえによってこれほど多くの私の親族たちが殺されたのか ①106. tumhākaṃ jānana-samayo ~**o** va. I.90[16]. あなた様が知る教義はこれだけですか ①117. ~**ṃ** bhāraṃ vahanto I.123[13]. これだけの荷を運んで ①159.
ettāvatā *instr.abl.adv.* これだけで alaṃ ~ III.9[13]. ~十分である ③15.
etha *2pl.imper.* <eti <i 行け, 来たれ, いざ, さあ ~ gacchāma I.15[4], 16[13]. さあ, まいりましょう ①19, 21.
edhati <ṛdh 得る, 増大する sukhaṃ ~ III.248[15]. 安楽を得る ③358. IV.9[15]. ④12.
eraka-patta *n.* エーラカ草の葉 III.231[1]. ③330.
Eraka-patta-nāga-rājan *m.*「エーラカの葉」という龍王 III.230[15]. ③330.
Erāvaṇa *m.*(天子) エーラーヴァナ(象が天子となって再生した) I.273[13]. ①356.
elāluka, elāḷuka *n.* かぼちゃ I.277[8]. ①360. III.315[13]. ③455.
eḷagalā-gumba *m.* エーラガラーの茂み IV.67[11]. ④79.
eḷa-mūga *a.* 聾唖の(者)II.139[18]. ②183.
eḷikā *f.* 牝山羊 I.302[8]. ①397. II.17[19]. ②22.
eva-rūpa *a.* そのような ~**ṃ** puggalaṃ I.75[18]. そのような人を ①99. ~**ṃ** *adv.* そのように, このように ~ khanti-soraccaṃ bhavissati I.56[10]. このように忍辱柔和があるだろう ①76.
evam-evaṃ *adv.* まさに同様に I.75[18]. ①99.
esāna *prp.* <esati 求めつつ attano sukhaṃ ~**o** III.51[12]. 自分の安楽を求めつつ ③75.
esita-tta *n.* 励み求められたこと ~**ā** (*abl.*) IV.232[1]. 励み求められたので ④334.
essati *ft.* <eti 行くであろう pāraṃ **essanti** (*pl.*) II.160[18]. 彼岸におもむくであろう ②211. sittā lahum ~ IV.106[22]. 水をかい出された〔船〕は軽やかに行くであろう ④142.
ehi *imper.* <eti <i 行け, 来たれ, いざ ~ Yasa I.87[10]. 来なさい, ヤサよ ①114. ~ tāta gamissāma I.123[22]. さあ, おまえ, 我々は行こう ①160. **-bhikkhu** *m.* 善来比丘 ~**ū** ahesuṃ I.207[15]. ~たちとなった ①273. **-bhikkhu-pabbajjā** *f.*「善来比丘」による出家 ~**āya** pabbājetvā I.87[13]. ~によって出家させて ①114. **-bhikkhu-bhāva** *m.* 善来比丘であること II.32[13]. ②43. **-bhāvena pabbajjā** *f.*「善来比丘」であることによる出家 II.215[16]. ②280.
ehisi *ft.* <eti あなたは行くであろう III.335[20]. ③480. IV.106[23]. ④142.

O

[1]**oka** *n.* =udaka 水 I.289[4]. ①375. ~**m-okata-ubbhata** *a.pp.* <uddharati ~o I.287[19]. それぞれ水から引き上げられて ①374. (初訳.それぞれ自ら引き上げられて, 誤訳) **-puṇṇa** *a.pp.* 水が満ちた ~**ehi** cīvarehi I.289[4]. ~衣で ①375.
[2]**oka** *n.* =ālaya Ⓢokas よるべ, よりどころ, 家 ~**ṃ** ~**ṃ** pahāya aniketa-sārī I.289[5]. それぞれ家を捨てて, 家なくして行く者 ①375. ~**ā** **an**~**ṃ** āgamma. II.161[24]. 家から〔出て〕.家なきところに来て ②213. II.169[20]. ②223.
okāra *m.* 下卑, 虚仮 I.6[10]. ①8. ~**ṃ** saṅkilesaṃ kathesi I.67[12]. 下卑な雑染を語った ①90.
okāsa *m.* <ava-kāś 空間, 機会, チャンス ~**ṃ** labhitvā I.47[14]. チャンスをつかんで ①64. ~**ṃ** alabhitvā I.73[3]. 機会を得ないで ①96. ajja ~**o** natthi. II.113[4]. 今日はひまがありません ②150. idāni amhehi ~**o** laddho III.204[5]. 今や我々は~を得たのだ ③298. **-loka** *m.* 器世間(大地, 天空, 山川草木)III.169[8]. ③247.

okiṇṇa *a.pp.* <okirati 〔灰を〕まかれた, かぶった III.309[18]. ③448.

okiraṇa *n.* <okirati ふりかけること ~**atthaṃ** IV.203[24].〔花粉を〕ふりかけるために ④290.

okirati <ava-**kṛ** 散布する, まく ~**rantā** (*prp.*) II.266[7]. 〔塵埃や汚物を彼女の頭上に〕まいて ②344.

okirāpeti *cs.* <okirati 散布させる, 捨てさせる vālikaṃ ~**tvā** I.3[13]. 砂をまかせて ①5.

okkamati <ava-**kram** 入る **an~antassa** (*prp.*) I.9[11]. 〔眠りに〕入らない〔上座〕に〔眼病が起こった〕 ①11.

okkamma *ger.* <okkamati 入って, おりて maggā ~ II.254[7]. 道からおりて ②330.

okkhitta-cakkhu *a.pp.* <okkhipati 眼が下に落されている (人) III.467[21]. ③652.

ogalati たれ下る ~**litvā** IV.132[18]. ~下って ④177.

ogāhati <ava-**gāh** 入る ~**gāhituṃ** (*inf.*) avisahanto II.34[1]. 入って行くことができなくて ②45.

ogāheti *cs.* <ogāhati 深入する ~**hetvā** IV.186[9].〔不死甘露の涅槃に〕~**して** ④252.

ogha *m.* 暴流 nadiyā ~**o** āgantvā I.360[9]. 河に~**が**やって来て ①473. **-tiṇṇa** *a.pp.* <tarati 暴流を渡った(人) IV.106[26]. ④142.

[1]**oṭṭha** *m.* Ⓢoṣṭha 唇, くちびる ~**ṃ** palikhati IV.197[10]. ~**を**かむ ④268. I.74[18], 194[20]. ①98, 257.

[2]**oṭṭha** *m.* Ⓢuṣṭra 駱駝, らくだ ~**o**'si I.212[1]. おまえは~**だ** ①278. III.163[6]. ③236. IV.1[13]. ④4.

ocinati <ava-**ci** 摘み集める ~**nantaṃ** (*prp.ac.*) I.366[8]. 〔花々を〕~**ている人々を** ①481.

ojavanta *a.* 滋養のある ~**āni** phalāni gahetvā I.106[24]. ~種々の果実を携えて ①138.

otata *a.pp.* <ava-**tan** 覆われた, 拡げられた māluvā sālam iv'~ṃ III.153[1]. ちょうど蔓草が〔蔓草に〕覆われたサーラ樹を〔枯らす〕ように ③219.

otarati <ava-**tṛ** 下る, 入る, 覆いひろがる III.153[12]. ③219. **otaritvā** I.77[9]. 〔空中から〕 降りて ①100. appamādaṃ eva ~ I.228[11]. 不放逸〔という語〕にだけ集約される(入る)①299.

otāra *m.* <otarati 機会, すき, 欠点, きず ~**ṃ** gavesamānā III.21[4]. すきをうかがいつつ ③32. IV.104[5]. ④138. sā me ~**ṃ** eva gavesati I.223[2]. 彼女は私の欠点だけを求める ①292. rañño ~**ṃ** gavesanto I.355[18]. 王に**つけ入るすきを**求めつつ ①468. ~**'apekkha** *a.* 隙をうかがう(者)III.195[20]. ③287.

otāreti *cs.* <otarati 入れる so kuṭe hatthaṃ ~**retvā** II.256[19]. 彼は水さしの中に手を入れて ②334.

otiṇṇa *a.pp.* <otarati 渡った, 到達した III.381[13], 461[7]. ③537, 644.

ottharati <ava-**stṛ** 敷く, 覆う tejo mama sarīraṃ ~ I.427[2]. 威光が私の身を覆う ①560. jālena ~**ritvā** III.175[9]. 網をひろげて ③256.

otthariyati *ps.* <ottharati 覆われる ~**riyamānassâ** pi II.241[5]. 〔シネール山に〕覆われてすらも ②314.

odahati <ava-**dhā** 置く, 与える ~**hiṃsu** (*aor.*) IV.104[12]. 〔鉄杭を〕 打ち込んだ ④138.

odahana *n.* 置くこと, 貯蔵 III.118[13]. ③168.

odhi *m.* 限界 jaṇṇu-mattena ~**inā** (*instr.*) II.80[4]. 膝ほどまで積って ②106. jannu-mattena ~**dhinā** III.439[12]. 膝ほどの深さに ③616. **odhinā** *instr. adv.* 限度として jannu-mattena ~ IV.204[1]. 膝ほどの〔高さ〕を~ ④290.

onata *a.pp.* <onamati 下にまがった, 落胆した alābhena ~**o** III.468[3]. 所得がないと落胆する ③653. **-sarīra** 身が下に曲げられた, 身をかがめた(人) ~**o.** II.121[9], 214[10]. ②159, 279. ~**o** ②279. ~**ā** III.119[11]. からだを下に曲げた(女) ③169.

onaddha *a.pp.* <onandhati 覆われた andha-kārena ~**ā** III.103[4]. まっ暗闇におおわれていて ③145.

onandhana *n.* 覆うこと III.363[1]. ③515.

onamati <ava-**nam** かがむ ~**mitvā** IV.98[21]. かがんで ④131.

onamana *n.* 下がること I.17[9]. ①22.

onamāpeti *cs.* 身をかがめさせる **～pesi** (*aor.*) I.42[21]. 身をかがめさせた ①57.

opamma-sampaṭipādana *n.* 比喩によって〔語句の意味を〕たどって行く解釈 III.60[7]. ③87.

oparajja *n.* 副王位 **～e** patiṭṭhāpito IV.88[7]. ～につけられた ④114.

opāta *m.* <ava-**pat** 坑, おとし穴 IV.211[5]. ④286.

opīḷeti つめ込む.〔御飯をかごに〕つめ込む II.3[16]. ②6.

opuñchati 掃除する **～chitvā** III.296[11]. ～をして ③430.

opuṇāti <ava-**pū** 実と殻をより分ける, さらす II.131[3]. ②172. III.375[6]. ③529.

obhagga *a.pp.* <ava-**bhañj** 破壊した **～-～ñ** ca me sākhā-bhaṅgaṃ khādanti I.58[3]. 私が折り砕いた枝切れを〔彼等は〕噛み食べる ①78. 壊れた(人)III.116[15]. ③166. **-sarīra** *a.pp.* 身が壊れた(人) I.424[11]. ①557.

obhāsa *m.n.* 光, きらめき, 暗示 ek'**～ṃ** ahosi II.9[5]. あるひらめき(暗示)があった ②12. **～ṃ** vissajetvā I.282[9]. 光明を放って ①367. I.27[18]. ①37.

obhāseti *cs.* <ava-**bhās** 照らす **～sentī** (*prp.*) disā sabbā I.34[15]. あらゆる方角を照らしながら ①45.

omaka-satta *m.* 劣悪な人物 I.203[1]. ①267.

omāna *m.* 下劣な自負心 II.52[2]. ②67.

omutteti Ⓢavamūtrayati 小便をする II.181[10]. ②237.

oraṃ *ac.adv.* 以内に, …にならずに ～vassa-satâpi mīyati III.320[6]. 百歳にもならずに死ぬ ③461.

ora-mattika *a.* 劣った(者)devatā na **～ā** I.203[21]. 神格は～者ではない ①268.

oramati *denom.* <ora 中止する **～mitvā** III.11[19]. 止めて ③18. 思いとどまる **～missati** (*ft.*) III.300[6]. ～だろう ③435. 此岸にとどまる III.423[5]. ③593.

orima-tīra *n.* こちら岸 II.264[7]. ②342.

olaggheti 下におさえる IV.197[3]. ④268.

olambaka *a.* 垂れ下るもの **～ṃ** katvā IV.135[19]. ぶら下げて ④181.

olambati <ava-**lamb** 下垂する, ぶら下る pādā namitvā **～biṃsu** (*3pl.aor.*) I.71[6]. 両足は曲げてたれ下がった ①94. ākāse **olambi** (*aor.*) I.131[14].〔花束は〕空中に垂れた ①172. heṭṭhā **olambi** (*aor.*) I.234[14]. 下に沈んだ ①307. **～bantaṃ** (*prp.ac.*) attano bhaṇḍakaṃ disvā II.194[3].〔カディラの木に〕ぶらさがっている自分の持物を見て ②254. jaṇṇukāni **～bitvā** I.425[11]. 膝をつかんで, ①558. **～mbanto** (*prp.*) IV.153[2]. ぶら下って ④209. III.7[10], 223[7]. ③12, 322.

olīyati <ava-li 執着する **～yitvā** III.484[20]. ～して ③676. 染着する **～yantā** (*prp.*) IV.84[13]. ～して ④110.

olubbha *ger.* <olambati よりかかって pāsānassa ekaṃ passaṃ ～ II.57[1]. 岩石の一方の脇腹に～ ②74.

olokita-saññāy'eva *adv.* 合図を見ただけで(大師から見られたというその合図だけで)III.136[9]. ③193.

oloketi <ava-**loc** 見る, 眺める no hatthe **～kessanti** (*ft.3pl.*) I.4[20]. 我々の手を見るだろう ①6. upanissayaṃ **～etvā** (*ger.*) I.6[6]. 機根を眺めて ①8.

oḷārika *a.* 粗悪な idaṃ appaṭirūpaṃ **～ṃ** III.5[22]. これは不適当であり ～ものである ③10.

ovaṭṭikā *f.* 帯 **～kāya** katvā II.37[13].〔千金の入った袋を〕帯の中に入れて ②50. IV.206[4]. ④293.

ovadati <ava-**vad** 教誡する bhūta-kāyaṃ **～anto** *prp.* I.11[9]. 要素よりなる身体(実存の身体)を教誡して ①14. **～ditvā** I.56[13]. 教誡して ①76. **ovādiyamānā** (*ps.prp.pl.*) I.65[24]. 教誡されている ①87.

ovaraka *n.* 房室 II.54[8]. ②71.

ovāda *m.* 教誡 **～m** adāsi I.267[18]. ～を与えた ①350. **-kkhama** *a.* <**kṣam** 教誡に耐える(人)III.419[15]. ③589. **-kkhamā** *a.f.* 教誡〔を守ることが〕出来る女 III.290[21]. ③423. **-dāyaka** *a.* 教誡を与える(人) **～ṃ** ācariyaṃ labhitvā I.296[5]. ～阿闍梨を得て ①387. **-paṭiggāhaka** *a.* 教誡を受け取る者 **～ā** bhikkhuniyo pi I.54[18]. ～比丘尼たちも ①73.

osakkati <ava-**ṣvaṣk** もどる thokaṃ ～**kkitvā** I.425[12]. 少し戻って ①558. 身を引く III.377[13]. ③533. IV.98[25]. ④131. 後退する II.237[18]. ②310.

osakkāpeti *cs.* <osakkati 衰退させる sāsanaṃ ～**pesi** (*aor.*) IV.39[10]. 教えを～させた ④46. IV.41[21]. ④49.

osadha *n.* ⓢauṣadha 薬草 ～**ṃ** gahetabbaṃ atthi I.195[22]. ～を手に入れる必要がある ①259.

osadhī tārakā *f.* 薬王星, 暁の明星 I.34[15]. ①45.

osāna *n.* 終り **-piṇḍa-kāle** *loc.adv.* 終りの丸めた御飯を〔食べる〕時に III.265[18]. ③383.

osāpeti *cs.* <ava-**sā** 下げさせる agghaṃ ～**pehi** (*imper.*) III.108[7]. 値段を下げさせない ③153.

osāreti *cs.* <ava-**sṛ** 説く dhammaṃ ～**resi** (*aor.*) III.385[5]. 法を説いた ③542.

osiñcati <ava-**ric.** 注ぐ, あびせる vārinā viya **osiñcaṃ** (*prp.nom.*) I.30[15]. 水をあびせるように ①40.

osīdāpana-samattha *a.* 沈ませることを可能にする I.282[19]. ①367.

osīdāpeti *cs.* <osīdati <ava-**sad** 沈ませる mahā-janaṃ vaṭṭe ～**penti** I.231[3]. 大衆を輪廻に沈ませる ①302.

ossakkamāna *prp.* <ossakkati <ava-**ṣvaṣk** 続いている, 衰退している II.210[15]. ②275.

ossāraṇa *n.*〔群衆を〕 追い散らすこと ～**ṇāya** vattamānāya II.1[9]. ～を行なって ②3.

oharāpeti *cs.* <oharati <ava-**hṛ** 〔頭髪を〕おろさせる(そらせる) II.53[10]. ②70.

ohāya *ger.* <ojahāti 捨てて, 除いて taṃ ～ II.15[4]. 彼女を捨てて(除いて)②19. II.55[20]. ②73. taṃ antarā-magge ～ II.35[2]. 彼を途中の道に残して ②46.

ohārita *a.pp.* <ohāreti おろした, 取り去った **-kesa-massu** *a.* 髪とひげをおろした(人)I.135[18]. ①178.

ohārin *a.* 下に引く, 引き下ろす IV.55[23]. ④62.

ohāreti *cs.* <oharati 取り去る, 剃りおろす bhikkhūnaṃ kese ～ II.257[7]. 比丘たちの頭髪を～ ②334.

ohita *a.pp.* <odahati おろした **-khandha-bhāra** *a.pp.*〔五〕蘊(身心)という重荷がおろされている(人)IV.168[9]. ④232. **-sota** *a.pp.* 耳を傾ける(人)IV.15[5]. ④18.

ohīyati *ps.* <avahīyati, avahāti 後に残る **ohiyi** (*aor.*) I.343[12]. 後に残った ①452. bala-kāyo **ohiyi** (*aor.*) I.193[8]. 軍勢は落伍した ①255. Puṇṇo nāma dāso **ohiyi** (*aor.*) III.366[16]. プンナという召使いの男が後に残った ③520. tatth'eva **ohīyi** (*aor.*) III.407[15]. もうその場で落後した ③574. vihāre ～**yitvā** II.21[22]. 精舎に残って ②28.

K

ka *pron, interr.* 何, 誰, **kassaci** (*gen.*) 誰かに, 誰かの ～ gamanaṃ paccāsiṃsati I.14[17]. 誰かが行くことを期待してます ①19. **kiñci** (*ac.*) 何も. tena **kassaci kiñci** adinna-pubbaṃ. I.25[5] 彼は誰にも何もこれまで与えたことがない ①34. **kaṃ** (ac.) ārabbha I.3[6] 誰に関して〔この説法は説かれた〕のか ①5.

kaṃsa-tāla-sara *m.* 銅鑼の音 I.389[9]. ①512.

kaṃsa-thāla *m.* 銅皿 III.57[10], 58[4] ③83, 84.

kakuṭa-pādā accharā *f.* 鳩足の仙女 I.118[27] ①154.

kakuṭa-pādini *f.* 鳩足の〔仙女〕 I.423[15]. ①556.

kakudha-rukkha *m.* カクダ樹(和名サダラ,terminalia arjuna. 高木, 花は小さく穂をなして咲く. 果実には狭い翼がある) IV.153[1]. ④209.

kakusandha *m.* (仏の名) カクサンダ(過去24仏の第22) I.84[6]. 103[7]. ①111, 133. III.236[20]. ③338. IV.46[15]. ④54.

kakkaṭaka *m.* かに III.299[2]. ③434.

kakkaṭaka-〔**jātaka**〕 *m.* 「蟹(かに)〔本生物語〕」 j.267話. I.141[4] ①185.

kakkhaḷa *a.* 残酷な, あらい, ひどい, 硬い I.128[7]. ①166. II.95[20], ②126. IV.104[11]. ④138. **-kamma** *m.* 残酷な業(行為) II.207[5]. ②270.

kakkhaḷatā *f.* 暴悪なこと, 残酷なこと ～

tāya I.324[14] 暴悪なので ①426.

kacavara *m.* ぼろくず，塵埃 idha **～m.** chaḍḍenti I.52[11] ここは〔人々が〕ぼろくずを捨てます ①69. II.108[7]. 266[6]. ②143,344, III.383[5]. ③539. **-chaḍḍani** *f.* 塵を除去する道具 III.7[19]. ③13. **-chaḍḍika** *a.* 塵を捨てる(人) IV.210[21]. ④298. **-rāsi** *m.* 塵あくたの山 I.445[15]. ①583.

kaccāna *m.* カッチャーナ(迦旃延) IV.89[18]. ④116.

kacci *inter.* …か．かどうか ～imasmiṃ nagare pabbajitā atthi I.47[5] あなたの夫を共有する妻(敵妻) が邪魔をするのですか ①63.

kacchapa *m.* 亀，かめ IV.91[16]. ④120. **-aṇḍa** *m.* 亀の卵 III.449[22], ③627.

[1]**kacchā** *f.* 腋，脇の下 IV.178[10], 197[9]. ④248,280.

[2]**kacchā** *f.* 帯 **～aṃ** bandhitvā I.389[19] ～を結んで ①513. II.130[14]. ②172.

kacchu *m.* 疥癬，かゆい病 **-cuṇṇa** *m.* かゆい粉 III.297[12]. ③431. **-parikiṇṇa** *a.pp.* <pari-**kir** 疥癬に囲まれた I.299[4]. ①391. **-phala** *m.* かゆい果物 III.297[9]. ③431.

kañcana-guhā *f.* カンチャナ洞窟(雪山のチッタ・クータ山にある) IV.91[20]. ④113.

kañcan'agghiya *m.* 黄金の柱 II.41[13]. ②55.

kañcana-thūpa *m.* 黄金の塔 III.483[5]. ③674. IV.189[11]. ④258.

kañcid *interr. ac.* 誰か人を so ～eva pahiṇissati I.14[2] 彼は誰か人を送るでしょう ①18.

kañjika *m.* ⓢkāñjika 酸粥 ～mattam pi kucchi-pūraṃ na labhati I.78[7] 酸粥だけすらも腹を満たすものを得ない ①101. I.389[6]. ①512.

kañjiya *n.* ⓢkāñjika 酸粥 I.288[11]. ①374,II.3[15]. ②6. IV.164[17]. ④226.

kaññā *f.* 少女 III.295[4]. ③428.

kaṭacchu *m.* 匙，スプーン III.310[10]. ③449. IV.75[7]. ④98. **-bhikkhā** *f.* ひと匙の托鉢食 I.379[10]. ①498. II.105[7]. ②139. III.221[8]. ③319. IV.80[13],123[3]. ④105.165. **bhikkhā-dāna** *m.* ひと匙の施食 II.231[13]. ②301. **-matta** *a.* 一匙だけの **～ṃ** bhikkhā-dānaṃ … nâhosi I.126[21] ～托鉢食の施も … なかった ①165.

kaṭa-sāra *m.* しっかりしたむしろ，蓆 **～ena** paṭicchādetvā I.268[1]～で 被って ①350.

kaṭasāraka *m.* むしろのマット，麦わらのマット II.183[21], ②241. III.212[7]. ③309.

kaṭāhaka-jātaka *m.* 「カターハカ本生物語」(*J.*125話) III.358[24]. ③510.

kaṭi *f.* 腰． **～m.** cāleti IV.197[7] 腰を動かす ④280. yāva ～to I.147[11]. 腰まで〔地面に沈む〕 ①192. I.74[18]. ①98. **-ppadesa** *m.* 腰のところ I.394[8]. ①518. **-ppamāṇa** *n.* 腰の高さ **～ena.** III.240[1] ～に ③344.

kaṭuka *a.m.* からい，薬味，香辛料 くろせんぷう(薬草の一種) II.31[20]. 131.[12]. ②42.173. III.475[9]. ③662. **-ppabhedana** *a.* 刺激性のものを〔こめかみから〕出す(象)，気が立ったさかりのついた(象) IV.13[8]. ④15.**-pphala** *a.n.* 辛い果報をもった II.36[14]. ②48. **-bhaṇḍa** *m.* 辛い食べ物 IV.154[12]. ④202.

kaṭṭha *n.* 棒，木片，薪木 III.315[6]. ③455. **～'aṅga-rukkha** *m.* 枯枝の樹，枝のまばらな樹 I.144[15]. ①189. **～'attharaka** *m.* 薪木の敷物 I.135[19]. ①178. **-kaliṅgara** *n.* 木片や丸太 II.142[9]. ②187. III.122[11]. ③173. **-khaṇḍa** *m.n.* 木片 I.321[3]. ①421. **-pādukā** *f.* 木ぐつ III.330[6]. ③473. **-haṭṭhin** *m.* 木製象 I.193[4]. ①255. **-hārikā** *f.* 薪運びの女 I.349[8]. ①460.

kaṭṭhaka *m.n.* カッタカという葦(竹) III.156[12]. ③225.

Kaṭṭha-nagara (村の名) カッタ・ナガラ I.15[12]. ①20.

Kaṭṭha-vāhana-rājan *m.* カッタ・ヴァーハナ王(木製飛行機王) I.349[11]. ①460. III.135[24]. ③193.

Kaṭṭha-hārika-jātaka *n.* カッタ・ハーリカー本生物語(*J.*第7話) I.349[11]. ①460.

kaḍḍhati **<kṛṣ** 引く，引っぱる，引き抜く naṃ … **～ḍḍhiṃsu** (*3pl.aor.*) I.236[16]. 彼を引いて行った ①310. ～ḍḍhantâpi I.371[14] 引っぱっても ①488. **～ḍḍhi-**

tuṃ nâsakkhi IV.223[5] 〔指環を〕引き抜くことができなかった ④317.

kaṇājaka *n.* 屑米飯 III.10[16]. ③17. IV.77[13]. ④94.

kaṇikāra *m.n.* 黄花樹 **-puppha-dāma** *m.* 黄花樹の花環 I.388[2]. ①51. **-puppha-rāsi** *m.* 黄花樹の花の山 III.305[16]. ③443.

kaṇeru *m.* 象 I.196[5]. ①259.

kaṇṭaka *m.* とげ **～ena ～'uddharaṇaṃ viya.** III.115[8] とげをもってとげを引き抜くように ③164. I.177[22]. ①232. III.394[2]. ③556.

kaṇṭha *m.* のど, 首 **～ṃ** chetvāna. II.18[3]. 首を切って ②23.

kaṇḍa *m.n.* ⓢkāṇḍa 矢, 矢簳, やがら II.147[10]. ②192. IV.66[22]. ④85.

kaṇḍu-vana-ṭṭhāna *m.* 疥癬の傷の場所 I.440[9]. ①577.

kaṇḍūvant *a.* かゆさをもつ(人), かゆがる(者) III.297[14]. ③431.

kaṇṇa *m.* 耳 I.74[19]. ①98. **-cūḷikā** *f.* 〔象の〕耳の根もとのところ IV.13[14]. ④16. **-chidd 'antara** ***a.n.*** 耳穴の間 I.358[8]. ①470. **-piṭṭhi** *f.* 耳の後 I.394[7] ①518. **-mūla** *n.* 耳もと **～e** mantayantassa saddo I.173[9] **～で**ひそかに言う声は ①225. **-vijjhana-maṅgala** *m.* 耳に〔耳環をつける穴を〕あけるお祝いの式. II.87[6]. ②115. III.95[15], ③135. **-sakkhali** *f.* 耳たぶ I.148[6]. ①193. **-saṅkhali** (*vri.* -sakkhali)*f.* 耳の穴, 外耳 II.178[18]. ②235. **-sota** *m.n.* 耳の孔 II.72[10]. ②95.

kaṇṇika-maṇḍala *m.n.* 屋頂の円輪 III.129[1]. ③182. IV.178[19].,198[18]. ④249, 282

kaṇṇika-rukkha *m.* 屋頂の塔用の木 **～ṃ** sukkhāpetvā I.269[10]～を乾燥させて ①352.

kaṇṇikā *f.* 耳環, 蓮の果皮 **～ā**baddhehi viya sāli-sīsehi sañchannaṃ disvā I.98[11] 房束(耳環)が結ばれたように稲穂で覆われているのを見て ①127. I.304[11]. ①400. II.170[8]. ②224.

kaṇṇikā-maṇḍala *m.* 屋頂の円輪 III.66[1]. ③95.

kaṇha *a.* ⓢ kṛṣṇa 黒い **～ṃ** dhammaṃ vippahāya II.161[14]. 黒い法を捨てて ②213.

Kaṇha-usabha-jātaka *m.* 「カンハ牡牛本生物語」(*J.*28話) III.213[6]. ③311.

Kaṇhâjinā *f.* カンハージナー(ヴェッサンタラ王子の娘) I.406[14]. ①534.

kata *a.pp.* <karoti **<kṛ** なされた, 作られた kiṃ pana bhante tena **～ṃ.** I.20[17] しかし, 尊師さま, 何が彼によって為されたのですか ①27. **katâkata** *a.pp.* 為したこと, 為されなかったこと I.379[3]. ①497-8. **-adhikāra** *a.* すぐれた善いことを為した(人) I.26[6]. ①35. 奉仕行を為した(人) III.469[17]. ③655. IV.207[12]. ④295. **-abhinīhāra** *a.* 決意がなされた(人) **～o** bhavissati I.135[9] **～人**であらう ①177. 誓願を立てた(人) II.82[16]. 112[17]. ②109, 150. III.128[9]. ③182. **-abhiyoga-bhāva** *m.* 強い結びつきがなされていること III.406[7]. ③572. **～'upāsana** *a.* 弓術に巧みな. **～ā** I.358[4] **～者たち**である ①470. **～'okāsa** *a.pp.* 拝謁を許された(人) III.306[5]. ③443. **-kamma** *a.* 仕事(盗み)を終えた **～ā** corā I.69[6] ～泥棒たちは ①92. attanā **～en'** eva nibbattaṃ I.321[25] 自分が作った業だけによって〔これは〕生じた ①422. **-kicca** *a.pp.* <karoti 為すべきことが為された(人) IV.142[7]. ④183. **-kiriyā** *f.* したこと II.150[4]. ②197. **-gandha-paribhaṇḍa** *a.pp.* 香の床にした(象舎) IV.14[5]. ④17. **-citta-kamma** *a.pp.* 彩色された(もの) **～ṃ** ...sara-tīre vissajjāpesi I.192[17] **～を**…湖畔に放置させた ①254. **-ññu** *m.* 知恩の人, 自分に対して為されたことを知る人 II.106[4]. ②140. IV.235[5]. ④339. **-paṭisanthāra** *a.* 挨拶をした (人) vanditvā **～o** I.80[2] 礼拝して挨拶をし ①104. I.14[13], 386[4] ①18.508. III.143[13]. ③204. **-paṭisammodana** *a.pp.* 親しく挨拶をいただいた **～o.** II.35[8]. ②46. III.125[10]. ③177. **-pātar-āsa** *a.pp.* 朝食をすませた(人) **～o.** I.117[18] **～をすませて** ①152. II.149[19]. ②196. III.10[7]. ③16. **-pāpa-kamma** *a.* 悪業を為した **～ā** I.360[7] **～者たちが**いる ①473.

-puñña *a.m.* 福徳を作った(人) I.132[12]. ①173. **∼o** ubhayattha nandati I.153[12] **∼人は**両方の所で喜ぶ ①201. **-puññânisaṃsa** *m.* 行なった福徳の功徳 I.268[17]. ①351. **-bhatta-kicca** *a.pp.* 食事をした(人) rāja-nivesane **∼o** I.88[12] 王の住居で食事をして ①115. I.33[19]. ①44. II.215[20]. ②281. **-vedin** *a.m.* 感恩の人, 自分に対して為されたことを感受する人 II.106[4]. ②140. **-sannāha** *a.* よろいかぶとに身をかためて I.358[6]. ①470. **-sarīra-paṭijaggna** *a.* 身だしなみを調えた I.27[13]. ①36. **-hattha** *a.* 手だれの, 手練の mayaṃ **∼ā** I.358[3] 我々は**∼者たち**である ①470.

katama *interr.* どちらが…か **∼ā** nukho abhirūpatarā I.119[2] 一体ね, どちらがよりうるわしいのか ①154.

katara *a.interr.* いずれの, どちらの ∼ nagarato āgat' attha I.390[15] どこの都城からあなたはおいでになったのですか ①514. **∼m.** suttaṃ sotu-kāmo I.130[6] 〔あなたは〕どの経を聞こうと欲するのか ①170. ∼kulaṃ gacchatha I.45[16] あなたはどこの家に行くのですか ①61. Kumbha-ghosako nāma **∼o** I.236[12] クンバゴーサカという者はどこにいるのか ①309.

kati *interr.pron.* いくら, どれだけ **katihi** iriyāpathehi vitināmessatha I.9[1] どれだけの姿勢(行住坐臥) によって過すのか ①11. sāsane ∼ dhurāni I.68[7] 〔仏の〕教えではどれだけの責務(荷物) がありますか ①91. ∼ yojanāni gacchasi I.123[14] 何ヨージャナあなたは行くのか ①159. **-vassa** *a.* 〔年齢が〕いくつになる(者) **∼o** tāta IV.23[16] いくつになるのかね, おまえ ④26. IV.136[12] 君は何歳かね ④181.

katikā *f.* 約束 **∼aṃ** akaṃsu. I.91[5] 約束をした ①118. I.291[3]. ①378. II.211[9]. ②275. III.465[12]. ③649. **-vatta** *n.* II.243[17] 約束事 ②317. I.291[9] ①379.

katipaya *a.* 少ない, 或る, 数人の paṇḍitā nāma **∼ā** eva honti I.94[19] 賢者たちというのは少ないだけです ①123. jīvamānā hi ∼ā II.274[4] 〔一〕生きている者たちは実に少ないのです ②354. I.113[14]. ①I45. II.94[17]. ②24.

katipâhaṃ *ac.* adu. 数日間 so ∼ vasitvā I.348[1] 彼は∼〔そこに〕滞在してから ①459. I.393[3]. ①517. III.68[8]. ③98.

katipâhaccayena *instr.* *adv.* 数日たって I.101[13], 125[2], 175[9], 235[15], 276[13], 348[17], ①131, 161, 228, 308, 360, 460. II.225[7]. 276[14]. ②292, 358. III.475[18]. ③663.

katipâhen'eva *adv.* もう二, 三日後には, もう数日間だけで I.57[16], 76[7], 90[14], 211[6], 296[8], ①77, 99, 117, 278, 387, II.78[22]. 105[16]. ②105, 139. **katipâhass'eva** *adv.* もう数日のうちに IV.228[3]. ④327.

kattar *m.* ⓢ kartṛ 作る者 pāpassa **kattā** I.150[19] 悪を作る者である ①196. puññassa **kattā** I.153[17]. 福徳を作る人である ①202.

kattara-yaṭṭhi *f.* 歩杖 III.140[2]. ③198.

kattara-suppa *m.* 〔穀物をより分ける〕箕(み) I.174[6]. ①226.

kattari *f.* 鋏, はさみ **∼riy'**aggena II.70[14]. ∼の先で〔穴を作って〕②93.

kattabba *gdv.* <karoti なすべきこと aham pi te **∼ṃ** jānissāmi I.124[6] 私もあなたに対して為すべきことを知るであろう ①160. **-kicca** *a.gdv.* <karoti 為さねばならない(こと) III.465[20]. ③649. **-yutta** *a.pp.* <yuñjati 為すにふさわしい **∼m** assa karissāmi II.19[17] **∼ことを**私は彼にしよう ②25. I.386[17]. ①508. **-yuttaka** *a.n.* 為すにふさわしい(こと) III.180[11]. ③263. ∼ṃ vatta-paṭivattaṃ katvā I.13[1] 為すにふさわしい種々の務めを行ってから ①17. I.180[5], 202[13]. ①235, 267.

kattu-kamyatā *f.* 行なおうと欲すること III.289[16]. ③421.

kattha *adv.* ⓢkutra 何処に, どこで ayaṃ dhamma-desanā ∼ bhāsitā I.3[5] この説法はどこで述べられたのか

katthaci *interr.* *adv.* どこかに, どこへ ∼ gantu-kāmā. I.96[15] どこへ行こうと欲しようが ①124. ∼ gacchanto I.234[17] どこへ行くのにも ①307.

kathaṃ *interr, adv.* いかに，どうやって，なぜ，どのように ～ idha vasissatha I.16[18] どうやってここで過されるのですか ①21. idāni ～ jīvissāmi I.51[24] 今やどのように私は生きて行くのでしょうか ①69. **kathaṃ hi nāma** 一体どういうことなんだ II.95[21]. ②126.

kathana *m.* I.7[22] 語ること ①9 **-kāla** *m.* 語っている時 I.108[5]. ①139

kathā *f.* 話，語り **-papañca** *a.* 下らないことを語る（者） mayā …～**ena** II.91[6] ～自分によって ②120. **kathā-sallāpa** *m.* おしゃべり，会話 ～**m.** karonti II.91[4]. ～**をする** ②120. I.251[22]. ①329.

katheti ⓢkathayate, kathā の*denom.* 説く，語る，告げる dhamma-desanaṃ ～yeva I.5[17] 説法をただ語る anupubbi-kathaṃ **kathesi** (*aor.*) I.6[8] 次第説法を語った ～**eyyātha** (*2pl.op.*) I.8[26]. おっしゃって下さい ①11. tassa ～**ema** I.9[21] 我々は彼に話しましょう ①12. te vejjassa ～**yiṃsu** I.10[1] 彼等は医師に話した ①12. I.6[23]. 8[8]. ①8, 10.

kadamba-puppha *m.* カダンバの花（仏教植物辞典 p.24. クビナガタマバナノキ） I.309[2]. ①405.

kadariya *a.m.* 物おしみ，物惜しみすること 物おしみの（人） III.104[11]. 183[9], 188[25], 313[12], ③148, 269, 276, 452.

kadalī *f.* バナナ，芭蕉，I.63[2], 149[12], ①83, 194. III.156[22], 439[13]. ③225, 616 ～**i-paṇṇa** *n.* バナナの葉 I.436[16]. ①572. ～**i-patta** *m.* バナナの葉 I.59[22]. ①80. ～**i-gabbha** *m.* バナナの房 IV.74[19]. ④90.

kadāci karataci yeva *adv.* その時その時だけ III.362[13]. ③514.

kaddama *m.* ⓢkardama 泥 **-bahula** *a.* 泥が多い I.333[9]. ①438. **-limpana** *m.* 泥を塗ること III.77[22]. ③111.

kanaka *m.* 金，黄金 **-cetiya** *m.* 黄金の塔廟 III.251[10]. ③362. **-maya** *a.* 黄金でできた〔ほうき〕 III.7[18]. ③13. **-vimāna** *m.* 黄金の宮殿，天宮 I.26[16], 28[2], 60[10], 63[19], 131[23]. ①36, 37, 80, 84, 172.

kanikāra-puppha *n.* 黄華樹の花 III.426[18]. ③599.

kaniṭṭha *a.* 若い（人），弟 mayhaṃ ～o tumhe disvā I.13[25] 私の弟が君たちを見て ①18. III.239[3]. ③342. ～bhātā me atthi I.6[17] 私には若い弟がいる **-dhītar** *f.* 末娘 I.151[24]. ①199. **-bhātika** *m.* 末弟 I.152[4]. ①199. **kaniṭṭhā** *f.* 末娘 I.301[1]. 418[21]. ①395. 549.

kantati <**kṛt** 紡ぐ，つむぐ sukhuma-suttaṃ ～**titvā** III.341[15] 精妙な糸をつむいで ③487. III.273[16]. ③396.

kantāra *a.m.* 難路の，砂漠 ～**'addhānaṃ** āgato I.16[23] 〔私は〕険難の旅路をやって来た ①22. II.193[4]. ②253. 荒野の旅路 II.166[1]. ②218. **-paṭipanna** *a.pp.* <paṭipajjati 荒野をとぼとぼ行く（人） II.166[2]. ②218.

kanta *a.pp.* <kāmeti 欲求される，愛される taṃ kammaṃ … ～**ṃ** II.50[15]. その行為は～. ②65.

kantati 切る hadaya-maṃsaṃ ～**titvā** III.79[19] 心臓の肉を切って ③113.

Kanthaka *m.* カンタカ（シッダッタ太子の愛馬） I.85[17]. ①112. III.195[12]. ③286.

kandati <**krand** 泣く ～**anto** vana-saṇḍaṃ pakkhanditvā I.17[5] 泣きながら森のしげみにかけ込んで ①22. bāhā paggayha ～**dasi** I.28[16] 腕をさしのべてあなたは泣きます ①38. **kandataṃ** (*prp. gen.pl.*) I.30[4] 泣いている者たちの ①40. ～**deyyuṃ** (*op.*) III.230[10] 泣くだろう ③329. mā ～**di** (*aor.*) IV.107[4] 泣いてはならない ④135 ～**danto** (*prp.*) I.179[5] 泣きながら ①234. ～**dante** … gahetvā I.366[1]. 泣く者たちを捕えて ①481.

kapaṇa *a.* 困窮した，貧民 I.105[15]. 187[5]. 188[7]. 233[4]. 237[23]. ①136, 246, 247, 305, 312. II.26[21]. 34[13]. ②34. 46. III.291[9]. 356[18]. ③424. 207. IV67[15]. ④86.

kapalla *n.* 釜，鉢 IV, 203[25]. ④290. **-pūva-pabbhāra** *m.* 鍋の饅頭の斜面 I.373[12]. ①490. **-pāti** *f.* 鍋がま I.371[3]. ①488. **-pūva** *m.* 饅頭 I.367[14]. ①483.

kapāla *n.* 鉢 頭蓋骨 III.84[9]. ③120. **-khaṇḍa** *m.n.* 鉢の破片 III.131[7]. ③

186. -khaṇḍa-bhāva *m.* 頭蓋骨の破片の状態 III.71⁸. ③102. -hattha *a.* 鉢を手にした II.259⁴. ③336.

kapālaka *m.* 小鉢 II.26¹⁹. ②34.

Kapila-pura *n.* カピラの都城 I.115¹⁰. ①149. III.163¹⁹. ③237.

Kapila-vatthu *n.* カピラ城 II.41¹⁰. ②55. -nagara *n.* カピラヴァッツ都城 III.254⁶. ③367. -sāmanta *a.* カピラヴァッツの周辺の ～e I.357⁷ ～ ①469.

kapila-maccha *m.* カピラ魚 IV.37². ④44.

kapilā *f.* 茶色の牝牛 IV.153³. ④201.

kapola *m.* 頰, ほお I.194²⁰. ①257.

kappa *n.* 劫 ～sata-sahassâdhikāni I.5¹² 百千劫を加えた〔四阿僧祇にわたって〕-tthitikaṃ *ac. adv.* 一劫にわたって I.50¹⁴. ①67. -vināsaka aggi *m.* 劫を焼尽くす火 III.362¹². ③514. -sata-sahassâdhika *a.* 百千劫を加えた I.83¹⁰. ①110.

Kappa *m.* カッパ ケーサヴァ王の理髪師 出家した王の内弟子となる I.342²¹. ①451.

kappaka *m.* 理髪師, 床や I.253². ①330. -vesa *m.* 床屋のなり(変装) ～ṃ gahetvā I.85⁴ ～をして ①112.

Kappaṭa *m.* (商人) カッパタ I.123⁴. ①159.

kappara *m.* ひじ I.48². 394⁸. ①64. 518.

kappa-rukkha *m.* 如意樹 III.444⁵. ③620. IV.208⁸. ④296.

kappāsa *m.* Ⓢkarpāsa 綿, 木綿 ～'aṭṭki-bhāva III.71⁷. 木綿の種子の状態 ③102

kappāsika *n.* 綿でできた(もの) I.417³. ①546.

Kappāsika-vana-saṇḍa *m.* カッパーシカの森のしげみ。(バーラーナシーから ウルヴェーラーに向かう途中にある森。「南伝」3.42頁)。I.87¹⁷. ①114. II.32¹¹. ②42.

kappiya *a.* 適当な, 浄い -kāraka *a.m.* 適当な仕度をする(者) ～o sāmaṇero pi natthi II.182²⁰. ～沙弥すらもいないのです ②239. II.60¹¹. ②79. -bhaṇḍa

n. 正浄な(適法の) 品物 III.185²¹. ③272.

kappūra *m.n.* 樟脳 III.475⁹. ③662.

kappeti <klp なす, 営なむ, 切る jīvikaṃ ～ppeyyāsi (*2sg.op.*) I.231²¹. 生活を営みなさい ①303. ime ～ppetu (*3sg. imper.*) I.338¹⁸. これらの〔竹の束〕を彼に切らせたいものだ ①446.

kabara *a.* 雑食の, 斑点のある -gāvā *f.* 雑色の牝牛 I.71⁵, ①94. III.208¹². ③304 -go-rūpa *n.* 斑点のある牛の姿 I.99²⁴ ①129. -cchāya *a.* まだらの木陰をもった(木) I.357⁷. ①469.

kabala *m.n.* 飯の塊 II.65¹⁸ ②87. III.338⁴ ③483, IV.13⁹ 餌 ④17

kabaliṅkārâhāra *m.* 物質的な食物, 断食 II.172⁴, 214¹⁷ ②226, 279.

kama *m.* Ⓢkrama 順序, 次第 vacana-kkama I.2² 語の順序 ①4,

kamaṇḍalu *m.n.* 水瓶 III.448³. ③624.

kamala-pādukā *f.* 蓮の履物 III.451¹⁹. ③630.

kampamāna *prp.* <kampati 動く, ゆれ動く ～ākāra-ppatta *a.pp.* 地震の様相を得た I.137¹⁸. ①180, -sarīra *prp.a.* 身がゆれている(人) ～ā III.102² 身をゆらして ③14.4.

kambala *m.n.* 毛布, 毛織物 ～ṃ pārupitvā I.226³. ～をまとって ①296. III.3³, ③5 -kūṭâgāra *n.* 毛布をかけた重閣(毛布をかけた霊柩車のことか?) ～ṃ āropetvā I.69²¹ ～に〔その死体を〕乗せて ①93.(初訳は「毛布の重閣をかかげて」と訳した) -pādukā *f.* 毛糸の履物 III.451²⁰. ③630 paṇḍu～ I.17¹⁰, 黄色の毛布 ①22

kamma *n.* 業, 行為, 羯磨, 作法, 仕事 attanā kata～vasena. I.20¹⁶ 自分が作った業によって〔盲目になった〕①27 dhammiken'eva ayaṃ ～ena ukkhitto I.54²⁴ あの人はまったく正しい法にのっとった手段(正しい羯磨)によって提訴されている①73. -kara *a.m.* 仕事をする者 I.102¹¹, 103³. ①132, 133. -kāraṇa *n.* 刑罰 II.262². ②340. -kiliṭṭha *a.pp.* <kilissati 業に汚染された I.128¹⁹ ①167. -ja-vāta *m.* 業よりなる風, お産の気配 ～ā caliṃsu I.165⁷

～が動いた(産気づいた) ①214. II.262[11]. ②341 **-ṭṭhāna** *n.* 観念修行法, 業処 I.8[7], 9[4]. 154[21]. ①10.11.204. **-tappana** *n.* 業に焼かれること I.150[16]. ①196. **-nandana** *n.* 業による喜び I.153[15]. ①202. **-paccavekkhaṇa** *n.* 業を省察すること I.44[9]. ①59. **-patha** *m.* 業道, 行為の道 III.417[8]. ③586. **-phala-sambandha** *m.* 業と果報の結びつき I.376[7]. ①493. **-modana** *n.* 業の喜び I.132[18]. ①174. **-vipāka** *m.* 業の果報 **～o** nāma na sakkā kenaci paṭibāhituṃ. I.127[13] ～というのは誰にも排除することは出来ない ①165. **-visuddhi** *f.* 業が浄らかなこと I.132[14]. ①173. **-sanniccaya** *m.* 業の蓄積(備蓄) II.171[15]. ②226. **-sarikkhaka** *a.* 業と同類の, 業にふさわしい **～o** ākāro uppajji I.127[10] ～様相が生じた ①165. III.334[2]. ③478

kammaṇīya *a.* 適正な **～ṃ** karoti I.289[15] **～ものにする** ①376.

kammanta *m.* 在家の仕事 **～ṃ** uggahetvā gharâvāsaṃ vasa I.136[1] ～を学んで在家生活をしなさい ①178. I.42[3]. ①56. **-adhiṭṭhāyika** *m.* 仕事の支配人 ～ā I.393[14] **～たち** ①518. **-bheri** *f.* 仕事〔の再開をふれる〕太鼓. III.100[12]. ③142.

kammāra *m.* 金銀工 I.412[7]. ①541. III.340[11]. ③485. **-kula** *n.* 鍛冶屋の家 **～e** nibbatto I.327[9] **～に生まれて** ①430.

kayika *m.* 買い手. IV.217[25]. ④309.

kayirati *ps.* <karoti なされる **～yiraṃ** (*prp.*) ce III.484[12]. もしなされつつあるなら ③676. III.452[6]. ③631.

kayirā *gdv.* =kareyya <karoti なされるべき, 為すであろう, 為すがよい na ca pāpāni ～ I.62[13] 諸々の悪を作ってはならない ①83. I.324[6], 419[9.12], ①425, 550. II.23[18]. ②31. III.485[12]. ③677.

karaja-kāya *m.* 業によって生まれた身体 I.10[21], ①13. II.143[3]. ②188. III.420[11]. ③590

karaṇa *n.* 作すこと, 所作 **～'uttariya-karaṇa** *n.* 行動に対して更に上の行動 I.44[2]. ①59. **-sampatti** *f.* 〔言語〕機能の成就 IV.235[18]. ④340.

karaṇḍa *n.* 木片, へら III.18[12]. ③28.

kara-mara *n.* 奴隷 III.487[16]. ③680.

karīyati *ps.* <karoti 行なわれる chaṇo na ～ I.235[17] お祭りが行なわれない ①308.

[1]**karīsa** *n.* Ⓢkarīṣa 大便, 糞 **～ṃ** ādāya adho-bhāgena nikkhamati I.126[10] 糞便と一緒に下の方に出る ①164.

[2]**karīsa** *n.* カリーサ(面積の単位) aṭṭha～mattaṃ ṭhānaṃ sam-alaṅkāretvā I.111[25] 八カリーサほどのところを飾らせて ①143.

karuṇā *f.* 悲, 悲心 ～vega-samussāhita-mānaso I.1[11] 〔大師は〕悲心の急動によって心が励まされて **-bhāvanā** *f.* 悲心の修習 III.459[16]. ③642.

karoti <**kṛ** 行なう, 作る mahā-sakkāraṃ **karissāmi** (*1sg.ft.*) I.3[15] 私は大尊敬を捧げるでしょう mā evaṃ **akattha** (*aor. 2pl.*) I.7[1] そのようにしてはいけません mama vacanaṃ na **karittha** (*2pl.aor.*) I.64[21] 君たちは私の言葉を行なわなかった ①86. mā evaṃ **karotha** (*2pl.aor.*) I.72[9] そのようにしてはいけない ①95. sakkāre **akarimha** (*1pl.aor.*). I.111[15] 尊敬供養を我々は行なった ①143. mā evaṃ **kari** (*aor.*) I.39[2] そのようにしてはならない ①52. mā evaṃ **karittha** (*2pl.aor.*) I.41[3] そのようになさってはいけません ①55. kiṃ **karissasi** (*ft.2sg.*) brāhmaṇa I.25[16] あなたはどうするのですか, バラモンよ ①34. **karassu** (*2sg.imper.*) ānubhāvaṃ II.23[3]. あなたは威力を作りなさい ②30. **kare** (*op.*) 為すであろう I.324[7], ①425. dīpaṃ **kayirātha** (*3sg.op.*) I.255[7] 洲(島, 避難所)を作るがよい ①333. **kareyya** (*3sg.op.*) 作れよ I.255[16], ①333. **karaṇīya** (*gdv.*) 作されるべき kataṃ **～ṃ** I.120[7] 作されるべきことは作された ①155. I.315[15]. ①414.

kalaṅka *m.* 疵, きず, 汚点 sīle aṇumattam pi ～ṃ natthi III.53[17]. 戒に関して微細な疵(汚点)もありません ③78.

kala-bhāga *m.* 16分の一の一部 **～m** pi

na upeti I.119⁹ 16分の一の一部にもならない ①154. IV.58¹. ④70.

kalala *m.n.* 泥 ～e attharitvā I.83¹⁹ 泥を覆って(泥中に身を伏せて) ①110. ～ṃ an-akkamitvā I.83²⁰ 泥に近づいて行かないで ①110. III.394². ③556. IV.25¹². ④28 **-makkhita** *a.pp.* <makkheti 泥にまみれた III.61¹⁷. ③89.

Kalandaka-nivāpa *m.* リス飼養処(王舎城, 竹林精舎にある) I.427¹³. ①561.

kalaha *m.* 諍, 論争, 不和, けんか ～ṃ vaḍḍhayiṃsu I.54¹⁴ 諍論を増大させた ①73. I.291¹⁵, 440¹. ①379, 576. III.415¹. ③583.

kalā *f.* 小部分, 一六分の一 ～aṃ nâgghati solasiṃ II.62²⁶ 一六分の一にも値いしない ②82. ～aṃ pi na upeti. I.119⁸ 一六分の一にもならない ①154

kalāpa *m.* 束 I.98¹⁵. 338¹⁷. ①127. 446.

Kalābu-rājan *m.* カラーブ王(*J.*313話に出る王) I.149⁶. ①194.

kalāya *m.* えんどう豆 I.319⁹. ①419.

kali *m.* サイコロの不利玉 III.375¹⁰. ③529.

kaliṅgara *m.n.* 木片, 丸太 I.320¹³. ①420. III.315⁶. ③455.

kalyāṇa *a.* 善い, 善いこと ～dhammo desito I.7³ 善い法が示された ①9. akataṃ vata me ～ṃ I.128²² 実に私は善いことを行なわなかった ①167. ～ṃ Devadatto āha I.142² デーヴァダッタは善いことを言った ①186. I.387¹², ①510. ～'ajjhāsaya *m.* I.9⁶ 善き志向をもった者 ①11. I.69¹⁶ 善い意向 ①92 **-kamma** *n.* 善業, 善い行為 ～ṃ kariṃsu. I.102²³ 善業を行なった ①133. III.4². ③6. I.426¹⁴. ①560. **-dhamma** *a.* 善法を保持する ～o I.129¹⁸. ～者であり ①169. 善い資質をそなえた(者) I.380¹⁶. ①500. **-mitta** *m.* 善良な友 II.111⁹, 208⁴ ②147, 272.

Kallaka-mahā-vihāra *m.* カッラカ大精舎 IV.51⁹. ④59.

Kallavāḷa-gāmaka *m.* カッラヴァーラ小村 I.96¹. ①124.

kaḷīra *m.* たけのこ II.249¹⁰. ②324.

kavandha *n.* 無頭の胴体 I.314¹⁶, ①413.

kavāṭa *m.n.* 戸, 窓 ～ṃ pidhāya III.353⁴. 戸を閉めて ③502. III.364²². ③518.

kavi *m.* 詩人 IV.236¹. ④340.

kasā *f.* 鞭, むち ～hi tāḷentā. II.39². ～で打って ②52. II.217¹⁶. ②283, III.85²⁵. ①122. IV.52¹¹. ④61. **-niviṭṭha** *a.pp.* <ni-visati 鞭をよくおぼえている III.86¹. ③122.

kasāva *m.* Ⓢkaṣāya 汚濁, しぶいもの rāgâdīhi ～ehi sa-～o I.82¹³ 貪欲など(欲・有・見・無明)の諸々の汚濁によって汚濁がある者である ①108. II.31²⁰. ②42.

kasi *f.* 耕作, 農耕 **-kamma** *m.* 農耕作業 III.366⁴. ③520. IV.34¹. ④41 **-gāma** *m.* 農村 IV.154³. ④202. **-bhaṇḍa** *n.* 農耕の道具 I.307¹. ①403.

kasiṇa *n.* Ⓢkṛtsna ゆきわたる瞑想, 遍処 II.222¹². ②289. **-parikamma** *m.* 遍の準備定 I.105²⁰. ①137. **-maṇḍala** *m.* 遍の輪(遍の観法を行なうための円輪) IV.208². ④296.

kasmā *abl. adv. interr.* なぜ, どうして ～ evam akāsi I.47⁶ なぜあなたはそうしたのか ①63. I.50¹¹. ①67.

kassaka *m.* 農夫 II.37⁵. ②50.

Kassapa thera *m.* 迦葉上座 IV.89²⁰. ④116.

Kassapa (-sammā-sambuddha) *m.* (仏の名)カッサパ(仏陀, 正等覚者. 過去24仏の第24) I.84⁷, 103¹⁵, 226¹⁸, 244⁸, 322¹, 395³, 418²⁰, ①111, 133, 297, 320, 423, 519, 549, II.9¹¹, 52¹³, 114²¹, 127¹³, 258¹⁵, ②13, 69, 152, 168, 336, III.146²⁷, 223⁵, 236²¹, 250¹⁴, 315⁴, 405⁸, 479¹⁵, ③209, 322, 338, 362, 454, 570, 668, IV.100⁷, 189¹¹, 219⁹, ④133, 269, 311.

kahaṃ *interr.adv.* どこに ～ pan'ete I.61¹³ しかしその者たちはどこにいるのか ①81. ～ pana tvaṃ nisinno'si I.38¹³ しかし君はどこに坐っていたのか ①51. ～ vo tātā rājā I.193¹⁵ 君たち, 君たちの王様はどこにいるのか ①255.

kahāpaṇa *m.* 金貨, お金の単位, カハーパ

ナ (4pāda, 20māsaka) eka-dve **～e** āhara I.236[2] 一, 二カハーパナ(金)を〔借りて〕もって来なさい ①309. I.395[10]. ①519. **～'agghanaka** *a.* 一カハーパナの値段の〔魚〕 II.132[8], ②174. **-vassa** *m.n.* カハーパナ(金貨)の雨 III.238[17], ③342.

Kāka *m.* カーカ(チャンダ・パッジョータ王の召使いの名) I.196[6]. ①259.

kāka *m.* 烏, からす **-m-āsaka** *a.* カラスがつつけるほど口のふちまでほおばる(人) IV.16[13]. ④20. **-sūra** *m.* 勇敢なカラス, 厚顔無恥の者 III.351[21]. ③501.

Kāka-jātaka *n.* 「カラス本生物語」(*J.*146話, 「南伝」29, 473頁—) III.423[6], ③594.

kākaṇikā *f.* カーカニカー, 小銭 I.391[13]. ①515. III.159[10]. ③231.

Kākavaliya. *m.* カーカヴァリヤ(マガダ国の長者) I.385[7]. ①506.

kākopamā *f.* 「カラスの比喩」(*Vin.* II.17[11], 「南伝」4.24頁) II.75[15]. ②100.

kāja *m.* 天秤棒 IV.232[17]. ④335. **-hāraka** *m.* 天秤棒で〔草を〕運ぶ者 IV.128[1]. ④164.

kāṇa *a.* 盲目の(人) III.71[8]. ③102.

Kāṇa-mātar *f.* カーナーの母親 II.149[7] ②196.

Kāṇu-koṇḍañña-tlhera *m.* カーヌ・コンダンニャ(木株の憍陳如) 上座 II.254[1]. ②333.

kātabba *gdv.* <karoti なされるべき idāni bhante kiṃ **～ṃ** I.14[16] 今, 尊師さま, 何をなすべきでしょうか ①18. aññaṃ kiṃ **～ṃ** I.69[12] ほかに何か～がありますか ①92.

kātu-kāma *a.* しようと欲する bhatta-kiccaṃ **～ā** I.73[6] 食事をしようと欲する者たちは ①96.

Kāpin *m.* (幼児の名)カーピン I.169[15]. ①220.

kāpotaka *a.* 灰白色の〔骨〕 III.112[13]. ③160. **-vaṇṇa** *n.* 鳩の色のもの III.112[16]. ③160.

kāma *m.n.a.* 欲, 愛欲, 欲情。…を欲する sad-dhamma-ṭṭhiti**～ena** I.2[1] 正法がとどまることを欲する方によって ①4. mam pi khāditu**～ā** asi I.48[7] 私までも噛み食べようと欲している ①65. **～ānaṃ** ādīnavaṃ kathesi I.67[12] 諸々の欲望の過患を語った ①90. I.39[22], 75[9], ①53, 98. **-avacara** *n.* 欲界 I.21[24], 37[4], 309[9], ①29, 49, 406 **-avacara-kusala-citta** *a.n.* 欲界の善心 I.35[16]. ①47, 49(1). **-kaṇṭaka** *m.* 欲望のとげ maddito **～o** I.121[8] ～が破られている ①156. **-kāma** *a.* 欲望を求め II.156[10], ②204. **-gavesaka** *a.m.* 欲望を追い求める者 II.202[1]. ②264. **-guṇa** *m.* 〔五〕欲の楽, 欲望の対象 **～e** paribhuñjamāno I.173[23] **～をことごとく享受しつつ** ①226. pañcahi **～ṇehi** baddho IV.203[2] 五つの～(色・声・香・味・触)によって縛られている ④289. III.256[14]. ③370. **-guṇa-sampatti** *f.* 〔五〕種の欲楽の成就 I.257[22]. ①337. **-pariḷāha** *m.* 欲情の熱悩 **～e** vaḍḍhanto II.2[19] **～をつのらせて** ②5. **～o** uppajji II.5[11]. **～が生じた** ②8. **-bhava** *m.* 欲界の生存 III.405[10]. ③570. **-bhogin** *a.* 愛欲を享受する(人) II.12[19]. ②17. III.194[19], ③285. **-yoga** *m.* 欲望への結びつき, 欲軛 IV.140[15]. ④188. **-rati** *f.* 欲情の喜び III.112[18]. ③160. **-rati-nissita** *a.pp.* <nissayati 欲望の喜びに依着した(者) II.160[3]. ②210. **-rati-santhava** *m.* 欲望の喜びに親しむこと I.257[12]. ①336. **-vitakka** *m.* 欲望の思いめぐらし I.114[11]. ①146. II.260[7]. ②338. III.195[18], 242[5]. ③286, 348. IV.68[15]. ④81. **-sukha** *a.n.* 欲情の快楽 **～ṃ** sādiyanti II.51[2] **～を享受する** ②66. II.126[5], ②165. III.249[12]. ③359. IV.166[15], ④229. **～'ogha** *m.* 欲望という暴流 III.233[23]. ③334. **-saṃyojana-ghaṭṭana** *n.* 色情(欲望)の縛りに結ぶこと **～** atthaṃ I.123[19] ～ために ①160. **-samiddhin** *a.* 欲望に富み栄えた I.344[10]. ①453.

kāmaṃ *ac.adv.* もちろん, 欲するままに, 勝手に **～** sevanti. II.51[3]. ～享受する ②66. たとえ…であっても **～** patāmi nirayaṃ I.447[7] たとえ私が地獄に落ちようとも ①585. III.319[13]. 395[9]. ③460, 558

kāya *m.* 身, 身体, 集まり **-ālasiya** *n.* からだの不調(懈怠) IV.212[11]. ④300.

〜vimocana *n.* 身体のだるさを解放すること II.213[14]. ②278. **-ārūḷha** *a.pp.* <āruhati 身に着けた **〜hāni** ābharanāni IV.207[4] 〜装身具 ④294. **-kamma** *n.* 身の行ない III.467[22]. ③652. **-gatā sati** *f.* 身体についての思念, 身至念 II.179[9]. ②235. III.452[8]. 458[15]. ③631.640. **-duccarita** *a.pp.* 身の悪行, 殺生・不与取(盗み)・邪淫の三つ I.23[22], ①31, 33(5), II.111[13], 162[6]. ②148, 214. III.4[18], 330[13]. ③7, 473. **-ppakopa** *m.* 身の憤怒 III.330[2]. ③473. **-bandhana** *n.* 身の帯 **〜ṃ** bandhitvā I.249[11] 〜を結んで ①326. III.452[16]. ③631. **-vaṅka** *a.m.* 身の曲り, 不正 II.102[9]. ②135. **-vatthuka** *a.* 身体にもとづくもの I.24[3], 36[20]. ①32, 48. **-vijambhana** *n.* 身体を変調に屈伸すること IV.113[10]. ④150. **-viveka** *m.* <vi-**vic** 身の遠離 II.195[17]. ②256. **-veyyāvatika** *n.* 身体をつかった奉仕 I.27[20]. ①37. **-saññama** *m.* 身の制御 II.229[7]. ②298. **-sucarita** *a.n.* 身の善行(三種, 殺生・盗み・邪淫の三つを離れて行なうこと) I.36[12]. ①48.

kāyika *a.* 身体的の **〜ṃ** cetasikaṃ vipāka-dukkhaṃ anugacchati I.24[4] 身体的, 心的な果報の苦が〔その人に〕ついて行く ①32. **-cetasika** *a.* 身的・心的な I.36[21] ①48. **-cetasika ābādha** *m.* 身的・心的な病気 III.119[1]. ③168. **-cetasika-viriya** *n.* 身心の精進 **〜ena** tāpetvā I.288[18] **〜によって**〔煩悩を〕焼かせて ①375. III.86[20]. ③124. **-cetasika-sukha** *a.n.* 身体的心的安楽 I.37[5]. ①49.

kāraka-puggala *m.* 実践する人 I.158[11]. ①208.

kāraṇa *n.* 原因, わけ, 根拠, 刑罰, ばち, 所作 taṃ taṃ **〜m** āgamma I.1[8] それぞれの根拠によって ①3. kin nu kho **〜ṃ** I.41[22] 一体ね, どういうわけがあるのだ ①56. bhavissati ettha **〜ṃ.** I.93[3] ここにわけがあるのだろう ①121. I.124[13]. ①160. III.69[19]. ③100. **〜akāraṇa** *n.* 合理・非合理 I.385[14]. ①507. **〜'uttara** *a.* 反撃の, 理屈を越えた III.57[20]. ③84. **-vacana** *n.* 実感のことば III.128[14]. ③182. **-vasika** *a.* 〔特別な〕根拠(動機)をもった(人) I.340[16]. ①448.

kārāpaṇika *a.n.* 制作費 **〜ṃ** sata-sahassaṃ I.412[8] **〜は**百千〔金〕です ①541.

kārita *a.pp.* <karoti 作られた **〜e** Jeta-vana-mahā-vihāre I.4[9] 祇陀林大精舎が作られた時

kāruñña *n.* 悲心 I.128[6]. ①166. II.24[7]. 244[14]. ②32, 318 **〜tara** *a.compar.* もっと悲しみの深い II.100[12]. ②132. **〜tā** *f.* 慈悲心 III.127[15]. ③181.

kāreti *cs.* <karoti やらせる yaṃ **kāremi** (V*ri.*) taṃ na hoti I.182[23] 私がやらせることは, それは〔やって〕いない ①239. yaṃ na **kāremi** tad eva hoti I.182[23] 私がやらせないことだけが〔やって〕ある ①239.

[1]**kāla** *m.* 時 **〜ṃ** katvā I.26[15], 47[20]. 死去して ①35.64, 〜ṃ akāsi I.70[10] 死去した ①93. **〜anukālaṃ** *ac.adv.* 時に応じて I.323[4]. ①424. **-kata** *a.pp.* 死去した, 死者 I.30[3], 45[8]. ①40, 61. **-kata-abhipatthayaṃ** *prp.nom.sg.* <patthayati I.30[10] 死者を大いに望み求めて ①40. **-kiriyā** *f.* 臨終 III.167[7]. ③243. **kālass'eva** *gen. adv.* 適時に, 早朝に.(初訳は「たまにしか」) āvāsikā 〜 na sammajjiṃsu. I.20[2] 居住する者たちは適時に(早朝に)掃除をしなかった ①26. I.260[14]. ①341. **-ppavedana** *n.* <pavedeti 時を知らせること yāva **〜ā** I.248[3] 時が知らされるまで ①324. **-bheda** *m.* 時の違い III.236[15]. ③338.

[2]**kāla** , **kāḷa** *a.* 黒い, 黒 **-kaṇṇika** *m.* 黒耳の者, 不吉の者 II.246[12]. ②320. **-kaṇṇin** *a.* 黒い耳(不吉)をもった I.307[15], 378[20]. ①403, 496. III.31[11]. ③46. **-kaṇṇī** *f.* 黒耳の(不吉の)女 **〜ṇṇiyā** bhavitabbaṃ II.26[7] **〜が**いるにちがいない ②34. III.181[1]. ③264. **-kahāpaṇa** *m.* 黒いカハーパナ(金貨) III.254[15]. ③368. **-camma** *n.* 黒い皮膚 **〜ṃ** uppāṭetvā gacchati I.126[14] **〜を**はがしてゆく ①164. **-mattika** *a.* 黒土の(もの) I.333[9]. ①438.

[1]**Kāla** *m.* (龍王) カーラ **〜ena** nāga-

rājena abhitthuta-guṇo I.86[5]. 龍王のカーラによって大いに徳を讃えられて ①113.

[2]**Kāla** *m.* カーラ(コーサラ国の大臣) III.186[8]. ③273.

[3]**Kāla** *m.* カーラ(給孤独長者の息子) III.189[10]. ③278.

kālaka *a.m.* 黒点 IV.172[3]. ④238.

Kāla-tthera *m.* カーラ(黒) 上座 III.155[7]. ③223.

Kāla-silā *f.* カーラ・シラー(黒岩．王舎城のイシギリ山にある) I.431[5]. ①565. III.65[20]. ③95

Kāliṅga-raṭṭha *n.* カーリンガ国(インド東海岸寄りの国，今のオリッサ州) IV.88[15]. ④115.

kāli-yakkhinī *f.* 黒い夜叉女 I.53[11]. ①71.

[1]**Kāḷī** *f.* (墓守り女の名) カーリー I.68[15]. ①91.

[2]**Kāḷī** *f.* (女の召使いの名) カーリー **～liṃ** nāma dāsiṃ pakkositvā I.174[24]. カーリーという召使いの女を呼んで ①227. **～liṃ** āmantetvā I.175[12] カーリーに語りかけて ①228.

[3]**Kāḷī** *f.* (アジタ国のコートゥーハラカの妻の名)カーリー I.169[16]. ①220.

Kāḷudāyi-tthera *m.* カールダーイン上座 I.115[8]. ①149. IV.143[2]. ④193.

Kāvīra-paṭṭana *n.* カーヴィーラ港 IV.50[13]. ④58.

kāsa *m.* 咳，せき I.314[18]. ①413.

kāsāya *a.n.* 渋色の，袈裟，黄衣 ～yāni nivāsetvā I.102[2] ～をまとい ①132. so **～āni** apanetvā I.16[9] 彼は袈裟衣をぬいで ①21. II.251[2]. ②326 **-vattha** *n.* 袈裟衣 III.95[4]. ③135.

kāsāva *a.* 渋色の，黄衣，僧衣 **～ṃ** nīharitu-kāmā ahesuṃ I.77[5] 僧衣(渋色の袈裟衣)をぬがせようと欲していた ①100. I.80[17], 307[2]. ①105, 403. III.61[16]. ③89. **-kaṇṭha** *a.* 袈裟衣を首にかけた(人) III.479[2]. ③668. **-koṭi** *f.* 僧衣の端 **～iyaṃ** gahetvā I.307[8] **～をつかんで** ①403. **-dhara** *a.* 袈裟衣(渋色の衣)をまとった(人) II.125[8]. ②164. **-nivattha** *a.pp.* <ni-vas. **～ā** 袈裟衣をまとい I.102[8], 135[18]. ①132, 178.

-lābha *m.* 袈裟衣を得ること I.77[16]. ①101.

Kāsi *f.* カーシ国.(首都はバーラーナシー) IV.13[11]. ④16.

kāsika-vattha *n.* カーシ産の衣 I.417[3]. ①546.

Kāsi-kosala-raṭṭha *n.* カーシ国とコーサラ国 **～esu** rajjaṃ kāresi I.65[6] ～で統治を行なった ①86.

Kāsi-gāmaka *m.* カーシ村 III.259[7]. ③374.

Kāsi-pura *n.* カーシ国の都城(バーラーナシー) I.87[1]. ①113.

Kāsī-rājan *m.* (王)カーシー国王 I.56[5]. ①75.

kāhasi *2sg. ft.* <karoti 作るだろう kiṃ ～ vyañjanaṃ bahuṃ. I.92[20] どうしてあなたは沢山の表現を作る〔必要が〕ありましょうか ①120. kathaṃ ～ II.18[4] あなたはどうするのか ②23. III.128[1]. ③181

kiṃ *interr.pron.* <ka 何，どれだけの，何を，どうして ～kātuṃ vaṭṭati I.69[3] 何をすればよろしいか ①92. ～Pālita pamajjassi I.12[14] パータリよ，何で放逸でいられようか ①16. ～kāraṇā tvaṃ pamajjassi I.11[13] なぜ君は放逸であるのか ①14. ～ nu kho rogo na vūpasanto I.10[8] 一体どうして〔眼〕病が鎮まらなかったのかな ①13 ～ me gharâvāsena I.6[13] 私にとって家に住むことが何になろうか ～ **aṅga pana** *interr.adv.* どうして…であろうか ～ahaṃ I.138[1] どうして私が〔出家しないで〕いられようか ①180. **-kāraṇā** *abl.interr.* どういうわけで ～ mahā-dhanaṃ vañcetvā khādasi I.236[24] いかなるわけで，おまえは大財産をだまし取って使う(食べる)のか ①310. ～kathetha I.389[10] どうして〔そのような〕話をしているのですか ①512. I.69[6] 357[10] ①92. 469. **-mūlakaṃ** どれほどの代金のものか III.296[2] ③429.

Kikin *m.* (王の名) キキン(カッサパ世尊の時代のカーシ国王) I.396[19] 418[21] ①521. 549.

kiṅkiṇika-jāla *n.* 鈴網 I.274[2] ①357.

kicca *gdv.* <kanoti なされるべきこと，所

作, 義務 **~m** me atthi I.15[22] 私には用事があるのです ①20 dve yeva **~āni** ahesuṃ I.5[21] 二つだけ為すことがあった sālāye **~ṃ** natthi I.39[16] お堂に用事はありません ①53. **~n** te atthi I.253[3] おまえにやってもらいたい事がある ①330. **~akicca** *a.* 為すべきこと, 為すべきでないこと II.78[8] ②104.

kiccha *a.* ⓢkṛcchra 困難な ahaṃ ime **~ena** māremi I.80[15] 俺はこれらの〔象〕を苦労して殺している ①105. II.262[13] ②341 **~ena** I.188[3] 難儀して ①247. III.230[16] ③330. **~adhigata** *a.pp.* やっと手に入れた III.70[17] ③101. **-jīvaka** *a.m.* 困窮して生きる（人） II.107[8] ②142.

kiñcana *a.n* 何か, 何ものか natthi **~ṃ** I.222[7] 何もないのだ ①291.

kiñcâpi hi *conj.* なぜなら…であるけれども ~ tiracchāna-gatānaṃ pāda-parikamma-ādi-kārako nāma natthi I.123[18] なぜならば畜生の類には足の世話などをする者はいないのであるが ①160. ~‘mano’ ti catu-bhūmaka-cittaṃ vuccati I.35[13] 「意」とは四つの領域の心が言われるのであるけれども ①47.

kiñci *pron.* (kin-cid) 何も, 何か, 何でも ~ avatvā va I.211[13] 何も言わないまま ①278. ~deva avahari I.44[3] 何かを運び去った ①59 dhanaṃ ~ atthi I.6[20] 財物が何でもある ~ ūnaṃ nāma nâhosi I.79[10] 何も足りないというものはなかった ①103. ahaṃ pi ~d eva karissāmi I.59[19] 私も何かしよう ①79. ~ akatvā I.20[7] 何もしないで ①26.

kiṭṭha *m.* 穀物 **-khādaka-goṇa** *m.* 穀物を食べる牛 I.288[6] ①374. **-sambādha** *a.* 穀物が雑多にある I.288[6] ①374.

kiṇi, kiri （擬音） カチッ ‘kiṇi’ ti saddaṃ sutvā I.339[1] 「カチッ」という音を聞いて ①446.

kitavat *m.* 賭博者 III.375[10] ③529.

kittaka *a. interr.* どれほど, いくらの **~ehi** te bhikkhūhi attho I.78[17] どれほどの人数の比丘たちがあなたの〔施食〕に必要ですか ①102. **~ā** pana vo parivārā I.78[18] しかし, あなた様の取り巻きの方々はどれほど〔の人数〕ですか ①102. tumhe **~ānaṃ** bhikkhūnaṃ bhikkhaṃ dātuṃ sakkhissatha I.78[22] あなた方はどれほどの比丘たちに施食をさし上げることが出来るでしょうか ①102. **~ṃ** bhāraṃ vahasi I.123[12] どれだけの荷を運んだのか ①159 mama gehe **~ṃ** dhanaṃ I.184[15] 私の家にはどれくらい財物があるのかね ①242. I.237[12] 391[12] ①311. 515.

kitti *f.* 称賛 I.239[8] ①314.

kinti *adv.interr.* 何とかして, どうして, なぜ ~ naṃ māreyyaṃ I.180[2] 何とかして彼を殺そう, どうやって彼を殺そうか ①235. ~ I.183[7] 一体何ですか ①239.

kipillikā *f.* 蟻, あり ~ uṭṭhahiṃsu I.360[4] ~どもが現われ出た ①473.

kippaṃ *adv.* 急速に ~ Sāvatthiṃ āgami I.18[21] 急速に舎衛城にやって来た ①25.

kim-aṅga pana *adv.interr.* いかにいわんや ~ nātakā I.7[7] いかにいわんや親族たちにおいてをや〔ままならない〕 III.122[12] ③173.

kim-atthaṃ *adv.interr.* 何で, なんのために esa ~ rodati I.28[12] この者はなんで泣くのか ①38. ~ na kathesi I.368[12] なぜあなたは〔そう〕言わないのか ①485.

Kimbila *m.*（比丘） キンビラ（阿難, 阿那律, 提婆達多らと共に出家した人） I.133[13] ①175. IV.126[11] ④169.

kira *adv.* ⓢkila 伝え言う, …という話だ, 実に, 聞くところでは I.5[7]

kiriya-vāda *m.* 行為論者（行為を重視し, その結果がある, と説く人） III.374[18] ③528.

kiriyā *f.* はたらき I.288[5] ①374.

kilañja *m.* むしろ, 穀物 I.441[13] ①578. II.271[2] ②350.

kilanta *a.pp.* <kilamati 疲れた **~o** I.170[6] 疲れて ①221. II.254[7] ②330. **~‘indriya** 感官が疲れた（人） III.180[2] ③263. **-kāya** *a.m.* 身が疲れた（人） **~o** kālaṃ karoti I.173[24] 身が疲れて死亡する ①226. I.49[5] ①65. **-rūpa** *a.*

疲れているような II.7[17] ②11. **-sarīra** *a.pp.* 身体が疲れた（人） I.188[2] ①247.

kilamati <**klam** 疲れる hatthi nissāya **~māmi** I.163[11] 象によって私は疲れます ①212. sabbe **~missanti** I.13[16] 全員疲れるであろう ①17. **~meyya** (*3sg.op.*) I.5[9] 疲れるだろう **~miṃsu** (*aor.*) II.154[2] 疲れた ②202.

kilamana-bhāva *m.* 疲れていること IV.118[19] ④158.

kilameti *cs.* <kilamati <**klam** 疲れさせる I.242[1] ①317.

kiliṭṭha *a.pp* <kilissati 汚された **~ṃ** ahosi I.246[5] 〔それは〕汚された ①322. III.68[15] ③99. **-kamma** *n.* 汚れ仕事 tvaṃ **~ṃ** mā kari I.210[1] あなたは**~を**なさってはいけません ①276. **-gatta** *a.* 身体が汚れている **~o**'mhi I.359[12] 私は~ ①472. III.75[23] ③108. **-nivāsana-pārupana** *a.* 汚れた衣をまとった（人） IV.19[14] ④23. **-vattha** *m.* 汚れた着物 II.261[11] ②339.

kilissati <**kliś** 染まる，汚れる ma **~sseyya**(*op.*) paṇḍito III.141[28] 賢明な人は汚れてはならない ③201

kilinna-pāyāsa *m.* ぬれたお粥 IV.211[21] ④300.

kilesa *m.* ⓢkleśa 煩悩，染，欲念 assa **~ā** pabhijjiṃsu I.12[17] 彼の諸煩悩が破られた ①16. III.111[16] ③159. **~ātura** *a.* 煩悩に病んだ（人） III.256[14] ③370 **-kāma** *m.n.* 煩悩欲，心内の欲情 I.258[6] 365[25] ①337. 481. II.162[16] ②214. III.240[18] ③345. **-jaya** *m.* 煩悩に勝つこと II.228[7] ②296. **-daratha** *m.* 煩悩の恐れ（悩み） IV.141[12] ④190. **-dugga** *m.n.* 煩悩という難所 IV.26[2] ④30. -**nibbāṇa** *n.* 煩悩の消滅 I.286[2] ①372. **-bandhana** *n.* 煩悩の縛り ~abhāvena I.305[1] ~がないので ①400. IV.54[14] ④64. **-bhaya** *m.n.* 煩悩の恐れ **~ṃ** natthi I.310[2] ~はない ①406. **-mala** *n.* 煩悩の垢 IV.145[3] ④196. **-māra** *m.* 煩悩魔 **~o** pasahati I.75[19] ~が〔その人を〕征圧する ①99. **~o** attano vase vatteti I.76[8] ~は自分の支配下で行動させる ①99. I.317[11] ①417 II.161[6] ②211. IV.45[17] ④53. **-rati** *f.* 煩悩の喜び III.475[17] ③633. **-vaṭṭa** *n.* 煩悩の輪転 **~ṃ** avijahitvā I.289[16] **~を**捨てないで ①376. II.163[6] ②215. **-vana** *n.* 煩悩の林 III.424[7] ③595.

kisa *a.* ⓢkṛśa 痩せた，憔悴した **~o** I.299[4] やせた ①391. so **~o** ahosi II.104[11] 彼は**~した** ②138.

Kisā-gotamī *f.* （女性の名） キサー（痩せた）・ゴータミー I.85[12] ①112. II.270[13] ②350. III.432[1] ③607. IV.156[18] ④214.

kīṭa *n.* 昆虫，蛆虫 I.187[19] ①247.

Kīṭā-giri *m.* キーター山（カーシ国にある村） II.109[1] ②144.

kīṇâsava *a.pp.* 漏尽の（人）II.162[5] ②213.

kīdisa *a.* いかようの，どのような **~ṃ** bhante I.12[4] 〔具合は〕いかがですか，尊師さま ①15. idāni **~ṃ** I.10[6] 今は〔眼病は〕 いかがですか ①12. **~ṃ** bhadde I.21[4] 〔具合は〕どうですか，あなた ①28. I.255[16] ①333.

kīra-yāgu *f.* 乳粥 II.205[11] ②269.

kīḷana-kāla *a.m.* 遊ぶ時代にある（者） I.185[18] ①244.

kīḷanā *f.* 遊び ~'atthāya nadiṃ vā uyyānaṃ vā gamana-kāle I.89[4] 遊ぶために川や遊園に行く時に ①116.

kīḷayati *cs.* <kīḷati 遊ばせる **~yamāno** (*prp.*) IV.224[9] **~ばせて** ④320.

kīḷā-maṇḍala *m.* 遊戯場 III.146[12] ③208.

kīva *interr.adv.* どれくらい，どれほど ~ dūre ito Sāvatthi I.386[22] 舎衛城はここからどれくらい遠くにありますか ①509. ~mahantaṃ cakka-yugaṃ karissasi I.29[9] どのくらいの大きな双輪をあなたは作るのか ①39. ~ ciraṃ dārako ṭhassati II.238[6] どれほど長く幼児は存命するでしょうか ②311.

kukkucca *m.* 不行儀，悪作，悔 mā **~ṃ** karotha I.382[5] 悔いてはなりません（悪作にしてはいけない） ①502. ~mattam pi te natthi I.38[3] 後悔だけすらもあなたにはない ①50. III.32[18] 483[16] ③47. 674. IV.88[1]，90[2] ④114，116. **-matta** *a.* わずかの後悔 IV.89[10] ④116.

kukkuccāyati *denom.* <kukkucca 後悔する，悔疑する **～ccāyantiyo** (*prp.f.pl.*) IV.149[16] **～する女性たちは** ④203. **～ccāyitvā** II.62[21] 後悔して ②82. IV.138[12] ④184.

kukkuṭa *m.* 鶏，にわとり I.157[15] 187[19] ①207. 247. II.6[20] ②10. **～'aṇḍa** *m.* 鶏卵 **～āni** vijāyi I.48[4] 鶏卵を生んだ ①64. **～'aṇḍa-khādikā** *f.* 鶏の卵を食べる女 III.449[16] ③627.

Kukkuṭa-ārāma *m.* クックタ(鶏) 僧園(クックタ長者が創建したコーサンビーの僧園, 大精舎) I.208[4] ①274.

Kukkuṭa-mitta *m.* クックタ・ミッタ(鶏の友だち)(漁師の名) III.24[8] ③37.

Kukkuṭavatī-nagara *n.* クックタヴァティー都城(舎衛城から2000ヨージャナ離れたインド北辺の都城) II.116[18] ②154.

Kukkuṭa-seṭṭhim *m.* クックタ(鶏) 長者(コーサンビーの長者) I.203[10] ①268.

kukkutī *f.* 牝鶏 I.48[4] ①64. IV.46[16] ④54.

kukkura *m.* 犬 ekam eva **～ṃ** vijāyi I.171[14] 一匹だけ子犬を生んだ ①223.

kukkuḷa *m.* 熱灰 IV.23[1] ④26.

kucchi *f.* 胎，子宮 yadā te **～iyaṃ** gabbho patiṭṭhāti I.46[16] あなたの胎に胎児が宿った時 ①63. I.3[16] ①6. **-gata** *a.pp.* お腹に宿した(赤ちゃん) II.158[1] ②207. **-ḍāha** *m.* <ḍahati 腹の熱 **～ṃ** uppādetvā I.182[25] ～をひき起こして ①239. **-pūra** *a.* 腹を満たすもの(食べ物) **～ṃ** na labhati I.78[7] ～を得ない ①101. **-pūra** *a.* お腹を満たすこと(子を宿すこと) **～ṃ** nâlatthaṃ I.51[23] ～を得ませんでした ①69. **-ppamāṇa** *n.* 腹の大きさ(食べる量) I.189[8] ①249. **-roga** *m.* 腹の病気 I.343[18] ①453.

kujjhati **<krudh** 怒る **kujjhitvā** (*ger.*) I.174[1] 怒って ①226. mā me **kujjhi** *(aor.)* I.181[7] 私に怒らないで下さい ①237. I.348[15] 351[6] 380[24] ①460. 463. 501. III.31[11] 402[22] ③46. 567. IV.130[3] ④174.

kuñcikā *f.* 鍵，かぎ II.143[1] ②188. III.96[18] ③137. **～ka-cchidda** *n.* 鍵穴 III.65[23] ③95. **～ka-hattha** *a.* 手に鍵をとって II.179[2] ②235.

kuñjara *m.* 象 I.213[4] ①280. IV.3[8] ④5. **-sālā** *f.* 象舎 III.364[19] ③518.

kuṭa *m.* 水さし，かめ II.19[19] 256[11] ②25. 333. III.18[12] ③28. IV.135[12] ④180.

kuṭaja *m.* クタジャ(根薬の一種)

kuṭimbika *m.* 地主，資産家 I.3[7] 14[13] 97[14] ①5. 18. 126. II.52[14] ②69. **-putta** *m.* 資産家の息子 I.45[8] ①61.

kuṭumba *n.* 財産 attano **～ṃ** rakkhati I.323[3] 自分の～を守る ①424. II.235[13] ②308. **-sāminī** *f.* 資産の女主人 IV.196[1] ④278.

kuṭumbika *m.* 地主, 資産家 III.276[10] ③400.

kuṭṭha-roga *m.* ハンセン病 III.70[19] ③101.

kuṭṭhin *m.* ハンセン病者 III.255[10] ③368.

kuṇṭha-pāda *a.* 足の不自由な(馬) I.262[12] ①343.

kuṭhārī *f.* 斧, おの III.59[14] ③86.

kuṇa *a.* 背のまがった(人)，足の不自由な(人) III.71[8] ③102.

kuṇapa *n.* 死骸 III.112[5] 198[16] ③160. 290.

kuṇi *a.* 手の不自由な I.376[10] ①493

kuṇī-bhāva *m.* 手が不自由であること III.70[19] ③101.

kuṇṭhâkāra *m.* 鈍い(曲った) 様子 I.253[9] ①330.

kuṇṭha-kuddāla *m.* 曲った鋤 I.311[1] ①407.

kuṇḍaka *n.* もみぬか，粉糠 II.261[12] ②339. III.322[9] ③463. IV.16[14] ④20. **-aṅgāra-pūva** *m.* もみぬか(米屑)を炭火〔であぶった〕団子(餅) III.324[21] ③466. **-muṭṭhi** *f.* ひとにぎりのもみぬか，屑米ひとにぎり I.425[19] ①559.

Kuṇḍaka-sindhava-potaka-jātaka *n.* 「もみぬかとシンドゥ産の駿馬の若駒の本生物語」(*J.*254話) III.325[13] ③467.

Kuṇḍa-dhāna-tthera *m.* クンダ・ダーナ上座 III.52[1] ③76.

Kuṇḍa-dhāna-vana *n.* クンダ・ダーナ林 IV.192[14] ④274.

kuṇḍala *n.* 耳環，イヤリング I.25[10] ①

34. IV.35[7] 55[20] ④42, 66.

Kuṇḍala-kesi-ttherī *f.* クンダラ・ケーシー上座尼 II.217[7] ②283.

kuṇḍikā *f.* 水さし ～**āya** udakaṃ adāsi I.92[2] 水さしで水をさし上げた ①119.

Kuṇḍi-koḷiya *m.* クンディ・コーリヤ（村） IV.192[13] ④262.

kutimbika *m.* 資産家 I.19[8] 66[17] ①25. 89.

kutūhala-jāta *a.pp.* 興奮した mahā-jano pi ～**o** III.194[11] 大衆も～して ③284.

kuto *abl. interr.* どこから，どうして ～me dhanaṃ I.237[1] どこに（どうして）私の財産があるのですか ①310. ～āgat'attha I.391[8] 君たちはどこからおいでになっているのか ①514.

kudācanaṃ *adv.* いかなる時も I.50[17] ①67. III.213[8] 275[1] ③311. 397.

kuddāla *m.* くわ，すき III.239[24] 339[1] ③344. 484. IV.45[13] ④48. **-phalaka** (*Vri.*) *m.* 鋤の先のところ ～**e** bandhitvā I.311[21] ～に結んで ①409.

Kuddāla *m.* （賢者の名） クッダーラ I.311[5] ①408.

kuddālaka *m.* 小鋤，すき ～**ṃ** ādāya I.266[12] ～を携えて ①348.

kuddha-mānasa *a.pp.* <kujjhati 心が怒った（人） III.413[13] ③581.

kunta-tomara *m.n.* 〔象を制御する〕もりや突棒 IV.14[1] ④17.

kupita *pp.* <kuppati <**kup** 怒った，動乱した paccanto kira ～**o** I.353[20] 辺境の地が動乱したという ①466. I.101[10] ①131. III.78[14] ③112. rājā ～o I.368[4] 王は怒った ①484. **-mānasa** 心に怒った，心が怒らされている（人） ～**o** I.381[5] 心に怒って ①501.

kuppati <**kup** 怒る，ゆれる vātā ～**ppiṃsu** (*3pl.aor.*) I.205[14] 風〔の要素〕が怒りゆれた ①271.

kubbato *ppr.gen.* = kubbantassa <kubbati = karoti …している者の I.145[8] ①190.

kumāra *m.* 童子，青年 **-parihāra** *m.* 童子の保護訓育 I.346[21] ①459. III.146[11] ③208. **-vaṇṇa** *m.* 青年の容姿 ～**ṃ** abhinimminitvā I.139[10] ～を化作して ①182.

[1]**Kumāra-kassapa** *m.* I.1[18] クマーラ・カッサパ（上座）（ブッダゴーサに註釈の作製を要請した人） ①4.

[2]**Kumāra-kassapa** *m.* 童子カッサパ III.146[11] ③208.

Kumāra-kassapa-mātu-ttherī *f.* 童子カッサパの母の上座尼 III.144[16] ③206.

kumārikā *f.* 童女，処女 ～va hutvā I.151[25] 処女のままでいて ①199. ～parodi I.235[11] 少女は泣いた ①308.

kumāri-vaṇṇa *m.* 少女の容姿 I.201[21] ①266.

kumuda *n.* 蓮，黄蓮 III.428[5] ③600. **～'uppala** *n.* 黄蓮 II.3[3] ②5.

[1]**kumbha** *m.* 瓶，かめ，水がめ **～'agga** *a.* かめ（瓶）の中の最高の（もの） IV.98[7] ④130. **～'upama** *a.* 水がめのよう ～**ṃ** I.313[8] 水がめのように ①412. **-kāra** *m.* 陶工，かめ作り I.39[13] 177[24] 178[7] 277[5] 380[15] ①53. 232. 233. 360. 500. **-dāsī** *f.* 水がめ運びの召使い女 I.401[16] ①527. III.157[10] ③226. **-bhāra** *m.* かめの荷 ～**ṃ** vahati I.123[5] ～を運ぶ ①159.

[2]**kumbha** *m.* 象の面こぶ I.59[3] 273[17] ①79. 357.

Kumbha-ghosaka *m.* クンバ・ゴーサカ（相続した遺産がばれないように賃金労働をして暮す男） I.231[9] ①303.

Kumbha-jātaka *n.* 「瓶本生物語」 *J.*512話 III.103[22] ③147.

kumbhaṇḍa *m.* クンバンダ（夜叉），かめのような睾丸をもった夜叉 I.280[5] ①364.

kumbhaṇḍaka *n.* 冬瓜，ふくべ I.309[1] ①405.

kumbhīla *m.* 鰐，わに I.201[10] ①266. III.362[23] ③515.

kummāsa *m.* ⓢkulmāṣa 酸粥 I.367[13] ①483.

Kurara-ghara-nagara *n.* クララガラ都城（アヴァンティ地方にあり） IV.101[8] ④135.

kuruṅga *m.* ⓢkuluṅga 羚羊，かもしか ñātaṃ etaṃ ～**ssa** I.145[12] これは羚羊の知るところである ①190.

Kuruṅga-miga-jātaka *n.* 「羚羊本生物語」 *J.*21話 III.152[18] ③218.

kurute = karoti する antako ～ vasaṃ I.366[4] 死神が[人を自分の]支配下にする ①481.

Kuru-raṭṭha *n.* クル国(一六大国の一，現在のデーリー地方) I.199[7] ①263. III.193[5] ③283. IV.88[4] ④114.

kula *n.* 家 -upaka *m.* 家族 II.115[9] ②153. -upaga *a.* 家を檀家にした(比丘) tumhākaṃ ～ā III.415[1] あなた方の～[上座]たちは ①583. -upaccheda *m.* 家の断絶 ～o kato I.48[2] 家の断絶がなされた ①64. -geha *n.* 実家 I.49[1] 240[12] ①65. 315. -ghara *n.* 実家 ～gamanaṃ anujānātha I.355[13] 実家に行くことをお許し下さい ①468. IV.174[14] ④242. -dattiya *a.* 家から贈られた[毛布] III.181[5] ③264. -damaka *a.* 俗家を調御する ～ena nāma bhikkhunā I.374[6] いわば～比丘によって[仏の徳は明らかになる] ①491. -dārikā *f.* 在家の少女，家の娘 II.189[10] ②248. III.260[9] ③376. -dūsaka-kamma *n.* 家を汚す行為 II.109[6] ②144. -ddhaja *a.* 家の旗印の(人) IV.238[13] ④343. -dhītar *f.* 俗家の娘，在家の娘 ～tā…kālaṃ akāsi I.70[9] ～が…死去した ①93. -paṭipātiyā *instr. adv.* 家を順番に[歩く] ～ gāme bhikkhaṃ gaṇhanto vicarati I.375[7] [歩いて]村で托鉢食を得つつめぐり歩く ①492. -parivaṭṭa *m.* 家の代替り，家の相続 yāva sattamā ～ā I.88[20] 家が七代にわたって代替りする間 ①115. II.241[12] ②314. -putta *m.* 在家の子弟 I.136[4] ①178. III.348[10] ③497. -vaṃsa *m.* 家系，家の伝統，家の系統 II.189[3] 248. III.164[17] 281[13] ③238. 408. -vaṃsâgata *a.pp.* 家に代々伝えられた I.257[20] ①336. -satika gāma *m.* 100軒の家からなる村 IV.122[21] ④165. -santaka *a.* 家にある，家に所属する，家の所有財産 no ～ṃ nāmaṃ bhavissati I.346[19] 我々の家にある名前であろう ①457. ～ṃ mahā-dhanaṃ paṭipajjitvā I.105[4] ～大財産を引き受けたが ①136. I.167[7] ①217. III.10[10] ③16.

kulāpaka *a.* [その]家を檀家にしている

[比丘] II.53[3] ②69.

kulāla *m.* 陶工 -cakka *n.* 陶工のろくろ III.212[8] ③309. -bhājana *n.* 陶工が作る容器，陶器 I.316[7] ①415. III.16[15] 413[14] ③24. 581.

kulāvaka *n.* 鳥の巣 ～ṃ katvā II.22[14] 巣を作って ②30.

kusa *m.* 茅草，かや草 III.483[12] ③675. ～'agga *n.* 草の葉先 II.52[10] ②69.

Kusa-rāja-kālika *a.* クサ王時代の(クサ王はJ.531話にあり) III.266[10]. ③384.

kusala *a.* Ⓢkuśala 善い -akusala-kamma-karaṇa *n.* 善い，[あるいは]不善の業を作る I.35[3] ①46. ～'upadesa *n.* 善き教説 IV.84[5] ④102. -cetanā *f.* 善なる意思 II.234[18] ②306.

Kusinārā *f.* (都市)クシナーラー(マッラ国の都市，釈尊の入滅地) I.338[1] ①445. III.377[9] ③533. -nagara *n.* クシナーラー都城 I.355[15] ①468.

kusīta *a.* Ⓢkusīda 怠惰の ～ena na bhavitabbaṃ I.69[14] 怠けていてはなりません ①92. ～o II.77[2] 怠け者である ②102. I.74[4] ①97. II.260[4] ②338. -puggala *m.* 怠惰な人 II.260[1] ②337. -māṇavaka *m.* 怠惰な学生 III.409[7] ③576.

kusuma-vassa *n.* 花の雨 ～ñ ca vassatu II.83[8] また～が降りますように ②110.

kusumbha-ratta *a.* 紅藍の赤(うこん色)の III.429[9] ③603.

kuhaka *m.* 詐欺師 IV.154[3] ④202. -brāhmaṇa *m.* 欺瞞するバラモン IV.152[18] ④209.

kuhiṃ *adv.* どこに ～ gacchati I.6[1] どこに行くのか ～ nibbatto'si I.27[3] おまえはどこに再生したのかね ①36. ～ Satthā I.138[19] 大師はどこにおられますか ①181. I.8[15], 14[14], 18[3], 48[18], 49[7], 57[6], 67[5], 81[4]. ①10. 18. 23. 65. 66. 77. 89. 105.

kuhiñci *adv.interr.* どこに ～ gacchantā I.81[6] どこに行くにせよ ①105.

¹kūṭa *n.* ハンマー II.69[4] ②91.

²kūṭa *m.n.* 屋頂 III.442[2] ③618. -agāra *m.n.* 二階家，重閣 II.115[19] ②153. III.470[14] ③656. ～agāra-kaṇṇikā *f.*

重閣の屋頂 **~aṃ** bhinditvā I.77[7] ~を破って ①100. **~agāra-matta** *a.* 重閣ほどの大きさの **~o** pāsāṇo pi I.127[6] ~岩石でも ①165. **~agāra-sālā** *f.* 重閣講堂(ヴェーサーリーの大林にある) I.263[7] ①345. IV.152[19] ④209.

[3]**kūṭa** *a.* 欺瞞の ~jaṭila I.40[12] いんちきの結髪者よ ①54. **~'aṭṭa** *m.* 不正の訴訟 I.353[7] ①465. **-sakkhi** *m.* 欺瞞の証人 **~ṃ** okāretvā I.44[12] 欺瞞の証人を出して ①59. **-sakkhi-otāraṇa** *n.* 欺瞞の証人を出すこと I.44[1] ①59.

Keṇiya jaṭila *m.* 結髪者のケーニヤ I.323[2] ①424. (「仏のことば註(三)」254頁参照)

kedāra *m.* 耕地 III.6[26] ③12. **~'antara** *n.* 耕地の中 III.59[20] ③86.

keyūra *m.n.* 腕環 suvaṇṇa~ā II.220[12] 黄金の腕環です ②287.

kerāṭika *a.* 虚偽の ~pakkha-bhajanena III.389[22] ~徒党に親しむので ①548.

Kelāsa *m.* ケーラーサ(カイラーサ) 山 III.217[18] ③315. **-kūta-paṭibhāga** *m.* ケーラーサ峰に匹敵するもの I.192[23] ①254.

keli, keḷi *f.* 遊び, 笑い者 **~ṃ** katvā I.276[4] 笑い者にして ①359. **~ṃ** kurumānā viya III.297[12] ふざけているように ③431. IV.77[11] 116[7] ④93. 147. **-maṇḍala** *n.* さいころ遊びの円盤 III.362[6] ③514.

kevaṭṭa *m.* 漁師 II.132[1] ②173. III.449[21] ③627. **-gāma** *m.* 漁夫の村, 漁村 IV.40[11] ④43.

kevalaṃ *ac.adv.* 独り, ただ, もっぱら ~taṃ vibhāvetvā I.2[5] もっぱらそれを解明して

kesa *m.* ⓢkeśa 髪, 毛髪 I.74[19] ①98. **~'ādi-samūha** *m.* 髪の毛などの集合体 I.316[20] 336[22] ①416, 443. **~'oropana-satthaka** *n.* 髪をおろす小刀, かみそり **~ṃ** gahetvā I.431[11] ~を持って ①565. **~'orohana** *n.* 毛髪を〔そり〕おろすこと II.53[1] ②69. **-kalāpa** *m.* 髪の毛の束 III.53[2] ③77. **-massu** *n.* 髪とひげ **~ṃ** antaradhāyi I.109[26] **~が**消えた ①141.

Kesava *m.* (王) ケーサヴァ I.342[18] ①451.

ko *interr.* 誰か, 誰が ~ tattha vasati I.14[26] 誰がそこに住んでいますか ①19. ~'si tvaṃ I.14[27] あなたはどなたですか ①19. I.27[2] ①36. ~ nu kho idâgacchati I.68[17] 一体ね, 誰がここに来るのかしら ①91.

Kokanada *m.* コーカナダ(紅蓮)(殿堂の名前) I.244[3] ①319. III.134[6] ③190.

Koka-sunakha-luddaka *m.* 猟犬をしたがえた猟師, コーカ III.31[5] ③46.

Kokālika *m.* コーカーリカ(比丘)(*cf.* *J.*215話, 481話, *S.*I.p.149-.「仏のことば註(三)398頁) IV.91[1] ④119. 提婆達多にくみする比丘 I.143[8] ①188.

koci *m.* (ko-ci) 誰か natthi te ~ I.6[16] 君には誰か〔許可を乞うにふさわしい親族は〕 いないかな ①8. ~ āraññako vihāro atthi I.14[25] 誰か森林住者の精舎がありますか ①19.

kojava *m.* 羊毛のカバー I.177[12] ①231. III.297[11] ③431.

koñca-sakuṇa *m.* 鷺 III.35[2] 132[3] ③51. 187. **-rāva** *m.* (鷺の声に似た) 象の叫び声 ~ṃ ravi IV.70[3] ~を発した ④89.

[1]**koṭi** *f.* 端, はじ **~yaṃ** gahetvā I.371[13] 端のところを持って ①448. **-ppatta** *a.pp.* 極限に達した sāvaka-pāramī-ñāṇassa **~o** I.110[10] 声聞波羅蜜の智の~**達した者である** ①142.

[2]**koṭi** *num.* 一千万, 一億, 倶胝 dve ~mattā puthujjanā I.5[20] 二千万人ほどは凡夫である ①7. aneka~saṅkhaṃ dhanaṃ pariccajitvā I.83[13] 数億〔金〕と見積られる(称される) 財物をすっかり捨てて ①110.

Koṭi-pabbata-mahā-vihāra *m.* コーティ山大精舎 IV.50[21] ④59.

koṭṭana *n.* 〔穀物を〕搗くこと II.261[17]. ②340. III.41[9], 321[13]. ③60. 463 **-pacana** *n.* 〔米を〕搗き〔飯を〕炊くこと III.68[2] ③98.

koṭṭāpeti *cs.* <koṭṭeti 打たせる **~petvā** III.180[1] 打たせて ③263.

koṭṭita-khāṇuka *m.* くだかれた木株 I.309[2] ①405.

koṭṭima *a.* 象眼のある(水つぼ) IV.135[16]

④180.

koṭṭima-ratta-suvaṇṇa *n.* 砕いた粉末の赤色黄金 I.414¹⁶ ①544.

koṭṭeti <kuṭ 打つ，搗く，切る，くだく suvaṇṇaṃ ～etvā (*ger.*) I.25⁹ 黄金を打って ①34. khaṇḍākhaṇḍikaṃ ～etvā I.219¹⁶ 切れ切れの端布に切って ①289. vīhī ～ II.131³ 米を搗く ②172. I.360¹³〔釈迦族の人々を〕打ちくだいて ①473.

koṭṭha *m.n.* 穀倉 I.98¹⁶ ①127. III.254¹⁴ 366⁵ ③368. 520. IV.126¹³ ④162. ～'āgāra *m.* 蔵 I.102¹⁰ ①132. ～'āgārika *a.m.* 守蔵官 I.101²⁴ ①132.

koṭṭhaka *n.* 穀倉 I.136⁷ ①178.

koṭṭhāsa *m.* 部分 khettaṃ dve ～e katvā I.98¹ 田を二つに分けて ①126. tayo ～ā gahitā I.189¹¹ 三人分が受取られた ①249. dve ～ā ahesuṃ I.54¹⁸ 二手に分かれた ①73. tayo ～e katvā I.298³ 三分して ①390. cattāro ～e katvā IV.7¹⁹ 四つに分けて ④11. pañca ～e katvā III.367¹⁷ 五つに分けて ③521.

Koṇāgamana-buddha *m.* コーナーガマナ仏陀（過去の24仏の第23，7仏の第5）I.84⁷ 103¹⁰ ①111. 133. III.236²⁰ ③338.

Koṇḍañña *m.* コンダンニャ（過去24仏の第2）I.84³ ①111.

kotūhala *n.* 興奮 III.413¹ ①580. -jāta *a.pp.* 興奮した ～ā I.330¹⁸ ～して ①434.

Kotūhalaka *m.* コートゥーハラカ（祭式人）I.169¹⁵ ①220.

kotūhalaka-kāla *m.* お祭の時 ～kālasmiṃ I.181¹¹ ～に ①237.

kodha *m.* 怒り IV.147¹³ ④200. ～'abhibhū *a.* 怒りを征服した（人），怒りに勝つ人 I.265¹⁴ 272³ ①347. 355. ～'abhibhūta *a.pp.* <abhibhavati 怒りに打ち負けた（人）III.40¹⁹ ③59. -nandhi *f.* 怒りという革ひも IV.160¹⁴ ④220.

Kodha-vagga *m.*「怒り品」III.295¹ ③428.

kopa *m.* <kup 憤怒 I.173¹⁶ ①225. IV.146² ④198.

kopeti *cs.* <kup 乱す，動かす nâssa cittaṃ **kopetuṃ** (*inf.*) vaṭṭati I.62²³ 彼の心を乱すのはよろしくない ①83.

komudī *f.* カッティカ月（10～11月）の満月の日 III.461² ③643.

kola *m.* 棗，なつめ ～'aṭṭhi *n.* なつめの核 I.319⁹ ①419. -rukkha *m.* なつめの木 III.255¹² ③368.

kolāhala *n.* 叫び声，混乱 idaṃ ～ṃ agamāsi I.54²² この混乱（叫び声）となった ①73. ～ṃ karontā I.65¹⁴ 喊声をあげて ①87. I.141¹¹ 190⁶ 348⁹ ①185. 250. 459.

Kolita *m.* コーリタ（拘律陀，目連の在家の時の名）I.89² ①116. IV.89¹⁸ ④109. -gāma *m.* コーリタ村（目連の出生した村）I.88¹⁶ ①115.

Koliya *m.* コーリヤ族 III.254⁶ ③367. -nagara *n.* コーリヤ都城 III.254⁶ ③367. -dhītar *f.* コーリヤ国の〔王〕女 IV.192¹⁶ ④274.

koḷāpa *a.* 空洞のある，生気のない（木）sukkhe ～e I.285¹⁰ 乾いた（枯れた）空洞のある木を ①371. -rukkha *m.* 空洞のある（枯れた）樹 II.51⁴ ②66. IV.166¹⁴ ④229.

kovida *a.* <ku-vid 熟知する，巧みな dhammâdhammesu ～o I.1⁸ 法と非法に関して巧みな（熟知した）方は

koviḷāra-rukkha *m.* コーヴィラーラの木，黒檀 ～ṃ ropetvā I.270¹⁹ ～を植えて ①353.

kosaka *m.n.* 鉢 III.374¹⁰ ③528.

kosajja *n.* (kusīta-ya) 懈怠 III.347⁸ ③495. IV.85¹⁵ ④111.

Kosambika *a.* コーサンビーに住む，～の ～ā bhikkhū I.63²² ～比丘たちは ①84. **Kosambaka** I.53¹⁴ ①72. -seṭṭhin *m.* コーサンビーに住む長者 I.174¹⁵ ①227.

Kosambiya-magga *m.* コーサンビーへの道 ～ṃ paṭipajjiṃsu I.188¹ ～を歩んで行った ①247.

Kosambi-vāsi-tissa-tthera-sāmaṇera *m.* コーサンビーに住むティッサ上座の沙弥 II.182⁸ ②239.

Kosambī *f.* コーサンビー（ヴァンサ国の首都，ウデーナ王が統治した）I.53¹⁶ 138¹⁶

161[5] 203[3] ①72. 181. 210. 267. IV.1[3] ④3. **~iyaṃ** piṇḍāya caritvā I.56[18] コーサンビーを托鉢に歩いて ①76.

Kosala *m.* ⓢKauśala コーサラ国(16大国の一つ, 首都はサーヴァッティ, 舎衛城) **-janapada** *m.* コーサラ国 I.322[22] ①424. **-nar'inda** *m.* コーサラの人の帝王 I.356[18] ①469. **-raṭṭha** *n.* コーサラ国 II.161[17] ②213. **Kosala-rāhjan** *m.* コーサラ国王 I.64[2] 139[7] 290[5] ①85. 182. 377. **-saṃyutta** *n.* 「コーサラ相応〔経〕」(*S.*I.75. 「南伝」12.p.130) II.7[6] ②10.

Kosiya *m.* コーシヤ, 帝釈天 I.429[1] ①562.

Kosiya-seṭṭhin *m.* コーシヤ長者 I.366[20] ①483.

koseyya-vattha *n.* 絹の着物 I.395[13] ①519.

kohañña *n.* 欺瞞 **~ena** jīvitu-kāmo I.141[15] **~によって**生きようと欲して ①185.

Kh

khagga *m.* 剣 **~ṃ** sannayhitvā III.75[11]. 剣をとり ③107.

khacati ちりばめる suvaṇṇena **~itvā** III.29[6]. 黄金をちりばめて ③43.

khajja *a.gdv.* <khajjati 食べられるべき, 硬い食べ物 **-vikati** *f.* 硬い食べものの類 ~ṃ pacāpetvā. II.10[2]. ~を煮させて ②14.

khajjaka *a.n.* 硬い食べ物 I.294[1]. ①383. III.38[7]. ③56.

khajjopanaka *m.* 蛍, ほたる III.178[7], 474[10]. ③260, 661.

khañja *a.* 片足をひきずる, 足の不自由な ~ppahārena II.71[8]. **~者が**〔糞を〕投げることによって ②94.

khaṭa-khaṭa-sadda *m.* カタカタという音 III.330[7]. ③473.

khaṇa *m.* ⑤kṣaṇa 利那, 瞬間 taṃ **khaṇañña**eva I.41[25]. もうその利那に ①56. tasmiṃ **~e** I.116[5]. その利那に ①150. **~en'**eva upâgantvā I.17[23]. もう利那のうちにやって来て ①23. **~'atīta** *a.pp.* <ati-i 利那が過ぎ去った(人) III.488[13]. ③681.

khaṇikaṃ *ac.adv.* 利那的に I.337[4]. ①443.

khaṇḍa *a.* こわれた, 破片の **-danta** *a.* 歯がぼろぼろの(人) I.424[11]. ①557. II.189[20]. ②249. III.116[15]. ③166. **-sīla-tā** *f.* 戒が壊されること III.484[18]. ③676.

khaṇḍati *denom.* <khaṇḍa 破片にする, へし折る IV.14[1]. ④17.

khaṇḍākhaṇḍaṃ *ac.adv.* 粉々に ~hutvā II.219[17]. **~になって** ②286.

khaṇḍākhaṇḍika *a.* 部分部分となしたもの **~ṃ** chinditvā I.70[1]. 〔火葬の死体を〕ばらばらに切断して ①93. **~o** hutvā I.177[7]. 粉々になって ①231. **~ṃ** maṃ karissanti I.240[4]. 私を粉々にするでしょう ①315. I.178[4], 219[15]. ①232, 289. III.67[12]. ③97.

khaṇḍicca *n.* 破壊 III.123[1]. ③174.

khattiya *m.* Ⓢkṣatriya クシャトリヤ, 利帝利, 王族 ~sukumālo I.5[7] 〔如来は〕繊細なクシャトリヤである ①6. II.246[13]. ②320. **-pabbajita** *pp. m.* クシャトリヤから出家した者 I.138[26]. ①182. **-māna** *m.* クシャトリヤの自尊心(慢) **~ṃ** janetvā I.38[4]. 〔彼は〕クシャトリヤとしての自尊心(慢)を生じさせて ①51. **-māyā** *f.* クシャトリヤの神秘的な格言 **~aṃ** kathehi I.166[6]. ~を語りなさい ①216. **-vaṃsa** *m.* クシャトリヤの伝統(血統) II.15[19]. ②20. **-sukhumāla** *a.m.* 繊細なクシャトリヤ I.61[17]. ①81.

khadira *m.* カディラ樹, アカシヤの樹 I.144[17]. ①189. **~'aṅgāra-rāsi** *m.* カディラ(あかしや)の炭火の山 I.442[7]. ①579. **-khāṇu** *m.* アカシヤの切株 II.249[10]. ②324. **-tthambha** *m.* カディラ(あかしや)の柱 III.206[4]. ③301. **-dāru** *n.* アカシヤの木材 I.441[8]. ①578. **-rukkha** *m.* カディラの木 II.194[3]. ②254. **-vana** *n.* カディラ(あかしや)の林 II.192[4]. ②252. **-vaniya** *a.* カディラ(あかしや)の林に住む II.188[12]. ②248.

Khadir'aṅgāra-jātaka *n.* 「カディラ(あかしや)〔の木を燃やして作った〕炭

火〔の坑〕の本生物語」(J.40話) I.447⁹.
①585.

khañja *a.* 足の不自由な I.376¹⁰. ①493.

khanti *f.* 忍耐 II.207¹⁵. ②271. III.237⁶.
③339. **-bala** *n.* 忍耐の力 IV.146¹,
163¹⁵. ④190, 216. **-vādin** *a.m.* 忍耐
を〔信条として〕となえる〔修行〕者 I.149⁵.
①194. **-soracca** *n.* 忍辱柔和 I.56¹⁰.
①76.

Khanti-vādi-jātaka *n.* 「忍耐を〔信条とし
て〕語る人の本生物語」(J.313話) I.149⁷.
①194.

¹**khandha** *m.* 蘊，あつまり，〔五〕蘊
dhammā honti ～ā honti I.22¹³ 諸々
のものごとがあり，諸々のあつまり（蘊）が
ある ①30. II.31⁴. ②41. **～'ādi-loka**
m. 蘊などの世間（人間の身心などの世
界）III.169⁸. ③247. **～āyatana-
dhātuyo** *f.pl.* 〔五〕蘊，〔十二〕処，〔十八〕
界 I.158²⁴. ①209. **～āvāra** *m.* 野営
陣地，キャンプ ～ṃ nivāsetvā I.312⁴.
～を張って ①409. I.193¹¹, 356¹. ①255,
468. II.79¹³. ②105. III.218¹⁷. ③316.
-dhātu-āyatana *n.* 〔五〕蘊・〔十八〕界・
〔十二〕処 II.31⁶. ②41. **-pariharaṇa-
dukkha** *n.* 〔五〕蘊（色・受・想・行・識）を
保持する苦 III.261¹. ②376. 蘊（身心）
を覆う（運ぶ，つきまとう）苦 ③571.
-loka *m.* 蘊世間，身心 IV.225²¹. ④
322. **-vaṭṭa** *n.* 蘊の輪転 II.163⁸. ②
215.

²**khandha** *m.* 肩 **～'aṭṭhika** *n.* 肩の骨
III.33¹⁶. ③48.

Khandhaka *m.* 犍度部（律蔵の大品，小品）
II.164⁶. ②216.

khama *a.* <kṣam 忍ぶ，耐える ～ā ca
bhaveyyātha I.56¹³. 君たちは忍耐の者
ちであるべきである ①76.

khamaṇīya *gdv.* <khamati 耐え忍ぶ，大
丈夫である，息災である II.22⁷, 185⁸. ②
29, 242.

khamati <kṣam 堪える，ゆるす ～māhi
(*imper.*) me I.405¹. 私を堪忍しておく
れ ①532. ～mitabbaṃ (*gdv.*) tāva
～māmi I.405². まず許されるべきこと
については私は許します ①532. yass'
imāni pañca vatthūni ～nti I.143¹.
その人にとってこれらの五つの事が認め

られるなら ①187. ～matha me
I.40¹⁴. 私をお許し下さい ①54.

khamāpiyati *ps.* <khamāpeti 許しを乞わ
れる ～yamāno II.185¹⁴. ～われると
②243.

khamāpeti *cs.* <khamati 許しを乞う，あ
やまる te theraṃ ～petvā I.14⁵. 彼
等は上座に許しを乞うてから ①18.
I.57¹⁷. ①77. II.254²². ②331. sace
maṃ ～peyya I.42¹⁴. もし〔彼が〕私に
あやまるなら ①57. nâhaṃ ～pemi
I.42¹⁶. 私はあやまりません ①57. na
～pesi yeva I.42¹⁹. あやまらないまま
であった ①57. ～petha (*imper. 2pl.*)
I.57²¹. あやまりなさい ①77. ～pito
(*pp.*) pana vo Satthā I.57¹⁹. しかし
あなたさまは大師から許されたのですか
①86. ete bhikkhū ～pehi I.38²⁴. 彼
等比丘たちにあやまりなさい ①52.
nâhaṃ ete ～pemi I.39¹. 私はこの者
たちにあやまりません ①52. maṃ ～
petuṃ (*inf.*) āgacchanti I.64⁸. 〔彼ら
は〕私に許しを乞うてやって来ています
①85. Bhagavantaṃ ～pesuṃ (*3pl.aor.*)
I.64¹⁹. 世尊に許しを乞うた ①86. ～
pesi (*aor.*) II.150¹⁰. あやまった ②
197.

khaya *m.* Ⓢkṣaya 滅尽 idaṃ sarīraṃ
... ～ṃ pattaṃ I.71⁸. この身体は…
滅尽に達した ①94. **-vaya** *m.* I.8².
滅尽，衰滅 ①10.

kharatara *compar. a.* さらにはげしい
～ā vedanā uppajji III.297¹⁶. ～苦痛
が生じた ③431.

kharamantī *f.* 荒々しさをもった女
III.178¹⁷. ③261.

kharā-vedanā *f.* はげしい苦痛 ～
uppajji I.47¹⁵. はげしい苦痛が生じた
①64.

khala *m.* 打穀 **-kāla** *m.* 打穀の時
IV.98⁶. ④130. **-bhaṇḍa** *n.* 脱穀
IV.98⁶. ④130. **-maṇḍala** *m.* 打穀場
I.266¹². ①348. III.339². ③484.

khalati Ⓢskhalati ころぶ ～litvā
IV.9¹⁶. ④13.

khalita *a.pp.* <khalati ころんだ，つまず
き，失敗した，落度 II.107¹². ②142.
III.196¹, 375¹². ③287, 529.

khallāṭa-sīsa *n.* はげ頭 I.309[2]. ①405.
khaḷa *m.* 打穀 I.98[16]. ①127. **-bhaṇḍa** *n.* 脱穀したもの I.98[16]. ①127.
khaya *m.* Ⓢkṣaya 滅尽 I.246[8]. ①322. **-vaya-paṭṭhapana** *n.* 滅尽，衰亡を確立させること I.292[2]. ①380.
khāṇu *m.* 木株 **-matta** *a.* 木株だけの rukkho **~o** hutvā I.284[20]. 樹は~ものになり ①370.
khāṇuka *m.* 杭，くい **~e** koṭṭāpetvā I.436[10]. 杭を打たせて ①572. II.254[13]. ②330. **-matthaka** *m.* 木株の頭 I.60[8]. ①80.
khādana *n.* <**khād** 食べること IV.9[11]. ④12.
khādanīya (khādati の *gdv.*) かんで食べるべき，硬食，噉食 **~ādīni** gāhāpetvā I.5[1]. 硬い食べ物などを持たせて〔行く〕 I.33[11], 102[5], 270[15], 378[13]. ①43, 132, 353, 496.
khāditabbaka *a.* 食べるもの，食べられるもの（食料） III.137[9]. ③194.
khāditu-kāma *a. m.* 食べたいと欲する ~o'mhi I.368[11]. 私は食べたいのだよ ①485.
khāyati <**khyā** 思える，見える mayūro viga ~ I.394[15]. 孔雀のように見える ①519. kaṇṭako viya **khāyi** (*aor.*) I.177[22]. 刺のように思えた ①232. **~yiṃsu** (*aor.*). III.428[3]. ③600.
khāra *m.* Ⓢkṣāra アルカリ，灰汁 **~'odaka-secaka** *a.* アルカリ水を注ぐこと I.189[10]. ①249.
khārika *a.* アルカリ性の II.31[20]. ②42.
khāri-bhaṇḍa *n.* 一石（こく）の荷物，(担荷) III.243[19]. ③350.
khiḍḍā-pasutatā *f.* 遊びに熱中すること III.138[15]. ③196.
khitta *a.pp.* <khipati <**kṣip** 投げた，投げられた III.34[6]. ③49.
khipati <**kṣip** くしゃみをする **~pitvâpi** IV.161[15]. くしゃみをするにも ④222.
khipitaka *a.* くしゃみ I.314[17]. ①413. **-sadda** *m.* くしゃみの音 I.250[3]. ①326.
khippataraṃ *compar. adv.* より早く I.372[20]. ①490.
khipp'abhiñña *a.m.* 速通達者 II.216[8]. ②281.
khila-jāta *a.pp.* 不機嫌になった（人） I.309[13]. ①406.
khīṇa *a.pp.* <khīyati 尽きた，滅された **~ā** jāti I.120[7]. 生は尽きた ①155. **~'āsava** *a.m.* 漏が滅した，漏尽者 **~ānaṃ** maraṇa-cetanā nāma natthi. I.20[14]. 漏尽者たちには殺意というものはない ①27. I.81[20], 107[22], 115[9], 262[8], 309[17], 322[8]. ①106, 139, 149, 343, 406, 423. II.9[12]. ②13. III.49[8]. ③70. **~'āsava-tthera.** *m.* 漏尽の上座 I.156[6]. ①205. **-pātheyya** *a.pp.* 行路の糧食が尽きた（人） **~ā** I.188[2]. **~尽きた人々は** ①247. **-saṃyojana** *a.pp.* 結縛が滅ぼされた（人） II.250[12]. ②325.
[1]**khīyati** *ps.* <khayati 尽きる，亡ぶ bahuṃ dhanaṃ **khīyi** (*aor.*) I.186[9]. 莫大な財産を失った ①245. I.186[25]. ①246. taṃ puññaṃ ~ I.173[21]. その福徳は尽きる ①226. **~t**'eva II.25[13]. 尽きるだけである ②33.
[2]**khīyati** <**kṣā** 不機嫌となる **~yitvā** I.234[20]. **~となって** ①307.
khīra *n.* Ⓢkṣīra 乳，牛乳 II.67[12]. ②89. **~'odaka** *n.* 牛乳水 **~ena** dhovati I.348[4]. ~で洗う ①459. **-paka** *a.* 乳を飲む（子牛） III.423[17]. ③594. **-pāyaka** *a.* 乳を飲む（子） I.359[4]. ①471. **-mukha** *a.* おっぱいを飲んでいる〔若者〕 III.259[9]. ③374. **-mūla** *n.* 乳の代金，乳児を養う資金 IV.207[13]. ④295.
khuṃsita *a.pp.* <khuṃseti 呪われた **~o.** II.75[19]. ②100.
khuṃseti 怒る，呪う IV.38[11]. ④45.
khujja-dhātuka *a.* 身体が曲がった者 thokaṃ **~o** ahosi I.226[2]. 少し~であった ①296.
khujjā *f.* 背中の曲った女 I.194[8], 225[20], 226[5]. ①256, 295, 296.
Khujjuttarā *f.* クッジュッタラー（背のまがったウッタラー．コーサンビーのウデーナ王の第一王妃サーマーヴァティーの召使い女（dāsī，奴隷女）） I.208[18], 225[19], 340[20]. ①275, 295, 448.
khudā *f.* 飢，うえ **~aṃ** paṭihanitvā II.145[6]. **~を撃退して** ②190.

~'abhibhūta *a.pp.* 飢に打ち負かされた ~ā I.169¹⁹. ~されて ①220.

khudda-anukhuddaka-āpatti-āpajjana *n.* 小さな, 更に小さな犯戒(罪過)となること ~ṃ pi karoti I.76¹. ~をも為す ① 99.

khuddaka *a.* 小さな -gāma-bhojaka *m.* 小さな村の所有者(村長) II.119¹⁶. ② 157. -sākhā *f.* 小枝 I.75¹⁵. ①99.

khup-pipāsā *f.* 飢と渇き ~ pīḷito I.305¹⁴. ~に悩まされて ①401. I.188². ①247.

khubhati 揺れる II.152¹⁸. (*PTS*は khambhati) ②200.

¹khura *n.* Ⓢkṣura 剃刀 I.253⁵. ①330. II.257⁵. ②334. ~'agga *n.* 剃髪堂, 剃刀 (かみそり) 堂 II.183¹, 242⁷. ②240, 315. IV.128¹². ④164. -dhārā *f.* かみそりの 刃(きっさき) II.257⁹. ②335.

²khura *m.* 〔馬の〕ひづめ, 蹄 II.120¹⁰. ② 158.

khetta *n.* Ⓢkṣetra 田, 畑 I.45¹². ①61. ~'agga *a.* 田畑の中で最高の(もの) IV.98⁵. ④130.

khepeti *cs.* <khipati 消費する, 時をすご す, 投げ捨てる sabbāni ~petuṃ (*inf.*) nâsakkhimsu I.63⁴. 全てを食べ尽すこと が出来なかった ①83. tattha divasaṃ ~petvā I.85⁴. そこで日中を過ごして ①112. dve-navuti-kappe ~pesuṃ (*3pl. aor.*) I.102²¹. 九二劫をすごした ①133. dve-asīti-koṭi-dhanaṃ ~petvā III.131¹⁴. 2×80億〔金〕の財産を消費して ③186. ekaṃ buddh'antaraṃ ~payiṃsu (*aor.*) IV.201²². 一無仏期をすごした ④287. te tattakaṃ kālaṃ ~petvā. I.103¹². 彼等はそれだけの時を過ごしてから ① 133. jīvitindriyaṃ chindanti ~penti III.60². 命根(生命機能)を断ち切り投げ 捨てる ③87. sabbâsave ~petvā II.215⁷. 全ての漏煩悩を捨てて ②280.

khema *a.n.* Ⓢkṣema 安穏な, 安穏 I.231⁴. ①302. III.393¹⁶. ③556.

Khema *m.* ケーマ(給孤独長者の甥) III.481¹³. ③672.

khemanta *a.* 安全な場所 I.148²¹. ①193.

Khemā *f.* ケーマー(女性声聞弟子の第一 人者) I.340¹⁸. ①448. -therī *f.* ケー

マー上座尼(元ビンビサーラ王の第一王 妃) IV.57⁵. ④69. -bhikkhunī *f.* ケ ーマー比丘尼 IV.168¹⁵. ④233.

khemin *a.* 平穏な(人) III.383¹⁰. ③539.

kheḷa *m.* Ⓢkheṭa 唾液, つばき I.50²⁰. ①67. III.26¹², 181². ③39, 264. ~ṃ viya chaḍḍetvā I.137²². ~のように吐 き捨てて ①180. ~ena paggharantena IV.20¹⁸. つばきを吐いて ④24. -āsika-vāda *m.* 〔他人の〕唾を食う者という言 葉 ~ena apasādetvā I.140¹. ~で叱責 して ①183. -piṇḍa *m.* 唾液(つばき) の玉 II.123¹⁸. ②163.

khobheti, khobhayati *cs.* <kṣubh 震動 させる ~yamāno I.249¹⁷. 震動させつ つ ①326. sakala-Jambudīpaṃ ~ bhetvā IV.25⁴. 全インド洲を振動させて ④28. na ~bhetuṃ (*inf.*) sakkoti I.77². 〔煩悩魔はその人を〕動揺させるこ とができない ①100.

khoma *n.* Ⓢkṣauma 麻 I.417³. ①546.

G

gagana *m.* 空, 空中 -tala *n.* 天空, 天上 I.372², 408³. ①489, 536. III.447⁷. ③ 623. -majjha *a.m.* 天空のまん中 cando ~e ṭhito I.406⁹. 月が~にあっ て ①534.

Gaṅgā *f.* ガンジス河, ガンガー河 ~'ārohana *m.* ガンガー河の河のぼり III.436². ③613. ~'ārohaṇa-samāgama *m.* ガンガー河の河のぼりの集会 III.443²⁰. ③620. -tīra *n.* ガンガー河 の岸辺 I.284¹². ①370.

gaccha *m.* 薮, やぶ, 潅木 I.170⁷. ①221. II.138¹³. ②182. nānā~e khāditvā I.126³ 種々の潅木を…食べて ①164. ~'antara *n.* 繁みの中, 薮の中 ~e nipajjāpehi I.176¹⁵ ~に寝かせなさい ①230. ~ṃ paviṭṭhā I.176²⁵~に入り ①230. II.262¹². ②341. III.53¹. ③77.

gacchati <gam 行く agamāsi *3sg.aor.* I.38⁸ 行った ①51. kuhiṃ I.6² どこに行くのか ①7. ahampi gamissāmi (*ft. 1sg.*) I.6³ 私も行こう ①7. gantvā (*ger.*) I.6³ 行って ①7. pure-bhattaṃ gacchantā (*prp. pl.*) I.4²¹ 食前に行く時は ①6. Rājagahaṃ

agamaṃsu (*3pl.aor.*) I.77[20] 王舍城に行った ①101.

gaj'uttama *m.* 最上の象 IV.96[16]. ④127.

gaṇa *m.* 衆, 群 eko **～mhā** vūpakaṭṭho I.56[17] 一人で群から遠離して ①77. **～'ācariya** *m.* 衆の阿闍梨 II.227[19]. ②296. **-jeṭṭhaka** *m.* 衆の最勝の方 II.227[19]. ②296. **-rāja-kula** *n.m.* 王家のグループの人々 I.350[9]. ①462. **-bandhanena** *instr.adv.* 一つのグループになって II.160[1]. ②210. **-saṅgaṇikā** *f.* 互いに会い交わること I.162[10]. ①211. IV.143[13]. ④193. **-sajjhāya** *m.* 集団で〔経を〕誦えること **～ṃ** katvā I.315[21] ～誦えて ①415. **-seṭṭha** *a.* 群衆の最上者 I.36[5]. ①47.

gaṇaka *m.* 理財家 III.308[4]. ③446.

gaṇanā *f.* 計算, 数 ～ natthi I.11[3] ものの数ではない ①14. laddhānaṃ pana ～ natthi I.220[6] しかし得た品々の数はない(計算できない, 無数である) I.289. sagge nibbattānaṃ ～ nāma natthi I.34[5] 天国に再生した者の数をいうのは〔数え切れ〕ないのだよ ①45. na sakkā **～āya** paricchindituṃ I.27[8] 〔年〕数を限定することは出来ないであろう ①36.

gaṇāpeti *cs.* <gaṇeti 数えさせる **～petha** (*imper. 2pl.*) I.358[13] 〔あなたさまは〕数を数えさせなさい ①471.

gaṇikā *f.* 遊女 II.35[15]. ②47. III.104[4], 308[19] ③148, 447 IV.195[19]. ④278.

gaṇeti *denom.* <gaṇa 数える **gaṇetvā** I.157[18] 〔牛の数を〕数えて ①207. gāvo **gaṇayaṃ** (*prp.*) paresaṃ I.157[3] 他人の牛を数えている〔牧牛者〕①207. III.229[8]. ③328.

gaṇṭhika *m.* 頸飾り I.394[6]. ①518.

gaṇṭhika-bhedaka-cora *m.* 〔さいふの〕ひもを切る泥棒(すり, 巾着切り) II.29[10]. ②38.

gaṇṭhikā *f.* 紐, ひも agge **～aṃ** katvā I.359[15] 先のところに紐を結んで ①472. **～aṃ** paṭimuñcanto III.352[19]. 紐を縛りつつ ③502.

gaṇṭhi-jāta *a.* こぶのある類の I.321[6]. ①421. こぶになった I.335[7]. ①440.

gaṇḍa *m.* 腫物 III.297[14]. ③431. **～'uppāda** *m.* みみず, 腫物を起こすもの III.361[8]. ③513.

Gaṇḍ'amba-rukkha *m.* ガンダのマンゴー樹 III.206[12]. ③302. (双神変の場所)

gaṇḍī *f.* 銅鑼 **～ḍiyā** pahaṭāya I.291[1]. ～が打たれた時 ①378. II.244[2]. ②318. **gaṇḍi-sadda** *m.* 銅鑼の音 **～ṃ** sutvā I.291[11]. ～を聞いて ①379. II.54[3]. ②70.

gaṇhāti <**grah** とる, 把握する 捕える na **gaṇhi** (*3sg. aor.*). I.116[1] 〔鉢を〕とらなかった ①150. sāraṃ eva **gaṇhittha** (*2pl.aor.*) I.113[21]. 君たちは核心だけを把握した ①146. sāmikaṃ **gaṇhissāma** (*1pl. ft.*) I.71[18]. 私たちは主人をつかまえましょう ①95. vattha-bhesajja-pānakâdiṃ **gāhāpetvā** (*cs.ger.*) I.5[23]. 衣, 薬, 飲み物などを持たせて sīlāni **gaṇheyyāma** (*1pl.op.*) I.8[19]. 私たちは〔五〕戒を守るでしょう ①10.

gata *a.pp.* <gacchati 行った, なった, 達した bhāsaṃ ati-vitthāra**～ṃ** I.2[2]. きわめて詳細となった言葉を〔捨てて〕①4. na ～pubbā I.4[21]. 以前から〔何も持たないで〕行ったことはない ①6. **gata-gata-ṭṭhāna** *n.* それぞれ行く先々の場所 I.37[5]. ①49. **gat'addhin** *a.* 旅路を行き終えた(者) II.164[3]. ②216.

gati *f.* 行方, 将来 aniyatā ～ I.431[11]. 将来(行方) は不定である ①565. III.477[12]. ③665.

gatta *n.* ⓢgātra. からだ, 肢体 **-sambāhana** *n.* からだの按摩 I.316[1]. ①415.

gadrabha *m.* ろば I.123[5], 212[1]. ①159, 279. IV.1[14]. ④4. **-bhāraka** *m.* ろばで荷を運ぶ (商人) I.123[6]. ①159. **-yoni** *f.* ろばの胎 II.155[7]. ②203.

gadrabhī *f.* 牝ろば **～iṃ** disvā I.123[9]. 牝ろばを見て ①159.

[1]**gantha** *m.* <ganthati しばり, 縛 II.165[22]. ②218. III.275[5]. ③398.

[2]**gantha** *m.* 典籍, 書籍 **-dhura** *m.n.* 典籍の責務, 学問修行 **～ṃ** pūretuṃ na sakkhissāmi I.68[9]. 私は～を満たすことができないでしょう ①91. I.7[18], 154[11]. ①9, 203. II.240[8]. ②313. IV.37[12]. ④45.

ganthika *a.m.* 典籍を学習する者 I.156[8]. ①205.

gandha *m.* 香 I.5[22]. **〜'odaka** *n.* 香水 **〜ena** massuṃ temetvā I.253[8]. 香水でひげを濡らして ①330. **〜'odaka-ghaṭa** *m.* 香水の瓶 I.209[17], 407[22]. ①276, 536. **-kāsāva-vattha** *m.* 芳香のある袈裟衣の布 **〜ṃ** datvā I.79[6] 〜を与えて ①103. I.82[24]. ①108. **-tela** *n.* 香油 **〜e** dīpe jalante I.205[4]. 香油の灯火が燃え輝やく時 ①270. **-sāli-bhatta** *n.* 香りのよい米の御飯 II.10[1]. ②13.

gandha-kuṭi *f.* 香室, 世尊の居室 III.62[1]. ③90. IV.203[6]. ④289. **-maha** *m.n.* 香室の〔完成の〕祭り IV.206[20]. ④281.

Gandha-kumāra *m.* ガンダ（香）童子 III.87[8]. ③125.

gandhabba *m.* ⓢgandharva. ガンダッバ, 香りの神 I.31[2]. ①41. II.228[13]. ②296. IV.228[13]. ④314. **-pūjā** *f.* ガンダッバの供養（音楽の演奏） III.225[19]. ③324.

Gandhamādana *m.* ガンダマーダナ, 香酔山（雪山の北方のアノータッタ（無熱悩）池の付近の山, 辟支仏たちが集団でそこに住む） I.172[21]. ①224. III.91[9], 367[19]. ③130, 521. IV.120[25], 200[1]. ④162, 284.

Gandha-seṭṭhin *m.* ガンダ（香）長者 III.87[11]. ③125.

gabbha *m.* ⓢgarbha 胎, 母胎, 胎児, 房室 **〜o** patiṭṭhāsi I.3[16]. 胎児が宿った **〜o** pati I.47[2]. 胎児は落ちた（流産した） ①63. I.88[19], 240[9]., 350[7]. ①115, 315, 462. **〜ṃ** pavisitvā I.9[14]. 房室に入って ①12. **〜'avakkanti** *f.* 母胎に入胎すること III.441[11]. ③618. **-dvāra-mūla** *n.* 部屋の戸口 **〜e** ṭhitā disvā I.237[7]. 〜に立ったのを見て ①311. **-paripāka** *m.* 母胎（胎児）の円熟, 臨月 I.240[9]. ①315. **-parihāra** *m.* 胎児の保護 so tassa **〜ṃ** adāsi I.4[1] 彼は彼女に胎児の保護を与えた ①6. I.88[22]. ①115 II.85[16], 139[3]. ②113, 182. III.95[2]., 180[12]. ③134, 263. **-pātana-bhesajja** *n.* 胎児を下ろす薬, 堕胎薬 I.47[1]. ①63. **-mala** *n.* 胎の垢 IV.215[7]. ④304. **-vuṭṭhāna** *n.* 産気づく, 出産 **〜ṃ** ahosi I.399[21]. 産気づいた, 出産した ①525. I.165[12], 240[11, 23], ①215, 315, 316. II.261[21]. ②340.

gabbhinī *a.f.* 身ごもった女, 妊娠中の bhariyā 〜 ahosi I.306[25]. 妻が身ごもった ①403. **〜iyā** deviyā saddhiṃ I.164[4]. 〜の王妃と共に ①213. **gabbhini-bhāva** *m.* 妊婦であること III.145[7]. ③206. **gabbhini-vaṇṇa** *m.* 妊婦の姿 III.179[20]. ③262.

gamana *n.* 行くこと tesaṃ 〜cchandam eva ñatvā I.14[9]. 彼等の行く志だけを知って ①18. **〜'ākāra** *m.* 出て行くしぐさ（様子） thero **〜ṃ** dassesi II.144[3]. 上座は〜を示した ②189. **〜o** 'va paññāyati I.15[7]. 〔どこかに〕お出でになる様子だけが認められます ①20. **-kicca** *a.n.* 行く必要, 行かねばならないこと **〜ṃ** natthi I.350[2]. 〜はありません ①461.

gamanâgamana *n.* 〔人々の〕行き来, 往来 **〜m** pi dissati I.30[1]. 〔人々の〕行き来も見られる ①40. **-kāla** *m.* 往復の時 **〜e** I.80[12]. 〜に ①104. **-magga** *m.* 往復する道 **〜e** ...nisīdati I.80[20]. 〔象たちが〕〜で…坐る ①105.

gamittha *3.pl.aor.* <gacchati <*gam* mā 〜 I.351[8]. 行ってはならない ①463.

gambhīra *a.* 深い **-cārin** *a.* 深みを行く〔かわうそ〕 III.141[3]. ③200. **-pañña** *a.* 深い智慧ある（人） IV.168[16]. ④233.

Gayā-sīsa *m.* （山）象頭山（カッサパ三兄弟を教導した山） I.88[2], 143[3]. ①115, 187.

gayhamāna *prp.* <gayhati だかれる **〜o** III.281[6]. だかれると ③408.

gayhûpaga *a.* 取るに値いする（もの）, 捕えることができる（もの）,〔盗み〕取る（もの）, 取りに行く（もの） upakāra-mukhena **〜o** nāma natthi I.321[13]. 役に立つものとして**取るに値いする**ものというのはない ①422. attano **〜ṃ** olokesi II.29[15]. 自分が〔盗み〕**取るもの**を眺め（探し）た ②38. yathā marīci 〜ā viya hoti I.337[2]. 〔かげろうは〕捕えることができる〔ような〕ものであるが ①443. III.84[15] (gayhūpaka), 119[2], ③120, 169.

garahati <**garh** 叱る, 非難する, 叱責する **〜hanti** I.151[11]. 非をとなえる ①198. **〜hissati** (*ft.*) II.248[6]. 叱責するだろう

②323. IV.148[4]. ④201.

Garaha-dinna *m.* ガラハ・ディンナ（ニガンタ，ジャイナ教徒の声聞弟子） I.434[15]. ①570.

garaha-bhaya-bhīta *a.pp.* <bhāyati 非難の恐れを恐れた III.76[20]. ③109.

garahā *f.* 叱責，非難 **～aṃ** eva labhati I.390[1]. ～だけを得る ①513. ～ uppajjissati I.353[18]. 非難が起こるだろう ①465.

garahita *a.pp.* <garahati **<garh** 呵責される pamādo **～to** sadā I.280[17]. 放免は常に～ ①364.

garahin *a.* 呵責する，呵責する人 pāpa～ī ayaṃ Pālo I.17[15]. 悪を呵責するこのパーラは ①23.

garuka *a.* 重い，重大な **～o** saṅgha-bhedo I.142[9]. 僧団破壊は重大である ①186. I.382[4]. ①502. **～'āpatti** *f.* 重大な犯戒 III.153[6]. ③219.

garu-gabbatā *f.* お腹が重いこと，妊娠中 devī **～tāya** I.164[12]. 王妃はお腹が重かった（身重もであった）ので ①214.

garu-gabbhā *a.f.* 身重（みおも）の，妊娠中 seṭṭhino bhariyā ～ hori I.174[21]. 長者の妻は身重（みおも）である ①227. I.48[22], 169[5]. ①65, 219. II.15[3]. ②19.

garuḷa *m.* ⓢgaruḍa 金翅鳥 I.144[18]. ①189. **-potaka** *m.* 金翅鳥の子 I.279[7]. ①363. **-sakuṇa** *m.* 金翅鳥，木製飛行機 III.135[14]. ③192.

gala *m.* のど，首 **-nāḷi** *f.* 首の〔血〕管 **～ṃ** chinda I.253[5]. ～を切れ ①330. II.257[9]. ②335. **-ppamāṇa** *a.* のどのところまでの深さの **～e** āvāṭe II.55[14]. ～の穴に〔彼を立たせて〕②72. ～ṃ udakaṃ otaritvā III.440[8]. 首のところまで水に入って ③617. **-lohita** *n.* のど首の血 **～ena** phalakaṃ dhovāpesi I.359[6]. ～で楯を洗わせた ①471. I.348[11]. ①460. II.9[1]. ②12. **-vāṭaka** *m.* のど輪 I.394[7]. ①518.

galati したたる，流れる，落ちる **～itvā** gato. II.146[5]. 〔太陽は中天の場所から〕落ちて行った ②191.

galita *a.pp.* <galati 流される III.199[13]. ②292.

galoci-latā *f.* ガローチの蔓草 III.110[21]. ③157.

gaha *m.* 家，家居 **-kūṭa** *m.n.* 屋頂 III.128[2]. ③181. **-ṭṭha** *a.* 在家の，在家者 I.44[4], 128[15], 150[9], 229[16], 304[18]. ①59, 167, 195, 300, 400. III.140[7], 246[16]. ③198, 354. IV.173[16]. ④240. **-pati** *m.* ⓢgṛha-pati 家主，居士，資産家 upakāro me ～ I.5[8]. 家の主人は私の支援者である ①6. ～mahāsāra-kule nibbatti I.105[1]. 家主大家の家に生まれ出た ①136.

gahana *n.* 密林，ジャングル I.173[5]. ①225. IV.155[7]. ④211.

gahapatānī *f.* 女主人，居士の妻女 **～iṃ** pucchitvā I.175[3]. ～に尋ねて ①227. I.376[18]. ①494.

gahita-patiñña *a.pp.* 約束した āgaman'atthāya tena **～o** I.85[24]. 戻って来ることを彼（王）と約束なさった ①112. Sāvatthiṃ āgaman'atthāya **～o** I.118[2]. 舎衛城に来る約束をして ①153.

[1]**gahetabba-gahaṇa** *n.* とるべき（身をかくすべき）やぶ（ジャングル） I.358[17]. ①471.

[2]**gahetabba-gahaṇa** *n.a.* 得るべきものを得る（人） **～ṃ** apassanto I.370[6]. 〔目連上座が〕**～人であることを**見ないので ①487.

gahetar *m.* もって行く人 taṃ **～hetā** nāma natthi I.321[8]. それを～というのはいない ①421.

gāthā *f.* 偈，偈頌，伽陀 **～ānaṃ** vyañana-padaṃ I.2[4]. 諸々の偈の文や語句 ①4.

gāma *m.* ⓢgrāma 村 **～'antara** *m.* 隣の村 IV.215[25]. ④293. **～'abhimukha** *a.* 村に顔を向けた（者） III.352[17]. ③502. **～'upacāra** *m.* 村の近く Satthā **～m** patvā I.59[4]. 大師は村の近くに着くと ①79. I.63[15]. ①64. **-kamma-karaṇa-ṭṭhāna** *n.* 村の仕事をする場所 **～ṃ** gantvā I.266[1]. ～に行って ①348. **-kicca** *a.gdv.* <karoti 村の仕事 I.182[12]. ①238. **-kkhettha-dipada-catuppada-yāna-vāhana** *n.* 村・田畠・二足（人間）・四つ足（牛馬など）・乗物・運搬獣（ゴーサカの父の資産） I.184[17]. ①242. **-ghāta** *a.* 村の掠奪（初訳は「行く，殺す」

誤訳） I.22[21]. ①30. IV.39[16]. ④47. **-ghātaka** *a.m.n.* 村の掠奪 II.203[6]. ②266. **-dāraka** *m.* 村童 I.288[3]. ①374. **-dvāra** *n.* 村の入口, 村の門 I.14[24], 52[7]. ①19, 69. **-bhojaka** *m.* 村の庄屋, 村長, 村の所有者 I.267[4]. ①349. II.197[4]. ②258. III.151[4]. ③216. **-vara** *m.* 良村 II.46[3]. ②60.

gāmaka-ārāma *m.* 小村の園 I.301[4]. ①395.

gāmakâvāsa *m.* 村人の住居地 III.411[18]. ③579.

gāmaṇī *m.* 村長 II.250[8]. ②325.

gādha *n.* <**gādh** 足場 IV.9[15]. ④13.

gāyati <**gai** 歌う **~yitvā ~yitvā** I.15[14]. 歌いに歌って ①20.

gārava *m.n.* 尊敬, 尊重 Tathāgate **~ena** I.115[22]. 如来への尊敬によって ①150.

gāḷha *a.* ⓢgāḍha 頑丈な II.130[14]. ②172. **~ṃ** *ac.adv.* しっかりと **~ṃ** bandhanaṃ katvā II.246[3]. ~縛って ②320. **-bandhana** *n.* 堅縛り **~ṃ** bandhitvā IV.52[10]. ~に縛って ④61.

gāvuta *n.* ガーヴタ, 牛呼, 四分の一ヨージャナ I.108[9]. ①139.

gāvo *m.pl.* <go 牛ども I.187[20]. ①247.

gāha *m.* とらわれ, 執見 IV.100[18]. ④134.

gāhāpeti *cs.* <gaṇhāti とらせる, 持たせる khādaniyâdīni **~petvā** gacchanti I.5[1]. 硬い食べ物などを持たせて行く ①6. **~petvā** III.179[22]. 受け取らせて ③262.

Gijjha-kūṭa *m.* 霊鷲山, ギッジャ・クータ **~ṃ** abhirūhitvā I.140[13]. ~に登って ①184. II.64[3], 164[8]. ②85, 216. III.60[14], 321[11], 410[12], 479[6]. ③88, 463, 578, 668. IV.118[18], 156[20]. ④158, 214.

gimha *m.* 暑期 III.429[16]. ③603. **-samaya** *m.* 夏の暑い時 I.336[5]. ①442.

girā *f.* ⓢgir 語 vyāharaṃ **~aṃ** IV.92[10]. 言葉を発して ④121.

giri *m.* 山, 山岳 **~'agga-samajja** *n.* 山頂祭 **~ṃ** dassanāya gatā I.113[2]. ~を見物に行きました ①145. I.89[8]. ①116. **-kandara** *m.* 山の渓谷 I.275[9]. ①358.

girikannikā *f.* （花の名）ギリカンニカー I.383[13]. ①504.

gilati <**gir** のみこむ **gili** (*aor.*) II.70[17]. 〔山羊の糞を〕 のみこんだ ②93. mā loha-guḷaṃ **gili** (*aor.*) IV.107[3]. 銅丸をのみこんではならない ④135. III.35[4]. ③51.

gilāna *a.* ⓢglāna 病んだ, 病人 seṭṭhī **~o** I.183[7]. 長者は病気です ①240. Devadatto ... ~o I.146[8]. デーヴァダッタは…病人であって ①191. I.270[11]. ①353. **~'ālaya** *m.n.* 病人のふり III.101[6]., 181[22]. ③143, 265. **~'upaṭṭhāka** *m.* 病気の看病人 II.60[11]. ②79. III.342[17]. ③488. **~'upaṭṭhāna** *n.* 病人の看病 III.269[15]. ③390. **-bhatta** *n.a.pp.* <bhajati 病人のための施食 I.339[18]. ①447.

gihi- *a.* 在家者の **-kāla** *m.* 在家者の時 **~e.** II.104[6]. ~に ②138. III.421[14]. ③592. **-bhāva** *m.* 在家であること **~ṃ** pāpeti I.76[7]. ~にいたらしめる（三日坊主） ①99. natthi me **~āya** ālayo I.121[15]. 私には**~への執著**はありません ①157. **~ṃ** na pattheti I.244[19]. **~を**欲しない ①320. II.256[7]. ②333. **-bhūta** *a.m.* 在家者である（人, こと） III.159[10]. ③230. **-bhoga** *m.* 在家の財物の受用 IV.180[17]. ④252. **-liṅga** *n.* 在家のしるし II.61[24]. ②81. **-sampatti** *f.* 在家の栄華（成功） IV.215[15]. ④305.

gihin *a.m.* 在家の, 在家者 mayā **~hinā** bhavituṃ vaṭṭati I.299[1]. 私は在家者であるのがよろしいのだ ①391. **gihī** hutvā I.245[10]. ~となって ①321. idāni **gihī** bhavissasi I.77[4]. 今やあなたは在家の人となるでしょう ①100. III.257[2]. ③371.

gihī *a.m.* 在家の, 家ある, 在家者 ~ niyāmena paridahitvā I.16[10]. 在家者のきまりによって〔在家者の着物を〕 まとって ①21.

gīta-sadda *m.* 歌声 eko **~o** sūyittha I.16[3]. 一つの歌声が聞かれた ①21.

gīvā *f.* ⓢgrīvā 首, 頸 yāva **~to** I.147[11]. 首まで〔地面に沈む〕 ①192. I.74[18]. ①98.

guṇa *m.* 徳 I.22[4]. ①29. **~'atireka** *a.*

徳の余分 III.93[24]. ③133. **-kathā** *f.* 徳の話 ~**aṃ** kathentā I.374[4]. ~を語りつつ ①491. **-teja** *n.* 徳の威光 I.359[16]. ①472. II.143[4]. ②188. III.96[20]. ③137. **-mahantatā** *f.* 徳が偉大であること I.4[16]. ①6.

guṇavant *a.* 徳のある（人） II.238[17]. ②311.

guṇeti かける，倍にする(2×2) sahassena **guṇitaṃ** (*pp.*) sahassaṃ mānuse II.226[14]. 1000×1000の人々に〔勝つ〕 ②294.

guñja-vaṇṇa *n.* グンジャー（いちご）色 IV.133[2]. ④177.

gumba-piṭṭha *n.* 茂みの背 III.66[7]. ③95.

guyha-bhaṇḍaka *n.* かくしどころ，陰部 ~**ṃ** cāleti IV.197[7]. ~をゆする ④280.

[1]**guḷa** *m.* 砂糖 I.69[14]. (*Vri.*) ①92. **-piṇḍa** *m.* 砂糖玉 II.171[19]. ②226.

[2]**guḷa** *m.* ⓢguḍa 玉，球 ~**e** kīḷantesu IV.124[6]. 球遊びをしている時 ④166. **-kīḷā** *f.* 球遊び，ビー玉遊び ~**aṃ** kīḷantesu I.133[21]. 球遊びをしている時 ①176. I.178[13]. ①233. III.455[14]. ③637. **-maṇḍala** *m.* 球〔遊び〕の場所 I.134[17]. ①177.

guhā *f.* 洞窟 **-āsaya** *a.* 洞窟を棲家とする I.304[5, 17]. ①399, 400.

gūtha *m.* 糞，大便 III.400[9]. ③564. **-kalala** *m.n.* 大便の泥 ~**ssa** pūrāpesi. I.436[9]. ~で満たさせた ①572. **-kūpa** *m.* 糞穴 III.346[17]. ③494. **-piṇḍa** *m.* 糞玉 III.180[12]. ③263. **-bhakkha** *m.* 糞を食う者 II.61[4]. ②80. **-sūkara-potikā** *f.* IV.46[7]. 糞まみれの牝の子豚 ④54.

Gūtha-niraya *m.* 糞地獄 IV.34[18]. ④41.

gūḷha *a.pp.* <gūhati かくされた，秘密の **-gabbha** *m.* かくれ部屋 III.486[6]. ③678. **-paṭicchanna** *a.pp.* 秘密の内密の（覆われた） ~**e** dasa ovāde adāsi I.402[19]. ~10の教誡を与えた ①529（10の教誡は①522）.

geṇḍuka *m.* 球 III.364[5]. ③517.

geha *n.* ⓢgṛha 家 agāraṃ ti yaṃ kiñci ~**ṃ** I.122[10]. 家をとは，何でも家を ①158. **-cchāyā** *f.* 家の陰 ~**yāya** aṭṭhāsi I.252[5]. ~に立った ①329. **-jana** *m.* 家の人々 I.72[6]. ①95. **-jjhāyana-bhaya** *m.n.* 家が燃える恐れ I.370[18]. ①487. **-dāsī** *f.* 家事をする召使いの女（家の奴隷女） III.486[4]. ③678. **-parikkhāra** *m.* 家の道具類 ~**ṃ** paṭisāmetvā I.240[18]. ~をたたんで（始末して） ①316. **-ppavesana-maṅgala** *n.* 入屋の祝典 I.115[18]. ①149. III.307[13]. ③445. **-bhitti** *f.* 家の壁 III.131[7]. ③186. **-sāmin** *m.* 家の主人 ~**mino** I.231[15]. ~たちが〔死ぬ〕 ①303.

gedha *m.* <gijjhati 貪求 ~vasena I.366[9]. ~によって ①481.

geyya *n.* *gdv.* <gāyati 応頌，祇夜 ekacce kula-puttā ~**ṃ** pariyāpuṇanti I.22[11]. 或る在家の子弟たちは応頌を学得する ①30.

go *m.* 牛 **-gaṇa-jeṭṭhaka** *a.* 牛群の長である ~**o** usabho I.175[16]. ~雄牛は ①228. **-ghātaka** *m.* 牛の屠殺者 III.332[2]. ③476. **-ghāta-kamma** *n.* 牛殺しの仕事 III.332[9]. ③476. **-pālaka** *m.* 牛飼い，牛の番人 I.170[17, 19], 175[21]. ①221, 228. **-pāla-kula** *n.* 牛飼いの家 ~**ṃ** pāpuṇiṃsu I.170[16]. ~に着いた ①221. **-maya** *m.n.* 牛糞 ~**ena** lepāpetvā I.442[8]. 牛糞を塗らせて ①579. I.256[7]. ①335. **-yūtha** *n.* 牛群 ~**ṃ** rakkhati I.323[1]. 牛群を守る ①424. **-sāmika** *m.* 牛の所有者 I.158[5]. ①208. **-hanuka** *m.* 牛のあご骨 III.180[1]. ③263.

gocara *m.* 餌場，歩むところ，行動範囲，食を求める地域 hatthī ~**ṃ** gahetvā gacchantā I.80[11]. 象たちが餌場を得て行きつつ ①104. ariyānaṃ ~**e** ratā I.228[4]. 聖者たちの~において楽しむ ①298. II.31[14], 170[6], 171[13]. ②42, 224, 225. III.59[18], 453[1]. ③86, 632. ~**'ajjhatta** *m.* 内心にある思考の領域 IV.90[16]. ④117. **-gāma** *m.* 托鉢する村 II.93[19]. ②123. III.487[16]. ③680. IV.170[8]. ④235. **-bhūmi** *f.* 餌場の土地（牧草地） III.60[3]. ③87.

goṇa *m.* 牛 ~**o'si** I.212[1]. おまえは牛だ ①279.

Gotama *m.* ⓢGautama ゴータマ（釈迦族

の姓，釈尊を指す）**〜o** nāma Buddho loke uppajjissati I.110[22]. ゴータマという仏陀が世間に出現なさるであろう ①142. I.84[1], 103[19], 112[22], 418[14]. ①110, 134, 144, 549. II.266[18]. ②345.

Gotama-gotta *a.* ゴータマという姓の III.458[23]. ③641.

Gotama-cetiya *n.* ゴータマ廟（樹木の塔廟）III.246[7]. ③354.

godhā *f.* 大とかげ III.42[19], 420[5]. ③61, 590. **godha-maṃsa** *n.* 大とかげの肉 IV.154[7]. ④210.

Godhika-tthera *m.* ゴーディカ上座（病のために禅定に専念できず，自殺をはかる）I.431[1]. ①565.

gopa *m.* 牧牛者，牛の番人 **〜o** va I.157[3]. 〜のようである ①207.

gopāṇasi-vaṅka *a.* たるき（垂木）のように〔腰の〕曲った（人）II.190[1]. ②249. III.116[15]. ③166.

gopānasī *f.* たるき，垂木 III.215[13], 364[22]. ③313, 518.

gopeti *cs.* **<gup** 守る tvam pi cittaṃ **〜pehi** (*imper.*) I.300[8]. 君も心を守りなさい ①394.

gopphaka *m.* ⓢgulpha 踝，くるぶし yāva **〜ā** I.147[10]. くるぶしまで〔地面に沈む〕①192. II.80[20], 176[16], 214[11]. ②107, 231, 279. III.317[16]. ③458.

Gosaka *m.* （コーサンビーの長者に拾われて成長した男の子）ゴーサカ I.177[21]. ①232.

Gosiṅga *n.* ゴーシンガ（林）III.246[5]. ③354.

Gh

ghaṃsati **<ghṛṣ** こする kaṭṭhāni **〜sitvā** *ger.* I.58[16]〔象は鼻で〕薪木をこすって ①78. usabhassa dve passāni **〜santiyo** (*prp. f. nom.pl.*) I.175[20] 雄牛の両脇をこすって〔出て行った〕①228. I.320[6]. ①420.

ghaṃsiyati *ps.* <ghaṃsati **<ghṛṣ** こすられる **〜siyamānā** (*prp.*) III.199[18]. こすられつつ ③292.

ghaṃseti *cs.* <ghaṃsati こすらす matthakena **〜sentī** (*prp.f.*) I.184[25] 頭でこすって ①243.

ghaṭa *m.* 水瓶，かめ II.20[10]. ②26. III.198[17]. ③290. IV.135[17]. ④173.

ghaṭati **<ghaṭ** 努める **〜ṭanto** (*prp.*) 努めて I.281[15]. ①366. III.462[13] ③645. IV.137[6]. ④182.

ghaṭana *n.* 努めること III.235[18]. ③337.

ghaṭi-odana *m.* 鉢の御飯 I.426[2]. ①559.

ghaṭikā *f.* 棒 III.199[18]. ③292.

Ghaṭi-kāra *m.* ガティカーラ（かめ作り）I.380[15]. ①500.

ghaṭita *a.pp.* <ghaṭeti かき集められた，ひとかたまりにした IV.164[17]. ④226.

Ghaṭī-kāra-suttanta *m.* 「かめ作り経」（*M.* 第81経）III.251[9]. ③362.

ghaṭīyati *ps.* <ghaṭeti, ghaṭṭeti 結ばれる，続けられる paveṇī na 〜 I.46[1]. 家系は続けられない ①62. tāsaṃ paveṇi 〜 I.174[9]. 彼女たちの伝統が続けられる ①226.

ghaṭeti *cs.* <ghaṭati 努める **〜ṭento** (*prp.*) pi II.229[11] 努めても ②298. **〜ṭento** vāyamanto (*prp. nom.*) 励み努めて I.154[15]. ①20.

ghaṭṭana-majjana-kkhama *a.* 打つにも磨くにも耐える（金）III.329[13]. ③472.

ghaṭṭeti **<ghaṭṭ** 打つ，怒らす **〜ṭṭesi** I.251[7] あなたは打つ ①328. III.36[1], 255[5]. ③52, 368. **ghaṭṭetu-kāma** *a.* 困らせ（打撃を与え）ようと欲する **〜o.** II.75[12]. **〜欲して** ②100.

ghaṇa, ghana *a.* 厚い，堅い **-karaka-vassa** *m.n.* 厚い，水がめを〔ひっくり返すような〕雨 **〜ṃ** vassi I.360[8]. 〜を降らせた ①473. **-koṭṭima** *a.* 厚く打った〔黄金の像〕III.281[12]. ③408. **-jāta** *a.pp.* 厚くなった **〜o** jiñjuka-gumbo avatthari I.177[12] 〜グンジャの実のしげみが敷いてあった ①231. **-maṃsa** *n.* 厚い肉 I.80[9]. ①104. **-maṭṭhaka** *a.m.* 厚い絹物 I.407[19]. ①536. **-maṭṭha-pasādhana** *n.* 厚い絹の装身具 I.410[16]. ①539. **-vāsa** *a.* 定住者の多い **〜o** gāmo ahosi I.290[6]. 〜村があった ①377. **-sela-pabbata** *m.* 堅い岩山 I.74[1]. ①97.

ghata *n.* ⓢghṛta バター 〜sittaṃ va pāvakaṃ I.30[14]. バターを注がれた火のように ①30.

ghara *n.* 家，俗家 〜bandhanena bandhiṃsu I.4[6] 家という縛りによって〔自らを〕縛った ①6. III.347[7]. ③495. **〜'āvāsa** <āvasati 住，住所，居住，俗家に住むこと，在家 kim me **〜ena** I.6[14]. 私にとって家に住むことが何になろうか I.67[15], 162[2], 267[9]. ①90, 210, 349. II.22[25], 149[15]. ②30, 196. IV.127[10]. ④170. **-dvāra** *n.* 家の戸口 I.127[23]. ①166. **-paṭipāṭiyā** *instr. adv.* 家を順々に 〜caranto II.27[2]. 〜めぐり歩いて ②35. **-bandha** *m.* 家の縛り **〜ena** bandhi. III.25[18] 〜によって縛った（結婚させて家を持たせた） ③38. **-sappa** *m.* 家蛇 II.256[21]. ②334. **ghara-sappa-jātika ahi** *m.* 家蛇の類の蛇 III.51[2]. ③74. **ghara-sāminī** *f.* 家の女主人 III.310[7]. ③449. **-sūkara** *m.* 家の中で〔育った〕豚 IV.16[15]. ④20.

Gharaṇī *f.* ガラニー（神通を使う女） III.209[10]. ③305.

ghāteti *denom.* <ghāta 殺す so hi vo sabbe **〜tessati** I.351[9] なぜなら，彼は君たち全員を打ち殺すであろうからだ ①463. rājā maṃ **〜tetu** (*imper.*) II.41[21]. 王様は私を殺しなさい（王に私を殺させよう） ②56. **ghāteyyuṃ** (*3pl. op.*) pi maṃ I.137[20] 私を殺しもするだろう ①180. **〜tetvā** II.2[17], 5[13], 殺して ②4, 8. IV.175[20]. ④244. **〜tetabba** *gdv.* 殺されるべき III.48[16]. ③70.

ghāsa-cchādana *n.* 食と衣 IV.7[11]. ④11. III.11[18]. ③18.

ghuṭṭha *a.pp.* <ghoseti 告げられた，ふれ出された I.256[6]. ①335. nakkhattaṃ **〜ṃ** I.190[25]. お祭が布告された ①251. II.115[5]. ②153.

ghuru-ghurūyati ぐうぐうという（擬音），いびきをかく I.307[4]. ①403.

ghora-tapa *m.* 恐ろしい苦行者 II.57[6]. ②74.

ghora-visa *m.* 猛毒の蛇 II.38[8]. ②51. **〜o** āsīviso ḍasi II.263[8] 猛毒の毒蛇が咬んだ ②341. 〜 sappa *m.* 猛毒の蛇 III.7[1]. ③12.

Ghosaka-deva-putta *m.* ゴーサカ（音声の）天子 I.173[11]. ①225.

ghosana *n.* おふれ，布令 **〜ṃ** kāretu I.235[18]. おふれをさせなさい ①308.

ghosa-ppamāṇika *a.* 声を〔判断の〕基準とする（人） III.114[1]. ③163.

Ghosita-ārāma *m.* ゴーシタ僧園（ゴーシタ長者が創建したコーサンビーの僧園，大精舎，コーサンビー近郊にある） I.53[16], 161[5], 208[3]. ①72, 210, 274.

Ghosita-seṭṭhin *m.* ゴーシタ長者＝ゴーサカ長者 I.187[9, 11, 13], 203[10]. ①246, 268.

C

cakka *n.* Ⓢcakra 輪，車輪 **〜ṃ** va vahato padaṃ I.3[4]. 車輪が牽獣の足に〔従い行く〕ように ①5. **-pāda** *m.* 車輪の〔足の〕ところ I.302[17]. ①397. **-magga** *m.* 車輪〔が通る〕道 I.176[3]. ①229. **-bheda** *m.* 〔法〕輪の破壊 I.142[8]. ①186. **-yuga** *n.* 二輪 **〜ṃ** na vindāmi I.28[21]. 二輪を私は見ません ①38. **-ratana** *n.* 輪宝〔転輪王の象徴である輪形の空を飛ぶ武器〕 III.195[15]. ③286. **-aṅkita** *a.*〔法〕輪のしるしのある 〜talena pāṇinā I.245[21]. 〜手のひらの手で ①321. **-vattin** *m.* 転輪王 **〜ī** bhavissāmi. I.116[22]. 私は〜となるでしょう ①151. II.119[15]. ②157. **-vatti-rājan** *m.* 転輪王 **〜rañño** santikā I.109[15]. 〜のもとで ①141. **-vatti-sampatti** *f.* 転輪王の栄華 III.191[20]. ③281. **-vatti-siri** *f.* 転輪〔王〕の栄華 I.332[12]. ①437. II.135[20]. ②178.

cakka-vāḷa *m.n.* 鉄囲山 I.310[18]. ①407. **-mukha-vaṭṭi** *f.* 鉄囲山の口，ふちのところ I.319[17]. ①419. **-gabbha** *m.* 鉄囲山の内側の領域 IV.74[18]. ④97. **-devatā** *f.* 鉄囲山の神々 I.84[13]. ①111.

cakkhu *n.* 眼 I.75[3]. ①98. **-dubbala** *a.* 眼の力の弱い **〜ṃ** itthiṃ disvā I.20[21]. 眼の力の弱い女性を見て ①27. **-dvāra** *n.* 眼の門 I.75[4]. ①98. **-patha** *m.* 眼の路，視野 Satthari **〜ṃ** vijahante I.63[17]. 大師が視野から去って行く時 ①84. upāsakassa 〜e. II.78[19]. 信士の目の前で，視野の中で ②105. I.242[11]. ①318. II.49[16]. ②64. III.181[4]. ③264. **-bhūta** *a.pp.* 見る眼をそなえた III.61[5], 411[9]. ③89, 579. **-mant** *a.* 眼をそなえた（人） III.402[4]. ③566.

-viññeyya *a. gdv.* <vijānāti 眼で知られ
るべき（もの） III.433[6]. ③608.

Cakkhu-pāla-tthera *m.* チャック・パーラ
（眼護）上座 I.3[1.6], 17[23], 19[17]. ①5, 23, 26.

caṅkamati *intens.* <kamati 経行する ～
kamanto （*prp.*） I.245[14]. 経行しつつ
①321. II.213[14]. ②278.

caṅgoṭaka *m.* 花かご III.101[20]. ③144.

caṇḍa *a.* 暴悪な rājāno nāma ～ā
II.44[2]. 王様たちというのは暴悪である
②58. ～o ātapo ahosi III.339[7]. 猛烈
な陽光であった ③484. IV.9[14]. 凶暴な
（牛） ④13. IV.14[1]. 凶暴な（象） ④17.
III.315[5]. 暴悪な（人） ③455. IV.104[7].
凶暴な（犬） ④138. ～ā Sākiyā
I.137[19]. 暴悪なサーキヤの人々は ①180.
-sota-tīra *n.* 早い（荒い） 流れの岸
I.336[10]. ①442.

Caṇḍapajjota *m.* チャンダ・パッジョータ
（ウッジェーニーの王） I.192[1]. ①253.

caṇḍāla *m.* 賎民 II.25[18]. ②33. IV.93[5].
④121.

caṇḍālī *f.* 賎民の女 II.25[19]. ②33.

caṇḍikka *n.* 憤怒, 兇暴 II.227[15]. ②295.

catasso yoniyo *f.pl.* 四つの胎.(卵生, 胎生,
湿生, 化生) II.173[2]. ②227.

catu *num.* 四 *nom. ac.* cattāro,
caturo, cattāri, catasso. *gen.*
catunnaṃ. ～ apāyā *m.pl.* 四つの苦界
（地獄・畜生・餓鬼・阿修羅の境遇） I.325[4].
①426. -iriyā-patha-cāra *a.* <carati 四
つの姿勢（行・住・坐・臥）をもって行ず
ること II.23[19]. ②31. ～ upādānāni
n.pl. 四つの取ること.（欲取・見取・戒禁
取・我論取） II.163[2]. ②215 ～ ganthā
m.pl. 四つのしばり, 縛.（貪欲・瞋恚・戒禁
取・此諦住著. *D.* III.230[18].） II.166[10].
②218. -jātika-gandha *m.* 四類の香
III.136[2]. ③193, 197註(1). -dhātu-
vavatthāna *n.* 〔身体を構成する地・水・火・
風の〕 四要素の識別 III.459[13]. ③642.
-paccaya-dāyikā *f.* 四つの生活資具を施
す女性 I.418[25]. ①549. -parisā *f.* 四
衆（比丘・比丘尼・優婆塞・優婆夷） I.95[8].
①123. III.73[10]. ③104. IV.120[5]. ④161.
-pārisuddhi-sīla *n.* 四つの完全に清浄
な戒.(1.戒経に従って律する. 2.感官の防
護. 3.生活の清浄. 4.適正な資具の受用.

Vism. 15-6. 「南伝」62, 34頁） I.255[11].
①333. I.82[21], 158[16]. ①108, 208.
III.86[19], 288[1], 435[5]. ③124, 419, 611.
IV.111[5]. ④146. -ppada *m.* 四つ足, 家
畜 II.157[3]. ②205. III.346[19]. ③494.
-ppadika *a.* 四句よりなる ～ṃ
gāthaṃ vatvā III.186[23]. ～偈を述べて
③273. ～m pi gāthaṃ na jānāti
I.155[13]. ～偈すらも知らない ①205. ～
kāya gāthāya IV.74[20]. ～偈によって
④97. -ppadika-gāthā *f.* 四句の偈
III.79[4]. ③112. IV.61[21]. ④76. -ppadī
f.a. 四つ足をそなえた ～padiṃ
bhariyaṃ te ānayissāmi. I.124[18]. 四つ
足をそなえた妻〔のろば〕を私はお前のと
ころへ連れてこよう ①161.
-ppamāṇika *a.* 四つのことを〔判断の〕
基準とする(人). (1.容姿, 2.音声, 3.質素さ,
4.法の四つを基準として人の善し悪しを判
断する) III.113[22]. ③163. -bbidhā
appamaññā-bhāvanā *f.* 四種の無量の修
習(慈・悲・喜・捨の修習) III.388[7]. ③545.
-bhāga-matta *a.* 四分の一ほどの
II.171[19]. ②226. -bhāga-mattam pi
ac.adv. 四分の一だけにも〔値いしない〕
II.234[2]. ②306. -bhūmika *a.* 四つの
領域(欲界・色界・無色界・出世間界)の
I.21[25]. ①29. -mahā-bhūta *a.m.* 四
大種（地・水・火・風） I.304[16]. ①400.
-madhura *a.n.* 四つの甘味（薬. 牛酪,
砂糖, 蜜, 酥油.「南伝」62, 75頁） I.205[16].
①271. -mās'accayena *instr. adv.* 四箇
月過ぎに I.49[4]. ①65. -vesārajja *n.*
四無畏 I.86[12]. ①113. 「パ仏辞」650右
中参照 -sacca-vibhāvin *a.* 四つの真理
を解明する(人) IV.235[3]. ④339. -sati-
paṭṭhāna *n.* 四念処 I.230[10]. ①301.
-hattha-vitthatāni *n.pl.* 幅が四ハッタ(1
ハッタは45cm) II.173[15]. ②228.

catukka *n.* 四辻, 交叉点 I.317[4]. ①416.
IV.52[11]. ④61.

catuttha *a.* 第四の -jjhāna *n.* 第四禅
～ṃ samāpajjitvā II.62[11]. ～に入って
②81. -magga *m.* 第四の道, 阿羅漢道
I.309[16]. ①406. -vāre *loc. adv.* 四度
目に ～ pabbajitaṃ disvā I.85[1]. ～
出家者を見て ①111.

catu-paṇṇāsa *num.* 五十四 ～koṭi-dhanaṃ

vissajjetvā I.4^{8}. 五四億〔金〕の財物を喜捨して ①6.

catur *num.* = catu 四 **-aṅga-samannāgata andhakāra** *m.n.* 四條件(月の後半の第14日, 夜半, 厚い密林, 黒雲の塊)をそなえた暗闇.(*Pj.* II.156^{1}) III.470^{7}. ③655. **-angiṇī senā** *f.* 四部隊(象・馬・車・歩兵)をそなえた軍勢 I.137^{10}. ①180. II.152^{17}. ②200. IV.144^{3}. ④194. **-assara-muggara** *m.* 四角のハンマー **〜ena** pothetvā I.126^{6}. 〜で打って ①164. **-āsīti** *num.* 八十四 **〜iyā** pāṇa-sahassānaṃ I.27^{9}. 八万四千(84×1000)の生き物たちに〔法の領解があるだろう〕 ①36.

cattāri upādānāni *n.pl.* 四つの執著(欲・見・戒や掟・我論への執著,「仏のことば註(二)」658頁(32)) IV.158^{21}. ④217.

cattāro *num.* catuの*m.pl.* 四, 四つの 〜 **apāyā** *m.pl.* 四つの苦界(地獄・畜生・餓鬼・阿修羅の境遇) I.260^{18}. ①341. 〜 **āsavā** *m.pl.* 四つの漏煩悩(欲・有・見・無明) III., 452^{19}. ③632. 〜 **iddhi-pādā** *m.pl.* 四つの神足(「パ仏辞」313頁右下) III.177^{10}. ③259. IV.32^{13}. ④39. 〜 **oghā** *m.pl.* 四つの暴流(欲・有・見・無明) IV.109^{11}. ④145. 〜 **paccayā** *m.pl.* 四つの生活用品, 衣・食・住・薬) I.114^{4}. ①146. 〜 **mahā-rājā** *m.pl.* 四大天王(東方の持国天, 南方の増長天, 西方の広目天, 北方の多聞天＝毘沙門天) IV.73^{12}. ④95. 〜 **yogā** *m.pl.* 四つの結びつき, 四軛.(欲・有・見・無明のしばり) IV.159^{15}, 168^{9}. ④219, 232. 〜 **Loka-pālā** *m.pl.* 四人の世間の守護者たち(Kuvera 毘沙門天, Dhata-raṭṭha 持国天, Virūpakkha 広目天, Virūḷhaka 増長天) IV.131^{17}. ④176.

cattāḷīsa- *num.* 四〇 〜 **koṭiyo** *num.* 四〇億〔金〕 I.184^{16}. ①242. **-koṭi-dhana** *n.* 四〇億(金)の財産 II.25^{10}. ②33. **-koṭi-vibhava** *a.* 四〇億の財富のある〔長者〕 II.260^{16}. ②339. **-vassa-sahass'āyuka** *a.* 四万年の寿命をもった〔カクサンダ世尊〕 I.103^{6}. ①133.

canda *m.* Ⓢcandra 月 **-maṇḍala** *m.* 月輪 II.143^{11}. ②188. IV.189^{17}. ④269. **-lakkhaṇa** *n.* 月の紋様 III.373^{13}. ③527. **-lekhā** *f.* 月がえがく弧 I.408^{3}. ①536. **-suriya** *m.* 月と太陽 **〜ehi** me attho I.29^{13}. 月と太陽〔の大きさの車輪〕が私に必要です ①39. **〜'upama** *a.* 月のような **〜ā** buddhā. I.406^{8}. 諸仏は**〜方々**である ①534. **〜'odaya** *m.* 月が昇ること **〜e.** II.78^{13}. 月が昇ると ②104. **〜'opama-paṭipadā** *f.* 月のような実践修道(月のように身心を脱落させて, 自然態で家々に近づく。常に新人のように謙虚であれ。 *S.* II.197^{25}.「南伝」13.290) II.169^{1}. ②222.

Canda *m.* チャンダ(舎利弗の弟) II.188^{17}. ②248.

Canda-kinnara-jātaka *n.* 「月キンナラ本生物語」(*J.*483話) I.115^{16}. ①149.

Canda-kumāra *m.* チャンダ童子(マヒンサーサカ童子の弟) III.73^{19}. ③105.

Canda-deva-putta *m.* 月天子 II.143^{10}, 146^{2}. ②188, 191.

candana *m.n.* 梅檀(せんだん) I.422^{7}. ①554. IV.187^{18}. ④267. **-gandha** *m.* 梅檀の香り III.82^{15}. ③117. **-pūjā** *f.* 梅檀の供養 IV.189^{16}. ④269. **-maya** *a.* 梅檀でできた III.365^{9}. ③519.

Canda-padumā *f.* チャンダ・パドゥマー(月蓮, メンダカ長者の妻) I.385^{2}. ①506. III.363^{17}. ③517.

Candabhāgā nadī *f.* チャンダバーガー河 II.119^{18}. ②157.

Candâbha-tthera *m.* チャンダーバ(月光)上座 IV.187^{14}. ④267.

candimā *f.* 月 IV.137^{4}. ④182.

capala *a.* 動揺する **〜ñ** cittaṃ I.287^{3}. 〜心を ①373. I.287^{16}. ①374.

camu *f.* 軍 II.106^{10}. ②140.

campaka *m.* (花木)キンコウボク I.384^{2}. ①505.

camma-pasibbaka *m.n.* 皮袋 **〜e** hiraññа-suvaṇṇassa pūretvā I.198^{14}. 〜に黄金金貨を満たして ①262.

caraṃ *prp.* = caranto <carati 行きつつ II.19^{7}. ②25.

caraṇa *n.* 行ずること **〜to** (*abl.*) I.158^{17}. 行ずるので ①208.

carati **<car** 行く, 歩く, 行なう evaṃ gāme muni **care** (*op.*) I.374^{14}. このように村を牟尼(聖者)は歩むがよい ①

491. dhammaṃ ～issati *ft.* I.7[11]. 法
を行なうであろう ①9. **caratha**
(*imper.2pl.*) bhikkhave cārikaṃ I.87[15].
比丘たちよ、〔地方の教化のために〕巡教し
て歩きなさい ①114. dhammaṃ **care**
(*op.*) I.115[14]. 正しいこと（法）を行ないな
さい ①149. (*Dhp.* 169偈)

cara-purisa *m.* 密偵の者，探偵，偵察者
I.193[1], 355[5]. ①254, 467. III.45[10], 66[21].
③64, 96.

carima-citta-nirodha *m.* 最後の心の滅尽
II.163[7]. ②215.

cariya-paṭipakkha *a.m.* 〔雨安居中の〕行為
と〔修行の〕敵 II.161[20]. ②213.

cariyā *f.* ふるまい ～vasena I.385[17].
～に応じて ①507.

careyya *op.* <carati <car 行くがよい
～ ten'attamano I.62[6]. 心にかなえて
（満足して）その者と共に行ずるがよい
①82.

cavanaka *a.* 死没する ～e satte
olokento I.258[21]. ～有情たちを眺め見て
①338.

cāga *n.* <tyaj 捨，施捨 -citta *n.* 施捨
する心 III.313[16], 350[8]. ③453, 499.

cāṭi *f.* 瓶，壺，容器 ～yā udañcana-
bhāva-ppatti viya hoti. I.94[11]. 〔立派
な〕瓶がバケツとなってしまうようなもの
だ ①122. I.113[8]. ①145. ～ṭiyaṃ
pakkhipitvā I.178[5]. ～に投げ入れて ①
232. ～ṃ bhindiṃsu I.354[14]. ～をこ
わした ①466. I.436[15]. ①572.
III.161[13], 366[7]. ③233, 520.

cātaka *a.n.* ひもじい，飢 ～to pi
balavatarā vedanā uppajjati I.170[2]. 飢
からもより強力な苦痛が生ずる ①221.

cātum-mahā-patha *m.* 四大路 I.269[2]. ①
351.

cātum-mahā-rājika *m.* 四大天王天 I.54[21].
①73.

cāpa *m.n.* 弓 ～to patitaṃ saraṃ
I.212[21]. 弓から放たれた矢に〔耐える〕
①280. III.132[11]. ③187. IV.3[3]. ④5.

cāra *m.* 行なうこと II.31[13]. ②42.

cārika *a.m.n.* 巡教，遊行，旅行 Satthā ...
～ṃ caramāno I.71[15]. 大師は…巡教に
歩きつつ ①94. caratha bhikkhave ～
aṃ I.87[15]. 比丘たちよ、〔地方の教化の

ために〕巡教して歩きなさい ①114.
I.413[12]. ①543. II.9[13], 105[13]. ②13, 139.

cālana *n.* <cāleti ふるいにかけること
I.386[10]. ①508.

Cālā *f.* チャーラー（舎利弗の妹）II.188[16].
②248.

Cālikā *f.* （山の名）チャーリカー（山）
I.287[4]. ①373.

cāleti *cs.* <calati 行かせる，ゆり動かす，
ふるいにかける ～letuṃ (*inf.*) na
sakkā I.386[8]. ふるいにかけることはで
きません ①508. cittaṃ ～letuṃ
(*inf.*) na sakkonti II.195[19]. 心をゆり動
かすことは出来ない ②256. selaṃ
cāletuṃ (*inf.*) na sakkoti I.76[21]. 岩
を動かすことが出来ない ①100. sāniṃ
～si (*aor.*) II.70[18]. 天幕をふるった ②
93.

cāvita-divasa *m.* 〔地位から〕離脱させられ
た日 II.205[13]. ②269.

cāveti *cs.* <cavati 退没させる，動かす
ko nu kho maṃ ṭhānā **cāvetu**-kāmo
I.17[12]. 一体ね，私を〔この〕場から退没さ
せることを欲しているのは誰か ①22.
kilesā otaritvā sāsanā ～venti
III.348[5]. 諸々の煩悩がおりてきて〔その
人を〕教法から退没させる ③496.

citakā *f.* 火葬堆，火葬の薪の山 ～aṃ
jāletvā I.69[23]. ～を燃やして ①93.
II.240[22]. ②314.

Citta *m.* （家主の名）チッタ（マッチカーサ
ンダ都城の住人。五群の比丘の一人，マハ
ーナーマ上座によって預流果を得た）
II.74[6]. ②98.

[1]**citta** *n.* <cit 心 ～'assāda *m.* 心の快
適さ，心の安らぎ ～ṃ na labhati
I.356[2]. ～を得ない ①468. III.416[10].
③585. ～'ācāra *m.* 心の動き ～ṃ
ñatvā I.293[9]. ～を知って ①382.
I.282[5]. ①366. II.193[16]. ②254.
III.186[19], 215[21], 323[12]. ③273, 313, 465.
～'ek'aggatā *f.* 心を一点に集中するこ
と III.425[13]. ③597. -kkhepa *m.*
<khipati 心の散乱 I.179[15]. ①234.
III.70[5]. ③100. -klesa *m.* 心の煩悩，心
の汚れ II.162[2]. ②213. -niggaha *m.*
心の抑止 IV.23[19]. ④27. -ppasāda *m.*
心を浄めること I.26[22]. ①36. -vasika

a. 心に支配された(人) esa **~o** hutvā I.306[23]. この者は~者となって ①402. I.287[13], 300[6]. ①373, 393. **-viveka** *m.* 心の遠離 II.103[8], 195[18]. ②136, 256. **-sukha** *a.n.* 心の安らぎ mayhaṃ ~ṃ nāma na hoti I.45[13]. 私には心の安らぎというものはない ①61. III.415[6]. ③584.

[2]**citta** *a.* <ci 彩(いろど)られた III.167[15]. ③244. 多彩であること I.288[5]. ①374. **-rūpa** *a.* すぐれた, 種々の **~ṃ** bhuñjanti I.151[13]. すぐれた〔施物〕を享受する ①199. **-vījanī** *f.* 彩色した扇 III.8[16]. ③14. **-sāṇī** *f.* 彩色の幕 IV.14[4]. ④17.

Citta-kūṭa *m.* チッタ峰(アノータッタ池をめぐる5山の一つ) III.217[18]. ③315. **-pabbata-tala** *n.* チッタ・クータ山の平地 IV.91[19]. ④120.

Citta gahapati *m.* チッタ家主(最高の信士) I.340[19]. ①448. III.463[15]. ③647.

cittapāṭalī *f.* チッタ・パータリー樹, 灰花樹, トランペット花樹 I.272[17], 280[2]. ①356, 364.

Citta-latā-vana *n.* チッター蔓草林 I.275[6]. ①358.

Citta-vagga *m.* 「心品」 I.287[1]. ①373.

Citta-hattha-tthera *m.* チッタ・ハッタ上座 I.305[7]. ①401.

Cittā *f.* チッター(マガの家の四人の女性の一人) I.269[6]. ①352.

ciddāvachidda *a.* 〔屋根に〕 種々の隙間の穴がある I.122[11]. ①158.

Cinca-māṇavikā *f.* チンチャー女学生 III.178[1]. ③260.

cintayati, cinteti <cit 思う, 考える mā **~tayittha** (*2pl.aor.*) I.258[7]. 思ってはならない ①337. tvaṃ mā evam **cintayi** I.16[19]. 君はそのように考えてはならない ①22.

cintā-maṇi *m.* 如意宝珠, 何でも望みをかなえてくれる宝珠 III.92[18]. ③131.

Cintāmaṇī *f.* チンターマニー(ガンダ長者の妻) III.90[18]. ③129.

cintetabba *gdv.a.* <cinteti 思うべき na **~ṃ** I.108[12]. 思ってはならない ①140.

cinteti <cit 思う, 考える, 心配する Mahāpālo ... **~esi** (*aor. 3sg.*) I.6[11]. マハーパーラは…思った ①8. dve pi pana janā evaṃ **cintayiṃsu** (*3pl. aor.*) I.89[17]. そして二人ともこう思った ①116. tumhe mā **cintayittha** (*aor.*) I.131[18]. おまえたちは心配するな ①172. I.12[23], 51[25]. ①16, 69.

cira-ppavāsin *a.* 長く国外に住んでいた(人) III.290[8]. ③423.

cira-ppavuttha *a.pp.* <vasati 長く国外に暮らしていた(人) III.292[14]. ③425.

cirassaṃ *gen.adv.* 久しぶりで, 久しぶりに, 長期間, とうとう, やっと, ようやく ~ vata me ayyo āgato I.111[11]. 実に久しぶりに私の高貴なる方はおいでになった ①143. I.425[14]. ①559. II.71[16], 214[9]. ②94, 279. III.42[6], 115[1], 125[11]. ③60, 164, 177.

cira-ssuta *a.* 聞くのは久しい(ずっと前のことである, 聞いていない) I.60[18]. ①80. IV.27[8]. ④32.

cirāya *instr. adv.* 長い間 IV.47[26]. ④55.

cirāyati 遅れる, 帰って来ない taṃ **~yantaṃ** disvā III.75[5]. 彼がなかなか帰って来ないのを見て ③107. tasmiṃ **~yante** (*prp.loc.*) III.22[10]. 彼が遅れているので ③34. **~yanti** III.274[9]. 〔息子と主人は帰りが〕 おそい ③396. sāmaṇero pi ~ I.16[4]. 沙弥も行って久しい ①21. **~yitaṃ** (*pp.*) I.308[9]. 長くいる ①404.

cir'āyita *a.pp.* <eti 遅く来た III.305[1]. ③442.

cirenâgata *a.pp.* 遅く帰って来た I.181[6]. ①237.

Cīra-sāmaṇerī *f.* チーラー沙弥尼 III.211[1]. ③307.

cīvara *n.* 衣, 法衣 ~gahaṇâdīni sikkhāpetvā I.14[22]. 衣の着用などを学ばせてから ①19. **-kaṇṇa** *n.* 衣のすそ III.110[11], 338[16]. ③156, 484. **-kamma** *n.* 衣の〔つくろい〕 仕事 **~ṃ** karonti I.247[18]. **~をする** ①324. **-kāra-divasa** *m.* 衣を作る日 II.174[4]. ②228. **-gabbha** *m.* 衣のふところ III.247[7]. ③355. **-ṭhapana-ṭṭhāna** *n.* 衣を置く場所 III.338[14]. ③484. **-pārupaṇa-ṭṭhāna** *n.* 衣を着る場所 I.72[4]. ①95. **-bhoga** *m.* 衣のとぐろ III.217[14]. ③315.

-rajana n. 衣の染め II.167⁸. ②220.
-vaṃsa m. 竹の衣架 III.342¹³. ③488.
-sāṭaka m. 衣と外衣 I.395⁴. ①519.

cuta a.pp. <cavati 死去した, 離れた ekā deva-dhītā ～ā I.363⁵. 一人の天女の娘が死去した ①477. sāsanato ～o III.275¹⁵. 教えから離れて ③398.

cuti-paṭisandhi m. 死没と結生(再生) IV.228⁸. ④327.

cutûpapāta m. 死没と再生 I.259³. ①338. -ñāṇa n. 死没と往生を知ること, 死生智 I.86¹¹. ①113.

Cunda-sāmaṇera m. チュンダ沙弥 III.211¹³. ③308.

Cunda-sūkarika m. 豚殺しのチュンダ I.125¹⁶. ①164.

cumbaṭaka n. あて物, 枕, 花環 ekaṃ sīse ～ṃ katvā I.139¹². 1匹〔の蛇〕を頭にあてものにしてつけて ①182. II.88¹⁸. ②117. III.281⁷. ③408.

cumbati <cumb キスをする, 接吻する sīse ～bitvā (ger.) I.189²¹. 頭にキスをして ①250. I.51²⁰, 101¹². ①69, 131. IV.197⁴. ④281.

Culla-dhanu-ggaha-jātaka n. 「小弓とり本生物語」(J.374話)

Culla-dhamma-pāla m. 小ダンマパーラ(法護) I.149⁷. ①194.

Culla-dhamma-pāla-jātaka n. 「小ダンマパーラ本生物語」(J.358話) I.149⁹. ①194.

Culla-panthaka m. 小パンタカ(周利槃特) IV.180¹⁶. ④252.

Culla-pāla m. (人名) 小パーラ I.4⁴. ①6.

culla-pitar m. 叔父 I.345¹⁹. ①455. III.319⁵. ③460. 小さなお父さん II.148⁵. ②194.

culla-mātar f. 叔母 III.319⁷. ③460.

Culla-sāri m. 小サーリ(舎利弗の共住者) III.351⁶. ③500.

Culla-subhaddā f. 小スバッダー(給孤独長者の次女) I.151²². ①199.

Cullânāthapiṇḍika m. 小アナータピンディカ III.210¹². ③307.

cull'upaṭṭhāka m. 小さな給仕ボーイ IV.165¹. ④226.

Cūla-anāthapiṇḍika m. 小アナータ・ピン

ディカ(小給孤独) I.339¹⁵. ①447.

¹Cūḷa-kāla m. (資産家, 比丘) 小カーラ(セータヴィヤ都城の人) I.66¹². ①89.

²Cūḷa-kāla m. 小カーラ(ヴィパッシン世尊の時代の資産家) I.97¹⁴. ①126.

³Cūḷa-kāla-upāsaka m. 小カーラ信士 III.157¹. ③226.

Cūḷa-dhanu-ggaha-paṇḍita m. 弓を持つ小賢者 IV.65¹¹. ④83.

Cūḷa-panthaka m. (上座)チューラ・パンタカ, 周利槃特 I.239¹⁴. ①315.

cūḷa-pitar m. 叔父, 父の弟 ～pitu (dat. sg.) sāsanaṃ pahiṇi I.213¹³. 叔父に信書を送った ①281. I.199⁹, 241¹². ①263, 317.

Cūḷa-māgandiya m. チューラ・マーガンディヤ(マーガンディヤ・バラモンの弟) I.202¹⁸. ①267.

Cūḷa-ratha-devaputta m. 小車天子 I.426¹⁵. ①560.

cūḷa-vaja m. 小牛舎 I.396¹. ①520.

Cūḷa-subhaddā f. 小スバッダー(給孤独長者の娘) III.465⁶. ③649.

Cūḷa-haṃsa-[jātaka] n. 「小白鳥〔本生物語〕」J.533話 I.141⁴. ①185.

cūḷā f. 髻, まげ I.294¹⁷. ①384. -karaṇa-maṅgala n. 頭頂の小髪(まげ)をつけるお祝いの式 II.87⁷. ②115.

cūḷûpaṭṭhāka m. 給仕のボーイ I.135⁶, 213¹⁷. ①177, 281. II.260¹⁹. ②339. III.18¹⁷, 130⁷. ③28, 339.

Cūḷ'eka-sāṭaka-brāhmaṇa m. 小一衣バラモン III.1². ③3.

cetanā f. 心, 思, 意思 II.63¹¹. ②83.

cetayati = cinteti <cit, cint 思う, 考える maraṇaṃ ～ I.432⁴. 死を思っている ①566.

cetasika a. 心の, 心的な, 心に所属する, 心所 ～ṃ vipāka-dukkhaṃ anugacchati I.24⁴. 心的な果報の苦が〔その人に〕ついて行く ①32. natthi ～ṃ dukkhaṃ II.250¹¹. 心中の苦はない ②325. I.23⁴, 36². ①31, 47.

cetiya n. 塔廟 ～ṃ kārāpesi I.321¹⁹. ～を造らせた ①422. ～'aṅgana n. 塔廟の庭 III.448¹. ③624. ～'aṅgana-vatta n. <vattati 塔廟の庭の〔掃除の〕仕事 I.379¹⁶. ①498. -paṭisaṃkhāra

m. 塔廟の修繕 III.159[16]. ③231.

ceto-vimutti *f.* 心解脱 I.120[13], 431[6]. ①155, 565.

Celakaṇṭhin *m.* チェーラカンティン(チャンダ・パッジョータ王の馬の名) I.196[6]. ①259.

cela-pattikā *f.* 巻布 III.136[3]. ③193.

cel'ukkhepa *n.* 衣を投げ上げること II.43[5]. ②57.

codiyati *ps.* <codeti 促がされる ～**diyamāno** (*prp.*) I.400[4]. 促がされて ①525.

codeti *cs.* <**cud**. 叱責する **codaya** (*imper.*) IV.116[17]. 叱責せよ ④155.

copana-kāya *m.* 作動する身体 IV.85[19]. ④111.

cora *m.* 賊, 盗賊, 泥棒 **-geha** *n.* 盗賊の家 I.193[13]. ①255. **-ghātaka** *m.* 盗賊を殺す人, 盗賊の死刑執行人 II.203[2], 204[20]. ②266, 268. **-jeṭṭhaka** *a.m.* 泥棒の親分 I.23[6]. ①31. **-papāta** *m.* 泥棒のがけ(断崖) II.219[1]. ②285. III.182[1]. ③265. **-papāta-pabbata** *m.* 盗賊の崖の山 I.177[6]. ①231.

corikā *f.* 掠奪 IV.39[16]. (*PTS.* carikāya) ④47.

colaka *n.* 小布 II.173[14]. ②228.

Ch

cha *num.* 六 ～ **abhiññā** *f. pl.* 六通, 六つの神通智(神通, 天耳通, 他心通, 宿住通, 天眼通, 漏尽通) I.258[2], 288[21]. ①337, 375. II.24[15]. ②32. ～ **deva-loka** *m.* 六〔欲〕天,(四天王衆天, 三十三天, 夜摩天, 兜率天, 楽変化天, 他化自在天) I.438[18]. ①575. ～ **payogā** *m.pl.* 6つの〔殺しの〕手段 (自分の手で殺す, 命令する, 投げつける, 動かない, 呪術からなる, 神通からなる *Pj.* I.29[8].) III.356[7]. ③506. **-ppaññāsa-kusala-dhammā** *m. pl.* 五十六の善法(「法集論」「南伝」45, 15-6頁) I.363[19]. ①478. **-bbaggiya** *a.* 六人を1組とする〔比丘〕III.48[2], 330[1], 382[15]. ③69, 473, 539. **-bbaṇṇa-buddha-raṃsi** *m.* 六色の仏陀の光線 ～**siyo** vissajjento I.249[16]. ～を放って ①326. **-bbaṇṇa-rasmi** *m.* 六色の光線 II.121[3]. ②159. **-bbassāni** *ac.adv.* 六年間 ～ mahā-padhānaṃ padahitvā. I.85[26]. 六年間大精勤に励んで ①112. **-bbidha a-gocara** *m.* 六種の行ってはならないところ(娼婦のところ, 未亡人, 年頃の女子, オカマ, 尼, 飲み屋があるところ「パ仏辞」13頁左) III.275[8]. ③398. **-bbīsati-deva-loka** *m.* 二十六の神の世間(天界) IV.233[14]. ④336. (「仏のことば註(三)」394頁(53)) **-bbīsati-vidha saggassa adhigamana** *n.* 二六類の天国に行くことができること (二六天界表「仏のことば 註(三)」394頁) III.191[26]. ③281. **-vaṇṇa-rasmi** *m.* 六色の光線 ～**miyo** vissajjento II.41[5]. ～を放ちつつ ②55. ～ **vassâvāse** I.4[16]. 六年間の居住として ①6.

chaḍḍāpeti *cs.* <chaḍḍeti 捨てさせる ～**ḍḍāpesi** (*aor.*) I.174[7]. 捨てさせた ①226.

chaḍḍita *a.pp.* <chaḍḍeti 捨てられた I.445[16]. ①583.

chaḍḍeti <**chṛd** 捨てる ～**ḍḍessāma** naṃ II.256[15]. 我々はそれを捨てます ②333. ～**ḍḍetha** (*imper. 2pl.*) I.373[10]. 捨てなさい ①490. ～**ḍḍayiṃsu** (*aor. 3pl.*) I.373[12]. 捨てた ①490. daṇḍaṃ ～**ḍḍetvā** I.61[5]. 捧を捨てて ①81.

chaṇa *m.* ⓢkṣaṇa お祭り ～**ṃ** karontu I.235[17]. 〔彼等に〕 お祭りをさせて下さい ①308. mahantaṃ ～**ṃ** anubhoti I.149[13]. 大祭を享受する ①194. **-divasa** *m.* 祭礼の日 ～**e** II.1[6]. ～に ②3. III.280[1]. ③406. IV.195[16]. ④278. **-vesa** *m.* 祭礼の装い III.443[17]. ③620.

chatta *n.* ⓢchattra 傘, かさ ～**ṃ** ussāpetvā I.161[13]. 〔王〕 傘をかかげて ①210. ～**'adhichatta** *n.* 重ね傘 ～**āni** sajjetvā III.440[2]. ～を用意して ③617. **-daṇḍa** *m.* 傘の柄 III.212[12]. ③310. **-maṇḍana** *n.* 傘を飾ること III.452[15]. ③631.

Chatta-pāṇi-upāsaka *m.* チャッタ・パーニ(傘を手にした) 信士 I.380[6]. ①500.

chadana *n.* おおうもの, 屋根 ～**'iṭṭhikā** *f.* 屋根瓦 IV.203[10]. ④289. **-piṭṭha** *n.* 屋根の背 II.65[16]. ②87.

Cha-ddanta-kula *n.* 六牙 〔象〕 の家

III.248[1]. ③357.

Cha-ddanta-jātaka *n.* 「六牙象本生物語」(J.514話)I.82[12]. ①107.

chaddita-kasāva *a.* 汚濁が吐き除かれた I.82[20]. ①108.

chanda *m.* 意欲 nâhosi ～**o** api methunasmiṃ I.202[4]. 性交の意欲すらもなかった ①266. ～**'ādi-vasika** *a.* 欲などに支配された(人) III.380[14]. ③536. **-jāta** *a.pp.* 意欲を生じた(人) III.288[15]. ③420. **-rāga-apakaḍḍhana-ñāṇa** *n.* 〔食物に対して〕志欲や欲情を取り除くことを知ること II.172[4]. ②226.

Channa *m.* チャンナ(シッダッタ太子の馬丁の名) ～sahāyo I.85[18]. III.195[13]. チャンナと共に ①112. ③286. ～**ṃ** uṭṭhāpetvā I.85[16]. ～を起こして ①112.

Channa-tthera *m.* チャンナ上座(舎利弗・目連をののしり，梵坦罰を受ける比丘) II.110[16]. ②147.

chamā *f.* 地面 ～**māya** nisinnā III.273[15]. ～に坐って ③396.

chambhati 硬直する，恐れる IV.52[21]. ④61.

challi *f.* 樹皮 II.165[15]. ②217.

chava *a.* 卑しい，あわれな III.201[16]. ③295.

chava-ḍāhikā *f.* 火葬夫の女房 I.68[15]. ①91.

chavi *f.* 皮膚 **-roga** *m.* 皮膚病 III.295[11]. ③428. **-vaṇṇa** *m.* 皮膚の色 I.388[1]. ①510.

chāta *a.* ⓢpsāta ひもじい，飢えた ～**o'** smi I.204[20]. 私は腹が減っている ①270 ～**o** I.317[19]. 飢え(腹がへり) ①417. II.144[7], 244[14]. ②189, 318. III.97[17]. ③138. **-kāla** *m.* 飢饉の時 ～**e** I.125[21]. ～には ①164. **-jjhatta** *a.pp.* <jhāpeti ひもじさに焼かれた ～**o** III.33[9], 40[5], 137[10]. ③48, 58, 195.

chātaka *a.n.* ひもじい，飢餓 **-jjhatta** *a.pp.* 飢に火を付けられた I.367[13]. ①483. **-dosa** *m.* 飢餓という病源 III.436[13]. ③613. **-pīḷita** *a.pp.* <pīḷeti 飢えで悩まされた te taṃ ～**ṃ** disvā I.305[17]. 彼等は～彼を見て ①401. **-bhaya** *n.m.* 飢饉の恐れ III.366[1]. ③519.

chādayati <**chad, chand** 喜ばせる ～**yanti** taṃ I.344[15]. 彼を喜ばせる ①454.

chādāpeti *cs.* <chādeti 覆わせる，屋根を葺かせる ～**pesi** (*aor.*) IV.203[11]. ～葺かせた ④289.

[1]**chādeti** *cs* <**chad.** 覆う，かくす ～**detvā.** II.137[5]. 覆って ②180. III.375[10]. ③529. saddo...deva-nagaraṃ ～ I.173[11]. 声は…天の都城を覆う ①225.

[2]**chādeti** <**chad** 喜ばせる bhattam pi me na-c～ III.283[17]. 食事も私を～せません ③411.

chārikā *f.* 灰 I.256[7]. ①335. II.68[9]. ②90. III.309[18], 362[10]. ③448, 514.

chāyā *f.* 影，日陰 ～ va anapāyinī I.36[23]. 影が離れないものであるように ①48. sukhā te samaṇa ～ I.116[25]. 沙門さま，あなたの陰は楽しいです ①151. puggalaṃ ～ va na vijahati I.35[5]. 陰が〔その〕人を捨てないように ①46.

chijjati *ps.* <chindati 切られる ～**jjiṃsu** (*aor.*) IV.160[10]. 切られた ④220. III.423[14]. ③594.

chidda *a.n.* ⓢchidra 孔，隙間 ～**ṃ** katvā I.210[14]. ～を作って ①277. I.351[13]. ①463. ～**'avachidda** *a.m.* 穴だらけの(木) ～**o** I.284[20]. 穴だらけの〔木〕である ①370. ～**ṃ** ahosi I.319[11]. 〔全身は〕～であった ①419. ～**ghaṭato** I.9[12]. こわれた水がめから〔水が流れる〕①11. III.462[18]. ③645.

chindati <**chid** 切る，刻む akkharāni ～**ditvā** III.457[10]. 諸々の文字を刻んでから ③639. mūlam eva vo ～**dissāmi** (*1sg. ft.*) I.38[7]. 君たちの根まで私は断ち切ろう ①51. attano sīsaṃ **chinditvā** (*ger.*) I.5[13]. 自分の頭を切って ①7.

chinna *a.pp.* <chindati 切られた **'agga** *a.pp.* 先の切れた ～**āni** tiṇāni khādāmi I.58[3]. 先の切れた草を私は噛み食べる ①78. **-kaṇṇa-nāsā-naṅguṭṭha** *a.pp.* 耳・鼻・尾がち切れた〔猿〕 I.118[24]. ①154. **-java** *a.pp.* 速力のない(馬) I.262[12]. ①343. **-taṭa** *m.* 切り立った

崖 I.75[13]. ①99. II.219[16]. ②296. **-bhatta** *a.pp.* 食が断たれた(人), 断食者 III.43[7], 106[14]. ③62, 151. **-saṃyojana** *a.pp.* 結縛が断ち切られた(人) IV.159[8]. ④210. **-sīsa** *a.pp.* 頭が切られている(人), (頭の毛を切られた者, 坊主) III.161[14]. ③233. **-hirottappa** *a.pp.* <chindati 慚愧の念が切断されている(人), 恥知らず III.352[3]. ③501.

chuddha *a.* ⓢkṣubdha 捨てられた **～o** apeta-viññāṇo I.320[16]. 意識が離れ去って捨てられる ①421.

chupati 触れる mā maṃ hatthena **chupi** (*aor.*) I.166[9]. 私に手を触れないで下さい ①216.

churikā *f.* 小刀 III.19[3], 62[19]. ③28, 91.

cheka *a.* 賢い rājāno nāma **～ā** honti I.253[16]. 王さま方というのは賢い方々である ①331. **～o** mālā-kāro I.419[5]. 巧みな花環作りの人が ①550. ～ena sārathinā. II.177[14]. 巧みな御者によって〔調御された馬〕 ②232. III.139[14], 301[9], 493[3]. ③198, 437, 687. IV.70[21]. ④90. guḷa-kīḷāya **～o** I.178[20]. ビー玉遊びに巧者である ①233.

chekatā *f.* 巧みなこと, 賢明 **～tāya** IV.169[14]. 巧みなので ④234.

checchati *ft.* <chindati 切るだろう IV.68[14]. ④87.

cheda *m.* **<chid** 破壊 evarūpaṃ ～m akāsi III.63[21]. 君はこのような～を行なった ③92.

J

jaṅghā *f.* すね, 脛 I.74[17]. ①98. III.119[11]. ③169. **～'aṭṭhi** *n.* すねの骨 I.322[4]. ①423. **-magga** *m.* 歩行する道, 脛の道 III.402[16]. ③566. **-vihāra** *m.* 脛の運動 III.141[8]. ③200.

jaṅgama *a.* 動く, 歩行する **～ānaṃ** pāṇānaṃ I.228[12]. 歩行する生き物たちの ①299.

jagati-ppadesa *m.* 世界の土地 III.44[3]. ③62.

jagghati 笑う, 嘲る IV.67[13], 197[7]. ④86, 280.

jajjarita *pp.* 老衰した jarā **～ā** honti hattha-pādā anassavā I.7[10]. 老いて老衰すると手足は言うことを聞かなくなる ①9.

jaññā *op.* <jānāti 知るであろう ko ～ maraṇaṃ suve III.430[10]. 誰が明日の死を知るだろうか ③604. IV.70[11]. ④90.

jaṭā *f.* 縛り, 結髪 I.387[10]. ①509. III.77[16]. ③110. IV.152[5]. ④207.

jaṭila *m.* 結髪行者 II.64[1]. ②85. ちぢれ毛 IV.215[8]. ④305. **-brāhmaṇa** *m.* 結髪者のバラモン IV.151[20]. ④207.

[1]**Jaṭila** *m.* ジャティラ(マガダ国の長者) I.385[7]. ①506.

[2]**Jaṭila** *m.* ジャティラ(ちぢれ毛) IV.214[1], 215[9]. ④303, 305.

Jaṭila-tthera *m.* ジャティラ(ちぢれ毛) 上座 IV.199[10]. ④207.

Jaṭila-seṭṭhin *m.* ジャティラ長者 IV.216[19]. ④307.

jaṇṇuka *m.* 膝, ひざ **～ehi** ṭhatvā I.176[26]. 膝を折って立ち止まり ①230.

jattu *n.* ⓢjatru 肩, 鎖骨 II.55[14]. ②72.

janaka-pitar *m.* 生みの父親 III.312[2]. ③450.

janapada *m.* 地方, 国土, 人里 **～ṃ** gantvā I.125[22]. 地方に行き ①164. **～ssa** kiṃ bhavissati I.174[18]. 国土には何がある(起こる) でしょうか ①227. II.112[21]. 人里 ②150. **-cārika** *a.m.n.* 地方遊行 **～ṃ** caritvā I.333[6]. ～にめぐり歩いて ①438. II.196[9]. ②257. III.401[6]. ③565. **-cāritta** *n.* 国の行方 III.365[21]. ③519. **-manussa** *m.* 土地の人 I.367[13]. ①483. **-vihāra** *m.* 地方の精舎 III.341[10]. ③487.

Janapada-kalyāṇī *f.* ジャナパダカルヤーニー(国一美人, ナンダの許嫁, いいなずけ, 後に上座尼となる) I.116[5], 118[16]. ①150, 153. III.113[1]. ③162.

janayati *cs.* <janati **<jan** 生じさせる saṃvegaṃ **～yanti** I.89[11]. 感動を生じさせる ①116.

jan'inda *m.* 人の王 II.156[2]. ②204.

janettikā *f.* 生母 Māyā devī ～ IV.89[21]. 〔釈尊の〕 生母マーヤー王妃 ④116.

jantā-ghara-vatta *n.pp.* <vattati 火堂の仕事 I.379[17]. ①498.

jantu *m.* 人, 有情 IV.157[10]. ④214.

jannu n. 膝, ひざ I.394⁸. ①518.
II.263¹⁴. ②342. -maṇḍala m. 膝小僧
III.470⁶. ③655.

jannuka m.n. 膝, ひざ ～ehi
patiṭṭhahitvā II.123²². ひざまずいて ②
163. ～ehi vicaranto I.127¹¹. 膝でめ
ぐり行きつつ ①165. yāva ～ā
I.147¹⁰. ～まで〔地面に沈む〕①192.
I.48², 80¹³, 235². ①64, 104, 307. III.334⁴.
③478.

jambuka m. 豺, ひょう IV.67¹⁴. ④86.

Jambukâjīvaka m. ジャンブカ邪命外道
II.52⁹. ②69 (cf.S.II.259¹². 糞を食う人).

Jambu-dīpa m.n. ⑤dvīpa ジャンブ洲, イ
ンド大陸 mahā kho pana ～o
I.90²¹. けれどもね, ～は大きい ①117.
I.42³. ①56. III.211¹⁶. ③308. -tala
n. ジャンブ洲（インド）の地 II.222¹⁸.
②289.

jambu-pesi f. 野ばらの断片 II.174¹⁵. ②
229.

jambonada m. ジャンブ河産の金, 閻浮檀
金, プラチナ III.328⁸. ③471.

jamma a. ⑤jālma 卑しい IV.9⁸. ④13.

jammī f.a. 卑しい yaṃ esā sahati ～
taṇhā IV.43⁵. この卑しい渇愛がその人
を征服するならば ④51.

jaya m. 勝つこと, 勝利, 勝利者 II.228⁵.
②296. III.259⁵. ③374. -parājaya m.
勝敗 III.259²⁰. ③375. IV.131¹⁶. ④
176. -pāna m. 勝利の酒 ～ṃ pivi
I.193¹⁴. ～を飲んだ ①255.

jayaṃ = jayanto = jinanto prp.nom.
勝ちつつ, 勝っている者 III.259¹⁹. ③
375.

jayampatikā pl. 夫婦 I.369¹⁸. ①486.
III.34²⁰, 137⁷. ③51, 194. IV.101¹. ④
134.

jayasumana f. （花の名）ジャヤスマナ（ジ
ャスミン）I.273¹¹, 383¹³. ①356, 504.
-puppha-vaṇṇa a. ジャスミンの花の色
の I.17⁸. ①22.

jara a. 老いた ～ā jajjaritā honti
I.7¹⁰. 老いて老衰すると ①9.

jara-sakka m. 古狸の帝釈天 I.279³. ①
362.

jarā f. 老, 老衰 -jiṇṇa a.pp. <jīrati 老
衰で老いぼれた ～o I.424¹⁰. ～者 ①

557. IV.8⁹. ④12. -vāta-veg'abbhāhata
a.pp. <hanti 老衰の風に急激に打たれた
〔象〕IV.25¹¹. ④30.

Jarā-sutta n. 「老経」(Sn.4.6). III.320⁹. ③
461.

jalaṃ prp.voc. <jalati iddhiyā yasasā
jalaṃ (prp.voc.). I.432¹. 神通力と名声
に輝やく方よ ①566.

jalita a.pp. <jalati <jval 燃やされた, 輝
やいた saddhamma-pajjoto ～o I.1⁵.
正法の灯火は燃やされた ①3. ～'iddhi
a. I.1⁵. 神通を燃やす方（神通が燃やさ
れている人）①3.

jaḷa a. 痴呆の(者) II.139¹⁸. ②183.

java n.a. 速さ -cchinna a.pp.
<chindati <chid 速力を失った ～o
dubbal'asso viya I.262¹. ～力の弱い馬
のようである ①342.

javati <ju 走る, 急ぐ ～māno (prp.)
I.389²⁰. 急いで行っても ①513.

javana n. 急ぐこと -vīthi f. 急行路
IV.85¹⁴. ④111.

jahati <hā 捨てる jahissaṃ (1sg.ft.)
jīvitaṃ I.28²². 私は命を捨てるでしょう
①38.

jāgara a. 眠らないでいる(人) dīghā ～
to ratti II.12¹¹. ～者にとって夜は長い
②16. II.1³. ②3. jāgara-dhamma m.n.
寝ないで努める法（「南伝」12.P.4.第6.不眠,
参照）I.309¹⁹. ①406.

jāgarati <jāgṛ 寝ずに努める ～rato
(prp.gen.) I.308²¹. ～人には ①405. ～
ramānaṃ (prp.) III.321¹⁰. 眠らない
③463.

jāgariyā f. 不眠覚醒 ～e ṭhito I.262¹¹.
～にとどまっている ①343.

jāta a.pp. <janati <jan 生じた, なった,
自然の ariya-sāvakā ～ā I.5²⁰. 聖なる
声聞となった ①7. ～'ussāha a. やる
気を起こした(者) II.224². ②291.
-cchanda a.pp. 志欲が生じた(人)
III.289¹⁶. ③421. -maṅgala-divasa m.
誕生のお祝いの日 II.86¹¹. ②114. ～
-veda m. 火 nir-indhano viya ～o
I.44¹⁶. 燃料のなくなった火のように ①
60. -saṃvaddha a.pp. <vaddhati 生ま
れ育った ～o I.283¹³. ①369. -satta
m. 生まれているもの, 衆生 ～ānaṃ ca

maraṇaṃ nāma dhuvaṃ I.105[6]. **～たちにとって**死というのは必定である ①136. **-sāra** *a.* 自然の心髄をもった〔アカシヤの樹〕 I.144[17]. ①189. **-sineha** *a.pp.* 恋情が生起された(人) III.150[14]. ③215. **-ssara** *m.n.* 自然の湖 **～ṃ** oruyha I.80[19]. **～におりて** ①105.

jātaka *n.* 本生物語 **～ṃ** samodhānetvā I.82[5]. ～に結び合わせて ①107.

jāti *f.* 生れ, 生, 誕生, 種類 **-kkhaya** *m.* 生まれの滅尽(輪廻しないこと) IV.233[10]. ④336. **-gotta** *n.* 生まれや氏姓 IV.142[1]. ④191. **-jarûpaga** *a.* 生と老におもむく(者) IV.47[22]. ④51. **-divasa** *m.* 誕生日 II.139[20]. ②183. **-sambhava** *m.* 生まれ発生すること dukkhâyaṃ **～o** II.19[3]. この**～は**苦である ②24. **-sambheda** *m.* 生まれの混合(異なる階級の男女が性交すること) **～to** bhāyāmi I.166[4]. **～を**私は怖れます ①215. **-ssara** *a.* 生まれを思い出す **～o** hutvā II.27[3]. **～を思い出して** ②35. **-ssara-ñāṇa** *n.* 前生を追憶する智 IV.51[3]. ④59 **-ssarā** *f.* 前世を追憶する女 I.363[7]. ①477.

Jātiyā-vana *n.* ジャーティヤー林(アンガ国のバッディヤにある園林) III.363[14], 451[13]. ③517, 630.

jānapada *a.* 土地の(人) IV.40[5]. ④47.

jānāti <**jñā** 知る aññe pi me idaṃ kammaṃ **jāneyyuṃ** (*3pl.op.*) I.240[2]. 外の人たちも私のこの行為を知るだろう ①315. mātā-pitaro imaṃ dosaṃ **jānissanti** (*3pl.ft.*) I.240[4]. 父母がこの過ちを知ったら ①315. evaṃ **jānāhi** (*2sg.imper.*) I.233[2]. このように知りなさい ①305. '...' ti **ñatvā** (*ger.*) I.8[17]. 「…」と知って ①10.

jānāpeti *cs.* 知らせる attano āgata-bhāvaṃ **～petvā** I.172[4] 自分が来ていることを知らせて ①223.

jāni *f.* <jahati 損失 I.179[14]. ①234. III.70[4]. ③100

jānemu *op. 1pl* <jānāti <**jñā** 私たちは知るだろう I.31[5]. ①41.

jāmātar *m.* むこ, 女婿 taṃ **～taraṃ** akāsi I.235[14]. 彼を**～にした** ①308.

jāyati *ps.* <janati 生まれる mahājanaṃ **～mānaṃ** (*prp.*) disvā I.161[15]. 大衆が生まれるのを見て ①210.

jāyā *f.* 妻 **～yañ** ca gaṇhi I.231[16]. 〔病気が〕また妻をとらえた ①303. III.137[2]. ③194.

jāra *m.* 情夫, 愛人 IV.67[17]. ④86.

jāla *n.* 網 **-karaṇḍaka** *m.* 網のかご III.199[14]. ③292. **-pūva** *m.* ⓢpūpa 網菓子 I.319[14]. ①419.

jālā *f.* ⓢjvāla 火焔 **～āya** pahaṭa-pahaṭa-ṭṭhānaṃ I.71[4]. 火焔によって打たれ打たれたところは ①94.

Jāli *m.* ジャーリ(ヴェッサンタラ王子の子) I.406[13]. ①534.

jālinī *f.* 網を持つもの(渇愛, taṇhā) III.198[4]. ③290.

Jālinī *f.* (天女の名) ジャーリニー(アヌルッダ上座の旧妻で天女となった人) II.173[13]. ②228.

jāleti *cs.* <jalati 燃やす aggiṃ na **jālesi** (*aor.*) I.163[5]. 火を燃やさなかった ①212.

jigucchati 嫌悪する **～māno** (prp.) I.120[2]. 嫌悪して ①155.

jighacchā *f.* 空腹, 飢え III.261[22], 304[19], 368[2]. ③378, 442, 521. IV.177[19]. ④248. **-dukkha** *n.* 飢えの苦しみ III.258[11]. ③373. **-pīḷita** *a.pp.* <pīḷeti 飢えに悩まされた(人) III.262[16]. ③379.

jighacchita *a.pp.* <jighacchati 飢えた(人) II.145[5]. ②190.

jiñjuka *n.* グンジャの実 I.177[12]. ①231.

jiṇṇa *a.pp.* <jīrati 老いた, 老人 Bhagavā **～o** I.139[23]. 世尊は老いており ①183. (初訳は「勝者であり」, 誤訳) **-uyyāna** *n.* 古びた遊園 II.201[5]. ②263. **-koñca** *m.* 老いた鷺 III.132[7]. ③187. **-cīvara** *a.pp.* 衣が老朽した(人) thero **～o** II.173[11]. 上座は古びた衣を着て ②228. **-cīvaraka** *a.* 衣が老朽した(人) **～kānaṃ** dassāmi I.219[8]. **～人々に差し上げましょう** ①288. **-paṭisaṅkharaṇa** *n.* 老朽したものを修理すること III.347[14]. ③495. **-vyādhi-mata-saṅkhāta** *a.pp.* 老・病・死と呼ばれる **～e** tayo deva-dūte disvā I.84[22]. ～三人の天使を見て ①111.

jita *a.pp.* <jayati <**ji** 勝たれた, 負かさ

れた, 負けた ～o bhavissati I.44[12]. 負けているのだろう ①59. **jitam** me I.312[2]. 〔執著は〕 私によって負かされた ①409. I.43[12]. ①58. III.2[11]. ③4.

jināti = jayati 勝つ bahuṃ lakkhaṃ **jiniṃsu** (*aor.*) I.178[16]. 沢山のかけ金を勝った ①233. tvaṃ bāhirake core **jini** (*aor.*) I.312[9]. あなたは外部の盗賊どもに勝ちました ①409. **jine** (*op.*) III.104[11], 302[5], 313[11]. 勝つがよい ③148, 439, 452.

jinita *a.pp.* <jināti 勝たれた, 負けた bahuṃ hi **～o** I.178[18]. 沢山負けているのですから ①233.

jinitabba *gdv.* <jināti 負かされるべき, 勝たれるべき **～o** III.313[9]. **～である** ③452.

jiyā *f.* 弓の絃 **～aṃ** poṭhesi I.352[8]. **～をはじいた** ①464. **～aṃ** poṭhetvā I.216[18]. 弦を鳴らし ①285.

jiyyati *ps.* <jayati 勝たれる, 失われる taṃ hi ajātattā na ～ na miyyati I.228[20]. なぜならばその〔涅槃〕は〔輪廻転〕生しなかったのであるから, 失われず (敗れず) 死なないので ①299.

jivhā *f.* 舌 ～ sūpa-rasaṃ yathā II.33[5]. 舌がスープの味を〔識知する〕ように ②44. **～'agga** *a.* 舌の先 **～e** ṭhapetvā eva II.33[12]. 〔食べ物を〕 **～に** 置くだけで ②44. **-viññeyya** *gdv.* <vijānāti 舌で識知される(味) IV.198[21]. ④282.

jīna *a.pp.* <jīyati 失った **～o** macchañ ca pesiñ ca IV.67[15]. 〔おまえは〕 魚と肉片を失っている ④86.

jīraṇa-lakkhaṇa *a.* 老衰を特相とする III.118[17]. ③168.

jīrati *ps.* <jarati 老いる, 亡ぶ cakkhūni **～ranti** I.11[14]. 両眼は老いている ①14. cīvaraṃ **jīri** (*aor.*) I.172[14]. 衣がぼろになった ①224. surā **jīri** (*aor.*) III.102[14]. 酒はなくなった(消化した) ③145.

jīraka *m.* クミン, 葛楼子, ういきょう IV.216[5]. ④306.

jīrāpeti *cs* <jīrati 消化させる so bhuñjitvā **～petuṃ** asakkonto I.188[21]. 彼は食べてから消化させることが出来ないで ①248. I.171[5]. ①222. III.342[14]. ③488. IV.212[6]. ④300.

jīva *n.* 生命, 霊魂 **-gāha** *m.* 生け捕り **～ṃ** agāhayi II.106[11]. **～にした** ②140. Udenaṃ **～ṃ** eva gāhāpetvā I.193[12]. ウデーナ(王) を～にだけして召し捕らせて ①255. **-bhatta** *n.* 〔長〕寿を〔願う〕食事 III.335[7]. ③479. **-loka** *m.* 生存する世間 IV.81[5]. ④105.

Jīvaka-komārabhacca *m.* (名医) ジーヴァカ・コーマーラバッチャ I.244[20]. ①320. II.164[2]. ②216. **Jīvak'amba-vana** *n.* ジーヴァカのマンゴー林 II.164[3]. ②216. III.246[6]. ③354.

jīvati **<jīv** 生きる **jīveyyaṃ** (*1sg.op.*) I.232[10]. 私は生きよう ①304. **jīvantass'eva** *dat.gen.prp.* <jīvati 生きながらにして I.127[1]. ①165.

jīvikā *f.* 生活, 生き方, 命をつなぐ alaṃ te ettakaṃ **～kāya** I.137[15]. これだけの〔財物が〕あれば, おまえの生活には十分である ①180. **～aṃ** kappeti I.80[10]. 生活を営なむ ①104. **～aṃ** kappeyyāsi I.231[21]. 命をつないで行きなさい ①303. sā eva me ～ hotu II.2[13]. その生き方だけが私にありますように ②4. I.125[21]. ①164. II.203[7]. ②266.

jīvita *a.pp.* *n.* <jīvati **<jīv** 生命, 命 ahaṃ eva samaṇaṃ Gotamaṃ **～ā** voropessāmi I.140[14]. 私自身が沙門ゴータマの命を奪うであろう ①184. I.296[15]. ①387. attano **～ṃ** pariccajitvā I.140[24]. 自分の命を捨てて ①184. sace mayhaṃ **～ṃ** dassasi I.195[12]. もしあなたが私に命を下さるなら ①258. **～ṃ** kappesi I.204[14]. 命をつないでいた(生活を営んだ) ①269. jahissaṃ **～ṃ** I.28[22]. 私は生命を捨てるでしょう ①38. paresaṃ **～ā** na voropenti I.358[2]. 他の者たちの命を奪わない ①470. na sakkā amhehi paraṃ **～ā** voropetuṃ I.358[5]. 我々が他の者の命を奪うことはできない ①470. I.50[5], 56[8], 211[7]. ①66, 76, 278. II.252[8, 11]. ②327, 328. IV.97[10]. ④128. **～'antarāya** *m.* 生命の障碍, 生命の危難 II.6[1], 214[4,18], 239[12]. ②9, 278, 279, 312. III.430[5]. ③

604. **~'indriya** *n.* 生命の根, 生命維持能力 I.229[14], 361[5], 362[14]. ①300, 474, 476. III.60[1], 356[7], 490[1]. ③87, 506, 683. **~'upāya** *n.* 生きる手段 II.107[9]. ②142. **-kappana** *a.* 生命をいとなむ, 生命の調整 **~ṃ** dhanaṃ adaṃsu I.332[11]. ~財物を与えた ①437. III.472[14]. ③659. **-kkhaya** *m.* 命終, 生命の滅尽 **~m** pi pāpuṇāti I.49[5]. 命終にもいたる ①65. ~ṃ pāpesi I.55[15]. 生命の滅尽に到らせた ①75. **~ṃ** pattā I.55[18]. 生命の滅尽を得た ①75. **~ṃ** pāpuṇissāmi I.164[20]. 命を失うだろう ①214. I.353[1]. ①465. II.67[7], 215[19], 241[5]. ②89, 281, 314. III.33[17]. ③48. IV.84[1]. ④109. **-dāna** *n.* 命の施 dassāmi vo **~ṃ** I.195[15]. 私はあなた様に~をいたしましょう ①258. II.14[10]. 〔助〕命という施(多くの生きものを犠牲になることから解放して救ったこと) ②18. **~ṃ** dinnaṃ I.297[6]. 命を救ってあげた(生命の施が与えられた) ①388. **-paccaya** *m.* 生きるのに必要な物 III.239[17]. ③343. **-vutti** *f.* 命をつないで行くこと, 生きるための行為、生活行動 idan te **~yā** dhanaṃ I.278[3]. これはあなたが生命をつないで行くための財物です ①361. III.206[24], 235[17], 257[3], 329[9], 354[19], 462[12]. ③302, 337, 371, 472, 503, 645. **-saṃsaya** *m.* 生命の憂慮 **~ṃ** pāpuṇi I.47[16]. 生命を憂慮するにいたった ①64. **-saṅkhaya** *m.* 生命の消滅 IV.33[11]. ④40. **-hetu pi** *adv.* 生命のためといえども, 命にかえても, 死んでも III.204[4]. ③298. IV.40[3]. ④47.

jīvitu-kāma *a.* 生きたいと欲する(人) III.23[13]. ③35.

Juṇha *m.* ジュンハ(コーサラ国の大臣) III.186[8]. ③273.

jutin-dhara *a.* 光輝ある I.432[4]. ①566.

jutīmant *a.* 光輝ある(人) II.162[5]. ②213.

jūta *n.* 賭博, さいころ遊び III.130[17]. ③185. **-kamma** *n.* さいころ遊び, 賭博 II.228[4]. ②296.

je *interj.* ちぇっ III.305[1]. ③442. I.174[6]. さあ, あなた(目下の者に) ①226.

jeṭṭha *a.* 最年長の, 最勝の **~'apacāyika-kamma** *n.* 年長者に尊敬をはらうこと I.271[17]. (七つの禁戒の一つ) ①355. **~'apacāyin** *a.m.* 年長者を敬う(者) I.265[2], 272[1]. ①346, 355. **-kaniṭṭhā** *m.* 長兄と末弟 I.66[17]. ①89. **-kula** *n.* 最勝の家 I.88[25]. ①116. **-dhītu-ṭṭhāna** *n.* 一番上の〔王〕女の地位 II.151[5]. ②198.

jeṭṭhaka *a.* 最老の, 最高の(人) **~o** hutvā I.385[1]. 最上者であって ①506. III.29[10]. 工事長, 筆頭総代 ③44. **-bhātika** *m.* 長兄 I.97[19]. ①126.

Jeṭṭha-mūla-māsa *m.* ジェッタ・ムーラ月(5~6月) III.254[8]. ③367.

jeṭṭhikā *a.f.* 最高の者 itthi-satānaṃ **~aṃ** katvā I.346[7]. 100人の女性たちの~として ①456. **jeṭṭhika-ṭṭhāna** *n.* 最勝の女性の地位 I.279[17]. ①363.

Jeta-vana *n.* 祇陀林 I.14[10], 77[16]. ①18, 101. **-anto-vuttha** *a.pp.* <vasati 祇陀林(精舎) の中にとどまっていた(人) III.179[13]. ③262. **-dvāra-koṭṭhaka** *n.* 祇陀林(精舎) の門小屋 I.372[14]. ①490. **-mahā-vihāra** *m.* 祇陀林(祇園) 大精舎 I.4[9, 14]. ①6. niṭṭhite **~e** I.118[3]. ~が完成した時 ①153. **-vihāra** *m.* 祇陀林精舎, 祇園精舎 I.372[9]. ①489.

Jotika = Jotiya *m.* ジョーティカ=ジョーティヤ(王舎城の長者) IV.221[26]. ④316.

Jotika-tthera *m.* ジョーティカ上座 IV.221[22]. ④316.

joti-pāsāṇa *m.* 火石 IV.209[16]. ④285.

Jotiya *m.* ジョーティヤ(マガダ国の長者) I.385[6]. ①506. IV.207[15]. ④295.

joti-rasa *m.* 光の露という宝石 **~o** ti sabba-kāma-dadaṃ maṇi-ratanaṃ vuccati I.198[8]. ~とは全ての欲するものを与える宝珠・宝石が言われる ①262.

Jh

jhāna *n.* ⓢ dhyāna 禅思, 静慮, 禅定 **~ṃ** nibbattetvā III.111[15]. **~を生起させて** ③159. I.230[15]. ①301. **~'abhiññā** *f.* 禅定, 神通, 禅定の通智 **~aṃ** nibbattetvā I.83[14]. ~を生ぜしめて ①110. III.182[6]. ③266. **-kīḷā** *f.*

禅思の遊び，禅定の遊戯　**〜ḷāya** kīḷanto vihāsi　IV.55[12]．**〜を遊びつつ住した**　④66．III.427[13]．③600．**-pasuta** *a.pp.* <pa-**sā**　禅思を追求する（人）　III.199[9], 226[14]．③292, 325．**-veṭhana** *n.* 禅定の頭巾　III.66[9]．③96．**-samāpatti** *f.* 禅定三昧　**〜ṃ** samāpajjitvā　I.224[18]．〜に入って　①294．**-sukha** *a.n.* 禅定の安らぎ　II.171[4]．②225.

jhāpana-kicca *n.* 火葬にすること　III.106[18]．③151.

jhāpiyati *ps.* <jhāpeti　火葬にされる　tassā　**〜yamānāya**　II.240[20]．彼女が〜時に　②314.

jhāpeti *cs.* <jhāyati　火葬にする，火をつける‘**jhāpessāmā**（*1pl. ft.*）’ti susānaṃ hariṃsu　I.99[18]．「火葬にしよう」と〔死体を〕墓地に運んだ　①129．tumhe **〜petha**（*2pl.imper.*）I.99[19]．君たちが火葬にしないさい　①129．**jhāpento**（*prp.*）I.99[22]．焼きつつ　①129．paṇṇa-sālaṃ **〜pesi**　II.66[25]．葉葺きの庵に火をつけた　②88．I.26[18], 28[3], 70[2, 12]．①36, 37, 93．III.244[14]．③351．**su-jhatvā**　よく火葬にして　IV.162[11]．④223.

jhāma *n.* <jhāyati　燃焼　**-atta-bhāva** *a.* 自分の身が焼ける　I.221[10]．①290．**-kāla** *m.* 燃える時　**〜e**　III.62[6]．〔香室が〕〜に　③90．**-kkhetta** *n.* 焼け畠　I.118[24]．①154．**-bhāva** *m.* 燃えていること　III.67[11]．③97.

jhāmaka-sitthā *f.* おこげ，焼けた米粒　III.371[14]．③525.

[1]**jhāyati** <**kṣai**　燃える，消尽する，焼ける　**〜yasi**　IV.67[15]．おまえは消尽する　④86．gehaṃ　〜　I.222[13]．家が焼けている　①292．**〜yeyya**（*op.*）III.481[9]　燃えるであろう　③671．gehe **〜yamāne**（*prp.*）**〜yiṃsu**（*aor.*）I.225[18]．家が焼ける時に〔彼女たちも〕焼けた　①295．sesa-maṃsaṃ **jhāyi**　II.240[21]．ほかの肉は焼けた　②314．II.21[24.]　②28.

[2]**jhāyati** <**dhyai**　禅思する　**jhāya**（*imper.*）IV.107[1]．〜しなさい　④135.

jhāyin *a.m.* 禅定ある，禅思する人，禅定者　te **〜yino**　I.228[5]．彼等は禅定者たちであり　①298．I.230[15], 433[6]．①301, 567．II.252[8, 11], 255[14]．②327, 328, 332．IV.142[7]．④191.

Ñ

ñatta *m.* ⓢjñatva, jñapta．知ること　yāvad eva anatthāya **〜ṃ** bālassa jāyati　II.73[5]．〔愚者が〕知ることは，たちどころに愚者の不利益を生む　②96.

ñatvā *ger.* <jānāti　知って　maraṇa-samayaṃ　〜　I.26[2]．死の時を知って　①35.

ñāṇa *n.* 知ること，知，智，智慧　**〜’aggi** *m.* 智慧の火　**〜nā** jhāpetvā　I.282[8]．**〜によって焼いて**　①366．I.283[3]．①367．**-khura** *n.* 智というかみそり　II.258[3]．②335．**-jāla** *n.* 知の網　I.319[20]．①420．**-padīpa** *m.* 智の灯火　III.103[10]．③146．**-ppabhāva** *a.* 智慧の力をもった（人）　IV.235[17]．④341．**-phusanā** *f.* 智による触知　I.230[22]．①302．**-sampayutta-citta** *a.n.* 智に結ばれた心　I.35[17]．①47.

ñāta *a.pp.* <jānāti　知られた　**-pariññā** *f.* 認識されたものをよく知ること，知遍知　II.172[2]．②226.

ñātaka *a.m.* 親族，親戚　ettakā **〜ā** nāsitā　I.81[22]．これほど多くの親族たちが殺されたのか　①106．I.7[8], 241[15, 16]．①9, 317.

ñāti *f.* 親族，親類　I.6[16], 10[20]．①8, 13．**〜’attha-cariyā** *f.* 親族を利する行　III.441[10]．③618．**-kalaha** *m.* 親族の争い　III.254[2]．③367．**-gāma** *m.* 親族の村　I.283[16]．①369．**-parivaṭṭa** *m.* 親族の集団，親族のとりまき　III.462[10]．③645．**-bandhava-rahita** *a.pp.* 親族・親戚のいない　**〜e** ṭhāne　I.240[11]．〜ところで〔お産をする〕　①315．**-saṃsagga** *m.* 親族との交わり　natthi **〜o**　I.284[3]．〜はありません　①369．**-saṃsaṭṭha**（*Vri.*）*a.pp.* <saṃ-**sṛj**　親族と交わった　**〜o**　I.283[20]．①369．**-saṅgaha** *m.* <saṃ-**grah**　親族の摂取，愛護　**〜ṃ** kātuṃ vaṭṭati　I.357[4]．親族の愛護をするのがよいのだ　①469．**-samāgama** *m.* 親族の集まり　I.115[10]．①149．**-sālohit’itthī** *f.* 親族・血縁者の女性　III.483[6]．③674．**-suhajja** *m.* 親族や知己　I.256[8],

440[1]. ①335, 576. III.434[20]. ③611.

Ṭ, Ṭh

ṭe-piṭaka-pariyatti *f.* 三蔵聖典 IV.235[16] ④340.

ṭhapita *a.pp.cs.* <tiṭṭhati 置いた. tīre **～esu** kāsāvesu cīvaraṃ thenetvā I.80[19] 岸に置いた袈裟衣のうちの僧衣を盗んで ①105. **-bhāga-bhatta** *n.* 取り分けて置かれた御飯 IV.121[9] ④162.

ṭhapeti *cs.* <tiṭṭhati 止める desanaṃ **～pesi** (*aor.*) III.97[14] 説示を止めた ③138.

ṭhapetvā *ger.* <ṭhapeti 除いて. paṇḍite ～ I.65[13] 賢者たちを除外して ①86. ～ **vā** *ger. adv.* さもなくば IV.184[20] ④259.

ṭhassati *ft.* <tiṭṭhati 立つだろう. mama vacane **～ssatha** III.140[19] 私の言葉の上に君たちは立つだろうか(私の言う通りにするかね) ③199.

ṭhāna *n.* 道理, 地位. **～ṃ** kho pan'etaṃ vijjati I.140[7] そしてこれは道理のあることです ①184. idaṃ **～ṃ** disvā I.147[17] この道理を見て ①192. **～'-antara** *n.* 別の〔長者の〕地位. **～ṃ** paṭissutaṃ I.185[19] ～が約束された(応諾された) ①244. II.204[21] ②268. **～'-antara-patta** *a.pp.* 別々の立場を得た. **～ā** I.340[21] ～ので ①448.

ṭhāpeti *cs.* 決める. divasaṃ **～petvā** I.45[19]〔結婚の〕日を決めて ①62.

ṭhāyin *a.* 存命する(人) II.238[12] ②311.

ṭhita *a.pp.* <tiṭṭhati 立った, とどまった. **-ṭṭhāna** *n.*〔話を〕中断したところ III.412[10] ③580. **-majjhantike** *loc. adv.* 正午になった頃に II.70[4] ②92.

ṭhitaka *a.* 立った(人). ahaṃ **～o** va vītināmemi II.57[8] 私は立ったままで時を過ごします ②74. IV.140[4] ④187.

ṭhiti *f.* 立つこと, とどまること. saddhamma-**ṭṭhiti**-kāmena I.2[1] 正法が止まることを欲する方によって.

ṭhitikā *f.*〔施が〕存続すること III.105[9] ③150.

Ḍ

ḍasāpeti *cs.* <ḍasati **<daṃś** 咬ませる **～petvā** II.256[16]. 咬ませて ②334.

ḍahaṃ *prp. nom.* =ḍahanto <ḍahati 焼きながら, 燃えながら II.67[18]. ②89. ～ gacchati I.282[13]. 焼きながら行く ①367.

ḍahati <dah 焼く agārāni aggī ～ I.179[19]. 家々を火が焼く ①235.

ḍayhati *ps.* <ḍahati 焼かれる araññaṃ **～hamānaṃ** aggiṃ disvā I.282[1]. 森が焼かれている火を見て ①366. **～hantā** (*prp.*) III.64[8]. 焼かれて ③93. **～hamāno** (*prp.*) IV.107[4]. 焼かれつつ ④142. **ḍayhare** 焼かれている II.266[4]. ②344. III.368[3], 479[14]. ③522, 668.

ḍasana-bhaya *n.m.* 〔蛇が〕 咬む恐れ III.51[5]. ③74.

ḍasāpeti *cs.* <ḍasati 咬ませる **～petvā** IV.92[1]. 咬ませて ④113.

ḍāha *m.* 火の熱, 熱病 II.180[1]. ②236. III.156[1]. ③224. IV.146[11]. ④199.

T

ta *pron.* Ⓢtad それ. **tasmiṃ** (*loc.sg.*) samaye I.4[7] その時 ①6. **taṃ khaṇañ ñeva** *adv.* I.104[16] もうその刹那に ①135.

takka *n.* 酪, バター II.68[1] ②90.

tak-kara *a.m.* それを行なう(人). na **～o** hoti I.157[2] それを実行する者ではない ①206.

Takkasilā *f.* (都城)タッカシラー(パキスタンのイスラマバードの西北30kmにある. 現在のタキシラ) I.123[7], 250[17], 326[4], 338[3] ①159, 327, 428, 445. III.334[10], 445[18] ③478, 622. IV.66[19], 215[19] ④85, 305.

Takkasila-jātaka *n.*「タッカシラー本生物語」(*J.*I.393-401, 469-71) IV.83[17] ④109.

tagara *n.* タガラ香 I.422[7] ①554.

Tagarasikhi-pacceka-buddha *m.* タガラ・シキン辟支仏 II.36[7] ②48. IV.77[18] ④101.

taca-jahana *n.* 脱皮 III.236[1] ③337.

taca-pañcaka-kammaṭṭhāna *n.* 皮を第五とする観念修行法(髪・毛・爪・歯・皮膚を順に観ずる修行法) I.243[7] ①319. II.87[23], 140[11] ②116, 184.

taco *n.* Ⓢtvac 皮, 皮ふ I.74[20] ①98.

tacchaka *m.*〔車〕大工 II.142[5] ②186.

tacchati <takṣ 工作する. **～cchante** disvā II.142[4] ～している〔大工たち〕を見て ②186. sūlāni **～cchiṃsu** (*aor.*) II.246[5] 杭(串)を作った ②320. **～cchitvā** I.269[10] 加工して ①352.

tacchāpeti *cs.* <tacchati 工作させる, 大工仕事をさせる, けずらせる III.199[23] ③293. IV.203[7] ④289.

taccheti *cs.* <tacchati 建設する，工作する. **tacchetvā** *ger.* I.58[12] 整頓して ①78. III.285[3], 339[2] ③414, 484.

tajjita *a.pp.* <tajjeti <**traj** おどされた. Buddha-tejena **〜ā** I.250[4] 仏陀の威光によって恐惶している ①326.

tajjeti *cs.* <**tarj** 叱責する，恐れさせる. **〜jjetvā** II.38[21] 〜して ②52. I.199[12], 236[18], 377[13] ①263, 310, 494.

taṭa-taṭāyati ガタガタする. **〜yanto** I.370[7] 〜して ①487. III.328[17] パタパタと音をたてる ③471.

taṇḍula *m.* 米，稲 I.79[4], 234[4] ①103, 306. III.18[4] ③27. **-kaṇa** *m.* 米ぬか III.66[5] ③95. **-doṇa** *m.* 一ドーナ（枡）の米 III.264[14] ③382. IV.15[13] ④19. **-nāḷī** *f.* 一升の米 **〜iṃ** labhitvā I.171[8] 〜を得て ①222. IV.209[15] 稲の茎（一ナーリーの米）④28.

taṇhā *f.* Ⓢtṛṣṇā 渇愛，愛欲. **〜'anusaya** *m.* 渇愛の随眠（結びつき，　潜在） IV.47[11] ④51. **-ussāva** *m.* 渇愛の漏出 IV.165[21] ④227. **-gāha** *m.* 渇愛による捕捉 IV.230[22] ④332. **-vaḍḍhakin** *a.* 渇愛を増大する（もの） III.128[7] ③182. **-varatta** *n.* 渇愛という革綱 IV.160[14] ④220. **-vasika** *a.* 渇愛に支配された（人） IV.44[3] ④52. **-santhava** *m.* 渇愛による親交 I.258[7] ①337.

Taṇhā *f.* タンハー，渇愛（魔の娘の名） I.202[3] ①266. III.196[3] ③387.

Taṇhā-vagga *m.*「渇愛品」IV.37[1] ④44.

tatiya *num.a.* 第三の. **〜atta-bhāva** *m.* 第三の自分の存在，前々世 III.41[18] ③60. **-divase** *loc.adv.* 三日目に I.116[15] ①151. **-phala** *n.* 第三果（不還果） I.221[13] ①291. **-vāraṃ** *ac.adv.* 三度目に. 〜 āgataṃ pi ... pucchi I.183[20] 〜やって来た者にも…質ねた.

tato (taの*abl.*) それより，それゆえに，それから後も. 〜 naṃ dukkhaṃ anveti I.3[4] それゆえに苦はその人について行く. I.21[22] ①29. II.138[20] ②182.

tatta *a.pp.* <tapati 熱せられた，赤熱の. suriya-tejena **〜ṃ** I.197[21] 太陽の光熱によって熱せられた ①261. III.481[1] ③670. **-bhāva** *m.* 熱せられていること，沸騰状態. udakassa **〜ṃ** jānitvā I.58[19] 湯加減（水の沸き具合）を知って ①79. udakassa **〜ṃ** āgamayamāno I.319[26] 水が沸騰するのをまって ①420.

tattha *adv.* Ⓢ tatra そこに，そこで. ahaṃ pi **〜'eva** gamissāmi I.18[5] 私も同じそこに行くでしょう ①24. **-vaṭṭaka** *a.*〔立ち上がれなくて〕そこで七転八倒する（者） IV.16[13] ④20.

tatha-bhāva *m.* 本当であること III.180[16] ③263.

Tathāgata *m.* 如来. **〜ssa** taṃ pavattiṃ ārocesi I.103[26] 如来にその顛末を申し上げた ①134. I.4[11], 20[10] ①6, 26.

tadā *adv.* その時 I.5[18] ①7.

tanu *a.* <tanoti 細い，薄い，やせた. **-bhāva** *m.*〔いらいらが〕薄れた状態 IV.115[21] ④154. **-bhūta-soka** *a.pp.* 憂い悲しみが薄くなった（人） III.434[8] ③610. **-sarīra** *a.* やせた身体の（人） III.266[2] ③384.

tanta *n.* 糸. **〜ṃ** pasārento I.424[13] 糸を伸ばして ①557.

tanti *f.* Ⓢtantri 絃，伝統，経典 I.284[10] ①370. imaṃ **〜ṃ** paharitvā I.163[19] この絃を打って ①213. **-bhāsā** *f.* I.2[3] 聖典の言葉 ①4.

tad-aṅga-[samuccheda] *m.* それぞれの項目の〔捨断〕I.158[21] ①208.

tad-aṅga-vimutti *f.* それぞれの事項ごとの〔捨断による〕解脱 I.434[6]. ①568.

tad-an-antaraṃ *ac.adv.* それと間髪を入れずに III.427[11] ③600.

tad-anucchavika *a.* それにふさわしい II.161[3] ②211.

tad-abhimukha *a.* それに向かった. **〜ā** ahesuṃ I.19[19] それに向かって行った ①26.

tapa *m.n.* = tapo 苦行. **-caraṇa** *n.* 苦行者の修行 II.62[19], 235[9] ②82, 308. **-cariyā** *f.* 苦行生活 **〜aṃ** disvā I.162[18] 〜を見て ①211.

tapati <**tap** 輝やく，熱する. **〜pantaṃ** (*prp.*) I.244[6] 輝やくものを ①319. divā 〜 ādicco IV.143[17] 太陽は日中に輝く ④186. **tapāhi** (*imper.*) III.208[6] 熱しなさい ③304.

tapassin *a.m.* Ⓢtapasvin 苦行者 II.57[11] ②75.

tapo *n.m.* 苦行 III.237[6] ③339. **-vana** *n.* 苦行林 IV.53[9] ④62.

tap-paccayā *abl.adv.* それによって III.481[8] ③671.

tappati *ps.* <tapati 焼かれる，苦しめられる. idha **tappanto** (*prp.*) I.150[7] ここで焼かれて（苦しめられて） ①195. I.133[2] ①175. III.487[4] ③679. bāla-ātapaṃ **〜māno** I.164[4] 日の出の太陽の光にあたって ①213. IV.87[3] ④113.

tappana-ṭṭhāna *n.* 焼かれる場所. ～**e** yeva nibbatto I.150[8] ～にだけ再生した ①195.

ta-bbiparīta *a.* それとは逆の III.275[10] ③398.

tama *n.* Ⓢtamas 闇, 闇黒. mahā-moha～ I.1[4] 大きなおろかの闇 ①6. ～**ssa** parivārito I.222[6] 闇に囲まれる ①291.

tamba *n.* Ⓢtāmra 銅, 赤銅. **-mattikā** *f.* 赤銅色の土 ～**āya** rañjitvā II.251[2] ～で〔着物を〕染めて ②326. I.333[10] ①438. **-vammika** *m.n.* 赤銅の蟻塚 III.208[9] ③304.

Tamba-dāṭhika *a.m.* 赤銅色のひげの(男), (褐色の歯をもった人, 泥棒を死刑にする死刑執行人) II.35[11], 203[2] ②47, 266.

Tambapaṇṇī-dīpa *m.* タンバパンニー島 I.1[14] 銅葉島, セイロン島 ③.

tambūla *n.* びんろう, 檳榔, きんま III.219[1] ③316.

tam-muhutta-samuṭṭhita *a.pp.* <uṭṭhahati そのわずかの間に発生した. ～**ena** vyādhinā ... kālam akāsi I.70[9] ～病気によって…死去した ①93.

tayo *num.* 三. ～ **bhavā** *m.pl.* 三つの生存(欲界, 色界, 無色界での生存) II.173[1] ②227. ～ **Mārā** *m.pl.* 三人の魔(蘊, 煩悩, 行) IV.232[2] ④334.

taramāna-rūpa *a.m.* 急ぐ様子. ～**o** II.214[7] ～で ②279.

taruṇa *a.* 若い. ～**ā** pi ca tāv' attha I.7[5] あなた様はまだ若くもあるのです. ～**'itthī** *f.* 若い女性 III.53[10] ③77. **-puttā devatā** *f.* 幼な子をもった神格 III.300[2] ③435. **-makula** *n.* 若芽 I.335[6] ①440. **-vacchā** *f.* 若い子牛をつれた〔牝牛〕 II.35[10] ②46. **-vipassanā** *f.* 若々しい観 I.317[13] ①417.

tala-sattika *f.* 手刀. ～**ṃ** uggiriṃsu III.50[3] ～をふり上げた ③72.

tasa *a.* <tasati ふるえる(もの) IV.175[19] ④244.

tasati <**tras** ふるえる, おののく. sabbe ～**anti** III.48[3] 全ての人々はおののく ③69.

tasara = Ⓢ *m.* 梭, ひ. ～**ṃ** vaḍḍheti I.424[17] 梭を〔織機に〕かける ①558. III.172[5] ③252.

tasiṇā *f.* = taṇhā 渇愛 IV.47[23] ④55.

tasmā taの*m.n.sg.abl.* それより, それゆえに I.6[7] ①8.

tahaṃ tahaṃ *adv.* ところどころ. ～ ～ chindi I.234[13] ～切った ①307.

tāṇa *n.* Ⓢtrāṇa 救護所. ～**ṃ** me hohi I.444[4] 私を助けてくれ(私の～であれ) ①582. aññaṃ me ～**ṃ** natthi II.5[9] ほかに私には～はない ②8. II.267[18] ②346. III.434[9] ③610.

tādin *a.* そのような(人) II.181[14] ②237.

tādisa *a.* そのような. ～**ṃ** I.31[14] ①41. ～**ena** pāpena mama yaṭṭhi-koṭi-gahaṇa-kiccaṃ natthi I.16[8] **そのような**悪者には私の杖の端を持つ仕事はないのだ ①21. II.35[4] **あなたのような**(tvaṃ-disa) ②46.

tāpasa *m.* 苦行者 I.39[9], 309[4] ①53, 405. **-pabbajjā** *f.* 苦行者の出家 IV.29[15] ④35.

tāpeti *cs.* <tapati 焼く, 炊かせる, 沸かす yāgu-mattam pi ～**petvā** II.78[7] 粥だけでも炊かせて ②104. aggimhi ～**petvā** II.141[16] 火で焼いて ②186. nahān'odakaṃ ～**tvā** II.19[19] 沐浴の水を沸かして ②25.

tāyati <**trai** 救護する. maṃ **tāyassu** (*imper.2sg.*) I.217[12] おまえは私を救護したまえ ①286.

tārakā *f.* 星. ～**a**-saññāya I.195[21] 星を目当てにして ①259.

tārayati *cs.* <tarati 渡らせる. sadevakaṃ ～**rayanto** (*prp.*) I.84[16] 神と共なる〔世間〕を〔彼岸に〕渡らせて ①111.

tārā-gaṇa *m.* 星群 III.220[13] ③318.

tāla *m.* ターラ椰子, 多羅, 棕櫚. ～**'aṭṭhi-khaṇḍa** *m.n.* ターラ椰子の核の破片 II.55[15] ②72. **-kkhandha-parimāṇa** *a.* 多羅(ターラ椰子)の幹の太さの〔鉄串〕 I.148[8] ①193. **-paṇṇa** *n.* ターラ(多羅椰子)の葉 I.391[4] ①514. **-ppamāṇa** *a.* ターラ椰子の高さの. ～**ṃ** vehāsaṃ abbhuggantvā II.62[11] ～虚空に昇って行って ②81. **-vaṇṭa** *n.* 多羅葉の茎〔の扇〕. ～**ṃ** ādāya vījetvā I.301[14] ～をとって扇いで ①396. ～**ena** theraṃ vīji II.145[16] ～で上座を扇いだ ②191. III.116[18] ③166. IV.213[8] ④302.

[1]**tāḷa** *m.* 銅鑼 IV.67[12] ④86.

[2]**tāḷa** *n.* 鍵, かぎ. **-cchidda** *n.* かぎ穴 III.8[1] ③13. **-vāra** *m.* 鍵をあずかる当番. ～**o** pāpuṇi II.49[1] ～が来た ②64.

tāḷeti <**taḍ** 打つ, たたく. kasāhi ～**ḷentā** II.39[2] むちで打って ②52.

tāva *adv.* Ⓢtāvat まず, まだ. taruṇā pi ca ～'attha I.7[5] またあなた様はまだ若くもあるのです ①9.

tāva-kālika *a.* 暫時の I.316[20], 336[23] ①416, 443.

tāvataken' eva *instr.adv.* それだけの, それ相

当の III.61[14] ③89.

Tāva-tiṃsa *a.* 三十三(天), 三十三天の I.264[18], 272[5] ①346, 355. **-deva-loka** *m.* 三十三天の神の世界 I.26[16], 118[23], 363[1] ①35, 153, 477. IV.73[4] ④88. **-deva-nagara** *n.* 三十三天の都城 I.272[18] ①356. **-bhavana** *n.* 三十三天宮, 三十三天の都城. ~**e** nibbatto I.173[7] ~**に再生し** ①225. I.60[9], 63[19], 118[26], 272[6], 422[12] ①80, 84, 154, 355, 554. II.36[6], 114[20], 173[13], ②48, 152, 228. III.7[5], 52[15], 216[15] ③12, 76, 314.

tāvad eva *adv.* とたんに, たちどころに III.199[23] ③293.

tāva-mahanta *a.* それほど大きな. ~**o** pi soko pahīyi IV.118[22] ~悲しみも捨てられた ④158.

tāsa *m.* 戦慄 II.250[5] ②325. **-karaṇa** *n.* 渇望(戦慄, 恐怖)させるもの IV.49[19] ④57.

tāseti *cs.* <tasati 恐れさせる. ~**setvā** pucchiyamānā I.222[18] 恐れさせて質ねられても ①292.

tiṃsa-yojanika *a.* 三十ヨージャナほどの I.26[16], 28[2] ①35, 37.

tiṃsa-sahassa *num.* 30×1000, 三万. ~bbhikkhū I.24[17] 三万人の比丘たちは〔阿羅漢となった〕①32.

tikicchati 治療する. ~**cchitvā** III.33[11] ~**して** ③48.

tikicchā *f.* <tikicchati 治療. paṭikkhitto ~**āya** vejjenâsi I.12[13] 君は医師から治療を放棄されている ①16.

tikicchāpeti *cs.* <tikicchati 治療させる. rājā vejjehi ~ I.343[19] 王は医師たちに治療させる ①453. ~**pehi** (*imper.*) I.25[24] 治療させなさい ①35.

tikicchita *a.pp.* <tikicchati いやされた, 治療された III.263[23] ③381.

tikhiṇa *a.* 鋭利な, 鋭い, よく利く. ~**āya** vāsiyā I.178[4] ~斧で ①232. ~**ena** satthena ... maṃsaṃ uppātetvā I.224[2] **鋭利な**刃物で…肉を切り取って ①293. ~**ṃ** suraṃ pivantā II.9[20] **強い**酒を飲んで ②13. ~**ṃ** bhesajjaṃ datvā II.164[16] **強く利く**薬をつけて ②217. ~**ṇāya** vāsiyā chinditvā III.341[13] **鋭い**剃刀で切って ③487. **-dhāra** *a.* 鋭い剣葉をもった(草) III.484[15] ③676. **-phala** *a.* 鋭い果報をもった II.37[2] ②49. **-mada** *a.* 敏感になった発情した(象) IV.13[14] ④17. **-satti** *f.* 鋭い刃物 II.134[11] ②177.

ti-gāvuta *n.* 三ガーヴタ(長さの単位) I.34[9] ①45. **-ppamāṇa** *a.* 三ガーヴタの大きさの I.26[19] ①36.

tiṭṭhati <**sthā** 立つ, とどまる, 止まる. ~**atha** tāva bhante I.15[22] ひとまず〔ここに〕いて下さい, 尊師さま ①20. **tiṭṭha** (*imper.2sg.* = tiṭṭhahi, 脚註11) tvaṃ I.63[11] おまえは立ち止まりなさい ①84. ~**ṭṭhantu** (*imper.*) kambalā II.90[10] 毛布はとどまれ. 毛布のことはさておき ②119.

tiṭṭhatu *imper.adv.* <**sthā** さておき. ~ para-loko III.356[15] 〔死後の〕別の世間はさておき ③506. ~ tāva dūre kathā IV.172[7] まず, 昔の話は**さておいて** ④238. ~ te kataṃ I.381[23] 君がしたことは〔ひとまず〕おくとしよう ①502. ~ pesanaṃ I.181[3] お使いは〔ひとまず〕置きなさい ①236.

tiṇa *n.* 草. ~**āni** santharitvā I.86[6] 草を敷いて ①113. ~**'ukkā** *f.* 草の炬火(たいまつ). ~**āya** lomāni jhāpetvā I.126[14] ~**で**毛を焼いて ①164. **-karala** *m.* 草の束 III.38[11] ③56. **-kalāpa** *m.* 草の束 III.124[16] ③177. **-kājaka** *m.* 草を〔運ぶ〕天秤棒 IV.121[8] ④155. **-gahana** *n.* 草むら I.224[17] ①294. **-dosa** *a.* 〔雑〕草が〔生える〕欠点をもつ III.221[23] ③320. IV.80[8] ④105. **-pādukā** *f.* 草履 III.451[17] ③630. **-rāsi** *m.* 草の山. '~**ī**' ti saññāya I.225[4]「草の山だわ」と思って ①295. **-hāraka** *m.* 草運び人夫 IV.120[22] ④162.

tiṇha *a.* 鋭利な. ~**ena** asinā sīsaṃ chindati I.126[15] ~刀で頭を切る ①164.

titikkhati 耐える, 堪える. ativākyaṃ ~**kkhissaṃ** (*1sg.ft.*) I.212[22] 私は誹謗に耐えるであろう ①280. IV.3[4], 163[17] ④5, 224.

titikkhā *f.* 忍耐 III.237[6] ③339.

tittaka *a.* にがい II.31[20] ②42.

titti *f.* <tappati Ⓢtṛpti 満足 III.240[11] ③344. IV.205[19] ④293.

titthâyatana *n.* 渡し場, 外道の依所 II.63[2] ②83.

titthiya *m.* 外道 III.65[4], 393[13] ③94, 556. ~**'ārāma** *m.* 外道の園林 III.178[21] ③261.

tithi-karaṇa-nakkhatta-yoga *m.* 太陰日の星の運行 I.174[17] ①227.

ti-dasa *num.* 三十, 三十三天. ~**ānaṃ** sahavyataṃ patto I.31[10] 三十三天の交誼を得ました ①41.

ti-diva *m.* 三十三天 II.208[8] ②272.

tidhā *adv.* Ⓢtridhā 三種に. ～ vibhajiṃsu I.270[9] 三つに分けた ①353.

ti-piṭaka *n.* 三蔵. **-dhara** *a.* 三蔵を保持する(者). sā ... **～ā** jātā I.210[4] 彼女は…～者となった ①276. I.226[16], 380[10], 382[1] ①296, 500, 502. III.417[17] ③587.

tipu *n.* 錫, すず IV.104[9] ④138. **-cuṇṇa** *n.* 錫(すず)の粉 IV.132[5] ④169.

tipusa *n.* Ⓢtrapusa 胡瓜, きゅうり IV.205[16] ④292.

tibba-rāga *m.* はげしい欲情 IV.68[8] ④81.

timira-puñja *m.* 暗黒のかたまり I.432[14] ①567.

timbarūsaka *m.* マンゴスティンの実 III.315[12] ③455.

tiy-aṃsa *a.* 三角の. **～ṃ** sakkharaṃ gahetvā IV.87[10] ～の小石をつかんで ④113.

ti-yāma-ratti *f.* 三時分(初夜・中夜・後夜)の夜 III.441[15] ③618.

tiracchāna *m.* 畜生 I.173[2], 268[13] ①224, 351. **-kathā** *f.* 畜生の話 III.362[5] ③514. **-gata** *a.* 畜生になった. **～o** 'si I.212[2] おまえは～者だ ①279. IV.1[14] ④4. I.231[14] **畜生の類** ①303.

tiriyaṃ *adv.* 横になって, 横ぎって. ～ nipajji I.40[10] 横になって寝た ①54. I.47[15], 116[10] ①64, 150. nāgo magge ～ aṭṭhāsi I.62[21] 象は道で横ぎって立った ①83. nāgo Satthu purato ～ aṭṭhāsi I.63[6] 象は大師の前で横に立った ①83.

tiro-kuḍḍa *a.* 壁の外. **～esu** tiṭṭhanti I.104[19] ～に〔彼等は〕立つ ①135, III.123[11] ③175.

tila *m.n.* 胡麻, ごま I.79[4] ①103. **-tela** *n.* ごま油 III.29[5] ③43. **-piṭṭha-tela** *n.* ごま粉油 I.69[13] ①92 (*Vri.*). **-saṅgulikā** *f.* 胡麻餅 II.75[14] ②100.

tilaka *m.* しみ, 汚点 IV.172[3] ④238. **～'āhata-gatta** *a.* からだがしみだらけの(人) II.190[1] ②249.

ti-lakkhaṇa *n.* 三つの特相(無常, 苦, 無我の三相) I.7[2], IV.53[15] ④63.

ti-vidha *a.* 三種の. ～ **kāya-duccarita** 三種の身の悪行(殺生・ 盗み・ 邪淫. *M.*III.74[22]) III.330[20] ③474. **-sucarita** *a.n.* 三種の善行 I.36[16] ①48.

ti-saraṇa-gamana *n.* 三〔宝〕に帰依すること III.11[1] ③17.

Tissa *m.* (仏の名)ティッサ. 過去24仏の第17 I.84[6], 100[18] ①111, 130.

[1]**Tissa-tthera** *m.* ティッサ上座(宝珠作りの家に近づいて行った上座) III.34[15] ③51.

[2]**Tissa-tthera** *m.* ティッサ上座 (大師が涅槃なさると聞いて一念発起した上座) III.267[15] ③387.

[3]**Tissa-tthera** *m.* ティッサ上座(しらみとなって再生した上座) III.341[4] ③487.

Tissa-dahara *m.* 若い〔比丘〕・ティッサ III.357[6] ③508.

Tissa-mahā-vihāra *m.* ティッサ大精舎IV.51[5] ④59.

tisso vijjā *f.pl.* 三明(前生に関する智, 死生に関する智, 漏尽に関する智) IV.127[14] ④163. I.258[1], 288[21] ①337, 375. II.24[15], 209[4] ②32, 273. III.86[22] ③124.

tīni piṭakāni *n.pl.* 三蔵. assa ～ āgamiṃsu I.247[2] 彼のもとに三蔵が到来した ①323.

tīraṇa *n.* <tīreti 測度. 長さ, 距離を測ること III.252[16] ③364. **-pariññā** *f.* 計り知って度脱を知ること, 度遍知 II.172[3] ②226.

tīreti *cs.* <tarati 渡す, 考査する. taṃ aṭṭaṃ ～ **retvā** I.353[10] その訴訟を調査して ①465.

tuccha *a.* 空虚の, 空っぽの, 虚偽の. **～o** hutvā I.321[1] 空虚となって ①421. tumhe **～e** asāre vicaratha I.94[7] あなた様は空虚な核心でないものの中をめぐり歩いておられる ①122. na sakkā vihāraṃ **～ṃ** kātuṃ II.168[4] 精舎を空っぽにすることは出来ないだろう ②221. gehaṃ **～ṃ** I.233[20] 家は空っぽです ①306. I.337[3] ①443. III.477[9] ③665. **-kuṭa** *m.* 空のつぼ III.42[4] ③60. **-gahaṇa-bhāva** *m.* ないものを捕えていること III.491[1] ③684. **-jiṇṇa** *a.pp.* <jīrati むなしく老いた(人) III.388[3] ③545. **-pacchi** *f.* 空(から)かご II.43[11] ②57. **-patta-hattha** *a.* 空の鉢を手にした(人) IV.121[5] ④162. **-bhāva** *m.* 空(から)であること II.20[7] ②26. **-rava** *m.* 空虚なことを声高に(言う) こと. **～ṃ** ravati III.143[10] ～言う ③204. **-rūpa** *a.* 空虚の(人) III.395[12] ③558. **-sabhāva** *a.* 実体が空虚な(者) III.395[14] ③558. **-hattha** *a.* 空手, 手ぶら, 何も持たない(人) III.10[5] ③16. ～ā va gantvā I.412[1] 空手のまま帰って行って ①541. **～hatthā** nāma na gata-pubbā I.4[21] 空手というもので(何も持たないで) 以前から行ったことはない. **～o** gharaṃ āgantvā II.44[6] **～で**家に帰って来て ②58.

tucchaka *a.* 空虚の, 虚偽の III.166[12] ③242.

tuṭṭha *a.pp.* <tussati <tuṣ 満足した. sakena
dārena ca hohi ~o I.32¹⁵ 自分の妻に満足す
る者でありなさい ①43. -citta *a.pp.* 心に満
足した, 心が満足された(人) I.124²², 177¹⁷
①161, 232. II.132² ②173. III.412⁸ ③580.
-pahaṭṭha *a.pp.* 満足し喜んだ. ~ā honti
I.230⁶ ①301. II.131² ②172. -mānasa *a.* 心に
満足した. so ~o I.60⁵ 彼は心に満足した
①80. I.109¹⁶, 182¹⁶, 346⁶, 413² ①141, 238,
456, 542. III.62¹⁵ ③90. IV.90²⁰ ④118.

tuṭṭhi *f.* 満足, 知足 IV.33¹⁰ ④40. -dāya *m.* 賞与
II.131⁹ ②173. -bhāva *m.* 満足となること
II.157¹⁰ ②205.

tuṇḍa *n.* くちばし I.394¹¹ ①519.

Tuṇḍila-ovāda *m.* 「トゥンディラの教誡」(鼻
豚本生物語, J.388話)I.100¹² ①129.

Tuṇḍila-jātaka *n.*「鼻豚本生物語」J.388話
II.32²¹ ②43.

tuṇhī *adv.* ⑤tūṣṇīm 沈黙して, 黙って. sā taṃ
disvā ~ ahosi I.16¹ 彼女は彼を見て黙って
いた ①21. ~ ahesuṃ I.130¹⁷〔比丘たちは〕
沈黙した ①170. I.10¹⁰, 12⁶, 37²², 64¹⁰ ①13,
15, 50, 85. -bhūta *a.pp.* 黙っている III.327⁹
③470.

tumhākaṃ *pron.* tvaṃのdat.gen.pl. あなた方
に, あなた様に. ~ mahā-sakkāraṃ
karissāmi I.3¹⁴ 私はあなた様に大尊敬を捧
げるでしょう ①6.

turita *a.pp.* <turati 急いだ. ~o III.242⁵ 急いで
③348.

turiya *n.* ⑤tūrya 楽器. -tāḷita-vādita-nigghosa-
sadda *m.* 楽器を打ち, かなでた喧騒の音
III.460¹² ③643.

¹tulā *f.* 秤, はかり. ~aṃ āropetvā minanto viya
III.396⁹ はかりにのせて計量するように ③
558. -kūṭa *a.* 量目をごまかす. ~ādīni
vajjetvā I.239³ ~などを避けて ①313.

²tulā *f.* はり, 梁 III.364²² ③518.

tulita *a.pp.* <tuleti はかられた, 考量された.
-dhamma *a.pp.* 法が考量されている(人).
~ā II.63⁶ ~人々であり ②83.

tuvaṭaṃ *adv.* 急いで, すぐに. ~ āgaccheyyāsi
I.116⁹ すぐに帰って来て下さいな ①150.
I.118¹⁸ ①153.

Tusita *m.* 兜率, 都率天(六欲天の一). -pura *n.*
兜率天の都城. ~e nibbattitvā I.84¹² ~に再
生して ①111. I.153²⁴ ①202. II.207¹⁸ ②271.
-bhavana *n.* 兜率天宮 I.131¹¹, 153⁵ ①172,

201. III.121⁶, 431²¹ ③171, 606. -vimāna *n.*
兜率天宮 II.208⁵ ②272. III.173⁵, 219¹⁵ ③
253, 317.

tussati <tuṣ 満足する. mahā-jano ~ I.149¹⁵ 大
衆は~ ①194. pubbe pi tussi (*aor.*) yeva
I.149¹⁶ 以前にもすでに満足した ①194.
devatā ~ssissatti (*ft.*) II.246¹⁵ 神さまは満
足なさるでしょう ②320. I.353¹² ①465.
II.250⁹ ②325.

tūla-picu *m.* 綿花 III.202¹⁶ ③296.

te- *num.* 三. -māsaṃ *adv.* I.8¹⁸ 三箇月間 ①10.
-bhātika *m.* 三兄弟 I.97² ①125. -bhātika-
jaṭilā *m.pl.* 三人兄弟の結髪外道たち(ウル
ヴェーラ・カッサパ, ナディー・カッサパ,
ガヤー・カッサパ)I.88¹, 104²² ①115, 135.

teja = tejo *n.* ⑤tejas 威光(五種の威光. 行・徳・
慧・福・法の各威光.「南伝」40, 171頁).

tejana *n.* 矢, 矢箭 I.287¹⁸ ①374. II.147⁴,¹⁰ ②
192. III.99¹³ ③140.

tejo *n.* ⑤tejas 火. -kasiṇârammaṇa *a.* 火遍(火
が全体にあまねく広がったもの)を対境と
する〔禅定〕II.49⁴ ②64. -kasiṇa-samāpatti
f. 火遍三昧(火に思念をゆきわたらせた禅
定三昧)III.214²² ③312. -dhātu *f.* 火界三昧
の禅定. ~ṃ samāpajjitvā III.82¹⁹ ~に入っ
て ③117. II.100⁹ ②132. II.244¹¹ ③351.

tena hi *adv.* 然らば, それでは. ~ taṃ āpuccha
I.6¹⁷ それではね, 彼に〔出家の〕許しを乞い
なさい ①8. ~ me yaṭṭhiṃ gaṇhāhi I.15⁴ そ
れでは私の杖を持ちなさい ①20. I.368¹⁵
①485.

ten' evâkārena *instr.adv.* まさにそれと同じよ
うに III.293¹⁶ ③427.

Te-piṭaka *n.* 三蔵〔経典〕I.7²¹, 109¹⁹, 154¹⁷, 228⁹
①9, 141, 203, 299. -bhikkhu *m.* 三蔵法師の
比丘 III.384¹⁸ ③541.

te-bhūmaka *a.* 三界(欲界・色界・無色界)の
I.36¹⁷ ①48. -vaṭṭa *a.n.* 三界(欲界・色界・無
色界)の輪廻. I.305², 337⁷ ①400, 443.
II.161⁷ ②211. III.404¹⁰ ③568.

temeti *cs.* <tim 濡らす, 濡れる. dussāni tela-
cāṭīsu ~metvā I.220¹⁴ 布を油の壺の中で濡
らして ①290. temiṃsu (*aor.*) II.120¹⁰〔蹄
の先だけを〕~した ②158. vatthâbharaṇāni
temiṃsu (*aor.*) I.389⁴ 着物や装身具は濡れ
た ①512.

te-rasa *num.* 十三. ~ dhut'aṅga-guṇā *m.pl.* 十
三の頭陀の徳(「南伝」62, 118頁)II.24¹⁴ ②

32. **-hattha-āyatanāni** *n.pl.* 長さが一三ハッタの(1ハッタは45cm) II.173[15] ②228.

tela *n.* 油, 胡麻油. so **～ṃ** pacitvā I.10[1] 彼は油を煮て ①12. **-kapallaka** *m.* 油で揚げる鍋. **～ṃ** uddhanaṃ āropetvā I.224[3] **～を**かまどに乗せて ①293. **-koṭṭhâgāra** *n.* 油の倉庫 I.220[14] ①290. **-cāṭi** *f.* 油の壺(容器) I.220[14] ①290. 油壺 I.394[1] ①518. **-nāli** *f.* 油筒 II.193[18] ②254.

te-vijja *a.m.* 三明者. **～o** ahosi I.138[11] 三明者(宿明, 天眼, 漏尽に通じた者)となった ①181. IV.127[19] ④170.

Todeyya-gāma *m.* トーデヤ村 III.250[19] ③362.

tomara *m.n.* <tudati 槍, 突棒 IV.52[19] ④61.

toseti *cs.* <tussati 満足させる. sassuṃ **～sesi** (*aor.*) III.468[11] 義母を**～させた** ③653. cittaṃ **tosentu** (*imper.*) II.83[8] 心を**～ますように** ②110. III.220[21] ③319.

Th

thakana *n.* 閉じること, 覆閉 IV.85[10] ④110.

thaketi Ⓢsthagayati 覆う, 閉じる. dvārāni **thaketvā** (*ger.*) I.127[18] 諸処の戸を閉じて ①166. chiddaṃ mālā-guḷena **thakesi** (*aor.*) I.215[12] 穴を花の玉で覆った ①283. dvāraṃ **～esi** (*aor.*) IV. 180[19] ドアーを閉じた ④252. chiddāni **～ketvā** III.420[6] 穴を覆って(閉じて) ③590.

thañña *n.* Ⓢstanya 母乳 III.281[7] ③408.

thaṇḍila-sāyika *a.* 露地に臥す(修行) III.77[17] ③110.

thaddha *a.pp.* <thambeti 堅い. **-bhāva** *m.* 堅いものであること III.282[9] ③409. 堅固な状態 II.274[12] ②355. **-maccharin** *a.* 強情な物惜しみをする(人) III.189[1] ③277. **-sarīra** *n.* 堅くなった〔死〕体 II.264[2] ②342.

thana *m.* Ⓢstana 乳房 I.74[18] ①98. yāva **～to** I.147[11] 乳房まで〔地面に沈む〕 ①192. dārakassa **～ṃ** adāsi I.176[26] 赤ん坊に乳房を与えた ①230. **～ṃ** mukhena gahetvā I.406[19] **～を**口でくわえて ①535. IV.197[8] ④280. **-pāna** *n.* お乳を飲むこと IV.55[4] ④65. **-pāyin** *a.* 乳を飲む〔幼児〕 I.205[2] ①270.

thambha *m.* Ⓢstamba 柱. **～e** veṭhetvā I.220[15] 〔布を〕柱に巻きつけて ①290. III.364[20] ③518.

tharu-mūla *n.* 剣の柄 II.249[6] ②324.

thala *n.* 陸地, 高地 II.195[14] ②256. **-jala-patha** *m.* 陸路・水路 II.28[6] ②36. **-ṭṭhāna** *n.* 〔土地の〕高いところ. **～e** sassaṃ karohi I.52[15] 高地に穀物を作りなさい ①70. **～ṃ** khaṇitvā II.147[7] **～を**掘り ②192.

thavikā *f.* 〔鉢を入れる〕袋 III.107[15] ③152. III.370[7] 財布 ③523.

thāma *n.* 力. **-sampanna** *a.pp.* 力をそなえた. sabbe pi **～ā** ahesuṃ I.353[4] 全てもが**～者たち**であった ①465.

thālaka *n.* 小鉢 I.411[5] ①540. III.452[16] 鍋 ③631.

thāli-pāka *m.* 祭食, 鉢供. pañca **～satāni** nīharāpetvā I.141[12] 500の祭食の鉢を撤去させて ①185.

thāvara *a.m.* 動かない, 不動の, 確立. **～ṃ** katvā I.269[2] 定置させて(不動にして) ①351. I.308[23] ①405. III.7[18] ③13. IV.175[19] ④244.

thira *a.* Ⓢsthira 堅い, 強固の. **～cetasā** I.1[18] 堅固な心ある方によって. **～ṃ** katvā II.24[11] 強固にして ②32. III.66[9] ③96. **～ṃ** hoti I.317[3] 〔都城は〕堅固である ①416. III.8[15] ③14. **thira-tara** *a.compar.* より強固な. **～m** eva katvā III.485[11] **～にだけして** ③677. IV.54[11] ④64. **-bhāva** *m.* 堅固であること III.388[10] ③546.

thīna *n.* 惛沈, うつ状, ものうさ IV.104[11] ④131. **-middha** *n.* 惛沈睡眠 IV.16[11] ④20. **～e** okkamante I.96[2] **～に落ち入り** ①124. **-middha-samaṅgin** *a.* 惛沈睡眠をそなえた(者) II.160[5] ②210.

thuti *f.* Ⓢsthuti <thavati 賞讃. māṇavassa **～ṃ** karonto I.30[11] 青年に称讃を送って ①40. **～ṃ** karonto II.202[16] **～しつつ** ②265.

thutuṃ *inf.* <thavati ほめること. nâlaṃ **～** IV.99[22] ほめもしない ④125.

thulla *a.* Ⓢsthūla 粗大な, 麁な. **-phusitaka deva** *m.* 大きな雨滴をそなえた〔雨雲の〕神 III.243[6] ③349. **-sarīra** *m.* 太った身体 I.37[17] ①50. **-sāṭaka** *m.* 粗末な衣 II.84[17] ②111.

Thulla-tissa-tthera *m.* (上座)トゥッラ(太った)ティッサ上座 I.37[12] ①50.

thusa-rāsi *m.* もみがらの山 I.309[1] ①405.

thūṇa *m.* 柱, 祭壇の柱 II.7[10] ②10.

thūpa *m.* Ⓢsthūpa 塔. **～'araha** *a.* 塔に値いする(もの)(「南伝」7, 127頁. 如来, 辟支仏, 声聞弟子, 転輪王という4つが塔を建てるに値いするものである) III.251[14] ③363.

thūla *a.* Ⓢsthūla 粗い, あらい IV.183[17] ④258. **-kambala** *m.n.* 粗末な毛織物 IV.218[5] ④309. **-sarīra** *a.* からだが大きな(人). ～**o** ahosi I.306[12] からだが大きくなった ①402. III.84[19], 127[1] 身体が太った(人) ③120, 180. **-sāṭaka** *m.* 粗末な衣 I.393[21] ①518. II.231[14] ②301. III.341[10] ③487.

theneti (thenaの*denom.*) 盗む. cīvaraṃ ～**etvā** I.80[20] 僧衣を盗んで ①105.

thera *m.* Ⓢsthavira 上座, 長老. ～**ena** thira-cetasā ... abhiyācito I.1[18] 堅固な心ある上座によって…大いに要請されて. ～**'upaṭṭhāna-kāla** *m.* 上座に奉仕する時間 I.290[26] ①378.

Thera-pāli *f.* 〔迦葉〕上座に関する聖典(例えば「南伝」25, p. 293) II.169[9] ②223.

theyyâvahāra *m.* 盗んで奪うこと III.356[10] ③506 (「仏のことば」註(四)241頁).

thoka *a.* 少しの, わずかの I.158[12] ①208. II.160[19] ②211. ～**aṃ** *ac.adv.* しばらく III.23[4] ③34.

thokika *a.* 少し, 束の間の III.482[12] ③673.

thometi *denom.* <thoma ほめる. appamādam eva ～**enti** I.281[1] 不放逸だけをほめる ①365.

D

daka *n.* 水 = udaka. **-rakkhasa** *m.* 水の羅刹, 水魔 III.73[8] ③104.

dakkha *a.* 有能な I.419[20] ①551.

dakkhati 見る, 会う. ～**kkhissasi** (*ft.*) II.214[3] あなたは〔大師に〕会うでしょう ②278.

dakkhiṇa *a.* 右の, 南の, 供養の. tassa ～**to** I.72[1] その右に〔舎利弗上座の席を設ける〕 ①95. ～**'akkhi** *n.* 右眼 III.214[3] ③311. ～**'odaka** *n.* 供養の水. ～**ṃ** datvā I.112[10] ～をさし上げて ①144. I.247[9], 292[20], 373[1] ①324, 381, 490. III.291[14] ③424. **-kaṇṇa-sota** *n.* 右耳の穴 III.214[4] ③312. **-dvāra** *n.* 南門 I.413[9] ①543. **-patha** *m.* 南路 IV.101[14] ④135. **-passa** *m.n.* 右側. ～**e** I.109[12] 右側に〔坐った〕 ①141.

Dakkhiṇa-patha *m.* 南道 III.248[2] ③357.

dakkhiṇeyya *a.* 供養されるべき(人) III.11[2], 94[1] ③17, 133. IV.81[5] ④105. **-puggala** *m.* 供養されるべき人物 III.219[20] ③317.

dakkhissati *ft.* <dakkhati 見るだろう. kahaṃ tumhe taṃ ～**ssatha** I.365[9] あなた方はどこに彼女を見るでしょうか ①480.

dajjā *op.* <dadāti 与えるであろう. sabbaṃ ce paṭhaviṃ ～ I.149[2] たとえ全ての大地を与えても ①194. ～ dānaṃ III.220[12] 施を～ ③318. kattha ～ deyyadhammaṃ IV.233[4] どこに施物をさし上げると ④335. III.316[14] ③456.

daṭṭhu *ger.inf.* <dassati 見ること. Satthāraṃ ～kām'amha I.14[8] 私たちは大師にお目に掛りたく欲しています ①18. I.13[12] ①17.

daḍḍha *a.pp.* <dahati 焼けた, 焼かれた. antepuraṃ ～**ṃ** I.221[20] 内宮が焼け落ちました ①291. II.99[4] ②130. rukkho agginā ～**o** II.17[8] 樹が火に焼かれています ②22.

daṇḍa *m.* 杖, 棒, 刑罰, 暴力, 罰金. tassa ettako nāma ～**o** I.235[18] その者にはこれこれという刑罰がある ①308. mahantaṃ ～**ṃ** soṇḍāya gahetvā I.59[11] 〔象は〕大きな棒を鼻でもって ①79. kahāpaṇa-sahassaṃ ～**ṃ** kāresi I.439[2] 千カハーパナ(金)の罰金を科してもらった ①575. sveva ～**ṃ** dāpito I.439[16] 彼だけが罰金を科された ①576. I.179[11] ①234. III.48[15] ③70. ～**'abhihata** *pp.* <hanti 棒で打たれた III.413[14] ③581. **-kamma** *n.* 罰, 刑罰. ～**ṃ** karonto II.108[9] 罰を与えて ②143. ～**ṃ** katvā III.13[4] 罪ほろぼしをして ③20. ～**ṃ** karoma III.457[3] 我々は**刑罰を**受けるのだ ③638. **-kāra-pīḷita** *a.pp.* <pīḷeti 刑罰によって圧迫された(人) IV.31[18] ④38. **-koṭi** *f.* 棒の端, 杖の端. ～**yaṃ** gahetvā I.60[3] 棒の端を持って ①80. III.53[14] ③78. **-tajjita** *a.pp.* <tajjeti 刑罰におどかされた. te pi ～**ā** II.7[12] 彼等も～**されて** ②10. **-dīpikā** *f.* 棒のついた灯火 I.220[16], 399[21] ①290, 525. **-parāyana** *a.* 杖にすがった(人) III.116[16] ③166. **-bali** *m.* 刑罰(杖)や租税(供犠) I.251[24] ①329.

daṇḍaka *m.* 小杖, 手杖, むち. ～**ṃ** datvā I.126[8] 小棒をあてがって(さし込んで) ①164. **-saññā** *f.* むちでの合図. ～**aṃ** datvā I.279[12] ～を与えて①363.

datta *a.pp.* <dadāti 与えられた I.22[24] ①30.

dattiya *a.* 与えられた. mahā-rāja～**ṃ** pattaṃ nīharitvā III.207[4] 大王からいただいた鉢をもって来て ③303.

dadāti <**dā** 与える. dhanaṃ me **dehi** (*imper.*) I.116[23] 財物を私に下さい ①151. dānaṃ **denti** (*3pl.pr.*) I.5[22] 施を行う ①7. so tassā

gabba-parihāraṃ **adāsi** (*3sg.aor.*) I.4[1] 彼は彼女に胎児の保護を与えた ①6. tassa bhikkhuno **dadeyyāsi** (*2sg.op.*) I.79[9] その比丘にさし上げればよろしい ①103. divā-ṭṭhānāni sampādetvā **adaṃsu** (*3pl.aor.*) I.8[23] 昼の場所を調えて差し上げた ①10. I.61[6] ①81.

dadittha *aor.* <dadāti. mā ～ I.396[4] 与えてはいけない ①520. II.267[6] 許してはいけない ②345.

dadhi *n.* ヨーグルト, 酪 II.68[1], 131[12] ②90, 173. **-bhājana** *n.* ヨーグルトの容器 II.131[14] ②173. **-vāraka** *m.* ヨーグルトの瓶 II.198[15] ②259.

[1]**danta** *a.pp.* <dammati 調御された. cittaṃ ～**ṃ** sukhâvahaṃ I.295[8] ～心は安楽をもたらす ①386. I.1[17] ①4. II.147[16] ②193. III.83[20] ③118.

[2]**danta** *m.* 歯, 象牙 I.74[18], 80[9] ①98, 104. ～**ṃ** te pātayissāmi I.124[11] お前さんの歯を〔折り〕落とすだろう ①160. ～**'antara-gata** *a.pp.* 歯の間に入った I.145[9] ①190. ～**'āvaraṇa** *n.* くちびる(歯を覆うもの) I.387[19] ①510. III.180[6] ③363. **-kaṭṭha** *n.* 歯ブラシ, 楊枝 II.19[13], 58[15], 184[10] ②25, 76, 241. III.303[12] ③440. **-valaya** *n.* 象牙の腕環 I.226[11] ①296.

Danta-pura-nagara *n.* ダンタプラ都城(カーリンガ国の都) IV.88[15] ④115.

dandha *a.* 愚鈍の, 愚かな(人). ～**o** ahosi I.244[1] ～であった ①319. ayaṃ ～rājā alakkhiko I.216[3] この愚かな王さまは不運の人で ①284. I.94[18] ①123. III.4[3], 156[4] ③6, 224. **-pañña** *a.* 愚智の(人) III.124[13] ③176.

Dabba Malla-putta *m.* マッラ人の息子のダッバ III.321[16] ③463 (「南伝」4, 117頁, 27, 290頁).

dabba-sambhāra *m.* 〔建築の〕用材のダッバ(灌木の一種). ～atthikā I.321[3] ～を求める人々は ①421. II.114[8] ②152. III.296[7], 364[20] ③429, 518.

dabbī *f.* さじ, スプーン II.31[10] ②41. IV.132[18] ④177. **dabbi-kaṇṇa** *m.* さじの耳 I.371[6] ①488.

dama *m.* <**dam** 調御, 調練 I.82[9,16], 255[6] ①107, 108, 333. III.387[20] ③545.

damatha *m.* 調御, 調御する人 I.295[8] ①386.

Damila-maddana *n.* ダミラによる破壊 IV.51[7] ④59.

damayati *cs.* <dammati 調御する. eko **damayaṃ** (*prp.*) III.472[5] 一人で調御しつつ ③658.

dameti *cs.* <dammati 調御する. attānaṃ ～**menti** II.147[15] 自分を調御する ②193. Satthā nāgaṃ **dametvā** I.140[18] 世尊は象を調伏して ①184. I.369[17] ①486. III.144[1] ③205.

dammi *ft.1sg.* <dadāti 私は与えるであろう. varaṃ vo ～ I.101[12] 私はおまえたちに褒美をあげよう ①131. I.277[13] ①361. III.63[4], 245[13] ③91, 353.

dara *m.* 恐れ, 悲しみ. sabbaṃ nibbāpaye ～**ṃ** I.30[16] 全ての悲しみを〔あなたは〕消尽させるだろう ①40.

daratha *m.* 疲労. ～**o** pi 'ssa balavā II.215[2] ～も強力であろう ②280.

daḷidda *a.m.* 貧しい, 困窮した, 貧乏人 I.349[8], 368[12], 403[23] ①460, 485, 531. II.34[13], 84[9], 130[5] ②46, 111, 171. III.302[9] ③439. **-kula** *n.* 貧しい家 IV.120[21] ④155.

daḷha *a.* Ⓢdṛḍha 強固な IV.53[22] ④64. ～ṃ III.484[12] 確固として ③676. **-parakkama** *m.a.* 堅固に努める. ～**ā** I.228[5] ～人々である ①298. **-vissāsika** *a.* 厚く信頼する(者) IV.91[18] ④120.

daḷhi-kamm'atthāya *dat.adv.* 強化するために I.221[4] ①290.

dasa *num.* Ⓢdaśa 十. ～ **akusala-kamma-pathā** *m.pl.* 十不善業道(殺生・不与取・欲邪行・虚誑語・離間語・麁悪語・雑穢語・貪・瞋・邪見) I.23[24], 324[17] ①32, 33(7), 426. III.153[4] ③219. ～ **akkosa-vatthūni** *n.pl.* 十の罵りの事(10事項は①278[18]-279[3]にあり) I.212[3] ①279. IV.164[1] ④224. ～ **asubhā** 10の不浄(「パ仏辞」842右下) IV.68[23] ④88. ～ **upapāramiyo** *f.pl.* 十近波羅蜜 I.84[9] ①111. ～ **kathā-vatthūni** *n.pl.* 十論事(「南伝」9, 266頁, 62, 254頁, 274頁㉒) II.24[13] ②32. IV.30[13] ④36. ～ **kusala-kamma-pathā** *pl.m.* 十善業道(殺生・盗・邪淫・妄語・両舌・粗語・綺語・貪・瞋・邪見をしないこと) I.332[4] ①436. I.36[15], 332[4] ①48, 49(2), 436. ～ **paramattha-pāramiyo** *f.pl.* 十勝義波羅蜜 I.84[9] ①111. ～ **pāramiyo** *f.* 十波羅蜜(布施, 持戒, 出離, 智慧, 精進, 忍辱, 真実, 決定, 慈, 捨の各波羅蜜) I.84[9], 340[22] ①111, 448. III.441[9] ③618. **-mās'accaya** *m.* 十箇月の経過. ～**ena** putte

vijāyiṃsu I.88[23] 十箇月過ぎて男の子を産んだ ①116. I.4[1], 363[21] ①6, 478. ～ **rāja-dhammā** *m.pl.* 十の王法(布施・持戒・捨離・正義・柔和・精進・無瞋・無害・忍辱・無痴.「南伝」32, 197頁. *J.*III.274) III.182[10] ③266[8]に詳記. IV.88[8] ④114. **-vatthukā micchā-ditthi** *f.* 十事項の誤った見解 I.114[5] ①146.(「パ仏辞」844右下-855左上参照) III.493[16] ③688. **-vatthukā sammā-diṭṭhi** *f.* 十事項の正しい見解 I.114[7] ①146, 148(7)参照. III.493[14] ③687.(「仏のことば註(三)」702頁(10)). **-vassa** *m.* 法臘十年の僧 II.252[16] ②328. **-vidha-saṃyojana** *n.* 十種の結縛(五下分結と五上分結. ①367に各項目表示) I.282[19] ①367. III.298[3] ③432. IV.50[1], 159[13] ④53, 211. **-sahassa** *num.* 十千, 一万. ～ cakkavāḷe ñāṇa-jālaṃ patthari I.26[8] 一万の鉄囲山世界に智の網を拡げられた ①35. **-sīlāni** *n.pl.* 十戒, 十学処. ～ gahetvā I.102[1] 十戒を守り ①132. ～ samādāya I.102[7] 十戒を受持し ①132. II.88[9] ②116.

Dasa-bala *m.* 十力者(世尊). **～ssa** paccuggamanaṃ karohi I.385[13] 十力者のお出迎えをしなさい ①507. I.14[3], 86[12], 242[17], 350[5] ①18, 113, 318, 462. III.178[4] ③260(如来の十力.「パ仏辞」843左下).

dasā *f.* 衣の縁, 袖, すそ, へり. **das'**ante bandhi I.180[8] 衣の縁に〔手紙を〕結んだ ①235. ～-**～aṃ** bandhitvā II.90[6] へりとへりを結んで ②119. II.173[19] ②228. IV.106[8] ④141. **～'anta** (dasā-anta) *m.* 〔着物の〕へり, 袖, すそ, はじ(*Vri.* dussante, 着物のへり) I.186[3] ①243. I.391[5] ①514. II.29[17], 174[1] ②38, 228. III.130[1] ③185. **-kaṇṇa** *m.* 袖の耳(へりの隅) I.390[8] ①513.

dasika-sutta *n.* 着物のへりの糸, 未織の糸 IV.206[15], 222[17] ④294, 317.

dassaṃ *ft.* <dadāti 私は与えるだろう I.416[19] ①546.

dassati *ft.* <dadāti 与えるであろう. mayaṃ dasannaṃ **dassāma** I.79[1] 私共は一〇人〔の比丘〕に与えます ①102. kiṃ me **～si** I.20[23] あなたは私に何をくれますか ①27.

dassana *n.* 見ること, 会うこと. imassa ～ atthāya āgatâgatā I.26[2,7] この(息子)に会うためにそれぞれやって来た者たちは ①35. III.269[11] 〔聖者たちに〕まみえること, お目に掛ること ③390. III.105[5] 〔女性を〕眺め見ること ③149.

dassanīya *a.gdv.* <dassati 見られるべき, みめ美しい(人) II.217[11] ②283. **-tara** *a.compar.* より見めうるわしい I.119[3] ①154.

dassiyati *ps.* <dasseti 示される. aṅguliyā ～**ssiyamānā** (*prp.*) I.64[17] 指差されて ①86.

dasseti *cs.* <dassati 見せる, 示す, 会わせる. puttaṃ me ānetvā **dassetha** (*2pl.imper.*) I.115[5] 私の息子(釈尊)を連れて来て〔私に〕会わせなさい ①149. attānaṃ **dassayiṃsu** (*3pl.aor.*) I.103[26] 自身を示した ①134.

dahara *a.* 幼い, 若い. ～sāmaṇerā I.4[20] 若い沙弥たちは. ～bhikkhu I.37[22] 若い比丘が ①50. **-kāla** *m.* 若い時. **～to** paṭṭhāya I.161[11] 若い時以来 ①210. **～e** gantvā I.232[4] ～に〔出て〕行って ①303.

daharaka *a.m.* 子供. **～e** vāretuṃ na sakkomi I.234[15] 私は子供たちを制止することができません ①307.

dāṭhā *f.* Ⓢdaṃṣṭrā 歯牙. agadena ～ dhovitvā I.215[8] 解毒剤で〔蛇の〕牙を洗ってから ①283.

dātabba *gdv.* <dadāti 与えられるべき. bhatta-vetanaṃ **～ṃ** bhavissati I.25[14] 食事と礼金を与えなければならないだろう ①34. **-yuttaka** *a.* 与えただけのことがある III.372[2] ③526.

dāna *n.* <**dā** 施, 布施. ～ṃ denti I.5[22] 施を行なう. **～ṃ** dehi I.33[2] 施を行ないなさい ①43. **～'agga** *n.* 施を行なうお堂, 布施堂 I.151[8], 189[22] ①198, 250. III.357[12] ③508. **-upakarana** *n.* 施の資助となるもの. **～āni** ādāya I.207[17] ～を携えて ①273. **-kathā** *f.* 施の話 I.6[9], 323[14] ①8, 424. **-pariccāga** *m.* 施を喜捨すること I.416[7] ①545. **-mukha** *n.* 施の目玉(顔) になる品物 III.242[1] ③347. **-vaṭṭa** *n.* 施の調達, 施のやりくり. sace te **～ṃ** nappahoti I.79[7] もしあなたに～が不可能ならば ①103. tassa sabbaṃ **～ṃ** pahosi I.79[9] 彼には全ての～はできた ①103. **-vatta** *n.* 施を行なう仕事. **～ṃ** gahetvā I.102[3] ～を受け持って ①132. **-veyyāvaṭika** *m.* 施の事務方の者, 施を運営する人, 施のマネージャ I.187[6] ①246. II.134[6] ②176. III.19[19] ③29. **-saṃvibhāga-rata** *a.* 施を与えることを喜ぶ(者). **～o** ahosi I.129[18] ～者であった ①169. I.265[5], 421[19] ①347, 553. **-saṃvidhāna** *n.* 施の用意をすること

III.122[1] ③172.

dāpeti *cs.* <dadāti 与えさせる, 贈る. dve maṭṭha-sāṭake **dāpesi** (*aor.*) I.209[18] 二つの絹の上衣を贈った ①276.

dāya *m.* 施与, 賃金. ～**ṃ** dātuṃ yutta-ṭṭhāne ～**ṃ** denti I.89[11] 施しを与えるにふさわしい場面では施しを与える ①116.

dāyaka *m.* 施者 III.220[23] ③319.

dāyajja *n.* 遺産. ～**ṃ** yāca I.116[21] 遺産を請求しなさい ①151. ～**ṃ** me samaṇa dehi I.117[3] 遺産を私に下さい, 沙門さま ①151. **-upasampadā** *f.* 相続者としての具足戒 IV.136[14] ④182.

dāra *m.* 妻. sakena ～**ena** ca hohi tuṭṭho I.32[15] また自分の妻に満足する者でありなさい ①43. putta～**aṃ** pariccajitvā I.5[14] 子や妻を捨てて.

dāraka *m.* 子供. candaṃ viya ～**o** rudaṃ I.30[9] 月に向かって泣く子供のように ①40. I.205[2] ①270.

dārikā *f.* 少女. Visākhaṃ ～**aṃ** pakkosāpetvā I.385[9] ヴィサーカー少女を呼んでこさせて ①506.

dāru *n.* 木, 薪. ～**rūni** uddharantiyā I.15[14] 木々（薪木）を採取している〔一人の女性の歌声を聞いて〕①20. **-ammaṇa** *n.* 木尺 III.370[19] ③524. **-kkhandha** *m.* 木材の集まり I.229[15] ①300.（初訳は「木片」. 誤訳.）**-cīra** *n.* 樹皮衣 II.210[9] ②274. **-maṇḍalikā** *f.* 木製の枕（円盤）III.179[23] ③262. **-maya** *a.* 木製の, 木で作られている I.23[9] ①31. **-sākaṭika-putta** *m.* 木材〔を運ぶ〕車の車引きの息子 III.455[9] ③637. **-hatthin** *m.* 木製の象. ～**iṃ** kāretvā I.192[13] ～**を**作らせて ①254.

Dāru-cīriya *m.* ダール・チーリヤ, 樹皮を着る者（「南伝」23, 93頁）II.212[5] ②276.

dāruṇa *a.* 強い, 強暴な I.179[16] ①234. III.70[7] ③100.

dāruṇatā *f.* 強暴であること ～**tāya** I.324[15] 強暴なので ①426.

dāv'aggi *m.* 森の火事. ～**ṃ** uṭṭhitaṃ disvā I.281[18] ～**が**発生したのを見て ①366. III.64[8] ③93.

dāsa *m.* 下僕, 奴隷, 四種の奴隷 II.3[6]「南伝」42, 15頁. 1. 家に生まれた奴隷, 2. 財で買われた奴隷, 3. 自ら奴隷となった者, 4. 欲しないのに奴隷にされた者. ②5. I.240[1] ①315.

dāsī *f.* 奴隷女（召使いの女）. ahaṃ te ～ bhavissāmi I.20[25] 私はあなたの奴隷女となるでしょう ①27. I.174[5] ①226. **-bhoga** *m.* 召使いの女（女奴隷）という財産 I.46[5] ①62.

dāsavya *n.* 奴隷の境遇 III.35[16] ③52.

dāha *m.* 火熱. ～**o** uṭṭhahi I.444[3] ～**が**立ち上がった ①582.

di-guṇa *a.* 二倍の. ～**ṃ** puppha-mūlaṃ dinnaṃ I.209[9] 二倍の花の代金を与えたのか ①275. so ～**ṃ** bhīto II.6[15] 彼は～に恐怖して ①9.

diṭṭha *a.pp.* <dassati <**dṛś** 見られた. kiṃ so tumhehi mārento ～**o** I.20[12] 君たちは彼が〔虫を〕殺すのを見たのか ①26. ～**o** Bhagavatā Sakko I.263[16] 世尊は帝釈天にお会いになったのですか ①345. ～**'anugatin** *a.* 邪見に従う（者）IV.39[13] ④47. **-diṭṭhaka** *a.m.* 現在の敵 IV.96[7] ④127. **-dhamma** *m.* 現実. ～**e** II.47[13] ～**において** ②62. II.189[16] 現世 ②249. I.381[7] 法が見られている（人）, 法を見る者 ①501. **-dhamma-garuka** *a.* 現世のものごとを重視する（人）III.470[3] ③655. **-dhamma-samparāyika** *a.* 現世と後世の. ～**ikānaṃ** atthānaṃ kusalā I.381[23] ～諸々の利益に巧みである ①502. **-dhamma-sukha-vihāra** *m.* 現在を安らかに過ごすこと（現法楽住）. ～**ṃ** anuyuñjatu I.139[24] ～**に**専心なされますように ①183. I.55[22], 375[16] ①75, 492. **-pubba** *a.pp.* 今まで見たことがある. eva-rūpā pūvā nāma me na ～**ā** I.135[8] そのようなお菓子というものを私は～ない ①177. eva-rūpo nāma pabbajito na ～**o** yeva I.91[15] このような, いわば出家者に今までお目に掛ったことがない ①118. evarūpo dhitimā na ～**o** I.238[5] このような堅固な者をこれまで見たことがありません ①312. **diṭṭhe va dhamme** *loc.adv.* もう現在に, 現世において, もう現実に I.120[6], 325[3] ①155, 426. III.71[12] ③102.

diṭṭhi *f.* Ⓢdṛṣṭi 見解, 謬見. **-gata** *n.* 悪見, 成見, 見解となった（もの）III.454[6] ③634. **-sacca** *n.* 見解の真実 III.403[3] ③567.

dinna *a.pp.* <dadāti 与えられた. **-dāna** *a.* 施が行なわれる（こと）, 施を与えられた（人）I.372[1], 406[15] ①489, 534. **-saññā** *f.* 与えられた目印. mātā-pitūhi ～vasena I.232[5] 父母から与えられた目印によって ①303.

dinnaka *a.* 与えられた（もの）. ～**ṃ** gaṇhiṃsu II.150[6] ～**ものを**受け取った ②197.

Dinnā *f.* ディンナー（バーラーナシーのウッ

ガセーナ王の王妃) II.15[3] ②19.

di-pada *m.* 二足, 人間 II.157[3] ②205. III.403[11] ③567.

dibba *a.* Ⓢdivya 天の, 神の. ~**ena** cakkhunā theraṃ addasa I.17[12] 天上の眼によって上座を見た ①23. ~**'accharā** *f.* 天上の仙女 I.121[21] ①157. ~**'atta-bhāva** *m.* 天上の身. ~**e** saṇṭhahiṃsu I.104[18] ~にしっかりと立った ①135. ~**'anna-pāna** *n.* 天上の食べ物・飲み物. ~**ṃ** sampajjatu I.104[11] ~が生じますように ①135. **-ābharaṇa** *n.* 天上の荘身具 I.34[9] ①45. ~**'ojā** *f.* 天上の滋養素. devatā ~**aṃ** pakkhipiṃsu I.107[16] 神々が~を投げ入れた ①139. **-cakkhu** *n.* 神的な眼. ~**cakkhunā** oloketvā I.292[8] ~で眺めて見て ①380. **-cakkhuka** *a.m.* 天眼を持つ者 I.138[11] ①181. **-cakkhu-parikamma** *n.* 天眼〔を得るための〕準備として作すべきこと IV.120[16] ④162. **-dussa** *n.* 天上の布 II.173[15] ②228. **-paṭibhāga** *a.* 天上の〔栄華〕に等しい. ~**āni** ārammaṇāni II.195[18] ~諸々の〔感官の〕対境 ②256. **-pāna** *n.* 神の飲物 I.272[10] ①355. **-pāsāda** *m.* 神殿 III.291[18] ③424. **-vattha** *n.* 天上の着物. tesaṃ ~**āni** hontu I.104[16] 彼等に~がありますように ①135. **-saṅgīta** *a.pp.n.* <saṅgāyati 天上の合唱 I.394[15] ①519. **-saṅgīti-sadda** *m.* 天上の合唱の音 I.274[4] ①357. **dibba-sampatti** *f.* 天上の栄華 I.137[9], 153[24], 332[13] ①180, 202, 437. II.114[21], ②152. III.59[4] ③85. **-sukha** *a.n.* 天上の安楽 III.51[18] ③75. ~**ā sota-dhātu** *f.* 神的な聴覚 I.297[8] ①388.

diy-aḍḍha-sahassa *num.* 1.5 (2は半) × 1000=1500 I.203[8], 395[21] ①268, 520.

diyyati *ps.* <dadāti <**dā** 与えられる. ~ ... dānaṃ I.190[10] 施は…与えられているのかね ①250. siddhatthakesu ~**mānesu** (*prp.loc.abs.*) II.274[2] 白からしが与えられる時 ②354. ~**mānaṃ** pāyāsa-piṇḍaṃ disvā I.171[3] 与えられるお粥の玉を見て ①222.

divasa *m.* 日, 日中. ~**e** ~**e** I.59[18] 毎日毎日 ①79. ~**ssa** dve vāre I.4[19] 日中に二度. ~**ṃ** I.157[17] 日中に ①207. **-pariyosāne** *loc.adv.* 〔その〕日の終りに I.364[1] ①478. **-bhati** *f.* その日の賃金, 日給 I.157[18] ①207. **-bhāga** *m.* 日中, 昼の時分. ~**ṃ** vītināmetvā I.86[4] 日中を過ごして ①113. III.79[14] ③113. ~**ṃ** I.178[25], 182[11], 225[1] 日中に ①233, 238, 294. ~**e** III.332[12] 昼間に ③476.

divā *adv.* 日中に. ~ tapati ādicco IV.143[17] 太陽は~輝やく ④193. **-ṭṭhāna** *n.* I.8[22] 昼の〔休息の〕場所 ①10. I.262[20], 291[7] 昼を〔過ごす〕場所 ①343, 378. ~**taraṃ** *adv.* 日もおそくに II.141[5] ②185. **-divassa** *adv.* ひる過ぎに, 早朝に II.8[18] ②12. IV.77[5] ④100.

disa *m.* Ⓢdviṣa, dviṣant 敵 I.322[22] ①424. III.153[2,17] ③219, 220.

disā *f.* 方角, 四方, 地方. **-pāmokkha** *a.* 四方(地方)第一の〔阿闍梨〕 I.250[18], 338[2] ①327, 445. III.143[22] ③204. IV.66[19] ④85. **-vāsika** *a.m.* 地方に在住する〔比丘〕. eko ~**o** bhikkhu ... Sāvatthiṃ gantvā I.80[1] 一人の地方に在住する比丘が…舎衛城に行って ①104. III.176[17] ③258. IV.140[1] ④187. **-vāsin** *a.* 地方に住む〔比丘〕 I.19[15], 60[17] ①26, 80. ~**-vidisā** *f.* 四方八方, あらゆる方角 III.225[11] ③324. IV.222[9] ④316.

disvā *ger.* <dassati 見て. vihāraṃ gacchante ~ I.6[1] 〔人々が〕精舎に行くのを見て ①7.

dissati *ps.* <dassati 見られる. yāva añño ~ I.287[12] 他の者が見られる(来る)まで ①373. tvaṃ ... na **dissasi** (*aor.*) I.364[5] おまえは〔姿が〕見えなかった ①478.

dīgha *a.* Ⓢdīrgha 長い, 長いもの. ~**m addhānaṃ** *ac.adv.* 長期にわたって III.271[18] ③393. ~**m-antare** *loc.adv.* 長い間 III.219[22] ③317. ~**'āyuka** *a.* 長寿の(人). manussā ~**ā** I.140[7] 人々は長寿である ①184. ~**o** hotu I.251[25] 長寿でありますように ①329. ~**'āyuka-buddha-kāla** *m.* 寿命の長い仏陀の時代 III.52[12] ③76. **-jāti** *f.* 蛇 III.322[8] ③463. **-dassin** *a.m.* 長い間のことを見抜いている(人) III.112[3] ③159. **-rattaṃ** *adv.* 長い間 I.62[22], 170[23] ①83, 222. **-sotthiya** *a.* 長い平安 II.227[15] ②295.

Dīghâyu-kumāra *m.* (王子)ディーガーユ(長生)童子 I.56[7], 65[4] ①76, 86. II.235[4] ②308.

Dīgha-kārāyaṇa *m.* ディーガ・カーラーヤナ(バンドゥラ将軍の甥. コーサラ王パセーナディは彼を将軍の地位につけた) I.355[16] ①468.

Dīgha-tissa-kosala-rājan *m.* (王)デーガ・ティッサ・コーサラ国王 I.56[5] ①75.

Dīgha-dassin *a.m.* 長い期間を見通す方(世尊) I.350[6] ①462.

Dīgha-nakha-paribbājaka *m.* ディーガ・ナカ

(長爪)遊行者 I.96[9] ①124.

Dīgha-nikāya *m.* 長部経典 I.155[12] ①204.

Dīgha-lambika *m.* (市) ディーガ・ランビカ II.235[6] ②308.

Dīgha-vāpi-raṭṭha *n.* ディーガ・ヴァーピ国(長沼国, スリランカの一地方) IV.50[17] ④58.

[1]**dīpa** *m.* 灯, 灯火. 〜**ṃ** jāletvā I.68[19] 灯火を燃やして ①91. 〜**'āloka** *m.* 灯火の光 I.359[22] ①472. 〜**'ujjalana** *n.* 灯火が燃え輝やくこと III.420[10] ③590. 〜**'obhāsa** *m.* 灯火の光 IV.213[16] ④302. **-pūjā** *f.* 灯明供養 IV.120[18] ④162. **-rukkha** *m.* 灯明台 IV.120[18] ④162. **-sikhā** *f.* 灯焔, 灯火の光焔. akkhīni 〜 viya vijjhāyiṃsu I.21[11] 両眼は灯焔のように消え失せた ①28. II.49[3] ②64. sarīraṃ 〜 viya nibbāyi I.363[6] 身体は灯焔のように消えた(寂滅した) ①477.

[2]**dīpa** *m.n.* Ⓢdvīpa 洲, 庇護所. 〜**ṃ** nâkamha attano II.10[21] 我々は自分の〜を作らなかった ②15. **-bhāsā** *f.* 島の言葉. 〜**āya** saṇṭhitā I.1[14] 〔註釈はタンバパンニー島で〕島の言葉によってとどまっていた ①3.

dīpin *m.* 豹, ひょう II.100[18] ②133. **dīpinī** *f.* 牝豹, めすひょう I.48[9] ①64. III.450[15] ③628.

Dīpaṅkara *m.* 燃灯仏 III.128[9] ③182. **-dasa-bala** *m.* 燃灯十力者(世尊) I.83[15] ①110.

dīyati *ps.* <dadāti 与えられる. tāni yāv'ajja-kālā 〜**anti** yeva I.53[10] その〔食〕は今日の時点まで与えられ続けている ①70.

dīyittha *aor.ps.* <dadāti <**dā** 与えられた. sata-sahassaṃ 〜 I.395[2] 百千〔金〕が与えられた ①519.

dukkaṭa *n.* Ⓢduṣkṛta 悪作, 突吉羅 IV.150[1], 213[3] ④204, 302.

dukkara *a.* Ⓢduṣkara なし難い, 困難な. 〜**ṃ** kataṃ I.61[18] 難儀なさった ①81. 〜**ṃ** karoti II.101[6] 〜**ことを為す** ②133. **-kāraka** *a.m.* 為し難いことを為す(者) II.101[16] ②134. **-kārika-kāla** *m.* 難行苦行をしている時. 〜**e** I.117[19] 〜 ①152. **-cārika** *m.n.* 難行苦行 III.195[21] ③287.

dukkha *n.a.* Ⓢduḥkha 苦, 苦痛, 苦しい. naṃ 〜**m** anveti I.3[4] 苦はその人について行く ①5. 〜**ā vedanā** *f.* 苦痛. 〜 uppajji. II.72[12] 〜が生じた ②95. 〜**'anupatita** *a.pp.* <patati 困難に落ちた(者) III.462[7] ③645. 〜**'abhibhūta-kāla** *m.* 苦しみに征服された時. 〜**e** II.5[8] 〜**には** ②8. 〜**'āvaha** *a.n.* 苦をもたらす(こと). 〜ṃ I.240[12] ①315. 〜**'uddaya** *a.* 苦をひき起こす IV.150[4] ④204. 〜**'uddaya-kamma** *n.* 苦しみを結果とする行為. 〜**ṃ** katvā II.40[6] 〜**を**為して ②53. 〜**'uppatti** *f.* 苦しみの生起 I.189[3] ①248. **-kāraṇa** *n.* 苦を作るもの(原因, 罰, ばち) III.70[15], 482[15] ③101, 673 **-kkhandha** *m.* 苦の集まり, 苦蘊. 〜suttâdi-vasena I.67[11]「苦の集まり(苦蘊)の経」などによって ①89. **-nissaraṇa** *n.* 苦からの出離 II.158[5] ②207. III.418[1] ③587. **-parijānana** *n.* 苦を完全に知ること III.402[20] ③567. **-pariññā** *f.* 苦をことごとく知ること III.268[20] ③388. **-parittāṇa** *n.* 苦からの救護 II.28[17] ②36. **-pareta** *a.pp.* <pareti 苦痛に打ち勝たれた. 〜**tāya** I.165[10] 〜〔王妃〕には ①215. **-phala** *a.* 苦しみという果報をもった II.37[2] ②49. **-lakkhaṇa** *n.* 苦の相 III.406[4], 428[1] ③572, 600. **-saṃvattaniya** <saṃvattati *a.* 苦に作用する, 苦に導びく III.5[15] ③9. **-samuppāda** *m.* 苦の生起 III.245[25] ③354.

dukkhita *a.pp.* <dukkhati 苦しんだ, 苦しめられた. kiṃ 〜**o** tuvaṃ I.28[17] あなたは苦しんでいるのか ①38. I.31[17] ①42.

dukkhi-dummana *a.* 苦しんで心に憂えて 〜**o** I.152[10] 〜 ①200.

dukkhin *a.* 苦しむ(人) II.112[7] ②149. IV.138[13] ④184.

dukkhīyati *ps.* <dukkhati 苦しめられる II.28[3] ②36.

dugga *m.n.a.* 難所, 難路, 行き難い. 〜**ā** uddharath'attānaṃ IV.26[6] 〜**から**自分を引き上げなさい ④31. IV.194[1] ④275.

duggata *a.* 貧しい(人), 不運の(人). ahaṃ 〜**tānaṃ** saṅgahaṃ karissāmi I.423[19] 私は貧しい人々の愛護をいたします ①556. I.232[8], 270[11] ①303, 353. II.34[13], 84[11] ②46, 111. **-purisa** *m.* 不運の(貧しい)男 II.1[13], 244[6] ②3, 318. **-brāhmaṇa** *m.* 貧しいバラモン II.104[6] ②138. **-manussa** *m.* 貧しい人, 不運な人間 I.96[15], 204[12] ①124, 269. II.107[8] ②142. III.262[2], 436[13] ③378, 613. IV.115[4] ④153.

duggati *f.* 悪趣, 悪い行き先. tappati 〜**ṃ** gato I.150[15] 悪趣におもむいて焼かれる ①196. na 〜**ṃ** gacchati dhamma-cārī I.99[4] 正義を行なう者は〜**に**おもむかない ①128.

II.46[11] ②61. **-parāyana** *a.* 〔死後の〕悪い行き先におもむく(者) III.188[22] ③276.

dug-gandha *a.* 悪臭がある I.99[24] ①129.

duccarita *a.* 悪行 III.486[13] ③678. **-phala** *n.* 悪行の果報 III.479[3] ③668.

du-cchanna-geha-sadisa *a.* 悪く〔屋根が〕葺かれた家のような(もの) I.121[20] ①157.

du-jjāta *a.pp.* <janati 悪い生まれの(者) **〜o** II.58[21] 〜やつだ ②77. IV.93[6] ④121.

du-jjāna *a.* (du-jāna) 知り難い I.221[5] ①290. III.430[20] ③605.

du-jjita *a.pp.* 負かされ難い, 負けない III.197[16] ③289.

du-jjīvita *n.pp.* <jīvati 悪い命. **〜ṃ** ajīvimha II.10[20] 〜を我々は生きた ②14. IV.121[17] 困難に生きること ④163.

duṭṭha *a.pp.* <dussati 怒った, 邪悪の(者) III.195[2] ③285. IV.163[15] ④224. **-ceṭaka** *m.* 悪がき IV.92[5] ④113. **-cora** *m.* 邪悪な泥棒 III.67[1] ③97. **-putta** *m.* 邪悪な息子 I.183[1] ①239. **-hatthin** *m.* 凶暴な象 IV.231[11] ④333.

Duṭṭha-gāmaṇī-rājan *m.* ドゥッタガーマニー王(第15代スリランカ王. 161-137 B.C.) IV.50[19] ④59.

du-ṭṭhapana *n.* 立たせることは困難 I.288[7] ①374.

dutiya *num.* 第二, 第二の, 伴侶. **-jjhāna** *n.* 第二禅 I.156[3] ①205. **-phala** *n.* 第二果(一来果) I.221[13] ①291. **-sāvaka** *m.* 第二の声聞(目連) I.110[26] ①142.

duddama *a.* 調御し難い III.144[4] ③205.

du-ddasa *a.* 見難い. **〜o** Sakko I.264[2] 帝釈天は〜 ①345. III.375[8] ③529. IV.67[16] ④86.

du-ddiṭṭha *a.pp.* <dassati 邪見の(者) IV.47[14] ④55.

dun-nikkhitta *a.pp.* <nikkhipati 乱雑に放置された. **〜āni** mañca-pīṭhâdīni. II.140[22] 〜臥床や椅子など ②185.

dun-niggaha *a.* 抑止し難い. cittaṃ nām'etaṃ **〜ṃ** I.295[5] この心というのは**〜のだ** ①385. I.290[2] ①377.

dunnivattha-duppāruta-dassana *n.* くずれた着衣, くずれた被衣を示すこと. **〜ena** palobhetvā I.166[19] 〔彼女は〕**〜によって**〔彼を〕誘惑して ①216.

dun-nivāraya *a.* 制御し難い. cittaṃ **〜ṃ** I.287[16] 心は〜 ①374. I.288[8] ①374. IV.13[8] ④17.

dupaṭṭa-cīvara *n.* 二倍の厚さの衣 III.419[20] ③589.

du-ppañña *a.m.* 悪慧の, 智慧の劣る(者) I.179[20] ①235. III.70[11], 156[7] ③101, 224. **〜kamma** *n.* II.255[9] 愚劣な智の所行 ②331.

dup-paṭipajja *a.* 悪い実践修行の(道) III.455[2] ③635.

dup-pabbajja *a.* 出家生活は苦しい III.460[6] ③643.

dup-parāmaṭṭha *a.pp.* <parāmasati 間違って執取された〔沙門法〕III.484[6] ③675.

duppūra *a.* 満し難い. gharâvāso pi chidda-ghaṭo viya mahā-samuddo viya ca **〜o** III.462[19] 世俗の家に住むことも穴のあいた水瓶のように, また大海のように満たし難い ③645.

dub-baca *n.* (du-vaca) 悪語, 悪口. **〜o** esa I.39[3] この人は口の悪い者です ①52.

Dub-baca-bhikkhu *m.* 間違ったことを言う比丘 III.483[11] ③675.

dub-baṇṇa *a.* 容色が悪い(身体) III.347[18] ③496.

dub-bala *a.* 力が弱い(人). balavā **〜o** I.183[8] 力がありますか. **〜ですか** ①240. ahaṃ **〜o** I.13[14], 18[6] 私は力が弱い ①17, 24. **〜'assa** *m.* 力の弱い馬 I.262[1] ①342. **-bhāva** *m.* 衰弱していること I.25[22] ①35. IV.25[13] 〔老衰によって〕力が弱くなる状態 ④28. **-rukkha** *m.* 力の弱い樹木 I.73[26], 75[14] ①97, 99. **-vāta** *m.* 力の弱い風 I.76[20] ①100.

dub-binīta *a.pp.* <vineti 悪く導びかれた. **〜ā** I.216[4] **〜者たち**である ①284. I.37[24], 236[17] ①50, 310. III.66[23], 282[7], 414[5] ③97, 409, 582.

dub-buṭṭhikā *a.f.* 雨が降らない. 〜 bhavissati I.52[16] 〜だろう ①70.

dubbhati <dabh 裏切る, あざむく. ahaṃ imasmiṃ **〜āmi** III.63[7] 俺はこの人を〜の**だ** ③91.

dubbhikkha *a.* 飢饉, 乞食し難い. **〜e** uppanne II.244[7] **〜が**生じた時 ②318. I.169[14] ①220. II.153[21] ②202. III.436[12] ③613.

dum-mana *a.* 心が不快である, 心落ちした, 心が落ち込んだ, 心に憂えた(人) I.38[7], 433[13] ①51, 568. II.112[7], 152[11] ②149, 200. IV.138[13] ④185.

dum-medha *a.m.* 智慧の劣る(者) I.300[5] ①393. II.33[18], 36[13] ②45, 48. III.64[12], 151[15], 156[11] ③93, 217, 224. IV.155[6] ④211.

dum-mocaya *a.* 放し難い IV.56[18] ④67.

du-yutta *a.* 不正の I.382[3] ①502.

duyhati *ps.* <dohati 搾乳される. khīraṃ ~**hamānaṃ** eva II.67[12] 牛乳はしぼられたばかりでは ②89.

dur-accaya *a.* 越え難い IV.43[7] ④51.

dur-atikkama *a.* 越えて行き難い II.161[9] ②211. IV.59[3] ④71.

durannaya *a.* 追跡し難い II.171[14] ②225.

dur-abhirama *a.* 大いに喜び難い III.462[3] ③645.

dur-ācāra *m.* 悪行者 IV.39[2] ④46.

dur-āvāsa *a.* 住み難い III.462[3] ③645.

dullabha *a.* 得難い IV.195[18] ④278.

dussa *n.* 衣服. ~**ṃ** muñcati IV.197[11] ~**を**ぬぐ ④280. ~**'anta** (*Vri. PTS.* dasante) *m.* 衣服の中. ~**e** bandhi I.180[8] 衣服の中に〔手紙を〕結んだ ①235. **-koṭṭhâgāra** *n.* 布の倉庫 I.220[13], 393[21] ①290, 518. **-yuga** *n.* 一対の布地 IV.11[9] ④15.

dus-saṇṭhāpiya *a.* 安定させ難い. ~**o** gharâvāso I.302[6] 家に住むことは~ ①397.

dussati <**duṣ** 怒る, 邪悪をもつ. sac'ahaṃ imasmiṃ **dussissāmi** (*1sg.ft.*) I.81[19] もし私がこの者に対して怒りをいだくならば ①106. I.179[11] ①234. II.148[7] ②194. III.33[22] ③49.

dus-saddaka *a.* 悪い鳴声の III.97[1] ③137.

dus-savanīya *a.* 聞き難い III.361[25] ③514.

dus-sassa *a.* 穀物が実らない III.436[12] ③613.

dussīla *a.* 破戒の, 破戒者 I.158[8], 212[17] ①208, 280. II.252[4] ②327. III.54[10], 152[10], 481[2] ③79, 218, 670.

dussīlya *n.* 破戒, 悪戒. **-kāraṇa** *n.* 破戒を作ること III.152[11] ③218.

dūta *m.* 使者. ~**e** āṇāpesi I.345[12] 〔王は〕使者たちに命じた ①455. ~**ā** gantvā I.345[12] ~**たちは**行って ①455. dārake āgata~**ānaṃ** yeva hatthe datvā I.242[14] 子供たちをやって来た使いの者たちの手にそのまま渡して ①318. I.115[7] ①149. **-kamma** *n.* お使いの仕事 I.239[5] ①313.

dūbhin *a.* 欺瞞ある(人) II.23[1] ②30.

dūrakkha *a.* 守り難い. cittaṃ nāma etaṃ ~**ṃ** I.295[4] 心というこれは守り難い ①385. I.287[16] ①374. III.355[12] ③505. IV.83[7] ④108.

dūraṅ-gama *a.* 遠くに行く〔心〕I.300[16] ①395.

dū-rama *a.* (du-rama) 楽しみ難い II.161[24] ②213.

dūseti *cs.* <dussati 汚す, 害す. kuṭiṃ ~**sesi** (*aor.*) II.22[11] 小屋を汚した ②29. IV.81[19] ④106.

deyya-dhamma *m.* 施物. ~**o** hotu vā mā vā I.171[11] 施物があろうとなかろうと ①223. ~ṃ dadamāno I.395[10] 持参金(婚家への施物)を与えて ①519. I.107[11], 435[4] ①139, 570. II.81[10], 131[16], 206[13] ②107, 173, 270. III.287[9] ③418. IV.121[12] ④163.

deva *m.* 天, 神, 王. ~manussānaṃ I.1[12] 神々や人々の. ~rajja-sirī-dharo I.17[22] 神の王国の吉祥の保持者は ①23 ~**'accharā** *f.* 神の仙女 III.178[16] ③261. ~**'acchara-paṭibhāgā** *a.f.* 天上の仙女と匹敵する〔容色の〕女 I.199[9] ①263. ~**'atideva** *m.* 神の中の傑出した神 I.147[14] ①192. ~**issara-jātika** *a.* 王や権力者の類の(者) III.382[1] ③538. **-kumāra** *m.* 天童 I.328[18] ①432. **-kula** *n.* 神社, 天祠 II.210[5] ②274. **-cārika** *m.n.* 天国の遊行 III.291[19], 314[10] ③424, 454. **-ṭṭhāna** *n.* 神祠 III.250[20] ③362. **deva-daṇḍa** *m.* 王の刑罰 III.19[15], 63[8] ③29, 91. **-dattiya** *a.* 神が与えた. ~**ṃ** dhanaṃ datvā I.278[2] 神の贈り物の財物を与えて ①361. **-dhītar** *f.* 天女. ~**tāro** naccanti I.274[12] 天女たちが踊る ①357. **-nagara** *n.* 天の都城 I.173[11] ①225. **-manussa-sampatti** *f.* 神と人間〔に生まれ出ること〕を得ること II.47[11] ②62. **-loka** *m.* 神の世間, 天国 III.65[8] ③94. **-loka-sampatti** *f.* 天国での成功 III.183[2] ③267. **-loka-siri** *f.* 天上界の吉祥 I.84[20] ①111. **-samāgama** *m.* 神の集会. ~**ṃ** pavisituṃ na labhissāma I.134[15] ~に我々は入ることが出来ないだろう ①176.

Deva-kosambika-jātaka *n.* コーサンビー王本生物語(*J.*428話) I.65[3] ①86.

devatā *f.* 神格 I.3[11] ①5.

devatta *n.* 神であること III.361[3] ③513.

Devadatta *m.* (比丘)デーヴァダッタ, 提婆達多 (阿難, 阿那律などと共に出家した) I.133[13] ①175. I.77[14], 79[14] ①101, 103. II.164[7] ②216. III.145[5], 152[6] ③206, 218. IV.221[25] ④316. **-pakkhika** *a.m.* デーヴァ・ダッタの徒 IV.95[15] ④119. **-parisā** *f.* デーヴァダッタの会衆 III.148[10] ③211.

Devadattassa-vatthu *n.* デーヴァダッタ(提婆達多)の事 I.133[1] ①175.

Deva-dūta-suttanta *m.* 「天使経」*M.*III.178-, 「南伝」11下, 230頁- I.127[22] ①166.

Devaputta-māra *m.* 天子魔 IV.45[17] ④53.

Devala *m.* (苦行者の名)デーヴァラ I.39[9] ①53.

devasikaṃ *adv.* 毎日. 〜 āḷāhanaṃ gantvā I.28[4] 毎日火葬場に行って ①37. I.102[3], 151[4], 187[4], 188[7], 208[8], 339[19] ①132, 198, 246, 247, 274, 447. II.79[16], 205[4], 245[5] ②105, 268, 319. IV.207[14] ④295.

Devahita-brāhmaṇa *m.* デーヴァヒタ・バラモン IV.232[7] ④335.

devinda *m.* 神の王 I.17[22] ①23.

devī *f.* 王妃 I.164[5] ①213.

Dev'orohaṇa-samāgama *m.* 天〔界から世尊が〕下降する集会(仏陀品, 第2話) III.443[19] ③620.

desanā *f.* 説くこと, 説示. dhamma〜'atthaṃ I.5[15] 法を説くために ①7. 〜pariyosāne I.6[14] 説〔法〕が終わった時 ①8. I.22[4] ①29. **-vidhi-kusalatā** *f.* 説示の方法に巧みなこと III.454[22] ③635. **-sīsa** *n.* 説示の頭(まくら) II.170[5] ②224.

desayati, deseti *cs.* <disati 示す, 懺悔する. 〜**sayiṃsu** (*aor.*) III.416[9] 懺悔した ③585.

desita *a.pp.* <deseti 示された. kalyāṇa-dhammo **〜o** I.7[4] 善い法が示された ①9.

deseti *cs.* <disati 示す, 教示する, 懺悔する. Satthā dhamma-padaṃ **desesi** (*aor.*) I.1[11] 大師は法の語句を説示なさった ①3. dhammaṃ **desento** I.5[9] 法を説いて ①7. kassa nu kho ahaṃ paṭhamaṃ dhammaṃ **deseyyaṃ** (*op.*) I.86[20] 一体ね, 誰に私は最初に法を説くのがよいのか ①113.

deha *m.* 身, 身体. sotāni hāyanti tath'eva **〜o** I.11[11] 両耳は損失している. まさに同様に〔全〕身は〔損失している〕 ①14. **-nissita** *a.* I.11[12] 身体に依存した(もの) ①14.

doṇa *m.* 木桶, 枡, ドーナ(枡目の量). **-pāka** *m.* <pacati 木桶〔一杯〕の煮物 II.8[8] ②11. **-māpaka** *m.* ドーナ枡の収入監督者 IV.88[13] ④115.

dobhagga *n.* 不幸 I.281[5] ①365.

domanassa *n.* 心の憂い. **〜ṃ** uppajjati I.152[17] 〜が生じる ①200. **〜ṃ** paṭisaṃvedesi I.179[8] 〜を感受した ①234. I.22[1], 150[17] ①29, 196. III.62[7] ③90. **-ppatta** *a.pp.* <pāpuṇāti 心の憂いを得た. **〜ā** I.415[16] 〔彼女は〕〜 ①545. III.187[11], 415[5], 493[2] ③274, 584, 687.

[1]**dosa** *m.* 過失, 罪, 落度. tav'eva **〜o** I.38[24] 君だけの過失である ①52. assa **〜ṃ** āropetvā II.2[16] 彼を過失(罪)にのぼらせて, 彼に罪を着せて ②4. I.23[11] ①31. II.75[19], 150[9] ②101, 197. III.482[6] ③672. IV.58[10] ④65.

[2]**dosa** *m.* 怒り, 瞋. **〜ṃ** saritvā I.357[17] 怒りを追憶し ①470. I.157[7], 246[19] ①207, 323. **〜'antara** *a.m.* 怒りの心の(人) IV.182[8] ④254. **-kali** *m.* 怒りという〔サイコロの〕不利玉 III.261[1] ③376. **-dosa** *a.* 怒り(瞋)という欠点をもった(人) IV.81[11] ④106. **-nissita** *a.pp.* <nissayati 怒りに依止した(者) II.160[4] ②210. **-moha-mānâdayo** *a.* いかり(瞋), おろか(癡), 自負心(慢)など I.122[15] ①158.

dohaḷa *m.* 妊婦の異常嗜好. uppanna**〜ā** I.350[7] 〜が生じた女 ①462. II.85[18], 139[4] ②113, 182.

dohaḷinī *f.* 異常嗜好の妊婦 III.95[6] ③135.

[1]**dva-ttiṃsâkāra** *m.* 三十二行相(身体を構成する32の部分である毛髪, 皮ふ, 骨, 血, 肉などのあり方, 様相) III.168[16] ③246. **〜e** sajjhāyaṃ karoma I.291[23] **〜に関して**我々は研究します ①379. I.299[3] ①391. III.459[12] ③642. IV.191[16] ④271.

[2]**dva-ttiṃsâkāra** *n.* 三十二相〔経〕*Khp.* 第3経 I.205[5] ①270.

dvā-dasa-āyatanāni *n.pl.* 十二処(眼・耳・鼻・舌・身・意, 色・声・香・味・触・法) III.454[8] ③634.

dvā-dasa-nahuta *n.num.* Ⓢniyuta, nayuta 12万(那由他) I.88[7], 101[25], ①115, 132.

dvāra *n.* 門, 戸. **-koṭṭhaka** *n.* 門小屋 I.50[5], 245[14] ①66, 321. II.144[17] ②190. III.11[5] ③17. IV.8[1] ④11. **-gāmaka** *m.* 城門の外の村 I.48[16] ①65. II.25[18] ②33. **-pamukhe** *loc.adv.* 戸口に面して, 戸口のところで IV.98[13] ④130. **-pāla** *m.* 門番 I.149[22] ①195. **-bāhā** *f.* 戸の脇 III.273[14] ③395.

dvārika *m.* 門番 IV.88[13] ④115.

dvā-saṭṭhi-diṭṭhī *f.* 六十二の見解(「仏のことば註(二)」659頁) IV.161[4] ④221. **-gata-maggā** *m.pl.* 62の執見の道(「パ仏辞」925頁右下) III.402[17] ③567.

dvi *num.* 二. **dvīhi jhānehi** III.404[9] 二つの禅定(近行定, upacāra-samādhiと安止定, appanā-samādhi)によって ③568. **-guṇa** *m.* 二倍. **〜ṃ** katvā 倍にして III.2[19] ③5. **〜ṃ**

pūjaṃ karissāma III.439[20] 〜の供養を我々は行なおう ③617. **-bhūmika** *a.* 二階建ての. 〜**ṃ** gehaṃ kārāpetvā I.182[6] 〜家を造らせて ①238. **-vagga** *m.*〔経典中の〕二品, 二章 I.158[12] ①208.

dvittā *num.* Ⓢdvitra 二または三. pabbatassa suvaṇṇassa jāta-rūpassa kevalo 〜pi nâlam ekassa IV.32[19] 黄金の山の黄金の全ては,〔その〕二, 三倍であっても一人の人の〔満足〕には十分でない ④39.

dvidhā *num.adv.* 二種に. **-jātakāla** *m.* 二つになった時. tesaṃ 〜**e** I.137[17] 彼等が別れ別れになった時 ①180.

dvīha-tīha *adv.* 二, 三日. sappo 〜**ṃ** anto-vīṇāyam eva ahosi I.215[12] 蛇は二, 三日琵琶の中にだけいた ①283. 〜**'accayena** *instr. adv.* 二, 三日過ぎて III.21[18] ③33.

dve *num.* 二. **-bhūmaka-pāsāda** *m.* 二階建ての殿堂 I.414[10] ①544. **-sahāyaka-bhikkhū** *m.pl.* 二人の友人の比丘 I.154[4], 260[9] ①203, 341.

dvedhā-patha *m.* 二股路, わかれ路 II.192[9] ②252. III.420[18] ③590.

Dh

dhaṃsin *a.* 無遠慮な, 厚顔な(人) III.351[21] ③501. **dhaṃsi-puggala** *m.* 攻撃的な人 III.353[17] ③502.

dhaja-patākā *f.* 旗や幡. 〜**aṃ** ussāpetvā I.3[13] 旗や幡をかかげさせて ①5. I.149[12] ①194.

[1]**dhañña** *n.* 穀物(七穀. 米・うるち米・麦・小麦・きび・豆・ひえ)(*Pj.*II.112[25]) I.173[21] ①226. III.366[5], 464[17] ③520, 648.

[2]**dhañña** *a.* 富んだ. 〜**ā** vata ayaṃ sunakhī I.171[3] この牝犬は実に物持ちだ ①222.

Dhataraṭṭha *m.* 持国天 ③137.

dhana *n.* 財, 財物, 財産. catu-paṇṇāsa-koṭi〜**ṃ** vissajjetvā I.4[9] 54億〔金〕の財物を喜捨して ①6. bahuṃ 〜**ṃ** atthi I.33[1] 沢山の財物がある ①43. I.6[20] ①8. **-karaṇīya** *a.gdv.* 財物を使って作されるべき(こと) IV.32[15] ④39. **-kkīta** *a.pp.* <kiṇāti 財物で買われた. 〜**o** II.3[6] 〜〔奴隷〕 ②5. **-gabbha** *m.* 財産の庫 III.87[12] ③125. **-ccheda** *m.* 破産. tvaṃ mama 〜**ṃ** na olokesi I.25[15] おまえは私の財産の破れ(破産)を見ないのだ ①34. I.26[23] ①36. **-taṇhā** *f.* 財物への渇愛 II.28[2] ②36. **-pārijuñña-kāla** *m.* 財物が衰滅する時. 〜e I.238[9] 〜時に ①312. **-lobha** *m.* 財物への貪欲 III.65[21] ③95. **-sāra** *m.* 財物の核心 I.257[5] ①336. **-seṭṭhi-kula** *n.* 財産家の長者の家 I.239[18] ①315. **-seṭṭhin** *m.* 財産家の長者 I.241[17] ①317. **-haraṇa** *n.* 財産をもち去ること II.229[1] ②297. **-hāni-bhaya** *m.n.* 財物の損減のおそれ. 〜**ena** I.368[1] 〜**をおそれて** ①484.

[1]**Dhanañjaya-seṭṭhin** *m.* ダナンジャヤ長者(メンダカ長者の息子, 鹿母ヴィサーカーの父) I.384[17], 391[18] ①506, 515. III.363[18], 466[11] ③517, 650.

[2]**Dhanañjaya** *m.* ダナンジャヤ(クル国の王) IV.88[4] ④114.

dhanu *n.* 弓. 〜**ṃ** āropesi I.352[6] 弓をかまえた ①464. IV.3[10] ④5.

Dhanapāla *m.* (酔象)ダナパーラ I.146[16] ①191.

Dhana-pālaka *m.* ダナパーラカ(財産を守るもの)(象の名) IV.7[2], 13[7] ④11, 17.

dhamani *f.* 血管, 静脈. **-santhata** *a.pp.* <santharati 静脈をみなぎらせた(人) IV.157[10] ④214. **-santhata-gatta** *a.* 青筋でからだが覆われた(人). 〜**o** jāto I.367[20] 〜人となった ①484. I.299[4] ①391. IV.157[15] ④215.

dhamāpeti *cs.* <dhamati 吹かせる. bhastā ... 〜**petvā** I.442[7] ふいごを…吹かせて ①579.

dhamma *m.n.* 法, ものごと, 真理, 正義, 教法. 〜**-a**〜**esu** kovido I.1[8] 諸々の法と非法に関して巧みな方 ①3. mayhaṃ 〜**ṃ** desento I.5[8] 私に法を説いて ①7. 〜**ṃ** desenti I.6[6]〔諸仏は〕法を説く ①[8]. 〜desan'attham eva I.5[15] 法を説くためにのみ〔波羅蜜を満たした〕 ①7. 〜**'anudhamma-paṭipatti** *f.* 法を法の通りに実践修道すること III.159[5] ③230. 〜**'anuvattin** *a.* 法をたどって行なう(人) II.160[16] ②211. 〜**'antevāsika** *a.m.* 法の内弟子 I.250[19] ①327. 〜**'abhisamaya** *m.* 法の領解 I.27[10], 37[7] ①36, 49. 〜**'āsana** *n.* 説法の座. 〜**e** nisīdati II.31[2] 〜に坐る ②41. 〜**'issaratā** *f.* 法に自在であること III.138[1], 454[22] ③195, 635. 〜**'oja-paññā** *f.* 法を滋養素とする智慧 I.255[13], 257[19] ①333, 336. II.108[13] ②143. III.329[9], 340[13], 390[4] ③472, 486, 549. IV.169[11] ④234. **-kathā** *f.* 法話. 〜**aṃ** kathetvā I.111[1] 法話を語ってから ①142. 〜**aṃ** sutvā I.5[19] 法話を聞いて ①7.

-kathika *m.* 法を語る者, 説法者 I.53^{17} ①
72. II.13^1, 95^4 ②17, 125. III.8^{16}, 345^7, 412^4 ③
14, 492, 579. -karaka *m.* 水びん III.290^{19},
373^{14}, 452^{16} ③423, 527, 631. IV.193^{12}, 199^{20}
④275, 284. -gatā sati *f.* 法に向けた思念
III.458^{11} ③640. -garuka *a.* 法を重んずる者
I.17^{19} ①23. -ghosaka *a.* 法をふれて歩く人
IV.202^5 ④287. -ghosaka-kamma *n.* 〔正〕法
をたたえることを行なうこと III.81^{12} ③
115. -cakka *n.* 法輪 I.4^7 ①6. ~ṃ pavattetvā
I.87^6 法輪を転じて ①114. ~ṃ
anupavattento I.110^9 法輪を〔私に〕続いて転
ずる者である ①142. Satthā pavatta-vara~
o I.4^7 大師はすぐれた法輪を転じたまい ①
6. -cārin *a.m.* 法を行なう者 I.99^1 ①128.
IV.105^{18} ④140. -jīvin *a.* 如法に生きる(人)
I.238^{17}, 239^3 ①313. III.156^{10} ③224. -ṭṭha *a.*
法に立つ(人) III.287^{21} ③419. -desanā *f.* 説
法. ayaṃ ~ kattha bhāsitā I.3^5 この説法は
どこで述べられたのか ①5. imaṃ ~aṃ
Satthā ... kathesi I.37^{13} この~を大師は…語
られた ①50. -paṭisaraṇa *a.* 法を帰依所と
する(者) II.159^1 ②208. -pada *n.* 法のこと
ば, 法句. I.334^{13} ①440. II.226^7 ②294.
-pāmojja *n.* 法の悦び IV.110^{18} ④146.
-pāyaka *a.m.* 法を飲む(人) II.126^{15} ②166.
-pīti *f.* 法に対する喜び. II.126^{10} ②166.
IV.110^{17} ④146. -pītin *a.* 法を飲む(人)
II.112^{13}, 126^{15} ②150, 166. -purekkhāratā *f.*
法を尊重すること IV.181^5 ④252.
-ppamāṇika *a.* 法を〔判断の〕基準とする
(人) III.114^5 ③163. -māmaka *m.* 法を信奉
する者 I.206^6 ①272. -ratana *n.* 法という宝,
法宝 IV.202^2 ④287. -rati *f.* 法に対する楽し
さ II.126^{10} ②166. -rājan *m.* 法王. ~ā imaṃ
gātham āha I.35^8 法王はこの偈を述べられ
た ①46. -vinaya *m.* 法と律 I.56^{12} ①76.
-vinicchaya *m.* 法の決定, 法にもとづいた
判断 III.86^{4,21} ③123, 124. -saṃvega *m.*
<saṃ-vij 法の衝撃. ~o udapādi I.365^{12} ~
が生じた ①480. III.267^{20} 法を失う恐れ ③
387. IV.93^{23} 法の急動 ④123. -saṃsandanā *f.*
法が合流すること IV.33^6 (*Vri.*) ④40.
-sabhā *f.* 法堂 I.122^{21}, 249^8, 310^{13}, 360^{19} ①
158, 326, 407, 474. II.31^1, 46^{20} ②41, 61.
III.3^{17}, 101^{24} ③6, 144. -savana *n.* 聞法. ~
atthāya gacchanti I.5^{23} 聞法のために行く ①
7. I.6^2, 67^4, 275^1 ①7, 89, 357. II.159^{19} ②210.

-savan'agga *n.* 聞法堂 IV.18^8 ④22.
-savaṇ'antarāya *m.* 聞法の障碍〔である神々
の勧誘の声〕I.130^{15} ①170. -savana-sappāya
a.n. 聞法が適正であること I.317^{15} ①417.
-senāpati-Sāriputta-tthera *m.* 法将軍・舎利
弗上座 II.248^4 ②323. -ssāmin *a.m.* 法の支
配者 I.55^{21} ①75.
Dhamma-cetiya-suttanta *m.* 「法塔廟経」(*M.*II.
p. 118, 「南伝」11上, 157頁) I.356^8 ①468.
Dhamma-ṭṭha-vagga *m.* 「法の上に立つ品」
III.380^1 ③536.
dhammatā *f.* きまり, 習性, 法則性, 本性, 資質.
ayaṃ ~ I.147^1 これがきまりである ①192.
attano ~āya II.276^5 自分が〔相続した〕資質
によって ②358. I.165^4 ①214. II.13^{17} ②18.
IV.75^{12} ④98.
Dhammadassin *m.* (仏の名)ダンマダッシン,
過去24仏の第15 I.84^5 ①111.
Dhamma-dinna-ttherī *f.* ダンマ・ディンナー
上座尼 IV.229^1 ④329.
Dhamma-pada *n.* 法句経. ~atthakathā *f.* I.1^1
法句経註. -bhāṇaka *m.* 法句経の誦者
IV.51^{13} ④59.
Dhamma-bhaṇḍâgārika *m.* 法蔵の守護官(アー
ナンダ, 阿難) III.250^{21} ③362.
Dhamma-senāpati *m.* 法将軍(舎利弗) I.110^{27},
354^{14} ①142, 466.
Dhammârāma-tthera *m.* ダンマーラーマ(法
を園とする)上座 IV.93^{17} ④123.
dhammika *a.* 法にかなっている, 如法の, 持
法者. idaṃ bhojanaṃ ~ṃ I.75^8 この食べも
のは~ ①98. I.129^9 ①169. -upāsaka *m.* 法
を守って行なう在家信士 I.129^7 ①169.
dhammi-kathā *f.* 法話 I.60^{19} ①80.
Dhammika-tthera *m.* ダンミカ(如法)上座
II.157^{15} ②207.
dharati <dhṛ 存続する, 存命する. Satthari ~
ramāne yeva IV.94^5 大師がまだ御存命のう
ちに ④123. mayi ~rante (*prp.loc.*) II.112^1
私が存命中は ②148.
dharamāna *prp.* <dharati 存命中の. ~ssa
Buddhassa santike I.9^4 御存命中の仏陀のも
とで ①11. Satthari ~e eva III.268^4 大師が
まだ御存命のうちに ③387. -buddha *m.* 御
存命中の仏陀 II.46^{17} ②61.
dharamānaka *a.* 存命中の. -buddha *m.* 御存命
中の仏陀 I.290^{22} ①378. II.243^{18} ②318.
III.142^{19} ③203. -mātā-pitu *a.* 母と父が存命

中の I.401[17] ①527.

dhātī *f.* 乳母 III.146[9], 282[5] ③208, 409.

[1]**dhātu** *f.* 身体の要素，界．**dhātuyo** suññato passa III.117[20] 〔身体の〕諸々の要素を空として見なさい　③167. **-kammaṭṭhāna** *n.* 〔地・水・火・風等の〕要素（界）の観念修行法（業処）I.96[4] ①124.

[2]**dhātu** *f.* 遺骨．**〜tuyo** gahetvā I.321[19] **〜を**ひろって ①422. dhātuyo avasissiṃsu III.82[21] **〜が**残った ③117. **-cetiya** *n.* 仏舎利塔, 遺骨の塔廟　III.29[1]　③43. **-ghara** *n.* 遺骨堂 IV.238[11]　④343. **-nidhāna** *n.* 仏舎利奉納室 III.29[9] ③43. IV.220[5] ④299.

dhāraka *m.* 受け取る者 III.93[14] ③132.

dhāraṇa *n.* I.7[22] 憶持すること ①9. III.252[16] 保持すること ③364.

[1]**dhārā** *f.* 剣葉 I.317[9] ①416.

[2]**dhārā** *f.* 水流．**-pāta-nirantara** *a.* 水流が絶え間なく落ちる〔空〕II.263[2] ②341.

dhāreti *cs.* <dharati もたせる, 保つ, おさえる, 着物を着る．assa aguṇaṃ **〜retuṃ** (*inf.*) asakkontī viya II.49[20] 彼の不徳を**持ちこたえることが**できないかのように　②65. yo uppatitaṃ kodhaṃ **dhāraye** (*op.*) III.301[5] 誰でも生起した怒りを**抑える**なら．Buddha-sāsanam eva **〜hi** (*imper.*) I.11[8] 仏陀の教えだけを君は**保持しなさい** ①14. vatthaṃ 〜 I.80[6] 衣を**着る** ①104. pubbe pi **〜esi** (*3sg. aor.*) I.80[6] 以前にも**着た** ①104.

dhi *interj.* 厭わしいかな I.179[2] ①234.

dhitimant *a.* 堅固をそなえた（人）．**〜ā** ayaṃ puriso (*Vri.*) I.185[21] この男は堅実をそなえた者だ ①244. evarūpo **〜timā** nāma natthi I.237[22]　このような〜**者**というのはおりません ①312.

dhiti-sampanna *a.pp.*　堅固な心をそなえた（人）．**〜o** I.433[6] ①567. III.388[10] ③546.

dhī *interj.* いやらしい, いとわしい III.181[1] ③264. IV.147[18] ④201.

dhītar *f.* 娘 I.3[14] ①6.

dhīra *a.m.* 堅固な，賢明な（人） I.62[4] ①82. III.199[9] ③292. IV.56[1] ④67.

dhutaṅga *n.* 頭陀の項目（「パ仏辞」963頁左上） I.158[16] ①208.

dhuta-vāda *a.m.*　頭陀（清貧生活）を説く人 II.30[13] ②39.

dhutta *m.* Ⓢdhūrta 悪人 I.100[12] ①129. II.20[8], 32[20] ②26, 43. III.129[20], 476[1] ③184, 663.

dhuttaka *m.* 悪人 III.202[1] ③295.

dhuma-kaṭacchuka *m.* 木のスプーン II.59[5] ②77.

[1]**dhura** *m.n.* 軛, 荷, 重荷, 責任, 忍持, 先頭．**〜e** yuttassa I.24[5] **軛**に結ばれた〔軛牛〕が ①32. **〜ṃ** vahato I.24[6] **荷**を運ぶ〔軛牛〕の ①32. **〜ṃ** anikkhipitvā I.289[14] **〜を**放棄しないで ①376. sāsane **〜ṃ** pucchitvā I.154[11] 教えの中の**責務**を質ねて ①203. Sāmāvatiṃ **〜e** katvā I.216[19] サーマーヴァティーを**先頭**として ①285. sāsane kati **〜āni** I.68[7] 〔仏の〕教えではどれだけの**責務**がありますか ①91. I.7[17] ①9. **〜ṃ** paṭilabheyyaṃ I.110[5] **重荷**（責務）を得たいものだ ①141. IV.37[12] ④45. **-vahana-sīlatā** *f.* 荷（軛）を運ぶことを習性とすること III.272[10] ③393.

[2]**dhura** *a.* 一番近い．**-gāma** *m.* 隣村 III.412[8] ③580. **-vihāra** *m.* 隣接の精舎．Tathāgate **〜e** vasante I.126[20] 如来が〜**に**住しておられても ①165. II.8[13] ②11. III.224[20], 332[9] ③323, 476. IV.79[14] ④103.

Dhura-vihāra *m.* ドゥラ精舎（鹿母ヴィサーカーが嫁入りした頃，　世尊が滞在していた, 舎衛城のミガーラ長者の家に隣接した精舎のことか） I.400[2] ①525.

dhuva *a.* Ⓢdhruva 常の，恒久の，必定の．maraṇaṃ nāma **〜ṃ** I.105[6] 死というのは必定である ①136. III.170[22] ③250. **-ṭṭhāna** *n.* 恒久の（堅固な） 場所 III.321[4]　③462. **-dhamma** *m.* II.274[18] 常恒だという考え方 ②355. III.122[5] 変らないこと, 常恒の法 ③172. III.289[3] 常恒不変のこと ③420. III.432[12] 必定のこと，日常茶飯事 ③607. **-bhatta** *n.* 常恒食 IV.11[17] ④15. **-yāgu** *f.* 常備の粥 III.161[8] ③233.

dhūt'aṅga *n.*　頭陀の項目 I.379[18]　①498. II.101[20] ②134. III.37[2] ③54. **〜'arañña-vāsa** *m.* 頭陀の項目〔を守る〕森林住 I.288[16] ①375. **-dhara** *a.* 頭陀支を保つ（者） III.398[14] ③562. **-pariharaṇa** *n.* 頭陀支を保持すること III.452[13] ③631.

dhūta-vata *m.n.*　頭陀（清貧の生活） の行法 III.391[12] ③551.

dhūpāyati 煙を出す．**〜pāyi** (*aor.*) III.244[7] 〜**出した** ③351. III.38[9] **香りを出させる** ③56.

dhūma-rāsi *m.* 煙のかたまり I.432[14] ①567.

dhūmāyati *denom.* <dhūma 煙を出す．**〜yanto** pi I.370[16] 煙を出しても ①487. III.244[5] ③

351.
dhenu *f.* 牝牛, 乳牛 I.171[15] ①223. II.67[19] ②89. **-maṅgala** *n.* 牝牛のお祭 I.170[17] ①221. **-rūpa** *n.* 牝牛の姿 II.215[18] ②280.
dhorayha *a.* 忍耐強い, 重荷を運ぶ(牛). **-sīla** *a.* 忍耐強いことを身につけた(人) III.271[11] ③392. **-sīlin** *a.* 忍耐強い習性をもった II.156[3] ②204.

N

nakkhatta *n.* Ⓢnakṣatra お祭, 星祭, 星, 星宿. ～**ṃ** ghuṭṭhaṃ I.190[25] お祭が布告された ①251. III.302[11] ③439. **-divasa** *m.* 星祭りの日 III.257[17] ③372. **-patha** *m.* 星の路=天空(ākāsa) III.271[13], 272[13] ③392, 394. **-pāṭhaka** *m.* 占星者 III.361[14] ③513. **-pīḷana** *n.* 星宿の破壊. Parantapassa ～**ṃ** disvā I.166[23] パランタパ〔王〕の～を見て ①216. **-muhutta** *m. n.* 星の前ぶれ, 占星判断 III.365[19] ③519. **-yoga** *m.* 星の運行. ～**ṃ** olokento I.166[22] ～を見て ①216.
nakha *m.* 爪, つめ. ～**ā** sobhanā ti gaṇhāti I.74[16] 爪は浄らかである, ととらえる ①98. I.80[9] ①104. **-pañjara** *m.n.* 鉤爪, 爪のかご I.164[14] ①214. **-piṭṭha** *n.* 爪の先 II.54[3] ②71.
nagara *n.* 都市, 都城. **-guttika** *m.* 都城の守衛 IV.55[9] ④61. **-dvāra** *n.* 城門 I.242[6] ①317. **-pariggāhaka** *a.* 都城を護持する. ～**ā** devatā IV.216[4] ～神格たちは ④293. IV.124[19] ④160. **-pariggāhaka-deva-putta** *m.* 都城をとりまとめている天子 III.12[6] ③19. **-pariggāhikā devatā** *f.* 都城を守護する(とりしきる)神. ～ cintesuṃ I.134[10] ～々は考えた ①176. **-vīthi** *f.* 都城の街路. upāsako ～**yaṃ** caranto I.78[21] 信士は都城の街路をめぐり歩いて ①102. **-sobhinī** *f.* 都城の売春婦 I.174[3] ①226. II.35[14] ②47. IV.88[13] ④115.
nagga *a.* Ⓢnagna 裸の. ～**ā** hutvā I.104[12] 裸体の者たちとなって ①135. III.467[8] ③651. **-cariyā** *f.* 裸の修行 III.72[2], 77[16] ③103, 110. **-samaṇa** *m.* 裸行者の沙門 I.400[4] ①525. **-samaṇaka** *m.* 裸の沙門, 裸行沙門 III.67[7] ③97.
nagghati (na agghati) <**arh** 値しない. pāda-mattam pi ～ II.197[11] 一パーダ(四分の一カハーパナ)ほどにも～ ②258.
naṅgala *n.* 鋤, すき I.395[14] ①519. IV.115[5] ④153.
Naṅgala-kula-tthera *m.* ナンガラ・クラ(鋤族)上座 IV.115[1] ④146.
naṅguṭṭha *n.* 尾. ～**ṃ** cālento III.42[7] 尾を振って ③60. II.64[17] ②86. III.141[5], 411[6] ③200, 578.
na cirass'eva *adv.* もう久しからずして I.320[17] ①421. **na ciren'eva** I.241[6] もうほどなくして ①316.
naccati <nṛt 踊る. **naccanto** (*prp.*) aṭṭhāsi I.60[6] 踊っていた ①80.
naccantī *f.prp.* 踊る女 II.131[2] ②172.
nacca-samajja *n.* 舞踊の祭り I.274[13] ①357.
naṭa-kīḷā *f.* 舞踊者の遊び IV.224[9] ④320.
Naṭa-pubbaka-tthera *m.* ナタ・プッバカ(もと舞踊者の)上座 IV.224[6] ④320.
naṭṭha *a.pp.* <nassati 破滅した. ～'amha III.143[9] 我々は～している ③204. ～**o** vat'amhi III.26[24] 実に俺は滅ぼされている ③40. ～**ṃ** rāja-kulaṃ III.186[11] 王家は～ ③273. I.47[12], 225[6], 378[20] ①64, 295, 496. IV.78[3], 91[13], 198[21] ④102, 119, 282. **-goṇa** *m.* いなくなった牛 I.305[11] ①401.
nattar *m.* Ⓢnaptṛ 孫. ayaṃ me **nattā** I.243[4] これは私の孫です ①318. I.408[7] ①537. IV.176[18] ④246.
nattā *f.* 孫むすめ III.363[18] ③517.
natthi (na-atthi) なし, いない, 無. ～ te koci I.6[16] 君には誰か〔許可を乞うにふさわしい親族は〕いないかな ①8.
natthi-pūva *m.* ナッティ(ない)という菓子. ～**m** eva paceyyāsi I.135[12] ～だけを作って下さい ①177.
natthu-kamma *n.* 鼻の治療, 鼻から薬をそそぎ入れること. ～**ṃ** katvā I.12[2] ～をしてから ①15.
nanu *adv.* …ではないか. ～ appamattehi bhavitabbaṃ I.9[3] 〔我々は〕不放逸な者たちであらねばならないのではないか ①11.
Nanda *m.* ナンダ(釈尊の義弟) I.115[3] ①149.
Nanda-gopāla *m.* 牛飼いのナンダ I.322[21] ①424.
Nanda-tthera-vatthu *n.* ナンダ上座の事 I.115[1] ①149.
Nandana-ṭṭhāna *n.* 歓喜園(三十三天の園林)という所 I.153[7] ①201.
Nandana-vana *n.* 歓喜園林(三十三天の園林) II.266[12] ②345.

Nandamūla-pabbhāra *m.* ナンダムーラの傾斜地（辟支仏たちの住所）I.226[14] ①296.
Nandā *f.* ナンダー（マガの家の四人の女性の一人）I.269[6] ①352.
Nandā *f.* （蓮池の名）ナンダー I.275[4] ①357.
Nandiya *m.* ナンディヤ III.290[7] ③423.
Nandi-visāla-jātaka *n.* 「歓喜満牛本生物語」（*J.*28話）III.213[11] ③311.
nandī *f.* 喜び. khīṇā 〜 IV.191[24] 喜びは消尽した ④272.
nandhi *f.* 革紐, かわひも IV.160[2] ④212.
nappahoti <pahoti 足りない, 十分でない. suvaṇṇaṃ 〜 IV.219[13] 黄金が足りない ④311.
nabha *n.* 天空 II.263[2] ②341. **-muddha** Ⓢmūrdhan 天頂 III.219[10] ③317.
namati <**nam** 曲げる, 傾く. pabbajjāya cittaṃ **nami** (*aor.*) I.242[18] 心は出家することに傾いた ①318. pādā **namitvā** olambiṃsu I.71[6] 両足は曲げてたれ下がった ①94. I.419[8] ①550. IV.33[2] ④39.
namassati 礼拝する, 拝む. tassa pāde 〜**ssitvā** I.1[6] その方の両足を拝して ①3. 〜**ssitabbā** (*gdv.*) I.398[3] 〔神格, devatāは〕〜**されるべきである** ①522. disā 〜**ssamāno** (*prp.*) IV.150[17] 方角を敬礼しながら ④205.
namo *n.* 南無, 礼拝, 帰命. 〜 tassa Bhagavato I.1[2] かの世尊に帰命したてまつる ①3.
naya *n.* 手がかり, ヒント III.228[15] ③327.
nayati = **neti** 連れて行く, 導びく. te (*Vri.*) pana **nayissāmi** (*1sg.ft.*) I.242[4] しかし私は彼等を連れて行こう ①317.
nayhana *n.* <**nah** 結ぶこと IV.161[1] ④221.
nara *m.* 人, 人々. 〜**'āsabha** *m.* 人間の牛王 III.217[20] ③315. 〜**'inda** *m.* 人王 I.216[16] ①285. **-damma-sārathi** *m.* 人を調御する御者 I.147[14] ①192.
naḷa *m.* 葦, あし I.359[1] ①471. **-kāra-jeṭṭhaka** *a.m.* 芦細工人（籠作り）の長 I.177[13] ①231.
nalāṭa *n.* Ⓢlalāṭa, rarāṭa 額, ひたい. 〜**to** sede muccante I.247[4] 額から汗が出る時 ①323. 〜**ṃ** puñchi I.247[5] 額をぬぐった（ふいた）①323. 〜**e** hatthaṃ patiṭṭhapetvā I.425[13] 額に手をあてがって ①559. 〜**ṃ** niccammam ahosi I.71[6] 額は皮がなくなった ①94. I.74[19] ①98. III.116[4] ③165. 〜**'anta** *m.* 額の隅 I.253[8] ①330.
[1]**nava** *a.* 新しい, 若い. **-kamma** *n.* 新築工事 II.78[2], 116[2], 193[12] ②103, 153, 253. **-canda-bhatta** *n.* 新月食 I.129[14] ①169. **-pabbajita** *a.m.* 新米の出家者. 〜**ā** manda-buddhino I.142[1] 〜**たちは**覚慧が遅鈍である ①186. 〜**ka-bhāva** *m.* 新米であること. 〜**ṃ** dassento I.92[10] 〜**を**示して ①119. **-vuṭṭhāya** *instr.adv.* 新らしく雨が降って I.19[24] ①26.
[2]**nava** *num.* 九. **-vidha-māna** *m.* 九種の自負心（慢.「パ仏辞」1510頁左）II.78[15], 177[16] ②104, 232. III.127[4], 298[1] ③180, 432. **-lokuttara-dhammā** *m.* 九つの出世間法（四向四果と涅槃）I.158[14], 262[21], 288[21] ①208, 343, 375 II.278[1] ②360. III.269[4] ③389. IV.152[13] ④200. **-sīvathikā** *f.* 九つの墓（墓地における死体の観察法, 九種.「南伝」62, 357-9頁, 63, 26頁）III.459[12], ③642. 〜**sattâvāsā** *m.pl.* 九つの有情居（「パ仏辞」982右）II.173[2] ②227.
navanīta *n.* 酥（そ）, クリーム I.417[5] ①546. III.10[7] ③16.
nassati <**naś** 滅ぶ, 亡ぶ. **nassa** (*imper.*) vasalī I.189[8] 消え失せろ, 賎民の女よ ①249. mā **nassi** (*aor.*) II.49[18] あなたは亡んではいけない ②64. cakkhūni te **nassantu** *3pl.imper.* I.11[7] 君の両眼が駄目になろうと ①14. I.47[18] ①64. III.119[15] ③169.
nahātaka *m.* 沐浴者, 梵行終了者 IV.231[19] ④334.
nahātvā *ger.* <nahāyati 沐浴して I.3[9] ①5.
nahāna *n.* 沐浴. 〜**'odaka** *n.* 沐浴の水, I.204[2], 271[3] ①268, 354. **-koṭṭha** *m.n.* 沐浴小屋 III.119[10] ③169. **-koṭṭhaka** *n.* 沐浴舎 III.88[3] ③126. **-cuṇṇa-mūla** *n.* 浴剤の資本 III.266[8] (*Vri.*) ③384. **-cuṇṇa-mūlaka** *a.n.* 沐浴用の洗い粉の代金 I.398[8] ①522. **-tittha** *n.* 沐浴の渡し場 I.3[9] ①5. **-phalaka** *m.* 沐浴板 III.88[4] ③126.
nahāpita *m.* 理髪師, 床屋 I.253[13] ①331. II.53[1] ②69. **nahāpitaka** II.257[5] 床屋 ②334.
nahāyati <**snā** 沐浴する I.59[1] ①79.
nahāru *m.* 腱, 筋. **-vinaddha** *a.pp.* <vi-**nah** 筋（腱）で包まれた III.118[16] ③168.
nahuta *n.num.* Ⓢniyuta 一万, 那由他. ekādasahi 〜**ehi** saddhiṃ I.139[5] 一一万人の人々とともに ①182.
nāga *m.* 龍, 象, ナーガ樹. III.192[2] ③282. 〜**ttaṃ** *ac.adv.* 龍として〔生まれる〕III.361[4]

③513. -bhavana *n.* 龍宮 I.359¹⁶ ①472. II.3¹⁰ ②5. -vibhava *m.* 龍の富 III.231¹⁷ ③ 331. -supaṇṇa *m.* 龍や金翅鳥 I.156¹² ①206.

nāgara *m.* 市民, 城市の人々. ～ā I.41¹⁸ ①56.

nāga-latā-danta-kaṭṭha *n.* びんろう(檳榔)の 楊枝(歯ブラシ) II.211⁵ ②275. III.222¹² ③ 321.

Nāga-vagga *m.* [法句経の]象品 I.62¹, 212¹⁹ ① 82, 280. IV.1¹ ④3.

Nāga-sena-tthera *m.* ナーガ・セーナ(龍軍)上 座(「弥蘭王問経」を主宰する上座. 那先比 丘.) I.127⁴ ①165.

nāṭaka *m.* 舞踊者 IV.59¹⁷ ④68. ～'itthī *f.* 舞姫 III.166²⁴, 297⁷ ③243, 431.

nâtivelaṃ *ac.adv.* 過度にならずに IV.92¹³ ④ 121.

nātha *m.* 依り所, 守護者 III.144¹⁷ ③206. IV.116¹⁹ ④155. attā va attano ～o III.148¹⁷ 自 分だけが自分の救護所である ③212.

Nātha-putta *m.* ナータプッタ(ジャイナ教祖) III.200¹⁶ ③294.

nāna-ppakāra *m.* 種々の仕方. ～rehi buddha-guṇe vaṇṇenti I.376²¹ ～で仏の徳を称讃す る ①494. te ～ena yācitvā I.15⁹ 彼等は種々 の仕方で乞うたが ①20. ～to (*abl.*) II.28⁷ 種々の仕方で ②36.

nānā *adv.a.* 種々に, 種々の. -bhaṇḍa *n.* 種々の 物品 I.67.¹ ①89. -vidha *a.* 種々の類の. ～ āni phalāni āharitvā I.59¹ ～の果実を運ん で来て ①79.

nābhi *f.* へそ, 臍, 車のこしき I.351¹⁰ ①463. III.146¹ ③208. IV.197⁹ ④280. -ppamāṇa *n.* 臍(へそ)の深さ. ～ena āvāṭe khaṇāpetvā I.223¹⁵ ～まで穴を掘らせて ①293. ～esu āvāṭesu khaṇāpetvā III.67⁹ ～坑(穴)を掘ら せて ③97. -maṇḍala *m.* へそ(臍)の円輪(く もの網のまん中のところ) IV.58¹⁹, 189²¹ ④ 71, 269.

nāma *n.* 名, 名前. ～ṃ akāsi I.4³ 名を付けた ①6. -karaṇa-divasa *m.* 命名の日 III.73¹⁷ ③ 105. -kāya *m.* 名身, 心や心のはたらき(受・ 想・行・識) III.386¹⁴ ③543. -gahaṇa-divasa *m.* 命名の日 I.49¹², 88²³ ①68, 116. II.139¹⁴ ②183. -rūpa *n.* 名色, 心身 III.297²³ ③432.

¹**Nārada** *m.* (仏の名)ナーラダ, 過去24仏の第 9. I.84⁴ ①111.

²**Nārada** *m.* (苦行者の名)ナーラダ I.39¹⁹ ① 53.

nārī *f.* 女, 婦人, 娘. nibbutā nūna sā ～ I.85¹¹ 確かにあの婦人は寂滅しました ①112. I.124¹⁸ ①161. II.46³, 217¹¹ ②60, 283. III.423¹⁵ ③594.

nâlaṃ *ind.a.adv.* よろしくない. ～ upagantuṃ I.341¹⁸ 近づいて行くのはよろしくない ① 449.

Nālaka-gāma *m.* ナーラカ村(舎利弗の実家が ある村) IV.164¹⁴ ④226.

¹**Nālāgiri** *m.* (象)ナーラーギリ(提婆達多がは なった凶象). ～ṃ vissajjāpesi I.140¹⁶ ～(象) を放たせた ①184.

²**Nālāgiri-hatthin** *m.* ナーラーギリ象(チャン ダ・パッジョータ王の象の名) I.196⁸ ①259.

nāḷikā *f.* ナーリカー, 枡目の単位 III.252¹⁸ ③ 364. ～'odana-paramatā *f.* 最大に[食べて も]一ナーリ量の御飯であること(きまり) III.266¹ ③384. ～'odana *m.* 筒に入れた御 飯, 一ナーリの御飯 I.181¹² ①237. III.368⁸ ③522. nāḷi-dve-nāḷi-mattena *instr.adv.* 一 ナーリ, 二ナーリ[の米]だけで I.125²² ① 164.

nāvika *m.* 船長 III.38²¹ ③57.

nāsayati, nāseti *cs.* <nassati 滅ぼす. mā maṃ nāsayi (*aor.*) I.170¹¹ 私を滅ぼさないで下さ い ①221.

nāsā *f.* 鼻. ～āya telaṃ āsiñcanto I.10² 鼻から 油をそそいで ①12. I.74¹⁹ ①98.

nāsika-sota *m.n.* 鼻の穴 III.214⁶ ③312.

nāsita *a.pp.* <nāseti 破滅させられた, 無き者に された. iminā me hatthī ～ā I.81¹⁵ この者に よってこれらの象たちは無き者にされた のだ ①106. ～'amhā tayā I.438¹⁵ 我々はお まえによって亡ぼされている ①575. ～'amhi tayā I.47¹⁶ 私は彼女に破滅させら れている ①64.

nāseti *cs.* <nassati 破滅させる. mā maṃ nāsayi (*aor.*) I.179⁴ 私を破滅させるな ① 234. mā sassaṃ nāsayi (*aor.*) I.97²³ 穀物(収 穫)を駄目にしてはいけないよ ①126. me purise ～senti I.358¹⁰ [彼等は]私の家来た ちを～ ①470. I.146¹³, 252⁹ ①191, 329. II.112⁸ ②149. III.35¹⁶ ③52.

nāsetu-kāma *a.* 破滅させようと欲する(人). ～o I.268¹² ～欲して ①351.

nikanti *f.* 欲求 IV.63² ④78.

nikāma-seyyā *f.* 満足な眠り III.482⁹ ③673.

nikāya *m.* I.7²¹ 部経 ①9.

niketa *m.* 家 II.169[19] ②223.

nikkaṅkha *a.* 疑いをいだかない. **～o** hutvā I.406[18] **～者となって** ①534. III.228[11] ③327.

nikkaḍḍhati Ⓢniṣkarṣati 追い出す. **～ḍḍhi** (*aor.*) I.244[18] 追い出した ①320. asiṃ **～ḍḍhi** (*aor.*) I.186[15] 刀をぬき出した ①245. naṃ tato vihārā **～ḍḍhissāma** (*ft.*) III.416[11] 彼をその精舎から追い出そう ③585. etaṃ imasmā gehā **～ḍḍhatha** (*imper.*) I.401[10] この〔女〕をこの家からつまみ出せ ①527.

nikkaḍḍhāpeti *cs.* <nikkaḍḍhati 追い出させる. **～pehi** (*imper.*) I.400[16] **～出させなさい** ①526. na sakkā ... **～petuṃ** (*inf.*) I.400[18] ～出させることは出来ない ①526.

nikkaḍḍhiyati *ps.* <nikkaḍḍhati 追い出される. **～ḍḍhiyamāno** (*prp.*) IV.178[11] **～出されて** ④248.

nikkamma *a.* 仕事がない. itthiyo **～ā** vicaranti I.214[6] 女たちは～なくてぶらぶらしている ①282.

nikkilesa *a.* 煩悩のない(人) III.194[24] ③285.

nikkha *m.n.* 金貨. ～sahassaṃ ... dāpesi I.393[1] ～千枚を…与えさせた ①517. III.281[11] ③408.

nikkhamati <nis-**kram** 出て行く, 出発する. **～itvā** (*ger.*) I.8[10] 出発して ①10.

nikkhāmeti *cs.* 出て行かせる, 追い出す. gharā **～menti** IV.9[3] 家から～ ④12.

nikkhitta *a.pp.* <nikkhipati おいて行った, 放置した. **-maṃsa** *n.* 〔まかせて〕置いて行った肉 III.333[4] ③477.

nikhanati <ni-**khan** 掘る, 埋葬する. sesaṃ bhūmiyaṃ **～khanitvā** (*ger.*) I.81[1] 残る〔死体〕は地面に埋めて ①105. akkhī ～ IV.197[9] **眼を閉じる** ④280.

nikhāta *a.pp.* <nikhanati 掘った II.181[9] ②237.

nigacchati <**gam** 受ける, 得る. bālo dukkhaṃ ～ II.50[11] 愚者は苦を受ける ②65. I.179[12] ①234. III.70[3] ③100.

nigaṇṭha *m.* ニガンタ, ジャイナ教徒 I.401[7] ①527. II.230[8] ②299. III.200[16], 489[13] ③294, 683. **-sāvaka** *m.* ニガンタ(ジャイナ教徒)の声聞弟子 I.435[1] ①570.

nigaṇṭhaka *m.* ニガンタ, ジャイナ教徒 I.309[4] ①405.

Nigama-vāsi-tissa-thera *m.* 町に住むティッサ上座 I.283[10] ①369.

nigūhati <ni-**guh** かくす. **～hitvā** III.315[2] かくして ③454.

niggaṇhāti <ni-**grah** 止める, 折伏する. suriya-maṇḍalaṃ **～hanto** III.208[5] **日輪を止めて** ③304. **niggaṇhissāmi** (*1sg.ft.*) naṃ I.29[8] 私は彼を**折伏しよう** ①39. tvam attano cittam eva **～ggaṇha** (*imper.*) I.295[5] 君は自分の心だけを**抑止しなさい** ①385. uttarim pi **～ggaṇhanto** (*prp.*) I.81[26] その上にも**叱責して** ①106. III.301[2] ③436.

niggaṇhitu-kāma *a.* 折伏しようと欲する. **～o** I.441[9] **～している** ①578.

niggatika *a.m.* 不運の(者) III.255[11] ③368.

ni-ggandha *a.* 無臭の. **～ṃ** kātuṃ asakkonti I.51[1] 無臭にすることは出来ない ①68.

niggayhati *ps.* <niggaṇhāti <ni-**grah** 抑止される. dukkhena ～ I.295[9] 〔心は〕苦労して抑止(折伏)される ①386.

niggaha *m.* 抑止, 折伏 IV.148[15] ④202.

niggayha-vādin *a.* 叱責する人 II.108[7] ②143. II.107[4] 叱責してくれる人 ②141.

niggahaṇa *a.* とらえることがない(人) IV.70[19] ④90.

niggāhaka *a.m.* 抑止する人, 折伏する人 I.82[4] ①107.

Nigrodha *m.* ニグローダ〔鹿〕III.148[6] ③211.

nigrodha *m.* ニグローダ樹, 榕樹. mahā**～ṃ** disvā I.203[19] 大～を見て ①268. I.165[1] ①214. **-rukkha** *m.* ニグローダ(バンヤン)樹 II.14[16] ②19.

Nigrodhârāma *m.* ニグローダ(榕樹)園(カピラ城にある) III.44[17], 163[17] ③64, 237.

Nigrodha-jātaka *n.* 「ニグローダ〔鹿〕本生物語」(*J.*第12話.「南伝」28, 299頁) III.148[9] ③211.

nighaṃsati こする. **～santiyo** (*prp.f.pl.*) I.396[10] 〔からだを〕こすって ①520.

nicca *a.* Ⓢnitya 常の. ～paññattān'evâsanāni honti I.5[3] もう常設の坐所がある. **niccaṃ** *ac.adv.* 常に. ～ pucchati I.195[9] ～質ねる ①258. **-kālaṃ** *ac.adv.* 常時. ～ adento, satta saṃvaccharāni detha I.101[17] 常時〔給仕することを〕与えなくても, 7年間〔給仕することを〕与えて下さい ①131. ～ appamattā hutvā I.222[9] 常時不放逸であって ①292. **-ppatiṭṭhita** *a.pp.* いつもとどまっている. **～o** I.79[15] ①103. **-ppamatta** *a.* 常に怠けている. **～ā** manussā I.364[16] 人間たちは～ ①

479. **-bhatta** *n.a.pp.* <bhajati 常の施食 I.339[18] ①447. IV.138[6] 常の(毎日の)食事 ④184.

niccitta *a.* 心のない. ～**o** nijjīvo saro pi I.217[7] 心のない, 生命のない矢でさえも ①285.

niccharati <niś-**car** 出る, 起こる. ravo ～ I.274[4] 音がほとばしる ①357.

nicchaya *m.* Ⓢniścaya 決定事項 I.192[12] ①254.

nic-chidda *a.* 欠陥のない I.239[3] ①313.

niccheti *denom.* <nicchaya 決定する, 確定する. ～**ccheyya** (*op.*) III.381[5] 確定するであろう ③537.

nijjīva *a.* 生命のない. ～**o** saro pi I.217[7] ～矢でさえも ①285. **-dhamma** *m.* 生命のないものごと(法) I.22[13] ①30.

niṭṭhapeti *cs.* <niṭṭhāti 完成させる. attano pabbajita-kiccaṃ ～petvā II.158[7] 自分の出家者の為すべきことを完成させてから ②207.

niṭṭhā *f.* 終り. ～**aṃ** gantvā III.56[6] 結論に達して ③81. ～**aṃ** gato IV.69[10] 究竟に達した人は ④89. kammaṃ ～**aṃ** gamissati I.270[8] 仕事は完了するでしょう ①353.

niṭṭhāti <nis-**sthā** 完了する, 終る. pasādhanaṃ pana na tāva ～ I.393[14] しかし装身具はまだ完成しない ①518.

niṭṭhāna *n.* 完成, 終局. ～**ṃ** patto IV.233[18] ～にいたった人である ④336.

niṭṭhāpeti *cs.* <niṭṭhāti 終了させる. ～**pesi** (*aor.*) I.325[14] 終わらせた ①428. ～**pessāmi** (*ft.*) III.172[4] 私は終わらせるつもりだ ③252. so pi attano kiccaṃ ～**petvā** I.16[5] 彼も自分の行為(やるべきこと) を終わらせて ①21. I.125[14] ①162.

niṭṭhita *a.pp.* <niṭṭhāti <nis-**sthā** 完了した. ～**e** Jeta-vana-mahā-vihāre I.118[3] 祇園大精舎が完成したとき ①153. I.394[3] ①518. bhattassa ～-a～bhāvaṃ I.197[6] 食べ物が用意されているのか, 用意されていないのかを〔知らなかったので〕 ①260. III.296[17] ③430. ～**ṃ** sippaṃ I.195[18] 〔呪文の〕技術〔の勉強〕は終ったのかね ①259.

niṭṭhubhati <ni-ṣṭhiv 唾を吐く. ～**bhitvā** II.36[7] ～を吐いて ②48.

niḍḍeti, niḍḍāyati 除草する. **niḍḍemi** III.284[20] 私は～します ③413.

nit-taca *a.* 皮のない. ～**ṃ** katvā I.288[11] 皮をむいて ①374.

nittiṇṇa *a.pp.* <nittharati 渡った, 乗り越えた. yassa ～**o** paṅko I.121[8] その人が沼地を渡り ①156. kīva bahuṃ vata iminā dukkhaṃ ～**ṃ** IV.193[18] 実にどれほど多くの苦がこの人によって乗り越えられたのか ④275.

nitthanati うめく. ～**nanto** (*prp.*) I.425[11] うめきながら ①558.

nittharati <nis-**tṝ** 越える, 渡る, 終りにする. jeṭṭha-bhātikena ～**ttharitabbaṃ** (*gdv.*) II.247[12] 長兄が渡らねば(解決しなければ)ならない ②322. kathaṃ ～**rituṃ** (*inf.*) na sakkhissāmi II.70[20] 話を終りにすることができないでしょう ②93. nindaṃ ～**rituṃ** (*inf.*) na sakkhissāma II.248[7] 我々は叱責をまぬがれることは出来ないだろう ②323.

nidahati <ni-**dhā** 下に置く, ひかえる, 貯蔵する. **nidhāya** (*ger.*) daṇḍaṃ III.83[15] 杖(暴力)をひかえて ③118. dhanaṃ ～**hituṃ** laddhaṃ III.62[13] 財物を貯蔵することができました ③90. IV.34[16] ④41.

nidāna *n.* 因, 縁. ～**ṃ** sallakkhetvā I.238[24] 因(縁)を観察して ①313.

niddara *a.* 苦悩のない(人) III.268[18] ③388.

niddā *f.* Ⓢnidrā 眠り, 睡眠. ～**aṃ** anokkamantassa I.9[11] 眠りに入らない〔上座に眼病が起こった〕 ①11. sabbesu ～**aṃ** okkantesu I.68[12] 全ての人が眠りに入った時 ①91. ～**aṃ** na labhanti I.127[15] 眠ることを得ない ①165. ～**aṃ** na upemi III.322[6] ～につけない ③463. sabba-rattiṃ ～ nāma nâhosi I.165[11] 一晩中眠りというものはなかった ①215. **niddāya vasā** *abl.adv.* 眠気のために III.408[12] ③575. II.5[11], 54[8] ②8, 71. III.456[13] ③638. ～**'upagata** *a.pp.* 眠りに落ちた. ～**ānaṃ** nāṭak'itthīnaṃ vippakāraṃ disvā I.85[15] ～舞子の女たちの〔昼間とは〕変りはてた姿を見て ①112. ～**'okkamana** *n.* 眠りに入ること III.236[1] ③337.

niddāyati *denom.* <niddā 眠る. ～**ddāyanti** I.364[19] 眠る ①479. ～**ddāyi** III.360[11] 眠った ③512. ～**ddāyanto** (*prp.*) I.261[15] 眠って ①342. I.20[7], 170[6], 182[11], 262[10], 307[3] ①26, 221, 238, 343, 403. III.142[23,24] ③203.

niddāyana *n.* 眠り. **-kāla** *m.* まどろむ時間. ～**o** viya I.101[2] ～があるようである ①130. **-sīla** *a.* 眠りをむさぼることを習性とする(人) IV.17[2] ④20.

niddāyitabba *gdv.* <niddāyati 眠るべき. divā

na **～ṃ** I.69[14] 昼間は眠ってはいけません ①92.

niddāyitar *m.* 眠りに落ちる人 IV.16[8] ④18.

nid-dukkha *a.* 苦のない（人） III.423[9], 454[11] ③594, 634.

niddosa *a.* 過失のない, 怒りのない I.41[9], 238[21], 355[6] ①55, 313, 467.

niddhanta-mala *a.pp.* <niddhamati 垢が除かれた（人） III.335[19] ③480.

niddhamati 取り除く. **～ddhame** (*op.*) malaṃ attano III.340[11] 自分の垢を除くがよい ③485.

nidhāya *ger.* <nidahati 下に置いて. ～ daṇḍaṃ IV.174[8] 杖を下におろして ④242.

nidhi *m.* 財宝, 伏蔵. etassa mahantā **nidayo** ahesuṃ I.116[19] この方には莫大な財宝がありました ①151. II.104[3] ②138. **-ācikkhanaka** *m.* 隠した財宝を告げてくれる人 II.106[22] ②141. **-kumbhī** *f.* 埋蔵された宝のかめ II.138[16] ②182. IV.208[9] ④296.

nindita *a.pp.* <nindati **<nid** 叱責される. pamādo ... **～to** I.281[4] 放逸は…叱責される ①365.

nindati <nid 不平を言う, 非難する. **～danto** (*prp.*) III.357[11] **～言って** ③508. III.327[12] ③470.

nindā *f.* 叱責, 非難 II.248[6] ②323. III.85[24] ③122. IV.34[18] ④41. **-pasaṃsā** *f.* 非難と賞讃 II.148[17] ②195.

ninna-ṭṭhāna *n.* 低い場所. **～e** yeva karohi I.52[16] ～にだけ〔穀物を〕作りなさい ①70.

ninnāda *m.* とどろきの音 III.385[4] ③541.

nipaka *a.m.* 賢明な, 智者. sace labhetha **～ṃ** sahāyaṃ I.62[3] もし賢明な同伴者を得るならば ①82. III.228[9] ③327.

nipacca-vādin *a.* けなして言う（者） IV.99[22] ④132.

nipajjati <ni-**pad** 横たわる. **～itvā** āsittaṃ I.10[9] 〔薬は〕横たわってそそがれたのか ①13. tayo māse na **～issāmi** (*1sg.ft.*) I.11[6] 三箇月私は横たわらない ①14. **～iṃsu** (*aor.*) I.40[7] 横たわった ①54. I.172[4], 261[2], 364[19] ①223, 341, 479. II.5[6,10] ②8.

nipajjāpita *a.pp.cs.* <nipajjāpeti 横たわらせられた. ～bhāvaṃ ñatvā I.26[12] 横たわらせられているのを知って ①35.

nipajjāpeti *cs.* <nipajjati 寝かせる, 横たわらせる. taṃ tathā **～pesi** (*aor.*) I.175[16] 彼をそのように寝かせた ①228. mañcake **～petvā** I.344[1] 寝台の上に**寝かせて**①453. I.26[4], 169[25], 170[8] ①35, 221. II.264[8] ②342.

nipanna *a.pp.* <nipajjati <ni-**pad** 横たわった, 身を伏せた. **～o** va Satthāraṃ disvā I.27[19] 横たわったまま大師を見て ①37. **～o** I.83[21] 身を伏せた ①110. I.10[16], 360[2] ①13, 473.

nipuṇa *a.* 微妙の, 至妙の. **～ā** Attha-vaṇṇanā I.1[13] 至妙の意味の註釈 ①3.

nip-paccaya *a.* 縁故のない I.78[8] ①101.

nippajjati 完成する, 成就する. amhākaṃ kammaṃ **～jjissati** I.388[15] 我々の行事は完成するだろう ①511.

nippañña *a.* 智慧のない（者） I.257[17] ①336. III.152[1] ③217.

nip-papañca *a.* 迷執のない（人） III.378[12] ③534. **-bhāva** *m.* 純粋であること, 障害のないこと, 邪魔されない状態 II.233[2] ②303.

nippabha *a.* 光輝のない III.282[17], 474[10] ③410, 661.

nippātita (*Vri.*) *a.pp.* <nipāteti 落としめられた, 倒された, 殺された. iminā kumārā **～ā** I.137[20] この者によって青年たちは～ ①180.

nippīḷita *a.pp.* <nippīḷeti せき立てられた III.413[4] ③581.

nippīḷiyati *ps.* <nippīḷeti せき立てられる. so tāya ... **～ḷiyamāno** (*prp.*) I.236[8] 彼は彼女から…せき立てられて ①309. I.204[10] ①269.

nippīḷeti 圧迫する. **～ḷesi** (*aor.*) IV.132[16] ～した ④177.

nipphajjati Ⓢniṣpadyate 完成する, 成就する. kiccaṃ me na **～jjeyya** (*op.*) II.4[18] 私のやるべきことは終了（成就）しないだろう ②7. **～jjissati** II.144[10] 成就するであろう ②189.

nipphatti *f.* Ⓢniṣpatti 完成, 結論. sabba-sippesu **～ṃ** patvā I.83[12] 全ての技芸が完成に達し ①110. I.419[3] ①549. sabbe sippe **～ṃ** pāpuṇiṃsu I.353[4] 全員が技芸の完成に達した ①465. **～ṃ** upadhārehi II.6[10] 結論を君は捜して下さい ②9.

nipphanna *a.pp.* <nippajjati 完成した, 作られた. dāru-ādīhi **～āni** bhaṇḍāni I.23[8] 木材などで作られた品物 ①31. I.36[7] ①48. manato **～attā** I.23[10] 意から完成されているので ①31. kammaṃ **～ṃ** I.179[7] 仕事は完遂されました ①234. taṃ kammaṃ antarā va **～ṃ** I.241[3] その仕事はもう途中ですみました

①316. so attho ～**o** II.262[15] その目的は成就しました ②341. sampatti maṃ nissāya ～**ā** I.186[2] 栄華は私によって成就した ①244. ～**e** sasse III.350[8] 穀物が実った時には ③499. I.322[16], 436[5] ①423, 572. III.94[11], 97[22] ③134, 139. **-sampatti** *a.pp.* 成功が達成された(人) III.293[10] ③426.

nipphalita *a.pp.* <nis-phalati 破壊された. lasī ca te ～**ā** I.145[1] またおまえの脳は～ ①189.

nipphādaka *a.* 完遂する I.78[15] ①102.

nipphādeti *cs.* <nippajjati 完成させる. kammaṃ ～**phādehi** (*2sg.imper.*) I.178[11] あなたは仕事をやり遂げて下さい ①233. tvaṃ attano gehe pākavaṭṭa-mūlam pi na ～**phādesi** II.29[21] 君は自分の家で生計の元金さえも成就させない ②38. III.159[13] ③231. IV. 170[4] ④235. ～**phādetabba** *gdv.* II.25[11] 達成されるべき ②33.

ni-baddha *a.pp.* <ni-bandhati <**bandh** 常に結ばれている I.308[23] ①405.

nibaddhaṃ *adv.* 常に, いつも, 引き続いて. ～ yāgu-bhattaṃ vihāram eva pesenti I.13[8] 常に粥の食事を同じ精舎に届ける ①17. ～ buddhûpaṭṭhānaṃ karoti I.101[5] 常に仏陀への給仕を行なう ①130. I.4[18], 8[23], 53[3], 170[17], 283[16], 306[4], 363[15] ①6, 10, 70, 221, 369, 401, 478. II.204[20] ②268.

nibandhati <ni-**bandh** 結ぶ, せがむ. taṃ evaṃ ～**bandhi** (*aor.*) I.178[20] 彼にそのようにせがんだ ①233. puna-ppunaṃ ～**dhitvā** (*ger.*) I.234[2] 再三再四せがんで ①306.

nib-baṅka *a.* 曲りのない I.288[13] ①375.

nibbatta *a.pp.* <nibbattati 再生した. sagge ～**ā** nāma honti I.33[23] 天国に再生した者たちというのはいるのですか ①44. kuhiṃ ～**o**'si I.163[7] あなたはどこに再生したのですか ①212. **-bhāva** *m.* 再生していること. attano sagge ～**o** kathito I.33[25] 自分が天国に再生していることを語った ①44. ～-～**-ṭṭhāna** *n.* それぞれ〔輪廻転生して〕生まれ出るところ I.78[2] ①101.

nibbattati <nir-**vṛt** 再生する. petti-visaye ～**ttiṃsu** (*3pl.aor.*) I.102[19] 餓鬼の境遇に再生した ①132. deva-loke ～**ttitvā** (*ger.*) I.102[20] 天国に再生して ①133. ～**tti** (*aor.*) I.28[2] 再生した ①37. dutiya-tatiya-attabhāvesu na ～**anti** I.229[11] 第二, 第三の諸々の自己の生存に再生することはない ①300. I.26[16], 47[19], 272[7,8] ①36, 64, 355.

nibbattana *n.* 再生すること II.47[12] ②62. ～**'avakāsa** *m.* 再生の機会 II.188[3] ②247.

nibbatteti *cs.* <nibbattati 起こす. aggiṃ ～**ttetvā** (*PTS.*はnimmathetvā) II.246[4] 火を起こして ②320.

nib-bana *a.* 林(煩悩)のない(人) III.423[12] ③594.

nibbanatha *m.* 無稠林, 無欲, 欲林を出た人 IV.52[2] ④61.

nibbāna *n.* Ⓢnirvāṇa 涅槃, 寂滅, 究極の安らぎ I.114[13] ①147. **-sampatti** *f.* 涅槃の成就, 涅槃(寂滅, 安らぎ)を得ること II.47[12] ②62. III.183[3] ③267. **-santika** *a.* 涅槃の近くにいる(人) IV.107[7] ④143. **-sukha** *a.n.* 涅槃の楽. ～**ṃ** pāpuṇāti I.258[10] ～を得る ①337. III.51[19] ③75.

nibbāpeti *cs.* <nibbāti 消尽させる, 消す. sabbaṃ **nibbāpaye** (*op.*) daraṃ I.30[16] 全ての悲しみを消尽させるだろう ①40. gehaṃ ～**petvā** I.222[15] 家を消失させて ①292. kopaṃ ～**petuṃ** asakkonto III.61[23] 憤怒を消すことが出来なくて ③89. ～**petuṃ** (*inf.*) kasmā nâsakkhi II.17[8] なぜ〔火を〕消すことが出来なかったのか ②22. sokaṃ ～**petuṃ** sakkhissati III.167[8] 憂い悲しみを鎮め消すことは出来ないだろう ③243. sokaṃ me ～**petha** (*imper.*) III.167[9] 私の憂い悲しみを鎮め消して下さい ③243. II.241[6] ②314.

nibbāyati *ps.* <nibbāti 消える, 寂滅する. **nibbāyi** (*aor.*) I.363[6] 消えた(寂滅した) ①477.

nib-bikāra *a.* (nir-vikāra) 変化のない, 不変の. ～**ā** va honti II.156[7] 変らないままでいる ②204.

nibbikāratā *f.* 変化のないこと III.282[9].

nib-bicikiccha *a.* 疑惑がない(人) IV.186[8] ④263.

nibbijjati <ni-**vid** 厭う. ～**jjitvā** I.435[11] 厭って ①571.

nibbiṇṇa *a.pp.* <nibbindati 厭になった, うんざりした. so ～**o** I.371[9] 彼は～して ①488. **-hadaya** *a.pp.* 心に厭離した. ～**o** I.85[16] ①112.

nibbiddha *a.pp.* <nibbijjhati 傷つけられた. **-gatta** *a.m.* 身体を傷つけた. ～**o** I.60[8] ①80. **-piṅgala** *a.pp.* 赤眼が傷ついた II.203[7] ②266.

nibbindati <nir-**vid** 厭う, 厭い離れる. ～**ditvā** I.87[9] (*PTS.* nibbijjitvā)〔世俗の生活を〕厭離して ①114. III.405[15], 463[12] ③571, 646.

nib-biriya *a.* 精進のない(者) I.75[11] ①98. III.410[3] ③577.

nib-bisevana *a.* わがままでない, 従順な, 歪みのない. ～**ṃ** karoti I.288[19] ～**ものにする** ①375. I.295[18], 369[18], 374[1] ①386, 486, 491. III.149[2], 244[16] ③212, 352. IV.4[4] ④6. **-bhāva** *m.* わがままでない状態, 従順であること II.177[16] ②232.

nibbuta *a.pp.* <nibbāti 消えた, 消される, 寂滅した, 安らいだ. me cittaṃ ～**ṃ** bhavissati I.223[3] 私の心〔の悩み〕は消されるだろう ①292. anto-aggimhi ～**e** I.403[9]〔家の〕中の火が消えた時 ①530. ～**ā** nūna sā mātā I.85[10] 確かにあの母は寂滅しました ①112. ～**o** I.30[22] 寂滅している, 安らぎを得た ①41. **-pada** *n.* 寂滅の境地. ahaṃ imāya ～**ṃ** sāvito I.85[13] 私はこの〔娘〕によって寂滅(究極の安らぎ)の境地を告げられた ①112.

nibbematika (nir-vimati-ka) *a.* 合意の, 疑惑のない. mahā-jano na ～**o** hoti I.34[6] 大衆は〔その話だけでは〕 納得しない ①45. a～bhāvaṃ viditvā I.34[7] 納得しないでいるのを知って ①45. ahaṃ ～**o** hutvā II.120[4] 私は**疑い**を持たない者であり ②158.

nibbhaya *a.* 無畏, 恐れのない I.231[4] ①302.（初訳「涅槃を」. 誤訳）

nibbhoga *a.* 用のない(もの). sarīre ～**e** pete III.277[12] 身体が用のないものとなって行く時 ③401.

nimantana *n.* 招待. ～**ṃ** paṭicchāmi I.245[5] 招待を私はお受けします ①321.

nimantayati 招待する. ～**tayiṃsu** (*3pl.aor.*) I.73[1]〔彼女たちは比丘僧団を食事に〕招待した ①96.

nimantita *a.pp.* 招待された. dve agga-sāvakā **nimantitā** (*pp.*) honti I.354[9] 二人の最高の声聞弟子が招待されている ①466. **-ṭṭhāna** *n.* 招待された場所 I.306[2] ①401. mayā bhikkhu-sahassaṃ ～**ṃ** (*pp.*) I.78[22] 私は千人の比丘を〔食事に〕お招きしました ①102.

nimantiyati *ps.* <nimanteti 招かれる. Magadha-rañño rajjena ～**tiyamāno** (*prp.*) I.85[22] マガダ王から統治権を〔ゆずろうと〕招かれても ①112.

nimanteti 招待する. theraṃ **nimantesi** (*3sg. aor.*) I.78[17] 上座を招待した ①102. samaṇaṃ Gotamaṃ ～**tetvā** I.33[5] 沙門ゴータマを招待して ①43.

nimitta *n.* 相, 前兆, きざし, うごめき. sāmanero tattha ～**ṃ** gahetvā I.15[21] 沙弥はその〔女性の声〕に〔性器の〕うごめきを得て ①20. ～**'ādi-gāha-rahita** *a.*〔ものごとの〕相(しるし)などをとらえることのない I.76[14] ①99. **-gāha** *m.* 様相の把握 I.74[15] ①98.

nimināti 交換する. ～**minni** (*aor.*) IV.67[8] 交換した ④85. ～**mineyya** (*op.*) IV.67[9] 交換するだろう ④85. ～**mimhase** (*pr.1pl.*) IV.89[2] 我々は交換する ④108.

nimugga *a.pp.* <nimujjati <ni-**majj** 沈んだ. ～**o** viya II.43[10] 沈んだように ②57. III.116[20], 346[17] ③166, 494.

nimujjati <ni-**majj** 沈む, もぐる. udake **nimujji** (*aor.*) I.359[16] 水に沈んだ ①472. mano-silā-rase ～**jjanto** viya II.121[10] 雄黄の〔色〕味の中に入るように ②160. I.43[5,7] ①58. III.209[15], 234[17] ③306, 335.

nimujjāpeti *cs.* <nimujjati 沈める. apāya-samuddesu ～ I.361[6] 苦界の海に沈める ①474.

nimba *m.* ニンバ樹. **-kosa** *m.n.* ニンバ樹のほら穴 I.52[7] ①69. **-muṭṭhi** *f.* ひと握りのニンバ樹 III.316[2] ③455.

nim-makkhika *a.* 蜂のいない. ～**ṃ** daṇḍaka-madhuṃ disvā I.59[20] 蜂のいない棒状の蜂蜜を見て ①80. **-madhu** *m.* 蜂のいない蜜. ～**ṃ** āharitvā I.166[11] ～**を**運んで来て ①216.

nimmathana *n.* 破砕するもの III.404[3] ③568.

nimmathita *a.pp.* <nimmatheti 砕かれた. kāma-vitakkâdīhi vitakkehi ～**ssa** IV.68[16] 欲望の思いなどの思いによって砕かれた人の ④87.

nimmala *a.* 無垢の III.272[13] ③394. **-sīla** *n.* 無垢の戒 II.257[12] ②335.

nim-mātā-pitika *a.* 母と父がいない(人) I.347[2] ①457. II.72[1] ②95. III.146[12] ③208.

nimmānayati <nir-māna 自負心(慢)のないものとされる. evaṃ no māno ～**yissati** I.138[8] このようにして我々の自負心(慢心) は慢のないものとされるでしょう ①181.

nimmāya *ger.* <nimmināti 化作して III.251[11] ③363.

nimmiṇāti 化作する. attānaṃ ～**ṇitvāna** (*ger.*)

I.248[1] 自分を化作して ①324.
nimmita *a.pp.* <nimmināti 化作された. ~kāle II.195[1]〔建物などが〕~時に ②255.
nimmita-buddha *m.* 化作した覚者, 化仏 III.216[6], 444[4] ③313, 620.
nimmīlati <ni-**mīl** 眼を閉じる. akkhīni ~**lituṃ** nâsakkhi II.6[3] 眼を閉じることが出来なかった ②9.
nimmīleti *cs.* <nimīlati 閉眼させる. akkhīni ~**letvā** I.311[23] 眼を閉じさせて ①409. II.28[14] ②36. III.185[17] ③272.
niyata *a.pp.* <ni-**yam** 決定した. jātassa nāma ~**o** maccu I.167[5] 生まれた者というのは死ぬに決まっているのだよ ①217. maraṇaṃ ~**ṃ** III.170[24] 死は決定的である ③250. ~**o** maccu-rājassa I.12[14] 死王に〔おもむくことが〕決定されるのに ①16. III.83[20] ③118. **-gatika** *a.* 死後の行方の決まった(者) III.173[5] ③253.
niyama *m.* 抑制 III.83[20] ③118.
niyamiyamāna *ps.prp.* 決定されている I.21[26], 35[14] ①29, 47.
niyutta-amacca *m.* 担当する大臣 III.255[14] ③368.
niyojanika *a.m.* 促がす者 II.111[15] ②148.
niyāma *m.* 決り. ten'eva ~**ena** I.63[14] まさにその決りの通りに ①84.
niyyati *ps.* <neti, nayati 導びかれる, 連れて行かれる. sâpi tena ~**mānā** I.164[17] 彼女もその〔鳥〕に連れて行かれつつ ①214. III.280[11] ③406. ~**mānaṃ** disvā IV.92[2] **運ばれるのを**見て ④120.
niyyāti <nir-**yā** 出発する. **niyyāmāno** (*prp.*) II.86[16] 出かける時 ②114.
niyyāteti 与える. ~**yyātayiṃsu** (*aor.*) II.248[6] 与えた ②323.
niyyādeti 与える, 譲る, 受け取らせる. rajjāni putta-dārassa ~**detvā** I.162[3] 王位を息子や妻に譲って ①210. ~**desi** (*aor.*) II.74[12]〔僧園を〕贈呈した ②98. ~**yyādetvā** pakkamiṃsu I.70[13]〔死体を〕受け取らせてから去って行った ①93. sabbaṃ sāpateyyaṃ tassa ~**detvā** va I.185[4] 全ての自分の所有財産を彼にそのまま**譲与して** ①243. Bandhulass'eva vinicchayaṃ ~**desi** (*aor.*) I.353[13] バンドゥラだけに裁判を**ゆだねた** ①465. **niyyāditānaṃ** (*pp.*) gunnaṃ gorasaṃ I.158[1] 返された牛どもの牛の〔五〕味を ①208. I.292[21], 346[5] ①381, 456. II.87[17], 271[14] ②116, 351. III.30[5], 291[13], 493[5] ③44, 424, 687. IV.7[19] ④10.
niyyānika-sāsana *n.* 解脱を目指す教え IV.87[19] ④114.
nir-attha *a.* 無用の. ~**ṃ** va kaliṅgaraṃ I.320[16] 無用の丸太のように ①421.
nir-atthaka *a.* 無意味の. imassa santike brahma-cariya-vāso ~**o** I.90[19] この人のもとで梵行を行なって過ごすのは無意味だ ①117. ~**m** etaṃ I.90[1] これは無意味だ ①116.
nir-antara *a.* 無間の. ~**ṃ** katvā IV.74[18] 隙間を作らないで ④90. ~**ṃ** *adv.* 間断なく. ~**ṃ** ovadati I.13[9] 間断なく教誡する ①17. sakala-sarīraṃ pītiyā ~ṃ ajjhotthaṭaṃ hoti II.214[21] 全身は間断なく喜びがみなぎっている ②279.
nir-aparādha *a.* 無罪の. tumhākaṃ sāmikā ~**ā** I.355[3] あなたたちの主人たちは無罪です ①467. I.238[21] ①313. III.70[14] ③101. IV.146[18] ④199.
nir-apekkha *a.* かえりみない, 期待しない. jīvite ~**ā** honti I.431[14] 生命をかえりみない人たちである ①565. IV.198[9] ④281.
niraya *m.* 地獄 I.24[14] ①32. ~**'uppatti** *f.* 地獄に生まれること I.282[16] ①367. **-santāpa** *a.m.* 地獄の熱悩 I.227[8] ①297.
Niraya-vagga *m.*「地獄品」III.474[1] ③661.
nirava *a.* 騒音のない(者) III.97[5] ③138.
nir-avasesa *a.* 残りのない III.49[4] ③70. ~**ṃ** *ac.adv.* 残らず. ~ ev'amhi dātukāmo II.85[3] もう~私はさし上げたいのです ①112. III.304[12], 369[4] ③442, 522.
nir-ālaya *a.* よりどころのない, 執著のない. jīvite ~**ā** hutvā III.43[5] 生命に**よりどころのないもの**(生きる保証のないもの) となって ③61. jīvite ~**ā** imaṃ pabbataṃ abhiruhantu II.211[1] 生命に**執著のない者たち**はこの山に登りなさい ②275. IV.31[4] ④36.
nir-āsaṅka *a.* 疑惑のない. ~**o** va gantvā I.72[18] 疑わないまま行って ①95.
nir-āsaya *a.* 頼ることのない(人) IV.185[13] ④261.
nir-āhāra *a.* ご飯を食べない(人) III.277[17] ③401. III.110[7] 食べ物のない(人) ③156.
nir-indhana *a.* 燃料のなくなった. ~**o** viya

jāta-vedo I.44[16] 燃料のなくなった火のように ①60.

nirujjhati *ps.* <ni-**rudh** 滅する I.295[10] ①386.

nirutti-pada-kovida *a.* 言語や語句に巧みな（人）IV.70[10] ④90.

nir-udaka *a.* 水のない. ～**e** khīre pacāpetvā I.98[5] 水を入れない牛乳で煮させて ①127. **-pāyāsa** *m.* 水のない粥 I.400[6] ①525.

niruddha *a.pp.* <nirujjhati 滅した, 死亡した III.79[22] ③113.

nir-upakāra *a.* 無益の, 無用の（もの）, 役に立たない. ～**o** hutvā I.320[13] ～**ものとなって** ①420. ～**ṃ** kaṭṭha-khaṇḍaṃ viya I.321[2] ～木片のように ①421.

nir-upakkilesa *a.* 付随する煩悩のない II.127[3] ②167. IV.192[6] ④272. **-cittatā** *f.* 心に付随する煩悩がないこと II.153[7] ②201.

nir-upakkilesatā *f.* つきまとう煩悩（垢, 錆）がないこと. ～**tāya** IV.187[11] ～**がないので** ④266.

nir-ussāsa a. 無呼吸の, 蘇息のない. janaṃ ～**ṃ** akatvā III.215[17] 人々を息ができなくはさせないで（ほっとさせて）③313.

nirodha *m.* 滅尽. ～**ā** vuṭṭhāya I.423[12] 滅尽〔定, samāpatti〕から出定して ①556. **-samāpatti** *f.* 滅尽定. ～**ṃ** samāpajji I.109[4] ～**に入った** ①140. III.94[1] ③133. IV.120[25] ④162.

nilīna *a.pp.* <nilīyati 坐った, かくれた. heṭṭhā mañce ～**o** II.49[14] ベッドの下にかくれた ②64. ～**o** II.65[16]〔からすが屋根の背に〕とまった ②87. ekam-ante ～**ā** I.68[20] 一隅にひそんで ①91.

nilīyati <ni-**lī** じっと止まる, かくれる. **nilīyi** (*aor.*) I.81[16] かくれた ①106. ～**yiṃsu** (*aor.*) III.203[1] かくれた ③296. II.56[11], 84[13], 150[3] ②74, 111, 197.

nillajja *a.* 恥がない II.35[20] ②47. III.85[1] ③121. IV.115[19] ④154.

nilloleti <nir-**lul**（舌を）上下に動かす, べろべろさせる IV.72[26], 197[10] ④94, 280.

nil-lohita *a.* 血がない II.263[16] ②342.

[1]**nivattati** <ni-**vṛt** 戻る, 引き返す. **nivattatha** (*imper.2pl*) bhikkhave I.62[24] 比丘たちよ, 引き返しなさい ①83. Satthā **nivatti** (*aor.*) I.63[1] 大師は引き返した ①83. **nivattiṃsu** (*3pl.aor.*) I.14[9]〔彼等は〕戻って行った ①18. **nivattassu** (*2sg.imper.*) I.137[14] おまえは引き返しなさい ①180. uṭṭhāya **nivatti** (*aor.*) I.137[17] 立ち上って引き返した ①180. kasmā **nivatto** (*pp.*) 'si I.138[3] なぜ君は戻って来たのか ①81. ～**ttitvā** (*ger.*) I.196[17] 引き返して ①260. nâhaṃ puna ～**ttissāmi** (*1sg.ft.*) I.196[18] 私は再び引き返さないよ ①260. sace hi ～**tteyya** (*3sg.op.*) I.196[18] なぜならもし引き返すと ①260. I.15[10], 19[21], 170[13], 354[6], 387[18] ①15, 26, 221, 466, 510.

[2]**nivattati** 消失する yato yato hiṃsa-mano ～ IV.147[22] それぞれのところから加害の心が消失すると ④201.

nivattāpeti *cs.* <nivattati 引き返させる. Bhagavā kumāraṃ na ～**pesi** (*aor.*) I.117[5] 世尊は童子を引き返させなかった ①151. ～**pessāmi** (*ft.*) II.16[5]〔彼を〕引き返させよう ②20. na sakkā **nivattāpetuṃ** (*inf.*) I.37[2] 戻らせることはできない ①48.

nivattitu-kāma *a.* 引き返そうと欲する（者）. ～**o** I.116[2] ～と欲していた ①150.

nivatteti *cs.* <nivattati 戻らせる. ～**tteyyātha** (*2pl.op.*) I.351[11] 引き返しなさい ①463. senaṃ ～**ttetvā** (*ger.*) I.137[12] 軍勢を引き返させてから ①180. ～**ttetuṃ** (*inf.*) labhanto I.63[13]〔大師を〕引き返させることを得たならば ①84. cakkaṃ ～**ttetuṃ** jahituṃ na sakkoti I.24[8] 車輪を戻って行かせたり捨てたり出来ない ①32. ～**ttetuṃ** asakkonto I.68[2]〔兄の意志を〕ひるがえすことが出来なくて ①90. etaṃ ～**ttehi** (*imper.*) I.184[5] これを引き返させなさい ①241. kiṃ nu kho ～**ttesāmi** II.168[4] さてね, 誰を戻らせようか ②221.

nivattha *a.pp.* <ni-**vas** 着衣した. ～sāṭako apagato I.307[3] 着ていた着物はぬげて ①403. **-pāruta** *a.pp.* <pārupati 着衣・被衣 IV.7[17] ④11. **-sāṭaka** *m.* 着衣 I.391[5] ①514.

nivāpa *m.* 餌, 食分, 食材, 弁当. tava ～**ṃ** datvā yāhi I.233[25] あなたの食材を与えてからお出かけ下さい ①306. ～**ṃ** ropetvā I.126[3] 餌をまいて ①165. II.131[11] ②173. III.303[1] ③440. **-puṭṭha** *a.pp.* <poseti 餌で育てられた〔大猪, 大豚〕III.265[5] ③383. IV.16[9] ④20.

nivāreti *cs.* <ni-**vṛ** 防ぐ, 遮止する. sakkhissāmi nu kho etaṃ ～**retuṃ** (*inf.*) II.15[10] 一体ね, これを**とどまらせることが**私に出来るだろうか ②20. cittaṃ ～**vāraye** (*op.*) III.4[8] **心を防護しなさい** ③7.

[1]**nivāsa** *m.* 居住, 宿泊. ～**ṃ** gaṇhi I.386[21] ～**を**

とった ①509. **-gāma** *m.* 住む村 III.125[21] ③178.

[2]**nivāsa** *m.* 着衣. **～'antare** *loc.adv.* 着衣の中に III.62[19] ③91.

[1]**nivāsana** *n.* 住居. **-dvāra** *n.* 住居の戸口. **～e** aṭṭhāsi I.111[10] ～に立った ①143.

[2]**nivāsana** *n.* 着物. **～'anta** *m.* 着物のすそ I.387[17] (*Vri*による) ①510. **-kaṇṇa** *m.* 着衣の裾(耳). **～e** ḍaṃsitvā I.172[11] ～をかんで ①224. **-pārupana** *n.* 着衣. **～ṃ** acchinditvā I.72[14] 着衣をはぎ取って ①95. II.21[7] ②27. **-sāṭaka** *m.* 着る衣 III.1[8] ③3.

nivisati <ni-**viś** 入る, 止まる. yasmiṃ mano ～ III.319[12] その人に〔自分の〕意がとどまる ③460.

nivuttha *a.pp.* <nivasati 住んだ. idha **～o** II.62[19] ここに居住した ②82.

nivedeti *cs.* <ni-**vid** 知らせる, 告げる. Bhagavato **～vedetvā** I.117[15] 世尊に告げて ①152. I.213[15] ①281. III.438[13] ③615.

nivesana *n.* <nivisati 居住, 住処 I.5[2], 31[18] ①6, 42.

niveseti *cs.* <nivisati 入らせる, 確立させる. attānaṃ **～seyya** (*op.*) III.420[20] 自己を確立せよ ③590. tattha na **～seyya** (*op.*) I.318[14] そこに入らせるな(執着するな) ①418. せる. paṭirūpe **～vesaye** (*op.*) III.141[27] 〔自分を〕適正なところにしっかりと立たせなさい ③201.

nivedita *a.pp.* <nivedeti 知らされた I.83[7] ①110.

nisadda *a.* 声なく, 声をたてない. sabbe **～ā** nipajjiṃsu I.204[23] 全員が～横たわっていた ①270.

Nisabha *m.* ニサバ(アノーマダッシン仏の高弟) I.105[25] ①137.

nisamma *ger.* <nisāmeti 耳を傾けて IV.96[13] ④127. **-kārin** *a.* 慎重に行なう(人) I.238[12] ①312.

nisāmeti <ni-**śam** 注意する, 聞く. **～metvā** II.161[20] 聞いて ②213. sabba-kammāni **～metvā** I.239[1] 全ての行為に注意して ①313.

nisinna *a.pp.* <nisīdati 坐った. tasmiṃ ～matte yeva I.5[10] 彼が坐っただけでもう ①7.

nisīdati <ni-**sad** 坐る. parisa-pariyante **nisīdi** (*aor.3sg.*) I.6[4] 会衆のはじっこに坐った ①7. **nisajja** (*ger.*) 坐って I.156[1] ①205.

nisīdana-pallaṅka *m.* 坐椅子 III.88[5], 186[2] ③126, 272.

nisīdāpeti *cs.* 坐らせる, 坐っていただく. **～petvā** I.73[4] 〔比丘僧団に〕坐っていただいて ①96. I.8[14], 14[6] ①10, 18.

nisīditu-kāmatā *f.* 坐りたいと欲すること. **～aṃ** c'assa ñatvā I.91[25] また彼が～欲しているのを知って ①119.

nisedha *m.* 抑止, 防止 IV.147[21] ④201.

nisedheti *cs.* <ni-**sidh** 抑止する, 思いとどまらせる. **～dha** (*imper.*) I.432[4] 思いとどまらせて下さい ①566. attānaṃ **～dhetvā** III.85[11] 自分を抑止して ③121.

nissaṃsaya *a.* 疑いのない, 無疑の. **～ṃ** (*ac.adv.*) I.106[19], 245[8] III.134[15] 疑いなく, 確実に ①138, 321 ③191. **～ena** (*instr.adv.*) III.25[13] 疑うことなく ③38.

nissaggiyâdi-āpatti-āpajjana *n.* 放捨(捨墮. 規定以上の生活用具を所有した時の罪. 犯戒となる余分の生活用具を僧団に放捨して懺悔すると許される) などの犯戒となること. **～m** pi karoti I.76[3] ～をも為す ①99.

nissatta *a.* (nis-satta) 実体のない, 有情でない I.22[4] ①29. **-dhamma** *m.* 実体のない(有情のいない) ものに関するものごと(法) I.22[13] ①30.

nis-sadda *a.* 無声の, 黙って, 無言で. etaṃ janaṃ **～ṃ** katvā I.189[23] この人達を静かに(無声に)させて ①250. **～o** va nipajji I.368[8] 黙ったまま横たわった ①484.

nissanda *m.* 等流, 果報. tassa **～ena** I.170[14] その〔悪業の〕果報として ①221. I.173[12], 197[23], 395[2] ①225, 262, 519. II.83[14], 86[11] ②110, 114. III.448[8] ③625. IV.190[1] ④270. **～ena** (*instr.adv.*) 並び立って. sālāya **～ena** I.273[1] 会堂〔を建てた〕果報として ①356.

nissaya *m.* Ⓢniśraya よるべ, 頼る所. **～o** me natthi I.237[10] 私には寄るべがありません ①311. mādiso **～o** na vaṭṭati I.237[11] 私のような者が寄るべではよくないか ①311. II.106[12] ②140.

nissaraṇa *n.* 出離, 遠離. bhava**～ṃ** karissāma I.8[20] 我々は生存からの出離を為すであろう ①10. pamattassa vaṭṭato **～ṃ** natthi I.229[23] 放逸の人には輪廻からの出離はない ①301. **-vimutti** *f.* 出離〔捨断による〕解脱 I.158[22], 434[8] ①208, 569.

nissarati <niḥ-**sṛ** 出離する. vaṭṭato **～ranto** (*prp.*) yāti yeva I.263[2] 輪廻から退出して行

くだけである ①343. imamhā vaṭṭa-lokā ～ **ranti** III.177[18] この輪転の世間から出離する ③259.

nissāmika *a.* 持主のない(もの) IV.183[9] ④257.

nissāya *prep.ger.* <nissayati によって, のために, せいで. andha-bāla-pitaraṃ ～ I.27[19] 暗愚の父親のせいで ①37. vanas-patiṃ ～ laddhattā I.4[3] 樹によって〔その子が〕得られたので ①6. Sāvatthiṃ ～ I.4[17] 舎衛城によって ①6.

nissāra *a.* 心(しん)を除いた. ～**sārāni** sukkha-dārūni III.135[7] ～乾いた木材を〔運んでこさせる〕③192. **-bhāva** *m.* 核心のないものであること. ～**ṃ** kathetvā I.113[6] ～を語り ①145.

nissitaka *a.m.* 弟子, 依存する者 I.54[7] ①73. III.222[17] ③321.

nissirīka *a.* (nis-sirī-ika) Ⓢniḥśrīka 権勢を失った. imā pi ～**ā** I.216[4] この女性たちも～者たちであり ①284.

nis-sīla-puggala *m.* 戒のない人物 III.481[4] ③671.

nisseṇi *f.* 梯, 階梯, 階段, はしご. ～**ṃ** bandhitvā II.211[2] はしごを結んで ②275. ～yā pāsādaṃ viya I.259[23] 階梯によって殿堂に〔登る〕ように ①339.

nissoka *a.* 憂いのない. ～**o** hutvā I.30[11] 憂いのない者となって ①40.

nihata *a.pp.* <nihanti 殺害された. **-māna** *a.pp.* 傲慢のとれた(人), 自負心(慢)が破壊された(人) II.76[6] ②101. III.419[9] ③589.

nihita *a.pp.* <nidahati 置いた. **-daṇḍa** *a.pp.* <nidahati 杖が下におろされている(人) IV.175[17] ④244.

nihīna *a.* 卑劣な, 下劣な. **-kamma** *a.* 卑劣な業をなす(人) III.477[7] ③665. **-jacca** *a.* 下劣な生まれの(者) II.156[1] ②204.

nīca *a.* 低い. ～**āsane** nisinno I.33[20] 低い座席に坐って ①44. I.72[7] ①95.

nīyati 離れていく. ～**yanti** III.177[14] ③259.

nīyādeti = **niyyādeti** 与える, 贈与する. ～**detha** me bhikkhu-saṅghaṃ I.139[25] あなた様は私に比丘僧団を譲り与えて下さい ①183. sālaṃ ～**desi** (*3sg.aor.*) I.39[18] お堂を提供した ①53.

nīl'uppala *m.* 青蓮. **-kalāpa** *m.* 青蓮の束 III.185[2] ③271. **-cchadana** *a.* 青蓮華の屋根の. ～**ṃ** maṇḍapaṃ kāretvā I.112[1] ～の仮屋を造らせて ①144. **-dāma** *n.* 青蓮の花環 I.388[1] ①510. **-puppha** *n.* 青蓮花 I.384[2] ①505. **-vana-gabbha** *m.* 青蓮の茎(vanaをvaṇṭaとした)・がく(萼) II.48[8] ②63.

nīla-kasiṇa *n.* 青遍 III.459[13] ③642.

nīvaraṇa-pañcaka *n.* 五蓋の煩悩, 五よりなる蓋(欲貪・瞋恚・惛沈睡眠・掉挙悪作・疑) III.455[4] ③635.

nīvaraṇāni *n.pl.* 〔五〕蓋の煩悩(欲貪・瞋恚・惛沈睡眠・掉挙悪作・疑) III.427[10] ③599.

nīvāra *m.* 玄米, 生米 I.344[15] ①454.

nīhaṭa *a.pp.* <nīharati 除去された. kulūpagā ... ～**ā** I.439[17] 家に近づいて行った者たちは…駆逐された ①576. **-mala** 垢が取り除かれた(人) III.388[9] ③546.

nīharati <nir-hṛ 持ち出す, 追い出す, 除去する, 駆除する, ぬぐ. ～**riṃsu** (*aor.*) II.56[17] 追い出した ②74. so tehi **nīharito** (*pp.*) II.56[17] 彼は彼らから**追い出されて** ②74. ～**haritvā** dassitaṃ kāsāvaṃ disvā I.81[18] **ぬい**で示してあった袈裟衣を見て ①106. kāsāvaṃ **nīharitu**(*inf.*)-kāmā ahesuṃ I.77[5] 僧衣(渋色の袈裟衣) を脱がせようと欲していた ①100. vihārā **nīhara** (*imper.*) III.54[10] 精舎から追い出しなさい ③79. te taṃ gehā ～**hariṃsu** (*aor.*) III.131[6] 彼等は彼を家から追い出した ③186. I.259[17], 397[18] ①339, 522. III.419[9] ③589. IV.52[8] ④57.

nīhāra *m.* Ⓢnirhāra 方法, 手段. iminā ～**ena** I.188[5] このやり方で ①247. I.306[4], 311[13] ①401, 408. II.173[16], 223[13] ②228, 290 III.73[5], 85[10], 223[15], 419[6] ③104, 121, 322, 589. IV.7[15] ④11.

nudati <**nud** 除く, 排除する. pamādaṃ ～ I.259[11] 放逸を排除する ①339. yogā ～ paṇḍito III.233[21] 賢者は修行によって〔その暴流を〕排除する ③334.

nekkha *m.* 金貨 III.328[8] ③471.

nekkhamma *n.* 出離, 離欲 I.6[10], 162[17], 446[8] ①8, 211, 584 III.226[14] ③325. ～**'abhirata** *a.pp.* 出離を大いに喜ぶ(人) II.103[12] ②136. **-saṅkappa** *m.* 出離を思いめぐらすこと I.114[17] ①147. **-sukha** *n.* 出離の安らぎ III.399[13] ③563.

neti <**nī** 導びく, 連れて行く, 案内する. naṃ **nessāmi** (*1sg.ft.*) I.124[2] 私はそいつを誘導しよう ①160. ahaṃ vo ... **nessāmi** (*ft.*) I.372[12] 私はあなたたちを…連れて行くだろう ①

489. naṃ gahetvā vihāraṃ **nesi** I.15[1] 彼を連れて精舎に案内した ①19.
netta *n.* Ⓢnetra 眼, 導びくもの. assu-puṇṇa~**ā** hutvā I.12[23] 涙に満ちた眼であるので ①16. III.415[19] ③584.
nettika *a.m.* 〔水を〕導びく（人）, 渠工, 導水路を作る人 II.146[16], ②192. III.99[12] ③140.
nemi *f.* 車の外輪 II.147[12] ②193. **-vaṭṭi** *f.* 〔車輪の〕外輪のふち II.124[11] ②164.
nemittaka *m.* 占相師 II.241[10] ②314.
Nerañjarā nadī *f.* ネーランジャラー河, 尼連禅河 I.86[2] ①113.
nerayika *a.* 堕地獄の. **~o**'si I.212[2] おまえは**~の者だ** ①279. III.461[19] ③644. IV.1[14] ④4. **~'aggi** *m.* 地獄の火 I.127[7] ①165.
nereti (na ereti) 音を立てない. sace **~si** III.57[16] もし君が~ならば ③83.
nevāsika *a.* 居住の, 常住の（人）. **~o** ahosi II.74[17] 常住者であった ②98. II.53[12] ②70. III.39[21] ③58.
nesāda *m.* 猟師 III.24[10] ③37.
noyāti = na uyyāti 跡を追わない, 起こらない, 優越しない III.197[7] ③289.

P

paṃsu *m* 塵土, 塵, 塵芥, 汚物 **~ṃ** uddharanti I.163[12] **~を上げる** ①212. **~nā** paṭicchādetvā II.38[14] **~で覆って** ②51. pādena **~ṃ** viyūhitvā I.266[2] 足で塵をどけて ①348. II.266[6] ②344. III.489[20] ③683. **-kīlika** *a.* 泥んこまみれで遊ぶ（友だち） IV.40[18] ④48.
paṃsukūla *m.* 糞掃衣 **~ṃ** gahetvā I.155[14] **~を携えて** ①205. **-dhara** *a.* 糞掃衣を着た（人） IV.156[19] ④214.
paṃsukūlika *m.* 糞掃衣者 III.217[13] ③315. **-ttherī** *f.* 糞掃衣を着る上座尼 IV.157[8] ③206.
paṃsu-pisācaka *m* 泥鬼 II.26[14] ②34.
pakati *f.* Ⓢprakṛti 自然, 自性 **-kathā** *f.* 普通の会話 I.173[10] ①225 **-gamana** *n.* 自然の足どり **~nen'**eva sālaṃ pāvisi I.389[4] **~のまま**（急がずさわがず）会堂に入った ①512. **-paṅka-dugga** *m.n.* 自然の泥土という難所 IV.26[1] ④30. **-paññatta** *a.pp.* もともと設けられた Satthā **~e** yeva āsane nisīdi I.156[1] 大師はすでに~席にお坐りになった ①205. **-mano** *n.* 本来の意（心） I.23[12] ①31. **-yānaka** *n.* 普通の小さな車 I.391[3] ①514.
pakatika *a.* 自然に…する onamana-unnamana**~ṃ** I.17[10] 自然に下り, また上る ①22. **-sarīra** *a.* 元通りのからだの（人） I.411[10] ①541.
pakatiyâpi *instr.adv.* いつもは, もともとから I.413[8] ①543. IV.119[4] ④159. ~yā va I.380[17] もう元々 ①500.
pakāra *m.* 種類, 方法 so taṃ nānap~**ehi** yācitvā I.68[2] 彼は種々の手だてをもって乞うたけれども ①90.
pakāsanīya-kamma *n.* 明らかにすること **~ṃ** kāresi I.140[3] **~を行なわせた** ①183.
pakāseti 説明する, 明らかにする nekkhamme ca ānisaṃsaṃ **~sesi** (*aor.3sg.*) I.6[11] また出離における功徳を明らかにした ①8. II.20[16] ②26.
Pakiṇṇaka-vagga *m.* 「いろいろな話の品」 III.436[1] ③613.
pakka *a.pp.* <pacati 熟した, 煮えた, 作った bhattaṃ **~ṃ** ahosi II.3[17] 御飯が〔むれて〕出来上った ②6. **~esu** pūvesu II.149[11] 餅菓子を作った時 ②196. **-avasesa** *m.n.a.* Ⓢavaśeṣa 〔地獄で〕煮られた残り（おつり） II.10[11] ②14. **-kāla** *m.* 稔りの時 I.311[11] ①408. **-madhu** *m.* 熟した（煮られた） 蜜 II.197[1] ②258.
pakkaṭṭhita *a.pp.* <pa-kaṭhati 沸騰した **~ṃ** uṇhodakaṃ mukhe āsiñcati I.126[8] 沸騰した熱湯を口に注ぎ込む ①164. **~āya** ukkhaliyā II.5[14] 煮立った鍋で〔煮られた〕 ②8. III.310[9] ③449. IV.104[10] ④138. **-lohita** 血が沸騰した（人） **~o** viya hutvā I.179[3] **~人の**ようになって ①234. **-tela** *n.* 沸騰する油 **~e** pakkā I.227[15] **~の中で煮られた** ①298.
pakkanta *pp.* <pakkamati 出発した, 進んだ tathā **~o** va ahosi I.17[5] そのまま逃げ去った ①22.
pakkamati <pa-**kram** 出発する, 立ち去る **pakkāmi** (*3sg.aor.*) I.3[15] 立ち去った
pakkosati <pa-**kruś** 呼ぶ, 召す **pakkosāhi** (*imper.*) ne I.61[14] 彼等を

呼びなさい ①81. **I**.50[9] ①66. ekaṃ vejjaṃ **pakkosi** (*3sg.aor.*) **I**.25[23] 一人の医者を呼んだ ①35. **I**.50[9] ①66. ‘ehi yassa’ ti **～sitvā** **I**.87[10] 「来なさい, ヤサよ」と呼び寄せて ①114. **I**.19[3] ①25.

pakkosāpeti *cs.* <pa-**kruś** 呼んでこさせる kaniṭṭhaṃ **pakkosāpetvā** (*ger.*) **I**.6[19] 弟を呼んでこさせて ①8. I.101[25], 355[3] ①132, 467. ayyakaṃ **～pesi** (*aor.*) I.359[10] 祖父を呼びにやらせた ①472.

pakkha *m.* 翼, 羽根, 半月, 側, 陣営 **～e** vissajjetvā I.164[10] 翼を流して(羽ばたきを止めて) ①213. dve **～ā** ahesuṃ I.54[20] 二つの陣営(敵と味方) となった ①73. pañcamiyaṃ **～ssa** I.87[7] 半月の第五の日に ①114. **-aṭṭhi** *n.* 羽根の骨 I.322[5] ①423. **-antara** *a.m.* 反対側の(者) II.229[12] ②298. **-antariya** *a.* 〔我が〕党を障碍する, 我々の敵側の **～o** rājā I.345[13] 王は～者である ①455.

pakkhandati <pa-**skand** 突進する daṇḍaṃ ādāya **～andi** (*aor.*) I.61[3] 棒をとって突進した ①81. vana-saṇḍaṃ **～ditvā** I.17[5] 森のしげみにかけ込んで ①22.

pakkhandāpeti *cs.* <pakkhandati 跳び込ませる **～pentaṃ** (*prp.ac.*) III.242[23] **～ませているのを**〔見る〕 ③349.

pakkhandin *a.* まぎれ込む(者) III.353[18] ③502.

pakkha-paharaṇa *n.* 羽ばたき I.157[15] ①207.

[1]**pakkhalati** <pa-**kṣal** 洗う **～litvā** II.60[14] 〔心を〕洗って ②79.

[2]**pakkhalati** <pa-**skhal** よろめく, つまずく **～litvā** I.390[8] つまずいて ①513. IV.161[16] ④222.

pakkha-hata *a.pp.* <hanat, hanti 半身不随 III.70[19] ③101.

pakkhika *a.* 徒党 Devadattassa **～o** eso IV.96[2] この者はデーヴァ・ダッタの～です ④127.

pakkhika-bhatta *n.* 半月の食事 **～ṃ** dehi I.298[2] **～を**与えなさい ①390. I.129[14], 363[11] ①169, 477.

pagabbha *a.* 大胆な 傲慢な(者) III.351[18] ③500.

paguṇa *a.* Ⓢpraguṇa 熟知した **～ṃ** kataṃ sippaṃ na palāyati I.251[11] 熟知した技芸は逃げて行かない ①328. III.384[10] ③541. taṃ gāthaṃ **～ṃ** katvā III.125[5] その偈を**～して** ①177. ekaṃ gāthaṃ **～ṃ** kātuṃ asakkontaṃ IV.180[17] 一つの偈を熟知することが出来ないのを ④252.

paguṇatā *f.* 熟知していること tiṇṇaṃ vedānaṃ **～tāya** I.201[2] 三ヴェーダを熟知していたので ①265.

pag eva *adv.* いかにいわんや, まして ～ asinā II.249[8] ～剣をもってをや ②324. I.332[13] ①437.

paggaṇhāti さしのべる, 摂受する maṃ na ～ II.178[12] 私をやさしく受け取らない ②234. bāhā **paggayha** (*ger.*) I.17[4] 腕をさしのべて ①22.

paggahita-viriya *a.* 精進に策励する(人) I.76[19] ①100.

paggharaṇaka *a.* 漏出する **～ṃ** lohitaṃ bhājanena paṭiggahetvā I.126[15] ～血液を容器で受け取って ①164.

paggharati <pa-**ghṛ** 流れ出る, したたる akkhīhi dhārā **～anti** I.9[13] 両眼から〔病〕液が流れ出る ①12. udaka-bindūhi **～gharantehi** kesehi I.116[7] 水滴がしたたる髪で ①150. puḷavā **～ranti** III.411[7] うじ虫どもが～ ③578.

paggaharita-assu *n.* 流した涙 III.80[11] ③114.

paṅka *m.* 泥地 nitiṇṇo **～o** I.121[8] 泥地が渡られている, 泥地を渡った ①156. IV.26[6] ④31.

paṇkā *f.* 泥だらけの修行 III.77[16] ③110.

pacati <**pac** 煮る, 料理する, 焼く ko nu kho **paceyya** (*op.*) I.214[5] 一体誰が〔この鶏を〕料理するのかな ①281. āvāpe **paceyyāsi** (*2sg.op.*) I.178[5] かまどで焼きなさい ①232.

pacana-niyāma *m.* 煮たきのきまり, 調理法 I.234[5] ①306.

pacalāyati *cs.* <pa-calati 居眠りする **～lāyantā** (*prp.*) II.160[5] **～して** ②210.

pacāpeti *cs.* <pacati 煮させる **～petvā** I.97[20] 煮させて ①126.

pacināti 摘む, 集める pupphāni ～

I.335[8] 花々を摘む ①440. pupphāni **~nantaṃ** (*prp.ac.*) I.337[15], 361[7] 花々を摘む人を ①445, 474. pupphāni **~nissāmi** I.361[11] 私は花々を摘もう ①475.

pacessati *ft.* <pacināti 摘むであろう kusalo puppham iva ~ I.333[19] 巧みな人が花を摘むであろうように ①439.

paccakkosati <**ā-kruś** ののしり返す akkosantaṃ **~santo** I.51[3] ののしる人に対してののしり返して ①68.

paccakkhāti <paṭi-ā-**khyā** 排拒する，捨てる so vejjena **paccakkhāto** (*a.pp.*) I.12[10] 彼は医師から見放されて ①16.

paccakkhāya *ger.* <paccakkhāti 捨てて taṃ ~ nikkhami I.26[1] 彼を見放して出て行った ①35. sikkhaṃ ~ I.118[7,21] 学を捨てて ①153.

paccati *ps.* <pacati <**pac** 煮られる，膿む，熟す yāva pāpaṃ na ~ II.50[10], III.13[21] 悪〔業〕がまだ膿まない間は ②65. ③21. **paccatu** (*imper.*) I.148[5] 煮られろ(拷問を受けろ，苦しめられろ) ①193.

paccattaṃ *ac.adv.* 各自に suddhi asuddhi ~ III.157[23] 浄と不浄は各自によるのであって ③227.

paccattharaṇa *n.* 覆布，敷物 **~ṇāni** dāpesi I.436[15] ~を覆わせた(与えさせた) ①572. **~nāni** karissanti I.219[11] ~にするでしょう ①288. III.472[10] ③659.

paccanaka-kamma *n.* 煮られる(受苦の)業 attano Avīcimhi **~ṃ** karoti I.142[16] 自分が無間地獄で~をしている ①187.

paccanta *a.n.* 辺境の，辺境 **~e** kupite I.101[10] 辺境が動乱した時 ①131. **~ṃ** vūpasametvā I.101[10], 312[3] 辺境を鎮静させて ①131, 409. **~ṃ** paharāpetvā I.353[19] ~を襲撃させておいてから ①465. **~o** kupito I.353[20] 辺境の地が動乱した ①466. III.78[14] ③112. **-gāma** *m.* 国境の村，辺境の村 **~ṃ** patvā I.8[12], 168[20] ~に到着して ①10, 219.

paccantima *a.* <paccantaの最上級，最も隅の ~māni lāmaka-senâsanāni II.77[14] いちばん隅の劣った臥所・坐所 ②103.

paccaya *m.* <paṭi-**i** Ⓢ pratyaya 〔良い方へ〕向かって行くこと，縁，生活用品(衣・食・住・薬)，寝具 **~ṃ** vedayanti I.149[20] 〔良い方へ〕向かって行くと〔人々は〕感じた ①195. atthi nu kho mayhaṃ ettha gata~ena attho I.26[14] 一体ね、私がそこに行って〔彼に会う〕こと〔縁〕に意味があるのか ①35. II.52[15] ②69. **-ākāra** *m.* 縁の様相 I.86[12] ①113 III.127[16] ③181. **-dāyaka** *a.m.* 生活用品を施与する者 I.54[17] ①73. **-sanniccaya** *m.* 生活用品（資具）の蓄積（備蓄） II.171[17] ②226.

paccavekkhaṇa *n.* 省察すること，観察 **~ena** verāni vūpasammanti I.51[11] 省察することによって諸々の怨みは鎮まる ①68. II.170[3] ②223. **-ṭṭhāna** *n.* 観察場所 II.145[21] ②191.

paccavekkhati (paṭi-avekkhati) 観察する，反省する **~vekkhanto** (*prp.*) I.251[18], 375[13] II.145[21] 反省してみて ①328, 492. ②191. yoniso **~mānā** (*prp.*) I.66[4] 根源的に省察して ①87. pabbajitena abhiṇhaṃ **~kkhitabbaṃ** (*gdv.*) I.379[22] 出家者はしばしば省察すべきである ①498. III.5[22] ③10.

paccāgacchati <paṭi-ā-**gam** 戻る，帰る Sāvatthim eva **paccāgami** (*aor.*) I.357[16] 一路舎衛城へ戻って行った ①470. taṃ nagaraṃ **~āgami** (*aor.*) II.235[15] その都城に戻って来た ②308. I.155[20], ①205. III.69[10] ③100.

paccāgata *a.pp.* <gacchati 戻った II.49[7] ②64.

paccāgamana *n.* 戻って来ること bhāyāmi **~āya** tassa I.150[2] 私は彼が~を怖れます ①195.

paccājāta *a.pp.* <paccājāyati 再生した IV.182[11] ④255.

paccā-mitta *m.* 敵 **~o** me gahito I.193[15] 俺は敵〔王〕を捕えた ①255. III.26[16], 259[22] ③40, 375.

paccāsiṃsati (paṭi-āsiṃsati) 期待する，待望する，心待ちする tumhākam āgamanaṃ ~ I.15[3], 62[18] あなた様のおいでを期待しています ①19. 83. 待望する bhikkhaṃ dātuṃ ~ I.62[22] 托鉢食を差し上げたいと思っている ①83.

mahā-jano ～ I.218[18] 大勢の人々が〔諸仏を〕待望するのです ①287. **～sāmi** II.176[18] 私は心待ちする ②231. I.14[17], 104[6], 251[4], 294[6], 340[5], 369[2], 440[9] ①19, 134, 328, 383, 447, 485, 577. III.69[1], 172[22], 247[17] ③99, 253, 356. IV.204[4] ④291.

paccāhāra 引きさがること IV.18[13] ④22.

paccuggacchati 出迎える，歓迎する te **～ggantvā** （*ger.*） I.208[7], 214[19] 彼等は〔世尊を〕お出迎えして ①274, 283.

paccuggamana *n.* <pati-ud-**gam** 出迎え uṭṭhāya te **～ṃ** kataṃ I.38[16] 立ち上って君はお出迎えをしたのか ①52. **～ṃ** katvā I.59[8] お出迎えをして ①79. I.106[20], 112[7], 206[20], 315[23], 344[4], 385[13], 415[2] II.41[8] ①138, 144, 272, 415, 453, 507, 544. ②55. III.241[16], 374[16], 439[20] ③347, 528, 617.

paccuṭṭheti *cs.* <paccuṭṭhahati 仕える 立って出迎える na **～enti** I.341[19] ～ない ①449.

paccupakāra *m.* お返し，お礼 mayā imassa **～o** kātabbo I.251[5] 私はこの者に対してお返し(お礼) をすべきである ①328.

paccupaṭṭhita *a.pp.* <paccupaṭṭhahati 準備された，現前した mahā-yañño **～o** hoti II.7[7] 大供犠祭が準備されている ②10. III.335[24] ③480.

paccupaṭṭhāpeti *cs.* しっかりと立たせる satiṃ **～petuṃ** （*inf.*） asakkontī I.152[15] 思念を**～ことが**出来ないで ①200.

paccupanna *a.pp.* *m.* <paṭi-uppajjati 現在の，現在 ～hitena III.30[19] 現在の利益によって ③45. **-vatthu** *n.* 現在時の事がら sabbaṃ **～ṃ** kathetvā I.113[4] 全て**～を**語ってから ①145. **-hita** *a.n.* 現在の利益 I.181[15] ①237.

paccūsa *m.* Ⓢpratyūṣa 早朝 ～kāle sabbesu an-uṭṭhitesu yeva I.68[13] 早朝時に全ての人がまだ起き上がらない時に ①91. **-kāla** *m.* 早朝時 **～e** I.69[17] 早朝には ①92. I.106[3], 176[2], 245[12], 319[16], 357[3] II.75[6] ①137, 229, 321, 419, 469. ②99. **-samaya** *m.* 早朝時 **～e** IV.101[22] ～に ④135.

pacceka-buddha *m.* 辟支仏，独覚 eko **～o** bhuñjati I.170[18] 一人の**～が**〔日々〕食をとっている ①221. **～e** disvā I.80[11] **～たちを**見て ①104.

pacceka-sambodhi *f.* 辟支仏の覚り III.447[6] ③623.

pacceti <paṭi-i 戻る ～ pāpaṃ III.33[24] 悪は戻る ③49.

paccora *a.u.* （paṭ-avara） より低い，下部の ～smiṃ sattippahāraṃ viya I.189[9] 〔身体の〕下部を刃物で打ったような ①249.

paccorohati （paṭi-orohati） 再び下りる vehāsaṃ abbhuggantvā **～hitvā** II.122[4] 虚空に昇って、再び降りて ②160.

pacchato *abl.adv.* 後に，後から ～ paṭikkamantassa I.24[10] 後退すると ①32. ～ ～ agamāsi I.63[12] 後から後からついて行った ①84. sayaṃ ～ vilambamāno āgacchati I.81[10] 自分は後からのろのろやって来る ①106. **-vattin** *a.* 後から行動を起こす(もの) III.197[18] ③289.

pacchā *adv.* Ⓢpaścā paścāt 後に，背後に，西方に **-anutāpa** *m.* 後で苦しみ悩むこと II.47[4] ②61. III.486[16] ③678. **-anutāpana** *n.* 後で後悔すること III.139[6] ③197. **-āgacchati** 戻って来る **～gacchi** （*aor.*） I.232[3] **～来た** ①303. **-geha** *a.* 家の裏 **～ṃ** agamāsi I.402[11] ～に行った ①528. III.333[18] ③477. **-gabbha** *m.* 後ろの房室 **～e** nisīdāpesuṃ I.377[23] ～に坐らせた ①496. **-nivesana** *a.* **住居の裏** **～e** I.126[2] **～に** ①164. **-bāhaṃ** *ac.adv.* 後ろ手に taṃ ～ bandhitvā II.39[1] 彼を～縛って ②52. IV.52[10] ④61. **-bhattaṃ** *adv.* I.5[1] 食後に ①6. I.5[22], 53[20] ①7, 72. III.27[12] ③41. **-m-anutappati** 後になって悩まされる III.409[4] ③576. **-mukha-karaṇa** *n.* 顔を西に向けさせること III.155[4] ③222. **-samaṇa** *m.* 随行沙門 Ānanda-ttherena **～ena** II.38[3] アーナンダ上座を **～として** ②51. II.27[8] ②35. III.276[16] ③400.

pacchi *f.* かご，籠 **～iyaṃ** opīḷetvā II.3[16] かごにつめ込んで ②6. I.371[10] ①488. III.254[16] ③368. IV.205[4] ④

292.

pacchijjati *ps.* <pa-**chid** 切断される 〜**cchijji**（*aor.*）II.269[8] **〜された** ②348.

pacchindati <pa-**chid** 中断する，吐く āhāraṃ 〜**ditvā**（*ger.*）I.183[22] **食事を吐いて** ①240.

pacchinna *a.pp.* <pa-chindati 切れた，断たれた kolāhalaṃ 〜**ṃ** I.190[6] 叫び声はぱったりと途絶えた ①250. 〜**o** saṃsaggo III.85[16] 交渉は終りです(切れました) ③122.

pacchima *a.* 最後の，後の，西方の，最下の 〜**e** kāle I.146[8] 最後の時に ①191. -**kāya** *m.* 後半身 III.214[2] ③311. -**geha** *n.* 最低の家 III.303[16], 364[2] ③440. 517. -**cakkavāḷa** *m.n.* 西鉄囲山 III.209[6] ③305. -**janatā** *f.* 最後の〔生存にある〕人であること III.136[12] ③193. -**pāda** *m.* 〔座席の〕後脚 I.436[12] ①572. -**bhavika** *a.* 最後の生存にある(者)，もう輪廻がない(者) 〜ttā II.48[15] 〜であったので ②64. -**bhavika-satta** *m.* 最後の生存にある人 II.241[4] ②314. -**bhitti** *f.* 後の壁 I.148[9] ①193. -**māsa** *m.* 月の下旬 III.66[3] ③95. -**yāma** *m.* 後夜，二〜六時 〜**e** caṅkamanaṃ otari I.19[23] 後夜の経行を下りた ①26. I.86[11] ①113. -**vaya** *n.* 晩年 III.131[22] ③187.

pajahati（pa-**hā**）捨てる，断つ **pahāya** *ger.* vacana-kkamaṃ 〜 I.2[3] 語の順序を捨てて

pajā-pati *m.* 夫 I.264[16] ①346.

pajāpatī *f.* 妻，夫人，女房 tassa dve 〜**patiyo** I.73[22] 彼には二人の妻がおります ①97. I.181[12], 302[10] ①237, 397.

pajjati <**pad** 歩く 〜**jjanti** iminā I.228[21]（*Vri.*）これによって歩く ①299.

pajjalati もえる，かがやく 〜**jjali**（*aor.*）III.244[10] もえかがやいた ③351.

pajjalita *a.pp.* <jalati 焼かれた III.103[3] ③145.

pajjota *m.* Ⓢpradyota 灯火，光明 saddhamma〜**o** jalito I.1[5] 正法の灯火は燃やされた ①3.

pañca *num.* 五 〜koṭi-mattā manussā I.5[19] 五千万人ほどの人々は -**agga-dāyaka-brāhmaṇa** *m.* 五つの最高のものを与えるバラモン IV.98[1] ④130. -**aṅgika-turiya-ghosa** *m.* 五種の楽器がかなでる音楽 I.394[16] ①519. -**aṅgika-turiya-sadda** *m.* 五種の楽器の音 I.274[3] ①357. -**aṅgulikāni** *n.pl.* 五指印 III.374[9] ③528. 〜 **abhiññā** *f.* 五神通（神変，天耳通，他心通，宿住通，天眼通という五つの超能力）I.105[19] ①137. -**uddhaṃ bhāgiya-saṃyojanāni** *n.pl.* 五つの上の部分の結縛，五上分結（「パ仏辞」348左中）IV.109[4] ④144. -**orambhāgiya-saṃyojanāni** *n.pl.* 五つの下の部分の結縛，五下分結(「パ仏辞」439右下) IV.109[1] ④144. III.463[12] ③646. -**kāma-guṇa** *m.* 五欲の楽（色・声・香・味・触の欲望の類）I.361[16] ①475. -**kāma-guṇa-ālaya-abhirata** *a.pp.* 五欲の楽という棲家(よりどころ)を大いに喜ぶ I.289[10] ①375. -**kāma-guṇa-dhamma** *m.n.* 五種の欲望の類(色・声・香・味，触)のものごと III.163[5] ③235. -**kāma-guṇa-sevin** *a.* 五種の欲望の類に親しむ(人) I.201[3] ①265. -**kkhandhā** *m.pl.* 五蘊(色・受・想・行・識，身心) III.407[5] -**go-rasa** *m.* 牛の五味（乳 khīra，酪 dadhi，生酥 takka，熟酥 nava-nīta，醍醐 sappi）I.156[22], 323[4] ①206, 424. 〜 **gatiyo** *f.pl.* 五つの行方（地獄，餓鬼，畜生，人間，天）II.173[2] ②227. 〜 **cakkhū** *n.pl.* 五つの眼（肉眼，天眼，慧眼，仏眼，普眼）III.403[13] ③567. 〜 **nīvaraṇāni** *n.pl.* 五つの蓋，蓋うもの，五蓋の煩悩（欲貪・瞋恚・惛沈睡眠・掉挙悪作・疑）II.162[17] ②214. III.237[17] ③340. -**patiṭṭhita** *a.pp.* 五体投地の(礼)，(ひたい，胴，ひじ，ひざ，足を地面につけて礼拝する）〜**ena** therassa pādesu nipatitvā I.93[11] 五体投地の礼をもって上座の足もとに身を伏せて ①121. I.106[20] ①138. -**balaka-ttherī** *f.* 五力（信・勤・念・定・慧）をそなえた上座尼 IV.51[4] ④55. -**bhesajjāṇi** *n.pl.* 五種の薬（バター，生酥，油，蜜，砂糖）I.5[1]（*Vin.*I.199[22],「南伝」3, 353.）①6. 〜 **mahā-nadī** *f.* 五大河（ガンガー，ヤムナー，アチラヴァティー，サラブー，マヒ

ー） III.474[8] ③661. 〜 **mahā-paricccāgā** *m.pl.* 五つの大施捨（妻・子・国・生命・手足を施捨すること） III.441[10] ③618. **-vaggiya** *a.* 五人を一組とする，五群の **〜ānaṃ** dātuṃ vaṭṭati I.96[23] 五人を一群とする比丘 （初転法輪を受けた五比丘）に〔最高の地位を〕与えるのが正しい ①125. I.86[21] ①113. **-vaṇṇā pīti** *f.* 五種の喜び （小喜，利那喜，継起喜， 踊躍喜， 遍満喜「南伝」62, 285頁） II.43[8], 118[6] ②57, 156. III.1[18], 93[15] ③4, 133. IV.102[24] ④137. 〜 **vatthūni** *n.pl.* 五つの事 （デーヴァダッタの主張，生涯林住，生涯行乞不受招待，生涯著糞掃衣，生涯住樹下，生涯不食魚肉） I.141[16] ①185. **-vassāni** *n.pl.adv.* I.7[15] 5年間 ①9. **-vidha-pīti** *f.* 五種の喜び （小喜・利那喜・継起喜・踊躍喜・遍満喜「南伝」62, 285頁） I.98[12] ①127. **-vidha macchera** *n.* 五種の物惜しみ（住処・家・利得・称讃・法に関する物惜しみ *Nd.* I.227[23] 「南伝」42, 342頁） III.389[22] ③548. **-vimuttī** *f.pl.* 五つの解脱 （「南伝」64, 404頁．無相，無願，空，信，倶分，慧の各解脱が説かれている） II.186[4] ②244. 〜 **verāni** *n.pl.* 五種の怨み （殺生・不与取・欲邪行・妄語・飲酒によって生ずる怨み *S.* II.68[12] 「南伝」13, 100頁） III.256[12] ③370. **-saṅgâtiga** *a.* 五つの執著 （貪・瞋・癡・慢・見解）を越えて行った（人） IV.106[26], 109[9] ④142. 144. **-sīlāni** *n.pl.* 五戒 （不殺生・不与取・不邪淫・不妄語・不飲酒） IV.88[10] ④114. assā 〜 datvā I.276[11] 彼女に〜を授けて ①360. 〜 rakkhiṃsu I.100[13] 〜を守った ①129. **pañc'indriyāni** *n.pl.* 五つの機能， 五根 （信・精進・念・定・慧の各機能） II.186[18] ②245. IV.109[8] ④114.

pañca-dasa caraṇāni *n.* 一五の行 （*Vism.* 202[30] 「南伝」62, 400頁）

pañcannaṃ khandhānaṃ pañca-vīsatiyā lakkhaṇāni *n.* 五蘊の二十五の特相 （「南伝」64, 357頁．「五蘊の生滅観」 362頁22参照） II.270[5] ②349.

pañca-paṇṇāsa-vassāni *n.pl. ac. adv.* 五五年にわたって I.125[20] ①164.

pañcamī *f.a.* 第五の **〜miyaṃ** pakkhassa I.87[7] 半月の第五の日に ①114.

pañca-vīsati *num.* 二十五 〜 vassâvāse vasi I.4[17] 二五年間居住（安居）なさった ①6.

pañca-vīsati lakkhaṇāni *n.pl.* 二五の様相 （「南伝」64, 328頁） IV.110[15] ④138.

Pañca-sālā *m.pl.* パンチャ・サーラー （5本のサーラ樹 or 五堂）（バラモン村の名前） III.257[13] ③372.

Pañcasika *m.* パンチャシカ （ガンダッバ（楽神） の息子） III.225[17] ③324. **-gandhabba-putta** *m.* ガンダッバの息子パンチャシカ III.270[17] ③391.

paññatta *a.pp.* <paññāpeti 知らされた，施設された， 用意された nicca〜**ttān'**evâsanāni honti I.5[3] もう常設の坐所がある ①6. **〜āsane** nisīdi I.33[13] 設けられた席に坐った ①44. III.161[8] ③233.

paññā *f.* ⓢprajñā 智慧 般若 **-anurūpena** *instr.adv.* I.7[20] 〔自分の〕智に即して ①9. **-āvudha** *n.* 智慧という武器 I.316[17] ①416. **-cakkhu** *n.* 智の眼 I.445[5] ①583. **-pāsāda** *m.* 智慧という殿堂 **〜m** āruyha I.259[12] 〜に登って ①339. **-vimutti** *f.* 慧解脱 I.120[13] ①156. **-sāra** *m.* 智慧の核心 I.114[12] ①147.

paññāpeti *cs.* <pajānāti 知らしめる 制定する，設ける，ととのえる vattaṃ 〜**petvā** I.55[11] 遵守事項を告知してから ①74. āsanāni **〜petvā** （*ger.*） I.8[14] 坐所をととのえて ①10.

paññāyati *ps.* <pajānāti 知られる 認められる gamanâkāro 〜 I.14[7] お出かけの様子が認められる ①18. rathā **〜yanti** I.352[1] 〔沢山の〕 車が認められます ①463. **〜yiṃsu** （*3pl.aor.*） I.352[3] 認められた ①463. ekam eva ratha-sīsaṃ 〜 I.352[4] ただ一つの車の頭だけが認められます ①463. mayam ... **〜āyissāma** I.56[2] 私共は知られるでしょう（初訳，知らしめましょう） ①75. **〜yamāno** （*prp.*） I.282[10] 認められつつ ①367. **〜yamānassa** （*prp.gen.*） atthāya rodanto bālo hoti I.29[21] 認められる （存在する） もののために泣

くのが愚者であるのか ①40. udāhu **a ~yamānassa** I.29[22] それとも認められない(存在しない)ものの〔ために泣くのが愚者であるの〕か ①40. tv'eva **paññāyittha** (*aor.3sg.*) I.25[11] …とだけ知られた ①34. Maṭṭha-kuṇḍalī ... tassa anto **paññāyi** (*3sg.aor.*) I.26[11] マッタ・クンダリンが…その〔智の網の〕中に認められた ①35. I.15[7], 111[13], 200[14], 251[9], 283[16] 319[21], 373[7] II.6[12], 173[19], 255[4] ①20, 143, 264, 328, 369, 420, 490. ②9, 228, 331.

paññāyamāna-rūpa *a.* 〔会衆に〕姿が見られている(人) III.224[9] ③323.

paññāvant *a.* 智慧をそなえた(人) II.255[14] ②332.

pañha *m.* Ⓢpraśna 問,質問 Satthā **~ṃ** a-pucchita-pubbo I.5[6] 大師は今まで質問されなかった ①6. ~ṃ na pucchati I.5[9] 質問をしない ①7.

paṭa *m.* 布衣 **~o** naṭṭho I.146[1] 布衣はなくなった ①190. ~ṃ pārupitvā III.179[8] ~をまとって ③262. **-kañcuka** *m.* 布の覆い III.295[13] ③428.

pataṅga *m.* こおろぎ IV.58[20] ④71.

Paṭācārā *f.* パターチャーラー III.434[1] ③610. **-ttherī** *f.* ~上座尼 II.260[13] ②339.

paṭikaṇṭaka *m.* 敵 III.456[16] ③638.

paṭikaraṇa *n.* 復讐行為,仕返し I.441[3] ①578.

paṭikaroti <paṭi-**kṛ** 懺悔する āpattiṃ **~ritvā** II.78[20] 罪過を~して ②105. tena hi **~karissāmi** naṃ I.54[5] それでは私はそれを懺悔しましょう ①72.

paṭikiṭṭha *a.* 劣った,あわれな,卑しい **~taro** II.3[6] より劣った ②5.

paṭikuṭati <paṭi-**kuṭ** ちぢむ hatthā **~ṭiṃsu** (*3pl.aor.*) I.71[6] 両手はちぢこまった ①94. yāva me pasanna-cittaṃ na ~ II.42[2] 私の浄められた心が縮まないうちに ②56.

paṭi-kura *n.* 夫の家 III.59[8] ③85.

paṭikkantaka *a.m.* 戻って来た(者) I.307[10] ①403.

paṭikkamati <paṭi-**kram** もどる,後退する **~kkamiṃsu** (*aor.*) II.238[1] 後退した ②310. **~kkanto** (*pp.*) II.238[2] 後退した ②310. **~mitvā** aṭṭhāsi III.457[2] 退いて立った ③638.

paṭikkūla *a.* いやらしい〔死体〕 I.100[1], 446[2] ①129, 583. **-manasikāra** *m.* 厭逆作意,いやなものだ,不快なものだと心に思うこと I.76[10] ①99. II.87[23] ②116. **-saññā** *f.* 厭逆の思いをすること II.172[2] ②226.

paṭikkosati <paṭi-**kruś** 非難する,叱る na ... **~kkoseyya** (*op.*) II.103[5] 非難すべきではない ②136. **~sasi** III.156[8] 君は非難している ③224. na **~kkosi** (*aor.*) III.194[7] 非難しなかった ③284. IV.72[25] ④94.

paṭikkhitta *pp.* <paṭikkhipati 拒否された,放棄された **~o** tikicchāya I.12[13] 治療を放棄された ①16. I.46[9], 64[10], 140[1], 214[11], 233[22] ①62, 85, 183, 282, 306.

paṭikkhipati <paṭi-**kṣip** こばむ,拒否する sabbāni tāni **~kkhipi** (*aor.*) I.52[12] それらの全てを拒否した ①70.

paṭikhamāpita *a.pp.* <khamāpeti 逆に許しを乞われた **~o** II.78[22] ~乞われて ②105.

paṭigacc'eva *adv.* あらかじめ,前もって II.189[5] ②248. III.305[3] ③422.

paṭigaṇhāti <paṭi-**grah** 受け入れる III.293[7] ③426.

paṭigīta *n.* 返答の歌 III.231[17] ③331.

paṭiggāhaka *m.* 〔施物を〕受け取る人 IV.121[13] ④163.

paṭigha *m.n.* いかり,障碍 ~sampayutta-cittaṃ eva labbhati I.22[1] いかり(瞋恚)に結ばれた心だけが得られる ①29. II.149[3] ②195.

paṭighāta *m.* 防御 ~'atthāya II.8[22] 防御するために ②12. **-kāraṇa** *n.* 防衛手段 atthi kiñci **~ṃ** II.6[15] 何か~はあるかね ②9. **-sadda** *m.* こする音 rathassa ummāre **~ṃ** sutvā I.350[15] 車が敷居をこする音を聞いて ①462.

paṭicarati <paṭi-**car** 徘徊する,答えをそらす **~caranto** (*prp.*) III.390[15] 答えをそらして ③550.

paṭi-codeti 対抗して叱責する ~codetha (*imper.*) III.477[3] ~しなさい ③664.

paṭicca *ger.adv.* <pacceti …によって,の

ために nibbānaṃ ～ II.162[12] 涅槃によって ②214. mayā pi cetasā ceto ～ vidito I.120[24] 私によっても〔私の〕心によって〔君の〕心は知られている ①156. guṇa-mahantataṃ ～ I.4[17] 徳が偉大であることによって ①6.

paṭicchati <is 受け取る nâhaṃ ～**cchissāmi** II.16[10] 私は～**らない**だろう ②21. ～**cchiṃsu**(*aor.*) II.164[10] 〔その岩を〕受けとめた ②216. ～**cchitvā** I.157[17] 〔牛どもを〕受け取り ①207. II.85[1] ②112. IV.102[19] ④129.

paṭicchannâkārena *instr.adv.* ひそかに ～ suraṃ nīharāpetvā III.101[1] ～ 酒を運んで行かせて ③143.

paṭicchanna-mahā-yogga *n.* 覆いをかけた大きな乗物 II.151[3] ②198.

paṭicchādanīya *n.* <paṭicchādeti 肉汁, 肉味 I.411[7] ①540.

paṭicchādati *cs.* <paṭi-**ched** かくす, 包む kambale ～**dehi** (*imper.*) II.89[18] 毛布をかくしなさい ②118. ～**detvā** II.184[5] 〔片眼を〕かばって ②241. ～**cchādeyya** (*op.*) III.191[4] かくしてもらいたい ③280. II.241[2] ②314. III.476[11] ③664. IV.98[21], 154[16] ④131, 211.

paṭicchāpeti *cs.* <paṭicchati 受けとらせる, 与える sabbaṃ issariyaṃ ～**pesi** (*aor.*) II.151[8] 全てを自由にする権力を与えた ②198. I.202[19], 382[17] ①267, 503. II.203[18], 272[17] ②267, 352. III.100[8], 145[24], 273[12] ③142, 207, 395.

paṭicchādāpeti *cs.* 蓋わせる palālehi ～**petvā** III.67[10] わらで蓋わせて ③97.

paṭijaggati <paṭi-**jāgṛ** 世話をする, 警護する, 不寝番をする, 整備する, 目覚めて守る vihāraṃ ～**itvā** (*ger.*) I.8[22] 精舎の世話をして ①10. I.13[1], 45[10], 52[3], 63[14], 174[8], 208[8], 290[18], 293[21], 363[15], 376[19] ①16, 61, 69, 84, 226, 274, 378, 383, 478. II.141[3] ②185. III.137[25], 439[7] ③195, 616.

paṭijaggana-bhāva *m.* 醒めた眼で対処していること IV.35[6] ④42.

paṭijaggitabba *gdv.* <paṭijaggati 世話をされるべき III.317[17] ③458.

paṭijānāti <paṭi-**jñā** 自称する, 約束する, 認める dāsī bhavissāmī ti ～**jāniṃ** (*1sg.aor.*) I.21[2] 私は奴隷女になるでしょう, と約束した ①28. ～**jāniṃsu** (*aor.*) II.198[11] 認めた ②259. III.481[6] ③671.

paṭijānāpeti *cs.* <paṭi-jānāti 約束させる ～**petvā** I.203[16] ～**てから** ①268.

paṭijināti 逆転して勝つ ～**jinitvā** I.178[16] ～**って** ①233. me lakkhaṃ ～**jina** (*2sg.imper.*) I.178[19] 私のかけ金を ～**勝って下さい** ①233.

paṭiññā *f.* 自言, 主張, 同意, 約束 manussā tesaṃ ～**aṃ** gahetvā I. 8[21] 人々は彼等(比丘たち)の**ことばを**取り入れて ①10. ～**aṃ** moccessāmi I.88[5] 約束を私ははたそう ①115. I.101[4], 137[7], 203[14], 207[1], 280[1], 343[8], 415[3] ①130, 179, 268, 273, 364, 452, 544. II.114[6] ②152. III.190[2] ③279.

patiṭṭhā *f.* 依所, 足場 II.267[14] ②346.

patiṭṭhāti <pati-**sthā** しっかり立つ sotâpatti-phale ～**ahi** (*aor.*) I.37[9] 預流果にしっかりと立った ①49.

paṭidaṇḍa *m.* 反撃の杖 III.57[14] ③83.

paṭidadāti <pati-**dā** 返す **patidāsi** (*aor.*) II.274[6] 返した ②354.

paṭideti <dadāti お返しをする ～**denti** I.403[20] ①530.

paṭi-devatā *f.* 夫を絶対視する女, 夫を神と考える女 III.145[1] ③206.

paṭinivattati <paṭi-ni-**vṛt** 戻る ～**nivatti** (*aor.*) I.293[4] もどって行った ①382. ～**nivattitvā** (*ger.*) I.217[2] 返ってきて ①285.

paṭipakkha-bhūta *a.pp.* 〔仏教の〕反対者となった sāsanassa ～**ā** I.92[9] 〔仏の〕教えの反対者となっている ①119. **-satta** *m.* 敵対者となった有情 III.49[11] ③71.

paṭipajjati <paṭi-**pad** 向かって歩く, 遂行する ～**jjāhi** (*ipv.2sg.*) naṃ I.6[21] それ(重荷)を引き受けなさい ①8.

paṭipaṇāmeti *cs.* <paṭi-pa-**nam** もどす ～**-nāmesi** (*aor.*)I.409[10] 〔もとの道に〕戻らせた ①538.

paṭipatti *f.* 実践修道, 一歩一歩歩み行くこと ～**yaṃ** ghaṭento vāyamanto II.33[11] ～**に**努め励んで ②44. na ～**ṃ** pūreti II.30[16] ～を満たさない ②39. **-paṭivedha-dhamma** *m.* 実践修道上洞察

すべきものごと(法) **II**.31[16] ②42.

paṭipatha *m.* 反対の道, 対向路, 出会う路, 出迎えの道 **II**.13[7], 88[19], 253[4] ②17, 117, 328.

paṭipassaddha-daratha *a.pp.* <paṭippasambhati 〔長旅の〕疲れがとれた(人) **III**.446[5] ③622.

paṭi-paharati <pa-**hṛ** 打ち返す paharantaṃ ～**paharanto** I.51[4] 攻撃する人に対して攻撃し返して ①68. **IV**.148[5] ④201.

paṭipahiṇati 送り返す kukkute ～**hiniṃsu** (*3pl.aor.*) I.216[12] 鶏どもを送り返した ①285.

paṭipākatika *a.* 回復する ābhā ～**ā** ahosi **IV**.191[5] 光線が回復した ④271. **III**.16[20] ③25. ～**aṃ** karotha (*imper.*) **IV**.105[15] もと通りにしろ ④140.

paṭipāṭiyā *instr.adv.* 順々に ～ pañhaṃ pucchi I.156[8] ～質問なさった ①205. **II**.11[10], 247[5] ②15, 321. **III**.361[2] ③513.

paṭipādeti *cs.* <paṭi-**pad** 受け取らせる, 行道実践させる ～**desi** (*aor.*) I.19[12] 実践させた ①25. piṇḍapātena ～**desi** **IV**.77[19] 托鉢食をさし上げた ④101.

paṭipucchati 反問する ～**cchissāmi** (*ft.*) **III**.204[23] 私は～しましょう ③299. bhikkhū Satthāraṃ ～**pucchiṃsu** I.225[19] 比丘たちは大師に反問した ①295.

paṭippassaddhi-〔samuccheda〕 *m.* 安息による〔捨断〕 I.158[21] ①208. **-vimutti** *f.* 安息(捨断, 止滅捨断による)解脱 I.434[7] ①569.

paṭippassambhati <paṭi-pa-**śrambh** 止息する dohaḷo ～**bhi** (*aor.*) **II**.86[6] 異常嗜好は止息した ②113. I.51[11] ①68. II.139[9], 215[2], 239[13] ②183, 280, 312. **IV**.133[14] 232[21] ④178, 335.

paṭippharati <paṭi-**sphur** 敵対する, 言いかえす **IV**.4[6] ④6.

paṭibaddha *a.pp.* <paṭi-bandhati 結ばれた kiṃ mayhaṃ tayi ～**ṃ** **II**.16[17] 私があなたに何の結びつきがあるのですか ②21. **-citta** *a.* 執心した(者) II.1[16], 49[12], 218[1] ②3, 64, 283. **-cittā** *f.* 執心した(女) aññesu ～ I.296[15] 他の〔男〕たちに～女であり ①387. **-mana** *a.pp.* 心が結ばれた(人) **III**.423[16] ③594.

paṭibāhati <paṭi-**bādh** 排除する, 防ぐ kamma-vipāko nāma na sakkā kenaci ～**hituṃ** (*inf.*) I.127[14] 業の果報というのは誰にも排除することは出来ない ①165. kilesa-māraṃ ～**hanto** (*prp.*) I.317[11] 煩悩魔を排除しつつ ①417. theraṃ ～**hituṃ** (*inf.*) asakkontīsu III.315[2] 上座をことわることができないでいる時 ③454. maraṇaṃ ～**hituṃ** (*inf.*) asamatthatāya III.435[1] 死を拒斥することは出来ないので ③611. II.2[10], 16[1], 71[18], 89[4] ②4, 20, 94, 118. III.2[3], 89[11], 311[7], 437[15] ③4, 127, 450, 614. **IV**.38[15] ④45.

paṭibāhana *n.* 取り除くこと, 排除 **-kāraṇa** *n.* 〔障害を〕取り除く方法 II.236[5] ②309. **-upāya** *m.* 〔障害を〕取り除く方法 II.236[17] ②309.

paṭi-magga *m.* 出会う道, 歓迎する道 ～**ṃ** āgantvā I.214[21] 歓迎する道をやって来て ①283.

paṭi-maṇḍita *a.pp.* 飾られた I.26[19] ①36.

paṭimāneti *cs.* <paṭi-**man** 尊敬を捧げる ～**netvā** III.407[19] ～げて ③574. theraṃ āhārena ～**nesi** (*aor.*) III.430[16] 食事をさし上げて上座に敬意を表した ③604.

paṭimāseti *cs.* <paṭimasati 検察する ～**māse** (*op.*) IV.116[17] ～するがよい ④155.

paṭimukka *a.pp.* <paṭi-muñcati 結ばれた taṃ sīse ～**ṃ** I.394[4] それは頭のところで～ ①518. I.410[10] ①539.

paṭimuñcati <paṭi-**muc** かぶる, 縛る paṭa-kañcukaṃ ～**citvā** III.295[13] 布の覆いをかぶって ③428. ganṭhikaṃ ～**anto** III.353[1] 紐を縛りつつ ③502. ～**citvā** III.374[10] 縛って ③528.

paṭiyatta *a.pp.* <paṭi-**yat** 準備した, 用意された alaṅkata～**ṃ** attano sīsaṃ chinditvā I.5[13] 飾りととのえた自分の頭を切って bahu pāyāso ～**o** hoti I.170[19] 沢山のお粥が用意されている ①221. mahā-sakkāro ～**o** I.329[18] 大きな尊敬(供養)が用意された ①433.

bhikkhā **~ā** I.341[9] 托鉢食が用意された ①449. **~ttān'**eva honti I.393[11] ひたすら用意している ① 517. kīra-yāgu **~ā** II.206[11] 乳粥が~されている ②269. **-bhatta** *n.* 用意された食べ物 II.27[1] ②34.

paṭiyādāpeti *cs.* 準備させる，用意させる bhojanīyaṃ **~pesi** （*aor.*） I.33[11] 軟かい食べ物を準備させた ①44. III.466[1] ③650.

paṭiyādita *a.pp.* <paṭiyādeti <paṭi-**yat** ととのえられた，準備された **~o** I.405[10] 〔尊敬供養の準備は〕ととのった ①533. ~bhāvaṃ ñatvā II.19[13] 用意されているのを知ると ②25.

paṭiyādeti *cs.* <paṭi-**yat** 用意する，ととのえる āsanāni **~detvā** （*ger.*） I.112[3] 坐席を設けさせて ①144. so … sakkāraṃ **~yādesi** （*aor.*） I.208[16] 彼は … 尊敬供養を〔捧げる〕用意をした ①274. imāni pi bhikkhu saṅghassa **~deyyāsi** （*op.*） I.363[18] これらのものも比丘僧団に配って下さい ①478. āhāraṃ **~yādeyya** （*op.*） I.293[10] 食べ物を用意してもらいたいものだ ①382. **~yādetvā** （*ger.*） adāsi I.293[11] 用意して与えた ①382. suraṃ **~desuṃ** （*aor.*） III.100[11] 酒を用意した ③142. II.21[10], 196[14] ②28, 257. III.439[19] ③617.

paṭi-rājan *m.* 敵王 ~rājānaṃ gahetvā I.193[17] 敵王を捕えたなら ①255.

paṭi-rūpa *a.* 適正な(ところ) III.141[25] ③201.

paṭirūpaka *a.n.* 見せかけのもの，似たもの，ふさわしい(人) ~kena bhavitabbaṃ III.56[1] 見せかけのものがあるにちがいない ③81. Sakka**~o** bhavissati I.264[2] 帝釈〔という名に〕ふさわしい人なのでしょうか ①345. putta**~ṃ** maṃ disvā I.29[7] 息子に姿が似た私を見て ①39.

paṭiladdha *a.pp.* <paṭi-**labh** 得た **-assāsa** 安息を得た(人) II.251[10] ②326. **-mahā-lābha** *a.pp.* 大利益を得た **~o** mahā-yodho viya I.109[15] ~大戦士のように ①141.

paṭilabhati <paṭi-**labh** 得る dhuraṃ **~labheyyaṃ** （*lsg.op.*） I.110[5] 重荷(責務)を得たいものだ ①141. imaṃ sampattiṃ **paṭilabhi** （*aor.*） I.34[12] この栄華を得たのか ①45.

paṭilābha-kāraṇa *n.* 〔すぐれた境地を〕得る原因 I.281[2] ①365.

paṭi-lābhayati *cs.* 得させる cakka-yugaṃ **~yāmi** I.29[5] 私は二輪を〔あなたに〕得させます ①39.

paṭivacana *n.* 返事，返答，反論のことば **~ṃ** adāsi I.170[5] 返答をした ①221. III.54[14] ③79. **~ṃ** te dassāmi I.386[12] 私はあなたに返事をしましょう ①508. **~ṃ** apassanto I.404[18] 反論のことばを見出さないで ①532.

paṭivadati 言い返す **~vadeyyu** （*op.*） III.57[13] 言い返すだろう ③83. **~vadeyyuṃ** （*op.*） III.57[20] ③83.

paṭivāta *m.* 向い風，逆風 III.33[25] ③49. **~ṃ** *ac.adv.* 風にさからって I.420[10] ①552.

paṭiviṃsa *m.* （paṭi-aṃsa） 配分 kati **~e** labhissasi I.188[15] 何人分ほしいのかね ①248. III.304[10] ③441.

paṭivijjhati 貫通する，洞察する **~vijjhitvā** **IV**.152[13] **~して** ④208. sabba-ññuta-ñāṇaṃ **~jjhitvā** I.86[13] 一切知者たる智を洞察して ①113. **~jjhissati** （*ft.*） I.334[15] 洞察するだろう ①440.

paṭividdha-sacca *a.pp.* <paṭivijjhati 真理が貫通されている(人) **IV**.152[6] ④207.

paṭivineti 鎮伏する **~vineyyaṃ** （*lsg. op.*） I.265[8] 私は鎮伏しよう ①347.

paṭivissaka *a.* 近隣の(人)，近所に住む(人) I.240[21] ①316. II.262[5] ②340. III.493[3] ③687. **-geha** *n.* 隣の家 I.403[2] ①529. III.155[11] ③223. **-manussa** *m.* 近隣の人 I.377[23] ①496. **-itthī** *f.* 近隣に住む女性 I.47[4] ①63.

paṭivekkhati 観察する **a-ppaṭivekkhiya** （*ger.*） III.181[17] 審察しないで ③265.

paṭivedeti *cs.* <paṭi-**vid** 知らせる upāsakattaṃ **~desi** （*aor.*） IV.234[3] 〔仏教の〕信者であることを宣言した ④337.

paṭivedha *m.* 貫通，完徹，洞察 **~ṃ** ākaṅkhanto I.158[18] 〔修行の〕完徹を期待して ①208. I.292[27] ①381. III.159[19],

386[18] ③231, 543.

paṭivera *n.* 怨みを返すこと kasmā veraṃ ～**ṃ** karotha I.50[15] なぜお前たちは怨みに対して怨み返すことをするのか ①67.

paṭisaṃvediyati paṭidaṃvedeti *cs.* <paṭi-saṃ-**vid** 感受する domanassaṃ ～**desi** (*aor.*) I.179[9] 心の憂いを感受した ①234. ～**vediyamāno** (*prp.*) III.195[23] 感受しつつ ③287.

paṭisaṃharati <paṭi-saṃ-**hṛ** 取り除く taṃ atta-bhāvaṃ ～**haritvā** I.139[16] その自分の身を取り除いて ①183.

paṭisaṅkhobheti *cs.* <**saṃ-kṣubh** 振動させる tīṇi piṭakāni ～**bhetvā** I.248[17] 三蔵〔経典〕を振動させて ①325.

paṭisañcikkhati <paṭi-saṃ-**khyā** 深慮する ～**cikkhitvā** IV.30[6] (*PTS*.paṭicikkhitvā) ～して ④36.

paṭisanthāra *m.* 挨拶 na ～**ṃ** katvā I.33[7] 挨拶をしないで ①43. I.61[16], 123[10], 261[11] ①81, 159, 342. II.60[2] ②78. **-kusala** *a.* 歓迎に巧みな(人) IV.8[13] ④12. **-vuttin** *a.* 親しい友情の生活をもつこと hoti attho ～**inaṃ** I.143[21] ～に意義がある ①188. IV.107[20] ④143.

paṭi-sandhi *m.* <paṭi-saṃ-**dhā** 結生, 再生 hatthi-yoniyaṃ ～**ṃ** gahetvā I.81[2] 象の胎に結生をとって ①105. Sakya-rāja-kule ～**ṃ** gahetvā I.84[18] サクヤ王家に結生をとって ①111. I.363[7] ①477. II.26[1], 139[2] ②33, 182. **-viññāṇa** *n.* 結生の意識(死んだ人から抜け出して, 次の再生体に移って行く識) I.432[13] ①566.

paṭisambhidā *f.* 無碍解, 法・意義・言語・弁才のすぐれた能力 saha ～**āhi** arahattaṃ pāpuṇiṃsu I.13[11] 無碍解とともに阿羅漢の境地に達した ①17. I.24[17], 71[13], 154[15], 247[2] ①32, 94, 203, 323. II.49[6] ②64.

paṭisammodana *n.* 挨拶 ～**ṃ** katvā II.185[8] ～を交わしてから ②242.

paṭisaraṇa *n.* 頼る所, 帰依所 I.216[15], 319[23] ①285, 420. II.15[19] ②20. III.80[7] ③114. IV.39[18] ④47.

paṭisallānârāma *a.* 独坐を楽しむ(人) III.326[3] ③468.

paṭisallīna *a.pp.* <paṭisallīyati 独坐した, 禅思した ～**o** cintesi I.420[13] ～して思った ①552. III.169[17] ③248.

paṭisāmana-ṭṭhāna *n.* 収蔵場所 II.81[12] ②108.

paṭisāmita-kāla *m.* 収めた時 pattaṃ dhovitvā ～**e** II.146[2] 鉢を洗って～に ②191.

paṭisāmeti *cs.* <paṭi-**śam** ととのえる geha-parikkhāraṃ ～**metvā** I.240[18] 家の道具類をたたんで(始末して) ①316. I.410[21] ①539. II.94[19], 140[23], 171[3], 272[16] ②124, 185, 225, 252. III.15[11], 85[5], 408[1] ③23, 121, 574.

paṭisāraṇīya-kamma *n.* 施食に応じて容赦する作法, 下意羯磨(「南伝」4. 28頁) II.75[20] ②101.

paṭisāsana *n.* 返書 ～**ṃ** pesesi I.392[6] 返書を送った ①516.

paṭi-suṇāti 約束する, 同意する ～**suniṃsu** (*aor.*) IV.184[17] 同意した ④260. ～**nitvā** (*ger.*) II.219[2] 約束して ②285.

paṭisedheti *cs.* <paṭi-**śidh** 遮ぎる tattha gamanaṃ ～**etvā** I.45[17] そこに行くのを遮って ①61. ～**dhetuṃ** (*inf.*) dukkhaṃ I.288[9] 止めさせることは困難である ①374. ～**sedhento** (*prp.*) III.424[5] とどめさせて ③595.

paṭisevati <paṭi-**sev** 受ける, 行なう vipākaṃ ～ II.47[10] 果報を受ける ②62.

paṭissava *m.* <paṭi-**śru** 約束, 同意 muñcāmi ahaṃ Bhagavantaṃ etasmā ～**ā** I.120[23] 私は世尊をこの約束から解放いたします(約束はなしにします) ①156.

paṭissuṇāti <paṭi-**śru** 同意する ～**ssuṇitvā** II.261[2] ～して ②339.

paṭissuta *a.pp.* <paṭissuṇāti 同意された, 応諾された ṭhān'antaraṃ ～**ṃ** I.185[19] 別の〔長者の〕地位が約束されました ①244. II.130[5] ②171.

paṭihaññati *ps.* <paṭihaṇti 撃破される pabbata-kucchiyaṃ ～**māno** (*prp.*) I.177[7] 山腹に撃突されて ①231. ～**ññi** (*aor.*) II.184[2] 〔扇の柄が眼のところで〕破裂された ②241. 打ち破られる sīsaṃ ～**ññeyya** (*op.*) II.277[8] 頭が～

かもしれない ②359. III.175[19] ③257.

paṭihananaka *a.* <paṭi-**han** 撃退する ākāse ～ṭṭhānaṃ natthi I.217[5] 空中では ～場所はない ①285.

paṭihanti <paṭi-han 撃破する cakkaṃ ūru-maṃsaṃ ～ I.24[11] 車輪が(牛の)腿の肉を打ち破る ①32. khudaṃ ～**nitvā** II.145[6] 飢を～して ②190.

paṭṭa-vattha *n.* 美布の着物 I.395[13] ①519.

paṭṭhapeti *cs.* <paṭṭhahati 前に置く, 与える dānaṃ ～**pesi** (*aor.*) I.187[5] 施を用意した(与えた) ①246. ～**petvā** (*ger.*) I.8[2] 〔滅尽・衰滅を〕確立させて ①10.

paṭṭhāya *ger.adv.* <paṭṭhahati 以来, 以後 ito ～ tava abhūmi I.63[15] これから先はおまえの土地ではない ①84. ajja ～ I.12[8] 今日以後は ①15. tato ～ I.56[8] それ以後 ①76.

paṭṭhita-patthanā *a.pp.* *f.* <pa-**sthā** 誓願を立てた(女性) IV.57[9] ④69.

paṭhama *a.* Ⓢprathama 第一の, 最初の, はじめの, 初の ～**ṃ** *ac.adv.* 最初に III.67[2] ③97. **-gāmin** *a.* 先導者, 先行者, さきがけ I.35[19] ①47. **-jjhāna** *n.* 第一禅, 初禅 I.156[2], 257[25] ①205, 337. ～**tara** *a.* より先に ～ṃ gantuṃ vaṭṭati I.71[20] より先に行くのがよい(通例である, 適切である) ①95. ～**taraṃ** *ac.adv.* より先に ～ gantvā I.245[13] ～行って ①321. I.377[8] ①495. II.8[18] ②12. **-dassana** *n.* 最初にお目にかかる ～**en**'eva I.139[5] ～だけで ①182. **-divasaṃ** *ac.adv.* 最初の日に I.103[24] ①134. **-bodhiyaṃ** *loc.adv.* 〔世尊が〕覚りを開かれた初期の頃は III.394[4] ③556. ～**m-āgata** *a.pp.* 最初に来た(人) I.39[21] ①53. **-māsa** *m.* 月の初旬 III.66[2] ③95. **-māsa** *m.* 最初の月 ～**e** atikkante I.9[11] ～が過ぎた時 ①11. **-yāma** *m.* 初夜分 ～atikkame I.68[11] ～を過ぎた時(10時) ①91. devo ～**ṃ** vassitvā I.19[21] 神が初夜に雨を降らせて ①26. I.86[10] ①113. **-yobbana** *n.* 最初の青春期 III.409[17] ③576. **-vaya** *n.* 最初の青春期 III.38[21], 131[15], 196[15] ③57, 186, 288. **-saṅghâdisesa-kamma** *n.* 第一僧残罪(③10.註参照) III.5[8] ③9.

paṭhavi *f.* <paṭhavī(*comp.*の前で), 地, 大地 **-udriyana-sadda** *m.* 大地を破る音 III.384[16] ③541. **-ojā** *f.* 大地の滋養素 II.154[4] ②202. III.212[9] ③309. **-kathā-pasuta-pañca-sata-bhikkhū** *m.pl.* 土地の話に熱中した500人の比丘たち I.333[2] ①438. **-kampana** *a.* 大地震動の ～**nāni** mahā-dānāni datvā I.84[11] ～の大施を行なって ①111. **-gata** *a.pp.* 大地に帰る itaraṃ ～**m** eva hoti I.321[9] 他の〔木片〕 は～だけである ①421. **-tala** *n.* 大地の上, 大地の面 III.134[5], 218[20] ③190, 316. **-ppavesana** *n.* 大地に入ること yāva ～**ā** I.133[5] 大地に入るまで ①175. **-maṇḍala** *m.* 大地の円輪 I.412[12] ①542.

paṭhavī *f.* 地, 大地 ～**iṃ** saṅkhipanto saṅkhipanto I.18[13] 大地を簡略に簡略にして(旅程を短く短くして) ①24. **-uddīyana-sadda** *m.* 大地がもち上げられる音 II.100[11] ②132. **-sama** *a.* 大地のような II.178[2] ②234.

piṭhīyati *ps.* <pidahati 閉じられる, 覆われる yassa pāpaṃ kataṃ kammaṃ kusalena ～ III.170[9] その人が為した悪業が善〔行〕 によって閉じられていれば ③249.

paṇamati 敬礼する ～**māmi** te III.89[12] 私はあなたに～します ③127.

paṇava *m.* 小鼓 I.18[14] ①24.

paṇāmeti *cs.* <paṇamati 追放する ～**mesi** (*aor.*) IV.118[16] ～した ④158.

paṇīta *a.* すばらしい ～**enâ**hārena parivisitvā I.8[14] すばらしい食事をもって給仕して ①10. **-bhojana** *n.* すばらしい食べ物 ～**ena** parivisitvā I.112[10] ～を給食し ①144.

paṇuṇṇa-pamāda *a.pp.* 放逸が排除された(人) ～**o** I.259[20] ～人は ①339.

paṇeti <pa-**ni** 〔刑に〕科す, 判決する rājā ca daṇḍaṃ garukaṃ ～ III.482[13] また王は重い刑を科す ③673. na issaro **paṇaye** (*op.*) daṇḍaṃ III.181[17] 自在者(王)は処罰をしないであろう ③265.

paṇḍar'aṅga *m.* 塗灰外道 IV.8[7] ④11.

Paṇḍava-pabbata-pabbhāra *m.* パンダヴァ山の傾斜地 I.85[21] ①112.

paṇḍicca *n.* (paṇḍita-ya) 賢明さ II.127[7] ②167.

paṇḍita *a.* 賢い，賢い人 I.94[18], 228[3] ①123, 298. II.33[8], 195[2] ②44, 255. **-purisa** *m.* 賢明な人 I.78[13], 381[3] ①102, 501. **-manussa** *m.* I.8[16] 賢人 ①10. **-mānin** *a.m.*〔自分を〕賢いと思う（人），〔自分が〕賢者であると慢心を持つ（人） II.30[4] ②39.

paṇḍitatā *f.* 賢明であること attano ～tāya I.164[22] 自分が賢明であったので ①214.

Paṇḍita-dāraka *m.* パンディタ少年 II.139[19] ②183.

Paṇḍita-vagga *m.* 賢者品 II.104[1] ②138.

Paṇḍita-sāmaṇera *m.* パンディタ沙弥 II.127[10] ②168.

Paṇḍu-kambala-silā *f.*〔帝釈天の〕黄色の毛布を敷いた岩 IV.80[8] ④105. I.17[10], 273[11] ①22, 356. II.133[7] ②175. III.217[3] ③314.

paṇḍu-kāsāva *m.n.* 黄色の袈裟衣 III.354[2] ③503.

paṇḍu-palāsa *m.* 黄色い葉，枯葉 III.332[3] ③476. **-vaṇṇa** *n.* 黄色のパラーサの花の色 II.263[16] ②342.

Paṇḍupura *n.* パンドゥプラ（村の名） III.449[20] ③627.

paṇḍu-roga *m.* 黄疸の病 I.25[11] ①34. **-abhibhūta** *a.pp.* <abhibhavati 黄疸に打ち負かされた **～o** I.299[7] ～て ①392.

paṇḍu-rogin *a.m.* 黄疸病患者 III.239[12] ③343.

Paṇṇaka *m.* パンナカ（アノータッタ池に住む龍王の名） IV.129[23] ④174.

paṇṇa-rasa *num.* 一五 ～yojana-bahalaṃ I.17[8] 厚さ一五ヨージャナ ①22. **-soḷasa-vassa-padesikā** *a.f.* 一五，一六の年頃の〔娘〕 I.180[22] ①236. **-soḷasa-vass' uddesika** *a.* 一五，一六歳の年頃の **～ā** hutvā I.388[24] **～の娘**であって ①511.

paṇṇa-santhara *m.*〔落〕葉の敷物 I.170[8] ①221.

paṇṇa-sālā *f.* 葉葺きの庵 **～āya** aggiṃ datvā II.21[23] **～に**火をつけて ②28. I.19[1], 172[1] ①25, 223. II.114[11] ②152.

paṇṇāsa *num.* 五〇 ～yojana-vitthataṃ I.17[7] 横五〇ヨージャナ ①22.

patākā *f.* 旗 **～aṃ** āropetvā III.448[4] **～を**かかげて ③624.

patati **<pat** 落ちる bkūmiyaṃ **patissati** (*ft.*) I.177[8] 地面に落ちるだろう ①231.

patanâkāra-ppatta *a.pp.* 落ちる様子を得た II.1[17] ②3.

patākā *f.* 旗 III.439[13] ③616.

pati-kula *n.* 主人の家 I.48[16], 151[22], 397[13] ①65, 199, 522. II.17[15], 149[11], 261[4] ②22, 196, 339.

paticchati **<iṣ** 受け取る sabbaṃ sāpateyyaṃ **～ccha** (*imper.*) IV.229[16] 全ての財産を受け取りなさい ④330. udakaṃ **～cchitvā** III.153[13] 水を受け取って ③219.

patiññā *f.* 約束，誓言 ahaṃ taṃ **～aṃ** mocetvā I.93[9] 私はその約束をはたしてから ①121. **～aṃ** katvā I.86[8] 誓言をして ①113.

patiṭṭhati, patiṭṭhāti <pati-**sthā** 立つ，確立する，止住する gabbho **patiṭṭhāsi** (*3sg.aor.*) I.3[16] 胎児が宿った ①6.

patiṭṭhā *f.* <pati-**sthā** 依所，足場 amhākaṃ ～ jātā I.292[25] 我々のしっかりと立つところ（土台）となった ①381. na sakkā … **～aṃ** kātuṃ II.91[7] ～を作ることはできないだろう ②120. II.158[17] ②208. III.117[13], 147[24] ③166, 211. IV.117[5], 163[12] ④155, 224.

patiṭṭhāpeti *cs.* <patiṭṭhahati 立たせる，定立させる mokkha-magge **～āpayamāno** (*prp.*) I.4[11] 解脱の道にしっかりと立たせつつ ①6. sotâpatti-phale **～petvā** I.115[13] 預流果にしっかりと立たせて ①149. III.61[7] ③89.

pati-devatā *f.* 主人を守る神格 I.327[15] ①430.

patipīḷana *n.* 圧迫すること III.406[8] ③572.

Pati-pūjikā *f.* パティ・プージカー（主人を尊敬供養する女） I.362[19, 21] ①477.

patirūpa *a.* ふさわしい，適した imaṃ ayyassa dassetuṃ **～ṃ** ārammaṇaṃ I.70[15] これはお聖人に見せるにふさわしい〔観法の〕対境である ①93. kiṃ

pan’etaṃ **～ṃ** I.9[3] しかしそれはふさわしいことか ①11.

patissata *a.pp.* <paṭi-**smṛ** よく憶念した III.86[5], 87[1] ③123.

patīta *a.pp.* <pacceti 喜んだ II.47[10] ②62.

patoda *m.* <pa-**tud** 刺し棒，むち **～ṃ** te karissāmi I.124[3] 刺し棒をおまえに突きさすぞ ①160. III.305[1] ③442. **-laṭṭhi** *f.* 笞杖，刺し棒 I.302[20] ①397. II.38[12] ②51. III.374[9] ③528. IV.216[25] ④294. **-saññā** *f.* むちの合図 III.69[3] (*PTS.*は, pada- saññāya) ③99.

[1]**patta** *a.pp.* <pāpuṇāti 得た，すでに得た，達した nâpi **～ehi** parihāyati I.286[1] すでに得ているものからも衰退しない ①372. taṃ kiccaṃ **～o** I.122[1] その為すべきことの〔頂点〕に達した ①157 **-abhiseka** *a.pp.* 灌頂即位した（人） IV.84[1] ④109. **-koṭṭhāsa** *a.pp.* 得た分，鉢の分 III.367[18] ③521. **-sabbaññuta-ñāṇa** *a.pp.* 一切を知る智を得た（人） IV.71[20] ④93.

[2]**patta** *m.n.* Ⓢpātra 鉢，器 **-cīvara** *n.* 鉢と衣 gaṇhatha **～ṃ** I.9[17] 鉢と衣を持って下さい ①12. I.62[19] ①83. **-cīvara-gāhaka** *m.* 衣鉢を受け継ぐ人 Satthu **～e** tiṭṭhante II.100[14] 大師の～が存命中は ②132 **-pacana** *n.* 鉢の熱湯消毒 II.167[7] ②220.

[3]**patta** *n.* 葉 **-puṭa** *m.* 葉の容器 III.206[19] ③302.

patti *f.* 得るもの，利得，廻向 taṃ **～ṃ** katvā II.4[8] それを得るものとして（それを廻向して） ②6. ahaṃ te ito **～ṃ** dammi I.197[15] 私はここから〔生ずる，功徳の〕成果を君にあげるよ（回向するよ） ①261. I.103[21], 104[6,11], 269[5] ①134, 135, 352. III.63[4] ③91. IV.18[15], 122[17], 200[13] ④22, 165, 285.

[1]**pattika** *a.* 回向を得る（人） **～ā** jātā I.271[1] **～女**となった ①354. II.198[11] ②259.

[2]**pattika** *a.m.* 歩き **～ā** va I.385[16] 歩きだけで ①507.

pattha *m.* （桝目の単位） パッタ（一ドーナの一六分の一） II.154[2] ②202. III.252[18] ③364. **～’odana** *m.n.* 一パッタの〔釜〕飯 **～ṃ** paciṃsu I.204[18] **～を**炊いた ①270.

patthaṭa *a.pp.* <pattharati 拡げられた **～e** guṇa-samudaye III.178[6] 徳が集まり起こることが拡大された時 ③260. **～o** eko piṭṭhi-pāsāṇo atthi II.56[18] ～一つの平板の岩石がある ②74. III.53[12] ③77.

patthanā *f.* <pa-**arth** 願い，希望，願 **～naṃ** katvā I.3[15] お願をして ①6. I.47[20]. 110[16], 112[20], 134[14], 211[6] ①64, 142, 144, 176, 278. II.266[16], ②345. III.304[14], 369[5], 450[9] ③442, 522, 627. IV.121[18] ④163.

patthayati, pattheti <pa-**arth** 欲求する，望む yo tvaṃ **～ayase** a-patthiyaṃ I.29[18] およそあなたが望み求めるものは望み求められない ①39.

pattharati <pa-**stṛ** 拡げる ñāṇa-jālaṃ **patthari** （*aor.*） I.26[9] 智の網を拡げた ①35. III.66[20] ③96.

patthita *a.pp.* <pattheti <pa-**arth** 欲求した，希求した **-kamma** *n.* 〔自分が〕求めた行為（性交） **～ṃ** katvā II.49[19] **～を**してから ②65. **-patthana** *a.pp.* 願を立てた（人） II.267[1] ②345. **-patthanā** *a.* I.392[14] **願いを求めた女** ①516. I.417[12] 願いを求めていた願い ①547.

pattheti <pa-**arth** 欲し求める，望む agga-sāvaka-ṭṭhānaṃ **patthitaṃ** （*pp.*） I.111[8] 最高の声聞の地位が望み求められた ①143. dutiya-sāvaka-ṭṭhānaṃ **patthehi** （*2sg.imper.*） I.111[8] 第二の声聞の地位を求めなさい ①143. **patthesiṃ** （*1sg.aor.*） I.111[19] 私は求めた ①143.

pada *n.* Ⓢpad 足，歩，処，句 vahato **～ṃ** I.3[4] 牽獣の足に〔ついて行く〕 ①4. vyañjana**～ṃ** I.2[4] 文や語句 ①4. **-anupadika** *a.* …の歩みに従って歩む（者） therānaṃ **～ā** hutvā II.94[15] 上座たちの**～者たちと**なって ②124. **-anupadikaṃ** *ac.adv.* 足跡通りに ～ vicarantenâpi I.290[23] ～行じても ①378. **-anusārena** *instr.adv.* 足跡をつけて行って II.38[19] ②51. **-cetiya** *n.* 足の塔廟，足跡 tattha **～ṃ** dassetvā

I.200[12] そこに～を示して(残して) ①264. III.194[12] ③284. **-nikkhepa** *m.* 足跡 II.172[16] ②227. **-bhāṇa** *m.* 経典,法句の読誦,語句〔の意味〕を語ること sukathito te **～o** II.95[17] 君の～はよく語られた ②126. III.345[16] ③493. IV.18[11] ④22. **-lakkhana** *n.* 足跡の相 **～ṃ** upadhāretvā I.201[3] ～を思案して ①265. **-valañja** *m.* 足跡 I.201[1] ①265. II.38[18], 124[5] ②51, 163. III.26[1], 194[18] ③39, 285. **-sadda** *m.* 足音 **～ṃ** akāsi I.18[1] 足音をたてた ①23.

padakkhiṇa *a.* 右まわり, 右繞 tikkhattuṃ **～ṃ** katvā I.93[12] 三度～をして ①121. **-ggāhin** *a.* 右手ききの,取るに巧みな,理解のよい(者) II.105[15] ②139.

padara *n.* 板 **～āni** datvā II.55[15] 板を渡して ②72. II.55[21] ②73. III.296[10] ③430.

padahati <pa-**dhā** 努力する **～hitvā** IV.26[2] ～して ④30.

padāleti *cs.* <pa-**dal** 砕破する **～letvā** III.463[13] ～して ③646.

paduṭṭha *a.pp.* <padussati 汚される,汚された I.23[11] ①31. manasā ce **～ena** bhāsati I.3[3] もし邪悪な意をもって語るならば **-kammanta** *m.* 邪悪なことを行なう者 I.146[3] ①190. **-citta** *a.pp.* 邪悪な心の(者) II.164[8] ②216.

paduma *n.* 紅蓮 I.244[3] ①319. **-kaṇṇikā** *f.* 蓮の耳のあたり, 蓮の縁 I.441[14] ①578. **-gaccha** *m.* 蓮華の群生 I.274[10] ①357. **-gabbha** *m.* 紅蓮の萼(がく) II.241[3] ②314. **-puppha** *n.* 紅蓮の花 III.426[18] ③599. **-lakkhaṇa** *n.* 蓮華の紋様 III.373[12] ③527.

Paduma *m.* (仏の名) パドゥマ(過去24仏の第8) I.84[4] ①111.

Paduma-niraya *m.* 紅蓮地獄 IV.91[6] ④119.

Padumuttara *m.* (仏の名) パドムッタラ(蓮華上仏陀, 過去24仏の第10) I.84[4], 99[8], 417[17] ①111, 128, 547. II.48[4], 112[17], 169[7], 266[11] ②63, 150, 223, 345. III.146[4] ③208. IV.57[9] ④69.

padussati 邪悪をなす **～ssitvā** III.69[17] ～をなして ③100. **～ssanto** (*prp.*) III.69[18] ～をなして ③100. III.33[4] ③48.

padussamāna (*Vri.*) *prp.* <padussati (*PTS.*paduṭṭhamāno) 悪事をなす, 悪意がある **～o** I.179[9] 邪念のある人が ①234.

padesa *m.* Ⓢpradeśa 区域, 場所 sayaṃ pi ekam **～ṃ** gahetvā I.83[18] 自分も一つの区域を得て ①110. **-ñāṇa** *n.* 限定された智(菩薩の智) I.447[4] ①585. **-rājan** *m.* 地方の(世俗の) 王 I.380[23] ①500.

padosa *m.* 怒り III.287[1] ③417.

padhāna *n.* <pa-**dhā** 精勤, 努力 **～ṃ** padahanto II.12[20] ～に努めて ②17. I.287[9] ①373. **-cariyā** *f.* 〔六年間の〕精勤の行 III.441[12] ③618.

Padhāna-kammika-tissa-tthera *m.* 〔急に〕精勤を行なうティッサ上座 III.407[9] ③574.

Padhānika-tissa-tthera *m.* 精勤のふりをするティッサ上座 III.142[14] ③203.

panattar *m.* ひ孫 I.408[7] ①537.

panasa *m.* パンの木 I.63[1] ①83.

panidhāna *n.* 誓願 III.441[9] ③618.

panudati <pa-**nud** 除く kāme **panuda** (*imper.*) IV.139[5] 諸々の欲望を除きなさい ④185. etaṃ puññañ ca pāpañ ca ... **～nuditvā** III.393[6] この善と悪とを除去して ③554.

panta *a.m.* 辺境の, 辺地 III.237[11] ③339.

pantha *m.* 路 **～e** jātattā I.241[5] 路で生まれたので ①316. **-ghātaka** *m.* 大道の賊, 追い剥ぎ IV.53[24] ④60. **-senâsanâbhirata** *a.m.* I.8[2] 辺境の臥坐所を大いに喜ぶ(者) ①10.

Panthaka *m.* (子の名前) パンタカ(路で生まれた者) I.241[5] ①316.

panna-bhāra *a.pp.* <**pat** 重荷がおろされている(人) IV.168[1] ④231.

papañca *m.* Ⓢprapañca 障碍, 戯論, 迷執 tava **～o** bhavissati I.18[7] あなたに障碍があるでしょう ①24. I.108[5], 184[4], 207[8] ①139, 241, 273. III.429[15] ③603. **-abhirata** *a.pp.* <abhiramati 迷執を大いに喜んだ(人) III.378[12] ③534. **-samatikkanta** *a.pp.* 迷妄を乗り越えて

行った(人) III.251[18] ③363.

papañcaka *a.* ふり，そぶり **〜ṃ** katvā II.190[10] 〔用をたす〕そぶりをして ②250.

papañceti *denom.* <papañca 迷執をもつ suvaṇṇa-lobhena **〜centānaṃ** yeva I.198[21] 黄金への欲にかられて迷い執われている者たちの ①263.

papaṭikā *f.* 断片 II.164[10] ②216.

papā *f.* Ⓢprapā 井戸 III.349[8] ③497.

papāta *m.* 崖 **〜e** khipa I.177[6] 崖に落しなさい ①231. **-taṭa** *m.* 断崖絶壁 I.73[25] ①97.

papupphaka *a.n.* 花で飾った(もの) chetvāna Mārassa **〜āni** I.336[20] 魔が花で飾ったものを切断して ①443.

pappoti = pāpuṇāti 得る 〜 vipulaṃ sukhaṃ I.257[14] 広大な楽を得る ①336.

pabujjhati <pa-**budh** 目をさます māṇavo **〜jjhitvā** I.252[7] 学生が目をさまして ①329. II.20[2], 54[3], 254[17] ②25, 70, 330. III.371[12] ③525.

pabuddha *a.pp.* 目をさました **〜o** III.305[17] 〜して ③443. III.149[15] ③214. **-kāla** *m.* 目覚めた時 III.142[23] ③203.

pabodhana-codana-kamma *n.* 〔朝、人々の〕目をさますのと,〔人々に仕事につくように〕督励する仕事 I.232[14] ①304.

pabba *n.* 節, ふし IV.208[19] ④296.

pabbajati <pa-**vraj** 出家する **〜jissāmi** (*1sg.ft.*) I.67[15] 私は出家しよう ①90. **〜jiṃsu** (*3pl.aor.*) I.90[12] 出家した ①117. **〜jissām'** evâhaṃ (*1sg.ft.*) I.7[12] 私はひたすら出家するであろう ①9. ahaṃ **〜jeyyaṃ** (*1sg.op.*) I.243[1] 私は出家したいのです ①318. **〜jitu-kāmo** (*inf.*) I.243[5] 出家することを欲しています ①318. I.6[14,22], 68[1,4] ①8, 90.

pabbajita *a.pp.m.* <pabbajati 出て行った，出家者 IV.144[17] ④196. kilesa-malānaṃ **〜ttā** IV.145[4] 煩悩の垢から去って行ったので ④188. I.8[5], 56[12], 128[15], 229[18] ①10, 76, 167, 300. **-kāla** *m.* 出家した時 tesaṃ **〜to** paṭṭhāya I.90[13] 彼等が出家した時以後 ①117. **-kicca** (*a.gdv.*) <karoti 出家者の為すべき務め **〜ṃ** matthakaṃ pāpetuṃ sakkhissati I.69[19] 〜を頂点に到達させることが出来るであろう ①92. I.121[22], 244[16], 261[13], 296[19] ①157, 320, 342, 387. II.125[12], 158[7], 240[15] ②165, 207, 313. III.111[16] ③159. IV.116[15] ④155. **-parikkhāra** *m.* 出家者の必需品 III.243[19] ③350.

pabbajjā *f.* <pabbajati 出家, 出家の状態, 出家の生活 I.6[5,15], 7[14], 67[17], 243[2] ①8, 9, 90, 318. 〜**'antarāya** *m.* 出家への障碍 **〜o** jāto I.73[15] **〜が生じた** ①96. karissanti nu kho tassa **〜ṃ** I.73[18] 〔彼女たちは〕一体彼に〜を作るであろうか ①96. **-kicca** *a.gdv.* <karoti 出家として為すべきこと II.144[11] ②189.

pabbata *m.* Ⓢparvata 山 **-anusārena** *instr.adv.* 山の〔崖に〕そって I.177[11] ①231. 〜**'anta** *m.* 山の端 II.221[9] ②288. **-kucchi** *f.* 山腹 I.177[6] ①231. III.182[2] ③266. **-gahaṇa** *n.* 山のやぶ **〜ṃ** gantvā I.232[2] 〜に行き ①303. **-ṭṭha** *a.* 山に立った **〜o** va I.259[13] 〜人のように ①339. **-pāda** *m.* 山麓 **〜ṃ** pavisitvā I.105[16] 〜に入って ①136. I.108[4] ①139. **-matthaka** *m.* 山頂 **〜e** ṭhatvā I.177[9] 山頂に立って ①231. II.219[16] ②286.

pabbājaniya-kamma *n.* 追放の刑罰，駆出羯磨 II.109[8] ②144.

pabbājeti *cs.* <pabbajati 出家させる，追放する imaṃ dārakaṃ **〜jehi** (*2sg.imper.*) I.243[7] この子を出家させなさい ①318. **〜jesi** (*aor.*) I.243[8] 出家させた ①319. raṭṭhā **〜jetvā** I.254[3] 国から追放して ①331. maṃ **〜jeyya** (*op.*) II.41[20] 私を追放するかもしれない ②56. raṭṭhato **〜jetu** (*imper.*) II.41[22] 〔私を〕国から追放しなさい ②56. **〜jaye** (*op.*) attano malaṃ IV.145[8] 自分の垢を出て行かせなさい ④196. **〜jetvā** pesetuṃ vaṭṭati I.14[20] 出家させてから送るがよろしい ①19. tena hi Nandaṃ **〜etha** (*2pl.imper.*) I.116[14] それでは君たちはナンダを出家させなさい ①150. **pabbājite** (*pp.loc.*) ca pana kumāre I.117[13] しかしまた童子

が出家させられた時 ①152.

pabbhāra *m.* 斜面 II.59[12] ②78. III.223[6] ③322. IV.170[2] ④235. **-ṭṭhāna** *n.* 斜面の場所 I.373[11] ①490.

Pabbhāra-vāsi-tissa-tthera *m.* 洞窟に住むティッサ上座 IV.169[19] ④235.

pabhaṅguṇa *a.m.* 壊れ易い，崩壊するもの，破壊，壊滅 I.179[17] ①235. III.70[8], 110[15] ③101, 156.

pabhassara *a.* <pa-**bhās** かがやく，清浄の，極光浄の I.23[18], 28[19] ①31, 38. III.214[16] ③312.

pabhāveti *cs.* <pa-**bhū** 現わす，見させる **〜vento** (*prp.*) III.220[5] 〔供養に値いする人を〕見出させるために ③318.

pabhāseti *cs.* <pa-**bhās** かがやかす，照らす so imaṃ lokaṃ 〜 III.169[3] その人はこの世間を照らす ③246. 明らかにする IV.137[4] ④182.

pabhijjati *ps.* <pabhindati 破られる kilesā ca **〜iṃsu** I.12[17] また諸煩悩が破られた ①16. I.319[10] ①419.

pamajja *a.* <pa-**mad** おろそかにする **〜m** akāsi (*Vri.*) I.340[10] (*PTS.* papañcam akāsi) 〔つとめを〕おろそかにした ①447.

pamajjati <pa-**mad** 酔う，放逸となる kiṃ-kāraṇā tvaṃ **〜jjasi** I.11[13] なぜ君は放逸であるのか ①14. I.115[12], 272[12] ①149, 355. II.268[8] ②347.

pamatta *a.pp.* <pamajjati <pa-**mad** 放逸な，わがままな **〜ssa** ca nāma cattāro apāyā I.9[6] 放逸の者にはいわば四つの苦界がある ①11. I.157[2], 227[19], 228[2] ①206, 298. III.452[7] ③361.

pamāṇa *n.* 限量，許される限度，計(はかる)，量，器量，基準 attano **〜m** na jānātha I.424[1] 君たちは自分の量(許容限度) を知らない ①557. 〜ṃ akatvā III.168[4] 時刻をはからないで ③245. maṃ 〜ṃ katvā III.300[14] 私を基準(手本)にして ③436. gala〜e udake ṭhapāpehi I.43[2] 首のところまで水につけて立たせなさい ①57. I.38[1], 349[8] ①50, 460. III.8[22] ③14. **-ṃ-sukha** *n.* 量的な安楽 III.449[4] ③626. **-jānana** *n.* 分量を知ること III.238[4] ③340.

pamāda *m.* 放逸，不注意，無頓着 **〜o** ti pamajjana-bhāvo I.228[23] 放逸とは放逸(酔った) 状態である ①299. I.47[13], 187[3], 228[1], 256[2], 280[17], 361[15] ①64, 246, 298, 335, 364, 475. **-cāra** *a.m.* 放逸な修行 **〜ṃ** carituṃ na vaṭṭati I.290[20] 放逸に修行を行なうのはよろしくない ①378. **pamāda-ṭṭhāna** *n.* 放逸処，放逸の原因 IV.32[6] ④38. **-vihārin** *a.* 放逸に住する者 **〜rino** ubhayattha tappanti yeva I.150[9] **〜たちは**両方のところで焼かれるだけである ①195. I.158[6] ①208.

pamādin *a.m.* 放逸の，放逸の者 **〜mādino** hutvā I.222[10] 放逸であって ①292.

pamādena *instr.adv.* うっかりして III.46[9] ③66.

pamādo *aor.2sg.* <pamajjati mā 〜 IV.107[1] 君は放逸であってはならない ④142.

pamukha *a.* 筆頭とする，上首とする Anātha-piṇḍka**〜ā** pañca ariya-sāvaka-koṭiyo I.62[17] 給孤独(長者) を筆頭とする五〇〇〇万人の聖たる声聞は ①83. Aññā-koṇḍañña**〜e** I.87[5] アンニャー・コンダンニャをはじめとして ①114.

pamuṭṭha *a.pp.* <pamussati 失念した **〜o** II.134[10] ②177. II.194[1] 忘れられた ③254.

pamudita *a.pp.* <pamodati 大いに喜んだ **〜o** eva hoti II.107[18] ひたすら大喜びするだけである ②142.

pamuyhati <pa-**muh** 昏迷する **〜muyhāmi** I.217[11] 私は強く迷っている ①286.

pamussati <pa-**mṛṣ** 忘れる attano āvudhaṃ **〜ssitvā** I.348[5] 自分の武器を〔そこに〕忘れてきて ①459. II.193[19] ②254.

pamokkhati *ft.* <pamuñcati 脱するであろう III.402[14] ③566.

pamodati <pa-**mud** 喜ぶ，満足する appamāde **〜anti** I.228[4] 不放逸を喜ぶ ①298. I.230[8] ①301.

pamohana *n.* うろたえるもの，だますもの III.402[8] ③566.

pammuṭṭha *a.pp.* <pamussati 忘れた I.410[19] ①539.

pammussati <pa-**mṛṣ** 忘れる pasādhanaṃ ~**ssitvā** gatā I.410[23] 装身具を忘れて行った ①539.

payata-pāṇin *a.* 手を洗った(者)，浄手者(恭しく手ずから施すために常に手を浄め洗っている者，「南伝」62, 442頁) I.265[5] ①347. I.421[19] ①553.

payāta *a.pp.* <payāti 進んで行った IV.49[12] ④53.

payirupāsati <pari-upa-**ās** 尊敬して仕える na ~**seyya** (*op.*) II.111[17] ~べきではない ②148. ~**setha** (*imper.*) II.111[18] ~**仕えよ** ②148. II.30[9] ②39. III.219[10], 272[15] ③317, 394.

payutta *a.pp.* <pa-yuñjati 配備された ~**ā** I.193[9] ~〔家来たち〕 ①255. **-purisa** *m.* 〔たくらんで〕採用した者 I.353[19] ①465.

payuttaka-cora *m.* やとわれた盗賊 ~**ā** palāyiṃsu I.354[4] ~どもは逃げた ①466.

payoga-karaṇa *n.* 努力をすること III.238[6] ③340.

payojita *a.pp.* <payojeti 準備された，適用された imāhi rañño ~**āhi** bhavitabbaṃ I.237[8] この女たちが王をうまく利用したにちがいない ①311.

payojeti *cs.* <pa-yuñjati 従事する，適用する kammaṃ ~**jessāmi** (*ft.*) III.431[5] 私は仕事をしよう ③605. vāṇijjaṃ ~**jento** (*prp.*) III.465[17] 商売に従事して ③649. dhanaṃ ~**jetvā** II.10[5] 財物を**適用して** ②14.

para *a.prep.* 他の **paresaṃ** (*dat.gen.pl.*) dhamma-desan' attham eva I.5[15] 他の人々に法を説くためにのみ〔波羅蜜を満たした〕 ①7. ~**ṃ** na samādapeti I.78[1] 他の人に〔施をすることを〕奨励しない(勧導しない) ①101. ~**'aṇṇa** *n.* 後食(穀物，野菜) III.118[12] ③168. ~**'anuddayā** *f.* 他の人を憐むこと ~**yāya** II.66[8] ~**憐んで** ②87. ~**'upaghātin** *a.* 他を悩害する(者) III.237[8] ③339. **-kuḍḍa** *a.* 壁の向こう ~**e** I.405[23] ~**に** ①533. **-cakkavāḷa** *a.* 鉄囲山の向こう ~**e** I.405[23] ~**に** ①533. **-citta** *n.* 他人の心 tvaṃ ~**ṃ** jānāsi I.294[9] あなたは他人の心を知るのですか ①384. **-tīra** *n.* あちら岸 II.264[8] ②342. **-ttha** *adv.* 他の処で，来世に so hoti sukhī ~ III.188[28] 彼は来世に安らぎをもつ者となる ③277. **-dattûpajīvin** *a.* 他人の施で生活する(人) IV.99[18] ④132. **-dārûpasevin** *a.* 他人の妻に近づき親しむ(者) III.482[8] ③673. **-dāra-kamma** *n.* 他人の妻との〔淫〕業 ~**ṃ** katvā I.327[9] ~**を行なって** ①430. **-dāra-sevanā** *f.* 他人の妻に親近すること III.482[6] ③672. **-dukkhûpadhāna** *n.* <upa-**dhā** 他人に苦を与えること III.449[17], 450[25] ③627, 628. ~**m-maranā** *abl.adv.* 死後に I.102[18] ①132. ~**m-mukhā** *abl.adv.* 面と向かわないで II.109[21] ②145. **-lābha** *m.* 他人の所得 IV.96[19] ④127. **-loka** *m.* 別の世，他の世 I.6[11] ①8. 他の世間，死後の別の世間 I.67[14] ①90. **-lok'atta-bhāva** *m.* 他の世の自分の身(状態) I.105[6] ①136. **-vajjânupassin** *a.* 他人の罪過を詮索する(者) III.376[6] ③531. **-vāda-mocan'atthaṃ** *ac.adv.* 他の説から逃れるために(避けるために) III.145[19] ③207. **-visaya** *m.* 他の領域，他国 ~**ṃ** patvā I.137[11] ~**に到達すると** ①180. **-santaka** *a.* 他人の所有の(布) III.172[3] ③252. **-sela** *a.* 岩の向こう ~**e** I.405[23] ~**に** ①533. **-hattha-gata** *a.pp.* 他人の手に行く ~**ṃ** kareyya I.318[6] ~**ことを**しているだろう ①417. **-hetu** *adv.* 他人のために II.158[20] ②208.

parakkamati <para-**kram** 努める，はげむ ~**kkame** (*op.*) III.484[13] 励むがよい ③676. IV.139[5] ④177.

parajjati 負ける putto jināti, itaro ~ III.455[19] 息子が勝ち，一方の者は負ける ③637.

parato *abl.adv.* 後ろの，向こうの III.26[1] ③39.

purattha *adv.* Ⓢpurasta 前，東方 ~ abhimukho nisīditvā I.86[8] 東方に向いて坐って ①113.

Parantapa *m.* (王)パランタパ(コーサンビーの王) I.164[3], 166[23] ①213, 216.

parama *a.* 最高の，最勝の，第一の

~'appiccha-santuṭṭha *a.pp.* 最高の少欲知足の(者) **~o** hutvā I.284[16] ~のものとなって ①370. **-dukkara** *a.* 最高に行ない難い I.142[19] ①187. **-vodāna-ppatta** *a.pp.* 最勝の清浄を得た(人) II.103[13] ②136. **-sukhumāla** *a.* 非常に繊細な(人) IV.124[4] ④166.

paramattha *a.m.* 第一義, 最勝の **-sacca** *n.* 第一義の真実 III.403[4] ③567. **-sacca-pakkhika** *a.* 第一義の真理の側面である〔言葉の真実〕 I.82[16] ①108. **-sāra** *m.* 第一義の核心 I.114[13] ①147.

paramparā *abl.adv.* 相続して ~ābhatā Attha-vaṇṇanā I.1[13] 意味の注釈は相伝してもたらされた veḷu**~āya** III.200[7] 竹をつないで ③293.

para-suve (*Vri.*) *loc.adv.* 明後日に IV.170[14] ④236.

parājaya *m.* <parā-**ji** 負け tass'eva **~o** hoti I.134[2] 彼だけが負ける ①176. II.228[5] ②296. III.259[4] ③374.

parājiyati *ps.* 負かされる **~māno** (*prp.*) 負かされて III.184[11] ③270.

parājeti <parā-**ji** 打ち負かす n'eva rājā nāgare **~jetuṃ** (*inf.*) sakkhi II.196[17] 王は都城の住民たちを決して負かすことが出来なかった ②257. III.183[20] ③270.

parāmāsa *m.* 妄執 IV.63[3] ④78.

parikaḍḍhati <pari-**kṛṣ** 引き入れる mahogho viya **~ḍḍhamāno** yeva III.432[14] 大暴流がまさに運び去る(引き入れる)ように ③608.

parikamma *n.* 予備修行, 予備作業 ~mahantatāya I.96[14] ~が大きいからである ①124. mahantaṃ **~ṃ** laddhuṃ vaṭṭati I.96[17] 多大な~をすることが必要(適切)である ①124. I.333[14] ①438. II.7[13] ②10. III.427[5] ③599. IV.191[17], 227[24] ④271, 327.

parikara *m.* <pari-**kṛ** 帯, こしまき **~ṃ** mocetha I.352[17] ~を解いてみよ ①464. **-bandha-ṭṭhāna** *n.* 帯(こしまき)を結ぶ場所 **~e** vinivijjhitvā I.352[12] ~で貫通してから ①464.

parikassati <pari-**kṛṣ** 運び去る mahogho viya **~ssamāno** II.275[1] 大暴流が~ように ②355.

parikkhati <pari-**īkṣ** 調査する, 観察する **~kkhitvā** I.439[4] 調査をしてから ①575. III.413[11] ③581.

parikkhaya *m.* 滅尽 **~ṃ** va ñātīnaṃ I.179[17] 親族たちの滅尽に〔あう〕 ①235. **~ṃ** gamissanti I.367[18] 〔食料品は〕すっかりなくなってしまうだろう ①484. pūvā **~ṃ** na gacchanti I.373[9] 饅頭はなくなって行きません ①490. III.70[8] ③101. IV.140[16] ④188.

parikkhāra *m.* 資具 生活の必需品, 用具 ~gahaṇaṃ āpucchitaṃ I.38[17] 生活必要品を手に入れることを質ねられたか ①52. aṭṭha **~ā** kāye paṭimukkā va ahesuṃ I.109[26] 八つの用具(三衣・鉢・剃刀・針・帯・水・こし器)が身にもう結ばれていた ①141. I.61[7] ①81. III.15[8], 139[17], 433[7] ③23, 198, 608. IV.27[20] ④33. **-paṭijaggana** *n.* 生活資具の手入れ III.347[17] ③495.

parikkhitta-bhāva *m.* 囲まれていること III.65[23] ③95.

parikkhipati <pari-**kṣip** 囲う aṭṭhahi **~pitvā** gahito kiṃ karissati I.73[23] 八人が囲んでつかまえられては, どうしましょうや ①97.

parikkhīṇa-vibhava *a.pp.* 財産が消滅した **~o** daḷiddo II.84[9] ~して困窮している ②111.

parikhā *f.* 濠, ほり I.317[3] ①416. III.488[16] ③681. IV.104[9] ④138. **-piṭṭha** *n.* 濠の背 **~e** caramāno I.123[9] ~を歩きながら ①159.

parigaṇhāti <pari-**grah** 捕える, 取る ~**gaṇhissāmi** (*1sg.ft.*) naṃ I.68[17] 私はその人を確認しよう ①91. **~gaṇhituṃ** (*inf.*) asakkontī I.68[18] 確認することが出来ないで ①91.

parigilati <pari-**gir** のみこむ so vacanaṃ **~lanto** viya I.368[10] 彼は言葉を呑みこむようにして ①485.

parigūhati <pari-**guh** かくす santaṃ ~**hanti** I.341[21] あるものをかくす ①450.

pariggahīta *a.pp.* <parigaṇhāti <pari-**grah** 捕えられた, 取られた amanussa~**ā** aṭavī atthi I.13[15] 非人に占拠された森がある ①17.

pariggaheti *cs.* <parigaṇhāti 抱く maṃ ~**hetvā** netha III.106[4] 私を抱きかかえて〔そこへ〕連れて行きなさい ③151.

parighāsa *m.* 牧草 III.325[7] ③467.

paricaya *a.m.* <pari-**ci** 親しい，親密 mayhaṃ Buddhehi saddhiṃ ~**o** natthi I.111[21] 私は仏さまと親しくしたことはありません ①143. ~**ṃ** akāsi III.456[3] 親しんだ ③637.

paricarati <pari-**car** 奉仕する ~**tabbo** （*gdv.*） I.398[3] 〔火は〕奉仕されるべきである ①522. aggiṃ ~ III.193[16] 火に奉仕する ③284. tava sahāyakaṃ ~**carāhi** （*imper.*） III.309[2] あなたの友達につかえて下さい ③447.

paricāraka *a.m.* 給仕する者 世話，給仕，召使い，給仕人 I.138[6] ①181. II.217[14] ②283. III.308[10] ③446. IV.153[4] ④209.

paricārikā *f.* 召使いの女，給仕女，侍女 ~**cārikāyo** （*nom.pl.*） bhikkhūnaṃ bhattaṃ datvā I.354[12] **~たちは**比丘たちに食事をさし上げて ①466. I.232[23], 275[10] ①305, 358. III.24[13], 292[3] ③37, 425.

paricāreti *cs.* <paricarati 仕える ~**rema** III.196[12] 私どもはお仕えします ③288.

paricita *a.pp.* <pari-**ci** 積んだ，慣れた Buddhehi saddhiṃ **a**~manussā I.378[2] 仏さまと〔親交を〕積んでいない人々は ①496. Buddhânussati~ttā III.457[1] 仏陀を憶念することに慣れていたので ③638.

paricumbati <pari-**cumb** キスする mukhena ~**banto** I.407[4] 口でキスして ①535. ~**bitvā** I.330[13] キッスして ①434.

pariccajati <pari-**tyaj** 捨てる，あまねく捨てる，施捨する putta-dāraṃ ~**jitvā** （*ger.*） I.5[14] 子や妻を捨てて ①7. attano jīvitaṃ Tathāgatassa ~**ccaji** （*aor.*） II.42[1] 自分の生命を如来に施捨した ②56. I.83[13], 84[12], 338[13], 416[10] ①110, 111, 445, 546. II.26[15] ②34.

pariccatta *a.pp.* <pariccajati 捨てられた ~**o** dāni ahaṃ samaṇena Gotamena I.140[4] 今や私は沙門ゴータマによって捨てられた ①183. I.82[18], 226[13], 411[17] ①108, 296, 540. II.86[23] ②114. III.186[1] ③272.

pariccāga *m.* <pariccajati 施捨 II.86[15], 230[7] ②114, 299. IV.75[2] ④91.

paricchijjiyamāna *ps.ppr.* 区切られた，限定されている I.22[1], 35[15] ①29, 47.

paricchindati <pari-**chid** 確定する，決定する sattānaṃ cittaṃ ~ I.440[13] 有情たちの心を~ ①577. na sakkā ~**cchindituṃ** （*inf.*） III.361[5] **~することは出来ないだろう** ③513.

paricchinna *a.pp.* <paricchindati 限定された，区画された ~**āya** khuddaka-soṇḍiyaṃ khipati I.58[18] きちんと区分された小池に〔焼け石を〕落とす ①78. eka-buddho pi na ~**o** I.11[5] 一人の仏陀すらも確認されていない ①14. III.477[13] ③665.

pariccheda *m.* 限度，切ること ayañ ca ~**o** I.184[18] またこれが〔数の〕限度です ①242. I.221[11] ①290. II.88[6], 98[23] ②116, 130. **-vacana** *n.* 〔数を〕限って言うこと II.208[18] ②273.

parijana *m.* 従者 I.117[5] ①151. III.462[16] ③645.

parijānitabba-dhamma *m.n.* ことごとく知るべき法 ~**e** parijānanto I.158[20] ~諸法を完全に知って ①208.

parijiṇṇa *a.pp.* <jīrati すっかり老朽した III.110[2] ③156. IV.7[1] ④10.

pariññā *f.* あまねく知ること，知悉，遍智 II.126[19], 172[1] ②166, 226. IV.63[6] ④73.

pariññāta-bhojana *a.pp.* 食がよくわきまえられている(人)，食をわきまえた人 II.171[12] ②225.

pariḍayhamāna *prp.* 焼かれている ~**ssa** II.28[13] **~者にとって** ②36.

pariṇata *a.pp.* <pariṇamati 熟した ~**e** gabbhe I.47[13] 胎児がすっかり成熟した時 ①64. gabbho ~**ttā** I.47[15] 胎児がすっかり成熟していたので ①64.

pariṇamati <pari-**naṃ** 変化する，熟する II.67[13, 21] ②89.

paritassati <pari-**tras** ふるえおののく，恐れ悩む IV.64[1], 159[10] ④74, 210.

[1]**paritta** *a.* 短い ~**ṃ** sattānaṃ jīvitaṃ nāma I.365[24] 人々(有情たち)の生命というのは短い ①481. **-ṭṭhāyitā** *f.* わ

ずかの間〔人生に〕とどまっていること III.235[18] ③337. **-parimāṇa** *n.a.* 少量，少量の **～o** I.430[10] 少量である ①564. **-saddha-tā** *f.* 信が薄いこと I.309[7] ①406.

[2]**paritta** *n.* 護呪 II.237[3] ②310. III.441[6] ③618.

parittaka *a.* 短い **～ṃ** nāma sattānaṃ jīvitaṃ I.365[21] 人々(有情) の生命というのは短い ①481.

parittāyati 防護する IV.23[9] ④25.

parittāsa *m.* 恐怖 **～o** nâhosi II.154[7] ～はなかった ②202.

paridahati <pari-**dhā** 着る kāsāvaṃ **～tuṃ** (*inf.*) nârahati I.82[19] 袈裟衣を着るに値いしない ①108. vatthaṃ **～dahitvā** (*ger.*) I.81[24] 衣を着て ①106. II.85[21] ②113.

paridahāpeti *cs.* <pari-**dhā** 着せる ratta-vatthāni **～petvā** IV.226[9] 赤い着物を着せて ④311.

paridaheti *cs.* <paridahati 着る yo vatthaṃ **～dahessati** (*ft.*) I.82[8] その者が衣を着ようとも ①107. I.82[14] ①108.

paridevati <pari-**div** 泣き悲しむ **～vante** gahetvā I.366[1] **～者たちを捕えて** ①481. **～devitvā** I.14[9] 泣き ①18. **～devamāno** (*prp.*) III.460[12] 泣いて ③643.

pariddava = parideva *m.* 悲泣 III.251[18] ③363.

parinibbāṇa *n.* 般涅槃，完全な寂滅 I.431[4] ①565.

parinibbāyati 寂滅する，般涅槃する thero ... **～nibbāyi** (*aor.*) I.321[18] 上座は … 寂滅した ①422. I.297[13] ①388.

paripakka *a.pp.* <pacati すっかり熟した **～o** vayo III.387[18] 年齢が～ ③545. **～'indriya** *a.pp.* 感官(感覚知覚等の能力) が成熟した(人) IV.19[12] ④23. **-sarīra** *a.pp.* 身体が完全に老化した(人) III.335[8] ③479.

paripantha *m.* 障碍 magge **～o** atthi I.14[20] 道には障碍があります ①19. magga～bhaya I.16[12] 道の障碍の恐れ ①21. I.51[20], 59[10], 69[8], 81[7] ①68, 79, 92, 105. II.142[21] ②188.

paripāka-gata-tta *n.* 円熟にいたったこと **～ā** ñāṇassa I.89[13] 智が円熟したので ①116.

paripucchā *f.* 質問 III.451[21] ③630.

pari-puṇṇa *a.pp.* <**pṝ** 一杯に満ちた **～ṃ** pāti pūvehi I.135[7] 鉢はお菓子で一杯でした ①177. **-gabbhā** *a.pp.* 臨月になった(女) II.261[19] ②340. III.180[7] ③263. **-vassa** *a.pp.* 雨安居を成満した(人) **～o** I.243[9] **～して** ①319. **-viriya** *a.* 精進がよく満たされている(人) I.76[19] ①100.

paripūrati <pari-**pṝ** 完全となる，満ちる pītiyā **～pūri** (*aor.*) I.32[2] 喜びで満ちた ①42.

paripphoseti *cs.* <pari-**pruṣ** 注ぐ **～pphositvā** III.448[3] 注いで ③624.

pariplava-pasāda *a.* 浄信が動揺する(人) I.308[19] ①405.

pariphandati <pari-**spand** すっかり動揺する I.287[20] ①374.

paribāhira *a.m.* 外部の(者) sīlâdi-guṇa **～o** II.63[2] 戒など(戒・定・慧) の徳の外にいる者は ②83.

paribbajati <pari-**vraj** 遊行する **～bbaje** (*op.*) IV.198[11] ～するであろう ④282. IV.55[24] ④66.

paribbaya *m.* 給金，賃金 etassa ... **～ñ** ca dāpetvā I.183[10] この者に … また賃金を与えさせて ①240. soḷasa-kahāpaṇa**～ena** III.104[21] 16カハーパナ(金) をつかって ③149. ～haraṇ'atthāya III.88[21] 稼ぎをするために ③127. IV.196[1] ④278.

paribbāja *m.* 遊行者 III.484[14] ③676.

paribbājaka *m. f.* 遊行者 I.90[8,9] ①117. II.222[8] ②289. **-ārāma** *m.* 遊行者の園林 I.91[13] ①118. **-pīṭhaka** *m.* 遊行者用の小椅子 **～ṃ** paññāpetvā adāsi I.92[1] **～を設けてさし上げた** ①119.

paribbājikā *f.* 女性の遊行者 III.178[16] ③260.

paribbhamati <pari-**bhram** 彷徨する，よろめき歩く **～bbhami** (*aor.*) II.266[5] **～した** ②344.

[1]**paribhaṇḍa** *m.a.* とりまき **～ṃ** katvā III.136[2] めぐらして ③193.

[2]**paribhaṇḍa** *m.* しっくいの床 II.174[16]

②229.

paribhavati <pari-**bhū** 軽蔑する ～**bhavi**（*aor.*）III.324[1] ～**した** ③465.

paribhāsa *m.* <pari-**bhāṣ** 罵倒 ～**ṃ** pāpuṇāti III.348[3] ～**される** ③496.

paribhāsati <pari-**bhāṣ** そしる，誹謗する，しかる ahaṃ taṃ ～**sitvā** II.44[8] 私は彼をそしって ②58. II.111[21], 149[16], 224[3] ②148, 196, 291. III.315[9] ③455. IV.1[10] ④3.

paribhāsaka *a.* 誹謗する（者） III.313[7] ③452.

paribhāseti *cs.* <paribhāsati <pari-**bhāṣ** そしらせる，悪口を言わせる ～**bhāsetvā** I.211[19] ～**言わせて** ①278.

paribhindati <pari-**bhid** 破る，裂く，反目させる rāja-kule ～**bhindiṃsu** I.353[16] 王家の中を分裂させた ①465. ～**dissāmi**（*ft.*）III.11[8] 仲を裂こう，反目させよう ③17.

paribhuñjati <pari-**bhuj** 受用する ～**bhuñjissati**（*ft.*）I.82[15] 受用するであろう ①108.

paribhoga *m.* <pari-**bhuj** 受用，使用 karissati nu kho ～**ṃ** na karissati I.60[2] 一体，ね，〔世尊はそれを〕召し上るだろうか，召し上らないのだろうか ①80. Satthā ～**ṃ** akāsi I.60[5] 大師は〔それを〕きれいに召し上った ①80. III.239[22] ③344. IV.204[4] ④290. **-cetiya** *n.* 〔仏の〕受用品〔を納めた〕塔廟 III.251[15] ③363. **-bhājana** *n.* 使用する容器 ～**āni** bhinditvā II.21[22] ～を壊し ②28. II.66[25] ②88.

paribhojanīya *n.gdv.* <paribhuñjati 食べるもの，受用されるべきもの，用水 ～**ṃ** upaṭṭhapeti I.58[14] 食べるものをさしあげる ①78. III.7[21] ③13.

parimajjati <pari-**mṛj** こする，さする，磨く assa pāde ～**jjanto**（*prp.*）I.184[12] 彼の足のところをマッサージしながら ①242. hatthehi pāde ～**majji**（*aor.*）III.269[18] 手でもって〔世尊の〕み足をさすった ③390. bāhiraṃ ～**jjasi** IV.155[7] あなたは外側を磨く ④211. I.368[2] ①484. IV.156[9] ④212.

parimaṇḍala *a.* 円周が…である I.273[8] ①356.

parimāṇa *n.* 〔河の〕大きさ II.119[21] ②158.

parimoceti *cs.* 解放させる attānaṃ ～**cessāmi** I.39[22] 自分を解放させよう ①53.

pariyatti *f.* 教法 n'eva ～**ṃ** uggaṇhati II.30[15] 決して～を学び取らない ②39. I.22[4] ①29. III.347[10] ③495. IV.38[2] ④41. **-dhamma** *m.* 教法，教法に関するものごと I.22[11] ①30. II.31[13], 33[9] ②42, 44.

pariyanta *m.* 終り，周辺，端，究竟，際限 ～**o** na paññāyat'eva I.373[8] 〔饅頭の〕終りは認められないだけである ①490. parisa～**e** nisīdi I.67[9] 会衆の端に坐った ①89. I.6[4] ①7. III.328[18] ③471. ～**antaṃ** *ac.adv.* あまねく III.60[16] ③88. ～**antato** *abl.adv.* まわり中から III.60[17] ③88. ～**ante** *loc.adv.* まわりに I.274[2] ①357.

pariyādāya *ger.adv.* <pari-ā-**dā** 占拠して，遍取して parisassa cittaṃ ～ tiṭṭhati I.15[19] 〔女性の声は〕男性の心を占拠してとどまる ①20.

pariyādiyati <pari-ā-**dā** 終熄させる adhamma-tejaṃ ～**yitvā** IV.144[8] 不法の火を終熄させて ④194.

pariyāpuṇāti <pari-**āp** 学得する，了知する ekacce kula-puttā dhammaṃ ～**puṇanti** I.22[10] 或る在家の子弟たちは法を学得する ①30. ～**puṇituṃ**（*inf.*）asakkontā III.421[18] 学びとることができなくて ③592. dhammaṃ ～**puṇissāma**（*ft.*）I.382[10] 私たちは法を学びましょう ①503. IV.9[4] ④13.

pariyāya *m.* 方法，やり方，趣旨，理由 iminā **pariyāyena** I.24[4] このようにして ①32. aneka～**ena** I.67[11] 多くの方法によって ①90.

pariyuṭṭhati <pari-ut-**sthā** 現れる，待ち伏せする corā ～**ṭṭhiṃsu**（*aor.*）III.23[10] 盗賊どもが待ち伏せした ③35.

pariyuṭṭhāna *n.* 纏，てん，煩悩 IV.63[2] ④78.

pariyesati <pari-**iṣ** 探し求める，あまねく求める sā ～**yesitabbā**（*gdv.*）I.270[1] それを探し求めるべきでしょう ①352. ～**yesantā**（*prp.*）I.270[1] 探し求めて

①352. senâsanaṃ **～anti** I.8[17] 臥坐所を求める ①10. I.8[9] ①10. II.173[12] ②228.

pariyesan'ussukka *a.* 〔欲望を〕あまねく求めることに努める（人） III.256[15] ③370.

pariyodapana *n.* あまねく清くすること III.237[5] ③339.

pariyodapeti あまねく清くする **～dapeyya** (*op.*) II.162[2] 浄めるがよい ②213.

pariyodāta (*a.pp.*) <pariyodapeti 浄化した **～o** I.92[6] （皮膚の色は）純白です ①119.

pariyonandhati <pari-o-**nah** 包む，覆う **～nandhantī** (*prp.*) IV.43[18] 覆って ④52. III.152[21], 153[14] ③219.

pariyonandhana *n.* 覆う（もの） III.198[3] ③290.

pariyosāna *n.* 終り，完了 gāthā**～e** I.24[17] 偈が終わった時 ①32.

pariḷāha *m.* <pari-**ḍah** 熱悩 **～o** uppajjissati II.165[11] ～が起こるだろう ②217.

parivaccha *n.* 仕度，〔嫁入りの〕支度 **～ṃ** katvā I.207[6] 支度をして ①273. I.386[16], 395[9] ①508, 519. III.101[19] ③144.

parivajjeti *cs.* <pari-**vṛj** 避ける pāpāni ～ III.395[7] 諸悪を～ ③557. a-dinnaṃ **～jjayassu** (*2sg.imper.*) I.32[13] 与えられないものを〔取ることを〕避けなさい ①42. III.23[13] ③34.

parivattati <pari-**vṛt** 回転する，ころぶ **parivattitvā** (*ger.*) I.27[18] 〔身を〕廻わして *Vri.* **parivattetvā** *cs.* 廻わして ①37. II.5[20] ②8. III.110[12], 147[9] ③156, 210.

parivattāpeti *cs.* 繰り返し誦えさせる **～petvā** I.251[9] ～させて ①328.

parivattiyati *ps.* たらい廻しされる dārako vārena **～yamāno** I.170[5] 幼児は順番に～されて ①221.

parivatteti *cs.* <parivattati 転変させる saddaṃ **～ttetvā** III.69[6] 声（色）を変えて ③99.

parivāra *m.* 取り巻く人 **-sampadā** *f.* 取り巻く人々を得ること（成就） I.78[3] ①101. II.128[2] ②168.

parivāreti *cs.* <pari-**vṛ** 囲む **～vāresuṃ** (*aor.*) III.65[23] 囲んだ ③95. theraṃ **～vāretvā** (*ger.*) I.77[3] 上座を囲んで ①100.

parivitakka *m.* 思いめぐらし tena **～ena** I.110[6] その～によって ①141. II.210[11] ②274.

parivitakketi <pari-vi-**tark** 思いめぐらす **～ketvā** I.142[17] ～して ①187.

parivisati <pari-**viṣ** 給食する，給仕する paṇītenâhārena **～itvā** (*ger.*) I.8[14] すばらしい食事をもって給仕して ①10. **～situṃ** (*inf.*) na labhanti I.151[15] 給食することを得ない ①199. bhikkhu-saṅghaṃ ～ I.151[17] 比丘僧団に給食する ①199. I.33[13], 79[3] (*PTS.*pacissāma), 290[10], 340[8], 354[12], 365[22] ①44, 102, 377, 447, 466, 481. II.137[13] ②180.

parivīmaṃsati 審査する **～maṃse** (*op.*) IV.117[2] **～するがよい** ④155.

pariveṭheti <pari-**veṣṭ** 巻く **～ṭhetvā** III.41[2] 〔わらで〕巻いて ③59.

pariveṇa *n.* 僧房，住房，房舎 I.362[4] ①475. II.104[8], 115[10], 169[14] ②138, 153, 223. III.7[20], 72[6] ③13, 103. IV.205[6] ④292. **-dvāra** *n.* 僧房のドアー II.179[2] ②235.

parivesanā *f.* 給食 **～nāya** sahāyikā hutvā I.208[22] 給食を共に行なう者となり ①275. IV.162[1] ④222.

parisa- = **parisā** *f.* Ⓢpariṣad 衆，会衆 ～pariyante nisīdi I.6[3] 会衆のはじっこに坐った ①7.

parisakkati <pari-**ṣvaṣk** 努める Tathāgatassa vadhāya ～ III.152[14] 如来の殺害に努めている ③218. Devadatto saṅgha-bhedāya **～kkanto** III.154[4] デーヴァダッタは僧団の分裂に努めつつ ③221.

parisakkana *n.* 歩き廻ること，努めること vadhāya **～ṃ** I.145[10] 殺害に努めること ①190. III.235[4] ③336.

pari-saṅkita *a.pp.* <saṇkati あまねく疑われた III.485[5] ③677.

parisaṅkati <pari-**śaṅk** 疑う **～kitvā** (*ger.*) I.81[9] 疑って ①106. **～kamāno** (*prp.*) I.41[23] 疑って ①56.

parisappati <pari-**sṛp** はい廻る IV.47[24]

④55.

parisambāhati <pari-sam-**bāh** なでる pāde pāṇihi ～**hanto** (*prp.*) I.407[3] 両足を両手でなでて ①535.

parisuddha *a.pp.* <parisujjhati 浄められた ～**o** chavi-vaṇṇo I.92[5] 皮膚の色はきわめて浄らかです ①119.

parisussati <**śuṣ** すっかり乾く III.423[4] ③593.

parisodheti *cs.* <pari-**śudh** 浄化する，判定する imissā daharāya kammaṃ ～**dhehi** (*imper.*) III.145[23] この若い女の業を～しなさい ③207.

parissajati *ps.* <**sañj** 躊躇する ～**jitvā** I.409[5] ～して ①537.

parissaya *m.n.* 危難 abhibhuyya sabbāni ～**yāni** I.62[5] 全ての諸々の危難に打ち勝って ①82. ～**to** muccanti II.238[18] ～から解放される ②311. IV.28[16] ④34. -**mocana** *n.* 危難をのがれること III.199[12] ③292.

parissāvana *n.* 水こしの袋 III.84[14] ③120.

parissāvita *a.pp.* <parissāveti 漉した，こした，こされた ～**ttā** II.155[11] ～ので ②204.

parissāveti *cs.* <pari-**sru** 漉水する，水をこす ～**vetvā** I.107[17] 〔水を〕こして ①139. udakaṃ ～**vesi** (*aor.*) IV.193[12] 水をこした ④275. III.161[12], 207[7], 290[19], 373[15] ③233, 303, 423, 527.

parihaṭa *a.pp.* <pariharati 運んだ，守った，行なった IV.52[14] ④61.

pariharati <pari-**hṛ** 持ち運ぶ ahaṃ bhikkhu-saṅghaṃ ～**issāmi** (*ft.*) I.139[19] 私が比丘僧団を統括運営する（持ち運ぶ，世話する）であろう ①183. dhūt'aṅgāni ～**harituṃ** (*inf.*) III.250[5] 頭陀支を守ることが〔安らぎである〕 ③360.

parihariyati *ps.* <pariharati <pari-**hṛ** 世話される，持ち運ばれる mahā-sampattiyā ～**yamāno** (*prp.*) I.84[19] 大いなる栄華をもってかしずかれつつ ①111.

parihāna *n.* <pari-**hā** 衰退 I.285[22] ①372.

parihāni *f.* 衰退，損減 attano parisāya ～**iṃ** ñatvā I.81[4] 自分の〔象〕群の〔数が〕減るのを知って ①105. II.108[6] ②143. III.250[10] ③361. -**mukha** *a.* 衰退に直面した III.335[25] ③480.

parihāpeti *cs.* <parihāyati 減らす bhojanaṃ ～**peyyāsi** (*op.*) (*Vri.*) IV.17[14] 食事の〔量〕を減らしなさい ④21.

parihāyati <pari-**hā** 衰退する saddhammā na ～ IV.94[26] 正法から～しない ④117. lābha-sakkāro me ～**yissati** II.6[13] 私の所得と尊敬は～するだろう ②9. tato ～**hāyi** (*aor.*) I.431[7] そこから撤退した ①565. iddhito ～**yitvā** I.139[20] 神通から衰退して ①183.

parihāra *m.* <pariharati やり方，身支度 raññā dinna～**ena** III.82[4] 王から与えられた～をして ③116. 扶養保護，保護の特典 I.348[16] ①460. -**patha** *m.* 回り道 II.192[10] ②252.

parihāsa *m.* <parihasati 嘲笑，罵詈 ～**ṃ** karontā (*Vri.*) I.72[6] あざ笑って ①95. III.93[12] ③132. -**keḷi** *f.* 嘲けりと笑い者 ～**ṃ** akāsi I.244[10] ～にした ①320.

parihīna *pp.* <parihāyati 欠失した，衰退した cakkhūnaṃ ～bhāvaṃ āroceyyātha I.14[1] 両眼をすっかり損なっていることを告げて下さい ①18. akkhīni me ～**āni** I.12[22] 私の両眼はすっかり駄目になった ①16. I.145[19] ①190. IV.180[18] ④243. -**lābha-sakkāra** *a.* 所得と尊敬が減退し so ～**o** I.141[14] 彼は～ ①185.

parūḷha-kesa-nakha *a.pp.* <pa-**ruh** 髪の毛や爪をのばした（人） IV.19[14] ④22. -**kesa-massu-kāla** *m.* 髪とひげがのびた時 ～**e** āgatattā I.232[4] ～に帰ってきたので ①303.

parodati <pa-**rud** 泣き出す ～**rodi** (*aor.*) II.86[19] 泣き出した ②114.

paro-sahassaṃ pi (*adv.*) 千人を越えても III.230[9] ③329.

palavati <**plu** 漂う，さまよう IV.43[3] ④51.

palāta *a.pp.* <**palāy** 逃げた ～**ā** jīvituṃ labhanti I.231[18] 逃げた者たちが命（生きのびること）を得る ①303.

palāpita *a.pp.* <palāpeti 追い払われた

IV.8[6] ④12.

palāpeti *cs.* <palāyati, paleti 逃げさせる, 追放する imaṃ ~**etuṃ** (*inf.*) vaṭṭati I.165[5] この〔鳥〕を逃げさせるのがよいのだ ①215. taṃ ~**pesi** (*aor.*) I.165[7] その〔鳥〕を逃げさせた ①214. naṃ ~**pessāmi** I.164[22] その〔鳥〕を私は逃げ出させよう ①214. I.211[20], 314[14] ①278, 413. II.143[9] ②188. IV.1[11] ④3. makkhikā ~**petvā** II.197[5] 蜂どもを追い払って ②258.

palāyati <palāy 逃げる hatthī ~**yanti** I.163[20] 象どもは逃げます ①213.

palāla *m.n.* わら, 藁 upari ~**ṃ** vikirāpetvā I.223[16] 上からわらをまかせて ①293. III.67[10] ③97. ~**'aggi** *m.* わらの火 I.227[14] ①298. **-piṇḍa** *m.* わら束, わら団子 III.41[1] ③59.

palāsa *m.n.* 樹葉 II.121[4] ②159.

palita-kesa *a.* 白髪の(人) I.424[11] ①557.

paliḷāha *m.* <pari-**ḍah** 焦熱 I.127[3] ①165.

paliveṭheti <pari-**veṣṭ** 包む vatthena ~**ṭhetvā** I.269[12] 布で包んで ①352.

paluṭṭha-makkaṭī *f.* 負傷した牝猿 I.118[25] ①154.

paluddha *a.pp.* <pa-**lubh** 誘惑された, 欲望をそそられた ~**o** bhavissati II.54[21] ~者となるだろう ②71.

palobhana *n.* 貪求, 誘惑 I.202[1] ①266.

palobhiyati *ps.* <palobheti 誘惑される ~**bhiyamāno** (*prp.*) II.136[8] ~されても ②179.

palobheti *cs.* <pa-**lubh** 貪求する, 誘惑する mātugāmena ~**etvā** (*ger.*) I.123[1] 女性によって〔自分を〕迷わせて ①158. I.124[16] ①161. taṃ ~**bhessāma** (*ft.*) III.196[17] 私たちはあの人を誘い(誘惑し)ましょう ③288. ~**bhetuṃ** (*inf.*) IV.155[8] **誘惑しようとして** ④211.

pallaṅka *m.* 牀座, 跏趺坐 ~**e** nisīdāpetvā I.19[1] 牀座に坐っていただいて ①25. na tāva imaṃ ~ṃ bhindissāmi I.86[7] それまでは私はこの跏趺坐を解かないだろう ①113. I.312[16], 370[12] ①410, 487. II.201[10] ②263.

pallala *n.* Ⓢpalvala 湖沼 II.169[15] ②223. III.132[8] ③187.

puḷava *m.* うじ虫 III.411[7] ③578.

paḷiguṇṭhita *a.* もつれた, 被われた, 包まれた ~**o** I.144[11] 包まれて ①189.

paḷipatha *m.* 障碍, 嶮路, ぬかるみ IV.194[1] ④275.

paḷibujjhana *n.* 執著すること III.258[19] ③373.

paḷibuddhati *ps.* <palibujjhati 執着する ~**anto** (*prp.*) II.77[13] ~して ②103.

paḷibodha *m.* 障碍 II.242[21] ②317.

paḷiveṭhana *n.* 囲んでまといつくこと IV.49[5] ④57.

paḷiveṭhita-kaṇṭha *a.pp.* 首が〔袈裟衣で〕包まれている(人) III.480[1] ③669.

paḷiveṭheti <pari-**veṣṭ** 包む ~**ṭhetvā** II.210[4] 〔からだを〕包んで ②274. IV.218[7] まるめておいて ④309.

pavaṭṭeti *cs.* <pavattati 転起させる, 身をもむ so ~**ṭṭento** *prp.* I.14[15] 彼は身をもんで ①18.

pavatta *a.pp.* <pavattati 転じた, 起こした ~vara-dhamma-cakko I.4[7], 87[6] 〔大師は〕すぐれた法輪を転じたまい ①6. 114. **-kāyika-cetasika-viriya** *a.pp.* 身心の精進に励む(人) I.230[17] ①301.

pavattati <pa-**vṛt** 転起する pāda-mūle ~**mānā** roditvā I.13[6] 足もとで身をもんで泣いて ①17.

pavattar *m.* <pa-**vac** 告げる人 nidhīnaṃ va pavattāraṃ (*ac.*) II.104[3] 諸々の隠れた財宝を告げてくれる人を〔見る〕ように ②138.

pavatti *f.* 転起, 出来事, 顛末, 経緯 taṃ ~**ṃ** sutvā I.13[4] その顛末を聞いて ①17. te taṃ ~**ṃ** ārocesuṃ I.14[15] 彼等はその顛末を語った ①18. I.80[4], 104[1] ①104, 134.

pavattita-vara-dhamma-cakka *a.pp.* すぐれた法輪が転ぜられている(人) I.115[4] ①149.

pavayha *adv.ger.* <pa-vahati 運んで, 熱心に, 絶えず II.108[12] ②143.

pavara *a.* Ⓢpravara 最優の(人) IV.231[18] ④333. I.430[14] もっとすぐれた ①564.

pavassati <pa-**vṛṣ** 雨を降らせる **pāvassi** (*aor.*) I.389[1] 雨を降らせた ①511.

pavāka *m.* 火 III.70[10] ③101.

pavāti <pa-**vā** 香りを放つ I.422[9] ①554.

pavāraṇā *f.* 自恣, 雨安居の修了式 upakaṭṭhāya **～ṇāya** I.13[10] 雨安居の修了式が近づいた時 ①17.

pavārita *pp.* <pavāreti 請われた vejjen'amhā **～ā** I.9[21] 我々は医師から要請されている ①12.

pavāreti *cs.* <pa-**vṛ** 自由にさせる, 満足させる, 自恣(雨安居の修了式) を行なう, 喜ばせる, さし出す, 提供する, 贈る, 勧誘する ... ti **～resi** *3sg.aor.* I.8[26] …と申し出た ①11. vuttha-vasso **～retvā** I.87[15] 雨安居を修し終って修了式を行なってから ①114. I.292[27] ①381. II.192[6] ②252. III.341[11] ③487. IV.184[17] ④260.

pavāla-dhaja *m.* 珊瑚の旗 I.273[5] ①356.

pavāḷa *m.n.* Ⓢprabāla, pravāḍa 珊瑚, さんご I.393[2] ①517. **-maya** *a.* 珊瑚製 I.394[12] ①519. III.364[26] ③518. **-yaṭṭhi** *f.* 珊瑚の竿 I.273[4] ①356.

pavāsa *m.* 国外住 **～ṃ** gantvā II.235[14] 国外に行ってから ②308. III.292[14] 国外の住まい ③425.

pavāheti *cs.* <pavahati 洗い流す Neranjarāya nadiyā suvaṇṇa-pātiṃ **～etvā** I.86[2] ネーランジャラー河で黄金の鉢を**洗って** ①113(初訳はN河に黄金の鉢を流して).

pavijjhati <pa-**vyadh** 投下する silaṃ **～vijjhi** （*aor.*） II.164[9] 岩石を投下した ②216.

paviṭṭha *a.pp.* <pavisati <pa-**viś** 入った bhikkhū gāmaṃ **～ā** I.365[6] 比丘たちは村に入った ①480. **～ṭṭhānaṃ** disvā I.351[11] 入ったところを見たら ①463.

pavivitta *a.pp.* <pa-vi-**vic** 遠離した **～o** I.283[15] ～している ①369.

paviveka *m.* <pa-vi-**vic** 遠離, 独居, 閑寂 **-rata** *a.pp.* <ramati 遠離を好む(人) III.218[2] ③315. **-rasa** *m.* 遠離の味 III.267[16] ③387.

pavisati <pa-**viś** 入る gāmaṃ **pāvisi** （*aor.*） I.8[12] 村に入った ①10. I.58[1] ①78. anto **pavisituṃ** （*inf.*） nâdāsi I.50[6] 中に入ることを許さなかった ①66.

pavekkhati *ft.* <pavisati 入るだろう **～kkhāmi** vammikaṃ IV.155[15] 私は蟻塚に入るだろう ④212.

pavecchati <pa-**yam** 与える sammā-dhāraṃ **～cchante** （*prp.*） III.221[2] 正しく支えてやれば ③319.

paveṇi *f.* 家系, 伝統, 系譜, 習慣 ～ na ghaṭiyati I.46[1] 家系は続けられない ①62. ～ṇiyā āgata-cetiya-ṭṭhānaṃ vandāmi III.251[4] 先祖伝来の塔廟の場所を私は礼拝する ③362. I.174[8], 284[11] ①226, 370. II.235[10] ②308. III.389[7], 437[10] ③547, 614. **-pālaka** *a.* 系譜を守る(人) III.386[12] ③543. **-rajja** *n.* 〔王の〕系譜を守る国 **～ṃ** ahosi I.169[8] ～であった ①220. 系統による王権統治 I.339[7] ①446.

pavedhamāna-sarīra *a.prp.* からだがふるえている(人) III.106[5] ③151.

pavedita *a.pp.* <pavedeti 説かれた III.417[10] ③586.

pavedeti <pa-**vid** 知らせる Satthari a-gāravaṃ **～vedeyyaṃ** （*op.*） I.381[22] 大師を尊敬しないことを示すことでしょう ①502. tuṭṭhiṃ **～desi** （*aor.*） I.35[2] 満足を表明した ①46.

pavedhati <pa-**vyath** ふるえる, おそれる **～dhamānaṃ** disvā III.116[16] ふるえているのを見て ③166. II.249[16] ②324. III.43[6] ③61.

pavedheti *cs.* <pavedhati ふるえる **～dhento** （*prp.*） III.36[12] ふるえて ③53.

pavesana-ppamāṇa *n.* 入る大きさ ekekassa eva **～ena** I.190[1] 一人ずつだけ入る大きさで ①250.

paveseti *cs.* <pavisati 入らせる, 入っていただく maṇḍapaṃ **～setvā** （*ger.*） I.112[8] 仮屋に入っていただき ①144. na **～vesetabbo** （*gdv.*） I.397[18] 入れるべきではない, 入れることは出来ない ①522. etaṃ dhanaṃ rāja-kulaṃ **～sessāmi** （*1sg.ft.*） I.233[13] この財物を王の家に入れさせましょう ①305.

pasaṃsā *f.* 称讃 IV.35[1] ④41. **-matta** *a.* 称讃だけ **～ṃ** pi na kari I.156[18] 一片の称讃すらもなさらない ①206.

pasaṃsiya-bhāva *m.* 称讃されるべき状態

I.272[6] ①355.

pasata *n.* パサタ，合，枡目の単位 III.252[18] ③364.

pasattha *a.pp.* <pasaṃsati ほめられた buddhâdīhi **～o** I.280[13] 仏陀などから称讃された ①364.

pasanna *a.pp.* <pasīdati 浄められた，喜ばされた rājā me **～o** varaṃ deti I.223[11] 王様は心を浄められて(喜んで)私に恩典を下さいます ①293. IV.106[18] ④134. **-udaka** *n.* 浄水 I.23[15] ①31. **-udaka-rahada** *m.* 澄んだ水の湖 II.152[12] ②200. **-citta** *a.pp.* 心が浄められた(人) I.8[13], 31[21], 32[5], 372[2] ①10, 42, 489. **-mana** *a.* 心が浄められた I.28[1] ①37. **-mānasa** *a.pp.* 心が浄められた(人) II.130[19] ②172. **-mānasa-tā** *f.* 意が浄化されていること I.36[14] ①48.

pasayha *ger.* <pasahati <pa-**sah** 征服して，圧迫して kassaci te ～ I.44[13] あなたが誰かを圧迫して ①59.

pasavati <pa-**su** 生む bahuṃ puññaṃ **～vissāmi** (*ft.*) I.171[12] 多くの福徳を私は生み出すだろう ①223.

pasahati 制圧する **～ī** ti abhibhavati ajjhottharati I.75[12] 制圧するとは，征服する，覆う ①98. taṃ ve ～ Māro I.74[5] その者を実に魔は制圧する ①97. na-**ppasahetha** (*op.*) maccu III.46[20] 死神が征服しないであろう ③66. I.77[2] ①100.

pasāda *m.* 明神，浄心，信仰 Satthari **～ena** I.63[19] 大師への浄信によって ①84. III.113[23] ③163. IV.108[4], 119[5] ④143, 159. **-bhaññaṃ** *prp.* <bhaññati 浄心によって言われている IV.138[18] ④177.

pasādeti *cs.* <pasīdati 浄める，浄信にさせる，信じさせる mayi manaṃ **～detvā** I.33[25] 私に対して意(心)を浄めて ①44. manam eva **～esi** (*aor.*) I.27[23] 心だけを浄めた ①37. I.108[20], 139[3] ①140, 182.

pasādhana *n.* 装飾，装身具 **-kappaka** *m.* 頭飾りをととのえる理髪師 I.342[21] ①451. **-peḷikā** *f.* 化粧品(装身具)の籠(かご) I.227[5] ①297. **-bhaṇḍa** *n.* 装身具 I.390[10] ①513. II.35[18] ②47. III.296[1] ③429. **-yogga** *a.* 身を飾るに適した **～ṃ** pasādhanaṃ kāressāmi I.407[18] ～ 装身具を私は作らせよう ①536.

pasāreti *cs.* <pa-**sṛ** 伸ばす piṭṭhiṃ na **～essāmi** (*1sg.ft.*) I.9[9] 私は背中を伸ばさない(横たわらない)だろう ①11.

pasibbaka *m.n.* 袋 III.254[16] ③368. IV.205[4] ④292.

pasu *m.* 家畜，獣 I.173[6] ①225. II.59[3], 232[7] ②77, 302.

pasuta *a.pp.* <pa-**sā** 熱心な vandana-kicca**～ssa** II.239[5] 礼拝を行うことに熱心な人の ②312.

Pasenadi-kumāra *m.* パセーナディ童子(のちのコーサラ王パセーナディ) I.337[20] ①445.

Pasenadi-Kosala *m.* コーサラ王パセーナディ I.283[18], 339[10], 380[20], 385[26] ①369, 446, 500, 507. II.1[4] ②3. IV.15[12], 142[21] ④19, 193.

passa *m.n.* Ⓢpārśva 脇，側 ubhohi **～ehi** I.72[2] 両側に ①95.

passati <**paś** Ⓢpaśtati 見る sāpateyyaṃ **passissanti** (*3pl.ft.*) I.26[3] 〔私の〕財産を見るだろう ①35.

passaddha-daratha *a.pp.* <passambhati 患悩が軽くなった(人) III.263[2] ③379.

passana-sīla *a.* 見るくせがある(人) **～ā** I.201[11] 〔バラモンの妻は〕**～がある** ①266.

passasati <pa-**śvas** 息をする **passasanto** (*prp.*) I.215[25] 息をはいて ①284.

passāva *m.* <passavati 小便，尿 II.58[15] ②76.

pahaṃsati <pa-**han** 鋭くする khuraṃ ativiya **～sitvā** I.253[5] かみそりをきわめて鋭くして ①330. khuraṃ **pahaṃsi** (*aor.*) I.253[11] かみそりを研いだ ①331.

pahaṃsita-mukha *a.pp.* 顔に喜びを表した **～ā** I.230[6] **～人々は** ①301.

pahaṭa *a.pp.* <paharati 打たれる amanussehi vā **～o** I.176[16] 或いは非人どもによって打たれて ①230. asukena **～o** I.43[12] 誰それによって打たれた ①58.

[1]**pahaṭṭha** *a.pp.* <pahaṃsati <pa-**han** 打たれた **～ā** mahatī camū II.106[10] 大

軍は打破された ②140.

[2]**pahaṭṭha** *a.pp.* <pa-**hṛṣ** 喜んだ **-mānasa** *a.pp.* II.131[20] 心が大いに喜んだ(人) ②173.

paharaṇa-paṭipaharaṇa *n.* 打撃に対して打ち返すこと III.451[3] ③629.

paharāpeti *cs.* <paharati <pa-**hṛ** 打たせる, 襲撃させる paccantaṃ **~petvā** I.353[19] 辺境を **~させてから** ①465.

pahāna-pariññā *f.* 捨断をよく知ること, 断遍知 II.172[5] ②226.

pahāya *ger.* <pajahati 捨てて raṭṭhaṃ vijitaṃ ~ I.62[9] 征服された国土を捨てて ①82.

pahāra *m.* <paharati 打撃 eka-p-~**en**'eva uṭṭhāya II.95[1] もう一せいに立ち上って ②125. **-dāna-sikkhāpada** *n.* 打撃を与えること〔に関する〕 学処 III.48[13] ③70.

pahiṇati <pa-**hi** 送る, 出す, 知らせる sajīva-kukhuṭe **~hiṇatu** (*imper.*) I.213[17] 生きた鶏を出しなさい ①281. **~hiniṃsu** (*3pl.aor.*) I.242[15] 送った ①318. **pahiṇi** (*aor.*) I.296[2] 送り出した ①387. sāsanaṃ **~ṇeyyātha** (*op.*) I.344[3] 信書を送りなさい ①453. janapadaṃ **~ṇitvā** I.347[12] 地方に**~出して** ①458. **~ṇitvā** I.354[1] 〔彼を辺境の地に〕 **派遣して** ①466. tumhesu **~ṇantesu** I.386[15] あなた様が派遣するのであれば ①508. **~ṇittha** (*aor.2pl*) IV.218[5] くれた ④309. **~ṇiṃ** (*aor.1sg.*) IV.218[6] 私はあげた ④309. II.18[14], 48[11], 196[15] ②23, 63, 257. IV.134[6] ④179.

[1]**pahita** *a.pp.* <padahati 熱心な, 努めた **~'atta** *a.pp.* 自ら励んだ **~o** I.120[3], 431[6] ②155, 565.

[2]**pahita** *a.pp.* <pahiṇati 送った **-sāsana** *a.pp.* 知らせが送られた(人) **~ena** āgantuṃ vaṭṭati I.208[2] 知らせが送られましたら, どうぞ 〔コーサンビーへ〕 お出まし下さい ①274. **-bhāva** *m.* 遣わされていること II.122[5] ②160.

pahīna *a.pp.* <pajahati 捨てられた **-kasāva** *a.* 汚濁が捨てられた(人) I.82[20] ①108. **-mānasa** *a.pp.* 自負心が捨てられた(人) II.177[12] ②232. **-soka-salla-tā** *f.* 憂いの矢が捨てられていること **~tāya** I.259[23] ~捨てられているので ①339.

pahīyati *ps.* <pajahati 捨てられる, 断たれる III.263[23] ③381. soko **pahīyi** (*aor.*) IV.118[23] 憂いは捨てられた ④158.

pahotu vā mā vā *imper.3sg.* <pahoti 〔その給料がお前の伴れあいを食わせることが〕 出来ようが出来まいが I.125[6] ①161.

pahonaka *a.* <pahoti 可能な, 十分な amhākaṃ **~āni** gaṇhitvā I.219[8] 我々に必要な〔衣〕 はいただいて ①288. I.368[13] ①485. III.93[5] ③132. **-niyāma** *m.* 可能な限度 **~ena** I.78[24] ~によって ①102.

pākaṭa-parissaya *m.n.* 天然の危難(ライオンや虎などの危険) IV.29[7] ④35.

pākaṭī-bhūta *a.pp.* 明らかとなった III.428[10] ③601.

pākatika *a.* 自然の, もとどおりの sace me akkhīni **~āni** kātuṃ sakkhissasi I.20[24] もし私の両眼をあなたが回復させる(もと通りにする) ことが出来たならば ①27. sabbaṃ **~ṃ** eva hoti I.375[5] 全てがもとの通りのままである ①492. **~'aggi-santāpa** *m.* 普通の火の熱 ~to adhimattakāya I.127[5] **~よりも**強大であることに関して ①165. **-vana** *n.* 自然の林 III.424[6] ③595.

pāka *m.a.* <pacati 煮られた(もの) **-bhatta** *n.* 炊かれた御飯 II.29[18] ②38. **-vatta** *n.* 炊事の仕事 III.291[9] ③424 **-vaṭṭa-mūla** *n.* 生計の元金, 煮炊きをやりくりする元手 II.29[20] ②38.

pākāra *m.* 垣根, 城壁 ~parikkhepena I.182[6] **~を**めぐらせて ①238. III.441[6], 488[15] ③618, 681. IV.104[6], 208[6] ④138, 296. **-parikkhitta** *a.pp.* 城壁に囲まれた I.317[3] ①416. **-parikkhepa** (<pari-**kṣip**) *m.* 垣の囲い **~ṃ** kārāpetvā I.3[12] 垣で囲わせて ①5.

pācīna *a.* Ⓢprācīna 東の, 東方の **-cakkavāḷa** *m.n.* 東鉄囲山 III.209[6] ③305 **-disā** *f.* 東の方角 III.228[2] ③326 **-dvāra** *n.* 東の〔城〕 門 I.412[23] ①542. I.413[10] ①543. **-vaṃsa-miga-**

dāya I.56[21] *m.* 東の竹の鹿苑 ①76.

pājiyati *ps.* <pājeti 駆られる **～jiyamānā** pi I.176[7] 駆られるけれども ①229.

pājeti *cs.* <pa-**aj** 駆る，駆走させる yānakaṃ **～jento** I.278[1] 乗物を駆走させて ①361. **～jesi** (*aor.*) III.374[11] 駆り立てた ③528 I.350[12] ①462. II.191[1] ②250. III.25[7] ③38. IV.160[7] ④220.

pāṭala-vaṇṇa *m.* 桃色 I.273[11] ①356.

pāṭikaṅkha *a.gdv.* <paṭikankhati 期待される IV.2[1] ④4.

pāṭi-bhoga *m.* 保証人 ahaṃ te **～o** I.119[12] 私は君の～である ①154. kuṭumbike **～e** gahetvā I.398[5] 資産家たちを～として ①522. III.466[16] ③651.

pāṭihāriya *a.n.* 神変，神通，奇蹟 II.44[1], 80[1], 249[9] ②58, 106, 324. IV.21[6], 201[2] ④23, 286.

pāṭha-sesa *m.* 読み残し，記述されていない省略した語句 **～o** I.324[8] 読み残されている ①426.

Pāṭhik'ājīvaka *m.* 邪命外道のパーティカ I.376[14] ①494.

Pāṭheyyaka-bhikkhu *m.* パーテッヤカ（国）の，パーヴァー都城に住む比丘 II.32[7] ②43.

pāṇa *m.* Ⓢprāṇa 生き物，有情，生類，生命 ～samaṃ putta-dāraṃ pariccajitvā I.5[14] 命と同じの子や妻を捨てて ①7. I.147[16] ①192. vīsatiyā **～koṭīnaṃ** dhammâbhisamayo ahosi III.216[13] 二〇億の生類に法の領解があった ③314.

pāṇaka *m.* 小生物，虫 caṅkamane **～e** disvā I.20[4] 経行処で〔死んでいる〕虫どもを見て ①26. **-vijjhana** *m.* 虫にやられること IV.48[7] ④52. **-viddha** *a.pp.* <vijjhati 小虫に穴をあけられた（花） I.335[6] ①440.

pāṇâtipāta *m.* 生き物を殺すこと，殺生 **～ā** viramassu khippaṃ I.32[12] 生き物を殺すことからすみやかに離れなさい ①42. mayaṃ **～ṃ** na karoma I.214[10] 私たちは殺生をいたしません ①282. II.19[1] ②24. IV.90[4] ④116. **-veramaṇī-sikkhāpada** *n.* 殺生しない学処 III.355[10] ③505.

pāṇâtipātin *a.* 生き物を殺す（者） III.397[14] ③561.

pāṇi *m.* 手，拳 **-tala** *n.* 手のひら III.28[6] ③42. **-ppahāra** *m.* 拳の打撃 **～ṃ** adāsi IV.146[9] ～を与えた，げんこつでなぐった ④190. III.34[9] ③49.

pāṇīya-vāra *m.* 飲み水の瓶 IV.132[20] ④177.

pātar-āsa *m.* 朝食 **～ṃ** karissāmi I.359[8] ～をとろう ①472. **～ṃ** katvā I.180[15] 朝食をとって ①236. III.88[9] ③126. **-velā** *f.* 朝食の時間 ～ jātā IV.211[15] ～となった ④299. **～velāya** I.359[8] ～に ①472.

pātabba-yuttaka *a.* 飲むにふさわしい（もの） III.130[10] ③185.

Pātimokkha *n.* パーティモッカ，波羅提木叉，戒本 **～ṃ** uddisi I.96[21] ～をお説きになった ①125. III.237[10] ③339.

pātiyati *ps.* <patati 落とされる **～yamāno** (*prp.*) III.153[17] 落とされて ③220.

pātiyekkaṃ *ac.adv.* 単独で IV.7[14] ④10.

pātu-kāma *a.* 飲みたいと欲する pānīyaṃ **～kām'** amhi I.350[10] 私は水を飲みたいと欲する ①462.

pātur-ahosi *aor.* 明らかになった Jeta-vane yeva ～ I.119[17] 祇陀林にだけ〔姿が〕明らかとなった ①154.

pāteti *cs.* <patati 落とす，落とさせる，たらす，倒す udakaṃ **～tetvā** II.74[12] 水をたらして ②98. gabbhaṃ **～esi** I.47[12] 堕胎させた ①64. taṃ rukkhaṃ **～etvā** I.75[17] その樹木を倒して ①99. pupphāni **～tenti** I.363[4] 花々を落とす ①477. **～teyyātha** (*op.*) III.201[8] おろしてくれ ③294.

pāto va *adv.* 早朝にだけ，もう早朝に I.19[21], 86[1] ①26, 113. II.41[1] ②55.

pātheyya *n.* <patha 行路の糧食 **～ṃ** gahetvā I.169[17] ～を携えて ①220. **～e** parikkhīṇe I.169[19] ～がすっかり無くなった時 ①220. **～ena** kammaṃ natthi I.180[13] 路銀を使ってすることは〔おまえには〕ない ①235. III.335[10] ③479. **-kicca** *n.* 旅仕度，行路の糧食の準備 III.224[20] ③323.

[1]**pāda** *m.* 足 I.74[17] ①98. **〜'aṅguṭṭhaka** *n.* 足の拇指 I.359[15] ①472. **〜'anta** *m.* 足の先，つま先 III.203[4] ③297. **〜'ambu-ja** *n.* 足から生えた睡蓮 IV.238[6] ④343. **-kaṭhalikā** *f.* 洗足の板，足の泥を落とすへら I.321[10] ①421. **-kukkucca** *n.* 足の不行儀 I.250[2] ①326. **-cchidda** *n.* 歩みの間隔 III.216[20] ③314. **-tala** *n.* 足の裏 **〜to** yāva-kesaggaṃ oloketvā I.70[19] 足の裏から頭髪の先まで眺めて ①94. III.32[2] ③47. **-paṃsu** *m.* 足の塵垢 IV.130[4] ④174. **-parikamma** *n.* 足の世話(調整)，足まわりの仕事(洗足など) I.123[15], 250[20], 270[14] ①159, 327, 353. **-paricārika** *a.* 足もとに仕える(者) III.194[5] ③284 **-paricārikā** *f.* 足もとに仕える(女性)，妻 I.200[1], 235[14], 271[13], 296[15], 327[11] ①264, 308, 354, 387, 430. II.223[3] ②290. III308[21] ③447. **-passa** *m.n.* 足の側 pitu **〜e** tiṭṭheyyāsi I.184[6] 父上の足の側にお立ちなさい ①241. **-piṭṭhi** *f.* 足の甲 **〜ṃ** gacchati I.394[4] 〔銀の糸は頭のところに結ばれて〕 〜に〔のびて〕行く ①518. **-pīṭha** *n.* 足ののせ台 Tathāgatassa **〜e** nipajjāpetvā I.50[3] 〔彼女は息子を〕如来の足ののせ台に寝かせて ①66. III.120[15] ③170. **-pīṭhikā** *f.* 足台 III.186[3], 365[5] ③272, 518. **-puñchana** *n.* 足を拭くもの I.219[14] ①289. **-puñchanaka** *a.n.* 足を拭くもの I.415[20] ①545. **-mūla** *n.* 足もと Satthu **〜e** nipajjitvā I.100[26] 大師の足もとに身を伏せて ①130. **-mūlaka** *m.* 足もとの者，召使い **〜ṃ** pesetvā I.183[4] **〜を**遣わして ①239. **-vāra** *m.* 歩分 tayo va **〜ā** ahesuṃ III.216[20] たった三歩分であった(三歩でまたいだ) ③314. **-sambāhana** *n.* 足の按摩 I.37[21], 38[20] ①50, 52.

[2]**pāda** *m.* パーダ(貨幣の単位，四分の一カハーパナ) **〜'agghanaka** *a.* 一パーダの値段の〔魚〕 II.132[8] ②174.

pādāsi *aor.* <padāti <pa-**dā** 与えた IV.232[18] ④335.

pāduka-maṇḍana *n.* 履物を飾ること III.451[15] ③630.

pādukâruyha *ger.a.* <āruhati 履物をはいた **〜ā** IV.197[14] 〜女性が ④281.

pāna <**pā** 飲み物，飲料 aṭṭha **〜nāni** I.5[2] ①6, 八種の飲み物。マンゴー・ジュース(amba-pāna)，ジャンブ(野バラ) ジュース(jambu-pāna)，ココナッツ汁(coca-p.)，バナナ汁(moca-p.)，蜜汁(madhu-p.)，ぶどう汁(muddika-p.)，蓮根汁(sāluka-p.)，三色花樹の汁(phārusaka-pāna) *Vin.* I.246[15], 「南伝」3, 431.

pānaka *n.* <pāna 飲み物 I.5[23] ①7.

pānâgāra *n.* 飲み屋 III.349[8] ③497.

pānīya *a.n.* 飲まれるべきもの，水 I.38[19], 204[2], 271[3] ①52, 268, 354. IV.129[21] ④174. **-ghaṭa** *m.* 水がめ III.150[2], 296[12] ③214, 430. **-ghaṭaka** *m.* 水瓶 IV.130[11] ④174. **-cāṭika** *a.* 一瓶の飲み水 IV.129[24] ④174. **-paribhojanīya-ghaṭa** *m.* 飲料，水，洗浄水のかめ III.62[4] ③90.

pāpa *a.n.m.* 悪い，悪いこと，悪い(人) kataṃ **〜ṃ** I.128[23] 悪いことが行なわれた ①167. III.479[21] ②669. **-kamma** *n.* 悪業 **〜m** pi karonti I.222[10] **〜をも**行なう ①292. I.21[14], ①28, **-kammin** *a.* 悪業をもった **〜mmino** sattā II.9[7] 〜有情たちが ②12. **-kārin** *a.m.* 悪を為す者 **〜ī** ubhayattha socati I.128[17] **〜は**両方のところで愁い悲しむ ①167. **〜rī** ubhayattha tappati I.150[12] **〜は**両方のところで焼かれる(苦しめられる) ①195. **-dhamma** *a.m.* 悪いたちの(人)，悪法の(者) III.152[10], 479[20] ③218. 669. **-ninna** *a.n.* 悪に傾むくこと III.4[25] ③8. **-mitta** *m.* 悪い友 II.111[14] ②148.

pāpayati *cs.* <pāpuṇāti 得させる lenaṃ **〜payimha** (*aor.*) III.39[22] 住房を提供した(得させた) ③58.

pāp-iccha *a.* 悪い欲求をもった **〜ā** I.143[11] **〜者たちだ** ①188.

pāpicchatā-niddesa *m.* 「悪い欲求の説明」(「南伝」47．67頁) II.77[1] ②102.

pāpimant *a.* <pāpa パーピマント，波旬，魔 IV.141[4] ④189.

pāpiyo *a.compar.* もっと悪い I.324[7] ①425. II.107[5] ②141. ko amhehi 〜 III.460[17] 誰が我々よりも〜であろうか

③643.

pāpuṇāti <pa-**āp** 得る，達する citta-kkhepaṃ va pāpuṇe（*op.*）I.179[15] もう心の散乱を得るであろう ①234. III.70[5] ③100. paccanta-gāmaṃ **patvā** *ger.* I.8[12] 辺境の村に着いて ①10.

pāpuraṇa *n.* 身にまとうもの III.1[9] ③3.

pāpeti *cs.* <pāpuṇāti 得させる dhammo ~ suggatiṃ I.22[7]〔正〕法は善い行き先を得させる ①29. pattiṃ **pāpessati**（*ft.*）I.103[22] 利得（回向）を得させるであろう ①134.〔pattiṃ〕**~pesi**（*aor.*）I.104[16]〔回向を〕得させた ①135. matthakaṃ **pāpetuṃ**（*inf.*）I.122[1] 頂上に〔自分を〕到達させるために ①157. vippkāraṃ **~peyya**（*op.*）I.294[18] 異変を得させるだろう ①384. anaya-vyasanaṃ ~ I.325[4] 禍や災厄を得させる ①426. II.52[3], 141[13] ②67, 185. taṃ jīvita-kkhayaṃ **~pesi**（*aor.*）IV.66[17] 彼を命終にいたらしめた ④84.

pābhata *a.pp.n.* <pa-ā-**bhṛ** 持ち来った，資材，金銭 appakena **~ena** I.254[13] わずかの賃金によっても ①332.

pāmaṅga *n.* イヤリング IV.216[25] ④307.

pāmokkha *a.m.* 上首の，顔である pañcannaṃ bhikkhu-satānaṃ **~ssa** I.156[18] 500人の比丘たちの顔である方（代表，上首）に対して ①207.

pāmojja *gdv.* <pa-**mud** *n.* 悦，喜悦 pīti~vaḍḍhanaṃ I.1[12] 喜悦を増大するものである ①3. I.2[7] ①4. III.486[17] ③678. **-bahula** *a.* 喜びの多い（人）IV.107[21], 117[21] ④143, 157.

pāyamāna *prp.* <pāyeti 飲ませながら puttaṃ **~ā** ṭhitā I.49[17] 子供に授乳しつつ立った ①66.

pāyāti <pa-ā-**yā** 出発する **pāyāsi**（*aor.*）I.399[2] 出発した ①524. I.170[8], 172[10], 351[5] ①221, 224, 463.

pāyāsa *m.* 粥，かゆ **-pāti** *f.* 粥鉢 II.84[17, 26], 102[11] ②111, 112, 135. **-piṇḍa** *m.* お粥の玉 II.102[13] ②135.

pāyeti *cs.* <pivati 飲ませる dārakaṃ khīraṃ **pāyentiṃ**（*prp.ac.f.*）disvā I.177[1] 赤ん坊に乳を飲ませている〔牝山羊〕を見て ①230. amataṃ **~yento** I.87[5] 不死甘露を飲ませて ①114. amhe pi（*Vri.*）**pāyehi**（*imper.2sg.*）I.209[16] 私たちにも飲ませて下さい ①276. II.65[12] ②86. III.281[7] ③408.

pāra *n.a.* <para 彼岸，他の sabba-sippānaṃ **~ṃ** agamaṃsu I.89[3] 全ての技芸の彼岸に行った（蘊奥をきわめた）①116. **~apāra** *n.a.* 彼此両岸 IV.141[6] ④189. **-gavesin** *a.* 彼岸を求める（人）IV.79[19] ④104. **-gāmin** *a.* 彼岸におもむく（者）II.160[11] ②210. **-gū** *m.* 彼岸に達した人 IV.63[5], 140[8] ④78, 187. **-dārika-kamma** *n.* 他人の妻と交わること **~ṃ** karissāma II.10[6] ~をしよう ②14.

pāramī *f.* <parama 最高なるもの，波羅蜜 **~miyo** pūrento I.5[15] 波羅蜜を満たしつつ ①7.

pārājika *m.* 波羅夷，駆擯罪 III.480[13] ③670. **-āpajjana** *n.* 波羅夷（僧団からの追放罪）となること **~m** pi karoti I.76[6] ~をも犯す ①99.

pārāpata-pāda-sadisa *a.* 鳩の足のような I.119[1] ①154.

pāricchattaka *m.* 昼度樹，珊瑚樹（三十三天宮にある樹）I.273[8], 280[3], 422[13] ①356, 364, 554. **-kusuma** *n.* 昼度樹の花 III.211[18] ③308.

pāripūrī *f.* <pari-**pūr** 完全，円満 **~iṃ** gacchanti I.36[15]〔十善業道は〕成満に向かって行く ①48.

Pārileyya *m.*（象の名）パーリレッヤ I.58[21], 59[4] ①79.

[1]**Pārileyyaka**（象の名）パーリレッヤカ **~ena** hatthinā upaṭṭhiyamāno I.57[2] パーリレッヤカ象に仕えられつつ ①76. I.56[22], 61[2] ①81. **-deva-putta** *m.*（天子）パーリレッヤカ天子（象が天国に再生した時の名）I.63[20] ①84.

[2]**Pārileyyaka** *m.* パーリレッヤカ（コーサンビーの近くの町）IV.26[18] ④32.

pāruta-vattha *n.* 着衣 **~ṃ** apanetvā I.70[13]〔死体の〕着衣をぬがせて ①93.

pārupati <pa-**vṛ** 着る，被う sa-sīsaṃ **~rupitvā**（*ger.*）I.80[21] 頭に〔その衣を〕かぶって ①105.

pāreti（pāra-eti）あちら岸に行く na **pārema** III.423[5] 我々は~行かない ③594.

pāroh'antare *loc.adv.* 若芽(小枝)〔に石を投げることが出来る〕 圏内に II.70[4] ②92.

[1]**Pāla** *m.* パーラ(舎衛城のマハー・スヴァンナの子の名) I.4[3] ①6.

[2]**Pāla** *m.* パーラ, 守護者(帝釈天の別名) I.17[17] ①23.

pālayaṃ *prp.nom.* <pāleti 守りつつ āyu ～ III.265[13] 寿命を守りつつ ③383.

pāli *f.* 聖典, 三蔵聖典 tañ ca ～to tāva evaṃ veditabbaṃ III.213[16] またそれ(双神変)はまず聖典からこのように知るべきである ③311. IV.93[12] ④122.

pālika *a.* <pāli 端, ふち III.6[14] ③11.

Pālita *m.* (人名)パーリタ I.14[19] ①19.

Pālita-tthera *m.* (人名) パーリタ上座 I.14[26] ①19.

pālibhaddaka *m.* (花)キンスカ I.383[13] ①504.

pāleti *cs.* **<pā.** Ⓢpālayati 守る, 護る attanā **pālitaṃ** (*pp.*) vanas-patiṃ nissāya I.4[2] 自分が守った樹によって〔その子が得られたので〕①6.

pāvaka *a.m.* **<pu** 火, 浄い, かがやく ghata-sittaṃ va **～ṃ** I.30[14] バターを注がれた火のように ①40. agārāni aggī ḍahati **～o** I.179[19] 家々を輝やく火が焼く ①235. bhasmâcchanno va **～o** II.67[18] 灰に覆われた火のように ②89.

pāvāra *m.* 外衣 III.297[11] ③431.

Pāvāriyaka-ārāma *m.* パーヴァーリヤカ僧園(パーヴァーリヤ長者が創建したコーサンビーの僧園, 大精舎) I.208[4] ①274.

Pāvāriya-seṭṭhin *m.* パーヴァーリヤ長者(コーサンビーの長者) I.203[11] ①268.

pāsa *m.* Ⓢ**pāśa** 罠, わな III.24[15] ③37. **～ṭṭhāna** *n.* 罠を〔しかけた〕 場所 III.25[23] ③39.

pāsakā *f.* 鉤 I.394[6] ①518.

pāsāṇa-phalaka *m.* 石板, 石の板座, 岩盤 I.61[7], 270[19], 273[9] ①81, 353, 356. II.247[5] ②321. III.408[13] ③575.

pāsāda *m.* 殿堂, 重閣, 高楼 **-kūṭa** *m.n.* 殿堂の頂き I.414[15] ①544. **-tala** *n.* 殿堂の楼上 **～to** nikkhamitvā I.210[20] **～から**出て ①277. **-maha** *m.n.* 殿堂の落成式 III.136[1] ③193.

pāsādikatara *a.compar.* より浄らかな I.119[3] ①154.

pāsādikā *a.f.* 浄らかな〔娘〕 I.180[23] ①236.

pāhuṇaka *m.n.* 客人 II.17[15] ②22. III.333[1] ③476.

pāhuna-dāna *n.* (*PTS*.pahuta-dāna) 饗宴の施 II.234[10] ②306.

pāhesi *aor.* <pahiṇati 送った sāsanaṃ ～ I.191[7] 信書を送った ①252.

piṃsa *a.pp.* <piṃsati 砕かれた **～e** gandhe haritvā III.184[23] ～香を運んで ③271.

piṃsati **<piś, piṃś** 砕く, 搗く gande **～sissati** (*ft.*) III.184[21] 香を砕くでしょう ③271.

piṃsāpeti *cs.* <piṃsati 砕かせる **～petvā** IV.189[13] **～かせて** ④258.

piṅgala-kipillaka *n.* 赤蟻 III.206[18] ③302.

Piṅgala-jātaka *n.* 「赤眼〔王〕本生物語」(*J*.240話) I.150[5] ①195.

Piṅgala-rājan *m.* ピンガラ王(赤眼王)(バーラーナシーの王) I.149[17] ①194.

picchila *a.* すべる, つるつるの bhūmiṃ **～ṃ** kārāpesi I.438[13] 地面をつるつるにさせた ①575. **-magga** *m.* つるつるすべる道 III.4[21] ③7.

piñja *n.* 尾翼 I.394[12] ①519.

Piṭaka *n.* 蔵, 三蔵 I.155[13] ①204.

piṭṭha *n.* 小麦粉 I.371[3] ①488.

piṭṭhi *f.* 背中 **～ṃ** na pasāressāmi I.9[9] 私は背中を伸ばさない(横たわらない)だろう ①11. **-kacchā** *f.* 背中の脇の下 II.221[15] ②288. **-koṭṭhaka**. *n.* 裏の小屋 II.19[19] ②25. **-parikamma** *n.* 背中の世話(調整) I.123[15], 270[15] ①159, 353. **-pāsāṇa** *m.* 平板の岩石, 脊岩, 岩の脊 II.56[18], 120[9], 254[8] ②74, 158, 330. III.330[6] ③473. **-vaṃsa** *m.* 家の中の横木 **～e** patiṭṭhāpetvā I.52[2] 〔夜叉女を〕～にとどまらせて ①69.

piṭṭhito *abl.adv.* 背後から tassa ～ nikkhami III.53[3] 彼の～出て行った ③77.

piṇḍa *m.* 丸いもの, 球, 托鉢 **piṇḍāya** pāvisi I.8[12] 〔村に〕托鉢に入った ①10. **-cārika** *a.* 托鉢行をする(人) I.243[6]

①318. -cārika-vatta *n.* 托鉢行の行法 III.165² ③239.

piṇḍa-pāta *m.* 施食，托鉢 -paṭikkanta *a.pp.* <paṭi-kkamati 托鉢から戻った I.258¹⁹, 357⁵ ①338, 469.

piṇḍa-pātika *m.* 常乞食者，托鉢行者 I.430³ ①563. II.41⁷, 201⁴ ②55, 263.

Piṇḍola-bhāradvāja *m.* ピンドーラ(行乞者)・バーラドヴァージャ，(賓頭盧) III.201²⁴ ③295.

pitar *f.* 父 pitari (*loc.sg.*) mate I.6²⁴ 父が亡くなった時は ①8. pitā (*nom. sg.*) viya laddho I.6²⁴ 〔あなたは私にとって〕父のように受け取られている ①8.

pitā-maha *m.* 祖父 ～to mahallako I.278²² 祖父よりも年をとった人 ①362. III.87¹³ ③125.

piti-pakkha *m.* 父方 I.4¹² ①6.

pitucchā-dhītā *f.* 父の妹の娘 I.85¹² ①112.

pitucchā-putta *m.* 父の姉妹(伯母，おば)の息子 I.37¹⁵ ①50.

pitu-santaka *a.n.* 父の所有財産 sāmiko hi putto ～ssa I.116²³ なぜならば～の所有者は息子だからです ①151.

pitu-sineha *m.* 父に対する愛情 ～ṃ paṭilabhitvā I.116²⁴ ～を感じて ①151.

pitûpaṭṭhāna *n.* 父に仕えること I.271¹⁶ (七つの禁戒の一つ) ①355.

pitta *n.* 胆のう，胆汁 ～ṃ kupitaṃ I.417¹⁰ ～が動乱した ①547. II.141¹⁰ ②185. III.15¹³ ③23.

pidahati <api-dhā 覆う，閉じる hatthena pattaṃ pidahi (*aor.*) I.247¹¹ 手で鉢を覆った(水を受け取ることを拒否した) ①324. pattaṃ ～hitvā I.397² 鉢を閉じて ①521. dvārāni pidhāya (*ger.*) III.420⁸ 門を閉じて ③590. II.85¹ ②112. III.39²⁰ ③58.

pidahana *n.* 覆うこと，閉じること III.238⁴ ③340.

pidahāpeti *cs.* <pidahati <api-dhā 閉じさせる chiddāni ～petvā I.211¹³ 諸処の穴を閉じさせて ①278. I.193¹³ ①255.

pidhāna *n.* 覆う(こと，もの) III.202¹⁸ ③296.

pipāsā *f.* かわき，渇望 ～aṃ uppādetvā I.367¹⁴ 渇望を起こして ①483. ～ uppajji I.371¹⁶ 〔のどの〕渇きが生じた ①489. III.89⁹ ①127.

pipāsita *a.pp.* <pā 渇いた ～o I.318¹ のどが渇いた ①417. III.492⁹ ③686.

pipphali *n.* 胡椒，こしょう IV.155¹⁰ ④211.

pilakā *f.* 吹出物 ～ā uṭṭhahiṃsu I.319⁸ ～が現われ出た ①419. I.376¹¹ ①493.

piyāyati *denom.* <piya 親愛する，可愛がる I.414² ①544. IV.125⁸ ④167.

Piya-vagga *m.* 「愛しいもの品」 III.273¹ ③395.

Piyadassin *m.* (仏の名) ピヤダッシン(過去24仏の第13) I.84⁵ ①111.

piya *a.* 愛する，愛する者，愛される者，可愛いい nâhaṃ mātu ～o I.134²¹ 私は母親から愛されていない ①177. ～o nu te āsi akaṇha-netto I.149²¹ 黒眼でない者(赤眼王)はおまえにとって一体愛する者であったのか ①195. sappurisānaṃ ～o hoti II.110⁵ よき人々から愛される者となる ②145. jīvitaṃ ～ṃ II.50⁹ 生命がいとおしい ③72. ～ā yeva I.177⁸ 愛されるだけである ②232. I.25⁷ ①34. IV.19⁵, 125¹⁰ ④23, 168. -apāya *m.* 愛しいものを失うこと III.275⁴ ③397. -ggāhin *a.* 愛しいものにとりつく(人) III.274²⁶ ③397. -vacana *n.* 愛をこめた言葉 ～nāni vatvā I.293⁴ ～を述べてから ①382. -sahāya *m.* 親しい友人 ～ vaṇṇena I.19¹ 親しい友人の容姿に〔変装して〕 ①25. -sahāyikā-vaṇṇa *m.* 愛する女友達の姿 I.48¹⁷ ①65.

Pipphali-guhā *f.* ピッパリ洞窟(王舎城の大迦葉上座の住処) I.258¹⁸, 427¹⁴ ①338, 561. II.19¹⁰ ②25. III.6¹¹ ③11.

pilandhati <api-nah 飾る suvaṇṇa-mālaṃ ～dhayiṃsu (*aor.*) I.390¹⁵ 黄金の花環を〔彼女の身に〕つけた ①514. rāja-muddikaṃ attano aṅguliyaṃ pilandhi (*aor.*) I.164⁸ 王印(指環)を自分の指に飾った ①213. imaṃ ～dheyyātha (*op.*) I.388¹¹ これを飾りなさい ①511. I.139¹², 412⁷ ①182, 541. II.205¹² ②269. III.75¹⁵ ③107.

pilandhana *n.* 飾り, ようらく assa **～ṃ** kāretu-kāmo I.25[7] その〔子〕に飾りを作らせようと欲した ①34. III.219[1] ③316. **-muddikā** *f.* 飾りの〔王印の〕指環 I.168[6] ①218. **-vikati** *f.* 飾り物の形 III.340[16] ③486.

Pilinda-vaccha-tthera *m.* ピリンダ・ヴァッチャ上座 IV.181[16] ④245.

pilotika-kkhaṇḍa *m.n.* ぼろ布 IV.115[5] ④146.

pilotika-khaṇḍa-nivattha *a.pp.* <ni-**vas** 布片をまとった III.84[8] ③120.

Pilotika-tthera *m.* 布片上座 III.84[5] ③120.

pilotikā *f.* 布片 bahi **～āhi** veṭhetvā I.192[17] 外は布を巻いて ①254. ekaṃ **～aṃ** nivāsetvā I.232[10] 一片の布きれをまとって ①304. I.238[1], 245[24], 311[20], 436[16] ①312, 322, 408, 572. III.39[6], 179[19] ③57, 262.

pihayati <**spṛh** うらやむ, 親愛の情をいだく, 待望する nâññesaṃ **～hayaṃ** (*prp.*) care IV.97[3] 他の人々の〔所得〕をうらやまずに歩むがよい ④128. I.429[16] ①563. II.177[13] ②232. III.226[10], 461[18] ③325, 644.

pihita *a.pp.* <pidahati 閉じられた, 覆われた III.170[7] ③249. **-apāya-dvāra** *a.* 苦界の入口が閉じられている(人) III.192[5] ③282. **-dvāra** *a.* 〔感官の〕門が閉ざされた I.76[14] ①99.

piheti <**spṛh** うらやむ III.274[26] ③397.

pīṭhaka *m.* 椅子, 小椅子 **～ṃ** attharitvā I.181[4] 椅子に〔布を〕 敷いて ①236. III.172[10] ③252.

pīṭha-sappin *a.m.* 足の不自由な者 II.69[20] ②92. III.70[19] ③101.

pīṭha-sappī *f.* 椅子ではう女 I.194[10] ①257.

pīṭhikā *f.* 縄床 II.237[1] ②310. IV.8[10] (*PTS.*piṭṭhikā) ④12.

pīṇita *a.pp.* <pīṇeti 喜ばされた, 満たされた **pīṇita-pīṇita** *a.* 満ち満ちた **～ṃ** suvaṇṇa-vaṇṇaṃ sarīraṃ disvā I.70[14] 満ち満ちた黄金色の身体を見て ①93. **～'indriya** *a.pp.* <pīṇeti 感官が満たされた(満足した)(人) IV.11[7] ④15.

pīti *f.* Ⓢprīti 喜び sakala-sarīram **～iyā** paripūri I.32[2] 全身は喜びに満ちた ①42. **-udagga-bhāva** *m.* 歓喜踊躍の状態 IV.76[1] ④91. **-pāmojja** *n.* 喜悦, 喜びと悦しさ I.1[12], 2[7], 445[2] ①3, 4, 582. IV.107[15] ④135. **-bhakkha** *a.m.* 喜びを食べる(人) III.258[17] ③373. **-sukha** *a.n.* 喜びと安らぎ **～ena** vītināmesi I.109[11] **～によって時を過ごした** ①140.

pīḷana-kicca *n.* 圧迫して(しぼる) 仕事 ucchūnaṃ yante **～ṃ** natthi IV.199[18] 砂糖きびを機械で**～はない** ④284.

pīḷā *f.* 苦痛, 圧迫, 加害 III.81[11], 188[13]. ③115, 275.

pīḷāpeti *cs.* <pīḷeti 破らせる madhu-paṭalaṃ **～pesuṃ** (*aor.*) II.198[14] 蜂蜜の〔巣の〕膜を破らせた ②259.

pīḷita *a.pp.* <pīḷeti 悩まされた khup-pipāsā **～o** I.305[14] 飢と渇きに～ ①401. III.239[11], 258[12], 479[3] ③343, 373, 668. IV.177[19] ④248.

pīḷiyati *ps.* <pīḷeti 悩まされる, 痛みを受ける aṅguliyā **～ḷiyamānāya** (*prp.*) IV.69[20] 指が痛みを受けている時 ④89.

pīḷeti <**pīḍ** 圧迫する, 加害する, 悩ます putta-dāraṃ **～eyya** I.324[16] 子や妻を圧迫するだろう ①426. I.238[8] ①312. III.35[15] ③52. ～letvā III.323[17] 〔食素を蜜のように〕しぼって ③465.

Pukkusāti *m.* プックサーティ(在家の息子の名,「南伝」11下, 348頁, *MA*.V.62[22]), II.35[11] ②47.

Pukkusāti rājan *m.* プックサーティ王(「南伝」11下, 332頁)II.212[4] ②276.

puggala *m.* Ⓢpudgala 霊魂をもったもの, 人物 III.490[1] ③683. **-adhiṭṭhāna** *a.* 人にもとづいた〔説示〕 II.63[9] ②83. **-sappāya** *a.n.* 人物が適正であること I.317[14] ①417.

pucchati <**prach** 問う Satthāraṃ **pucchi** (*aor.*) I.7[16] 大師に質問した ①9. kaniṭṭho tumhe disvā **～issati** (*ft.*) I.13[25] 弟が君たちを見て質ねるでしょう ①18.

puccha-vissajjana *n.* 質問と答え II.144[22] ②190.

pucchita *a.pp.* <pucchati <**prach** 質問される Satthā pañhaṃ a～pubbo I.5[6] 大師は今まで質問されなかった ①6.

pucchiyati *ps.* <pucchati 質ねられる **〜māno** pi na kiñci kathesi I.12[6] 質ねられても何も語らなかった ①15. I.10[10] ①13.

puñchana *n.* 拭くこと 〜atthāya IV.218[8] 〔足を〕拭くために ④309.

puñña *n.* Ⓢpuṇya 福，善，福徳，功徳 sakkā ... **〜āni** kātuṃ I.6[25] 諸々の福徳を作ることが出来るだろう I.35[1], 126[22] ①46, 165. **〜'atthika** *a.* 福徳を求める（者） III.9[3] ③14. **〜'apekha** *a.* 福徳を期待する（人） II.234[5] ②306. **〜'ānubhāva** *m.* 福徳の威力 I.272[15] ①356. **-kamma** *n.* 福業，福徳を作る仕事 bahuṃ **〜ṃ** katvā I.99[15] 沢山の福業を行なって ①128. I.222[9] ①292. II.114[19] ②152. IV.203[4] ④289. **-kamma-sampatti** *f.* 福徳の業の成就 I.132[21] ①174. **-karaṇa** *n.* 福徳を作ること III.9[4] ③14. **-kiriyā-vatthu** *n.* 福徳を作ることがら dasasu **〜usu** ekaṃ labhissāmi I.18[9] 十の福徳を作ることがらのうちの一つをも私は得るでしょう ①24. **-bhāga** *m.* 福徳の分け前 nâhaṃ **〜ṃ** labhāmi I.415[16] 私は〜を得ない ①545. **-bhāgin** *a.* 福徳の分け前にあずかる（者） III.83[2] ③117. **-teja** *n.* 福徳の威光 IV.207[10] ④295. **-vant** *a.* 福徳をもった **〜vā** bhavissati I.135[9] 〜者であろう ①177. **-vipāka-dāna-ṭṭhāna** *n.* 福徳の果報を与える場 II.192[16] ②253.

puṭa *m.* 容器 IV.232[18] ④335.

puṭaka *n.* 容器 taṃ bhattaṃ **〜e** pakkhipitvā II.82[27] その御飯を〜に投げ入れて ②110.

puṭṭha *a.pp.* <poseti 養育された **〜o** pi II.28[17] 〜も ②36.

Puṇḍarīka *m.* （象の名） プンダリーカ II.1[7] ②3.

[1]**Puṇṇa** *m.* プンナ（メンダカ長者の召使い，奴隷） I.385[4] ①506. III.363[19] ③517.

[2]**Puṇṇa** *m.* プンナ（富楼那上座） II.93[16] ②123. IV.89[17] ④116.

[3]**Puṇṇa** *m.* プンナ（王舎城の貧乏人） III.302[9] ③439.

puṇṇa *a.pp.* **<pṝ** 充ちた，満ちた **-ghaṭa** *m.* 〔水を〕満たした瓶 **〜e** ṭhapetvā I.149[12] 〜々を置いて ①194. **-canda** *m.* 満月 II.1[15] ②3.

Puṇṇaka *m.* プンナカ（マガダ国の長者） I.385[7] ①506.

Puṇṇaka-seṭṭhi-dhītar *f.* プンナカ長者の娘（ウッタラー） III.104[5] ③148.

puṇṇama-divasa *m.* 満月の日 III.89[1] ③127.

Puṇṇa-vaddhana-kumāra *m.* プンナ・ヴァッダナ童子（ミガーラ長者の息子） I.387[7] ①509.

Puṇṇā *f.* プンナー（王舎城の長者の奴隷女） III.321[9] ③463.

putta *m.* 息子 〜ṃ vā dhītaraṃ vā labhitvā I.3[14] 息子か娘を得たならば ①6. 〜ṃ vijāyi I.4[2] 男の子を生んだ ①6. **-taṇhā** *f.* 子への渇愛 II.28[2] ②36. **-dāra** *m.* 息子と妻 **〜ṃ** pariccajitvā I.5[14], 84[12] 〜を捨てて ①7, 111. **-dhītaro** *f.nom.pl.* I.6[12] 息子や娘たちは ①8. **-paṭirūpaka** *a.* 息子に姿が似た I.29[7] ①39. **-pitar** *m.* 息子の父親 I.241[20] ②317. **-maṃsûpamā** *f.* 子肉の比喩（「仏のことば註（一）」p.295 (31)） I.375[12] ①492. **-viyoga** *m.* 息子との別離 IV.14[11] ④18. **-viyoga-dukkhitā** *f.* 子との離別に苦しめられていること III.147[6] ③210. **-sineha** *m.* 子への愛情 **〜ssa** balava-bhāvaṃ ñatvā I.85[7] 〜が強力であることを知って ①112. 〜ṃ paṭilabhitvā I.174[13] 息子に対する〔ような〕愛情を得て ①227. I.180[21] ①236. II.90[9] ②119. III.147[19] ③211. **-soka** *m.* 子への憂い I.28[12] ①38. **-sokâbhibhūta** *a.pp.* <abhibhavati 〔死んだ〕息子への憂い悲しみに打ち負かされた III.276[13] ③400.

puthujjana *m.* Ⓢpṛthagjana 凡夫 dve koṭi-mattā **〜ā** I.5[20] 二千万人ほどは凡夫である II.148[4] ②194.

puthulato *abl.adv.* 幅にして，幅が 〜 paṇṇāsa yojanā III.217[8] 幅が五〇ヨージャナある（帝釈天の坐岩） ③314. I.396[3] ①520.

puna-divasa *m.* 翌日 **〜e** bhikkhūnaṃ adāsi I.63[3] 翌日〔それらの果実を〕比丘たちに差し上げた ①83. I.14[11], 103[26] ①18, 134.

Punabbasu *m.* プナッバス(舎利弗と目連の共住者で悪い比丘) II.108[19] ②144.

puna-vāra *m.* 次の時 **～e** pi tath'eva khādi I.48[21] 次の時ももう同様に噛み食べた ①65.

puppha *n.* Ⓢpuṣpa 花, 華 **～'ārāma** *m.* 花園 I.271[10], 335[5], 361[11], 374[16] ①354, 440, 475, 492. **～'āsana** *n.* 花の坐席 **～ṃ** paññāpesuṃ I.108[8] ～を設置した ①139. **～'upaga** *a.* 花をつけた〔樹〕 I.271[11] ①354. **-gabdha** *m.* 花の香り I.420[10,14] ①552. **-caṅgoṭaka** *m.* 花かご II.116[10] ②154. **-chatta** *n.* 花傘 **～ṃ** gahetvā I.109[2] ～をとって ①140. **-dāma** *n.* 花環, 花束, 花綱 I.131[12], 169[25], 278[13] ①172, 221, 362. III.82[2], 444[6] ③116, 620. **-paṭa** *m.* 花の衣 II.45[15] ②59. **-palāsa** *m.n.* 花や葉 I.75[15], 76[1] ①99. **-muṭṭhi** *f.* 一にぎりの花 II.16[20] ②21. ～mattena I.126[20] 花の一握りだけをもっても ①165. **-mūla** *n.* 花の購入代金 **～e** aṭṭha kahāpaṇe deti I.208[17] ～として八カハーパナ〔金〕を与える ①275. **-rāsi** *m* 花の山 I.384[13], 419[9,11] ①506, 550.

[1]**pubba** *a.* Ⓢpūrva 前の, 先の, 昔の, 今まで a-pucchita**～o** I.5[7] 今まで質問されなかった ①6. mano**～ṅ**-gamā dhammā I.3[2] 諸々のものごと(法) は意を先として行く ①5. **～'aṇṇa** *n.* 前食, 七穀 III.118[12] ③168. IV.81[19] ④106. **～'aṇha** *m.* 午前中 I.354[9] ①466. III.98[20] ③140. **～'āciṇṇa** *a.pp.* <ācarati 前に行なった(こと) III.361[12] ③513. **～'uppattika-rukkha** *m.* 以前から生えている樹 III.424[10] ③595. **-kamma** *n.* 前〔世〕での業, 前業 I.100[5], 225[18], 357[20] ①129, 295, 470. III.69[11] ③100. IV.77[17] ④101. **～ṅ-gama** *a.m.* 先として行く(もの), 先駆け I.22[24], 35[3] ①30, 46. **-carita** *a.pp.* *m.n.* 前世での所行 II.169[9] ②223. **-ṭṭhāna** *n.* 前段階の基礎 IV.111[2] ④146. **-nimitta** *n.* 前兆 II.85[25] ②113. **-buddha** *m.* 先の仏 I.26[6] ①35. **-bhāga-paṭipadā** *f.* 前段階の実践修道 I.158[15] ①208. **-sadisā** *adv.* 従前通り I.57[22] ①78. **-sannivāsa** *m.* 前〔世〕での共住 I.278[17] ①362. **-sineha** *m.* 前〔世〕の親愛の情 I.181[14] ①237.

[2]**pubba** *m.* Ⓢpūya 膿, うみ **-lohita-makkhita** *a.pp.* 膿と血にまみれた I.319[13] ①419. **-vaṭṭi** *f.* 膿の流れ III.117[3] ③166.

Pubbârāma *m.* 東園(舎衛城の東方にある鹿母講堂) I.4[15], 384[14], 413[11] ①6, 506, 543. II.176[3], 194[6] ②231, 254. III.58[20] ③85. IV.120[2], 186[15] ④161, 265.

pubbe-nivāsa *m.* 前世の住所 IV.127[18], 182[6] ④171, 254. **-ñāṇa** *n.* 前生の住処を知ること, 宿住智 I.86[10] ①113.

purato *abl.adv.* 先に, 前に tumhe ～ gacchatha I.13[18] 君たちは先に行きなさい ①17. ～ katvā I.170[7] 先に行かせて ①221. I.72[4], 81[10], 139[17], 207[8], 351[14] ①95, 106, 183, 273, 463.

puratthâbhimukha *a.* 東を向いた **～o** hutvā I.245[23] 東を向いて ①322.

puratthima *a.* 東の(風) II.148[20] ②195.

puratthima-kāya *m.* 前半身 III.214[2] ③311.

purāṇa *a.* 古い, 昔の sasuro **～ṃ** khādati I.401[7] 義父は古い〔食べ物〕を食べています ①527. **-dutiyikā** *f.* 旧妻, 昔のつれあい I.77[3] ①100. II.158[10], 173[12] ②207, 228. III.422[1] ③592. **-patta** *n.* 枯葉 II.143[14] ②188. **-sālohita** *a.* 昔の血縁の(者) II.210[14] ②275.

Purindada *m.* プリンダダ, 城の破者, 帝釈 I.31[3], 264[9] ①41, 346.

purima *a.* 前の, 古い, 最初の **-pakati** *f.* 前のもとのすがた(自性) **～ṃ** jahitvā I.246[7] ～を捨てて ①322. **-pāda** *m.* 〔座席の〕 前脚 I.436[11] ①572. **purima-bhava** *m.* 前の生存, 前世 I.44[11] ①59. III.466[18] ③651.

purimaka-atta-bhāva *m.* 過去の自分の身 III.137[2] ③194.

purisa *m.* Ⓢpuruṣa 人, 男, 丈夫, 神我 **～'ajjhāsayā** *a.* 男を心に求める(女) II.217[11] ②283. **～'ājānīya** *m.* 人間の駿馬 III.248[4] ③357. **～'ājāneyya** *a.m.* 人の駿馬 I.310[20] ①407. **～'uttama** *m.* 最高の人 II.111[12] ②147. **-adhama** *m.* 劣悪な人 II.111[11]

②147. **-kāra** *m.* 男性的行動，勇猛，男としての努力，男らしさ II.211[19] ②276. III.195[22] ③287. **-gutti** *f.* 護衛 **～iyā** ca susaṃvihitârakkhaṃ karotu I.182[7] 護衛をよく配置守備して下さい ①238. **-ghāta-kamma** *n.* 人殺し稼業 III.65[18] ③95. **-thāma** *n.* 人の力 I.230[18] ①301. **-prakkama** *m.* 人の努力励行 I.230[19] ①301. **-liṅga** *n.* 男性のしるし，男性の性徴 **～ṃ** antaradhāyi I.326[2] ～が消えた ①428. **purisa-lolā** *a.f.* 男性に揺れ動く（女），男に浮かれる女 I.239[20] ①315. II.217[12] ②283. **purisa-vadha-daṇḍa** *m.* 人殺しの刑罰 III.478[16] ③666. **-viriya** *n.* 人の精進 I.230[18] ①301.

pure *adv.prep.* puraの*loc.* 前に，過去に **-kkhāra** *m.* 前にする，尊敬，重視 II.76[13] ②102. **-cārika** *a.m.* 先行するもの III.2[10] ③4. **～taraṃ** *adv. compar.* もっと先に，前もって therehi ～ eva eka-passena gantvā I.111[9] 上座たちよりももっと先行して或る脇〔道〕を行って ①143. ～ paṇṇaṃ pesesi I.347[9] ～信書を送った ①458. I.13[17], 207[9] ①17, 273. III.284[14] ③413. **-bhattṃ** *ac.adv.* 食前に ～ gacchantā I.4[21] ～に行く時は ①6. ～ dānaṃ denti I.5[21] 食前に施を行なう ①7.

purohita *m.* 輔相，司祭，帝師 **～ṃ** disvā I.174[16] ～を見て ①227. I.214[3] ①281. III.241[12], 365[18] ③347, 519.

puḷava *m.* うじ虫 III.106[21], 117[3] ③152, 166.

puḷavaka *m.* うじ虫 **-rāsi** *m.* うじ虫の山 IV.46[20] ④54. **-saññā** *f.* うじ虫に関する想念 IV.47[1] ④54.

Pussa-buddha-kāla *m.* プッサ仏陀（過去24仏の第18）の時代 **～e** I.104[2] **～の時に** ①134.

pūjâraha *a.* 供養に値いする（人） III.250[15], 251[17] ③362, 363.

pūjeti 尊敬供養する saddhammañ c'assa **～etvā** I.1[7] またその方の正法を尊敬供養して

pūti *a.* 腐った，臭い **-bhāva** *m.* 腐敗の状態 III.71[5] ③102. **-maccha** *m.* 腐った魚 I.44[6] ①59. **-sandeha** *m.* 臭い（腐った）集積の身 III.110[17] ③156.

pūtika *a.* 腐った I.321[6] ①421.

Pūti-gatta-tissa-tthera *m.* 臭い身のティッサ上座 I.319[1] ①419.

pūpa *m.* Ⓢpūpa *m.* 菓子 III.18[19] ③29.

pūraṇa *n.* 満たすこと，枡を満たして容積を測ること III.252[16] ③364.

Pūraṇa-kassapa *m.* プーラナ・カッサパ（六師外道の一人） III.208[14] ③304.

pūrita-pāramī *a.pp.* 波羅蜜の修行を満たした（人） III.68[17] ③99.

pūreti *cs.* <pūrati 満たす **～etuṃ** na sakkhissāmi （*inf.*） I.8[6] 満たすことは出来ないだろう ①10 **～essāmi** （*1sg. ft.*） I.8[6] 私は満たすだろう ①10 yad-ūnaṃ taṃ **～eyyāsi** （*op.*） I.79[8] 足りないところを満たすがよい ①103 na sakkā so agāra-majjhe **～etuṃ** （*inf.*） I.7[4] その〔法〕は家の中では満たすことができないだろう ①9. samaṇa-paṭipattiṃ **～essāmi** （*1sg.ft.*） I.7[9] 私は沙門の実践修行を満たすであろう ①9. pāramiyo **～ento** （*prp.nom.sg.*） I.5[15] 波羅蜜（最高の修行）を満たしつつ ①7. **～esiṃ** （*aor.3sg.*） I.5[16] 〔波羅蜜を〕満たした ①7.

pūva *m.n.* Ⓢpūpa 菓子，団子 Anuruddho **～ena** parājito I.133[21] アヌルッダはお菓子を〔賭けて〕負けて ①176. **～atthāya** pahini I.133[22] お菓子を〔持って来させる〕ために〔家に〕使をやった ①176. mātā **～e** sajjetvā I.133[22] 母親はお菓子を用意して ①176. **～ṃ** natthi I.134[3] お菓子はありません ①176. hattha-tale **～ṃ** katvā III.322[10] 〔もみぬかを〕手のひらで団子にして ③463. **-khaṇḍa** *m.n.* お菓子の一片 **～ṃ** mukhe ṭhapita-mattaṃ eva I.134[19] **～を口に入れただけで** ①177. **-gandha** *m.* お菓子の香り I.134[18] ①177. **-pacchi** *f.* 菓子を入れたかご III.286[14] ③417. **-vikati** *f.* お菓子の一種 esā p'ekā ～ bhavissati I.134[4] これもある～であろう ①176. **-sāmika** *m.* 菓子の所有者 III.286[23] ③417.

pekkhati <pa-īkṣ 見る IV.197[7] ④280.

pecca *adv.ger.* <**pa-i** 死後に ～ tappati I.150[12] ～焼かれる（苦しめられる） ①195. I.128[17] ①167.

[1]**peta** *a.pp.* <pa-i 行った sarīre nibbhoge ～**e** III.277[12] 身体が無用のものとなって行く時 ③401.

[2]**peta** *m.* 亡者, 餓鬼, 死霊 I.30[3] ①40. III.192[2] ③282. **～'atta-bhāva** *m.* 餓鬼の身 ～**ṃ** vijahitvā I.104[17] ～を捨てて ①135. **-kicca** *a.gdv.* <karoti お葬式（亡者への儀礼） ～**ṃ** kariṃsu I.328[16] ～を行ないました ①432. **-loka** *m.* 餓鬼の世間 ～**e** yeva nibbattiṃsu I.103[5] ～にだけ再生した ①133.

Peta-vatthu *m.* 「餓鬼事経」(*Pv*.68.「南伝」25, 104頁) II.69[8] ②91.

pettika *a.* （pitar-ika） 父の ～**ṃ** me rajjaṃ gaṇhitvā dehi I.168[14] 父の王国をとって私に与えなさい ①219.

Petti-visaya *m.* 餓鬼の境遇 I.102[19], 378[7] ①132, 496.

petteyyatā *f.* 父への孝養, 敬父 IV.33[13] ④37.

pema *n.* Ⓢprema 愛情 ～**ṃ** … ṭhitaṃ I.181[10] 愛情が … 立った ①237. uppannena ～**ena** ... ajjhotthaṭa-hadayā hutvā I.278[18] 生じた愛情によって心がみなぎって ①362. III.196[15], 278[15] ③288, 403. IV. 139[2] ④185. **-gārava-yutta** *a.pp.* <yuñjati 愛情と尊重に結ばれた ～**ṃ** upāsaka-kulaṃ agamāsi II.143[18] ～ 在家信士の家に行った ②189.

peḷā *f.* 大かご III. 34[25] ③51.

pesa-kāra *m.* <**piś** 織物職人, 織物師 ～ vaṇṇaṃ abhinimminitvā I.428[4] ～の姿を化作して ①561. **-gāma** *m.* 機織人の村 II.112[18] ②150. **-dhītar** *f.* 織物師の娘 III.170[16] ③250. **-vīthi** *f.* 織物師の街 I.424[13] ①557.

pesana *n.* お使い pacchā ～**ṃ** karissasi I.181[5] その後でお使いをしなさい ①236. **-kārikā** *f.* 使い走りをする女 I.225[21], 227[4] ①296, 297. **-dārikā** *f.* 走り使いの娘 I.180[24] ①236.

pesala *a.* Ⓢpeśala 善良な, 温和な ～**ānaṃ** bhikkhūnaṃ II.109[7] ～比丘たちの ②144. III.413[11] ③581. IV.38[7] ④45.

pesuṇeyya *n.* 離間語, 中傷 ～ppahāyinaṃ I.265[13] ～を捨てた人を ①347. **-ppahāyin** *a.* 離間（中傷）の言葉を捨てる（人） I.272[2] ①355.

peseti *cs.* <**pa-iṣ** 送る, 遣る, 与える etaṃ **pesetha** （*imper.*） I.14[19] この者を送って下さい ①19. evaṃ **pesetuṃ** （*inf.*） na sakkā I.14[19] そのように送ることは出来ません ①19. **pesetvā** （*ger.*） I.71[18] 使いをやって ①95. Cūla-kāḷaṃ **pesesi** （*aor.*） I.72[5] 小カーラ（上座） を送った ①95 I.111[4] ①142. **～seyyātha** （*op.*） IV.184[20] さしむけなさい ④260. taṃ tava santikaṃ **pesessāmi** （*1sg.ft.*） I.178[3] 彼を君のところに送ろう ①232. manussaṃ **peseyya** （*op.*） I.293[19] 人を送ってくれたらなあ ①383. manussaṃ **pesesi** （*aor.*） I.293[21] 人を送った ①383. sauttaribhaṅgaṃ **pesetu** （*imper.*） I.293[24] 特別上等の珍味をそえた〔粥〕を送れ ①383. santikaṃ **～sehi** （*imper.*） I.343[23] 〔私を内弟子たちの〕ところへ送って下さい ①453. mahā-yodhe **pesesi** （*aor.*） I.354[3] 大戦士たちを派遣した ①466.

pessa *m.gdv.* <peseti 召使い II.7[11] ②10.

pokkhara *n.* 蓮葉, 蓮,〔琵琶の〕 蓮面 I.215[10] ①283. **-vassa** *m.n.* 蓮の雨 I.115[10] ①149. III.163[24], 440[16] ③237, 617. **-patta** *n.* 蓮の葉 II.51[15] ②67. IV.166[7] ④229.

pokkharaṇī *f.* 蓮池 I.259[15], 271[4] ②339, 354. IV.203[21] ④290.

poṭhana *n.* 打つこと IV.164[2] ④216.

Poṭhila-tthera *m.* ポーティラ上座 III.417[14] ③587.

pothiyati *ps.* <potheti 打たれる ～**māno** （*prp.*） II.1[10] 打たれながら ②3.

pothujjanika *a.* 凡俗の Devadatto ～**ṃ** iddhiṃ patto I.138[15] デーヴァダッタは凡俗の神通を得た ①181.

potheti <**puth, spuṭh** 打つ, なぐる, はじく, 弾指する supoṭhitaṃ **poṭhesi** （*aor.*） I.48[3] なぐりになぐった ①64.

bhūmiyaṃ **～thessāmi** （*1sg.ft.*） I.81[18] 私は〔あの者を〕地面に打ち倒そう ①106 jiyaṃ **～esi** （*aor.*） I.352[8] 弓の弦をはじいた ①464. **～thetvā** ne palāpetha I.398[19] たたいて彼等を追い出しなさい ①523. **～thessāmi** I.437[9] 弾指するだろう ①573. II.38[22] ②52. III.40[17], 157[10] ③59, 226. IV.96[14] ④127.

porāṇaka-paṇḍita *a.m.* 昔の賢者 I.64[22] ①86.

posa *gdv.* <poseti 養育された，飼われた〔馬〕 III.325[9] ③467.

posana *n.* <poseti 養うこと I.393[4] ①517.

posāpana *n.* <posāpeti 養なわせること ～atthāya （*Vri.*） I.199[19] 養わせるために ①264. I.201[14] 養うために ①266.

posāvanika *a.n.* 養育されるべき，養育費 IV.40[18] ④48.

posāvaniya *a.* 飼育している ～koñca-sakuṇo atthi III.35[2] 飼っている鷺がいる ③51.

poseti **<puṣ** 養う，育てる putta-dāraṃ **posissāma** I.257[23] 子や妻を養おう ②337 naṃ **posiṃsu** （*aor.*） II.55[8] 彼を育てた ②72. I.390[6] ①513. II.28[6] ②36.

Ph

phaṇa *m.* 鎌首 **～ṃ** katvā I.215[25] ～を上げて ①284. taṃ **～e** nisīdāpetvā I.359[18] 彼を～に坐らせて ①472. II.257[1] ②334. III.231[13] ③331. IV.130[7] ④174. **-gabbha** *m.* 〔龍の〕鎌首の房室 III.182[3] ③266. **-puṭakā** *f.* 鎌首の袋 IV.132[18] ④177.

phandana *a.* 動揺する **～ṃ** cittaṃ I.287[3,16] ～心を ①373, 374.

pharati **<sphur** ひろがる chāyāya sarīraṃ **phari** （*aor.*） II.70[6] 葉陰がからだにひろがった ②92.

pharasu *m.* Ⓢparaśu 斧，おの **～nā** koṭṭetvā I.70[1] 斧で打って ①93. II.78[6], 130[13], 204[3] ②104, 172, 267.

pharusa *a.* 粗暴な，はげしい na ... evarūpo ～o satto diṭṭha-pubbo I.128[7] このような粗暴な人は以前にはおりません ①166. vedanaṃ **～ṃ** ... pāpuṇe I.179[14] はげしい苦痛を…得るだろう ①234. I.379[8] ①497. III.52[2], 315[5] ③76, 455. IV.163[3] ④223.

phala n. 果，果実，結果 **phalā-phal'atthāya** *instr.adv.* 種々の果実を〔とる〕 ために I.165[17] ①215. **～ûpaga** *a.* 果実をつけた I.271[12] ①354. **-sāmañña** *n* 果としての沙門たること I.159[1] ①209.

phalaka *n.* 板座，楯 **～āni** paññāpetvā I.270[12] **板座を**用意させて ①353. gala-lohitena **～ṃ** dhovāpesi I.359[6] のど首の血で**楯を**洗わせた ①471. I.348[3] ①459. II.2[15] ②4. III.255[8] ③368. IV.27[20] ④33. **～'antara** *a.n.* 楯の間 I.358[8] ①470. **-pīṭhaka** *m.* 板座 I.321[10] ①421. **-sāmika** *m.* 板座の所有者 I.270[14, 17] ①353.

phalati **<phal** 破れる，裂ける muddhā te **phalatu** （*imper.*） sattadhā I.41[5] おまえの頭は七つに裂けよ ①55. sattadhā muddhā **～lissati** （*ft.*） III.186[21] 頭は七つに割れるだろう ③273.

phalika-maya *a.* 水晶(瑠璃) でできた III.88[3] ③126.

[1]**phalita** *a.n.* 白髪の，白髪 sīse ekaṃ pi **～ṃ** nāma nâhosi I.408[9] 頭には一本も白毛というものはなかった ①537. III.387[17] ③545. **-kesa** *a.* 白髪の(人) II.189[20] ②249. **-sira** *a.* 頭が白髪の（人） III.116[15] ③166.

[2]**phalita** *a.pp.* <phalati **<phal** 裂けた hadayaṃ **～ṃ** I.173[2] 心臓は裂けた ①224. hadayena **～ena** kālaṃ katvā I.63[18] 心臓が破裂して死去し ①84.

phallati **<phal** 結実する III.156[12] ③225.

phassa *m.* Ⓢsparśa 触，接触 II.145[5] ②190.

phāṇita *m.* 砂糖 I.79[4], 417[5] ①103, 546. IV.232[17] ④335.

phārusaka *m.* 三色花 III.316[1] ③455.

phāla *m.n.* 鋤，すき I.395[15] ①519.

phāleti *cs.* <phalati 裂く，破る muddhā me satta-dhā **～leyya** I.17[20] 私の頭は七つに破裂するであろう ①23. III.311[16], ③450 dārūni **～lehi** （*imper.*） II.130[13]

薪木を切り裂きなさい ②171. udaraṃ ～**letvā** III.36[12] 腹を裂いて ③53. I.134[16] ①176. III.484[17] ③676.

phāsu-vihāra *m.* 安らかに過ごすこと ～atthāya I.57[26] 安らかに過ごすために ①78. I.80[3] ①104.

phāsuka *a.* 安楽な，快適な，都合のよい ～**ṃ** kareyyaṃ I.343[22] 快適にするでしょう ①453. mayhaṃ **a～ṃ** bhavissati I.13[24] 私に安らぎがないでしょう ①18. amhākaṃ ～**ṃ** bhavissati III.129[22] 俺たちにとって具合のよいことになるだろう ③184. **-ṭṭhāna** *n.* 安穏な所 I.242[12] ①318.

phāsukā *f.* 肋骨，たる木 sabbā te ～bhaggā I.145[2] 全てのおまえの肋骨は折られ ①189. III.26[11], 128[2] ③39, 181.

phīta *a.pp.* <**sphāy** 繁栄した III.436[6] ③613.

phuṭa *a.pp.* <pharati 遍満した(人) ～**o** siyā III.289[12] 〔思いを〕～ならば ③421. **-sarīra** *a.pp.* 身が〔喜びに〕満たされた(人) II.118[6] ②156. III.6[21] ③12.

[1]**phulla** *pp.* <phalati 開花した I.244[4] ①319.

[2]**phulla** *a.pp.* <phalati 破壊した a-khaṇḍa～**āni** samādiyassu I.32[11] 破れ壊れることのない〔五戒〕をあなたは受持しなさい ①42.

phusati <**spṛś** 触る，触知する ～**āmi** III.399[13] 私は触知する ③563. paṭidandā **phuseyyu** (*op.*) taṃ III.57[14] 諸々の反撃の杖が君に触れるであろう ③83. ～**santi** dhīrā nibbānaṃ I.228[6] 堅固な人々は涅槃を触知する ①299. lokuttara-dhammaṃ kāyena ～**santo** II.126[18] 出世間法に身をもって触れて ②166.

Phussa *m.* (仏の名) プッサ(過去24仏の第18) I.84[6], 100[18] ①111, 130.

phena *m.* 泡沫，あわ ～**'upama** *a.* 泡沫(あわ)のような〔身〕 I.335[18] ①442. **-piṇḍa** *m.* 水泡の玉 I.336[11] ①442.

B

baka-sakuṇikā *f.* 鷺の牝鳥 I.275[9] ①358.

bajjhati *ps.* <bandhati 結ばれる，捕まる kammunā bajjhiṃsu (*3pl.aor.*) I.225[11] 〔悪〕業に結ばれた ①295.

baddha *pp.* <bandhati 縛られた，捕まった te manasaṃ ～**ṃ** I.11[7] 君の心は拘束されている ①14. ～**'āghāta** *a.pp.* 嫌恨に結ばれた(人) ～**ṃ** ajānantīhi I.210[22] ～**結ばれているのを**知らない女たちによって ①277. **-niyāma** *a.pp.* 効き目が結ばれた，〔薬が〕効いている ～**en'eva** tiṭṭhatu II.165[4] ～ままでありますように ②217.

Baddh'eraka-hatthin *m.* バッダ・エーラカ(吉祥を駆る)象 IV.25[6] ④30.

badhira *a.* 耳の聞えない， a～**en'eva** ～**ena** viya bhavituṃ vaṭṭati II.102[21] 耳が聞えないのではないまま，耳が聞えない人のようであるがよい ②136. III.328[15] ③471. **-dhātuka** *a.m.* 耳がきこえない，耳が遠い amacco thokaṃ ～**o** I.346[12] 大臣は少し～ ①457.

bandhati <**bandh** 縛る，結ぶ ghara-bandhanena ～**iṃsu** (*3pl.aor.*) I.4[6] 家という縛りによって縛った ①6.

bandhana *n.* 縛り ghara～ I.4[6] 家という縛り ①6. ～**'agāra** *n.* 牢獄 III.308[13] ③446. IV.53[21] ④64.

Bandhumatī *f.* (都城)バンドゥマティー(アノーマダッシン仏の時代の都城) I.105[23] ①137. (ヴィパッシン世尊の時代の都城) **IV**.201[24] ④287.

Bandhumatī-nāma-nagara *n.* バンドゥマティーという都城 III.81[9] ③115.

Bandhula *m.* バンドゥラ(マッラ国，クシナーラーの王子，コーサラの王子パセーナディの親友) I.338[2] ①445.

Bandhula-malla-senāpati *m.* マッラの将軍バンドゥラ I.412[14] ①542.

Bandhula-senāpati *m.* バンドゥラ将軍 I.349[15] ①461.

babbaja *m.* 灯心草 IV.55[19] ④66. **-pādukā** *f.* 灯心草の履物 III.451[19] ③630.

babbu, babbuka *m.* 猫 II.152[6, 7] ②199.

Babbu-jātaka *n.* 「猫本生物語」(*J.*137話) II.152[8] ②200.

bala *n.* 力，軍隊 ～**m** eva ～**ssa** bhattaṃ dassati I.398[21] 軍隊自体が〔その〕軍隊に食糧を与えるでしょう ①524.

～'anīka *n.* 強力な軍 IV.163[18] ④224. **-abhibhava** *m.* 軍隊の征服 II.229[1] ②297. **-kāya** *m.* 軍勢, 軍隊 **～ṃ** payojesi I.193[2] **～を**配備した ①255. I.348[8], 393[15] ①459, 518. **-koṭṭhaka** *n.* 軍勢の営舎 I.317[19] ①417. **-kkāra** *m.* 力の行使 **～ṃ** katvā IV.130[17] 力ずくで(力を行使して) ④175. naṃ **～ena** ... kaḍḍhiṃsu I.236[15] 彼を力ずくで … 引いて行った ①310.

balava- *a.* 強力な, きわめて **-pakkha** *m.* 強力な味方(援軍) IV.34[1] ④37. **-paccūsa-samaye** *loc.adv.* もう早朝時に I.26[5] ①35. **-pacchima-yāma** *m.* きわめて遅い後夜 III.4[1] ③6. **-vāta** *m.* 強力な風 I.75[13] ①99. **-sineha** *m.* 強い愛情 I.331[4] ①435.

bali *m.* 供犠祭 **～ṃ** karissāmi II.14[20] 私は**～を**行なおう ②19. **-kamma** *m.* 供犠供養すること, 犠牲祭 II.219[1], 245[19] ②285, 320. III.437[13] ③614. IV.21[3], 151[14], 214[15] ④24, 206, 304.

balivadda *m.* Ⓢbalivarda 牛, 軛牛 I.24[6] ①32. III.126[3] ③179. dhuraṃ vahato **～assa** padaṃ I.21[15] 荷を引いて行く軛牛の足を〔車輪が追いかけるように〕 ①28.

balisa *m.n.* 釣針 III.397[4] ③560. **-yaṭṭhi** *f.* 釣竿 III.397[5] ③560.

balya *n.* <bāla-ya 愚鈍 maññati **～m** II.30[3] 〔自分を〕愚かと思う ②39.

balla = balya *n.* 愚鈍 I.257[16] ①336.

bahala-bhāva *m.* 濃い(厚い) 状態 **～**atthaṃ I.126[6] (豚の肉を) **～に**〔する〕ために ①164.

bahi *adv.* 外に **～** naṃ karissāmi I.26[3] 私は彼を外に移そう ①35. **～** ālinde nippajjāpesi I.26[4] 外の縁側に寝かせた ①35. **-gantu-kāma** *a.* 外に行こうと欲する者 **～ā** uṭṭhāya agamaṃsu I.73[7] ～たちは立ち上って出て行った ①96. **-gāme** *loc.* 村の外で I.375[11] ①492. **-niviṭṭha** *a.pp.* <ni-viś 外にとどまった I.199[1] ①263. **-sāṇiyaṃ** *loc.adv.* カーテンの外に **～** ṭhito va I.194[9] ～に立ったままで ①256. **-sāṇī** *a.* 幕の外 **～ṇiyaṃ** nisīditvā I.405[20] **～に**坐って ①533.

bahiddhā *adv.* 外に I.211[6] ①278.

bahu *a.* 多くの, 多くの人, 過分の **bahusu** ekato gāma-ghātâdi-kammāni karontesu I.22[21] 多くの人々が一つになって村の掠奪などの行為を行なう時 ①22 (初訳は「行く, 殺すなどの行為を行なう時に」, 誤訳). taṃ **～ṃ** yaṃ hi jīvasi I.145[9] おまえが生きている, そのことが過分なことなのだ ①140. **bahv-anna-pāna** *a.* 食べ物・飲み物が沢山ある **～e** kula-ghare nibbatti II.55[4] ～俗家に生まれ出た ②72. **～'upakāra** *a.* 多大な役に立つことをする(人) **～ā** me suṇisā I.407[15] 私の嫁は**～女**である ①536. I.250[22] ①327. 多大な援助をする(者) II.99[15] ②131. III.270[25] ③392. **～'upakāratā** *f.* 多くの援助をしてくれたこと I.86[22] ①113. **-kahāpaṇaka** *a.m.* 沢山カハーパナ(お金)を持った(人) II.197[11] ②258. **-khīra** *a.* 沢山の乳を出す(牝牛) III.433[3] ③608. **-jāgara** *a.* 多くさめている, 不眠の **～o** I.262[4] 多く眠らないで ①342. **-parikkhāra** *a.* 沢山の資財を持つ(者) III.72[17] ③103. **-bhaṇḍa** *a.* 沢山の財物を持つ(者) III.73[4] ③104. **-bhaṇḍika** *a.* 沢山の財物を持った III.72[1] ③103. **-bhāṇin** *a.* 多弁の(人) III.328[2] ③470. **-manta** *a.* たくらみの多い manussā nāma **～ā** II.4[17] 人間というやつらは～ものどもだ ②7. **-māya** *a.* 欺くことの多い khattiyā ca nāma **～ā** I.345[22] またクシャトリヤというのは**～者たち**である ①456. **-ssuta** *a.* 多聞の, 博識の(者) I.210[6] ①276. II.30[12] ②39. III.126[12], 398[14] ③179, 562.

Bahu-puttika-ttherī *f.* バフ・プッティカ(多子女)上座尼 II.276[1] ②358.

Bahu-bhāṇi-jātaka *n.* 「多くしゃべる者本生物語」(*J.*第215話) IV.92[16] ④121.

bādhati **<bādh** 悩害する, 圧迫する yugaṃ gīvaṃ ～ I.24[10] 軛が首を圧迫する ①32. **bādhantaṃ** *prp.* 悩害する〔車輪〕 I.24[11] ①32. III.368[2] ③521. IV.18[12] ④21.

bādhita *a.pp.* <bādhati 捕えられた saso va **～o** IV.47[24] ～兎のように ④55. III.244[23] 迫害された ③352.

bādheti *cs.* <bādhati 迫害する III.244[9] ③351.

Bārāṇasi-vāsin *a.m.* バーラーナシーに住む(人) I.80[7] ①104.

Bārāṇasi-seṭṭhin *m.* バーラーナシ長者 III.365[17] ③519.

Bārāṇasī *f.* (都市名)バーラーナシー, ベナレス(カーシー国の首都, ガンジス河中流にある) I.20[19], 39[8], 56[4], 80[7], 123[3], 224[14], 311[5] ①27, 53, 75, 104, 159, 294, 408. II.9[13], 127[14] ②13, 168. III.290[10] ③428. **-nagara-vāsin** *a.* バーラーナシー都城に住む(人) I.250[17] ①327. **-rājan** *m.* バーラーナシー王 Bārāṇasiyaṃ **〜rāje** rajjaṃ kārente I.39[8] 〜がバーラーナシーで国を統治している時 ①53.

bāla *a.* 愚かな, 新らしい, 若い **〜o** 'si I.212[1] おまえは愚か者だ ①278. **-ātapa** *m.* 日の出の太陽(の熱) **〜ṃ** tappamāno I.164[4] **〜の光にあたって** ①213 **-dummedha-jana** *m.* 愚かな智の鈍い人々 I.256[6] ①335 **-nakkhatta** *n.* 馬鹿祭り I.256[5] ①335. **-nakkhatta-ghuṭṭha** *a.pp.* <ghoseti 馬鹿祭りのおふれ I.256[1] ①335. **-puttaka** *m.* 幼な子 II.264[9] ②342. **-saṅgata-cārin** *a.* 愚かなものと会って共に歩む(者) III.271[6] ③392 **-suriya** *m.* 朝日 I.249[18] ①326.

Bālaka-ḷoṇaka-ārāma *m.* (園) 塩作りのバーラカの園 I.56[19] ①76.

bālyatara *a.* *compar.* より愚か I.30[4] ①40.

bāḷiha *a.* 激しい, 重い **-gilāna** *a.* 重く病んだ, 重病人 so **〜o** I.183[21] 彼は重篤の病人です ①240. I.31[17] ①42. **-paridevana** *n.* はげしい泣き悲しみ mā **〜ṃ** paridevi II.220[16] **〜泣き悲しむな** ②287.

bāhā *f.* 腕, 臂 〜 paggayha I.17[4] 腕をさしのべて ①22. I.28[11] ①38. pacchā **〜aṃ** bandhitvā II.217[15] うしろ手に縛って ②283.

bāhita-pāpa *a.pp.* <bāheti 悪が除かれている(人), 漏尽者 IV.35[4], 145[6] ④42, 196.

bāhita-pāpatā *f.* 悪が除かれていること **〜tāya** IV.145[11] **〜いるので** ④196.

Bāhiya *m.* バーヒヤ(木の皮をまとった男) II.35[11] ②47.

Bāhiya-dārucīriya-tthera *m.* バーヒヤ・ダールチィーリヤ(樹皮を着た) 上座 II.209[12] ②274.

bāhira *a.* <bahi 外の maṃ **〜ṃ** katvā I.245[8] 私を除外して ①321. **-pabbajjā** *f.* 外道の出家 II.235[8] ②308. IV.144[16] ④196. **-samaya** *m.* 外道の宗義 III.392[5] ③553.

bāhiraka *a.* 外の **-itthī** *f.* 外来の女性, 女性客 III.310[5] ③449. **-pabbajjā** *f.* 外道の出家 **〜aṃ** pabbajitvā I.311[6] **〜を出家して** ①408. III.242[1] ③347. **-magga** *m.* 外部の道 III.401[14] ③566.

bāhu-sacca *n.* 多聞, 博識 II.102[16] ②135. **-mada** *m.* 博識(多聞)の自惚(うぬぼれ) IV.38[3] ④45.

bāheti *denom.* <bahi しりぞける puññañ ca pāpañ ca **〜hitvā** III.392[18] 福徳(善)と悪とをしりぞけて ③554.

bidala-mañcaka *m.* 竹片の小さな臥床 I.135[19] ①178.

bimba *n.* 像, 身体 III.109[3] ③154. **-phala** *n.* ビンバ果 I.387[19] ①510.

Bimbisāra-rājan *m.* ビンビサーラ王(マガダ王) I.88[4], 103[1, 20, 24], 139[4], 385[5] ①115, 133, 134, 182, 506. II.41[1] ②55. III.166[23], 438[6] ③243, 615. IV.209[11] ④297.

bimbohana *n.* 枕 I.416[18] ①546.

[1]**bila** *n.* 穴 III.7[1] ③12.

[2]**bila** *n.* 肉片 II.152[7] ②199.

bilaṅga *m.* 酸粥 IV.77[13] ④101. **-dutiya** *a.* 酸粥を添えた(もの) III.10[17] ③17.

biḷāra *m.* 猫 II.152[9] ②200.

Biḷāla-pādaka-seṭṭhin *m.* 猫足長者 III.17[1] ③26.

bīja *n.* 種子, たね **〜'uddharaṇa** *n.* 〔女性に生まれる〕種子を引き抜くこと **〜ṃ** pāpuṇi I.327[11] **〜を成就した** ①430.

bīraṇa *n.* ビーラナ草, 香草 IV.43[6] ④47.

bujjhati <budh 覚る, 目ざめる **〜māno** paṭivijjhissati I.93[25] 目ざめつつ彼は洞察するでしょう ①122. **bujjhassu** (*2sg.imper.*) amataṃ padaṃ I.84[16] 不死甘露の境地を覚って下さい ①111.

bālo ... na 〜 III.64^{15} 愚者は … 覚らない ③92.

bujjhana *n.* 目覚めていること II.103^1 ②136.

buddha *a.pp.m.* <bujjhati 覚った，目覚めた，覚者，仏陀 〜sukhumālo I.5^7 繊細な覚者である ①6. -aṅkura *m.* 仏陀（覚者）の若芽 I.83^{22} ①110. 〜'anussati *f.* 仏陀についての思念，仏随念 II.120^8 ②158. III.455^{15}, 459^6 ③637, 641. 〜'antara *a.n.* 無仏期 I.103$^{4, 22}$, 226^{18} ①133, 134, 296. II.10^{10} ②14. III.30^{11} ③45. 〜'ānubhāva *m.* 仏陀の威神力 I.106^{15} ①138. 〜'āsana *n.* 仏座 〜e nisīdi I.155^{25} 〜にお坐りになった ① 205. 〜ṃ paññāpetvā I.155^{26} 〜を設けてから ①205. II.47^1 ②61. III.440^5 ③617. 〜'upaṭṭhāka *a.m.* 仏陀に仕えるもの I.61^4 ①81. 〜'upaṭṭhāna *n.* 仏陀への給仕 〜ṃ karoti I.101^5 〜を行なう ①130. 〜'uppāda-kkhaṇa *m.* 仏陀が出現なさる利那 III.489^4 ③682. 〜gatā sati *f.* 仏陀に向けた思念 III.458^9 ③640. -guṇa *m.* 仏陀の徳 I.34^{22}, 374^9 ①46, 491. -cakkhu *n.* 仏眼 〜unā lokaṃ oloketvā I.86^{18} 〜をもって世間を眺め見て ①113. I.26^8 ①35. -ñāṇa *n.* 仏陀の智 I.259^4 ① 338. -tejo *n.* 仏陀の威光 I.250^4 ① 326. -dattika *a.* 仏陀から与えられた III.301^{23} ③437. -pamukha *a.* 仏陀を上首とする 〜ṃ bhikkhu-saṅghaṃ nimantetvā I.104^9 〜比丘僧団を招待して ①135. 〜ṃ bhikkhu-saṅghaṃ gahetvā I.112^5 〜比丘僧団を連れて ① 144. I.72^{19} ①95. -pūjā *f.* 仏さまへの供養 III.101^{17} ③144. -bhāva *m.* 仏陀であること 〜ṃ jānātu I.106^{13} 〜を知らしめよ ①137. -māmaka *m.* 仏陀を信奉する者 I.206^5 ①272. -ratana *n.* 仏陀という宝，仏宝 〜ṃ loke uppannaṃ IV.202^2 〜が世間に現われ出ました ④275. -rasmi *m.* 仏陀の光線 II.43^{10} ②57. -līḷhā *f.* 仏陀の優美，優雅，すばらしさ I.33^{18}, 249^{14}, 443^3 ①44, 326, 580. 〜āya dhammaṃ desessāmi I.144^3 〜をもって私は法を説くであろう ①188. II.41^{12} ②55.

III.79^{12} ③113. -vacana *n.* 仏陀の言葉 〜ṃ sammasitvā I.109^{19} 〜を触知して ①141. I.7^{21}, 228^{10} ①9, 299. -visaya *m.* 仏陀の境界（器量，力），仏の能力の範囲，仏が対境とするものごと I.33^{18}, 109^{22}, 443^2 ①44, 141, 580. II.199^2 ②260. III.228^{10} ③327. -veneyya *a.* 仏陀によって教化されるべき（者） III.426^7 ③598. -sakkāra *m.* <sat-kṛ 仏陀に対する尊敬 〜ṃ kātuṃ vaṭṭati I.108^3 〜を行なうべきである ①139. -sāsana *n.* 仏陀の教え，仏陀の教団 I.11$^{2.8}$, 416^9 ①14, 546. -siri *f.* 仏陀の吉祥 II.214^8 ②279. -sukhumāla *a.m.* 繊細な覚者 I.61^{17} ①81. -seyyā *f.* 仏陀の臥床 I.249^{10} ①326.

buddhi-cariyā *f.* 覚りのための行 III.441^{10} ③618.

bubbuḷaka *m.* 水泡、あわ III.165^{19} ③ 241.

Belaṭṭhisīsa-tthera *m.* ベーラッティシーサ上座 II.170^{18} ②225.

beluva *m.* 木瓜（ぼけ）、橡（とち）の実 I.319^{10} ①419. -paṇḍu-vīṇā *f.* パパイヤ〔の形の〕黄色の琵琶（魔の持物）I.433^1 ①567. III.225^{18} ③324.

Beḷuva-gāmaka *m.* ベールヴァの小村（ヴェーサーリー近郊にある村）III.269^{12} ③390.

bodha *m.* 菩提，さとり -pakkhika-dhamma *m.n.* 〔三十七〕菩提分法 II.95^{12}, 127^5 ②125, 167.

bodhaneyya *a.gdv.* <bodheti 覚らされるべき 〜bandhave olokento I.367^8 〜親族たちを眺め見て ①483. I.384^{19} ① 506.

bodhi *f.* <budh 覚り，菩提，菩提樹 na mayhaṃ putto 〜ṃ appatvā kālaṃ karoti I.117^{21} 私の息子は覚りを得ないでは死去しない ①152. 〜 ajjuna-rukkho I.105^{24} 菩提樹はアッジュナ樹である ①137. -ñāṇa *n.* 覚りの智 III.128^8 ③182. -tala *n.* 菩提樹のもと I.117^9 ①151. -pallaṅka *m.* 覚りの跏趺坐 III.441^{12} ③618. -maṇḍa *m.* 菩提道場 〜ṃ āruyha I.86^6 〜に上り ①113. II.165^{18} ②218. III.193^3, 411^{10} ③283, 579. -satta *m.* 菩薩 〜o

hatthi-yoniyaṃ paṭisandhiṃ gahetvā I.81[1] 菩薩は象の胎に結生をとって(宿って) ①105. I.131[10] ①172.

Bodhi-rāja-kumāra *m.* ボーディ王子 III.134[2] ③190.

byañjana *n.* 字句 III.49[4] ③70.

byāpāda *m.* 瞋，いかり，怒り **-kāya-gantha** *m.* 怒りによって身を縛ること III.276[3] ③399.

byāma = vyāma 一尋，一ひろ **-ppabhā-parikkhitta** *a.pp.* 一ひろ(尋)の光明をめぐらした III.115[19] ③165.

byāsatta *a.pp.* <vi-ā-**sañj** 執著した **-manasa** *a.pp.* 心が執著した(人) **~ṃ** naraṃ I.361[7] ~人を〔とらえる〕 ①474. II.275[3] ②355. III.432[16] ③608.

brahma *m.a.* <**vṛh** 梵，梵天，バラモン，尊貴の，神聖な **-cariya** *n.f.* 梵行 **~ṃ** carāmi I.118[7] 私は梵行を行なっている ①153. I.380[14] ①500. **-cārin** *a.m.* 梵行を行なう(人) III.83[14] ③118. **-daṇḍa** *m.* 梵坦罰(衆僧が黙してその者と話をしない刑罰) II.112[5] ②148. **-deyya** *n.* 最勝の施 III.125[21] ③178. **-pphoṭana** *n.* 梵天の弾指 III.210[17] ③307. **-rūpi-vaṇṇa** *a.* 梵天のような容色をそなえた〔世尊〕 I.116[18] ①151. **-loka** *m.* 梵天界 I.54[20], 156[12], 270[6] ①73, 206, 353. II.230[9] ②229. III.225[9], 281[4] ③324, 408. IV.74[18] ④90. **-lokûpaga** *a.* 梵天界におもむく〔者〕 **~o** ahosi I.313[2] ~者となった ①410. **-ssara** *m.* 梵音 I.250[8] ①326.

brahmaññatā *f.* バラモンであること IV.33[14] ④40.

Brahmatta *n.* 梵天となること I.110[14] ①142.

Brahmadatta *m.* (王名) ブラフマダッタ，梵与王，過去のバーラーナシーの王 **~e** rajjaṃ kārente I.80[7] ~王が国を統治している時 ①104. I.56[4], 65[5], 123[3], 224[14], 311[5] ①75, 86, 159, 294, 408. IV.54[18] ④65.

Brāhmaṇa *m.* バラモン I.25[4] ①34. **-kumāra** *m.* バラモンの童子 I.83[11] ①110. **-gahapatika** *m.* バラモンの家の主人 I.88[7] ①115. **-gāma** *m.* バラモン村 I.88[17] ①115. **-māhāsāra-kula** *n.* バラモン大家の家 **~e** nibbatti I.104[26] ~に生まれ出た ①136. **-vācanaka** *n.* バラモンの朗読会 II.84[16] ②111. **-vāṭaka** *m.* バラモンの集会 IV.177[17] ④247.

brāhmaṇī *f.* バラモンの妻 **~iṃ** āmantetvā I.33[4] バラモンの妻に語りかけて ①43. I.88[18] ①115. III.1[8] ③3.

brūti <**brū** 言う aṭṭhañ ñeva me **brūhi** (*2sg.imper.*) I.92[18] 意義だけを私に述べて下さい ①120.

brūheti <**bṛh** 増大させる，育成する vivekaṃ **~heyya** (*op.*) II.103[15] 遠離を増大させなさい ①136.

Bh

bhakkha *a.m.* <bhakkhati 食べ物 III.456[18] ③638.

bhakkhaṇa *a.* 食べる III.231[11] ③330.

bhagavant *m.a.* 世尊，薄伽梵，仏，幸運のある(人) namo tassa **bhagavato** I.1[2] かの世尊に帰命したてまつる **~vā** Kesī I.344[11] 幸運のあるケーシーは ①453.

bhaginī *f.* 姉妹 **~niyā** saddhiṃ nipajja I.235[9] 妹と一緒に横たわりなさい ①308. III.295[9] ③428. **-patika** *m.* 妹の夫 I.385[27] ①507.

Bhagu *m.* (比丘) バグ(阿難，阿那律，提婆達多などと共に出家した) I.133[12] ①175. I.56[20] ①76.

Bhaggava *m.* バッガヴァ，めでたい人 I.39[14] ①53.

bhaṅga *n.* 粗麻 III.375[17] ③529.

bhajati <**bhaj** 親しむ na **bhaje** (*op.*) pāpake mitte II.110[17] 悪い友たちと親しまぬがよい ②147. **bhajassu** (*imper.*) II.111[10] 親しく交わりなさい ②147.

bhajjāpeti *cs.* <bhajjati 炒らせる maṃsaṃ ... **~petvā** I.224[4] 肉を…炒らせて ①293.

bhajjita-maṃsa *n.* 焼肉 III.129[23] ③185.

bhañjati <**bhañj** 破壊する khuddaka-sākhâpi ~ I.75[16] 〔強風が〕小枝をも破壊し ①99.

bhaṭṭha *a.pp.* <bhassati 落ちた āsana-pādā **~ā** I.438[7] 座席の脚が落ちた

①574.

bhaṇati <bhaṇ 話す, 語る no ca musā **bhaṇāhi** (*2sg.imper.*) I.32[14] またうそを言いなさるな ①42. saccaṃ **bhaṇe** (*op.*) III.314[7] 真実を語るがよい ③454. abbato alikaṃ **bhaṇaṃ** (*prp. nom.*) III.391[6] 無戒の者で虚偽を語る者は〔沙門ではない〕 ③551. **bhaṇe** *adv. pr.1sg.interj.* 私は言う, 確かに, さあ I.247[13] ①324. III.3[2], 316[14] ③5, 456.

bhaṇḍa *n.* 品物, 財貨 ～**'āgārika** *m.* 財産の蔵の番人 III.87[12] ③125. **-gabbha** *m.* 財物の収納庫 III.72[7] ③103. **-hāraka** (*Vri.*) *m.* 貨物運び人 IV.60[22] ④74.

bhaṇḍaka *a.n.* 品物, 荷, 道具, 牛具, 品物の値段 ～**ṃ** chaḍḍetvā palāyanti I.69[7] 〔泥棒たちは盗〕品を捨てて逃げます ①92. ～ṃ upanesi II.197[15] 品物の値段をつり上げた ②258. II.183[3] ②240. III.125[21] ③178. IV.215[24] ④306.

bhaṇḍana *n.* 口論, 争論 ～jātānaṃ āsan'antarikāya nisīditabbaṃ I.55[10] 口論を生じた者たちは別の席になって坐るべきである ①74. I.146[2] ①190. **-kāraka** *a.m.* 諍論をする者, 訴訟をする者 ～**ā** bhikkhū āgacchanti I.64[3] ～比丘たちがやって来る ①85. I.65[13] ①86.

bhaṇḍikā *f.* 集積, 束 ～**aṃ** katvā I.137[13] 荷物をまとめて ①180. II.254[10] ②330.

bhataka *m.* 賃仕事をする者, 傭われ人 I.232[11] ①304. **-vāda** *m.* 傭われ人という言葉 I.119[22] ①155. **-vīthi** *f.* 賃仕事をする者〔がたむろする〕路 I.232[11] ①304.

bhati *f.* 料金, 賃金, 賃仕事 so ～**ṃ** gahetvā manusse orato pāraṃ neti III.150[11] 彼(森の番兵)は料金をとって人々を〔森の〕こちらからあちらへ案内する ③215. ～**yā** gāvo rakkhaṇaka-sadiso I.156[21] 賃金をもらって牛の番をする者と同様である ①206. ～ṃ katvā I.232[9] 賃仕事をして ①304. na me etāya dinna-**bhatiyā** attho I.21[6] 私にとってこの女から与えられる謝礼に意味はない①28. ～**ṃ** datvā I.70[12] 手間賃を与えて ①93. ～**ṃ** pariyesanto I.204[12] 給金を求めて ①269. I.171[7] ①222. II.26[3], 129[7] ②34, 170. III.90[4], 302[9]. ③128, 439. IV.54[20] ④65. **-kamma** *n.* 賃仕事 ～**ṃ** labhitvā I.204[13] ～を得て ①269. **-kāraka** *m* 賃仕事をする者 I.233[4] ①305.

bhatika *m.* 傭人, 使用人 I.204[16] ①269.

bhatta *n.a.pp.* <bhajati Ⓢbhakta 食, 食事, 尊敬された, 奉仕された pure～**ṃ** dānaṃ denti I.5[21] 食前に施を行なう ①7. ～**'agga** *n.* 食堂 I.55[9], 372[21] ①74, 490. II.105[11] ②139. III.19[4], 382[19], 394[5]. ③28, 539, 556. ～**'anumodana** *n.* 食事に対する随喜 Satthā ～**ṃ** katvā I.112[24] 大師は～を行なってから ①144. III.104[8] ③148. ～**'uṭṭhāna-ṭṭhāna** *n.* 食べものが出て来る場所 I.136[4] ①178. ～**'uddesaka** *m.* 配食者, 監食者, 典座 I.244[20] ①320. **-kicca** *a.* 食事 ～ pariyosāne I.63[4] 食事がすっかり終った時 ①83. ～**ṃ** kātu-kāmā nisīditvā ～**ṃ** akaṃsu I.73[6] 食事をすることを望む者たちは坐って食事をした ①96. ～**ṃ** karohi II.145[17] 御飯をおあがり ②191. I.365[12] ①480. **-kiccâvasāna** *n.* 食事の終り ～**e** I.72[20] 食事が終えた時 ①96. **-gāma** *m.* 封土の村(租税を納める村) I.398[11] ①523. **-cchedana** (*Vri.*) *n.* 食事の損失 I.341[7] ①449. **-pacana-dāru** *n.* 食事を炊く薪 I.393[16] ①518 **-paṭikkhepa** *m.* 食事の拒絶 III.77[20] ③111. **-pāti** *f.* 御飯茶碗 III.334[1] ③478. **-piṇḍa** *m.* 飯の玉, ひと玉の飯 I.171[17] ①223. **-bhatika** *m.* 御飯のために賃仕事をする人 III.90[10] ③129. **-muṭṭhi** *f.* ひとにぎりの御飯 II.4[1], 21[17] ②6. ②28. **-vicārana** *n.* 給食の配慮をすること III.263[1] ③379. **-vissagga** *m.* 配食 III.456[7] ③637. **-vetana** *n.* 食べ物による労賃 ～**ṃ** te dassāma I.232[13] 俺たちはおまえに食べ物で労賃を払ってやろう ①304. 食事と礼金 I.25[14] ①34 **-veyyāvaṭika** *m.* 食事の仕事をする者 III.90[11] ③129. **-sammada** *m.* 食後の睡気, 食不調, 飽食 III.264[16] ③382. IV.15[15] ④19.

bhattar *m.* 夫 tassā ca ～**ttāraṃ**

laddhuṃ vaṭṭati I.200[1] また彼女にとっては夫を得ることが一番よいのです ①264. **bhattāraṃ** labhitvā I.202[12] 夫を得てから ①267. **〜ttāraṃ** upaṭṭhahantī III.291[5] 主人に仕えて ③424. I.235[13] ①308. III.41[18], 113[7] ③60, 162.

bhadanta *m.* 大徳, 尊師 senâsanaṃ pariyesanti **〜ā** I.8[17] 大徳たちは臥坐所を求めておられる ①10. mayaṃ imassa **〜ssa** ettakaṃ nāma kālaṃ ettha vasana-bhāvaṃ jānāma I.69[10] 私共はこの大徳がいわばこれだけの時間にここに住していることを知っています ①92. I.197[11] ①261. II.54[15], 95[25] ②71, 126. IV.175[2] ④243.

bhadda *n.m.* 吉瑞, しあわせ IV.23[6] ④26. **〜'eka-ratta** *m.* 賢善一夜の人, 一日一日を, 現在を誠実に修行する人 III.430[13] ③604. **-māṇava** *m.* 吉祥の青年 I.29[4] ①39. **-sāla-mūla** *n.* 吉祥のサーラ樹の根元 I.57[2], 58[9] ①76, 79.

bhaddaka *a.n.* よい, よいこと **〜n** te kataṃ II.44[18] おまえがしたことはよいことだ ②59. I.377[21] ①496. **〜ṃ** esa vadati II.246[16] こいつは善いことを言う ②321. I.190[4], 214[4] ①250, 281. II.203[17], 204[20] ②267, 268. III.151[4], 244[14] ③216, 351.

Bhadda-vaggiya *a.* バッダの群(賢衆)の I.97[1] ①125. **-kumāra** *m.* バッダ群の青年, 賢衆 I.87[17] ①114. **-sahāyaka** *a.m.* バッダの群(賢衆)の仲間 I.100[9] ①129.

Bhaddavatin *m.* バッダヴァティン(チャンダ・パッジョータ王の象の名) I.196[4] ①259.

Bhaddavatiya-seṭṭhin *m.* バッダウァティヤ長者 I.187[8] ①246.

Bhaddavatī-nagara *n.* バァッダヴァティー都城 I.187[8] ①246.

[1]**Bhaddiya** *m.* バッディヤ(アヌルッダの友人) IV 126[11] ④169.

[2]**Bhaddiya** *m.* バッディヤ(アンガ国のバッディヤ市の長者の息子) I.413[5] ①543.

Bhaddiya-nagara *n.* バッディヤ都城(アンガ国の都) I.384[16], 413[5] ①506, 543. III.363[13], 372[13], 451[13] ③517, 526, 630. IV.217[3] ④307.

Bhaddiya-bhikkhu *m.* バッディヤの比丘 III.451[11] ③630.

Bhaddiya-rājan *m.* バッディヤ王(阿難, 阿那律, 提婆達多らとともに出家したサクヤの王) I.133[12] ①175.

bhadde *f.voc.* (女性に対する呼びかけ) あなた, おまえ sādhu 〜 I.70[3] よろしい, あなた ①93. kiṃ idaṃ 〜 I.240[23] これは何だね, おまえ ①316. II.3[12], 157[21] ②5, 207.

bhadra *a.m.n.* よい, よいこと pāpo pi passati **〜ṃ** III.9[22] 悪人といえども〜を見る ③16. III.14[1] ③21. **-yobbana** *n.* 吉祥の青春 **〜ṃ** patvā I.84[19] 〜に達し ①111.

bhanta *a.pp.* <bhamati 迷走した〔車〕 III.301[2] ③436.

Bhante *voc.* <bhavant 尊師よ, 尊師様 I.7[16], 8[5] ①9, 10.

bhabba *a.gdv.* <bhavati 可能の, 出来る **〜'abhabba** *a.gdv.* 可能・不可能, 適・不適 I.435[18] ①571. **-rūpa** *a.* 可能なような **〜o** va dissati I.222[5] 可能であるように見られる ①291.

bhama *m.* <bhamati ろくろ **〜ṃ** yojetvā III.200[6] 〜を使って ③293.

bhamati <**bhram** おろおろする, 迷走する akkhīni **bhamiṃsu** (*aor.*) III.116[4] 眼はおろおろした ③165. IV.107[2] ④142.

bhamara-madhu-kara *a.m.* 蜜を作る蜜蜂 II.202[11] ②264.

bhamuka *f.* 眉, まゆ **〜ṃ** ukkhipati IV.197[10] **〜をあげる** ④280. I.74[19] ①98. **-loma** *n.* 眉間の白毫 III.102[11] ③145. **-vikāra** *m.* 眉をゆがめること IV.90[15] ④117.

bhaya *n.m.* 恐怖, 恐ろしいこと **〜yena** uppannena bhavitabbaṃ II.2[9] 恐ろしいことが生じるかもしれない ②4. **-tajjita** *a.pp.* <tajjeti 恐怖におびえた **〜ā** II.7[12] **〜おびえて** ②10. III.245[18] ③353. **-dassivan** *a.* 恐れを見る(人) I.282[12], 285[21] ①367, 372. **-vinodana** *n.* 恐怖の除去 tassa 〜atthaṃ I.139[15] 彼の恐怖を除くために ①183.

bharaṇa *n.* <**bhṛ** 養うこと I.393[4] ①517.

bharita *a.pp.* <bharati 一杯になった

udakass'eva ～nāvā IV.108[12] 水だけで～舟は ④144.

bhariyati *ps.* <bharati 持たれる idaṃ udakaṃ ubhato **～yamānaṃ** (*prp.*) III.254[11] この水が両方で持たれると ③267.

bhariyā *f.* 妻 **～yaṃ** te ānayissāmi I.124[20] 妻をおまえのところに連れてこよう ①161. ～ gabbinī ahosi I.306[25] 妻が身ごもった ①403. I.3[16], 71[16], 351[3] ①6, 94, 463. II.1[13] ②3.

bhava *m.* <**bhū** 有, 存在, 生存, 繁栄 ～āya ti vaḍḍhiyā III.421[4] **増大から**, とは, 増大から ③591. **～'aṅga-citta** *n.* 生存の構成要素(有分)としての心 I.23[12] ①31. **～'antara** *m.* 他の生存 I.170[14], 325[8] ①221, 427. **～'ākaḍḍhanaka** *a.* 生存を引っ張る(諸煩悩) III.424[12] ③595. **～'uppatti** *f.* 生存の生起 III.277[1] ③401. **-dukkha** *n.* 生存の苦 III.399[8] ③563. **-nissaraṇa** *n.* 生存からの出離 **～ṃ** karissāma I.8[20] 我々は～を為すであろう ①10. **～ṃ** patto I.296[10] ～を得た ①387. I.290[17] ①378. IV.170[12], 203[1] ④235, 289. **-netti** *f.* 生存に導びくもの khīṇāya **～iyā** II.250[13] ～が滅亡する時 ②325. **-sannissita** *a.pp.* <nissayati 生存に依存した(人) II.160[10] ②210.

bhavant *pron.* 尊者 jayatu **bhavaṃ** (*nom.*) III.124[21] 王様は(尊者は)勝利なされますように ③177.

bhavitabba *gdv.* <bhavati あらねばならない appamattehi **～ṃ** I.9[3] 不放逸の者たちであらねばならない ①11.

bhastā *f.* ふいご ～ yojāpetvā I.442[6] ふいごをつかわせて ①579.

bhasma *n.* 灰 **-cchanna** *a.pp.* 灰に覆われた **～o** va pāvako II.67[18] ～火のように ②89. **-muṭṭhi** *f.* 灰のひと握り, ひと握りの灰 III.261[9] ③377.

bhassati <**bhraṃś** 落ちる, 沈む te heṭṭhā **～ssanti** II.11[15] 彼等は〔釜の〕底に沈む ②15. **bhassi** (*aor.*) II.264[12] 降下した ②343. **bhassantaṃ** disvā II.264[13] 降下するのを見て ②343. cīvaraṃ **～ssantam** (*prp.*) pi na sallakkhesi III.32[10] 衣が落ちるのもわからなかった ③47.

bhāga *m.* <**bhaj** 部分, 時分 apara**～e** I.68[6] 後になって ①91. **-bhatta** *a.n.* 持ち分の食, 取り分けた御飯 I.134[11] ①176. IV.122[12] ④164.

bhāgavant *a.* 領分を持った(人) na **～vā** sāmaññassa hoti I.157[4] 沙門としての**～人**ではない ①207.

bhāgin *a.* 分け前を持つ(者) sāmaññassa **～gino** honti I.158[5] 沙門たることの〔果の〕**～者たち**である ①208. **～gī** assaṃ (*1sg.op.*) II.90[13] 私が～者でありますように ②119. I.198[1] ①262. III.92[17] ③131.

bhāginī *f.* 分け持つ女, 分け前をいただく女 III.6[24], 304[14] ③12, 442.

bhāgineyya *m.* 甥, おい, 姉妹の子 I.14[18], 96[9], 300[15], 355[16] ①19, 124, 395, 468. II.232[1], 252[17] ②302, 328. III.45[18], 259[7] ③65, 374. IV.203[13] ④290.

bhājana *n.* 容器, 室内便器 I.183[16] ①240.

bhājeti *cs.* <bhajati 分配する, 分ける **～jetuṃ** (*inf.*) asakkontā III.140[14] 〔衣と毛布を〕**～ことができなくて** ③199. **～jetvā** III.140[16] ～して ③199. **～jetha** (*imper.*) III.140[17] ～しなさい ③199. bhaṇḍaṃ **～jetvā** II.37[14] 〔盗〕品を分配して ②50. III.343[1] ③489.

bhāti <**bhā** 輝やく **bhanti** virocanā III.240[7] 諸々の光が輝やく ③344.

bhātika *a.m.* 兄の, 兄, 兄弟 ～thero me kuhiṃ I.14[14] 私の兄の上座はどこにおりますか ①18. I.6[23] ①8.

bhāyati <**bhī** 怖れる **bhāyasi** I.152[6] おまえは怖れているのか ①199. na **bhāyāmi** I.152[6] 私は怖れていません ①200. ahaṃ pitu **～yāmi** I.178[17] 私は父がこわい ①233. mā **bhāyi** (*aor.*) I.178[17] こわがらないで下さい ①233. I.51[19] ①68.

bhāra *m.* <**bhṛ** 荷, 重担, 荷物, 責任 sabbaṃ tava **～o** III.465[20] 全てはお前の責任だよ ③649. tumhākaṃ **～o** hotu III.296[5] あなた方が**～を**もってもらいたい ③429. etaṃ ... paṭivijjituṃ mayhaṃ **～o** I.92[16] この〔教え〕を洞察するのが私の責務(荷)なのです ①120.

kulass'eva **～ā** bhaveyyāma I.390[9] 私共はもう家のお荷物となるでしょう ①513. sabban taṃ mana **～o** I.393[8] それは全て私が負担いたします ①517. **～m** akāsi I.340[7] 責任を負わせた ①447. sāmikass'eva **～o** bhavissati I.270[16] 所有者だけの責任であろう ①353. **～'alaṅkāra** *m.* 荷飾り I.26[19] ①36. **-voropana** *n.* 〔頭上の〕荷をおろすこと II.250[15] ②325.

bhāriya *a.n.* 重大な，重罪 **～ṃ** II.6[13] 〔これは〕重大なことです ②9. **～ṃ** vo kataṃ I.64[19] 君たちによって重大な罪がなされた ①86. kasmā evaṃ **～ṃ** kammam akāsi I.81[23] なぜこのような重大な罪業を犯したのか ①106. I.17[3], 237[7], 426[7] ①22, 311, 559.

bhāvanā *f.* <bhāveti 学習，修行 **～aṃ** vaddhessāma I.229[20] 学習を増大させよう ①300. II.76[13] ～ = sambhāvana II.77[6] 尊敬 ②102. **～'ārāmatā** *f.* 修習の喜び I.379[18] ①498. III.126[17], 452[13] ③179, 631. **-rahita-tta** *n.* 修習がないこと **～ttā** (*abl.*) I.122[13] **～ないので** ①158.

bhāvayaṃ = bhāvento *prp.* <bhāveti あらしめつつ，修習しつつ II.106[13] ②140.

bhāvita *a.pp.* <bhāveti 修められた **～'atta** *a.pp.* 自己が修められた（人） II.231[5] ②301. **-bhāvana** *a.pp.* 修行が修習されている（人） III.469[18] ③655.

bhāveti *cs.* <bhavati 修習する te sabbe pi asubhaṃ **bhāvayiṃsu** (*3pl. aor*) I.100[5] 彼等全てもが不浄〔想〕を学んだ ①129.

bhāsati <**bhāṣ** 話す，語る，言う I.2[6] **bhāsissaṃ** (*ft.1sg.*) 私は述べるであろう ①4. **bhāsita** (*pp.*) ayaṃ dhamma-desanā kattha **～ā** I.3[5] この説法はどこで述べられたのか ①5. imā gāthā **abhāsi** (*aor.*) I.74[2] この偈をとなえられた ①97. appaṃ vā bahuṃ vā **bhāsassu** (*2sg.imper.*) I.92[17] 少なくとも多くとも，あなたは述べて下さい ①120. imā gāthā **abhāsi** (*aor.*) I.11[9] この偈を述べた ①14.

bhāsā *f.* ことば，言語 taṃ **～aṃ** ... pahāya I.2[2] その言葉を … 捨てて ①4. dīpa**～āya** saṇṭhitā I.1[14] 〔註釈は〕島の言葉によってとどまっていた **tanti～** I.2[3] 聖典の言葉 ①4. **～a-antarena** I.2[6] 説話の合間に ①4.

bhāseti *cs.* そしる，おどす **～setvā** (*Vri.*paribhāsetvā) I.124[1] そしってから ①160.

bhikkhā *f.n.* 施食，托鉢食 tumhākaṃ **～aṃ** dātuṃ paccāsiṃsati I.62[22] 〔象は〕君たちに托鉢食を差し上げたいと思っている ①83. **～āṃ** agahetvā II.43[3] ～を持たないで ②57. **～aṃ** adaṃsu I.73[4] 〔彼女たちは比丘たちに〕托鉢食をさし上げた ①96. ～cāra-velāya I.9[15] 托鉢に行く時刻に ①12. eka**～aṃ** pi alabhitvā I.196[13] 一つの～すらも得ないで ①260. I.13[16], 14[6] ①17, 18. **～'āhāra** *m.* 托鉢の食 **～ṃ** dadeyyaṃ I.329[11] **～を**私は差し上げたい ①433. **-cariyā** *f.* 托鉢を行なうこと **～yāya** I.239[6] 托鉢を行なって ①313. **-cāra** *m.a.* 托鉢に行くこと **～ṃ** pi agantvā I.109[10] **～を**もせずに ①140. **-cāra-kāla** *m.* 托鉢に行く時間 I.12[19] ①16. **-cāra-ṭṭhāna** *n.* 托鉢に行く場所 III.6[13] ③11. **-cāra-velā** *f.* 托鉢に行く時間 Bhikkhū **～āya** gantvā I.12[19] 比丘たちは～に行って ①16. I.107[12] ①139. II.132[12], 243[21] ②174, 318. **-bhājana** *n.* 托鉢食の容器 III.490[14] ③684.

bhikkhu-saṅgha *m.* 比丘僧団 I.72[2] ①95.

bhikkhuṇi-upassaya *m.* 比丘尼の住房 II.48[18], 125[16] ②64, 165. III.113[10] ③162.

bhikkhuṇi-saṅgha *m.* 比丘尼僧団 II.52[4] ②67.

bhijjati *ps.* <bhindati 破れる，こわれる cakkhūni **～anti** I.11[18] 両眼は破れている ①15. mahā-paṭhavī dvedhā **bhijji** (*aor.*) II.50[1] 大地が二つに裂けた ②65. hattho vā pādo vā **～jjeyya** I.390[9] 手や足がこわされると ①513. tasmiṃ **～jjante** II.250[9] それが～時 ①325. **bhijji** (*aor.*) III.413[14] 破壊された ③582. dīpa-jālā **～jjantiyo** ca disvā II.275[12] また灯明の焔が消えかけるのを見て ②356. akkhi **～jji**

(*aor.*) II.184[2] 片眼がつぶれた ②241. I.11[7] ①14. II.263[1] ②341.

bhijjana *n.* 壊れること ～'**ākāra-ppatta** *a.pp.* <pāpuṇāti 破れる状態を得た ～**ā** honti I.257[1] ～得ている ①336. **-dhamma** *m.n.* もともと壊れるもの, 壊れる定めあるもの III.277[4] ③401.

bhitti *f.* 壁 ～**ṃ** bhinditvā I.231[18] 壁を破って ①303. ～**ṃ** limpissanti I.219[16] 壁に塗るでしょう ①289. I.210[13], 362[7] ①277, 475. III.352[8], 442[2] ③501, 618. **-anusārena** *instr.adv.* 壁にそって ～ vicari I.252[2] ～めぐり歩いた ①329.

bhindati <**bhid** 破る cakkā ～**dissanti** I.176[4] 車輪が〔その子を〕砕くだろう ①229.

bhinna *a.pp.* <bhindati 分裂した ～**o** bhikkhu-saṅgho I.55[5] 比丘僧団は分裂した ①74. **-kilesa-ttā** *abl.adv.* 煩悩が破られているので III.84[2] ③119. **-ttā** *n.abl.adv.* 破壊されているので kilesānaṃ ～ III.393[10] 諸々の漏煩悩が～ ③554. **-laddhika** *a.m.* 〔僧団の〕分裂を主張する(者) III.253[6] ③365.

bhiyyo *a.adv.* より一層 ～ pamuyhāmi I.218[3] ～私は昏迷している ①286. atha kho ～ veram eva karoti I.51[5] それどころか一層怨みをするだけである ①68. ～ nandati I.153[14] 更に喜ぶ ①202.

bhiyyosomattāya *adv.* 更に一層, ますます I.51[2], 268[18] ①68, 351. II.97[21] ②128. III.181[8] ③264.

bhisa-muḷāla *n.* 蓮の若芽 III.75[15] ③107.

bhisi *f.* Ⓢbṛṣī 敷布 I.416[18] ①546.

bhīta *a.pp.* <bhāyati 恐れた ～**ā** I.240[2] 恐れて ①315.

bhīruka-jātika-tā *f.* 恐怖の念を起こしたこと ～**tāya** I.164[12] ～起こしたので ①214.

bhujissa *m.* 奴隷の身分から解放すること ～**ṃ** katvā III.487[7] ～解放して ③679. III.30[9] 自由人, 奴隷から解放された人 ③44. dve dāsa-dārake ～**e** katvā I.19[11] 二人の奴隷の若者を奴隷の身分から解放して ①25.

bhuñjanâkāra *m.* 食べる様子 ～**ṃ** dassetvā I.346[4] ～を示してから ①456.

bhutta *a.pp.* <bhuñjati 食べた ～'**avasesaka** *a.* 食べ残りの ～**ṃ** bhattaṃ hoti I.305[16] ～ご飯がある ①401. **-pātar-āsa** *a.pp.* 朝食を食べた(人) II.213[13] ②278. III.135[20], 264[16] ③192, 382. IV.15[15] ④19. **-bhatta** *a.pp* 食事を終えた(人) III.262[23] ③379.

bhutvā *ger.* <bhuñjati 食べてから I.182[11] ①238.

bhumma *a.n.* 地の、地上の, 土地 **-ṭṭha** *a.* 地面に立った ～**e** dhīro bāle avekkhati I.259[13] 賢者は～愚者たちを観察する ①339. III.228[4] ③327. **-ṭṭhaka-deva** *m.* 地上にいる神 III.443[7] ③620. **-tthaka** *a.* 地上にいる〔神々〕 IV.102[4] ④136. **-ttharana** *n.* 地面に敷く物 I.219[13] ①288. **-deva** *m.* 地の神 I.156[11] ①206.

[1]**bhusa** *a.* 強い, 大きい ～**ā** vedanā pavattiṃsu II.164[11] 強い痛みが起こった ②216. tattha ～**ṃ** viya opuṇanti III.375[6] そこで〔その欠点が〕大きなように〔衆目に〕さらす ③529.

[2]**bhusa** *m.* もみがら ～**ṃ** opuṇanto viya III.375[6] ～をより分けるように ③529.

bhussati, **bhusati** ほえる, 吠える tikkhattuṃ ～**ssitvā** I.171[29] 三度ほえて ①223. I.172[3] ①223. ～**ssanto** I.172[5] ほえながら ①224.

bhūta *a.pp* <bhavati 存在するもの, 生類, 生き物, あった(こと), 真実, 事実, …となった III.382[4] ③538. IV.175[19], 183[21] ④244, 258. kena loko tamo～**o** I.42[4] 何で世間は闇になったのか ①56. ～'**attha** *a.pp.* 意義あるものとなった IV.182[20] ④255. **-kāya** *m.* 要素によりなる身体, 実存の身体 ～**ṃ** ovadanto I.11[8] ～を教誡して ①14. **-gāma-sikkhāpada** *n.* 樹木に関する学処 III.302[2] ③438. **-pubba** *a.pp* 以前にあった n'eva atīte ～**ṃ** I.97[22] 過去にも以前に決してなかった ①126. ～**ṃ** *ac.adv.* I.56[4] 昔のことであるが, 往昔 ①75. IV.77[18] ④101. ～**ā** *abl.adv.*

I.242[10] 昔から ①318.
bhūmi *f.* 地, 土地, 大地 ～**ka-vatthu** *n.* 地的なものごと I.288[4] ①374. **-ppadesa** *m.* 土地のところ II.195[22] ②256. **-saya** *m.* 地面に寝る者 II.61[5] ②80.
bhūri-pañña *a.* 広大な智慧ある(人) III.420[14] ③590.
bhūrī *f.* 英智 III.420[17] ③590.
bhedana *n.* <**bhid** 破壊, 変壊, 分裂 sarīrassa ca ～**ṃ** I.179[14] また身体の変壊を〔得るであろう〕 ①234. III.70[18], 109[14] ③101, 155. **bhedana-dhamma** *a.* 破壊(変壊) をきまりとする(壺) I.354[14] ①466.
bhedāpeti *cs.* <bhindati 壊させる taṃ pattaṃ ～**petvā** III.203[20] その鉢を～させて ③298.
bherava *a.n.* 恐ろしい, 恐怖 **-rava** *m.* 恐怖の叫び III.171[3] ③250. **-sadda** *m.* 恐ろしい声 ～**ṃ** katvā I.103[25] ～を上げて ①134.
bheri *f.* 太鼓 **-caraṇa-magga** *m.* 太鼓が行く道 II.43[7] ②57. **-caraṇa-vīthi** *f.* 太鼓を〔打って〕 行く路 II.45[2] ②59. **-saññā** *f.* 太鼓の合図 ～**aṃ** kareyyātha I.396[5] ～をしなさい ①520.
Bhesakalā-vana *n.* ベーサカラー林 (Bhaggā国にある林) III.134[3] ③190.
bhesajja *n.* Ⓢbhaiṣajya 薬 ～**ṃ** yojetvā adāsi I.47[14] 薬を調剤させて与えた ①64. ～**ṃ** te karomi I.20[22] 私はあなたに薬を作りましょう ①27. pañca～**āni** I.5[2] 五種の薬(バター, 生酥, 油, 蜜, 砂糖 *Vin.* I.199[22] 「南伝」3, 353) ①6. idaṃ ～**ṃ** khādāhi I.205[18] この薬をかみ食べなさい ①271. ～**ṃ** karoti I.25[20] 薬を作る ①35. I.5[4,23], 8[26] ①6, 7, 11. II.244[3] ②318. **-dāna** *n.* 薬の施 IV.74[26] ④97.
Bhokkanta-gāma *m.* ボッカンタ村(アヌラーダプラの南方にある村) IV.50[15] ④58.
[1]**bhoga** *m.* 受用, 富, 財 I.6[12] ①8. **-kkhandha** *m.* 財物の集まり III.462[10] ③645. **-gāma** *m.* 歳入を得る村 I.186[26] ①246. **-sampadā** *f.* 財物(受用物)の成就(そなわること) ～**aṃ** labhati I.78[2] ～を得る ①101. II.128[1] ①168. III.17[9] ③26.
[2]**bhoga** *m.* とぐろ III.360[20] ③513.
bhogga *a.gdv.* <bhuñjati 受用されるべき, 財産 rāja～**ā** chaḍḍitā I.313[1] 王の財産は捨てられた ①410.
bhojana *n.* <bhuñjati 食べること, 食事, 飲食 **-pāti** *f.* 食事用の鉢, 食事の皿 III.88[5], 449[7] ③126, 626. **-sappāya** *a.n.* 食べ物が適正であること I.317[14] ①417. **-sālā** *f.* 食堂 I.379[17] ①498.
bhojanīya *a.n.gdv.* <bhojeti 食べられるべき, 軟らかい食べ物 I.270[15] ①353. ～**ṃ** paṭiyādāpesi I.33[11] 軟らかい食べ物を準備させた ①43. ～**ṃ** saṃvatteyyātha I.102[5] ～を供給しなさい ①132. I.378[13] ①496.
bhojeti *cs.* <bhuñjati 食べさせる te ～**jetvā** III.68[19] 彼等に御飯をさし上げてから ③99. **bhojetha** (*imper.*) 食べさせろ tayo māse ～ I.101[23] 3箇月〔世尊に〕食を差し上げなさい ①132.
bhoti (女性への呼びかけ) おまえ I.25[13], 200[4] ①34, 264.
bho-vādin *a.* 「君よ」と言う者, バラモン IV.158[13] ④216.

M

maṃsa *n.* Ⓢmāṃsa 肉 hadaya～**ṃ** ubbattetvā I.5[14] 心臓の肉を裂き ①7. ～**'upasecana** *a.n.* 肉をふりかけた〔御飯〕 I.344[14] ①454. **-khaṇḍa** *m.n.* 肉片 III.332[13] ③476. **-pesi** *f.* 肉片 I.164[10] ①213.
makaci *m.* マカチ(樹の名) **-pilotikā** *f.* マカチの布 II.155[10] ②204. **-vāka-khaṇḍa** *n.* マカチの木の皮の破片 III.68[12] ③99.
[1]**makkaṭa** *m.* 猿 I.59[17] ①79. II.22[15] ②30. III.361[11] ③513.
[2]**makkaṭa** *m.* 蜘蛛, くも **-sutta** *n.* くもの糸 I.304[7] ①399.
makkaṭaka *m.* 蜘蛛, くも IV.58[15] ④71.
makkha *m.* かくすこと, 覆, 偽善 III.118[20] ③168. IV.181[7] ④253.
makkhikā *f.* 蠅, はえ I.187[18], 231[13] ①247, 303. II.197[5] ②258. IV.58[20] ④71.
makkhita *a.pp.* <makkheti 塗られた

asuci~ṭṭhānaṃ I.50[21] 不浄物に塗られた場所を ①68. **-mattaka** *a.* まみれただけの(もの) **~o** va hoti II.102[12] 〔お粥に〕~のものである ②135.

makkheti *cs.* <**mṛkṣ** 塗る gomayena sarīraṃ **~etvā** I.256[7] 牛糞をからだに塗って ①335. na naṃ koci **~kkhetuṃ** (*inf.*) sakkoti I.200[18] 何ものもその〔足跡〕を塗りつぶす(けがす)ことは出来ない ①265. kuṇḍakena sarīraṃ **~kkhetvā** II.261[12] 米ぬかをからだに塗って ②340. II.65[12] ②86.

Magadha-raṭṭha *n.* マガダ国 I.96[1], 265[20] ①124, 348.

Magadha-rājan *m.* マガダ王 **~rañño** rajjena nimantiyamāno I.85[21] マガダ王から統治権を〔ゆずろうと〕招かれても ①112.

magga *m.* Ⓢmārga 道 **-kilanta** *a.pp.* <**klam** 〔旅〕路に疲れた ahaṃ **~o** I.293[17] 私は~ ①383. I.336[9] ①442. III.75[13] ③107. **-desika** *m.* 道案内人 I.192[24] ①254. **-paṭipanna** *a.pp.* 道を〔もの乞いして〕歩く **~ā** viya I.233[16] ~女のようにして ①306. **-parāyaṇa** *m.* 〔修〕道に向かって行く者 III.148[16] ③212. **-paribbaya** *m.* 〔旅〕路の費用 **~ṃ** datvā I.251[11] ~を与えて ①328. **-phala** *n.* 道の果 I.153[1] ①201. **-phala-ṭṭha** *a.* <sthā 道と果の上に立った(沙門) III.378[18] ③534. **-phala-paṭivedha** *m.* 道と果の洞察 **~ṃ** kātuṃ nâsakkhi I.110[6] ~をすることが出来なかった ①141. **-mūḷha** *a.* 道に迷った **~ṃ** purisaṃ samassāsetvā I.148[20] ~人を安心させて ①193. **-vajjha** *gdv.* <vadhati 道によって虐殺されるべき I.317[11] ①417. **-vaṇṇa** *m.* 道のすばらしさ **~ṃ** vaṇṇetvā I.115[9] ~を称讃して ①149.

maggati *denom.* <magga 探求する sabba-thāmena **~gganto** pi I.434[10] 全力をあげて追求しても ①569.

Magga-vagga *m.* 「道品」 III.401[1] ③565.

maggika *a.* 道を行く(者) mayaṃ **~ā** I.233[21] 私たちは~者です ①306. **-purisa** *m.* 旅行者 I.162[19] ①211.

Magha *m.* マガ(帝釈天の学生時代の名) I.264[6] ①346. **-māṇava** *m.* マガ学生 I.280[20] ①365.

Maghavant *m.* 帝釈天, インドラ I.263[6], 264[7], 280[16] ①345, 346, 364.

maṅku *a.* がっかりする, はずかしい, 赤面する, 当惑する ~ hoti III.358[26] がっかりする ③510. ~ hutvā III.41[16] はずかしくなって ③60. **-kātuṃ** *inf.* 恥をかかせること ~ na sakkhissāmi III.62[18] 俺は~ができないだろう ③91. **-bhāva** *m.* 恥じ入ること II.157[10] ②205. **-bhūta** *a.pp.* 恥じ入った, 赤面した **~o** II.76[1] ②101. **~ā** rodantī ṭhitā II.149[20] ~じ入って泣いて立っております ②196. II.134[21] ②177.

maṅkuṇa *m.* Ⓢmatkuṇa 昆虫, のみ, しらみ, 南京虫 II.12[16] ②17.

maṅgala *a.n.* 吉祥の, おめでたいこと, お祝いごと, 吉祥のことば, 祝辞, 結婚式 I.115[20], 182[5], 385[10] ①150, 238, 507. III.123[11], 394[3] ③175, 556. **-amaṅgala** *a.n.* 祝儀・不祝儀 I.79[15] ①103. **-amaṅgala-ṭṭhāna** *n.* 祝儀・不祝儀の場所 II.168[2] ②221. **~'assa** *m.* 祭礼用の馬 III.47[5] ③67. **-kāla** *m.* おめでたい時 I.401[11] ①527. **-kiriya-divasa** *m.* おめでたを行なう日, 祝祭日 II.234[9] ②306. **-kiriyā** *f.* 祝い事 I.128[5] ①166 III.437[14] ③614. **-cchaṇa** *m.* 祭礼 I.392[19] ①517. **-divasa** *m.* 結婚式の日 III.260[11], 467[6] ③376, 651. **-hatthin** *m.* 吉祥の象 I.389[22] ①513.

Maṅgala *m.* マンガラ(過去24仏の第3) I.84[3] ①111.

Maṅgala-pokkharaṇī *f.* 吉祥の蓮池 I.85[4] ①112.

Macala-gāma *m.* マチャラ村(マガ=帝釈が住んだマガダ国の村) I.265[20] ①348.

macca *a.m.gdv.* <marati 死ぬべき, 人間 I.419[10] ①550 III.235[11] ③336.

maccu *m.* Ⓢmṛtyu 死, 死魔, 死神 **~no** ti maraṇassa I.229[1] 死魔へのとは, 死への〔歩み〕である ①300. jātassa nāma niyato ~ I.167[6] 生まれた者というのは死ぬに決まっているのだよ ①217. ~santikaṃ gacchāma I.65[16] 死王のもとに我々はおもむく ①87. **~ccuno** bhāyanti III.48[15] 死をおそれる

③70. ～ ādāya gacchati I.361[8] 死神がとらえて行く ①474. II.161[7] ②211. **-dheyya** *a.m.* 死神の領域 II.160[18] ②211. **-mukha** *n.* 死神の口 so **～e** patissati III.430[8] 彼は ～に落ちるだろう ③604. **-rājan** *m.* 死王 niyato **～rājassa** I.12[14] 死王に〔おもむくことが〕決定されるのに ①16. I.150[3], 361[4] ①195, 474.

maccha *m.* Ⓢmatsya 魚 **-kacchapa-bhatta** *n.* 魚や亀の餌食 I.360[22] ①474. **-bhatta** *a.m.* 魚の餌食 II.209[17] ②274. **-maṃsa** *n.* 魚肉 I.69[13] （*Vri.*） ①92.

maccharāyati *denom.* <macchara 物惜しみする **～rāyitvā** II.89[22] ～して ②119. **～rāyanto** II.89[22] ～して ②119. II.45[14] ②59.

Macchari-kosiya *m.* （長者）物惜しみするコーシヤ I.367[2] ①483.

maccharin *a.* 物惜しみする（人） II.89[21] ②119. III.389[13] ③548.

Macchikāsaṇḍa *m.* （都市）マッチカーサンダ（カーシ国にある。舎衛城から30ヨージャナ） II.74[4] ②98.

macchera *n.* = macchariya 物惜しみ，慳悋，けち **-citta** *n.* 物惜しみの心 III.1[20] ③4. **-mala-malina** *a.* 物惜しみの垢にまみれた **～o** II.25[17] **～まみれて** ②33. **-vinaya** *m.* 物惜しみの調伏，物惜しみをしないこと（七つの禁戒の一つ） I.265[14], 271[18] ①347, 355.

majjati **<mad** 酔う II.156[2] ②204.

majjārī *f.* 牝猫 ～ hutvā nibbatti I.48[1] 牝猫となって生まれ出た ①64. III.450[10] ③627.

majjhatta *a.n.* 中，中庸 **～'upekkhā** *f.* 中途半端な捨心 **～āya** II.214[22] 捨心が中途半端なので ②279. **-dhātuka** *a.* 中庸のところにいる（人） III.200[2] ③293.

majjhantika-kāla *m.* 正午時分 **～e** I.305[12] 正午時分に ①401.

majjhima *a.* 中の，中間，中位 **～'itthi** *f.* 中年の女性 III.59[5] ③85. **-khaṇḍa** *m.* まん中の部分 III.141[15] ③201. **-māsa** *m.* 月の中旬 III.66[2] ③95. **-yāma** *m.* 中夜時分，10～2時 **～e** atikkante I.12[16] 中夜時分が過ぎた時 ①16. **～e** theraṃ āgacchantaṃ disvā I.68[20] ～に上座がやって来るのを見て ①91. I.19[22], 86[11] ①26, 113.

Majjhima-kāḷa *m.* （資産家，比丘）中カーラ I.66[16] ①89.

Majjhima-desa *m.* 〔インドの〕中部地方 III.248[8] ③357.

Majjhima-nikāya *m.* 「中部経典」 III.251[9] ③362.

mañca *m.* ベッド，臥床 **-paṭipādaka** *m.* ベッドの支えの足 I.321[10] ①421. **-parāyaṇa** *a.n.* ベッドを頼りとする者（寝たきりの者） **～o** jāto I.183[22] ～となった ①240. **-vāna** *n.* ベッドの詰め物 I.234[12] ①307.

mañcaka *m.* 担架，タンカ **～ṃ** āropetvā III.476[9] ～にのせて ③664. II.216[2] ②281.

mañju-bhāṇaka *m.* 美しい声でさえずるもの I.144[7] ①189.

mañjeṭṭha *a.* 深紅の III.214[16] ③312.

maññati **<man** 思う mā ... **amaññittha** （*aor.2pl.*） I.189[14] …と思わないで下さい ①249.

maññana-lakkhaṇa *a.* 思うことを特相とする ～ māna III.118[19] 自尊心（慢） ③168.

maṭṭha *a.m.pp.* <majjati 磨かれた，浄い，美しい，絹 **～āni** kuṇḍalāni katvā I.25[9] 美しい耳環を作って ①34. III.199[19] ③292. IV.156[14] ④213. **-sāṭaka** *m.* 絹の上衣 I.209[17] ①276.

Maṭṭha-kuṇḍalin *m.* （少年の名） マッタ・クンダリン（美しい耳環をもつ者） I.25[1, 10] ①34.

maṇi *m.* 宝珠，摩尼 **-āloka** *m.* 宝珠の光明，光照 IV.209[24], 213[17] ④297, 302. **-kāra** *m.* 宝石作り II.152[10] ②200. III.34[19] ③51 **-khacita** *a. pp.* **<khac** 宝珠をちりばめた IV.203[8] ④289. **-joti-rasa** *m.* 光の露という宝石 I.198[6] ①262. **-dhaja** *m.* 宝珠の旗 I.273[3] ①356. **-pallaṅka** *m.* 宝珠の椅子 **～o** paññatto hoti I.274[5] **～が**設けられている ①357. **-pākāra** *m.* 宝珠の壁垣 IV.222[1] ④316. **-maya** *a.* 宝珠でできた I.29[2] ①38. **-yaṭṭhi** *f.* 宝珠の竿

I.273[3] ①356. **-rūpaka** *n.* 宝珠の像 I.370[3] ①486.

maṇḍa *m.* 醍醐(乳の五味の最高のもの) **-sappi** *n.* 醍醐のバター **〜ṃ** thokam eva bhuñji I.170[25] **〜を**少しだけ食べた ①222.

maṇḍanaka-jātiya *a.* 派手好みの IV.149[9] ④203.

maṇḍapa *m.* 仮屋，テント張りの舎屋 **〜ṃ** kāretvā II.96[11] **〜を**作らせて ②127. I.112[2] ①144. II.45[5] ②59. III.339[9] ③484. **〜'ākāra** *a.* 円屋の形をした I.165[1] ①214.

maṇḍayati, maṇḍeti <**maṇḍ** 飾る atta-bhāvam eva **〜yamānā** I.271[15] 自分の身だけを飾って ①355.

maṇḍala *m.* 円形馬場 IV.3[19] ④6.

maṇḍita-pasādhita *a.pp.* 身を飾り装った mahā-jane **〜e** I.409[20] 大衆が**〜って** ①538.

maṇḍūka *m.* 蛙，かえる III.231[11] ③330.

mata *a. pp.* <marati 死んだ，死者 **〜o** bhavissati I.163[5] 死亡したのでしょう ①212. **-kalebara** *m.n.* 死体 II.272[22] ②352. **-sarīra** *n.* 死体 sace **〜ṃ** ānetvā chaḍḍenti I.69[20] もしも〔人々が〕死体を運んできて捨てるならば ①92.

mataka *a.* 死んだ，死者 tumhe **〜ā** I.352[15] お前たちは死んだ者どもだ ①464. **-bhatta** *n.a.* 死者への御飯(陰膳) **〜ṃ** adaṃsu I.326[10] **〜を**供えた ①429. I.355[10] ①467. III.25[16] ③38.

[1]**matta** *a.* 量 bhojanaṃ nāma **〜āya** bhuñjituṃ vaṭṭati III.265[7] 食事というものは量を〔知って〕食べるべきです ③383. **-ññū** *a.* 量を知る bhojanamhi ca **〜uṃ** I.74[9] また食べるものの量を知る人を〔魔は制圧しない〕 ①98. **-ññūtā** *f.* 量を知ること III.237[11] ③339. **-bhojana** *n.* 量を〔わきまえた〕食事 III.265[8] ③383.

[2]**matta** *a. pp.* <madati 酔った，狂った **-vara-vāraṇa** *m.* すぐれた酔象 I.249[13] ①326. **-hatthin** *m.* 酔象 IV.24[3] ④27.

mattā *f.* 量，適量 pariyesana-〜 I.75[4] あまねく求める量 ①98. paṭiggahaṇa-〜 I.75[4] 受け取る量 ①98. paribhoga-〜 I.75[5] 享受する量 ①98. paccavekkhana-〜 I.75[6] 省察の量 ①98. vissajjana-〜 I.75[7] 分け与える量 ①98. imissâpi **〜āya** ajānanato I.75[7] この量をも知らないで ①98. **-sukha** *n.* わずかの安楽 III.449[1] ③625. **-sukha-pariccāga** *m.* 小さな安楽を捨てること III.436[3] ③613.

mattika *a.* 土の **-pāti** *f.* 土の鉢 III.292[5] ③425. **-piṇḍa** *m.* 土の玉 II.5[1] ②7. **-bhājana** *n.* 泥土製の容器 I.130[13] ①170.

mattikā *f.* 土，粘土，土塊 patiṭṭhāpita**〜aṃ** sāsanaṃ I.21[16] 上にしっかりと粘土が置かれた信書に〔王印を押すように〕 ①28. I.35[7] ①46. **〜aṃ** madditvā I.219[16] **泥土に混ぜて** ①289. III.29[3], 306[16] ③43, 444. **-thāla** *n.* 土でできた皿 IV.67[20] ④86. **-piṇḍa** *m.* 粘土の玉 I.43[1] ①57.

matti-sambhava *a.* 〔バラモンの〕母から生まれた(者) IV.158[11] ④216.

matteyyatā *f.* 母に孝養すること，敬母 IV.33[13] ④40.

mattha-luṅga *m.* 脳髄 II.68[12] ②90.

matthaka *m.* 頂点，頭，先 kathaṃ **〜ṃ** pāpessasi I.244[17] どうして頂点に到らせようか ①320. satta-yojana**〜e** I.387[1] 七ヨージャ先にあります ①509. sāvaka-pāramī-ñāṇassa **〜ṃ** patto I.96[12] 声聞波羅蜜の智の頂点に達した ①124. **〜e** dhārento aṭṭhāsi I.109[2] 〔花傘を〕頭上にかかげて立った ①140. pabbajita-kiccaṃ **〜ṃ** pāpetuṃ sakkhissati I.69[19] 出家者の為すべき務めを頂点に到達させることが出来るであろう ①92. **〜o** ca vidāḷito I.145[1] また頭は裂かれた ①189. **〜ena** taṃ ura-majjhe paharantī I.184[23] 頭でもって彼の胸のまん中を打ちつつ ①243.

mattheti *cs.* <mathati 混乱させる III.357[1] (*PTS*.mathantu) ③507.

mada *m.* 酪酊 II.155[15] ②204. **-kāla** *m.* 発情期 IV.13[14] ④17. **-vegena** *instr.adv.* 急に酔いがまわって III.102[2] ③144.

Madda-kucchi *f.* マッダ・クッチ(園)

II.164[12] ②216.

maddati <**mṛd** 踏みつける **〜ddanto** (*prp.*) gacchati II.66[20] **〜つけて行く** ②88. mā me khettaṃ **〜ddetha** (*aor.*) II.66[21] 私の畑を踏みつけてはいけません ②88. na me khettaṃ **〜ddeyyuṃ** (*op.*) II.66[24] 私の畑を踏みつけないだろう ②88. goṇā vā naṃ **〜ddissati** (*ft.*) I.176[3] 牛どもがその〔子〕を踏みつけるだろう ①229. **maddatu** (*imper.*) II.223[11] 踏みつけなさい ②290.

Madda-raṭṭha *n.* マッダ国(現在のパキスタンのラホールの北の国, 美人の産地として有名) II.116[20] ②154. III.281[21] ③409.

maddava *a.* しおれた pupphāni **〜āni** pamuñcati IV.112[16] **しおれた花々を放し**落とす ④148. IV.235[14] **柔和** ④340.

maddāpeti *cs.* <maddati <**mṛd** 踏み砕かせる hatthinā **〜petha** I.267[18] 象に踏みつぶさせろ ①350.

maddita *a.pp.* <maddeti 砕いた **〜o** kāma-kaṇṭako I.121[8] 欲望のとげが砕かれている ①156.

Maddī *f.* マッディー(ヴェッサンタラ王子の妃) I.406[14] ①534.

madhu *n.* 蜜, 蜜蜂 II.25[15] ②33. **-kara-jāti** *f.* 蜜を作る類の〔虫〕I.374[15] ①492. **-paṭala** *n.* 蜜の膜 I.59[21] ①80. II.197[5] ②258. **-matta** *a.pp.* <madati 蜜に酔った II.155[12] ②204.

madhura *a.n.* 蜜のように甘美な, 蜜の **〜'ojā** *f.* 蜜の食素 III.172[1] ③252. **〜'odāra** *a.* (madhura-udāra) 甘美でおごそかな(広大な) IV.235[19] ④340. **-dhamma-kathā** *f.* 蜜のような(甘美な)法話 I.88[8] ①115. **-paṭisanthāra** *m.* <paṭi-saṃ-**stṛ** 親しい挨拶 **〜ṃ** katvā I.92[4] **〜を**交わして ①119. **-bhatta** *n.* おいしい食事 **〜ṃ** pacitvā I.234[9] **〜を**調理して ①307. **-maṃsa** *n.* 甘い肉 II.9[21] ②13.

Madhura-pācikā *f.* マドゥラ・パーチカー(蜜の料理女), (ある一人の老出家者の旧妻) III.422[2] ③592.

madhuvant *a.* 蜜をもつ(もの) **〜vā** maññati II.50[10] **〜ものだ**と思う ②65. II.48[2] ②63. IV.166[10] ④229.

manaṃ vata *adv.* 実に寸前である 〜 ... nāsitā III.147[22] 実に破滅する寸前であった ③211.

manasā-cāra *a.m.* 心が行ずる(こと) II.23[19] ②31.

manasi-kāra *m.* 作意すること **a〜**vasena I.44[9] 作意しないことによって ①59.

manāpa *a.* 心にかなう, 気に入る, 心に悦んだ saggo nāma **〜o** I.266[22] 天国というのは心にかなうものです ①349. na **〜pena** paccuṭṭhenti I.341[19] 喜びの心をもって立って出迎えない ①449. I.25[7] ①34. III.273[6] ③395. **-bhāva** *m.* 快よいものであること III.389[20] ③548.

manuja *m.* 人間 IV.43[1] ④51.

manuñña *a.* Ⓢmanojña すばらしい **〜ṃ** pi āhāraṃ disvā I.102[15] すばらしい食べ物をも見て ①132.

manussa *m.* Ⓢmanuṣya 人, 人間 pañca-koṭi-mattā **〜ā** I.5[19] 五千万人ほどの人々は ①7. **〜ā** bhikkhū disvā I.8[13] 人々は比丘たちを見て ①10. satta 〜 koṭiyo vasanti I.5[18] 7000万人の人々が住んでいる ①7. I.15[6] ①20. **〜'āvāsa** *m.* 人間の居住区 I.63[16] ①84. **〜'itthi-vaṇṇa** *m.* 人間の女性の姿 **〜ṃ** māpetvā III.53[1] **〜を**化作して ③77. **〜'inda** *m.* 人間の帝王 I.344[10] ①453. **-ghātaka** *m.* 人殺し IV.54[1] ④64. **-jāti** *f.* 人間の生れ **〜ṃ** āgacchantā I.327[6] **〜にもどって**来ると ①430. **-daḷidda** *m.* 困窮した人間 II.34[7] ②45. **-paṭilābha** *m.* 人間〔の生〕を得ること III.230[16] ③330. **-bhūta** *a.pp.* 人間となった, 人間である ahaṃ **〜o** pi I.217[8] 私は人間でありながらも ①286. **-vāraka** *m.* 貧困の人間 II.34[7] ②45. **-saṅgaha** *m.* <saṃ-**grah** 人の掌握 **〜ṃ** karonto I.169[2] 人々を掌握して行き ①219. **-sampatti** *f.* 人間としての成功 III.183[2] ③267.

manussattaṃ *ac.adv.* 人間として III.361[3] ③513.

mano, manas *n.* 意, 心 **manasā** ce paduṭṭhena bhāsati I.21[21] もし邪悪な(汚された)意をもって語れば ①29. na

hi te **mane** (*loc.*) anuppajjante uppajjituṃ sakkonti I.23[3], 36[1] なぜならばそれらの〔諸法〕は意(心)が生起しない時には生起することが出来ないが ①31, 47. ayaṃ māṇavo mayi **manaṃ** pasādetvā I.26[15] この青年は私に対して心を浄信させて ①35. **mano** (*nom.*) pana ekaccesu cetasikesu anuppajjantesu pi uppajjati yeva I.23[4] しかし意は或る心に所属するものごと(心所)が生起しない時にももう生起する ①31. **manasā** (*instr.*) ce pasannena bhāsati vā karoti vā I.35[11] もし浄められた意をもって語り，或いは為すならば ①46. ～seṭṭhā I.3[2] 〔諸々のものごとは〕意を最上とする ①5. ～mayā I.3[2] 〔諸々のものごとは〕意より成っている ①5. ～pubbaṅ-gamā dhammā I.3[2] 諸々のものごと(法)は意を先として行く ①5. **-kamma** *n.* 心の行ない III.467[23] ③652. **-duccarita** *a.pp.* 意(心)の悪行，貪欲(abhijjhā)，瞋恚(vyāpāda 害心)，邪見(micchā-diṭṭhi)の三つ I.23[23] ①31. **-padosa** *m.* 心のいかり，心の過失 ～**ṃ** mā karittha I.355[5] ～を作ってはなりません ①467. IV.40[4] ④47. **-pasāda** *m.* <pa-**sad** 心が浄らか，浄心，信仰 Satthari ～**ena** I.28[7] 大師に対して心を浄めることによって ①37. **-pubbaṅ-gama** *a.* 意を先として行く ～**ā** dhammā I.21[19] 諸々のものごと(法)は意(心)を先として行く ①29. I.22[17] ①30. **-maya** *a.* 意(心)よりなる dhammā ～**ā** I.35[9] 諸々のものごと(諸法)は意(心)より成っている ①46. **-ratha** *m.* 心の願い I.360[21] ①474. IV.77[24] ④101. **-rama** *a.* 心の喜ぶ santi rukkhā ～**ā** I.344[12] ～樹々がある ①454. ～**ṃ** rūpaṃ labhitvā I.361[17] ～色(色形あるもの)を得て ①475. **-sucarita** *a.n.* 意の善行(三種)，貪・瞋・邪見を離れて意識すること I.36[14] ①48. **-seṭṭha** *a.* 意(心)を最上とする ～**ā** I.21[19] 〔諸々のものごと(法)は〕意を最上とする ①29.

mano-silā *f.* 砒石 IV.113[14] ④150. **-rasa** *m.* 砒石(雄黄)の〔色〕味 II.43[9], 121[10] ②57, 160.

manta *m.* Ⓢmantra 呪文，マントラ ～**ṃ** bandhitvā I.251[8] ～を結んで ①328. **～'ajjhāyaka-brāhmaṇa** *m.* 真言(マントラ)を誦えるバラモン III.361[18] ③513. **～'osadha** *n.* 呪文という薬剤 III.458[6] ③640. **-bhāṇin** *a.* 経(マントラ)を誦す(人) IV.93[1] ④121.

mantar *m.* 賢者 III.347[7] ③495.

mantā *f.* 智慧 attano ～**aṃ** sabbaññuta-ñāṇena saṃsandesi II.236[16] 自分の〔不完全な〕智慧を一切を知る智と混同させて考えた ②309. ～ vuccati paññā IV.93[7] マンターは智慧と言われる ④121.

manteti <**mant** 考える，相談する，密語する ～**tayiṃsu** (*aor.*) III.205[9] **相談した** ③300. kaṇṇe ～**tayi** (*aor.*) I.168[13] 〔象の〕耳にささやいた ①218. kaṇṇa-mūle ～**tayantassa** saddo I.173[9] 耳もとでひそかに言う声は ①225. bhariyāya saddhiṃ ～**tetvā** III.466[9] 妻と相談してから ③650. I.10[21], 162[4] ①13, 210.

manda *a.* 鈍い，少数の paññā te ～**ā** II.8[9] あなたの智慧は愚鈍です ②11. ～**ena** parivārena I.356[5] 少数の従者とともに ①468. ～**ā** jātā I.81[5] 遅いなあ ①105. **-ātapa** *m.* やわらかな陽光 I.320[5] ①420. **-pañña** *a.* 智の鈍い(人) I.262[15] ①343. IV.17[5] ④20. **-buddhitā** *f.* 智慧が鈍いこと ～**tāya** II.264[6] **～が鈍いので** ②342. **-buddhin** *a.m.* 覚慧が遅鈍の(人) nava-pabbajitā ～**ino** I.142[1] 新米の出家者たちは～ ①186. **-vāta-erita** *a.pp.* そよ風に動かされる I.274[3] ①357.

Mandhātu-jātaka *n.* 「マンダータル本生物語」(J.258話) III.240[5] ③344.

mamāyita *a.n. pp.* <mamāyati わがものと執著した，わがものとされた cakkhūni hāyanti ～**āni** I.11[10] わがものとされた両眼は損失している ①14. IV.100[13] ④133.

mamma *n.* Ⓢmarman 末魔，関節 **-ghaṭṭana-vacana** *n.* 関節を打つ(断末魔の)言葉 IV.182[13] ④255. **-cchedaka-vacana** *n.* 断末魔の(関節を切断する)言葉 ～**nāni** I.379[8] ①497.

mayi ahaṃ の *loc.sg.* 〜 etehi saddhiṃ gacchante（*loc. abs.*）I.13[15] 私がこの人たちと一緒に行くと ①17.

mayūra *m.* 孔雀 **-gīva-saṅkāsa** *m.a.* 孔雀の首のような I.144[8] ①189.

maraṇa *n.* <marati 死 **〜'anta** *a.* 死に瀕した III.110[17] ③156. **〜'antika** *a.* 死に瀕した **〜āhi** vedanāhi II.28[12] 〜苦痛によって ②36. **〜ṃ** vedanaṃ patvā I.345[2] 死に到る苦痛を得ると ①454. I.342[15] ①451. **〜'abhibhū** *m.* 死に打ち勝った人 I.432[3] ①566. **-cetanā** *f.* 殺意 khīṇâsavānaṃ 〜 nāma natthi I.20[14] 漏尽者たちには殺意というものはない ①27. **-dhamma** *m.n.* もともと死ぬもの，死ぬ定めのもの III.277[3] ③401. **-pariyosāna** *n.* 死を終極とするもの III.111[6] ③157. **-bhaya** *m.n.* 死の恐れ **〜ena** tajjitassa I.127[16] 〜におびやかされた〔彼〕が ①166. **〜ena** I.279[9] 死を恐れて ①363. **-bhaya-tajjita** *a.pp. cs.* <tarj 死の恐怖におののいた III.48[9] ③69. I.216[9] ①285. III.102[13] ③145. **-bhaya-bhīta** *a.pp.* 死の恐怖に打たれた **〜o** I.232[2] 〜打たれて ①303. I.164[17] ①214. II.2[17] ②5. **-maccu** *m.* 死神 I.362[14] ①475. **-mañca** *m.* 死の床 II.28[11] ②36. **-lakkhaṇa** *a.* 死を特相とする III.118[17] ③168. **-virahita-koṭṭhāsa** *m.* 死が無い部分（不死甘露の境地，大涅槃）II.275[24] ②357. **-vyasana** *n.* 死の災厄 I.161[7] ①210. **-sati** *f.* 死に関する思念 III.277[7] ③401. **-samaya** *m.* 死ぬ時 **〜e** I.128[23] 死ぬ時に ①167. I.26[1] ①35.

maraṇaka-satta 死にとらわれる有情 III.49[10] ③71.

Maraṇa-māra 死魔 IV.45[17] ④53.

marati <mṛ 死ぬ appamattā sattā na **〜anti** I.229[5] 不放逸の人々は死なない ①300. marissāmi I.17[2] 私は死ぬであろう ①22. I.29[19] ①39.

marica *n.* こしょう，胡椒 IV.216[4] ④306.

mariyādā *f.* 境界 III.6[26] ③12.

marīci *f.* かげろう，陽炎 **〜ṃ** disvā I.336[5] 〜を見て ①442. **-kammaṭṭhāna** *n.* かげろう（陽炎，蜃気楼，幻影）の観念修行法（業処）III.165[25] ③241. **-kammaṭṭhānika-tthera** *m.* かげろうの観念修行法を行なう上座 I.335[17] ①442. **-dhamma** *m.n.* かげろうの性質 I.336[19], 337[1] ①443.

mala *n.* 垢，垢穢 **-ggahita** *a.pp.* 垢を得た，汚れてしまった II.258[20] ②336. **-ṭṭhāniya-ttā** *abl.adv.* 垢に相当するので III.348[7] ③496.

Mala-vagga *m.* 「垢品」III.332[1] ③476.

malina *a.* 垢穢の **-dhātuka** *a.* 垢じみた類の **〜ṃ** vatthaṃ nivāsāpetvā I.233[14] 〜着物を着させて ①306. **-vattha-nivattha** *a.pp.* <ni-**vas** 汚れた着物を着た III.25[3] ③38.

Malla *m.* マッラ国（一六大国の一つ．クシナーラーがある）III.377[10] ③533.

malla *m.* 力士 III.46[9], 483[4] ③65, 674. **-yuddha** *n.* 相撲，すもう **〜ṃ** yujjhantā II.154[16] 〜をとって ②203.

Mallānaṃ nigama *m.* マッラ人たちの町 I.133[7] ①175.

[1]**Mallikā** *f.* マッリカー王妃（コーサラ王パセーナディの王妃）II.7[15] ②11. III.119[7] ③169. I.382[9] ①503.

[2]**Mallikā** *f.* マッリカー（バーラーナシーの長者の娘）I.412[14] ①542.

[3]**Mallikā** *f.* マッリカー（バンドゥラ将軍の妻）I.349[16] ①461.

mallikā *f.* 末莉花，ジャスミン I.422[7] ①554.

massu *m.* ひげ **-kamma** *n.* ひげを調える仕事 **〜ṃ** karonto viya hutvā I.253[4] 〜をしているようにして ①330. **-karaṇa-divasa** *m.* ひげを調える日 I.253[7] ①330.

maha° *a.* 大きな，大 **〜'aggha** *a.* たいへん高価な **〜āni** cīvarāni acchādetvā III.84[18] 〜衣類をまとって ③120. **〜'abhinikkhamaṇa** *n.* 大出家（踰城）II.111[1] ②147. **〜'issāsa** *m.* 大弓手 I.358[4] ①470. **〜'ogha** *m.* 大暴流 I.278[18], 337[16] ①362, 445. **-gghasa** *a.* 大食の（人），大食漢 III.265[3] ③382. IV.16[7] ④19. **-ddhana** *a.* 大財産がある，大財産家 I.323[1], 332[10] ①424, 437. II.34[15] ②46. III.421[14] ③592. **-pphala**

a. 大果報のある（もの）ayaṃ sakkāro ～o hotu I.108⁴ この〔仏に対する〕尊敬が～ものであれよ ①140. -bbala *a.* 大力の（者）IV.130¹⁰ ④175.

mahanta-tara *a.compar.* より偉大な tumhehi ～o natthi I.107¹ あなた様よりも偉大な方はいない ①138.

mahallaka *a.* (mahā-ariyaka) 老いた，高齢の ahaṃ ～kāle pabbajitattā I.68⁹ 私は年をとった時に出家しましたので ①91. I.14²⁴, 139²³ ①19, 183. -asura-vaṇṇa *m.* 老大家の阿修羅の姿 ～ṃ nimminitvā I.278¹⁶ ～を化作して ① 362. -kāla *m.* 年をとった時 ahaṃ ～e pabbajito I.154¹² 私は～に出家した ①203. I.7⁵, 8⁵, 37¹⁵ ①9, 10, 50. II.55⁸ ②72. -tanta-vāya *m.* 高齢の織物師 I.424¹¹ ①557. -tara *a.compar.* より年長である III.48⁷ ③69. -tthera *m.* 老上座 II.151¹⁴ ②199. -bhikkhu *m.* 年をとった比丘 I.38²¹ ①52. II.193¹⁰ ②253. -vesa *m.* 老人の姿 ～ena II.4¹¹ ～に〔変装〕して ②6.

mahallikā *f.* 老大の（高齢の）女性 I.153¹ ①201.

mahā° *a.* 大きい，大きな，大 ～’anasa *n.* 台所，炊事場 ～e kiccāni saṃvidahantī vicarati III.309¹⁵ ～で為すべきことを準備しつつめぐり歩く ③ 448. III.161¹⁷ ③234. ～’aparādhika *a.* 大罪過ある（人）te amhākaṃ ～ā I.242¹⁰ 彼等は我々に対して大罪を犯した者たちである ①318. -abhinikkhamaṇa *n.* 大出家，踰城 ～ṃ nikkhamitvā I.85¹⁹ ～を出家して ①112. ～’araha *a.* 高価な ～ehi vatthehi acchādetvā I.112¹¹ ～衣を着ていただき ①144. ～e āsane nisīditvā I.400²⁰ ～席に坐って ①526. III.472¹⁰ ③659. -upāsikā *f.* 大信女(鹿母ヴィサーカー) I.60¹⁴ ① 80. -ussāha-ppatta *a.pp.* 猛烈な力を得た II.130¹⁴ ②172. -karuṇā-samāpatti *f.* 大悲定 ～to vuṭṭhāya I.106³ ～から出て ①137. I.26⁵, 367³ ①35, 483. -kāla-kaṇṇin *a.* 大黒耳の（不吉な）者 I.400¹⁵ ①526. -kusīta *a.* 大怠けの（者）I.261² ①341. II.12¹⁸ ②17. III.168⁷ ③245. -kolāhala *n.* 大騒ぎ

～ṃ hoti I.204²² ～がある ①270. -jana *m.* 大衆，大勢の人々 ayaṃ ～o kuhiṃ gacchati I.6¹ この大勢の人々はどこへ行くのか ①7. I.4¹⁰, 360¹² ①6, 473. -jambu-kkhandha *m.* 大ジャンブ樹の幹 ～e gahetvā I.406¹ ～をつかんで ①533. -jānika *a.m.* 大損失の，大損失者 ～o vata jāto I.167⁸ 実に大損失者となった ①217. -thera *m.* 大上座 I.37²⁰, 69⁵ ①50, 92. -dāna *n.* 大施 ～nāni datvā I.84¹¹ ～を行なって ①111. I.104¹⁰, 112¹⁵ ①135, 144. -dukkha *a.n.* 大きな苦痛 ～ṃ nāma anubhosi I.123¹⁶ ～というのをあなたは受ける ①160. -duggata *a.m.* 大極貧の（者）II.129² ②170. -dhana-vāṇija *m.* 大財産家の商人 III.429⁶ ③603. -nidhi *f.* 大財宝(伏蔵，埋蔵金) II.27¹⁴ ②35. -paññā *a.* 大智ある（人）nanu ca āyasmā ～o I.96¹² しかし尊者(舎利弗)は大智ある人ではないのか ①124. I.432¹ ①566. -paññā *f.* 大智慧ある女性 I.226¹⁶ ①296. -paṭa *m.* 大きな衣 ～e pārupitvā III.101²¹ ～をまとって ③144. -padhāna *n.* 大精勤 ～ṃ padahitvā I.85²⁶ ～に励んで ① 112. -pariccāga *m.* 大施捨 II.233¹⁴ ②305. -pavāraṇā *f.* 雨安居の大修了式 II.176⁵ ②231. III.309¹² ③448. IV.129¹ ④172. -pavāraṇa-divasa *m.* 〔雨安居明け〕の大修了式の日 III.218¹⁵ ③316. -pasādhana *n.* 大装身具 II.46¹ ②60. III.82¹² ③117. -pitar *m.* おじさん，父の兄弟 I.241¹² ①317. III.319⁶ ③460. -puñña *a.* 大福徳がある（人）～ā I.340²³ ～人々である ①448. -purisa *m.* 偉大な人，大丈夫，大士(世尊) I.81³¹² , 312¹⁶ ①105, 106, 410. II.45²⁴ ②60. -brahmāṇa *m.* 大梵天 II.212¹⁵ ②277. -bhakkha *a.m.* 大食漢 II.8⁷ ②11. -bhāra-vaha *a.* 大きな荷を運ぶ（牛）III.433² ③608. -bhoga *a.* 大財産がある（人）I.3⁸, 323², 332¹⁰ ①5, 424, 437. -bhoga-kkhanda *m.* 莫大な富の山(集まり）III.129¹¹ ③184. -bhojana *a.m.* 大めし食らい IV.16¹² ④20. -maccharin *a.m.* 大いに物惜しみする（人）II.25⁸ ②33. -mātar *f.* 伯母

III.319[8] ③460. **-megha** *m.* 大きな雨雲 **～o** uṭṭhahi I.19[19] 大きな雨雲が立ち上った ①26. I.165[8] ①214. **-megha-gajjita** *a.pp.* <gajjati 大雨雲がゴロゴロ鳴る（音） **～ṃ** gajjantā III.360[15] **～を**鳴らす ③512. **-moha-tam'onaddha** *a.pp.* I.1[4] 大きなおろかの闇に覆われた〔世間〕①3. **-yodha** *m.* <**yudh** 大戦士 **～e** pesesi I.354[3] 〔王は〕**～たち**を派遣した ①466. I.109[16] ①141. **-rāja-dattiya** *a.* 大王から贈与された〔鉢〕 III.323[3] ③464. **-latā-pasādhana-bhaṇḍa** *n.* 大蔓草の装身具という品物 I.395[7] ①519. **-varāha** *m.* 大猪（いのしし） III.265[5] ③383. **-vibhava** *m.* 大きな富 gehe vo **～o** I.6[24] あなた様の家には大きな富がある ①8. **-virava** *m.* 大きな叫び声 **～ṃ** viravitvā I.179[3] **～を**上げて ①234. III.48[10] ③69. **-vilokana** *n.* 大観察 pañca **～nāni** viloketvā I.84[17] 五つの～を行なってから（五つとは，時，場所，洲，家，母） ①111. **-vihesā** *f.* 大悩害 **～aṃ** patto II.135[1] **～を**得た ②177. **-vīci** *f.* 大波 III.234[16] ③335. **-vīra** *m.* 大勇者 I.84[15], 432[1] ①111, 566. **-saṃvega** *m.* 大きな衝撃（おそれ，感動，宗教心） **～o** udapādi I.364[17] **～が**生じた ①479. II.11[16] ②15. **-sakkāra** *m.* 大尊敬 tumhākaṃ **～ṃ** karissāmi I.3[15] 私はあなた様に大尊敬を捧げるでしょう ①6. **-sakkāra-sammāna** *n.* 大尊敬，恭敬 **～ṃ** akāsi I.251[15] **～を**行なった ①328. **-sākhā** *f.* 大きな枝 I.75[16] ①99. **-sāla-mālaka** *m.* 大サーラ樹の広場 III.222[14] ③321. **-sāvajja** *a.* 大いに罪のある rāja-gehaṃ nāma **～ṃ** I.382[3] 王の家というのは～所です ①502. III.412[20] ③580. **-seṭṭhin** *m.* Ⓢśreṣṭhin 大長者 I.4[8], 174[18] ①6, 227.

Mahā-eka-sāṭaka-brāhmaṇa *m.* 大一衣バラモン III.1[6] ③3.

Mahā-kaccāna *m.* 大カッチャーナ（大迦旃延） IV.101[7] ④135.

Mahā-kaccāyana-tthera *m.* 大カッチャーヤナ上座（大迦旃延） I.325[18] ①428. II.176[1] ②231. IV.215[5] ④304.

Mahā-kappina-tthera *m.* 大カッピナ（劫賓那）上座 II.112[12] ②150.

Mahā-kappina-rājan *m.* 大カッピナ（摩訶劫賓那）王 II.116[19] ②154.

Mahā-kassapa-tthera *m.* 大迦葉上座 I.258[14], 423[8] ①338, 556. II.93[15], 167[1] ②123, 220. III.6[11], 287[3] ③11, 418.

Mahā-kāla-upāsaka *m.* マハー・カーラ（大黒）信士 III.149[8] ③214.

Mahā-kāḷa *m.* （資産家，比丘）大カーラ I.66[12], 97[14] ①89, 126.

Mahā-tuṇḍila *m.* 大トゥンディラ（大鼻豚＝菩薩の名, *J.*388話） II.32[21] ②43.

Mahā-dhamma-pāla-jātaka *n.* 「大ダンマパーラ本生物語」（*J.*447話） I.117[25] ①152.

Mahā-nāma *m.* マハーナーマ（摩訶男，甘露飯王の子，阿那律の兄） I.345[15] ①455. IV.124[3] ④166.

Mahānāma-sakka *m.* マハーナーマ・サッカ（釈迦族の甘露飯王の子，釈尊のいとこ，下婢に生ませた娘をコーサラ王パセーナディに嫁がせる， 阿那律の兄） I.133[16], 358[16] ①175, 471.

Mahā-pajāpati-gotamī *f.* 大パジャーパティー・ゴータミー（マーヤー夫人の妹，釈尊の養母） I.115[14] ①149. IV.149[5] ④203.

Mahā-patāpa-rājan *m.* 大パターパ王 I.149[8] ①194.

Mahā-paduma-kumāra *m.* 大蓮華〔王〕子 III.181[19] ③265.

Mahā-paduma-jātaka *n.* 「大蓮華本生物語」*J.*472話 III.181[18] ③265.

Mahā-panthaka *m.* 大パンタカ（最初に路で生まれた子） I.241[9] ①316.

Mahā-panthaka-tthera *m.* 大パンタカ上座 IV.180[13] ④252.

Mahā-parinibbāna-sutta *n.* 「大般涅槃経」（*D.*第16経, *D.*II.p.142） III.251[13] ③363.

Mahā-pāla *m.* （人名）大パーラ I.4[5], 5[25] ①6, 7.

Mahā-puṇṇa-gāma *m.* マハー・プンナ（大満）村（スリランカの一村） IV.50[21] ④59.

Mahā-purisa-vitakka-sutta *n.* 「大人物思念経」（*A.*IV.228,「南伝」21, 109頁） I.138[12] ①181.

Mahā-brahman *m.* 大梵天 II.59[22] ②78.

Mahā-māyā *f.* 大マーヤー（王妃， 釈尊の母） I.110[23] ①142. III.223[17], 318[20] ③

322, 459.

Mahā-muni-gāma *m.* マハー・ムニ(大聖者)村（スリランカの村）IV.50¹⁸ ④58.

Mahā-moggallāna-tthera *m.* （比丘）大目連上座 I.72¹, 95¹⁴, 369¹³ ①95, 124, 486. II.64², 154⁴ ②85, 202. III.65¹, 201²³, 242²¹, 314⁶, 410¹¹, 479⁵ ③94, 295, 348, 454, 578, 668.

Mahā-ratha-devaputta *m.* 大車天子 I.426¹⁵ ①560.

Mahā-roruva niraya *m.* 大叫喚地獄 IV.79¹¹ ④103.

Mahālin *m.* マハーリン(リッチャヴィ人、帝釈について世尊に質問する) I.263⁹, 338¹, 351⁸ ①345, 445, 463. III.438⁸ ③615.

Mahāli-licchavi *m.* リッチャヴィ〔王子〕マハーリ I.350¹³ ①462.

Mahā-vana *n.* 大林(ヴェーサーリー近郊にある) III.246⁵, 460⁷, 480¹¹ ③354, 643, 670. -saṇḍa *m.* 大林の繁み I.86³ ①113.

Mahā-sati-paṭṭhāna-suttanta *m.* 「大念処経」(*D.*第22経) IV.51⁵ ④59.

Mahā-satta *m.* 大士、摩訶薩、世尊 III.195¹² ③286.

Mahā-subhaddā *f.* マハー・スバッダー(給孤独長者の長女) I.151¹⁹ ①199.

Mahā-suvaṇṇa *m.* (舎衛城の地主、資産家の名前)マハー・スヴァンナ(大黄金) I.3⁷ ①5.

Mahā-sena-brāhmaṇa *m.* マハー・セーナ・バラモン（舎利弗の父親の友人） II.84⁶ ②111.

Mahā-haṃsa-〔jātaka〕 *n.* 「大白鳥〔本生物語〕」 *J.*534話 I.141⁴ ①185.

Mahiṃsāsaka-kumāra *m.* マヒンサーサカ童子（菩薩の名）III.73¹⁸ ③105.

Mahinda *m.* マヒンダ(王)(ブッサ仏陀の父) I.100¹⁹ ①130.

Mahilā-mukha *m.* マヒラー・ムカ(象の名) IV.96¹⁴ ④127.

mahisa *m.* 水牛 I.324¹² ①426.

mahī-tala *n.* 大地 IV.238⁸ ④343.

mahesakkha (maha-īsa-khyaṃ) 大偉力ある I.3¹⁰, 162¹³, 203²¹, 426⁶ ①5, 211, 268, 559. II.237¹⁷ ②310. III.219¹⁷, 314¹⁰ ③317, 454.

mā *adv.* …なかれ(禁止)、〔動詞は*aor.*〕 ～ evaṃ akattha I.7¹ あなた様はそのようにしてはいけません ①9.

Māgandikā *f.* マーガンディカー(コーサンビーのウデーナ王の妃) I.161⁶ ①210.

Māgandiya-brāhmaṇa *m.* マーガンディヤ・バラモン（マーガンディヤー王妃の父）I.199¹⁴ ①263.

Māgandiyā *f.* マーガンディヤー(ウデーナ王の王妃の一人) I.199⁶ ①263.

māṇava *m.* 青年、学生、学童 I.26¹⁵, 90¹⁰ ①35, 117.

māṇavaka-vaṇṇa *m.* 学童の姿 ～ṃ gahetvā I.88¹¹ ～をして ①115.

māṇavikā *f.* 女学生 III.180¹⁰ ③263.

mātaṅg'arañña *n.* 象の林 I.62¹⁰ ①82. IV.28²¹ ④34.

mātar *f.* 母 mātari (*loc.sg.*) matāya I.6²³ 母が亡くなった時は ①8.

Mātali *m.* (帝釈天の車の御者の名)マータリ I.279³ ①363. III.225¹⁹ ③324.

mātā-pitika *a.m.* 母と父がいる(人) II.72⁵ ②95.

mātā-petti-bhara *a.m.* 父母を養う(者) ～o assaṃ I.265¹ 私は～であろう ①346. I.272¹ ①355.

mātā-maha *m.* 母の義父 I.358¹⁵ ①471. -kula *n.* 母方の祖父の家 I.346²³ ①457.

mālā-vaccha *m.* 小華樹 II.109⁴ ②144.

Mātika *m.* (村長の名)マーティカ I.290⁹ ①377.

Mātika-gāma *m.* マーティカ村 I.290⁹ ①377.

mātikā *f.* 水路、灌漑用水路 II.141⁶, 146¹⁷ ②185, 192. III.96⁹ ③136.

māti-gotta *n.* 母方の姓 I.349⁷ ①460.

māti-ṭṭhāna *n.* 母親の地位 taṃ ～e ṭhapesi I.406²⁰ 彼女を～につけた ①535. I.210² ①276. III.155¹⁰ 母親の立場 ③223.

māti-pakkha *m.* 母方 I.4¹¹ ①6.

māti-posaka *a.m.* 母を養う者 IV.55⁹ ④66.

mātu-kucchi *f.* 母胎 ～iyaṃ paṭisandhiṃ gaṇhvā I.259⁴ 母胎に結生をとって ①338.

mātu-gāma *m.* 婦人、女性 ～ena

palobhetvā I.123[1] 女性によって〔自分を〕迷わせて ①158. I.124[16], 269[4] ①161, 352.

mātucchā-putta *m.* 母の妹の子 I.119[19] ①154.

Mātu-posaka-nāga-rāja-jātaka *n.* 「母親を養う象王本生物語」*J.*455話 IV.13[5] ④17.

mātûpaṭṭhāna *n.* 母に仕えること I.271[16]（七つの禁戒の一つ） ①355. **-dhamma** *m.* 母に仕えること IV.14[12] ④18.

mātula *m.* 母の兄弟、叔父 I.15[3], 180[5], 302[11], 347[15], 355[17] ①19, 235, 397, 458, 468. II.49[11], 230[1] ②64, 299. III.141[6] ③200. IV.203[14] ④290. **-dhītar** *f.* 母の兄弟の娘 I.271[13] ①354. III.290[13] ③423.

mātulaka *m.* 叔父 I.182[9] ①238.

mātu-hadaya *m.n.* 母親の心 ～**ṃ** nāma mudukaṃ I.169[22] ～というのは柔かい（弱い） ①220.

mādisa *a.* 私のような（者） ～**m** pi I.310[19] 私のような者さえも ①407.

mādisī *f.* 私のような女 II.17[12] ②22.

[1]**māna** *m.* <**man** 自尊心, 慢 III.118[19] ③168. **-jātika** *a.* 生まれつき自尊心のある（象） IV.25[17] ④30. **-tthaddha** *a.pp.* <thambeti 自負心が強い, 傲慢な ～**o** esa II.76[3] この者は～ ②101. **-tthaddhatā** *f.* 憍慢・傲慢であること III.243[11] ③349. **-naḷa** *m.* 自負心（慢）という葦 III.452[18] ③631. **-nissita** *a.pp.* 自負心（憍慢）に依存した Sākiyā ～**ā** I.138[5] サーキヤの者たちは～者たちです ①181. II.25[17] ②33.

[2]**māna** *n.* <**mā** 量目 III.252[14] ③364. **'～enā'** ti ti-vidhena ～**ena**, tīraṇena dhāraṇena pūraṇena vā III.252[15] 「量目によって」とは, 三種の量目によって, 測度（長さを計ること）によって, 保持すること（重さを計ること）によって, 或いは満たすこと（容量を計ること）によって ③364.

mānasa *n.* 意, 心意 karuṇā-vega-samussāhita～**o** I.1[11] 〔大師は〕悲心の急動によって心が励まされて ①3. te ～**ṃ** baddhaṃ I.11[6] 君の心は拘束されている ①14. iṭṭhârammaṇe ～**ṃ** vissajjetvā I.74[14] 好ましい対境に心を放擲して ①98. para-dāre ～**ṃ** na bandhissāmi II.12[2] 他人の妻に私は気持を結びつけないだろう ②16.

mānita *a.pp.* <māneti 尊敬された, 奉仕された III.474[6] ③661.

mānusī *f.a.* 人間（女）の yoniṃ laddhāna ～**siṃ** II.11[8] 人間（女）の胎を得て ②15. I.166[2] ①215.

Māpamāda-kandara *m.* マーパマーダ（決して放逸であるな）洞窟 II.167[17] ②220.

māpeti *cs.* <mināti 作る bhikkhu-sahassaṃ ～**pesi** （*aor.*） I.247[21] 千人の比丘を化作した ①324.

māyā *f.* 幻, まぼろし III.166[10] ③242.

māyāvin *a.* （māyā-vin） 偽詐の, たぶらかす **a～vinā** hutvā vasitabbaṃ I.69[15] たぶらかす者でなく住するべきである ①92.

Māra *m.* 魔 ～**ena** āvaṭṭitattā I.196[12] 魔にとりつかれていたので ①260. IV.31[13], 69[11] ④38, 89. **-āvaṭṭana** *n.* 魔の引き廻し（誘惑） II.153[19] ②202. **-kāyikā-devatā** *f.* 魔衆の神格 III.102[3] ③144. **-dhītar** *f.* 魔の娘 I.201[21] ①266. **-dheyya** *a.m.* 魔の領域 I.287[20], 289[11] ①374, 376. ～ **pāpimant** *m.* 魔パーピマント（波旬） I.432[13] ①566. IV.32[3] ④38. **-bandhana** *n.* 魔の縛り I.304[6] ①399. III.402[14] ③566. **-bala** *n.* 魔の軍勢 ～**ṃ** vidhamitvā I.86[9] ～を砕破して ①113.

Māra Vasavattin *m.* 魔ヴァサヴァッティン（他を自在にする者） IV.69[16] ④89.

māranûpāya *n.* 殺す手段 ～**ṃ** cintento I.177[23] ～を考えつつ ①232.

mārāpeti *cs.* <māreti 殺させる ～**pessāmi** （*1sg.ft.*） I.180[3] 私は殺させよう ①235.

mārita *a.pp.* <māreti 殺された ～**bhāvaṃ** ñatvā I.56[7] 殺されているのを知って ①75.

mārisa *voc.* わが友よ II.11[7] ②15. III.228[9] わが師よ ③327.

māreti *cs.* <marati 殺す ～**retvā** （*ger.*） I.322[3] 殺して ①423. kiṃ pana so tumhehi ～**rento** diṭṭho I.20[12] しかし君たちは彼が〔虫どもを〕殺すのを見たのか ①26. pāṇe **māresi** （*aor.*） I.20[9] 生き物たち（虫）を死なせ

た ①26.

māretu-kāma *a.* 殺そうと欲する（者） II.222[6] ②289.

mālaka *m.* 広場 IV.115[11] ④153.

māla-kāra *m.* 花環作り（の職人） I.208[11] ①274.

māla-puṭa *m.* 花の容器 IV.135[8] ④180.

Māla-bhārin *m.* （天子の名） マーラ・バーリン（花環をつける者） I.363[2] ①477. ～**deva-putta** I.365[18] ～天子 ①480.

mālā *f.* 花環 ～**aṃ** pilandhitvā I.271[9] ～を飾って ①354. gandha～ādi-hatthā I.5[22] 香や花環を手にして ①7. **-kacavara** *n.* 花環のぼろくず III.476[2] ③663. **-kāra** *m.* 花環を作る人 I.334[13], 361[11] ①440, 475. **-guṇa** *m.* 花環の類，花を糸でつないだもの I.419[6] ①550. **-guḷa** *m.* 花の玉 I.215[12], 388[21] ①283, 511. **-cumbaṭaka** *n.* 花環のあてもの sise ～**ṃ** ṭhapetvā I.72[15] 頭に～を置いて ①95. **-puṭa** *m.* 花かご（開くと神変の花がとび出すかご） III.210[4] ③306. **-bhārin** *a.* 花環をつけた者 I.28[15], 34[1] ①38, 44. **-vikati** *f.* 花環の種類 I.419[13] ①550. **-vitāna** *n.* 花の天蓋 III.469[3] ③654.

māluvā *f.* 蔓草 III.152[20] ③218. IV.43[2] ④51.

[1]**māsa** *m.* そら豆 III.18[10] ③28. **-bīja** *n.* そら豆の種子 III.212[5] ③309.

[2]**māsa** *m.* 小銭，豆銭 I.277[11] ①361.

māsaka *m.* マーサカ，豆銭 II.29[17] ②38.

māhu = mā ahu (*aor.*) あってはならない ～ kiñcanaṃ III.80[13] 何もあってはならない ③114.

miga *m.* 鹿，獣 **-jāti** *f.* 獣類 II.7[1] ②10. **-dhenu** *f.* 牝鹿 III.148[11] ③211. **-rājan** *m.* 獣王 I.145[7] ①190. **-rūpa** *n.* 獣の〔死〕体 ～**āni** tattha netvā khādati I.165[2] ～をそこに運んで噛み食う ①214. **-luddaka** *m.* 猟師 II.82[17] ②109.

Miga-dāya *m.* 鹿野苑（初転法輪の地） I.87[2] ①114.

Migāra-mātā *f.* ミガーラの母（鹿母，ヴィサーカー） I.406[21] ①535.

Migāra-mātu-pāsāda *m.* 鹿母講堂 II.176[5] ②231. IV.134[8], 142[19] ④179, 193.

migī *f.* 牝鹿 I.48[9] ①64. III.450[16] ③628.

micchā *adv.* 邪に，邪悪に **-gahaṇa** *n.* 誤った見解，間違ったとらえ方 II.187[3] ②246. **-dassana** *n.* 邪悪な見解 III.78[5] ③111. **-diṭṭhi** *f.* 誤まった見解，邪見 I.113[18] ①146. III.491[2] ③684. **-diṭṭhika** *a.m.* 邪見の徒，外道の信奉者 I.33[14], 211[20], 416[10] ①44, 278, 546. III.284[10], 466[7] ③413, 650. IV.150[16] ④205. **-diṭṭhika-putta** *m.* 邪しまな見解をもつ者の息子 III.455[13] ③637. **-diṭṭhi-gahaṇa** *n.* 誤った見解をとること ～**ṃ** gahetvā ṭhitā I.114[10] ～をとることにとらわれていて ①146. **-diṭṭhin** *a.* 邪見の（人） III.200[2] ③293. **-paṇihita** *a.pp.* <paṇidahati 邪悪に向けられた〔心〕 I.324[4] ①425. **-vitakka** *m.* 邪悪な思い（欲望，怒り，加害の3つ，「仏のことば註（一）」38頁） III.410[2] ③577. **-vitakkûdaka** *n.* 邪悪な思いという水 IV.108[10] ④144. **-saṅkappa-gocara** *a.* 誤った思いめぐらしの餌場に行く（者） ～**ā** I.113[24] ～行く者たちである ①146.

mita *a.pp.* <mināti <**mā, mi** 量った，はかられた I.22[24] （脚注19） ①30. **-bhāṇin** *a.* 量をはかって話す（人） III.328[3] ③470. III.467[21] 〔食の〕量をはかる（節食する）ことを説く（人）③652.

mitta *m.n.* 友，友人，朋友 **-dūbhin** *a.* 友を欺むく（者） I.324[11] ①426. II.23[6] ②30. **-dhamma-guṇa** *m.* 友人であることの功徳 I.285[3] ①371. **-santhava** *m.* 友だちの親交関係 III.61[24] ③90. IV.134[4] ④178.

Mitta-kuṭimbika *m.* 資産家のミッタ（ゴーシタ長者の下で施食の差配をする人） I.189[6] ①249.

middhin *a.* 眠っている，眠りをむさぼる（者） III.265[3] ③382. IV.15[11] ④19.

mināti <**mā, mi** はかる，計量する mā **minatha** (*2pl.aor.*) II.216[18] はかってはならない ②282.

mināpeti *cs.* <mināti 計らせる III.373[5] ③527.

miyyati <**mṛ** 死す na ～ I.228[20] 死なない ①299.

milāta *a.pp.* <milāyati <**mlā** 萎んだ I.335[6] ①440. **-mālā** *f.* 萎んだ花環 I.206[3] ①271. **-sarīra** *a.pp.* 身体が萎んだ（人）IV.8[9] ④12.

milāyati <**mlā** しぼむ chavi-rogo ～**lāyi**（*aor.*）III.296[17] ひふ病はしぼんだ ③430. sarīraṃ **milāyi**（*aor.*）I.306[15] からだはしぼんだ ①402. sassesu ～**yantesu** III.254[9] 穀物がしおれる時 ③367.

missakâhāra *m.* 〔粗末な〕まぜ御飯 II.101[15] ②134.

missika *a.f.* 結託する（者）Sāmāvati～**ānaṃ** I.211[6] サーマーヴァティーと結託する者たちには ①278.

mīyati <**mṛ** 死ぬ mahājanaṃ ～**mānaṃ** disvā I.161[15] 大衆が死ぬのを見て ①210.

mīḷha *n.* 大便，糞 II.53[16] ②70.

mukha *n.* 口，顔，面 I.74[18] ①98. ～**'odaka** *n.* 洗顔の水 II.19[13] ②25. ～**'odakâdi-dāyaka** *a.m.* 洗顔の水などを用意する者 I.61[19] ①81. ～**'odaka-dāna** *n.* 洗顔の水をさし上げること I.59[15] ①79. ～**'olokana** *n.* 顔を見ること Satthā ～**ena** bhikkhaṃ deti I.96[21] 大師は〔相手の〕顔を見て托鉢食を与える（えこひいきして地位を与える）①125. ～**'olokana-kicca** *a.gdv.* <karoti 顔色を見ること，ご機嫌をうかがうこと II.193[14] ②253. ～**'olokana-bhikkhā** *f.* 〔受け取る者の〕顔を見て行なう施食 III.287[13] ③418. **-dhovana-ṭṭhāna** *n.* 洗面所 II.184[8] ②241. **-ppatta** *a.pp.* 口の先に来た（こと）III.79[8] ③113. **-vaṭṭi** *f.* 〔釜の〕口のふち II.5[17] ②8. **-vaṇṇa** *m.* 顔色 ～**o** na añña-divasesu viya I.93[15] 顔色はほかの日々のようではない ①121. **-vaṭṭi** *f.* へりふち kuṭaṃ ～**tiyaṃ** hatthena gahetvā IV.136[7] 瓶のふちのところを手で持って ④181. III.57[9] 口のまわり ③83. 面のふち III.209[6] ③305. **-saṅkocana** *n.* 顔をしかめること III.270[6] ③391. **-saññata** *a.pp.* <saṃyamati 口が抑制された（人）IV.91[2], 93[1] ④119, 121. **-satti** *f.* 口の剣 ～**īhi** vijjhissanti II.222[5] 〔人々は〕～で〔私を〕刺し貫くだろう ②289. II.110[9] ②146.

mugga *m.* 豆 I.319[9] ①419. 緑豆 III.18[10] ③28. **豆銭** I.277[10] ①361.

muggara *m.* 棍棒，ハンマー taṃ ～**ena** paharanto II.21[24] それを～で打って ②28.

muccati *ps.* <muñcati <**muc** 解放される kadā nu kho dukkhā ～**ccissanti** I.364[20] 一体ね，いつ苦から解放されるのか ①479. na me ～**ccissati** I.49[11] 私から解放されない（逃れられない）だろう ①66. pāpa-kammato ～**cceyya**（*op.*）III.43[19] 悪業からのがれることができるであろう ③62. II.67[17] ②89.

muccana-kāla *m.* 解放される時 nesaṃ dukkhā ～**o** na paññāyati II.11[20] 彼等が苦から～は認められない ②16.

mucchita *a.pp.* <mucchati <**murch** 気を失った ～**o** II.112[8] ②149.

muñcati <**muc** のがれる iṇā nāma … **muñcituṃ**（*inf.*）sakkā I.236[2] 借金というのは … のがれることが出来ます ①309.

muñcana-ākāra *m.* 脱出する方法 dukkhato ～**ṃ** kathetha I.297[21] 苦から～を語って下さい ①390.

Muñja-kesin *m.* ムンジャ・ケーシン（チャンダ・パッジョータ王の馬の名）I.196[7] ①259.

muñja-pādukā *f.* ムンジャ草の履物 III.451[18] ③630.

muṭṭha *a.pp.* <mussati 忘れた 失念の **-sacca** *n.* 思念を忘失した，失念 I.228[24] ①300. IV.85[16] ④111. **-ssati** *a* 思念を忘却した ～ hutvā I.174[2] ～者となって ①226.

muṭṭhi *f.* Ⓢmuṣṭi 拳，こぶし **-vāraka** *m.* 手持ちの水差し III.101[20] ③144. **-sammuñjanī** *f.* 手ぼうき，手箒 II.184[7] ②241.

muṇḍa *a.* 剃頭の，坊主頭の **-pabbata** *m.* はげ山 ～**ṃ** abhiruyha I.281[19] ～に登って ①366. **-samaṇa** *m.* 坊主頭の沙門 IV.183[11] ④257. **-samaṇaka** *m.* 坊主頭の貧相な沙門 III.309[21] ③448. 坊主頭のえせ沙門 IV.130[3] ④174. **-sira** *a.* 坊主頭の（人）II.125[8] ②164.

muṇḍaka *a.m.* 坊主頭あたまの，くそ坊主 III.390[9] ③550. IV.162[4] ④222.

[1]**mutta** *a.pp.* <muñcati 解脱した，解放された，のがれた ahaṃ **~o** etasmā patissavā I.121[5] 私はこの拘束から解放された ①156. tvaṃ maraṇato **~o** I.186[26] あなたは殺害（死）からのがれて ①246. **-cāga** *a.* 施がなされた，放施者 I.265[4], 421[19] ①347, 553.

[2]**mutta** *n.* Ⓢmūtra 小便，尿 **-karīsa** *n.* 小便と大便 II.181[8] ②237. III.116[19] ③166. **-karīsa-puṇṇa** *a.pp.* 糞尿に満ちたもの（女性のからだ）kim ev'idam **~ṃ** I.202[5] この~はまさに何なのだ ①267.

muttā *f.* Ⓢmuktā 真珠 I.393[2] ①517. III.71[7] ③102. **mutta-dhaja** *m.* 真珠の旗 I.273[4] ①356. **mutta-yaṭṭhi** *f.* 真珠の竿 I.273[4] ①356. **-āhāra** *m.* 真珠の首飾り **~ṃ** omuñcitvā I.85[14] ~をはずして ①112.

mudita-mana *a.* 心が喜んだ（人）**~o** I.31[21] 心喜び ①42. I.32[5] ①42.

mudu *a.* Ⓢmṛdu 柔かい I.315[16] ①415. **-citta** *n.* 柔らかな心 III.27[6] ③40. **-cittatā** *f.* 軟らかな心地 naṃ **~taṃ** āpannaṃ I.234[7] ~になった彼に ①306. **-jātika** *a.* 〔気だての〕やさしいたぐいの **~o** kula-putto I.170[21] ~家の息子は ①222. **-hadaya** *a.* 柔らかな心の bhikkhū nāma **~ā** II.5[5] 比丘たちというのは~人たちだという ②8. IV.15[4] ④18.

muduka *a.* 軟かい cittaṃ **~ṃ** jātaṃ I.381[10] 心は軟かくなった ①501.

muddikā *f.* 指環 I.394[5] ①518. IV.222[20] ④304. 〔王〕印，門のかぎ II.4[19] ②7.

[1]**muddha** *m.* 頭 *nom.sg.* muddhā. **~ā** te phalatu sattadhā I.41[5] おまえの頭は七つに裂けよ ①55. **~ā** me sattadhā phāleyya I.17[20] 私の頭は七つに破裂するであろう ①23. **~ṃ** paharantaṃ viya upaṭṭhāti I.52[4] 〔杵が〕頭を打つように現われる ①69.

[2]**muddha** = mūḷha 愚昧の，迷妄の **-dhātuka** *a.m.* 〔認識の〕要素が迷わされた（人）II.207[10] ②271. 単純なたちの（人）III.120[1] ③170.

mudhā *adv.* ただで **~âpi** gaṇhantu III.108[13] ただでも受け取ってもらいたい ③153.

munāti 知る，考える III.395[8] ③557.

muni *m.* 牟尼，聖者 **munī** care I.374[14] 牟尼は歩むがよい ①491.

muyhati **<muh** 愚昧となる，混乱している sabbā **~anti** me disā I.217[11] 私にとって全ての方角は迷乱している ①286.

musala *m.n.* 杵，きね I.52[3] ①69. **~sālā** *f.* I.52[6] 杵小屋 ①69.

musā *adv.* 偽って，妄，うそ no ca ~ bhaṇāhi I.32[14] またうそを言いなさるな ①42. **-vāda** *m.* うそ，妄語 te marantâpi **~ṃ** na bhaṇanti I.358[19] 彼等は死んでもうそをつかない ①471. III.182[20], 477[8] ③267, 665. **-vādin** *a.m.* うそつき I.54[13] ①73. II.21[16] ②28.

muhutta *m.n.* 寸時，須臾 tato **~ttass'eva** II.195[3] それからほんのわずかして ②255. **~ena** cintesi I.264[14] 寸時に考える ①346. I.108[6], 374[1] ①139, 491. **~ṃ pi** II.32[8], 33[4] たとえ寸時でも ②43, 44. **-mata** *a.pp.* <marati 急死した，死んで間もない **~ṃ** ... sarīraṃ disvā I.70[14] 急死した〔女の死〕体を見て ①93.

mūga *a.* Ⓢmūka 口のきけない，唖の a**~en'eva** **~ena** viya bhavituṃ vaṭṭati II.102[20] 口がきけないのではないまま，口がきけない人のようであるがよい ②135. III.328[15] ③471.

mūla *n.* 根，根本，元金，代金 **~ena** na labhiṃsu I.270[2] 〔その〕代金で〔それを〕得なかった ①352. **~ṃ** vaḍḍhentī I.175[5] 代金をせり上げて ①228. **~ena** na demi I.277[11] 代金では〔このかぼちゃは〕差し上げませんよ ①361. **-kanda** *m.* 球根 III.130[1] ③185. IV.78[10] ④102. **-gaccha** *a.* 根絶された III.359[5], 389[14] ③510, 548. **-gandha** *m.* 根の香り I.420[14] ①552.

mūlaka *a.* 根とする，根本とする duccarita**~m** dukkhaṃ anubandhati I.24[15] 悪行を根とする苦が〔その人に〕ついて行く ①32. te appamāda**~ā** I.228[16] それらは不放逸を根元とする ①

299. **-muṭṭhi** *f.* ひと握りの根 III.316[1] ③455.

Mūlasiri *m.* ムーラシリ(けちのアーナンダ長者の息子) II.25[9] ②33.

mūḷha *a.pp.* <muyhati 愚痴の(者), 痴れ者 III.195[3] ③285. IV.1[13] ④4. **～o'**si I.212[1] おまえは痴れ者だ ①278. **-gabbha** *a.* **～ā** IV.192[17] 胎が昏迷した女, 難産した女 ④262. **-rūpa** *a.* 痴態の (人) III.395[5] ③557.

mūsika *m.* ねずみ I.187[19] ①247. **-potaka** *m.* 子ねずみ III.180[22] ③264.

mūsikā *f.* めすねずみ, 牝鼠 II.152[9] ②200.

megha *m.* 雨雲 **～o** uṭṭhahitvā I.360[8] ～が立ち上って ①473. **-tthanita** *a.pp.* <thaneti 黒雲の雷鳴 II.263[1] ②341.

Meghiya *m.* (上座) メーギヤ I.287[4] ①373.

Meghiya-tthera-vatthu *n.* メーギヤ上座の事 I.287[2] ①373.

Meghiya-suttanta *m.* 「メーギヤ経」(*Ud*. 第4品, 1) I.287[6] ①373.

Meṇḍaka-seṭṭhin *m.* メンダカ長者(アンガ国のBhaddiya市の長者, 鹿母ヴィサーカーの祖父) I.384[16] ①506. III.363[12] ③517. IV.203[18], 217[4] ④290, 307.

metta *a.* 慈しみの **～'ānubhāva** *m.* 慈悲の威力 I.217[2], 267[22] ①285, 350. **-citta** *n.* 慈悲の心 I.128[6], 249[20], 315[21] ①166, 326, 415. III.27[3] ③40.

Metta-sutta *n.* 「慈経」(*Khuddaka-pāṭha*. 第9経, *Sutta-nipāta* 第1品第8経) I.315[17] ①415.

mettā *f.* 慈しみ, 慈悲 **-kammaṭṭhāna** *n.* 慈悲に関する観念修行法 IV.108[1] ④143. **-bhāvanā** *f.* 慈の修習 III.459[17] ③642. **-vihārin** *a.* 慈しみに住する(人) IV.29[6], 101[5], 106[18] ④35, 135, 142.

metti = **mitti** *f.* 友情 na mayaṃ **～ṃ** bhindissāma I.440[4] 私共は〔私共の〕友情を壊さないでしょう ①577.

methuna *a.n.* 性交 nâhosi chando api **～smiṃ** I.202[4] 性交の意欲すらもなかった ①266. III.198[15] ③290. **-sevanā** *f.* 性交すること III.236[1] ③337.

medaka-thālikā *f.* 膏瓶, 鍋 II.179[15] ②236.

medinī *f.* 地面 **～niṃ** khaṇitvā III.367[11] 地面を掘って ③521. (*PTS*.a ～)

medhaga *m.* Ⓢmethana 異執, 争論 sammanti **～gā** I.65[11] 諸々の論争は静まる ①86.

medhāvin *a.* 智慧ある (人) **～vino** I.230[3] **～人々は** ①301. I.254[13], 287[18], 288[15], 299[25] ①332, 347, 375, 393. II.107[4] ②141. III.329[10], 389[16] ③472, 548.

mokkha *m.* 〔苦からの〕解放、解脱 te **～o** natthi III.32[2] おまえに逃げ路はない ③47. IV.22[2] ④25. **-dhamma** *m.n.* 解脱の法 ahaṃ pabbajitvā **～ṃ** gavesissāmi I.105[9] 私は出家して～を探求するでしょう ①136. **～ṃ** pariyesituṃ vaṭṭati I.89[18] ～をあまねく求めることが肝要である ①116. I.90[1] ①116. **-dhamma-gavesana** *n.* 解脱の法を探求すること I.105[7] ①136. **-magga** *m.* 解脱への道 I.4[10] ①6.

mokkhati *ft.* <muñcati 解放されるだろう **～anti** Māra-bandhanā I.304[6] 魔の縛りから解放されるだろう ①399.

Moggallāna *m.* モッガッラーナ, 目連 I.104[27], 110[26] ①136, 142.

Moggalī *f.* モッガリー(目連の母) I.88[19] ①115.

mogha *a.* 空虚の, 無用の, 愚鈍の **-jiṇṇa** *a.pp.* <jīrati いたずらに年をとった(人) III.387[18] ③545. **-purisa** *m.* 愚か者, 空虚な者 III.5[13] ③9. IV.5[17] ④8.

moceti *cs.* <muñcati 脱れさせる, 放つ sakaṭāni **mocayiṃsu** (*3pl.aor.*) I.67[3] 車を〔馬から〕解き放した ①89.

modati <mud 喜ぶ I.129[8] ①169.

mona *n.* 黙っていること III.393[14] ③556.

mora-kalāpa *m.* 孔雀の〔尾の〕束 I.387[16] ①510.

moha *m.* おろか, 癡 I.157[7], 246[20] ①207, 323. mahā～tama I.1[4] 大きなおろかの闇 ①6. **-kkhaya** *m.* 愚癡の滅尽 **～ṃ** anuppatto I.121[10] ～にいたり ①156. **-dosa** *a.* 愚か〔癡〕という欠点をもった(人) IV.81[13] ④106. **-mūḷha** *a.pp.* <muyhati おろかに迷わされた IV.58[10] ④70. **-sambandhana** *a.* 愚か

さに結ばれた　～**o** loko I.222[5] ～世間は ①291.

mohayati, moheti *cs.* <muyhati 迷わせる，愚癡ならしめる II.201[12] ②263. ～**hayamānā**（*prp.*） I.275[8] ～ならしめて ①358.

Y

yaṃ *rel.pron.ac.* それを **yaṃ yaṃ** māretu-kāmo hoti, **taṃ taṃ** āḷāne niccalaṃ bandhitvā I.126[4]. それぞれその〔豚〕を殺したいと思うと，そのそれぞれの〔豚〕を杭に動かないように縛って ①164.

yakkha *m.* 夜叉 I.32[17]. ①43.

yakkhinī *f.* 夜叉女 I.47[18]. ①64. II.35[10], 207[17]. ②47, 271. III.450[7]. ③627. IV.19[2]. ④23.

yañña *m.* ⓢyajña <**yaj** 供犠 ～**ṃ** yajitvā II.6[17]. ～を行なって ②10. **-suttaka** *n.* 供犠につかう糸 II.59[6]. ②77.

yaṭṭhi *f.* 杖，棒 ～**ṃ** gaṇhāhi I.15[4]. 杖を持ちなさい ①20. ～**koṭi** *f.* I.15[5]. 杖の端 ①20. III.330[5]. ③473.

yattha *relative pron.* そこに，そこで ～ therassa kaniṭṭho vasati I.14[12]. そこに上座の弟が住んでいる ①18. sā ～ vā tattha vā gacchatu I.49[10]. 彼女があそこであれここであれ〔どこに〕行こうと ①66. **-kāmaṃ** *adv.* 欲するところを IV.24[6]. ④28. **-kāma-nipātin** *a.* 欲するところへ落ちて行く（心） I.295[7], 299[24]. ①385, 393.

yathā *adv.* …の如くに，…のように **yathā ..., tathā ...,** …のように，そのように **yathā** dārakaṃ na labhissati, **tath'** eva naṃ kāretuṃ vaṭṭati I.46[15]. 〔彼女が〕子供を得ないように，もうそのように彼女をさせることがよろしいのだ ①63. **yathā vā tathā vā** *adv.* あれこれと ～ jīvitaṃ kappentī I.51[23]. あれこれと生きることを営んできたのですが ①69. ～**'ajjhāsayaṃ** *adv.* 意向通りに ～ karotha I.68[3]. ～ なさって下さい ①90. ～**'ajjhāsayen' eva** *instr. adv.* 〔仏さまの〕御意向の通りに I.290[24]. ①378. ～**'anusiṭṭhaṃ** *ac.adv.* 教えられた通りに I.158[3]. ①208. II.105[15]. ②139. ～**'api** *conj.* あたかも … のように ～ bhamaro ... paleti I.374[12]. あたかも蜜蜂が … 逃げ去るように ①483. ～**'icchakaṃ** *ac.adv.* 欲するままに bhattaṃ āhāresiṃ ～ II.65[7]. 食事を～に食べた ②26. III.301[10]. ③437. **-jāta** *a.* 生まれた通りの ～**ā** va II.266[1]. ～のまま（裸で） ②344. **-dhota** *a.* 洗われたままの，空の ～**ena** pattena nikkhami I.196[13]. ～鉢をもって出て行った ①260. III.258[2]. ③372. ～ **nāma** *adv.* たとえて言えば I.259[15], 288[10]. ①339, 374. **-puraṃ** *ac.adv.* 前のように I.185[20]. ①244. **-phāsukaṃ** *adv.* 気楽に ～ vasatha I.39[17]. 気楽にお過し下さい ①53. **-phāsuka-ṭṭhāna** *n.* そのように安穏な（快適な）場所 I.8[15], 290[11], 313[16]. ①10, 377, 412. **-balaṃ** *adv.* 力に応じて ～ deyya-dhammaṃ dassāma I.107[12]. ～ 施物をさし上げよう ①139. I.256[11], 399[14]. ①335, 525. IV.226[13]. ④324. **-bhūtaṃ** *ac.adv.* 如実に，あるがままに III.263[20]. ③380. **-manena** *instr. adv.* 〔自分の〕心の通りに，自分から進んで I.42[23]. ①57. **-ruciṃ** *ac.adv.* 好きなように II.123[15], 151[9]. ②162, 198. III.72[9]. ③103. **-ruciyā** *adv.* 好きなように I.156[22]. ①206. II.123[8]. ②162. **-laddha** *a.* 得た通りの（もの） III.266[15]. ③385. **-saka** *a.* それぞれの自分の ～**āni** kulāni pesesi I.355[14]. それぞれ自分の実家に〔嫁たちを〕送った ①468. **-satti** *ac.adv.* 能力に応じて I.399[13]. ①525. **-saddhaṃ** *ac.adv.* 信ずる通りに III.359[3]. ③510. **-sabhāvato** *abl. adv.* あるがままに，本性の通りに I.334[11]. ①439. **-sukhaṃ** *adv.* 気楽に，安らかに，好きなように，意のままに，気の向くままに I.225[15], 268[16]. ①295, 351. II.53[22], 67[1]. ②70, 88. III.54[3], 394[10]. ③78, 556. IV.24[6], 204[14]. ④28, 291.

yadi *conj.* もし ～ evaṃ I.381[19]. もしそうであるならば ①502.

yad-icchakaṃ *ac.adv.* ほしいだけ IV.210[13]. ④298.

yantaka *n.* <yanta かぎ bahi ～**ṃ** datvā I.220[16]. 外にかぎをかけて ①290.

yanta-hatthin *m.* からくりの象 dāru-mayaṃ ～**ṃ** kāretvā I192[16]. 木製の～を作らせて ①254.

yannūna *adv.* さあ I.56[16]. ①76. **yan-nūnâhaṃ** 私は…したらどうだろう，さあ私は…しよう I.46[6], 91[17], 232[9]. ①62, 119, 304.

yamaka-ppāṭihāriya *a.n.* 双神変 III.199[8]. ③292. **-samāgama** *m.* 双神変の集会（仏陀品，第2話） III.443[19]. ③620.

Yamaka-vagga-vaṇṇanā *f.* 双品の註釈 I.159[7]. ①209.

yamati **<yam** 自制する， 抑制する mayaṃ ettha **yamāmase** (*pr.1pl.*) I.65[9, 15]. 私たちはここで自制するのだ ①86, 87.

Yama *m.* 死王，夜摩 **-dūta** *m.* 死王の使者 III.335[23]. ③480. **-purisa** *m.* 閻摩王の家来 III.335[14]. ③479. **-loka** *m.* 閻魔界(死者の世界) I.333[17]. ①439.

yasa *m.n.* ⓢ yaśaḥ 名声 ～**o** abhivaḍḍhati I.239[8]. 名声が大いに増大する ①314. **-bhoga-samappita** *a.pp.* <samappeti 名声と財物を得た（人） III.464[9]. ③648. **-vilopa** *m.* 名声を奪われること III.70[21]. ③101.

Yasa *m.* ヤサ(五人の比丘に法輪を転じた後で初めて世尊が教導した在家の男) I.87[8]. ①114. **-kula-putta** *m.* 良家の子弟であるヤサ I.99[12]. ①128.

Yasa-tthera *m.* ヤサ上座 I.96[24]. ①125.

Yasa-dāraka *m.* 若いヤサ I.99[20]. ①129.

Yasavanta *m.* ヤサヴァンタ(有名) （アノーマダッシン仏陀の父） I.105[23]. ①137.

Yasodharā *f.* ヤソーダラー(アノーマダッシン仏陀の母) I.105[24]. ①137.

yassa kassaci *adv.* 何はともあれ III.187[17]. ③274.

yāga *m.* **<yaj** 供犠，犠牲祭 II.233[13]. ②305.

yāgu *f.* ⓢyavāgū 粥，かゆ **-kuṭa** *m.* 粥のつぼ III.208[17]. ③305. **-taṇḍula** *m.* 粥の米粒 III.302[17]. ③439. **-phena** *m.* 粥のあわ III.68[12]. ③99. **-bhatta** *n.a.* おかゆの御飯 I.46[19]. ①63.

yāca *n.* **<yāc** 乞求 **-yoga** *a.* 乞求に応ずる （者） I.265[5], 421[19]. ①347, 553.

yācaka *a.m.* 乞食 I.105[15]. ①136.

yācati **<yāc** 乞う，求める pabbajjaṃ ～**itvā** I.7[14]. 出家を乞うて ①9.

yācanaka *a.* 乞う （人） III.317[1]. ③456.

yāti **<yā** 行く kuhiṃ **yāsi** I.18[3]. あなたはどこに行くのか ①23. **yāhi** āvuso (*imper. 2sg.*) I.18[4]. 行きなさい，友よ ①23.

yādisa-kīdisa *a.* このような api ～**ṃ** II.71[7]. たとえ～ものであっても ②94.

yāna *n.* **<yā** 行くもの，乗物 **～'ugghāta** *a.* 乗物にゆすられた III.283[2]. ③410.

yāpana-matta *a.* 身を養うだけの（もの） **～e** laddhe I.284[5]. **～だけのものを得れば** ①369. attano ～**ṃ** gaṇhi I.373[2]. 自分の～（の分量）をとった ①490. II.97[4]. ②127. **-āhāra-dāna** *n.* 身を養うだけの食の施与 II.231[14]. ②301.

yāva *adv.* *prep.* …まで，…の限り，…の間，どれほど ～ thokaṃ pi karīsaṃ atthi I.126[11]. 少しでも糞便がある間は ①164. ～ arahattaṃ I.8[8]. 阿羅漢の境地にいたるまで ①10. **～'ajjatanā** *abl.* *adv.* 今日にいたるまで I.275[2]. ①357. **-jīvaṃ** *adv.* 生涯にわたって，寿命の限り ～ paṭijageyya I.63[14]. ～〔彼は大師の〕お世話をしたであろう ①84. ahaṃ ～ tumhe paṭijaggissāmi I.45[11]. 私が寿命の限りあなた様をお世話しますよ ①61. I265[1]. ①346. II.28[17]. ②36. IV.7[15], 101[11]. ④11, 135. **～t-āyukaṃ** *adv.* 寿命の限り tattha ～ ṭhatvā I.84[13]. そこに～とどまり ①111. I.173[18], 418[18]. ①225, 549. II116[16], 138[20]. ②154, 182. IV.47[2]. ④54. **-tatiyaṃ** *ac.adv.* 三度まで I.215[17]. ①284. III.190[2]. ③279. **～d-atthaṃ** *adv.* 必要なだけ，ほしいだけ，好きなだけ ～ bhuñjāhi I.170[24]. ～ 食べなさい ①222. ～ rasaṃ pivitvā I.374[18]. ～味を飲んで ①492. I.373[6]. ①490. II.198[18]. ②259. III.353[8]. ③502. **～d eva** *adv.* たちどころに II.68[18], 73[5]. ②91, 96.

yāvatā *adv.* …である限り，…だからといっ

て na tena paṇḍito hoti ～ bahu bhāsati 何でも沢山述べるからといって，それによって賢者なのではない III.383[12]. ③540.

yāvatika *a.* …の限り **～ā** yānassa bhūmi I.385[15]. 乗物で〔行ける〕所である限りは ①507.

yiṭṭha *a.pp.* <yajati **<yaj** 供犠される yaññe **～e** II.9[1]. 供犠祭が行なわれると ②12. atthi **～ṃ** I.372[1]. **供犠されるものがある** ①489. II.233[8]. ②305.

yuga *n.* 軛，やく III.374[8]. ③528. **-ggāha** *m.* 〔同じ〕軛を結ぶこと，共に実践修道すること III.346[13]. ③494. **-ggāha-kathā** *f.* 相手を押え込もうとする話 III.57[21]. ③84. **-naṅgala** *n.* 軛と鋤 III.239[23]. ③344.

Yugandhara *m.* （山名）ユガンダラ，持双山（須弥山を囲む山々の一つ） I.249[17]. ①326. III.216[17]. ③314.

yujjati *ps.* <juñjati 結ばれる，適切である III.101[19]. ③144.

yujjhati **<yuj** 戦う **～jjhantass** 'eva III.2[7]. 戦っているだけで ③4. Ajātasattunā saddhiṃ **～jjhanto** III.259[8]. アジャータサッツと戦って ③374.

yuñjati **<yuj** 軛す，努力する bhikkhu ～ buddha-sāsane IV.137[3]. 比丘は仏陀の教えのもとで努力する ④182.

yutta *a.n. pp.* <yuñjati 結ばれた，適した，正しい **～ṃ** esa vadati I.30[5]. この者は正しいことを言う ①40. **-payutta** *a.pp.* 結ばれ努める（人） III.226[19]. ③325. **-mutta-vādin** *a.* 適切自在に論ずる（人） IV.235[19]. ④340. **-rūpa** *a.* ふさわしいような，正しいような kathetuṃ na **～o'si** II.34[12]. あなたは〔私と〕語るにふさわしくないようです ②46. hadaya-maṃsam pi dātuṃ **～ṃ** II.90[11]. **心臓の肉さえも与えるのが正しいように思える** ②119. III.414[5]. ③582.

yuttaka *a.n.* 適した，結ばれた，正しい kattabba**～ṃ** katvā I.13[2]. 為すにふさわしいことを行なってから ①17.

yuddha *n.pp.* <yujjhati 戦争 **～ṃ** me dentu rajjaṃ vā I.169[3]. 戦闘か，さもなくば私に王国を与えよ ①219. **～'atthāya** *dat. adv.* 戦争のために I.280[3]. ①364. **-sajja** *a. gdv.* <sajjeti 戦争の準備をした III.255[17]. ③369. IV.222[1]. ④316.

yuva-rājan *m.* 副王 III.461[6]. ③644.

yūtha *n.* 獣群，群 **～e** vissajjetvā I.305[12]. **～の中にはなしてから** ①401. **～ā** apakkamma I.58[8]. 〔象〕群から離れて行って ①78. IV.30[8]. ④36. **-pati** *n.* 獣群の主 I.81[2], 163[23]. ①105, 213.

yen'icchakaṃ *adv.* 欲するままに IV.24[6]. ④28.

yena kenaci upāyena *instr. adv.* 何としても ～ dārakānaṃ ayyaka-kulaṃ eva daṭṭhuṃ vaṭṭati I.242[4]. 何としても子供たちがおじいちゃんの家そのものを見るのはよいことです ①317.

yebhuyyena *instr. adv.* 多くは，殆んど，たいていが，おおむね manussā nāma ～ vacana-mattam eva saddahanti II.57[10]. 人々というのはたいていが言葉だけで信ずる ②75. I.37[17], 271[11]. ①50, 354. II.160[10], 234[9]. ②210, 306. III.421[20]. ③592.

yo *pron. rel. m.nom.* 誰かが，およそその人が ～ yaṃ icchati tassa taṃ yath' icchitam eva sampajjati I.5[4]. 誰かが何かを望むと，その人にそれがもう望み通りにととのう ①6.

yoga *m.* **<yuj** 軛，結縛，そなえるもの，かかわるもの，瞑想，努力 cattāro **～ā** I.231[3]. 四つの軛（欲・有・見・無明） ①302. I.379[24]. III.417[15]. 瞑想 ①498. ③587. cittassa niggaṇhane **～o** karaṇīyo IV.24[3]. 心の抑止に努力すべきである ④27. III.274[19]. そなえるもの，かかわるもの ③397. **～'avacara** *m.* 禅定者，瑜伽行者 II.12[20]. ②17. IV.46[17]. ④54. **～'avacara-bhikkhu** *m.* 瑜伽行者（禅定者）の比丘 III.241[5]. ③345. **-kkhema** *a.n.* 軛からの安穏 dhīrā ... **～ṃ** anuttaraṃ I.228[6]. 堅固な人々は…無上の～を〔触知する〕 ①299. II.106[13]. ②140. **-kkhemin** *a.* 軛からの安穏を得た（人） III.233[19]. ③334. **-visaṃyutta** *a.pp.* <yuñjati 軛の縛りを離れた（人） III.233[22]. ③334. IV.224[19]. ④321.

yogga *n.* 乗物 II.190[10]. ②250. III.131[2]. 輓牛 ③186.
yojana *n.* ヨージャナ, 由旬, 長さの単位, 一日行程(歩行) **~'ubbedha** *a.* 一ヨージャナの高さの 〔黄金の塔廟〕 III.251[10]. ③362.
yojeti *cs.* 調剤する, 結合させる, 用意する so ekaṃ bhesajjaṃ **yojetvā** I.21[9]. 彼は一つの薬を調剤して ①28. sappi-madhu-sakkharāhi **~etvā** I.98[6]. バター, 蜜, 砂糖を加えて ①127.
yotta *n.* Ⓢyoktra 紐, ひも **~ṃ** bandhitvā I.205[14]. 紐を結んで ①271. **-koṭi** *f.* 紐の端 ~yaṃ gahetvā I.205[15]. **~をつかんで** ①271. III.374[8]. 結び綱 ③528.
yottaka *n.* ひも III.208[17]. ③305.
yodha *m.* **<yudh** 戦士 I.101[6], 317[18]. ①131, 417.
yodheti *cs.* <yujjhati 攻撃する, 打つ **~etha** Māraṃ I.316[17]. 魔を攻撃しなさい ①416.
yoni-ja *a.* 胎から生まれた(者) IV.158[11]. ④216.
yoniso *abl.adv.* <yoni 根源より ~ paccavekkhamānā I.66[4]. 根源的に省察して ①87. ~manasikārena I.51[10]. 根源的に作意して ①68. III.277[4]. ③401. **-manasi-kāra** *m.* 根源的に思念すること **~ṃ** uppādetvā I.65[20]. ~を起こして ①67. IV.24[15]. ④28.
yobbana *n.* 青春, 若さ **-mada-matta-tā** *f.* 若さのおごりに酔っていること **~tāya** I.239[20]. ~酔って ①315.

R

rakkha *a.* 番をする(人), 番人 III.347[8] ③495.
rakkhaṇaka *a.m.* 番をする者 gāvo ~ sadiso I.156[21] 牛の~と同じである ①206.
rakkhati **<rakṣ** 守る, 世話する ayaṃ seṭṭhī maṃ ~ I.5[11] この長者は私を守る ①7.
rakkhasa *m.* Ⓢrākṣasa 羅刹, 鬼神 I.367[6] ①483.
rakkhasī *f.* 羅刹女 IV.84[1] ④109.
rakkhittabba *gdv.* <rakkhati 守られるべき a-~ṭṭhāne I.5[11] 守られる必要のない(安全・平穏な)場所で ①7.
rakkhitar *m.* 守る人 na koci **~tā** nāma atthi I.176[21] 誰も守る人というのはいない ①230.
Rakkhita-vana-saṇḍa *m.* ラッキタの林の繁み,〔家に〕守られている林の繁み I.57[2], 59[14] ①76, 79. IV.26[19] ④32.
rakkhiyati *ps.* <rakkhati **<rakṣ** 守られる **~mānā** (*Vri.*) I.239[20] 保護されて ①315.
Ragā *f.* ラガー(魔の娘の名) III.196[3] ③287.
raṅga *m.* 舞台 karohi **~ṃ** IV.62[14] 〔曲芸を〕 披露しなさい ④77. **-majjha** *m.* 舞台の中央 III.79[16] ③113.
raccha-vāsin *a.m.* 街路に住む者 I.368[15] ①485.
raja *n.* 芥, あくた III.490[1] ③683. **-missaka** *a.* 塵 (不浄物) の混じった I.375[2] ①492. **-vaṭṭi** *f.* ごみの噴出 III.208[9] ③304.
rajata *n.* 銀 **-khacita** *a.pp.* **<khac** 銀をちりばめた IV.203[8] ④289. **-paṭṭa** *m.* 銀の板 II.42[13] ②56. **-vaṭaṃsaka** *n.* 銀の耳飾り III.441[18] ③618.
rajati **<raj, rañj** 染める **~jitvā** II.21[7] 染めて ②27.
rajana-kamma *n.* 染める仕事 **~ṃ** karonti I.247[19]〔衣を〕~をする ①324.
raj-issara *m.* 支配者 III.231[21] ③331.
rajo *n.* 塵, ちり **-vajalla** *a.n.* 塵と垢まみれの (修行) III.77[18] ③110. **-haraṇa** *n.* 塵を除くもの, 除くこと I.245[24] ①322.
rajja *n.* 王たること, 統治 Brahmadatte **~ṃ** kārente I.123[3] ブラフマダッタ(王) が統治している時 ①159. tasmiṃ **~e** patiṭṭhite I.140[11] 彼が王権を確立した時 ①184. **~ṃ** kārayiṃsu I.65[2] 統治を行った ①86. I.20[19], 56[6], 80[7] ①27, 75, 104. **-siri** *f.* 王の吉祥, 王位の栄光 **~ṃ** anubhavanto I.84[21] ~を享受して ①111. III.113[6] ③162. **-sirī-dāyika** *a.* 王の吉祥を与える (者) II.17[2] ②21. **-sukha** *n.* 王たることの安らぎ, 王としての安楽 **~ṃ** nânubhoti I.356[2] ~を得ない ①468. II.126[4,6] ②

165. III.249[11] ③359.

rajju *f.* 縄，なわ **〜jjuyo** bandhāpetvā I.436[11] 縄を結ばせて ①572. III.35[19] ③52. **-ggāhaka** *m.* 縄とり人，土地監視人 IV.88[12] ④115 **-bandhana** *n.* 縄縛り IV.54[2] ④64.

rajjuka *m.* 縄，なわ I.234[21] ①307.

rañjati **<rañj, raj** 染着する，ほれる **〜jantu** （*imper.*） III.483[6] ほれますように ③674.

rañjita *a.pp.* <ranjeti 染められた **〜ṃ** I.246[11] 〔汚〕染された ①322.

raṭṭha *n.* Ⓢrāṣṭra 国，王国 **〜ṃ** pahāya I.62[9] 国土を捨てて ①82. III.453[22] ③634. **-piṇḍa** *m.* 国〔の人々が与える〕行乞の食 III.481[2] ③670.

Raṭṭha-pāla-kula-putta *m.* 在家の子弟のラッタ・パーラ（*Thg.*769-793偈の註釈，*J.*I.159） IV.195[11] ④278.

ratana *n.* Ⓢratna 宝，宝石，宝珠 **〜'agghiya** *n.* 宝石の柱 II.41[13] ②55. **〜'ubbedha-makula** *a.* 宝石のもち上った取っ手のついた〔鉢〕 IV.127[1] ④170. **-kūṭa** *m.n.* 宝珠の屋頂 I.159[2] ①209. **-koṭṭhâgāra** *n.* 宝庫 **〜ṃ** vivarāpetvā I.105[14] 宝庫を開けさせて ①136. **-caṅkama** *m.* 宝石の経行処 III.163[21], 209[5] ③237, 305. **-ttaya** *n.* 三宝（仏・法・僧） 〜guṇa-ppakāsan'atthaṃ I.91[9] 三宝の徳を明らかにするために ①118. **-makula** *a.* 宝石の取手（ふしこぶ）のついた I.136[10] 〜〔黄金の鉢〕 ①178. **-nāvā** *f.* 宝舟 III.444[10] ③620.

Ratana-sutta *n.* 「宝経」（*Sn.*2.1経） III.123[16], 438[18] ③175, 616.

rati *f.* **<ram** 喜び楽しむこと III.279[21] ③406.

ratta *a.pp.* <rañjati 染った（人），貪欲した（人），赤い I.201[5] ①265. III.195[1] ③285. IV.55[20] ④66. **-kambala** *m.n.* 赤い毛織物 **〜ṃ** pārupitvā I.164[6] 〜をまとって ①213. **-kambala-sāṇī** *f.* 赤毛布の幕 **〜iṃ** parikkhipanto viya I.248[24] 〜を張りめぐらすように ①325. **-candana-rukkha** *m.* 赤栴檀の樹 III.199[15] ③292. IV.189[3] ④269. **-vaṇṇa-tā** *f.* 赤色であること **〜tāya** I.119[1] 赤色であるので ①154. **-vattha-nivattha** *a.pp.* **<ni-vas** 赤い着物を着た（人） III.115[12] ③165. **-suvaṇṇa** *a.n.* 赤色の黄金 I.393[1] ①517. III281[10], 426[19] ③408, 599.

ratti *f.* Ⓢrātrī 夜 **-khitta** *a.pp.* <khipati 夜に射られた（矢） III.469[14] ③654. **-ṭṭhāna** *n.* 夜を〔過ごす〕場所 I.8[22], 71[9], 262[19], 291[7] ①10, 94, 343, 378. **〜n-diva** *m.* 昼夜 eko **〜o** I.364[21] 〔たった〕一昼夜である ①479. **〜ṃ** I.306[5] 夜も昼も ①402. **-bhāga** *m.* 夜分 **〜e** I.87[9] 夜分に ①114. I.103[25], 120[10], 171[5], 359[23] ①134, 155, 222, 472. **-bhāga-samanantare** *loc.* 夜分のさ中に I.399[20] ①525.

ratha *m.* 車 **〜e** ca gahetvā gacchatha I.90[11] また車に乗って行きなさい ①117. **-cakka** *n.* 車輪 I.29[8] ①39. **[1]-dhura** *m.n.* 車の先 I.131[13] ①172. **[2]-dhura** *m.n.* 車の荷 I.351[13] ①463. **-pañjara** *m.n.* 車体 I.28[20] ①38. **-vega-vicuṇṇita** *a.pp.* <cuṇṇeti 車の急動によって粉砕された **〜o** mā nassi I.279[10] 〜粉砕されて滅びてはならない ①363. **-sālā** *f.* 車庫 III.121[17] ③172.

randha *n.* 欠点 III.376[10] ③531. **-gavesaka** *m.* 欠点を探し求める人 II.107[13] ②142.

randhati **<radh** 害悪を及ぼす mā taṃ lobho dukkhāya **〜dhayuṃ** （*op.*） III.356[5] 貪欲が君に苦をもたらしてはならないのだ ③506.

ramayati *cs.* <ramati **<ram** 喜ばせる **〜yanti** maṃ I.344[13] 〔よく語ることばは〕私を喜ばせる ①454.

ramita *a.pp.* <ramati 楽しんだ（人） **〜o** siyā III.472[5] 楽しむ者であれよ ③658.

Ramma-nagara *n.* ランマ都城（燃灯仏の時代の都城） I.83[16] ①110.

rava *m.* **<ru** 音声，音 so sabba〜ññu ahosi I.232[21] 彼は全ての音声を知る者であった ①304. **〜o** niccharati I.274[4] 音がほとばしる ①357.

rasa *m.a.* 味，汁，おいしい **〜ṃ** katvā I.165[19] 汁にして ①215. **-taṇhā** *f.* 味の渇愛 III.450[4] ③627. **-bhojana** *n.* 美味の食事 **〜e** pakke I.322[7] 〜が炊かれた時 ①423. III.95[3] ③134.

[1]**rasmi** = **raṃsi** *m.* 手綱 imā ～**siyo** gaṇhāhi I.352[5] この～をとりなさい ①464. III.69[3] ③99. **-ggāha** *a.* 手綱をとる(人) III.301[6] ③437.

[2]**rasmi** = **raṃsi** *m.* Ⓢraśmi 光線 ekaṃ ～**ṃ** vissajjesi I.27[17] 一つの光線を放った ①37.

rassa *a.* Ⓢhrasva 短い kin nu kho sāṭako dīgho ～**o** IV.183[16] 一体ね，衣は長いのですか，短いのですか ④258.

rahada *m.* 湖，沼 II.149[8] ②196. III.209[3] ③305.

rahita *a.pp.* <rah ない pariyanta～**to** III.252[21] 辺際がないからである ③365.

raho *ac.adv.* ひそかに ～ sannipatitvā III.178[12] ひそかに集まって ③260. mâkāsi pāpakaṃ kammaṃ āvī vā yadi vā ～ IV.21[17] あらわにも，或いはたとえひそかにでも，悪業を行なってはならない ④25. **-gata** *a.pp.* <gam 一人になる，独坐した ～**o** cintesi I.105[4] 一人になって考えた ①136. III.169[17] ③248.

rāga *m.* 染まること，欲情，貪 ～**ñ** ca dosañ ca pahāya mohaṃ I.157[7] 欲情(貪)といかり(瞋)とおろか(癡)を捨てて ①207. ～**'aggi** *m.* 欲情の火 III.260[22] ③376. ～**'abhibhūta** *a.pp.* <abhi-bhavati 欲情に打ち負かされた(人) III.481[18] ③672. ～**'ādi-paṇidhi** *f.* 貪など(貪・瞋・癡)への願求(志向) II.172[11] ②227. **-kantāra** *n.* 欲情(貪)の荒野(険路) III.249[25] ③360. **-kiñcana** *n.* 欲望の障碍 IV.231[1] ④332. **-daratha** *m.* 欲情（貪）の患悩 III.269[3] ③389. **-dosa** *a.* 欲情〔におぼれる〕欠点をもつ(人) III.221[23] ③320. IV.81[9] ④106. **-paṭighāta** *m.* 欲情の防除 III.425[11] ③597. **-pāsa** *m.* 欲情の罠 III.196[10] ③287. **-raja** *n.* 欲情の塵 I.246[12] ①322. **-ratta** *a.pp.* <rañjati 欲情に染った(人) II.52[2] ②67. IV.57[6] ④69. **-santāsa** *m.* <saṃ-tras 欲情（貪）の恐れ IV.70[16] ④90. **-sama** *a.* 欲情（貪）と等しい（もの） III.360[2] ③512. **-salla** *n.* 欲情の矢 III.404[3] ③568.

Rāgā *f.* ラーガー，扇情（魔の娘の名） I.202[3] ①266.

rāja- *a.m.* 王の，王 ～**'aṅgaṇa** *n.* 王宮の庭 teh'eva ～**ṃ** paripūri I.353[6] 彼等だけで～は一杯であった ①465. I.116[1], 185[6] ①150, 243. II.45[4] ②59. ～**'aparādhita-kamma** *n.* 王に違犯した行為 III.71[2] ③101. ～**'āṇā** *f.* 王の命令 ～**aṃ** karissāmi II.3[1] ～を下そう ②5. I.137[11], 235[20] ①180, 309. ～**'ānubhāva** *m.* 王の威力 II.1[8] ②3. ～**'isi** *m.* 王仙 IV.29[11] ④35. **-kakudha-bhaṇḍa** *n.* 王章の入った品 I.356[6] ①468. **-kuṇḍa** *m.* 王に〔仕える〕背曲り者 III.56[13] ③82. **-koṭṭhâgāra** *n.* 王の穀倉 I.173[20] ①225. **-nivesana** *n.* 王の住居 ～**e** kata-pātarāso I.117[17] 王の住居で朝食をすませて ①152. I.88[12], 348[18] ①115, 460. **-parivaṭṭa** *m.* 王の変遷 III.437[5] ③614. **-purisa** *m.* 王の家来 II.39[5] ②52. **-porisa** *n.* 王の仕事 III.293[9] ③426. **-bali** （*Vri.*） *m.* 王の租税 I.323[3] ①424. **-bhaṭa** *m.* 王の傭兵 III.150[11] ③215. **-mahāmatta** *m.* 王の大臣 III.454[4] ③634. **-māna** *n.* 王の物指し I.111[24] ①143. **-muddā** *f.* 王印 ～**āya** lañchento viya I.21[17] 王印をもって封印を押すように ①28. **-muddikā** *f.* 王印（王の指環） I.164[8] ①213. **-vaṃsa** *m.* 王統，王の血統 ～**o** ucchijjissati II.15[8] ～が断絶されるだろう ②20.

rājaka-daṇḍa *m.* 王の刑罰 ～**ṃ** te karissāmi I.194[1] （*Vri.*） 私はあなたに～を行なおう ①256.

Rājagaha *m.* ⓈRājagṛha 王舎城，羅閲祇，ラージャガハ(マガダ国の首都) I.77[16], 85[20], 115[4], 239[18] ①101, 112, 149, 315. **-nagarûpacāra** *m.* 王舎城の都城の近郊 I.88[5] ①115. **-seṭṭhin** *m.* 王舎城の長者 I.231[12] ①303.

rājati <rāj 輝やく ～**jamānena** II.80[3] 輝きながら ②106.

rājan cakkavattin *m.* 転輪王 I.106[17] ①138.

Rājan Pasenadi Kosala *m.* コーサラ王パセーナディ III.2[12] ③4.

Rādha-tthera *m.* ラーダ上座 II.104[2] ②

138.
rāmaṇeyyaka *a.* 楽しい, 美しい〔土地〕 II.195[15] ②256.
rāsi *m.* 聚, 集積, 山 〜**ṃ** katvā I.63[2] 〔果実の〕山を作って ①83.
Rāhula *m.* ラーフラ(釈尊の息子) I.110[25], 146[16] ①142, 191. IV.165[3] ④226. **-kumāra** *m.* ラーフラ童子 〜**ssa** jāta-sāsanaṃ sutvā I.85[6] 〜の誕生の知らせを聞いて ①112. tvaṃ Sāriputta 〜**ṃ** pabbājehi I.117[12] 君は, 舎利弗よ, 〜を出家させなさい ①152. III.113[7] ③162. **-tthera** *m.* ラーフラ上座 IV.69[13] ④89.
riñcati <ric 捨てる, 空無にする III.451[20] ③630.
ritta *a.pp.* <riñcati 捨てられた, 空無の I.337[3] ①443. **-muṭṭhi** *a.pp.* 拳が空っぽの(人), 手に〔何の知識も〕持たない(人), 空拳 IV.38[10] ④45.
rittaka *a.* 空無の, 虚の māyā ... 〜**ā** III.166[12] 幻(まぼろし)は…空無の(虚の)ものである ③242.
rukkha *m.* Ⓢrukṣa 木, 樹木 **-āḷaka** *m.n.* 〔矢をためす〕木のはさみ板 *CPD.* arrow-straightener I.288[12] ①374. **-kkhandha** *m.* 樹の幹 〜**ṃ** padāletvā I.204[6] 〜を破って ①269. **-cetiya** *n.* 樹木の塔廟 III.246[7] ③354. **-taca** *n.* 木の皮 I.25[19] ①35. **-doṇī** *f.* 木桶 II.147[8] ②192. **-padara** *n.* 木板 I.442[8] ①579. **-bila** *n.* 樹の孔 III.33[12] ③48. **-susira** *n.* 樹の洞 I.375[2] ①492.
rukkhika-nāvā *f.* 丸木舟 III.231[7] ③330.
ruci *f.* <ruc 喜び, 好み tumhākaṃ 〜**yā** sati I.372[6] もしあなた方がよろしいのであれば ①489. attano 〜**ciyā** I.42[20] 自分の勝手で ①57. pabbajjāya 〜**ṃ** uppādetvā I.85[3] 出家であることに喜びを生じて ①111. I.151[12] ①198.
rucira *a.* 美しい 〜**ṃ** pupphaṃ I.383[5] 美しい花が ①383.
ruccati <ruc 喜ぶ, 好む, 輝やく na me te 〜**te** phalaṃ I.145[15] 私にはおまえの果実は好ましくない ①190. mā vo āvuso evaṃ **ruccittha** (*aor.*) I.13[23] 友よ, 君たちはそのように好みをしてはいけない ①18. puttassa ākāro 〜 III.191[1] 息子の様子は輝やいています ③280. IV.143[10] ④193.
ruccana-ṭṭhāna *n.* 好きな場所 〜**e** I.387[9] 〜で ①509.
rujati <ruj 破壊する, 害する, 痛む, 悩ます me akkhīni thokaṃ **rujiṃsu** (*3pl. aor.*) I.21[5] 私の両眼は少し痛みました ①28. tuyhaṃ kiṃ 〜 I.314[19] 何があなたを悩ますのか ①413. I.10[6], 12[4] ①12, 15. II.3[7], 218[21] ②5, 285. IV.18[12], 129[18] ④22, 173.
rujanaka-aṅguli *f.* うずき痛む指 IV.69[19] ④89.
rudati <rud 泣く 〜**damāno** (*prp.*) I.232[1] 泣きながら ①303.
rudhira *n.* 血 **-uppādaka-kamma** *n.* 〔仏身から〕血を出す行為 〜**ṃ** katvā I.140[14] 〜を行ない ①184.
rūpa *n.* 色(しき), 目に見えるもの, 物質, 肉体, 形相, 容姿 sotāni bhijjanti tath'eva 〜**ṃ** I.11[19] 両耳は破れている, まさに同様に色(肉体, 容色)は〔破れている〕 ①15. 〜**ṃ** aniccaṃ dukkhaṃ anattā III.113[12] 色は無常であり苦であり無我である ③162. 〜**'agga-ppatta** *a.pp.* 最高の容姿をそなえた 〜**m** atta-bhāvaṃ oloketvā I.199[17] 〜〔如来の〕身体を眺め見て ①263. 〜**ā** atthi I.345[17] 〜女である ①455. 〜**'arūpa** *n.* 色, 無色 〜**esu** pañhaṃ pucchi I.156[4] 〜について質問した ①205. 〜**'avacara** *n.* 色界 I.309[9] ①406. **-ārammaṇa** *n.* 色の対境(死体) I.70[3] ①93. **-upagata** *a.pp.* 〔実存の〕姿に近づいて行った I.336[6] ①442. **-garuka** *a.* 容色を重んずる(人) III.115[8] ③164. **-jjhāna** *n.* 色に対する禅思 III.459[14] ③642. **-ppamāṇika** *a.* 容姿を〔判断の〕基準とする(人) III.113[24] ③163. **-mada-nimmaddana** *n.* 容色への自負心(おごり)を砕くこと III.115[9] ③164. **-mada-matta** *a.pp.* <madati 容色の自負心(憍慢)に酔った(人) IV.57[12] ④69. **-siri** *f.* 容姿のすばらしさ 〜**yā** samannāgatā I.278[8] 〜をそなえていた ①362. **-sobhā** *f.* 容姿の華麗さ

III.106[7] ③151.

Rūpasārī *f.* ルーパサーリー(舎利弗の母) I.88[18] ①115.

rūpin *a.* 色ある，有形，実体をもったもの sace ete **rūpino** hutvā I.310[17] もしこれらの〔煩悩〕が実体をもったもの（姿形あるもの)であって ①407.

rūpiya-maya *a.* 銀でできた I.29[3] ①38.

reṇu *m.* 花粉，塵芥 I.246[15] ①322. **-vaṭṭi** *f.* 花粉の噴出 IV.203[24] ④290.

Revata *m.* （仏）レーヴァタ，過去24仏の第5 I.84[3] ①111.

Revata-tthera *m.* レーヴァタ上座(舎利弗の末弟) II.188[12] ②248. III.168[6], 326[2] ③245, 468. IV.186[13] ④265.

roga *m.* 病気 assa sarīre **～o** uppajji I.126[22] 彼の身体に病気が発生した ①165. assa **～o** balavā ahosi I.25[21] 彼の病気は重くなった ①35. I.183[16] ①240. **-tikicchana** *n.* 病気の治療 I.238[24] ①313. **-niḍḍha** *n.* 病気の巣 III.110[15] ③156. **-phuṭṭha** *a.pp.* 病気に触れられた，病気にかかった te **～ā** I.231[16] 彼等は～られて ①303.

roceti *cs.* <rocati 喜ぶ，選択する，同意する kassa vā tvaṃ dhammaṃ **rocesi** I.91[20] 或いはあなたはどなたの法を喜ぶ（選択する） のですか ①118. sace **rocetha** I.387[2] もしあなた様が同意して下さるなら ①509. yaṃ **rocesi** I.413[21] 誰でもあなたがその人を選ぶなら ①543.

rodati, **rudati** <**rud** 泣く，なげく pavattamānā **roditvā** I.13[6] 身をもんで泣いて ①17. putta-sokena **rodāmi** I.28[12] 私は子への憂いによって泣く ①38. I.14[16], 30[23], 63[12] ①18, 41, 84. II.40[4] ②53.

rodana-parāyaṇa *n.* 悲泣にとらわれている I.28[3] ①37.

rodāpeti *cs.* <rodati 泣かせる mā **～petha** （*imper.*） II.86[19] 泣かせてはいけない ②114.

Rohiṇī *f.* ローヒニー(クシャトリヤの娘の名) III.295[3] ③428.

Rohiṇī-nadī *f.* ローヒニー川(釈迦族とコーリヤ族の間を流れる) II.99[13] ②131. III.254[7] ③367.

rohita-maccha *m.* 赤魚 II.132[16] ②174.

L

Lakuṇṭaka-atimbara *m.* ラクンタカ・アティンバラ(ドゥッタガーマニー王の大臣) IV.50[19] ④59.

Lakuṇṭaka-bhaddiya-tthera *m.* ラクンタカ・バッディヤ上座 II.148[1] ②194. III.387[1], 453[8] ③544, 633.

lakkha *n.* 賭，かけ金 pūve **～ṃ** katvā IV.124[6] お菓子(餅)を賭けて ④166. **～ṃ** jiniṃsu I.178[16] かけ金を勝った I.233 **-yogga** *n.* まと当て遊び，ダーツ（初訳は 「うらないごと」 誤訳） **～ṃ** karonti I.52[12] まと当て遊びをする ①69.

lakkhaṇa *n.* Ⓢlakṣaṇa 相，特相，占相 **～'āhata** *a.* 烙印刑者，身体に焼き印を押される受刑者 III.308[13] ③446. **～'upanijjhāna** *n.* 様相に対する思念 I.230[14] ①301. III.226[17] ③325. **-paṭiggahaṇa-divasa** *m.* 〔如来の人物の〕相を評価する当日 I.133[9] ①175. **-manta** *m.* 形相の呪文 **～e** sammasitvā I.106[16] **～を**さぐってみて ①138. I.201[1] 占相術の呪文 ①265. **-manta-kusala-tā** *f.* 占相の呪術に巧みであること III.194[19] ③285. **-vicitta** *a.* 多彩な 〔瑞〕 相をそなえた （世尊） III.115[19] ③165.

Lakkhaṇa-tthera *m.* ラッカナ上座(大目連上座と同行して霊鷲山を下りて途中で亡者を見た上座) II.64[2] ②85. III.60[13], 410[11], 479[5] ③88, 578, 668.

Lakkhaṇa-saṃyutta *a.* 〔「相応部経典」の〕「ラッカナ相応 (*S.* II.254)」 II.66[9] ②87.

lagga *a.pp.n.* <laggati くっついた，ひっかかった，執著 sabbe pūvā ekato **～ā** I.371[12] 全ての饅頭が一つに**くっついています** ①488. bhavesu eva **～ā** II.160[11] 諸々の生存にだけ**ひっかかって** ②210. mama puttassa paccayesu ... **～ṃ** nāma natthi II.169[14] 私の息子には生活用品への**執著**というものはない ②223. **-citta** *a.pp.* <laggati 心が結ばれた(人) III.424[20] ③595. **-mānasa** *a.pp.* 心が結びつけられた(人) **～ṃ** I.361[10] **～人を** 〔死神がとらえて行く〕

①475.

laggati **<lag** 付着する，ひっかかる tatth'eva **~anti** IV.58[12] そこ(渇愛の流れ)にだけ付着する ④70.

lagganatā *f.* 結びつけられること III.433[8] ③608.

laggāpeti *cs.* <laggeti 結びつけさせる na **~peyya** (*op.*) IV.182[21] **~させて**はならない ④255.

laggeti *cs.* <laggati ひっかける ābharaṇāni rukkhe **~ggetvā** I.138[2] 装身具を木に引っかけて ①180.

Laṅkā-dīpa *m.n.* ランカー島(スリランカ) IV.238[19] ④343

laṅghika-dhītar *f.* 軽業師の娘 IV.59[21] ④73.

laṅgheti *cs.* <laṅghati とばす udakaṃ **~ghetvā** I.185[9] 水をはねとばして ①243. **laṅgitam** (*pp.*) udakaṃ otaritvā I.185[14] はねとばされた水を〔静かに〕渡って ①243.

lacchati *ft.* <labhati 得るであろう **~cchāmi** II.237[6] 私は～ ②310.

lacchasi *2sg.ft.* <labhati 得るだろう tvaṃ ~ canda-suriye I.29[20] あなたは月と太陽を得ないだろう ①40.

lajjati **<lajj** 恥じる **lajjituṃ** (*inf.*) na jānanti I.72[18] 恥を知らない ①95. vattuṃ ~ I.243[17] 言うのを恥じる ①319. a**~jjamānā** va I.188[14] 無恥のまま ①248. I.204[10] ①269.

lajjā *f.* **<lajj** 恥 ~ ca nāma bhinnā bhavissati I.81[20] 恥辱の破壊というものがあるだろう ①106. **~āya** sīsaṃ ukkhipituṃ asakkontā I.64[17] 恥かしくて頭を上げることが出来ずに ①86. III.164[13] ③238.

lajjāpita *a.pp.* <lajjāpeti 恥をかかされた IV.133[16] ④178.

lajjāpeti *cs.* <lajjati 恥をかかせる kiṃ maṃ **~pesi** III.164[16] 何でおまえは私に恥をかかせるのか ③238.

lajjita *a.pp.* <lajjati **<lajj** 恥じた tassa kathāya **~ā** I.378[23] 彼の話に恥じ入って ①497. III.191[12] ③280.

lajjin *a.* 恥を知る（人） III.413[11] ③581.

lañca *m.* 賄賂，わいろ，そでの下 **~ṃ** datvā I.211[17] **~を**与えて ①278. **~ṃ** gahetvā III.380[9] ～をもらって ③536. I.213[18], 223[13], 269[9] ①281, 293, 352. IV.1[8] ④3.

lañchati **<lanch** 印を押す rāja-muddāya **~chanto** viya I.35[7] 王印を押すように ①46.

lañchāpeti *cs.* <lañchati 封印させる gehaṃ **~petvā** (*ger.*) I.191[11] 家を封印させて ①252.

Laṭukika-jātaka *n.* 「うずら本生物語」 *J.* 357話 I.55[16] ①75.

laṭukikā sakunikā *f.* うずらという鳥 I.55[15] ①75.

laṭṭhi *f.* 杖 III.305[1] ③442.

Laṭṭhi-vana-uyyāna *n.* （王舎城近郊の）ラッティ林の遊園 I.88[6] ①115.

laṇḍa *n.* 獣糞 **~ṃ** pātenti I.163[12] ～を落とします ①212.

latā *f.* 蔓草 IV.43[18] ④52. **-pasādhana** *n.* 蔓草の装身具 I.392[24] ①517.

laddha *a.pp.* <labhati 得られた ayaṃ siri-sampatti **~ā** I.26[21] この吉祥の栄華は得られた ①36. vanas-patiṃ nissāya **~ttā** I.4[3] 樹によって〔その子が〕得られたので ①6. **-pabbajjûpasampada** *a.* 出家・具足戒を得た〔人〕 **~o** I.7[14] ～を得た ①9. **-vyākaraṇa** *a.* 予言（授記）が得られている(者) **~o** I.84[8] 予言（授記）を得た ①111.

laddhi *f.* 得たもの，主張，執見 tassa **~iyā** nissāra-bhāvaṃ kathetvā I.113[6] 彼が得た〔真理たる〕ものは核心のないものであることを語り ①145. I.55[2] ①74. II.212[10] ②277. IV.96[6] ④127. **-bheda** *m.* 意見の分裂 III.253[6] ③365.

lapayati *cs.* <lapati 語る **~yanti** II.157[1] 語る ②205.

lapāpeti *cs.* <lapati 語らせる **~enti** II.157[1] ～ ②205.

labbhati *ps.* <labhati **<labh** 得られる ñāṇa-sampayutta-cittaṃ eva ~ I.35[18] 智に結ばれた心のみが得られる ①47.

labbhā *3sg.op.* <labbhati できる rañño āṇā a-kātuṃ na ~ I.236[1] 王の命令はしないわけには行きません ①309.

labhati **<labh** 得る mayâpi idāni

kāsāvaṃ **laddhuṃ**（*inf.*）vaṭṭati I.80[18] 俺も今や渋色の袈裟衣を手に入れればよいのだ ①105. aññaṃ puttaṃ labhi（*3sg.aor.*）I.4[4] 別の息子を得た ①6. puttaṃ vā dhītaraṃ vā **〜itvā** I.3[14] 息子あるいは娘を得たならば ①6. te attanā patthitam eva **labhiṃsu**（*3pl. aor.*）I.102[24] 彼等は自分が望み求めたものだけを得た ①133. **a-labhantā** *prp.pl.* I.15[9] 得ないで ①20.

labhana *n.* 得ること **〜'ākāra** *m.* 得る形 rajjaṃ **〜ṃ** karissāmi I.167[10] 王位を得る〜を私は作るであろう ①217.

lasī *f.* 脳 〜 ca te nipphalitā I.145[1] またおまえの脳は破壊された ①189.

lahu *a.* 軽い I.290[2] ①377. **-citta** *a.* 心が軽い（人）II.23[1] ②30. **-bhāva** *a.m.* 軽はずみな（者） III.124[10] ③176.

lahuṃ *ac.adv.* 軽快に, 容易に kammaṃ 〜 nippajjissati I.414[3] 仕事は〜完成するだろう ①544.

lahuka *a.* 軽い cittaṃ ... **〜ṃ** I.287[14] 心は…軽い ①373.

lāja *m.* 干し米 III.6[14] ③11.

Lāja-deva-dhītā *f.* ラージャー（干し米）天女 III.6[7], 8[3] ③11, 13.

lāja-pañcamāni pupphāni *n.pl.* ラージャ（花）を第五とする花々 *PTSD.* Lājaの項参照 I.377[24] ①496, 499(1). II.219[6] ②285.

lābha *m.* <labh 得, 利得, 所得 **〜'agga-ppatta** *a.pp.* <pāpuṇāti 最高の所得を得た（人） III.77[3] ③110.**〜'upanisā** *f.* 所得のそばに坐ること II.101[19] ②134. **-sakkārābhibhūta** *a.pp.* 所得と尊敬に打ち負かされた I.139[18] ①183.

lābuka *m.* ひょうたん（水などの容器） II.59[5] ②77.

lāmaka *a.* 劣悪な III.477[16] ③665. **〜tara** *a.* *compar.* もっとみじめな, もっとつまらない III.461[11] ③644. **-dhamma** *a.* 劣悪なことを属性とする（人） III.480[2] ③669.

lāmika *a.* 下劣な **〜ṃ** diṭṭhiṃ nissāya II.61[4] 〜見解によって ②80.

lāyana *n.* 刈り取り（*PTS.*はdāyana） I.98[14] ①127. III.285[2] ③414.

lāyāpeti *cs.* <**lū** 刈らせる **〜pessāmi** III.285[1] 私は刈り取りをさせよう ③414.

lālā *f.* 唾液, よだれ mukhato 〜 gaḷati I.307[4] 口からよだれが流れ出る ①403.

Lāḷudāyi-tthera *m.* ラールダーイン上座 III.5[7], 123[8], 344[13] ③9, 175, 492.

liṅga *n.* 性, 性徴 **-vipallāsa** *m.* 性の転換 II.228[17] ②297.

Licchavi *m.* リッチャヴィ, 〜族（ヴァッジー国の種族の名） I.263[9], 338[10], 350[16] ①345, 445, 462. III.279[20] ③406.

lippati *ps.* <limpati <**lip** 塗られる, 汚される II.51[16] ②67.

līḷhā *f.* すばらしさ, 優美 IV.136[9] ④181.

luñcati <**luc** 引き抜く kese **〜ciṃsu**（*aor.*）II.55[16] 頭髪を引き抜いた ②72. tiṇaṃ **〜citvā** III.484[1] 草を**〜いて** ③675. attano sāmikaṃ **〜citvā** III.32[13]〔犬どもは〕自分の主人を**引き**〔**咬んで**〕③47.

luñcāpeti *cs.* <luñcati 引き抜かせる kese **〜petuṃ**（*inf.*）II.53[18] 頭髪を〜**方が**〔よりましである〕②70.

ludda *a.m.* 恐ろしい, 兇暴な **〜āni** kubbato I.145[8] 諸々の凶暴なことをしている〔俺〕の ①190.（kubbato = kubbantassa *gen.* *prp.* <karoti）

luddaka *m.* 猟師 I.323[18] ①425.

lūkha *a.* 貧しい, 粗野な, いやしい, 質素な I.299[4] ①391. IV.8[18] ④12. **-jīvikā** *f.* 清貧の生活 III.354[17] ③503. **-pāpuraṇa** *a.* 粗衣をまとった（人） IV.8[18] ④12. **-ppamāṇika** *a.* 質素さを〔判断の〕基準とする（人） III.114[3] ③163. **-ppasanna** *a.pp.* 粗末に浄められた **〜ṃ** janaṃ saññāpento I.142[4] 〜人々を説得しつつ ①186.

lekha *m.* <**likh** 文字 **〜ṃ** āropetuṃ samattho III.229[8] 文字にすることが出来る ③328.

lekhaka *m.* 書写者, 刻者 IV.238[13] ④343.

leḍḍu *m.* Ⓢleṣṭu 土塊 II.266[7] ②344. **-daṇḍa** *m.* 土塊や杖 **〜ādihi** pothiyamāno II.1[9] 〜などで打たれながら ②3.

leṇa, lena *n.* 住房, 洞穴, 山窟, 避難所 II.268[13] ②347. III.39[18], 138[9], 434[10] ③

58, 196, 610. IV.170[1] ④235.

loka *m.* 世，世間，世界 mahā-mohatam'onaddhe **loke** I.1[4] 大きなおろかの闇に覆われた世間において ①3. ～**ṃ** volokento I.26[8] 世間を眺めつつ ①35. ～**'attha-cariyā** *f.* 世間を利する行 III.441[10] ③618. ～**'anukampaka** *a.m.* 世間を憐愍する(人) III.147[24] ③211. ～**'anta-dassin** *a.* I.1[4] 世間の終極を見る方 ①3. **-dhamma** *m.n.* 世間法(八世間法は「パ仏辞」1647右下にあり) II.148[18] ②195. **-nissaraṇa** *n.* 世間からの出離 III.78[3] ③111. **-vaddhana** *m.* 世俗の事が増える者 III.163[3] ③235. **-vilokana** *n.* 世間の観察 I.319[16] ①419. **-sannivāsa** *m.* 世間で共住すること III.103[6] ③146.

lokika *a.* 世間の，世俗の **-abhiññā** *f.* 世俗の神通智 I.292[7] ①380.

lokiya *a.* 世間の，世俗の **-kuṭumba** *n.* 世俗の資産 ～**ssa** sāmikaṃ akāsiṃ I.250[14] ～の所有者にした ①327. **-kuṭumba-sāminī** *f.* 世俗の女性資産家 II.151[2] ②198. **-mahā-jana** *m.* 世俗の大衆 I.446[1] ①583. II.234[14] ②306.

lokuttara *a.* 出世間の，世間を越えた **-kuṭumba** *n.* 出世間の資産 I.250[14] ①327. **-kuṭumba-sāminī** *f.* 出世間の女性資産家 II.150[21] ②198. **-dāyajja** *n.* 出世間の遺産 I.117[10] ①152. **-dhamma** *m.n.* 出世間法（九種，四向四果と涅槃） I.230[11] ①301. II.33[14] ②44. **-paññā** *f.* 出世間の智慧 I.309[11] ①406. **-saddhā** *f.* 出世間の信仰 I.76[18] ①100.

loṇa *n.* Ⓢlavaṇa 塩 I.39[10], 342[23] ①53, 452.

loṇika *a.* 塩からい II.31[19] ②42.

lobha *m.* 貪欲 III.356[4] ③506. **-cora** *m.* 貪りという盗賊 I.312[10] ①409. **-dhamma** *m.n.* 貪欲のものごと II.156[6] ②204.

loma *n.* Ⓢroman 毛 I.74[20] ①98. **-kūpa** *m.* 毛穴 III.214[13] ③312. **-gaṇanā** *f.* 毛の数 II.17[21] ②22. **-haṃsa** *m.* 毛のよ立ち IV.76[2] ④99. **-haṭṭha-jāta** *a.pp.* 身の毛をよだてた IV.42[16] ④50.

loleti *cs.* <luḷati 動揺させる purisâjāneyyaṃ ～**enti** I.310[20] 人の駿馬を ～ ①407.

loha *n.* 青銅，銅 **-kumbhī** *f.* 青銅の釜 II.5[14] ②8. **-guḷa** *m.* 銅丸 IV.107[3] ④142. **-jāla** *n.* 金網 ～**ṃ** patthaṭaṃ I.350[18] ～が拡げられている ①462. **-thālī** *f.* 銅鍋 I.126[8] ①164. **-bhājana-sadda** *m.* 銅器の〔ふれる〕音 III.149[15] ③214. **-maya** *a.* 青銅でできた I.29[3] ①38.

Loha-pāsāda *m.* 青銅殿 III.472[9] ③659. IV.74[27] ④98.

lohita *a.n.* 赤い，血 uṇhaṃ ～**ṃ** chaḍḍesi I.95[5] 熱い血を吐いた ①123. **-candana** *n.* 赤栴檀 I.422[19] ①555. **-dhārā** *f.* 血の流れ III.334[2] ③478. **-nadī** *f.* 血の河 ～**nadiṃ** pavattetvā I.359[5] ～を流させて ①471. III.256[11] ③370. **-pakkhandikâbādha** *m.* 赤痢病 III.269[13] ③390.

V

va *adv.* = iva, viya のように vāto rukkhaṃ **va** dubbalaṃ I.74[5] あたかも風が力の弱い樹木を〔倒す〕ように ①97.

vaṃsa *m.* Ⓢvaṃśa 系統，伝統 ～**'anurakkhaka** *a.* 伝統を守る(人) III.386[12] ③543. **-ja** *a.* 歴史から生まれた(人) IV.238[18] ④343.

Vakkali-tthera *m.* ヴァッカリン上座 IV.117[20] ④157.

vakkhati *ft.* <vatti 言うであろう III.210[20] ③307. ～**kkhāma** (*1pl. ft.*) 我々は言うであろう na kiñci ～ I.102[6] 我々は何も言わないであろう ①132.

vagga *m.* 群 bhikkhū ～ ～**ā** hutvā III.268[1] 比丘たちはそれぞれ一群となって ③387. **-bandhana** *n.* 一群として結びつくこと，連帯，団結 ～**ena** I.99[16] ～によって ①128. I.267[15] ①350. III.17[5] ③26. IV.93[24] ④123. ～**vaggena** *instr.adv.* 群れに群れて III.243[5] ③349.

vaggati <valg 跳ぶ ～**antā** (*prp.*) II.154[16] 跳びはねて ②203.

Vaggumudā-tīriya-bhikkhu *m.* ヴァッグムダー河の岸に住む比丘 III.480[9] ③

670.

vagguli-vata *m.* こうもり行者，飛躍行 IV.152[20] ④209.

vaggulī *f.* こうもり III.223[6] ③322.

vaggu-vada *a.* 妙(たえ)なることを語る(人) III.226[8] ③325.

Vaṅganta-brāhmaṇa *m.* ヴァンガンタ・バラモン(舎利弗上座の父親) II.84[6] ②111.

Vaṅgīsa-tthera *m.* ヴァンギーサ上座 IV.226[1] ④324.

vacana *n.* **<vac** 言，語，ことば ～kkamaṃ pahāya I.2[2] 語の順序を捨てて ①4. **-kārikā** *f.* 言葉を実践する女 mama ～ katā II.152[3] 私の～とした ②199. **-kkhama** *a.* 言葉が通じる，言うことを聞く na ayaṃ **～o** I.260[20] この者は～者ではない ①341. **-lāvaṇṇa** *n.* Ⓢlāvaṇya 言葉の美 IV.235[19] ④340.

vacī- (vacoの複合形) 語，言，口 **-duccarita** *a.pp.* 言葉の悪行，うそ(musā-vāda)，中傷語(pisuṇā-vācā)，粗暴なことば (pharusā-vācā)，かざった冗舌(sampha-ppalāpa, 綺語)の四つ I.23[21] ①31, 33(4). **-sacca** *n.* 言葉の真実 **～ena** ca apeto I.82[17] また～から離れた ①108. III.403[1] ③567 **-sucarita** *a.pp.* 語の善行 catu-bbidhaṃ **～ṃ** eva bhāsati I.36[11] 四種の語の善行(妄語，両舌，粗語，綺語の四つを離れて語ること)だけを語る ①48.

vacca *n.* 大便，糞，くそ **-kuṭī** *f.* 便所 II.55[21], 184[7] ②73, 241. III.346[6] ③493. **-kūpa** *m.* 糞坑 **～e** khipatu I.180[4] 糞坑に投げ入れなさい ①235.

vaccha *m.* 子牛 III.423[17] ③594.

vacchatara *m.* 子牛 II.7[8] ②10 **～tarī** *f.* 牝の子牛 II.7[9] ②10.

vaja *m.* Ⓢvraja 牛舎 **～ṃ** viya ekaṃ ṭhānaṃ parikkhipitvā I.126[2] 牛舎のような一つの場所を囲って ①164. I.175[12] ①228. III.61[22] ③89.

vajati <vraj 行く，達する Buddhaṃ saraṇaṃ **～āmi** I.32[6] 私は仏陀に帰依しよう ①42. IV.58[16] ④71. na deva-lokaṃ **～janti** III.188[25] 天国に行かない ③276.

vajira *m.n.* 金剛，ダイヤモンド I.393[2] ①517. III.151[15] ③217 **～'agga-tikhiṇa-ñāṇa** *a.* ダイヤモンドの尖端のように鋭い智慧をもった **～ā** I.392[13] ～女 ①516. **-panti** *f.* ダイヤモンドの列 I.387[21] ①510. **-phala kuddāla** *m.* 金剛の切先のくわ IV.218[19] ④310. **-hattha** *a.* 金剛杵を手にした **～ā** Inda-paṭimā ṭhapesi I.280[7] ～インドラの像を立てさせた ①364.

vajja *n. gdv.* <vajjati 罪過 I.251[19] ①328. III.35[9] ③52 **-dassin** *a.* 過失を見る (示す) 人 II.107[3] ②141. **-matin** *a.* 有罪だと思う(人) III.493[9] ③687.

vajjāsi *op.* <vadati あなたは言いなさい IV.21[15] ④25.

Vajji-puttaka *m.* ヴァッジ族の子弟 I.143[2] ①187.

vajjetabba *gdv.* <vajjati 避けるべき I.69[14] ①92.

vajjeti *cs.* <vajjati 避けさせる **～etvā** (*ger.*) I.335[7] 避けさせて ①440.

vajjha-patta *a.pp.* 死罪を得た I.64[22] ①86.

vañcita *a.pp.* <vanceti だまされた ～'amhā I.279[3] 我々はだまされている ①362.

vañceti *cs.* <vañcati あざむく，だます II.207[7] ②270. **～cessāmi** naṃ I.21[3] 私は彼をだましてやろう ①28. sattiṃ **～cesi** (*aor.*) I.81[14] 剣を空振りさせた (*Vri.* vivajjesi 避けた) ①106. **～cetvā** I.425[5] だまして ①558. imaṃ **～cetvā** III.273[16] この〔母親〕をだまして ③396. mahā-dhanaṃ **～cetvā** (*ger.*) I.236[24] 大財産をだまし取って ①310. kiṃ amhe **～cesi** I.237[2] おまえは我々をだますのか ①310 na **～cemi** I.237[3] 私はだましません ①310.

vañjhā *f.* 子が生めない女 sā ～ ahosi I.45[20] 彼女は子が生めない女であった ①62. I.350[2] ①461, **～'itthī** *f.* 子が生めない女 I.45[6] ①61.

vaṭa-rukkha *m.* いちじくの樹 II.69[20] ②92 **-mūla** *n.* 無果花(いちじく)の木の根本 **～e** nisīdanti I.167[13] ～に坐る ①217.

vaṭṭa *a.n.* Ⓢvṛtta 輪転，輪廻，めぐり合わ

せ, 渦巻 sattā nāma **～e** vicarantā I.222[8] 有情というのは輪廻をめぐり行きつつ ①292. II.185[2] ②242. **～'addhāna** *n.* 輪転（輪廻）の旅路 II.166[2] ②218. **～'anugata** *a.pp.* 輪廻に従い行く I.117[9] ①151. **-dukkha** *a.n.* 輪転（輪廻）の苦 I.282[18] ①367. III.87[2], 245[16], 404[1] ③124, 353, 568. IV.34[11], 112[13] ④41, 148. **-dukkha-pariyāpanna** *a.pp.* 輪廻の苦に属する（もの） III.249[17] ③360. **-pada** *n.* 輪廻の歩み **～ṃ** jahitvā I.263[1] ～を捨てて ①343. **-loka** *m.* 輪廻の世間 III.177[18] ③259. **-sakkharā** *f.* 渦巻の小石 IV.87[12] ④113. **-sandhi** *m.f.* <saṃ**-dhā** 輪転（輪廻）のつながり II.188[1] ②247.

vaṭṭaka *m.* うずら（鳥） **～kesu** III.175[9] **～のうちで** ③256. （「水野辞」～**kā** *f.*）

Vaṭṭaka-jātaka *n.* 「鶉本生物語」 *J.* 394話 I.55[18] ①75.

vaṭṭakā *f.* Ⓢvartakā うずら, 鶉 I.55[18] ①75.

vaṭṭati <**vṛt** 正しい, よろしい, 適当である nisīdituṃ na ～ I.38[23] 坐ることは正しくない ①52. etaṃ kātuṃ ～ I.28[10] この人がするのがよいのだ ①28.

vaṭṭi *f.* 灯心 **～ṭṭiyo** katvā I.393[21] **～を作って** ①518. telena **～ṃ** temetvā IV.122[23] 油で**～を**濡らして ④165.

vaḍḍhaki *m.* 大工, 建築家 I.269[3] ①352. III.134[7], 358[2] ③190, 508. IV.207[21] ④295.

vaḍḍhana *n.a.* （<vaḍḍheti） 増大, 増強 pīti-pāmojja**～ṃ** I.1[12] 喜悦を増大するものである ①3.

vaḍḍhamānaka-cchāyāya *loc.adv.* 日陰が伸びる時（夕刻近く）に, 日陰が濃くなる頃に, 夕方に I.96[19], 226[20], 416[12] ①125, 297, 546 II.58[13], 79[20] ②76, 106. III.209[8] ③305.

vaṇa *m.n.* Ⓢvraṇa 傷, 傷口 I.189[10] ①249. III.28[6] ③42. **-paṭikamma** *n.* 傷に対する処置 II.164[16] ②217. **-paṭicchādana**-upamā *f.* 傷に〔薬を〕塗る比喩 （「仏のことば註（一）」p.295(29) ） I.375[12] ①492. **-mukha** *n.* きず口 （9つのきず口, 眼・耳・鼻・口・尿道・肛門） III.106[21] ③152.

vaṇibbaka *m.* 乞食者, 浮浪者 I.105[15] ①136.

vaṇṭa *n.* Ⓢvṛnta 茎, くき II.42[12] ②56.

vaṇṭika *a.* 茎のある ～mālâdi-bhedā I.419[13] 茎のある花環などの類 ①550.

vaṇṇa *m.a.* 色, 姿, 容色, 理由, 称誉, 美しい, いろどられた Maṭṭa-kuṇḍali**～ena-**āgantvā I.26[25] マッタ・クンダリンの姿でやって来て ①36. **～o** subho I.75[1] 色は浄らかである ①98. kena nu **～ena** II.22[19] 一体どういうわけで ②30. I.239[8] 称誉 ①314. **-gandha-sampanna** *a.pp.* 色香をそなえた I.108[4] ①139. **-dāsī** *f.* 美しい召使いの女 I.395[19] ①520. 美しい婢女（娼婦） IV.88[14] ④115. **-dhātu** *f.* 彩(いろど)られた領域 I.30[2] ①40. **-paṭākā** *f.* 彩色の旗 III.483[4] ③674. **-pokkharatā** *f.* 容色が蓮華のように美しいこと III.389[12] ③548. **-bhaṇana** *n.* 称讃を言うこと II.157[11] ②205. **-bheda** *m.* 色彩の別 I.304[15] ①400. **-sampatti** *f.* 容色の成就 II.145[8] ②190. **-sampanna** *a.pp.* <sampajjati 色をそなえた〔花〕 I.383[1] ①504.

vaṇṇayati *denom.* <vaṇṇa ほめる **～yanti** I.281[1] ①365.

vaṇṇeti *denom.* <vaṇṇa 説明する, 賞める na sakkā **vaṇṇetuṃ** (*inf.*) II.194[17] うまく説明できません（それほどすばらしい） ②255.

vata *m.n.* Ⓢvrata 禁戒, 務め II.181[14] ②237. **-pada** *n.* 禁戒の歩み, 浄行, 誓約 **～dāni** pūretvā I.271[19] **～を**満たして ①355. I.264[20] ①346.

vatavant *a.* 禁戒をもつ（人）, 〔清貧の〕行をそなえた（人） III.271[11] ③392. IV.165[16] ④227.

vati *f.* Ⓢvṛti 籬, かき **～ṃ** katvā I.311[10] かきを作り ①408. I.190[5] ①250.

vatta *n.pp.* <vattati 義務, 遵守事項, 務め, しきたり, 規定, 作法, やり方, 作務 **～ṃ** paññāpetvā I.55[11] ～を告知してから ①74. I.37[21], 38[19], 155[20], 437[17] ①50, 52, 205, 574. II.167[6], 244[18] ②220, 319. **-karaṇa-velā** *f.* 作務を行なう時間

III.176[18] ③258. **-paṭivatta** *n.* 種々の務め, 行法, 身の廻りの作務 **〜ṃ** katvā I.13[2] 〜を行なってから ①17. I.15[2], 19[14], 306[10] ①19, 26, 402. II.104[16], 245[9] ②139, 319. IV.37[10], 111[17] ④44, 147.

-paṭivatta-kāraka *a.m.* 種々の作務を行なう者, 身のまわりのこと(雑用)をする者 I.61[19] ①81. IV.28[9] ④33. **-sampanna** *a.* 行法をそなえた人 I.61[9] ①81. III.279[2] ③403. IV.18[6] ④22. **-sīsa** *n.* 行法の先頭 **〜e** ṭhatvā III.376[12] 〜に立って (自から実践躬行して) ③531.

vattati **<vṛt** 転ずる, 起こる, 動く na vase **〜ttanti** I.7[7] 〔手足が〕思うままに動かない ①9.

vattabba *gdv.a.* **<vac** 言われるべき kiñci **〜ṃ** atthi III.412[18] 申し上げるべき或ることがあります ③580.

vattar *m.* Ⓢvaktṛ **<vac** 言う人 ti **vattā** pi natthi I.138[24] と言う人もいない ①182.

vatti Ⓢvakti **<vac** 言う mā evaṃ **avacuttha** (*2pl.aor.*) I.73[24] そのように言ってはいけない ①97.

vattuṃ *inf.* <vatti 言うこと 〜 asakkontiṃ I.194[19] 言うことが出来ない〔彼女〕に ①257.

vattu-kāma *a.* 言おうと欲する **〜kāmâpi** III.11[8] 声をかけようと欲するけれども ③17. II.5[19] 〔偈を〕誦えたいと欲する ②8.

vatteti *cs.* <vattati **<vṛt** 行動させる, 転起させる attano vase 〜 I.76[9] 〔煩悩魔は〕自分の支配下で行動させる ①99.

vattha *n.* Ⓢvastra **<vas** 衣, 衣服, 着物 〜āni te na dinnāni I.104[14] 着物が彼等に与えられていません ①135. I.5[23], 389[4] ①7, 512. **-dasā** *f.* Ⓢvastra-daśā 着物の縁(へり) II.251[1] ②326.

vatthuṃ *inf.* <vasati 暮すことを 〜 labhissasi III.291[3] 〜得るであろう ③424.

vatthuka *a.* にもとづいた ... ti ādi **〜ṃ** kodhaṃ I.44[5] …というなどにもとづいた怒りを〔結んで〕 ①59.

vatthu-kāma *m.n.* 事欲, 諸々の欲望の対象物 I.258[6], 365[24] ①337, 481. II.162[15] ②214. III.240[18] ③345.

vatthu-vasena *instr.adv.* 基本的には I.35[16] ①47.

vadaññū *a.* Ⓢvadānya 寛容な II.11[9] ②15.

vaddalikā *f.* 雨 III.339[11] ③485.

vaddhâpacāyin *a.m.* 敬すべき人を敬する(人) II.239[1] ②311.

vadha *m.* 死刑 tassa **〜ṃ** āṇāpesi II.39[1] 〔王は〕彼に〜を命じた ②52.

vadhaka *m.* **<vadh** 殺害者 **〜ā** pi pāyojitā I.141[9] 〜たちも雇われた ①185.

vadhati **<vadh** 殺す Satthāraṃ **〜dhissāmi** II.164[9] 大師を殺害しよう ②216. eka-dhammassa **vadhaṃ** (*prp.*) IV.162[12] 一法を殺して ④223.

vadhukā *f.* 新妻 III.260[13] ③376.

vana *n.* 森, 林 **〜'adhimutta** *a.pp.* <adhimuccati 欲林にも心を向けた (人) IV.53[3] ④62. **-kammika** *a.m.* 林で仕事をする(者) III.75[12] ③107. **-gahana** *n.* 林のしげみ **〜ṃ** ajjhogahetvā I.375[1] 〜に入って ①492. **-caraka** *m.* 森を行く者, 樵(きこり), 猟師 I.192[21] ①254. III.182[7] ③266. **-majjha** *a.m.* 林の中 **〜e** I.28[17] 林の中で ①38. **-rati** *f.* 林の喜び II.100[20] ②133. **-vaṇṇanā** *f.* 林の讃美 II.100[21] ②133. **-saṇḍa** *m.* 林の繁み taṃ **〜ṃ** pāvisi I.58[1] その林の繁みに入った ①78. **〜ṃ** pakkhanditvā I.17[5] 森のしげみにかけ込んで ①22. **〜ssa** antarantare vicarati I.59[12] 林の繁みの中のあちこちをめぐり歩く ①79. I.313[20], 315[21] ①412, 415. III.384[9], 460[10] ③541, 643. **-s-pati** *m.* 樹, 喬木 (森の主人) I.3[10,13] 4[2] ①5, 6.

vanatha *m.* やぶ III.423[12] ③594.

Vana-vāsika-tissa-tthera *m.* 林住者ティッサ上座 II.84[3] 96[3] ②111. 126.

vanta *a.pp.* <vamati 吐いた **〜'āsa** *a.pp.* 願望が吐き捨てられている (人) II.187[17] ②247. **-kasāva** *a.* 汚濁を吐き出した yo ca **〜o** assa I.82[10] またおよそその人が〜出しておれば ①107. I.82[19] ①108. **-dosa** *a.pp.* 過悪(病素)が吐き捨てられている(人) III.389[16] ③548. **-mala** *a.pp.* 垢が吐き捨てられた(人) III.387[21] ③545. **-lokâmisa** *a.pp.*

世間の味(財，食，利益）が吐き出された（人） IV.114[12] ④151.

vandati <**vand** 礼拝する Sattharaṃ **vanditvā** (*ger.*) I.6[3] 大師を礼拝して ①7. Tathāgatassa pāde **vandi** (*aor.*) I.77[10] 如来のみ足を礼拝した ①100. I.6[19], 7[16] ①8, 9.

vandana-sīlin *a.m.* 礼拝をならいとする（人） II.239[4] ②312.

vappa-maṅgala *n.* 種播き祭 II.113[2] ②150.

vambheti *denom.* <vambha 軽蔑する IV.38[11] ④45.

vammika *m.n.* 蟻塚 II.51[4] ②66. III.42[19], 420[4] ③61, 590. IV.154[14], 166[14] ④210, 229. **-matthaka** *m.* 蟻塚のてっぺん （頭上） II.263[6] ②341.

[1]**vaya** *m.* Ⓢvyaya 壊滅，衰滅，浪費，欠員 idaṃ sarīraṃ ... **～ṃ** pattaṃ I.71[9] この身体は…壊滅に達した ①94. I.246[8], 358[14] ①322, 471. II.25[12] ②33.

[2]**vaya** Ⓢvayas 年代(青年，壮年，老年)，青春，成年 **-ppatta** *a.pp.* 成年に達した I.4[5] **～e** 成年に達した時 ①6. I.301[2], 387[7] ①395, 509. II.115[3], 158[3], 276[5] ②152, 207, 358. III.334[18] ③478. **～'anurūpa** *a.* 年齢にふさわしい **～ṃ** pāsādikaṃ disvā I.327[2] ～浄らかな〔娘〕を見て ①430. **-ppatta-kāla** *m.* 青春期 （成年，成人） に達した時 I.239[18] ①315. III.465[13] ③649. IV.207[16] ④295. **-ppadesa** *m.* 年齢の具合 I.187[11] ①247.

vayo-gata *a.pp.* 年老いた(人） IV.9[10] ④13.

vara *a.m.n.* よい，すぐれた，最上の，恩典，褒美，願いが叶うこと，恵与 aṭṭha **～e** labhitvā I.418[10] 八つの恩典を得て(八つとは536頁12行目参照） ①549. **～ṃ** vo dammi I.101[12] 私はおまえたちに褒美をあげよう ①131. gaṇhatha **～ṃ** I.101[14] おまえたちは褒美をもらいなさい ①131. I.117[16], 218[7], 223[9], 279[18], 355[9,11], 408[2] II.237[65] ①152, 287, 293, 363, 468, 536. ②310. **varaṃ** *a.* 〔…する方が〕よい **～me** ... paresaṃ dāsiṃ sāvetuṃ III.308[13] 私を…他の人たちの奴隷女に 〔なれと〕 申し渡す方がよいのです ③446. **varatara** *a.compar.* よりましの **～ṃ** II.53[16] よりましである ②70. **-vāraṇa** *m.* すばらしい象 **～o** diṭṭho I.192[23] **～が見つけられた** ①254.

varaka-coraka *m.* チョーラカ豆 I.310[21] ①407.

varaṇa-kaṭṭha-bhañja *a.* ヴァラナ樹の薪を折る(者） III.409[4] ③576.

varattā *f.* 革綱 IV.160[10] ④220.

Varuṇa *m.* ヴァルナ(アノーマダッシン仏の近侍者） I.105[26] ①137.

valañjeti <ava-**lañj** 費やす sac'āhaṃ dhanaṃ **～jissāmi** I.232[8] もし私が財物を浪費すると ①303. **～jeyyāsi** (*op.*) II.271[14] 消費すればよい ②351.

valāhaka *m.* 雲 **～'antara** *a.* 雲の中 **～ṃ** (*ac.adv.*) ～に II.1[16] ①3. **-vigama** *m.* 雲が去ること I.165[12] ①215.

Valāhak'assa-rāja-kula *n.* 雲馬王の家 III.248[2] ③357.

valittaca *a.* しわのよった(人） II.190[1] ②249.

vallabha *a.* 愛すべき **～ā** bhavissati I.346[15] ～女性となるでしょう ①457. **-bhāva** *m.* 愛されていること I.417[25] ①548. **-sunakha** *m.* 愛犬 III.119[12] ③169.

vallī *f.* 蔓，つる III.118[13] ③168.

vaḷavā *f.* 牝馬 IV.4[8] ④6.

vavakaṭṭha *a.pp.* <vavakassati <vi-ava-**kṛṣ** 引き離された kāya-viveko ca ～kāyānaṃ II.103[12] また身が**～人々に身**の遠離はある ②136.

vavatthāpeti *cs.* <vi-ava-**sthā** 決める III.352[13] ③501. **～piyamāna** (*prp.*) I.21[26] 35[15] 確定されている ①29. 47.

vasa *m.n.* 自在，支配 antako attano **～e** vattetvā I.366[1] 死神が〔人々を〕 自分の支配下に行かせて ①481. II.14[23] ②19. na **～e** vattanti I.7[7] 〔手足が〕 思うままに動かない ①9. **vasaṃ** *ac.adv.* 自在に IV.199[4] ④283. **vasânuga** *a.* 支配に従って行く （者） IV.67[19] ④86.

vasati <**vas** すむ，住する，過ごす pañca-vassāni **～itvā** I.7[15] 五年間過ごして ①9. satta manussa-koṭiyo **vasanti**

I.5[18] 七〇〇〇万人の人々が住んでいる ①7. te-māsaṃ idha **vaseyyuṃ** (*op.*) I.8[18] 三箇月ここに住むのであれば ①10. I.39[15] ①53.

vasana *n.* 住むこと，住所，住居 **-gāma** *m.* 住む村 **〜ssa** majjhe I.182[5] **〜の**中に ①238. **-ṭṭhāna** *n.* 住むところ，住所 I.8[25], 10[14], 19[18], 59[9] ①11, 13, 26, 79.

vasalin *a.m.* 賎民 IV.181[19] ④254.

vasalī *f.* 賎民の女，売女 I.189[8] ①249. III.119[15] ③169. IV.8[5], 162[3] ④12, 222.

Vasavattin *m.* 自在天 IV.131[18] ④176.

vasika-tā *f.* 支配下にあること vitakka**〜āya** I.75[10] 思いめぐらし（尋思）の支配下にあるので ①98.

vasitabba *gdv.* <vasati 住むべき kalyāṇâjjhāsayena **〜ṃ** I.69[16] 善い意向によって住まねばなりません ①92.

vasī-bhāva *m.* 自在であること pañcah' ākārehi **〜ṃ** pāpetvā III.427[12] 〔第一禅を起こして〕五つの様相〔覚・観・喜・楽・一心〕によって〜に到らしめて ③600.

vas'uttama *n.* 最高の財 IV.42[19] ④50.

vassa *m.n.* 雨，雨期，雨安居，法臘 kati**〜ā** tumhe I.37[23] あなた様はどれくらいの法臘ですか ①50. **〜ṃ** upagantvā I.301[4] 雨安居に近づいて ①395. **〜'agga** *n.* 雨をしのぐ所，雨舎 III.105[9] ③150. **-āratta** 雨期 I.203[15], 342[23] ①268, 452. **-āratta-samaya** *m.* 雨期 I.311[7] ①408. **〜'āvāsa** *m.* 雨安居，雨安居の住居 ekam eva **〜ṃ** vasi I.4[13] たった一雨安居（一年）だけ住まわれた ①6. I.8[16] 57[3] ①10. 76. **〜'āvāsa-ṭṭhāna** *n.* 雨安居を過ごす場所 I.290[12] ①377. **〜'āvāsika** *a.* 雨安居の（食），雨安居の支給品 I.129[14], 298[2], 363[11] ①169, 390, 477. III.139[21], 140[10] ③198, 199. IV.184[17] ④260. **〜'āvāsika-lābha** *m.* 雨安居を修了した人の所得 IV.129[4] ④173. **〜'āvāsika-sāṭaka** *m.* 雨安居の住居用の衣 **〜e** labhitvā I.301[5] **〜を**得て ①395. **〜'upagata** *a.pp.* 雨安居に近づいて行った（人） III.341[10] ③487. **〜'upanāyika** *a.* 雨安居に入る時期 upakaṭṭhāya **〜āya** I.203[12] **〜が**近づいた時 I.203[12] ①268. IV.118[14] ④158. **〜'upanāyika-divasa** *m.* 雨安居が始まる日 I.8[27] ①11. II.243[17] ②317. **-kāla** *m.* 雨期 idāni **〜o** āgato I.393[6] 今、**〜が**まいりました ①517. **-divasa** *m.* 雨の日 I.165[17] ①215. **-parimāṇa** *n.* 年齢の量，何歳かということ II.252[19] ②328. **-satika-thera** *m.* 法臘（雨安居）百年の上座 I.95[18] ①124. II.122[3] ②110. III.247[9] ③355.

vassika *a.* 雨期の **〜e** cattāro māse II.112[20] 〜四箇月は ②150.

vassikā *f.* ヴァッシカー（「仏教植物辞典」p.85.婆師迦花．木犀科の植物．夏時開花，白色にして芳香を放つ） IV.112[8] ④148.

vassikī *f.* ジャスミン I.422[10] ①554.

vassāpeti *cs.* 雨を降らさせる devaṃ **〜petuṃ** (*inf.*) vaṭṭati II.58[16] 神に〜のがよろしい ②76. **〜pesuṃ** (*aor.*) II.58[17] **〜させた** ②76. **〜payiṃsu** (*aor.*) II.58[19] **〜させた** ②76.

vassa-valāhaka *m.* 雨雲天 III.208[10] ③304.

vahati <**vah** 運ぶ **vahato** *prp.gen.sg.* 運ぶものの，牽獣の cakkaṃ va 〜 padaṃ I.3[4] 車輪が牽獣の足に〔ついて行く〕ように ①5. I.24[5] ①32. dārakaṃ **vahituṃ** (*inf.*) nâsakkhiṃsu I.169[20] 幼児を連れて行くことが出来なかった ①220. **vahitabbaṃ** (*gdv.*) III.462[16] 為さねばならない ③645.

vāk *f.* Ⓢvāc 語 **-karaṇa** *n.* 言説すること III.388[15] ③547.

vāka *n.* Ⓢvalka 樹皮 II.210[4] ②274. IV.56[4]. ④67.

vācā *f.* 語，言 **〜'anurakkhin** *a.* 言葉を守る（人） III.410[9] 417[1] ③578. 586. **-kamma** *n.* 言葉の行ない III.467[22] ③652.

vāceti *cs.* <vatti となえさせる，教える dhammaṃ 〜 III.417[18] 法を〜 ③587. mantaṃ **〜cehi** (*imper.*) I.194[9]. 呪文を誦えさせなさい（教えなさい） ①256. tuyhaṃ **〜cessati** (*ft.*) I.194[14] おまえに〔呪文〕を教えるだろう ①257. dhammaṃ **〜cetha** (*imper.*) I.382[2] 法を教えてくれないか ①502.

vāṇija *m.* 商人 III.21[4] ③32.

vāṇijja-kamma *n.* 商売の仕事 I.123[12]

①159.

vāta *m.* 風 **～'ātapa** *m.* 風と陽光 I.188[2] ①247. **～'ātapa-kilanta** *a.pp.* <kilamati 風と陽光によって疲れた **～o** I.356[16] ～れて ①469. **～'āhata-tāla-paṇṇa** *n.* 風に打たれたターラ椰子の葉 III.328[17] ③471. **-pāna** *n.* 窓 III.364[22] ③518. IV.203[19] ④290. **-pāna-ummāra** *m.* 窓の境界(しきい) I.370[14] ①487. **-pāna-kavāṭa** *m.* 窓の所 **～ṃ** vivaritvā II.1[14] ～を開けて ②3. **-pāna-dvāra** *n.* 窓の入口 I.370[5] ①486. **-bhakkha** *a.* <bhakkhati 風を食べる（者） ahaṃ **～o** II.57[4] 私は～者である ②74. **-mandala** *m.* 風輪，たつ巻き III.208[7] ③304. **-miga** *m.* かもしか，羚羊 IV.199[3] ④283. **-roga** *m.* 風病 III.283[2] ③410. **-vuṭṭhi-vega** *m.* <vij 風雨の急動 II.263[12] ②342.

Vāta-valāhaka deva-putta *m.* 風雲天の天子 III.208[2] ③304.

vāda *m.* <vad 論 **～m** āropessāmi IV.162[5] 〔おまえの師匠を〕議論にのせよう ④222. **-kkhitta** *a.pp.* <khipati 言葉が投げられた，論駁された（人） III.390[11] ③550. **-paṭivāda** *m.* 論に対する反論 I.44[1] ①59. III.490[3] ③683.

vādita *n.pp.* <vādeti 音楽，器楽 IV.197[6]. ④280.

vānara *m.* 猿 II.22[18] ②30. IV.43[4] ④51.

vāma *a.* 左の **～to** I.72[1] 左に ①95. **～'akkhi** *n.* 左眼 III.214[4] ③311. **-kaṇṇa-sota** *n.* 左耳の穴 III.214[5] ③312.

vāyamati <vi-ā-yamati 努力する，励む bhaṇḍanâdīnaṃ vuddhiyā **～māma** I.66[3] 口論などの増大に努めている ①87. naṃ mārāpetuṃ **～manto** (*prp.*) I.180[10] 彼を殺させようと励んで ①235. I.122[1] ①157. **～mantass'**eva I.371[15] 〔悪戦〕苦闘している最中に ①488. I.57[8], 262[15] 281[15] ①77, 343, 366. IV.94[5], 137[6] ④123, 182.

vāyasa *m.* からす III.206[20] ③302.

vāyāpeti *cs.* <vāyati 織らせる III.365[8] ③519. **～pesi** (*aor.*) III.341[15] 織らせた ③487.

vāyāma *m.* 精進 III.235[15] ③337. **-paññā** *f.* 策励の智慧 IV.109[21] ④145.

vāra *m.* <vṛ 回，順，時，当番 divasassa dve **～e** I.4[19] 日中に二度 ①6. tatiya**～e** na kathesi I.47[9] 三度目には語らなかった ①63. **～ṃ** patvā II.275[12] 当番になって ②356. I.10[7] ①13. III.148[11] ③211. **～ena** (*instr. adv.*) 順々に，代り番こに I.169[24], 215[5], 268[19] ①221, 283, 351.

vāraṇa-līḷhā *f.* 象の優美さ I.389[23] ①513.

vārayati, vāreti *cs.* <vṛ 妨げる mā taṃ **～rayittha** (*aor.2pl.*) II.267[6] 君たちは彼女を妨げてはならない ②345.

vāri *n.* 水 **～inā** viya osiñcaṃ I.30[15] 水をあびせるように ①40. IV.166[7] ④229. **-ja** *a.m.* 水生の，魚 I.287[19] ①374.

vāriyati *ps.* <vāreti 防がれる，止められる，遮止される **～māno** pi I.172[9] 防がれるけれども ①224. I.347[6] ①458. III.374[19] ③528.

vāriyamāna *prp.ps.* <vāreti 止められている **～ṃ** pi I.55[2] 止められているにも拘らず ①74. I.343[15] ①452. II.49[19] ②65.

[1]**vāreti** *cs.* <vṛ 防ぐ，止めさせる，妨げる，拒む sayaṃ eva **vārayittha** (*aor.*) I.130[25] もうご自分で〔読経を〕止めさせました ①171. mā **vārayi** (*aor.*) I.61[4] 妨げてはいけない ①81. na sakkā amhehi **～retum** (*inf.*) IV.204[22] 我々が防ぐことは出来ないだろう ④291. I.396[14] ①521. II.272[21] ②352. III.22[1] ③33.

[2]**vāreti** *cs.* <vṛ 求婚する，夫を選ぶ kumārikaṃ **～etvā** I.45[19] 娘さんに求婚して ①62. sāmikaṃ **～ressati** (*ft.*) I.278[12] 亭主を選ぶであろう ①362. attano puttassa **～resi** (*aor.*) III.307[20] 娘さんを自分の息に〔下さい，と〕求婚した ③446. II.189[11] ②249. III.465[14] ③649.

vāl'agga-matta *a.* 毛の先ほどの III.44[10], 62[7] ③63, 90.

vāladhi *m.* 尾 III.185[16] ③272.

vāla-vijjhana-yogga *a.n.* 毛を射抜くに適

したもの I.288[13] ①375.

vāla-vījanī *f.* 馬の尾毛の払子 III.226[2] ③324.

vālikā *f.* Ⓢvālukā 砂 **～aṃ** okirāpetvā I.3[12] 砂をまかせて ①5. I.111[25] ①144. **～kāya** nikhaṇitvā II.132[16] **～を**掘って ②174. III.42[5], 229[12], 339[6], 448[2] ③60, 328, 484, 624. **-rāsi** *m.* 砂の山 II.223[9] ②290. **-pulina** *n.* 砂洲 nadiyaṃ **～e** nipajjiṃsu I.360[2] 河の中の砂洲に寝た ①473. II.244[10] ②318.

vālukā *f.* 砂 **-kuṭa** *m.* 砂のつぼ III.39[9] ③57. **-piṭṭha** *n.* 砂の上 **～e** ... nipajji I.276[14] ～に…横になった ①360. **-puṭa** *m.* 砂袋 III.242[5] ③348. **–rāsi** *m.* 砂の山 III.241[11], 427[3] ③347, 599.

vālodaka (vāla-udaka) *n.* 濾水，こし水 II.155[11] ②204.

Vālodaka-jātaka *n.* 「濾水本生物語」(*J.* 183話) II.156[5] ②204.

vāḷa-miga *m.* 猛獣 I.59[10] ①79. III.348[1] ③496. **-ṭṭhāna** *n.* 猛獣が〔出没する〕場所 I.171[20] ①223.

vāsa *m.* 住，住居 tatth'eva **～ṃ** kappesi I.88[13] 同じそこに居をかまえた ①115.

vāsa-gandha *m.* 芳香，かおり II.137[5] ②180.

Vāsabhakhattiyā *f.* ヴァーサバカッティヤー(釈迦族のマハーナーマが奴隷女に生ませた娘．王女といつわってコーサラ王・パセーナディのもとにさし出す．その子がヴィドゥーダバ王で，釈迦族を滅亡させた) I.345[16], 382[10] ①455, 503.

Vāsava *m.* ヴァーサヴァ，帝釈天王 I.264[13] ①346. III.270[20] ③391.

vāsi *f.* Ⓢvāśī 斧，剃刀，かみそり II.78[6], 112[8], 130[13], 263[5] ②104, 152, 172, 341. III.424[3] ③595. **-kaṇṇa** *m.* 斧の耳(刃先) III.199[23] ③293. **-pharasu** *m.* 斧と手斧 III.239[24] ③344.

vāsiyati *ps.* <vāseti 住まわされる **～siyamānā** (*prp.*) III.24[14] ③37.

vāsī *f.* 斧 tikhiṇāya **～siyā** I.178[4] 鋭利な斧で ①232.

Vāsula-dattā *f.* ヴァースラ・ダッター(チャンダ・パッジョータ王の娘，後にウデーナ王の妃となる) I.191[24], 194[11] ①253, 257.

vāseti *cs.* <vasati 住まわせる **～sesuṃ** (*aor.*) II.260[18] 住まわせた ②339.

vāha *a.m.* <**vah** 運ぶ(もの) IV.47[14], 48[20] ④55, 56.

vāhana *a.n.* <**vah** 運ぶ，車，乗物 **～ñ** ca laddhuṃ vaṭṭati I.195[20] 運搬するものを得る必要があります ①259. IV.4[2] 運搬獣(象) ④6.

vikatthaka *a.* 誇大妄想の言をなす（者） III.358[18] ③509.

vikattheti 誇大妄想の言をなす **～tthento** vicarati III.358[18] ～言をなしてめぐり歩く ③509.

vikala *a.* 欠けた，無い **～ṃ** mā ahosi I.206[2] 欠けたもの(実行されないもの)があってはなりません ①271. cakkhu～kāle I.20[8] 眼を失った時には ①26.

vikasita *a.pp.* <vikasati <vi-**kas** 開花した II.202[9] ②264. **-padum'uppala** *m.* 開花した紅蓮・青蓮 II.145[20] ②191.

vikāra *m.* 変調行為，常軌を逸した行為 II.155[2] ②203.

vikāla *m.* 非時，午後，時間外，夜 I.356[15] ①469. II.183[6] ②240. IV.69[12] ④89.

vikiraṇa *n.* 分散，消費 III.109[15] ③155.

vikirati <vi-**kṝ** 散らす，乱す，砕破する kese **～kiritvā** I.184[21] II.261[12] 髪を乱して ①242. ②339. na hi sakkā arahattaṃ oghena **～rituṃ** (*inf.*) I.255[19] なぜならば阿羅漢たることは暴流によって破壊することが出来ないからである ①334. **～ritvā** III.10[2] 〔財産を〕費やして ③16.

vikiriya *ger.* <vikirati 乱して kese ～ IV.22[4] 髪を乱して ④25.

vikkama-porisa *a.* 勇猛な男の〔心〕 IV.131[7] ④176.

vikkayika *m.* 商人 IV.50[13] ④58.

vikkāyika *a.* <vikiṇāti 売ものの sace ... ～kaṇṇikā atthi I.269[18] もし…売ものの屋頂の塔があれば ①352.

vikkiṇāti <vi-**krī** 売る sūkare ... **vikkiṇanto** (*prp.*) I.125[21] 豚たちを…売って ①164.

vikkiṇiya *gdv.* <vikkiṇāti 売られるべき，売りものの **-bhaṇḍa** *n.* 売り物 I.390[6] ①513. **-maṃsa** *n.* 売る肉

III.332[15] ③476. **-madhu** *m.* 売り物の蜜 II.197[8] ②258.

vakkhati *ft.* <vatti 言うであろう **〜anti** I.251[24] 〔人々は〕〜 ①329.

vikkhambhati 鎮まる nīvaraṇāni 〜**bhiṃsu** (*aor.*) III.427[10] 〔五〕蓋の煩悩は鎮まった ③600.

vikkhambhana *n.* 鎮まること，鎮伏，消除 **-vimutti** *f.* 鎮伏（捨断による）解脱 I.434[6] ①568. **-samuccheda** *m.* 鎮伏させての捨断 I.158[21] ①208.

vikkhambheti *cs.* 鎮伏する，鎮める 〜**bhetvā** IV.119[18] 〜して ④160. II.257[14] ②335.

vikkhāleti 洗う，すすぐ mukhaṃ 〜**etvā** I.205[2] 口をすすいでから ①270. II.4[1] 顔を洗って ②6. 〜**lesi** (*aor.*) III.262[23] 〔口を〕洗った ③379.

vikkhitta *a.pp.* <vikkhipati 混乱した 〜**o** I.340[9] 〔心が〕散乱して ①447. **-cittatta** *n.* 心が散乱していたこと 〜**ttā** (*abl.*) I.109[28] 〜していたので ①141.

vikkhepa *m.* <**kṣip** 散乱，混乱 〜**ṃ** katvā III.283[5] とまどってから ③410. III.135[11] ③192. IV.60[2] ④73.

vigacchati <vi-**gam** 消え去る I.375[5] ①492.

vigata *a.pp.* <vigacchati 去った，離れた，消失した 〜**'iccha** *a.* 欲求を離れた（人） III.222[2] ③320. IV.81[16] ④106. **-cchanda-tā** *f.* 志欲がないこと I.269[4] ①352. **-paṭigha-tā** *f.* 怒り（瞋恚）を離れていること IV.176[2] ④244. **-mala-macchera** *a.* 物惜しみの垢を離れた I.265[4], 421[18] ①347, 553. **-raja** *a.* 塵を離れた方 I.31[19], 246[18] ①42, 323.

vigarahati <vi-**garh** 叱責する 〜**hitvā** III.480[17] 〜して ③670.

viggaha *m.* <vi-**grah** 異執，論争，争い I.55[14] ①75. III.266[9] ③384.

vighāta *m.* 悩害 II.28[9] ②36.

vighāsâda *m.* 残食者，残りのものをもらって生活する者 I.373[8] ①490. II.128[6], 154[13], 240[14] ②168, 203, 313.

vicakkhaṇa *a.* 明眼のある（人） 〜**ā** II.221[21] 〜女性である ②288. I.254[13] ①332.

vicaraṇa *n.* めぐり歩くこと **-ṭṭhāna** *n.* めぐり行く場所 I.382[6] ①502 **-bhāva** *m.* 行動していること I.55[3] ①74. **-magga** *m.* 行き来する道 IV.116[8] ④154.

vicarita-ṭṭhāna *n.* めぐり歩いた場所 I.333[12] ①438.

vicāraṇa *n.* あれこれと考えること II.221[2] ②287.

vicāraṇaka manussa *m.* 親しく交わる人 IV.66[2] ④83.

vicāreti *cs.* <vicarati 考察する，監督する tesu 〜**cārentesu** I.151[13] 彼らが目くばり（配慮）している時は ①198. **a〜retvā** (*ger.*) I.340[8] 指図（監督）しないで ①447. II.77[13] ②103. IV.229[19] ④330.

vicikicchā-nīvaraṇa *n.m.* 疑惑という蓋 III.455[3] ③635.

vicitta *a.* 彩色の III.472[10] ③659. **-vījanī** *f.* 彩色の扇 〜**iṃ** ādāya I.209[20] 〜を持って ①276.

vicinati <vi-**ci** 集める，しらべる，考察する pupphaṃ 〜**nanto** viya I.334[14] 花を集めるように ①440. atthaṃ 〜**nantā** (*prp.*) III.380[14] ものごとを判定する人々は ③536. 〜**ciṇatha** (*imper.*) III.476[7] 調査しなさい ③663. III.437[9] ③614.

vicināpeti *cs.* <vicināti 調べさせる 〜**petvā** I.359[22] 調べさせて ①472.

viceyya *ger.* <vicināti 選別して III.221[12] ③320. IV.80[17] ④105.

vijambhati <vi-**jṛmbh** あくびをする 〜**bhitvā** IV.114[2] 〜して ④150. IV.197[1] ④280.

vijahati <vi-**hā** 手放す na tāva kuṭumbaṃ 〜 II.276[8] 依然として資産を手離さない ②358. chanda-rāgaṃ 〜**hanti** II.156[15] 志欲・欲情を捨てる ②205. Tathāgate cakkhu-pathaṃ **vijahante** (*prp.loc.*) I.27[24] 如来が〔彼の〕視野を捨てる（視野から消える）時も ①37. I.173[2] ①224.

vijāta *a.pp.* <vijāyati 出産した tassā 〜kāle I.48[10] 彼女がお産の時 ①65. 〜**ā** vā no vā I.174[22] 出産したのかまだなのか ①227. **-divasa** *m.* 出産の日 I.174[4] ①226. **-parihāra** *m.* お

産の世話　〜**ṃ** kārāpesiṃ I.402[15] 〜をさせた ①529. **-mātar** *f.* 出産した母親, 生みの母親 I.188[6] ①247.

vijāyati <**jan** 産む, 生む, 出産する puttaṃ **vijāyi** (*aor.*) I.346[8] 男の子を産んだ ①456. puttaṃ **vijātā** (*pp.f.*) I.346[10] 男の子を出産しました ①456. I.4[2], 48[17], 49[1,2], 88[23], 302[9,11] ①6, 65, 116, 397. II.158[1] ②207.

vijāyinī *f.* 子を産むことができる女 〜**iṃ** itthiṃ ānetvā I.46[5] 子を産むことができる女を連れて来て ①62.

vijita *a.pp.* <vijayat, vijeti, vijinati 征服された, 征服した, 領土 tesaṃ mama 〜**ṃ** pavisituṃ na dassāmi I.64[5] 私は彼らが我が領土に入ることを許さないでしょう ①85. raṭṭhaṃ 〜**ṃ** pahāya I.62[9] 〔王が〕征服された国土を捨てて ①82. I.290[5], 386[22] ①377, 509. III.54[18] ③79.

vijitāvin *a.* 勝った（人） III.187[8] ③274. IV.231[18] ④333.

vijessati *ft.* <vijeti, vijayati 征服するだろう I.333[3] ①438.

vijjamāna *prp.n.* <vijjati 現に存在する 〜**ṃ** na dātabbaṃ II.25[11] 現にあるものは与えてはならない ②33.

vijjā *f.* Ⓢvidyā 明, 智, 学術 **-caraṇa-sampanna** *a.pp.* <sampajjati 明と行をそなえた（人）, 明行足 II.120[7] ②158. **-dhara** *a.* 呪術をもつ(人) IV.214[6] ④303.

vijju-llatā *f.* 電光, いなずま I.249[11] ①326. II.42[16], 262[21] ②57, 341.

vijjhati <**vyadh** 射る, 貫通する, 突く akkhī me vātā **〜anti** I.9[20] 私の両眼を風(病気)が射貫いています ①12. I.10[4], 269[10] ①12, 352. IV.5[12] ④8.

vijjhāyati 絶滅する, 消え去せる akkhīni **vijjhāyiṃsu** (*3pl.aor.*) I.21[11] 両眼は消え去せた ①28.

Viñjhâṭavī *f.* ヴィンジャの森（Pāṭaliputtaからカンジス河口の港Tāmalittiにいたる途中にある） IV.128[6] ④172.

viññatti *f.* <viññāpeti 知らせること, 表示 **〜ṃ** katvā II.21[14] 表示をして(あれが欲しいとほのめかして) ②28.

viññāṇa *n.* vi-**jñā**-ana 識別して知ること, 識, 意識 I.288[4] ①374.

viññāpanin *a.* 知らしめる IV.182[16] ④255.

viññāpeti *cs.* <vijānāti 知らせる, 教える kulesu **〜petvā** I.142[5]. 家々で知らしめて ①186.

viññutā *f.* 分別のつく年頃 **〜aṃ** patto IV.88[6] 〜となった ④114.

viññu-bhāva *m.* 分別のつく年齢 **〜ṃ** patta-kāle III.136[17] 〜に達した時に ③194.

viññū *a.m.* 有知の, 智者, 識者 〜 puriso I.288[15] 有知の人は ①375. II.32[8] ②43.

viṭapa *m.* 小枝 II.121[4] ②159. **-abbhantara** *a.n.* 小枝の間 **〜e** ṭhapetvā I.165[3] 枝の間に置いて ①214.

Viḍūḍabha *m.* ヴィドゥーダバ(コーサラ王パセーナディと釈迦族の女, ヴァーサバ・カッティヤーの間に出来た王子. 後に釈迦族を全滅させた) I.337[14], 346[17], 356[10] ①445, 457, 468.

vitakka *m.* Ⓢvitarka 思い, 尋思 tīhi **〜ehi** I.287[8] 三つの思いに〔執着する〕(三つとはkāma欲望, vihiṃsā悩害, vyāpādaいかり. *D.*III.226[13]) ①373. I.75[10] ①98. **〜'upasama** *m.* 思いが静まること IV.68[11] ④87. **-pamathita** *a.pp.* <pa-**math** 思いに動揺した(人) IV.65[12] ④83.

vi-tatha-bhāva *m.* 本当でないこと III.180[16] ③263.

vitāna *m.n.* 天蓋 II.42[5] ②56. III.3[7], 442[7] ③5, 619.

vitiṇṇa *a.pp.* <vitarati 越えた, 渡った, 捨てた **-kaṅkha** *a.* 疑いを越え渡った方 I.31[19] ①42. **-para-loka** *a.pp.* 他の〔善い〕世間へ〔行く望み〕が断たれた（人） III.182[24] ③267.

vitudaṃ *prp.nom.* <vitudati 突きつつ I.144[15] ①189.

vitta *a.m.* 富んだ, 財産 III.123[15] ③175.

vittha *n.* 容器, 椀 III.66[22] ③97.

vitthaṭa *a.pp.* <vi-**stṛ** 拡げられた III.454[8] ③634.

vitthārato *abl.adv.* 詳しく, 広さで 〜 sutvā I.154[12] 詳しく聞いて ①203.

paricchattako āyāmato ca ～ ca yojana-satiko I.422¹³ 昼度樹は長さでも広さでも一〇〇ヨージャナある ①554.

vidatthi *f.* Ⓢvitasti 手尺（12指節，約20cm）III.172⁴ ③252. IV.220¹⁶ ④313.

videsa *m.* 違う地方 ～ṃ gantvā vasissāma I.240⁴ ～へ行って住みましょう ①315.

vidāḷita *a.pp.* <vidāḷeti <vi-**dal** 破壊された matthako ca ～o I.145¹ また頭は裂かれた ①189.

viddhaṃsana *n.* 破砕 III.109¹⁵ ③155.

viddhaṃsita *a.pp.* <viddhaṃseti 破壊された III.129¹ ③183.

viddhaṃseti *cs.* <viddhaṃsati 壊す kulāvakaṃ ～setvā II.23⁷ 巣を壊して ②31. I.255¹⁸ ①334. IV.222⁹ ④316.

viddhasta-camma *a.pp.* 皮膚が破られた passatha ... sarīraṃ ... ～ṃ I.99²³ ～〔死〕体を見なさい ①129.

vidhamati <vi-**dhmā** 砕破する Māra-balaṃ ～mitvā I.86¹⁰ 魔の軍勢を砕破して ①113. III.127¹³ ③181.

vidhamana *n.* 破壊 III.103⁹ ③146.

vinamati 身を曲げる IV.197¹ ④280.

vinaya-dhara *m.* 律を保持する者，持律者 I.53¹⁷, 298¹⁴ ①72, 391. II.30¹³ ②39. IV.103⁵ ④137. -**ttherī** *f.* 持律者の上座尼 II.266¹² ②345.

vinassati <vi-**naś** 亡びる me rajjaṃ ～ II.6³ 私の王国が滅びる ②9. ～sseyya (*op.*) II.212¹¹ 亡びるだろう ②277.

vinā *prep.* …なしには puttaṃ ～ jīvituṃ na sakkhissāmi I.170¹¹ 〔あの〕子がいないと私は生きることができないでしょう ①221.

vinā-karoti なくす tumhehi taṃ ～ karissati I.116⁷ あなた様から彼（ナンダ王子）をなくしてしまうでしょう ①150.

vinābhavati 離れている，別れている ～ bhavituṃ (*inf.*) na sakkonti III.274¹² 離れていることが出来ない ③396. III.274¹⁹ ③397.

vināsa *m.* <vi-**naś** 滅亡 ñāti-saṅghassa ～ṃ disvā I.357³ 親族の集団の滅亡を見て ①469. IV.91⁹ ④119.

vināseti *cs.* <vinassati 亡ぼす puppha-palāsâdiṃ ～ I.75¹⁵ 〔強風が〕花や葉などを亡ぼす ①99. **vināsetu-kāma** *a.* 破滅させようと欲する rājā maṃ ～o II.5⁴ 王は私を～している ②8. ～ sessati no I.345¹⁴ 我々を亡ぼすだろう ①455.

viniggata *a.* やってくる sukka～ IV.235¹⁸ 楽に発した〔言葉〕④340.

vinicchati <vi-nis-**ci** 決定する，判定する sammā ～cchi (*aor.*) I.353¹⁴ 正しく裁判した ①465. ～cchituṃ (*inf.*) nâsakkhi IV.73⁸ ～ことができなかった ④95.

vinicchaya *m.* Ⓢviniścaya 裁判 I.353⁷ ①465. III.380¹¹ ③536. -**ṭṭhāna** *n.* 法廷，裁判所 III.141⁷ ③200. IV.215¹ ④304. -**dhamma** *m.n.* 裁定 III.141¹⁵ ③201. -**mahā-amacca** *m.* 裁判をする大司法官 II.204² ②267. -**mahā-matta** *m.* 裁判官の大臣 III.380² ③536. -**sālā** *f.* 裁判所 III.380⁸ ③536.

vinicchayika *a.m.* 裁判の，裁判官 te ～ā lañcaṃ alabhantā I.353¹⁴ 裁判官たちは賄賂（わいろ）を得ないので ①465.

vinicchita *a.pp.* <vinicchati 判断した kiṃ mayhaṃ attanā ～tena I.420¹⁹ 自分で～ことが私にとって何になろうか ①552.

vinivaṭṭeti 廻転する，転換させる，くり返す desanaṃ ～ṭṭento I.406¹⁶ 説〔法〕を反復思惟しながら ①534. desanaṃ ～ṭṭento II.166¹⁶ 説示を～させて ②219. ～ṭṭetvā patat'eva II.51¹⁰ ～してすべり落ちるだけである ②66. IV.166²⁰ ④229.

vinivijjhati <vi-ni-**vyadh** 貫通する silaṃ pi ～vijjhitvā gacchati I.217⁴ 岩をも貫いて行く ①285. IV.178¹⁹ ④249.

vinīta *a.pp.* <vineti 導びかれた esa mayā ～o yeva I.123² この者は私によってすでに教導された ①159.

vineti <vi-**nī** 調伏する，教導する Bhadda-vaggiya-kumāre **vinesi** (*3sg. aor.*) I.87¹⁸ バッダ群の青年たちを教導した（調伏した）①114.

vinodana *n.* 除去 suriyo tama～o I.41⁴ 太陽は闇を除く ①55.

vinodeti *cs.* <vi-**nud** 排除する kāya-

viveko gaṇa-saṃgaṇikaṃ ～ II.103[8] 身の遠離は衆中に交わることを排除する ②136. III.6[1] ③10.

vināti <**vi** 織る tantaṃ ～ I.428[5] 糸(織機)を織る ①561.

Vipakkha-sevaka-bhikkhu *m.* 敵に親しむ比丘 IV.95[12] ④126.

vipaccati *ps.* <vi-**pac** 熟す，うれる III.158[6] ③227. na ～ II.67[13] うれて果をもたらさない ②89.

vipajjati <vi-**pad** 失敗する，亡びる，死ぬ te yebhuyyena **vipajjiṃsu** (*3pl.aor.*) I.20[2] それらの〔虫〕は大方は死んだ ①26. ettakaṃ yāgu-bhattaṃ niratthakam evr ～ III.357[17] これだけ〔多量〕の粥や御飯は無用のものにだけなるのだ ③508.

vipatti *f.* 失壊，欠損 I.188[13,19], 281[4] ①248, 365.

vipanna *a.pp.* <vipajjati 失壊した，欠損した **-ñāṇatā** *f.* 智が失壊していること IV.48[18] ④56. **-diṭṭhika** *a.pp.* <vipajjati 見解が亡ぼされている(者)，見解を破る者 III.493[1] ③687.

vipariyāya *m.* 逆の仕方 vutta-**～ena** attho veditabbo III.494[3] 先述の～で意味が知られよう ③688.

vipassaka-bhikkhu *m.* 観法を行なう比丘 I.313[7] ①412.

vipassanā *f.* 観法, 観 **～aṃ** vaḍḍhetvā I.8[3] 観法を増大させて ①10. I.71[13], 138[14] ①94, 181. IV.140[6] ④187. **～'ācāra** *m.* 観法の修行 IV.90[19] ④117. **-dhura** *m.n.* 観法の責務(瞑想修行) **～m** pana pūressāmi I.68[10] しかし私は～を満しましょう ①91. I.7[18], 154[11] ①9, 203. II.240[8] ②313. IV.37[12] ④44. **-magga-phala** *n.* 観の道と果 I.230[13] ①301.

Vipassin *m.* (仏の名) ヴィパッシン(過去24仏の第19) I.84[6], 97[13], 99[5] ①111, 126, 128. II.196[8] ②257. III.1[6] ③3. IV.201[23] ④287. **Vipassi-buddha-kāla** *m.* ヴィパッシン仏陀の時代 III.81[9], 364[12] ③115, 518.

vipāka *m.* 果報 **～o** dinno III.3[20] ～が与えられた ③6. añjali-kammassa ayam īdiso **～o** I.32[4] 合掌をすることにこの，そのような果報があるとは ①42. **-avasesa** *m.n.* 果報の残り I.225[17] ①295. III.480[5] ③669. **-tappana** *n.* 果報によって焼かれること I.150[18] ①196. **-dāyaka** *a.* 果報を与える(もの) III.424[13] ③595. **-dukkha** *a.n.* 果報の苦 I.24[4] ①32. **-nandana** *n.* 果報による喜び I.153[16] ①202. **-phusanā** *f.* 果報による触知 I.230[23] ①302. **-modana** *n.* 果報の喜び I.132[18] ①174. **-sukha** *a.n.* 果報の安楽 I.36[21] ①48. **-socana** *n.* 〔死後に受ける〕果報に対する愁い悲しみ I.128[25] ①167.

vipāteti *cs.* <vi-**pat** 裂く muddham assa **～pātayaṃ** (*prp.*) II.73[6] 彼の頭を裂きつつ ②96.

vippakata *a.* (vi-pakata) 完了しない，中断された antarā kathā **～ā** I.250[10] 話が途中で中断された ①327.

vippakāra *m.* 変化，異変，異様な姿 ～ppattaṃ naṃ karissāmi I.26[24] 私は彼が変化を得るようにしよう ①36. nāṭak'itthīnaṃ **～ṃ** disvā I.85[16] 舞子の女たちの変りはてた姿を見て ①112. I.294[18], 438[27] ①384, 575. II.61[19], 115[13], 190[4], 210[16] ②81, 153, 249, 275. III.38[15], 57[7], 102[5], 181[22], 486[11] ③56, 83, 144, 265, 678. IV.21[1] ④24. **-ppatta** *a.pp.* 変化(異変) を得た **～o** I.28[9], 330[8] ①38, 434.

vippakiṇṇa *a.pp.* <vippakirati まき撒らされた dhanaṃ **～ṃ** III.11[16] 財産が～ ③18.

vippakiṇṇatā *f.* 散乱していること IV.113[17] ④150.

vippakirati <vi-pa-**kṝ** ばらばらにする **～ppakiri** (*aor.*) II.23[7] 〔巣を壊して〕～した ②31. **～ppakiri** (*aor.*) III.199[17] 〔赤栴檀の樹が壊されて〕散乱した ③292.

vippajakati <vi-pa-**kā** 捨てる **～jaheyya** (*op.*) mānaṃ III.297[21] 自尊心(慢) を捨てなさい ③432.

vippaṭipajjati <vi-paṭi-**pad** 情交する **～pajji** (*aor.*) II.261[1] ～した ②339.

vippaṭisāra *m.* 後悔の思い **～ṃ** kariṃsu II.151[15] ～をさせた ②199. II.185[3] ②242. III.231[7] ③330.

~'abhibhūta *a.pp.* 後悔に打ち負けた IV.42[14] ④50.

vippaṭisāriṇī *f.* 後悔の思いをする女 II.151[15] ②199.

vippaṭisāritā *f.* 後悔すること III.378[2] ③533.

vippaṭisārin *a.* 後悔ある（者） **~ī** hutvā I.307[14] ~者となって ①403. I.356[1] ①468. III.140[23], 231[12] ③200, 331. IV.77[27] ④102.

vippalapati <vi-pa-**lap** つぶやく，寝言をいう **~lapasi** I.152[5] おまえは支離滅裂にものを言う ①199. na **~lapāmi** I.152[5] 私はわけのわからないことを言いません ①199. **~lapamānā** (*prp.*) matā I.152[16] 支離滅裂のことを言いつつ死にました ①200. III.239[1] ③342.

vippasanna *a.pp.* <vippasīdati 清浄な，大いに浄められた **~nnāni** kho pana te indriyāni I.92[4] しかしですね，あなたの感官は殊のほか浄化されています ①119. **~ena** udakena dhoviyamānāni nassanti I.51[8] 〔不浄物は〕きれいな水で洗われるとなくなる ①68. II.127[3] ②167. IV.192[1] ④272. **-citta** *a.* 心が浄められた（人） II.152[12] ②200.

vippasīdati <vi-pa-**sad** 清くある，浄まる **~danti** paṇḍitā II.152[16] 賢者たちは浄まる ②200.

vipphandati <vi-**spand** もがく，あがく **~ndamānaṃ** (*prp.*) I.288[1] ゆれ動く〔心〕 ①374.

vipphārika *a.* 遍満する **~o** I.430[13] 〔持成者たちの戒の香りは〕遍満するものである ①564.

vibbhanta *a.pp.* <vibbhamati 迷乱した，還俗した（人） IV.52[1] ④61.

vibbhamati <vi-**bhram** 還俗する **~bbhamissāmi** II.235[10] 私は~しよう ②308. ekacce **~miṃsu** (*aor.*) II.110[13] 或る者たちは~した ②146. **~mituṃ** (*inf.*) pāyāsi I.245[11] ~するために出て行った ①321. **~bbhami** (*aor.*) I.306[18] ~した ①402. III.84[20] 迷乱する ③121. III.239[10], 276[8] ③342, 399. IV.115[19] ④154.

vibbhamitu-kāmatā *f.* 環俗したいと欲していること IV.20[14] ④24.

vibhajati <vi-**bhaj** 分別解釈する **~bhajanto** (*prp.*) II.95[13] ~して ②125.

[1]**vibhava** *m.* (vi-bhava) 富 so mahantaṃ **~ṃ** Buddha-sāsane vippakiri I.37[10] 彼は大きな富を仏陀の教団に散布した ①49. II.9[16] ②13. cattāḷīsa-koṭi**~o** honto pi I.237[22] 四〇億（金）の富を持つ者であっても ①312.

[2]**vibhava** *m.* 非有，衰滅 ~ = a-vaḍḍhi III.421[4] ~ = 減退 ③591.

vibhāta *a.pp.* <vibhāti 夜が明けた **~tāya** rattiyā (*instr.adv.*) I.252[13], 356[17] II.38[15] IV.105[24] 夜が明けそめる頃に ①329, 469. ②51. ④140. **-kkhaṇa** *m.* 夜が明けた刹那 **~e** II.5[12] ~に ②8.

vibhāti <vi-**bhā** 夜が明ける **~tamānāya** rattiyā I.165[11] 夜が明けそめる頃 ①215.

vibhāvin *a.* 解説 bhāsissaṃ ... **~inaṃ** I.2[6] 解説を私は述べるであろう ①4.

vibhāveti 明解する，説明する **vibhāvita** *pp.* yaṃ tattha na **~ṃ** I.2[4] およそそこで解明されていない〔偈文〕 ①4. **vibhāvetvā** *ger.* I.2[5] 解明して ①4.

vibhūsita *a.pp.* <vi-**bhūṣ** 飾った IV.197[7] ④280.

vimala *a.* 垢を離れた，浄い **-canda-maṇḍala** *m.* 無垢の月輪 II.257[11] ②335. **-salila** *n.* 垢穢を離れた水 II.202[8] ②264.

Vimāna-vatthu *n.* 「天宮事経」(「南伝」24.) III.252[26] ③365.

vimutta-mānasa *a.pp.* <muñcati 心が解放された（人） IV.63[8] ④78.

vimutti *f.* 解脱 I.158[22] ①208. **-ñāṇa-dassana-sāra** *m.* 解脱・知・見の核心 I.114[13] ①147. **-sāra** *m.* 解脱の核心 I.114[12] ①147. **-sukha** *n.* 解脱の安らぎ III.195[23] ③287.

viyatta *a.pp.* <vi-**añj** 有能な III.383[4] ③539.

viyutta *a.pp.* <yuñjati 結ばれていない I.82[17] ①108.

viyūhati <vi-**ūh** 運び去る，どける pādena paṃsuṃ **~hitvā** I.266[2] 足で塵をどけて ①348. II.38[20] ②51. III.207[10] ③303.

viyoga *m.* 離別 III.182[14] ③266.

viyojeti 引き離す，結びを解く　**～jetuṃ** nâsakkhiṃsu eva I.371[14] 引き離すことが出来ないだけである　①488.

viraja *a.* 塵を離れた（人）　III.231[22]　③331.　IV.142[7]　④191.

virajjati 離染する　**～jji** (*aor.*) III.116[16] ～した　③166.　**～jjamānā** (*prp.*) III.116[14] ～離れて　③166.

virajjhati <vi-**rādh** 失敗する，失う　daṇḍo **～jjhitvā** gato IV.155[1] 〔投げた〕棒は的をはずれて行った（失敗に終った）　④211. III.125[7] しくじって　③178.

vi-ratta-citta *a.* 心が〔それに〕染まらない（者）　III.116[10]　③165.

viramati <vi-**ram** 離れる，止める　pāṇâtipātā **～massu** (*2sg.aor.*) khippaṃ I.32[12] 生き物を殺すことからすみやかに離れなさい　①42.

virala-cchanna *a.pp.* 薄く覆われた　ducchannaṃ ti **～ṃ** I.122[11] 〔屋根が〕悪く葺かれた，とは，～　①158.

virava *m.* <vi-**ru** 叫び，泣き声　mahā**～ṃ** viravanti II.263[13] 大きな泣き声をあげる　②342.

viravati 叫ぶ，ほえる　tassa **～ntass'eva** I.7[13] 彼（弟）が言うのに〔取りあわない〕まま　①9.　**～viṃsu** (*3pl.aor.*) I.279[7] 鳴き叫んだ　①363.　sacâhaṃ **～vissāmi** I.164[18] もし私が叫び声を上げると　①214.

virāga *m.* 離染，離貪　III.402[3]　③566.　IV.48[4]　④56.

viriya *n.* Ⓢvīrya 精進，勤　**-karaṇa-rahita** *a.pp.* <**rah** 精進することのない者　I.75[11]　①98.　**-vant** *a.* 精進をそなえた（人）　IV.225[21]　④322.

virujjhati *ps.* <vi-**rudh** 妨害される，怒る　II.181[3,17]　②237, 238.　IV.179[20]　④250.

viruddha *a.pp.* <vi-**rudh** 害意ある（人）　IV.179[19], 180[1]　④250.

virumpitu-kāma *a.* 略奪しようと欲する（者）　III.23[2]　③34.

Virūpakkha *m.* 広目天　③137.

virūḷha-tiṇa *a.pp.* <virūhati 草がおい繁った〔場所〕　III.338[15]　③484.

Virūḷhaka *m.* 増長天　③137.

virocati <vi-**ruc** 輝やく　tvaṃ **～casi** I.145[3] おまえは輝やく　①189.　Aṅgīrasaṃ passa **～camānaṃ** (*prp.*) I.244[5] 輝やいている放光者（世尊）を見よ　①319.　II.250[3]　②324.　III.219[12]　③317.

virodha *m.* 敵意，怒り　II.181[12]　②237.

vilajjati 恥じる，赤面する　IV.197[1]　④280.

vilapati <vi-**lap** しゃべる，なげく　**～pantiyā** ... saddaṃ sutvā I.356[18] なげく女の声を聞いて　①469.

vilambati <vi-**lamb** ぐずぐずする，遅れる　sayaṃ pacchato **～māno** (*prp.*) āgacchati I.81[10] 自分は後からのろのろとやって来る　①106.

vilaya *m.* 終局，消失　khaṇena **～ṃ** gacchati I.127[7] 刹那に消滅にいたる　①165.

vilasati <vi-**las** 輝やく，たわむれる，媚態を示す　IV.197[1]　④280.

vilasita *a.pp.* <vilasati <vi-**las** 戯れた　IV.197[6]　④280.

vilikhati ひっかく　kaṭṭhena paṭhaviṃ ～　IV.197[3] 棒で地面を～　④280.

vilimpati <vi-**lip** 塗る　gandhe **～tuṃ** (*inf.*) na labhi II.205[12] 香を塗ることを得なかった　②269.

vilīna *a.pp.* <vilīyati 熟した，とけた　IV.104[10]　④138.

vilīyati <vi-**lī** とける，没する　nibbatta-sattā ... na **～yanti** I.127[9] 〔地獄に〕生まれ出た有情たちは…消滅しない　①165.

vilumpati <vi-**lup** 盗む，奪う　taṃ **～pissāma** (*1pl.ft.*) I.317[5] 俺たちはそれを略奪しよう　①416.　duggatānaṃ sampattiṃ **～pantena** (*prp.instr.*) I.426[8] 貧しい人々が得るものをかすめ取るのですから　①560.　**～piṃsu** (*aor.*) III.117[4] かすめ取った　③166.　II.38[21], 254[9]　②51, 330.　III.39[11], 342[20]　③57, 488.

vilekhita *a.pp.* <vi-lekhati 掻かれた　nakhena **～ṃ** viya ahosi I.440[10] 爪で掻かれたようであった　①577.

vilepana *n.* <vi-**lip** 塗香　I.244[21]　①320.

viloma *a.n.* 逆の，逆，違反　paresaṃ **～māni** I.379[5] 他の人々の違反を〔見てはならない〕　①497.　I.376[15]　①494.

vivajjeti *cs.* <vi-**vṛj** 避ける，放棄する

vejjenâsi **vivajjito** *pp.* I.12¹³ 君は医師から見捨てられている ①16. lobha-dhammaṃ ~**jjetvā** II.156⁶ 貪欲のものごとを避けて ②204.

vivaṭa-nakkhatta-divasa *m.* 裸祭(初訳はオープンの星祭) の日 I.388¹⁴ ①511.

vivaṭṭa *m.n.* 脱輪廻 evaṃ sante pi ~ṃ patthentā nāma natthi, vaṭṭam eva patthenti III.59¹⁵ このようであっても~を求める者たちというのはいません。輪廻だけを望み求めます ③86.

vivaṭṭa-cchada *a.* 〔煩悩の〕覆いを開いた ~o I.106¹⁸ 一方である ①138. I.201⁸ ①265. III.195⁴ ③285.

vivadati <vi-vad 論争する ~**dantā** (*prp.*) III.298¹⁷ ~して ③433.

vivara *n.* すき、さけ目、欠陥 rājā tassa ~ṃ apassanto II.2¹⁹ 王は彼のすき(欠陥)を見ないので ②5. -**dassin** *a.* 〔他人の〕隙をねらう (者) I.149¹ ①194.

vivāda *m.* <vi-vad 諍、諍論、異論 I.55¹⁴, 64⁷, 440¹ ①75, 85, 576. ~**ena** bhavitabbaṃ I.41²² 口論があるかもしれない ①56.

vivāha *m.n.* 嫁にやること、結婚 -**divasa** *m.* 嫁入りの日 II.261² ②339. -**maṅgala** *n.* 結婚の式典 I.115¹⁸ ①149.

vivitta *pp.* <vivicchati <vi-vic 離れた、遠離した ~'**okāse** patiṭṭhāpetvā I.52¹³ 離れた場所にとどまらせて ①70. tesaṃ Bhagavā ekamante ~ṃ kārāpetvā I.64¹² 世尊は彼等を一方に離れていかせて ①85. III.472¹ ③658. -**ṭṭhāna** *n.* 遠離した場所 IV.157¹⁷ ④215. -**sayana** *n.* 遠離した臥所 III.399¹² ③563.

viveka *m.* <vi-vic 遠離 II.102⁵, 161²⁴ ②135, 213. III.472² ③658.

visaṃyutta *a.pp.* <vi-saṃ-**yuj** しがらみを離れた (人)、結びつきを離れた (人) IV.64², 141⁷, 159¹¹, 168⁶, 185¹³ ④80, 189, 218, 232, 261.

visaṅkhāra-gata *a.pp.* 諸行(心身をあらしめている力) を離れるに到った(人) II.103¹⁴ ②136.

visaṅkhita *a.pp.* 破壊された gaha-kūṭaṃ ~ṃ III.128² 屋頂は~ ③181.

visattatā *f.* 執着すること rūpâdisu ~

tāya IV.44¹³ 色などに~するので ④52.

visatthika *a.* 執著する ~**ā** taṇhā III.197¹⁰ ~渇愛 ③289. IV.43⁵ 世間に執著する渇愛 ④51.

visa *n.* ⑤viṣa 毒, 毒物 -**pakkhepana-pāpa-kamma** *n.* 〔河に〕毒を投げ入れる悪業 I.357²¹ ①470. -**pānaka** *n.* <pāna 毒の飲み物 ~ṃ pāyetvā II.15⁴ ~を飲ませて ②19. -**pīta-sara** *m.* 毒をしみこませた (毒を飲まされている) 矢 ~ṃ sannahitvā ~矢をつがえて ①285. -**mūla** *n.* 毒の根 IV.162¹⁵ ④223.

visabhāga *a.* 異性の IV.52⁶ ④61. -**ārammaṇa** *n.* 異性という対境 I.288⁸ ①374. -**jana** *m.* 異分子の人 I.379¹ ①497.

visama *a.* 不等の, 不正の -**cakkhula** *a.* 斜視の I.376¹⁰ ①493. -**ṭṭhana-cāra** *m.* 不正な立居振舞 IV.117¹² ④156.

visahati <vi-sah できる eko pi upagantuṃ na ~ I.174¹¹ 一羽(一匹)も近づくことができない ①226. oloketuṃ pi na **visahi** (*aor.*) I.177²³ 見ることも出来なかった ①232. IV.222⁴ ④316. hatthī upasaṅkamituṃ na **visahi** (*aor.*) I.267²³ 象は近づいて来ることができなかった ①350. madditum na ~**hissati** (*ft.*) I.268¹ 踏み砕くことが出来ないのだろう ①350. kathetuṃ na ~ I.204¹⁰ 語るに耐えない ①269. paṭipajjituṃ na ~**hiṃsu** (*aor.*) II.149¹⁷ 〔托鉢に〕歩くことができなかった ②196. vattuṃ na ~**hāmi** III.413³ 私は申し上げることができません ③581.

Visākha upāsaka *m.* ヴィサーカ信士(ダンマ・ディンナー上座尼の在家時代の夫) IV.229⁴ ④329.

Visākha *m.* (信士)ヴィサーカ I.103² ①133.

visākha-puṇṇama-divasa *m.* ヴィサーカー月(四～五月)の満月の日 I.85²⁶ ①113.

Visākhā *f.* (大信女)ヴィサーカー, 鹿母 I.4¹⁴, 151⁵, 339¹⁵, 384¹², 388²⁴ ①6, 80, 198, 447, 506, 511. III.58¹⁸, 100², 145²³, 161⁷, 278¹⁴, 363¹⁹ ③85, 142, 207, 233, 403, 517. IV.135¹⁶ ④180.

visāṇa *n.* 角, つの III.374[10] ③528.

visārada *a.* 畏れのない III.6[17] ③11.

visiṭṭha *a.pp.* <visissati すぐれた rājā amhehi puññena ca paññāya ca **~o** II.15[17] 王は我々より福徳と智慧ですぐれている ②20.

visīdati <vi-**sad** 沈む yattha bālā **~danti** III.167[17] 愚者たちはそこに沈む ③244.

visīveti *cs.* <vi-**śyā** 温める **~sīvente** disvā II.89[1] 〔身を〕温めているのを見て ②117. **~sīvetvā** I.261[1] 〔からだを〕温めて ①341. **~sīvetu-kāma** *a.* 温めようと欲する I.225[2] ①294.

visuṃ *adv.* Ⓢviṣu 別々に ~ vasissāmi I.162[6] 我々は~住もう ①211. ~ kātuṃ na sakkomi I.371[12] 私は〔それを〕~することは出来ません ①488. II.59[7] ②77.

visuddhi *f.* Ⓢviśuddhi 清浄 III.405[15] ③571.

visesa *m.* <vi-**śiṣ** 違い, 殊勝の境地 **~ṃ** hattha-gataṃ eva katvā I.288[22] 殊勝の**境地を**もう手中にして ①375. I.399[6] ①524. etaṃ **~to** ñatvā I.228[3] これを違いから知って ①298. **~'adhigama** *m.* 特別の勝れた境地の証得 I.100[7] ①129. III.288[18] ③420.

viseseti *cs.* <visissati 区別する, 限る **~setvā** (*ger.*) I.336[3] 〔あるものに〕限定して, 的をしぼって ①442.

visoka *a.* 憂いを離れた(人) II.165[21] ②218.

visodheti *cs.* <vi-**śudh** 清める dibbaṃ cakkhuṃ **visodhayi** (*aor.*) I.17[14] 天上の眼を清めた ①23.

visoseti *cs.* <vissussati 乾かす, 涸らす yaṃ pubbe taṃ **~sosehi** (*imper.*) III.80[13] 何でも前にあったものは涸らしなさい ③114.

vissa *a.* Ⓢvisra 生臭い **~ṃ** dhammaṃ samādāya III.392[12] ~ものごとを受持して ③553.

Vissakamma deva-putta *m.* 工巧天子 I.85[5], 272[8] ①112, 355. III.470[13] ③656.

vissajjati <vi-**sṛj** 捨てる, 放つ sata-sahassaṃ **~jjetvā** I.151[10] 百千〔金〕を放捨して〔施を行なう〕 ①198. sattiṃ **vissajji** (*aor.*) I.81[13] 剣を放った ①106.

vissajjāpeti *cs.* <vissajjeti 釈放させる taṃ **~pesi** (*aor.*) III.481[21] 彼を~させた ③672.

vissajjetar *m.* 〔質問に〕答える者 idha etassa pañhassa **~jjetā** natthi III.228[6] ここにはこの質問に答える者はいません ③327.

vissajjeti *cs.* <vissajjati <vi-**sṛj** 出す, 放つ, 分けてやる, 除く, 答える, 釈放する, 解除する ... dhanaṃ **~etvā** (*ger.*) I.4[9] …財物を喜捨して ①6. theraṃ **~etvā** I.10[13] 上座に答えて ①13. idaṃ **~etvā** I.79[7] これを手放して ①103. taṃ **~jjessāmi** (*ft.*) I.193[22] 私はあなたを釈放しましょう ①256. dāsiyo **~jjetvā** I.369[8] 召使いの女たちを出て行かせて ①486. pañhaṃ **~esi** (*aor.*) I.335[12] 問いに答えた ①440. iddhiṃ **~jjesi** (*aor.*) II.193[21] 神通を解除した ②254. IV.34[17] 〔所有物を〕分けてやる ④41.

vissaṭṭha *a.pp.* <vissajjati 解除された, 手放された, 解放された, 譲与された iddhiyā **~kāle** II.194[22] 神通が解除された時に ②255. rañño te issariyaṃ **~ṃ** II.119[3] 王権はあなたに譲与された ②157. II.253[4] 解放された ②328. **-para-loka** *a.pp.* 別の〔善い〕世間に〔おもむく望みを〕失った(者) III.182[21] ③267. **-mānasatā** *f.* 心が放擲されること IV.68[18] ④87. **-sajjhāya** *a.pp.* 誦経(学習, 研究)が捨てられた (人) III.239[11] ③343.

vissattha *a.pp.* <vissasati 安心した, 信頼した **~o** bhuñjeyya I.344[17] 心安らかに食べるであろう ①454. I.345[9] ①455. **~o** gaccha III.430[14] 自信をもって行きなさい ③604. III.236[1] 安息した ③337.

vissamati <vi-**śram** 休む, 休息する **~missāma** (*ft.*) II.254[12] 俺たちは休息しよう ②330. thokaṃ **~māhi** (*imper.*) II.214[2] しばらくお休みなさい ②278. geha-majjhe ca pana core **~mante** passana-sīlā I.201[10] そしてまた家の中で休んでいる盗賊どもを見るくせがある

(初訳は「〔あり得ない〕かびくさい呪文を見るくせがある」とした．誤訳) ①266. idha **～mitvā** gamissāma I.233[18] ここで休んでから行こう ①306. I.261[6], 318[2] ①342, 417.

vissamana *n.* 休息 III.321[15] ③463. **-sālā** *f.* 休息堂 **～aṃ** karissāma I.269[2] ～を私たちは造ろう ①351.

vissara *m.* <vi-svar 悲鳴 III.39[4] ③57.

vissasati <vi-**śvas** 信頼する tasmiṃ pi **～ssase** (*op.*) III.319[13] その人をも～するがよい ③460.

vissāsa *m.* <vi-**śvas** 信頼, 安心感 iminâpi me saddhiṃ ～mattam pi natthi I.166[15] 私にはこの人との間に信頼すらもない ①216. na tumhākaṃ santike **～ṃ** labhanti I.345[4] あなたのところに信頼を置くことが出来ない ①454. **～ṃ** kātuṃ vaṭṭati I.345[5] 信頼関係を作るのがよろしい ①454. I.341[14], 417[24] ①449, 548 III.266[13], 308[5], 312[4], 399[15] ③384, 446, 451, 563 IV.91[17] ④120. **-parama** *a.* 信頼を第一とする yattha **～ā** rasā I.344[17] そこに～味があれば ①454. III.266[21] ③385.

vissāsika *a.* 信頼する **～ṃ** amaccaṃ āha II.2[2] 〔王は〕～大臣に言った ②3. IV.128[15] 親交のある（人） ④172. **vissāsikā** *f.* 信頼する(女性) I.226[21] ①297. **-ṭṭhāna** *n.* 信頼のおける場所 **～ṃ** eva gamiṃsu I.342[15] ～にだけ行った ①451. I.345[3] ①454. II.115[15] ②153.

vissāseti <vi-**śvas** 信頼する mā Sāriputta-moggallāne **vissāsi** (*aor.*) I.143[11] 舎利弗・目連を信じてはいけませんよ ①188.

vissuta *a.pp.* <suṇāti 有名な IV.238[8] ④330.

vihaññati *ps.* <vihanati 打たれる, 殺される, 悩害される I.128[19] ①167. II.27[17], 28[7] ②35, 36. III.298[6] ③432. IV4[7]. ④6.

vihata *a.pp.* <vihanati 打たれた, 殺された **-tthāma** *a.* 力が打ち殺された〔人〕 I.7[11] ①9.

vihareyyaṃ *1sg.op.* <viharati vūpakaṭṭho ～ I.56[17] 私は遠離して住もう ①76.

vihāra *m.* 〔時間を〕費やすこと, 過ごすこと, 住すること, 住, 精舎、寺 kena nu kho **～ena** ajja mama putto Kassapo viharati I.259[1] 一体ね, いかなる**過し方によって**今日, 私の息子のカッサパは過ごしているのか ①338. **～ṃ** gacchante disvā I.6[1] 〔人々が〕精舎に行くのを見て ①7. I.362[4] ①475. II.31[14] ②42. **～'apacāra** *m.* 精舎の近くの場所 I.411[12] ①540. II.178[15], 193[20] ②234, 254. **-cārikā** *f.* 精舎をめぐり歩くこと **～aṃ** carantā I.19[17] 精舎をめぐり歩きつつ ①26. **-paccanta** *n.* 精舎のまわり（そば） **～e** va vasati III.72[11] ～にだけ住む ③103. **-paṭijaggika** *a.* 精舎の世話をする（人） **～ṃ** manussaṃ peseyya I.293[19] ～人を派遣してくれないかなあ ①383. **-pokkharaṇī** *f.* 精舎の蓮池 I.49[16] ①66. **-maha** *m.n.* Ⓢ mahas 精舎の祭礼, 精舎の落成式 I.416[8] ①546. II116[4] ②153. III.61[15] ③89.

vihiṃsati <vi-**hiṃs** 悩害する sukha-kāmāni bhūtāni yo daṇḍena ～ III.51[11] 安楽を欲する者たちを, およそ杖（暴力）で悩害する人は ③75.

vihiṃsā *f.* 悩害 I.75[10] ①98.

viheṭhana *n.* 迫害すること III.311[13] ③450.

viheṭhayati <vi-**hīḍ** 悩害する na samaṇo hoti paraṃ **～yanto** (*prp.*) III.237[9] 他を～沙門はいない ③339.

viheṭhita *a.pp.* <viheṭheti 迫害された III.475[2] ③662.

viheṭhiyati *ps.* <viheṭheti 迫害される, 困らされる **～ṭhiyamānaṃ** (*prp.*) II.253[7] **～されている時** ②328. (Gotamaṃ **～iyamānaṃ** (*prp.ac.*) passissāma I.33[16] ゴータマが困らされるのを我々は見るだろう ①44.

viheṭheti <vi-**hīḍ, -heḷ** 圧迫する, 困らせる amhe **～ṭhayantaṃ** (*prp.ac.*) III.178[25] 我々を圧迫している者を ③261. **～ṭhenti** II.148[9] 〔沙弥たちは上座を〕困らせる ②194. maṃ gahetvā **～ṭheyyuṃ** (*3pl.op.*) I.232[9] 私を捕まえて迫害するだろう ①304. mama puttaṃ **～ṭhetvā** I.155[23] 私の息子を圧

迫して ①205. I.191[10] ①252. II.52[3] ②67. III.383[9] ③539.

vihesā *f.* 害，悩害 Tathāgatassa **〜aṃ** anicchantena I.55[20] 如来が悩害されるのを望まないで ①75.

vījati <vīj 扇ぐ sākhāya 〜 I.59[10] 木の枝で〔世尊を〕扇ぐ ①79. theraṃ **〜ji** (*aor.*) II.145[17] 上座を扇いだ ②191. **〜jamānā** I.401[1] 扇ぎながら ①526.

vījani-patta *n.* 扇の羽根 II.183[20] ②241. **-daṇḍaka** *m.* 扇の羽根の柄 II.184[1] ②241.

vījeti *cs.* <vījati 扇ぐ，あおぐ **〜jetvā** I.301[14] 〜いで ①396.

vīta *a.pp.* <veti 離れた，ない **〜'accik'aṅgāra** *m.* 火焔のない炭火 II.68[9] ②90. **-dosa** *a.pp.* 怒りを離れた(人) IV.81[12] ④106. **-ddara** *a.pp.* 恐れ(悩み)を離れた(人) IV.141[7] ④181. **-moha** *a.pp.* おろかを離れた(人) IV.81[14] ④106. **-rāga** *a.* 欲望(欲情，貪欲) を離れた人 **〜ānaṃ** anucchavikaṃ vatthaṃ paridahitvā I.81[24] 〜人にふさわしい衣を着て ①106. II.202[2], 247[19] ②264, 322. III.221[24] ③320. IV.81[10] ④106.

vītikkama-vacana *n.* 行き過ぎた言葉 IV.3[11] ④6.

vītināmanaka *a.* 時を過ごす II.260[7] ②338.

vītināmeti *cs.* <vi-ati-**nam** 時をすごす anto-vassaṃ **〜nāmesuṃ** (*3pl.aor.*) I.57[24] 雨安居中を過ごした ①78. **〜nāmessatha** *2pl.ft.* I.9[1] 君たちは時を過ごすのか ①11. pīti-sukhena **〜nāmesi** (*aor.*) I.109[12] 喜びと安らぎによって時をすごした ①141. I86[14], 257[19] ①113, 336. III.483[2] ③674.

vītipatati <vi-ati-**pat** 飛び去る rattin-divā **〜tanti** I.379[21] 夜と昼が過ぎ去って行く ①498.

vītivatta *a.pp.* <vi-ati-**vṛt** 過ぎた ekaṃ buddh'antaraṃ **〜ṃ** III.232[5] 一無仏期が過ぎた ③331. dve yāmā **〜ā** III.2[7] 二つの夜分が過ぎた ③4. māso **〜o** II.81[7] 一箇月が過ぎた ②107.

vītivattati <**vṛt** 越えて行く **〜vattassu** (*imper.2sg*) sīliyaṃ II.23[3] 習性を〜行け ②30.

vīthi *f.* 路 taṃ **〜ṃ** piṇḍāya pāvisiṃsu I.14[12] その路に托鉢に入った ①18. ubhayattha **〜iyo** I.30[2] 両側に街路がある ①40.

vīmaṃsati 思察する，審査する，試す rājā **a〜sitvā** I.267[17] 王は審査しないで ①350. taṃ **〜santo** (*prp.*) I.172[6] その〔犬〕を試してみようと ①224.

vīmaṃsana *n.* 試すこと 〜vasen'etaṃ kataṃ III.53[21] 試すためにこれをやりました ③78. **〜'atthaṃ** *ac.adv.* 試すために I.284[19] ①370.

vīra *m.* 英雄，勇者 IV.231[18] ④333.

Vīraka *m.* (水鳥の名)ヴィーラカ(*J.*204話参照) I.144[7] ①189.

Vīraṇatthambhaka *n.* ヴィーラナッタンバカ (墓地の名) III.124[15] ③177.

vīsaṃ *num.* 20. 〜yojana-sataṃ maggaṃ gantvā I.8[11] 20×100(2000)ヨージャナの道を行って ①10. **-vassa-satikā** *a.f.* 一二〇歳の〔老女〕 III.110[4] ③156.

vīhi *m.* Ⓢvrīhi 米，稲 〜paharaṇa-kāle I.52[3] 米をつく時に ①69. **-piṭaka** *n.* お米のかご III.374[4] ③527.

vuṭṭha *a.pp.* <vassati 雨がふった deve **〜e** (*Vri.*) III.229[7] 神が雨を降らせても ③328. **-ttā** *abl.adv.* 雨を降らせたので II.264[4] (*PTS.*はvaṭṭattā) ②324.

vuṭṭhāna *n.* 立ち出ること，出定 II.170[3] ②223.

vuṭṭhāya *ger.* <vuṭṭhahati vuṭṭhāti 出定して Bhagavā ... mahā-karuṇā-samāpattito 〜 I.26[6] 世尊は…大悲定から出定なさって ①35.

vuṭṭhi *f.* Ⓢvṛṣṭi <***vṛṣ***. 雨 **〜ī** samativijjhati I.122[3] 雨が〔屋根を〕はげしく貫き通す ①157.

vuḍḍha *a.pp.* <vaḍḍhati 年をとった **〜o** I.139[23] 長老であり (年をとり) ①183.

vuḍḍhi *f.* Ⓢvṛddhi 増大 **〜m** anvāya I.89[2] 長ずるに従って ①116.

[1]**vutta** *a.pp.* <vuccati 言われた **-anusāren'eva** *instr.adv.* 先述のことをそのままなぞって III.211[10] ③308. **-paṭipātiyā** *instr.adv.* 言われた順序によって I.298[5] ①390. **-ppakāra** *m.* 上

述の類　**~ena** ca saccena upagato I.82[23] 上述の類の真理に近づく ①108.

[2]**vutta** *a.pp.* <vapati たねをまいた **-bīja** *n.* 蒔かれた種子 IV.80[17] ④105.

vuttari = **uttariṃ** *adv.* また更に IV.106[24], 109[7, 8] ④142, 144.

vuttha *a.pp.* <vasati 住した，終った **-pubba-gāma** *m.* 以前に住んでいた村 I.15[13] ①20. **-bhāva** *m.* 修了されていること IV.233[21] ④244. **-vassa** *a.pp.* <vasati 雨安居を終えた **~ā** I.261[10] **~人たち** ①342. I.7[15], 13[11], 60[7], 87[14], 292[27], 301[7] ①9, 17, 80, 114, 381, 395. II.161[18] ②213. III.140[9], 225[1], 341[11] ③199, 324, 487.

vuddhi *f.* 成長，増大 **~ṃ** anvāya I.363[9] 長ずるに従って ①477. **-patta** *a.pp.* 年頃になった I.48[15] ①65. **-bhāva-ppatta** *a.pp.* <pāpuṇāti 年をとった状態に達した(人) III.388[1] ③545.

vuyhati *ps.* <vahati 運ばれる udakenâpi mā **~hatu** (*aor.*) IV.206[18] 水にも運び去られませんように ④294. oghena ~ bālo III.233[21] 暴流によって愚者は運ばれる ③334.

vusita *a.pp.* <vasati 住まわれた，完了した **~ṃ** brahmacariyaṃ I.120[7] 梵行は修められた ①155.

vūpakaṭṭha *a.pp.* <vūpakāseti 遠離した eko gaṇamhā **~o** I.56[17] 一人で群から遠離して ①76. I.120[2] ①155. IV.30[5] ④35.

vūpasama *m.* <vi-upa-**śam** 寂止 tesaṃ **~o** sukho I.71[12] それらの寂止が安らぎである ①94.

vūpasamana *n.* 鎮めること ~samatthaṃ I.10[7] 鎮めることができる ①13.

vūpasammati *ps.* <vi-upa-**śam** 静められる，治まる，鎮まる，静まる rogo na ~ I.343[19] 病気は治まらない ①453. rogo **~sami** (*aor.*) I.344[8] 病気は治った ①453. II.240[15] ②313.

vūḷha *a.pp.* <vuyhati 運び去られた eko udakena **~o** II.265[1] 一人は水によって運び去られた ②343.

vekalla *n.* Ⓢvaikalya 不全，欠如 yathā ... kiñci **~ṃ** nâhosi II.79[11] 何でも不全（欠如）がないように ②105.

idhâpi me **~ṃ** natthi III.22[17] ここにいても私にとって不足するものはない ③34.

vega *m.* **<vij** 急動，衝動，速力 karuṇā~samussāhita-mānaso I.1[11] 〔大師は〕悲心の急動によって心が励まされて ①3. **vegena**-āgantvā I.33[11] 急いでやって来て ①43.

Vejayanta *m.* ヴェージャヤンタ，最勝殿 I.273[2] ①356. **-ratha** *m.* 最勝殿の車 I.279[4] ①363.

vejja *m.* 医者 **~en**'amhā pavāritā I.9[21] 我々は医師から〔病気の時は招いてくれるよう〕要請されている ①12. **~o** ~kammaṃ karonto I.20[20] 医師が医師の仕事をなしつつ ①27. I.8[24] ①11. III.33[8] ③48. **-kamma** *n.* 医業，医療，医者の仕事 I.239[4] ①313. III.351[10] ③500. IV.172[4] ④238.

veṭhaka *a.* 巻きもの II.249[11] ②324.

Veṭhadīpaka-tāpasa *m.* ヴェータディーパカ苦行者 I.162[13] ①211.

Veṭhadīpaka-raṭṭha *n.* ヴェータディーパカ国 I.161[10] ①210.

Veṭha-dīpaka-rājan *m.* ヴェータディーパカ王 I.161[10] ①210.

veṭhana *n.* 巻いたもの，ターバン III.36[7], 461[9] ③53, 644. IV.213[9] ④302.

veṭhayati **<viṣṭ, veṣṭ** 巻く **~yamāno** (*PTS.*はvedhiyamāno) II.249[6] 巻いて ②324.

veṭhita *a.pp.* <veṭheti 巻かれた tiṇa**~o** III.38[13] 草に巻かれて ③56.

veṭheti **<viṣṭ, veṣṭ** 巻く，包む，まとう rajjuṃ gahetvā therassa sīsaṃ **~thetvā** III.35[19] 縄をもって上座の頭に巻いて ③52. bahi pilotikāhi **~tetvā** (*ger.*) I.192[17] 外は布を巻いて ①254. **~ṭhentā** (*prp.*) I.44[7] まとう人々 ①59. I.220[15] ①290. II.86[17] ②114. III.179[20] ③262.

veṇi-karaṇa *n.* 稲むらを作ること I.98[15] ①127.

veṇu *m.* 竹 **-gumba** *m.* 竹藪 **~ṃ** chindituṃ ārabhi I.177[15] 竹藪を切り始めた ①231. **-bari** *m.* 竹の租税を納める日 I.177[14] ①231.

vetana *n.* 礼金，賃金，給料 bhatta**~ṃ**

dātabbaṃ bhavissati I.25[14] 〔医者に〕食事と礼金を与えなければならないだろう ①34. 〜ṃ dātabbaṃ bhavissati I.25[8] 賃金を支払わねばならないだろう ①34. 〜ṃ pana tuyhaṃ ekakass'eva dassāmi I.125[5] しかし私は給料をおまえに一頭分だけ与えるであろう ①161.

vetta *n.* 杖, むち **〜ena** paharanto I.351[1] 杖（むち）で打って ①463.

vedanā *f.* 受, 苦痛, 感受 **〜aṃ** … pāpuṇe I.179[14] 苦痛を…得るであろう ①234. II.145[2] ②190. III.70[4] ③100. **〜'anuvattin** *a.m.* 苦痛に転々とする者 III.32[9] ③47. **〜'abhibhūta** *a.pp.* <abhibhavati 〔苦痛の〕感受に打ち負かされた（者） II.13[3] ②17. **-kkhandha** *m.* 感受の蘊 I.22[16] ①30. **-pariggaha-kammaṭṭhāna** *n.* 苦痛の感受をしっかりと把握する観念修行法（業処） I.221[12] ①291.

Vedanā-pariggaha-suttanta *m.* 「感受把握経」*M.*第74経「長爪経」,「南伝」10, 337頁 I.96[9] ①124.

vedayati = vedeti *cs.* <vindati 知る, 知らしめる IV.99[23] ④132.

vedhati <**vyath** 動揺する, ふるえる sukha-dukkhe na 〜 I.121[11] 楽や苦に動揺しない ①156. IV.52[22] ④62.

veneyya-bandhava *m.* 教導されるべき親族 I.26[7] ①35.

Vepacitti *m.* （阿修羅王の名） ヴェーパチッティ I.278[9] ①362.

Vepulla *m.* ヴェープッラ山（王舎城をめぐる五山の一つ） III.246[5] ③354.

Vebhāra *m.* ヴェーバーラ山（王舎城の東にある。七葉窟がある） III.246[5] ③354.

vema-koti *f.* 織機の端のところ III.175[18] ③257.

vemānika *a.* 天宮にいる（者） III.192[2] ③282.

veyaggha *a.* 虎のような（もの） III.454[19] ③635.

veyyatti *f.* 弁才 IV.235[15] ④340.

veyyākaraṇa *n.* 解説 IV.235[18] ④340.

veyyāvacca *n.* 給仕奉仕, 仕事 sā bhikkhūnaṃ **〜ṃ** karontī I.151[21] 彼女は比丘たちに奉仕を行ないつつ ①199. na saṅghassa **〜ṃ** kātuṃ icchati III.189[16] 僧団の仕事をしようと望まない ③328. I.171[12] ①223. III.161[11], 278[18], 388[19] ③233, 403, 547. **-kara** *a.* 身のまわりの仕事をする（人）, 世話をする（人）, 下働きの仕事をする（者） I.397[6], 398[18] ①521, 523. III.366[15] ③520.

veyyāvaṭika *m.* 〔配食の〕仕事をする人 III.262[19] ③379.

vera *n.* 怨み **〜ṃ** hi a**〜ena** upasammati no **〜ena** I.50[15] なぜならば怨みは怨まない（怨みがない）ことによって鎮まるのであって、怨みによって〔鎮まるのでは〕ないのだから ①67. **〜ṃ** saritvā I.357[1] **〜を**思い起こして ①469. **〜ṃ** nāma na vūpasammati I.43[13] 怨というのは鎮まらない ①58. **〜ṃ** na muñcetha IV.148[2] 怨を放ってはならない ④201. **-saṃsagga-saṃsaṭṭha** *a.pp.* <saṃ-**sṛj** 怨みの結びつきに結ばれた III.450[27] ③628.

Verañja brāhmaṇa *m.* ヴェーランジャ・バラモン II.153[17] ②202.

Verañjā *f.* （市の名） ヴェーランジャー II.153[16] ②202.

verambha-vāta *m.* 毘嵐風, 台風 **〜ā** vā paharantu I.200[17] 或いは〜が打ちつけようとも ①265. III.185[12] ③272.

Verāma *m.* （人名）ヴェーラーマ

verin *a.* 怨みをもった, 敵意をいだいた Satthārā saddhiṃ **verī** hutvā I.146[11] 大師に敵意（怨念）をいだいて ①191. I.324[3, 13, 14] ①425, 426. II.37[1] ②49. III.256[17], 381[17] ③370, 537. **veri-ṭṭhāna** *n.* 怨みをいだく立場 III.44[20] ③64.

veriya-ghara *n.* 怨敵の家 **〜e** nibbatti I.278[6] **〜に**再生した ①362.

velā *f.* 時, 際限, 限界 **〜āya** vā **a〜āya** vā I.196[1] 時であれ, 時でない時であれ（四六時中） ①259. **〜aṃ** sallakkhetvā I.172[6] 時刻を見はからって ①224. 〜tāsaṃ na vijjati III.349[9] 彼女たちには際限はない ③497.

Velāma-sutta *n.* 「ヴェーラーマ経」*A.*9.20「南伝」22上, 61頁― III.11[3] ③17.

Velukaṇṭhakī Nanda-mātā *f.* ナンダの母ヴェール・カンタキー（最高の信女） I.340[20] ①448.

veḷuriya *n.* 琉璃, ルリ II.220[12] ②287.

Veḷu-vana *n.* 竹林(精舎) I.83[7], 93[5], 103[26], 115[5], 239[16] ①110, 121, 134, 149, 315. II.33[19], 167[2] ②45, 220. III.60[12], 246[6] ③88, 354. ～**'ārāma** *m.* 竹林園（精舎）～**ṃ** paṭiggahetvā I.88[13] ～を〔ビンビサーラ王から〕受納して ①115. ～**'uyyāna** *n.* 竹林遊園 IV.57[17] ④64. **-vihāra** *m.* 竹林精舎 I.139[21] ①183.

vesa *m.* Ⓢveṣa <**viṣ** 装い ～**ṃ** parivattetvā I.236[20] 装いをあらためて（とり換えて） ①310.

Vesāli-nagara *n.* ヴェーサーリー都城 I.350[8] ①462. **-dvāra** *n.* ヴェーサーリー都城の〔城〕門 IV.153[1] ④209.

Vesālī *f.* ヴェーサーリー，毘舎離(ヴァッジー国の首都) I.263[7], 350[13] ①345, 462. III.267[17], 436[6] ③387, 613.

vesiyā *f.* 下層階級の女，娼婦 III.165[11], 485[1] ③239, 676. **-gocara** *m.* 遊女のいるところ III.275[6] ③398.

Vessantara （王子の名，釈尊の前生）ヴェッサンタラ ～atta-bhāve thito I.84[10] 自分が～〔王子〕であった時は ①111.

Vessantara-jātaka *n.* 「ヴェッサンタラ本生物語」（*J*.547話） I.115[11] ①149. III.164[1] ③237.

Vessabhū *m.* （仏の名）ヴェッサブー，過去24仏の第21 I.84[6] ①111. III.236[19] ③338.

Vessavaṇa *m.* 多聞天，毘沙門天 III.96[24] ③137. 四天王（cattāro Mahā-rājā）の一人 I.49[2] ①65. II.237[14] ②310. III.74[17] ③106.

vehāsa *m.* 空 ～**ṃ** abbhuggantvā I.172[21] 空に昇って行って ①224. ～**ṃ** uppatitvā gato II.264[16] 空に飛び上って行った ②343.

vodāna *n.* <vi-ava-**dā** 清浄 III.405[22] ③571.

vodāpana *n.* 浄めること III.237[18] ③340.

voropeti 奪う，殺す samaṇaṃ Gotamaṃ jīvitā ～**pessāmi** (*ft.*) I.140[14] 私が沙門ゴータマの命を奪うであろう ①184. etaṃ jīvitā ～**pesiṃ** (*1sg.aor.*) I.296[25] この人の命を奪った ①388. tesu jīvitā ～**piyamāṇesu** (*ps.loc.pl.prp.*) I.65[1] 彼等が命を奪われる時にも ①86.

vosāna *n.* (vi-osāna) 終結 ～**ṃ** āpajjituṃ na vaṭṭati III.425[17] 終わりにするのはよろしくない ③597.

vossagga *m.* <ava-**sṛj** 捨，放棄 satiyā ～**ss'**etaṃ nāmaṃ I.228[24] これは思念の放棄のことを言う ①300. **-rata** *a.* 棄捨を喜ぶ(者) I.265[5], 421[19] ①347, 553.

vohāra-upajīvin *a.* 商売で生活する（者） III.10[9], 12[20] ③16, 19.

[1]**vyañjana** *n.* 文，字句，言説 gāthānaṃ ～padaṃ I.2[4] 諸々の偈の文や語句 **-samaya** *m.* 言説する時 III.388[21] ③547.

[2]**vyañjana** *n.* おかず ～**ṃ** detha I.204[22] おかずを下さい ①270.

vyatta *a.pp.* <vyañjati 明晰な（人） II.129[8] ②170.

vyattatā *f.* 利巧であること attano ～**tāya** I.271[1] 自分が利巧なので ①354.

vyanti-kāhiti *ft.* <karoti 終滅させるであろう IV.68[13] ④87.

vyasana *n.* <vi-**as** 災厄，損失，不幸 ～**ṃ** pāpesi I.439[1] ～を得させた ①575. mayā ～**ṃ** kātuṃ vaṭṭati I.439[20] 私が～をもたらすのがよいのだ ①576. etāsaṃ ～**ṃ** karissāmi I.213[11] これらの女性たちに私は災厄(損失)を作ろう ①280. III.280[13] ③407. IV.92[15] ④121.

vyākata *a.pp.* <vyākaroti <vi-ā-**kṛ** 予言した ～**o** I.84[2] 〔燃灯仏は〕予言(授記)なさった ①111.

vyākaraṇa *n.* 予言，答 Buddhānaṃ ～**ṃ** sutvā I.112[22] 仏さまの予言を聞いて ①144.

vyākaroti <vi-ā-**kṛ** 予言する，授記する evaṃ tāpasaṃ ～**karitvā** (*ger.*) I.111[1] このように苦行者に予言を与えて ①142. **vyākāsi** (*3sg.aor.*) I.112[20] 予言を与えた(授記した) ①144. II.266[20] ②345.

vyādhi *m.* 病気 uppanna～**inā** matā I.365[23] 〔彼女は〕病気が発生して死亡しました ①481. II.240[19] ②314.

vyāpāda *m.* 害心，瞋恚 I.75[9] ①98.

vyāharati <vi-**hṛ** 話す，語る ～**haraṃ** (*prp.*) giraṃ IV.92[10] 言葉を発して

④121.

S

sa-uttari-bhaṅga *a.* 特別上等の珍味をそえた I.293[24] ①383.

sa-upama *a.* 比喩をつけた III.426[1] ③597.

sa-upādisesa *a.* 有余依の〔涅槃〕 II.163[7] ②215.

saṃkilesa *a.* 煩悩をもった(人) III.56[7] ③81.

saṃdiṭṭha *a.pp.* <dassati 知り合いの II.77[12] ②103.

saṃyata *a.pp.* <saṃyamati <saṃ-**yam** 抑制した **〜ṃ** karissanti I.304[20] 制御をするであろう ①400.

saṃyama-rahita *a.* 抑制がない(人) III.480[3] ③669.

saṃyoga *m.* <saṃ-**yuj** 結縛 IV.140[9] ④179.

saṃyojana *n.* 結縛，しがらみ **〜nāni** dahantena I.282[4] **〜を**焼いて ①366. **-saṅga-satta** *a.pp.* <sajjati 結縛･染著に執着した(人) IV.49[22] ④58.

saṃyojana-kkhaya *m.* 結縛の滅尽 II.106[14] ②140.

saṃvacchara *m.n.* 年 imasmiṃ **〜e** I.52[14] 今年は ①70. **〜ṃ** II.234[5] 年間にわたって ②306. II.81[10] 数年間 ②107.

saṃvaḍḍha *a.pp.* <vaḍḍhati 生長した III.319[9] ③460.

saṃvattati <saṃ-**vṛt** 転起する，作用する，導く agga-dhammassa paṭivedhāya **〜vattatu** (*imper.*) I.98[9] 最高の法の洞察に役立ちますように ①127.

saṃvattanika *a.* 導びく sugati**〜ṃ** kammaṃ III.155[2] 死後のよい所(善趣)に導びくこと(行為，業) ③222. III.17[19] ③27.

saṃvatteti *cs.* <saṃvattati. 転起させる，供給する bhojanīyaṃ **〜eyyātha** (*2pl. imper.*) I.102[5] 軟らかな食べ物を供給しなさい ①132.

saṃvara *m.* 守ること pātimokkhe **〜o** IV.107[18] パーティモッカ（戒条）を守ること ④143. 防御，制御 III.237[10] ③339. 律儀 III.485[18] ③677. **-karaṇa** *n.* 防護すること III.9[3] ③14.

saṃvāsa *m.* <saṃvasati 共住，性交 ubhinnaṃ vo **〜ṃ** anvāya I.125[7] おまえたち両者の共住（同棲）によって ①161.

saṃvigga-mānasa *a.pp.* <saṃvijjati 心に衝撃を受けた（人） **〜o** II.213[8] **〜受けて** ②278. II.184[16] ②242. III.431[1] 491[13] ③605. 685.

saṃvijjati *ps.* <saṃvindati 見られる，ある rasa-bhojanaṃ 〜 I.322[11] 美味の食べ物がある ①423. bhogā bahū **〜anti** I.419[22] 財物が莫大にある ①511.

saṃvidahati <saṃ-vi-**dhā** 置く，整える，用意する so bhesajjaṃ **〜vidahi** (*aor.*) I.20[26] 彼は薬を調剤した ①28. **〜vidhātabbaṃ** **〜vidhahitvā** I.352[19] 整えて置くべきものは整えて置いてから ①464. **〜hitvā** I.392[16] 調整して ①516. **〜vidahi** (*aor.*) I.392[20] 調整した(あらかじめ用意した) ①517. sabbaṃ **〜dahitaṃ** (*pp.*) I.397[6] 全ての〔嫁入り仕度〕が整えられました ①521. tathā**〜dahi** (*aor.*) II.79[12] そのように**〜した** ②105. tassa ... **〜hantassa** II.94[19] 彼が…用意している時 ②124. nisīdana-ṭṭhānaṃ **〜dahatha** (*imper.*) 坐る場所を〜しなさい ②151. **〜dahanto** (*prp.*) II.134[20] **予約しながら** ②177. II.218[16] 用意する ②284. **〜dahissāmi** (*ft.*) III.184[13] 私が用意しましょう ③271. **〜hanto** (*prp.*) III.296[9] **〜をしつつ** ③430. **〜hantā** (*prp.*) III.29[2] 〔仏舎利塔を〕建設する人々が ③43. **〜dahitvā** III.25[3] 〔着物などを〕しまって ③38. goṇa-sakaṭâdini **〜dahi** (*aor.*) III.21[13] 牛や車などの準備をした ③32. **〜hantī** (*prp.*) III.309[15] **〜しつつ** ③448.

saṃvidhāna *n.* 用意すること yāgu-bhatta **〜ṃ** icchāmi II.134[2] お粥の御飯を**〜を**私は望みます ②176.

saṃvibhajati 分配する **〜bhaji** (*aor.*) III.371[8] 分配した ③525.

saṃvibhāga *m.* <saṃvibhajati 分けてあげる，分与 **〜ṃ** karissāmi III.284[23] 〔あなたにも〕分けてあげよう ③414.

saṃvuta *a.pp.* <saṃvarati よく守られた

IV.150[2] ④204. 制御された III.320[17] ③462.

saṃvega *m.* おそれ, 宗教心, 衝撃 so ~ppatto I.16[9] 彼は恐れ（宗教心）を得て ①21. ~ṭṭhāne **~ṃ** janayanti I.89[11] 感動する場面では感動を生じさせる ①116. II.201[15] ②263. **-karhā** *f.* 衝撃的な話 III.482[5] ③672.

saṃvega-ppatta *a.pp.* <pāpuṇāti 衝撃（宗教的感情）を得た（人） II.129[18] ②170. I.355[7] ①467.

saṃvegin *a.* おそれをいだく（者） III.86[2] III.122.

saṃvejita *a.pp.* <saṃvejeti 驚怖させられる Satthārā **~jito** I.96[3] 大師に驚怖させられて ①125.

saṃvejeti *cs.* <saṃvijjati 驚愕させる, 戦慄させる **~jessāmi**（*ft.*） II.212[11] **~させよう** ②277. III.418[2], 461[14] ③587, 644.

saṃvelleti <saṃ-**vell** 束ねる, 包む **~llitvā** III.212[7] 巻いて 309.

saṃsagga *m.* <saṃ-**sṛj** 接触, 交際 I.308[10] ①404. IV.173[14] ④240.

saṃsandati <saṃ-**syand** 結び合わせる **~danto**（*prp.*） III.361[19] **~合わせて** 513.

saṃsandeti *cs.* <saṃsandati 結び合わせる dvinnam pi kathaṃ **~detvā** II.12[8] 二人の話をも**~合わせて** ②16. 混同して考える **~sandesi**（*aor.*） II.236[17] **~考えた** ②309. **~detvā** IV.51[14] **話を合わせて** ④59.

saṃsanna-saṅkappa-mana *a.pp.* <osīdati 心の思いが沈められた（人）, 心に意気消沈の思いをいだいた（人） III.409[14] ③576.

saṃsaya *m.* 疑念 **~ṃ** saṃjānesuṃ III.251[7] ~を生じさせた 362. **-pakkhanta** *a.pp.* <pakkamari 疑問をいだいた, 疑惑におもむいた（人） III.453[18] ③633.

saṃsarati <saṃ-**sṛ** 輪廻する deva-lokā deva-lokaṃ **~sarantā**（*prp.*） I.102[21] 天界から天界に輪廻して ①133.

saṃsāra *ṃ.* <saṃsarati 輪廻, 流転 **-vaṭṭa** *a.n.* 輪廻の渦巻 I.11[3] ①14. 輪廻をめぐること II.13[14] ②17. 輪廻の輪転 III.128[10] ③182. IV.108[17] ④144. **-sandhi** *ṃ.f.* 輪廻のつながり II.188[1] ②247. **-sāgara** *m.* 輪廻の大海 I.255[14] ①333.

saṃsibbati <saṃ-**sīv** からむ rukkhaṃ **~sibbanti**（*prp.*） IV.43[18] 〔つるが〕樹木にからんで ④52.

saṃsibbana *m.* 縫い付けること IV.49[5] ④57.

saṃsibbita *a.pp.* <saṃ-**sīv** からませた III.198[2] ③290.

saṃsīdana-ṭṭhāna *n.* 沈む場所 III.167[14] ③243.

saṃharati <saṃ-**hṛ** 集める, 運んでくる nānā-phalāni **~haritvā**（*ger.*） I.63[2] 種々の果実を運んできて ①83. cīvaraṃ **~haritvā**（*ger.*） I.81[12] 僧衣をたたんで ①106. dhanaṃ **~haritvā** II.115[16] 財物を集めて ②153. **~haritvā** I.182[11]〔手紙を〕たたんで ①238. **~haritvā** III.342[13]〔衣〕をたたんで ③488. **~harantu**（*imper.*）dussāni III.136[10] 衣をたたみなさい ③193.

saṃhita *a.pp.* <sandahati そなえた, 伴った gāthā anattha-pada**~ā** II.216[22] 無意義な語句に結ばれた偈 ②282.

saka *a.* ⓢsvaka 自分の ~gharaṃ gacchāma I.49[14] 自分の家にまいりましょう ①66. dānaṃ dadantassa **~e** agāre I.31[13] 自分の家で施を与えるのを ①41. **-ṭṭhāna** *n.* 自分の場所 **~m** eva gantvā nisīdi I.71[3] ~にだけ行って坐った ①94. I.338[7] 自分の郷里 ①445. **-nivāsa** *m.* 自分の住居 I.33[11] ①43. **-bhāvena** *instr. adv.* 自分であることによって, われを忘れないで, 理性を失わずに III.481[18] ③672. **-lābha** *m.* 自分の所得 IV.96[18] ④128. **-samaya** *m.* 自〔派〕の教義 IV.235[14] ④340.

sakaṭa *m.n.* ⓢśakaṭa 車, 荷車 **~ehi** bhaṇḍaṃ āharanti I.66[18] 車で物品を運んで来る ①89. **-âvāra** *m.* 車を止めてある処 III.430[15] ③604. **-gopaka** *m.* 車の御者, 車の世話をする者 IV.60[22] ④74. **-dhura** *m.n.* 車の荷 I.44[5] ①59. 車の軛 III.24[18] ③37.

sakadāgāmin *a.m.* 一来者, 斯陀含 I.310[6] ①406.

sakad-āgāmi-phala *n.* 一来者の果 **~ṃ**

patvā I.151[25]. ～を得て ①199. I.115[15] ①149.

sakala-kappaṃ *ac. adv.* 一劫の全期間にわたって IV.75[10] ④98.

sakala-jambu-dīpa *m.n.* ⓢdvīpa 全インド洲 I.60[13] ①80.

sa-kāraṇa *a.* 理由づけをした III.425[20] ③597.

sa-kāla *a.* 時間がある ～o III.150[16] 〔まだ〕時間があります ③215.

sakiṃ = sakid *adv.* 一回 ～ vadanto pi II.109[22] 一回言うのも ②145.

sakiṃ-vijāta-vaṇṇa *m.* 一度お産をした女の姿 III.116[11] ③165.

sa-kicca-pasuta *a.pp.* <pa-**sā** 自分の仕事を追い求める（人） III.171[8] ③250.

sa-kiñcana *a.* 執著して所有する（者） IV.158[14] ④216.

sakuṇa-cchāpa *m.* ひな鳥 III.137[11] ③195.

sakuṇa-luddaka *m.* 鳥追いの猟師 III.375[19] ③529.

sa-kubbato *prp.dat.gen.* <kubbati よく行なう人にとっては I.383[10] ①504.

[1]**Sakka** ⓢŚakra 帝釈，インドラ I.17[10] ①22. I.30[3] ①41. I.263[8] ①345. II.137[4] ②180. III.180[18] ③263. IV.157[1] ④214.

[2]**Sakka** *m.* ⓢŚakya 釈迦族，釈迦族の者 I.133[13] ①175. III.254[4] ③367.

sakka *a.* ⓢśakya 可能な，有能な ～o I.315[16] 有能である ①414.

sakkaccaṃ *adv. ger.* <sakkaroti うやうやしく，恭敬して Brāhmaṇo ～ parivisi I.33[13] バラモンはうやうやしく給仕した ①44. ～ abhiyācito I.2[1] うやうやしく大いに要請されて I.382[16,18] ①503.

Sakka-tta *n.* 帝釈たること ～ṃ ajjhagā I.264[5] ～を証得した ①346. 帝釈天となること I.110[14] ①142.

Sakka deva-rājan *m.* 神の王，帝釈 I.88[11] ①115. I.118[26] ①154. II.34[4] ②45.

Sakka-pañha-suttanta *m.* 「帝釈の質問の経」（*D.* II.263, *S.* I.228） I.263[10] ①345.

Sakka-bhavana *m.* 帝釈天の都城（住処，世界） ～ṃ kampi I.284[18] ～が震動した ①370.

sakkā *op.* <sakkoti <**śak** 出来るだろう，可能だろう na ～ saṭhena ārādhetuṃ I.9[5] 二枚舌(へつらい)によって喜ばせることは出来ない ①11. ～ nu kko ... dātuṃ I.243[11] 与えることが出来るだろうか ①319. na ～ vihāraṃ tucchaṃ kātuṃ II.168[3] 精舎を空っぽにすることは出来ないだろう ②221. na ～ so agāra-majjhe pūretuṃ I.7[4] その〔法〕は家の中では満たす（完成させる）ことができないだろう ①9. ～ ... puññāni kātuṃ I.6[25] 諸々の福徳を作ることが出来るだろう ①9.

sakkāya-tīra *n.* 自分の身という岸 II.160 ②211.

sakkāya-diṭṭhi *f.* 有身見，五蘊（身心）を自我とする見解 III.49[9] ③71.

sakkāra *m.* <sat-**kṛ** 恭敬，尊敬 ～ṃ karohi I.33[6] 崇敬しなさい ①43. ～ṃ kariṃsu I.53[7] 尊敬を捧げた ①70. ～ṃ katvā I.69[22] 尊敬して ①93. II.62[1] 尊敬供養の品 ②81. ～ṃ karonto III.96[3] ～を捧げて ③136. III.312[6] ③451. **-sammāna** *n.* 尊敬と敬意 ～ṃ labhati I.288[14] ～を得る ①375. ～ṃ sajjetvā I.112[3] ～を捧げて ①144. **-hīna-bhaya** *n.m.* 〔自分への〕尊敬がなくなるのを恐れること III.156[13] ③225.

sakkuṇeyyaṃ *1sg.op.* <sakkoti 私はできるだろう sacâhaṃ ～ I.343[21] もし私が出来るなら ①453.

sakkoti <**śak** 出来る，可能である sabbāni khepetuṃ **nâsakkhiṃsu** （*3pl.aor.*） I.63[4] 全てを食べ尽すことが出来なかった ①83. selaṃ cāletuṃ na ～ I.76[21] 岩を動かすことが出来ない ①100. vattuṃ **nâsakkhi** （*3sg.aor.*） I.115[23] 言うことが出来なかった ①150. nivattetuṃ a-**sakkonto** （*prp.*） I.68[3] 〔兄の意志を〕ひるがえすことが出来なくて ①90. pūretuṃ na **sakkhissāmi** *1sg.ft.* 私は満たすことが出来ないだろう ①10.

Sakkhara *n.* サッカラ（町の名，王舎城の近くにある） I.367[1] ①483.

sakkhara *n.* 小石 II.69[21] ②92. **～ā** *f.* 小石 IV.87[6] ④113. III.239[19] ③343. **-bahula** *a.* 砂利が多い I.333[9] ①438.

sakkharā-pānaka *n.* 砂糖水 **～ṃ** katvā peseyya I.293[22] ～を作って送ってくれないかなあ ①383.

sakkhi *aor.* <sakkoti <**śak** 出来た n'eva te samagge kātuṃ ～ I.56[14] 決して彼等を和合させることが出来なかった ①76.
～ṃ (*aor.1sg.*) I.380[1] 私は出来た ①498.

sakkhi *m.* 証人 Satthāraṃ **～ṃ** apadisati II.39[12] 大師を～に出している ②52. Moggallānaṃ **～ṃ** labhitvā III.61[10] 目連を証人として得たのだから ③89. III.411[13] ③579.

sakkhin *m.* ⓢsākṣin 証人 assa Satthā **～kkhī** hutvā II.66[5] 大師は彼の～となって ②87. II.37[21] ②50.

sakkhissati *ft.* <sakkoti 出来るだろう sace me akkhīni pākatikāni kātuṃ **～asi** I.20[24] もしあなたが私の両眼を回復させることが出来たなら ①27.

Sakya-rāja-kula *n.* サクヤ王家 **～e** paṭisandhiṃ gahetvā I.84[18] ～に結生をとって ①111.

sakhila-sambhāsa *a.* 親しい言葉を語る(者) I.265[13], 272[2] ①347, 355.

sakhī-geha *n.* 女友達の家 I.146[1] ①190.

sa-khura *a.* ひづめ (蹄) のある〔羊〕 IV.156[2] ④212.

sa-gabbha *a.* 妊娠している **～ṃ** itthiṃ kāla-kataṃ disvā I.99[18] ～女性が死亡しているのを見て ①128.

sa-gārava *a.* 尊重した(者) IV.19[6] ④22.

sagga *m.* 天国, 天界 **-gāmin** *a.* 天国に行く(者) III.461[19] ③644. **-gāmi-magga** *m.* 天国へ行く道 **～ṃ** karomi I.266[19] 私は～を作るのです ①349. **-parāyana** *a.* 天国におもむく (者) III.188[23] ③276. III.148[16] ③212. IV.117[7] ④155. **-magga** *m.* 天国への道 I.4[10], 267[9] ①6, 349.

saṅkaḍḍhati <saṃ-**kṛṣ** 集める dārūni **～ḍḍhitvā** II.246[4] 薪木を集めて ②320.

saṅkappa *m.* 思い **～o** mayha pūrito I.416[17] 私の思いは満たされている ①546. II.78[10] 思いめぐらし ②104. 思念 IV.47[14] ④55.

Saṅkassa-nagara *n.* サンカッサ都城 (舎衛城から南へ30ヨージャナのところにある) III.224[15] ③323. III.199[10] ③292.

saṅkassara *a.* 疑念を起こさせる, 邪悪の **～ṃ** brahma-cariyaṃ III.484[10] ～梵行は ③676.

saṅkā *f.* <**śaṅk** 疑念 III.485[2] ③676.

saṅkāra *m.* ごみ III.442[2] ③618. **-kūṭa** *m.n.* ごみため, ごみの山 **～e** chaḍḍehi I.174[6] ～に捨てなさい ①226. I.52[7] ①69. II.173[11] ②228. **-ṭṭhāna** *n.* ごみ捨て場 II.27[8] **～e** khipiṃsu II.27[8] ～に捨てた ②35. I.445[9] ①583. II.216[1] ②281. **-dhāna** *n.* ごみ捨て場 I.434[16] ①570.

Saṅkicca-sāmaṇera *m.* サンキッチャ沙弥 II.240[1] ②313.

saṅkiliṭṭha *a.pp.* <kilissati 汚染された III.484[8] ③676.

saṅkilesa *m.* 穢汚, 雑染 I.6[10], 67[12] ①8, 90.

saṅku *m.* ⓢśaṅku 杙, くい, 鈎棒 **～kunā** ākaḍḍhitvā I.69[23] 〔火葬の死体を〕 鈎棒 (杙) で引いて ①93. II.241[14] ②314.

saṅketa *m.* 指定, 指示 **～ṃ** katvā II.201[8] 〔場所を〕 指定して ②263.

saṅketana-ṭṭhāna *n.* 指定の場所 II.261[10] ②339.

saṅkha *m.* 法螺貝 I.18[14] ①24.

Saṅkha *m.* サンカ(タッカシラーのバラモンの名) III.445[18] ③622.

saṅkha-kuṭṭhin *m.* 螺貝〔の肌をした〕 ハンセン病者 I.194[12] ①257.

saṅkhata *a.pp.* <saṅkharoti 為された(もの), 有為 IV.63[8] ④78.

saṅkhata-dhamma *m.n.* 〔因縁, 業によって〕 作られたものごと, 有為法 II.103[1] ②136. 〔正〕法が為されている(人) II.62[26] ②82. 為作されたものごと III.228[8] ④327.

saṅkha-patta *n.* 真珠貝 I.387[22] ①510.

saṅkha-mukhī *a.f.* 螺貝の顔をもった〔牝ろば〕 I.124[18] ①161.

saṅkha-muttâbhā *f.* 真珠の輝やき

III.468[1] ③652.

saṅkhaya *m.* 滅びること **~o** ti vināso III.421[3] ~とは滅亡 ③591.

saṅkhalika-bandhana *n.* 枷（かせ）縛り IV.54[2] ④64.

saṅkha-likhita *a.pp.* <likhati **<likh** 螺具を磨いた （完全に美しい） IV.195[7] ④277.

saṅkhā *f.* 目算, 呼称, 算数 aneka-koṭi~**aṃ** dhanaṃ pariccajitvā I.83[13] 数億〔金〕と見積られる財物をすっかり捨てて ①110. **~am** pi na upeti I.119[8] ものの数にもならず ①154.

saṅkhāya *ger.* <saṅkhāyati 考量して III.392[13] ③553.

saṅkhāra *m.* 行(ぎょう), 為作(業によって作られたもの), 万象, 身心を作る力 aniccā vata **~ā** I.71[11] 実に諸行は無常である ①94. **~e** sammasitvā I.288[20] 諸行を触知して ①375. **-kkhandha** *m.* 諸行の蘊 I.22[16] ①30. **-saṅgaṇikā** *f.* 諸行 （身心をあらしめる力） にまみれること II.103[9] ②136. **~ā** ti pañca khandhā III.379[1] 諸行とは五蘊(色・受・想・行・識, 身心) である ③534. III.263[18] ③380. IV.53[16] ④63. **-upasama** *a.* 諸行が止息した IV.106[19] ④142.

saṅkhipati <saṃ-**kṣip** 集める, 簡約する **~pitvāna** taṃ maggaṃ I.18[21] その道を端折って ①25.

saṅkhubhati <saṃ-**kṣubh** 震動する sakara-nagaraṃ **~bhi** （*aor.*） II.43[2] 全都城が~した ②57. I.200[7] ①264. II.224[10] ②291. **~bhitvā** （*ger.*） I.330[18] ~して ①434. II.57[13] ②75.

saṅkhepa *m.* <saṃ-**kṣip** 省略, 略説 ayaṃ pan'ettha **~o** I.133[6] そしてこれ〔以下〕はここで略説である ①175.

saṅkhepena *instr.conj.* …として bhumma-ttharaṇa~ I.415[9] 床の敷物として ①545.

saṅkhobheti *cs.* <saṃ-**kṣubh** 震動させる **~bhetvā** I.259[16] ~させて ①339.

saṅga *m.* 染著 natth'etassa kule vā paccaye vā **~o** II.169[1] この〔迦葉〕には家々に対して、あるいは生活用品に対して~はない ②222. II.200[17] ②262. III.167[17] ③244. IV.187[3] ④266. 執著 III.414[9] ③582.

saṅgaṇhāti <saṃ-**grah** 摂取する, 愛護する **~hissāmi** （*ft.*） II.133[5] 私は~しよう ②175. だきこむ Ajātasattuṃ **~hitvā** III.152[12] アジャータサッツをだきこんで ③218. 受け入れる therā taṃ **~gaṇhitvā** III.412[5] 上座たちは彼を~入れて ③580.

saṅgara *m.n.* 戦い III.430[11] ③604.

saṅgaha *m.* <saṃ-**grah** 愛護, 摂取 tassa **~ṃ** kātu-kāmā II.74[18] 彼の~をしたく思って ②99. I.423[18] ①556. II.83[3] ②110. III.6[16] 303[4] ③11. 440.

saṅgahetabba *gdv.* <saṅganhāti 愛護されるべき III.462[17] ③645.

saṅgâtiga *a.* 執著を越えた（人） IV.64[2], 159[11] ④78, 218.

saṅgāma *m.* 戦, 戦場 ahaṃ **~ṃ** otiṇṇa-hatthi-sadiso I.212[15] 私は戦場に入った象のようなものだ ①279. **-bheri** *f.* 戦闘の太鼓 **~ṃ** ākoṭāpesi IV.25[17] ~を打たせた ④30. III.298[22] ③433. **-sisa** *n.* 戦場の先頭, 先陣 IV.25[16] ④30. **-avacara** *a.* 戦場を行境とする, 戦場で活躍する 〔大象〕 IV.3[12] ④6. **-j'uttama** （saṅgāma-ji-uttama） *a.* 最高の戦いの勝者 II.226[2] ②293. **-yodha** *m.* 戦闘の戦士 II.226[14] ②294.

saṅgāhaka *m.* 御者 I.279[4] ①362. 車の御者 III.225[19] ③324.

saṅgāhika *a.m.* まとまった （者）, 受益者 III.19[12] ③29.

saṅgha *m.* 僧団, 僧伽, 衆 **~ṃ** bhinditvā I.143[3] ~を破って ①187. katvā **~ssa** c'añjaliṃ I.1[7] また僧団に合掌を捧げて ①9. I.32[21] ①43. **-kamma** *n.* 僧団行事, 僧伽羯磨 **~ṃ** karissāmi I.142[13] ~を私は行なうだろう ①186. **-tthera** *m.* 僧団長の上座 II.211[4] ②275. **-tthera-koṭi** *f.* 僧団長のところ I.72[7] ①95. **-navaka** *a.m.* 僧団の新米の僧 I.72[8], 108[10], 416[5] ①95, 139, 545. **-bheda** *m.* 僧団破壊, 破僧 **~āya** parakkami I.142[6] ~に励んだ ①186. **-bheda-parisakkana** *n.* 僧団の分裂に努めること III.154[1] ③221. **-māmaka** *m.* 僧団を信奉する者 I.206[6] ①272. **-ratana**

n. 僧団という宝 II.118[16] ②156. IV.202[3] ④287. **-sāmaggi-sammodamāna-bhāva** *m.* 僧団が和合して相喜んでいること III.249[18] ③360. **-gatā sati** *f.* 僧団に向けた思念 III.458[13] ③640.

Saṅgha-dāsī *f.* サンガ・ダーシー(鹿母ヴィサーカーの前世での名前. その時彼女はキキン王の末娘であった) I.396[20], 418[21] ①521, 549.

Saṅgha-rakkhita-tthera *m.* サンガ・ラッキタ（僧護）上座 I.300[15] ①395.

saṅghāṭa 戸柱 III.364[22] ③518.

saṅghāṭi-kaṇṇa *m.* 大衣のすそ II.178[13] ②234.

saṅghāṭeti *cs.* つながせる，いかだを組ませる dve nāvā **～ṭetvā** III.440[4] 二隻の舟をつながせて ③617.

saṅghāṭi-patta-cīvara-dhara *a.m.* 重衣と鉢と衣をもった（人） I.139[16] ①183.

saṅghāṭī *f.* 大衣，僧伽梨衣 I.325[19] ①428. II.84[22] ②112.

saṅghâdisesa-āpatti-āpajjana *n.* 僧残(追放されず，僧団に残ることができるが，一定期間は比丘の資格を剥奪される罪）の犯戒となること **～m** pi karoti I.76[4] **～をも為す** ①99.

saṅghârāma *m.* 僧園 II.74[11] ②98.

saṅghika *a.* 僧団に所属する ～esu āvāsesu II.77[10] ～住居では ②103.

saṅgh'upaṭṭhāka *m.* 僧団に仕える者 III.290[12] ③423.

sa-cakkhu-kāla *m.* 眼開き（目が見える）時 I.20[7] ①26.

sa-citta *n.* 自分の心 **～m** anurakkhatha IV.26[5] **～を守りなさい** ④31.

sa-cittaka *a.* 心がある **～ṃ** viya II.42[14] （脚注12.B） **～もののように** ②57. II.141[14] 心をもった(人間) ②185.

sa-cetana *a.m.* 意識をもった（もの） II.249[13] ②324.

sacca *n.* ⓢsatya 真実，真理 **～ṃ** kho vadasi I.30[7] なるほどあなたは真実を言う ①40. I.82[9,16] ①107, 108. **-kāra** *m.* 証明 I.363[13] ①477. **-kāra-sadisa** *a.n.* 約束すること(請け負うこと)に対する代価（見合うもの，契約金） I.178[6] ①232. **-kiriyā** *f.* 誓言，真実の誓 ～aṃ katvā II.124[6] ～をして ②163. **-ñāṇa** *n.* 真理に対する智 IV.152[13] ④208. **-vāca** *a.* 真実を述べること I.271[17] （七つの禁戒の一つ） ①355. I.265[6] 真実を語る（者） ①347.

sacchikata-nibbāṇa *a.pp.* 涅槃が作証されている(人) II.188[1] ②247.

sacchikaroti ⓢsākṣāt-karoti 作証する，現実に眼をもって確認する nibbānaṃ **～onti** I.231[2] 涅槃を作証する ①302. **～karissati** (*ft.*) I.334[7] **～だろう** ①439. **～kariṃsu** (*3pl.aor.*) I.260[6] 証得した ①339. **～katvā** (*ger.*) I.120[6] 証得して ①155.

sacchi -kiriyā *f.* 作証 IV.63[6] ④73.

sa-jāti *f.* 同じ生まれ，同類 III.236[1] ③337.

sajja *gdv.* <sajjeti 準備した maraṇa-mukhaṃ gantuṃ **～o** hutvā III.337[12] 死の面前に行く準備がととのって③482.

sajjati *ps.* <sañj 執著する III.298[7] ③432.

sajjayati *cs.* <sajati 贈呈する ti-cīvaraṃ **～yiṃsu** (*aor.*) II.116[6] 三衣を**～した** ②153.

sajjāpeti *cs.* <sajjeti 送り出す，用意する yānâdīni **～petha** (*imper.*) I.404[26] 車などを用意しなさい ①532.

sajju-khīra *n.* 〔しぼり〕たての牛乳 II.67[17] ②89.

sajjeti *cs.* <sajati さし上げる，用意する ti-cīvara-sāṭakaṃ **～etha** (*imper.*) II.114[16] 三衣、外衣をさし上げなさい ②152. mahā-dānaṃ **～jjesi** (*aor.*) II.75[6] 大施を用意した ②99. adhikāraṃ **sajjehi** (*2sg.imper.*) I.111[23] あなたは奉仕行を用意しなさい ①143. pañca piṇḍapāta-satāni **～etvā** I.423[17] 五〇〇の托鉢食(丸めた御飯)を用意して ①556. III.183[14] 438[9] ③269. 615. IV.176[11] ④246.

sajjhāya *m.* ⓢsvadhyāya 読誦，学習 na **～m** akāsi I.244[11] 学習をしなかった ①320. **～ṃ** na karoti I.299[3] **～をしない** ①391. ekacce **～ṃ** karonti I.247[19] 一部の者たちは～をする ①324. niccaṃ **～ṃ** kareyyāsi I.251[13] 常に読誦（学習）しなさい ①328. **～ṃ**

karoma I.291[23] 我々は研究します ①379. III.138[21]. 143[6]. 169[6]. 415[13]. ③196. 203. 247. 584.

sajjhāyati *denom.* <sajjhāya 読誦する，学習する ～**yitvā** I.382[16] 読誦して ①503. dvattiṃsâkāraṃ ～**yanti** I.205[5] 三十二相〔経〕を読誦する ①270. ～**yantā** (*prp.pl.nom.*) I.315[18] ～しつつ ①415. ～**yamānā** (*prp.*) I.315[21] ～しつつ ①415. ekaṃ me suttaṃ ～**yatha** I.130[5] 私に一経を読誦して下さい ①170. ～**yituṃ** (*inf.*) vaṭṭati IV.191[17] ～するとよい ④271. parikammaṃ ～**yāhi** (*imper*) IV.228[1] 準備修行を学びなさい ④327. ～**yanto** (*prp.*) IV.228[1] 学びつつ ④327. ～**yantassa** IV.46[17] ～する人の ④54. dvattiṃsâkāraṃ ～**yitvā** III.168[17] 三十二行相を学んで ③246.

sañcindati 切り裂く ～**dissāmi** (*ft.*) te kāyaṃ I.124[4] おまえの身体を切り裂くぞ ①160.

Sañjaya *m.* サンジャヤ（舎利弗，目連が最初に出家した遊行者の師） ～**o** paribbājako Rājagahe paṭivasati I.83[7], 90[8] サンジャヤ遊行者が王舎城に住んでいる ①110, 117.

Sañjaya-paribbājaka *m.* サンジャヤ遊行者 I.93[25] ①122.

sañjāta *a.pp.* <sañjanati 生じた **-gaṇḍa** *a.pp.* 腫れ物が生じた（身体） IV.175[7] ④243. **-balava-domanassa** *a.pp.* 心に強力な憂いを生じた ～**o hutvā** I.189[18] ～生じて ①249. **-saṃvega** *a.pp.* 畏怖の念（宗教心）が生じた(者) ～**o** I.85[1] ～じて ①111.

sañjānāti <saṃ-**jñā** 知覚する，呼ぶ，知る，認める na koci **sañjāni** (*aor.*) I.232[5] 誰も気が付かなかった ①303. maṃ na koci ～ I.232[7] 誰も私を知らない ①303. ～**jānitvā** I.49[18] 〔夫を〕呼んで ①66. ～**jāni** (*aor.*) II.94[9] 認知した ②124. ～**jānitvā** (*ger.*) II.94[16] 認めて ②124. kutimbiko te ～**jānitvā** I.14[13] 財産家は彼等を認めて ①18. … tv'eva ～**jāniṃsu** (*3pl. aor.*) I.25[6] …とだけ呼んだ ①34. IV.153[13] ④210. ti ～**jāniṃsu** (*aor.*) III.146[12] …と呼んだ ③208.

sañjhāpeti *cs.* <jhāyati 火葬にする，荼毘に付す ～**petvā** II.216[3] 火葬にしてから ②281.

saññata *a.pp.* <saṃyamati 抑制された kāyâdīhi ～**ssa** I.238[12] 身体など（身・口・意）が抑制された人の ①312. **-cārin** *a.m.* 行動が制御されている（人） II.229[7] ②298. ～**'uttama** *a.pp.* 最高に抑制した（人） IV.90[8] ④117.

saññatta *a.pp.* <saññāpeti 勧説された IV.163[5] ④223.

saññama = saṃyama *m.* <saṃ-**yam** 抑制，自制 ～**ena** I.255[6] 自制して ①333. III.387[19] ③545.

saññameti *cs.* <saṃ-**yam** 制御する cittaṃ ～**messanti** (*ft.*) I.304[6] 心を～ ①399. ～**maya** (*imper.*) IV.116[20] ④155.

saññā *f.* <saṃ-**jñā** 想，想念，合図 pacceka-buddho ti **saññāya** (*instr.*) I.80[22] 「辟支仏である」と思って ①105. mā ～**aṃ** kari I.246[12] 思念してはいけない ①322. mama gehe ～**aṃ** na kariṃsu I.341[11] 私の家に思いをいたさなかった（顧慮しなかった） ①449. I.37[20] ①50. ～**aṃ** na karoti I.401[5] 合図をしない ①527. ～**aṃ** adāsi I.112[5], II.246[2] 合図した ①144, ②320. III.134[16] ③191. ～**aṃ** dassāmi III.22[3] 私は情報を与えよう ③33. **-kkhandha** *m.* 想念の蘊（あつまり） I.22[16] ①30.

saññāṇa *n.* 意識，合図 anāgataṃ ～**ṃ** pesetvā olokento I.110[18] 未来に意識を送って眺めてみると ①142. imassa pahita～**ena** I.171[25] この〔犬〕が〔お使いに〕やられたのを合図にして ①223.

saññāpeti *cs.* <sañjānāti 知らしめる，教える，説得する，なだめる janaṃ ～**pento** (*prp.*) I.142[5] 人々を説得しつつ ①186. ～**petuṃ** (*inf.*) asakkontī II.218[8] IV.190[18] なだめることができなくて ②284. ④270. samudācarante ～**petvā** I.87[4] 行なっていることを知らしめて ①114. taṃ nānappakārehi ～**petvā** I.137[5] 彼を種々の仕方で説得して ①179. ～**petuṃ** (*inf.*) asakkonti IV.20[5] ～ことができなくて ④23.

Bimbisāraṃ ~**petvā** III.438[10] ビンビサーラ〔王〕を了解させて ③615. seṭṭhiṃ ~**pesuṃ** (*aor.*) III.467[12]〔彼等は〕長者を説得した ③652. ~**ññāpento** (*prp.*) III.141[16] 告知して ③201.

saññāya *ger.* <sañjānāti 思って 'maṃsa-pesī' ti ~ I.164[10]「肉片だ」と思って ①213. して tāraka~ I.195[21] 星を目当にして ①259. 'amhe vadatī' ti ~ I.130[17]「我々に言うのだ」と思って ①170. II.20[10], 54[3], 264[18] ②26, 71, 343.

saññin *a.* (saññā-in) 思いがある(人) ~**ino** ahesuṃ II.254[14] と思った ②330.

saññojana *n.* = saṃyojana 結縛, しがらみ I.282[13] ①367.

saṭṭhi *num.* 六十 ~yojana-āyāmaṃ I.17[7] 縦六〇ヨージャナ ①22. ~ī bhikkhū labhitvā I.8[10] 六〇人の比丘たちを得て ①10. ~ sakaṭa I.26[19] 六〇台の車 ①36. **-vassa-thera** *m.* 六十年の法臘(ほうろう)の上座 II.61[24] ②81. III.411[19] ③579. IV.63[16] ④79. **-hattha** (*m.*) 六〇ハッタ(27m). III.461[7] ③644.

Saṭṭhi-kūṭa-peta *m.* 六十〔千〕本のハンマー〔で打たれる〕亡者 II.68[17] ②91.

saṭha *a.* ⓢśaṭha 狡猾な, へつらい, 二枚舌 ~ena ārādhetuṃ na sakkā I.290[24] 二枚舌(狡猾, へつらい)によって喜ばせることはできない ①378. a~enā vasitabbaṃ I.69[15] 狡猾でなく住すべきである ①92. III.375[10], 389[13] ③529, 548

saṇṭhāti <saṃ-**sthā** 立つ, とどまる ~**ṭhātuṃ** (*inf.*) asakkonto III.416[15]〔彼は〕いたたまれなくなって ③585.

saṇṭhāpayati *cs.* <san-**sthā** 立たせる, つくろう nivāsanaṃ ~**payamānā** (*prp.*) III.53[3] 着物をつくろいつつ ③77.

saṇikaṃ *adv.* ゆるく, やさしく, 徐々に, ゆっくり ~ paharanto I.76[21] やさしく打っても ①100. ~ pucchissāmi I.222[19] 私は~質ねよう ①292. ~ gacchanto va I.389[22] ゆっくりと行ってこそ ①513. tāni ~ apanetvā I.60[4] それらの〔卵〕を徐々に取り除いて ①80. ~eva IV.98[26] もうそっと, ちょっとだけ ④131. ~ jīrati IV.17[11] ゆっくりと老いる ④21.

saṇṭhapeti *cs.* <**sthā** そろって立たせる, まとう ~**petvā** I.390[6] そろって立たせて ①513. nivāsana-pārupanaṃ ~**petvā** IV.8[15] 着衣・被衣をまとって ④12.

saṇṭhāna *n.* <saṃ-**sthā** 止むこと, 形状 viriyassa ~**ṃ** na bhavissati I.230[20] 精進が止むことはないであろう ①301. ~**ṃ** subhaṃ I.75[1] 形状は浄らかである ①98.

saṇṭhāpeti *cs.* <santiṭṭhati 立たせる, 安定させる ~**petvā** I.354[5] 安定させてから ①466. ~**petvā** III.87[19]〔そのままにして〕置いたので ③125. sāṭakaṃ ~**pento** (*prp.*) III.164[11] 着衣して ③238.

saṇṭhita *a.pp.* <santiṭṭhati 立った, とどまった, 住立した dīpa-bhāsāya ~**ā** I.1[14]〔註釈は〕島の言葉によってとどまっていた ①3.

saṇha *a.* ⓢślakṣṇa 柔らかい I.7[2] **-vāca** *a.* 柔らかい言葉づかいの(者) I.265[3] ①346. IV.183[17] ④258.

[1]**sata** *num.* 百 **-guṇena** *instr.adv.* 百倍も IV.54[14] ④64. **-pariccheda** *a.* 一〇〇と数を限定した II.226[4] ②293. **-pāka-tela** *n.* 百度煮られた(よく精製された)油 II.48[16] ②64. III.311[8] ③450. **-puñña-lakkhaṇa** *a.* 百の福徳の相ある(人) I.147[15] ①192. **-porisa** *a.* 一〇〇人入れる〔蟻, 塚〕 IV.155[15] ④212. **-sahass'agghanika'** *a.* 百千(金)の値打のある I.164[5] ①213.

[2]**sata** *a.pp.* <sarati 記憶した(こと) III.453[1] ③632. 思念のある(人) III.452[10] ③631.

sataṃ *gen.pl.* <sant 善い人々の ~ = sappurisānaṃ I.422[21] 善き人々の ①555.

satataṃ *ac.adv.* 常に I.65[16] ①87.

sati *f.* <sarati 思念, 正気 ~**ṃ** upaṭṭhapento āgacchanto I.81[13] 思念を生起させてやって来たが ①106. ~**ṃ** paṭilabhai I.267[7] 正気を取り〔戻し〕なさい ②346. ~**ṃ** paṭilabhitvā III. 43[3] 思い出して ③61. **-a-vippavāsa** *a.m.*

思念が不在でない　**～e** ṭhitassa　I.238[13] ～なく立つ人の　①312.　I.434[4]　①568. **-ossagga**　～*m.*　思念の放棄　III.163[8]　③236.　**-jāgariyâbhāva**　*m.a.*　思念が眠らずにさめていることがない　**～ena** I.262[9]　**～ないので**　①343.　**-paṭṭhāna** *n.*　思念を起こすこと，念処　II.127[4]　②167.　**-vepulla-ppatta**　*a.pp.*　<pāpuṇāti 思念の広大さを得た（人）　II.170[1]　②223. **-vepulla-patta-tā**　*f.*　思念の広大を得ていること　**～tāya**　I.262[7]　～を得ているので　①343.　**-vossagga**　*m.*　思念の捨棄　III. 452[18]　③631.　IV. 109[16]　④145.　**～e** ṭhitesu sattesu I.262[8] 思念を捨てている人々の中で　①343. **-sammosa**　*m.*　<saṃ-mṛṣ　思念の錯乱，失念　IV.117[14]　④156.　**-sammoha**　*m.* 思念の迷妄　I.173[23], 304[19]　①226, 400.

sati　（atthiの*prp.*　santの*loc.sg.*）ありつつ，あるにおいて　evaṃ　～　I.90[18]　そうだとすると　①117.

Sati-paṭṭhāna-sutta　*n.*　「思念を起こすこと（念処）の経」（*M.*10）　I.130[7]　①170.

satīmant　*a.*　思念をそなえた（人）careyya … **satīmā**　I.62[6]　思念して…行ずるがよい　①82.　I.238[15], 430[4]　①311, 563. II.169[19]　②223.　III.265[10]　384[13]　③383. 541.

sa-te-vīsa　*num.a.*　23をともなう　**～ā** catu-satā　IV.235[3]　423の〔偈〕④339.

[1]**satta**　ⓢsattva　*m.*　有情，人，衆生，霊　**～ānaṃ** hita-sampadaṃ　I.1[15]　人々に利益の具足を〔もたらさない〕①4.

[2]**satta**　*num.*　七　～　manussa-koṭiyo vasanti　I.5[18]〔舎衛城に〕7000万人の人々が住んでいる　①7.　**-tāla-ppamāṇa** *a.*　七本のターラ椰子の高さの　II.100[5] ②132.　**-ppakaraṇika**　*a.m.*　アビダルマ七論を学習する（者）　III.223[5]　③322. **-bhūmaka**　*a.*　七階建ての　**～assa** pāsādassa　I.180[24]　**～の殿堂の**　①236. I.369[5]　①485.　**-ratana**　*n.*　七宝 I.273[5]　①356.　II.81[19]　②108.　～ **khacita**　*a.pp.*　**<khac**　七宝，（金・銀・真珠・宝珠・瑠璃・金剛・珊瑚）をちりばめた IV.203[9]　④289.　**～dhana**　*n.*　七宝の財物　I.257[21]　①337.　**～vassa**　*m.n.*　七宝の雨　**～ṃ**　vassitvā　II.137[17]　**～が降って**　②180.　**-rasa-baggiya**　*a.*　一七人を一組とする〔比丘たち〕III.48[5]　③69.

satta-tiṃsa-bodha-pakkhiya-dhamma　*m.n.* 三十七菩提分法　I.230[10], 334[12]　①301, 440.　IV.75[19]　④98.

satta-tiṃsa-bheda-bodha-pakkhiya-dhamma *m.*　三十七類の菩提分法　IV.95[7]　④125.（四念処，四正勤，四神足，五根，五力，七覚支，八正道の計37項目の覚りの法）II.13[14] ②17.　I.309[6]　①405.

sattame divase　*loc.*　七日目に　I.116[15] ①151.

satta viññāṇa-ṭṭhitiyo　*f.pl.*　七つの識住，意識のとどまるところ（人や天人，「パ仏辞」1722右中）II.173[2]　②227.

satta-vidha rāga-saṅgādi　*m.*　七種の欲情（貪）への染著など（「仏のことば註（三）」235頁（41））IV.50[1]　④58.

satta-vīsati　*num.*　二七　～　koti-dhana-pariccāgena　I.4[15]　二七億〔金〕の財物を喜捨して　①6.

satta-sattâhaṃ　*adv.*　7×7＝49日間　I.86[14] ①113.

sattâhaṃ　*ac.adv.*　七日間　I.110[13], 213[7]　①142, 280.

sattâh'accayena　*instr.adv.*　七日間過ぎて I.423[12]　①556.

sattâhato uttariṃ　*adv.*　七日より以上は I.213[8]　①280.

[1]**satti**　*f.*　ⓢśakti　能力　tvaṃ yathā　～ **iyā**　…　vadatu　I.92[14]　あなたは能力に応じて…語って下さい　①120.

[2]**satti**　*f.*　ⓢśakti　刃物，剣　**～ṃ**　gahetvā I.80[21]　剣を持って　①105.　**-ppahāra**　*m.* 刃物の打撃　I.189[10]　①249.

sattha　*n.*　刀　**～ṃ**　āharissāmi　I.431[11] 私は刀をつかもう　①565.

satthaka-nisādana-pāsāṇa　*m.*　小刀を研ぐ砥石　I.308[4]　①404.

satthaka-vāta　*m.*　刀剣のような風，激しい腹痛，刀風〔病〕III.79[19], 167[6]　③113, 243.

satthar　*m.*（ⓢśāstṛ　**<śās**　懲らす，矯正する，教訓する）師，大師　**Satthā**　（*nom.*sg.） dhamma-padaṃ desesi　I.1[9]　大師は法の語句を説示なさった　①3.　**Satthari** （*loc.sg.*）I.5[9]　大師に対して　①7. **Satthu**　（*gen.sg.*）dhamma-kathaṃ sutvā　I.5[19]　大師の法話を聞いて　①7.

~āraṃ (*ac.sg.*) no bhante dassetha I.60[16] 尊師よ。我々に大師を示して(会わせて)下さい ①80. **Satthārā** (*instr.sg.*) ... kalyāṇa-dhammo desito I.7[2] 大師によって善い法が示された I.7[15], 50[18], 64[2] ①9, 66, 85.

sattha-vāha *m.* 隊商主，隊商の指揮者 I.326[10] ①429.

sad-attha-pasta *a.pp.* <pa-**sā** 自分の目的を追求する（人） III.159[9] ③230.

sadâpi *adv.* いつも I.381[18] ①501.

sadā-sata *a.pp.* <sarati 常に正しく思念した(人) IV.68[12] ④87.

sa-devaka *a.* 神を含む，神と共なる I.333[17] ①439.

sadda *m.* 音，声 uccā **~ṃ** katvā I.49[19] 高い声を上げて ①66. mā **~ṃ** akāsi I.50[11] 声を出してはいけない ①67.

saddahati <sad-**dhā** 信じる na **~hasi** I.214[24] あなたは信じないのですか ①283. na **saddahi** (*aor.*) eva I.211[8] 信じないだけであった ①278. ahaṃ tassā vacanaṃ na **~hanto** (*prp.*) I.117[21] 私はその〔神格〕の言葉を信じないで ①152. kiṃ **~hissatha** (*2pl.ft.*) I.117[23] どうしてあなた様が〔神の言葉を〕信じるでしょうか ①152. na **~hittha** (*2pl.aor.*) I.117[24] あなた様は信じなかった ①152.

saddahana-lakkhaṇa *a.* 信ずることを特徴とする kammassa c'eva phalassa ca **~āya** lokikāya saddhāya ... samannāgataṃ I.76[16] 業とともに果報を信ずることを特徴とする世間的な信仰を…そなえた人を ①99.

saddāyati *denom.* <sadda 声を立てて呼ぶ II.264[18] ②343.

saddha *a.* 信仰のある(人) I.74[9] ①98. II.76[20] ②102. III.290[12], 303[6], 469[9], ③423, 440, 648, IV.205[10] ④292.

sad-dhamma *m.n.* 正法 ~ṃ ajānana-kāle I.308[15] 正法をまだ知らない時に ①405. ~ṭṭhiti-kāmena I.2[1] 正法がとどまることを欲する方によって ~pajjoto jalito I.1[5] 正法の灯火は燃やされた ①3.

saddhā *f.* 信，信仰 ahaṃ na **~āya** pabbajito I.16[12] 私は信仰によって出家したのではない ①21. **-adhimutta** *a.pp.* 信解した（人） IV.119[20] ④152. **-citta** *n.* 信の心 III.1[21] ③4. **-jivin** *a.* 信をもって生きる（人） IV.97[7] ④128. **-deyya** *gdv.* <dadāti 信仰によって与えられた（もの），信施 III.84[19], 168[8], 481[9] ③121, 245, 671. **~āni** kāsāvāni IV.115[17] ～の袈裟衣 ④153. **-pabbajita** *a.pp.* <pabbajati 信によって出家した者 I.379[22] ①498. **–pabbajitā** *f.pp.* 信をもって出家した女 III.145[10] ③206. **-sineha** *m.* 信の潤い **~ena** temetvā I.288[18] **~によって**潤わせて ①375.

saddhiṃ *adv.* と共に，一緒に tehi ~ I.8[10] 彼等と共に ①10.

saddhiṃ-cara *a.* 共に行なう（者） I.62[4] ①82.

saddh'indriya *n.* 信という機能，信根 II.186[16] ②245.

saddhi-vihārika *a.* 共住者 I.319[14], 302[3], II.19[6], 106[1] ①396, 419, ②25, 140. III.5[7], 351[8], 425[7] ③9. 500. 597.

saddhi-vihārin *a.m.* 共住の弟子 I.156[14] ①206.

sa-dhana *a.m.* 富財をもった（人） II.129[5] ②170. III.302[16] ③439.

sa-dhana-bhāva *m.* 財物をもっていること **~ṃ** sampaṭicchāpetvā I.238[3] **~を**認めさせて ①312.

sanantana *a.* 昔からの，永遠の esa dhammo **~o** I.50[18] これが永遠のきまりである ①67.

sanjāta-cchātaka-dukkha *a.pp.* 飢えの苦しみが生じた(者) I.189[4] ①248.

Sanjikā-putta *m.* サンジカーの息子(ボーディ王子の親友) III.134[14] ③191.

[1]**santa** *prp.* <atthi ある，あるもの，善い **~ṃ** parigūhanti I.341[21] あるものをかくす ①450. **santo** (*noṃ.pl.*) have **sabbhi** (*instr.pl.*) pavedayanti III.122[18] 善き人々は実に善き人々と語る ③173. **satañ** (*gen.pl.*) ca dhammo na jaraṃ upeti III.122[17] しかし善き人々の法は老におもむかない ③173.

[2]**santa** *a.pp.* <sammati 静まった，寂静の **~n** tassa manaṃ hoti II.182[9] 彼の心は寂静である ②239. 静まった（人）

III.83[19] ③118. **-citta** *a.* 心が静められた（人） IV.107[9] ④143.

[3]**santa** *a.pp.* <sammati 疲れた（人） dīghaṃ ～**ssa** yojanaṃ II.12[11] ～者にとって一ヨージャナは長い ②16. III.423[4] ③593.

santaka *a.* ある，所有の，所属の，あるもの，所有物 Visākhāya ～**ā** va I.401[13] ヴィサーカーに所属する（与する）者ばかりであり ①527. saṅghassa ～**ṃ** II.65[19] 僧団の所属のものである ②87. attano ～**m** eva dātuṃ vaṭṭati II.127[18] 自分の所有物だけを与えるのが正しい ②168. attano ～**ān'**eva patta-cīvarāni adāsi I.220[8] 自分のところにあるだけの鉢と衣を与えた ①289. tava pabbajjā nāma mama ～**ā** I.245[19] 君が出家であることというのは私が決めることだ（私の所属事項である） ①321. attano ～**m** eva adāsi I.395[5] 自分の持ち物だけをさし上げた ①519. II.271[6] ②350. III.306[16] ③444. IV.10[9] ④12. IV.34[8] ④41.

santa-kāya *a.pp.* <sammati 身体が静まった（人） IV.114[11] ④151. **-tthera** *m.* 身体が静まった上座 IV.113[7] ④150.

santa-koṭṭhāsa *a.pp.* <sammati 部分が静められた（安らぎ） IV.108[6] ④143.

santajjeti *cs.* <saṃ-**tarj** しかる ～**esi** (*aor.*) I.181[7] IV.175[2] しかった ①237. ④243. ～**tajjetvā** III.66[23] しかって ③97.

Santati-mahā-matta *m.* サンタティ大臣（コーサラ王パセーナディの大臣） III.78[11], 167[5] ③112, 243.

sant'atta-bhāva *a.pp.* <sammati 自分の身が静まった（人） IV.113[11] ④150.

santanu *a.* 細い，薄い III.277[10] ③401.

santa pada *n.* 寂静の境地 I.315[15] ①414. IV.106[19] ④142.

santappati *ps.* <saṃ-**tap** 熱される ḍāhena ～**ppamāno** (*prp.*) III.156[1] 熱火によって熱せられて ③224.

santappeti *cs.* <saṃ-**tṛp** 満足させる sarīraṃ ～**ppetvā** (*ger.*) I.188[9] 身体を満足させて（回復させて）から ①247.

santa-mana *a.pp.* <sammati 心が静まった（人） IV.114[16] ④151.

santa-mānasa *a.pp.* <sammati 心が鎮められた（人） II.185[20] ②243. III.467[20] ③652.

s'antara-bāhiraṃ *ac.adv.* 内外ともに II.154[1] ②202. III.488[11] ③681.

santa-vāca *a.pp.* <sammati 言葉が静まった（人） IV.114[11] ④151.

santasati <saṃ-**tras** 驚怖する，恐れおののく III.171[6] ③250.

santāneti *cs.* <saṃ-**tan** 続ける na sakkomi brahma-cariyaṃ ～**netuṃ** (*inf.*) I.118[7,21] 私梵行を続けることは出来ない ①153.

santāpiyati *ps.* 焼かれる ～**piyamānaṃ** (*prp.*) I.289[13] 焼かれて ①376.

santāsa *m.* <saṃ-**tras** 戦慄，恐怖 II.250[1] ②324. ～**ṃ** āpajjiṃsu III.267[20] ～した ③387. ～ppattā III.171[3] ～を得て ③250.

santika *n.* (sa-antika) 付近，面前 tassā ～**ṃ** gato I.16[1] 彼女のそばに行った ①21. I.7[15], 81[8] ①9, 105. III.291[20] ③424.

sant'indriya *a.pp.* <sammati 感官が鎮められた（人） II.185[20] ②243. III.467[20] ③652.

santi-para *a.* 寂静以上の natthi ～**ṃ** sukhaṃ III.261[6] ～安らぎはない ③377.

santi-magga *m.* 寂静の道 III.428[19] ③601.

santuṭṭha *a.pp.* <saṃ-**tuṣ** 満足した ～**o** I.283[15] 満足している ①369.

santuṭṭhi *f.* 満足，知足 III.267[6] ③385. IV.107[18] ④143. **-parama** *a.* 満足を第一とする III.266[19] ③385.

Santusita *m.* 兜率天 IV.131[18] ④176.

santusita *a.pp.* <santussati <**tuṣ** 満足した（人） IV.90[10] ④117.

sante *loc.prp.* <atthi …である時 evaṃ ～ mayhaṃ a-phāsukaṃ bhavissati I.13[24] そのようであると私に安らぎがないでしょう ①18.

santo *prp.nom.pl.* 善き人々は na ... lapayanti ～ II.156[10] ～は語らない ②204.

santhambhati <saṃ-**stambh** 堅くたもつ ～**bhitvā** I.424[3] 〔身を〕堅くして ①

557.
santharati <saṃ-**stṛ** 広げる，敷く tiṇāni **〜ritvā** I.86[6] 草を敷いて ①113.
santhava *m.* **<stu** 親交 **〜ṃ** akāsi I.235[11] III.310[4], 486[4] 親交（性交）をした ①308. ③448, 678. **〜ṃ** kariṃsu I.195[7] 親交した ①258. attano dāsen'eva saddhiṃ **〜ṃ** katvā I.240[1] 自分の召使いにすぎない男と親交して（男女の交わりをして）①315. **-karaṇa** *n.* 親交すること 〜bhayena I.194[16] 〜を恐れて ①257.
santhâgāra *m.* 公会堂 I.347[13] ①458. I.348[2] ①459. III.437[8] ③614.
sanda-cchāya *a.* 厚い木陰をもった 〜o nigrodha-rukkho atthi I.357[8] 〜ニグローダ樹がある ①469.
sandāna *n.* <saṃ-**dā** 綱 IV.160[16] ④220.
sandiṭṭha-sambhatta *a.* 相識り親近する **〜ā** ākāsa-ṭṭhā devatâpi I.54[19] 〜空にいる神々も I.54[19] ①73.
sandhāreti *cs.* <saṃ-**dhṛ** おさえる putta-sokaṃ **〜retuṃ** (*inf.*) na sakkoti III.276[14] 息子に対する憂い悲しみを抑止することができない ③400.
sandhamati <saṃ-**dham** 吹く，扇ぐ aṇuṃ aggiṃ va **sandhamaṃ** (*nom.sg.prp.*) I.254[14] わずかの火を吹いて〔火を起こす〕ように ①332.
sandhāreti *cs.* <saṃ-**dhṛ** 運ぶ，支える，おさえる na sakkomi **〜retuṃ** (*inf.*) II.263[4] 私は〔身を〕支えることが出来ません ②341. **〜retuṃ** (*inf.*) nâsakkhi I.378[19] 〔自分を〕おさえることが出来なかった ①496. assūni **〜retuṃ** (*inf.*) nâsakkhi II.251[6] 涙をおさえることができなかった ②326. I.189[17], 302[17], 365[11], II.3[14] ①249, 397, 480, ②6.
sandhāvati <saṃ-**dhāv** 流転する，輪廻する **〜dhāvissaṃ** (*aor.*) III.127[20] 私は流転した ③181.
sandhi (*m.f.*) 隙間 〜ṃ chinditvā III.149[21] 〜を破って（窃盗をして）III.149[21] ③214. **-ccheda** *a.m.* 〔輪廻の〕連鎖を断ち切る人 II.187[16] ②246. 隙間を破ること，泥棒 II.111[14] ②148. III.257[2] ③371. **-cchedaka** *m.* 家の隙間破り，泥棒，窃盗 IV.53[24] ④61. **-ccheda-kamma** *n.* 隙間やぶり（あきす，泥棒）の仕事 III.71[1] ③101. **-cchedana** *n.* 隙間破り 窃盗 III.271[19] ③393. IV.34[5] ④41.
sanna *a.pp.* <sīdati 沈んだ IV.26[6] ④31.
sannaddha *a.pp.* <sannayhati よく武装した **〜o** khattiyo IV.143[18] 〜クシャトリヤは〔輝く〕④194.
sannayhati <saṃ-**nah** 結ぶ，つける saraṃ **〜nayhitvā** （脚注22）I.216[19] 矢をつがえて ①285.
sannāha <sannayhati 甲冑 **〜e** sithile I.318[1] 〜がゆるんだ時 ①417. **〜ṃ** mocetha I.352[20] 〜をぬぎなさい ①464.
sanncita-raja *a.pp.* <saṃ-ni-**ci** 塵が集め積まれた（身）III.77[22] ③111.
sanniccaya *m.* 備蓄 II.170[19], 171[12] ②225.
sanniṭṭhāna *n.* 決意，結論，決心 **〜ṃ** akāsiṃ I.299[18] 〜した ①392. II.5[6] ②8. **〜ṃ** katvā III.115[10] 心に決めて ③164.
sannidhi-kāra *m.* 備蓄すること II.171[7] ②225.
sannipatati <saṃ-ni-**pat** 集まる mahājano **sannipati** (*aor.*) I.33[14] 大勢の人が集まった ①44.
sannipāteti *cs.* <sannipatati 集める nānā-pupphañ ca gandhañ ca **〜etvā** I.108[17] 種々の花と香とを集めさせて ①140.
sannivāsa *m.* 共住 I.181[15] ①237. III.271[4] ③392.
sannisinna *a.pp.* <sannisīdati 共坐した，落ちついた 〜ena hutvā I.185[20] 落ちついて ①244. IV.44[8] ④52.
sannisīdati <saṃ-ni-**sad** 静かになる III.47[9] ③67. **〜dituṃ** (*inf.*) nâsakkhi III.298[22] 静かになることができなかった ③433. assa cittaṃ **〜nisīdi** (*aor.*) III.85[5] 彼の心は落ち着いた ③121.
sannissita *a.pp.* <nissayati 依止した，執著した III.389[8] ③548.
sannihita *a.pp.* <sannidahati 貯蔵した yathā-**〜ṃ** III.422[5] 〜通りに ③592.
sanneti <saṃ-**nī** まぜる，こねる tena

madhunā **~nnetvā** II.198[16] その蜜とまぜて ②259. sūpa-vyañjanehi **~nnetvā** II.244[17] スープとおかずで混ぜて ②318. tila-telena **~nnetvā** III.29[6] ごま油でこねて ③43.

sa-pajāpatika *a.* 妻をともなっている I.367[10] ①483.

sa-pañña *a.* 智慧をそなえた **~ā** I.230[3] **~人々は** ①301.

sapatti-vāsa *m.* 夫を共有する妻(敵妻)と住むこと II.59[5] ③85.

sapattī *f.* 夫を共有する妻，敵妻 III.181[20] ③265.

sapatha *m.* 誓い **~ṃ** kārayiṃsu III.492[8] 誓わせた ③686.

sa-padānaṃ *ac.adv.* 順次に，家毎に ~ piṇḍāya carissāmi I.423[13] ~私は托鉢にめぐり歩こう ①556.

sapadāna-cāra *m.* 〔家々を〕順々に乞食して行くこと，次第乞食 IV.97[9] ④128.

sapadāna-cārika *a.m.* 家毎に托鉢して歩く（人） IV.196[23] ④280.

sa-paripantha *a.m.* 大道があるところ，障害があるところ I.63[16] ①84.

sa-parivāra *a.* **~o** I.8[12] 同行の者たちと共にいる（人） ①10.

sa-pitikā *f.* 父親をもった女 III.311[17] ③450.

sa-putta-dāra *a.m.* 子や妻ともども **~o** II.71[23] ②95.

sa-puttā *f.* 子もちの女 etaṃ **~aṃ** khādituṃ labheyyaṃ I.48[13]子持ちのこの女を噛み食べることを得たいものだ ①65.

sappa *m.* ⓢsarpa <**sṛp** （這う） 蛇 II.256[11] ②333. **-yoni** *f.* 蛇の胎 III.360[20] ③513.

sappaṭibhaya *a.* 恐怖をともなう III.23[22], 455[2] ③35, 635.

Sappa-dāsa-tthera *m.* サッパ・ダーサ(蛇を奴隷とする)上座 II.256[1] ②333.

sappāya *a.n.* <saṃ-pa-i 適当な，験ある，有益 tumhe **~ṃ** na karotha I.12[7] あなた様は適切なことをなさらない ①15.

sappi *n.* ⓢsarpis 酥，バター I.79[4], 417[5] ①103, 546. **-karoṭika** *m.* バターの鉢 II.131[14] ②173. **-cāṭi** *f.* バターの壺 **~ṃ** āharantiyo I.354[13] **~を運んで来て** ①466. **-phāṇita** *m.* バターや砂糖 **~ādīni** gāhāpetvā I.291[4] **~などを携えさせて** ①378.

sa-ppurisa *m.* 善い人 eso **~o** bhavissati I.18[11] この人は善い人であろう ①24. I.272[5] ①355. II.153[13] ②202. III.271[12], 413[5] ③392, 581.

sa-phala *a.* 果のある I.24[19] ①32. II.9[22] ②13.

sabba *a.n.* ⓢsarva 一切の，すべての ~ lokassa I.1[16] 全世界に ①4.

sabb'aṅga-sobhinī *f.a.* 全ての肢体が浄らかな〔牝ろば〕 I.124[18] ①161.

sabba-catukka *a.n.* 全て四つからなる（もの） III.3[15] ③6.

sabbañ-jaha *a.* 一切を捨てた（者） IV.72[12] ④93.

sabba-ññuta-ñāṇa *n.* 一切知者たる智 I.86[13] ①113. 一切を知る智 II.236[15] ②309. III.128[17], 195[17] ③182. 286.

sabbaññutā *f.* 一切を知る智者たること **~aṃ** patvā I.85[22] **~を得てから** ①112.

Sabbaññu-buddha *m.* 一切知者たる仏陀 I.106[18], 107[5] ①138.

sabb'aṭṭhaka *a.* 全て八からなる(もの)，褒美（第2巻60頁） II.46[3], 71[4] ②60, 93.

sabbatthaka-mahāmatta *m.* 総務大臣 II.151[6] ②198.

sabba-dhi *adv.* あらゆる場合に II.165[21] ②218. あらゆる所に savanti ~ sotā IV.47[16] 諸々の流れは ~ 流れる ④55.

sabba-navaka *a.* 一番新米の（者） III.419[7] ③589. IV.135[2] ④179.

sabb'antimena paricchedena *instr. adv.* 最低限で III.126[9] ③179.

sabba-pacchato *abl.adv.* 一番後から ~ gacchantaṃ I.80[23] ~行く〔象〕を ①105. I.115[7] ①149.

sabba-pacchā *abl.adv.* 一番最後に，一番後から ~ nigacchanto pII.175[17] ~出て行くのであるけれども ①228. I.231[15] ①303. II.204[9] ②268. **-pabbajita** *a.pp.* 一番最後出家した（舎利弗と目連） I.97[2] ①125.

sabba-paṭhamaṃ *ac.adv.* 一番最初に ~

paṭivijjhituṃ patthetvā I.97[10] ～洞察することを望んで ①126. I.98[8], 175[18] ①127, 228.

sabba-pariyatti-dhara *a.m.* 全ての聖典を保持する **～ssa** I.156 **～者に対して** ①206.

sabba-purima *a.* 一番先頭の I.352[17] ①646.

sabba-mahallaka *a.* 一番年上の（人）IV.135[2] ④179.

sabba-raṭṭi-vāra *m.* 一晩中行なう（祭礼）の番 III.460[11] ③643.

sabba-lokâdhipacca *n.* 全世界の支配 III.191[24] ③281.

sabba-vidū *a.* 全てを知る（者） IV.72[10] ④93.

sabba-vosita-vosāna *a.pp.* <vi-ava-**sā** 全てを終結完了した（人） IV.233[11] ④336.

sabba-seta *a.* 全身がまっ白の〔象〕 II.1[7] ②3.

sabbaso *abl.adv.* <sabba 全て，あまねく II.11[4] ②15. III.181[16], 391[8] ③265. 551. IV.100[13], 228[10] ④133, 328.

sabbâbhibhū *m.n.a.* 全てに打ち勝った者 IV.71[18] ④93.

sabbûpari *adv.* 最後に I.280[6] ①364.

sabhāva *m.a.* 自性，実相，天然，本性とする yathā **～to** etaṃ ñātuṃ vaṭṭati I.233[11] これはもとのところから知るのがよいのだ ①305. phandanâdi**～m** pII.288[16] ゆれ動くなどを本性とするけれども ①375.

sa-bhikkhuka *a.* 比丘が住んでいる（精舎） II.94[3] ②123.

Sabhiya paribbājaka *m.* サビヤ遊行者（「南伝」25, 172頁。27, 290頁）II.212[6] ②276.

sama *a.* 同じの，正しい pāṇa**～ṃ** putta-dāraṃ pariccajitvā I.5[14] 命と同じの子や妻を捨てて ①7. **-cariya** *n.* 正しい歩み，正しい行ない IV.145[7] ④196. **-citta** *a.* 同じ心の（人） mettena **～ā** hotha I.267[21] 慈しみをもって同じ心でいて下さい ①350. **-cārin** *a.* 正しく行ずる人，寂行者 **～inā** ... abhiyācito I.1[17] 正しく行ずる方によって…要請されて **-jātika** *a.* 生まれが等しい（正しい） I.349[4] ①460. **-jātika-kula** *n.* 家柄が等しい（同じ生まれ，血統の）家 II.261[1] ②339.

samagga *a.* （saṃ-agga） 和合した，統一の amhe **～e** kātuṃ vāyami I.57[8] 〔世尊は〕我々を和合させようと努力なさった ①77. mayaṃ pana na **～ā** ahumha I.57[8] しかし我々は和合しませんでした ①77. n'eva te **～e** kātuṃ sakkhi I.56[14] 彼等を和合させることが出来なかった ①76. I.55[4] ①74. II.159[23] ②210. III.52[11] 仲が良い ③76. III.416[10] 和合した（人） ③585. **-bhāva** *m.* 和合していること I.56[8] ①76. **-vāsa** *m.* 同棲生活 te ～ṃ vasiṃsu I.235[15] 彼等は～をした ①308. **-āvāsa** *m.* 仲良く住すること **～ṃ** vasiṃsu III.411[19] ～住していた ③579.

samaggâvāsa *m.* 和合の生活 **～ṃ** vasiṃsu I.166[20] ～を送った ①216.

samajja *n.* <saṃ-**aj** お祭，見世物 **～ṃ** passantānaṃ I.89[13]〔彼等が〕お祭を見ていると ①116. IV.59[17] ④73.

samaṇa *m.* 沙門 **-dhamma** *m.* 沙門法 I.10[17], 12[15], 70[6], 260[21] ①13, 16, 93, 341. **-paṭipatti** *f.* 沙門の実践修行 I.7[8] ①9. **-parikkhāra** *m.* 沙門の用具 II.258[20] ②336.

sama-tiṃsa-pāramiyo *f.pl.* 合計三十波羅蜜 ～ pūretvā I.84[10] ～を満たして ①111.

samatta *a.pp.* <saṃ-**āp** 完成した vata-padāni **～āni** ahesuṃ I.264[21] 浄行（誓約）は完遂された ①346.

samattha *a.* できる，強力な **～e** mahā-yodhe pesesi I.354[3] 強力な大戦士たちを派遣した ①466. II.267[3] できる（人） ②345. **-kāla** *m.* 出来る時 **～e** I.146[11] 〔世尊と会うことが〕～に ①191.

samatha *m.* <**śam** 止，寂止 IV.140[6] ④187.

samatha-vipassanā *f.* 止観 II.187[7] ②246. **-dhamma** *m.n.* 止観の法 I.285[24] ①372. **-bhāvanā** *f.* <bhāveti 寂止（止）・観の修習 I.122[16] ①158.

sama-dhura *a.* と等しい負担をになった Satthā sāmaṇerena saddhiṃ **～e** gacchanto II.97[24] 大師は沙弥と共に

〔しばらく〕 行って ②129.

samanantara *a.* <saṃ-an-antara 間をおかない，直接の majjhima-yāma**〜e** II.6[5] 中夜時分に間をおかずに ②9. **〜ṃ** *ac.adv.* 間髪を入れずに I.207[14] ①273. III.4[5] ③7.

samanupassati たどって見る **〜ssahi** （*VrI.*） (*imper.*) III.228[17] **〜見なさい** ③327.

samanta-cakkhu *a.* あまねく見る眼ある（人） I.147[15] ①192.

samannāgata *a.pp.* （saṃ-anu-āgata） そなえた lokuttara-saddhāya **〜ṃ** I.76[18] 出世間の信仰をそなえた人を ①100. satiyā **〜ā** I.229[4] 思念をそなえた人々は ①300.

samannāharati <saṃ-anu-ā-**hṛ** 思念する，注意を払う evarūpaṃ **a〜ritvā** I.379[2] そのようなものには**〜払わないで** ①497.

sam-annesati <saṃ-anu-**iṣ** 探し求める therassa viññāṇaṃ 〜 I.432[15] 上座の意識体 （識, 識神） を〜 ①567.

sama-ppamāṇa *a.* 同じ大きさの 〜ṃ āsanaṃ gahetvā I.155[21] 〜の坐席をとって ①205.

samappita *a.pp.* <samappeti 引き渡された socanti nirayamhi *〜ā* III.488[13] 地獄に引き渡されて愁い悲しむ ③681.

sama-mānasa *a.* 平等の心をもった **〜o** I.146[16] 〜方である ①191.

[1]**samaya** *m.* （<saṃ-**i**） 時, 時期, 会, 集会 tasmiṃ **〜e** I.4[7] その時 ①6.

[2]**samaya** *m.* <saṃ-**i** 教義 Sañjayassa **〜ṃ** parimadditvā I.90[15] サンジャヤの教義を触知して ①117. **〜'antara** *m.* 別 〔派〕 の教義 IV.235[15] ④340.

sama-vipākin *a.* 同じ果報を持つもの I.22[6] ①29.

sama-visama *a.* 平らの， でこぼこの I.333[8] ①438.

samasama *a.* まったく同じ **〜m** eva cittaṃ pavattetha I.216[16] **〜心**を動かしなさい ①285.

samassāseti *cs.* <samassasati <saṃ-ā-**śvas** 安心させる， ほっとさせる purisaṃ **〜setvā** I.148[21] **人を〜させて** ①193. I.13[7], 51[25] ①17, 69. III.87[10], 167[10] ③125. 243.

sam-ākaḍḍhita-citta-tā *f.* 心が引きつけられていること III.116[5] ③165.

samāgacchatI. <sam-ā-**gam** 会合する mā piyehi **〜gañchi** （*aor.*） III.275[1] 愛しいものどもと会合してはならない ③397. na **〜gaccheyya** （*op.*） III.275[20] 会合してはならない ③398.

samāgata *a.pp.* <saṃ-ā-**gam** 集まった I.338[4] ①445.

samāgantvā *ger.* <samāgacchati 会合して I.161[14] ①210.

samāgama *m.* （saṃ-āgama） 来集, 集合 ekasmiṃ ṭhāne **〜ṃ** katvā I.79[3] 一箇所に 〔施物を〕 集めて ①102.

samācarati <sam-ā-**car** よく行なう I.383[18] ①505.

samādapaka *a.m.* 〔施を〕 勧募する(人) II.129[8] ②170.

samādapita *a.pp.* <samādapeti 通告された III.5[9] ③9.

samādapeti *cs.* <saṃ-ā-**dā** 取らせる， 勧導する paraṃ na 〜 I.78[2] 他の人に〔施をすることを〕 奨励しない(勧導しない） ①101. **〜dapesi** （*3sg.aor.*） I.78[24] 奨励した ①102. paraṃ na 〜 II.127[19] 他人に〔施を〕勧めない ②168. kiṃ parena **〜dapitena** （*pp.*） II.127[18] 他人から勧められて〔する施〕 が何になろうか ②168. II.174[14] ②229. III.17[8], 65[17], 81[13], 152[13], 191[11], 206[3] ③26. 95. 115. 218. 301. IV.219[14] ④311.

samādāna *n.* <saṃ-ādāna 受持 〜vasena I.380[12] 受持のための ①500.

samādāpeti *cs.* <saṃ-ā-**dā** すすめる **〜dāpetvā** II.114[16] 勧めて ②152.

samādinna-tta *n.* 受持されていること **〜ā** （*abl.*） I.264[4] **〜されているので** ①346.

samādinn'uposatha *a.pp.* 布薩が受持されている(人) III.113[16] ③163.

samādiyati <saṃ-ā-dā 取る， 受持する dhūtaṅgāni 〜yissāma I.229[19] 頭陀の項目を遵守しよう ①300.

samādhi-sāra *m.* 禅定の核心 I.114[12] ①147.

[1]**samāna** *a.* 同じ， 同等の **-jātika** *a.* 同じ生まれ(階級, 家柄) の II.189[10] ②248. I.388[20], 390[19] ①511, 514. III.348[14] ③

497. **-nāmaka** *a.* 同じ名前の（者） IV.203[12] ④289. **-vaya** *a.* 同じ年頃の（人） III.241[19] ③347.

[2]**samāna** *a.prp.* <atthi ありつつある pabbajitā ～**ā** I.56[12] 出家しているのだから ①76.

samāneti <saṃ-ā-**nī** 計る ～netvā III.146[1] 計って ③208.

samāpajjati <sam-ā-**pad** 入る，達する nirodha-samāpattiṃ ～**pajji** （*3sg.aor.*） I.109[4] 滅尽定に入った ①140. ～**pajjiṃsu** （*3pl.aor.*） I.109[6] ①140. ～pajjitvā （*ger.*） I.109[7] ①140. catuttha-jjhānaṃ ～**jjitvā** II.62[11] 第四禅に入って ②81.

samāpajjana *n.* 入ること，入定 II.170[3] ②223.

samāpatti *f.* <samāpajjati 定，等至 ～**ṃ** samāpajjitvā I.317[16] 禅定に入り ①417. I.156[4] ①205.

samāpatti-nivesanā *n.f.* 禅定という住処，執著 ～**aṃ** katvā I.318[13] ～を作って ①418.

samāharati <saṃ-ā-**hṛ** 集める，運んで来る ～**haratha** （*imper.2pl.*） I.79[4] 君たちは運んで来なさい ①103. ～**harāpesi** （*cs.aor.*） I.79[5] 運んでこさせた ①103.

samāhāra *m.* 集めてくるもの II.25[15] ②33.

samijjhati <saṃ-**ṛdh** 成功する ～jjhissati （*ft.*） nu kho imassa purisassa patthanā I.110[17] 一体ね、この者の願は成就するであろうか ①142. I.418[12] ①549. sabbam'eva ～**jjhatu** （*imper.*） I.198[3] もう全て成功しますように ①262.

samijjhana-bhāva *m.* 成就すること ～**ṃ** addasa I.110[19] ～をご覧になった ①142. tassa patthanāya ～ṃ disvā I.112[20] 彼の願が～を見て ①144.

samiñjati <saṃ-**iṅg** 動く na ～**anti** paṇḍitā II.148[17] 賢者たちは揺れ動かない ②195.

samitaṃ *ac.adv.* 常に，引き続き ～ maccu-santikaṃ gacchāma I.65[16] 我々はいつも死王のもとにおもむく ①87.

samita-gamana *n.* 静かに行くこと I.390[1] ①513.

samita-pāpa-ttā *abl.adv.* 悪が静められているので III.84[1] ③118.

samiti *f.* <saṃ-**i** 集合，戦争，戦場 I.213[1] ①280. IV.3[5, 18] ③5, 6.

samiddha *a.pp.* <samijjhati 繁栄した ～**ṃ** nagaraṃ suññaṃ disvā I.312[20] ～都城が空っぽなのを見て ①410.

samiddhi *f.* 成功 II.158[20] ②208.

Samiddhi *m.* 〔尊者〕サミッディ(「仏弟子達のことば註(一)276頁—」) III.241[1] ③345.

samīrati <saṃ-**īr** 動く vātena na ～ II.148[16] 風によって動かない ②194.

samugghāta <saṃ-ud-**han** 根絶 ～**ṃ** gacchati IV.147[14] ～にいたる ④192.

samuccheda-vimutti *f.* 正断（捨断による）解脱 I.434[7] ①569.

samuṭṭhita *a.pp.* <saṃ-ud-**sthā** 発生した I.363[1] ①477.

samudācarati <sam-ud-ā-**car** 行なう，言う na kho pana maṃ saṇhena ～carissati I.21[3] しかし、ね、〔この医師は〕私をやさしく扱わないだろう ①28. samudācārena ～**carante** I.87[4] 修行(習慣的実践)を行なっているのを ①114. bhataka-vādena ～**caranti** I.119[23] 傭われ人という言葉でもって語る ①155. 生起する 動き出す kileso ～**cari** （*aor.*） III.106[10] 煩悩が動き出した ③151. IV.182[1] ④245.

samudita *a.pp.* <saṃ-**mud.** 喜んだ，そなえた IV.235[14] ④327.

samuppanna-saṃvega *a.pp.* <saṃ-ud-**pad.** 衝撃が起こされた（人） III.146[20] ③209.

samullapati <saṃ-ud-**lap** 語る raññā saddhiṃ ～**pamānā** （*prp.*） I.164[7] 王と会話をしていて ①213.

samussaya *m.* <saṃ-ud-**śrI.** 集積，合成 III.117[17] ③167. IV.58[7], 70[9] ④65, 84.

samussāhita *a.pp.*<ussahati <ud-**sah** 決意した，励まされた karuṇā-vega～mānaso I.1[11] 〔大師は〕悲心の急動によって心が励まされて ①3. ～mānasā I.49[11] 心を励ませて ①66.

samussita *a.pp.* <samusseti 組み立てられた〔身体〕 III.109[3] ③154.

sa-mūlaka *a.* 根もろとも ～**m** pi taṃ rukkhaṃ ubbattetvā I.75[16] 根もろとも

にその樹木を持ち上げて ①99.

samūhata *a.pp.* <samūhanati 根絶除去された III.359[6], 389[15] ③510, 548.

sameti *cs.* <sammati 静める pāpāni ～**metvā** III.391[4] 諸悪を静めて ③551. sabbâkusalāni ～**metvā** IV.145[10] 全ての不善を静めて ④197.

samodhāna *n.* 集合, 集約 ～**ṃ** gacchati I.228[13] 集約される ①299.

samodhāneti *denom.* <samodhāna 結合する jātakaṃ ～**netvā** (*ger.*) I.82[5], 344[18] 「本生物語」を結び合わせて ①107, 454. jātakaṃ ～**nesi** I.254[20] 「本生物語」と〔この事件〕を結び合わした ①322. atītaṃ ～**netvā** II.18[20] 過去を〔現在と〕結びつけて ②23. III.126[1] あてはめる ③178. III.462[2] IV.199[8] 結合する ③645. ④283.

samosaraṇa *n.* <saṃ-ava-**sṛ** 合流 appamāda～**ā** I.228[16] 不放逸と合流する ①299.

samosarati <saṃ-ava-**sṛ** 集まる ito c'ito ca ～**ritvā** I.248[24] あちらこちらと集まって ①325. tatth'eva ～**ritvā** I.344[6] 同じその場所に集まって ①453.

sampajāna *a.* 正しく知る (人) III.452[10] ③631.

sampajjati <sam-**pad** 起る, なる, 成功する yath'icchitam eva ～ I.5[5] もう望み通りにととのう ①6. tassā ativiya ～ I.52[19] 彼女の〔穀物は〕ことのほか成功する ①70. sassaṃ ～**pajjissati** (*ft.*) III.284[23] 穀物がみのるだろう ③414. sassaṃ ～**pajji** (*aor.*) III.285[1] 穀物がみのった ③414. **sampannaṃ** (*pp.*) me sassaṃ III.285[1] 私の穀物はみのった ③414. III.425[17], ③597.

sampajjalita *a.pp.* <saṃ-pa-**jval** 燃えた kodhena ～**o** viya ahosi I.216[14] 怒りで〔火が〕燃えたようになった ①285. kūta-sahassāni ādittāni ～**āni** uparimatthake patitvā II.69[5] 〔六十〕千本のハンマーが燃え輝やいて〔彼の〕頭の上に落ちて ②91.

sampaṭicchati <saṃ-paṭi-**iṣ** 受取る, 同意する so sādhū ti ～**cchitvā** (*ger.*) I.32[16] 彼は「わかりました」とうなずいてから ①43. sā sādū ti ～**cchi** (*aor.*) I.70[5] 彼女は「わかりました」とうなずいた ①93. I.304[9], 347[7], 350[6], 369[22], II.204[18] ①399, 458, 462, 486, ②268. III.47[17], 65[21], 446[4], 471[2] IV.149[10] ③64. 95. 622. 656. ④203.

sampaṭicchanaka-jātika *a.* 受け取る類の I.304[3] ①399.

sampaṭicchāpeti *cs.* 承諾させる ～**petvā** I.46[12] 承諾させて ①62.

sampatta *a.pp.* <sampāpuṇāti 得た, 達した ～**e** vā **a**～**e** vā lagga-mānasaṃ I.361[9] すでに得たものに、或いはまだ得ないものに心が結びつけられた人を〔死神がとらえて行く〕 ①474. ～parisāya I.24[18] 集まって来た会衆にとっても ①32. I.1[9], 39[12], 77[11] ①3, 53, 100. **-bhāva** *m.* 到着していること I.385[8] ①506.

sampatti *f.* 栄華, 得たもの I.28[5], 78[15], 426[8], II.35[15] ①37, 102, 560, ②47.

sampadā *f.* <saṃ-**pad** 具足, 成就 hita～**aṃ** I.1[15] 利益の具足を〔もたらす〕 I.23[1], 96[17] ①30, 125. III.8[24] ③14.

sampanna *a.pp.* <sampajjati そなえた **-bhoga** *a.* 富財をそなえた (人) ～**o** I.133[19] **～そなえている** ①176. **-vijjā-caraṇa** *a.pp.* 明と行をそなえた III.86[5] ③123. **-vega-tara** *a.pp.* より速い速さをそなえた (者) ～**o** natthi I.197[10] ～はいない ①261. **-sākha** *a.* 枝の繁った I.3[10] ①5. **-ārakkha** *a.* 守りをそなえた (人) III.138[7] ③196.

sampayāta *a.pp.* <sam-pa-**yā** 行った III.337[2] ③481.

samparāya *m.* 来世 III.5[15] ③9.

samparivattakaṃ *ac.adv.* 転々として ～semāno II.12[17] ～横たわって ②17. II.5[15] ②8.

samparivattati <saṃ-pari-**vṛt** 回転する ～**vattamānā** II.262[13] のたうち廻って ②341. IV.15[16] ④19.

samparivatta-sāyin *a.* ごろごろと横たわる (人) III.265[4] ③382. IV.16[8] ④19.

sampassati <saṃ-**paś** 見る, 観る khaya-vayaṃ ～**māno** (*prp.*) I.71[10] 滅尽と壊滅を観じつつ ①94.

sampahaṃseti *cs.* <saṃ-pa-**hṛṣ** 喜ばせる taṃ ～**sesi** (*aor.*) III.251[6] 彼を～た ③362.

sampādeti *cs.* <sampajjati 完成させる, 得る, 調達する bhattaṃ **~desiṃ** (*aor.*) II.17[19] ご飯を調達しました ②22. yāgu-bhattâdīni**~detha** (*imper.*) II.114[1] お粥や御飯などを調達しなさい ②151. yāgu-bhattaṃ **~pādetvā** I.206[19], 256[18] お粥の御飯を調えて ①272, 335. ayyassa **~pādehi** I.197[14] お聖人様にさし上げなさい(お聖人様に対して成功させなさい) ①261. bhojanaṃ **~detvā** (*ger.*) I.292[19] ご飯を調達して ①381. 得る, 完遂する cha abhiññā ~ I.258[2] 六神通を得る ①337. ratti-ṭṭhāna-divā-ṭṭhānāni **~detvā** *ger.* I.8[22] 夜の〔休息の〕場所、昼の〔休息の〕場所を調えて ①10. sassa-kammaṃ **~denti** II.141[9] 穀物作りを完成させる ②185. sīlâdīni **~dentā** III.275[16] 戒などを得て ③398. yāva te yāgu-bhattaṃ **~demi** IV.20[7] 私があなたにお粥の御飯をととのえるまで ④24. sūpa-vyañjanâdini ~ III.465[22] スープやおかずなどを用意する ③650.

sampāpaka *a.* 得させる(もの) IV.109[1] ④144.

sampāpuṇāti <saṃ-pa-**āp** 得る, 達する vuttha-pubba-gāmaṃ **sampāpuṇi** *aor.* I.15[13] 以前に住んでいた村に到着した ①20. **~ṇituṃ** (*inf.*) nâsakkhi I.222[14] 到達することが出来なかった ①292.

sampāpeti *cs.* <sampāpuṇāti 得させる, 達させる Jeta-vanaṃ **~pesi** (*aor.*) I.18[14], 372[20] 祇陀林に到着させた ①24, 490.

sampiyāyati *denom.* <sampiya 敬愛する **~yamānā** (*prp.*) II.65[11] ~して ②86.

sampuccha *ger.* <sampucchati 相談して, 共謀して IV.9[2] ④13.

samphusati <saṃ-**spṛś** 触れる naṃ **~situṃ** (*inf.*) na icche I.202[6] それに触れようと思わない ①267.

sambādha *a.m.* 障碍, 繁多 anto-nagaraṃ **~ṃ** I.387[2] 都城の中は繁雑です ①509. **-ṭṭhāna** *n.* 雑踏の場所 III.110[10] ③156.

sambāhati <saṃ-**bāh** さする 按摩する pāde **~hitvā** II.176[19] 両足をさすって ②231. **~hantā** (*prp.*) IV.175[9] あんましていて ④243.

sambāhulikā kathā *f.* 多数決の話し合い I.79[16] ①104.

sambojjh'aṅgāni *m.pl.* 〔七〕菩提分(念・択法・精進・喜・軽安・定・捨) II.162[19] ②214.

sambodhi-aṅga *n.* 正覚支, 七菩提分 II.162[3] ②213.

sambhañjati <saṃ-**bhañj** 破壊する **~jamānā** (*prp.*) III.152[21] ~しつつ ③219.

sambhañjana *n.* 破壊すること III.153[13] ③219.

sambhatta *a.pp.* <sambhajati 親しくしている II.77[12] ②103.

sambhāvana *n.* 尊敬 II.76[19] ②102.

sambhāveti *cs.* <sambhavati 敬う **~bhāvesuṃ** (*aor.*) II.210[7] 敬った ②274.

sambhoga *a.* 一緒に同じ〔生活用品, 食を〕受用する(人) III.413[5] ③581.

samma *interj.* 友よ ~ Kolita I.89[23] 友、コーリタよ ①116. I.435[7] ①570.

sammajjati <saṃ-**mṛj** 掃除する **~jjitvā** II.140[21], 184[8] ~して ②185, 241. pariveṇaṃ **~jji** (*aor.*) II.184[9] 僧房を~した ②241. vihāraṃ **~jjituṃ** (*inf.*) na sakkhissāmi I.293[18] 精舎を~ことが私はできないだろう ①383. **sammajji** *aor.* I.58[13] 掃除した ①78. kālass'eva na **~jjiṃsu** (*3pl.aor.*) I.20[3] 適時に掃除をしなかった ①26. III.168[5] ③245. IV.18[7] ④22.

sammajjana-ṭṭhāna *n.* 掃除をする場所 I.163[12] ①212.

Sammajjani-tthera *m.* サンマッジャニン(ほうきを持つ)上座 (*PTS*.Sammuñjanin) III.168[1] ③245.

sammajjanī *f.* ほうき, 箒 III.7[19], 354[4] ③13, 503.

sammati <**śam** 静まる, 止息する **sammanti** medhagā I.65[11] 諸々の論争は静まる ①86. IV.147[23] ④201.

sammatta *a.pp.* <saṃ-**mad** 酔った, 理性を失った, 夢中になった putta-pasu**~ṃ** II.275[3] 子や家畜に夢中になった人を

②355. III.432[2] ③607.

sammad-aññā-vimutta *a.pp.* <vimuñcati 正しく完全に知って解脱した（人） II.185[23] ②243.

sammantana *n.* 相談すること IV.94[10] ④124.

sammantayati <saṃ-**mant** 相談する ～**tayitvā** III.101[16] 相談して ③144.

sammanteti <saṃ-**mant** 相談する ～**tayiṃsu** （*aor.*） III.437[12] ～した ③614. IV.7[8] ④11.

samma-ppajāna *a.* 正しく知る（人） ～**o** I.157[8] 正しく知って ①207.

samma-ppadhāna *n.* 正しい精勤 III.233[24] ③334.

samma-ppadhāna-viriya-kicca *n.* 正勤精進して為すべきこと III.404[7] ③568.

sammasati <saṃ-**mṛś** 触知する kamma-ṭṭhānaṃ ～**santo** （*prp.*） I.262[20] 観念修行法（業処）を触知しつつ ①343. ajjhattika-kamma-ṭṭhānaṃ ～**santo** I.375[15] 内心の観念修行法（業処）を～しつつ ①492. IV.107[13] ④143.

sammā *adv.* 正しく，完全に ～paṭijaggitvā I.15[2] 正しく看護して ①19. **-diṭṭhika** *a.m.* 正見の者 I.33[17] ①44. III.79[11] ③113. **-diṭṭhika-putta** *m.* 正しい見解をもつ者の息子 III.455[13] ③637. **-diṭṭhin** *a.* 正見の（人） III.200[1] ③293. **-paṭipatti** *f.* 正しい実践 I.158[18] ①208. **-paṭipadā** *f.* 正しい実践修道 IV.127[14] ④170. **-paṇihita** *a.pp.* <paṇidahati 正しく向けられた，志向した ～**ena** cittena I.331[17] 心が正しく志向することによって ①436. IV.172[12] よく定められた ④230. **-paricaraṇa** *n.* 尊敬奉仕すること IV.151[14] ④206. **-saṅkappa-gocara** *a.* 正しいと思いめぐらしの餌場を行く（者） ～**ā** I.114[2] ～を行き ①146. **-sati** *f.* 正しい思念 II.226[10] ②294. **-samādhi** *m.* 正しい精神統一，正定 II.226[11] ②294. **-sambuddha** *m.* 正等覚者 namo ... ～**ssa** I.1[2] ～に帰命したてまつる ①3. ～**ṃ** disvā I.207[10] ～にお目に掛り ①273. I.249[18], 263[10], 372[4], II.118[5] ①326, 345, 489, ②155.

sammāna *n.* 尊敬，報酬 II.204[6] ②267. I.239[8] 尊敬 ①314. II.87[16] 敬意 ②116.

sammāneti 敬意を表する ～**nesi** （*aor.*） III.182[4] ～表した ③266. III.136[14] ③193.

sammiñjita *a.pp.* <sammiñjati 曲げられた pāde ～**e** III.273[18] 足が曲げられた時 ③396.

sammukha *a.* 対面の ahaṃ ～**ā** bhavituṃ na sakkomi I.242[3] 私は〔父母と〕対面していることは出来ないよ ①317. ～**ā** *abl.adv.* I.60[20] 面前で ①80. ～**e** ṭhatvā I.110[7] 面前に立って ①142. **-geha** *n.* 向き合った家 III.290[13] ③423. **-ṭṭhāna** *n.* 面と向かう場所 III.427[4] ③599.

sammukhâgata *a.pp.* 面前に来た，目の前に建っていた〔建物〕 III.380[8] ③536.

sammukhī-bhāva *m.* 対面していること III.348[16] ③497.

sammuti-sacca *n.* 世俗の真実 III.403[2] ③567.

sammuyhati <saṃ-**muh** 昏迷する ～**yhāmi** I.217[11] 私は昏迷している ①286.

sayaṃ *adv.* ⓢsvayam 自分で，自ら eko ～ dānaṃ deti I.78[1] 或る人は自分は施を行なう ①101. ～ **eva** māretvā I.214[8] ～殺して ①282. **-viññū** *a.m.* 自分で識別して知る（人） II.33[7] ②44.

saya-jāta-sāli *m.* 自然生の米 ～**ṃ** āharitvā I.166[12] ～をもって来て ①216.

sayana *n.* <**śī** 臥床，ベッド I.270[16] ①353. **-ṭṭhāna** *n.* 横たわる（寝る）場所 ～**ṃ** adisvā I.10[15] 横たわる（寝る）場所を見ないので ①13. **-piṭṭha** *n.* ベッドの背 ～**e** nipajji I.215[25] 〔蛇は〕～に横たわった ①284.

sayani-ghara *m.* 寝室 I.260[18] ①341.

sayam eva *adv.* 自分自身で ～suvaṇṇaṃ koṭṭetvā I.25[9] 自分自身で黄金を打って ①34.

[1]**sara** *m.* ⓢśara 矢 ekaṃ ～**ṃ** khipi I.352[10] 一矢を放った ①464. **-tuṇḍa** *n.* 矢の先（口ばし） III.32[2] ③47. **-daṇḍaka** *m.* 矢箭，矢を作るしの竹 II.141[16] ②186.

[2]sara *m.* 湖 eko **〜o** atthi I.43[1] 一つの湖があります ①57.

saraka *m.* 容器 suvaṇṇa**〜ṃ** ādāya II.85[12] 黄金の〜を持って ②113. suvaṇṇa**〜ena** III.7[11] 黄金の〜で ③12.

saraṇa *n.* 帰依, 帰依処 **〜esu** patiṭṭhāya I.8[18] 〔三〕帰依にしっかりと立って ①10. I.6[5] ①7. II.267[18] ②346. III.434[10] ③610.

sarati **<smr̥** 想い起こす ekaṃ na **sarimha** (*1pl.aor.*) I.269[14] 我々は一つのことを思い出さなかった ①352.

sarada-kāla *m.* 秋の季節 III.428[22] ③601.

Sarada-tāpasa *m.* サラダ苦行者 I.107[23] ①139.

Sarada-māṇava *m.* サラダ学童 (舎利弗の少年時代の名) I.104[27] ①136.

sara-dhārā *f.* 葦（あし）の葉の刃 II.251[1] ②326.

sara-bhañña *n.* 梵唄, ぼんばい, 唱誦 **〜ṃ** bhaṇati I.154[19] 〜を誦える ①203. IV.102[2] ④136.

sara-bhāṇa *m.* 声に出して誦えること **〜ṃ** bhaṇāhi II.95[18] 声に出して誦えなさい ②126.

sarikkha *a.* 同様の, 類似の(もの) I.337[1] ①443.

sarikkhatā *f.* 類似性 I.376[2] ①492.

sarita *a.pp.* <sarati 流動した IV.47[19] ④55.

sarīra *n.* ⓢśarīra 身, 身体 **〜m** pi attanā saddhiṃ na gacchati I.6[13] 身体も自分 (霊)と一緒に行かない ①8. **-kicca** *a.m.n.gdv.* <karoti 葬式 tassa **〜ṃ** kārāpetvā I.321[19] 彼の葬式 (死体の始末, 火葬) を行なわせて ①422. I.69[22], 152[9], 171[7], 185[1], 356[20] ①93, 200, 222, 243, 269. 身の用たし, 用便, 身だしなみ (歯みがき, 洗顔, 着衣, 用便) 〜ṃ katvā II.33[4], 190[8] ②175, 250. 〜en'amhi atthiko III.52[19] 私は用便がしたいのです ③77. **-cetiya** *n.* 〔仏陀の〕身体〔を葬った〕塔廟 III.251[14] ③363. **-nikkhepa** *m.* 〔死〕体の捨棄 III.278[20] ③403. **-nipphatti** *f.* 身体の成就 I.106[15] ①138. **-nissanda** *m.* からだから出るもの(糞尿) III.218[19] ③316. **-paṭijaggana** *n.* 身のまわりをととのえること(洗顔, 歯みがき, 着衣など) **〜ṃ** katvā I.172[1], II.96[14] 〜をして ①223, ②127. III.347[16] ③495. **-paṭibaddha-tta** *n.* 身に結ばれていること 〜ttā I.37[3] 身に結ばれているので〔身から離れない〕 ①48. **-ppabhā** *f.* 身から出る光 I.106[1] ①137. III.219[14] ③317. **-maṃsa** *n.* 身の肉 〜ssa uddhumāyitvā I.126[5] 〜が膨張して ①164. **-līḷhā** *f.* 身体の優美さ III.79[17] ③113. **-vaṇṇa** *n.* 身体の色 I.71[5] ①94. **-valañja** *m.* 〔自分の〕身から出た糞 II.55[7] ②72. **〜ṃ** katvā I.53[18] 用便をして ①72. **〜ṃ** karissāmi III.273[17] 僕は便所へ用たしに行きます ③396. **-valañja-ṭṭhāna** *n.* 便所 IV.46[20] ④54. **-valañjana-bhājana** *n.* 身の用便の容器 III.270[4] ③391. **-saṇṭhāna** *n.* からだの形状 I.304[14] ①400. **-sampatti** *f.* 身の見事なこと (成就) IV.118[3] ④157.

sa-lajja *a.* 恥じた(者) IV.19[6] ④22.

salāka *a.* 食券の **〜'agga** *n* 食券で施食する家, 籌食堂 III.105[13] ③150. IV.65[15] ④83. **-bhatta** *n.* 食券で配る食事 **〜ṃ** dehi I.298[1] 〜を与えなさい ①390. I.129[13], 363[11], 379[11], 417[1] ①169, 477, 498, 546. III.350[7] ③499. **-dāna** *n* 食券で配る食事の施 III.4[12] ③7. **-yāgu** *f.* 食券によって配る粥 I.129[13] ①169. IV.65[16] ④83.

salākā *f.* 食券, くじ so **〜aṃ** gaṇhatu I.143[1] その人は〜をとりなさい ①187. **〜aṃ** vāresuṃ III.38[20] くじ引きをした ③57.

sa-lābha *ṃ* 自己の所得 IV.95[13] ④119.

sallakī *f.* サッラキー, 芳香樹 IV.13[4] ④17.

sallakkhita *a.pp.* <sallakkheti <saṃ-**lakṣ** 観察した, 観察された kiṃ te **〜ṃ** I.89[22] 君は何を観察したのか ①116.

sallakkheti <saṃ-**lakṣ** 観察する, 了解する thero ... ti **〜esi** (*aor.*) I.18[18] 上座は…と了解した ①25. I.30[5], 38[6], 73[21], 80[17], 229[6], 238[24], 346[16] na koci **〜esi** (*aor.*) II.27[5] 誰も〔彼に〕気付かなかった ②35. II.37[16], 46[9] ②50, 61. 〜

kkheyya (*op.*) IV.20[6] **～であろう** ④24.

sallapati <**saṃ-lap** 共に語る **～panto** (*prp.*) I.260[16] 一緒に会話をして ①341.

salla-santhana *n.* 矢を抜き除くもの III.402[11] ③566.

sallahuka *a.* 軽便な **～ehi** yānehi II.8[15] **～な乗物で** ②12. **-vuttin** *a.m.* I.8[1] 簡素な生活をする者 ①9. **-sarīra** *a.* 身体が軽快な ～o I.320[11] ～となり ①420. IV.17[16] ④21.

sa-vāhana *a.* 軍勢をともなった〔魔(Māra)〕 III.177[14] ③259.

sa-vighāta *a.* 悩害ある I.117[9] ①151.

sa-viññāṇaka *a.* 有識の, 識あるもの(生命体, 人間や牛馬) I.6[20] ①8.

Saviṭṭhaka *m.* (鳥の名) サヴィッタカ I.144[8, 11] ①189 (「南伝」30, 248頁参照)

sa-sakkhara *a.* 砂利が敷いてある III.401[8] ③565.

sasura *m.* 義父, しゅうと I.392[11], 401[1] ①516, 526. **-kula** *n.* 義父(しゅうと)の家 I.397[17] ①522.

sa-sneha *a.* 愛情をもった (人) **～o** hutvā I.339[4] 愛情をもって ①446. mayi **～o** satto nāma natthi I.223[9] 私に**～者**というのはいない ①293.

sassa *n.* Ⓢsasya 穀物 IV.98[5] ④123. **-kamma** *n.* 穀物作り II.141[9] ②185. **-pāka-samaya** *m.* 穀物がみのる時 **～e** āgantvā I.79[14] ～においでになって ①103.

sassata-diṭṭhi *f.* 常であるとみる見解, 常見 III.454[6] ③634.

sassatin *a.* 常恒な, 常恒のもの **～ti** viya khāyati I.222[7] 常恒なもののように思える ①291.

sa-ssāmika *a.* 亭主持ちの II.2[5] ②4. III.300[15] ③436.

sassū *f.* 姑, しゅうとめ, 義母 I.235[19], 307[9] ①309, 403. III.468[11] ③653.

saha-gata *a.pp.* 共に生ずる, ともなった domanassa**～ṃ** I.22[1] 心の憂いと共に生ずる 〔いかり〕 ①29. somanassa**～ṃ** I.35[17] 心の喜びをともなった ①47.

saha-gāmin *a.m.* 一緒に行く (者) attanā **～ino** bhikkhū pariyesanto I.8[9] 自分と一緒に行く比丘たちを求めて ①10.

sahati <**sah** 耐える, できる **a-sayhamānā** (*prp.pl.*) II.263[13] 抗しきれずに ②342. āgate sare **sahituṃ** (*inf.*) bhāro I.212[17] とんで来た矢に耐える (打ち勝つ) ことが重責である ①280. IV.43[5] 征服する ④51.

sa-hatthā *abl.adv.* 自分の手で II.258[6] ②335. III.68[6], 84[12] ③98, 120. mā ～ kammam akāsi IV.123[12] **～仕事をしてはならない** ④165.

sa-hatthena *instr. adv.* 自分の手で, 自から手をくだして III.369[8], 465[21] ③523, 650.

saha-dhammika *a.* 同法の (人) III.479[14] ③668.

saha-paṃsu-kīḷika *a.* 泥んこまみれで遊ぶ **～ā** sahāyakā ahesuṃ I.105[2] ～友達であった ①136.

Sahampati-brahman *m.* 娑婆王梵天 I.86[17] ①113.

sahavyatā *f.* 共住, 友誼 ～aṃ patto I.31[24] 交誼を得た ①42.

sahasa-anupīḷita *a.pp.* <**pīḍ** 急に押された〔足跡〕 I.201[6] ①265. III.195[2] ③285.

saha-seyyā *f.* 同じところで一緒に寝ること, 同宿 **～aṃ** āpajjeyya II.183[15] 同宿の罪となるだろう(「南伝」2, 26頁) ②241.

sahassa *num.* 千 ～netto devindo I.17[14] 千の眼がある神の王(帝釈天)は ①23.

Sahass'akkha *m.* 千眼 (帝釈天の別名) I.264[15] ①346.

sahassa-guṇena *instr. adv.* 千倍も IV.54[14] ④64.

sahassa-tthavikā *f.* 千 (金) の入った袋 II.37[13] ②50.

sahassa-tthāma *a.* 千人力の **～ṃ** dhanuṃ gahetvā I.350[11] ～の弓をもって ①462.

sahāya *a.m.* <**saha-i** ともに行く, 朋友 **～o** I.79[15] 〔いつも〕おいでになる(共に行く方である) ①103.

sahāyaka *a.m.* <**saha-i** 朋友, 共に〔天国に〕行く者 **～o** homi I.266[20] 友人(共に〔天国に〕行く者)だ ①349. **～ā** hutvā I.338[5] 友人となって ①445.

sahāyatā *f.* 友であること，ともに歩むこと，同伴者であること natthi bāle ~ I.16[24] 愚者と友であることはないのだ ①22. I.62[11] ①83. II.23[18] ②31.

sahāyikā *f.* 女友達 III.52[9] ③76.

sahita *a.pp.* <saṃ-**dhā** 伴った，構成された，経典 **~ṃ** bhāsamāno I.157[1] 経典を誦えて ①206. **~ṃ** ti Tepitakassa Buddha-vacanassa etaṃ nāmaṃ I.157[11] 経典とは三蔵の仏語のこれは名称である ①207. III.454[1] ③634.

sa-hirika *a.* 恥をもった（人） III.489[19] ③683.

sāka *m.* 野菜 I.358[20], 425[18] ①471, 559.

Sāka *m.* サーカ〔鹿〕 III.148[6] ③211.

sākacchā *f.* (sa-kathā-ya) 議論 **~aṃ** karonti I.90[25] ~を行なう ①118.

sākaṭika-jeṭṭhaka *a.m.* 荷車ひきの長 I.176[5] ①229.

Sākiya *m.* 釈迦族の人 **~e** dārikaṃ yāciṃsu I.345[12] **~人々に**娘さんを〔下さるよう〕乞うた ①455. III.254[6] ③367.

Sākiya-vaṃsa *m.* 釈迦族の系統 **~o** Viḍūḍabhena ucchinno I.359[6] **~は**ヴィドゥーダバによって断ち切られた ①471.

Sākiyānī *f.* サーキヤ（釈氏）の女 I.118[16] ①153.

sākuṇika *m.* 捕鳥者 I.322[1] ①423. III.175[8], 375[18] ③256, 529.

Sāketa *n.* （都城の名）サーケータ（舎衛城の南7ヨージャナの地点，コーサンビーとの中間，サラブー河中流にある） I.387[6] ①509. III.317[10] ③458.

Sāketaka-brāhmaṇa *m.* サーケータに住むバラモン III.317[9] ③458.

sākhā-bhaṅga *n.* 枝切れ，そだ I.58[4] ①78. II.264[8] ②342. III.42[22] ③61. IV.30[2] ④35.

Sāgala-nagara *n.* サーガラ都城（マッダ国の都城） II.116[21] ②154. III.281[21] ③409.

sāṭaka *m.* 着物，布 nivattha**~o** apagato I.307[4] 着ている着物はぬげて ①403. **~ena** nalāṭaṃ puñchi I.247[5] 布で額をぬぐった ①323. **~o** kiliṭṭho ahosi I.247[5] 布は〔汗で〕汚された ①323. II.52[19] ②69. III.139[21] ③198. 外衣 IV.223[5] ④318. **-yuga** *n.* 一対の衣（二着で一組の衣） III.2[17] ③5.

sāṭheyya *n.* へつらい buddhā nāma **~ena** ārādhetuṃ na sakkā I.260[19] 諸仏というのは**~によって**喜ばせることは出来ない ①341.

sāṇa *n.* 粗麻布 IV.77[15] ④94.

sāṇi-kaṇṇa *n.* カーテンの耳，幕の袖 **~ṃ** ukkhipitvā I.195[2], 406[19] **~を**上げて ①257, 534.

sāṇi-pākāra *m.* 囲幕 III.145[24] ③207.

sāṇī *f.* 幕 **~niyā** parikkhipiṃsu II.49[10] ~で囲った ②64. III.378[6] ③533.

sātacca-kārin *a.* 常に為す（人） III.452[9] ③631.

sātacca-kiriyā *f.* I.8[3] 常に行うこと ①10.

sātatika *a.* 堅忍不抜の I.228[5] ①298.

sāta-sita *a.pp.* <**śri** 喜びに依止した IV.47[19] ④55.

sâtthaka-sampajañña *n.* 有益なものを正しく知ること III.453[1] ③632.

sâtthika *a.* 有意義な **~ā** dhamma-desanā ahosi I.114[21] **~な**説法であった ①147. I.24[19], 45[1], 51[17], 83[3] ①32, 60, 68, 108.

sâdāna *a.* <sa-ādāna 取著ある（人） IV.180[2] ④250.

sādiyati *cs.* <**svad** 享受する kāma-sukhaṃ **~yanti** II.51[3] 欲情の快楽を~ ②66. IV.166[15] ④229. sā phassaṃ **~diyantī** (*prp.*) aṭṭhāsi III.119[14] 彼女は〔犬の〕感触（接触）を受けて立った ③169. **sādiyittha** *aor. 2pl.* IV.138[16] 受けた ④185.

sādhayati *cs.* <**sādh** 完成させる，遂行する，説明する，もたらす na ~ hita-sampadaṃ I.1[15] 利益の具足をもたらさない。 **sādheyya** (*op.*) hitaṃ I.1[16] 利益をもたらすであろう ①4.

sādhu *a.adv.interj.* 善き，善，善哉，よい，よいこと，よい人 so '**~û**' ti sampaṭicchitvā I.6[18] 彼は「かしこまりました」と応諾して ①8. sukaraṃ **~dhunā** ~ I.142[22] よいことはよい人には行い易い ①187.

sādhukaṃ *ac.adv.* 自発的に，進んで

III.260[13] ③376. IV.200[11] ④285. ～karoti III.466[2] ～行なう ③650.
sādhu-kāra *m.* よいかな(善哉)の声 **～ṃ** adāsi I.156[10] **～を送った** ①206. **～ṃ** datvā I.284[8] **～を与えて** ①370. **～ṃ** pavattesi I.353[11] **～をあげた** ①465.
sādhu-rūpa *a.* 端正な（人） III.389[9] ③548.
sādhu-vihārin *a.m.* 善く住する(者) I.62[4] ①82.
sādheti *cs.* **<sādh** 〔借金を〕完済させる, 取り立てる **～dhetvā** III.12[21] 取り立てて ③20. **～dhayamāno** (*prp.*) III.402[21] 完遂させる〔八支の道〕③567.
sânucara *a.* 従者をともなった III.453[22] ③634.
Sānu-sāmaṇera *m.* サーヌ沙弥 IV.18[1] ④22.
sāpa *m.* ⓢśāpa 呪詛, のろい kassa upari **～o** patissati I.41[16] 誰の上にのろいは落ちるのだろうか ①56.
sāpateyya *n.* (sva-pati-ya) 自己の所有物, 財産 imaṃ sabbaṃ **～ṃ** paṭipajja I.67[20] この全てのものを自分の所有物にしなさい ①90. sabbaṃ **～ṃ** tassa niyyādetvā va I.185[4] 全ての自分の所有財産を彼にそのまま譲与して ①243. I.26[3], 183[2], 298[3], II.276[13] ①35, 239, 390, ②358.
sāmaṃ *ac.adv.* 自から, 自分で III.181[17] ③265. IV.96[10] ④127.
sāmaggi-rasa-ānisaṃsa *m.* I.56[22] 和合の味と功徳 ①76.
sāmaggī *f.* <samagga 和合 tasmiṃ **～iṃ** karonte I.57[10] あの方（大師）が和合させようとなさっても ①77. mayi **～iṃ** karonte I.64[21] 私が和合を行なっている時に ①86.
sāmañña *n.* (samaṇa-ya) 沙門たること na bhāgavā **～ssa** hoti I.157[4] ～の領分を持った人ではない ①207. parihīno Devadatto **～to** I.145[18] デーヴァダッタは**～から**衰亡した ①190. III.484[6] ③675.
sāmaññatā *f.* 沙門であること IV.33[14] ④40.
sāmaṇera *m.* 沙弥 dahara**～ā** I.4[20] 若い沙弥たちは ①6. I.15[10] ①20.
sāmanta *a.* 周辺の susāna**～e** III.456[6] 墓地のそばの ③637. **-rājan** *m.* 近隣の王 I.312[19] ①410.
sāmala ⓢśyāmala 褐色, 暗黒色 I.277[14] (*VrI.*はnīla, 青) ①361.
sāmāka *m.* ひえ, 稗 I.344[15] ①454. IV.81[18] ④106.
Sāmāvatī *f.* サーマーヴァティー(コーサンビーのウデーナ王の妃) I.161[5], 190[5], 191[6], 208[17] ①210, 250, 252, 275.
sāmi *voc.* (夫に対して)あなた II.157[21] ②207.
sāmika *m.* 所有者, 主人, 夫 amhākaṃ **～ṃ** gaṇhissāma I.71[17] 私たちの主人をつかまえましょう ①95. **～o** hi putto pitu-santakassa I.116[23] なぜなら、父の所有財産の所有者は息子だからです ①151. **～m** eva **～m** akāsi I.353[10] 〔正当な〕所有者だけを所有者とした ①465. I.117[11], 183[2], 195[11] ①152, 239, 258. III.260[15], 380[9] ③376, 536.
sāmin *m.* ⓢsvāmin 所有者, 主人 I.6[22] ①8.
sāminī *f.* 女所有者 kuṭumbassa ～ bhavissati I.46[11] 資産の女所有者となるでしょう ①63.
sāmīci *f.* <sammā 如法, 和敬, 恭敬 tesaṃ ～mattam pi na kariṃsu I.57[15] 彼等に恭敬だけもしなかった ①77. ～mattam pi na karosi I.38[2] あなたは和敬の礼すらもしない ①50. **-kamma** *n.* 恭敬のしぐさ III.284[12] ③413.
sāyaṃ *ac.adv.* 夕方に I.19[19], 157[18], 319[18], II.343[21] ①26, 207, 420, ②318.
sāyaṇha-samaya *m.* 夕刻時 **～e** Jeta-vanaṃ sampāpesi I.18[14] 夕刻時に祇陀林に到着させた ①24. I.67[3] ①89. **～ṃ** I.178[25] 夕刻に ①234.
sāya-pātaṃ *ac.adv.* 夕に朝に I.343[3], 417[22] ①452, 548.
sāyam-āsa *m.* 夕食 I.251[21] ①329. III.88[9] ③126. **～ṃ** pacatha I.204[18] 夕食をつくりなさい ①270.
sāra *m.* 核心 etesaṃ olokane **～o** nāma natthi I.89[23] 眺めるとこれらには核心というものがない ①116. te **～ṃ** adhigacchanti I.114[2] 彼等は核心を

証得する ①146. -gandha m. 心材の
香り I.420¹⁴ ①552. -jīvitā f. 核心
を生きること，真実に生きる者であること
IV.97²⁰, 111¹¹ ④129, 147. -ditthin a.
核心を見る（者）tasmiṃ ～ino I.114⁶
そこに～者たち ①146. -matin a. 核
心だと思う（者）asāre ～tino I.113²³
核心でないのに～者たちがいる ①146.

sāratta a.pp. <sārajjati 染着した IV.55²⁰
④66.

sārathi m. 御者 II.177¹¹ ②232.
III.301⁶ ③437.

sāradika a. 秋に生える（蓮華）III.428¹⁸
③601.

sārambha-kathā f. 激情にかられた話
III.57¹⁴ ③83.

sārayati cs. <sarati 行かせる，磨く
sāraya (imper.) IV.117² 磨け ④155.

sārāṇīya a.gdv. <sarati 相喜ぶべき，記憶
すべき ～ṃ kathaṃ kathetvā I.40⁶
相喜ぶべき会話をしてから ①54.
III.177² ③258. IV.157³ ④214. -kathā
f. 記憶すべき〔法〕話 ～ṃ kathento
I.107²⁰ ～を語って ①139.

Sāriputta m. （比丘）舎利弗，サーリプッタ
I.77²², 104²⁶, 110²⁷, II.186¹⁰, 188¹⁵ ①101,
136, 142, ②245, 248.

Sāriputta-tthera m. （比丘）舎利弗上座
I.72¹, II.178¹, 223¹⁶ ①95, ②234, 290.
III.303³ ③440. IV.145¹⁸ 150¹⁰ 164¹⁰
184¹² ④198, 205, 226, 260.

sāreti cs. <smṛ 思い出させる ～retvā
III.466⁶ ～させて ③650.

sāla-kalyāṇi-padara n. 美しいサーラ樹の
板 III.184¹⁴ ③271.

sāla-maha m.n. 舎屋の〔落成〕祝い
III.365¹⁰ ③519.

sâlaya (sa-ālaya) a. 執著のある jīvite
～ā II.211¹ 生命に～者たちは ②275.

sāla-vana n. サーラ樹林 III.377¹⁰ ③
533.

sālā f. お堂 vaseyyāmi eka-rattiṃ ～
āya I.39¹⁵ 一晩お堂に住みたいのだが
③53.

sāli-kkhetta n. 稲田 mahantaṃ ～ṃ
vapāpesuṃ I.97¹⁵ 大きな稲田に〔種子
を〕まかせた ①126. III.6¹³, 348² ③11,
496.

sāli-gabbha m. 稲粒(稲の熟しかけの実, 初
訳は熟した実) ～ṃ phāletvā khādi
I.97¹⁶ ～を引き抜いて噛んだ ①126.

sālittaka-sippa n. 石投げの技術 II.69¹⁹
②92.

sāli-sīsa n. 稲穂 III.6¹⁴ ③11.

sālohita m. （sa-lohita）血縁者 I.10²⁰
①13.

sālika-potaka m. 九官鳥の子供 III.33¹³
③48.

sāvaka m. 声聞弟子 II.103³ ②136.
-pāramī-ñāṇa n. 声聞波羅蜜の智 ～e
thatvā I.109¹⁶ ～に立って ①141.
I.95²³ ①124. -yuga n. 声聞の双璧
I.95¹¹ ①123. -sannipāta m. 声聞弟
子の集合 ～ṃ katvā I.96¹⁹ 声聞弟子
を集合させて ①125.

sâvajja a. <sa-avajja 罪のある，有罪の
I.382⁶, II.31¹⁴ ①502, ②42. III.486²³ ③
679. IV.150⁴ ④196.

Sāvatthi f. サーヴァッティ，舎衛城（コー
サラ国の首都）～iyaṃ I.3⁵⁷ 舎衛城で
〔この説法は述べられた〕I.25², 64¹, 151⁶
①34, 85, 198.

Sāvatthi-nagara n. 舎衛城 I.60¹³ ①80.

Sāvatthi-vāsin a. 舎衛城に住む ～sino
dve kula-puttā I.154⁷ ～二人の在家の
子弟が ①203. I.60¹⁶ ①80.

sâvasesa a. 残りのある，例外がある
III.49⁴ ③70.

sāvikā f. 女性の声聞弟子 I.210⁶, 217¹⁶
①276, 286.

sāvita a.pp. <sāveti （suṇātiのcs.）聞か
された ahaṃ imāya nibbuta-padaṃ
～o I.85¹³ 私はこの〔娘〕によって寂滅の
境地を告げられた ①112.

sāveti cs. <suṇāti 聞かせる，告げる，呼ぶ
sāvaya (imper.2sg.) II.220¹⁴ 呼びなさ
い ②287. nāmaṃ ～vetvā I.407⁵ 名
を告げてから ①535. sakkomi taṃ
mama saddaṃ ～vetuṃ (inf.) I.405²⁴
私は私のその声を～ことができます ①
533. ～vetuṃ (inf.) ārabhiṃsu
I.314¹⁷ 聞かせ始めた ①413. III.308¹⁴
③446.

sāsana n. 教え，信書 ～ṃ pahiṇiṃsu
I.60¹⁵ 信書を送った ①80. ～ṃ
pesesi I.111⁴ 信書を送った ①142.

imasmiṃ **～e** kati dhurāni I.7[17] この教えにはどれだけ責務がありますか ①9.

sāsapa *m.* 芥子, からし I.107[3], 319[8], II.51[10] ①138, 419, ②66.

sāhasika *a.* <sāhasa 粗暴な, 残酷な **～ṃ** kammaṃ kataṃ I.17[3] 残酷な行為がなされたのだ ①22.

sāhasena *instr. adv.* 無理矢理に III.380[14] ③536.

siṃsapā *f.* （樹の名）シンサパー樹 Satthā ... ～vanaṃ pāvisi I.71[16] 大師は…シンサパー樹の林にお入りになった ①94.

sikkā *f.* 細袋 III.200[7] ③293.

sikkhaṇa *n.* 学ぶもの, 学習 I.334[17] ①440.

sikkhati **<śiks** 学ぶ **～kkhato** （*prp. gen*） III.384[12] 学ぶ人には ③541.

sikkhā-pada *n.* 学処, 戒 **～āni** rakkhitvā I.364[1] 〔五〕学処を守って ①478. III.16[21] ③25. **～ṃ** paññāpetvā III.5[13] ～を制定して ③9.

sikkhāpita *a.pp.* <sikkhāpeti 学ばせられた, 教えられた esa evaṃ **～o** bhavissati I.124[15] この〔牡ろば〕はこのように教えられているのだろう ①161.

sikkhāya *ger.* <sikkhati 学んで ～padāni pañca I.32[10] 五つの語句（五戒）を学んで ①42.

sikhara-thūpikā *f.* 塔頂をもった（もの）, やぐら III.364[26] ③518.

Sikhin *m.* （仏の名）シキン（過去24仏の第20） I.84[6] ①111. III236[19] ③338.

sigāla *m.* ジャッカル, 狼 III.110[21], 141[6] ③157, 200.

siṅga-dhanu *n.* 角弓 **～ṃ** ādāya I.216[18] ～をとって ①285.

siṅgila-sakuṇa *m.* 有角鳥 II.22[14] ②29.

siṅghāṭaka *m.n.* 十字路 I.317[4] ①416.

siṅghāṇikā *f.* 鼻水 I.50[20] ①67.

siñcati **<sic** 舟の水を汲み出す **sicca** （*imper.*） IV.106[21] ～出しなさい ④142.

siṭhila *a.* ゆるやか bandhanaṃ **～ṃ** kāretvā IV.52[13] 縛りをゆるくさせて ④61.

sita *a.n.pp.* **<smi** 微笑 **～ṃ** pātv akāsi II.64[4] ～を現した ②85. III.60[18] 410[13] ③88, 578. IV.229[8] ④329.

[1]**sitta** *a.pp.* <siñcati 注いだ ghata**～ṃ** va pāvakaṃ I.30[14] バターを注いだ火のように ①40.

[2]**sitta** *a.pp.* <siñcati 舟の水がかい出された（舟） **～ā** IV.106[21] ～〔あなたの舟〕は ④142.

sittha *n.* 飯粒, 飯球 I.436[18] ①572. **～gaṇanāya** III.265[20] ～を数えて ③383.

sithila *a.* Ⓢśithira ゆるい, 緩慢な III.484[8] ③676.

Siddhattha *m.* （仏の名） シッダッタ（過去24仏の第16） I.84[5] ①111.

siddhatthaka *m.* 白芥子（からし）II.273[15] ②354. III.432[9] ③607.

siddhi *f.* **<sidh** 成功, 成就 IV.236[7] ④340.

siniddha *a.pp.* <siniyhati 湿った, 滑かな chavi-vaṇṇo **～o** I.388[1] 皮膚の色は滑かである ①510. **-yāgu** *f.* 柔らかな粥 I.293[23] ①383.

Sineru *m.* ⓢSumeru シネール山, 須弥山, 妙高山 I.107[4], 272[16], II.241[5] ①138, 356, ②314. III.216[18] ③314. **-muddhan** *m.* シネール山の頂上 ～ddhani ṭhatvā III.102[14] ～に立って ③145.

sineha *m.* **<snih** 油でぬるぬるになる, 湿潤, しめりけ, 愛情 adhimatta**～ena** I.5[9] 多大の（極度の）親愛の情によって ①7. **～ṃ** akāsi I.171[18] ～をいだいた ①223. II.261[6] ②339. III.428[17] ③601. IV.224[14] ④320. **-ppabhava** *m.n.* 愛情を起こすこと I.174[10] ①226.

sinehita *a.pp.* <sineheti 愛著した IV.47[19] ④51.

sindhava *a.* シンドゥ産の （駿馬） I.213[3], II.120[9], 155[17] ①280, ②158, 204.

sindhavâjānīya *a.m.* シンドゥ産の駿馬 I.262[12] ①343.

sippika *a.m.* 職人 II.113[15] ②151.

sippiya *a.m.* 技術者 III.134[16] ③191.

sibbeti = sibbati **<siv** 縫う cīvaraṃ **～bbetuṃ** （*inf.*） II.174[6] 衣を縫うために ②229.

simbali-vana *n.* 綿の林 I.279[6] ①363.

sirasa 頭飾り IV.197[11] ④280.

siri *f.* Ⓢśrī 吉祥, 幸運 III.25[12] ③38.

Sirikūṭa *m.* シリクータ （王） （ブッダゴ

ーサはこの王が造営した殿堂に住した） IV.235[6] ④339.

siri-gabbha *m.* 寝室 I.180[25], II.217[13] ①236, ②283.

Sirigutta *m.* シリグッタ （舎衛城の人，仏教徒） I.434[19] ①570.

Sirimā *f.* シリマー （王舎城の娼婦，名医ジーヴァカの妹） III.104[1], 308[19] ③148, 447.

Sirivaḍḍha-kuṭumbika *m.* 資産家のシリヴァッダ （目連の生家） I.105[1] ①136.

siri-vibhava *m.* 吉祥と栄光 III.467[2] ③651.

siri-sampatti *f.* 吉祥の栄華 I.26[21] ①36. IV.84[3] ④109.

siri-sayana *n.* 吉祥のベッド **～e** nipanno I.85[15] ～に横たわって ①112 II.129[12] ②170.

siri-sobhagga *n.* 吉祥の美麗さ II.41[15] ②55. IV.195[16] ④278.

sirīmant *a.* 吉瑞ある，幸福の **～mato** pāde I.1[6] 吉瑞ある方の両足を〔礼拝して〕 ①3.

sirīsaka *m.* シリーサカ樹（ネムノキ，アカシア） III.230[17] ③330.

silā *f.* ⓢśilā 岩石 **～aṃ** pavijjhitvā （*VrI.*） I.140[14] 岩石を投下して ①184.
-thambha *m.* 石柱 II.249[10] ②324.

sivikā *f.* ⓢśibikā かご I.90[11] ①117.

sīghaṃ *ac.adv.* 急いで I.200[5] ①264.

sīgha-jav'assa *m.* 急速力の馬 I.262[2] ①342.

sīta *a.* ⓢśīta 寒い，冷たい **-pīḷita** *a.pp.* <pīḷeti 寒さに悩まされた **～ā** I.225[2] ①294. **-bhūta** *a.pp.* 清涼となった I.30[22] ①41. **-vāta-parittāṇa** *n.a.* 寒風から〔身を〕守る（所）II.23[4] ②30. **-samaya** *m.* 寒い時期 I.266[14] ①348.

sītā *f.* うね，畝 III.370[20] ③524. III.374[12] ③528.

sīm'antara *a.n.* 境界内 III.298[14] ③433.

sīmā *f.* 境界，結界 eka**～āya** uposathâdīni anujānitvā I.55[9] 一つの結界で布薩などを〔行なうこと〕を承認して（命じて） ①74.

sīla *n.a.* 戒，習慣，習慣とする **～āni** gaṇheyyāma I.8[19] 私たちは〔五〕戒を守るでしょう ①10. gamana**～o** I.79[14] 行くのを習慣とする方です ①103. I.6[5] ①7. **-kathā** *f.* 戒の話 I.6[9] ①8. **-gandha** *m.* 戒の香り I.422[11] ①554.
-teja *n.* 戒の威光 I.17[7] ①22.
-bheda *m.* <bhid 破戒，戒の破壊 ～ṃ akatvā I.166[11] 破戒 （性交） をしないで ①216. III.53[21] ③78. IV.89[11] ④116. **-vata** *m.n.* 戒の行法 III.391[12] ③551. **-vant** *a.* 戒ある，持戒者 hoti **～vataṃ** （*pl.dat.gen.*） attho I.143[21] 戒を保つ人々にとって意義がある ①188. **～vantā** te bhikkhū I.64[6] 彼等は戒を保つ比丘たちです ①85. **～vā** bhikkhu ācāra-sampanno I.73[17] 持戒の比丘は行法をそなえている ①96. II.252[8,10] ②327. **-vināsa** *m.* 戒の喪失 ～ṃ pāpesi I.166[20] ～をさせた ①216. **-vipatti** *f.* 戒の失壊，破戒 so tāya saddhiṃ ～iṃ pāpuṇi I.16[2] 彼は彼女と共に破戒 （性交） にいたった ①21. **-saṃvuta** *a.pp.* <saṃvarati 戒に防護された （人） II.268[19] ②347. **-sāra** *m.* 戒の核心 I.114[12] ①147.

sīliya *n.* ⓢśīlya 習性 vītivattassu **～ṃ** II.23[3] **～を**越えて行け ②30.

Sīvali *m.* （上座） シーヴァリ （カディラ林に行く僧団の全日程の食を供給した） II.192[12] ②252. IV.192[12] ④274.

sīsa *n.* Ⓢśīrṣa 頭，頂 **-paramparāya** *instr.adv.* 頭を数珠つなぎにして I.49[3] ①65. **-makkhaṇa** *n.* 頭の塗油 III.354[2] ③503. **-muṇḍana** *n.* 頭が坊主頭であること III.391[3] ③551. **-roga** *m.* 頭の病気 III.70[16], 431[19] ③101, 606.

Sīsūpacālā *f.* シースーパチャーラー（舎利弗の妹） II.188[16] ②248.

sīha *m.* Ⓢsiṃha 獅子，ライオン **-tela** *n.* ライオン油 （高価で貴重な油） III.446[8] ③622. **-nāda** *m.* 獅子吼 **～ṃ** nadanto I.248[16] ～して ①325. **-pañjara-dvāra** *n.* 窓の入口 I.370[2] ①486. **-vikkanta-vilāsa** *m.* 勇壮な獅子の優美さ I.249[13] ①326. **-seyyā** *f.* 獅子臥 ～aṃ upagato I.248[23] ～を始められた ①325. ～yyaṃ kappetvā I.357[6] ～をいとなんで ①469.

Sīhaḷa-dīpa *m.n.* シーハラ島（スリランカ） IV.238[8] ④343.

suṃsumāra *m.* 鰐, わに III.194[21] ③285.

su-kata-kāraṇa-vināsana-lakkhaṇa *a.* よく為された事実が消滅することを特相とする〔偽善, 覆〕 III.118[20] ③168.

su-kara *a.* 行ない易い, 容易である **〜āni** asādhūni I.142[18] 諸々の不善なことは行ない易い ①187. paricchedo na **〜o** I.221[11] 断ち切るのは容易ではない ①290.

su-kāraṇa *n.* よい根拠 I.78[14] ①102.

sukka *a.* ⓢśukla 白い, 浄い dantā **〜ā** I.387[21] 歯は白い ①510. 〜〔dhamma〕 II.161[22] 白い〔法〕 ②213. **-dhamma** *m.n.* 白法, 善法 III.76[5] ③108.

sukk'aṃsa *m.* 幸運 II.73[6] ②96.

sukkha *a.* ⓢśuṣka <**śuṣ** 乾いた, 枯れた **〜e** koḷāpe I.285[10] 乾いた空洞のある木を ①371. **-kaṭṭha-daṇḍaka** *m.* 乾いた木の棒 II.210[3] ②274. **-kūra** *n.* 乾飯 II.171[2] ②225. **-taḷāka** *n.* 乾いた池 IV.118[23] ④158. **-daṇḍaka** *m.* 枯枝 (棒) III.32[15] ③47. **-pallala** *n.* 乾上った沼 III.132[3] ③187. **-vipassaka** *a.* 乾観者, 禅定の潤いのない慧者 so **〜o** arahā hutvā I.12[18] 彼は〜, 阿羅漢となって ①16.

sukkhati <śuṣ 乾く pārupanaṃ **sukkhi** (*aor.*) I.320[7] 着衣が乾いた ①420. temetvā **〜issati** I.390[10] 濡れても乾くでしょう ①513.

sukkhāpeti *cs.* <**sukkhati** <śuṣ 乾燥させる taṃ rukkhaṃ **〜pesi** (*aor.*) I.284[20] その樹を〜させた ①370. rukkhaṃ **〜petvā** I.269[10] 木を〜させて ①352. **〜pentassa** ... passitvā III.72[12] 乾かしている人を … 見て ③103.

sukha *a.n.* 楽, 安らか, 安らぎ **〜ṃ** vasi I.57[25] 安らかに過ごした ①78. **〜ṃ** āvahāti I.99[2] やすらぎをもたらす ①128. **-kāma** *a.* 安楽を欲する (人) III.50[21] ③74. **-dāya** *a.* 安楽を与える III.487[2] ③679. **-dukkha** *a.n.* 楽や苦 **〜e** na vedhati I.121[10] 〜に動揺しない ①156. **-kathā** *f.* 安らぎの話 II.157[20] ②207. **-dāyaka** *a.* 安楽を与える **〜ena** puñña-kammena bhavitabbaṃ I.266[10] 〜福業があるだろう ①348. **-ppatta** *a.pp.* <**pāpuṇāti** <pa-**āp** 安楽を得た **〜o** II.34[14] 〜者である ②46. **-bhāva** *m.* 安楽(平穏)であること **〜o** na vijjati II.23[2] 〜はない ②30. **-lābhin** *a.* 安楽を得る(者) III.51[7] ③74. **-samphassa** *m.* 安楽の感触 II.145[11] ②191. **-sambhāsa** *a.* 安らかに共住する(人) IV.8[13] ④11. **-sāsana** *n.* 吉報 II.117[14] ②155.

Sukha-vagga *m.* 「安楽品」 III.254[1] ③367.

Sukha-sāmaṇera *m.* スカ(安楽) 沙弥 III.87[5] ③125.

sukhita *a.pp.* <sukheti 喜んだ, 幸福な ete **〜ā** jātā I.266[10] これらの者たちは喜んだ(しあわせになった) ①348. II.132[5], 145[7] ②174, 190. **〜o** homi III.399[9] 私は喜んでいる(幸福である) ③563. **-kāla** *m.* 幸わせな時 II.5[11] ②8.

sukhin *a.* 安らぎをそなえた(人) III.271[5] ③392. IV.152[10] ④207.

sukh'uddaya-kamma *n.* 安楽を生ずる〔善〕業 II.47[13] ②62.

sukhuma *a.n.* ⓢsūkṣma 細かい, 精微な I.7[2] ①9. **〜o** rajo III.33[25] 細かな塵が ③49.

sukhumāla *a.* 繊細の, 優美の Tathāgato buddha**〜o** I.5[7] 如来は繊細な覚者である ①6. khattiya**〜o** I.5[8] 繊細なクシャトリヤである ①6. IV.28[7] ④33. so pana **〜o** hoti I.133[19] しかし彼は繊細であり ①176.

sukh'edhita *a.pp.* <edhati <**ṛdh** 安楽に大きくなった tvañ ca **〜o** II.87[21] また君は安楽に育てられている ②116. **〜tāya** rāja-mahesiyā I.165[9] 安全を得た王妃には ①215.

sukhena *instr.adv.* 安らかに 〜 ca sayituṃ labhissāmi I.223[4] 〜また私は眠ることを得るであろう ①292.

sukh'esin *a.* 安楽を求める(者) IV.47[21] ④55.

sugata-ppasattha *a.pp.* <pasaṃsati 善逝(世尊)からほめられた〔施〕 III.221[18] ③320.

sugata-mahā-cīvara *n.* 善逝の大衣 **〜ṃ**

pārupitvā I.249[12] ～をまとって ①326.

sugatin *a.* (sugata-in) 善行者 III.37[17] ③54.

sugati-bhava *m.* 善趣の存在 I.36[18] ①48.

su-gati-saṃvattanika *a.* 〔死後の〕 善い行き先に導く III.487[2] ③679.

sugat'ovāda *m.* 善逝の教誡 **～ṃ** datvā I.248[20] ～を与えて ①325.

suggati *f.* 〔死後の〕 善い行き先, 善趣 III.493[12] ③687.

suṅka *m.n.* 税金 tumhākaṃ **～ṃ** dadāmi II.2[13] 私はあなた様に～を納めます ②4.

sucarita *a.* 善行 III.486[15] ③678.

suci-kamma *a.* 行為が清らかな (人) I.238[16] ①313.

suci-gavesin *a.* 清浄を求める (人) III.352[1] ③501.

su-ciṇṇa *a.pp.* <carati よく行なわれた dhammo **～o** sukhaṃ āvahāti I.99[2] よく行なわれた正義は安らぎをもたらす ①128.

su-citta *a.* よく彩どられた III.122[15] ③173.

su-cintita *a.pp.* <cinteti **<cit, cint** よく考えた I.90[5] ①117.

su-cchanna-geha-sadisa *a.* 良く〔屋根が〕葺かれた家のようなもの I.121[21] ①157.

Sujam-pati *m.* スジャンパティ(スジャーの夫, 帝釈の別名) I.264[16] ①346.

Sujā *f.* スジャー(帝釈天の四妻の一人) I.424[12] ①557.

Sujāta *m.* (仏の名) スジャータ(過去24仏の第12) I.84[5] ①111.

[1]**Sujātā** *f.* (村娘の名)スジャーター(苦行を止めた世尊にお粥をさし上げた) I.86[1] ①113.

[2]**Sujātā** *f.* スジャーター(蓮華上仏の母) I.417[20] ①547.

[3]**Sujātā** *f.* スジャーター(帝釈の妻) I.264[16] ①346.

[4]**Sujātā** *f.* スジャーター(帝釈の前身であるマガの家の四人の女性の一人) I.269[6] ①352.

su-jīva *n.* 安易な生命 III.351[7] ③500.

suññâgāra *n.* 空家, くうおく **～e** kho Tathāgatā abhiramanti I.208[1] なるほど如来方は空家にあって大いにお喜びになるのだ ①274. IV.107[9] ④143.

suṭṭhu *adv.* よく ～ samāhito I.82[22] 〔心が〕 よく定められている ①108. **-ṭṭhapita** *a.pp.* <ṭhapeti よく 〔心が〕 確立されている (人) IV.90[18] ④117.

suṭṭhutaraṃ *adv.* なお一層, さらによりよく III.12[15], 428[10] ③19, 601.

suṇāti ⓢśṛṇoti **<śru** 聞く, 聴く dhamma-kathaṃ **sutvā** (*ger.*) I.5[19] 法話を聞いて tena hi bhikkhave **suṇātha** (*2pl.imper.*) I.20[23] それでは比丘たちよ､聞きなさい ①27.

suṇāpita *a.pp.* <suṇāpeti 聞かされた saddaṃ tayā ～'amhā I.206[13] 声をあなたによって我々は聞かされた ①272.

suṇisā *f.* 嫁 I.355[2], 398[18] ①467, 523. III.25[20] 363[18] ③39, 517. IV.8[1] ④11.

suṇhā *f.* ⓢsnuṣā 嫁, よめ I.405[14] I.533

suta *a.pp.* <suṇāti 聞かれた mayā Satthu-dhamma-desanā **～ā** I.7[2] 私は大師の説法を聞いた ①9.

suta-niyāmena *instr.adv.* 聞いた通りに so attano ～ ācikkhi II.9[4] 彼は自分が～申し上げた ②12.

suta-pubba *a.* これまで聞いている 'natthī' ti vacanaṃ pi tena na **～ṃ** I.133[20] 「ない」という言葉すらも彼はこれまで聞いたことがない ①176. vacanassa **a～ttā** I.134[4] 〔ない､という〕 言葉を聞いたことがなかったので ①176.

[1]**sutta** *n.* 糸 **～ṃ** vaṭṭesi II.174[8] 糸をたぐった (転じた) ②229. **-kicca** *a.* 糸の仕事 **～ṃ** kariṃsu I.394[4] ～をした ①518.

[2]**sutta** *n.* ⓢsūtra **<sīv** 経 ekaṃ me **～ṃ** sajjhāyatha I.130[5] 私に一経を読誦して下さい ①169.

[3]**sutta** *a.pp.* <supati 眠った, 眠り pamattesu **～esu** I.262[4] 放逸で眠っている人々の中で ①342. **～ṃ** gāmaṃ mahogho va I.361[8] 眠った村を大暴流が〔とらえて行く〕ように ①474. sāyaṃ sabbesu **～esu** vihārato āgantabbaṃ I.69[17] 晩には全ての人々が就寝した時､精舎から 〔墓地に〕 来るべきです ①92. **-ppabuddha** *a.pp.* 眠った者がぱっと目

ざめる I.28[1] ①37. III.7[6] ③12. **-ppamatta** *a.pp.* <pamajjati 眠りに怠けた I.364[14] ①479. **-pamattatā** *f.* 眠りという放逸であること I.362[8] ①475.

Sutta-nipāta *m.* 「経集」, 「スッタ・ニパータ」(小部経の一つ) IV.42[21] ④51.

sutvā *ger.* <suṇāti (聞く) taṃ ～ I.6[11] それを聞いて ①8.

sudaṃ *adv.* ⓢsvid まさに, 実に II.125[22] ②165.

su-daḍḍha *a.pp.* <dahati すっかり焼けた **～ṃ** naṃ karissāma I.225[7] その〔辟支仏〕が～ようにしましょう ①295.

su-dassa *a.* 見易い III.375[8] ③529. IV.67[16] ④86.

Sudassana *m.* (象の面瘤の名前) スダッサナ(30ヨージャナの大きさがある帝釈天用の象の面瘤) I.273[19] ①357.

Sudassana-vihāra *m.* 善見精舎 I.83[16] ①110.

su-dut-tara *a.* きわめて渡り難い II.160[18] ②211.

su-dud-dasa *a.* きわめて見難い I.297[16] ①390.

suddha *a.* 浄い, 清浄の **～ṃ** kātuṃ asakkonti I.51[1] 清浄にすることは出来ない ①68. **-taṇḍula** *m.* 精米 II.131[15] ②173. **-vattha** *n.* 清浄衣 III.82[21] ③117. **-ājīva** *a.* 生活が清らかな (人) IV.107[19] ④143.

Suddhâvāsa-deva-loka *m.* 浄居天 III.288[21] ③420.

Suddhâvāsa-bhūmi *f.* 浄居天の地 (5種ある. 無煩, 無熱, 善現, 善見, 阿迦膩吒) III.336[12] ③481.

suddhi *f.* **<śudh** 清浄 III.78[3] ③111.

suddh'uttarâsaṅga *a.* 浄らかな上衣をつけた (人) III.113[17] ③163.

Suddhodana *m.* スッドーダナ, 浄飯王(釈尊の父) I.110[24] ①142.

Suddhodana-mahā-rājan *m.* スッドーダナ(浄飯) 大王 I.115[6] ①149.

Sudhamma-tthera *m.* スダンマ (善法) 上座 II.74[1] ②98.

Sudhamma-deva-sabhā *f.* 〔三十三〕天の善法堂 II.194[18] ②255.

[1]**Sudhammā** *f.* (神の会堂の名) スダンマー I.274[17] ①357.

[2]**Sudhammā** *f.* スダンマー(マガ(帝釈) の家の四人の女性の一人) I.269[6] ①352.

sudhā-parikamma *n.* 漆喰工事 I.438[12] ①574. IV.203[20] ④290.

sudhā-bhojana *n.* 神々の食事 IV.75[18] ④98.

sudhā-mattika-lepana *a.n.* 漆喰と粘土を塗った〔殿堂〕 I.416[16] ①546.

su-dhota-maṇi-kkhandha *m.* きわめて清浄な宝珠のあつまり II.257[11] ②335.

sunakha *m.* ⓢśunaka 犬 idha **～ā** nipajjanti I.52[10] ここは犬どもが横たわります ①69.

sunakhī *f.* 牝犬 I.171[2] ①222.

Sunanda *m.* スナンダ (蓮華上仏の父) I.417[19] ①547.

su-niddiṭṭha *a.pp.* <niddisati よく示された I.335[9] ①440.

su-nipuṇa *a.* きわめて微妙な I.299[24] ①393.

Sunimmita *m.* 化楽天 IV.131[18] ④176.

su-nivattha *a.pp.* <ni-**vas** よく着衣した, よく着衣を調えた **～o** I.370[2] ～して ①486.

Sunetta *m.* (辟支仏) スネッタ II.72[6] ②95.

Sundara-samudda-tthera *m.* スンダラ・サムッダ(美海)上座 IV.194[16] ④277.

Sundarā *f.* スンダラー(アノーマダッシン仏の女性声聞の高弟) I.105[26] ①137.

Sundari-paribbājikā *f.* 女遊行者スンダリー III.474[2] ③661.

su-paṭṭana *n.* 良港 IV.108[14] ④144.

supaṇṇa *m.* ⓢsuparṇa 金翅鳥 II.4[3] ②6. III.192[2] ③282. IV.102[4] ④136.

supati **<svap** 眠る I.261[6] ①342. ～**pantā** (*prp.*) III.458[21] 眠る人々は ③641.

supana *n.* 眠ること I.362[7] ①475.

su-pariggahita *a.pp.* <gaṇhāti よく捕えられた, よく学ばれた III.452[20] ③632.

su-pāruta *a.pp.* <pārupati <pa-vṛ よく着衣した **～o** I.370[2] ～して ①486.

supina *m.* 夢 amanāpo **～o** diṭṭho I.215[16] 気持の悪い夢を見ました ①284.

su-pupphita *a.pp.* <pupphati **<puṣp** よく花が咲いた II.202[7] ②264.

-kaṇikāra *m.n.* よく花咲いたカニカーラ(黄花樹) II.250[2] ②324.

suppa *m.* Ⓢśūrpa 箕，み III.202[20] ③296.

suppabuddha *a.pp.* <pa-**budh** よく目をさました III.455[10] ③637. ～ṃ pabujjhanti III.458[8] よい目ざめを目ざめる ③640.

Suppabuddha-sakka *m.* スッパブッダ・サッカ (世尊の母Māyāの兄，世尊の妻Yasodharāの父) III.44[15] ③64.

Suppabuddha-kuṭṭhin *m.* ハンセン病のスッパブッダ II.33[17] ②45.

suppa-musala *n.* 箕(み)と杵(きね) II.131[1] ②172.

Suppavāsā *f.* スッパヴァーサー(Sīvali上座の母，7年胎児をかかえ，7日難産する) I.339[15] ①447. IV.192[16] ④274.

Suppāraka-paṭṭana *n.* スッパーラカ港(西インド，ムンバイの北) II.210[2] ②274. IV.50[12] ④58.

su-phassita *a.pp.* <phasseti 〔くちびるの上下が〕よく触れられた I.387[20] ①510. ～ṃ dantâvaraṇaṃ III.180[6] くちびる(歯を覆うもの)は～ています ③263.

subbata *a.m.* (su-vata) よく務める(人)，すなおな (人) II.181[4,15] ②237. III.99[15] ③140.

su-bbikkha-kāla *m.* 食べ物が容易に手に入る時 III.366[13] ③520.

su-bbuṭṭhikā *f.a.* よく雨が降る ～ bhavissati I.52[15] よく雨が降るだろう ①70.

subha *a.n.* 浄い，美しい dhamma-padaṃ ～ṃ desesi I.1[10] 清らかな法の語句を説示した ①3.

subha-ārammaṇa-bahula *a.* 美しい対境に多く心を奪われて I.73[25] ①97.

subhânupassin *a.* 浄らかなものをたどり観る (者) I.66[13], 74[3], 75[2] ①89, 97, 98.

su-bhāvita *a.pp.* <bhāveti よく修められた ～ṃ cittaṃ rāgo na samativijjhati I.122[8] ～心を欲情ははげしく貫き通さない ①157.

su-bhikkha *a.* 収穫の豊かな，行乞し易い，豊饒 IV.89[15] ④116.

Subhadda-paribbājaka *m.* スバッダ遊行者 III.377[8] ③533.

su-bhojana *n.* すばらしい食事 **～ṃ** bhuñjitvā I.215[21] **～をとって** ①284.

Sumaṅgala-seṭṭhin *m.* スマンガラ長者(カッサパ仏の時代の長者) III.61[12] ③89.

[1]**Sumana** *m.* スマナ (花環作りの男) I.208[11] ①274.

[2]**Sumana** *m.* (仏) スマナ(過去24仏の第4) I.84[3] ①111.

[3]**Sumana** *m.* (神の名)スマナ I.50[6] ①66.

Sumana-devī *f.* スマナ・デーヴィー(ダナンジャヤ長者の妻，鹿母ヴィサーカーの母) III.363[18] ③517.

sumana-puppha *n.* スマナ (ジャスミン)の花 II.205[12] ②269. III.82[20], 469[1] ③117, 654. **-nālī** *f.* ジャスミンの花束 II.41[2] ②55.

sumana-makula *m.* ジャスミンの芽 III.371[17] ③525.

Sumana-māla-kāra *m.* 花環作りのスマナ II.40[14] ②55.

Sumana-sāmaṇera *m.* スマナ沙弥 IV.120[1] ④161.

Sumana-seṭṭhin *m.* スマナ長者(王舎城の人) III.302[8] ③439.

Sumana-seṭṭhi-putta *m.* スマナ長者の息子 III.104[5] ③148.

sumanā *f.* ジャスミン I.423[2] ①555. IV.112[19] ④149.

Sumanā *f.* スマナー(アノーマダッシン仏の女性の高弟) I.105[26] ①137.

[1]**Sumanā-devī** *f.* スマナー・デーヴィー(ダナンジャヤ長者の妻，鹿母ヴィサーカーの母) I.384[17] ①506.

[2]**Sumanā-devī** *f.* スマナー・デーヴィー(給孤独長者の末娘) I.151[3,24] ①198, 199.

sumarati = sarati <**smṛ**. 思いをはせる IV.13[10] ④17.

[1]**Sumedha** *m.* (釈尊の前生) スメーダ I.83[11] ①110.

[2]**Sumedha** *m.* (仏の名)スメーダ(過去24仏の第11) I.84[4] ①111.

su-medhasa *a.* ⓢmedhas 賢い (人) I.262[5] ①343.

Suyāma *m.* スヤーマ天，須夜摩 IV.131[18] ④176.

su-yuttaka *a.* 正しい (ものごと) I.382[3] ①502.

suyyati *ps.* <suṇāti <**śru** 聞かれる

saddo na ～ I.190[11] 声は聞かれない ①251.

su-ratta-du-paṭṭa *m.* あざやかな赤の二種の衣 **～ṃ** nivāsetvā I.249[10] **～を**お召しになり ①326.

surabhi *a.* 芳香のある，香りよい **-gandha** *a.* 芳香のある I.445[16] I.583. **-gandha-kuṭi** *f.* 芳香のただよう香室 **～to** nikkhamma I.249[13] **～から**出て ①326. **-gandha-vāsa-vāsita** *a.pp.* <vāsati 芳香が薫る **～ṃ** gandha-kuṭiṃ pavisitvā I.248[21] ～香室にお入りになり ①325. **-puppha-dāma** *n.* 香りのよい花環 IV.149[9] ④203.

surā *f.* 穀酒，酒 **-geha** *n.* 飲み屋，はたご II.218[18] ②284. **-chaṇa** *m.* 酒祭り III.100[10] ③142. **-āpāna** *n.* 酒場 III.66[21] ③97. **-pāna-ṭṭhāna** *n.* 酒を飲む所 I.213[12] ①281. **-mada-matta** *a.pp.* <madati 酒に酔いしいれた III.78[17] ③112. **-meraya-pāna** *n.* 穀酒や果酒を飲むこと III.356[13] ③506. **-soṇḍa** *m.* 酒飲み III.129[21] ③184.

suriya *m.* ⓢsūrya 太陽 **～ṃ** olokento I.246[3] **～を**眺めつつ ①322. **-atthaṅgamana-kāla** *m.* **～e** I.165[7] 太陽が没する時に ①214. **-tejo** *n.* 太陽の光熱 **～ena** tattaṃ I.197[21] **～で**熱せられた ①261. **-maṇḍala** *m.* 日輪 II.143[12] ②188. **-rasmi** *m.* 太陽の光線 **～mīhi** samphuṭṭha-matte va I.43[6] 太陽の光線に触れただけでもう ①58.

Suriya-kumāra *m.* スリヤ（太陽）童子（マヒンサーサカ童子の異母弟） III.73[21] ③105.

Suriya-deva-putta *m.* 日天子 II.143[11], 146[2] ②188, 191.

su-labha-tiṇ'odaka *a.* 草や水がたやすく得られる〔餌場〕 III.59[21] ③86.

suva *m.* おうむ I.284[13] ①370.

suvaca *a.* 説き易い，従順の so **～o** ahosi II.105[15] 彼は～であった ②139. *a.* よい言葉を語る I.315[16] ①415.

suvaṇṇa *a.n.* 金色の，黄金 **-iṭṭhikā** *f.* 黄金の煉瓦 III.61[12] ③89. **-kāra** *m.* 金細工師，金工 I.25[8], 392[24] ①34, 517. **-kāra-kamma** *n.* 黄金作りの仕事 III.344[13] ③478. **-kāra-kula** *n.* 金工の家 IV.219[17] ④312. **-khacita** *a.pp.* **<khac** 黄金で飾られた（ちりばめた） III.364[21] ③518. IV.203[8] ④277. **-cetiya** *n.* 黄金の塔廟 III.250[14] ③362. **-tārakā** *f.* 黄金の星 III.442[6] ③619. **-thāla** *n.* 黄金の皿 IV.124[8] ④166. **-dhaja** *m.* 黄金の旗 I.273[4] ①356. **-paṭṭa** *m.* 黄金の板 II.118[25] ②157. IV.89[13] ④115. **-pātī** *f.* 黄金の鉢 **～ṃ** pavāhetvā I.86[2] **～を**洗って ①113. I.134[9] ①176. IV.124[17] ④167. **-bimba** *n.* 黄金の像，黄金のビンバ果 II.241[3] ②314. **-bhājana** *n.* 黄金の容器 I.130[13] ①170. **-meṇḍaka** *m.* 黄金の羊 III.364[3] ③517. IV.217[11] ④308. **-yaṭṭhi** *f.* 黄金の竿 I.273[3] ①356. **-rāja-haṃsī** *f.* 黄金の白鳥の女王 III.116[1] ③165. **-rūpa** *n.* 黄金の像 III.282[3] ③409. **-lobha** *m.* 黄金への欲 **～ena** I.198[21] **～に**かられて ①263. **-vaṇṇa** *a.m.* 黄金色の Satthu **～ṃ** sarīraṃ abhitthavanto I.77[8] 大師の黄金色の身体を大いにほめたたえつつ ①100. **-saraka** *m.* 黄金の容器 **～ṃ** gahetvā I.226[4] **～を**持って ①296. III.95[4] ③135. **-sivikā** *f.* 黄金のかご I.89[5] ①116.

Suvaṇṇa-kāra-tthera *m.* 黄金作りの上座 III.425[5] ③597.

Suvaṇṇa-bhūmi *f.* 金地国（ミャンマーの海岸地方の国） IV.50[10] ④58.

su-vada *a.m.* 言葉にすなおな（人） III.99[16] ③141.

suvākkhāta *a.pp.* <akkhāti よく告げられた evaṃ **～e** dhamma-vinaye I.56[12] 善く説かれた法と律において ①76.

suviññeyyaṃ *gdv. adv.* 容易に知ることができるように ～ katvā III.326[23] ～して ③469.

su-vibhatta *a.pp.* <vibhajati よく区画された I.317[4] ①416.

su-vimutta-citta *a.* 心がよく解放されている（人） I.157[8], 158[22] ②207, 208.

su-vihīna *n.* <vihīyati まったく捨てられていること I.143[23] ①188.

su-saṃvihita *a.pp.* <saṃvidahati よく整えられた，よく用意された **～ṃ** kariṃsu

I.316[2] よく用意されたようにした ①415. **-ārakkha** *a.pp.* 守護がよくそなわった（者） III.76[24] ③109.

su-saṃvuta *pp.* <saṃvarati よく制御された indriyesu ～**ṃ** I.74[7] 諸々の感官がよく制御されている人を ①97. manasā ～**o** III.417[1] 心によって ～ ③586. III.138[7] ③196.

su-samāraddha *a.pp.* <samārabhati よく励んだ, よく努めた III.452[8] ③631.

su-samāhita *a.pp.* <samādahati <saṃ-ā-dhā よく定められた sīlesu ～**o** I.82[10] 諸々の戒においてよく〔心が〕定められておれば ①107. I.82[21] ①108.

susāna *n.* ⓢśmaśāna 墓地, 塚間 ～**ṃ** gantvā kandanto I.33[27] 墓地へ行って泣いている時 ①44. **-kuṭikā** *f.* 墓地の小屋 I.68[18] ①91. **-gopaka** *m.* 墓守り I.69[4] ①92. **-gopikā** f. 墓守りの女 I.68[15] ①91. **-passa** *m.n.* 墓地の脇 ～**ena** gacchati I.176[24] ～を通って行く ①230. **-saññā** *f.* 墓地の想念 I.100[6] ①129.

susira *a.n.* 孔のあいた, 孔 I.321[6] ①421.

Susīma *m.* スシーマ（サンカ・バラモンの息子） III.445[19] ③622.

su-sukhaṃ *ac.adv.* きわめて安楽に III.256[17] ③370.

sussati 〔からだが〕しなびる ～**ssitvā** II.212[1] しなびて ②276.

sussamāna *prp.* <sussati 萎(しな)びて te appâhāratāya ～**ā** I.57[16] 彼等は食がなくなって萎びて(ひぼしになって) ①77.

su-ssavanīya *a.* 聞き易い III.361[24] ③514.

sussūsati 聞こうと欲する ～**santi** (*VrI.*) I.342[1] (*PTS.* rañjīyanti, 喜こぶ) ①451.

su-ssonī *f.* よい牝犬 IV.67[13] ④86.

suhajja *m.* 親友 III.293[4] ③426.

sūkara *m.* 豚, 猪, いのしし ～**e** vadhitvā I.125[20] 豚たちを殺して ①164. I.187[20], II.6[20] ①247, ②10. III.346[21] ③494. **-peta** *m.* 豚の亡者 III.410[8] ③578. **-potikā** *f.* 牝の子豚 IV.46[5] ④54. **-bhatta** *n.* 豚の餌 IV.16[14] ④20. **-rava** *m.* 豚の声 ～**ṃ** ravitvā I.127[10] ～を出して ①165. I.128[1] ①166. **-sadda** *m.* 豚のなき声 I.128[1] ①166.

Sūkara-khata-lena *n.* スーカラカタ洞窟（豚の掘った洞穴） I.96[8] ①124.

sūci *f.* 針 **-kamma** *n.* 針仕事 III.419[7] ③589. **-ghaṭika** *m.* 閂, かんぬき ～**ṃ** datvā I.369[9] ～をかけて ①486. **-pāsaka** *m.* 針の穴 ～**e** āvuṇi II.174[8] ～に〔糸を〕通した ②229.

sūju *a.* (su-uju) 真直の, 真正直の I.315[16] ①414.

sūti-ghara *n.* 産室, うぶ屋 III.180[7] ③263.

sūpa *m.n.* スープ, 汁, 肉汁 **-byañjana** *n.* スープとおかず ～**nāni** pacitvā I.234[6] ～を煮て ①306. III.422[5] ③592. **-rasa** *m.* スープの味 II.31[10] ②41. **-vikati** *f.* スープの類 II.31[19] ②42. **-vyañjana** *n.* スープやおかず III.465[22] ③650. IV.15[14] ④19.

sūpeyya *n.* スープ, カレー III.312[10] ③451.

sūyittha *aor.3sg.* <sūyati 聞かれた eko gīta-saddo ～ I.16[3] 一つの歌声が聞かれた ①21.

sūra *m.* 勇敢な, 勇気ある者 I.197[6] ①261.

sūra-gajjita *a.pp.* <gajjati 英雄の叫び I.194[2] ①256.

sūla *m.* 串, くし ～ehi vijjhiṃsu II.240[23] 串でつついた ②314.

sūsū (擬音) スースー, シッシッ III.352[11] ③501.

sūsūyati スースーと音を出す ～**yanto** (*prp.*) II.257[1] ～出して ②334.

sekha *m.* <śikṣ 有学の人 I.334[1] ①439. III.228[8] ③327.

sekhâsekha-bheda *a.* 有学, 無学の別がある ～**o** anāgāriya-muni I.375[6] ～不還者の牟尼は ①492.

seṭṭha *a.* 最上の, 最勝者 ～**o** manussesu I.213[2] 人々の中の最勝者である ①280.

seṭṭhatā f. 最上の地位 ～**aṃ** gato I.280[16] ～に達した ①364.

seṭṭhi- *a.* 長者の **-chatta** *n.* 長者〔を象徴する〕傘 III.307[6] ③445. IV.209[11] ④297. **-jāyā** *f.* 長者の妻 ～**aṃ** passi I.180[17] ～に会った ①236. III.366[16] ③520. IV.210[22] ④299.

-ṭṭhāna *n.* 長者の地位 **～ṃ** karoti I.385[1] **～をつとめている** ①506. **～ṃ** patto I.187[1] **～を得た** ①246. taṃ **～e** ṭhapetvā I.237[19] 彼を**～につけて** ①312. **～ṃ** labhissati I.175[10] **～を得るだろう** ①228. **-dhītar** *f.* 長者の娘 I.180[25] ①236. **-putta** *m.* 長者の息子 I.297[19] ①390. **-bhariyā** *f.* 長者の妻 IV.211[1] ④299. **-suṇisā** *f.* 長者の〔息子の〕嫁 III.366[17] ③520.

seṭṭhin *m.* ⓢśreṣṭhim 長者, 財務官 **～i** ... tassa 'Pālo' ti nāmaṃ akāsi I.4[2] 長者は…彼に「パーラ」と名を付けた II.260[16] ②339.

setaka *a.* (seta-ka) 白い **～āni** nivāsetvā I.72[14] 白い〔衣〕を着せて ①95.

seta-cchatta *n.* 白傘 **～ṃ** ussāpayissati I.167[8] 白傘をかかげさせるだろう ①217. III.186[2] ③272.

Setavya (地名)セータヴヤ(コーサラ国にあり)I.71[15] ①94.

Setavya-nagara *n.* セータヴヤ都城 I.66[14] ①89.

seti, sayati <śī 臥す, 横たわる paṭhaviyaṃ **sessati** (*ft.*) I.320[14] 地上に横たわるであろう ①420. III.132[11], 164[23] ③187, 239.

setu *m.* =ⓢ 橋 attānaṃ **～ṃ** katvā I.83[19] 自分を橋として ①110. **-ghāta** *a.* <**han** 橋の破壊, 悪習の打破 IV.36[1] ④42.

seda *m.* 汗, あせ **-kilinna** *a.pp.* <kilijjati 汗にぬれた III.309[18] ③448. **-tinta-gatta** *n.* 汗に濡れたからだ III.321[15] ③463.

sena *m.* 鷹, たか II.264[11] ②343.

sena-a-santuṭṭha *a.pp.* 自分から満足しない II.106[11] ②140.

senāpati *m.* 将軍 I.253[1] ①330. **-ṭṭhāna** *n.* 将軍の地位 **～ṃ** adāsi I.346[21] **～を与えた** ①457. **～e** ṭhapesi I.339[12] **～につけた** ①446.

senâsana *n.* I.8[17] 臥坐所 ①10. **-paññāpaka** *a.* 臥坐所を設置する仕事をする(者) III.321[16] ③463.

seni-seṭṭha *a.* 軍隊の最上者 I.36[5] ①47.

sepaṇṇi-seyya *a.* セーパンニン〔の木〕で寝る **～'asi** I.145[12] おまえは**～者である** ①190.

semāna *prp.* <seti 横たわって **～o** II.12[18] ②17.

semānaka *a.* (semāna-ka) 横臥した **～o** na gacchāmi I.16[24] 〔私は〕横たわった者だ, 私は行かない ①22.

semha *n.* Ⓢśleṣman 痰 III.198[13] ③290.

seyya *a.* よりすぐれた (人) II.23[17] ②31.

seyyathīdaṃ (sa-yathā-idaṃ) それはこのようである I.6[8] ①8.

Seyyasaka-tthera *m.* セイヤサカ上座 III.5[4] ③9.

seyyaso *abl.adv.* さらによく, よりよく **～naṃ** tato kare I.332[5] それよりもさらによくそれを作るであろう ①436.

sela *m.* 岩, 水晶 II.148[2] ②194. **-maya-patta** *m.n.* 水晶製の鉢 III.441[8] ③618.

Sela-brāhmaṇa *m.* セーラ・バラモン I.384[19] ①506.

sevaka *a.m.* <sevati 仕える, 従僕 II.3[5] ②5.

sevati <**sev** 仕える, 親しむ etaṃ **sevassu** (*imper.2sg.*) II.227[17] これに親しみなさい ②296. hīnaṃ dhammaṃ na **seveyya** (*op.*) III.163[1] 下劣なものごとに親しんではならない ③235.

sevāla *m.* 水草 I.144[11] ①189. **-pariyonaddha** *a.pp.* <pariyonandhati 水草に覆われた III.199[20] ③292.

sesa *m.* <**śiṣ** 残余, 余り **～ṃ** tam eva atthato I.2[5] その残余を同じく意味から〔解明して〕 ①4. **～ānaṃ** sattānaṃ I.1[15] 外の人々に〔利益をもたらさない〕 ①4.

seseti *cs.* <sissati 残す udakaṃ **～tvā** II.20[1] 水(湯)を残して ②25.

soka *m.* <**śuc** 愁, 憂, うれしい **-pareta** *a.pp.* <pareti 憂いに, 打ち負けた I.30[19] ①41. **-vūpasaman'atthaṃ** *ac.adv.* 憂い悲しみを鎮めるために I.201[21] ①266. **-ātura** *a.* 憂い悲しみに苦しんだ **～ā** viya I.184[21] **～ように** ①242. I.201[20] ①266.

sokinī *f.a.* 憂いをもった **～niṃ** pajaṃ

avekkhati I.259[12] ～人々を観察する ①339.

socati <**śuc** 愁う，悲しむ na **～āmi** I.30[23] 私は憂えない ①41.

socana-ṭṭhāna *n.* 愁い悲しむ場所 **～e** yeva nibbatto I.128[14] ～にだけ〔彼は〕再生した ①166.

socanā *f.* 憂い悲しみ II.268[7] ②346.

Soṇa koṭikaṇṇa *m.* ソーナ・コーティカンナ（億耳）（信士の名） IV.101[9] ④128.

soṇḍā *f.* 象の鼻 **～āya** sākhaṃ gahetvā I.58[12] 鼻で枝をとって ①78. **～āya** ghaṭaṃ gahetvā I.58[13] 鼻で瓶を持って ①78. so **～aṃ** ukkhipitvā I.409[3] その〔象〕は～をもち上げて ①537. daṇḍaṃ **～āya** gahetvā I.59[11] 棒を鼻でもって ①79. nāgo mukhe **～aṃ** pakkhipitvā I.63[12] 象は口に鼻を投げ入れて ①84.

soṇḍi-tīra *n.* 池の岸 II.258[21] ②336.

soṇḍī *f.* 溜池 II.56[19] ②74.

sotar *m.* <**śru** 聞く人 natthi ～tāro（*nom.pl.*） III.385[2] ～人たちはいない ③541.

sotâpatti-phala *n.* 〔仏の道の〕流れに遭遇する者（預流）の果，預流果 **～e** patiṭṭhahi I.92[23] 預流果にしっかりと立った ①121. I.37[8], 77[11], 87[11] ①49, 100, 114.

sotâpatti-magga *m.* 預流道 I.156[5] ①205.

sotâpanna *m.* 預流者 I.27[11] ①36.

sotthi *f.* ⓢsvasti 平安，安穏，無事 kadā **～ṃ** pāpuṇissāmi II.18[11] いつ私は平安を得るだろうか ②23. **～inā** gehaṃ agamāsiI.409[12] 無事に家に行った ①538. **sotthiṃ** *ac.adv.* 無事に III.293[9] ③426. **sotthinā** *instr. adv.* 無事に IV.84[16] ④110. **-bhāva** *m.* 安穏であること IV.24[2], 84[8] ④27, 109.

sotthiya *m.* 聞解者，バラモン I.86[4] ①113. III.454[18] ③635.

Sodhana *m.* ソーダナ（カピラの兄） IV.37[7] ④44.

sodhāpeti *cs.* <sodheti 掃除させる **～petvā**（*ger.*） I.3[12] 掃除させて **～pesi**（*aor.*） II.15[5] 浄化させた ②19.

sodhiyati *ps.* <sodheti 浄められる maggaṃ **～diyamānaṃ**（*prp.ac.*） disvā I.83[17] 道が浄められているのを見て ①110.

sodheti *cs.* <sujjhati 解決する，払拭させる **～dhetabbo**（*gdv.*） I.398[7] 解決して下さい ①522. **～dhessāmi** III.180[21] 私は払拭しよう ③264

Sopāka *m.* ソーパーカ（沙弥，7歳で具足戒を得た．「仏弟子達のことば註（一）」220頁） IV.136[16] ④182.

sopāna *n.* 階梯，はしご，階段 III.225[3] ③324. **-pariyosāna** *n.* 階段の一番下のところ I.372[13] ①489. **-passa** *m.n.* 階段の脇 I.410[24] ①540. **-pāda-mūla** *n.* 階段の下のところ（一番下のところ） I.115[25], 372[17] ①150, 490. **-matthaka** *m.* 階段のてっぺん **～e** ṭhatvā I.213[15] ～に立って ①281. **-sīsa** *n.* 階段の一番上のところ（頭） I.115[23], 372[12] ①150, 489.

sobhagga-patta *a.pp.* 美麗さを得た（人） III.178[16], 475[5] ③261, 662.

sobhaṇa *a.* 美しい，浄らかな nakhā **～ā** ti gaṇhāti I.74[16] 爪は浄らかである，ととらえる ①98.

sobhana *a.* 浄らかな kass'āvuso vacanaṃ **～ṃ** I.141[18] 友よ，誰の言葉が浄らかなのか ①185.

Sobhita *m.* （仏）ソービタ（過去24仏の第6） I.84[3] ①111.

sobhinī *f.* 売春婦 II.201[6] ②263.

sobheti *cs.* <sobhati 輝かせる **～etha** *imper.* I.56[11] 輝かせなさい ①76.

Soma-datta *m.* ソーマ・ダッタ（アッギ・ダッタ・バラモンの息子） III.124[4] ③176.

somanassa *n.* 心の悦しさ II.47[5] ②61. IV.47[20] ④55. **-sampayutta-mano** *n.* 心の喜びに結ばれた意 I.35[21] ①47. **-sahagata-ñāṇa-sampayutta-bhāva** *m.* 〔心が〕心の喜びをともなった智にふさわしい状態であること III.94[4] ③134.

sorata *a.* 柔和な，温雅な **～ā** bhaveyyātha I.56[13] 君たちは柔和の者たちであるべきである ①76.

Soreyya-tthera *m.* ソーレッヤ上座 I.325[11] ①428.

Soreyya-nagara *n.* ソーレッヤ都城（舎衛城からTakkasilāに向かう途中にある町，

Takkasilāに近い） I.325[13,15] ①428.

Soreyya-seṭṭhi-putta *m.* ソーレッヤ長者の息子 I.325[16] ①428.

soḷasa *num.* 一六 tassa ～vassa-kāle I.25[11] 彼が一六歳の時 ①34.

soḷasa-aṅgula-kaṇṭaka *m.a.* 一六アングラ（1アングラ＝2cm）の刺のある〔刺し棒〕 I.124[3] ①160.

soḷasa-ākārā *m.pl.* 十六の様相（四つの真理（四諦）を四つの道によって証知・捨断・現証・修習すること．「パ仏辞」2138頁右，soḷasa-vidhaの項） III.388[4] ③545.

soḷasa paññā *f.* 一六の智 I.110[11] ①142, 3行目, 148(5)参照

soḷasa-vass'uddesikā *a.f.* 十六歳の年頃の娘 I.408[10] ①537.

soḷasâkārā *m.pl.* 一六の行相（真理を四つの道によって認知・捨断・現証・修習すること） III.288[5] ③419.

soḷasī 第十六 **～iṃ** pi kalaṃ nâgghati II.62[23] 一六分の一にも値いしない ②82. IV.74[22] ④97.

sovaṇṇa-maya *a.* 黄金製の I.28[19] ①38.

sosānika *n.m.* 墓地で修行する人，塚間住者 I.69[4] ①92. **-dhut'aṅga** *n.* 墓地に住む頭陀の項目 yāva arahattā **～ṃ** kathāpetvā I.68[11] 阿羅漢の境地にいたるまで～を〔世尊に〕語っていただいて ①91.

svākkhāta *a.* (su-akkhāta) よく説かれた **～o** dhammo I.95[16] 法はよく説かれている ①124. ～ sāsanā nīharitvā I.76[6] 善く説かれた教えから〔自分を〕追い出して ①99. III.459[7] ③641.

svātana *a.* ⓢśvastana 明日 **～nāya** (*dat.adv.*) I.314[7], 377[7] 明日 ①413, 495.

svāhaṃ = so ahaṃ I.30[21] その私は ①41.

sve *adv.* ⓢśvas 明日，翌日 I.78[16] ①102.

sve-divasa-sadisa *a.* 翌日のよう **～ṃ** ahosi I.103[23] ～であった ①134.

sveva = sve eva *adv.* 明日にも I.418[18] ①549.

ssu = assu *adv.* 決して，実に I.429[1] ①562.

H

haṃdi *interj.* 気をつけて下さい ～ deva sappo I.216[1]. 気をつけて下さい.王さま, 蛇です ①284.

haṃsa *m.* 白鳥 III.176[15]. ③258. **-rājan** *m.* 白鳥の王 I.285[5]. ①371.

Haṃsa-ghātaka-bhikkhu *m.* 白鳥殺しの比丘 IV.86[18]. ④113.

Haṃsavatī *f.* ハンサヴァティー（白鳥城，蓮華上世尊の時の都城） I.99[7], 417[19]. ①128, 547.

haññati *ps.* <hanati 害される，打たれる II.28[3]. ②36.

haṭṭha *a.pp.* <haṃsati, hasati.（身毛）堅立した，大いに喜んだ，有頂天の **-citta** *a.pp.* 心喜しくなった **～o.** I.116[15]. 心喜しくなって ①151. II.125[1]. ②164. **-tuṭṭha** *a.* 身の毛を立てて喜び満足した mahā-jano **～o** I.149[11]. 大衆は～ ①194. I.400[10]. ①526. **-pahaṭṭha** *a.* 大いに喜んで有頂天になる I.89[22], 112[23]. ①116, 144. II.42[3]. ②56. III.292[17]. ③425.

hata *a.pp.* <hanti 殺された，破壊された ～cakkhu asmi I.16[23]. 私は眼が損なわれている ①22. **hat'amha** I.251[24]. 我々は害されている ①329. aho **～o**'mhi I.237[5]. ああ，私はやられている ①311. **～'avakāsa** *a.*〔再生の〕機会が破壊された（人） II.187[17]. ②246.

hattha Ⓢhasta 手，肘，象の鼻 dahara-sāmaṇerā no **～e** olokessanti I.4[20]. 若い沙弥たちは我々の手を見るだろう ①6. **～ena** kaṭṭhāni ghaṃsitvā I.58[15]. 〔象は〕鼻で薪木をこすって〔火を得る〕 ①78. **-kamma** *n.* 手作業，手仕事 bahu-manusse **～ṃ** yācitvā I.98[4]. 大勢の人々に手作業を乞うて ①127. II.112[22]. ②150. **-kamma-mūla** *n.* 手仕事の代金，手間賃 I.395[1]. ①519. **-kīḷāpana** *n.* 手を遊ばせる（戯れさせる）こと IV.90[11]. ④117. **-kukkucca** *n.* 手の不行儀 I.250[2]. ①326. **-gata** *a.pp.* 手に入れた visesaṃ **～ṃ** katvā I.288[22]. 殊勝の境地を手中にして ①375. cattāri ca phalāni **～ān**'eva karoti. I.375[15]. また四つの果をもう手中

のものとする ①492. I.196[3], 262[21]. ①259, 343. II.263[5]. ②341. **-ccheda** *m.* 手の切断，断手刑 III.70[18], 271[20]. ③101, 393. **-cchedana** *n.* 断手〔の刑〕 III.482[24]. ③674. **-tala** *n.* 手のひら III.322[10]. ③463. **-patta** *a.pp.* <pāpuṇāti 手に入った，手に戻った III.266[11]. ③384. **-pāda** *m.* 手足 〜ā anassavā I.7[10]. 手足は言うことを聞かない ①9. **-pāda-kukkucca** *n.* 手足の不行儀（悪作） IV.113[10]. ④150. **-pāda-parikamma** *n.* 手足の調整をすること（マッサージや油塗り） II.71[15]. ②94. **-saññata** *a.pp.* <saṃyamati 手が抑制されている（人） IV.86[19], 90[7]. ④113, 117. **-pāda-sambāhana** *n.* 手足のマッサージ IV.7[11]. ④11. **-sāra** *m.* 必要な手荷物 〜**ṃ** gahetvā I.240[5]. 〜を携えて ①315. **-hattha** *a.* …を手にした，…を手に持った vattha-bhesajjâdi〜**ā** manussā I.138[18]. 着衣や薬品などを手にした人々は ①181. lābha-sakkāra〜**ā** manussā I.139[1]. 所得や尊敬を携えた人々は ①182. mālā-gandhâdi〜**e** Sāvatthi-vāsino disvā I.67[4]. 花環・香などを手にした舎衛城の住民たちを見て ①89. I.5[22]. ①7.

Hatthaka *m.* ハッタカ（でたらめを言って答をそらす比丘） III.390[8]. ③550.

Hatthaka Ālavaka *m.* ハッタカ・アーラヴァカ（最高の信士） I.340[19]. ①448.

hatthi- ＝hatthin. *m.* 象，象の 〜**'ācariya** *m.* 象の調教師 IV.5[4], 13[12]. ④8, 17. 〜**'ājāneyya** *m.* 優秀な象 III.49[7]. ③70. 〜**'ājānīya** *m.* すぐれた血統の象 II.247[25]. ③357. **-kanta-manta** *m.* 象に魔法をかける呪文 I.163[17]. ①213. I.167[12]. ①217. **-kanta-vīṇā** *f.* 象に魔法をかける琵琶 I.163[16], 167[11], 215[10]. ①213, 217, 283. **-kalabha** *m.* 若象 I.58[2]. ①78. IV.30[1]. ④35. **-cchāpa** *m.* 象の子獣 I.58[3]. ①78. IV.30[1]. ④35. **-jeṭṭhaka** *a.m.* 最勝の象 I.81[2]. ①105. **-damanaka** *m.* 象の調教師 IV.5[8]. ④8. **-nāga** *m.* 象龍 I.55[15], 60[12]. ①75, 80. **-pada** *n.* 象の足跡 I.228[13]. ①299. **-pota** *m.* 子象 III.185[16]. ③272. **-ppabhinna** *m.* さかりのついた〔凶〕象 IV.24[8]. ④28. **-māraka** *a.m.* 象殺しの男 I.80[8]. ①104. **-yoni** *f.* 象の胎 〜**yoniyaṃ** paṭisandhiṃ gahetvā I.81[2]. 象の胎に結生をとって ①105. **-laṇḍa** *n.* 象糞 I.192[20]. ①254. IV.156[14]. ④213. **-liṅga-sakuṇa** *m.* 象の形相のように〔大きな〕鳥 I.164[9]. ①213. **-vāhana** *n.* 象の軍勢 I.192[14]. ①254. **-vāhana-kappana** *n.* 象という搬獣の準備 I.96[16]. ①124.

hadaya *m.* Ⓢhṛdaya 心，心臓 〜**yena** phalitena kālaṃ katvā I.63[18]. 心臓が破裂して死去し ①84. **-nissita** *a.pp.* <nissayati 心臓にささった〔憂いの矢〕 I.30[18]. ①41. **-maṃsa** *n.* 心臓の肉 〜**ṃ** kampi I.370[4]. 〜がふるえた ①486. 〜**ṃ** ubbattetvā I.5[14]. 〜を裂き ①7. I.406[13]. ①534. **-rūpa** *n.* 心臓という機能体 I.304[16]. ①400.

hanati, hanti <han 殺す tvaṃ pitaraṃ **hantvā** (*ger.*) rājā hohi I.140[9]. あなたは父（王）を殺して王となりなさい ①184. ahaṃ Bhagavantaṃ **hantvā** I.140[10]. 私は世尊を殺して ①184. na **haneyya** (*op.*) III.48[19]. 打ってはならない ③70.

hanukā *f.* 顎，あご III.423[4]. ③593. 〜**'aṭṭhika** *n.* あごの骨 〜**ssa** bhūmiyaṃ patiṭṭhita-kāle I.147[12]. あごの骨が地面にとどいた時に ①192.

handa *interj.* Ⓢhanta いざ，さあ 〜 ahaṃ hata-cakkhu'smi I.16[23]. さあ，私は眼が損なわれている ①22. I.117[9]. ①151.

hambho *interj.* おや，おいおい II.197[8]. ②258. III.173[15]. ③254.

hay'uttama *m.* 最上の馬 III.325[11]. ③467.

haraṇa *n.* 持ち運び **-bhatta** *n.* お持ち帰りの食べ物 II.144[4]. ②189.

harati <hṛ 持ち去る，奪う，取り除く taṃ ṭhān'antaraṃ **hariṃsu** (*aor.3pl.*) II.205[10]. その地位を剥奪した ②269. te **harāhi** (*2sg.imper.*). I.246[13]. それらを除去しなさい ①322. tattake taṇḍule 〜**reyyāsi** (*op.*) III.265[21]. それだけのお米を取り除きなさい ③383.

harāpeti *cs.* <hāreti 取らせる pārupaṇaṃ **~petvā** I.70[18]. 被衣を取り除かせて ①94.

harāyati *denom.* <hiri はじる，恥じる **harāyamāno** (*prp.*). I.120[2]. はじて ①155. I.331[7]. ①435. III.288[20]. ③420.

hari-candana-ussada *a.* 黄栴檀に満ちた I.28[15], 34[1]. ①38, 44.

harita *a.n.* 緑の，青い **-patta** *a.* 緑の葉をもった **~ā** dumā I.285[9]. ~樹々がある ①371.

haritā *f.* 黄金 **~'upalitta** *a.pp.* <upalimpati 黄金を塗った〔家〕 IV.12[15]. ④15.

hari-tāla *m.* 雄黄 IV.113[14]. ④150. **-manosilā** *f.* 雄黄·砒石 III.29[4]. ③43.

hariyamāna *prp. ps.* <harati 運ばれつつ I.35[17]. ①47.

halāhala visa *m.n.* 猛毒 III.23[13]. ③35.

hasati 笑う kiṃ kāraṇā **hasi** (*aor.*) I.186[13]. どうして笑ったのか ①245. hasitabba-ṭṭhāne **hasanti** I.89[10]. 笑うべき場面では笑う ①116.

hasana-keḷi *f.* 笑い遊び，笑いものにすること **~ṃ** kareyya I.196[20]. ~をさせるであろう ①260.

hasita *a.pp.* <hasati 笑い **~ṃ** akāsi I.186[12]. 笑った ①245.

hasitabba-ṭṭhāna *n.* 笑う場面 **~e** hasanti I.89[10]. **~では笑う** ①116.

hassa-keḷin *a.m.* 笑い者 III.258[8]. III.372.

hāpeti *cs.* <jahati 失う，捨てる attano vattaṃ **~petuṃ** (*inf.*) na vaṭṭati III.414[2]. 自分の務めを捨てるのはよろしくない ③582. atta-d-atthaṃ na **~paye** (*op.*) III.159[8]. 自分のためのこと（目的，利益）を失ってはならない ③230. piṇḍa-cārika-vattaṃ **~petvā** III.165[3]. 托鉢行の行法を捨てて ③239.

hāyati *ps.* <jahati 失われる，減損する cakkhūni **hāyanti** I.11[10]. 両眼は損失している ①14.

hāreti *cs.* <harati 持ち去らせる，更迭する te amacce **~retvā** I.353[13]. 彼等大臣たちを更迭して ①465.

hāsa *m.* 笑い ko nu **~o** III.100[3], 103[3]. 一体何が笑いなのか ③142, 145.

hāsayati *cs.* <hasati 喜ばせる **~yitvā** sadevake I.108[22]. 神と共なる〔世間〕を喜ばせて ①140.

hāseti *cs.* <hasati 喜ばせる II.85[11]. ②112.

hiṃsa-mano *n.* 加害の心 IV.147[22]. ④201.

hiṃsita *a.pp.* <hiṃsati **<hiṃs** 迫害された sabbo jano **~o** Piṅgalena I.149[19]. 全ての人々はピンガラ〔王〕によって~ ①194.

hita *a.n.pp.* <dadhāti 有益な，利益 caratha bhikkhave cārikaṃ bahu-jana **~āya**. I.91[8]. 比丘たちよ，大勢の人々の利益のために遊行して歩きなさい ①118. **-kāma** *a.* 利益を望む（人） **~o'si** I.32[17]. あなたは利益を望む方です ①43. **-sampadā** I.1[15]. 利益の具足 ①4.

hintāla-pādukā *f.* しゅろ（棕櫚）の履物 III.451[19]. ③630.

Himavanta *m.* 雪山，ヒマラヤ山 **~e** vasitvā I.39[9]. 雪山に住んで ①53. tāpaso **~to** āgantvā I.39[19]. 苦行者が雪山からやって来て ①53. I.83[14], 224[16], 284[12]. ①110, 294, 370. II.112[20]. ②150. III.135[23]. ③193. **-padesa** *m.* 雪山地方 **~e** vasantā I.162[3]. **~に住しつつ** ①210. I.164[33]. ①214. IV.91[16]. ④120. **-passa** *n.m.* 雪山の麓 IV.31[14]. ④38.

hiyyo *adv.* Ⓢhyaḥ 昨日 ~ sāyaṃ I.41[24]. 昨日の夕方に ①56. I.73[14], 104[6]. ①96, 134.

hir'ottappa *n.* 慚愧の念 II.267[10]. ②346. **-gavesaka** *m.* 慚愧を求める者 III.73[8]. ③104. **-virahita** *a.pp.* **<rah** 慚愧の念のない I.400[11]. ①526. **-sampanna** *a.pp.* 慚愧の念をそなえた **~ā** dhītā I.152[14]. ~娘です ①200. I.189[9]. ①249.

hiri-ottappiya *a.* 慚（内心への恥）・愧（外部への恥）の **~ṃ** dhanaṃ II.34[16]. **~という財富があります** ②46.

hiri-kopīn'aṅga *n.* 陰部支，男根 III.490[17]. ③684.

hirimat *a.* 恥を知る（人） III.352[1]. ③501.

hirī-nisedha *a.* 恥を知ることによって抑

止する（人） III.84[6], 85[23]. ③120, 122.

hīna-vīriya *a.* 精進が劣る I.74[4]. ①97. II.260[4]. ②338.

hīra *m.* 細片 ～ ～ṃ katvā III.341[14]. 裂片にして ③487. **-hīra** *m.* 裂片 ～ṃ kāresi I.224[1]. ～にさせた ①293.

hīḷeti <**hīḍ** あざける，軽視する salābhaṃ atimaññati ～ IV.97[11]. 自分の所得を軽視しあざける ④128.

hīyo *adv.* 昨日，前の日に III.105[14]. ③150.

huṅ-karaṇa *n.* フンフンと鳴き声を上げること I.174[10]. ①226. **huṅ-karitvā** *ger.* 〔犬は〕「フンフン」と鳴いて I.173[1]. ①224.

huta *a.pp.* <juhati 供養された，供犠された II.231[7]. ②301.

hurāhuraṃ *adv.* あちこちと，此の世あの世で IV.43[3]. ④51.

heṭṭhā *prep.adv.* 下に，下の **-pāsāda** *m.* 楼閣の下階 I.372[15]. ①490. **-bhāga** *m.* 下のところ，下の部分 ～ṃ sodhāpetvā I.3[11]. 〔その樹の〕下のところを掃除させて ①5. **-bhūmi** *f.* 下階 I.414[11]. ①544.

heṭṭhima *a.* 最下の **-kāya** *m.* 下半身 III.213[19]. ③311. **-koṭiyā** *instr.adv.* 最低限で II.231[12]. ②301. **-tala** *n.* 〔釜の〕一番底 II.5[16]. ②8.

heṭheti **<hed, hīd** 悩ます，苦しめる kumārikānaṃ **～etvā** (*ger.*) I.191[10]. 娘たちを悩ませて ①252.

hetu *m.* **<hi** 原因，理由 **-ppabhava** *m.n.* 原因があって生まれるもの ye dhammā **～ā.** I.92[21]. およそ諸々のものごと（諸法）は～であり ①120.

hemanta *m.* 冬期 III.429[16]. ③603.

heva *adv.* *conj.* <hi-eva 実に I.361[7]. ①474.

hessati *ft.* <bhavati **hessaṃ** (*1sg.*) IV.67[19]. 私はなるだろう ④86.

hotu *imper.* <bhavati, よろしい，ともあれ，さもあれ，ともかく，よし，そうであれば I.29[8], 94[13], 101[21], 202[11], 301[20], 357[13]. ①39, 123, 132, 267, 396, 470. II.19[17], 241[17]. ②25, 315.

hotha *2pl.* *imper.* <hoti appamattā ～ I.9[7]. 君たちは不放逸であれよ ①11.

本索引の作成にあたって

この索引は DhammapadatthakathāI.II.III.IV. に出てくる単語の意味と所在を明示するために作った。同時に、先に村上真完先生と共に作った『パーリ仏教辞典』(春秋社、2009 年)の語彙の補足を意図した。最初の手書きの単語カード作りからはじまってこの索引の体裁にするまでずい分手間ひまがかかったが、その間大勢の方々の協力を得た。

平木光二(近畿大学)、熱海秀吉(イーフォー)、土方博子(データサービス)、小林史明(東大大学院博士課程)、佐藤清靖、大成友果(春秋社)の諸氏にはカードの整理、パソコン入力から校正まで随分とお世話になり、お陰さまで一応完成にこぎつけることが出来た。厚く御礼申し上げます。

パーリ註釈文献の翻訳は入口に入ったばかりで未訳が山ほどある。IT(情報技術)をフルに使った翻訳工房のようなものを立ち上げて、それぞれの分野(翻訳、検討、校正)で有能な人材を集めて一気呵成にできないものか、と夢見ている。この訳業が出来ると上座仏教の実像がだいぶはっきりと浮び上ってくる、と思うからである。また南方諸国における現地語の研究書の解明も急務であろう。翻訳の場合でもパーリ文の意味が欧文の辞書・訳書でわからない時、ビルマ語訳でわかれば一応クリヤー出来るのだが、そのビルマ語を日本語にするのがままならないのである。

あれやこれや思ううちに当方の寿命が尽きてしまいかねない。後進の精鋭諸賢に夢を託するのみ。

2017 年　としの瀬　　訳者